JOURNAL
DES
ILLVSTRES RELIGIEVSES
DE L'ORDRE
DE
SAINTE URSVLE,
AVEC LEVRS MAXIMES
& Pratiques Spirituelles.

Tiré des Chroniques de l'Ordre & autres Memoires de leurs Vies.

Composé par une Religieuse du même Ordre, au Monastére de Bourg en Bresse.

DIVISÉ EN QVATRE PARTIES.
TOME TROISIEME

A BOVRG EN BRESSE,
Chez IOSEPH RAVOUX, Imprimeur & Libraire.

M. DC. LXXXVI.
Avec Approbation & Privilege.

AU GLORIEUX
SAINT AVGVSTIN,
ILLVSTRE DOCTEVR DE L'EGLISE,
ET PATRIARCHE DES RELIGIEVX,
ET RELIGIEUSES DU MESME ORDRE.

ILLUSTRE PATRIARCHE, lumiere de l'Eglise, & de la vie Monaftique ; puifque la plû-part des Ordres Religieux vivent fous vôtre fainte Regle, que vous avez puifé dans la Loy divine, & que vous avez produit avec tant de fageffe : fi la divine bonté nous a donné dix Preceptes d'amour, Vous nous avez auffi donné dix Regles de fainteté. Vôtre cœur victorieux de l'amour des creatures, a efté tres-abondamment rempli de la grace de JESUS-CHRIST, qui n'eft autre chofe qu'un nouveau Saint & chafte amour dont vous êtes tout confommé. Et comme un autre Phœnix vous renaiffez de vos cendres, par la production que ce divin amour vous a fait faire d'un nombre innombrable d'enfans Chrétiens, & Religieux ; les deux Sexes vous étans redevables des divines Loix que vous leur avez enfeignées, & tous par un devoir particulier vous reconnoiffent pour leur Pere.

C'eſt ce qui m'a donné la penſée, admirable Docteur Auguſtin de nom ; mais tres-Auguſte par les immenſes productions de vos divines lumieres de Vous offrir ce petit Ouvrage qui vous eſt deu, & qui eſt comme un ruiſſeau qui retourne à ſa ſource : n'étant qu'un abregé des Vies de celles qui ſous vos ſaintes Régles, ſe ſont ſantifiées dans l'Ordre des Vrſulines, dont nous marquons ſeulement le caractere particulier, par où l'on connoîtra l'excellence de voſtre Doctrine, puiſqu'une ſeule vertu imitée, pourroit faire l'Eloge de la ſainteté de celle qui ſera marquée.

Nous eſperons grand Saint, que le zele ardent que vous avez de la gloire de Dieu, & du ſalut des Ames, à quoy ſous vos auſpices nous nous ſommes ſacrifiées, vous fera employer tout ce que vous pouvez dans le Ciel, pour nous obtenir la grace de nous bien aquiter des devoirs d'une veritable Vrſuline, & fille d'un ſi Auguſte pere. Que ſi nous recourons à Vous, c'eſt en faveur de l'invitation que vous nous en faites, par la déclaration que vous avez faite à une ſainte Ame, que vous étiez en pouvoir, & aviez un continuel deſir de procurer de nouvelles graces aux Vrſulines, mais qu'elle ne recouroient pas aſſez ſouvent à vous ; ainſi puiſque voſtre cœur paternel à noſtre égard eſt toûjours diſpoſé à nous faire du bien : Nous voicy proſternées à vos pieds pour implorer voſtre ſecours : pour joüir & participer de cette union que vous avez eu avec Dieu en cette vie mortelle, & comme vous avez puiſé dans la divine Eſſence toutes les lumieres que vous avez laiſſés à l'Egliſe dans vos divins Ouvrages, que ſes lumieres découloient de voſtre ame avec autant de ſimplicité, & de pureté que ſi vous n'euſſiez point eu de corps, voſtre ame ſainte les renvoyant vers Dieu en la même pureté ſans y toucher que pour ſa gloire, & pour attirer les ames à ſon pur amour. Faites donc grand Saint, que nous aimions Dieu de ce pur amour, puiſque c'eſt en cét état où vous avez trouvé force & courage ſur terre, durant plus de trente années depuis voſtre converſion, & c'eſt là où nous eſperons par voſtre interceſſion, de trouver conſolation dans nos ſechereſſes & deſolations.

Il eſt à remarquer, que vingt-quatre Ordres differens vivent ſous vos ſaintes Regles; celuy de ſainte Vrſule ſemble avoir un particulier raport à la Regle vivante de voſtre Vie, & de vos ſaintes Maximes, & dans l'état le plus parfait du Chriſtianiſme, & par raport à la Vie de JESUS-CHRIST, dont vous vous êtes rendu le parfait Imitateur. Car ſi les dix Commandemens de Dieu conſiſtent en l'amour de Dieu & du prochain, auſſi les dix Preceptes que vos ſaintes Regles nous donnent ont ce même raport, & nous obligent auſſi à aſpirer à la plus haute perfection, par un haut degré d'oraiſon & union à Dieu, cherchant en toutes choſes le plus parfait, & la ſeule gloire de Dieu & le ſalut des Ames. Mais grand Saint! ſans le ſecours divin, nous n'oſons eſperer cette perfection que vous exigés de nous, & dont nous voyons les exemples en nos Devancieres, mais aidées de vôtre protection, & de voſtre Interceſſion, auprés de la divine Majeſté, pour avoir les graces efficaces & neceſſaires à ce haut deſſein, Nous en eſperons cette faveur, & certes il y va en quelque façon de voſtre gloire que tous vos Enfans spirituels soient dans l'état de perfection, auquel voſtre Regle les oblige.

Et pour une solemnelle déclaration de noſtre dépendance & reconnoiſſance, nous choiſiſſons le jour de voſtre Fête pour celuy de la renovation de nos Vœux, que nous avons promis d'obſerver selon voſtre Regle, joignans nos Sacrifices de loüanges à ceux que vous avez fait en cette vie mortelle, dans un renouvellement des deſirs de suivre vos Exemples, comme nous nous ſommes obligées à obſerver vos ſaintes Loix.

VOEV AV GRAND
SAINT BERNARD.

GRAND SAINT! c'est à juste titre que je viens vous offrir mes vœux pour obtenir l'entrée dans le Sanctuaire de l'Epoux Celeste, ou du moins recevoir quelque rayons de ces lumieres, qui vous ont fait penétrer ses secrets, & goûter les délices du saint Amour, vous avez esté ravi dans ce Sanctuaire pour y penétrer les Mystéres de cette dilection sans en être diverty, ny par les sens extérieurs, ny par les soins des affaires temporelles; car par tout, vous avez esté le parfait modele des veritables Religieux, & avez expliqué avec tant de Science & de Doctrine, les Cantiques, & le divin Commerce de l'Epoux sacré, avec l'Ame chaste, qu'on aura toûjours de la veneration pour Vous.

C'est de Vous GRAND SAINT que les plus Doctes puisent leur science, & c'est de Vous que je veux tirer l'idée parfaite du veritable Amour, pour mettre au jour l'Abregé des vertus merveilleuses de ces Epouses sacrées, qui l'ont si bien copiées dans leur Vies, non moins saintes qu'elles sont admirables, & non moins admirables qu'elles sont presque inimitables. Il est tres-vray ô GRAND SAINT; que mon entreprise est au-de-là de mes forces, & j'échoüeray sans doute contre les écüeils, si je n'ay un secours tout divin. C'est donc de vous, & par vous que j'espere l'obtenir avec des lumieres assez fortes pour éclairer mon esprit, une volonté assez constante pour imiter ce que je represente, &

une douceur dans mes écrits pareille à celle que vous avez sucée avec le lait sacré de Marie, la tres-digne Mere de Dieu; que mon petit travail reüsisse à la plus grande Gloire de celuy qui est l'Auteur de toute Sainteté, & au profit des Ames qu'il a rachetées de son Sang.

Hà! que ne puis-je dire avec le même esprit que le Prophete, Seigneur visitez-moy dans vostre Sanctuaire pour imiter les vertus, & les glorieuses actions de vos Elûs, afin de participer un jour à la gloire qu'ils possedent. *Et qu'ainsi ô GRAND SAINT! je puisse meriter par le secours de vos puissantes intercessions, & par la correspondance de ma vie à celles de tant d'Ames Saintes & Religieuses, de dire avec la chaste Epouse des Cantiques.* Le Roy m'a introduit dans ses Celliers, & m'a fait reposer dans le cabinet de ses parfums, où gît le comble de la felicité & du bon-heur, pour lequel seul, je vis & je respire.

AVANT-PROPOS.

AVANT-PROPOS

Aux Religieuſes de l'Ordre de Sainte Vrſule.

MES Reverendes Meres, & tres-cheres Sœurs; Nous avons lieu de benir mille fois Dieu, de voir revivre en nôtre Siécle avec tant de Benediction l'Amour de Dieu qui allume le zéle, & fait l'union des cœurs de diverſes Provinces éloignées pour ſervir d'exemple à tous les Siécles avenir. Le preſent Ouvrage en eſt une forte preuve, lequel n'auroit jamais eſté mis au jour, ſi Dieu n'en avoit fourny les moyens par une Providence particuliére, ce qui nous fait dire, que c'eſt l'œuvre du Seigneur, & nous fait eſperer qu'aſſûrement, il en veut tirer ſa Gloire, je crois, MES REVERENDES MERES, être obligée à vous en donner des preuves. Il eſt conſtant, que cét Ouvrage a eſté entrepris par une Religieuſe, qui par une longue ſuite d'infirmitez, cauſées par une tres-grande intemperie de ſon cerveau l'obligeoient tres-ſouvent à ne pouvoir ſortir du lit; ces frequentes fluxions formoient une pepiniere de maux chez elle, tantôt Elle ſouffroit dans le ſein des douleurs inſuportables preſque à toutes autres perſonnes: quelque fois les humeurs ſe repandoient ſi abondamment par toute l'habitude de ſon corps, & luy cauſoient de ſi vives douleurs qu'elle ne trouvoit aucun ſoulagement que dans la repreſentation qu'elle ſe faiſoit de celle de ſon Sauveur; le plaiſir qu'elle avoit de ſouffrir luy ôtoit la liberté de ſe plaindre, & parmy tant de maux, on ne voyoit chez-elle qu'un air extrémement gay, & une maniere d'agir ſi commode, qui ſuivant les apparences, on auroit facilement crû qu'elle étoit toûjours dans un parfait état de ſanté.

Cette devote Religieuſe auroit continué à taire ſes maux, ſi par un accident tres-rare, & tres-particulier tout enſemble, elle n'avoit eſté contrainte de me le communiquer eſtant lors Superieure: ce fût dans le mois d'Août de l'année 1673. que ſa fluxion redoubla plus fortement que jamais, & tout ſon corps patiſſoit cruellement, elle étoit dans des tranchées à mourir; puiſque même elle demeura entre les bras des Religieuſes aſſez long-temps en ſyncope, en même

Avant-Propos.

tems les plus fameux Medecins, & les plus habiles Chirurgiens furent appellez, qui la tirerent de cette longue défaillance par l'usage de quelques remedes : on la folicite & on la presse si fort, que l'on découvre enfin la source d'un accident si surprenant, on observa que ce grand os composé de trois autres, qui fait la rectitude du corps, & que les modernes Medecins ont appellé INNOMINE', c'étoit absolument relaché & beaucoup audessous du lieu où il devoit être naturellement; ses usages sont trop connus des Sçavans, pour qu'on ne dût juger dés ce moment qu'un accident de cette nature pouvoit être mortel, ou que du moins elle seroit trop heureuse si reduite dans un lit elle pouvoit y passer quelque reste de vie; on n'oublia rien de la part de la Medecine, pour tâcher de rétablir cette partie, mais fort inutilement, tout ce que pûrent faire les Medecins, ce fût de s'atacher à luy prolonger ses années, & dans ce triste état parmy les pieuses occupations de son esprit, qui cherchoit chrétiennement les occasions d'adoucir en quelque maniere sa melancolie; elle se faisoit lire les Chroniques de l'Ordre : au bout de trois années d'infirmerie, une veille de S. Augustin ayant un grand desir d'aller renouveller ses Vœux avec ses Sœurs, elle se sentit une forte inspiration de promettre à Dieu que s'il luy faisoit cette grace par l'intercession de toutes les Vrsulines qui jouïssent de la Gloire, & qui étoient en état d'en jouïr, qu'elle employroit toute sa santé à travailler à faire un Iournal de leurs Vies & de leurs Maximes, pendant qu'elle rouloit cette pensée dans son esprit étant encore alitée, la Mere Zélatrice luy alla faire visite, laquelle avoit aussi eu cette même pensée, & se l'étant communiquée l'une à l'autre, la malade la pria de me le venir proposer; j'y consentis avec plaisir, dés le lendemain la malade fût tout autre, elle alla au Chœur renouveller ses Vœux avec les autres, & dés ce jour elle commença à se mettre à l'execution de sa promesse & à se mieux porter, jusqu'à present qu'elle a une santé meilleure qu'elle n'avoit eu jusqu'à lors; graces qu'elle tien par l'intercession de toutes nos Vrsulines.

Dans l'accomplissement de son Ouvrage, elle a eu à soûtenir beaucoup de traverses de la part de quelques personnes; mais Dieu a fait toûjours reüssir glorieusement son entreprise, lors même qu'il sembloit être détruit; ce qui a fait dire à des personnes doctes & bien éclairées, que cét Oeuvre étoit de Dieu, & que visiblement on y voyoit

Avant-Propos.

une protection extraordinaire.

Entre plusieurs preuves que nous en pourrions donner, celle-cy est trop remarquable pour ne vous en pas faire part. Lors qu'elle étoit dans la peine d'en avoir l'Approbation, les Docteurs de nos quartiers s'excusans, les uns sur les affaires, les autres sur leurs indispositions; Nôtre Ouvriere étant alors premiere Portiere rencontra par hazard à la porte, un pauvre Prêtre qui sembloit un Saint, qui luy demanda pour l'amour de Dieu l'aumône pour passer son chemin; car à ce qu'il dit, il venoit de Rome, l'ayant reçû avec bien de remerciement & fort humblement; luy dit, qu'il sçavoit bien qu'elle étoit fort embarrassée pour trouver un Approbateur de son Ouvrage; mais qu'elle en fût en repos que l'année ne passeroit pas que Monsieur de Cohade Docteur de Sorbonne, & lors Professeur dans l'Université de Paris, seroit bien-tôt Custode à sainte Croix à Lion l'aprouveroit, & luy donna un billet du nom & des qualitez de ce Docteur, telles qu'il les possede aujourd'huy, témoignant beaucoup d'estime de sa vertu, & de sa science, & de son merite. Aussi-tôt elle me vint faire part de sa nouvelle, en me montrant le billet. Elle en écrivit à nos Superieurs à Lyon qui repondirent qu'ils ne le connoissoient pas: huit mois se passent, & alors qu'elle n'y pensoit plus, Monsieur Cœurbon nôtre Superieur luy écrivit qu'il falloit s'adresser à Monseigneur le Chancelier pour luy demander un Approbateur, ce qu'elle fit, Monseig. le Chancelier nomma Mr. de Cohade, qui se trouva alors à Lion en possession de sa Dignité, où il reçut nôtre Ouvrage fort agreablement, & nous expedia promptement avec un zele admirable, ainsi que ce vertueux Ecclesiastique l'avoit predit.

Nous nous serions contenté, mes Reverendes Meres & tres-cheres Sœurs, de l'avis que nous vous en avions donné dans la lettre Circulaire, n'eût esté le respect & la déferance que nous avons pour les sentimens de nos Reverendes Meres du premier Monastere des Religieuses de l'Ordre, qui nous ayant témoignés que vous souhaitiez que la presente fût mise dans un des Tomes; c'est la seule raison qui nous fait vous en donner un éclaircissement plus ample pour satisfaire au desir que vous marquez avoir, que la protection & le grand dessein que Dieu a sur nôtre saint Ordre ne soit pas mis dans l'oubly, & qu'il en soit à jamais glorifié, nôtre Ordre sanctifié, & l'union universelle de tous nos Convents avancé, afin d'accomplir ses desseins

Avant-Propos.

qui nous sont signifiez par l'Apôtre, qui invite tous les vertueux concurrans au même dessein d'éporter le prix, bien qu'on ne doive le donner qu'à un; c'est pour nous faire entendre, mes Reverendes Meres, & tres-cheres Sœurs, par cette exception, que toutes les Couronnes du Ciel sont destinées à l'union des cœurs & des mœurs, qui de tous les gens de biens n'en fait qu'une tête, qu'un cœur, & qu'une ame par la charité qui les reduit en l'unité; & comme il est certain que rien n'affoiblit tant nôtre Saint Institut que la diversité des Constitutions & Maximes qui y sont, il seroit à souhaiter l'union avec le premier Monastére des Religieuses de l'Ordre, dont les Régles & Coûtumes sont merveilleusement bien établies, & admirées de toutes les personnes éclairées, puisque le Divin Epoux a bien voulu reveler à diversses de ses Epouses que c'étoit l'état le plus parfait, & qu'avant que le monde finisse toutes les Ursulines y vivroient, quelle gloire à celles qui seconderont si glorieusement les desseins de Dieu, assûrement, si celles qui ont esté les Fondatrices des divers Monasteres avoient survêcu jusqu'à ce temps, elles auroient esté les premieres à en procurer l'union, écoutez ce qu'elles vous disent, *Nous avons jetté la semence, c'est à vous à la faire fructifier, & perfectionner.*

Voyez comme châcune de ses ames éluës a son attrait particulier, il y en a des conduites par la voye d'humilité, d'autres se reglent par l'obéïssance, l'on en verra qui auront vêcu dans l'austerité de la penitence, toutes nos prédestinées suivent diverses routes, qui de toutes aura merité la recompense & la gloire, ce sera l'union & la charité qui contient toutes les vertus, par la communication des merites, de même par cette belle intelligence d'union universelle de tout l'Ordre, nous nous aimerons encore davantage, comme des bonnes Sœurs semblables en toutes choses, & le prix en sera fortuné & glorieux, sa conquête heureuse & la Couronne immortelle; celle qui prend soin de cét Ouvrage recourt par charité à vos saintes prieres, comme aussi celle qui se dit en tout respect.

Mes Reverendes. Meres et tres-cheres Soeurs.

Vôtre tres-humble obéïssante & tres-affectionnée
Servante Sœur Louise de Nôtre-Dame de la
Batie du Breuil, Superieure I.

APPROBATION DE MONSEIGNEVR l'Evêque de Nismes.

JACQUES SEGUIER par la grace de Dieu & du Saint Siege Apostolique Evêque de Nismes, n'ayant pû vaquer nous-même à la lecture entiere des memoires dressés par les Meres de Sainte Vrsule du Diocese de Lyon à Bourg en Bresse, sur les Vies des Religieuses de leur Ordre, qui ont vécu avec plus de regularité & édification dans leurs maisons. Nous y avons commis des personnes capables & de pieté pour nous en faire un raport fidelle, sur lequel Nous jugeons que l'Ouvrage pourra être tres-utile aux Filles de l'Institut pour les porter à l'Imitation de celles, que Dieu a prévenu des graces singulieres, pour la sanctification des autres, à qui ces modeles seront presentez, consentant à nôtre égard que les Exemplaires imprimez, ou Copies manuscrites de ces Vies, soient envoyées & reçûës dans toutes les Maisons de nôtre Diocese, pour être lû dans leur Refectoir ou autres lieux publics de la Communauté & même par les particulieres Religieuses, le tout à la maniere qu'il sera jugé à propos par les Superieures des Convents, à la plus grande gloire de Dieu & perfection de ses Religieuses. Donné à Nismes le 14, Ianvier 1683.

IACQUES Evêque de Nismes.

APROBATION DE MONSIEVR BEAVREGARD
Docteur en Theologie de la Faculté de Paris, Prevôt & Chanoine de l'Eglise Collegiale Nôtre-Dame de Bourg.

LE Public est assez persuadé de l'éclat & de la sainteté de l'Ordre de sainte Ursule: Sa bonne odeur au langage de l'Apôtre, est répanduë par toute l'Eglise, & l'Amerique même, cette partie du monde Chrétien si éloignée, en a presque aussitôt connû le nom, qu'elle a commencé d'adorer celuy de IESUS-

Christ. Tous les Inſtituts reguliers ont leur fin & leur deſtination particuliere dans le Chriſtianiſme; celuy-cy comme quelques autres, s'y eſt rendu neceſſaire en quelque façon, pour contribuer d'une excellente maniere à ſa gloire. C'eſt par vœu & par une application continuelle qu'il éleve les jeunes Filles dans la pureté des mœurs, & leur inſpire les veritables ſentimens de la pieté, d'où naiſſent des biens & des avantages infinis pour toute ſorte d'état. Et c'eſt le caractére des grandes Ames, leſquelles ne pouvant jamais aſſez aymer Dieu infiniment aymable en luy-même, ſuppléent autant qu'il leur eſt poſſible à leur impuiſſance, en l'aymant par ſes Créatures. Ces Vies des Illuſtres de ce ſaint Ordre en ſont autant de preuves, & peuvent ſervir de modele à toutes celles qui le compoſent. Elles y trouveront les Maximes qu'elles doivent ſuivre dans la vie Religieuſe, pour en accomplir les devoirs & les fonctions. La grace y a diſtribué ſes dons avec une abondance & une varieté admirable, afin que rien n'empêche l'imitation. Celle du même Inſtitut que Dieu a inſpiré de les recüeillir pour ſa gloire, a rapporté fidellement ce qu'elle a trouvé dans ſes Chroniques, & le traite d'une façon qui s'inſinuë agreablemant dans les eſprits. Cependant elle n'a pas tout dit, ny pû dire; l'humilité Chrêtienne a toûjours caché autant qu'elle a pû les vertus des juſtes. Ils ayment & ſouhaitent, ſelon une Maxime celebre, de n'être pas connus dans les actions mêmes qui devroient leur donner plus d'éclat. C'eſt ainſi qu'on peut dire que dans tout cét Ouvrage on ne void que la moindre partie de celles de ces ſaintes Ames, Dieu pour favoriſer leur intention, s'étant reſervé de n'en faire connoître tout le ſecret & le fond qu'à ce grand jour, auquel il le découvrira pour faire paroître ſa bonté à leur égard, & couronner leur merite d'une recompenſe d'autant plus juſte & plus glorieuſe, que leur amour deſintereſſé pour cette Majeſté infinie, n'a cherché que de luy plaire. C'eſt pourquoy j'ay jugé cét Ouvrage tres-utile, édifiant, & digne d'être mis en lumiere. A Bourg ce 26. Mars 1684.

BEAVREGARD,

Prevôt de l'Egliſe nôtre-Dame de Bourg.

AVTRE APPROBATION.

JE fouffigné Docteur en Theologie de la Maifon & Societé de Sorbonne, Cuftode de fainte Croix en la Ville de Lion, & Cenfeur des Livres, ay lû avec plaifir le IOURNAL DES ILLUSTRES RELIGIEUSES DE L'ORDRE DE SAINTE VRSULE, &c. compofé par une Religieufe du même Ordre au Monaftére de Bourg en Breffe, que j'ay trouvé conforme à la Foy Catholique, Apoftolique & Romaine, remply de Maximes & Pratiques fpirituelles tres-faintes, & que j'eftime tres-propre pour l'édification de toutes les Urfulines, aufquelles il fervira de miroir & de modele de pieté pour s'avancer en toute forte de vertu ; en foy dequoy j'ay figné le 29. Mars 1684.

COHADE.

LICENCE DE L'ORDINAIRE.

BEDIEN MORANGE Docteur de la Maifon & Societé de Sorbonne, Theologal de l'Eglife de Lyon, Chantre & Chanoine de Saint Nifier, Prieur & Comte de S. Iean hors les murs de Geneve, & Vicaire general de Monfeigneur l'Archevêque de Lyon. Comme le chemin de la vertu eft plus court par les exemples que par les preceptes, il n'y a pas de doute que le IOURNAL DES BONNES RELIGIEUSES DE L'ORDRE DE SAINTE VRSULE, qui a efté compofé par une Vrfuline de Bourg en Breffe ne foit tres-utile pour porter toutes celles du même Ordre à l'exacte obfervance de leur Regles, & à la perfection Chrêtienne & Religieufe ; C'eft pourquoy Nous jugeons tres-à-propos que le Iournal foit donné au Public aprés qu'il a efté approuvé par les Docteurs, & qu'il foit leu dans les Maifons Regulieres de ce Diocefe, & par les Particuliers. Donné à Lyon le 30. Mars 1684.

MORANGE Vic. Gen.

LEVONS NOVS DE MATIN POVR ALLER aux Vignes, regardons si elles sont fleuries, si les fleurs produisent des fruits, & si les pommes de Grenades sont avancées, dit l'Epoux des Cantiques. Au Chapitre 7.

Ainsi ce divin Epoux, en même temps qu'il regle le mouvement des Astres, est diligent & empressé à visiter ses cheres Epouses les Vrsulines, qui sont comme il sera marqué, ses Iardins, ses vignes, ses fleurs, ses fruits, & ses ruches, comme il a esté dit, pour voir si tout est en état de luy donner le profit qu'il en attend, il y auroit encore cent belles choses à dire, des raports de tous leurs Monastéres en general. Avec la pomme de Grenade en sa figure, en sa couleur, en la multitude de ses grains delicieux, en l'ordre, en la cimetrie de leurs petites celules, & sur tout en la couronne qui la rend un fruit royal, & qui la distingue de toutes les autres; mais il vaut mieux en faire la figure particuliere de deux Congregations des Vrsulines d'Arles, qui est en possession d'un Privilege plus singulier & plus rare que les Couronnes, par l'incorruption du corps de leur Institutrice, & de la Congregation des Vrsulines de la Presentation, dont les Religieuses du premier Monastere qui est à Avignon sont surnommées Royalles; sans doute que ce grand nom leur est moins dû par la maison d'un Roy qu'elles tiennent aujourd'huy, que la Couronne n'est deuë & preparée à leurs merites.

JOURNAL
DES
ILLVSTRES RELIGIEVSES
DE L'ORDRE DE
SAINTE VRSVLE
AVEC LEVRS MAXIMES
& Pratiques spirituelles.

PREMIER JUIN.

LA VENERABLE MERE ANGELLE DE SAINTE
Croix, d'Avantois, Religieuse Ursuline de Nevers.

Elle avoit un visage tout Angelique. Au Livre des Juges, Chap. 13. vers. 6

Ie chanteray éternellement les misericordes de Dieu Nôtre-Seigneur.
David Psal. 88.

CETTE fidelle servante du Seigneur étoit de qualité, native du Château de Beaumont en Nivernois, mais Monsieur son pere de riche qu'il étoit & possesseur de belles Seigneuries, se vit en peu de tems par le malheur de ses affaires privé de tous ses biens, & en état de ne pouvoir placer ses enfans selon sa qualité, celle-cy qui étoit l'aînée fut élevée soigneusement, son nom d'Angelle étoit conforme à ses qualités Angeliques dont la veuë seulement étoit tout-à-fait engageante; elle fut retirée d'avec Madame sa mere à l'âge de dix ans, & dés lors elle parut si sage, & si accomplie, qu'elle fut produite & bien receuë dans

Tome III.   A

2 *La V. Mere Angelle de Sainte Croix*, *d'Avantois*. 1. Juillet.
toutes les belles conversations du grand monde ; sa modestie la faisoit estimer de tous, elle prit le caractére de pieté qu'elle a eu toute sa vie, qui éclata dans sa Province, à son retour de Paris on la voyoit assiduë aux Eglises, & toute occupée aux œuvres de misericorde, étant l'œil, le pied, & la main de ceux qui avoient besoin de son secours ; elle fit par inspiration divine des entreprises tres-hazardeuses à son sexe & à son âge, retirant plusieurs personnes chancreuses, & pouries par excés de débauche, qu'elle traitoit courageusement de ses mains.

Elle alla une fois jusques dans un lieu infame pour retirer une fille de condition parfaitement belle, mais devenuë pauvre & abandonnée à cette extremité de faire trafic de son honneur pour soûtenir sa vie ; l'habitude de plusieurs années dans le peché, rendit les maux corporels qu'elle y avoit contracté incurables, mais par les charitables avis & services qu'elle luy rendit, & fit rendre en sa propre maison où elle l'avoit conduite, elle fut touchée de Dieu, & mourut deux années aprés dans des grands sentimens de penitence. Nôtre Demoiselle voulant s'adonner plus que jamais à la devotion, elle se logea avec les Sœurs Tourrieres des Carmelites, esperant d'être Religieuse en ce saint Ordre, mais Dieu faisoit tous les jours naître des obstacles à son dessein.

Elle avoit déja prés de vingt-six ans, & passoit pour une personne au dessus de l'ordinaire ; les Ursulines de Nevers qui commençoient leur établissement la souhaitoient fort, prevoyans qu'elle leur seroit un grand appuy, on luy en parla & d'abord elle rebuta cette proposition : toute-fois elle croyoit que c'étoit la volonté de Dieu, cependant elle avoit peine à se surmonter, car autant qu'elle avoit de passion pour l'Ordre des Carmelites, autant avoit elle d'aversion pour celuy des Ursulines ; elle combatoit opiniâtrement contre tous ceux qui luy en parloient ; elle prioit Dieu & le faisoit prier : & comme un jour un Ecclesiastique eut célébré la sainte Messe à son intention, il luy dit ces paroles, *Dieu vous veut Ursuline*, *ne resistés plus à sa volonté*, elle même étant en priere devant le Saint Sacrement, vit un un bel Enfant comme sortant du Tabernacle qui se venoit rendre entre ses bras, Nôtre-Seigneur voulant par cette forme enfantine luy donner de la tendresse pour les enfans ; une autre-fois elle vit un rayon de lumiere dont elle admiroit l'éclat : mais elle apperçeut incontinent aprés un grand brasier, & un feu fort-ardent qui s'étendoit & embrasoit tout le monde, il luy fut dit, *regarde ce rayon & ce grand feu*, *c'est la differance qu'il y a dans les Ordres Religieux entre ceux qui travaillent pour eux*, *& ceux qui travaillent pour le salut des ames*, alors elle fut éclairée, & eut la vocation d'Ursuline ; un an tout entier se passa dans ces combats, au bout elle entra aux Ursulines.

Cette sainte fille qui avoit vécu si religieusement dans le monde, s'adonna encore tout autrement à la vertu ; on la remarqua d'abord humble, mortifiée, tres-pauvre, & soûmise même à ses Compagnes, Dieu de sa part luy fit beaucoup de graces : mais comme il y a dans la vie tems de joüir & tems de patir, son cœur aprés avoir goûté la douceur, éprouva la peine, & la tentation l'assaillit, de sorte qu'elle commençât à chanceler, pensant si elle devoit quitter ou poursuivre la vie religieuse, s'étant jettée toute en desolation devant le Saint Sacrement, elle fut assurée que Dieu vouloit qu'elle demeurât, cette parole positive luy ayant été dite, *j'auray soin de toy*.

Une autre fois étant de nouveau affligée, & meditant de se faire recevoir en qualité de Sœur Converse, prosternée devant le tres-Saint Sacrement, elle entendit une voix distincte qui luy dit, *tu ne sortiras pas, tu ne seras pas Sœur Converse, mais Superieure, & tu auras beaucoup à souffrir*.

Dés le commencement de la vie Religieuse elle fut conduite par la croix, une fois qu'elle la vouloit souffrir avec une générosité purement naturelle, & par un esprit trop humain, il luy fut dit au fond du cœur, *tu ne le peus, j'en suis le maître*; alors reconnoissant sa présomption, elle s'abandonna entre les mains de Dieu, que l'on peut dire s'être fait un plaisir de composer sa vie de contradictions & de peines, la soûtenant en même tems de ses graces, desquelles l'une fut de luy donner des lumieres sur l'état à venir de sa Communauté, ainsi elle prevît que Dieu la vouloit affliger par la contagion, qui arriva comme elle l'avoit preveuë; sept ans aprés qu'elle fut entrée au Monastére, elle en fut éleuë Superieure, ayant trente-trois ans; elle se montra en cette Charge une incomparable en vivacité, en fermeté, en bonté, en charité & en zéle, ne se servant de sa qualité de Superieure que pour en vivre plus rigoureusement, & en effet elle quitta le linge, & tres-souvent portoit la haire & le cilice, prenoit la discipline tous les jours, & gardoit dans sa chambre une teste de mort qu'elle mettoit la nuit sous son chevet; il n'y avoit à son lit que de la paille dans un lieu incommode, étroit, entre ouvert, & si mal pratiqué qu'en plain jour il étoit mal-aisé d'y lire, cependant ce lieu fut trouvé d'elle trop beau, elle le changea & se mit dans une chambre commune, mais se croyant encore trop bien, il fallut chercher jusques dans les greniers un trou pour la loger, elle s'y renge donc avec une telle pauvreté, qu'elle n'avoit qu'une paillasse sur deux petits bancs, avec un pavillon de toile, & c'étoit où s'étendoit le privilege de sa Charge de Superieure; ses paroles étoient si persuasives qu'en peu de tems elle gagna beaucoup d'ames à Dieu; toute sa Maison étoit dans un si bel ordre, & dans un silence si grand qu'encore que le nombre des Novices fut plus de trente, il sembloit qu'il n'y en eut qu'une, tant elles vivoient en union & en paix; l'exemple de leur Superieure leur servoit d'un tres-puissant motif.

Elle s'assujettissoit à ses Directeurs avec entiere dépendance, & fit pour leur obeïr quantité d'actions tres-mortifiantes & abjectes; s'il falloit travailler au jardin, porter la hote, & épancher le fumier, elle s'y disoit tres-propre, & embrassoit ce travail avec joye & douceur; elle n'avoit pas moins d'adresse pour les ouvrages à l'éguille, & pour employer artistement l'or & la soye; les belles broderies qu'elle a faites & apprises à ses Religieuses pour la décoration de leur Eglise, en servent de témoignages.

Madame la Princesse Marie de Gonzague Duchesse de Nevers, & dépuis Reine de Pologne l'honnoroit de son affection, & de ses frequentes visites; elle luy inspira le dessein de faire un nouveau Monastére hors la Ville, & la favorisa de telle sorte en cette entreprise que bien-tôt cette Maison fut en état au Faux-bourg

La V. Mere Angelle de sainte Croix, d'Avantois. 1. Juillet. de Nevers; on y envoya seize Professes de la Ville, & la Mere Angelle fut commise Supérieure du nouveau Convent; là elle vacqua avec ses filles aux fonctions de l'Institut, avec tant de pauvreté, & de fatigues: mais avec tant de joye & d'union, qu'il sembloit que cette Maison fut un desert; elle usa d'une œconomie admirable, de sorte qu'en peu de tems la Maison fut sufisamment accommodée.

Jusques icy elle avoit eu beaucoup d'éclat, on parloit d'elle comme d'un grand genie, d'une ame éclairée; rien ne s'opposoit à ses desseins, elle possedoit le cœur de ses Religieuses, elle les aimoit & en étoit aimée, & ce doux reciproque faisoit tout leur contentement: mais il fut bien troublé par quelques incidens, dans lesquels avec plus d'erreur que de malice, elle fut soupçonnée, & blâmée en des sujets dont elle étoit innocente, ce luy fut un choc à la verité bien rude, elle le porta pourtant fort genereusement, non seulement dans la Charge de Superieure où elle eût beaucoup à souffrir, mais encore après dans celle de Zélatrice, où durant un an elle endura extrêmement en l'esprit & au corps même, devenant fort infirme, si bien qu'on crut que Dieu avoit donné tout pouvoir au Démon de l'affliger, & de ternir sa reputation, mais comme elle avoit le cœur grand & le courage invincible, elle étoit toûjours constante; toute-fois un jour étant importunée à l'excés des calomnies contre sa conduite & ses mœurs, la promtitude la fit échaper à dire avec une resolution un peu précipitée qu'il me soit permis d'aller à Moulins en Gilbert, j'en suis contente; s'en fut assez pour sortir de Nevers, on la prit au mot si promptement que dés le lendemain, il fut ordonné de son voyage, & elle eut son obeïssance pour partir au plûtôt, il fallut donc qu'elle se separât de ses cheres filles nonobstant toutes leurs larmes & leurs resistances; elle-même malgré sa generosité, jointe à sa soûmission aux volontés de Dieu & de ses Superieurs, pensa mourir dans l'effort qu'elle se fit dans cette conjoncture que l'on peut compter pour les premieres amertumes du Calice qu'elle devoit avaller, car helas! qu'est-ce qu'elle ne souffrit point durant si ans & neuf mois que dura son exil, & le tems de son épreuve, Dieu en fût presque seul le témoin aussi bien qu'il en étoit la cause permissive; il est bien facile de croire que ce fust une chose tres-rude à une personne qui s'étoit veuë honnorée, recherchée, & consultée des premieres puissances de la Province, de se voîr tout-à-coup éloignée de tous ses amis, releguée dans une Communauté commençante, & accusée de crimes tout-à-fait contraires à la generosité de son cœur; son esprit vif au possible aprofondissoit si fort par la reflexion dans le malheur apparent de son état, qu'il y pensa faire naufrage; il s'est trouvé dans quelques papiers écrits de sa main que pendant la premiere année de sa demeure à Moulins, elle fut attaquée de tentation de désespoir, n'ayant ny consolation, ny apuy, ny du Ciel, ny de la Terre, étant détenuë dans une captivité inexplicable.

Une fois dans le plus fort de sa souffrance, cherchant à s'en divertir, elle alla se promener dans un pré enclos dans le Convent, & qui étoit borné d'une petite riviere, c'étoit-là qu'elle pretendoit noyer son ennuy, & du moins le charmer

1. Juillet. *La V. Mere Angelle de sainte Croix, d'Avantois.* 5

par la vive image des revolutions de sa vie, si bien dépeinte dans l'inconstance de ces fleaux, approchant donc des fleaux de cette eau, elle apperçeut dessus le bord Nôtre Seigneur JESUS-CHRIST avec une beauté merveilleuse, qui l'arrêta, la consola, & luy promit d'être avec elle, & luy dit qu'elle avoit beaucoup à souffrir durant les six années qui luy restoient encore à vivre ; cette vision calma en un moment son cœur, & luy releva tellement le courage, que son exil luy devint doux, & le chagrin n'eut plus d'entrée en son esprit, quoy qu'elle n'ignorat pas combien sa reputation étoit fletrie ; cette vraye Mere & Fille de la Croix disoit que souvent parmy ses amertumes, Nôtre-Seigneur consoloit son pauvre cœur, en y versant beaucoup d'amour envers sa sacrée personne, & par un entretien fort doux de ses peines & de ses souffrances, d'où elle tiroit autant de joye que l'amant se plait de souffrir reciproquement pour l'objet aimé.

Quand le tems fut venu que son Sauveur luy avoit predit, & qu'il eût tiré vengeance des petites fautes qu'elle pouvoit avoir commise durant le tems de sa prosperité, il termina la plus sensible partie de son afflixion, & la releva de la même main puissante & douce dont il l'avoit auparavant humiliée ; son innocence opprimée depuis long-tems, fut reconnuë & manifestée ; sa vertu jetta un nouvel éclat, & enfin pour reparation d'honneur, elle fût reconduite à Nevers, où comme si Dieu luy eut voulu rendre tout ce qu'il luy avoit été ôté, elle fut receuë dans les deux Communautés d'Ursulines avec toutes les amitiés imaginables, même Monseigneur l'Evêque de Nevers l'alla voir deux jours de suite, & luy donna des singulieres marques de son affection ; tout le monde la felicitoit de son heureux retour, mais elle étoit si convaincuë de l'instabilité & deshonneurs de ce monde, qu'elle recevoit fort indifferemment tous ces applaudissemens, & y paroissoit comme insensible ; on luy donna pour demeure la Maison du Fauxbourg, dans la creance qu'elle luy seroit plus favorable pour sa guerison, son corps étant dans un état pitoyable, ce qui la faisoit paroître une mouvente anatomie ; son visage, ses bras, & ses jambes n'avoient qu'une peau collée sur les os, & le reste de son corps étoit dans une enflure extrême, elle parut ainsi en ce lieu, où autre fois elle avoit été plaine de santé, de joye, & de bonheur ; ces états étoient bien differens, mais son cœur, & sa vertu n'étoient changés que de bien en mieux ; dés le soir même qu'elle y entra, elle visita les lieux reguliers de cette Maison, & s'écriant avec joye, *Dieu soit beny, voicy le lieu de ma fin* ; elle se rengea à la chambre de sa mere, laquelle depuis dix-huit ans s'étoit retirée dans le Convent pour y finir vertueusement sa vie, cette bonne veuve avoit porté la privation d'une si chere fille durant prés de sept ans ; sa joye & sa tristesse ne se pouvant pas exprimer, sa joye de la revoir, sa tristesse de la voir en tel état : toutes-fois le cœur de l'une & de l'autre étans regis par des sentimens de vertu, aucune plainte ne fût entenduë à cét abord, mais toutes deux la larme à l'œil, loüerent la bonté de Dieu qui les avoit reünies pour leur consolation, & pour les mettre comme dans un même tombeau.

On se mit soudain en devoir de la rétablir, l'affection commune & le desir de la conservation d'une si belle vie, fit que rien n'y fut oublié, les medecins firent leurs efforts, mais en vain, Dieu ayant arresté sa derniere heure, il étoit impossible de la luy faire outrepasser; elle s'y rendit avec soûmission, & s'y disposa avec une patience invincible à souffrir plusieurs maux tres-douleureux, & compliqués ensemble.

Elle ne sortoit que pour aller entendre la Messe les Fêtes & Dimanches, avec tant de peine & de langueur que sa vie en pouvoit être en peril; elle s'élevoit au dessus de ses maux sans en parler, sinon lors que les Religieuses l'en interrogeoient; outre ce qu'elle enduroit en son corps, le fond de son esprit patissoit un délaissement extrême, surquoy faisant reflexion elle disoit, *helas! mon cœur a fait alliance avec la mort, & je pense qu'il n'y a point de douleur de corps & d'esprit comparable à la mienne*: sur ce pied là sa croix étoit plus semblable à celle de son JESUS, & se souvenant de la promesse que le même JESUS luy avoit faite qu'elle finiroit sa vie à la fin des sept ans de son épreuve, elle se rejoüissoit quand on luy parloit de sa mort.

Enfin elle s'en vit à la veille par une gangrene interieure, qui se forma dans ses entrailles, & dans sa poitrine qui parût quatre jours avant sa mort, elle avoit la bouche & le gosier comme doublés d'une chair brulée, devenuë par la chaleur blanche comme du papier, elle-même la tiroit de sa bouche à grand lambeaux, ayant toûjours le jugement ferme, la patience inalterable, & frequemment ces mots à la bouche, *je croy que mon Redempteur est vivant, & que cette chair le verra*; elle Communia encore en Viatique le jour de sa mort, bien qu'il n'y avoit que deux jours qu'elle l'eut fait, & Communia si à propos qu'elle n'eût pas plûtôt usé la sainte Hostie qu'elle entra à l'agonie; elle avoit dés long tems passionné cette grace de mourir peu aprés la Communion; elle fut trois heures à l'agonie, sans voir, ny entendre, puis elle rendit son ame à Dieu.

Si un moment leger d'afflixion opere un poid éternel de gloire, sept ans de persecution bien prise par une ame innocente comme celle-cy, luy ont pû amasser des trésors immenses de merites; quelques personnes qui par un faux zéle, & plus encore par foiblesse, luy en avoient imposés, montroient ce qu'elles étoient, c'est-à-dire blessées d'esprit; elle s'approprioit ce verset de David, *je chanteray éternellement les misericordes de Nôtre-Seigneur*; la nuit qui préceda sa mort elle le chanta d'une voix forte, ajoûtant celuy du Psalme 116. *Seigneur vous avez rompu mes liens, je vous sacrifieray une Hostie de loüange éternellement*, répetant ce mot *éternellement*, d'un esprit fort élevé, elle dit que Dieu applanissoit sa voix jusques alors si raboteuse, car durant cette nuit elle eut tant de douceur & de contentement, qu'on eut dit qu'elle commençoit à entrer en la joye de son Seigneur.

Aprés sa mort plusieurs Religieuses de son Convent eurent quelque connoissance de son bienheureux état; elle mourut le premier Juillet l'an 1653. âgée de cinquante-cinq ans, en ayant passé prés de vingt-huit en la Charge de Superieure, Assistante, & autres principales.

MAXIMES.

I. Le premier degré d'oraison consiste à rejetter par la seule veuë de l'esprit les pensées de distraction qui le dissipent dans la priere, au moment qu'elles se presentent.

II. Le deuxiéme consiste à retenir nôtre esprit dans la méditation des paroles, & des prieres que nous recitons.

III. Le dernier & le plus parfait, consiste en un transpott de l'ame & en un ravissement de l'esprit en Dieu.

IV. La voye de la sainteté est de patir, l'on n'acquiert le Royaume de Dieu que par plusieurs peines; Dieu se plait à voir icy bas une ame abaissée, & souffrante.

✿✿✿✿✿✿✿✿✿✿✿✿✿✿✿✿✿✿✿✿✿✿✿✿

Deuxiéme Juillet.

LA VENERABLE SOEUR CATHERINE
de l'Heraud, Religieuse Ursuline congregée de Salon en Provence.

Il faut vivre & mourir riche en pieté, & en chasteté.
Epître 1. à Thimothé Chap. 2.

Cette parfaite Ursuline Sœur Catherine de l'Heraud fut pendant sa vie & sa mort même un parfait modéle de ces deux grandes vertus: aussi souhaitoit elle avec ardeur à sa derniere maladie de faire ses vœux de Religion, elle s'y disposa par la patience à souffrir des violentes douleurs; le Confesseur étant entré pour luy donner le Saint Viatique, elle perdit tout à coup la parole, montrant par des signes animés de ferveur le sacrifice interieur qu'elle faisoit d'elle même, enfin le jour de la Visitation de la Sainte Vierge à qui elle étoit particulierement devote; elle recouvra la parole, mais seulement pour prononcer ses vœux, & recommender à ses cheres Sœurs la devotion envers la Mere de bonté, puis elle rendit son ame à Dieu.

MAXIMES.

I. Dieu accorde la pureté de l'oraison à celuy qui le prie avec ferveur, quoyque sa priere soit peut-être encore troublée de quelques distractions qui luy donnent de la peine.

II. Ce qui souille nos prieres, est d'occuper nôtre esprit en des pensées indiscretes & prophanes lorsque nous sommes presens devant Dieu, ce qui l'éteint entierement est de fixer & d'arrêter volontairement nôtre esprit à des soins superflus & inutiles: ce qui nous la dérobe, est de s'égarer insensiblement en des pensées indiferentes, & ce qui nous la ravit, est de se laisser emporter par quelques fortes attentions.

III. Pour obtenir le pardon de ses offences, on a besoin d'une tres-grande contrition, servons nous aussi de ce que l'Ange dit à S. Pierre, ceignons nous comme luy de la ceinture de l'obeïssance, mais dépouïllons nous de nôtre propre volonté, approchons nous ainsi tous nuds devant Jesus-Christ lors que nous nous presentons devant luy pour le prier, ne luy demandons que la seule connoissance de sa volonté, car ce sera alors que l'esprit de Dieu descendra dans nous, qui prendra le gouvernement de nôtre ame, & la conduira seurement jusques dans le Ciel.

Deuxie'me Juillet.

LA VENERABLE SOEUR ALPHONCINE de Saint Bernard, de Leviston, Religieuse Ursuline de Viteau.

Il faut toûjours tendre & se porter à la perfection. Aux Hebreux, Chap. 6.

C'Est ce que nôtre Sœur de S. Bernard a fait, qui ayant été douée d'en haut de tous les talens naturels & surnaturels qui peuvent rendre une fille parfaitement achevée, & ayant été dans la Religion dés son enfance, son étude particulier étoit de se porter à la plus haute perfection dans toutes ses occupations.

Son zéle pour le bien de la Communauté ne se peut exprimer, elle étoit infatigable pour en procurer l'avencement; elle avoit un saint attachement pour ses Superieures, elle auroit mieux aimé mourir que de s'éloigner tant soit peu de ce party, qu'elle estimoit celuy de Dieu; cét amour étoit accompagné d'une entiere confiance.

Elle a long tems porté la Charge de discrete dont elle s'acquitoit parfaitement, aussi bien que celle de Secretaire du Chapitre, parce qu'elle couchoit si bien, & écrivoit si juste qu'on admiroit les actes qu'elle dressoit.

C'étoit une parfaite Religieuse qui avoit l'esprit fort, & qui vivoit charitablement & fort doucement avec toutes ses Sœurs; sa conversation étoit charmante, & elle étoit portée naturellement à faire plaisir à toutes où elle réüssissoit, car elle étoit capable de grandes & petites choses, sans que cela la fit tant soit peu élever ny s'estimer.

Ses

2. Juillet. *La V. Sœur Alphoncine de S. Bernard, de Leviston.*

Ses délices étoient de chanter les loüanges de Dieu, particulierement quand le Saint Sacrement étoit expofé, qu'elle faifoit un falut le foir qui donnoit de la devotion à tous ceux qui y affiftoient ; elle foûtenoit tout le Chœur, ayant une voix admirable, forte & delicate, entendoit parfaitement à la mufique, & joüoit fort bien de diverfes fortes de fimphonies, & particulierement de la baffe de viole, qu'elle touchoit avec une armonie & delicateffe raviffante.

Son grand plaifir étoit de travailler pour la décoration des Autels, à quoy elle réüffiffoit avec une propreté, & une adreffe fort grande ; elle le faifoit avec tant de devotion vers le S. Sacrement de l'Autel, qu'elle auroit perdu le boire & le manger fi on n'y eut pris garde.

Elle avoit mis toute fa confiance & fon falut entre les mains de la Mere de Dieu, s'étant faite des prieres particulieres pour l'honnorer, elle faifoit volontiers part de fes prieres & bonnes œuvres aux Ames du Purgatoire pour qui elle avoit une grande compaffion.

Sa haute eftime de nos faintes Régles s'étendoit jufques aux plus petites, ayant une grande intelligence pour les prendre dans leur vray fens.

Elle aimoit extraordinairement à donner l'aumône aux pauvres, fa plus grande peine étant Portiere étoit de les renvoyer, & fi l'obeïffance le luy avoit permis, elle fe feroit volontiers privée de fa nourriture pour en faire part aux pauvres membres de Jesus-Christ, ne fe rebutant point d'aller plufieurs fois le jour demander dans la cuifine avec permiffion quelque chofe pour leur faire la charité.

Elle abhorroit tous les foins de fon corps & fur tout les médicamens, encore qu'ils luy fuffent quelques-fois neceffaires ; l'on ne pouvoit la refoudre à s'y foûmettre à moins qu'elle ne fe fût alitée. Sa maladie fut une fiévre continuë, avec une douleur de tête fort aiguë qu'elle fouffroit avec une patience invincible ; elle reçeut tous fes Sacremens d'une ferveur & devotion extraordinaire ; fa Confeffion fe fit avec tant de regret d'avoir offencé Dieu, que le Confeffeur en fut touché, & rendit fon efprit dans la douceur d'un enfant, le deuxiéme Juillet 1676.

MAXIMES.

I. La douceur eft une affiéte immuable de l'efprit, par laquelle il demeure toûjours le même foit dans les honneurs, foit dans les deshonneurs & mépris.

II. La douceur eft l'appuy de la patience, c'eft la porte de la charité ; c'eft un principe de difcernement & de lumiere, fuivant cette parole du Prophete, *le Seigneur enfeignera fes voyes à ceux qui font doux.* C'eft la mediatrice de nos pechez, & de l'humble confiance dans nos prieres, c'eft le temple vivant du Saint Efprit, *fur qui jetteray-je les yeux* (dit le Seigneur) *finon fur ceux qui font paifibles & doux.*

III. Le cœur des doux eft le trône où le Seigneur fe repofe, & l'ame des turbulans & des coleres, eft le tribunal où préfide le Demon.

Troisième Juillet.

LA VENERABLE SOEUR ALIX DE Saint Bernard, Elequens, Religieuse Ursuline d'Evreux.

Dieu luy avoit mis la parole & la predication à la bouche.
Aux Nombres, Chap. 23. verſ. 16.

Notre Sœur ALIX mena une vie toute Religieuſe dans le monde, juſqu'à ce qu'elle ſe rendit Urſuline; à peine y fut elle entrée, & envoyée aux claſſes, que l'on remarquât que Dieu luy avoit mis la parole à la bouche par l'efficacité de ſes inſtructions, dont les Penſionnaires étoient ſi touchées, & en faiſoient un ſi grand recit que les autres filles par devotion demandoient l'entendre; c'étoit une ame tres ſincere, ennemie des détours, & équivoques, & ornée d'une aimable ſimplicité; étant Dépoſitaire lors qu'elle n'avoit point d'argent elle en alloit demander au petit JESUS, & ce qu'on luy apportoit aprés, elle le recevoit de ſa main, diſoit elle, pluſieurs fois, jettant de l'eau benite au grenier, & y diſant devotement le *Credo*, le bled s'y multiplioit, une fois entre autre que la ſaiſon n'étoit pas propre à en faire proviſion, s'appercevant qu'il alloit manquer, elle alla dire ſon *Credo* ſelon ſa coûtume, & le bled dura plus de trois mois au delà de ce qu'on en devoit attendre, ce qui étonna toute la Communauté.

Elle excelloit en la vertu d'obeïſſance entre toutes les autres, bien qu'elle fut auſſi tres-exemplaire en la charité, au ſilence, en la pauvreté, & au reſpect pour les choſes ſaintes, elle s'achemina à la bien-heureuſe éternité par trois ans de langueur ſous une Infirmiere d'une humeur facheuſe à qui pourtant elle ſe ſoûmettoit entierement, elle reçeut le S. Viatique, & rendit l'ame pendant qu'on luy adminiſtroit l'Extrême-Onction le troiſiéme Juillet 1653. Il y avoit alors deux perſonnes fort à charge dans les Urſulines, & dont elles ne ſe pouvoient défaire, à cauſe que des hautes puiſſances les avoient obligées de les recevoir, nôtre Sœur de S. Bernard dans ſon extrémité promit à ſes Sœurs que la premiere choſe qu'elle demanderoit à Nôtre Seigneur, s'il luy faiſoit la grace de la mettre en ſon Paradis, ce ſeroit la ſortie de ces filles, & dans la quinzaine aprés ſon décez elles ſortirent en effet d'une maniere ineſperée, ce que la Communauté tint à une grande grace de Dieu.

3. Juillet. *La V. Mere Iacquette de S. Augustin, Carpentier.* 11

MAXIMES.

I. La Foy donne des aisles à l'oraison, car sans elle elle ne peut voler jusques dans le Ciel.

II. Lorsque vous vous élevés au dessus de l'amour du monde, & de tous les plaisirs de la terre, rejettez tous les soins de cette vie, délivrés vous de toute autre pensée que de celle de vôtre salut, & renoncés à vôtre propre corps, car la priere n'est autre chose qu'un oubly de tout le monde visible.

III. Dites à Dieu de tout vôtre cœur, qui a-t'il dans le Ciel que je desire, rien que vous Seigneur, qui a-t'il dans la Terre que j'ayme, & que je cherisse, rien que vous Seigneur, rien que d'être si fortement uniè à vous par la priere que je ne puisse jamais être separée de vous.

IV. Les uns desirent des trésors, les autres de la gloire & les autres de grandes possessions & de grands biens, mais pour moy je ne souhaite que d'être inseparablement unie à vous, & c'est de vous seul que j'espere & que j'attens la parfaite tranquilité de mon ame.

TROISIE'ME JUILLET.

LA VENERABLE MERE JACQUETTE
de Saint Augustin, Carpentier, Religieuse Ursuline de Nevers.

Elle étoit parfaitement belle, & agreable aux yeux de tout le monde.
En Esther Chap. 2.

CEtte grande Religieuse naquit en l'an 1613. avec tant de beauté, qu'il sembloit que la nature eut pris plaisir d'étaler en ce petit corps tout ce qu'elle avoit de plus rare; en peu de tems elle parut avantagée de toutes les qualités de corps & d'esprit, qui peuvent rendre une fille recommandable: elle gagna sans artifice l'affection de tous ses proches; les entretiens secrets avec un sien petit frere étoient de parler du martyre des Saints, & de la vie solitaire des Anachoretes; cét esprit de ferveur leurs fit resoudre d'accomplir leur souhait, & ainsi tous deux n'ayant pas encore cinq à six ans, sortirent secrettement de la maison de leur pere & s'en allerent à la mercy de la Divine Providence une personne de connoissance les ayant rencontré, les ramena au logis, & s'étant enquis où ils pretendoient aller, nôtre petite répondit fort ingenieusement,

B 2

La V. Mere Iacquette de S. Augustin, Carpentier. 3. Juillet.

Nous allions chercher le martyre, ou bien vivre comme les Hermites du desert; cela fut pris comme une augure de l'esprit Apostolique, dont elle devoit faire profession dans l'Ordre des Ursulines, & ses parens secondans ses bonnes inclinations, luy donnerent liberté de vacquer à toutes les actions de devotion qu'elle voudroit, se sentant donc dés lors attirée à l'oraison, elle se cachoit dans des petits coins, où on la trouvoit priant, le visage enflamé, & dans une beauté qui surpassoit le naturel.

Le S. Esprit luy inspira un si pressant desir d'être Religieuse qu'elle en pleuroit jour & nuit, son pere y faisoit une entiere opposition, mais Dieu le retira de ce monde, ensuite elle surmonta les tendresses de sa mere, & obtint l'entrée dans le Convent des Ursulines pour y être Pensionnaire; sa memoire étoit telle, qu'elle retenoit les instructions, & même les predications sans en perdre un seul mot.

Pendant que les Religieuses cultivoient avec plaisir cette jeune plante, dans l'esperance d'en goûter un jour les fruits, la peste obligea sa mere de la reprendre avec elle, la maladie étant cessée, elle retourna au lieu de ses délices pour y être Religieuse, ayant soutenu & vaincu dans beaucoup de combats.

Son premier soin dans le Noviciat fut d'acquerir un parfait mépris d'elle-même, faisant litiere de tout ce que l'on estimoit en sa personne & en sa beauté, & sa bonne grace luy étoit indifferante, elle se negligeoit tellement qu'il y paroissoit de l'excés; elle en souffrit plusieurs reprimendes avec un visage content, perseverant en toutes les occasions de mortification dans cette même égalité.

Quand elle fut Professe elle faisoit outre les pratiques ordinaires du Noviciat trois fois la discipline par semaine avec des rosettes en forme d'éperon; elle n'étoit jamais sans une haire, ou une ceinture à pointe de fer, c'étoient les plus riches meubles de sa Célule, dont elle avoit une si bonne provision qu'elle en fournissoit aux autres, & lors qu'elle se disciplinoit les murailles demeuroient toutes rouges de son sang.

Par des contrarietés bien prises son ame s'établit dans une conformité à la volonté de Dieu, telle que toutes choses luy furent depuis des moyens de sanctification & union avec luy; ses penitences & ses oraisons étoient offertes pour celles qui luy fournissoient ces exercices de vertu. Elle embrassoit la croix d'un cœur généreux, & même elle alloit au devant, cela parut dans un rencontre où elle avoit agy secrettement mais selon Dieu, une autre pourtant en étant soubçonnée, & blâmée, la Mere ne le put souffrir, & dans la pensée qu'on luy ravissoit sa couronne, elle fit sçavoir qu'elle avoit fait la chose, & se sacrifia volontairement à la confusion & au mépris.

Tandis que le Monastére de Nevers fondoit une partie de ses esperances sur le gouvernement de cette bonne Religieuse, elle fut envoyée Superieure à Moulins en Gilbert, où elle avoit été élevé, ce fût en cét état d'élevation où cét astre jetta de plus brilans rayons; elle étoit irreprehensible dans sa conduite, & dans ses mœurs; elle avoit le respect, l'amour & la confiance de toutes ses filles; elle étoit parfaitement reguliere tant en elle qu'aux autres, reprenant avec vigueur

& sans exception lès déffauts qui se commettoient, & quoy que son zéle rendît quelques fois ses corrections un peu fortes, elle n'aigrissoit point les esprits, ayant égard aux dispositions des personnes qu'elle reprenoit, & ne laissoit jamais coucher une fille à qui elle eut fait de ces reprehensions severes qu'elle ne l'appellât, & ne la remit dans la paix, elle ne pouvoit voir aucunes de ses Religieuses tristes qu'elle n'en sçeut la raison, & qu'elle ne les soulageât dans leurs peines; elle avoit dans ces rencontres l'abord le plus suave & le plus engageant du monde, aussi toutes avoient pour elle le cœur ouvert & plein de confiance.

Sa facilité étoit tres-grande à s'exprimer sur les mystéres de nôtre sainte Foy, c'étoit merveille de voir le grand nombre de personnes de toutes conditions, & âges qui accouroient à ses Catéchismes, car elle-même quoyque Superieure faisoit l'instruction aux Pensionnaires & externes pour les disposer à leur premiere Communion; Dieu donnoit benediction à son zéle, operant par son moyen des changemens notables dans les cœurs, où elle versoit la consolation avec adresse; elle avoit une bonté ravissante pour les communications interieures; elle découvroit souvent si à propos les dispositions des personnes qui luy parloient que l'on eût dit qu'elle les lisoit dans leurs cœurs; elle supportoit charitablement celles qui faute de lumiere & d'experience avoient peine de s'expliquer, faisant son possible pour ôter ou diminüer la confusion dans semblable occasion.

Quand elle faisoit son oraison, il n'y avoit qu'à jetter les yeux sur elle pour participer à son recüeillement, elle étoit quelques-fois les trois & quatre heures de suite devant le Saint Sacrement, & les Fêtes elle y demeuroit depuis les quatre heures du matin jusques à dix, & presque tout le soir jusques à dix heures, les veilles des Fêtes de la Sainte Vierge elle n'en sortoit qu'à minuit, quelques-fois elle y chantoit des Cantiques, & des Psaumes de David d'une voix si charmante qu'il sembloit que les Anges fussent de partie avec elle; elle puisoit dans ses entretiens familiers avec Nôtre-Seigneur des lumieres qui tenoient de la Prophêtie & du discernement des esprits; l'on ne pouvoit gauchir avec elle sans qu'elle ne s'en apperçeut.

Son attrait particulier étoit à la Passion du Sauveur, elle se levoit toutes les nuits pour prier, suivant l'inspiration de Nôtre-Seigneur, d'honnorer les trois heures d'oraison qu'il avoit fait au Jardin des Olives.

Le respect qu'elle avoit pour l'obeïssance la fit obeïr aux dépens de sa vie, & jusques à la mort à l'imitation de JESUS son Epoux, par la soumission qu'elle rendit aux ordres de son Prélat pour continüer sa Charge, luy témoignant mille tendresses, & agrement sur sa bonne conduite, ne voulut pas luy accorder son retour à Nevers, encore qu'elle luy fit entendre qu'elle avoit une incommodité qui demandoit de promps remédes, parce qu'il crut que c'étoit une feinte, voyant en son visage toutes les marques d'un bon tempéramment, il l'engagea derechef dans sa Charge, & son mal ne pouvant pas être traité, il devint irremediable; elle se montroit insensible à ce qui la touchoit.

14 *La V. Mere Iacquette de S. Augustin, Carpentier* 3. Juillet.

La charité avoit tout son lustre en sa personne, les Prisonniers en ressentoient les effets abondamment, elle envoyoit visiter les necessiteux & les assister ; cette grande charité qui embrasoit son ame pour ses prochains en général & pour ses Sœurs en particulier, étoit souvent accompagnée d'effets extraordinaires, comm'il parut dans une Religieuse qui étoit rongée d'écroüelles que la Mere pansoit tous les jours avec un tel soin qu'elle la guerit.

Dans les grands maux qu'elle souffrit les dernieres années qu'elle fut Superieure, son calme étoit inalterable ; elle porta plus de deux ans une grosse glande au sein sans en rien dire, & craignant que ce ne fut un mal à communiquer, elle en prit conseil vers un Religieux, lequel luy ayant dit qu'elle étoit obligée en conscience de le découvrir & de s'en faire soulager, elle le dit donc mais trop tard, car le cancer formé y parut soudain, & luy gagna la moitié de la poitrine & le bras gauche, l'empêchant de s'aider & mouvoir dans son lit que par le moyen d'une corde qui étoit suspenduë, elle fut ainsi deux mois & demy de suite ; elle souffrit ces grands maux avec une patience achevée, faisant toutes les fonctions de sa Charge comme si elle eut été dans une parfaite santé ; la Superieure du Faux-bourg de Nevers luy manda qu'elle étoit assurée, qu'au moindre desir qu'elle feroit paroître à Monseigneur leur Evêque pour son retour, il le luy accorderoit, à quoy elle fit réponce ; *pourquoy vous peinez vous de ce que Dieu veut, c'est sa volonté que je souffre, je n'en puis douter, puisque plus on le prie & demande ma guerison, plus il multiplie mes douleurs, je ne seray pas ce que vous me conseillez, car je n'ay jamais accomply ma volonté avec bon succez, mais quand je me suis laissé conduire à l'obeïssance, mon ame a trouvé son vray & unique repos.*

Cette Superieure qui l'aimoit beaucoup obtint son retour, nôtre malade reçeut son obeïssance, avec joye d'aller consommer son sacrifice où elle l'avoit commencé ; d'ailleurs son cœur tout tendre pour ses filles de Moulins, ressentoit une peine extrême de les laisser, les Religieuses verserent toutes un déluge de larmes, elle seule avoit l'œil sec, & se fit un si grand effort que son visage en parut comme celuy d'une morte ; elle leur fit un petit mais fort pressent discours sur ces paroles du S. Evangile ; *Iesus ayant aimé les siens, il les aima jusqu'à la fin* ; elle les consola le mieux qu'elle pût, & prit Dieu à témoin qu'elle n'avoit jamais eu dessein de les attacher à elle mais bien à luy.

Quand elle entra dans le brancard ce furent des cris, des pleurs, & des sanglots inimaginables, sa constance en cette conjoncture la pensa faire mourir, car elle demeura ferme comme un rocher au milieu d'un torrent de larmes, & d'une foule de peuple dont les gemissemens étoient capables de fendre un cœur de diamant ; les principaux de la Ville étoient presents pour mettre ordre à la commodité de son voyage, elle les remercia des soins qu'ils avoient pris de la Communauté, & les supplia avec toutes les honnêtetés possibles de les vouloir continüer ; elle fut conduite au Château de Dezize, où tous ses parens l'attendoient, & où elle fit paroître tant de vertu, d'esprit, & de sagesse, qu'elle fût l'admiration de toutes sortes de personnes ; durant neuf jours qu'elle demeura

3. Juillet. La V. Mere Iacquette de S. Augustin, Carpentier.

pour reprendre un peu de force, elle fit dans ce lieu d'heureuses reconciliations entre ses proches, & donna des marques en toutes occasions de sa charité & de son zéle.

E'tant arrivée à Nevers, il accourut une grande multitude de personnes pour la voir ; elle recevoit chacun avec des paroles si remplies de douceur qu'elle donnoit de la joye tandis qu'elle portoit elle seule de grandes douleurs, & l'on ne pouvoit en même tems luy dénier des larmes, voyant une si grande patience dans un corps si couvert de playes. Elle fust conduite au Monastére du Faux-bourg de Nevers, où la Superieure la receut avec une jubilation qui ne se peut exprimer, ce qui fust suivy d'un ruisseau de larmes lors qu'elle la vit chargée de tant de maux, mais elle toûjours attachée à Dieu, s'écria par un transport d'esprit en entrant dans ce Monastére, *hæc requies mea in sæculum sæculi*, prévoyant bien sa mort prochaine, quoyque les Medecins luy eussent donné quelque esperance de santé ; si les Religieuses eurent de la consolation de sa presence, elles furent sensiblement touchées, la voyant couverte de sept ou huit grandes playes depuis le col jusques au bas de l'estomach ; la Superieure luy demanda si elle n'avoit point de chagrin de se voir en ce pitoyable état, *Non ma mere*, luy répondit-elle fort agreablement, *ce qui m'en pourroit humainement causer, ce seroit la peine que je vous donne, mais j'en suis consolée, me considerant comme un pauvre que vous auriés pris à la porte pour l'amour de Dieu*. Elle paroissoit au comble de sa joye, faisant à ses Sœurs mille amitiés sinceres, & elles trouvoient en cette chere malade un aide puissant pour s'avancer dans les voyes de perfection.

Jamais elle ne dit un seul mot de plainte, & durant les incisions qui luy furent faites, elle charmoit ses cuisantes douleurs, en chantant les Pseaumes de David ; les Medecins ravis de sa vertu, disoient que les Martyrs n'avoient point fait paroître plus de constance qu'on en remarquoit en elle ; sa douleur s'augmentant, il fust jugé à propos d'ouvrir son bras, l'on entendoit le razoir crier dans sa chair du bout de la chambre sans qu'il luy échapât un soûpir, le Chirurgien touché de compassion, en admirant sa patience & sa douceur, luy demanda si elle ne souffroit pas bien de douleur, *cela n'est rien*, répondit elle, *si vous voulez couper le bras j'y suis disposée*.

Sa fin s'approchant, elle receut le Saint Viatique la veille de sa mort dans des dispositions tres saintes, & le lendemain l'Extrême-Onction ; elle prit le Crucifix qu'elle tint plus d'une heure, parlant à son amour crucifié, puis se sentant dans les foiblesses de la mort, elle fit appeller la Superieure, & luy dit, *ma Mere nous nous allons separer* ; sur les trois heures du matin elle dit, *le Pere Visiteur viendra qui ne me quittera point que je n'aye rendu l'esprit*, ce qui arriva ; entendant sonner le Réveil, elle fit appeller la Communauté, & en même tems le Reverend Pere Augustin Audru Religieux Recolet se trouva à la porte du Monastére sans avoir été mandé ; il entra pour consoler la malade, & cette ame parfaitement soûmise aux soins de ses Superieurs, suivoit avec fidelité tous les actes que celuy-cy luy marquoit ; il luy demanda si elle souffroit beaucoup, à quoy elle répondit en soûriant, *fort peu, mon Pere, & Dieu merite beaucoup plus*.

16 *La V. Mère Iacquette de S. Auguſtin, Carpentier.* 3. Juillet.

On luy liſoit toutes les nuits la Paſſion de Jeſus-Chriſt, nourriſſant ainſi ſon ame des amertumes de ſon Sauveur ; après qu'elle eût gagné les Indulgences des Agonizans, & montré tous les ſentimens de pieté qui ſe peuvent attendre d'une ame ſainte, elle expira entre les mains de celuy qui l'avoit creée l'an 1647. Elle demeura après ſa mort dans une beauté incomparable, ſans que la malignité de ſes playes ny les violentes douleurs qui luy avoient arraché la vie, euſſent en rien terny ſon viſage Angelique, qui imprimoit pureté, devotion & reſpect, & ainſi nous pouvons finir comme nous avons commencé; *Elle étoit parfaitement belle & agreable aux yeux de tout le monde.*

MAXIMES.

I. Une des maximes que ſon Divin E'poux luy a enſeignée, eſt qu'il faut que la paix s'acquiert par combat, pourquoy te peine-tu, n'eſt-ce pas moy qui fais toutes ces choſes?

II. Je ne ſçay, diſoit-elle, combien il y a que je ſouffre, c'eſt à mon bon Ange d'en compter les momens, il ne m'ennuye pas d'accomplir la volonté de Dieu.

III. La charité ſouffre tout, ſouffre ce qu'il faut, comme il faut & parce qu'il le faut pour l'amour de celuy qui l'ordonne.

IV. L'amour propre ne ſouffre que parce qu'il ne veut pas endurer ce que la charité doit ſouffrir, mal'heureux amour propre qui empêche de ſouffrir comme il faut, & qui ſouffre d'autant plus qu'il empêche de ſouffrir comme il faut.

V. La charité fait aimer les peines que nous ſouffrons comme on aime celuy pour lequel on les endure, & dés que l'on aime quelque peine elle n'eſt plus peine, toute la peine n'eſt qu'à aimer, car dépuis que l'on aime il n'y a plus de peine ; y a-t'il de peine d'aimer nôtre bon Dieu ? qu'aime-t'on que le bien, & quel plus grand bien que Dieu, qui eſt le ſouverain & l'unique bien de nos ames.

QUATRIE'ME

QUATRIÉME JUILLET.

LA V. MERE MADELAINE DE LA MERE de Dieu, de Milly, Religieuse Ursuline du Faux-Bourg Saint Jacques de Paris.

Vos dents sont comme les troupeaux de Brebis déchargées de leur toison, & qui sont sorties du lavoir, où elles étoient entrées pour se laver; elles sont toutes des gemeaux, il ne s'en trouve aucune parmy elles qui soit sterile. Aux Cantiques.

LE Saint Esprit a remarqué cette perfection en l'ame de la Venerable Mere de MILLY; qui avoit l'honneur d'être son Epouse; ce Divin Epoux dans son épitalame ayant décrit la beauté de son E'pouse aprés l'avoir loüée de la simplicité, & modestie de ses yeux de Colombe; aprés avoir comparé ses cheveux flotans avec un agreable désordre aux mouvemens irreguliers des Chevres, il releve la perfection de cette sainte Epouse de ses dents par la comparaison des Brebis, lors qu'il dit qu'elle ressemble à des troupeaux de Brebis fraichement tonduës, & sortant du lavoir avec netteté & blancheur, qui marchent serrées en ordre, sans que l'une passe l'autre en autheur, & les dents qui servent pour mâcher, & ruminer la viande, sont les simboles des pensées serieuses, des considerations profondes, & des consultations necessaires que nous devons employer dans nos affaires les plus importantes.

Sur quoy cette vertueuse Ursuline a étably ses considerations, & profondes reflexions sur le grand affaire de son salut, & par une lumiere divine & une grace extraordinaire elle préfera l'Ordre des Ursulines à une Abaye; Madame de S. Estienne sa Tante la voulant avoir avec elle à son Monastére de Rheims, elle vit clairement par une inspiration & sentiment que Dieu luy donna, que c'étoit sa volonté qu'elle demeurât dedans la Maison de Sainte Ursule qui commençoit pour lors à s'établir par le moyen de Madame de Villers S. Paul sa Tante dont la vertu aussi bien que sa naissance illustre sont assez connuës, laquelle étoit pour lors Coadjutrice de S. Estienne, & depuis fut Abesse, laquelle aimoit cette Niece, accomplie de toutes les perfections de corps & d'esprit.

Elle fut mise pensionnaire à l'âge de treize ans neuf mois, un an aprés elle demanda d'être receuë au Noviciat; elle y entra le Vendredy saint l'an 1615. le 17. Avril, six mois aprés elle reçeut le saint habit de Religion le jour de sainte Ursule par Madame sa Tante, laquelle eût bien voulu emmener cette chere Niece qui avoit été Pensionnaire dés l'âge de cinq ans dans son Monastére de Saint Estienne,

18 *La V. Mere Madelaine de la Mere de Dieu, de Milly.* 4. Juillet.

mais sa constance & fermeté d'esprit fut si grande, que quoy qu'elle aimât cherement & eût une tendresse nompareille pour sa Tante, elle s'en separa genereusement & préfera la qualité d'humble Ursuline, à tous les avantages qui luy étoient offerts, & fit profession le jour de S. Joseph, elle fut la vingt-cinquiéme Professe de l'Ordre de Sainte Ursule de la Congregation de Paris, où elle a toûjours vécu dans l'exercice de toutes les vertus Religieuses.

Elle s'est renduë tres-utile & necessaire, non seulement pour sa Communauté, mais encore pour tout nôtre saint Ordre, pour la gloire & augmentation duquel elle avoit un zéle nompareil, ce qu'elle a fait paroître dans toutes les Charges qu'elle a exercées, tant de Superieure, Assistante, Zélatrice, Maîtresse des Novices, &c. comme aussi à toutes les Fondations où elle a été Superieure, tant à Montdidier qu'à Meaux, qui peuvent rendre un témoignage assuré du desir extrême qu'elle avoit de l'observance, & de tout ce qui pouvoit en quelque façon contribuer à conserver la Religion dans le premier esprit de l'Ordre, & des Régles, lequel elle possedoit parfaitement, ayant l'esprit tres-Religieux, humble & affable, qui aimoit sa vocation, & qui faisoit une estime tres-grande de toutes les moindres observances.

Elle souhaitoit ardemment l'union entiere de tous les Monasteres de nôtre saint Ordre, & non seulement de toutes les Ursulines de France, mais de toute l'Europe, s'il eut été à son pouvoir, & quoy qu'elle fut d'une complexion fort foible & délicate, tous les travaux & fatigues ne luy sembloient rien pour contribüer à cette union si désirée ; & comme elle avoit l'esprit & le jugement tres-excellent, & fort bon, & étoit tres-propre à donner de bons conseils & avis, tant par ses paroles que par ses lettres, elle usoit de tous les moyens dont elle pouvoit s'aviser pour venir à bout d'une si sainte entreprise, ce qui parut au soin qu'elle eut pour le Monastére de S. Clou afin de le mettre dans l'union de Paris; elle empêchoit aussi par ses soins tout ce qui étoit contraire à cette union; elle avoit des maximes tres-excellentes pour la vie Religieuse & spirituelle.

Les dents mysterieuses de cette sainte ame étoient aussi la recherche de la discretion, la mesure de ses déliberations étoit la Loy de Dieu, qui étoit la régle de sa prudente conduite ; cette ame juste avoit pour modéle de ses conseils la volonté de Dieu, qui luy étoit connuë par les lumieres qu'elle en avoit receuës, & la rosée des graces que Dieu répandoit sur elle dans ses consultations.

Sa devotion & pieté étoit tres-grande, & sa pureté de conscience, se Confessant souvent comme pour la derniere fois, & comme pour mourir, & pareillement la sainte Communion qu'elle faisoit frequemment avec un amour & respect indicible. Sa devotion au S. Sacrement a paru dans l'acceptation qu'elle fit faire à sa Communauté de l'adoration perpetuelle du S. Sacrement qu'un Pere de la Compagnie de Jesus donna pendant qu'elle étoit Superieure ; elle avoit une estime & tendresse tres-grande pour toutes les choses de Dieu & de l'Eglise, ce qu'elle témoigna lors qu'il étoit question de signer la Bulle de nôtre saint Pere le Pape où elle se comporta avec tant de foy, de soûmission & de respect, qu'il luy tardoit que toute la Communauté eût fait ce qu'elle devoit en ce point, & lors

4. Juillet. *La V. Mere Madelaine de la Mere de Dieu, de Milly.*

qu'elle vit toutes les Religieuses unanimement signer, elle en témoigna une joye extrême, & dit *Tenons-nous toûjours fermes en la foy & mourons vrayes Filles de l'Eglise.* Le Carême dernier de sa vie, comme elle étoit fort infirme, l'on voulut la dispenser du jeûne & de l'abstinence, elle dit, quand bien j'abregerois ma vie de plusieurs années, il ne m'importe, je m'estimerois heureuse de mourir pour l'accomplissement des Commandemens de l'Eglise, ma vie ne m'est point considerable au prix.

Sa devotion à la Sainte Vierge & à S. Joseph, étoit dans une tendresse toute filiale qui luy faisoit trouver mille inventions pour les faire honnorer publiquement. Son amour à la Sainte Famille étoit de même. Elle avoit une devotion particuliere à S. Nicolas de Tolentin; l'on trouva son image, avec une petite oraison à ce Saint sur sa tête aprés sa mort; son recours principal aprés Dieu en toutes ses maladies étoit à la vraye Croix & à la sainte Epine qui étoit dans la chapelle où elle fit faire une neufvaine, & guerit miraculeusement d'une hydropisie, & a vécu deux ans aprés, au bout desquels elle retomba malade dans le même mal, accompagné d'une fiévre violente, & d'un herisipele aux cuisses, & ensuite une fluxion sur le poulmon, jointe à une opression, & la gangrene par tout son corps, qu'elle a souffert avec une tres-grande patience & douceur d'esprit, & affabilité à recevoir toutes celles qui la visitoient. Elle dit à une Religieuse qu'elle se rejoüissoit & loüoit Dieu de ce que son mal étoit venu devant les élections, afin que l'on ne pensât à elle pour aucun office, & qu'elle eût moyen de se disposer à la mort, l'esprit dégagé de tout, ce qu'elle a fait, ayant reçeu tous ses Sacremens & Communié deux fois en Viatique, avec une tres-grande devotion, accompagnée de tres-beaux actes de foy, d'esperance, de charité, de reconnoissance, de remerciement à Dieu de la grace de sa vocation, & un abandon à ses saintes volontés, & quoy qu'elle aprehendât la mort extraordinairement, elle disoit, *hé bien mon Dieu, ce qu'il vous plaira.* Elle fut à l'agonie trois heures, & passa fort doucement trois jours aprés les élections, ausquelles elle donna son suffrage, avec l'esprit & le jugement aussi bon qu'en pleine santé; ce fut un Vendredy en l'an 1665. âgée de 65. ans, & de Religion 51.

MAXIMES.

I. La Religion se maintiendra toûjours en sa vigueur tant que l'on estimera les Régles, le service de Dieu, & que l'on maintiendra la charité, la paix & union des esprits dans l'amour de nôtre saint Institut.

II. L'affaire du salut de l'ame est la fin universelle de tous les hommes, qui ne demande point de déliberation; il faut dire, *je me veux sauver, c'est pour cela que que jay été creé, & c'est le terme de toutes mes pourfuites.* Recherchons-donc tous les moyens les plus convenables pour arriver à une fin si noble.

Plusieurs se sauvent dans la Religion qui se perdroient dans le Mariage, & plusieurs trouvent dans les liens de cette société la liberté du salut, qui trouveroient le naufrage au port de la Religion; consultés-donc le Ciel pour apprendre par ses lumieres quel état vous sera plus propre pour gagner un Royaume éternel.

IV. La necessité de consulter se prent de l'importance de n'entreprendre aucune affaire sans y avoir serieusement pensé, & consideré avec attention tous les évenemens, car l'inconsideration est la source de plusieurs accidens facheux, que l'œil de la prudence pouvoit prévenir, & la consultation est le principe d'une heureuse élection.

V. Le salut de l'ame est la plus grande affaire que nous puissions entreprendre, c'est l'unique affaire, c'est la fin pour laquelle nous avons été creés; tous les menus emplois de nôtre vie ne sont que des legers accessoires de ce principal; donc nous n'avons pas à déliberer si nous nous voulons sauver, c'est un necessaire.

QUATRIE'ME JUILLET.

LA VENERABLE MERE MARIE DE la Trinité, de Riquety, Religieuse Ursuline de Pertuis.

Y a-t'il quelqu'un qui souffre, & que je ne souffre avec luy? Dans la seconde Epître de S. Paul, Aux Corinthiens, Chap. 11.

Dieu prévint cette illustre Ursuline dés son enfance de mille Benedictions, & receut des graces tres-singulieres, la preservant d'un tres-grand danger; un jour se trouvant au bord d'un precipice, le pied luy glissant, elle se prit avec les mains à une petite racine, tout son corps demeurant suspendu un espace de tems, ce qui fust un sujet de grande admiration à sa servante, qui la tira de là; nôtre petite n'avoit aucune apprehension de mourir pendant tout ce tems, commençant dés-lors à avoir la confiance en Dieu qu'elle a continué toute sa vie, quoyque d'ailleurs elle eût un grand courage, que la grace a depuis perfectionné d'une maniere admirable; nous avons appris par son aveu que pendant sa vie cette racine luy avoit été un sujet d'oraison, cependant elle retourne chez Madame sa mere qui l'aimoit tendrement, & qui ne songeoit qu'à l'engager dans le monde.

A l'âge de dix ans elle voulut la faire instruire pour aprés satisfaire à son desir, car c'étoit toute sa consolation depuis la mort de Monsieur de Riquety. Le Monastére des Ursulines de Pertuis fust choisy pour être le Paradis où cét Ange devoit habiter; Madame sa Mere la remit entre les mains de la venerable Mere du Revers, & luy recommanda surtout qu'on ne luy parlât point d'être Religieuse, la fille donnoit en quelque façon dans le sentiment de sa mere.

4. Juillet.   La V. Mere Marie de la Trinité, de Riquety.

Elle porta cét esprit vain qu'on avoit tâché de luy inspirer dans le Cloître, elle frisoit ses cheveux, & se plaisoit extraordinairement à parer son corps ; les Religieuses qui voyoient en elle un esprit bon & judicieux, & un rare naturel, jugerent facilement que Dieu se l'étoit choisie ; elles n'oublierent rien pour luy faire mépriser ces petites niaiseries ; on n'eut pas peine à luy en faire concevoir de l'horreur, & tout doucement elle méprisa tout ce qu'elle avoit aimé auparavant. On la disposa pour sa premiere Communion, & elle s'y porta avec toute l'ardeur de son cœur ; ce fust alors qu'elle commença à se laisser posseder à son Dieu, & à donner entrée aux lumieres dont son esprit a été éclairé. A l'âge d'onze ans elle reçeut le Sacrement de Confirmation avec toutes les dispositions qu'un esprit le plus éclairé pouvoit avoir, & à l'instant qu'elle reçeut ce Sacrement, elle eut quelque participation de la plenitude du S. Esprit que les Apôtres receurent le jour de la Pentecôte, & ses effets furent si grands qu'ils se renouvelloient en elle de tems en tems, selon l'aveu qu'elle en a fait à ceux qui la conduisoient.

Le jour de la Purification de Nôtre-Dame de cette même année elle fit vœu de chasteté par la conduite de son Directeur, qui étoit le Reverend Pere Genesy Prêtre, qui connoissoit à fond la pieté qui étoit en cette ame.

Elle avoit une si haute estime du saint Sacrifice de la Messe qu'elle étoit dans l'amiration de l'excés de l'amour d'un Dieu immolé continuellement pour l'homme.

Dés ce tems elle possedoit le don d'oraison, & pour s'y occuper elle faisoit son plaisir de se retirer de ses compagnes & d'entrer dans la grotte de sainte Madelaine qui est dans un jardin du Convent pour prier, & a eu toute sa vie une devotion particuliere à cette grande Sainte. Et quoy qu'elle n'étoit que Pensionnaire, elle employoit sa belle voix à chanter au Chœur l'Office Divin ; elle chantoit aussi les Propheties qu'elle avoit appris par cœur, ayant une tres-belle memoire ; cependant Madame sa mere vint la voir pour la tirer du Convent, mais en vain, sa fille avoit une si forte vocation, qu'elle ne pouvoit souffrir nulle autre proposition, sa mere la flate, la caresse, luy fait mille belles promesses, tout cela ne la toucha point non plus que ses menaces, l'assurant qu'elle l'abandonneroit, & qu'elle ne la verroit plus ; elle est inebranlable à tout ; ce qui ne surprenoit pas ceux qui la conduisoient, sçachans qu'elle avoit reçeu en la Confirmation le don de force du S. Esprit ; sa mere la renvoye avec mille paroles de reproche du bien qu'elle luy avoit fait, & retira une autre de ses filles qui étoit aussi Pensionnaire qu'elle ne consideroit point auparavant, n'aimant que celle-cy, elle la tint trois jours avec elle, la caressant autant qu'elle pouvoit, pour voir si elle pourroit par ce moyen ébranler sa sœur, mais elle étoit trop affermie pour se laisser gagner ; Madame sa mere se retira, & ne la vit plus, quoy qu'elle vêcut encore vingt-cinq ans áprés.

Si nôtre prétendente s'est faite une grande violence dans la separation d'une si chere mere qu'elle aimoit tendrement, en échange elle reçeut des graces tres-singulieres ; elle entra dans le Noviciat le dix-septiéme Septembre, jour que ces bonnes Ursulines honnoroient les grandeurs de la sainte Vierge.

Elle commence la vie Religieuse avec une admirable ferveur, étant attirée à

Dieu par la voye d'un amour si pur qu'elle ne trouvoit rien de creé qui pût être agrable à ses yeux, ny rien de difficile à sa volonté. Son Directeur disoit qu'elle servoit Dieu trop spirituellement, même dés son commencement Elle se portoit à toutes les actions d'humiliation les plus basses & les plus rebutantes; elle ne cedoit la place à personne en ces occasions, ce qu'elle a pratiqué toute sa vie; elle étoit naturellement un peu suffisante, mais au sortir de la retraite qu'elle fit de dix jours pour se disposer à la profession on vit un changement si grand, que l'on pouvoit dire d'elle, que toutes choses s'étoient faites nouvelles.

La vertu d'humilité luy fut donnée par infusion; on n'a jamais rien veu de si humble en ses paroles, & en ses actions, & dans son sentiment; on ne la pouvoit surprendre l'ors qu'on l'humilioit; elle fit sa profession le jour de l'Incarnation, le Verbe Divin luy communiqua par son aneantissement une vie si aneantie qu'elle eut voulu se cacher dans le centre de la Terre, mais comme l'amour de son aneantissement étoit fort ardent, elle ne pouvoit se contenir qu'elle n'échapât quelque parole qui faisoit connoître le fond de sa vertu; ce fut sur ce profond fondement de l'aneantissement que le Saint Esprit édifia la haute tour de la perfection où il l'avoit destinée, luy donnant de si sublimes lumieres que plusieurs Theologiens après l'avoir oüye, ont conclud, qu'ils étoient avec leurs sciences inferieurs à ses divines connoissances; ce qui luy donnoit un si grand amour pour JESUS-CHRIST qu'il la rendit une copie de luy-même; aussi il luy fit entendre le jour de la Transfiguration ces paroles interieurement, *je veux que ta vie soit conforme tant à ton interieur qu'à ton exterieur à ma vie divinement humaine & humainement divine.* Cette voix fit de si puissans effets en son ame qu'ils surpassent nôtre expression, comme aussi les connoissances que le Verbe Incarné luy donna le jour de la Fête de son Incarnation, luy disant, *que comme son humanité sainte avoit été destituée de sa propre subsistance humaine pour substituer celle du Verbe, il demandoit aussi qu'elle fût destituée de son operation propre afin qu'il fût son maître, son Docteur, son guide, son Directeur & son unique Epoux*; cette ame vivement touchée s'écrioit avec la sainte Epouse, *entourés moy de fleurs, environez-moy de pommes, car je languis d'amour*; en effet elle étoit souvent dans des langueurs si amoureuses qu'elle en demeuroit en pamoison, cela luy arrivoit sur tout après la sainte Communion; elle demeuroit les heures entieres sans mouvement, froide comme un mort, & restoit dans une si sublime abstraction qu'elle ne sçavoit ce qu'on luy disoit; ce qui luy arrivoit aux approches des Fêtes de nos saints Mystéres, & elle inspiroit à ses Sœurs des sentimens si relevés, & de si belles pratiques, qu'elle enflamoit les cœurs à l'amour de Dieu. Elle mettoit un mois devant les Fêtes de JESUS & de MARIE pour se disposer à les honorer; elle faisoit des penitences si humiliantes & avec tant de ferveur qu'elle excitoit à la devotion. Un jour elle fit baiser le Crucifix à toutes les Religieuses, en disant des paroles si amoureuses qu'elle les fit toutes pleurer; à l'une, elle disoit, *voila celuy qui doit être tout vôtre amour*, à l'autre *voila vôtre tout*

Un jour de S. Philipes Apôtre étant devant un Oratoire avec une Religieuse, elle luy parloit sur l'Evangile de ce jour, *Tanto tempore vobiscum sum & non cogno-*

4. Juillllet. *La V. Mere Marie de la Trinité, de Riquety.* 23

vistis me. Elle fut saisie d'un si grand transport d'amour & de douleurs qu'elle s'écria, *je ne peus pas dire ainsi, mon Iesus, je vous ay connu, mais je ne vous ay pas aimé*, ce qu'elle dit avec une si grande abondance de larmes que la Religieuse qui se trouva là ne sçavoit où elle en étoit. Cette même grace luy arriva le jour de l'Ascension ; ces impressions luy duroient les mois entiers & celles qui étoient avec elle participoient par proportion à ses dispositions.

Elle faisoit les stations régulierement tous les jours à sept Oratoires pour rendre les hommages aux divers états interieurs & exterieurs de Jesus-Christ en sa Passion, & elle disoit la Passion selon S. Jean, & autre grand nombre de prieres vocales ; il faudroit avoir part à la grace de cette sainte ame pour pouvoir déduire toutes les pratiques qu'elle faisoit envers Iesus-Christ, sa sainte Mere, & tous les Saints.

Son Directeur a assuré qu'elle avoit un don d'oraison continuel, elle y employoit cinq & six heures de suite ; elle avoit toûjours fait deux heures d'oraison devant que la Communauté fût levée ; le don des larmes qu'elle avoit, paroissoit même quelques-fois pendant l'Office que son visage en étoit tout couvert ; son exactitude étoit-tres-grande à toutes ses pratiques qui provenoit d'un grand don de pieté, qui la portoit à un ardent amour pour toutes les fonctions du Chœur ; elle y chantoit avec un zéle qui ne se lassoit jamais, sacrifiant sa voix pour son Dieu, & pour satisfaire à l'obeïssance qui luy ordonna d'aller chanter tous les jours une chanson des langueurs de l'ame vers son Dieu à une fenêtre des plus hautes de la maison qui faisoit face au chemin d'Aix où le Directeur des Religieuses faisoit sa retraite annüelle, nôtre Sœur de la Trinité ne manqua jamais à cette obeïssance & elle le faisoit avec une si grande élevation, qu'elle merita d'être oüye dudit Pere, ainsi qu'il luy fit connoître à son retour, demandant à quelle heure elle avoit chanté, assurant qu'à cette même heure il l'avoit toûjours presente, & que Dieu l'avoit obligé de luy dire de sa part ces paroles, *écoute ma fille, prête l'oreille, & sois attentive à ce que j'ay à te dire de la part de Dieu, c'est que tu aye à te rendre conforme à Iesus-Christ, tant interieurement qu'exterieurement, & que tu l'aime de tout ton cœur, par un dégagement de toutes les creatures.* Jugés combien cela augmenta son amour & son union à la personne de JESUS-CHRIST, voyant que ce que Dieu luy faisoit dire par son Directeur, étoit conforme à ce qu'il luy avoit dit à elle même.

Vn jour pendant Vêpres elle receut à un instant l'intelligence de la Sainte E'criture & du Latin qu'elle expliquoit parfaitement bien. Sa sagesse infuse dans sa simplicité & sa discretion dans la conduite des ames étoit admirable, ayant la charge de Maîtresse des Novices qu'elle a exercée plusieurs fois, & dont elle s'est acquittée dignement ; il n'y avoit point de voye qui la pût surprendre, & toutes les personnes qui s'addressoient à elle, en recevoient consolation, si quelques uns entroit dans l'enclô du Monastére, elle alloit d'abord leur parler de Iesus-Christ, pour les porter à luy rendre leurs devoirs, s'accommodant à leur capacité ; si elle alloit au Parloir (ce qui étoit fort rarement) elle n'y parloit que de l'objet qui possedoit son cœur, n'ayant patience que de parler de luy seul ; elle étoit fort efficace en ses paroles.

Son zéle pour le salut des ames étoit si grand que pour en sauver une elle se seroit volontiers sacrifiée, & pour avoir occasion de faire connoître Iesus-Christ, elle auroit voulu aller aux Terres des Infidéles : Elle étoit le refuge des ames affligées, ne rebutant jamais personne.

L'on ne peut exprimer sa charité pour les malades, Iesus-Christ se plaisoit de la voir dans les fonctions de la Charge d'Infirmiere, & luy donnoit beaucoup de graces particulieres; il luy faisoit quelques-fois experimenter en son esprit & en son corps pour quelques heures les peines que souffroient quelques malades, ce qui augmentoit sa charité & sa compassion, pouvant dire alors *a-t'il quelque chose que je ne souffre avec elle ?* elle avoit une grande aversion pour les Charges qui avoient éclat, & quoy qu'elle eût la capacité pour les remplir toutes ; on cedoit quelques-fois à son humilité ; elle fût éleüe pour être Assistante pendant six ans, & l'on remarqua que pendant le tems que l'on procedoit à son élection son esprit fût tellement occupé de Dieu qu'elle ne sçavoit ce qu'on faisoit, au sortir du Chœur elle étoit si absorbée qu'on ne l'en pouvoit retirer, & elle étoit toute couverte de ses larmes ; mais en échange lors qu'aprés les six années qu'elle avoit exercée cette Charge à la satisfaction de toute la Communauté, & qu'elle s'en vit déchargée, on ne vit jamais une joye égale à la sienne ; elle auroit été satisfaite si elle avoit pû être aneantie, mais elle n'a pû avoir cette satisfaction à raison que tous ceux qui la connoissent, l'estimoient, & l'honnoroient comme une ame tres éclairée ; Monsieur du Chaine Vicaire général de son Eminence, & Superieur des Ursulines, a témoigné grande vénération pour sa vertu.

Sa devotion vers le saint Sacrement étoit singuliere, il étoit son azile & son tout ; comme elle s'en approchoit, un jour abîmée dans des grandes peines interieures que Dieu luy faisoit souffrir, elle eût voulu trouver quelque soulagement ; il luy dit dans le fond de son ame *que te mes-tu en peine, ne m'a-tu pas, moy seul te suffit*, ce qui augmenta son union & son dégagement d'une telle maniere qu'elle n'avoit plus rien que Jesus-Christ.

C'est ce qu'elle fit paroître à la derniere maladie de sa sœur, nôtre Amazonne qui n'avoit plus que son E'poux pour être l'objet de son amour, se sentit inspirée d'aller trouver sa sœur qu'elle aimoit tendrement, & luy dit qu'elle étoit pressée interieurement de sacrifier l'une & l'autre pour n'avoir plus de tendresse que pour JESUS-CHRIST, & luy fit produire des actes si éminens de cette vertu, que la malade ne songeât plus que d'aimer son Dieu ; lors qu'elle fût à l'extrêmité, nôtre Mere de la Trinité ne l'abandonna point, c'étoit son Ange visible, & trois heures avant sa mort elle se mit à genoux devant le lit de la malade, la corde au col, le cierge beny en main, & fit pendant ces trois heures Amande-Honnorable à Dieu, sans pourtant verser une larme, & demeura stable par imitation de la sainte Vierge au pied de la Croix. Aprés que sa sœur eût rendu son ame à Dieu, elle s'en alla devant le S. Sacrement pour y continüer sa priere, une Religieuse l'aborda, & elle luy parla de Dieu avec autant de liberté qu'à son ordinaire.

L'amour qu'elle avoit pour sa propre destruction, & pour l'établissement du

4. Juillet.   La V. Mere Marie de la Trinité, de Riquety.

Regne de Dieu, la portoit à un singulier esprit de penitence, elle eût voulu détruire son pauvre corps par disciplines, haires, & ceintures, croix garnies des épingles, & autres macerations qu'elle auroit renduës continuelles si l'obeïssance ne l'eût retenuë, il faloit pourtant ceder quelques-fois à l'esprit de Dieu qui l'animoit, sa mortification est incroyable ; son naturel étoit un des plus délicats qui sera jamais, elle l'avoit dompté d'une telle façon qu'elle ne luy donnoit jamais de trève ; si elle trouvoit des morceaux de pain traînés & moisis, elle en faisoit ses bons ragouts, ne mangeant que le pire de ce qui luy étoit presenté à moins que l'obeïssance l'obligeât de faire autrement.

Sa patience dans ses maux étoit invincible, elle eut un mal à une jambe si violent qu'il faisoit horreur à voir à celle qui la pansoit, c'étoit un déstre tres-malin qui luy occupoit toute la jambe depuis le genou jusqu'au pied ; les Officiers de santé convinrent tous ensemble qu'il la luy faloit couper, cette nouvelle n'altera point sa paix, mais elle étoit toute disposée à souffrir cette incision ; Dieu se satisfit de sa soûmission & benit quelques remedes qu'on luy appliqua ; cette vertu ne parut pas moins en des violentes coliques qu'elle endura.

Elle remplit toutes ses obligations Religieuses avec toute la perfection qui se peut ; on ne vit jamais rien de si pauvre qu'elle, elle se faisoit un singulier plaisir d'avoir disette de quelque chose ; elle n'avoit rien à son usage que le seul necessaire, encore tres-pauvrement. Sa modestie étoit si grande que tout ce qui étoit en elle étoit Religieux. Sa chasteté étoit Angelique ; elle n'étoit pas moins exacte à l'obeïssance, regardant les personnes qui la conduisoient comme son Jesus-Christ en Terre.

Sa derniere maladie fut prevenuë d'une retraite ; c'est dans ce tems que Dieu se communiqua à elle avec si grande abondance qu'il paroissoit bien que Dieu la disposoit à la mort ; il luy redoubla l'aversion qu'elle avoit au peché, & à elle-même, augmentant en l'amour de sa propre destruction, elle eut voulu tout immoler pour reparer les deshonneurs que le peché a rendu à Dieu, & cette seule pensée la faisoit mourir, & ne se pouvant retenir, elle s'écrioit *plus de peché, rien qu'aimer, rien qu'aimer* ; ce qu'elle disoit avec un abondance de larmes. Son Directeur l'obligea à marquer par écrit ses lumieres dont voicy quelque peu que nous avons tiré d'une de ses lettres.

Mon Reverend Pere.

"Jesus-Christ Nôtre-Seigneur possede vôtre ame à jamais ; pour
" vous obeïr simplement, je me suis abandonnée au S. Esprit, aprés luy
" avoir demandé pardon de n'avoir pas adheré à ses mouvemens selon toute son
" étenduë, je l'ay prié qu'il me fit exprimer icy ce qu'il m'avoit imprimé pour
" cette pratique. Le soir avant les trois derniers jours de ma solitude, aprés sou-
" per étant au Chœur, je m'abandonna à Jesus-Christ, pour entrer en toutes les
" dispositions qu'il vouloit de moy, sans choix ny élection d'aucune chose ; je
" fus prevenuë d'une ferveur interieure qui me portoit à passer ces trois jours dans

" la même application à Dieu, separation de l'état present, rigueur & vraye pe-
" nitence au regard de moy-même; & d'un zéle ardent d'aller à Dieu & d'être
" consommée en luy comme en mon unique centre. Il me semble que Nôtre-Sei-
" gneur m'imprima ces dispositions plus que je ne sçaurois exprimer; il me fit
" connoître que l'état le plus parfait où nous pouvons être en nôtre mort c'étoit
" d'être revêtuës, & de participer aux dispositions de Jesus mourant, que c'étoit
" la plenitude de ses adorables aneantissemens qui devoit separer le vuide, &
" l'inutilité de nôtre vie; je fûs portée à y adherer fortement, & à m'unir à tout
" ce qui m'en étoit inconnu; aprés cela je me sentis obligée à recourir à la Mere
" de Dieu, m'abandonnant à sa puissance & bonté maternelle dans cette extrême
" necessité, je priè beaucoup tous mes saints Avocas, sur tout S. Joseph, S.
" Michel, S. Gabriel, S. Jean l'Evangeliste, Sainte Ursule, Sainte Made-
" laine, & autres que Dieu m'inspira, j'étois dans la disposition de veiller toute
" la nuit, si l'obeïssance, & mon infirmité me l'eussent permis tant je
" voyois mes obligations grandes; les penitences, & disciplines m'étoient quo-
" tidiennes, enfin je fis mon examen, & une amande-honnorable devant le S.
" Sacrement, puis je m'allay retirer, Dieu sçait dans quel état mon ame étoit
" dans ce lit; Nôtre-Seigneur me fit connoître que je devois passer le premier
" jour, s'il m'étoit possible, dans un excez d'humiliation & de douleur d'avoir
" tant offencé Dieu,& dans une grande reconnoissance des benefices de Dieu dont
" je me voyois tout-à-fait accablée & sumergée; cette disposition me parut si im-
" portante dans cette derniere extrêmité que je me trouvai tout-à fait impuissante
" d'y pouvoir correspondre, & bien que Nôtre-Seigneur m'imprimât ces dispo-
" sitions plus que je ne vous sçaurois dire, je me trouvois en moy que neant &
" impuissance, tant je reconnoissois la grandeur de mes obligations; mais
" comme mon recour ordinaire est à mon grand suplément, qui est Jesus-Christ
" mon tout, je m'unis de nouveau à luy pour entrer dans l'abîme de ses satis-
" factions, de sa penitence, de ses reconnoissances, & de son amour, je me sen-
" tis portée à aller recevoir Jesus Christ, ce que je fis par la Sainte Commu-
" nion, & Jesus me dit interieurement, que pour satisfaire à sa justice & à mes
" desirs, il détruiroit ma nature, & l'opprimeroit sans me laisser aucune
" substance, ce qui me réjoüit, & assurement si n'avoir été l'esperance que j'eu
" d'être détruite, l'aversion du peché m'auroit fait mourir.

Au sortir de cette retraite, Dieu luy envoya une maladie qui luy dura huit mois & demy, dans laquelle comme Jesus Christ luy avoit promis, son corps fut tout desseché par un vomissement étrange qui ne put être arrêté par aucun remedé ny divin ny humain; ce fut alors que toutes les vertus qu'elle possedoit éclaterent merveilleusement, sur tout sa patience, sa douceur, & sa paix interieure, enco-re qu'elle eut un feu qui la brûloit interieurement, elle ne demanda jamais aucun soulagement, aussi l'état de victime qu'elle a porté toute sa vie, ne luy permettoit pas de faire autre chose que de mettre des allumettes sur son bucher pour augmenter sa flâme, sa joye interieure étoit telle, qu'elle disoit qu'assure-ment s'il y avoit un Paradis sur la terre, elle le possedoit dans son ame, & que

4. Juillet.   La V. Mere Marie de la Trinité, de Riquety.

sa paix étoit inalterable dans la rigueur de ses maux, par un surcrois il luy prit une grande fiévre la veille de la Pentecôte qui la mit à l'extrêmité ; le jour de la Visitation elle communia, & le lendemain qui étoit le Dimanche elle demanda le S. Viatique, ce fût alors que les flammes de son amour parurent dans leur comble ; elle les exala tout premierement vers la Communauté à qui elle demanda pardon avec les paroles les plus touchantes, & les plus humbles qui se peuvent dire, & voyant que toutes fondoient en larmes, elle termina son discour par ces paroles, *mes Sœurs je vous embrasse toutes, en vous assurant que je vous ay toûjours aimées, & tout ce qui vous appartenoit, & je vous prie de remercier Dieu de tant de graces & de misericordes qu'il a fait à la plus ingrate de toutes les creatures* ; alors le Confesseur s'aprocha d'elle avec la Sainte Hostie ; elle élevant les bras & les mains jointes, étant sur son seant, dans un transport d'amour, s'écria d'une voix haute, *venez mon Dieu, venez mon Roy, venez mon Epoux que j'ay tant desiré de posseder, & d'aimer éternellement* ; *c'est maintenant que vous me devez faire cette grande misericorde*. Aprés avoir reçeu son Dieu, elle demeura quelque tems en silence, jusqu'à ce que la Superieure fut la voir, suivie de la plus grande partie de la Communauté, laquelle luy dit, *hé bien ma Mere ne voulez-vous pas tout sacrifier, il faut que vos derniers momens soient consacrés à honnorer l'obeïssance de Jesus-Christ* ; elle répondit, *je veux obeïr & aimer*, la Superieure luy dit si elle ne prieroit pas bien Dieu pour la Communauté, la malade repartit avec tendresse, *qu'elle le prieroit afin que l'esprit du monde n'y entrât point, que la grace de la vocation étoit si grande qu'on ne la pouvoit comprendre* ; *que le respect qu'elle avoit pour toutes les Religieuses faisoit qu'elle baisoit les baleyures aprés qu'elle avoit baleyé les lieux où elles avoient passées*. La Superieure luy demanda si elle ne craignoit point la mort ; *non*, dit-elle d'une voix haute, *il y a trente ans que je me dispose à ce jour, qui est mon jour nuptial, & le jour de mes pompes* ; elle demanda l'Extrême-Onction qu'elle reçoit avec une presence d'esprit admirable, qu'elle avoit toûjours eu pendant sa maladie & conservé jusques à son dernier moment, à châque Onction elle fit une pratique differente, répondant toûjours à toutes les prieres, & demanda l'application des Indulgences de l'Ordre, aprés elle s'écria je puis dire maintenant, *misericordias Domini in æternum cantabo*, & passa le reste de la nuit dans une grande application à Dieu, & elle parla à quelques-unes des Religieuses avec autant de liberté que si elle eût été en parfaite santé.

A onze heures on vouloit appeller la Communauté, elle dit que ce n'étoit pas encore tems ; mais vers les deux heures, elle dit, *c'est l'heure de faire venir la Communauté*, & demanda qu'on luy fit faire les recommendations de de l'ame, & suivit toûjours le Prêtre, étant actuellement appliquée à toutes les prieres qu'on faisoit ; peu de tems aprés elle s'écria ; *qu'il fait bon mourir fille de l'Eglise, ô quelle grace !* & aprés que le Prêtre eut recité le simbole de S. Atanase, il luy dit ma Mere il faut que vous renouvelliés vôtre Acte de Foy sur ces mysteres, elle répondit *je l'ay toûjours bien crû, & je donnerois ma vie pour cette verité* ; sa Niéce luy vouloit encore parler, elle luy dit, *il n'est plus tems* de parler, il nous faut commencer le silence de l'éternité ; & peu après elle rendit sa belle ame au baiser de l'Epoux, l'an 1678. âgée de 57. ans, en ayant passé 47. en Religion.

MAXIMES.

I. Il me semble que Dieu a plus témoigné d'amour à l'homme dans le mystére de l'adorable Sacrement de l'Autel que dans celuy de l'Incarnation ; car dans celuy-cy il ne s'est donné qu'une fois à une seule nature, & dans ce divin sacrifice il est incessamment la viande de tous ceux qui le veulent.

II. Les croix sont le caractére du Chrêtien, mais elles sont la gloire, l'amour, & la joye des personnes Religieuses.

III. Quoyque la charité qui nous porte à donner nôtre vie pour un amy semble la plus relevée, vous la pousserés neantmoins plus avant, si vous vous offrez courageusement à souffrir pour l'amour de Jesus-Christ des abandonnemens que vous craignez plus que la mort, & des martyres d'un cœur exposé à toutes sortes de tentations & de peines.

Pratique de la Mere Marie de la Trinité.

Elle composa un Chapelet à l'honneur de JESUS qu'elle avoit pris de l'Evangile, & de l'Epitre de Saint Paul.

Sur la Croix elle disoit, *veni sancte spiritus, &c.*

Sur les gros grains, *Pater venit hora, clarifica Filium tuum, ut Filius tuus clarificet te.*

Aux petits grains, *in nomine Iesu omne genu flectatur coelestium, Terrestrium & infernorum, quia Dominus obediens usque ad mortem, mortem autem crucis, ideo Dominus Iesus Christus in gloria est Dei Patris. Amen.*

Ce Chapelet est composé de trois dizaines. Au premier dizain elle honnoroit tout ce que le Pere est à son Fils. Au second tout ce que le Fils est à son Pere. Et au troisiéme tout ce que le Saint Esprit est envers le Pere & le Fils.

QUATRIÉME JUILLET.

LA V. SOEUR JEANNE DE JESUS, MATHON,
Religieuse Ursuline de Salin.

J'ay ouvert ma bouche, & donné ma parole à Dieu, je ne peus plus la retracter, ny faire autrement que jay voüé. Au Livre des Juges, Chapitre 11.

CEtte fille de bénédiction pouvoit dans la verité rendre graces à Dieu avec le Sage d'avoir receu de luy une bonne ame par fort, & un naturel des plus avantageux & mieux disposé pour la grace. Elle étoit native de Salin, fille de Mr. Mathon Procureur du Roy à Poligny, & de Mademoiselle Charlotte Panie, fille de Mr. Panie, Thrésorier de Salin, l'un & l'autre étoient d'une pieté exemplaire, fort charitables ; leur maison étoit le refuge de tous les necessiteux. Le Ciel y versant abondamment ses Bénédictions, recompensa leur pieté en leur donnant des enfans qui ont été dignes heritiers de leur vertu, specialement nôtre Ursuline.

Six semaines aprés sa naissance elle fust portée à l'Eglise pour l'offrir à Dieu selon la loüable coûtume de sa Mere, laquelle faisoit célebrer une Messe lors qu'elle faisoit porter pour la premiere fois ses enfans à l'Eglise ; or comme on la decouvrit pour la mettre entre les mains du Prêtre qui devoit l'offrir à Dieu avant que de commencer sa Messe ; ce devot Ecclesiastique & Mademoiselle sa Mere virent cét enfant tout entouré de rayons de lumieres qui éclatoient, ce qui leur fust un presage que Dieu avoit élû cette ame, & l'avoit destinée à quelque chose de grand; elle passa son enfance jusqu'à l'âge de huit à neuf ans dans une grande innocence, quoyque son esprit vif & son humeur enjoüée & fort agreable la fissent aimer de tout le monde ; on l'appelloit ordinairement *mon petit Ange.*

A l'âge de huit à neuf ans, allant accompagner le Saint Sacrement que l'on portoit à un malade, elle fust si occupée de Dieu qu'elle demeurât dans l'extase une heure & demie, selon le rapport de son Confesseur. L'on remarqua dés lors un fort grand changement, & l'on tient que ce fût en ce tems qu'elle fit le vœu de virginité. Dés-lors la solitude faisoit son plaisir, & dans un profond recüeillement elle faisoit ses pratiques de dévotion ; ordinairement on la trouvoit cachée à des coins de chambre, où elle faisoit l'oraison.

Elle s'appliqua aux exercices d'humilité & de patience, en sorte qu'elle souhaitoit qu'on l'eût accusée de toutes les fautes qui se commettoient dans son Logis. Pour éviter que le Bien-Aimé de son cœur ne fût offensé, si-tôt qu'elle s'appercevoit de quelque défaut, elle en avertissoit ceux qui l'avoient commis, & en telle sorte que l'on étoit contraint interieurement de le quitter, ayant un grand pouvoir sur les cœurs.

Elle alloit tous les jours voir les pauvres malades, les allant chercher par les maisons, & quand elle n'avoit pas assez pour leur donner, elle alloit demander pour eux aux meilleures maisons de la Ville afin de les mieux soulager; faisant des onguens pour panser leurs playes.

Son naturel doux l'obligeoit à un soin particulier pour ne desobliger personne; son exemple & ses paroles portoient le prochain au bien, exhortant ceux qu'elle conversoit à la presence de Dieu, & à avoir en toutes ses actions une droite intention de luy plaire.

Quelque tems aprés la Fondation du Monastére des Vrsulines de Poligny, elle y entra dans le dessein de se donner entierement à Dieu, disant, *j'ay ouvert ma bouche, & donné ma parole à Dieu, je ne peus plus la retracter, ny faire autrement que jay voüé.* Elle s'adonna dés ce moment à la pratique des plus solides vertus. Elle disoit qu'elle ne faisoit jamais mieux sa volonté que depuis qu'elle étoit Religieuse, parce qu'elle n'en avoit point d'autre que celle de ses Superieures. Sa mortification étoit severe & continuelle; une fois elle prit toutes les cuilléres dont la Communauté s'étoit servie, & en mangea son potage, se servant de toutes l'une aprés l'autre. Vne autre fois elle porta un aposteme sans aucun soulagement; Sa Superieure ne le sçeut qu'aprés sa guerison.

Sa grande vertu & ses grands talens la firent choisir pour la Fondation de Salin, comme un digne sujet pour porter les ames à Dieu, selon nôtre saint Institut, ce qu'elle a fait avec tant d'avantage qu'on ne la pouvoit voir sans être porté à la vertu. Elle y fust Assistante & ensuite Maîtresse des Novices, dont elle s'acquitta avec un saint zéle, portant les ames à une haute perfection; ordinairement elle dirigeoit les exercices spirituels, à quoy elle s'employoit d'un cœur fervent, faisant de notables profits, sa parole étoit efficace, portant le feu de l'amour de Dieu dans les cœurs.

Dieu l'affligea plusieurs années avant sa mort d'une surdité qui empécha le bon-heur de l'avoir pour Superieure, mais non celuy de s'addresser à elle pour tous les besoins spirituels; sa grace pour la conduite étoit telle, qu'elle s'appercevoit si quelqu'une de ses Sœurs avoit des peines interieures, & même elle connoissoit la disposition des ames, s'appliquant avec charité à les aider & soulager de tout son pouvoir.

Quand elle sçavoit la misere du prochain elle fondoit en larmes devant Dieu pour le fléchir à misericorde par ses prieres, sur tout au tems des guerres.

Elle ne laissoit passer aucune occasion de faire la charité; elle obtint de sa Superieure & de son Confesseur le congé de faire vœu d'observer l'Epitre de S. Paul de la charité, ce qu'elle renouvelloit tous les ans au jour de la Pentecôte.

Elle a reçeu de Dieu des graces tres-extraordinaires, qui obligea ses Superieurs & Directeurs de l'obliger de les écrire, mais en sa derniere maladie elle fit appeller une Sœur converse, luy fit prendre tous ses papiers, & les jetter au feu, ce qui nous prive d'être participantes des lumieres que Dieu luy communiquoit;

4. Juillet. *La V. Sœur Ieanne de Iesus, Mathon.* 31.

étant seulement resté un petit cayer d'une vision qu'elle eut touchant le Purgatoire, comme elle étoit en oraison dans la nuit (suivant sa coûtume) une ame du Purgatoire luy apparut, luy demanda secour non tant pour elle, que pour celle qu'il plairoit à Dieu soulager, comme l'on verra cy-après, par le recit qu'elle fit de sa vision au Reverend Pere de Prepavin Prêtre de l'Oratoire pour lors son Directeur, tiré sur l'original écrit de sa propre main.

Nôtre Ursuline étoit bien fondée dans l'humilité & bas sentimens d'elle-même. Son fond de presence de Dieu la rendoit tres-respectueuse non seulement envers ses Superieures, mais encore envers un chacun; l'on peut dire qu'elle étoit continüellement en oraison; jamais elle ne communiquoit avec qui que ce fût, qu'elle n'eût consulté Dieu, où elle puisoit des lumieres toutes extraordinaires pour connoître le fond des cœurs, ayant donné des éclaircissemens tres-particuliers à des personnes fort considerables.

Sa patience à paru à souffrir des reproches, & mauvais traitemens de quelques personnes Seculieres dans le Parloir, sans avoir voulu permettre que la Religion ny ses parens en ayent eu aucune connoissance, souffrant avec plaisir le tout entre Dieu & elle, faisant tout son possible pour se cacher des Créatures, ne voulant être connuë que de Dieu seul.

Elle avoit le don de Prophetie, une Religieuse qui étoit lors Pensionnaire, ayant dit en secret avec ses compagnes quelque chose de cette digne Maîtresse, elles furent bien surprises de voir à la suite, qu'il sembloit qu'elle y eut été presente; en ce tems elle prédit sa mort, un an auparavant la même Religieuse à qui elle vouloit apprendre quelques petits ouvrages, s'en excusant, disant que l'année suivante elle devoit entrer au Noviciat, & y donneroit mieux son application, elle luy dit *je ne vous verray point Religieuse, je mouray l'année suivante*; à quoy elle ne fit pour lors attention, jusqu'à ce qu'elle vit la chose arriver. Sa maladie fût une fiévre qu'elle porta douze ou quatorze jours, continüant à faire voir sa grande patience, & son union avec Dieu; elle décéda le quatriéme Juillet 1657. âgée de cinquante-cinq ans, après avoir été munie de tous ses Sacremens; elle étoit pour lors maîtresse generale des Pensionnaires, & dans les enseignemens qu'elle leur faisoit, elle ne leur recommandoit rien tant que le respect, & le silence devant le tres-Saint Sacrement, dequoy s'étant oubliée dans le moment que l'on apporta son corps dans le Chœur, elle leur réitera par trois fois un signal pour les obliger à donner toute leur attention à Dieu au lieu de s'amuser à parler d'elle, en suite de quoy une troupe de petits oiseaux étant entrée, firent trois tours pour honnorer son corps, qui fut inhumé avec les larmes & la vénération de toutes les Religieuses, & des Dames les plus qualifiées de la Ville, étant dés long tems Directrice de plusieurs.

Apprenons de nôtre Ursuline à aimer la vie basse & inconnuë, à joindre la penitence avec l'innocence, & à trouver bon que Dieu exerce & purifie nôtre vertu par les calomnies; rendons toutes sortes de bien à ceux qui nous ont persecuté d'avantage, & craignons en voyant les pensées & les paroles injustes que l'on forma contre cette bonne ame, de toucher trop legerement à la réputation des Serviteurs & Servantes de Dieu ; ne nous laissons pas aller trop legerement aux médisances, car les creatures souvent ne comprenent rien aux ouvrages de Dieu dans les ames, c'est à luy seul que l'on doit reserver la connoissance & le jugement des cœurs.

MAXIMES.

I. La vraye contemplation au sentiment des Docteurs les plus habiles & les plus experimentés, est plus dans le cœur que dans l'esprit ; celle du cœur n'est point sujette aux illusions, d'autant qu'il n'y a que Dieu qui puisse entrer dans ce Sanctuaire d'amour, toutes les portes des sens étant fermées, celle de l'esprit est exposée à beaucoup de tromperies, parce que le Demon se transfigure souvent en Ange de lumiere. Aussi S. Thomas a tres-bien remarqué qu'encore bien qu'il y ait des Anges damnez de toutes les Hierarchies, si est-ce qu'on ne dit point qu'il y ait des Seraphins en Enfer, d'autant que ce sont des esprits d'amour qui sont moins faciles à tromper que les Cherubins qui sont des Esprits de lumiere.

II. Il n'y a point eu de Tyran au monde qui ait empêché les miserables de se plaindre & de soûpirer ; cependant l'amour de Dieu ne permet point ces foiblesses à ses chastes amantes, il est vray que les soûpirs échapent quelques-fois aux saintes Ames sans qu'elles s'en apperçoivent, & alors ils procedent du Saint Esprit ou plûtôt de l'ame blessée d'amour & unie à ce divin Esprit ; mais quand on les pousse volontairement, ils peuvent proceder d'une ame tendre & d'un cœur étroit qui ne peut porter les operations de la grace, & qui cherche secrettement sa consolation.

Cinquie'me Juillet.

LA VENERABLE MERE CATHERINE
de la Croix, de la Praderie, Religieuse Ursuline de Tûles.

J'ay méprisé le monde & la pompe du siecle pour l'amour de mon Seigneur Jesus-Christ.

JAmais ce Respond des Vierges ne convint mieux qu'à nôtre Catherine de la Croix ; elle étoit extrémement jeune & eut en même tems un grand dégoût du monde, de sorte qu'il ny avoit pour elle ny parure, ny bal, ny compagnie, ny divertissement tant qu'elle pouvoit s'en exempter ; son rendez-vous soir &
matin

5. Juillet. *La V. Mere Catherine de la Croix, de la Praderie.* 33

matin étoit dans l'Eglise, encore qu'elle en fût éloignée de plus d'un quart de lieuë, & qu'elle y allât à pied. Ses parens blâmoient sa negligence, luy disans qu'elle avoit peu de cœur, ne sçachant pas ménager les avantages de sa naissance, de son rang, de son droit d'aînesse; mais ce fut bien pis quand elle declara qu'elle vouloit être Religieuse, car Monsieur son Pere s'y opposa tout-à-fait, de sorte que n'osant le presser là-dessus, ny même luy en parler, elle resolut de le quitter sans adieu; elle prit donc des mesures avec une de ses Sœurs, & entra en sa compagnie aux Ursulines de Tûles; son pere n'en eût pas plûtôt la nouvelle qu'il l'obligeâ de sortir le même jour; elle goûta pourtant tant de delices les sept heures qu'elle y demeura, que cela l'aidâ à vaincre toutes les difficultés qu'elle eut pendant trois ans & demy; aussi disoit-elle que sa premiere entrée au Cloître avoit été cause de la seconde.

Enfin lors qu'elle s'y attendoit le moins Monsieur son Pere consentit à sa retraite du monde, & tout aussi-tôt elle alla avec sa cadette s'enfermer dans la Religion. Elle y trouva d'abord une autre Superieure que celle qui l'avoit receuë l'autre fois & des sentimens differens pour elle qui n'étoit pas encore stilée en l'abnegation d'elle-même, qui eut souhaité plus de complaisance qu'on ne luy en rendoit, & cette legere croix fut suivië d'une plus rude, à sçavoir du peu de soin que l'on prit de la preparer à sa véture Religieuse dans l'opinion que l'on avoit de sa pieté.

Elle fit sa probation dans un esprit de penitence tel qu'auroit dû faire une personne viellië dans les crimes, quoy qu'au rapport de celuy qui entendit trois fois sa Confession générale, il n'y avoit pas de quoy la condamner d'un peché mortel.

Aprés qu'elle fût Professe on l'envoya aider à l'établissement du Monastére d'Ussel, & au bout de quelques mois elle y fust établie Mere & Conductrice des autres malgré les oppositions qu'elle fit, alleguant sa grande jeunesse, son incapacité, disoit-elle, qui alloit détruire ce qui étoit si bien commencé; ses humbles sentimens touchant sa conduite future ne furent pas des prophéties, car il en arriva tout autrement qu'elle dit, & sous elle le Monastére fut édifié & soûtenu dans la parfaite regularité.

Elle deméla quantité d'affaires facheuses qui arriverent durant qu'elle tenoit la charge, & conduisit toûjours tres-prudemment le spirituel & le temporel.

Sa devotion privée d'ordinaire des attraits sensibles en étoit plus généreuse, mais cette bonne ame croyant qu'il y avoit quelque chose de caché en elle qui déplaisoit à Dieu & qui l'obligeoit à la délaisser de la sorte, elle ne sçavoit comment s'en consoler.

L'austerité étoit tellement en usage dans son Monastére que l'on eût pris plûtôt les Religieuses pour des Capucines que pour des Ursulines qui ont besoin de conserver un peu leur force pour servir le prochain, leur exemple n'est aussi proposé que pour être admité & non pour être imité en ce point, où la Mere de la Croix se rendit la plus admirable & toûjours infatigable, de sorte que l'on peut dire que de son siecle il ne s'est fait de plus rudes penitences

Tome III. E

que les siennes, l'aloës, l'absinthe, ou la coloquinte precedoient presque toûjours son boire & son mangé ; elle baisoit de sa bouche, & léchoit de sa langue ce que les yeux ne peuvent regarder sans soûlevement de cœur, n'en voulant rien ceder à sa Patrone Sainte Catherine de Sienne ; elle a plusieurs fois baisé les ulceres des pauvres, & avalé le pûs de leurs playes, elle faisoit souvent, & publiquement amande honorable à la Divine Majesté & pratiquoit d'autres mortifications, qui ne devant pas estre suivies, ne seront pas specifiées.

Outre les habits de crain, elle usoit d'orties, & de certaines boucles de fer armées de pointes qui enchaînoient ses bras, & son corps ; sa discipline de cordelettes estoit garnie d'épingles, & elle en avoit une autre de fer avec des piquerons au bout; avec tant d'armes elle se faisoit une guerre ouverte ; mêlant son sang avec celuy de son Capitaine Jesus-Christ, & comme un vaillant Soldat, elle passoit souvent les nuits étenduë sur la terre, ou tout au plus quelquefois la teste appuyée contre le pilier de son lict ; elle ne portoit gueres de linge qu'à sa coiffure; & toute sa vie Religieuse peut passer pour un jeune perpetuel : tout ce que dessus luy sembloit peu de chose, elle obligeoit ses sœurs à la discipliner, elle cachoit ses incommodités de peur qu'on ne la soulageât, on luy trouva une grosse tumeur au genou aprés sa mort, qui fit douter au Medecin, si la douleur qu'elle en avoit endurée n'étoit point la cause de sa fiévre, on luy trouva aussi la chair toute noire, livide de ses macerations, sa plainte toutes-fois ne fût jamais d'autre chose, sinon que ses Directeurs la traitoient avec injustice, & qu'ils la feroient beaucoup souffrir en l'autre monde, pour l'avoir trop épargnée en celui-cy.

Son autorité ne luy servoit gueres, que pour embrasser plus de pratiques d'humilité, pour prendre part aux travaux les plus penibles des Religieuses, pour servir jour & nuit les malades, elle prit soin de la Pharmacie tout exprés, pour avoir plus d'occasion d'entrer dans les Infirmeries, & y faire les actions les plus abjectes.

On instruisoit dans les classes douze pauvres filles, & on les y nourrissoit & entretenoit par charité, la Superieure faisoit sa joye de leur accommoder de vieux habits, & de dresser ces filles pour être Maîtresses d'Ecole.

Elle ne fût malade que trois jours mais bien violamment, proche de sa fin elle imploroit à haute voix la misericorde de Dieu, & les prieres de sa Communauté, une derniere convulsion la privât de la raison, & une demye heure aprés de cette vie miserable, l'an 1656. âgée de 52. ans & de Religion 25.

MAXIMES.

I. Il ne faut point faire fond sur la vertu des filles qui sortent du monde, parce qu'o-dinairement elle a peu de rapport à la vie Religieuse qu'elles doivent embrasser.

II. Il n'appartient qu'à l'amour propre de se plaire au mal des autres comme si c'étoit son bien ; l'amour de Dieu & la vraye charité font que la personne où elles demeurent s'afflige autant des pechés des autres, que si s'étoient les siens propres, car comme elle aime Dieu & le prochain, & que le peché est l'unique mal de

Dieu & du prochain, elle ne sçauroit jamais aimer ce mal, ou elle ne seroit plus charité.

III. Tous ceux qui aiment Dieu, haïssent le mal, disoit David, vous connoîtrez si vous l'aimés, si quand on vous fait quelque tort, vous estes plus fâché de l'offence de Dieu que de la vôtre, & que vous estes aussi prêts de pardonner, comme Dieu l'a pardonné.

Sixiéme Juillet.

LA VENERABLE MERE MARGUERITE de Jentileau, Religieuse Ursuline de Bordeaux.

N'avez-vous pas suivy tous deux les mêmes vestiges & les mêmes façons de faire.
Epître seconde aux Corinthiens, Chap 12.

SI Saint Paul & Tite se sont parfaitement imité en toutes choses dans les voyes du Sauveur du monde, nôtre Sœur MARGUERITE native de Bordeaux en embrassant l'Institut des nouvelles Ursulines par une sainte & divine inspiration l'an 1607, se rendit si vertueuse & suivit avec tant de bonheur & de soin les traces de la Mere de la Croix qu'on la demandât pour Superieure en divers Monastéres de l'Ordre; elle vécut aussi dans celuy du Mans trente-quatre ans avec une édification si particuliere qu'il n'y avoit point de Religieuse qui ne se sentit touchée d'un si riche exemple de sainteté.

Sa charité pour les malades de la Communauté qu'elle servoit elle-même avec une humilité profonde, donnoit de l'admiration; elle s'appliqua aussi toute sa vie à honorer d'un culte special le tres Saint Sacrement de l'Autel, & elle passoit les nuits entieres devant ce sanctuaire de grace & d'amour; les Ursulines du Mans ont fait un recueil de sa vie & de ses vertus. Elle expira le septiéme Juillet 1637.

MAXIMES.

I. La vraye douceur, & la vraye condescendence est toûjours douce & condescendente à toute sorte de personnes, en tout tems, en toute humeur; c'est dans le cœur où est la douceur & la charité,& non pas seulement en la bouche.

II. Le vray amour n'est jamais sans souffrance; si vous vous impatientés, & vous inquiétés dans vos souffrances, d'éffiés vous de cét amour, car le vray amour est patient, il attend, il supporte, il regarde plûtôt ce qui plait à son Bien-Aimé, qu'à ce qui luy plait à luy-même, parce qu'il aime plus son Dieu que luy-même.

III. Ne vous arrêtés point aux sentimens de tendresse & aux simples prieres, mais allés aux éffets ; il faut se diligenter, & faire du bien à ceux qui ne nous en rendront pas peut-être un mot de remerciement, & ne craignez point que dira-t'on, il n'y a point de plus belle dévotion que de bien faire ce que l'on a à faire.

IV. Il est bien aisé de se tromper soy-même, mais il est impossible de tromper Dieu, ceux qui recherchent le plus la gloire de Dieu, ce sont ceux qui craignent de ne la pas assez chercher, & qui desirent qu'il y en ait d'autres meilleurs qui la cherchent, & qui la trouvent mieux.

V. C'est une marque assurée de la vraye charité, que d'être aussi content du bien que font les autres que si on le faisoit soy même, comme c'est un signe assuré qu'on ne fait du bien que par amour propre, quand on s'afflige de ce qu'il est fait par un autre, car qu'importe à celuy qui n'y pretend que la gloire de Dieu, qu'il soit fait par luy ou par un autre.

Septie'me Juillet.

LA VENERABLE MERE MARTHE DE Sainte Cecile, Morel, Religieuse Ursuline de Vienne.

Les lévres du juste considerent ce qui peut plaire, & la bouche des méchants se répand en des paroles malignes. Aux Proverbes, Chapitre 10. verset 32.

LA Mere de sainte Cecile a fait voir la force de son esprit, de sa vertu, & de sa sagesse & prudente conduite dans les Charges de Superieure, de Dépositaire, & de Maîtresse des Novices qu'elle à exercée cinq années avec tant de ferveur qu'elle n'étoit pas seulement un exemple de vertu à ses Novices, mais à toute la Communauté, qu'elle édifioit continuellement par de nouvelles pratiques de vertus, disant des coulpes fort humiliantes sur la moindre imperfection.

Elle s'étoit fait une si grande habitude à la solitude & au silence qu'elle ne sortoit de sa Célule que par nécessité, & ne parloit que fort succintement lors qu'elle y étoit obligée, même dans les heures de récréation ; de maniere que l'on peut dire que les lévres de cette ame juste consideroient toûjours en ses paroles, ce qui pouvoit plaire ou à Dieu pour sa gloire, ou au prochain pour son édification, c'est-pourquoy ses discours étoient accompagnés du sel de la discretion (selon ce que dit S. Paul) afin qu'ils fussent utiles & proportionnés à ceux qui les écoutoient.

Son esprit étoit solide, judicieux, & fort éclairé, extrêmement propre à l'instruction ; on ne l'a jamais veuë embarassée dans aucune Charge, quoyque l'obeïssance lui en ait donné jusques à trois à la fois; elle a fait celle de Sacristaine avec tant de respect qu'on ne luy entendoit pas dire une parole inutile devant le tres-S. Sacrement, auquel elle avoit une grande dévotion, Communiant fort souvent. Sa confiance en Dieu étoit toute sa force & sa consolation dans tous les événemens fâcheux qui luy sont arrivé; Dieu le veut, disoit-elle, au plus fort de sa douleur, il faut adorer ses desseins, sans faire paroître aucun trouble dans son esprit, ny aucune alteration sur son visage. Sa devotion envers la sainte Vierge étoit admirable ; elle luy adressoit tous ses vœux, l'apellant sa bonne mere ; les ames du Purgatoire avoient bonne part en ses prieres & bonnes œuvres. Son obéïssance envers ses Superieurs & Superieures étoit tres-exacte, & sa charité à excuser toutes choses étoit merveilleuse ; elle aimoit extrêmement la paix, & ne se méloit jamais des affaires d'autruy.

Toutes ses bonnes œuvres luy ont attiré tant de secours du Ciel qu'elle a souffert toutes les cruelles douleurs d'une longue maladie, sans faire un seul acte d'impatience, ny plaindre un seul moment. Elle attendoit la mort d'un courage intrepide, & reçût avec joye la nouvelle qu'il faloit recevoir l'Extreme-Onction, ayant déjà reçû ses autres Sacremens, elle dit, *Ha! ma mere l'agreable nouvelle que celle d'aller voir Dieu*, & élevant ses yeux au Ciel, elle fit cent actions de graces à Dieu de tous les biens-faits qu'elle avoit reçûs en sa vie, se confiant en sa misericorde. Elle reçût ses derniers Sacremens avec tant de devotion, & de presence d'esprit, qu'elle tiroit force de sa derniere foiblesse, pour donner ses mains & ses pieds. Elle vêcût encore huit heures avec une continuelle attention à Dieu, n'ayant eu qu'un seul moment d'agonie. Elle est decedée dans la charge d'Assistante l'an 1683. âgée de 56. ans, dont elle en a passé 42. dans la Religion, dans une regularité autant exacte que ses infirmitez & la foiblesse de son temperamment luy pouvoient permettre. Elle est morte d'hetisie & poulmonie.

Concevons pour cette grande servante de Dieu, l'estime qui est dû à sa grande charité, & amour au silence ; admitons son courage si intrepide, & sa patience si ferme dans de si grands maux ; esperons que si nous sommes touchez de si saints Exemples, si nous avons de la joye des graces que Dieu a fait à ces bonnes ames, & si nous nous en occupons avec devotion, nous participerons à leurs graces, & nous ressentirons dans nôtre cœur quelque étincelle du feu qui l'a si divinement consumée.

MAXIMES.

I. La bouche des méchans se répand en des paroles malignes, & ils sont inconsiderez dans leurs discours, leur langue est sans frein, comme leur cœur est sans joug ; c'est pourquoy ils tombent aisement de l'intemperance des paroles dans la malignité de la médisance, dit saint Augustin.

II. Reglez vos desirs dans les bornes de vôtre capacité & de la modestie ; c'est une grande marque de folie de tenter tout, & de ne rien faire, de se fâcher du present, & toûjours avoir la gueule d'une concupiscence enragée & beante après l'avenir, de s'ennuyer de soy-même, & ne pouvoir demeurer chez soy-même ; de se faire des marches d'honneur des dégrez de son precipice, & ne laisser autre témoignage de sa grandeur que les vestiges de sa ruïne.

III. Il est mal aisé d'avoir beaucoup, & impossible d'avoir tout ; mais il est si facile de mépriser tout, qu'il ne gît qu'en un simple non vouloir.

IV. Mettez-vous dans une tranquilité d'esprit si reglée, qu'il ne sente point quasi venir le bonheur, & quand il quitte sa place n'en faites point de semblant, voyez le bien d'autruy comme le vôtre propre, & le vôtre propre comme le bien d'autruy ; tenez les richesses & les honneurs comme un fleuve qui passe, aujourdhuy à vous, demain à un autre ; c'est sa nature que de couler toûjours, quel tort vous fait-il ? quand la prosperité vous rit, regardez les adversités qui viennent en troupe. Dans le bien, vivez en défiance du mal, & dans le mal en esperance du bien, mais en l'un & en l'autre toûjours dans l'égalité.

V. Conduisez-vous prudemment en toutes sortes d'affaires, examinez les tenans, les aboutissans, l'origine, le progrés & la fin ; ne jugez jamais sans voir le fond de l'affaire, & vous y comportez tellement que si le succez ne suit vos desirs, on ne puisse accuser justement ny aucune intention mauvaise, ny faute de conduite. Nous sommes maîtres de nos volontez, mais Dieu s'est reservé la maîtrise des évenemens.

VI. Tenez-vous toûjours prête pour mourir, souvenez-vous que la crême de toute la sagesse est la méditation de la mort, c'est un métier qu'on doit aprendre toute sa vie pour l'exercer une seule fois, les fautes qu'on y commet sont irreparables, & la perte sans ressource.

VII. Ce métier consiste en trois choses, resignation, détachement & union ; pour la resignation montrez à ceux qui vous visitent de la patience en vôtre maladie, de la resolution à la derniere heure, & que vous ne desirez rien tant que des assistances spirituelles. Pour le détachement sortez de la terre comme le poussin de sa coque, tirez le rideau entre les creatures & vous ; unissez-vous au Créateur par une bonne Confession, par le sacré Viatique, par l'Extrême Onction, par les Actes de Foy, d'Esperance & de Charité, par les bonnes assistances de l'Eglise, de bonnes Instructions & de bon propos, de la souvenance de la mort du Sauveur, rendant vôtre esprit sur le Crucifix, comme un enfant qui s'endort sur le tetin de sa nourrice.

Septième Juillet.

LA VENERABLE MERE JEANNE DE JESUS, Rempale, Institutrice, & Religieuse Ursuline d'Arles.

Considerez mes freres quelle est la gloire qui vous attend. En Esdras, Chap. 1. v. 38.

C'Est ce que ce Prophete disoit aux Juifs pour leur faire faire des actions glorieuses & dignes de ce peuple ; on n'avoit qu'à dire les mêmes paroles à la Mere Jeanne de Jesus, qui dez son bas âge fit l'apprentissage de toutes les vertus dont elle estoit capable ; elle avoit ses exercices reglés, & se trouvant naturellement sensible à la gloire, on la portoit à tout ce que l'on vouloit, la prenant par le point d'honneur, sa bonne mere élevant son esprit à de plus hauts motifs, n'avoit qu'à luy dire, ma fille, si vous faites telle chose, Dieu & moy vous en aimerons d'avantage, & il estoit infaillible qu'elle l'accomplissoit.

On l'appelloit petite Hermite tant elle aimoit déja la solitude ; elle alla à Avignon, où elle prit à sept ans le voile de Sainte Ursule, pour s'engager de bonne heure au service de Dieu ; sa maturité la faisoit passer pour plus âgée qu'elle n'étoit, & son habilité la fit exceller en beaucoup d'ouvrages, & en l'escriture ; en travaillant elle posoit son ouvrage sur une teste de mort, pour renouveller le souvenir de sa fin.

II. Elle instruisoit les petites filles en la doctrine Chrétienne, & à la pratique de la vertu, & comme elle versoit toutes les douceurs de son cœur sur les autres, elle gardoit dextrement la rigueur pour elle, dont quelques effets estoient de porter sur sa chair des noms de Jesus, des cœurs, & des croix armées de pointes de fer, elle gardoit tous ses sens comme des Temples dediés à l'honnesteté, & fuyoit la conversation des jeunes gens.

Le Consul de la ville d'Arles ayant demandé des Ursulines de la ville d'Avignon pour instruire la jeunesse, il fût resolu d'y envoyer la Mere Dauphine Lanfreze avec ses deux filles Jeanne & Catherine Rampale, & ses deux Niéces ; elles allerent par soûmission aux Ursulines d'Avignon, à qui elles estoient associées, & aux avis de leurs Confesseurs : on les logea fort pauvrement à Arles, de sorte que la neige tomboit assez abondamment jusques sur leurs lits tout le premier hyver, & les vents, & les gelées leurs causerent des grandes incommodités.

La Mere Jeanne donna commencement aux fonctions zelées de son Institut la mesme année, avec tant de fruit que plusieurs, tant des filles que des Meres qui assistoient à ses instructions, ont assûrées n'avoir jamais esté plus vivement touchées par ses discours, qui portoient autant de traits enflâmez que de paroles dans les cœurs quelques jeunes Demoiselles embrasserent sa maniere de vivre, & se rangerent sous sa conduite, ainsi se peupla de belles plantes ce nouveau verger du Divin Epoux, qui pour sa conservation l'entoura d'une haye vive d'épines & de croix, car quelques meres des Escolieres s'offensant indiscretement de la correction faite à leur filles, décrierent les Ursulines par toute la Ville, les faisans passer pour des imprudentes, qui tenoient des rigueurs excessives aux filles qu'elles avoient en charge; à ces medisances se joignit un certain Ministre huguenot qui tâcha par ses impostures de souïller l'honneur de cette fille Angelique, la mere Jeanne n'en eût point d'autre émotion que celle de la joye d'estre trouvée digne de souffrir quelque chose pour Dieu, & selon sa prediction tous ces faux bruits se dissiperent, après que leur principal autheur convaincu d'un crime enorme, eût esté foüetté par les mains d'un bourreau, & banny de la Ville.

La bonne Mere Lanfreze ayant obtenu sa décharge de la Superiorité, Monseigneur l'Archevêque d'Arles commanda à nôtre Mere Jeanne, en vertu de Sainte obeïssance d'accepter & d'exercer cette charge; ce fût une place d'honneur où brillerent ses vertus, mais entre autre sa prudence; depuis qu'elle fût Superieure, elle eût des peines & des maladies estranges, inconnuës aux Medecins, & rebelles à tous les remedes: elle sentoit des douleurs tres aigües à toutes les parties de son corps, & jusques aux moüelles des os; le sommeil estoit banny de ses yeux, si bien qu'elle n'avoit aucun repos, ce qu'elle souffroit avec une complaisance indicible au plaisir que Dieu prenoit de disposer d'elle à son gré, ce qu'elle cachoit tant qu'elle pouvoit pour n'estre point estimée patiente.

Il sembloit que par l'habitude de souffrir trente années de suite elle fut devenuë impassible, & que son corps fut familiarisé avec les douleurs, & ce qui étoit plus admirable elle expedioit plus d'affaires aux momens de relâche qu'elle avoit, que d'autres n'en pouvoient faire en plusieurs jours. En vingt ans qu'elle gouverna le Monastére elle ne reçeut qu'onze filles, mais toutes bien choisies, & filles de qualité; elle les dressa avec adresse, & bonheur, ne leur montrant pas seulement le chemin par exhortation, mais y marchant la premiere; car quand elle n'étoit point arrêtée au lit, elle ne s'épargnoit en rien, portant la ferveur par tout où elle mettoit les pieds, & les mains.

Cette vertueuse Ursuline sçachant que l'état Religieux fait la cime de la perfection Evangelique, se resolut de se lier, & toutes ses filles à cette sainte Profession, malgré les obstacles que l'on formoit à l'encontre, à cét éffet elle employa le credit de Monsieur Rempale Ecclesiastique, son frere, lequel obtint une Bulle, en vertu de laquelle la Mere Jeanne detenuë au lit, reçeut le Voile Novice le jour de Sainte Ursule 1624. prenant le nom de Jeanne de Jesus, & sept autres des Congregées furent voilées le même jour, & trois mois après par dispence elles firent leur Profession, Monseigneur l'Archevêque d'Arles recevant leurs vœux, confirma la Mere Jeanne de Jesus pour leur Superieure.

Ce nouveau Monastére fit de nouveaux progrez en la perfection Religieuse par les instructions qu'elle y donnoit, les plus tiedes avoient de quoy s'encourager, les imparfaites dequoy se corriger, & les plus parfaites dequoy toûjours apprendre;

dre, elle leur dreſſa des Conſtitutions, joignant les exercices de la contemplation & de l'action.

Elle avoit une dévotion tendre & une eſtime incomparable pour S. Ignace de Loyola, recommandant à ſes filles les rares préceptes de perfection qu'il a laiſſés.

Les Urſulines congregées de Vaulreas, Ville du Comtat Venitien, s'aſſocierent au Monaſtére d'Arles, & y envoyerent leurs principales filles pour prendre l'habit & faire la Profeſſion Religieuſe ſous la Mere Jeanne de Jeſus.

La Ville d'Avignon deſirant paſſionnement d'avoir des Urſulines, la Mere y envoya une troupe d'élite de ſes Religieuſes avec la permiſſion de leur Prelat; l'abſence de ſes filles ne diminüa point ſes ſoins ny l'affection envers elles, mais il ſembloit plûtôt que ſon cœur envoyoit des influences plus abondantes de ſon ſecours à ſes membres plus éloignés; elle pourvoyoit à leur entretien, les exhortoit, conſoloit & inſtruiſoit par ſes lettres, mais non contente de leur parler par écrit, l'amour luy donnant une ſainte impatience de les revoir, elle ſe tranſporta en perſonne à Avignon, par la permiſſion de ſon Prelat, qui jugea ce voyage neceſſaire, pour fortifier ſes cheres filles, déjà rudement éprouvées par beaucoup de difficultés: elle fût fort malade pendant ſa marche: mais elle fût toûjours dans une grande tranquillité d'eſprit: elle fût contrainte de demeurer près d'un mois à S. Remy à cauſe de ſa maladie, & après elle ſe rendit à Avignon, nonobſtant l'opiniatreté de ſes maux; elle y embraſſa de toute l'ardeur de ſon zéle le ſoin des affaires du Convent, & arrêta par ſa prudence le cours de quelques blâmes controuvés contre le repos de ſes bonnes Religieuſes.

Après qu'elle eût donné quinze mois à Avignon, elle fût preſſée de donner de ſes Religieuſes pour établir un Monaſtere d'Urſulines à St. Remy, Ville de ſa naiſſance, à quoy elle s'accorda, & y envoya quelques Religieuſes d'Arles, qui commencerent la fondation à St. Remy.

La racine d'où procedoient les vertus de la Mere Jeanne de Jeſus, étoient le zele de l'honneur de Dieu, car des mêmes ardeurs dont elle s'employoit à la propagation de ſon Ordre, elle contribuoit auſſi à celuy des autres Maiſons Religieuſes tant d'hommes que de filles, quelqu'un l'ayant voulu empêcher que les Religieuſes de la Viſitation n'entraſſent dans Arles, *Ha!* s'écria-t'elle avec un grand ſentiment, *il ne tiendra à choſe qui depende de moy qu'un tel bien n'arrive à la Ville, & ſi ces bonnes Religieuſes avoient beſoin de nôtre propre Monaſtere, je le leurs quitterois de bon cœur, croyant que Dieu ne manqueroit point à nous pourvoir de retraite.*

A l'égard des neceſſiteux, elle avoit pour déviſe, *donnez & il vous ſera donné*, faiſant entendre que la charité étoit une ſource vive & inépuiſable, & une mammelle dont le lait ne tariſſoit jamais. Il eſt pluſieurs fois arrivé, que les mêmes ſommes d'argent qu'elle faiſoit donner, ſouvent aſſez notables, luy étoient rendües, & au-delà.

Mais ſi ſes mains étoient ouvertes pour les pauvres, elles n'étoient pas moins prêtes pour ſervir les malades; une Novice ayant un cancer à la mammelle, duquel sortoit quantité de pus, la Mere malgré la tendresse de son cœur, sembloit prendre praisir de découvrir cette playe, de la toucher & netoyer avec tant d'adresse, que la malade asseuroit n'en sentir point de douleur. Entre plusieurs charités considerables qu'elle fit, elle prit pour être Religieuse deux ou trois filles parfaitement belles, pour enlever, disoit-elle au monde & au diable ses proyes, & les tirer du peril, où la beauté de leurs corps pourroit engager leurs ames.

Depuis ses plus tendres années elle cachoit le trésor de son esprit, sous un mépris recherché, de sorte qu'il faloit l'étudier beaucoup, pour reconnoître sa vertu, quoy qu'elle veillât à ne donner aucun scandale à personne; elle usoit de saints artifices pour couvrir le bien qu'elle faisoit, ainsi l'on a remarqué qu'en trente ans de maladies étranges, elle ne s'est jamais plainte, pour ne point mal édifier, & neanmoins pour n'être pas estimée patiente, elle n'a jamais témoigné le plaisir interieur qu'elle prenoit à souffrir, quoy qu'elle tint son esprit continuellement attaché à Dieu par une intime union; Elle disoit qu'elle ne sçavoit pas prier, & lors qu'elle vouloit contempler plus à l'aise, elle feignoit de n'avoir pas dit son *Pater*, priant qu'on luy donnât le temps de le dire.

L'absinthe qu'elle mêloit à tous ses morceaux, étoit à son dire pour faire mourir des vers qui la tourmentoient, elle faisoit entendre que la viande delicate luy faisoit mal, que l'air frais luy nuisoit, &c. En un mot c'étoit une personne des plus cachées pour le secret de la vertu, que l'on ait veuë. La chambre où elle a demeuré environ trente ans, & pour l'ordinaire au lit, étoit fermée comme un sepulchre, où elle s'étoit ensevelie vivante, ne se servant que d'une lampe pour éclairer son obscurité, se privant de la veüe du jour & de respirer un doux air par mortification. Il arrivoit souvent qu'on luy brûloit les jambes en la voulant réchaufer, & quoyque les croûtes de la brûlure y parussent, elle ne s'en plaignoit point; elle travailloit sans cesse à renoncer à ses plus innocentes inclinations, il sembloit que sa vie ne fût que souffrances & Oraison.

Ce luy étoit une chose ordinaire quand quelques Religieuses, pour être fâchées ou tentées demeuroient un peu de temps sans venir à sa chambre, de les envoyer querir où elle faisoit fondre tous les nuages de leur esprit par les tendresses qu'elle leur témoignoit; encore qu'elle eût un grand serieux, elle tenoit ses filles dans la joye, leur faisant chanter des airs spirituels, qu'elle composoit pour ce sujet, disant, que cette maniere d'adoucir le joug de la vie Religieuse avoit de secrets, & de puissants effets pour l'avancement en la vertu.

Elle traitoit les affaires temporelles avec tant de conduite que dans les consultations elle rappelloit toutes les opinions à la sienne. Un grand Prelat dit en certaine rencontre, *Nous aurons beau disputer, il en faudra enfin venir à ce que la mere Ieanne de Iesus a resolu.*

Sa mort servit non tant de clôture que d'ornement à sa vie, pour en avoir fait éclater le lustre qu'elle avoit tenu si long temps caché; ce fut au Monastére d'Avignon qu'elle termina ses jours, en ayant parlé auparavant aux Religieuses à mot couvert, mais comme si elle en eut eu une asseurance, & tout ce qu'elle avoit prédit, fut accomply.

7. Juillet. *La V. Mere Jeanne de Iesus, Rempale.*

Elle se vit privée à la mort comme elle avoit été pendant sa vie, des personnes spirituelles qui luy étoient plus cheres & dont elle eut pû tirer quelque consolation, au contraire elle eut des souffrances tres-particulieres de semblables personnes & de celles à qui elle avoit fait plus de bien, ce qu'elle a toûjours porté patiemment, se croyant digne de l'oubly & du mépris de toutes les Créatures.

Approchant sa fin, elle poussa un grand soûpir, qui obligea la mere qui l'assistoit de luy demander ce qu'elle avoit ; *ha ! ma fille*, dit-elle, *je pense à une grande affaire*, & aprés ayant appris que toutes les Religieuses étoient en un petit jardin devant sa chambre, elle les regarda par sa fenêtre, ce qu'on ne luy avoit jamais vû faire ; & comme elles l'apperceurent, elles se mirent toutes à genou, touchées d'une sainte affection ; elle dit d'un grand & devot sentiment, *mes filles, Dieu tout bon vous benisse au Nom du Pere, du Fils & du Saint Esprit.*

Dépuis ce jour-là elle eut toûjours le soin attaché non seulement à sa perfection, mais à celle de tous ses Monastéres. On vit en suite qu'elle assembloit toutes les forces de son esprit pour achever l'acte le plus important de sa vie.

Quelques momens avant sa mort elle dit aux Religieuses qui étoient dans sa chambre, *voila mon corps, faites-en ce qu'il vous plaira.* Ce furent ses dernieres paroles, & elle demeura quelque tems si fixement attachée à Dieu que ses filles crurent qu'elle trépassoit, elles appellerent les autres & en méme tems le Confesseur, le Reverend Pere Recteur s'y trouva aussi ; à l'entrée duquel elle ouvrit les yeux, sans toutes-fois donner autre signe de vie, ce qui l'obligea de luy administrer conditionnellement l'Extrême-Onction, & aprés on reconnut qu'elle étoit passée comme par un ravissement insensible.

Toutes ses cheres filles étoient en désolation, mais particulierement celle qui l'avoit assistée ; elle fust accablée d'une si assoûmante douleur que l'on ne la pût tirer d'auprés du corps de sa bonne Mere, & bien qu'elle fût notablement incommodée de grandes infirmitez qui la travailloient dépuis long tems, si entreprit-elle de luy rendre les derniers devoirs de charité, dont pour recompense elle gagna la délivrance de tous ses maux. Les chastes membres de la Mere rendirent une tres-douce odeur l'espace de vingt-six heures qu'on fust sans l'enterrer ; son corps demeura souple, ses yeux demy ouverts & sa bouche vermeille, de sorte que ceux qui la virent exposée à la grille du Chœur, disoient qu'elle n'étoit pas morte. Vn grand concours de monde aborda pour la voir, & châcun la contemploit dans un devot silence.

Enfin on l'enterra par condescendance à son humilité sous les degrés de la monté vis-à-vis de la porte du Chœur, l'y enfermant de telle maniere qu'outre la Châsse de Sapin dans laquelle le corps fût mis, couvert d'une ais qui le pressoit, on y bâtit dessus à chau & à sable, puis on y jetta quantité d'eau, & l'on couvrit le tout d'une ais, sur lequel on bâtit encore avec des briques & du plâtre, pour empescher qui n'exhalât quelque puanteur de ce corps ; peu de jour aprés le tombeau parût à decouvert, & on y sentoit des parfums ; ce qui obligeât les Pensionnaires à faire des ouvertures pour joüir plus à l'aise de cette agreable odeur ; de plus durant quelques mois il distiloit de son tombeau plus de deux pieds loin, une douce liqueur que plusieurs sentirent plus odoriferente que l'eau d'Ange.

Elle estoit decedée le septiéme Juillet l'an 1636. Onze mois aprés le 27. Juin, les plus âgées des Religieuses ayant oüy par trois divers Samedys du bruit dans le creux du Tombeau, on resolut de l'ouvrir pour transporter ce corps en un lieu plus décent ; à l'ouverture il en sortit une odeur delicieuse, qui se repandit par tout le Monastere, le corps fût trouvé tout entier, plein, succulent, & de couleur d'yvoire roussâtre, toutes les extremités & les parties les plus tendres sans aucune lesion, le tout sans corruption, encore qu'il eût esté enterré avec tous ses intestins, & dans les grandes chaleurs de l'Eté, les habits & linges du corps furent trouvés aussi entiers qu'on les luy avoit mis : la Châsse même qu'on avoit couvert d'un linge, se trouvât consumée, hormis ce qui entouroit cette Châsse, il estoit tout ensanglanté & pareillement ses autres linges, ce sang provenoit d'une playe qu'on luy trouvâ au côté du cœur, de la grandeur d'une piéce de vingt sols, mais aussi fraîche & vermeille que si l'on fût venu de la faire à un corps vivant, il en sortit grande quantité de sang, & au dessous du cœur on en trouvât beaucoup de desseiché, sans avoir perdu sa couleur vermeille, on en recüeillit dans des bouteilles de verre : on apperçeut aussi sortir de sa bouche une liqueur comme de Baume transparant, & coloré comme de l'Ambre.

La Mere Catherine de Iesus Maria de Nicolay, une des anciennes Professes de la maison, prit de ce Baume au bout de son doigt, & le porta appliquer sur une pauvre malade qui s'estoit toute fracassé le corps, laquelle fût incontinent guerie, ce que les Medecins, & Chirurgiens ont attesté par écrit.

De plus tout au tour du corps on vit une liqueur en forme de pommade, qui avoit distilé en si grande abondance, que la Chasse en étoit toute pleine & touté penetrée, de sorte qu'on la ramassâ pour être mise en reserve.

Monsieur le Grand Vicaire nommé Estienne de Girard, accompagné de l'Avocat Fiscal de l'Archevesché, de son Greffier, du Reverend Pere Gayer Recteur du College des Iesuites d'Avignon, & de deux Medecins & Chirurgiens, fût témoin oculaire de l'état merveilleux dans lequel étoit ce corps, & en fit dresser le Verbal par les mêmes Experts, le Baume, le Sang, les Habits, & tout ce qui a touché ce Venerable corps, a fait & continüe de faire tous les jours des guerisons miraculeuses, sur tout pour les fiévres réglées qui sont trés frequentes vers Avignon ; l'attestation est signée du neufviéme Avril 1667.

MAXIMES.

I. Donnés, & il vous sera donné ; la charité est une source inépuisable, & une mammelle dont le lait ne tarit jamais.

II. Quand une ame est au gré de Dieu, il l'entoure pour sa conservation d'une haye vive de croix, & d'épines pour la rendre d'autant plus capable de l'influence de ses graces, qu'elle sera plus outragée & persecutée.

III. Les mouvemens d'un cœur plein de l'amour de Dieu dans les persecutions, sont des joyes d'être trouvé digne de souffrir quelque chose pour Dieu.

IV. Il ne faut point douter que Dieu ne s'interresse pour sa providence, & ne tire l'innocence de l'oppression, n'en prenne la cause en main, & ne conserve ses droits, & l'honneur qui est deû à la vertu persecutée.

V. Ha! qu'il est doux de vivre dans une sainte solitude, d'être toûjours unie à Dieu, cachée dans le secret de sa face, & éclairée de ses divins regards!

VI. La haine de nous-mêmes est le germe sacré du saint amour qui nous unit avec Dieu.

VII. Quand Dieu veut élever une ame au plus haut degré de merite, il l'attire à luy & la conduit à la perfection de son état par le chemin des peines, & des croix, lesquelles sont le partage des grandes ames, & comme l'élement & la matiere des plus belles vertus, sur tout de l'amour divin, de qui elle est la preuve.

VIII. Tout le tems que Dieu nous donne, il le faut ménager pour sa gloire, & travailler à la façon des Anges, qui ne vaquent qu'à la contemplation de Dieu, & à negocier le bien & le salut des ames.

IX. L'on ne mesure point les œuvres de Dieu, non plus que les vertus par la régle du temps, mais par la grandeur de la perfection, & ainsi l'Ordre des Ursulines a toûjours eû dans ses fonctions beaucoup plus de solidité, & d'utilité que d'éclat.

X. Ne vous épargnés point dans les actions Chrétiennes & Religieuses, mais portés le feu & la ferveur par tout où vous mettrés les pieds & les mains.

XI. Non seulement la profession d'instruire les petites filles, & de les porter à Dieu, n'est point repugnante à l'état Religieux; mais plûtôt ce saint exercice est comme un riche fond pour en relever la beauté, & en accroître le merite; on a dit tout le bien & l'excellence de la vocation Religieuse, quand on dit qu'elle enferme les vertus Evangeliques; qu'elle conduit la personne qui l'embrasse à l'état de perfection, c'est-à-dire à un état qui oblige saintement d'y aspirer.

XII. L'Estat Religieux est un état qui honore Dieu par luy même, & non-seulement par les productions avantageuses des vertus que l'on pratique, mais singulierement en son elevation, par le moyen de laquelle l'homme est comme tout transporté dans la pensée des perfections de Dieu; à qui il donne les fleurs & les fruits, & tout le fond de sa vocation.

XIII. C'est ce que vous faites (mes cheres filles) par le moyen des vœux & de la Profession Religieuse, comme d'un Acte des plus élevés & des plus heroïques en merite, que cette vie puisse permettre & qui semble en certaine maniere avoir du rapport à l'immensité, comme comprenant la hauteur des desirs, la largeur de tous les biens spirituels, la longueur de la vie, & de l'Eternité même, & la profondeur de l'aneantissement dans l'état d'une sainte servitude.

SEPTIE'ME JUILLET.

LA VENERABLE SOEUR ELIZABETH
de Saint Paul, Salomon, Religieuse Ursuline de Nevers.

Vous serez grand, & vous opererez vôtre salut, si une fois vous avez gouttez combien le Seigneur est doux, c'est ce que dit le Prince des Apôtres à tous les fidelles. Dans sa premiere Epître aux Corinthiens. 2. vers. 3.

NOstre Seigneur fit goûter de bonne heure à cette fille de President, le tresor, & la multitude de ses douceurs, aussi prit-elle resolution d'être Religieuse ; quand sa Mere le sçeut, la passion qu'elle avoit pour cette chere fille, la porta aux dernieres extremités, elle la voulut retirer du Convent où elle étoit en pension; nôtre constante Amasonne y resistant, elle luy fit mille menaces, & de là s'en alla se plaindre d'elle à la Justice ; les Messieurs pour contenter en quelque façon la Mere, ordonnerent que la fille seroit mise pour quinze jours en main tierce, que pendant ce temps-là elle seroit juridiquement interrogée, & qu'au cas qu'elle persistât, elle seroit reconduite au Monastere ; il ne se peut dire de combien d'artifices cette Mere affligée usa pour la faire changer, sans en venir à bout, au contraire elle s'affermissoit toûjours d'avantage, elle fût interrogée publiquement en Justice, où elle répondit avec un esprit & une sagesse qui passoit son âge, on luy demanda son serment, & elle jura sur l'Evangile que personne ne luy avoit inspiré le desir d'être Religieuse ; ensuite elle se jetta aux pieds de sa mere là presente, luy demanda pardon & sa benediction pour entrer au Noviciat ; mais cette femme transportée d'une colere qui égâloit son amour, luy dit d'un accent épouvantable, *qui me tient que je ne te tuë sur l'heure de mes propres mains* ; sa fille luy répondit doucement, *& bien ma Mere tués moy plûtôt que de me retenir dans le monde*, tous les assistants émeus de cette merveilleuse constance, luy applaudissoient ; il fût ordonné qu'elle demeureroit encore quelques jours hors du Convent, & pendant ces intervalles sa Mere fit inutilement de nouveaux efforts, enfin elle y retourna triomphante, & les Religieuses la reçeurent au Noviciat quoy qu'elle n'eût pas encore l'âge requis, car elle meritoit bien ce privilege.

La contagion entra en ce Monastere presque en mesme temps qu'elle, plusieurs filles sortirent, mais nôtre Elizabeth ne voulut point quitter ses bonnes Meres, le mal la prit avec de grandes craintes de mourir, neantmoins une voix luy dit fort intelligiblement, *tu redoubleras ton âge*, & de vray elle vêcut depuis précisément autant d'années qu'elle en avoit alors.

Quand elle fût Religieuse Dieu commença alors à la traiter en fille forte, au lieu de ses consolations ordinaires elle se vit assaillie de tentation touchant les tendresses de sa mere, mais son courage secouru puissamment de la grace les surmonta.

Elle alla une fois dans un cellier fort éloigné, & tirant une buche embarassée dans d'autres, le bucher de dix ou douze miliers de bois vint à renverser sur elle, mais comme elle invoqua la Sainte Vierge, ce bois au lieu de l'accabler, se rangea au tour d'elle en forme de voûte, où elle demeura long tems, jusqu'à ce que quelques Religieuses en passant entendirent sa voix, & en appellerent d'autres qui la tirerent de là.

Il luy étoit resté qu'elques affections un peu trop humaines dequoy elle fut délivrée un matin, que passant devant un Tableau de la Sainte Vierge, elle entendit fort clairement ces paroles, *toute à Dieu ma Sœur de S. Paul, toute à Dieu*; sur la fin de sa vie elle fût dans un état de grande humiliation & de mortification, qu'elle accepta avec soûmission, en disant souvent ô *que Dieu m'a aimée de m'avoir humiliée; je me susse perduë si Dieu par sa grande Misericorde ne m'eut voulu sauver par des voyes contraires à mes inclinations!* elle persista jusqu'au dernier soûpir dans ces bons sentimens, & mourut le septiéme Juillet 1644, en la trente-deuxiéme année de sa vie.

MAXIMES.

I. L'humilité est un oubly continuel de nos bonnes actions, elle consiste aussi à s'estimer la derniere de toutes les créatures, & la plus grande pecheresse.

II. L'humilité est une lumiere qui fait connoître à nôtre ame quelle est sa foiblesse & son impuissance.

III. L'humilité nous porte à prevenir nôtre prochain par la moderation de nôtre esprit lors qu'il est prest de s'irriter contre nous, & être les premiers à étouffer toutes disputes & toutes contestations dans sa naissance.

IV. L'humilité est une reconnoissance de la grace de Dieu & de sa misericorde envers nous; c'est aussi le sentiment d'un cœur vrayement contrit, & un renoncement à sa propre volonté.

L'humilité est une grace de l'ame qui ne se peut exprimer par aucun nom, & qui n'est connuë que de ceux-là seuls qui la connoissent par leur propre experience, c'est un don du Ciel, & l'un des dons de Dieu même, puisqu'il dit dans l'Evangile, *apprenez, non d'un Ange, non d'un homme, ny des Tables de la Loy écrite, mais de moy, c'est-à-dire de la presence de mon esprit, de l'infusion de ma lumiere, & de l'operation efficace de ma grace dans vos ames, que je suis doux & humble de cœur, d'esprit & de volonté, & vous trouverez le repos & la paix interieure de vos consciences, par la fin des tentations & des guerres qui vous troublent.*

Huitie'me Juillet.

LA VENERABLE MERE JACQUELINE de la Visitation, du Bos, Religieuse Ursuline d'Amiens.

Faites connoître au peuple les inventions de Dieu. Isaïe, Chapitre 12.

Dieu s'est servy de la nature, & beaucoup plus de la grace pour concourir au dessein qu'il avoit de la rendre un exemplaire de perfection. Dés son enfance elle croissoit plus en vertu qu'en âge, & elle étoit plus agreable par la beauté de son ame, qui réjaillissoit au dehors, que des ornemens exterieurs ausquels elle n'a jamais pris plaisir, aussi estoit elle un enfant de priere, ses parents l'ayant demandé à Dieu plusieurs années; & l'on peut dire que la grace la vouloit plûtôt mettre au monde que la nature, y estant venuë au septiéme mois contre toute esperance de la pouvoir élever, à cause de sa grande delicatesse, ce fût par un vœu que l'on fit à la Sainte Vierge, qu'elle fût délivrée des perils où la nature l'avoit exposée.

Lors que l'on voulut faire l'execution du vœu, Messieurs ses parens la conduisirent pour l'offrir à la Sainte Vierge, le Cocher qui les menoit, s'égara & se trouvans surpris d'un orage, ils furent contraints de se mettre à couvert dans une vieille Grange, attendans que la pluye & le tonnerre cessassent, aprés quoy étans remis au droit chemin, ils reconnurent que la Divine Providence avoit permis cét égarement pour les sauver d'un plus grand peril, ayans trouvé étans arrivés au gite, que le foudre étoit tombé au lieu où ils devoient tous loger.

Toute l'enfance de cette vertueuse Ursuline s'est passée dans une si grande pureté, modestie, & pieté, que l'on croit qu'elle a toûjours conservée son innocence baptismale.

Dans les Classes des Ursulines elle étoit toûjours l'exemple de ses compagnes, & étoit considerée, respectée, & aimée de toutes les personnes qui l'ont connuë; elle a poursuivy avec ardeur le bien de la Sainte Religion & de s'y donner entierement à Dieu, ce qu'elle ne pût executer sitôt, étant si cherie & aimée de ses parens, qu'ils ne se pouvoint resoudre de la quitter; cependant elle comença à faire les fonctions de nôtre Saint institut, élevant avec soin ses freres & ses sœurs en la crainte de Dieu, dont elle avoit un grand fond, Madame sa Mere s'en reposant entierement sur sa bonne conduite: elle poursuivoit toûjours

8. Juillet. *La V. Mere Iacqueline de la Visitation, du Bos.*

jours son pieux dessein, ce qu'elle a fait l'espace de six à sept ans.

Enfin sa perseverance jointe à la grace l'emporta sur la nature, quittant le monde, & se dégageant genereusement de la tendresse reciproque de Messieurs ses parents; & dépuis elle ne fit jamais paroître aucuns ressentiments naturels pour les interests de la chair & du sang, quoy qu'elle en eût des occasions fort touchantes. Son entrée au Noviciat fût à l'âge de dix-huit ans, où elle gaigna par sa ferveur ce que le tems avoit fait differer à son zéle : elle s'appliqua avec tant de soin & si exactement à la pratique des vertus Religieuses, & se porta en toutes ses actions avec une conduite si pleine de grace, qu'elle fit des progrés merveilleux en peu de tems ; & l'on peut dire qu'elle a fait connoître au peuple les inventions de l'amour de Dieu sur les ames de grace, & les voyes dont il se sert pour attirer les ames à luy par sa fidelité à suivre la conduite de Dieu, & à dignement remplir sa vocation, à quoy a beaucoup contribué son bon naturel, son égalité d'humeur, & son bon esprit, qui estoit éclairé, fort & genereux.

Aprés avoir si bien travaillé à sa propre Sanctification, elle fût long-tems employée à l'Institut, où elle fit des progrés merveilleux, tant en elle qu'à celles qu'elle instruisoit, comme aussi à la conduite des Novices, & puis en la charge de Superieure, Assistante, & Zelatrice, en toutes lesquelles elle a fait paroître tant de vertus, & les a pratiquées toutes avec une si grande perfection, que les regardant les unes aprés les autres, il sembloit qu'elle excedoit en châcune.

Son amour pour la pauvreté, la rendoit ennemie de toutes superfluités, singularités, & si éloignée de toutes proprietés que tout ce qui estoit du bien commun, elle n'eût pas voulu perdre ou disposer d'un bout de fil, & s'est renduë fort soigneuse à se conserver dans cét esprit de pauvreté.

Elle a excellé singulierement en l'obéïssance, regardant ses Superieures comme Dieu, leur portant un grand respect, soûmission & dépendance, ne faisant pas la moindre chose sans leur ordre. Son exactitude à l'observance de toutes les Régles, & à s'aquiter de tous les Emplois où elle a été appliquée, a esté si ponctuelle, que l'on peut dire qu'autant qu'il a été à son pouvoir avec la grace, qu'un seul *yota*, ou un point n'y a été obmis ; cela a principalement parû lors qu'elle étoit Superieure, où elle étoit extrémement vigilante, & exacte à maintenir les observances, jusques aux plus menuës circonstances en leur vigueur, ne pouvant souffrir la moindre alteration en quoy que ce fût, & n'ayant pour cela aucun respect humain. Sa charité étoit pour toutes, & en toutes occasions, mais particulierement vers les Malades, n'ayant acceptation de personne ; étant Superieure elle servît même une Sœur Converse, & a toûjours fait le même avec une grande cordialité, lorsque l'occasion s'en presentoit.

Elle étoit si soigneuse de prevenir & pourvoir au besoin de toutes, lors qu'il étoit de son devoir : que châcune s'en pouvoit bien reposer sur ses charitables soins : Son humilité étoit cordiale & amoureuse, qui la portoit à toutes les choses communes, & abjectes ; elle étoit civile, affable, & defferente à toutes.

Elle avoit tout son recours & tiroit toutes ses lumieres pour la conduite de l'Oraison, où elle étoit si attentive, toûjours les mains jointes sans s'apuyer,

Tome III. G

& d'une posture si devote qu'elle excitoit à la devotion celles qui la regardoient. On l'a vûë plusieurs fois prosternée devant le saint Sacrement, & devant l'Image de la sainte Vierge, sous le nom de Nôtre-Dame de Foy; lors qu'il s'agissoit de quelque affaire pour leur en recommander le bon succez, comme aussi à saint Joseph, à qui elle avoit une devotion particuliere, aprés quoy elle demeuroit dans une grande confiance & assûrance que les choses réüssiroient bien, ce que l'effet a rendu veritable en plusieurs occasions tres-remarquables.

Nous pourrions aussi dire beaucoup de choses de son attrait à la vie cachée, & de son esprit de penitence, dont on a découvert des marques par ses disciplines sanglantes sur son corps aprés sa mort, & plusieurs autres pratiques, tant de mortification que de devotion que j'obmets crainte d'être trop longue.

Cette fidelle Epouse ayant toûjours tâché de se conformer à la vie de son divin Epoux, il a permis qu'elle ait passé par le chemin Royal de la Croix, mais d'une étrange maniere, pour verifier ce que dit l'Apôtre, *que la vertu se perfectionne dans l'infirmité*. Cette vertueuse Mere qui avoit été un parfait modéle de toutes les vertus en sa santé, en a été un admirable & accompli de patience, douceur, & conformité avec Jesus-Christ Crucifié en ses maladies, qui n'ont pas duré moins de sept ans, lesquelles commencerent par des maux de tête si violens qu'encore qu'elle ne se plaignoit point, ny témoignât le moindre acte d'impatience, elle exprimoit neanmoins sa douleur, comme si on luy eût brisé la tête en mille pieces; au sorty de ces accez elle demeuroit si extenuée, & le visage si plombé qu'il paroissoit plus mort que vif; cela étoit accompagné de fiévre, de maux de cœur, vomissemens, & autres accidens qui luy ont continué jusqu'à ce que nôtre Seigneur pour terminer sa patience, a terminé ses maux par une hydropisie, qui nonobstant tous les remedes, a toûjours augmenté avec des douleurs, & des oppressions tres-grandes; l'on ne pouvoit comprendre comme un corps si délicat, & extenué des infirmitez precedentes, pouvoit tant & si long-tems souffrir.

Elle recevoit les visites & assistances de ses Sœurs avec tant de cordialité, & témoignoit tant de tendresse pour toute la Communauté, que l'on en étoit sensiblement touché, & l'on n'admiroit pas moins ses saintes dispositions. Elle s'étoit entierement abandonnée à Dieu, ne pensant & ne parlant plus des choses de la terre, mais toutes ses occupations étoient de Dieu, où elle se montroit si habituée, qu'au moindre mot qu'on luy en disoit, elle continuoit de s'y élever, produisant d'elle-même tous les Actes propres; elle recevoit Nôtre Seigneur tous les huit jours en Viatique, & reçût l'Extrême-Onction, & continua jusques à la mort à repeter des Versets en forme d'Oraison Jaculatoire, dont le dernier fût, *Misericordias Domini in æternum cantabo*, qu'elle recita jusques à onze fois avant qu'expirer, qui fût un Vendredy, âgée de 51. ans, dont elle en a passé 33. dans la Religion, son decez fût en l'an 1667.

MAXIMES.

I. Tous ceux qui joüissent maintenant d'une parfaite tranquilité, ne sont passés à cette paix que produit dans l'ame la victoire de toutes les passions, qu'aprés avoir éprouvé le trouble & la guerre de ces mêmes passions.

II. La priere est capable de porter ceux qui sont sages & ingenieux pour leur salut, à n'avoir aucun ressentiment des injures qu'ils reçoivent, à reprimer tous les mouvemens de la colere, à bannir de l'esprit tous les soins superflus, & tous les chagrins qui les inquietent, à fuïr toutes les occasions humaines qui les détournent de l'unique objet de leur amour, à garder une exacte temperance, & enfin à se preserver de tous les pieges de tentations, & de mauvaises pensées; voilà les fruits de la vraye Priere & Oraison.

III. Dans toutes les sortes de Croix, il faut former l'ame à se dévoüer encore à de plus grandes que ne sont pas celles où elle est, par un esprit d'élevation au dessus de sa peine.

IIII. Tout Chrêtien a obligation d'être animé de l'esprit de Jesus-Christ dans toutes ses actions.

V. Il n'est rien qui rende sensuel, & qui éloigne de Dieu, comme l'immortification des sens.

VI. Un des plus grands malheurs à une ame, est de vivre toûjours hors de soy, dans la connoissance de tout ce qui ne nous appartient pas, & dans la seule ignorance de son interieur.

HUITIE'ME JUILLET.

LA VENERABLE SOEUR JACQUELINE de Jesus-Christ, le Cler, Religieuse Ursuline de Châlon sur Saône.

Portez le joug du Seigneur de bonne heure & dans vôtre jeunesse. Jeremie aux Threnes, Chapitre 3. verset 27.

Jeremie donne le conseil de porter le joug du Seigneur de bonne heure, & dans la jeunesse; nôtre Sœur Jacqueline l'a suivy, & a donc vêcu avec bien de douceur & d'innocence puisqu'elle quita le monde à l'âge de six ans, & entra dans le Paradis de la Religion qui est le lieu le plus propre à conserver ce precieux tresor; elle fût attirée dans ce Monastére par une de ses Tantes qui venoit d'en jetter les premiers fondemens.

La V. Sœur Iacqueline de Iesus-Christ, le Cler. 8. Juillet.

Dieu qui l'avoit choisie pour être son Epouse, voyant son ame comme un temple preparé, se communiqua à elle, luy donnant le desir d'être Religieuse, à quoy elle fût si fidelle, que pour contenter sa ferveur, il fallut luy donner l'habit de Novice à treize ans, & elle le porta trois ans avant sa profession qui fut differée par le decez de Monsieur son pere qui arriva en ce tems-là ; sa mere étant sortie de l'embaras que luy avoit causé une telle perte, quitta le lieu éloigné d'où elle étoit pour venir éprouver sa chere fille ; elle employa pour ce sujet toute sa tendresse & son pouvoir pour la tenter, & la ramener dans son païs, mais toutes ses poursuites ne purent ébranler sa constance, qui la rendit enfin victorieuse de l'amour legitime de ses proches, & d'elle même, s'offrant en holocauste à la Majesté Divine par les vœux de Religion, & son sacrifice luy fût d'autant plus agreable que les Maximes, & les vanités du monde ne l'avoient aucunement corrompuë ; le jour de sa profession fût le jour de Sainte Ursule l'année 1642.

Son respect pour nos sacrés mysteres étoit merveilleusement aidé par la subtilité de son esprit, qui luy donnant l'intelligence du Latin, les luy faisoit concevoir pour les mediter avec plus de ferveur.

Son zéle pour l'instruction de la jeunesse, la rendoit infatigable en ce saint exercice, aussi avoit elle des talens merveilleux pour imprimer la Loy de Dieu dans les cœurs, mais elle en avoit encore infiniment d'avantage pour l'Ordre, & les ceremonies du Chœur, faisant une étude particuliere pour s'en bien acquiter, ce qui luy fit exercer l'Office de Directrice jusques à la mort.

Sa devotion la plus tendre étoit à Jesus-Christ, dont elle avoit l'honneur de porter le nom, & l'avantage d'imiter sa vie souffrante, étant d'une complexion infirme, sujette à des fluxions, fiévres, & rhumes, qui luy ont donné beaucoup de matiere de patience, & luy ont apparemment merité devant les yeux du Seigneur l'illustre qualité d'Epouse de la Croix, & toute la Communauté étoit fort édifiée de voir la maniere douce & humble avec laquelle elle portoit les peines dont la vie des justes est mélangée.

Son humilité étoit d'autant plus admirable que la pratique en est difficile, lorsque l'on a d'aussi beaux talens qu'elle en avoit, la nature luy avoit donné un tres-bel esprit, un jugement solide, & une memoire heureuse, neantmoins elle ne parloit jamais d'elle même qu'avec mépris.

La paix & le calme faisoient son Caractére particulier, elle portoit le joug du Seigneur avec paix ; elle ne se troubloit point pour aucun évenement, & si quelques-fois elle paroissoit sensible, c'étoit où il s'agissoit des interêts de Dieu, ou de sa Communauté, dont elle a été toûjours tres-zélée à maintenir les droits avec force & prudence.

Sa maladie a esté une fiévre & un mal de côté, elle a reçû tous ses Sacremens avec des dispositions aussi Chrétiennes que Religieuses, les accompagnant d'un pardon fort humble qu'elle demanda à la Communauté ; le Sacrement d'Extreme-onction luy donna tant de force, que bien qu'elle eût une grande oppression, elle répondit à toutes les prieres d'un esprit admirablement present ; nous estimons qu'elle a eû cette grace, en faveur de la devotion avec laquelle elle a dit onze mille *Pater*, en l'honneur de Sainte Ursule & de ses Compagnes : ses dernieres paroles furent *Iesus, Maria, Ioseph*, son decez arriva en l'an 1678.

MAXIMES

I. L'Humilité croissant en nous de jour en jour, & s'y étant enracinée, c'est alors que nous avons non seulement du mépris, mais même de l'horreur pour toutes nos bonnes actions, étans persuadés que nous augmentons tous les jours le fardeau de nos pechés, par plusieurs fautes secrettes que nous ne connoissons pas, & que l'abondance des graces que nous recevons de la main de Dieu, ne nous servira qu'à nous faire meriter un châtiment plus severe, comme étant indignes de ses faveurs, & c'est ce qui fait que l'ame étant dans les sentimens de sa bassesse, demeure inviolable à tous les efforts de ses ennemis.

II. L'humble estime que l'ame a d'elle-même, est comme un tresor interieur, où elle renferme toutes ses vertus, & où elle les met en seureté contre toutes les attaques de ses ennemis.

III. L'une des plus excellentes proprietés de l'humilité, est la souffrance des humiliations & des mépris, que l'ame reçoit avec joye & embrasse avec ardeur, comme un reméde salutaire qui guerit ses maladies, & qui consomme ses pechez; c'est aussi une parfaite victoire sur la colere; & enfin le plus élevé degré de tous, est une defiance de ses meilleures actions, jointe à une confiance aux misericordes de Dieu, & un desir continuel de s'instruire.

NEUVIEME JUILLET.

LA VENERABLE MERE ANNE DE Jesus, Religieuse Ursuline de Salin.

Dieu m'a nourry dés les premiers momens de ma vie. Jacob en la Genese, Chapitre 48. verset 15.

Jacob dit que Dieu l'avoit nourry dés les premiers momens de sa vie ; nôtre Mere Anne de Jesus en peut bien dire autant, puisque dés sa plus tendre enfance elle commença à aimer & servir Dieu avec une grande perfection. A l'âge de sept ans elle fit vœu de Virginité ; Ses Directeurs & tous ceux qui la connoissoient, la reveroient comme une ame sanctifiée, & elle a fait le tresor & le bonheur de son Monastére par la sainteté de sa vie.

Elle avoit un attrait particulier à l'oraison, son seul aspect causoit de la devotion; l'estime qu'elle avoit de sa vocation, fit qu'elle attirât trois de ses sœurs à nôtre saint Ordre, & elle se rendit un exemple parfait des vertus & de la regularité.

Nôtre-Seigneur la voulant toute à luy, permit qu'elle devint sourde, ce que cette bonne ame estimoit à grace, sans ce deffaut elle auroit été une accomplie Superieure. Elle ne laissa d'accomplir environ treize ans la Charge d'Assistante, & toûjours celle de Directrice envers toutes les Religieuses pour le spirituel, & envers plusieurs personnes seculieres, qui venoient à elle avec grande confiance; elle avoit pour cela des talens & des graces bien particulieres, ses paroles toutes enflammées portoient effet, & onction dans les ames.

Son amour étoit tres-ardent envers Dieu; sa charité pour ses Sœurs & le prochain étoit incomparable; elle avoit obtenu d'en faire un vœu particulier; à toute heure elle cherchoit & trouvoit le moyen de l'exercer.

Son humilité & sa douceur de cœur étoient tres-grandes; son obeïssance des plus exacte, & son esprit de penitence continüel; mais sa patience a été admirable, ayant porté un abcés à la tête qui supuroit par la bouche, & porta ce mal environ quatorze ans, sans se relâcher d'aucune observance reguliere.

Son oraison & application à Dieu tant la nuit que le jour étoient presque sans relâche, toûjours recueillië dans son interieur; la sainte habitude qu'elle avoit de faire des actes interieurs dans toutes ses actions, fit que ses derniers jours elle s'entretenoit continuellement avec Dieu, & avec une si fervente devotion qu'elle mettoit dans l'admiration tous ceux qu'elle voyoit, lesquels disoient que c'étoit une ame de grace, que la Terre n'étoit pas digne d'avoir; elle est décedée l'an 1637.

MAXIMES.

La recolection est absolument necessaire pour la vie spirituelle; le silence sanctifie les croix, celuy qui prend garde à ne se pas justifier, sanctifie les calomnies; le silence dans les occasions de plainte sanctifie les persecutions, les humiliations & les maladies.

II. On ne voit jamais qu'une ame humble soit hypocrite ny médisante, ny qu'elle ait la moindre apparence de haine, ny le moindre signe de contradiction, ny la moindre désobeïssance, si ce n'est qu'il s'agisse de la Foy.

III. L'humble a le cœur contrit & humilié, il est tendre & porté sur toutes choses à la misericorde & à la compassion; il est tranquille, gay, obeïssant, vigilent, plein de ferveur, & en un mot il est devenu victorieux de toutes ses passions, selon ces paroles de David, *le Seigneur s'est souvenu de nous, lors qu'il nous a veu dans le rabaissement & l'humilité, & il nous a délivré de la puissance de nos ennemis,* c'est-à-dire, de nos passions & des impuretés qu'elles causent dans nos ames.

Neuvie'me Juillet.

LA VENERABLE SOEUR FRANCOISE du Saint Esprit, Hedoüyn, Religieuse Ursuline de Mante.

Mon cœur espere en Dieu, j'ay été secouru de luy, & mon corps en est rajeuny.
David au Psalme 27. vers. 7.

La vie pure & innocente de cette vertueuse Ursuline, a été tissuë des vertus Chrétiennes & Religieuses, & l'on en pourroit faire un éloge fort ample ; mais pour seconder son humilité, qui avoit demandé que l'on ne dit rien d'elle, nous dirons seulement que cette digne Religieuse a été semblable à ce bon arbre dont est parlé dans l'Evangile, parce qu'ayant jetté des profondes racines dans la Terre de la Sainte Religion, par son humilité, & les bas sentimens d'elle même & la connoissance de la dignité de sa vocation, elle y a porté des fruits beaux à voir, & agreables au goût comme ceux du Paradis terrestre, mais particulierement d'une haute estime de la Divine Majesté, au service de laquelle elle a fait paroître sa fidelité & pieté, tant par son amour & exactitude à nos Saintes Régles, que par son assiduité aux observances, étant toûjours des premieres au Chœur, où elle en étoit le bon soûtien par sa belle voix, qu'elle employoit à chanter les loüanges de Dieu, ayant esté plusieurs années premiere Chantre, dont elle s'acquittoit avec tant de respect, & d'attention d'esprit, que la moindre faute qui se faisoit au Chœur luy estoit insupportable.

Cette même pitié luy a toûjours donné un grand amour pour nôtre Seigneur, & pour la reception du trés Saint Sacrement de l'Autel, dont elle étoit toûjours si affamée qu'elle l'auroit reçû tous les jours si on le luy eût permis, n'ayant point de plus grande peine, que lors qu'elle ne s'en pouvoit approcher; parce, disoit elle, que c'étoit toute sa force & sa consolation ; en effet le grand dénüement interieur & exterieur dans lequel elle a vêcu, ne luy ayant trouvé aprés sa mort que quelques images de papier, ses Livres d'Eglise, & autres devotions, & des instrumens de Penitence, avec lesquels elle maceroit sa chair, ce qui a non seulement marqué son esprit de pauvreté ; mais aussi que Jesus Christ dans le Tabernacle étoit tout son trésor, ses veritables richesses, & les delices de son cœur, prenant un indicible plaisir de s'entretenir avec luy, mettant en ce Dieu d'amour toutes ses esperances, aussi disoit-elle avec David. *Mon cœur espere en Dieu, j'ay été secouru de luy, & mon corps en est rajeuny* : c'étoit dans la solitude, où elle gardoit toûjours un profond silence, qu'elle goûtoit les attraits de son amour, & que son cœur s'élargissoit à ses traits.

Ses employs ont presque toûjours été dans les Classes des externes, ayant un trés-grand amour pour nôtre institut; elle aimoit & étoit aimée reciproquement de ses Escolieres, l'odeur de la rose de sa charité n'a pas été renfermée dans sa Classe, mais s'est épanduë dans tous les endroits & les Offices du Monastere, n'ayant pas une Religieuse dans le Couvent qui ne ressentit les effets de sa Charité & de son naturel obligeant, & bien faisant; elle ne pouvoit souffrir de la peine à ses sœurs, leur ôtant souvent le Balay des mains, & les fardeaux de celles qu'elle rencontroit chargées, & comme elle étoit grande & forte, il falloit ceder à la douce violence de sa bonté, & luy laisser emporter la couronne que l'on esperoit.

Elle soulageoit aussi autant les Sœurs Converses qu'elle pouvoit dans les travaux les plus penibles, y employant tout le tems qu'elle avoit de libre, s'occupant dans tous ses exercices de Charité avec une joye & allegresse qui marquoit assez le plaisir qu'elle prenoit de servir les Servantes de Jesus-Christ.

Toutes ses Saintes dispositions, & une infinité d'autres ont attiré sur cette fervente Religieuse les Graces & les Misericordes dont nôtre Seigneur l'a comblée en sa derniere maladie, qui a été une fiévre continuë, avec une fluxion sur la poîtrine si violente, qu'elle nous l'a ravit au quatriéme jour; elle a reçeu tous ses Sacremens avec des sentimens de Pieté, d'Humilité, de Contrition, & de Resignation à la volonté de Dieu admirable, comme aussi de Foy, d'Esperance, d'Amour, & d'abandon à la Providence Divine, qu'elle a produit aussi bien que tous les autres du Ceremonial avec une devotion & Pieté inexplicable, & a continüé dans ces Saints Exercices jusques à sa mort, qui arriva l'an 1673. tous ceux qui l'assisterent & toute la Communauté resterent fort consolés & édifiés, de voir cette bonne Religieuse durant huit heures & demye environnée des douleurs de la mort, & presque étouffée de sa grande oppression, avoir l'esprit present, & tranquille, l'entendement éclairé, & la volonté embrasée du desir d'aller joüyr au Ciel de son Divin Epoux, l'Image duquel elle tenoit toûjours d'une main, & le Cierge beny de l'autre, caressant & baisant son Amour crucifié auquel elle avoit mis sa grande confience, aussi bien qu'en la trés Sainte Vierge, & Sainte Barbe, sur l'Image de laquelle elle avoit toûjours les yeux, ainsi se termina sa vie.

MAXIMES.

I. La penitence nous éleve vers le Ciel, les larmes frapent à la porte, & c'est l'humilité qui nous l'ouvre.

II. Le Soleil illumine toutes les créatures visibles, & l'humilité affermit tout ce que la raison & la pieté nous fait faire, & comme en l'absence de la lumiere tout est remply de tenebres, aussi l'humilité étant absente, toutes nos actions sont remplies d'impureté.

III. Il y a difference entre s'élever & ne point s'élever, & s'humilier; celuy qui

qui ne s'éleve point ne juge de rien, & se condamne quelques-fois soy-même, mais celuy qui s'humilie se condamne toûjours luy-même encore qu'il soit innocent.

IV. Ce sont trois choses differantes d'être humble, & de travailler pour devenir humble, & de loüer celuy qui est humble; la premiere appartient aux parfaits, la seconde à ceux qui pratiquent une veritable & sincere obeïssance, & la troisiéme à tous les Fidelles.

NEUVIE'ME JUILLET.

LA VENERABLE MERE MARIE DU Saint Esprit Bertranne Gravé, Religieuse Ursuline de Saint Malo.

Son Vêtement a été sa beauté & sa force. Aux Proverbes, Chap. 31.

NOstre Sœur Marie du saint Esprit n'a point porté en vain ce beau nom, puisque ce divin Esprit l'a si avantageusement ornée de ses dons, que nous pouvons dire, que ce vêtement de grace a été sa beauté & sa force. La pieté luy donnoit une haute estime & amour pour Dieu, une grande veneration pour tous les Mystéres de la Foy, specialement pour celuy de la tres-Auguste Trinité, ceux de la Vie, Mort, & Passion de Nôtre Seigneur; une devotion respectueuse pour le tres-saint Sacrement de l'Autel, qu'elle recevoit souvent avec devotion, qui paroissoit à son exterieur fort recüeilly.

Sa devotion pour la sainte Vierge étoit fort tendre, & pour les personnes qui composent sa sainte Famille, comme aussi au Prince des Apôtres; il y avoit plaisir & profit à l'entendre parler des excellences de ce Grand Saint, qui luy avoit obtenu la participation de son esprit, de Foy, & d'Amour envers son cher Maître. Sa pratique interieure étoit l'usage des vertus Theologales, dont l'Exercice luy étoit familier, ayant souvent dans la memoire, & frequemment dans la bouche les Sentences de la Sainte Escriture, qu'elle penetroit avec une grande intelligence, car c'étoit une personne des plus éclairées qui se puisse voir.

Elle entendoit la Langue Latine, l'Ecriture, l'Arimethique, & toutes les affaires Temporelles, & de tous ses beaux talents elle en faisoit un Saint usage pour le bien de sa Communauté, dont elle soûtenoit les interêts avec zele, dont elle a donnée des marques dans tous les employs qu'elle a exercés, & dépuis trente ans elle a toûjours porté les charges d'Assistante, Zelatrice, Maîtresse des Novices, & Maîtresse Generale des Pensionnaires & externes, dont elle s'est

La V. Mere Marie du S. Esprit Bertranne, Gravé. 9. Juillet.

acquittée à l'édification du dedans & du dehors du Monastere.

Mais où elle excelloit d'avantage, c'estoit dans le zele pour l'Office Divin, témoignant grande peine à y souffrir les moindres fautes : elle y étoit ordinairement comme un Ange, tant son exterieur étoit modeste, & bien composé ce qui provenoit de son interieur appliqué à Dieu : elle sçavoit parfaitement les Rubriques, & toutes les ceremonies qui se devoient observer ; on avoit toûjours recours à elle pour les difficultés qu'on y avoit, qu'elle éclaircissoit sur le champ.

Elle se faisoit un plaisir d'instruire les jeunes Religieuses, & les dresser dans le vray esprit de Religion, ayant un grand zele pour l'Institut : elle se faisoit aimer & craindre, son maintien grave & modeste luy donnoit un Empire sur les cœurs, qui même les plus difficiles à conduire, étoient souples à toutes ses volontés, parce que sa conduite étoit prudente, forte, & douce, pouvant dire que son vêtement étoit sa beauté, & sa force : elle n'avoit point de respect humain, mais elle s'étudioit à contenter raisonnablement un châcun, & à édifier tous ceux qui l'approchoient.

Elle avoit un don special, pour preparer les enfans à leur premiere Communion, aussi étoit-elle fort spirituelle, & comme dit Salomon, elle avoit reçeu une bonne ame par sort, aussi s'appliquoit elle beaucoup à la Lecture, & à l'Oraison, ses paroles animées du zele des ames, étoient autant de dards & de fléches pour porter à Dieu ceux qu'elle enseignoit, & plusieurs Religieuses disent luy être redevables de leur vocation : ses entretiens aux recreations étoient toûjours spirituels, sçachant agreablement tirer profit de toutes choses, & y étoit toûjours utilement occupée, & disposée à enseigner tous les ouvrages qu'elle sçavoit.

Elle étoit d'un grand suport à ses Superieures ausquelles elle étoit trés obeïssante & respectueuse ; elle honoroit les anciennes, & avoit beaucoup de tendresse pour les jeunes, particulierement pour celles qui se portoient à la perfection.

Son Amour pour la Pauvreté luy donnoit de la peine, quand on laissoit perdre quelque chose, disant que c'étoit le bien du Crucifix, & qu'il le falloit conserver ; on ne luy trouva aprés sa mort que le seul necessaire : il y avoit plaisir à luy rendre service pour le respect & la reconnoissance qu'elle en rendoit.

Elle a été douze ans Asmatique, ce qu'elle a porté avec une grande patience & conformité à la volonté de Dieu, n'estimant point le mal temporel, répondant à une Religieuse qui luy compatissoit, qu'il n'y avoit que deux maux, le peché commis, & le bien obmis ; en verité c'étoit une ame qui cherchoit Dieu en simplicité & droiture de cœur, n'ayant point égard qu'à la conscience; elle avoit une grande horreur du mensonge, étant fort amie de la verité ; elle étoit aussi ennemie de la médisance, des paroles de railleries, & de toutes les nouveautés ; les anciens Livres avoient une Sainte Oction à son égard ; elle avoit gravé dans le cœur ces paroles de l'Apôtre, *que le beaucoup*

9. Juillet. *La V. Mere Marie du S. Esprit Bertranne, Gravé.*

parlé n'est jamais sans peché, elle les mettoit dans la pratique dans les rencontres où elle parloit peu, & se sçavoit posseder, assujetissant les mouvemens de la nature à ceux de la grace, prenant avec douceur d'esprit tous les évenemens de la main de Dieu avec soûmission à sa Sainte volonté.

Elle s'est dez long-tems disposée à la mort, & sa longue maladie luy fournissoit des occasions pour se purifier & se détacher des creatures, dont elle en a fait un tres-bon usage, & si sa mort a parû promte, elle n'a pas été impreveüe pour elle, ayant été quelque tems auparavant aux Exercices spirituels, ayant gagné le Jubilé, & fait le Samedy dernier de sa vie une Confession Generale de toute sa vie, elle a reçeu ses Sacremens, & l'Absolution Generale, après laquelle elle expira sans agonie, en l'an 1682. âgée de 70. ans, & 54. de Religion.

MAXIMES.

I. Comme la guerre fait connoître l'amour que les Soldats ont pour leur Prince, aussi le tems de la priere fait voir celuy qu'une ame solitaire a pour son Dieu.

II. Celuy qui ayant commencé quelque Ouvrage, le continüe encore lors que l'heure l'appelle à l'Oraison, est trompé par les demons: car le dessein de ces larrons des ames, est de tâcher sans cesse de nous dérober une heure, par une autre heure, en nous faisant perdre le merite d'une action Sainte, que nous ferions selon la Régle & la volonté de Dieu, par une autre que nous faisons contre la Régle, & selon nôtre propre volonté.

III. Quand on vous prie d'offrir à Dieu vos prieres pour le salut de quelques ames, ne le refusés pas à celuy qui vous le demande, car il arrive souvent, que celuy qui prie pour un autre, avec une secrette douleur de se voir obligé tout pecheur qu'il est de prier pour autruy, obtient luy même la grace qui luy manquoit, par la foy de celuy qui s'étoit recommandé à ses prieres.

IV. Ne vous élevés pas de vanité lors que vous priés pour vôtre prochain, & que Dieu exauce vos prieres, car ç'a été sa foy qui leur a donné la force & l'efficace, qu'elles n'avoient pas par elles mêmes.

V. Pour bien conduire une ame à Dieu, il en faut purifier sans cesse l'interieur & l'exterieur: car il n'y a rien qui nous unisse à Jesus comme l'abjection, & la mortification.

DIXIE'ME JUILLET.

LA VENERABLE MERE CATHERINE
de Bermond, Urſuline Congregée d'Aix.

Vous avez été des premieres à montrer un nouveau chemin de Salut aux autres. Au Pſal. 59. v. 10.

L'On ne ſçauroit mieux commencer à produire les plus remarquables Urſulines Congregées de France, que par la Mere Catherine de Bermond Sœur aînée de celle qui commença leur Inſtitution dans ce Royaume. Monſieur ſon Pere étoit Tréſorier de France en la Generalité de Provence : ſa Mere étoit auſſi de grande qualité, l'un & l'autre grands Aumôniers ; ils furent tres-heureux en enfans, car de huit filles, & d'un fils que Dieu leur donna, trois filles ont été Urſulines tres-exemplaires, & le fils eſt mort Pere de l'Oratoire, en reputation de Sainteté, & deux autres filles ont été bonnes Religieuſes à ſainte Praxede d'Avignon. Catherine de Bermond l'aînée de la Famille, inſpira la devotion à ſes jeunes Sœurs & lors qu'une d'entr'elles nommée Françoiſe, eût entrepris l'Inſtitution des Urſulines en France, elle luy fit compagnie, & fût des premieres à montrer ce nouveau chemin de Salut, & pour ce elle s'exerça aux fonctions de ce ſaint Inſtitut.

Quand elles ſe mirent en Communauté, nôtre Sœur Catherine fût Superieure en la Maiſon d'Aix, puis en celle de l'Iſle de Veniſe, & du Pont Saint Eſprit, & enfin à Cavaillon, travaillant tout enſemble pour l'Ordre, & pour la conduite des filles & femmes qu'elles inſtruiſoient avec un zéle merveilleux ; & pour ſoulager les autres Sœurs elle prenoit ſouvent leur place en Claſſe, les envoyant repoſer.

La pauvreté & l'humilité de Jeſus l'encourageoient à ſouffrir les neceſſités qui étoient grandes au commencement que l'on erigeoit l'Ordre. Elle s'eſt vûë en ſes premiers tems à n'avoir que trois Compagnes, & deux Sœurs Converſes, qu'elle formoit à la Meditation de la Vie, Mort, & Paſſion de Nôtre Seigneur, & elle étoit plus contente avec cette petite troupe, qu'elle n'avoit été dans les meilleures Compagnies d'Avignon, lieu de ſa Naiſſance, & où elle avoit paſſé ſa jeuneſſe.

Une de ſes Compagnes, fille de haute vertu, a aſſuré qu'elle l'avoit vûë une fois durant l'Oraiſon dans un cercle d'or & entourée d'une merveilleuſe clarté.

Elle demanda à Dieu la grace d'enſeigner les filles juſques à la mort, & elle

10. Juillet. *La V. Sœur Anne de S. François Xavier, Gelée.*

fût exaucée, la fiévre l'ayant prise en faisant le Catechisme, & peu de jours aprés regardant le Ciel, on la vit soûrire, & au même moment elle rendit l'esprit.

Son frere passant en même tems devant une Eglise, entendit une Musique fort melodieuse, il crût que l'on chantoit en cette Eglise, mais y étant entré pour adorer le Saint Sacrement, il ne trouva personne, ce qui l'étonna, jusqu'à ce que poursuivant son chemin, il apprit que sa sœur étoit partie de ce monde à la même heure qu'il avoit entendu cette Musique celeste.

MAXIMES.

I. Comme l'amour propre ne suit que l'humeur & la fantaisie, aussi l'amour de Dieu ne suit que son esprit & sa conduite : car la charité n'ouvre jamais la bouche quand il n'y va que de son honneur particulier, & ne la tient aussi jamais fermée quand il y va de l'honneur de Dieu.

II. Si l'ambitieux parle de Dieu, c'est plûtôt pour se faire estimer, que pour faire estimer & aimer Dieu ; mais la charité pense plûtôt à toucher les cœurs qu'à flater les oreilles, elle les serre de si prés par des bonnes raisons, par des fortes remontrances, & sur tout par des affections & des paroles embrasées, qu'il faut qu'ils se rendent, & qu'ils brûlent, ne pouvant resister au feu qui y est allumé.

III. Le feu ne s'allume que par le feu, & si vous étes froids en parlant, vous n'échauferés jamais ceux à qui vous parlez, & vous ne pourrez temoigner à vôtre Dieu qu'il y ait du saint amour en vôtre fait.

Dixie'me Juillet.

LA VENERABLE SOEUR ANNE DE Saint François Xavier, Gelée, Religieuse Ursuline au Faux-bourg Saint Jacques à Paris.

Ne craignés point quand vous serés jettés dans le feu, vous ne serez point brûlés, & les flammes ne vous endommageront point. En Isaïe, Chap. 43.

LEs premieres inclinations de cette vertueuse Ursuline furent si portées au bien, qu'il est tres-vray de dire qu'elle étoit avantagée d'une bonne ame par un heureux sort, & par une amoureuse providence de son Dieu, qui pour conserver plus facilement son innocence, voulut qu'elle ignorât le monde, portant Monsieur son pere, nonobstant l'excellente education que ses enfans recevoient chez luy, de confier aux Ursulines celle-cy à l'âge de six ans.

La V. Sœur Anne de S. François Xavier, Gelée. 10. Juillet.

La curiosité de sçavoir piquoit déja son esprit, tellement qu'elle apprit à lire toute seule, voyant qu'on ne luy vouloit pas si-tôt montrer de peur d'offencer la tendresse de sa veüe.

La crainte de Dieu qui est le commencement de la sagesse, étant profondement gravée dans son ame, fut l'origine de son bonheur; les instructions qu'elle penetroit & goûtoit au delà de son âge, luy firent faire de si judicieuses reflexions sur l'importance du salut & les consequences de la mort, qu'elle prit resolution d'être Religieuse, & depuis elle a porté plusieurs autres à l'être aussi, en leur faisant peser ces mêmes motifs; voyant qu'on la vouloit retirer quelque tems avant qu'elle entrât au Noviciat, elle fit les exercices de S. Ignace, où elle conceut un tel dégoût du monde, qu'on ne l'y pût retenir plus d'un mois.

Elle revint donc dans le Monastére embrasser le joug du Seigneur dés sa jeunesse, ayant à peine l'âge requis; la derniere épreuve de son Noviciat, fut de faire Professes devant elle deux Novices qui la suivoient, & de retarder sa reception selon qu'il se pratiquoit quelques-fois en ce tems-là; il n'est pas croyable combien ce délay luy fût penible & affligeant, encore qu'elle le prit si vertueusement qu'on luy a oüy dire plusieurs fois; *Ha! Seigneur c'est mon bien d'avoir été ainsi humiliée.*

L'état Religieux luy parut d'autant plus doux qu'il luy avoit coûté cher; elle y vêcut d'abord avec tant de fidelité, qu'au bout de quelques années Nôtre-Seigneur l'attirât puissamment à la vie interieure. Ses delices étoient la solitude, l'oraison, la communication avec les personnes spirituelles, la lecture, & l'application aux choses saintes, jointe à la pratique des vertus les plus solides, se liant avec les plus ferventes de ses Compagnes pour se porter mutuellement à la plus sublime perfection; tout ce qui ne tendoit pas là, ne pouvoit entrer dans son cœur, les autres discours n'étoient, disoit elle, que des fadaises, la plûpart du tems elle demeuroit en silence, & paroissoit toute abstraite; cette voye de lumiere & de douceur n'étant ordinairement qu'un passage à une voye plus parfaite.

Nôtre Sœur fut conduite par son Sauveur comme toutes les autres ames d'élite du Thabor au Calvaire, les troubles s'éleverent en un moment dans sa conscience de tout tems tres-delicate; & l'occupation tendüe de son esprit luy causa une débilité de tête qui l'a notablement incommodée jusqu'à sa maladie mortelle.

Sa nourriture spirituelle en cét état d'infirmité a été aprés le saint Sacrement de l'Autel, la parole de Dieu: elle avoit recüeilly une grande multitude de passages de la sainte E'criture pour se servir dans ses besoins, & s'en est servie en effet tres-utilement en santé, en maladie, & à la mort, les possedant si parfaitement, & les savourant en sorte, qu'à l'extrêmité même si-tôt qu'on luy commençoit un verset, elle l'achevoit & disoit, *ô! que cela est beau, continués je vous prie, c'est la force de mon ame.*

Son grand talent étant nôtre saint Institut, elle y a presque toûjours été appliquée, soit aux pensionnaires, soit aux externes, avec le succez & le fruit qu'on devoit attendre de sa rare pieté, de sa science non commune en la Doctrine Chrétienne, & de sa facilité à l'expliquer; de son zele enflâmé pour les ames, &

10. Juillet. *La V. Sœur Anne de S. François Xavier, Gelée.* 63

du fond de sa spiritualité ; Elle étoit estimée & écoutée dans les Classes comme une personne de vertu, qui ne faisoit cas que de l'éternité, qui ne desiroit d'être aimée de ses Escolieres, qu'autant qu'il étoit necessaire pour les tenir en leur devoir, qui les y portoit par raison, & par des Maximes Chrêtiennes, & qui ne recherchoit que la gloire de Dieu parmy elles, chose qu'elle recommandoit sur tout à ses Compagnes d'employ : elle y a demeuré bien du tems avec ses grands maux de tête, ne quittant que quand ses forces luy ont manqué.

La belle maniere dont elle s'est comportée dans ses souffrances, principalement dépuis les deux dernieres années de sa vie, a fait voir évidamment que Dieu donne les grandes graces au grand besoin, & que tout coopere au bien des Eslûs ; il n'y avoit rien ce sembloit, de si opposé à son naturel apprehensif, vif, & sensible, que le mal qui l'extenuoit, sçavoir un Cancer ouvert, qu'elle a porté plus de sept ans, sans qu'il fût jugé dangereux, ny pour elle, ny pour les autres : ce qu'elle a enduré avec une douceur, resignation & abandon à la Divine volonté, & avec une modestie quasi excessive à l'égard de ses sœurs, se retirant d'avec elles crainte de les incommoder, recevant les assistances avec tant d'actions de graces, & se fatiguant tellement pour s'aider, & épargner les services, que l'on a resté autant édifiées de sa maladie, que de sa vie precedente.

Vingt ans auparavant que ce mal incurable luy fût venu, on luy avoit arraché du sein une grosse glande, & elle reçût des graces trés particulieres en cette douloureuse operation, par le moyen du grand Saint Joseph son Protecteur.

Elle s'étoit consacrée dés ses tendres années à l'honneur de la Trinité Terrestre, Iesus, Marie & Ioseph.

Le zéle de voir triompher la verité sur les contestations de ce siecle l'enflâmoit & la devoroit, ses vœux, ses prieres, ses discours, & les vives remontrances faites par écrit à une de ses parentes Religieuse de Port-Royal, au sujet de la signature du Formulaire, & pareillement ses cordiales conjoüissances témoignées à une autre pour sa soûmission, en sont des preuves convaincantes.

Enfin sans vous étaler ses capacités naturelles, parce que c'étoit le moindre d'elle même, & parce qu'elle ne prisoit ses avantages dans les autres, qu'en tant qu'ils étoient conduits par l'esprit de Dieu, nous dirons seulement pour échantillon, qu'elle décrivoit si bien & au long les Sermons & Entretiens Spirituels, que plusieurs personnes Doctes, & même les Predicateurs qui les avoient prononcés, les ayans vûs, en ont été dans l'admiration, & on jugé que sa memoire tenoit du prodige : les bons Livres & les écrits de cette nature faisoient tous les trésors de cette Sainte Ame, vrayement pauvre d'esprit ; quiconque s'addressoit à elle, participoit à ses biens Spirituels, une fiévre continüe s'étant jointe à son mal, l'a emportée en cinq jours, & termina sa vie, l'an 1665. 38. ans aprés sa Profession ; le mépris qu'elle a fait d'elle même, & de sa vie, la patience qu'elle a conservée jusques à sa fin, nous peut faire dire, qu'elle n'a point craint quand elle a été jettée dans le feu des tribulations & des souffrances ; elle n'a point été brûlée, & les flâmes ne l'ont point endommagée, elle en est sortie dans les plus Saintes dispositions, qu'on pouvoit souhaitter pour une bonne mort ; ce qui nous fait pieusement croire qu'elle a fait échange d'une vie mortelle à l'immortelle, veu principalement que sa mort n'a été autre chose que l'écô de sa vie, & la consommation des vertus, qui germoient dez son enfance, & qu'elle a fortifiées depuis par un continuel exercice.

Elle ne s'est point proposée sterilement la gloire du Ciel, elle a esperé une Eternelle Vie : mais elle a bien voulu en même tems mourir, & mourir continuellement au monde, à la nature, & à elle même, pour posseder ce qu'elle esperoit ; que nous serions heureuses si à son exemple nous ne regardions pas l'autre vie, & tout ce que l'on nous en dit, comme de simples speculations, qui occupent seulement nôtre esprit, mais qui ne remplissent pas nôtre cœur.

MAXIMES.

I. Dieu ne promet point sa gloire à ceux qui en parlent ou qui y pensent, mais à ceux qui travaillent pour la meriter, & qui combattent tout ce qui peut leur empêcher l'entrée. Jesus-Christ dit, *que ce sont les victorieux & les violens qui raviront ce Divin Royaume.*

II. La charité n'est point ambitieuse, elle ne cherche que Dieu dans les personnes, & si elle le trouve mieux dans les pauvres que dans les riches, elle aime mieux les pauvres que les riches.

III. Les ambitieux ne desirent que l'honneur & la reputation, mais la charité ne recherche point d'autre gloire que celle de Dieu, elle méprise toutes les loüanges des hommes pour se conformer au jugement du Seigneur qui les a méprisées.

Onzi'eme

ONZIÉME JUILLET.

LA VENERABLE SOEUR LOUYSE DE
Saint Thomas d'Aquin, de Payen, Religieuse Ursuline d'Avignon.

Le Roy Salomon s'est fait une Litiere des Arbres du Liban ; les Colomnes qu'il y a mises sont d'argent ; il y a un Siege avec son dossier tout d'or, l'entrée pour y monter est de pourpre, la Charité est placée au milieu à cause des filles de Jerusalem. Au Cantique.

L'Amour qui est ingenieux employe ses artifices & ses inventions non seulement pour se rendre agreable à l'amant, mais de plus pour fortifier l'objet qui a gagné son cœur, il est un grand ouvrier, il sçait faire des flêches de tout bois, pour blesser les esprits susceptibles de ses coups, & les reduire dessous son empire, il invente des symboles, il forme des emblêmes, & il trouve des devises qui impriment des objets qui peuvent contribuer à l'objet de ses flammes, si je veux m'éforcer d'en penetrer les mystéres, je les trouve si copieux & si profonds que les plus grands Docteurs sont en peine de les expliquer clairement selon les divers sens de la sainte Ecriture ; j'emprunte donc les sentimens du Docteur Angelique sur ces paroles que le Roy Salomon s'est fait une litiere pour paroître en public avec son E'pouse & faire montre de sa magnificence ; son ouvrage en sa matiere étoit somptueux, c'étoit un bois de Cedre, tiré du Mont-liban, revêtu d'Or, d'Argent, & de Pourpre, son hauteur c'est un grand Roy doüé d'une sagesse incomparable qu'il avoit designé; ces ornemens ne sont que des symboles & des devises & dans les cœurs, des mouvemens d'affection ; il dit que c'est un Symbole de l'Eglise Catholique qui sert d'un chariot de triomphe à nôtre pacifique Jesus ; les Cédres du Liban élevés en grandeur & spacieux en leur beauté sont comme les images des Eleûs qui ont été blanchis par les Eaux du Baptême & rendus sublimes par l'éminence de leur vertu ; ses colomnes sont les Docteurs & Predicateurs de l'Evangile, qui la soûtiennent par leurs paroles, & qui la fortifient par leurs exemples, les Colomnes sont revêtuës d'argent pour signifier l'éclat de leur éloquence celeste, conformément à cét Oracle du Prophete qui publie que les paroles du Seigneur sont chastes & semblables à un argent bien épuré, son siege pour reposer est d'or, c'est un crayon du repos E'ternel qui est promis aux Saints aprés le cours de leurs travaux ; l'entrée pour y monter est de pourpre, laquelle nous represente la Passion du Fils de Dieu, parce que la pourpre imite la couleur du sang,

& c'eſt par cette entrée de pourpre que l'on monte au Siege d'or, parce que les ames arrivent à la joüiſſance du repos Eternel, qui dans le tems de la vie preſente, ont des ſentimens reſpectueux pour les ſouffrances de leur Sauveur, & des ardens deſirs de l'imiter; celle du milieu étoit ornée du Symbole d'amour, pour captiver innocemment les filles de Jeruſalem : c'eſt pour nous apprendre que l'excés de l'amour d'un Dieu a été ſi grand qu'il a voulu mourir ſur une Croix infame pour le ſalut des hommes; Salomon étoit placé au milieu de ſa Litiere tout conſommé d'amour, à la veuë de ſon épouſe pour attirer en ſa faveur les reſpects & les applaudiſſemens des femmes de cette fameuſe Cité; & pourquoy ne dirons-nous pas que nôtre Jeſus eſt au milieu de l'Egliſe comme le mediateur entre Dieu & les hommes, & qu'il opere le ſalut au milieu de la terre par ſa mort ſur une Croix, où il paroit tout embraſé d'amour pour gagner les affections des cœurs de ſes Creatures.

Jeſus-Chriſt m'a aimé (dit l'Apôtre) & ſon amour l'a obligé à s'expoſer à la mort pour mon ſalut; il faut avoir un cœur endurcy ſi la Foy n'excite à un amour reciproque pour un homme Dieu, qui a ſouffert des tourmens trés-rigoureux pour nous; nôtre Urſuline s'eſtimoit glorieuſe de l'imiter en ſon amour, ce fût à l'âge de ſept ans qu'elle fût miſe Penſionnaire aux Urſulines de Vaulreas où elle prit les premieres impreſſions de ce Divin Amour, & ſes bonnes Religieuſes prirent un ſoin trés particulier de ſon éducation, ſi bien qu'en peu de tems elle ſe rendit trés ſçavante, en ſorte qu'aucune de ſon âge ne pouvoit l'égaler, & par ſa ſageſſe, & ſa modeſtie; elle ſeroit ſi bien inſinuée dans l'eſprit de toutes les Religieuſes, que chacune avoit un amour tendre pour elle, ſes parents la voulurent retirer dans Avignon pour luy donner des marques de leur amitié, & luy faire goûter les plaiſirs du monde; elle n'eût pas de la peine d'y renoncer, ſon deſſein n'étoit pas de s'y attacher; quelques jours s'étant paſſés, elle demanda trés inſtamment ſon retour au Monaſtere d'où elle ſortoit, du moins d'entrer aux Urſulines d'Avignon; c'eſt ce qu'elle obtint avec bien de la peine aprés qu'elle y eût demeuré quelques mois pour y conſiderer les Régles & le bel ordre de cette Communauté; on luy donna le Saint Habit de Religion, qu'elle reçeut avec une joye inexplicable; ſi-tôt qu'elle ſe vit conſacrée à Dieu, elle ne ſongea plus qu'à l'unique affaire de ſon ſalut, & de ſe rendre une vraye imitatrice de ſon Divin E'poux, *lequel*, comme dit Richard de S. Victor, *rend l'ame de ſon E'pouſe ſa Litiere, pour porter la gloire de ſon nom en divers lieux, en inſtruiſant le Prochain non ſeulement par les paroles, mais encore par l'exemple de ſes vertus.*

Le Cédre du Liban l'ornoit, ſe rendant conforme à la converſation des Saints, les Colomnes d'argent l'embeliſſoient, étant douée des vertus Morales qui la ſoûtenoient avec tant de fermeté; ſa prudence luy fit connoître les veritez neceſſaires à ſon ſalut, & à ſa perfection; elle étoit forte pour reduire ſes connoiſſances en pratique, s'attachant inviolablement aux Régles & Statuts de la Religion & à l'eſprit de l'Inſtitut, ſi bien qu'au premier coup de Cloche, elle quittoit pour quelle affaire preſſante que ce fût, pour ſe rendre aux exercices ; elle étoit temperée pour éviter le mal & fuivre le bien avec difcretion, felon les lieux & les tems, & pour poffeder le titre de jufte lors qu'elle joüiffoit de tous ces avantages ; ces Colomnes font d'argent, parce qu'elles rendoient fon ame, qui étoit foûtenuë par fes vertus, refplendiffante devant Dieu & les hommes, fon repofoir étoit fa confcience trés pure, où Jefus-Chrift prenoit fon repos ; il eft d'or parce qu'étant purifié par le feu de l'amour & des fouffrances, il éclate, & fi elle eft agreable par l'innocence de fa vie, elle eft renduë nette par la Charité & les tribulations ; fa confcience delicate & tendre, luy fervoit de fupplice pour les moindres imperfections, lefquelles luy paroiffent des crimes, quoyque fon innocence étoit fi grande que fes Confeffeurs ont affeuré aprés fa mort qu'elle avoit confervé la grace baptifmale ; ainfi fa douleur ne l'a point confommée comme le plomb ; mais elle s'eft rafinée comme l'or, pour être le fiege de fon E'poux de fang, où il trouve fon repos, ne l'ayant pas trouvé fur la Croix ; fa Charité étoit l'entretien de fes penfées, & animoit la fienne en telle forte qu'elle excelloit en cette vertu & en la douceur, étant fi obligeante que toutes celles qui recouroient à elle, étoient affeurées de n'être point éconduites, & d'avoir ce qu'elles fouhaittoient : l'entrée eft de pourpre, parce qu'elle s'élevoit par fes defirs au Ciel, & qu'elle rougiffoit par les ardeurs de fon amour ; la Charité eft placée au milieu, à caufe des filles de Jerufalem, parce qu'elle a produit toutes fes actions dans la fincerité de fon amour, & dans la droiture de fes intentions pour édifier fes compagnes, & pour fe rendre conforme à fon E'poux fouffrant ; élle a montée les marches de pourpre de la Litiere de fon E'poux ! ô montée vrayement de pourpre, que la rougeur du fang de mon Sauveur a marquée & que la foy de fa Paffion a colorée ! ô Sainte E'poufe qui afpirés à être un fiege d'or à vôtre E'poux, ne craignés point de vous humilier, & de fouffrir des Croix pour fon Amour, n'eftimés pas que vôtre humilité foit fervile, il n'y a point de fervitude dans une condition qui vous orne de la pourpre Royale de vôtre E'poux ; s'il eft Roy, vous portés comme Reyne cette marque de fa Royauté ; fi les marches de cette montée vous caufent de l'orreur, confiderés qu'elles font de pourpre, & que s'abaiffer, & fouffrir par amour pour Iefus-Chrift, c'eft entrer dans la communication des privileges de fa gloire ; ô E'poufe fortunée preffés avec la pureté de vos pieds le Symbole de vos affections ces degrés empourprés du fang de vôtre E'poux ; l'entrée ne peut être que fublime où il a paffé le premier ! ô que ces degrés de pourpre font raviffans, qu'il a honoré des veftiges de fes pieds teints de fon fang qui n'ont jamais contracté la poudre de nos imperfections, quoy qu'ils ayent beaucoup marché pour guerir nos bleffures ; repaffez hardiment fur fes pas, quittés les entretiens du monde, renoncés aux appetits de la chair, ôtés de vos pieds cette chauffure terreftre, car la montée que vous difpofés pour vôtre avancement, eft fainte, la pourpre qui l'enrichit eft teinte dans le fang de vôtre E'poux ; approchés courageufement afin que vos pieds en prennent la couleur, & vous n'aurés aucun fujet de craindre le pied de l'orgueil, fi dans les fentimens de vôtre amour, vous fuivés l'humble montée qui a été marquée du fang de vôtre E'poux ; fi vôtre amour vous porte à compatir à ses douleurs & à l'imiter en ses souffrances, vous regnerez avec luy dans ses triomphes ; cette pourpre est un grand gage de l'amour que vôtre Bien-Aimé vous a montré ; il n'y a point de plus ardente charité que d'exposer sa vie pour ses amis, il a souffert pour vous, n'est-il pas juste que vous souffriez pour luy, pensés souvent a ce qu'il a fait pour vôtre amour, & combien il vous a aimés, puisqu'il s'est aneanty pour vous élever, donc aimés celuy qui vous a prévenu par son amour, & qui vous a surpassés en amour. Ce tems ne demande pas que vous épandiés votre sang, comme votre E'poux, qui a versé le sien pour votre amour, il se contente que vous épandiés votre ame, que vous épanchiés votre cœur comme l'eau dans les sentimens de votre amour, & que vous souffriez constamment les contradictions, les injures, & les mépris pour imiter son amour souffrant, car c'est le veritable Caractére de l'amour que d'avoir la volonté de souffrir pour celuy que l'on aime ; le S. Esprit nous a voulu décrire la necessité de cét amour souffrant, lors qu'il dit que la charité étoit placée au milieu de la Litiere ; à la verité tous les autres ornemens sont dignes de loüange, & il faut rechercher les vertus & les dons dont ils sont les Symboles ; mais si l'amour y manque, ils sont défectueux ; la description qu'il fait du bois du Liban qui luy sert de matiere, des colomnes d'argent qui la soutiennent, d'un reposoir d'or, & d'une entrée de pourpre ; mais la charité est au milieu pour en être la consommation, en effet les colomnes sont belles si elles representent la grace de la parole épurée comme l'argent ; le reposoir d'or est éclatant qui signifie les sacrés mystéres divins ; montés si vous voulez par les degrés de la pourpre, & portés sur votre corps les marques de la Passion de votre Redempteur, si vous n'aimés pour rendre votre amour souffrant, toute votre éloquence, toute votre science, & toutes vos souffrances ne servent de rien sans la charité.

    La coûtume des amans sacrés, est d'entretenir leurs pensées sur les perfections de l'objet infiny ; le souvenir de ses qualités adorables étoit si continuel dans l'ame de nôtre Ursuline qu'elle vivoit plus dans l'objet qu'elle aimoit que dans le sujet qu'elle animoit ; cét aimable souvenir formoit dans son entendement une image du Verbe Incarné, Homme Dieu, & Roy des Seraphins pour se transformer par amour en ses vertus.

    Cette ame Seraphique aspirant ardemment à cette ressemblence pour témoigner les ardeurs de son cœur, s'écrioit souvent avec Sainte Therese, *ou mourir ou souffrir* ; ce Divin E'poux, enflammé d'amour, blesse son cœur par des peines cruelles, hé bien êtes-vous satisfaite, vous criés dans les élans de vôtre amour, *ou mourir ou souffrir*, vos souhaits sont accomplis, vos vœux sont exaucés, & si la douleur est aiguë, vous n'avez pas sujet de vous plaindre, parce que vous faisant souffrir selon vôtre demande, il vous reste une playe d'amour dont vous ne voudriez pas guerir ; l'image de l'amour souffrant produisoit dans son cœur une amoureuse confiance, qui la tenoit dans une grande tranquillité, ayant pour objet la bonté de son Epoux, & pour le sujet de ses souffrances la gloire de son nom & l'imitation de ses travaux, le S. Esprit en nous dépeignant la charité au milieu de la Litiere, qui selon les sentimens des sacrés Interprêtes, étoit l'Epouse même qui porte le titre de charité dans cét épitalame ; ce n'est pas merveille qu'elle entre dans une douce confiance puisqu'elle est delicieusement placée ; le devot Gibert dit que la couche de la charité est delicieuse parce que si elle enferme l'amour de Dieu & du prochain qui est orné de son image, l'amour du prochain est sans envie, & l'amour de Iesus est sans crainte, cét amour n'a rien de penible, & la crainte regarde la peine, c'est-pourquoy la crainte n'est pas dans la charité, mais la parfaite charité bannit la crainte pour mettre l'ame dans la confiance ; voyons celle de nôtre Vrsuline.

   Dieu voulant recompenser son E'pouse & luy donner la Couronne qu'elle s'étoit acquise par son amour, luy envoya une ardente fiévre, & une oppression de poitrine qui la suffoquoit de tems en tems, si bien qu'à tout moment on croyoit que c'étoit fait de sa vie.

   Vn jour qu'elle se sentit extraordinairement oppressée, elle demanda le Confesseur de la Communauté qui étoit un homme d'une éminente vertu & pieté, pour luy administrer les derniers Sacremens, il vint la voir accompagné du Reverend Pere Yvant qui vivoit en odeur de sainteté, étant tous deux vers la malade, le Confesseur s'adressant au Pere Yvant, le supplia de vouloir consoler & resigner aux volontés de Dieu nôtre mourante, le Pere Yvant l'ayant regardé attentivement, s'adressant aux Religieuses qui étoient dans la chambre proche de la malade, leur dit, *voila Iesus Crucifié*; aprés qu'il fut retiré, on luy demanda le sens de ces paroles, il répondit, que cette vertueuse malade par ses grandes souffrances, non seulement du corps mais encore de l'esprit, étoit devenuë une parfaite copie de Iesus souffrant, & mourant ; elle déceda le onziéme Luillet, l'an 1652. âgée de 54. ans.

   Quelque tems aprés sa mort un vertueux Ecclesiastique, vit une grande plaine & dans icelle une multitude de monde qui faisoit une Fête tres-solemnelle, parmy cette grande Assemblée, il apperçeut une tres-belle Religieuse qui tenoit un rang plus élevé que les autres, à laquelle on rendoit des honneurs tres-particuliers il fut ravy de joye, il voulut s'informer de son nom, à même tems il luy fut dit par une voix distincte que c'étoit la Sœur Loüise de S. Thomas d'Acquin, de Payen, qui avoit été Religieuse au Monastére des Vrsulines d'Avignon, & qui étoit décedée depuis quelques années, & pour plus grande assurance on l'assura que sa vision étoit tres-veritable, que la Sœur Loüise Payen avoit presentement une Sœur Religieuse du même Ordre dans la ville de Vaulreas. Mais comme apparemment ce devot Ecclesiastique ne fut favorisé de cette vision que pour en donner avis aux Vrsulines, il s'y transporta pour en faire un fidel recit, & donner des marques infaillibles que cette sainte ame recevoit la recompence de sa bonne vie.

MAXIMES.

I. L'homme qui a été creé à l'image de Dieu, a été adopté pour être enfant de Dieu par un privilege de sa bonté, qui luy communique les rayons de sa grace, pour le rendre conforme à son image, afin que comme dans l'état du peché, il porté l'Image de l'homme terrestre, qu'il porte dans l'état de la grace l'Image de l'homme celeste.

II. Jesus-Christ n'a pas seulement éclaté par ses Miracles pour faire paroître qu'elle étoit la grandeur de son Pere; mais il a voulu dans les opprobres & dans les souffrances, que celuy qui étoit l'Image d'un Dieu invisible, parût l'Image de nos foiblesses pour nous témoigner son Amour ? hé quoy Ames Chrêtiennes ne vous rendrés vous pas l'Image de Jesus souffrant, pour luy témoigner un Amour reciproque ?

III. Qu'est-ce que l'Amour pourroit craindre ; peut-être les offences de la vie passée, mais le Prince des Apôtres nous enseigne que la Charité couvre la multitude des pechés, peut-être que l'infirmité de la conscience luy fera redouter le malheur de sa chûte, mais le Saint Esprit apprent à son E'pouse que l'Amour est fort comme la Mort, la Charité dissipe l'une & l'autre crainte, & lors qu'elle est parfaite, elle n'apprehende point de souffrir des peines temporelles pour Jesus-Christ, & j'ose avancer que lors qu'elle est consommée, elle ne se lasseroit point dans les souffrances éternelles ; il est impossible que l'Amour aprés une si claire connoissance des Divines perfections, ne ressente les douceurs de la joüissance de ses graces, la Charité n'aime pas dans la veüe de ne point perir, mais elle aime mieux perir éternellement dans des supplices extrémes que d'être privée de l'usage d'un amour éternel.

ONZIEME JUILLET.

LA VENERABLE SOEUR JEANNE DE Sainte Angelle des Conardins, Religieuse Ursuline de Troye.

Vous ayderez Seigneur l'Orpheline. Au Psalme 10. Vers. 14.

Elle étoit fille du Vicomte des Conardins, elle eût des disgraces de fortune qu'une personne de sa naissance ne devoit pas apparamment aprehender, & divers accidents arrivés à sa famille l'auroient reduite dans la derniere necessité, si aprés la mort de ses pere & mere, Dieu qui est le pere des Orphelins, n'eût garenty une seule maison de la Campagne qui luy restoit d'une incendie dont deux autres maisons contiguës furent consumées, tandis que le feu environnoit de toute part cette maison ; une Colombe voltigeant à l'entour, écarta les flâmes, à la veüe d'une grande multitude de gens, par ce moyen Mademoi-

11. Juillet. *La V. Sœur Ieanne de S. Angele, de Conardins.*

selle de Conardins eût dequoy subsister ; elle vécût dans le monde sans être du monde jusques à l'âge de vingt-cinq ans, faisant ses delices de preparer les ames à sortir du peché & à les aider à mieux finir leur vie qu'elles ne l'avoient commencées.

Aprés elle se rendit Ursuline, & elle se tenoit parmy elles comme la Servante de toutes, se comportant de méme air, que si elle l'eût été veritablement, cét humble sentiment bien cultivé, l'éleva à la perfection Religieuse, & luy en attira bientôt la recompense : étant malade à la mort, elle demanda congé de mourir afin de pratiquer l'obeïssance pour derniere preparation ; sa Superieure luy dit pour réponce, *oüy ma fille, priez Nôtre Seigneur qu'il vous emmene*, alors l'Agonizante leva les yeux au Ciel, & se prit à sourire, puis tenant le Crucifix d'une main, & le Cierge beny de l'autre, elle rendit son esprit à son Createur, l'an 1634. avec une si grande joye que son visage en demeurât riant, plus beau & plus serain qu'elle ne l'avoit jamais eu en sa meilleure santé ; elle vécû environ trente ans, la plûpart dans les maladies & les afflictions, semant en pleurs pour recüeillir en Allegresse

MAXIMES

I. Une ame humble ne reprent personne, ne juge personne, ne domine sur personne, & ne trompe personne.

II. L'Humilité est un voile divin qui couvre nos bonnes actions & les dérobe à nos yeux; c'est un abîme où nous nous perdons dans la veüe de nôtre neant, & cét abîme est impenetrable à tous les Larrons Spirituels de nos ames.

III. L'Humilité est cette forte Tour, dont il est parlé dans l'Ecriture, qui nous met à couvert de nos ennemis, sans qu'ils puissent nous faire aucun mal, & sans que les enfans, ou plûtôt les pensées d'iniquité nous puissent nuire, il fera tomber nos ennemis devant nous, & il mettra en fuite ceux qui nous haïssent.

ONZIEME JUILLET.

LA VENERABLE SOEUR MARIE DE
Saint Jean-Baptiste, Germain, Religieuse Ursuline de Saint Jean de Laone.

Celuy qui est amy, aime en tout tems, & le frere se connoît dans l'affliction.
Aux Proverbes, Chapitre 17. Vers. 17.

VN Amy Chrétien (dit Saint Chrysostome) aime son ame en tout tems, & lors même que par son ingratitude il a cessé de l'aimer, tout ce qui rafroidit les amitiés, redouble au contraire les amitiés Saintes, rien d'humain & de terrestre ne peut rompre un lien qui est tout Spirituel, c'est ainsi que Jesus-Christ nous a aimé, c'est luy qui est l'amy veritable, il aime dans l'adversité encore plus que dans la prosperité, & il ne dédaigne pas de nous donner par grace la qualité qui luy appartient par sa nature, en se regardant parmy nous comme l'aîné entre plusieurs freres.

L'Amour de ce Divin Sauveur s'est manifesté dans l'adversité, où l'excés de la ferveur de nôtre Soeur Marie de Saint Jean-Baptiste l'a mise, car par un grand desir de souffrir pour Dieu, elle demanda de faire son Purgatoire en ce monde ; sa Divine Majesté qui est liberale de ses Croix aux Ames prédestinées, luy accorda incontinent sa demande.

Elle endura donc en son corps & en son esprit des peines si cruelles, qu'elles pouvoient être comparées à celles des Martirs; ce qui l'a obligée quelquesfois de dire, qu'il ne falloit jamais faire une pareille demande, & qu'asseurement sans une grace particuliere de Dieu, & un secours charitable de Jesus Christ ce Divin pere qui se fait connoître au besoin, elle auroit succombé à l'excés de ses souffrances, qui ont duré l'espace de 13. à 14. ans, où sa patience fût invincible, s'étant veüe couverte de playes par tout le corps, comme le S. homme Job, causées par une hidropisie, jointe à une poulmonie, accompagnée d'une fiévre violente, & d'un asme, toutes ses maladies ensemble ne luy laissoient aucun repos , & ne luy pouvoient faire trouver de situation commode; cependant elle ne laissoit de s'occuper à quelque Ouvrage, dés le moindre moment qu'elle avoit de relâche; toutes ses grandes douleurs se sont redoublées quelques années avant sa mort, pendant lesquelles elle se disposa admirablement bien à faire ce dernier passage, quoy que sa Sainte vie en eût été une continuelle préparation, faisant toutes ses actions dans l'étenduë de sa per-

11. Juillet. *La V. Soeur Antoinette de S. François, Sénéchal.* 73
fection, aussi étoit-elle capable d'exercer toutes les charges de la Religion, ce qui a paru dans celle de Dépositaire, de Maîtresse des Novices, & des Pensionnaires, ayant des grands talents pour l'instruction.

 Enfin elle gagna le Jubilé quelques jours avant son depart de cette vie, s'y étant preparée par une Confession Generale, & aprés qu'elle eût reçû le Saint Viatique, & l'Extreme-Onction avec beaucoup de sentimens de Dieu & dans une entiere resignation à sa Sainte Volonté, avec un libre usage de la raison, & de tous ses sens; elle mourut l'an 1636. âgée d'environ 42. ans ; au moment de son decez toutes les Cloches du Convent des Reverends Peres Cordeliers de Dijon sonnerent d'elles mêmes, son frere y étant pour lors Prêtre & Sacristain; il jugea delà que sa sœur étoit decedée, & dés le lendemain qu'ils en eurent des nouvelles certaines, le Reverend Pere Gardien fit dire trois grandes Messes & officiat solemnellement pour le repos de son Ame, qui fût bien-tôt joüissante de Dieu, ayant fait son Purgatoire en ce monde.

MAXIMES.

 I. L'amour des souffrances, & des confusions est la voye sublime pour la perfection.
 II. L'esprit de parfait abandon est necessaire pour faire regner Dieu dans une ame, laquelle fait son Sacrifice achevé dans le dépoüillement, dans l'amertume, & dans l'abandon.
 III. Tout attachement même aux Croix est blâmable.
 IV. La connoissance de soy-même & de toutes les differentes affections de son cœur, est comme la premiere semence de l'Humilité, sans laquelle il est impossible que cette plante Divine fleurisse jamais dans l'ame.

ONZIE'ME JUILLET.

LA VENERABLE SOEUR ANTOINETTE
de Saint François Sénéchal, Religieuse Ursuline Converse d'Evreux.

Les richesses du riche sont comme une Ville qui le fortifie, & comme une épaisse muraille dont il est environné. Aux Proverbes, Chap. 18. Vers. 11.

LE plus grand mal des richesses c'est qu'elles rendent l'homme superbe; on s'éleve au dessus des autres, parceque l'on sent que le bien que l'on possede est comme une Ville forte, qui nous rend redoutables aux foibles, & comme une

Tome III.   K

74 *La V. Soeur Antoinette de S. François, Sénechal.* 11. Juillet.

épaisse muraille qui nous met à couvert de toutes les incómodités de la vie, nôtre Sœur de S. François a consideré selon la parole de S. Paul que rien n'est plus incertain & fragile que les biens de ce monde, que la seule chose qui les rend utiles c'est d'assurer nôtre salut pour jamais par le soin que nous aurons d'en aider les pauvres, que c'est ainsi que nous nous ferons un trésor de bonnes œuvres, & que nous trouverons certainement ce trésor dans le Ciel lorsque la mort ravira tout, c'est pour ces motifs que cette fille d'un grand & généreux courage après l'avoir employé à se vaincre & surmonter, remportant sur elle-même de glorieuses victoires, elle s'est dévoüée entierement aux œuvres de charité envers les pauvres, la grace ayant perfectionné en elle ce que la nature y avoit mis de disposition sur ce sujet, ayant excellé en la Charité du prochain en un tel point, qu'elle s'employât au service des malades au grand Hôpital de Paris parmy la Contagion, s'exposant de bon cœur où il y alloit de servir le prochain, ce qu'elle fit aussi dans les Ursulines d'Evreux, lors qu'elles en furent attaquées, pouvant dire que sa Charité étoit forte comme la mort, puis qu'elle exposoit sa vie pour l'exercer, & témoignoit d'être toûjours disposée à rendre ce service à ses sœurs, étant toûjours disposée à la pratique de cette vertu, la Vie & Société Religieuse en fournissans sans cesse mille occasions qui n'égâloient jamais les desirs de son cœur.

Dieu l'avoit doüée d'un esprit très-capable avec des talens & une industrie admirable, n'ayant aucune Religieuse qui ne trouvât en elle une aide & un secours tout particulier, venant à bout de tout avec beaucoup de bonté & de prévenance; les malades & les saines étoient toûjours les bienveniies en ce qui dépendoit d'elle, sans manquer à la Communauté: elle en valoit trois ou quatre, puis qu'asseurement ce nombre auroit bien été employé à ce qu'elle faisoit seule, & si utilement qu'elle gagnoit bien cinq cens livres par an, par son ménage, étant Cordonniere, Métier qu'elle avoit avec la Grace de Dieu, appris par sa seule industrie, & y a parfaitement reüssi: elle faisoit les Cierges, les Chandelles, fournissoit tout le fil, & de toutes les sortes: elle seignoit, enfin il n'y a rien qu'elle ne fît, & si le jour ne luy suffisoit, le repos de la nuit ne luy étoit de grande consideration pourveu qu'elle travaillât pour le profit de sa Communauté.

Sa devotion particuliere étoit à la Sainte Vierge, elle luy dressoit & ornoit des petits Oratoires en divers lieux, procurant que les jours de ses Fêtes, les Religieuses y chantassent des Saluts, & en son particulier elle l'honoroit de plusieurs prieres, principalement du Rosaire qu'elle disoit tous les jours.

Enfin le soin & la fidelité de s'acquitter de ses exercices spirituels, selon sa condition, donnoient le lustre & la valeur à toutes ses actions, qu'elle dirigeoit très soigneusement à la gloire de Dieu, se maintenant en sa Divine presence, & s'unissant au Divin objet de son cœur, s'excitant tantôt par quelques petits mots de lecture, tantôt par le regard de quelque devote image dont elle fournissoit tous ses emplois; mais comme c'est la perseverance qui couronne l'œuvre, c'est dans sa maladie de plus de huit mois, qui a été une fiévre intermitente, & oppression de poitrine qui s'est terminée en hydropisie où elle a témoigné la grandeur de son courage, souffrant avec beaucoup de patience, & de douceur, rendant une exacte obeïssance à l'Infirmiere, souhaitant à toute heure de purifier sa conscience par la Penitence; elle souhaitoit la mort avec ardeur, sçachant que c'étoit celle-là seule qui la devoit introduire dans la joüissance du Divin objet de son cœur pour luy être unie à jamais ; elle quitta cette vie miserable aprés avoir reçû tous ses Sacremens, l'an 1665.

MAXIMES.

I. La charité ne se dément point ; elle est toûjours égale, & semblable à elle-même, car étant fondée sur son Dieu, qui est immobile & immuable, la charité participe de cette divine qualité, & en communique autant qu'on en veut prendre.

II. Il n'y a rien de plus changeant que l'amour propre, parce qu'il ne suit que l'humeur & la fantaisie, qui sont extrémement bizarres.

III. Une ame infidelle en son amour, s'échapera souvent par quelques affections désordonnées, & s'en excusera comme si elle en étoit innocente, & la fidelle à son amant ne diroit pas en un jour une parole inutile, qu'elle ne s'en accusât aussi-tôt, comme d'un grand peché ; desquelles êtes vous?

DOUZIE'ME JUILLET.

LA VENERABLE MERE MARIE DES ANGES, d'Insesche, Religieuse Ursuline de Corbigny.

C'est pour cela que vous serez benite, & estimée à jamais. Judith, Chap. 15. v. 11.

LA Mere Marie des Anges étoit une parfaite Ursuline, dont l'estime & la memoire sont en grande veneration à Corbigny, dont elle étoit Professe du Monastére, & puis Superieure, lequel elle laissa florissant, quand elle alla établir un Monastére à saint Pierre le Moutier.

Elle reçût dans son voyage des protections singulieres de Dieu, car étant sur le point d'être noyée avec ses cheres Filles, un Cavalier se presenta, & les retira du danger, puis il s'échapa de leur vûë au moment qu'elles vouloient le remercier, & s'informer de son nom; le même Cavalier parût encore à quelques heures de-là, & il les détourna d'un precipice, où apparamment elles alloient tomber, puis il disparût.

Eſtant arrivée à ſaint Pierre le Moûtier, elle ſurmonta des grandes difficultez par ſa patience, & perſeverance à accomplir l'œuvre de Dieu; & ſçeut gagner & menager tous ſes amis, & pluſieurs autres; ſans elle cét établiſſement auroit manqué, & il doit la plus grande partie de ce qu'il eſt à ſes fatigues & ſollicitations: Son recours étoit à Dieu, auquel elle ſe tenoit toûjours unië.

Son exemple de regularité & ſon eſprit de l'Inſtitut qu'elle poſſedoit éminemment, joint à ſes ferventes exhortations, la mit en vigueur dans ſon Monaſtére.

Elle eût tant d'adreſſe qu'elle gagnât à nôtre Seigneur un Cavalier, les bons avis qu'elle luy donna pour ſon Salut, firent qu'il mourût en bon Chrêtien; ſa charité fût auſſi à faire des reconciliations tres-remarquables, & entre des perſonnes de qualité.

Sa vie remplie de ſi bonnes œuvres a été ſuivie d'une ſainte mort qui la renduë jouïſſante de la recompenſe que Dieu donne à ſes Fidelles Serviteurs; c'eſt pour cela qu'elle a été benite, & eſtimée à jamais.

On voit dans cette vertueuſe Urſuline combien Dieu l'a prevenuë de ſes graces, & l'a preparée pour ſe ſervir d'elle dans des grandes choſes, il a affermy dans ſon ame les ſentimens d'une humilité chrêtienne, qui a fait qu'elle a conduit humblement. Elle a ſurmonté des grandes difficultez, ce n'a pas été en oppoſant la fierté à la fierté, ny la violence à la violence, mais la patience & la douceur ont été ſon unique refuge; elle aimoit la paix au milieu de ceux qui ne l'aimoient pas, & qui luy faiſoient la guerre; la mauvaiſe humeur de ces perſonnes à été un feu qui l'a purifiée comme l'or l'eſt dans la fournaiſe, croiſſant toûjours comme un Lis parmy les épines.

MAXIMES.

I. Les mauvais traitemens des hommes & leurs perſecutions injuſtes ne ſont qu'une épreuve, & un exercice de nôtre vertu, & non pas une marque que Dieu nous ait rejetté.

II. Celuy qui ſe connoît ſoy-même, connoît combien il doit craindre le Seigneur, marchant ſelon cette connoiſſance, il arrivera par le chemin de la crainte à la porte de l'amour.

III. L'Humilité eſt la porte du Royaume du Ciel, elle y introduit tous ceux qui s'approchent d'elle, & j'eſtime que c'eſt de ceux-là dont Jeſus-Chriſt parle, quand il dit *qu'ils ſortiront ſans crainte de cette vie, & qu'ils trouveront dans le Paradis la verdure céleſte des pâturages éternels.* Tous ceux qui entrent dans la vie Religieuſe par une autre porte que celle de l'Humilité, ſont des voleurs de leur propre vie & de leur ſalut.

Douzième Juillet.

LA VENERABLE MERE PAULE DE LA Mere Dieu, de Cellarier, de Saint Sauveur, Religieuse Ursuline de Montelimar.

Celuy qui est habile dans les choses qu'il entreprend, y reüssira; mais celuy qui espere au Seigneur sera vrayement heureux. Aux Proverbes, Chap. 16. Vers. 20.

Une personne naturellement habile peut reüssir en tout ce qu'il entreprend; mais si elle n'est pas à Dieu, & si elle ne tend pas uniquement à luy plaire, quelque succés qu'elle puisse avoir dans tout ce qu'elle fait, son bonheur sera faux & non veritable; celuy-là seul est vrayement heureux, qu'il soit habile ou peu habile, soit qu'il reüssisse ou qu'il ne reüssisse pas dans ses desseins, qui met toute sa science à connoître Dieu, tout son bonheur à esperer en luy, & toute sa gloire à luy obeïr; c'est ce qu'a fait nôtre vertueuse Mere, non seulement dans son admirable vocation, mais encore tout le cours de sa Sainte vie; Monsieur son pere se voyant chargé de quatre filles, & étant encore fort jeune pour esperer encore une grosse famille, fût bien content de profiter de la bonne volonté d'un sien germain, lequel luy offrit de loger à ses frais son aînée, à condition que ce fût dans une Abbaye.

Le Pere donc proposa fort doucement cét offre à sa fille, luy disant qu'il ne la vouloit gêner en aucune maniere, cette jeune fille âgée seulement de treize ans, luy répondit qu'elle étoit toute disposée à obeïr à ses ordres; il la conduit dans cette Abbaye, où elle fût receuë avec beaucoup d'empressement; quelque tems aprés nôtre Postulente commença à examiner serieusement si c'étoit là le lieu où Dieu l'appelloit, & s'appliqua à mettre toute sa science à connoître la volonté de Dieu, tout son bonheur à esperer en luy, & toute sa gloire à luy obeïr.

Un jour s'entretenant dans ces pensées, & se trouvant prés d'un Tableau de Sainte Vrsule, elle se sentit fortement inspirée de se ranger sous l'étendar de cette grande Sainte, en même tems elle se jette à ses pieds, en luy disant, Bien-heureuse Sainte Vrsule, Princesse de tant d'Illustres Martires; c'est par vôtre secours que j'espere que Dieu fera reüssir le dessein que j'ay de vous servir le reste de mes jours dans une maison de vôtre Ordre, peu de tems aprés son pere l'étant allée voir, elle luy declara qu'elle croyoit que Dieu l'appelloit dans l'Ordre de Sainte Vrsule; son pere fort content d'avoir connu les desseins de Dieu sur

78 *La* V. *Mere Paule de la Mere Dieu, de Cellarier.* 12. Juillet.
sa fille, la fit conduire dés le lendemain aux Vrsulines de Montelimar, qui n'étoient encore que Congregées, elles la reçeurent avec bien de plaisir, & nôtre sœur fort contente d'avoir trouvé le centre de sa vocation.

D'abord qu'elle eût l'Habit, on luy donna le soin de faire les Doctrines publiques; son esprit brilloit comme un Astre, & elle parloit de Dieu si efficacement & de si bonne grace, que leur Eglise étoit trop petite pour contenir le peuple qui y accouroit de toute part, le Gouverneur même de la Ville y alloit comme les autres, quoy qu'il fût de la Religion pretendüe.

Le Saint Siege Apostolique & les Prélats ayant ordonné que les Maisons des Ursulines fussent érigées en Monastéres, & qu'elles fussent en clôture perpetuelle, il ne se peut expliquer la joye & le contentement qu'elle eut le jour que l'on le leurs signifia, & qu'elle embrassa l'état Religieux; elle ne se relacha jamais de sa premiere ferveur; elle se couchoit pour l'ordinaire à minuit, & se levoit régulierement à trois heures du matin; Ses disciplines étoient journalieres & d'une longueur de tems jusques à repeter plusieurs fois les Litanies des Saints, en sorte qu'on ne pouvoit l'entendre sans fremir; les ceintures aigües, les cilices affreux étoient ses bijoux. Elle couvroit lors qu'elle n'étoit pas apperceuë ses alimens de l'absinthe, ou de l'aloës, ne se contentant pas du chois qu'elle faisoit des viandes les plus grossieres pour sa nourriture, qui étoit si mediocre, qu'elle pourroit être comptée pour un jeune perpetuel.

Elle fit faire un cachet couronné d'épines, qu'elle mit au feu & se l'appliqua tout rouge aux bras & aux pieds; au tems de l'Hyver, & de ses plus grandes rigueurs, elle se mettoit dans une cornuë, ou autrement une benne pleine d'eau glassée, c'est ce que nous avons appris d'un de ses Directeurs digne de foy.

Tant de solides vertus la firent élire Superieure au Bourg de Saint Andeol qu'elle n'avoit que vingt ans, Monseigneur de Viviers disoit trés souvent qu'il étoit étonné d'une conduite si solide dans une jeunesse si grande, & delà elle fût nommée pour une des six qui devoient fonder le Monastere de Die, où elle fût trois ans après Superieure.

Son œconomie fût telle, que sans relâcher aucune chose soit de la ferveur, & des Régles, ce Monastere fût fort commode, & n'eût aucune necessité; elle acquit bien-tôt une maison, qui étoit une des plus logeables de la Ville, & ce par l'intercession de la Sainte Vierge; elle fit faire un vœu à sa Communauté de dire l'Office de la Conception de Nôtre-Dame tous les Samedis; chose admirable, le vœu ne fût pas plûtôt fait que le Ministre de cette Ville proposa la vente de ladite maison, qu'elles eurent pour mille deux cens livres, ce qu'entre proches parents valoit trois mille livres.

Elle quitta bientôt cette maison par l'ordre de la Divine Providence, & de Messeigneurs ses Prelats qui l'avoient en trés grande estime, & l'envoyerent pour Superieure au Monastere de Chabeul où elle continüa son zéle pour l'éducation de ses filles au vray esprit de Religion: au bout des triannaux elle fût éleüe Superieure encore à Die, & delà à Crét, ayant ainsi passé 20 ans en la charge de Superieure; elle se retira enfin à Die, où elle vêcut dans un dénuëment si grand de tou-

12. Iuillet. *La V. Mere Paule de la Mere Dieu, de Cellarier.* 79.

tes choses qu'on ne luy trouvât dans sa Chambre aprés sa mort qu'une bource qu'on luy avoit donné, ne l'ayant accepté que par une pure complaisance, craignant de fâcher celle qui la luy avoit donnée, avec trois Images de la Passion, devant lesquelles elle étoit en perpetuelle priere ; jamais on ne la trouvoit qu'à genoux.

Il est mal aisé dans une vie si longue que celle de nôtre vertueuse Mere, qu'il n'arrive des contre-tems ; nous devons rendre Justice à sa vertu, & dire qu'elle a receu tous ceux que la Providence a permis luy arriver avec une patience & constance admirable.

Il est arrivé qu'elle a eu pour Superieures des jeunes Religieuses à qui même elle avoit donné l'Habit, à qui elle rendoit une soûmission aveugle, & se tenoit auprés d'elles comme une jeune Novice.

Enfin le Ciel voulut couronner une vie si pleine de merites par une heureuse fin, qui fût causée par une cheute où elle se disloqua l'épaule, laquelle fût remise fort promptement & heureusement ; elle fit paroître dans cette operation douloureuse une patience admirable ; elle tint quelques jours le lit, mais sa ferveur ordinaire l'emportant par dessus ses forces, elle voulut se lever pour aller communier à la grille du Chœur ; cét effort luy causa une oppression de poitrine, avec une inflammation de poulmon, qui malgré tous les secours de la Medecine, la fit mourir dans cinq ou six jours aprés.

Dieu qui avoit inspiré à cette bonne ame pendant sa vie de si saintes cruautés envers son corps voulut luy même éprouver son esprit par des vives apprehensions de la mort, qui luy faisoient dire avec son Sauveur, *s'il étoit possible que ce Calice passât loin de moy.*

Mais ce Dieu de bonté ne la laissa pas long tems dans de si rudes combats, il luy inspira une si douce resignation & soûmission à son bon plaisir, qu'elle ne pouvoit contenir la joye qu'elle avoit de s'aller unir à son principe ; elle receut tous ses Sacremens dans cette Sainte disposition ; Ensuite elle exhorta la Communauté à continüer dans la fidelle pratique des Régles ; les momens qui luy resterent furent employés à des colloques amoureux à son Sauveur crucifié, entre les bras duquel elle rendit l'esprit l'an 1675. âgée de soixante-onze ans, & de 58. de Religion.

MAXIMES

I. Les plus grands malheurs qui puissent arriver à une maison Religieuse, est de recevoir des Novices sans les connoître, de vivre ensemble dans une Communauté sans s'aimer, & de se quitter à la mort sans se regretter.

II. Si nous voulons nous bien connoître nous mêmes, ne cessons jamais de nous bien examiner nous mêmes, & si par un veritable sentiment de nôtre cœur, nous nous estimons en tout inferieurs à nôtre prochain, nous devons être persuadés que la Misericorde de Dieu est proche de nous.

III. Nous disons que nous sommes des pecheurs, & peut-être même que nous le croyons ainsi, mais c'est par l'épreuve des humiliations, & des mépris que nous pouvons reconnoître, si nôtre cœur s'accorde avec nôtre bouche.

IV. Celuy qui est délivré de la vaine gloire, est aisément justifié devant Dieu de tous ses autres pechés, ainsi que l'exemple du Publicain l'a fait voir.

TREIZIE'ME JUILLET.

LA VENERABLE SOEUR HONORE'E de Lascours, Ursuline congregée de Marseille.

Seigneur vous me restituerez, s'il vous plaît, mon heritage. Au Psal. 15. Vers. 5.

Pour une maison Seigneur que je donne pour être consacrée à vos Divines loüanges, vous me donnerés le Paradis; ainsi pouvoit dire nôtre Sœur Honorée de Lascours, lorsque les Ursulines de Marseille prirent commencement & furent établies dans la propre maison de Monsieur de Lascours, pere de nôtre Sœur Honorée, laquelle aprés avoir pratiquée la devotion, & les Exercices de Penitence, & ayant toûjours eû l'inclination d'instruire les femmes & les filles, se dedia à ce Saint employ, & marcha toute sa vie en l'innocence de son cœur au milieu de sa maison.

Elle etoit considerée des Superieurs comme un des bons appuis de ce lieu; aussi y fût elle presque toûjours Superieure ou Directrice.

Dieu la favorisa durant plusieurs années du don de larmes, de sorte que l'abondance qu'elle en versoit, luy cavât la chair, de même que l'on dépeind le visage de Saint Pierre Penitent; & le feu de sa Meditation s'embrazoit d'avantage par l'eau qui sortoit de ses yeux.

Huit ou dix ans avant sa mort cette source fût tarie, & elle éprouva une trés grande sécheresse, pauvreté & souffrance interieure, demeurant pourtant également constante dans l'inégalité de ses dispositions, & sçachant comme le Grand Apôtre, joüir des richesses & endurer la necessité.

Divers orages s'éleverent dans la Congregation des Ursulines, & des changements s'y firent parmy plusieurs traverses & contrarietés, sans alterer la force de son esprit; l'on admiroit sa tranquilité parmy ces troubles, & qu'au lieu de s'en prendre aux hommes, elle recouroit à Dieu par l'Oraison, & par la Penitence; elle portoit un Cilice qui luy descendoit jusques au genou, toutes les autres austerités sembloient être de son appanage.

Son Etude etoit la vertu, & à se martiriser; elle mêloit de la cendre & autres choses de mauvais goût dans sa nourriture, se privant de tout ce qui luy pouvoit faire plaisir; elle étoit silencieuse, retirée de toute vaine conversation, & détachée de toutes les affections de la terre; elle porta glorieusement son honorable nom, étant honorée de tous, excepté d'elle même, mais en se méprisant & abaissant comme elle faisoit, elle se rendoit plus digne d'honneur, & Dieu l'honnora

nora encore plus que ne firent les creatures, choisissant sa personne, & sa maison pour son special service ; elle y perseverera fidellement.

Son Directeur a asseuré que c'étoit une ame des plus sinceres, & des plus soûmises qu'il eût jamais connuës, nous avons aussi veu que sa vertu particuliere a été la vigilance & le zéle pour le salut des ames, & pour faire exactement observer les Statuts de la Religion ; elle a fait voir que ce zéle étoit comme un feu Spirituel & Divin, & que lors qu'il brûle dans le cœur d'une ame Apostolique, il luy fait entreprendre les choses les plus difficiles, afin de satisfaire aux obligations de sa charge, & d'acquerir beaucoup d'ames à Jesus-Christ : Aussi ceux qui sont élevés de Dieu à ces charges, doivent se souvenir que c'est particulierement ce zéle, & cette vigilance que Saint Paul leur a recommandé ; prenés garde, leur disoit-il, & veillés sur vous & sur vôtre Troupeau, afin que vous puissiez dire avec verité comme luy, à celles qui n'auront pas fait l'usage qu'elles doivent de vos avis, *mes mains sont nettes du sang de vous tous.*

MAXIMES.

I. La Charité & l'Humilité sont deux fidelles compagnes, car l'une nous éleve vers le Ciel, & l'autre nous soûtient de telle sorte quand nous sommes élevés, qu'elle nous empêche de tomber.

II. La Contrition est un vif repentir qui suit nôtre chûte, car celuy qui tombe se brise, & lors qu'ensuite il se met en prieres, il le fait avec une humble défiance de soy même, & avec une confiance en la misericorde de Dieu, se servant comme d'un bâton de soûtien, de l'esperance pour appuyer la foiblesse de son ame, qui est presque toute brisée.

III. La connoissance de soy-même est une lumiere qui nous découvre l'état veritable de nôtre ame, & c'est un souvenir continüel de nos moindres fautes.

QUATORZIE'ME JUILLET.
LA VENERABLE MERE ELIZABETH
de Sainte Catherine de la Collancelle, Religieuse Ursuline de Nevers.

Ie sçay ! ô mon Dieu que vous éprouvés les cœurs, & que vous aimés la simplicité. Au premier Livre du Paralip. Chap. 29. Vers. 17.

Son esprit souple, fort, & perçant fit douter qu'il ne fût un obstacle à la simplicité Religieuse, & sur ce doute elle fût exercée fortement & continüellement pendant ses deux ans de Noviciat : mais elle eût la fidelité de recevoir tout

La V. Mere Elizabeth de Sainte Catherine. 14. Juillet.

de la main de Dieu & pour son amour, ce qu'il établit dans un fond de douceur & d'humilité qui subsista en elle toute sa vie ; elle fût traversée jusqu'à ce point que non-obstant ses fervens desirs, & la bonne maniere dont elle se comportoit, quatre mois avant sa profession on en usât, comme si on eût eu le dessein de la renvoyer ; on le luy declara en ceremonie, on apporta ses Habits Seculiers, & on l'en révêtit sans qu'elle eût autre deffence qu'une abondance de larmes ; aprés que l'on eût tiré des marques de sa docilité dans une action si sensible, on trouva moyen de luy laisser reprendre ses habits & son voile ; mais on ne se contenta pas encore de cela, car les Meres faisans semblant de luy être contraires, luy dirent que si elle vouloit demeurer il faloit qu'elle se rangeât à la condition de Sœur Converse ; elle s'y resolut aussi-tôt, & prit place aprés la derniere des Sœurs Converses, sans se plaindre dedans ny dehors, & demeura dans la créance qu'elle feroit profession de même, & en auroit l'employ, elle porta même la carte de ses vœux à la ceremonie dans un abandon à tout ce que ses Superieures jugeroient le meilleur pour elle ; & bien qu'elle fût évidamment incapable du travail, son courage le luy faisoit entreprendre : les Meres qui avoient conduit cette fiction jusqu'au dernier periode, étans convaincuës de la vertu de cette Novice, aprés l'élevation de la haute Messe de sa Profession, elles envoyerent la Maîtresse des Novices, qui luy changea sa carte, en luy disant seulement que c'est l'intention de la Superieure qu'elle fit le quatrième vœu des Religieuses du Chœur, elle obeit à cela comme au reste, & de cette maniere elle fit sa Profession, reprit sa place, & r'entra dans tous les droits, & exercices des Religieuses du Chœur, dont elle avoit été privée ; donc par sa propre experience elle pouvoit dire, *je sçay ô mon Dieu que vous éprouvés les cœurs, & que vous aymés la simplicité.*

A la suite du tems elle fut Superieure au Monastere de Nevers, & traita ses filles fort charitablement, elle avoit fait liaison avec toutes les plus parfaites Religieuses, & entre autre avec la Sœur du Bois, dite de l'Incarnation, & comme elle fut proche de sa fin, elle promit à nôtre Mere de Sainte Catherine que si Dieu luy permettoit, elle reviendroit aprés sa mort, pour luy dire ce qui déplaisoit le plus en son ame à la Divine Majesté : au bout de six semaines un soir sur les six heures, la Mere se sentit poussée d'une main invisible, & au même instant elle entendit ces mots, *retirés vous de vos complaisances humaines, & cherchés uniquement de plaire à Dieu seul.*

Ce fût un coup de grace pour cette ame, elle eût d'abord quelque peu de frayeur, suivie de l'asseurance que c'étoit sa bonne amie, qui venoit accomplir sa promesse, déslors elle se retira des conversations, qui luy étoient plus agreables, & changea en quantité de choses qui luy attirerent des souffrances, car sa retraite ne fût pas bien interpretée.

Un jour Dieu luy donna des lumieres de ses Jugements, dont elle fût si fort touchée qu'elle en pleurât continüellement huit ou dix jours de suite, & fit de trés rudes penitences.

La Mere Felix Amiot, venant à deceder, luy dit qu'elle la suivroit bien-tôt, & elle dit vray, car six mois aprés la fiévre luy prit qui l'emporta en treize jours, l'an 1659. âgée de 46. ans.

14. Juillet.   *La V. Mere Elizabeth de Sainte Catherine.*   83

Il semble que l'Histoire de cette vie recommande de particulier l'Humilité dans les talens naturels, & les belles actions que la Grace de Dieu nous fait faire. Que nous serions heureuses si nous avions ce soin de cacher nos bonnes œuvres, d'être fidelles à porter avec patience les contradictions ? pour nous porter à le faire persuadons nous que tout vient de Dieu, & qu'il faut que ce soit sa grace toute puissante qui opere par nous, apparemment nous rougirions de nous attribuer les miracles que Dieu feroit par nôtre entremise ; rougissons de même de nous attribuer les bonnes œuvres qu'il nous fait faire, & pour luy témoigner l'horreur que nous avons de cette ingratitude, ayons soin de les cacher.

MAXIMES.

I. Il n'appartient qu'à l'Ange de ne tomber jamais dans le peché, & j'entends l'Apôtre cét Ange terrestre qui nous dit, *je ne me sens coupable de rien, mais je ne suis pas pour cela justifié, car ce n'est pas moy qui me juge, c'est le Seigneur.* Que devons nous donc faire ; nous devons continuellement nous reprendre, & nous condamner nous mêmes ; afin que par le merite de cette humiliation volontaire, nous puissions effacer nos fautes involontaires ; autrement nous aurons grande peine de rendre compte à Dieu de nos actions au moment de nôtre sortie du monde.

II. Celuy qui demande à Dieu moins qu'il ne merite, recevra infailliblement de sa bonté plus qu'il ne merite ; c'est ce que l'exemple du Publicain fait voir, puisque n'ayant demandé que le pardon de ses fautes, il obtint la grace de sa justification, le bon Larron ne demanda aussi à Jesus-Christ autre chose, sinon qu'il se souvint de luy, lors qu'il seroit dans son Royaume, & il reçeut en don la joüissance de toute la gloire même de ce Royaume.

III. Selon l'ordre de la grace, le feu de la concupiscence, c'est-à-dire l'ardeur dont se forment les vices & les passions, ne peut subsister dans une vraye & sincere humilité, & tant que nous demeurerons sincerement humbles, nous ne pecherons point volontairement, mais seulement par surprise, & par fragilité; ce qui rend les fautes involontaires, cette ardeur impure dont se forment les passions demeure morte & éteinte en nous, car ce sont les offences volontaires qui la font revivre, & qui en même tems font mourir l'humilité dans nôtre cœur.

QUATORZIÉME JUILLET.

LA VENERABLE MERE CHARLOTTE
de la Mere de Dieu, de Cour, Religieuse
Ursuline de Mâcon.

L'amour est fort comme la mort. Aux Cantiques, Chap. 8.

N'En cherchons point de preuves plus authentiques que la vie de la Mere de Cour ; ce fut l'amour qui la dégagea du siecle, où jusqu'à l'âge de quatorze ans qu'elle entra en qualité de Pensionnaire chez les Ursulines de Lyon, elle s'engageoit insensiblement, mais ce ne fut pas sans grande peine, puis qu'il falût faire violence à son naturel, vaincre la chair & le sang, resister à la tendresse d'un pere qui la vouloit avoir dans le monde, & rompre un secret engagement, que la veüe trop frequente d'une ceature avoit fait naître dans son cœur ; il falût même qu'un Dieu usât de menaces, se presentant à elle dans une veüe intellectuelle, comme un Juge severe qui dans une vaste campagne jugeoit une multitude innombrable de personnes de l'un & de l'autre sexe, ayant pour son trône une coline, de laquelle se voyant fort proche, elle attendoit avec une grande crainte d'être presentée devant Sa Majesté ; en effet elle entendit le recit de toutes ses offences, pour lesquelles ce Juge courroucé prononça la Sentence de sa condamnation, pendant laquelle elle étoit à genoux & fondoit en larmes, tremblant de crainte & de frayeur, se voyant coupable & dépourveüe de bonnes œuvres ; elle ne sçavoit où se refugier, lors que la tres digne Mere de Dieu, touchée de compassion, demanda pardon pour cette ame affligée, & parla à sa faveur avec tant d'instance, que son adorable Fils ne pût refuser à ses supplications ny à la douceur de ses attraits maternels, étant contraint de revoquer la Sentence prononcée contre elle, & de la laisser entre les bras de celle qui l'avoit tenu & embrassé ; elle demanda à nôtre Charlotte tout son amour pour Jesus, & elle prosternée à ses pieds, se mit sous sa protection ; Sainte Ursule & les onze mille Vierges suivoient la Reine des Vierges, avec une multitude d'Anges & d'Esprits Bien-heureux, pendant qu'elle la prit par la main, & la conduit à une demeure remplie de toute sorte d'abondance, de beauté & de delices, luy faisant entendre que c'étoit là sa bien aimée Maîterie, & le lieu de ses delices, auquel lieu elle luy donna place, l'exhortant à demeurer avec ses domestiques & habitans de ce lieu.

Mais nonobstant toutes ces faveurs la crainte des rigoureux Iugemens de Dieu,

& la terreur de Sa Majesté étoient gravées dans son ame, & empêchoient la pleine joye de toutes ses caresses, craignant même de ne luy pouvoir jamais agréer, ignorant encore l'amour infiny que Dieu a pour les hommes, mais cette Mere de Misericorde l'asseura que si elle vouloit l'aimer qu'il l'aimeroit, & comme elle la voyoit encore chancelante, elle luy fit voir avec une extrême frayeur, jusques dans les Enfers la place qui luy étoit preparée, dont elle luy promit de la preserver, si elle acceptoit celle qu'elle luy avoit donnée.

Ce fût lors que l'amour se voulant rendre vainqueur de ce cœur, luy fit sentir ses rigueurs, Mais ô! Dieu qu'il est difficile à une ame qui n'a goûté que la vanité du monde de retourner à son Dieu! quel combat ne souffrit-elle! quelle agitation perpetuelle dans son interieur, tantôt elle étoit dans le dessein de suivre les attraits de la grace, quittant tout pour se sauver, & éviter la damnation; incontinent elle trouvoit cela impossible, se proposant mille moyens de bien vivre dans le siecle pour operer son salut qu'il luy sembloit ne pouvoir faire dans un Cloître: la Mere Françoise de Bermond pour lors Superieure, s'étant apperçûe de son état, l'aida par ses bons avis, & les prieres qu'elle fit, & qu'elle fit faire à sa Communauté, r'asseurerent un peu son esprit épouvanté depuis six semaines, mais l'amour qui devoit tout faire en elle, l'acheva ainsi.

Cinq jours avant la Fête de la Nativité de la Sainte Vierge, lors qu'elle se preparoit pour sa premiere Communion, un matin avant le jour, & devant que personne fût levé en la maison, elle entendit quelqu'un qui l'éveilloit & la pressoit fort de se diligenter, & même l'ayda à s'habiller, luy disant, *sus mon enfant, courons promptement, le bonheur t'attent, hâte toy ma mie*; il luy sembloit entendre la voix de feuë sa Mere, mais l'obscurité de la nuit empêchoit de voir la personne qui luy parloit, laquelle la guida par la main, descendant l'escalier dans les Classes qui étans bout à bout, l'on entroit de l'une à l'autre; parvenuë à la Classe qui servoit aux moyennes filles, sa guide ouvrant la porte qui entroit en la Classe des grandes, elle entrevit une clarté si grande qu'elle commençât à prendre frayeur, luy semblant que l'Eglise qui étoit ensuite, devoit être toute embrazée; elle ne sçavoit où on la conduisoit, ny que l'on vouloit faire d'elle, sa guide la r'asseurant & ouvrant au large la porte, qu'elle n'avoit fait qu'entr'ouvrir auparavant, elle apperçeut un trône posé sur des nuages, sur lequel paroissoit Jesus entre les bras de Marie, qui étoit parée d'une robe blanche à peu prés comme une Aube trés fine, pliée fort menu, & trés éclatante, & depuis la ceinture en bas une jupe rouge si vive & vermeille qu'il n'y a rien de pareil icybas, étant sus dorée d'un agreable engencement de divers ramages, elle avoit un petit mantelet qui ne fermoit point devant, & demeuroit sur le bout des épaules, il étoit d'un brocard trés riche, son revers étoit parsemé de perles & autres Pierres precieuses, autant éclatantes que celles de sa couronne, qui étoit à l'Imperiale, & dans laquelle sembloit avoir une petite tocque: ses cheveux crêpés & dorés s'étendoient sur ses épaules, elle mit le Saint Enfant Jesus sur ses genoux, il étoit demy nud, couvert seulement d'un linge fort delicat; comme nôtre Charlotte admiroit cét objet ravissant, regardant sa douce Liberatrice qui avoit la face pleine de benignité, son cœur bondissant de joye, la pressa de courir à elle, pensant d'embrasser ses pieds sacrés, mais comme elle étoit en devoir de le faire, les nües qui luy servoient de trône, s'éleverent fort haut : ensorte qu'élevant sa main il s'en faloit beaucoup qu'elle y pût atteindre ; elle resta fort humiliée & confuse, connoissant qu'une telle Majesté meritoit plus de respect.

Lors se jettant à genoux les mains jointes, le Saint enfant Jesus dont les beautés & les attraits ravissoient son cœur, se donna à elle avec un doux souris ouvrant amoureusement les bras, & faisant des agitations qu'il sembloit que sa Sainte Mere avoit peine à le retenir, quelle douce atteinte avoit cette ame, & quelle douleur ressentoit elle, de ne pouvoir s'approcher, & reciproquer à ses caresses, sinon par des élans de son cœur qui sembloit devoir s'enlever vers luy? elle s'affligeoit dans son impuissance, & se tournant vers sa Sainte Mere, il luy sembloit qu'elle la devoit aider à approcher ce Divin enfant d'elle, ou luy dire ce qu'elle devoit faire, cependant on eût dit qu'elle se rioit de sa peine : mais elle prenant un nouveau courage, elle continüoit à tendre son cœur à celuy qui luy tendoit toûjours les bras, mais ses peines étoient autant inutiles qu'auparavant ; s'étant retourné vers la Mere de Dieu sans luy dire mot ; elle luy fit connoître que si elle avoit pour son Fils l'amour qu'elle avoit dans le cœur pour un autre, qu'elle la favoriseroit, entendant bien que cela vouloit dire, elle resta extrêmement humiliée, n'osant pas même lever les yeux, cependant elle ressentoit d'un côté une peine sensible & nompareille de retirer son cœur de cette creature, de l'autre le desir qu'elle avoit de joüir plus à son aise des douces caresses de ce Poupon pressoit si fort son cœur, qu'elle en souffroit une extreme peine, quoy que sa pensée fût déja arrêtée de se donner entierement à son Sauveur ; alors ce trône celeste s'abaissant peu à peu, elle le vit si proche d'elle que ses petites & Divines mains pouvoient toucher sa tête, ce qu'il sembloit vouloir faire, mais incontinent il les retiroit, comme si ç'eût été des flammes de feu, ou un monceau d'épines, reïterant plusieurs fois cette action avec un peu de dédain, ce qui luy fit enfin connoître que sa tête étoit trop bien parée des vanités du monde, pour meriter qu'il touchât un chef qui devoit être comme le sien couronné d'épines, elle conceut tant de mépris pour les vanités du monde, qu'elle se resolut de servir Dieu, & de l'aimer sur tout autre.

Mais se défiant d'elle même, elle s'addressa à Marie requerant sa faveur pour cét effet, qu'elle luy fit plus abondamment qu'elle n'eût osé esperer, car luy découvrant son chaste sein, elle pressa ses mammelles, & fit découler sur nôtre Charlotte une douce pluye de son laict virginal, qui de sa face & de sa poitrine découloit sur tout son corps ensorte que ses passions furent entierement éteintes, ensuite elle reconnut son Ange Gardien à son côté, qui l'ayant conduit à sa Chambre, elle n'y fût pas plûtôt que le reveil des Religieuses sonnât ; déslors il y eut un si grand changement en elle, que tout le monde s'en apperçeut, même ses Compagnes, elle offrit peu de jours après sa premiere Communion en action de graces de toutes ces faveurs & promit à la sainte Vierge d'aimer son adorable Fils, non seulement sur tout autre, mais de n'aimer jamais que luy en qualité d'Epoux, pourveu qu'elle continüat ses misericordes envers elle; il ne se peut dire combien luy étoient doux & agreables les exercices de devotion dépuis cette faveur, mais sur tout l'Oraison, la Communion & le Chapellet.

Mais qui auroit crû qu'aprés toutes ces graces elle chancelât encore sur le bon party qu'elle avoit à prendre, helas! que le monde est puissant sur un cœur qui n'est pas bien affermy dans la vertu; dans ce tems Monsieur son pere la vint voir & luy declara la resolution qu'il avoit de la sortir du Convent; luy disant qu'il craignoit qu'elle ne devint trop devote, qu'il étoit tems de ne faire plus l'enfant, étant son aînée, qu'il la vouloit loger; ses discours & son prochain départ luy donnerent de l'apprehension, prevoyant les contrarietés & les hazards qu'elle auroit pour sa vocation; elle s'en alla devant le saint Sacrement, & là son cœur oppressé, exposa sa douleur avec abondance de larmes; elle entendit une voix qui l'exhorta à perseverer, l'assurant que sa grace ne l'abandonneroit point, mais helas! que la fragilité de la créature est grande! la vivacité de son naturel, & le desir de contenter son pere la firent resoudre à retourner dans la maison de son pere pour deux ou trois ans pour éprouver si elle étoit bien apellée; *que sçay je, disoit-elle, si Dieu me donnera la perseverance, & si mon cœur ne changera point, quelle apparence d'avancer un dessein, auquel ne perseverant pas, je m'acquiers le blâme d'inconstante.*

Ce raisonnement de l'amour propre gagne le dessus; elle sort donc du Monastére, & la Superieure en la conduisant à la porte, versa des larmes sur elle comme sur une ingrate & méconnoissante Jerusalem, en luy disant, *qu'elle conduisoit sa vocation au tombeau, & que ce seroit un miracle si Dieu la conservoit.* Elle ne se rendit point à ses remontrances; la voila donc sur la mer orageuse du monde, dans une maison de campagne & de plaisir, ou dans une petite Ville où d'une part abondoit la pieté, & d'une autre la vanité, les bals & autres passe-tems de la jeunesse, mais à quel party se rendra cette ame infidelle? tant de belles resolutions & instructions dont son cœur avoit été muny, la faisoient tenir ferme pour la pieté, & à l'exercice de l'Oraison & Communion; d'autre part une quantité de jeunesses, & sur tout demy douzaine de filles de son âge & de son alliance, la tourmentoient sans cesse pour être compagne de leurs vanités, & luy ouvroient de toute part l'appetit aux choses du monde; elle de sa part tâchoit de leur inculquer la pieté; & ainsi elles commencerent à faire un mélange, & une devotion à leur mode, à laquelle leur passe-tems ne contrarioit point; mais l'experience d'environ trois semaines aprés sa sortie du Convent, luy apprit bien l'hazard où son salut étoit, car le goût qu'elle avoit aux exercices de la pieté sur tout de l'oraison étoit déja perdu, & elle la pratiquoit peu souvent, & avec peine; ses menus plaisirs occupoient la plus grande partie de son cœur & de ses pensées, & sur tout les tendres cajolleries de quelques jeunes gens, particulierement d'un auquel elle se rendoit insensiblement; les bals, les jeux, & tout ce que le siecle a de vanité la gagnerent sans qu'elle y fit reflexion; sa cadette tâchoit de luy inspirer quelques sentimens de sa premiere pieté, luy faisant une horrible peinture de l'enfer; Dieu de son côté versoit de tems en tems en son esprit des pensées de l'éternité, de la mort, & des craintes de l'enfer; elle fermoit son cœur au Saint Esprit, tâchant de plus en plus à se divertir pour se deffaire de ces pensées & vivoit dans l'esperance de se donner à luy aprés s'être rassasiée des creatures, mais le Divin Epoux poursuivoit toûjours cette ame avec autant d'amour que de force.

Dans ses combats un jour aprés qu'elle eût oüy Messe, étant restée seule dans une Chapelle, consultant dans son esprit ce qu'elle devoit faire, elle ne voyoit point de porte ouverte à la Religion, d'autant qu'en la premiere grace qu'elle avoit reçeüe de son Sauveur, où il luy donna connoissance de l'Ordre des Ursulines, de leurs habits, & maniere de vie, & elle n'en voyoit point en ses quartiers, que des Congregées, surquoy elle s'excusoit, & se trouvoit si engagée dans le monde qu'il luy sembloit impossible d'en sortir, sur tout la Constance d'un Amant excitoit une perplexité dans son cœur trés grande; de plus elle se croyoit privée des Misericordes de la Sainte Vierge, qu'elle n'osoit même plus esperer, lors la grace commença à luire dans son ame, calmant son trouble, & desséchant son cœur par un ruisseau de douces larmes que ses yeux versoient, elle entendit dans son interieur, possible son Ange Gardien, luy faisant une remontrance pleine de Charité qui la taxoit sur tout de la créance qu'elle avoit que la Sainte Vierge ne continüeroit pas ses assistances, dont les effets particuliers luy furent vivement representés, tous ses bons sentimens n'étoient pas tout-à-fait étouffés, particulierement ceux qu'elle avoit pour la pureté de cœur & de corps; elle voyoit clairement que sans le secours de Marie, elle seroit infailliblement dans le naufrage, & que tous les perils où elle s'étoit trouvée, & quelle n'étoit pas tombée, étoient autant d'effets de sa Misericorde, qu'elle étoit prête de continüer si elle y vouloit correspondre; quel cœur de rocher n'eût été brisé, & vaincu, lors qu'en un instant elle vit son Sauveur au côté droit de cette Chapelle, comme étant à l'âge de dix-neuf à vingt ans, tout rayonnant de gloire, de beauté & de Majesté, couronné d'un diademe comme un rond d'épines, mais qui rendoit tant d'éclat, qu'il servoit d'ornement à son chef; luy faisant des caresses si tendres par ses regards amoureux, qu'elle en restât toute fortifiée; dés-lors elle attacha plus que jamais à cét aimable objet son cœur & son esprit, n'ayant comme celuy d'Augustin que de l'horreur & du mépris pour tout ce qui luy plaisoit auparavant, ô! que l'amour de Dieu pour sa creature est puissant!

Un mois aprés cette faveur, s'étant trouvée à l'écart toute seule, lassée & ennuyée des resistances qu'il luy faloit faire, elle adressa ses plaintes à son Sauveur, luy disant, *hé quoy mon Dieu! est-il bien possible que vous soyés si rigoureux à tous ceux qui quittent le monde, que de leur faire éprouver tant de contradictions.* Dans cette pensée elle tomba sur le carreau en pamoison, étant revenüe elle trouva son esprit tout changé, ayant une grande horreur du monde, & un vehement desir de s'en retirer; ensuite il luy fut imprimé un sentiment de la Divinité, qu'elle n'avoit point éprouvé qui luy fit connoître & goûter la verité qui luy avoit été enseignée aux Ursulines, que Dieu étoit par tout, & que sa presence se trouve en tous lieux, elle r'entra dans la devotion, & le goût qu'elle avoit autrefois éprouvé

éprouvé en l'Oraison, à la Communion, & autres exercices de pieté : alors son cœur se sentant enflammé du desir de gagner des ames à Dieu, elle faisoit tous ses efforts pour retirer ses Compagnes du monde & des vanités, sur tout ses Cousines de Doncieux, Philiberthe Tardy, & Françoise de Monsimond, encore qu'elles n'avoient pas encore le courage de passer jusqu'au desir de la vie Religieuse, du moins elle tâchoit de les porter à la devotion, & à la pratique de la vertu, à quoy les trois susdites s'appliquerent à son grand contentement.

Le monde faisoit tous ses efforts pour la divertir de penser d'être Religieuse, son courage étant alors invincible, elle se faisoit mille contraintes ; on l'invita à une Commedie, & pour ne la pas voir joüer, elle s'en alla enfermer dans une chambre, où elle se mit à reciter son Chapellet, aprés elle fit une Sainte lecture, elle n'en eût pas lû la moitié que Dieu versa dans son ame une si grande abondance de douceurs, & de consolations interieures, que ne les pouvant supporter, elle en demeura en pamoison, & luy étant resté plus de l'usage de l'esprit que des sens, elle reconnut que les choses de la terre & les plaisirs n'étoient rien & ne meritoient que le mépris, puisque ces faux plaisirs nous privent des vrays & solides qui ne se trouvent qu'en Dieu, ce qui la mit dans un grand dégoût du monde, se souvenant d'une Sentence que souvent les Ursulines luy avoient repetée, *vanité des vanités, toutes choses sont vanité, sauf d'aimer Dieu*, cela rouloit souvent dans son esprit ; il luy sembla que tout le tems de la Commedie n'avoit duré qu'un moment.

Déslors elle pensoit attentivement au bonheur du Cloître qui fournissoit tous les moyens d'aimer Dieu ; il luy arrivoit souvent qu'elle se pâmoit en l'Oraison par l'abondance des douceurs qu'elle y recevoit, de sorte qu'elle ne l'osoit faire en l'Eglise, mais en des lieux solitaires, ce qui luy faisoit hâter sa retraite du monde, dans la croyance qu'elle avoit que ces douceurs étoient un pain commun & quotidien en la Religion ; ainsi son esprit fut attiré plus par l'amour & l'odeur des parfums du Divin E'poux, que par la crainte.

Le Diable ne manqua pas de faire aussi tous ses efforts pour empêcher l'effet de de sa vocation ; il luy suggera des apprehensions sur divers sujets, & d'autant plus dangereux qu'elle n'avoit personne à qui ouvrir son cœur, étant pour lors au champ ; souvent la clôture Religieuse luy étoit representée si pleine d'horreur qu'elle en fremissoit, luy semblant insupportable à la tendresse de son âge, pour y passer le reste de ses jours, comme dans un sepulchre ; la delicatesse de complexion luy faisoit redouter les exercices de Penitence ; ces combats interieurs furent accompagnés d'un exterieur par le moyen de deux jeunes Gentilshommes, qui pour complaire à ses parens & par affection, avoient pris charge & resolution de la divertir de la devotion;en effet ils joüerent tant de ressorts qu'ils la mirent en grande perplexité ; mais la bonté de Dieu qui ne permet jamais que nous soyons tentés au dessus de nos forces, dissipa ses tenebres ; il luy reste à combattre la clôture perpetuelle & d'abandonner pour jamais le plaisir des promenades, les recreations des Villes, des champs, sur tout le contentement qu'elle prenoit dans un delicieux Verger ; mais son Divin E'poux luy voulant apprendre par experience qu'il est la souce de tous les vrays biens, la visita le jour de la Visitation.

Comme elle étoit dans ce Verger accompagnée de ses deux sœurs, par je ne sçay quel mouvement de grace qui la surprit, elle arracha son masque qu'elle avoit sur son visage, & ses gans, qu'elle jetta loin d'elle avec mépris, & aprés avoir fait un petit coussin de son écharpe, elle s'y mit contre terre, demeurant pâmée là-dessus; pendant ce tems Dieu luy fit voir un autre Verger incomparablement plus beau que celuy où elle se delectoit si fort: Car il étoit de toute l'étenduë de sa veuë interieure, entouré de quatre fleuves, au milieu duquel paroissoit une belle Cascade d'une eau cristalline, & tout autour étoient plantés des arbres avec une telle dexterité, & engensement de lignes les uns aprés les autres, que l'on voyoit diverses galeries qui representoient des quatre côtés la figure d'un Cloître Religieux, les fueilles des arbres étoient toutes dorées, les bassins éclairoient comme cristal; il y avoit aussi une varieté de Colombes & autres Oiseaux mystiques perchés sur ces arbres, qui volans des uns aux autres, faisoient retentir leurs doux & agreables ramages, qui joints au doux murmure des eaux, sembloient faire un conseil de Musique celeste; les arbres également chargés de fleurs & de fruits embaumoient tout ce parterre, dont l'herbe sembloit un Pré; elle faisoit tous ses efforts pour y entrer, mais étant environnée de ses quatre fleuves, elle ne trouvoit entrée d'aucune part, si elle ne sautoit d'un bout à l'autre, ce qui luy faisoit frayeur, à quoy neanmoins elle vouloit s'hazarder, lors qu'en un moment elle se trouva auprés de cette rare fontaine, dont la source étoit un riche vase doré qui servoit de pied à un bassin, dans lequel montoient ses eaux, qui au milieu d'iceluy avoit un vase, & sur iceluy un bassin plus petit que le susdit, & sur le second un troisiéme aussi plus petit, dans lequel il luy sembloit que toutes les eaux montoient, d'où elles derivoient dans les autres, & delà elles s'écouloient dans tout le Verger; là elle goûta des delices indicibles, ces agreables Colombes l'entouroient; elles luy apportoient des rameaux en leurs becs qui étoient chargés de fleurs & de fruits, ce qu'admirant, elle s'apperçeut qu'ils étoient tous d'épines, ses mains étans déchirées & en sang, sans que sa douleur ou leurs blessures luy eussent été sensibles; comme elle joüissoit de ce contentement, ses sœurs qui la croyoient presque morte, & qui faisoient tout ce qu'elles pouvoient pour la revenir, troublerent son repos par leurs larmes, leurs cris, & leurs importuns remedes, desorte que l'ayant fait retourner à elle, elle leurs dit en soûpirant, *ha! mes sœurs que vous me faites tort*; en même tems elle se mit en devoir de goûter ces contentemens, mais la porte se trouva fermée, elle resta si satisfaite, & la memoire si pleine de tout ce qu'elle y avoit goûté, quelle ne pouvoit se rassasier d'y penser, & se trouva guerie de l'apprehension de la clôture, ne soûpirant que la douceur de la solitude & le bonheur qu'elle renferme; le desir excessif de conserver son tein & son embonpoint n'avoit plus de lieu, au contraire elle ne desiroit que des occasions de souffrir pour Dieu.

Enfin c'est icy que l'amour paroit fort comme la mort, la separant & de soy-même & du monde, âgée de dix-huit ans le jour de Saint Luc; elle entra

14. Juillet. *La V. Mere Charlotte de la Mere de Dieu, de Cour.*

chez les Urſulines de Mâcon, trois jours aprés le propre jour de la Fête de Sainte Urſule; elle fût revêtuë de la robe de juſtice, je veux dire de l'habit des Urſulines, reſoluë de tout faire, de ſe ſoûmettre à tout, & de vaincre, aidée de la grace de Dieu, toutes les difficultés qu'elle pourroit avoir, ce qu'elle entreprit avec une admirable ferveur, s'appliquant aux plus ſolides vertus; ſa Maîtreſſe voulant de ſa part ſeconder la grace, l'exerça fortement, l'humiliant, & reprenant de ſes plus petites imperfections, & luy faiſant rompre ſa volonté dans toutes occaſions, ce qu'elle recevoit avec joye; ainſi elle marchoit à grand pas à la perfection, mortifiant ſes paſſions & ſes ſens, de telle ſorte qu'étant d'une delicate complexion, elle ſouffrit beaucoup dans la peine qu'elle eût à s'accoûtumer à la nourriture, qui n'étoit pour lors qu'un peu de bœuf, & de legume, à raiſon de l'extrême pauvreté de cette Maiſon naiſſante, neanmoins jamais elle n'en dit un mot de plainte.

Cette ame éleüe goûtoit avec trop de douceur la vie Religieuſe, ſon Divin Epoux voulant éprouver ſon amour, permit que pendant les quatres années qu'elle demeura juſqu'à ſa Profeſſion, elle eût à ſoûtenir des grands combats; elle & quatre autres Novices ſes Compagnes, ſe virent d'abord privées de leur chere Mere qui les avoit receües à l'Habit, car ne voulant accepter une maniere de vie cloîtrée que Monſeigneur Dinet E'vêque de Mâcon leur propoſoit, elles ſe virent contraintes de retourner au Pont Saint Eſprit d'où elles étoient venües; peu de tems aprés elles ſouffrirent encore avec une douleur tres-ſenſible la perte de ce grand Prelat, Prédicateur de Loüis XIII.; il avoit pris ſoin de leur conduite & de leur inſtruction ſpirituelle dépuis le départ de leur bonne Mere par un effet d'une tendreſſe toute particuliere envers elles, qu'il leur témoigna par le don qu'il leur fit en mourant de ſon côté gauche, elles étant à preſent honorées du bras de ce grand E'vêque qui eſt du côté du Chœur: Monſieur ſon pere vient encore aſſaillir nôtre Charlotte par ſes tendres paroles; la calomnie s'en prend même à ſa vertu à l'occaſion d'une Demoiſelle à qui l'on avoit refuſé quelque choſe contre la Régle; le Démon y mêle ſes artifices, luy mettant dans l'eſprit mille doutes ſcrupuleux ſur ſa vocation, ſi c'étoit la Religion dans laquelle Dieu la vouloit; parmy toutes ces contradictions qu'éprouvoit ſon cœur, elle ne reſpiroit rien tant que de ſe conſacrer par des vœux ſolemnels plus parfaitement à Jeſus ſon E'poux; elle animoit ſes Compagnes & par ſes paroles & par ſes exemples, aſſurant que cette maiſon ſubſiſteroit malgré la tempête qui s'y oppoſoit, & que le Proverbe ſeroit verifié, *que là où le Saint Eſprit domine, les creatures ne peuvent y avoir du pouvoir*, & que comme le ſien étoit poſſedé de ſon amour, rien autre choſe ne fut capable de la toucher, ſon cœur demeurant conſtamment attaché à ſon Dieu, qu'elle eſtimoit au deſſus de tout ce qui eſt creé.

Nos ferventes Novices perſeverent en leur Inſtitut avec tant de ferveur que toutes les Dames & les filles alloient tous les jours en foule, & tiroient un profit viſible de leurs inſtructions; nôtre ſœur de Cour qui outre ſes talens naturels, étoit remplie de grace & de vertu, avoit un don particulier pour attirer tous ceux qui l'approchoient à l'amour de Dieu, ce qui la faiſoit eſtimer & aimer par dessus ses Compagnes, châcune recherchoit de l'oüir parler de Dieu, & elle faisoit un fruit admirable pour le salut des ames, cela luy procuroit des visites continuelles qui la divertissoient de l'intime union qu'elle avoit avec Dieu, de la paix & tranquilité d'esprit, en effet toutes ces conversations seculieres quoy-que bonnes, la firent relâcher de sa premiere ferveur; elle demeura environ un an en cét état, luy restant toûjours dans l'ame un desir de la paix, qu'elle alloit chercher par tous les endroits de la maison, tantôt devant le S. Sacrement, ou en sa chambre & ailleurs, ne la trouvant plus en elle.

Un jour de Sainte Agathe dans son oraison, ayant repassé par son esprit les vertus de cette Sainte avec beaucoup de confusion de sa tiedeur & rafroidissement de sa ferveur, dans l'ennuy où elle étoit il luy survint un doute qu'elle s'étoit trompée au chois de sa vocation, que possible cét Ordre n'étoit pas celuy que la Sainte Vierge luy avoit montré; dans cette pensée ennuyée de sa vie lâche, son cœur sentoit de grandes peines, n'ayant aucune direction ny consolation des créatures, lorsque la sainte Vierge qui étoit son recours ordinaire luy obtint la faveur qu'après qu'elle eût Communié, faisant son action de grace, elle fût en oraison plus d'une heure, où son Sauveur luy fit beaucoup de reprehensions sur le peu de soin qu'elle avoit de garder son cœur, ses sens, sur tout sa langue, du peu de soin qu'elle avoit de converser interieurement avec Dieu, de le chercher seul & non les créatures, & elle-même, de sa negligence à l'oraison & à la mortification; elle resta dans une humiliation si grande qu'il luy sembloit que la terre se devoit entr'ouvrir pour l'abîmer, ou qu'elle devoit se reduire au neant, pour ne plus paroître devant sa Divine Majesté; alors ce Dieu d'amour relevant ce courage abattu, l'éleva à des celestes delices, luy donnant diverses connoissances, sur tout que l'Ordre des Ursulines étoit le même qui luy avoit été montré, qu'elle devoit tenir bien chere sa vocation qui l'obligeoit à beaucoup, que cét Ordre étoit un particulier apanage de la Sainte Vierge, dont l'amour envers le sexe feminin avoit requis vers son cher fils que comme son amour infiny pour les hommes avoit institué une compagnie sous son nom pour servir d'accademie à toute la jeunesse de ce sexe, & la former en tout ce qui concerne les vertus chrêtiennes, il avoit voulu pour l'amour de cette digne Mere établir une Religion dont la vie & les exercices fussent pour l'instruction & l'éducation des jeunes filles; elle se ressouvenoit aussi de la grande rigueur des Jugemens de Dieu, & de la multitude des ames qu'elle avoit veu condamner pour leur ignorance & trébucher aux enfers; elle ressentoit un bon-heur souverain d'être appellée en cét Ordre où il luy sembloit que quand elle ne feroit jamais qu'aider à une seule ame, & la retirer de l'ignorance en laquelle vivent les mauvais Chrêtiens, elle mourroit trop contente, comme aussi de servir la sainte Vierge en ce dessein.

Par cette faveur son ame fut changée, & sa prémiere ferveur r'alumée, elle s'appliqua à la lecture des bons Livres, & se mit dans l'exercice de la penitence, retranchant sa nourriture, ne mangeant point de viande, ou si peu qu'à peine le pouvoit-on connoître, & ne beuvoit qu'une fois le jour, quelque chaleur qu'il fît; elle avoit par fois une si grande alteration qu'elle n'en dormoit point de toute

14. Juillet. *La V. Mere Charlote de la Mere de Dieu, de Cour.*

la nuit, ce fût déslors qu'elle s'échaufa le Foye, elle ne soupoit point, bien qu'elle fût à table avec les autres, ne prenant qu'un morceau ou deux pour n'être remarquée, trouvant mille inventions pour cacher ses austerités ; elle faisoit un si grand progrés par la pratique de toutes les vertus, qu'elle se rendit l'exemple de toutes ; mais l'amour propre se trouva dans l'amour qu'elle avoit pour l'oraison & la solitude, la portant avec tel excés à la recherche de l'une & de l'autre, que pour cela elle s'acquitoit legerement des emplois & ouvrages communs, les estimans des empêchemens à son repos interieur, la nature corrompuë convertissant ainsi en son propre plaisir les effets de la grace, mais la bonté infinie de Dieu luy envoya le secours necessaire pour remédier à ses erreurs.

Ce fût par le moyen de l'ame bien-heureuse d'une vertueuse Religieuse Ursuline qui avoit été sa Maîtresse dans Lyon ; elle se presenta devant elle un matin sur les trois heures, la saluant benignement, l'invitant à la reconnoître, & luy dit qu'elle avoit achevé sa carriere, qu'elle alloit au Ciel commencer à loüer la grandeur de Dieu, & le remercier des liberalités dont il avoit recompensé les services qu'elle luy avoit rendu, les peines & les travaux qu'elle avoit souffert pour la vertu & pour l'accomplissement de sa vocation, elle l'exhorta à la suivre constamment, luy donnant des lumieres & des remédes à ses manquemens, ce qu'elle faisoit avec tant de grace qu'elle étoit également en admiration, & pour la façon de dire & pour sa beauté, qui étoit resplendissante comme un Soleil ; elle ne touchoit point la terre, mais elle avoit des nuës argentines sous ses pieds ; sa robe étoit blanche comme neige, en la forme d'une aube dont le col étoit en carrure & descendoit fort bas sur la poîtrine ; ses cheveux étoient dorés & crêpés, pendans sur ses épaules, & autour de sa tête elle avoit une guirlande de pierres précieuses dont châcune brilloit comme autant d'étoiles en diverses couleurs ; elle avoit pour ceinture une bande de la largeur de trois doigts qui paroissoit d'or & toute garnie de pierres précieuses si rares qu'elle en pouvoit discerner fort peu, tant elles étoient differantes de celles d'icy-bas; la carrure de la robe étoit entourée d'une même garniture, & au milieu devant sa poîtrine elle avoit une rose des mêmes pierreries d'une rare façon ; elle luy dit que l'amour & la bonté de Dieu luy avoit donné la guirlande de son chef pour recompence de tous les exercices de vertu, de devotion, amour & pieté qu'elle avoit pratiquées ; que cette riche ceinture & la garniture qui ornoient sa poîtrine, étoient la recompence qu'elle avoit reçuë pour l'exercice de l'Institut, & touchant du doigt la rose qu'elle portoit, elle dit, cette rose (ma Sœur) est façonnée par la main de nôtre E'poux de tous les enseignemens & bons conseils que je vous ay donné, plus vous serez fidelle & fervente à la pratique d'iceux, plus sa beauté & son éclat s'augmentera.

Nôtre Sœur Charlotte la reconnoissoit parfaitement, mais elle ne pouvoit se souvenir de son nom, ce qui fit qu'elle le luy demandât avec un doux sousris; elle luy dit si elle l'avoit déja oublié, & que dans peu de jours un Prêtre venant de l'E'vêché le luy diroit, ce qui fut accomply, car il apporta la nouvelle de la mort de la Mere Anne du Pilier décédée à Moulin où elle étoit allée établir un Monastére ; elle étoit native de Neufville en Bresse, & dans une grande estime de vertu au

La V. Mere Charlotte de la Mere de Dieu, de Cour. 14. Juillet.

Convent de Lyon, où elle avoit été Maîtresse de nôtre Charlotte : on avoit fait esperer à nos quatre Novices qu'on leur donneroit pour sages Conductrices en la vie Religieuse quelques Meres Vrsulines du Faux-bourg Saint Jacques ; mais Monseigneur Loüis Dinet Neveu de celuy de même nom, & son digne successeur à son Evêché, & à sa pieté, le jugea autrement, & leur fit choisir par le Jugement de Monsieur Larme, une certaine Sœur Claude du Monastere de Lyon qui n'étoit pas, quoyque Professe, si élevée dans la devotion que nos sages Novices, lesquelles furent bien surprises & affligées, n'osans rien dire ; elles portoient leur peine dans le cœur, sur tout nôtre Sœur de Cour qui esperoit toûjours que les volontés de Dieu s'accompliroient, ainsi qu'elles luy avoient été manifestées, neanmoins elles se resignerent à la volonté de Dieu, & se soûmirent à son obeïssance, & comme elles étoient sans Régle, elles eurent bien de quoy meriter, & toute autre patience que la leur n'auroit pû perseverer, car chaque jour l'on changeoit de maniere de vivre, quelquesfois cette bonne Mere étoit en affaire, & laissoit ses pauvres filles à genoux les heures entieres au quart d'heure d'examen, l'Oraison duroit d'autres-fois les trois heures, & ainsi leurs exercices se régloient selon ses affaires.

D'autre part sa conduite étoit extrémément austére & rude, nôtre Sœur de Cour, qui avoit déja miné son corps par ses Penitences, acheva de perdre sa santé par ce surcrois ; elles furent conduites dans une abnegation, humiliation & mortification étrange, il ne leurs fut plus permis de communiquer par ensemble, de maniere que la crainte qu'elles eurent de manquer à l'obeïssance, fit qu'elles perdirent toute leur societé, vivans plûtôt en Hermites qu'en Vrsulines ; elles étoient pour ainsi dire sourdes, muettes & aveugles, ne se mélans que de ce qu'on leur commandoit, & ne lisoient aucuns Livres que le point d'Humilité.

Enfin nôtre Sœur Charlotte eut ce qu'elle desiroit avec tant d'empressement, elle fut admise à la profession solemnelle de ses vœux avec un goût spirituel des choses Divines que l'on peut difficilement exprimer, qui luy dura sept semaines ; mais Dieu pour l'éprouver, luy donna le Calice de ceux qu'il aime, & voulut interrompre pour un tems cette satisfaction interieure, permettant qu'elle eût un dégoût extraordinaire l'espace de deux ans en toutes les prieres & Meditations, mais à la cinquiéme année aprés sa Profession, ses épreuves furent bien encore plus fortes quand elle se vit abandonnée de la presence sensible de son Epoux, & tombée dans une tiédeur se semble pour tout ce qui regardoit Dieu.

Ce n'est pas encore là où elles s'arrêterent, sa Superieure & les autres Religieuses témoignoient pour elle un certain rebut, qui faisoit croire à une ame humble comme Charlotte qu'asseurement elle avoit dans elle de grandes imperfections ; dans cét état son cœur avoit toûjours des grands desirs de posseder & d'être possedée de Dieu, & pour ce elle souhaitoit ardemment de mourir pour être toute à luy & le voir pleinement ; ce desir la rendoit soigneuse de luy plaire de tout son pouvoir, elle se voyoit souvent en l'Oraison environnée de toute part de son Dieu, sans qu'il luy fût permis de joüir de luy, d'autres fois elle le cherchoit comme bien loin d'elle, & l'ayant trouvé, lors qu'elle pensoit joüir de luy ;

14. Juillet. La V. Mere Charlotte de la Mere de Dieu, de Cour.

il se retiroit, & elle sentoit un empêchement interieur qui luy faisoit obstacle, & qui l'arrêtoit tout court, si bien que dans cette impuissance & ces divers essais une ame souffroit un petit Purgatoire ; sa Superieure allegeoit ses travaux par la compassion qu'elle luy témoignoit ; elle l'aimoit & se confioit fort à elle, comme elle le faisoit reciproquement, cette amitié & complaisance n'agreoit pas au Divin E'poux.

Ce fût dans la retraite qu'elle reçeut la grace pour remedier à ce déffaut, quoyqu'elle apportât toutes les oppositions possibles pour ne la pas faire, apprehendant les travaux interieurs qui s'augmentent par la solitude, ne se pouvant lier à la meditation, l'obeïssance l'y ayant obligée ; nonobstant cela elle s'y soûmit avec une si grande repugnance qu'étant retirée à sa Chambre, la veille elle pensa mourir d'apprehension, elle recourut à Dieu, & ayant pris des heures, & piqué dedans, elle rencontra les deux premiers Versets du Psalme *Dominus regit me*, &c. qui calmerent son trouble ; l'intelligence luy fût donnée par l'experience qu'elle eût en cette retraite des Misericordes que Dieu répandit en son ame & goûta à longs traits les douceurs de la bonté de sa Divine Majesté ; enfin Jesus la voulant éprouver de toutes sortes de manieres, l'affligea de souffrances aïgues, & de longues infirmités qu'elle enduroit avec une patience fort édifiante, & pour augmentation de sa Croix la plus pesante fut le rebut que sa Superieure faisoit d'elle & de toutes ses actions, le changement de ses sentimens pour toutes ses devotions & lumieres qu'elle recevoit, sur lesquelles elle luy donnoit des craintes & apprehensions excessives pour un esprit timide comme le sien, sur tout l'asseurance qu'elle luy donnoit que ses actions démentoient fort ses lumieres, & qu'elle se devoit fier en ce qu'elle voyoit, la connoissant toute changée, quoy qu'il luy sembloit que ce changement étoit plus au sentiment de sa Superieure qu'en ses mœurs & actions ; elle pensoit aussi que la Providence permettoit cela pour la sevrer des consolations humaines & la distraire des creatures ; cependant cette pensée luy donna de la peine, aimant mieux croire ce qu'on luy disoit qu'elle étoit criminelle & chargée de vices, ce qui la jettoit dans la crainte d'être dans un aveuglement damnable, & que la paix dont elle joüissoit ne fusse fausse, & à la mode des ames qui sont abandonnées de Dieu, dont la conscience ne remord jamais, quelques griefs pechés qu'elles commettent, elle se resolut de bien veiller sur tout ce qu'on disoit être en elle, & de marcher avec une grande pureté de cœur & d'intention, mieux elle s'y appliquoit, pire on la trouvoit, mais elle ne s'en troubloit ny affligeoit, aimant & adorant la conduite de Dieu sur elle ; l'amitié des creatures luy étoit trés penible, craignant d'occuper la place qui étoit deüe à Dieu dans le cœur du Chrétien, un des plus forts sentimens qu'elle avoit étoit que la bonté de Dieu la souffroit, & qu'elle ne permettoit pas qu'elle retournât dans le neant.

Elle fut aussi tourmentée de cruelles tentations d'orgueil sur les belles qualités qu'elle avoit, les frequens mouvemens d'estime d'elle même & presomption, tenoient de telle sorte son esprit en haleine, qu'à tout moment il luy sembloit y consentir ; elle avoit aussi des pensées indignes de la Majesté de Dieu, sur tout fut l'ordre de sa Providence, où elle trouvoit des défauts ; son ame étoit crucifiée, & affligée de telle sorte parmy ces malheureuses pensées, que son pain quotidien étoit la douleur, & sa boisson ses larmes, specialement en l'Oraison où elle faisoit une experience plus particuliere de sa misere ; elle adoroit la Divine Justice & ses effets en elle, avec des confusions & humiliations tres grandes des pensées qui tourmentoient son cœur.

Pour surcrois de ses tentations, fût le mépris de sa Superieure, le demon luy en donnant des sentimens si vifs, qu'elle ne voyoit en elle que toute sorte de sujet de mépris, sa naissance, ses deffauts, & sa charge faisoient un combat continuel en son ame, avec l'exercice qu'elle faisoit de l'aimer, estimer, & honorer, comme voyant Dieu en elle; il luy survenoit des desirs & inventions pour la tromper & trahir, & faire d'autres tours propres au traittement qu'elle luy faisoit, mais se reflechissant incontinent, elle ne pouvoit concevoir que la malice humaine puisse sans celle du diable controuver & fournir de semblables effets, ses larmes noyoient ces abominables pensées, à l'effet desquelles elle fut plûtôt descenduë aux Enfers que d'y consentir ou les produire par œuvre ; ce fut de cette tentation dont Dieu se servit pour punir l'attachement qu'elle avoit eu pour sa Superieure.

Ensuite elle fut exercée par la vanité qui luy rendoit amère l'abjection de sa condition, & le rebus & mépris où elle se voyoit dans la Communauté, & devant ses Superieurs: elle avoit aussi un frequent souvenir de ses anciennes Compagnes, dont plusieurs étoient Religieuses & Superieures en divers lieux, & les autres piaffoient dans le monde, où elles tenoient les premiers rangs d'honneur ; les doux plaisirs qu'elles avoient pris ensemble luy étoient vivement representés, avec les flateries, & loüanges qu'elle avoit reçeües ; tout cela avec une telle impetuosité qu'étant de corps en l'Oraison & autres exercices, son cœur & son esprit étoient parmy les vanités avec tant de goût & de force, qu'il ne luy en restoit prêque point pour y resister, tout ce qu'elle pouvoit faire c'étoit de les porter avec ennuy & déplaisir de se voir dans ces pensées & ces infidelités, son cœur desirant des choses dont elle s'étoit mocquée & qu'elle avoit méprisée avec tant de courage.

Ce luy étoit une douleur mortelle de se souvenir des familiarités qu'elle avoit tant de fois receuës avec son E'poux, pour lesquelles elle luy rendoit tant d'ingratitudes ; elle cherchoit un lieu pour se cacher à ses yeux Divins, & n'osoit méme s'aprocher de la Sainte Communion, n'osant plus le regarder & recevoir comme l'unique amour de son ame, ny comme le sujet de ses langueurs & souffrances, quoy qu'elle ne respirât que sa douce & réelle presence pour les alleger, mais seulement comme Juge, devant lequel ses ingratitudes, infidelités & le grand nombre de ses malheureuses pensées l'accusoient & la rendoient Criminelle.

Le comble de ses tentations fut la clôture, qu'elle trouvoit autant plus dure & penible, qu'elle rendoit ses maux plus griefs, soit pour manquer de divertissemens qui luy étoient alors necessaires, soit pour n'avoir pas le moyen de communiquer de vive voix ou par écrit avec les Directeurs de son ame ausquels elle avoit confiance ; Dieu seul sçait la violence de cette tentation, & ce que souffroit

son

14. Juillet. *La V. Mere Charlotte de la Mere de Dieu, de Cour.*
son ame, il luy sembloit chaque jour que sa mort n'étoit pas éloignée.

Dieu la fortifia & luy apprit à méprifer les jugemens peu raifonnables qu'on faifoit de fon humeur & de fa conduite; car qu'on blâmat en elle ce que fort peu auparavant on y avoit loüé, qu'on la taxat de défobeïffance, d'orgueil, & d'incorrigibilité, qu'on la blâmât d'impatience dans les traitemens qu'on luy faifoit qu'on eftimoit trop doux, qu'on luy dit qu'elle étoit un efprit foible qui ne pouvoit rien fouffrir fans fe plaindre, qu'une petite parole luy étoit auffi infuportable que le martyre feroit à une autre, par tout elle reconnoiffoit la vanité & l'inconftance des Créatures, rien ne luy paroiffoit mieux que le bon-heur de fervir, aimer, & rechercher Dieu feul. Elle fe glorifioit dans fes croix, reconnoiffant que nous ne fommes que ce que nous fommes vrayement devant Dieu, & rien de plus ou de moins, quoyque puiffent croire ou dire les créatures; le froid rigoureux qui glaçoit toûjours fon ame, la faifoit gemir devant Dieu, & décharger fon cœur à fa Superieure, fans prendre garde que dans la difpofition où elle étoit pour elle, fa franchife & fa fincerité luy mettoient les armes en main, & fi fortes qu'elles allerent jufques à luy deffendre fur peine de grief peché mortel, de défobeyffance & damnation éternelle, de correfpondre aux faveurs de Dieu, & de faire l'oraifon, parce que c'étoit comme les rufes dont le Diable la trompoit; cette défence mit fon efprit dans des délaiffemens fi extrêmes que toutes voyoient les tourmens que fon corps & fon efprit fouffroient; ce fût en ce rencontre où fa patience & manfuetude ne fut pas fi entiere qu'elle n'eût quelques mouvemens d'impatience, & qu'elle ne dit quelques paroles de plaintes, neanmoins elle eut toûjours la force & l'affiftance de la grace, car pour une fois qu'elle y tomba, elle en a été préfervée cent & cent fois.

S'étant mife en priere dans fa Célule, fon efprit tout abattu, fon cœur faifant fes plaintes à fon Divin E'poux, il fe prefenta à elle plein de gloire & de bonté, & luy dit amoureufement; *ma fille n'en a t'on pas ufé de la forte en mon endroit moy qui fuis le Verbe de mon Pere, l'Agneau fans tâche & fans macule, en qui la coulpe & le peché ne fe pouvoit trouver? n'a-t'on pas pris toutes mes actions au revers, n'ont-elles pas été fujettes au blâme & à la cenfure, n'a-t'on pas attribüé mes miracles à la vertu de Belzebut, ma doctrine & mon zéle à folie? n'ay-je pas été accufé fauffement, livré & crucifié par envie, mes amis ne m'ont-ils pas honteufement abandonné? n'ay-je pas été délaiffé de mon Pere auquel tu demande d'être conforme à moy & tu te plains & t'afflige quand nous condefcendons à ton vouloir? fois contente & fidelle & te confie en moy;* puis, s'approchant d'elle luy dit amoureufement, *ma fille que voulez-vous de moy?* elle répondit *rien mon Seigneur & mon Dieu, finon vous, & vôtre Croix, vos E'pines & vos Cloux;* lors prenant d'une main la Couronne d'Epines qui fervoit de gloire à fon chef, il la pofa fur fa tête, dont elle fentit fur l'heure une douleur fi exceffive qu'elle en penfât mourir, depuis elle eut des grands maux de tête qu'elle porta trois ans & demy; dêslors l'ardent defir qu'elle avoit de fouffrir luy faifoit dire inceffamment, *fulcite me Cruce, ftipate me Spinis, & Clavis quia amore langueo.* Elle fit un pacte avec fon E'poux de n'eftimer rien de delicieux pour elle qu'entant qu'il luy feroit douloureux de n'avoir plus grand foin que d'attendre &

Tome III. N

de recevoir de sa main les doux effets de son amour par les croix & les afflictions, choisissant pour demeure le Calvaire, le fiel pour sa douceur, pour sa gloire la Croix, & de vivre dans l'entiere conformité de sa mort.

Nôtre Mere de Cour vit quatre ans aprés s'être faite Religieuse, & aprés plusieurs grandes difficultés qu'elle surmonta par sa soûmission aux Ordres de Dieu, son obeïssance à son Superieur, ses Prieres, Veilles, & Penitences; elle vit, dis-je, avec un contentement indicible de son cœur, leur nouvelle Communauté recevoir les Régles & Constitutions ceremoniales, des patrons d'habit & de linges des Ursulines de Paris, par les soins, & les mains de Mr. Larmes, qui s'y étoit toûjours opposé auparavant, Dieu se servant du contraire pour venir à bout de ses desseins.

La Mere de Cour voyant la poupée habillée à la façon que l'on devoit être, reconnut d'abord que c'étoit au vray la forme d'habit que nôtre Seigneur luy avoit fait voir lors qu'elle étoit Pensionnaire au Convent de Lyon; elle s'écria ha! *mon doux Iesus! quelle obligation vous ay-je de voir vos promesses accomplies, je vous en rend par vôtre cœur divin & par celuy de vôtre Mere des million d'actions de graces, & vous promes avec vôtre aide de porter ce saint Habit avec tout le respect deu à son merite comme la sainte livrée de vôtre Divine Majesté, vous assurant que je me rendray fidelle à la pratique de tous les saints exercices ausquels il m'engage, heureuse d'avoir souffert quelques petites peines pour avoir contribué à procurer ce grand bien à la Communauté, & que Dieu se soit servy de moy pour cét effet.*

Elle s'offrit à Dieu pour souffrir tous les évenemens qu'il luy plairoit pour mettre dans sa perfection la pratique des Régles & Constitutions. Dieu luy fit connoître aprés ce sacrifice, que toutes les peines qu'elle avoit euës n'étoient qu'un crayon de ce qu'elle devoit encore endurer, qu'elle se préparât à cette conquête, qu'elle se souvint du pacte qu'elle avoit fait avec luy de se conformer à sa Croix, & du don qu'il luy avoit départy d'y être attachée, & que sa grace seroit toûjours avec elle, cette victime se soûmit pour recevoir tous les coups de sa sainte providence.

Ce fut le jour de Saint Vincent l'an 1622. que la ceremonie se fit avec grande pompe en presence de Monseigneur de Mâcon, & à la veuë de toute la Ville, le Reverend Pere Dinet de la Societé de Jesus, qui avoit eu des lumieres de Dieu sur ce sujet, & qui avoit bien travaillé pour cette union, par une divine providence, se trouva à Mâcon le jour que l'on en receut le contract, leur expliqua les devoirs ausquels ces Régles les engageoient par une sçavante prédication, ensuite elles furent toutes vêtuës de l'Habit des Ursulines de l'union, & on songea d'abord à régler la Communauté selon ces nouveaux Statuts, la Mere Claude fut reconfirmée Superieure, & la Mere Loüise Assistante; pour nôtre Mere de Cour, ce ne fut qu'avec regret qu'on l'obligeât d'accepter l'Office de Zélatrice conforme entierement au zéle qu'elle avoit pour la Maison de Dieu, & elle fut encore donnée pour Coadjutrice à la Dépositaire, & à la Maîtresse des Novices; quiconque examinoit ses actions y voyoit ces Saintes Constitutions comme vivantes par une pratique continuelle qu'elle en faisoit; à tous ces emplois on ajoûta celuy d'instrui-

14. Juillet. *La V. Mere Charlotte de la Mere de Dieu, de Cour.* 99
re les Penfionnaires, & de leur faire la doctrine, en quoy elle remarquoit un grand profit fpirituel dans ces jeunes ames, dont le demon fut envieux, excitant pour interrompre leur attention, des bruits épouventables comme d'un Cheval fougueux que les yeux n'appercevoient point, quoyque l'oreille en fût effrayée, tout cela pourtant ceffa par fes prieres, craignant que fes enfans épouventés luy refufaffent leur attention.

Elle fit auffi des grands fruits dans la conduite de plufieurs Dames Seculieres qui ont vêcu dans le monde chrêtiennement & faintement, ayant un don particulier de toucher les cœurs, le fien étant de ces Charbons embrazés qui échauffent les autres; elle mit un ordre merveilleux à tous ces emplois par fes confeils, ayant un zéle plein de douceur, fe fervant de l'amitié que luy témoignoient les Religieufes pour les avertir charitablement de leur moindre imperfection, & les porter à la parfaite pratique des Régles.

Au fecond triannal elle fut Affiftante de la Mere Loüyfe qui fut choifie Superieure, elle ne s'étudia à rien davantage qu'à remplir en toutes chofes les devoirs de fa charge, mais le plus admirable étoit fa foûmiffion à fa Superieure, & fa Charité à pourvoir aux neceffités de toutes les Religieufes, n'ayant acception de perfonne, ne confiderant que la Juftice, & la raifon, quand elle voyoit ces deux chofes, jamais elle ne refufoit ce qu'on luy demandoit; elle avoit un foin particulier des infirmes, & valetudinaires qui fuivoient la Communauté, prenant garde qu'on leur donnât ce qu'il faloit, elle alloit auffi fervir les malades alitées, & même aux chofes les plus viles, & pourvoyoit à tous leurs befoins, veillant fans ceffe que toutes euffent bien le neceffaire; fon foin étoit au double pour le fpirituel; on la voyoit toûjours d'une humeur gaye, elle fourniffoit des difcours faints aux recreations, mais elle ne pouvoit fouffrir que l'on parlât du monde; elle parloit fouvent en particulier aux Sœurs Converfes dont elle avoit foin pour les encourager dans leurs occupations, les inftruifant, & leur faifant des conferances tous les huit jours, prenant foin qu'elles employaffent bien le tems, & que le neceffaire leur fût donné.

Elle fut encore pour la feconde fois accordée aux vœux des Novices & des Penfionnaires pour leur Maîtreffe, c'eft dans cét employ qu'elle fit paroître les lumieres que Dieu luy avoit communiquées, & tâcha à former à la pieté & à toutes fortes de vertus ces tendres Ames, ce qui luy reüffit parfaitement bien: fa douceur, & fa force étoient égales, l'une pour les conduire fuavement à la vertu, l'autre pour détruire en elles ce qui leur étoit contraire, les revêtant du vray efprit de l'Ordre; elle penetroit le fond de leurs cœurs, & connoiffoit les dons du Saint Efprit qui les animoit, fon cœur étoit le plus fatisfait du monde, voyant que tout répondoit à fon zéle, mais Dieu voulant un peu troubler ce grand contentement pour tirer une plus forte preuve de fa vertu, l'y difpofa par une apparition qu'elle eut de la Venerable Mere Anne de Beauvais Vrfuline; comme un jour elle goûtoit des confolations fenfibles, elle entra dans des mouvemens de crainte extraordinaires, alors la Mere Anne de Beauvais luy dit, *dequoy doutés-vous ma chere fœur, craignés-vous de fuivre mes pas, comme fi je n'avois pas fuivy* ceux de nôtre E'poux dont la vie n'a été que croix : & pourſuivant ſon diſcours, elle luy repreſenta comme elle avoit été traitée de ſes Superieurs, de ſes égales, & inferieures, ſa vie n'avoit été tiſſuë que d'afflictions & de croix, & combien de gloire tout cela luy avoit acquis, que les ſouffrances & délaiſſemens interieurs qu'elle avoit ſouffert les dernieres années de ſa vie, avoient été comme un creuſet dans lequel ſon amour avoit été épuré & affiné, & que par ſes peines elle avoit acquis un haut degré d'amour, & par conſequent de gloire, qu'il ne tiendroit qu'à elle qu'elle n'en fit de même, qu'elle reçût les ſiennes de l'amoureuſe main de ſon Dieu, & qu'elle ne craignit de faillir en cela, ne faiſant cas des jugemens des créatures, & acheva ſon diſcours, diſant, je ne puis vous témoigner plus tendrement & puiſſamment les effets de mon amitié, qu'en vous obtenant de nôtre Seigneur les moyens de vous plus parfaitement conformer à luy, & d'acquerir plus d'amour & de gloire au Ciel.

Nôtre Mere de Cour ſe vit donc expoſée à la calomnie par des perſonnes même de vertu, ſur un certain memoire qu'elle avoit fait par ordre de ſes Superieures, qu'on luy prit où elle marquoit ſur ce papier le deſir qu'elle avoit qu'on leur donnât quelques Religieuſes de Paris, formées dans leurs Régles pour leur Directrices. Celuy qui fit la viſite de la Maiſon, ayant été prévenu, & n'ayant pas tout le don de diſcernement pour la conduite qu'il faloit, ny la prudence & juſtice, car il étoit obligé d'entendre l'accuſée, ce qu'il ne fit pas, mais auſſi-tôt qu'il la vit, d'eſapprouva tout ce qu'elle faiſoit, blâma ſa conduite, traita d'illuſions trompeuſes & de vaines imaginations d'un cerveau creux, ces grandes revelations & faveurs de Dieu, luy deffendit même par obeïſſance de s'y arrêter ny d'écrire au Reverend Pere Dinet ſon Directeur; cette deffence luy fut plus ſenſible que tout le reſte, quoyque d'ailleurs elle ſentoit une force interieure & une conſolation d'avoir occaſion de ſouffrir pour Dieu. Elle ne laiſſa pas d'avoir de grandes afflictions d'être trompée parmy ſes amertumes; elle s'en alla devant le S. Sacrement, puis à ſa Célule où elle ſe jetta aux pieds de ſon Ieſus Crucifié pour ſe conſoler avec luy; elle apperçeut un jeune homme accomply en beauté, avec une éloquence admirable, luy diſant, qu'il avoit pitié d'elle de la voir ſans conſolation dans ce rencontre, luy repreſentant ſes belles qualités, qu'elle auroit été aimée & honnorée dans le monde, comme elle étoit traitée dans cette Maiſon, & mepriſée par des perſonnes de neant, qu'elle étoit delaiſſée des perſonnes à qui elle ſe fioit, qu'elle ſouffroit des affrons ſi ſanglans pour l'amour de Dieu, & qu'il n'en prenoit point de ſoin, la laiſſant ramper dans ſes amertumes ſans faire connoître ſa vertu & ſon innocence. Incontinent elle apperçeut que c'étoit le Démon qui avoit pris cette figure pour la tenter dans l'affliction, elle le chaſſa honteuſement avec ſon Crucifix.

Elle alla trouver ſa Superieure, luy découvrit ingenuëment ſa peine touchant ce que le Viſiteur luy avoit dit, ſur tout des manquemens à la charité, la prenant pour témoin de ſon innocence, qu'elle luy avoit toûjours communiqué les graces qu'elle avoit receuës de Dieu, luy ayant toûjours déclaré le bien, & le mal qui ſe paſſoit dans ſon interieur, & qu'elle recevoit ces accuſations fauſſes pour ſes infidélités à correſpondre aux graces que Dieu luy faiſoit, & qu'elle les ſouffroit pour ſon amour; ſa Superieure comprit qu'elle prenoit tous ces avertiſſemens pour des

14. Juillet. *La V. Mere Charlotte de la Mere de Dieu, de Cour.*

épreuves de Dieu, l'alla dire dire au Vifiteur, lequel la fit r'apeller & la chargea de nouvelles exhortations, de ne point prendre tout ce qu'il luy avoit dit pour une croix ou pour une épreuve, que c'étoit la pure verité, & qu'elle fît au nom du faint Efprit tout ce qu'il luy avoit commandé ; elle commença donc à faire tout fon poffible pour obeïr, avec des peines interieures indifcibles, croyant que c'étoit fes pechés qui l'avoient reduit en cét état ; parmy tous fes tourmens elle fentoit toûjours un certain inftinct interieur qui l'affuroit que l'efprit de Dieu la guidoit, ce qui luy rendoit plus fenfibles les mépris qu'elle étoit obligée de faire de toutes ces faveurs ; de plus il luy fembloit qu'elle n'obeïffoit pas bien, ce qui luy donnoit de grandes craintes.

Aprés fes humiliations & mortifications qui auroient abbatu tout autre efprit moins fortifié que le fien, Dieu la mit dans des fouffrances corporelles, fi aigües qu'il luy fembloit avoir tous les nerfs & les membres difloqués & rompus ; il paroiffoit fouvent qu'elle étoit comme à l'agonie, & il n'y avoit aucun mal que ce corps delicat n'éprouvât, tous ces tourmens n'aigrirent point fa patience, fa douceur, & fa foûmiffion aux Ordres de Dieu, & n'exciterent point fa delicateffe naturelle à fe foulager par quelques chofes au delà de ce qu'on donnoit à la Communauté, difant que les viandes les plus communes étoient les plus propres pour elle ; elle mangeoit fi peu que l'on ne fçavoit comme elle pouvoit fe foûtenir, & agir dans fes emplois, l'on voyoit bien que la grace la foûtenoit, & les frequentes Communions qu'elle faifoit prefque tous les jours.

Je ne fçay par quel efprit fa Superieure luy deffendit de parler à perfonne, & la reduifit pour un an entier à demeurer en fa Célule, mais ce n'étoit pas fans myftéres de la part de Dieu, qui conduit ordinairement dans la folitude fes amis, & c'eft là qu'il parle à leur cœur, c'étoit pour l'inftruire de la maniere pieufe avec laquelle elle devoit fe gouverner en qualité de Superieure de la Maifon, car elle fe vit élevée à cette Charge peu de tems aprés avec l'applaudiffement univerfel de la Communauté & de la Ville.

Mais auparavant que de parler de fon admirable conduite dans le gouvernement, difons un mot de ce qui fe paffa dans fa folitude ; elle s'appliqua à fe conformer à fon Divin E'poux dans fes perfecutions, dans la pratique d'une patience & confiance heroïque fans jamais fe plaindre, mais au contraire elle avoit le cœur remply de manfuetude & de douceur pour ceux & celles qui la perfecutoient, priant Dieu pour eux, les fervant & prévenant même dans les occafions où il s'agiffoit de les fervir, leur témoignant honneur & affection, & elle a dit fouvent qu'elle n'avoit point eu de peine à reprimer les mouvemens que la nature produifoit contre les perfonnes qui la perfecutoient, lors qu'elle regardoit Dieu en elles, que cette feule veuë luy ôtoit tous les fentimens qu'elle pouvoit avoir, tâchant de rendre du bien pour le mal. Elle vivoit dans l'efperance que Dieu ne l'abandonneroit pas, veu les affurances qu'il luy avoit données qu'il luy donneroit un Pere, qui fupléeroit au Reverend Pere Dinet, auquel on luy avoit deffendu de communiquer ; fur les prieres continuelles qu'elle faifoit que fi elle étoit trompée qu'il luy envoyât des perfonnes Doctes & fpirituelles pour la désabuser, n'ayant autre volonté que de se donner toute à luy.

Dieu se servit du Reverend Pere Buffet de la Compagnie de Jesus, grand Prédicateur, homme fort docte & spirituel, qui prêchoit cette année à Mâcon, il fut prié d'oüir les Confessions extraordinaires de la Communauté; incontinent que nôtre Mere de Cour l'apperceut, elle connut que c'étoit celuy que Dieu luy avoit fait voir en esprit, dont il vouloit se servir pour sa conduite. Neanmoins elle ne pouvoit se resoudre de se communiquer à luy; le Démon prévoyant bien ce qui en réüssiroit pour la gloire de Dieu & la paix de cette bonne ame, luy suggera plusieurs raisons pour l'en empêcher; d'autre part le Pere avoit été prévenu à son desavantage d'une maniere que même on luy avoit dit son rang de Confession, ce qu'il observa en confessant la Communauté, & la reconnut par ses accusations fort interieures & spirituelles, il s'arrêta pour luy faire trouver ses fautes plus criminelles qu'elles n'étoient, il s'informa de l'employ qu'elle avoit, à quoy elle répondit qu'étant une Religieuse imparfaite elle n'en avoit point d'autre que d'être dans sa Célule, où elle avoit un grand moyen de se perfectionner; le Pere luy dit si elle agreeroit qu'il la vint visiter, elle luy dit qu'il luy feroit bien de l'honneur; étant de retour à sa chambre elle eut une grande perplexité, doutant si elle ouvriroit son cœur à ce Pere; elle entendit une voix qui luy dit, *la nuit est passée, & voicy le jour pour toy, c'est l'homme que je t'ay promis, qui te fera connoître ma volonté, découvre luy tout ce que je fais en toy, & ce qui est de ton cœur, & te soûmets à tout ce qu'il te dira*? elle fut dans une joye extrême de voir que Dieu effectuoit ses promesses, & elle attendoit avec empressement les visites de ce Pere; il vint donc au Parloir la voir avec une grande sériosité, voulant connoître si elle étoit telle qu'on luy avoit figuré, & luy fit plusieurs questions, à quoy elle répondit fort prudemment, ne s'avançant point pour cette premiere fois; il fut fort édifié de sa conversation si spirituelle, & elle fort satisfaite de luy.

Estant retourné confesser la Communauté, elle luy demanda quelques avis, il ne voulut luy rien dire pour lors, si ce n'est qu'il reviendroit la voir le lendemain, il n'y manqua point, & luy donna des Conseils admirables sur les avis qu'elle luy avoit demandé, ce qui l'obligea à luy dire plusieurs choses extraordinaires qui se passoient dans son ame; il connut qu'elle étoit conduite par une voix extraordinaire, & que n'étant aidée de personne, Dieu vouloit qu'il en prit soin, & l'obligea à luy découvrir sincerement tout ce qui s'étoit passé en elle par le passé, & le present; il luy donna quelques jours pendant lesquels elle fit une exacte memoire de tout ce qui s'étoit passé depuis son enfance jusqu'alors, un memoire de ses inclinations, de ses passions qui la dominoient pour le bien, & pour le mal, & de tout son état interieur, & pour la mieux connoître il luy fit faire une Confession generale de toute sa vie, quand il eût bien connu que c'étoit l'esprit de Dieu, il l'éprouva en toute maniere, usant de toutes sortes de mortifications & humiliations, luy faisant faire des soûmissions & actes d'obeïssance envers sa Superieure, qu'une jeune Novice auroit eu grand peine de faire; elle se soûmettoit à tout, & le pratiquoit avec une ferveur & une exactitude sur-

14. Juillet. *La V. Mere Charlote de la Mere de Dieu, de Cour.* 103
prenante, ne prenant point tous les ordres de son Directeur par épreuve, mais dans un esprit de Penitence, pour les grands pechés qu'elle pensoit avoir fait, pour s'être laissée tromper par le Diable; elle se consoloit pourtant de ce qu'elle s'étoit bien déclarée au Reverend Pere Dinet, qui l'avoit toûjours asseurée que les graces qu'elle récevoit, étoient de Dieu.

Aprés toutes ses précautions il ne put plus douter que l'esprit qui la conduisoit ne fût de Dieu, il l'en asseura, & la mit dans une grande paix, & aprés qu'il eût bien examiné la Communauté, il n'en trouva que quelques unes qui fussent contre elle, que le rapport qu'elles avoient fait, ne venoit que de ce qu'elle avoit travaillé à unir cette Maison à celle de Paris, & d'un esprit de jalousie, il se porta d'un zéle encore plus grand à luy aider, & défabusa la Superieure, & les autres de la Communauté qui doutoient de sa vertu, & la mit dans une reputation de sa vertu plus grande que jamais; elle ne faisoit point cas de tout cela, aimant mieux le mépris des creatures que leur estime; mais elle s'estimoit heureuse d'être asseurée de son état par son Directeur, ce qui anima son courage à s'avancer en la perfection où elle s'appliqua de plus en plus; mais si Nôtre Mere de Cour a été victorieuse de toutes ces persecutions, elle n'a pas été moins zélée pour la gloire de Dieu & l'avancement de l'Ordre, & le salut des ames; Ce fut en la charge de Superieure où toutes ses vertus parurent avec éclat; elle fonda son gouvernement sur l'esprit de Jesus-Christ, s'y unissant continuellement pour recevoir ses lumieres, & ne conduire que par sa sainte volonté, & ne suivre que ses Maximes; on la voyoit toûjours dans une égalité d'esprit dans le succés des affaires bons ou mauvais; la prudence qui est l'œil de la conduite, formoit tous ses desseins, & éclairoit toutes les autres vertus qu'elle pratiquoit, réglant sa Communauté non seulement par ses frequentes exhortations, mais par ses exemples, ne disant rien qu'elle ne pratiquât, ne faisant rien avec precipitation, mais consultoit Dieu & ses Directeurs; pour le Temporel, quoy qu'elle fût fort éclairée, elle n'entreprenoit aucune chose avec hauteur, mais consultoit des personnes sages, ausquelles elle representoit toutes ses raisons avec indifference, les choses étant murement considerées, elle les soûmettoit à leur avis, & les executoit ensuite avec force & promptitude; quand on luy parloit, elle écoutoit avec gravité & douceur sans interrompre, puis elle faisoit réponce en peu de mots; elle veilloit continuëllement pour maintenir l'observance dans sa vigueur, la crainte qu'elle avoit que par sa faute il ne se glissât quelque mauvaise habitude, faisoit qu'elle reprenoit les moindres imperfections dans leur naissance, elle étoit la premiere dans toutes les Observances.

Sa conduite étoit accompagnée d'une grande douceur, contraignant doucement les moins ferventes, non seulement à ne se point relâcher dans la voye de Sainteté, mais encore d'avancer incessamment selon l'étendüe de la grace, qui leur étoit donnée; sa seriosité, & sa douceur la faisoient craindre & aimer; il ne se pouvoit voir rien de plus charmant que la maniere dont elle gagnoit les cœurs, elle y entroit si agreablement qu'on ne pouvoit luy resister, châcune se faisoit un plaisir de luy en donner l'ouverture, en luy faisant connoître les plus secrets sentiments de leur cœur, l'estime qu'elles avoient de sa vertu, & qu'elle n'agissoit point par interêt, faisoit qu'elles se portoient à faire tout ce qu'elle vouloit.

Ses corrections étoient accompagnées d'une severité agreable, avec un doux regard elle les redressoit, & portoit jusques dans le cœur l'amour de leur devoir.

Elle prévenoit ses Sœurs dans leurs necessités spirituelles & corporelles, les consoloit dans leur chagrin, & les soulageoit dans leurs travaux, vivant parmy elles comme une de leurs égales. Il n'y en avoit pas une à qui elle ne fit paroître une amitié particuliere, & témoignoit plus de douceur à celles qu'elle sçavoit luy être opposées, les faisant appeller à sa chambre où elle leur faisoit mille amitiés. Jamais elle ne fit paroître aucune parcialité ny amitié particuliere, disant que c'étoit le vice qui troubloit les Communautés; mais elle les regardoit toutes comme des pierres précieuses enchassées dans le cœur de son Divin E'poux, si bien que tout ce qui les touchoit la touchoit. Elle étoit toûjours disposée aussi bien la nuit que le jour d'écouter & satisfaire celles qui se présentoient à elle; quand elle en avoit mortifié quelqu'une ou qu'elle remarquoit qu'elle avoit quelques peines, elle ne se pouvoit coucher sans la faire appeller à sa chambre, ou elle même l'alloit trouver pour sçavoir ses depositions, & la mettre en repos.

Tous les matins aprés l'Office, elle alloit voir les malades soit dans l'Infirmerie ou dans leur Célule, leur donnoit leur boüillon & les consoloit avec un cœur tendre & plein de charité.

Elle n'avoit acception de personne ny aucun respect humain, se portant avec justice, elle blâmoit celles qui le meritoient, écoutant neanmoins ce qu'on luy disoit avec une grande douceur & patience, donnant audience aux deux parties, aprés elle recouroit à Dieu, pour bien discerner celle qui avoit droit ou tort, qu'elle connoissoit facilement, Dieu luy ayant donné le don de discernement ensuite elle agissoit avec une justice & une charité admirable, ensorte que toutes les parties restoient contentes. Elle excusoit toûjours les absentes, & quand il n'y avoit qu'une ou deux qui avoient connoissance des fautes, elle les reprenoit en particulier, se servant des paroles de l'Evangile, qui nous dit d'avertir deux ou trois fois en secret, avant que de le faire en public; elle disoit souvent que le plus penible de la Charge de Superieure étoit de commander, & de reprendre les autres, qu'elle trembloit lors qu'il faloit agir en ce rencontre, de ne pas suivre la volonté de Dieu, qu'elle voyoit dans elle-même tous les déffauts qu'elle remarquoit aux autres, & encore de bien plus grands; ce qui luy imposeroit le silence, n'étoit l'obligation de maintenir la gloire de Dieu, & parce que manquant en ce devoir, elle rendroit un compte fort rigoureux des fautes qui se commettroient, répondant à Dieu de ces omissions, & quelle attireroit sur elle les châtimens de tous les pechés qui suivroient des mauvais exemples de celles qu'elle n'auroit pas corrigé.

Son zéle & sa Charité s'étendoient encore au dehors, plusieurs personnes de qualité la consultoient, tant pour le salut de leurs ames, que pour leurs affaires,

14. Juillet. *La V. Mere Charlotte de la Mere de Dieu, de Cour.*

la considerans comme un Oracle qui leur découvroit la volonté de Dieu, se trouvans bien de suivre ses Conseils, jusques là qu'elle a retiré plusieurs personnes des occasions de se perdre ; elle a aidé plusieurs Demoiselles à entrer en Religion, qui étoient extrémément attachées au monde & à la vanité ; elle faisoit faire des grandes Charités aux Pauvres, sur tout aux honteux, & aux Prisonniers.

Elle fit des Prieres plus de vingt ans avant que les Reverends Peres de la Compagnie de Jesus se vinssent établir dans Mâcon, pour l'obtenir de Dieu, parce, disoit-elle, que c'étoit une grande œuvre pour la gloire de Dieu, & dont il en resultoit beaucoup d'autres, & leur procura de considerables Charités.

Quand il s'agissoit d'aider aux ames, elle n'épargnoit ny ses peines ny ses penitences, mettant son corps delicat tout en sang, disant, que le vray esprit des Ursulines étoit non seulement de s'immoler à l'éducation des jeunes filles, mais encore dans toutes les occasions qu'elles pouvoient avoir pour aider le prochain; son desir étoit si ardent de procurer le salut de tout le monde, que si elle avoit pû, elle seroit allé jusqu'aux terres étrangeres pour s'y sacrifier.

La bonne odeur de ses vertus & de son sage gouvernement se répandant par tout, luy procura plusieurs bons sujets ; sa plus grande occupation étoit à les bien élever dans la solide vertu, & leur donner l'esprit de Religion.

Dieu luy ayant fait voir avant qu'elle fusse Superieure le dessein des Bâtimens, il luy inspira de bâtir, & elle l'entreprit, prenant à cét effet le plan que le Frere Canard Jesuite avoit fait, parce qu'il étoit conforme à celuy que Nôtre-Seigneur luy avoit fait voir, & laissa tous les autres que l'on avoit fait faire par diverses personnes, car celle qui l'avoit précedée, passionnoit de faire ledit bâtiment, & même elle avoit fait faire le Contract, mais la Divine Providence en disposa autrement, & permit qu'il ne fut point signé, & la disette qui suivit une maladie contagieuse, mit la Communauté de Mâcon dans l'impuissance de le faire. L'execution en fut reservée à cette Superieure zélée. Tous les Principaux de la Ville furent ceux de qui elle prit conseil pour le temporel ; c'étoit une merveille de voir comme elle comprenoit l'Architecture, s'appercevant du moindre deffaut des bâtimens, donnant même des industries aux Ouvriers, qui étoient surpris qu'une personne qui n'avoit jamais vû bâtir & toute jeune, n'ayant alors que trente ans, pût avoir toutes ces lumieres; sa douceur & sa modestie gagnoient tous les cœurs.

Elle avoit une si grande confiance à la Providence Divine & au secours de Marie, que jamais l'argent ne luy manquât, non plus que les materiaux qui étoient amenés si à propos que les Bâtimens furent faits plûtôt que l'on avoit convenu. Une fois n'ayant pas assez d'argent pour payer les Ouvriers, elle eut recours à la Sainte Vierge, & lors que l'on ouvrit le coffre à trois clefs, il s'y trouva un sac remply de pieces d'Or. Nôtre bonne Superieure a tant receu de graces de cette nature que l'on ne peut les expliquer.

Mais comme Dieu luy avoit donné le don de souffrance, il luy en fournissoit aussi les occasions frequentes : elle tomba donc griévement malade, ses infirmités s'accroissoient toûjours à cause des grandes fatigues qu'elle s'étoit données; cela l'empêchoit d'agir comme elle desiroit, elle pria le Reverend Pere Mâconnois Recteur de la Compagnie de prendre soin du Spirituel de sa Communauté; ce bon Pere s'y appliqua avec zéle, il faisoit des conferances toutes les semaines sur les Régles, & confessoit extraordinairement la Communauté.

Elle n'entreprenoit rien qu'elle n'eût consulté les Anciennes, recevoit leurs sentimens avec douceur & respect, elle disoit qu'il faloit qu'une Superieure eusse toûjours les oreilles & le cœur ouvert pour toutes celles qui étoient sous sa conduite, ce qu'elle pratiquoit fidellement, tenant la porte de sa chambre ouverte pour recevoir celles qui y vouloient luy parler, & c'étoit avec tant de charité & d'honêteté qu'il ne s'y pouvoit rien ajoûter, même quand elle étoit allitée, deffendant aux Infirmieres de n'en éconduire aucune.

Nôtre-Seigneur luy fit connoître qu'il la vouloit tirer de l'action de Marthe, pour la faire joüir de la contemplation de Marie, & qu'il la feroit souffrir pour attirer ses Benédictions sur le feu Roy lors qu'il combatroit contre la Rochelle; en effet ses trois années étant expirées, elle fut déposée de la Superiorité avec une joye tres-grande de sa part de se voir déchargée d'un pesant fardeau, & avec une tristesse générale de ses bonnes Religieuses de se voir privées de leur Mere commune; on luy donna la Charge de Zélatrice, son zéle à la verité étoit grand, mais ses forces n'y répondoient pas, étant abatüe par des maladies continuelles; elle consola ses filles, & les exhorta de tout son cœur de faire paroître à cette nouvelle Superieure la même estime, affection, & soûmission qu'elles luy avoient témoigné, que tout ce qu'elles feroient à son égard, elle le tiendroit fait à elle même qu'elle les prioit de la recevoir avec tout l'acuëil possible comme tenant la place de Dieu; qu'il faloit reprimer les sentimens de la nature pour accomplir la volonté de Dieu; elle pratiqua ses avis, leur faisant voir par exemple tout ce qu'elle leur avoit dit.

Ses maux augmentoient tous les jours, & la reduisirent à l'état pitoyable de recevoir tous ses Sacremens; la Communauté la sçachant abandonnée de tous les Medecins, pleure, gémit, prie pour sa santé, & s'engage à un vœu en l'honneur du Bien-heureux Loüis de Gonzague; la Superieure luy dit qu'il faloit qu'elle se joignit avec elles pour faire ce vœu, cette ame humble repartit qu'elle ne meritoit pas que l'on demandât la vie pour elle, mais seulement la patience; elle se soûmit à l'obeïssance, étant resignée à tout ce que Dieu feroit d'elle; on voüa donc que l'on feroit dire un nombre de Messes à son honneur, & que si elle retournoit en santé, que toutes les semaines & veilles de sa Fête l'on feroit quelques mortifications & devotions, à même tems on apporta un Tableau où étoit peinte la Sainte Vierge, & devant elle le Bien-heureux Loüis à genoux, dont un excellent Peintre faisoit present à la malade; la Superieure le luy ayant presenté dans la violence de ses douleurs, la malade entendit une voix distincte qui luy dit, *ma Mere bon courage*, alors se levant sur son seant toute seule, se mit à genoux, les mains jointes avec une force comme si elle eût été en santé, & envisageant le Tableau avec une grande devotion, il luy sembla voir en la gloire ce

14. Juillet *La V. Mere Charlotte de la Mere de Dieu, de Cour.*
Bien-heureux en la même posture devant la Sainte Vierge qui prioit pour elle, les Religieuses qui étoient toutes autour de son lit, remarquoient le changement que faisoit son visage, lequel ressemblant la Mort, il devint d'une couleur vermeille dans une beauté, & douceur qui étoit un signe éclatant de ce qui se passoit dans son ame, & déslors elle fut plus tranquile; à dix heures du soir elle entendit une multitude de personnes à sa chambre, en même tems elle en sentit une à la rüelle de son lit, qui luy prit la main qu'elle avoit hors de son lit, luy disant, *ma Mere bon courage tout va bien*; elle ne sçachant qui étoit cette main qui serroit la sienne, la tira un peu en disant, *mon Dieu laissés moy* se tournant de l'autre côté, lors elle entendit interieurement, *c'est le Bien-heureux Loüis que tu rebute, lequel t'a ôté tes violentes douleurs*: ce qu'elle trouva vray en sorte qu'elle dormit toute la nuit & fut hors de danger, il luy resta neanmoins son mal d'estomach, ne pouvant garder aucune nourriture; deux jours après sa guerison on luy donna un peu du bois de la chaire de ce Saint, ratissé dans un breuvage, qui la guerit entierement, les Medecins attesterent que c'étoit un miracle visible.

Elle se mit d'abord à l'Observance, & se retira de toutes sortes de conversations du dedans & du dehors, ne se trouvant qu'à la recreation où elle fournissoit d'entretiens Spirituels, sans se rendre pourtant ennuyeuse, ayant la vertu de s'accommoder à toutes sortes d'humeurs, se faisant, comme dit Saint Paul, tout à tout pour gagner les ames à Dieu.

A sa maladie corporelle Dieu fit succeder un Martyre interieur, mais qui se répandoit de l'ame sur le corps; le jour de Saint Simon & Saint Jude elle tomba comme morte dans une défaillance qui dura plus de trois heures, & il sembloit à tout moment qu'elle alloit expirer; toute la Communauté étoit autour de son lit qui fondoit en larmes, la Superieure lût la Passion, & alors elle commença à soûpirer; on la vit revenir doucement, mais si effrayée que l'on crût que son ame venoit de souffrir des peines de l'autre monde; son corps pâtit en toutes les parties, tous ses os & ses nerfs étoient comme disloqués, mais les peines interieures surpassoient infiniment celles du corps; elle dit quelque tems après qu'il étoit vray, que quand Dieu met la main sur ses créatures & qu'il les touche comme Dieu, il n'y a que luy seul qui y puisse remedier, & deux années après elle avoüa qu'elle avoit enduré tout cela pour obtenir du Ciel la victoire à Loüis XIII. sur les Huguenots, & sur la Rochelle ville rebelle à son Dieu & à son Roy.

Elle fut pour la seconde fois éleüe Superieure avec les mêmes applaudissements qu'en la premiere, ce fut avec un regret sensible de son cœur, son humilité luy faisant croire qu'elle avoit mal satisfait au premier triannal; je n'aurois qu'à repeter ce que j'ay déja dit au premier, pour sçavoir comme elle s'est comportée en digne Superieure, ce qui n'est pas necessaire; mais j'ajoûteray comme le Soleil brille avec plus d'éclat sur la fin de sa course, ces trois années qui étoient celles de sa superiorité & les dernieres de sa vie, eurent je ne sçay quel éclat dans toutes ses vertus, qui fut plus admiré; du commencement de son mal elle fut attaquée d'une fiévre continuë, pendant ce tems elle ne discontinüa point la pratique de l'Oraison, & autres exercices, se faisant faire des lectures à même heure qu'on en faifoit à la Communauté, lors qu'elle prenoit le tems pour faire ſes Oraiſons, elle prioit les Infirmieres de la laiſſer un peu repoſer, & après une ou deux heures qu'elles l'avoient laiſſée ſans luy rien dire, elles la regardoient doucement ſi elle repoſoit; mais elles la trouvoient aſſiſe ſur ſon ſeant, les mains jointes & le viſage vermeil, les yeux à demy fermés qui brilloient comme des Aſtres ſans ſe mouvoir, & connoiſſoient que ſon ſommeil étoit plûtôt extatique que naturel, où elle auroit demeuré pluſieurs heures ſi on ne l'avoit obligée à en revenir; les Médecins ayant déſeſperé de ſa gueriſon, les Religieuſes voüerent de faire dire une Meſſe de la Sainte Vierge châque mois la veille d'une de ſes Fêtes qui écherra le même mois, de faire une Communion de l'Octave de la ſuſdite Fête de même, de plus une neuvaine de prieres, ce vœu ne fut pas plûtôt fait qu'elle fut guerie.

Elle connut pourtant quoyque échapée de cette dangereuſe maladie que ſa fin s'approchoit, ce fut alors que ſon zéle ſe redoubla pour le bien tant ſpirituel que temporel de ſa Communauté, les dons du Saint Eſprit qui rempliſſoient la capacité de ſon ame ſe répandoient plus que jamais au dehors, par des preuves brillantes ; elle ſe montroit ſçavante plus que les Docteurs les plus éclairés , ſoit en l'interprétation de l'Ecriture Sainte, en l'explication de ſes paſſages ſoit en la citation des Peres, en l'intelligence des matieres délicates de la Theologie, & des ſubtilités de la Philoſophie , ſoit à parler Latin, & en tout cela elle n'avoit point eu d'autre maître que cét Eſprit des ſciences qui dans un moment forma des pauvres pécheurs gens ſtupides & groſſiers en des Prédicateurs & Maîtres de l'Univers.

Elle prédit la naiſſance de nôtre invincible Monarque Loüis le Grand , & les faveurs extraordinaires que le Ciel verſeroit ſur ſa Majeſté ; elle pénétroit juſqu'au fond de l'ame.

Une Religieuſe luy ayant rendu compte de ſon interieur, après luy avoir dit quelque ſource de ſes deffauts , elle en reſerva une qu'elle n'oſoit dire , la Mere luy dit avec une charmante douceur, *mon cher enfant dites encore l'autre que vous me celez*, elle la luy dit comme elle la ſentoit dans elle ; puis l'exhorta avec un zéle enflammé à corriger ce deffaut, & éviter les ſuivants, luy diſant que Nôtre-Seigneur JESUS-CHRIST s'étoit preſenté à elle un jour qu'elle Communioit, tout enſanglanté , comme lors que les Bourreaux l'eurent flagellé, lequel luy avoit dit qu'il étoit traité de pluſieurs Maiſons Religieuſes de cette ſorte , par ſix deffauts qui regnoient dans les Communautés , dont le premier étoit l'ambition des Charges qui portoit à mille intrigues & ſoûpleſſes dangereuſes au ſalut ; Le ſecond, les faux raports , qui faute de les examiner ſont cauſe de grands manquemens contre la charité ; mettans la diviſion & le trouble entre les unes & les autres; Le troiſiéme, les partialités & amitiés déréglées qui ſont la ſource de tous les maux; Le quatriéme, le libertinage & la recherche de la ſatisfaction de la propre volonté & de ſes ſens ; Le cinquiéme, la communication de ces mauvais ſentimens; Le ſixiéme, le deffaut d'une droite conduite de ceux qui gouvernent, cherchans plûtôt leur honneur, interêt & ſatisfaction que la gloire de Dieu & le ſalut de ceux qu'ils conduiſent; JESUS-CHRIST s'étant tourné vers elle

14. Juillet. *La V. Mere Charlotte de la Mere de Dieu, de Cour.* 109

avec un visage plein de compassion, luy dit, *ma fille si les Superieures ne prennent soin de corriger ces déffauts qui se glissent si facilement dans les Cloîtres, ces Monastéres-là seront en danger de perir tant pour le spirituel que pour le temporel*, puis elle s'étendit sur les malheurs qui arrivent aux Communautés Religieuses quand elles ne vivent dans l'union & charité, conformément à l'état & perfection qu'elles sont obligées.

Elle avoit un si grand zéle pour l'Institut, qu'elle cherchoit toutes les occasions pour s'y employer; elle visitoit souvent les Classes, & quand ses infirmités l'en empêchoient, elle faisoit appeller les pensionnaires l'une aprés l'autre dans sa chambre, où elle les instruisoit avec tant de ferveur, que leurs cœurs en restoient tous enflammés en l'amour & crainte de Dieu, se sentans un desir de pratiquer la vertu, & se rendre parfaites Chrêtiennes.

Dés la premiere fois que la Mere de Cour fut eleuë, elle fit tous ses éfforts pour avoir une Mere de Paris pour donner le vray esprit des Régles; l'on luy accorda la Mere Jeanne de la Conception pour trois mois, nôtre humble Superieure se démit volontairement de sa Charge, & comme l'humilité de la Mere de Paris ne vouloit non plus l'accepter, la Mere de Cour la fit contraindre par Monseigneur l'E'vêque d'exercer le gouvernement; aprés que ce saint débat fut terminé, nôtre vertueuse Mere se soûmit comme une Novice à tout, & toute la Communauté à son exemple, & l'on vit un grand progrez par sa sage conduite; au bout de trois mois elle se retira, laissant cette Maison parfumée de l'odeur de ses vertus, & elle reciproquement édifiée de la Communauté, mais particulierement de la Mere de Cour, dont elle rendit ce témoignage en faisant ses adieu, qu'elles avoient un Ange Terrestre pour Superieure, qu'elle avoit bien été dans des Communautés de l'Ordre où elle avoit vû des excellentes Religieuses, mais qu'elle n'en avoit point connu de sa capacité, qu'elle avoit appris d'elle beaucoup de choses pour son salut, &c., & beaucoup d'autres choses, sur tout qu'elle possedoit parfaitement l'esprit des Régles.

L'étude de nôtre Mere de Cour fut ensuite de bien maintenir l'esprit des Régles dans sa perfection; & elle gouvernoit sa Maison avec une satisfaction reciproque, & avec une paix édifiante à toute la Ville.

Des faux raports la troublerent pourtant, l'on avoit dit à Monseigneur que chez nos Religieuses on n'avoit pas eu tout le respect deu à sa Grandeur dans certains discours tenus sur le propos de quelque argent que mondit Seigneur avoit emprunté d'elles; il leur fit rendre incontinent la somme, ce qui affligea fort ces pauvres filles, nôtre Superieure fit tout ce qu'elle put humainement pour l'en dissuader sans rien gagner sur son esprit, la Divine Providence voulant faire connoître leur innocence, permit que ce grand Prélat tombât grièvement malade; lors il fut inspiré de se recommander aux prieres de la Mere de Cour, & qu'elle implorât l'intercession du Bien-heureux Loüis de Gonzague, ayant oüy parler du miracle qu'il avoit fait pour elle; incontinent elle fit mettre en devotion toute la Communauté par prieres & austérités, & elle en tête de toutes, s'offrit à Dieu pour souffrir pendant quatre mois ce qu'il luy plairoit tant en l'esprit qu'au corps, & même on crut qu'elle avoit offert sa vie pour la sienne ; car depuis ce tems elle n'eut plus de santé, & elle souffrit pendant quatre mois comme une ame de Purgatoire tant en l'esprit qu'au corps, après ses devotions Monseigneur fut rétably en parfaite santé, les Médecins donnerent attestation qu'il étoit gueri par miracle, que sa Grandeur attribua aux prieres de la Mere & de sa Communauté, il les en remercia, & leur demanda pardon de s'être laissé prévenir avant que de s'être informé de la verité, que les personnes qui avoient fait ce raport s'en étoient dédites, les assurant que non seulement il continueroit son affection mais qu'il la doubleroit.

Nôtre Mere de Cour eut des pressentimens de sa mort prochaine, pour s'y disposer elle Communioit tous les jours quand ses infirmités luy permettoient, & paroissoit si enflammée de l'amour de Dieu avec des desirs si ardens de jouïr de luy, qu'elle parloit souvent de la mort, & faisoit tous les jours une preparation qu'elle avoit écrite de sa main.

Elle finit sa Charge comme elle l'avoit commencée par une action de charité; car après avoir servy une Religieuse malade, luy rendant tous les services spirituels & corporels, avec une assiduité continüelle & une tendresse de mere, faisant le même à toutes les moribondes, ne bougeant point d'auprés d'elles, y prenant même ses répas, les assistant jusqu'à ce qu'elles fussent expirées, elle s'éfforça encore d'officier à son enterrement, bien qu'elle sentoit déja des atteintes de sa maladie, dont elle fut fort mal la nuit ; elle ne laissa pas de se léver & assister à la grande Messe, & fit encore les ceremonies du troisiéme jour pour la Déffunte; le même jour ses douleurs redoublerent qui provenoient d'un dévoüement d'estomach, causé par une inflammation de foye, qui produisoit au dehors des enfleveures comme des plaques rouges, le neuviéme jour elle prit un petit remede, qui à la verité sembla un peu la soulager, mais sur les dix heures du soir les redoublemens de son mal furent si violents & continuels, qu'à tout moment on la croyoit voir expirer; accablée de tant de maux elle dura encore plusieurs semaines vomissant par le haut, & jettant par le bas son foye qui s'étoit comme fondu.

Aprés avoir enfin receu le Saint Viatique & l'Extrême-Onction qu'elle receut avec une application & devotion qui est plus facile à imaginer qu'à expliquer, demandant pardon à toute la Communauté avec une humilité & tendresse d'affection, qu'elle fit jetter des torrens de larmes à toute l'assistante & luy demanda pardon pour toute la Communauté, la remercia des éffets de sa charité, des peines & travaux qu'elle avoit pris pour le bien spirituel & temporel de la Communauté, la priant de continuer son secours dans le Ciel, & de leur donner à toutes sa Bénédiction, & quelques instructions, à quoy elle consentit, se tenant sur son seant avec une gravité & douceur Angelique, les mains jointes, les regardans toutes avec une tendresse qui perçoit le cœur à toutes de douleur.

I. *Mes cheres Sœurs*, leur dit elle, *je vous exhorte à la perfection de vôtre état, Dieu assurément vous donnera une grande recompense si vous le faites, mais aussi un terrible châtiment si vous ne tendés à remplir l'excellente vocation où il vous a appellées ; pour cét effet observés entierement toutes nos saintes Régles & Constitutions, sans en mépriser aucune pour petite qu'elle soit.*

14. Juillet. *La V. Mere Charlotte de la Mere de Dieu, de Cour.* 111

II. Aimés & estimés vôtre vocation, mais d'un amour qui reciproque à celuy que Dieu vous a témoigné, vous ayant appellées à une vocation si élevée & parfaite, que si les autres Religieuses ont tant d'obligations à Dieu pour les avoir appellées à la Religion, à plus forte raison nous autres qui portons la qualité de Coadjutrices du Fils de Dieu, & des Anges au salut de ces petites ames ; qu'il ne vous arrive jamais de vous laisser aller au dégout & mépris de nôtre Saint Institut, que les molesses, lâchetés & timidités, qui sont si ordinaires au Sexe, ne vous fassent jamais desister d'une si Sainte entreprise?

III. Aimez vous les unes & les autres mais d'un amour vrayement sincere & Divin, qui bannisse toutes sortes d'amitiés particulieres, les partialités & les faux zéles qui ne sçauroient supporter que l'on rende aux autres des témoignages d'amitié, qui leurs sont justement deûs pour leurs vertus.

IV. Fuyez comme la peste les desirs d'ambition & charge comme source de division, qui étouffe l'esprit d'humilité, de simplicité, & de charité, qui compose l'esprit de nôtre Saint Ordre; croyés (mes Sœurs) que celles qui desirent les charges en sont les moins capables, & si Dieu permet qu'elles en ayent, c'est pour leur en faire bien payer l'amande ; si l'on sçavoit & pesoit bien l'importance des charges, & à quoy elles obligent, on ne les souhaiteroit pas.

V. Ayez un grand amour & confiance envers celles qui vous gouverneront, si vous êtes bonnes inferieures, vous n'aurés jamais que des bonnes Superieures, & quand elles manqueroient de leur part à vôtre conduite, vous ne manquerés jamais en leur obeissant, regardant Dieu en leur personne, vous y soûmettant avec humilité & simplicité.

VI. Conservés toûjours une grande union & communication avec nos bonnes Meres de Paris du Convent au Fauxbourg S. Iacques, & puisés delà comme de la source, les avis dont vous pourrés avoir besoin, & croyés que le moins que vous pourrés prendre des Conseils étrangers, sera le meilleur pour vous.

VII. Ie vous laisse les enseignements que Monseigneur Loüis Dinet Evêque de Mâcon nous a donné, c'est le plus cher gage que je vous puisse laisser, si nous les avions bien pratiqué toutes, nous serions plus parfaites que nous ne sommes. Assurés-vous que si Dieu me fait Misericorde, comme je l'espere, que je ne vous oublieray pas devant luy, si vous tâchés de vivre dans la pratique de nos Saintes Régles, & de ces petits documents que vous avés desiré de moy.

Le jour de la Visitation elle se leva pour communier à genoux, ayant été un peu soulagée depuis l'Extreme-Onction, l'on ne peut exprimer les vertus qu'elle pratiqua pendant cette maladie, lesquelles furent un abregé de celles qu'elle avoit fait paroître dans le cours de sa vie, virifiant ce que dit le sage *que la mort est l'écô de la vie* ; l'amour de son E'poux se montroit dans les violens maux qu'elle enduroit avec une admirable patience & soûmission à ses Divines volontés, s'écriant souvent, *encore plus Seigneur, mais donnés-moy la patience*.

Elle faisoit des Actes de vertu à tout moment, & quand ses douleurs l'empêchoient d'en produire, elle prioit jusqu'aux Novices & Sœurs Converses de luy en faire faire ; elle ne vouloit ny confitures ny autres mets délicats, se contentant des boüillons, sans jamais se plaindre, recevant les services avec douceur

& soûmission à celles qui la servoient; son dénuëment des créatures étoit si grand pour toutes choses, qu'on ne luy trouvât aprés sa mort que precisément le necessaire, encore bien petitement & conforme à la pauvreté; ses habits étoient rapiessés, mais fort propres, même elle se privoit de ce qui luy étoit le plus cher, & qui faisoit toutes ses delices, sçavoir la Sainte Communion, à raison de ses vomissemens, prenant cette sensible mortification avec resignation aux ordres de Dieu, supléant par la Communion Spirituelle, & les ardents desirs de joüir de luy ! *ô mon Dieu*, s'écrioit-elle, *que je vous vois & que je vous possede éternellement, délivrez-moy de cette vie miserable, & des liens qui m'y tiennent attachée, pour m'unir à vous qui étes mon Souverain bien, je n'aime, & je ne goûte plus que vous, & ne trouve plus de plaisir qu'en vous seul, qui étes mon tout.*

Elle avoit prié le Medecin de l'avertir lors qu'il verroit qu'elle seroit proche de sa fin, ce qu'il fit la veille de sa mort, en luy demandant quelques avis pour son ame, à quoy la malade répondit sincerement, le Medecin se recommanda à ses prieres, en luy disant que bien-tôt elle iroit joüir de Dieu; cette nouvelle la mit dans un excés de joye, disant tout au long, *Beatus sum in his &c.* Oüy, *j'entreray au plûtôt en la maison de mon Seigneur, & l'aimeray sans fin.* elle remercia le Medecin & Chirurgien qui étoient presens, les asseurant qu'elle se souviendroit d'eux devant Dieu; aprés qu'ils furent sortis, les larmes aux yeux, elle fit appeller toutes les Religieuses qui luy avoient rendu service, leur demandant pardon des sujets de peines, de mortification, & de mauvais exemple qu'elle leur avoit donné; elle fit ensuite appeller toutes ses Officieres & Anciennes, en usant de même à leur égard, & les pria de mettre au feu des papiers de son interieur qui luy restoient, ayant déja sacrifié tout le reste, elles les prirent & firent semblant de les jetter au feu, & y mirent d'autres papiers, elle les informa de toutes les affaires de la maison, leur donnant encore plusieurs avis pour leur particulier, & les pria de preparer une robe, un manteau, du linge, & un linceul, le tout le plus chetif qui seroit en la maison, & fit benir les cendres, & le tout elle fit mettre devant elle sur la table de sa chambre.

Elle voulut encore voir toute la Communauté, & chacune en particulier, & leur dit un petit mot à l'oreille, & passa la nuit en des colloques amoureux à son E'poux.

Sur les six heures du matin on la trouva assise sur son lit, les mains croisées sur sa poîtrine, les yeux à demy fermés qui brilloient comme un Soleil, les deux joües vermeilles, & ses derniers mots furent *In manus tuas Domine,* &c. & *Monstra te esse Matrem,* &c. puis elle perdit tous les sens, excepté l'oüyë, entendant jusqu'au dernier respir, disant de cœur tous les Actes qu'on luy suggeroit, demeurant jusques sur les onze heures & demy en cét état, que Monsieur le Grand Vicaire son Superieur la vint visiter qui luy fit encore faire les recommandations de l'ame, & plusieurs Actes, luy donna sa benediction, & l'Absolution generale, luy fit gagner les Indulgences que nôtre Saint Pere le Pape a donné à tous les Religieux & Religieuses, puis luy ordonna de prendre un peu de Boüillon, elle

obeïssant

14. Juillet. *La V. Mère Charlotte de la Mère de Dieu, de Cour.*

obeïssant promptement à tout ce qu'il luy disoit; après cét Acte d'obeyssance elle fit le dernier soûpir, l'an 1642. âgée de 42. ans, elle expira avec une douceur d'Ange sur le midy; en un moment son visage devint doux, & vermeil comme si elle eût été endormie.

Monseigneur de Mâcon, son Grand Vicaire, toute la Communauté & toute la Ville furent dans une consternation que l'on ne peut dire de son trépas, comme de la perte d'un bien public, pendant l'exposition de son corps à la veuë des Seculiers, les soûpirs, les gemissemens, les pleurs accompagnées de sanglots soit au dedans & au dehors, retentissoient par tout; les Chapellets, les Images, les Medailles que l'on jettoit au travers de la grille sur son corps, étoient des marques authentiques de la veneration que le peuple avoit pour cette grande Servante de Dieu.

J'estime qu'après avoir oüy les discours des vertus de cette belle ame, vous n'aurés pas pour desagreable le portrait de son corps; elle étoit d'une petite taille, mais bien proportionnée, son port étoit remply de Majesté, serieux, & qui n'avoit rien qui ne respirât une ame Religieuse; les traits de son visage étoient bien formés, excepté que la petite verole, & ses vomissements continuels luy avoient fait grossir les lévres; son tein étoit blanc & vermeil, le tour du visage rond, & les joües un peu pendantes; les yeux tanés, brillants, & bien fendus, le né aquilin. Avant la petite verole elle passoit pour belle dans le siecle, & ses qualités du corps en répandoient d'autres en l'ame & en l'esprit encore infiniment plus belles & précieuses, une facilité & grace à s'énoncer, une civilité qui pour n'être pas mondaine, n'en étoit pas moins honnête, une parole douce, une personne d'esprit en toutes choses & sur tout sa pieté qu'elle faisoit éclatter dans toutes ses conversations; enfin mille autres beaux talens la rendoient aimable à toutes ses Sœurs, & en veneration à tout le monde.

MAXIMES DE LA VENERABLE MERE
Charlotte de la Mere de Dieu, de Cour, approuvées par ses Directeurs les Reverends Peres Dinet & Buffet de la Compagnie de Iesus.

I. Quiconque veut servir Dieu, doit se donner tout entier à son service, & renoncer à tout ce qui pourroit l'empêcher.

II. La Sainteté est une vertu consommée que la moindre reserve ou exception flêtrit, & qui ne peut être sans la veritable charité en tout tems, en tous lieux, envers toutes sortes d'objets on la peut pratiquer, & c'est par là qu'elle se distingue de la fausse.

III. La veritable humilité c'est de se croire sans exception au dessous de tous, comme la patience de tout souffrir indifferemment.

IV. Dieu veut qu'on espere & qu'on attende tout de luy, & quon luy donne tout, sans partager son cœur, comme il se donne tout à nous, ensorte que à l'exemple de l'Apôtre, ny la faim, ny la mort, ny la persecution, ny quoy que ce soit au monde, ne nous puisse détacher de luy, comme luy même ne s'en est point détaché, quoy qu'on l'ait même attaché à une Croix pour nous.

V. Celuy ne pardonne pas bien qui pardonne quelques injures & à quelqu'un, & non pas toutes & à tous.

VI. Voyez la Grandeur & Majesté de Dieu, ses perfections sont toutes universelles & infinies, sa puissance est toute puissante, sa sagesse toute sçavante, sa durée éternelle, son étenduë immense, sa vie immortelle, son domaine général, hé quoy seroit-il juste que Dieu qui est infiny en tout, fût borné par nôtre avarice, dans la seule possession de nôtre cœur, & d'un cœur si petit qu'à peine pourroit-il suffire pour le repas d'un oyseau?

VII. Helas! nous naissons aprés avoir été toute une éternité dans le neant, nôtre vie dure tres peu de tems, & de ce peu de tems l'enfance, le sommeil, & les necessités en emportent la plus grande & la meilleure partie, & si du peu qui reste nous en retranchons & nous en reservons, qu'est ce qu'il y aura pour Dieu, à qui nous devons tout?

VIII. Vous demandés tout à Dieu, vous esperez tout de luy, & vous attendez tout de sa bonté; dans la promesse qu'il vous a faite il n'a rien excepté, rien limité, rien reservé, & vous voudriez retrancher & dire, *je serviray Dieu, mais jusques-là*, ha! ôtés-moy ce mais qui vous est injurieux, & qui offence Dieu, point de limite, point d'exception, il n'en faut point.

IX. C'a mon ame en quel état sommes-nous, à quoy tenons-nous encore, qui a-t'il dedans nous ou hors nous qui nous empêche d'appartenir à Dieu, est-ce l'honneur, est-ce l'estime, est-ce la santé, est-ce la maladie, ou la liberté, &c. examinez vous serieusement devant Dieu, ne vous flatés pas, & ne vous aveuglés pas.

X. Ayant reconnu ce qui vous arrête au chemin de vôtre perfection, dites, est-il bien possible, qu'aprés avoir donné le capital, je me reserve l'accessoire, mais est-il possible que je mette si peu de chose en paralelle avec Dieu, ha! quelle honte quand à la mort il me reprochera que je l'ay méprisé jusqu'à ce point que de l'avoir postposé à si peu de chose, ne vaudroit-il pas bien mieux renoncer à ces attaches, & faire un holocauste agreable à Dieu avec merite, que d'attendre que ces choses m'échapent, & me soient enlevées par la mort malgré moy; & sans aucun fruit, & si je ne le fais de bon cœur & volontairement, Dieu me le fera faire par force.

XI. Ha! Jesus qui avez pour moy quitté toutes choses jusqu'à mourir sur une Croix, sans beauté, sans habits, sans amis, je ne veux point d'autre violence que celle qui me sera faite par vôtre amour. Amour Divin, me voicy! je ne repugne point, dépouillés-moy, dénués-moy, privés-moy de tout, & de moy-même, afin que je sois toute à mon Dieu, mon amour sans aucune reserve, dans le tems & dans l'éternité.

14. Juillet. *La V. Mere Charlotte de la Mere de Dieu, de Cour.*

MAXIMES QUI REGARDENT DIEU.

I. Cherchés Dieu avec une pureté d'intention dans vos pensées, affections, paroles & actions, ayés le toûjours devant vos yeux par la Foy, le confiderant en vous, & en toutes les créatures, & toutes dans luy.

II. Exercés vous à un amour tendre & fort envers Dieu, qui ne vous fasse rien aimer que pour luy, par luy, & dedans luy.

III. Occupés-vous à la contemplation de ses grandeurs selon la foiblesse de vôtre genie, medités sur la conduite qu'il fait éclater dessus nous, veillés sans cesse sur vos actions pour ne rien faire que ce qu'il luy plaira, n'estimés que Dieu, & rien hors de Dieu.

IV. Lifés continüellement quatre Livres, sçavoir, les perfections de la trés-Auguste Trinité; deuxiéme, l'humanité sainte de Jesus, ses Mysteres, & ses vertus; trofiéme, la connoissance de vôtre neant, malice, ignorance, & impuissance, & foiblesse, la multitude de vos pechés dont le germe est dedans vous, les vertus & perfections de la Sainte Vierge, des Saints & Saintes.

V. Mettés-vous tous les jours entre les mains de Dieu, unissés-vous de cœur à Jesus-Christ, ne cherchés que sa gloire, faites tout pour son amour, & recevés volontiers tout ce qu'il vous envoye.

VI. Prenés Jesus-Christ pour vôtre modele, revêtés-vous de son esprit & de ses vertus, singulierement du mépris du monde, & de ses honneurs, aimés la pauvreté & les souffrances.

VII. Agissés & patissés pour le Divin Amour, ou mourés, aimés Dieu comme la source de tous nos biens & en cette vie, & en l'autre : ce sont les beaux sentimens par lesquels cette Sainte Ame s'élevoit jusqu'à Dieu.

MAXIMES A L'EGARD DU PROCHAIN.

I. Regardés vôtre prochain comme l'Image de Dieu, & le prix du sang de Jesus-Christ, & estimés les dons que Dieu luy fait.

II. Soyez touchez des maux que le peché luy a causé, & vous complaisés dans ses vertus comme si c'étoient les vôtres propres.

III. Rendés-vous promptes à son service & à son soulagement, supportés ses deffauts : c'est ainsi que nôtre Mere de Cour aimoit son prochain.

MAXIMES POUR SOY-MESME.

I. Mesprisés vôtre corps, veillés continüellement sur vous-même, réglés vos paroles sur celles du Fils de Dieu, gardés étroitement le silence, fuyés le plus que vous pourrés la conversation des Créatures, soyés prudente & affable dans vos discours : c'est ce que pratiquoit exactement cette Servante de Dieu, dont je viens de vous décrire la vie.

Quatorzième Juillet.

LA VENERABLE SOEUR CATHERINE
Pilois, Religieuse Ursuline d'Angers.

J'ay ouvert ma bouche, & vous l'avés remply de vôtre vie, & de vôtre Divin Esprit. Psalm. 11. & 8. Chap. 131.

Nôtre Sœur Catherine avoit l'esprit fort bon, le jugement rassis, prudent & judicieux : elle étoit déja dans un âge avancé quand elle entra en Religion, & possedée du Divin esprit qui luy faisoit ardemment desirer la plus grande gloire de Dieu, & le salut des ames, dans cette disposition elle pouvoit dire, *j'ay ouvert ma bouche, & vous l'avés remply de vôtre vie, & de vôtre Divin esprit*, qu'elle communiqua avec un zele admirable à toutes les filles qu'elle enseignoit : car quoy qu'elle fut capable de toutes sortes d'emplois, on l'occupoit toûjours à l'instruction pour contenter son zele, elle y étoit actuellement appliquée quand sa derniere maladie la prit : on la voyoit à la tête des jeunes Maîtresses avec une admirable ferveur, les encourageant de travailler genereusement, & s'y employoit sans aucun relâche, quoyqu'elle fut fort pressée du mal, ne pouvant presque respirer, & lors qu'elle fut reduite à ne pouvoir plus marcher, elle se faisoit aider pour aller aux Classes les Fêtes & Dimanches pour faire le Catechisme & l'Instruction.

Son esprit de mortification luy faisoit macerer son corps, quoy que foible & infirme, par des austerités surprenantes, sur tout proche des grandes Fêtes, elle s'y disposoit par des fort rudes Penitences, le jour du Vendredy Saint elle portoit la haire dix-huit heures.

La mort & Passion de Iesus-Christ, & le trés-Saint Sacrement de l'Autel étoient les principaux objets de sa devotion ; son zéle & sa fidelité à toutes les Observances regulieres, étoit si exacte que souvent ayant passé la nuit dans une chaire à cause de sa grande oppression, elle ne laissoit pas de se trouver la premiere à l'oraison du matin ; son décés arriva l'an 1640. elle fut la seconde receüe aux Ursulines d'Angers.

Cét exemple nous doit exciter à tâcher comme elle a fait de gagner à Dieu des ames afin de n'être pas cause par nôtre froideur que cét huile de la grace se r'enferme & ne s'étende pas de nous sur les autres ; mais souvent les personnes même de pieté n'ont que des veües humaines, sur tout pour ceux avec qui la nature les a unis, & les plus spirituels se contentent de colorer par quelque voile de charité, ce qu'ils ne font effectivement que par un desir secret d'élever leur Famille, & de luy donner de la confideration dans le monde; la gloire de ceux qui les touchent de prés, & dans qui ils fe regardent, font plus les motifs qui les animent dans les deffeins qu'ils forment fur ce fujet que la gloire de Jefus-Chrift & le zéle du falut des ames; ils confultent plus ce fond caché des paffions de leur cœur qui les fait tendre toûjours à agrandir & à placer honnorablement ceux qui leur appartiennent, que les veritables régles de la charité & de l'amour de Dieu qui devroit régler celuy qu'ils ont pour leur proche; ainfi au lieu de leur fervir veritablement pour leur falut, ils fe nuifent fouvent à eux-mêmes, & aprés avoir fait de grands éfforts pour leur établiffement, ils éprouvent avec douleur la vanité de leurs travaux, & qu'il leur auroit été beaucoup plus utile d'avoir moins d'ambition, & un peu plus de veritable charité.

MAXIMES.

I. L'état de l'efprit de la Foy, eft une voye du pur amour, parce que le cœur qui aime Dieu dans cét état, l'aime de la façon la plus défintereffée, en ce que cette Foy ne luy montre Dieu que comme pur Efprit, au lieu que les autres états le luy montrans toûjours fous quelques Afpects affez conformes à fon amour propre, fon amour n'eft jamais fi fpirituel ny fi dégagé, & la Foy montre Dieu d'une maniere, que le cœur n'y trouvant rien qui ait du raport avec la nature, fon amour en devient tout pur comme Dieu.

II. La vraye modeftie confifte à avoir un air toûjours réglé, bien-féeant & devot qu'un efprit interieur, droit & faint en eft uniquement l'ame & le principe: elle n'eft point inconftante pour fuivre les difpofitions changeantes du temperemment, & les diverfes rencontres des objets, mais elle eft par tout égale fans fe démantir, aimant une façon qui eft jufte & compofée, mais qui n'eft nullement affectée, parce que l'efprit qui la produit au dehors, eft un efprit faint & toûjours appliqué, qui ne veut pas moins faire à Dieu un facrifice continuel de tout le corps par fa modeftie, que de l'interieur par fes refpects, & par fes aneantiffements.

III. L'adoration continuelle eft le plus glorieux hommage qu'on puiffe rendre à Dieu; le corps a cette prérogative que fa modeftie pouvant être continuelle, cette pofture eft une continuelle adoration renduë à la grandeur de Dieu; or l'efprit qui adore ne peut pas être toûjours dans cét acte.

Quatorzième Juillet.

LA VENERABLE MERE FRANÇOISE du Saint Sacrement, de Rellanette, Religieuse Ursuline de Carpentras.

Qui aime son pere ou sa mere plus que moy, il n'est pas digne de moy, & qui ne prent sa croix, & vient aprés moy, n'est pas digne de moy.
En Saint Luc, Chap. 14. & 26.

Elle étoit fille de Monsieur de Reauville de Rolan, Seigneur de Rellanette dont les qualités illustres, aussi bien que celles de Madame sa mere, étans fort connuës & considerées par le rang que ces deux Familles ont dans le Dauphiné, Languedoc & Provence, étans sortis de l'une & de l'autre plusieurs Chevaliers de Malthe, mais ils ne se sont pas rendus moins considerables par leur pieté que par leurs emplois : cette digne Religieuse ayant tous les avantages d'une naissance illustre, elle s'est encore plus fait considerer par sa grande vertu, ce qui luy a merité une place avec bien de justice parmy les plus illustres Meres de nôtre S. Ordre; dés sa jeunesse il semble que la Divine Providence luy voulut miraculeusement conserver la vie en la retirant du danger de la contagion où elle se trouva une fois exposée, & dans un autre rencontre elle tomba, & se trouva perchée sur une haute & grande cuve pleine d'eau, elle fut bien trois heures suspenduë, ne se soutenant que d'un doigt, d'où l'on la tira demy morte & avec toutes les apparences qu'elle ne se fut pas pû tenir dans cét état sans le secours particulier de son bon Ange; Messieurs ses parens la connoissans d'un esprit tres-bon & qui témoignoit peu de penchant pour demeurer au siecle, prirent dessein de la mettre Pensionnaire aux Ursulines de Carpentras, & l'occasion d'un voyage à Paris de Monsieur son pere pour un procés de la derniere importance en fut le pretexte, & considerans qu'elle avoit cinq freres & une sœur, ils étoient bien-aises de la mettre en lieu où elle pût goûter la douceur de la Religion ; les Religieuses contribuerent de tout leur possible pour la gagner à Nôtre-Seigneur, prévoyans qu'elle pourroit bien servir une Communauté si elle s'y engageoit, parce qu'elle étoit d'un jugement solide qui n'entreprenoit rien à la legere ; elle fut pourtant un assez long-tems à se déterminer, & sentoit une extrême peine à se resoudre d'embrasser un état qui luy paroissoit tres-difficile & d'une si grande importence pour satisfaire à ses obligations ; elle jugeoit qu'il faloit incessamment se contredire elle-même ; que si elle pensoit que de la condition libre qu'elle étoit, de pouvoir sortir du Convent où elle se regardoit comme dans une

14. Juillet. *La V. Mere Françoise du S. Sacrement, de Relanette.* 119
captivité qui la privoit de tous les plaisirs & libertés que la bien-séance permet aux personnes de qualité & de son âge ; que deviendroit-elle lors qu'elle seroit Religieuse ? toutes ces veuës que la pénétration de son esprit & son apprehension luy representoient, faisoient comme un gros de difficultés insurmontables à son humeur dont cette préocupation l'avoit tellement gagnée que bien loin de se faire quelque effort pour les vaincre, & se rendre aux inspirations & bons mouvements de la grace ; elle ne les écoutoit point ; l'heureux moment enfin que la Divine bonté avoit déterminé pour luy parler au cœur, & se faire entendre & la toucher en maître, l'attirant à luy par l'apprehension & la crainte de ses jugemens, & des punitions qui arrivent à ceux qui méprisent ses graces, arrivant, luy fit d'abord ouvrir les yeux de l'esprit pour considerer les recherches que le Divin E'poux luy faisoit pour se donner à luy ; elle tâcha de passer généreusement par dessus tout ce qui l'avoit empêchée de se rendre à ses misericordes qui la vouloient retirer des occasions de se perdre dans le monde, & conceut déslors une si haute estime du bon-heur que c'est d'être Religieuse, qu'elle le demandât avec tant d'instance, d'ardeur & de marques de sa bonne vocation, que la Communauté la satisfit fort agreablement, en la recevant pour faire l'épreuve qu'on a accoûtumé de faire avant que de donner nôtre saint Habit.

Elle de son côté n'oublia rien pour s'en rendre digne & pour témoigner sa constance, car aprés qu'elle fut dans le Noviciat, Monsieur son pere ayant gagné son Procez & luy ayant fait entendre qu'il luy facheroit fort qu'elle fit la moindre violence à son inclination, qu'il prétendoit de la sortir & de la loger dans le monde, elle tint bon nonobstant tous les avantages & les partis qu'on luy proposoit ; aprés qu'elle se vit Novice, elle redoubla sa ferveur & commença de confirmer toute la Communauté dans l'opinion qu'on avoit qu'elle ne se contenteroit pas d'une vertu mediocre, & qu'elle rempliroit & s'acquiteroit dignement de tout ce à quoy la Religion voudroit s'en servir ; elle le fit bien voir lors qu'on commença de luy donner des emplois qu'elle acceptoit par le seul motif d'obeïr ; autant les plus bas que les plus penibles, ayant le soin des linges, elle s'en acquitoit sans avoir égard ny à ses forces ny au peu d'habitude que les filles de qualité ont à laver & charrier les draps & cendres des lécives, faisant par esprit d'humilité ce qu'on n'auroit pû exiger des personnes les plus faites à la peine.

Elle étoit un exemple de toutes les vertus qu'on peut souhaiter à une Religieuse : mais elle a excellé en trois ou quatre, la premiere c'étoit le zéle pour tout ce qui regardoit le service & la gloire de Dieu & le bien de la Communauté, qu'elle faisoit paroître par l'exactitude qu'elle avoit aux exercices spirituels & aux moindres observances des Régles & Constitutions, s'étant établis trois sortes de penitences pour faire en public & en particulier lors qu'elle croyoit d'avoir manqué ou par negligence ou par inadvertance. La seconde elle avoit si fort à cœur ce qui regardoit l'Ordre ou le bien de la Maison qu'elle passoit pardessus tous les respects humains, & la consideration de ses interêts propres pour les soûtenir, s'exposant pour ce sujet tres souvent à recevoir des mortifications bien sensibles, qu'elle faisoit gloire de souffrir. La troisiéme vertu qui a paru avec éclat, ça été une mortification du tout extraordinaire & generale, car elle ne se contentoit pas de mortifier simplement tous ses sens en leurs refusant ce que licitement elle leur pouvoit accorder ; mais elle avoit trouvé des manieres de souffrir en sa langue, ses oreilles & ses yeux ; son interieur n'étoit pas moins dans la pratique de la mortification par l'étude qu'elle se faisoit continuellement pour s'acquerir cette continuelle attention sur elle même & union avec Dieu ; aussi elle charmoit par sa modestie ; il ne faloit que la regarder pour se recüeillir ; toutes celles avec qui elle étoit plus familiere, c'étoient celles qui faisoient le plus de cas de la mortification & de la presence de Dieu ; s'il y avoit quelque chose de mauvais goût, quelque mourceau de pain moisi ou qui eût roulé dans des ordures, c'étoit son régal, & pour mieux se combatre, elle prenoit en tout le contrepied de tout ce qui pouvoit flatter sa sensualité, on l'a veüe manger des choses capables de faire bondir le cœur, & même elle a mangé dans un crane de mort, ce qui luy causa à la fin des grandes maladies ; son temperamment étant des plus delicats, qu'elle n'en pût revenir quelque soin qu'on en pût prendre ; son but dans ces sortes de mortifications étoit (disoit-elle), que pour faire vivre la grace, il faloit faire mourir la nature, & que le ciel meritoit bien ce peu de violence, & pour se punir de la trop grande recherche qu'elle avoit fait pour son vivre & en la propreté du linge & des habits, elle mettoit par fois de l'absinte sur les viandes qu'on luy servoit, & se seroit laissée manger à la vermine, si l'on ne s'en fût apperçeu, ce qui fut cause que la Superieure le luy défendit, luy disant pour l'éprouver que c'étoit plûtôt par vanité que par esprit de penitence ; ce qu'elle écoutoit avec un esprit tranquile, bien que naturellement elle se laissoit aller aisément à des promptitudes, mais la grace la faisoit contenir dans des semblables occasions.

Un Jeudy saint ayant par devotion veillé toute la nuit devant le Saint Sacrement pour faire les stations dans le Chœur, n'y étant resté qu'une Religieuse à qui elle se confioit, elle fit à châcune une assez longue méditation, ensuite elle prenoit une sanglante discipline, & ayant passé dans cette sainte occupation jusques à six heures du matin, la Superieure entra dans le Chœur qu'elle étoit encore dans ce saint exercice, luy demanda séchement si elle avoit veillé toute la nuit, quoy qu'elle sçeut qu'elle en avoit permission, & l'ayant avoüé par son silence, se jettant à genoux, en receut la correction & ensuite la penitence d'en prendre la discipline au Réfectoir pendant le dîné ; la Superieure étant tres satisfaite de son humilité & voulant jusques au bout l'éprouver, la laissa mettre en état de la prendre, & puis l'en empêcha, luy faisant entendre que son obeyssance suffisoit ; sa recollection étoit si grande qu'elle n'auroit pas dit une parole au tems & lieux que la Régle défend, & s'il arrivoit qu'elle y eut manqué, elle faisoit la penitence qu'elle s'étoit imposée, s'en étant imposée pour les diverses fautes qu'elle pouvoit commettre qu'elle avoit écrite de sa main propre ; elle avoit fait faire le même à quelques unes de ses Sœurs, qui s'étoient associées pour s'en avertir & s'exciter ensemble par ce moyen & par la communication qu'elles s'étoient promises

14. Iuillet. *La V. Mere Françoise du S. Sacrement de Rellanette.*

mises de se faire de tous leurs bons sentimens & pratiques; elle avoit aussi des pratiques propres pour châque jour de la semaine, pour se tenir en la presence de Dieu, & faisoit des Oraisons jaculatoires dans toutes ses devotions ; elle avoit si bien goûté le plaisir qu'il y a de se vuider de tout ce qui n'est pas Dieu, que cela luy donnoit un sensible regret de s'être si long-tems amusée à d'autres choses, & luy faisoit faire tant de reflexions sur tous ses manquements jusques aux plus petits, qu'elle en devint si scrupuleuse que son Directeur en avoit pitié & eut bien de la peine de l'en tirer ; il luy resta pourtant toûjours une si grande tendresse de conscience qu'elle la fit toûjours tenir dans la crainte qui accompagne la Charité; elle étoit devenüe si retirée que souvent ses sœurs luy disoient qu'elle vivoit comme un Hermite, que ses scrupules n'étoient que pointilles à lasser ses Confesseurs & se tenir à la géne, & que Dieu n'étoit pas si rigoureux, à quoy elle répondoit *que voulés-vous que je fasse, ma conscience ne me peut rien pardonner, je serois encore plus en peine, si je ne disois tout ce qu'elle me reproche* ; elle étoit neanmoins toûjours fort agreable dans ses discours, & sa conversation douce, parce qu'elle étoit fort spirituelle.

Elle avoit beaucoup d'esprit & s'entendoit à tout, sa bonne conduite a paru en bien de rencontres, elle la fit remarquer dans sa famille, car après le decés de Monsieur son Pere & Messieurs ses Freres, qui déferoient beaucoup à ses Conseils étans sur le point de se broüiller pour l'interest du bien; elle fit tant des Prieres & usa de ménagement, qu'elle eût la consolation de les voir accommoder entre eux sans bruit & vivre en l'amitié qu'elle pouvoit souhaiter ; ce qui édifia & surprit également bien des gens qui n'auroient pas crû d'en venir si heureusement à bout; aussi étoit elle persuasive, engageante, & avoit des manieres à se faire aimer, à quoy servoit beaucoup son exterieur bien fait, son air de qualité & sa rare modestie luy gagnoient toutes les personnes qui la pratiquoient, qu'elle portoit au bien, & les retiroit des occasions de se perdre dans le siecle pour les mettre au port de la Religion; elle avoit un don particulier pour cela; & avoit des expressions puissantes pour retirer les ames de la vanité, en leur faisant voir les abus du monde & les avantages de la Religion, qu'il étoit impossible de luy resister, lors qu'elle les entreprenoit, & entre plusieurs conquêtes des ames qu'elle a attirées à Dieu, elle a acquis en la Communauté quatre ou cinq filles qui ont été de dignes sujets & capables de la servir en tous les Offices, deux ou trois desquelles sont décedées en odeur de Sainteté, & donné des exemples de vertu, comme l'on peut voir dans le recüeil de leurs vies, lesquelles ont plusieurs fois avoüé qu'après Dieu elles devoient le bon-heur de leur vocation à la Mere du Saint Sacrement, & que lors qu'elles la venoient voir au Parloir, elles n'auroient osé se presenter à elle avec les Bijoux de vanité.

Son zéle & son adresse ne parurent pas moins pour que Monsieur son Pere & Madame sa Mere consentissent que sa Sœur qui étoit la plus jeune de leurs enfans & la seule fille qui leur restoit, & à laquelle ils avoient attaché le plus tendre de leur cœur & en faisoient tout leur plaisir, ayans dessein de la garder pour le monde ; il falut aux poursuites de nôtre Ursuline se faire un si grand effort, qu'il sembloit qu'ils s'arrachent à eux-mêmes pour ne manquer pas de satis-faire au désir de cette aimable fille qui la vouloit à Dieu & non au monde, leur exposant pour cela de si fortes raisons pour leur faire comprendre que s'ils s'opposent à l'inclination que sa sœur témoignoit pour être Religieuse, qu'ils s'attireroient des grands regrets à l'heure de la mort, & au contraire beaucoup de bénédictions en la laissant libre, & faisant ce sacrifice de bonne grace; enfin elle eut l'avantage qu'elle pretendoit, & se sentit comblée de consolation, en voyant cette chere Sœur (qui avoit le naturel & l'esprit d'un Ange, & toutes les bonnes qualitez requises à une fille bien née) commencer avec tant de ferveur qu'elle avançoit beaucoup dans la perfection, & l'aplaudissement que toutes les Religieuses lui donnoient de leur avoir procuré un si digne sujet; mais elle eut bien-tôt un rabais de joye, car comme dit S. Augustin, Dieu qui se plaît à faire sentir des douces aigreurs à ses Eleus pour les épurer, & faire meriter d'avantage, permit que cette fervente novice fût attaquée d'une étrange maladie qui lui fournit bien à souffrir; le courage & les violances que la mere du S. Sacrement fit paroître pour assister & consoler cette chere malade, les tendres soins qu'elle prenoit pour lui donner du soulagement sont incroyables.

On ne sçauroit non plus expliquer son zéle pour le bien de la Communauté, il surpasse tout ce qui s'en peut dire, car oubliant l'interest de ses proches, elle ne prit à cœur que ceux de la Maison de Dieu; Elle fut cause qu'ils n'emporterent pas ce que feu Monseigneur le Cardinal Bichi n'auroit pas voulu leur refuser, qui étoit de faire sortir de chez eux la Novice pour tâcher de la remettre. Elle ménagea aussi qu'elle fit sa Profession à l'extrêmité de sa vie, & que l'on payât la dote sans la faire disputer: il faudroit un volume si l'on vouloit énoncer tout ce qui l'a renduë recommandable, mais il faut laisser à celuy qui seul connoît & peut recompenser la valeur des actes des vertus les plus cachées. La mort qui décide le point du bon-heur éternel, & qui met le couronnement aux actions les plus saintes, aidera encore mieux à la faire connoître, & la Providence aussi qui avoit pris soin de lui conserver la vie & de lui fournir des occasions de merite & les graces pour rompre courageusement tous les obstacles qui pouvoient s'opposer à sa perfection & au dessein qu'elle avoit fait de n'avoir point d'autre veuë que pour voir ce que Dieu demandoit d'elle dans toutes les charges qu'elle a exercées. qu'elle a fait avec beaucoup de fruit celles des Pensionnaires, Portiere, de Zélatrice, & de Superieure; cette derniere luy faisoit beaucoup de peine, parce que ses incommodités l'empêchoient d'agir selon qu'elle croyoit de son obligation, ce qui luy faisoit dire souvent à celles à qui elle ouvroit le plus son cœur, *vous ne sçauriés croire comme je souhaite d'être déchargée, & quel fardeau pesant est d'éxiger des autres ce qu'on ne peut pas faire soy-même*; les efforts qu'elle se faisoit malgré son peu de santé pour se porter aux exercices, & s'acquiter des devoirs qu'elle disoit indispensables, l'épuiserent presque de forces & de santé; lorsqu'elle en fut sortie elle ne pouvoit se lasser de dire *je commence à respirer, ha! qu'il est doux de n'avoir plus à songer qu'à son salut*; elle ne goûta pas long-tems cette douceur, parce qu'en moins de dix-huit mois après sa déposition, ses incommo-

14. Juillet. *La V. Mere Françoise du S. Sacrement, de Rellanette.*

ditez augmentans tous les jours, elle fut attaquée d'un cours de ventre qui luy dura huit mois avec la fiévre qui la jetta dans une étisie,& dans un si grand abatement qu'elle ne pouvoit sortir du lit; tous les remédes luy furent inutiles, elle-même sentit bien qu'elle n'étoit pas pour subsister long-tems dans cét état; elle pria qu'on luy fit venir le Médecin, auquel elle demanda (ce qu'elle faisoit de tems en tems) de ne la point flater, luy témoignant qu'elle seroit bien fâchée de mourir sans ses Sacremens & qu'elle le prioit de l'en avertir quand il en seroit tems; il luy répondoit qu'elle n'étoit pas encore en cét état, & luy fit appliquer sur le cœur un Pigeonneau avec les poudres cordiales, & sortant de sa chambre, il dit à la Superieure qu'il la trouvoit fort bas, & qu'il seroit bon de se presser pour qu'elle receut ses Sacremens; une Religieuse à qui elle avoit confiance, étant restée seule dans sa chambre pour que personne y entrât, & voir l'effet que feroit ce qu'on venoit de luy appliquer, & si elle pourroit prendre un peu de repos, elle dormit deux heures fort quiéte, & en s'éveillant, elle appella d'un ton de voix, qui marquoit qu'elle avoit pris un peu de force, cette Religieuse, en luy presentant la main pour luy toucher le poux, luy dit, *que dites vous ? ne suis-je pas mieux ? comme me trouvés vous ?* un peu mieux luy dit la Religieuse, & sortant de sa chambre ayant rencontré la Superieure, laquelle s'informant de l'état de la malade, luy répondit qu'elle la trouvoit un peu mieux, non repliqua la la Superieure, le Médecin m'a assuré du contraire, & ayant chargé la Religieuse de la prévenir, & qu'elle viendroit ensuite pour l'aider à se préparer, la Religieuse revenant auprés de la malade, elle luy demanda ce qu'avoit dit le Médecin; & aprés avoir veu sa veuë dans une extrême foiblesse, & s'apercevant de la douleur & de sa peine à la contenir, *parlez-moy clair* (repliquat elle) *le Médecin m'a mieux connu que moy-même, dites-moy s'il est tems de me donner mes Sacremens, il ne faut pas attendre la derniere extrêmité*, en prononçant ces paroles, il paroissoit qu'elle se faisoit effort pour ne témoigner la surprise qu'elle avoit que le Médecin le lui eût caché, car elle ajouta *il a connu mon peu de vertu aprés lui avoir protesté qu'il n'y avoit rien qui m'atachât à la vie*, & se relevant un peu, & tendât la main à la Religieuse, lui dit d'un accent qui marquoit son veritabe sentimét *que je vous suis obligée, je vous remercie de toutes les amitiés que vous m'avés faites celle-cy est bien la plus importante*, & puis s'étant un peu recueïllie. levant les yeux en haut, elle dit, *cependant que je tâcheray de me préparer, je vous prie, allez dire à la Mere que je luy demande la consolation, qu'on ne differe pas de me donner ce qu'il faut pour le grand voyage de l'eternité*; sur quoy la Superieure survenant l'ayant trouvée dans des dispositions si saintes qu'elles luy tirerent les larmes des yeux, un peu de tems aprés elle sortit pour mettre ordre qu'elle eût la satisfaction qu'elle souhaitoit; le Confesseur venant en suite pour luy administrer ses derniers Sacrements qu'elle eut le bon-heur de recevoir tous avec une grande presence d'esprit & devotion; aprés qu'elle eût dit sa coulpe, renouvellé ses vœux & s'être recommandée aux prieres de la Communauté, en leur demandant pardon à toutes, châcune s'étant retirée, étant sur les sept à huit heures du soir, elle passa toute la nuit en des colloques avec son Bien-aimé, elle luy pou-

Q 2

124 *La V. Mere Françoise du S. Sacrement, de Kellanette.* 14 Juillet.

voit dire ces paroles, *qu'il luy étoit comme un bouquet de mirre, & qu'il la vouloit faire marcher par les chemins épineux*, car il sembloit qu'il luy retiroit toutes les consolations qu'elle pouvoit prendre hormis de celles qu'il y a de souffrir pour son amour ; elle demanda sans l'obtenir quoy qu'on n'eut pas dessein de la refuser celle de se confesser à Monsieur André Chanoine de Carpentras qui vit en odeur de Sainteté; Monseigneur l'Evêque ayant aussi fait dessein luy-même de la visiter & donner sa Pastorale Bénédiction, ce qui l'auroit fort consolée, n'y fut pas à tems : elle avoit coûtume sur la fin de sa maladie, quand quelque sujet s'offroit de la mortifier de prendre son Crucifix & de dire en le regardant & serrant sur son cœur, *que puis je souhaiter d'avantage!*

Elle avoit le Tableau de son Sauveur en Croix au devant de son lit pour s'encourager, disoit-elle, & se fortifier par son exemple & sa mort; c'étoit là sa principale devotion; elle en avoit aussi une singuliere au tres-Saint Sacrement de l'Autel, à la Mere de Dieu & à son bon Ange; le jour qu'elle mourut, ce fût un Vendredy du lendemain qu'elle avoit receu ses Sacremens, le 14. Juillet de l'année 1668. quand elle entendit sonner le Salut à midy, s'adressant aux Sœurs qui étoient auprès de son lit, leur dit, voicy l'heure que mon Redempteur fut crucifié pour moy, & les pria de dire trois *Pater & Ave Maria* au Pere E'ternel pour luy obtenir la grace finale par les merites de tout ce que son Fils avoit souffert dans les trois heures qu'il avoit été attaché en Croix; elle pria encore de dire tout haut & distinctement les sept paroles que son Divin Sauveur avoit proferées & faisoit faire une petite pause à châcune; elle répondit à celle-là (*mon Pere pardonnés leur,*) il est bien vray mon Dieu qu'on ne sçait pas ce que l'on fait quand on *vous offence; & sur celle, femme voilà ton Fils*, elle dit, Sainte Vierge montrés que vous étes ma Mere, s'en est le tems, ne dédaignés pas de m'accepter pour vôtre fille, & de m'assister, vous l'avez toûjours fait dans tous mes besoins, s'étant apperceuë qu'elle attendrissoit fort les Religieuses qui étoient dans sa chambre, elle ne dit plus rien & demeura quiéte & sans se plaindre, l'espace d'une heure, ne répondant plus autre chose lors qu'on luy demandoit comme elle se trouvoit, sinon, priez Dieu qu'il me fasse misericorde, je suis une mauvaise chandelle mourante, qui n'a jamais sçeu éclairer, & qui ne laissera qu'une mauvaise odeur en s'éteignant, d'autres fois elle disoit, je suis un sac de terre pourrie, que lors qu'il tombe ne se peut relever ny remuer, si l'on ne le remue. Sur les deux ou trois heures elle dit que le cœur luy mouroit; & tout d'un coup se sentant suffoquée, faites vîte, dit elle, je perds la veüe; à même tems elle perdit la parole & le sentiment ; tout ce qu'on put faire dans le trouble ce fut de luy presenter le Crucifix, elle n'eut point d'autre agonie; d'abord qu'elle eut rendu son ame à son Créateur, son visage parut beaucoup plus beau & majestueux qu'en toute sa vie, & son air attiroit les yeux d'une maniere qu'on ne pouvoit se lasser de la regarder; on consideroit aussi comme une merveille que sa chambre qu'à peine pouvoit-on empêcher la mauvaise santeur inévitable à sa maladie, que d'abord qu'elle eut expiré, on y sentit une suave odeur ; les mouches qui en cette saison sont tres facheuses, ne parurent plus dans sa chambre, & pas une ne toucha plus à ce corps ; des person-

14. Juillet. *La V. Mere Françoise du S. Sacrement de Rellanette.* 125

nes de conscience & qui l'avoient connue particulierement, dirent quand on leur en fit le recit que Dieu avoit voulu par là montrer l'amour qu'elle avoit toûjours eu pour la pureté; les Seculiers même lors qu'on l'eût exposée au Chœur, à la Grille dirent, n'avoir jamais veu un mort si beau qu'elle; la Superieure aussi & les Religieuses avoüerent qu'elles ne pouvoient se resoudre de s'en separer, mais il falut enfin pour luy rendre les derniers devoirs & honneurs, se contenter du modéle qu'elle leur a laissé d'une vraye Religieuse, elle est décedée à l'âge de cinquante-un an.

Nôtre Ursuline nous fait voir combien les plaisirs & les délicatesses de la vie sont à craindre aux Chrétiens, même aux plus parfaits & aux plus saints, & combien elles nous exposent à perdre pour jamais les biens du Ciel; il suffit pour être convaincu de cette verité de considerer les paroles de Jesus-Crist, *qui aime son pere & sa mere plus que moy n'est pas digne de moy, & qui ne prend sa croix & vient aprés moy, n'est pas digne de moy,* voyez comme nôtre-illustre Ursuline a quitté courageusement pere & mere, & qu'elle a plus craint les molesses du siécle, que les austérités d'un Cloître, suivant son Divin E'poux, portant sa croix avec amour; jugeons par là de ses sentimens, & voyons en gemissant combien nous en sommes éloignés; ne nous flatons pas malheureusement nous mêmes pour nous perdre, & craignons que si ce grand exemple que nous donne aujourd'huy la Mere de Rellanette nous devient inutile, qu'elle ne s'éleve au jour du jugement contre nous, & que Dieu en nous la montrant de loin comblée de gloire, ne nous dise cette parole de l'Evangile, *vous avez receu vos aises, & vos satisfactions dans la vie, & mon Epouse n'y a éprouvé que du mal, maintenant les choses sont changées, vous serez dans les tourmens, & elle sera dans un rafraichissement éternel.*

MAXIMES.

I. Les ames parfaites ne doivent rien tant craindre que de songer à leur propre interêt & que de faire la moindre reflexion sur elles-mêmes, ceux qui sont morts à leur propre jugement & à leur propre volonté, n'ont plus ny pensées ny desirs, c'est Dieu qui veille sur leur conduite, & qui se charge pour ainsi parler de toutes leurs affaires.

II. Il faut pour s'égarer des voyes de Dieu, manquer de fidélité à ses graces; son Esprit est droit & fidéle, il ne laisse jamais tomber dans l'erreur ceux qui s'abandonnent à sa conduite; & qui pourroit vivre en assurance si cela étoit, il peut faire naître un homme aveugle pour en tirer sa gloire, mais l'aveuglement de l'ame n'est pas innocent comme celuy du corps, & ne peut proceder immediatement de l'esprit de lumiere.

QUINZIÉME JUILLET.

LA VENERABLE SOEUR CATHERINE Hebert, Religieuse Ursuline Congregée de Grenoble.

Pierre un jour que tu seras converty, il te faut encourager & affermir tes Freres.
En Saint Luc, Chap. 22.

CE que le Prince des Apôtres fit aprés sa conversion, nôtre Sœur Catherine le fit aprés qu'elle se fût consacrée à Dieu, car étant fille d'un Gentil-homme, Madame de Vessilieu fille spirituelle de Saint François de Sales, la garda quelque tems avec elle pour luy faire voir le monde; pendant ce tems elle eut dessein d'entrer au Monastére de Prémol de l'Ordre des Chartreux, mais elle changea de dessein, & dit à Madame de Vessilieu qu'elle avoit veu en plein jour étant en une fenêtre, une certaine clarté douce & brillante sur la Maison des Ursulines.

Bien-que leur Congregation ne fit que commencer, & qu'elles étoient fort méprisées des gens du monde, suivant cette lumiere, elle entra aux Ursulines de Grenoble, elle y fut associée puis envoyée à la Ville de Saint Marcellin, où elle s'employa pour le salut du prochain avec un zéle infatigable, jusques à accompagner ordinairement les criminels sur le gibet pour les exhorter à bien mourir.

La plû-part du peuple de ce lieu étoit si ignorant qu'il ne sçavoit pas le *Pater noster*; elle y trouva un beau champ à exercer son talent, sans laisser pourtant de prendre soin de sa petite Comunauté, où elle fut choisie pour Superieure, & aussi-tôt pourveuë seulement de confiance en Dieu, elle achepta une maison, la paya & en prit possession avec ses Sœurs l'an 1620. le premier jour de May, puis la même année au mois de Juillet, Dieu la logea dans sa celeste demeure selon que châcun le crût, de la bonne & Sainte vie qu'elle avoit menée; quand nous voyons cette ame si parfaite dans tous les états de sa vie si Chrétienne dans le siecle, & si Religieuse aprés avoir quitté le monde, ne devons-nous pas implorer la Misericorde de Dieu, afin qu'il nous donne la même fidelité à son service, & le même zéle pour le salut des ames; prions-le qu'il nous donne un cœur parfait afin que nous accomplissions avec une resolution constante comme elle, & avec une pleine & entiere volonté ce qu'il desire de nous; souhaitons donc que Dieu ouvre nôtre cœur, afin que nous comprenions quelle est sa volonté sur nous, comme elle l'a bien comprise.

MAXIMES.

I. Ne nous contentons pas d'un peu de bien que nous faisons, si Dieu nous appelle à en faire d'avantage, n'ayons point de dureté dans le fond de nôtre ame qui nous empêche d'être flexibles à tous les mouvemens du Saint Esprit, & à faire tout ce que sa grace nous inspire.

II. Renonçons à nous parfaitement, n'ayons aucunes volontés particulieres, & tâchons de servir Dieu sur la terre, comme les Anges le servent dans le Ciel.

III. Nous devons toûjours agir avec une plenitude de cœur & d'affection, dans la pratique de toutes les vertus, principalement dans l'exercice de la Charité, & de l'Oraison; or l'ame prie avec cette plenitude de ferveur, lors qu'elle demeure victorieuse de ses passions.

IV. Les biens Spirituels que nous acquerons avec beaucoup de tems, de peine & de Prieres, sont solides & durables.

Quinzie'me Juillet.

LA VENERABLE SOEUR MARIE DE Sainte Catherine, Brenot, Religieuse Ursuline de Mont-cenis.

Vous êtes morts, & vôtre vie est cachée avec Iesus-Christ en Dieu. Saint Paul.

Nous pouvons dire que cette excellente Ursuline étoit une ame qui travailloit dans l'interieur, neanmoins son humilité & le soin qu'elle avoit de cacher le bien qui étoit en elle n'ont point pû empêcher qu'on ait remarqué les grands trésors des graces que Dieu luy avoit départis, & son amour envers Dieu a été le fond sur lequel elle a bâty l'edifice de sa perfection.

Sa vocation à la sainte Religion a été un trait de la Divine Providence, qui a tiré cette bonne ame du débris & de l'affliction où toute sa famille s'est veuë reduite, puis qu'il n'y a eu qu'elle seule qui ait profité des biens que ses parens avoient laissé, ce qui ne luy a pas été un des moindres sujets qu'elle a eu pour s'avancer à la perfection, en consideration du bon usage qu'elle a fait de toutes ses croix. Nôtre Seigneur qui l'avoit doüée d'un tres-bon naturel, & bien-faisant à toutes sortes de personnes, luy faisoit ressentir les maux de ses prochains comme les siens propres; mais beaucoup plus ceux de sa Famille, pour lesquels elle a bien versé des larmes devant Dieu ; c'est par ce moyen qu'elle est morte au monde, & à elle-même, & que Nôtre-Seigneur a élevé cette ame pour en faire un portrait de Jesus-Christ Crucifié, car il l'affligea encore en son corps, luy ôtant l'usage de la main gauche par une fluxion qui luy survint pendant le tems de son Noviciat, & qui luy a duré jusques à sa mort, ce qu'elle porta avec tant de vertu, qu'elle mettoit en admiration tous ceux qui avoient connoissance de ses maux ; car au plus fort de ses douleurs elle se mettoit à genoux pour demander à Dieu la grace d'en souffrir d'avantage pour l'amour de luy. Elle disoit souvent que sa main luy étoit un chemin pour aller au Ciel.

Si sa patience a été grande, sa charité n'a pas été moindre ; l'on peut dire qu'elle n'a rien laissé à faire pour l'exercer, tant envers Dieu qu'envers le prochain, n'ayant autre but en toutes ses actions que la gloire de celuy qui la faisoit agir en sa divine presence. C'étoit une chose admirable de sa conduite & des moyens qu'elle trouvoit pour rendre service à son prochain tant pour le spirituel que pour le temporel.

Il n'entroit personne à la Maison à qui elle ne fit sentir les effets de sa charité par les instructions qu'elle leur donnoit, suivant le besoin qu'elle connoissoit que chacun avoit. Jamais elle n'alloit au Parloir qu'elle ne portât les personnes à qui elle parloit à aimer & craindre Dieu, & quand même ce n'eût été qu'un enfant à qui elle eut parlé, elle ne negligeoit point de donner à son but ; cette même Charité la portoit souvent à se priver de ses necessitez avec permission de l'obeïssance pour en faire part aux Pauvres, jusques-là qu'elle s'ôtoit le morceau de la bouche, ne se reservant pour soy que le moindre, se croyant toûjours trop heureuse eû égard aux miseres qu'elle connoissoit aux autres, ce qui luy faisoit verser des larmes, souhaitant d'y remedier.

Pour son zéle au service de Dieu, c'est une merveille comme dans les occupations qu'elle avoit, elle y avoit neanmoins une si grande exactitude que l'on ne l'a jamais veu s'exempter du Chœur, que par l'ordre de l'obeïssance ; aussi étoit-elle une Fille d'Oraison & union avec Dieu, qui avoit une estime particuliere de tout ce qui regardoit le culte Divin.

Sa devotion particuliére étoit au trés-Saint Sacrement de l'Autel, elle communioit le plus souvent qu'elle pouvoit avec des preparations merveilleuses, sur tout par la pratique de l'humilité ; elle s'estimoit la moindre de toutes, elle souhaitoit le pire de toutes les commoditez, aimoit & se plaisoit dans les mépris & les humiliations, & cette vertu reluisoit en son port, en ses habits, & en toutes ses occupations, & ce qui la concernoit, elle avoit une adresse particuliere pour faire en sorte qu'elle rendit tous les services plus abjets.

Dans l'observance des vœux elle s'y est rendu remarquable, jamais elle ne contredisoit à ce que ses Superieures desiroient d'elle, fuyant de donner lieu à sa propre volonté.

Tout marquoit en elle son esprit de pauvreté, & dans cét esprit elle a consommé sa vie à faire tout ce qu'elle pouvoit pour le bien de la Communauté, étant infatigable au travail, qui étoit tel qu'elle faisoit plus d'ouvrage en un jour

qu'une

15. Juillet *La V. Sœur Marie de Sainte Catherine*, Brénot

qu'une autre n'en eut pû faire en une femaine, fans rechercher aucun foulagement, ny exiger agreément de perfonne, car l'amour propre étoit mort en elle; il ne fe faut donc pas étonner fi Dieu a pris plaifir en cette ame, puifque fes délices étoient de plaire à luy feul.

Sa maladie a été une fiévre continuë, & une fluxion fur la poitrine, accompagnée d'une fauffe pleurefie; elle reçût la nouvelle de fa mort avec une tranquilité admirable, priant en même tems qu'on luy fit faire tous les actes & la preparation neceffaire, & marquée dans nôtre Mortuaire, & que l'on ne luy parlât d'autres chofes que de ce qui étoit neceffaire à ce dernier paffage, ayant employé tout ce tems à produire des actes de vertus dans la ferveur de l'amour qu'elle avoit pour Dieu, avec une prefence d'efprit & un jugement parfaitement bon; elle reçût tous fes Sacremens, & invoqua la Sainte Vierge jufques au dernier foûpir de fa vie qu'elle prononça le nom de Jefus & de Marie; elle a fignalé fon obeïffance en fa mort comme en fa vie, car c'étoit à deux heures du matin, que l'infirmiere luy dit, ma Sœur attendez que le Confeffeur foit icy pour mourir, en même-tems elle demeura fans mouvement, la bouche ouverte, jufqu'à ce qu'elle eût reçû la derniere abfolution, & aprés elle expira l'an mil fix cens quatre-vingts.

MAXIMES.

I. Ne foyez point du nombre de ceux qui font humiliez d'abord, mais qui enfuite deviennent fuperbes, ne vous flattez point dans un fi grand peril, les Eleus de Dieu font tentez, mais ils font vrayement Eleus; fi détournez les yeux de tout ce qui peut leur plaire dans eux-mémes, & qu'ils étouffent la joye que toutes leurs belles actions leurs pourroient donner, ils font les feuls qui ne voyent point leurs actions éclatantes, lors qu'elles font veuës de tout le monde.

II. Comme le comble de l'orguëil eft de feindre par l'amour d'une fauffe gloire de poffeder des vertus que l'on ne poffede pas, auffi la marque de l'humilité la plus profonde, eft de faire femblant en quelque rencontre par un veritable defir dés mépris d'avoir des deffauts dont on eft exempt.

III. Soyez toûjours dans la volonté de déplaire plûtôt aux hommes qu'à Dieu, car il prend plaifir à voir que nous recherchions avec ardeur les ignominies qui bleffent les yeux des hommes, pour aneantir cette fole paffion de la vanité.

IV. Tout le monde connoîtra que nous fommes les veritables Difciples d'un Dieu, non pas lors que les démons nous feront foûmis; mais lors que nos noms feront écrits dans le Ciel de l'humilité.

V. Il n'y a rien de grand fur la terre que ce qui eft fondé fur l'efprit de Dieu, & fur les ordres de fa Sageffe, & de fa Conduite.

Seizième Juillet.

LA VENERABLE MERE CATHERINE
Rampale ; Religieuse Ursuline Congregée d'Avignon.

Dés sa plus tendre jeunesse elle a craint Dieu. Job Chap. 1.

DE's le Berceau elle donna des marques d'une predestinée, la crainte & l'amour de Dieu étoient déja gravés dans son cœur, & la devotion paroissoit dans toutes ses actions ; on la trouvoit souvent les bras en croix ou les mains jointes comme pour prier Dieu ; elle conserva une si grande innocence que les Confesseurs, & même ceux qui avoient receu sa Confession générale, ont déposé avec assurance à des Prélats qu'elle n'avoit jamais offencé Dieu mortellement, & peu veniellement par malice.

Elle avoit une telle douceur que jamais on ne la vit en colere, ny presque émeüe, n'y ayant que pour ses sens qu'elle étoit rude & rigoureuse ; comme au bout de plusieurs infirmités elle se trouva au lit de la mort, elle demanda à parler à deux Pensionnaires dont l'une étoit sa cousine, & les entretint aussi charitablement & plus tranquilement qu'elle n'avoit fait de sa vie, leur touchant si vivement le cœur, que toutes deux se donnerent à cette Congregation, bien que l'une fut retournée dans le monde, en un païs éloigné d'Arles, où lorsque l'on y pensoit le moins elle revint, l'une & l'autre attribuant leur vocation aux saintes remontrances de la Mere Catherine Rampale, qui étoit pour lors à Arles, y étant allée pour l'établissement de la Maison ; peu aprés qu'elle eût exhorté ses deux filles, elle tomba dans une foiblesse, durant laquelle son visage étoit riant & comme en extase ; quand elle fut revenuë à soy, voyant ses filles toutes éplorées auprés d'elle, elle leur dit, *courage mes Sœurs il faut aller à ce beau Paradis*, & puis elle faisoit des élevations d'esprit qui luy étoient fort familieres ; elle demanda le Cierge beny, & s'en signa toute seule, & prononça trés-fervemment le Verset, *Monstra te esse Matrem*, &c. Aprés qu'elle eût receu l'Extrême-Onction elle rendit en paix sa belle ame à Dieu, l'an 1609. son corps ne perdit point sa beauté, & sa bouche demeura vermeille.

Admirons de quelle maniere cette Sainte ame a toûjours soûtenu les interêts de Dieu & la discipline Religieuse, & le zéle qu'elle a témoigné pour gagner des ames à Dieu même jusqu'au lit de la mort ; jamais personne n'a eu plus d'aversion pour ce qui n'est que feint & plâtré, & qui est ainsi plus capable de séduire les ames, que de les affermir dans une veritable pieté, & elle ne pouvoit être satisfaite, si Dieu ne l'étoit luy-même, & si elle ne mettoit les ames en état d'être aussi un jour elles-mêmes satisfaites de leurs penitences, & de sa conduite.

MAXIMES.

I. Si nous voulons être les veritables adorateurs de la Croix, & la porter aprés Jesus-Christ, nous devons imiter la pauvreté & l'humilité de celuy qui a souffert, & qui nous l'a renduë si venerable par ses souffrances.

II. Prenez garde qu'une ame qui tend à l'union n'ait apuy & attachement à quoy que ce soit, car il n'importe que ce puisse être où le cœur se lie, si n'est point à Dieu, afin que Dieu le détruise, & qu'il luy donne sa malediction, car jamais il ne souffre que sa place soit donnée ny à Superieur, ny à Directeur, ny à bien spirituel, ny à la plus sainte disposition de conscience.

III. Si vous voulez rendre vos prieres efficaces, & attirer par elles la misericorde de Dieu sur vous, exercés vous mêmes avec abondance la misericorde sur vôtre prochain, car c'est dans la priere que vous recevrez dés ce monde le centuple que Dieu a promis aux misericordieux, & la vie éternelle en l'autre.

Seizie'me Juillet.

LA VENERABLE MERE HIPOLITTE de l'Assomption, Chappellain, Religieuse Ursuline de Dijon.

N'épargnés-point la correction à l'enfant, car si vous le frapés avec la verge, il ne mourra point. Aux Proverbes, Chap. 23. vers. 13.

Vous le fraperez avec la verge, & vous délivrerez son ame de l'Enfer. Aux proverbes, Chap. 23. vers 14.

CEt avis du Sage s'explique assez par luy-même, mais il n'est pas si aisé à le pratiquer; il est clair par ses paroles, qu'il est quelques-fois necessaire de corriger un enfant, l'esprit de Dieu le dit icy d'une maniere si forte qu'il doit faire trembler ceux qui ne se rendront pas à ce qu'il ordonne; *vous le fraperés*, dit-il, *avec la verge, & vous délivrerés son ame de l'Enfer*. On croiroit que ce seroit une indulgence cruelle de ne châtier pas un enfant pour l'empêcher de se jetter dans le feu, ou dans un puis, & on croira qu'on ne doit pas le corriger pour empêcher qu'il ne se précipite dans l'Enfer, car il suffit pour cela de ne le châtier pas lorsque le tems & la necessité le demandent, puis qu'autrement on entretient ses mauvaises inclinations au lieu de l'en guerir, & qu'en croissant avec l'âge, elles deviendront enfin incurables ; il est donc quelques-fois necessaire d'user d'un remède violent pour prévenir un si grand mal ; mais l'on a de la peine à demeurer dans le milieu, & voulant fuïr dans un excés on tombe dans l'autre. On gouverne d'ordinaire plûtôt par humeur que par raison ; ceux qui sont severes, traittent avec une rigueur inhumaine & déraisonnable ; & ceux qui sont doux, perdent par une molesse lâche, & par une indulgence qui va dans l'excés. La Charité de nôtre Sœur de l'Assomption a alié cette double conduite & elle en a composé une troisiéme par le mélange de l'une & de l'autre ; elle a toûjours eu la douceur dans le cœur, & elle a témoigné sa moderation dans ses paroles ; elle a été ferme dans les choses essentielles, & quelques-fois severes dans les châtimens, mais elle s'y est portée avec tant de sagesse & de retenuë qu'elle se faisoit aimer lors même qu'elle se faisoit craindre, & paroissoit douce lors qu'elle étoit severe ; son particulier étoit le zéle pour le salut des ames, & il semble que cette grace & cét attrait a fait le principal de sa vocation ; elle fut conduite aux Ursulines de Dijon par un éffet particulier de la Divine Providence, étant de Paris, où on la demandoit en divers Monastéres.

Monsieur son pere venant à Dijon pour y établir Madame sa fille, la mena avec luy, & la mit Pensionnaire aux Ursules, n'ayant pour lors que huit à neuf ans ; elle s'affectionna si fort à la façon de vivre de ses petites Compagnes, que peu aprés la Ville se trouvant affligée de maladies populaires, dont les Religieuses ne furent pas exemptes, & furent de necessité de rendre toutes les Pensionnaires à leurs parens, il n'y eut que nôtre courageuse fille qui ne voulut jamais sortir, quelques violences qui luy fussent faites, tellement qu'on fût contraint de la laisser.

Estant plus âgée, elle témoigna de grands desirs pour la vie Religieuse, ce qui obligea de luy donner le saint Habit de Religion ; l'esprit malin prévoyant qu'elle luy seroit une forte ennemie, luy livra de rudes combats pour l'en détourner, mais elle les surmonta généreusement, se liant à Dieu par la profession solemnelle de ses vœux, & depuis elle déclara que l'attrait & l'estime qu'elle avoit pour l'instruction de la jeunesse, luy avoit servy en ce rencontre d'un fort bouclier.

L'on auroit beaucoup de choses à dire de cette excellente Religieuse, mais comme le fidéle usage des vertus, est ce qui nous fait valoir devant Dieu, nous dirons un mot de celles qui ont le plus éclatté en elle.

Sa devotion à la Passion de nôtre adorable Sauveur étoit des plus solides ; depuis sept ou huit ans elle s'étoit fait comme une habitude de s'appliquer à ses saintes souffrances, non seulement par l'attention de son esprit, mais bien plus par la pratique ; ses retraites annuelles, ses oraisons, ses devotions particulieres, les livres de ses lectures tendoient à cette même fin ; elle recitoit chaque jour une longue oraison de la Passion, & les Litanies pour obtenir une heureuse mort, & tous les matins elle disoit la Passion de Jesus-Christ qu'elle sçavoit par

16. Juillet. *La V. Mere Hipolitte de l'Assomption, Chappelain.* 133

cœur, selon qu'elle même l'a tiré des quatre Evangelistes, en intention, disoit-elle, de prier nôtre Seigneur de la revêtir des merites de ses sacrées souffrances; il y a plus de seize ans qu'elle n'a point obmis de veiller la nuit du Jeudy au Vendredy Saint; elle avoit charge à cause de sa bonne voix d'y lire tout haut à châque heure l'horloge de la Passion, selon la coûtume de son Monastére, ce qu'elle faisoit d'un accent si devot, que ceux du dedans & du dehors en étoient touchés & ravis; il n'étoit pas possible de luy faire prendre un moment de repos durant ces veilles, se tenant comme une statuë en la presence du tres-Saint Sacrement, toûjours en méditation, & dans une modestie angelique; cette consideration de Jesus souffrant, étant sans doute l'un des principaux motifs de l'esprit de componction & de penitence qui l'animoit, & qui paroissoit par son exterieur humble & mortifié.

Elle recueïlloit avec un soin nompareil tout ce qu'elle lisoit ou entendoit sur ce sujet, pour se l'appliquer utilement; dans quelqu'uns de ses écrits elle s'explique en ces termes, *par honneur & union de Iesus-Christ penitent devant Dieu pour mes pechez, & pour les pechez de tout le monde, je fais profession de faire penitence tous les jours de ma vie, & de me regarder en toutes choses & en tout lieu, comme une pauvre & miserable pecheresse & penitente tres indigne; pour cela je porteray sur moy le portrait de Iesus-Christ souverain penitent, & qui me renouvellera par son aspect interieur & exterieur, & par son amour, le souvenir & les obligations de penitence.* Plus bas elle ajoûte, *je vous supplie ô! Pere tres-Saint, par la contrition tres-amére, & par l'abime des douleurs interieures de vôtre cher fils, de me donner part au divin Esprit de la Sainte & douloureuse penitence, & de recevoir toutes mes respirations, tous mes mouvemens interieurs & exterieurs, toutes mes actions, l'habit, les jeûnes, austeritez, prieres & autres pratiques propres à mon état Religieux, ou une suite necessaire de mes vœux pour autant d'actes de penitence faits dans l'esprit, les intentions & sentimens de penitence de mon Seigneur Iesus-Christ, l'unique & l'vniversel penitent de l'Eglise.* L'on peut juger de ce petit extrait du bon fond de ses pratiques.

Elle avoit la conscience tres-délicate, faisant scrupule de tout ce qui approchoit tant soit peu l'ombre du peché, & étoit tres-mortifiée de ses sens; on ne croit pas luy avoir veu lever les yeux dans les lieux de communauté, fort portée à bien juger des actions d'autruy, ne s'entremettant point de ce que faisoient les autres, quoy qu'elle fût tres-capable, neanmoins elle n'en tiroit aucune vanité, & ne pouvoit souffrir qu'on dit un seul mot au désavantage du prochain.

L'amour pour le glorieux Saint Joseph étoit comme né avec elle, étant d'une famille qui luy est toute dévoüée; elle paroissoit dans de Saints transports quand elle parloit de ses grandeurs, & auroit souhaité, disoit-elle souvent, d'imprimer cet amour à tous ceux qu'elle frequentoit, & leur en donner des images dont elle n'étoit jamais dégarnie, en portant toûjours sur elle, & procuroit qu'on en mit en tous les lieux où elle habitoit; elle n'a point manqué depuis bien d'années de jeûner au pain & à l'eau la veille de sa Fête, & pour la passer plus

La V. Mere Hipollitte de l'Assomption, Chappellain. 16. Juillet.

saintement elle tâchoit d'y faire sa retraitte annuelle ; si l'obeïssance le luy eut permis, elle auroit jeûné avec la même rigueur aux Fêtes de la Sainte Vierge, dont elle ne se nommoit que l'esclave, ainsi qu'on l'a trouvé dans ses écrits; la grande Sainte Barbe faisoit encore une de ses principales devotions, le pouvoir qu'elle a d'assister les ames à la mort l'engageoit à la prier frequemment pour ce sujet ; elle avoit écrit un petit exercice à son honneur, son office & ses Litanies qu'elle recitoit réglément toutes les Fêtes & Dimanches ; nous verrons dans la suite comme elle a eu l'éffet de ses pieuses intercessions.

Son naturel étoit fort doux & paisible, toutes celles qui l'ont conversée, se loüent de sa bonne conduite ; elle a exercé les Charges de Secretaire du Chapitre, celle de Maîtresse particuliere des Pensionnaires, ayant des grands talens pour toutes les fonctions de nôtre Institut, étant propre & adroite à toutes sortes d'ouvrage, & écrivoit fort bien; la Maîtresse générale étant decedée, elle fut mise en sa place qu'elle remplit dignement; son premier soin fut de leur faire garder à la lettre leur Réglement, & leur imprimer les vertus du Christianisme pour operer leur salut dans la vocation où Dieu les appelloit, les laissant toûjours dans une grande liberté ; il y en eut une qui perdit son pere qu'elle aimoit uniquement, & en demeura fort affligée ; cette sage Maîtresse la prit par la main, & la conduisit devant une image de Saint Ioseph, luy disant voilà vôtre bon pere, *il faut que désormais vous le regardiez comme tel* ; ce qu'elle conseilloit aux autres, elle le pratiquoit excellemment elle-même, on l'a reconnu en divers évenemens.

Elle apprit la mort de Monsieur son pere qui mourut subitement sans qu'il parut en elle aucune alteration, ajoûtant à son dégagement de la chair & du sang, & à sa soûmission ordinaire à la volonté de Dieu un renouvellement de confiance vers ce grand Patriarche son puissant Protecteur.

L'on ne peut expliquer comme elle s'affectionnoit à nôtre saint Institut, qui faisoit les delices de son cœur, quand les parens luy amenoient leurs enfans pour être instruites dans les classes, elle les recevoit comme des petits Anges, les traittoit avec tant d'affabilité, qu'elles ne la pouvoient voir sans la craindre & l'aimer ; son seul regard les faisoit mettre à leur devoir ; elle n'épargnoit point la correction quand elle étoit necessaire, mais avec tant de prudence, & si à propos qu'elle étoit toûjours accompagnée d'un grand fruit.

Nôtre Souverain Dieu qui sçait les voyes de se glorifier dans ses Créatures, a cueilly ce bon arbre après avoir porté de si bons fruits, cette divine sagesse qui sçait parfaitement bien faire le chois de ses Eleus, choisit celle-cy dans le beau verger de la sainte Religion, étant autant agreable à sa Majesté souveraine qu'elle étoit savoureuse & de bonne odeur à sa Communauté & aux personnes qu'elle enseignoit, & bien qu'elle fût d'une complexion assez forte, elle se sentit tout-à-coup atteinte d'un point de côté qui ne luy dura que trois ou quatre jours, les Médecins n'y voyant aucun danger, mais la fiévre continuë augmenta si fort qu'il s'y joignit une inflammation de poîtrine, qui la reduisit à la fin au neuviéme de son mal ; un Mercredy à une heure après minuit : pour

17. Juillet. La V. Sœur Ieanne des Anges. 135

continuer plus parfaitement dans le Ciel à ce jour consacré à la memoire de S. Joseph les loüanges qu'elle luy avoit données avec tant d'ardeur sur la terre. Elle receut tous ses Sacremens, & fit tous les actes de pieté qu'on peut souhaiter en ce dernier passage; toute sa Communauté étoit dans l'admiration de la paix & tranquilité avec laquelle elle alla à Dieu, quoyque durant sa vie elle trembloit à la seule pensée de ses redoutables jugemens, ce que l'on attribüa à la perseverence de sa devotion à sainte Barbe; son décez arriva l'an 1681.

MAXIMES.

I. La ferme Foy est la mere du renoncement au siécle, & le deffaut de cette Foy produit l'engagement dans le siécle.

II. L'esperance constante & inébranlable, est comme la porte par laquelle nous entrons dans le détachement général de tous les biens de la Terre; & le deffaut de cette esperance produit l'attache à ces mêmes biens Terrestres.

III. L'Amour de Dieu est la cause & le sujet de la retraite du monde, & le deffaut de cét amour produit l'aversion de cette retraite.

IV. Le jugement que l'on porte contre soy-même, & le desir ardent de recouvrer la santé de l'ame, est le principe de l'obeïssance Religieuse.

V. Lors que le feu du Ciel qui est la grace, descend dans l'ame il l'échauffe, & par sa charité divine il y forme & allume la priere, laquelle étant allumée, & s'élevant jusqu'au Ciel, elle en fait descendre de nouveau ce même feu celeste dans nôtre ame.

Dix-Septie'me Juillet.

LA VENERABLE SOEUR JEANNE DES Anges, Religieuse Ursuline d'Issoudun.

Venés, adorons-le, & nous prosternons devant luy. Au Psal. 94.

Nôtre Sœur Jeanne des Anges avoit un esprit fort reglé, & un si grand respect devant le trés-Saint Sacrement, que jamais on ne la vit assise au Chœur, si non au tems marqué de l'Office Divin; son maintien Angelique excitoit à la Devotion, & son seul exemple invitoit à adorer & se prosterner devant la Divine Majesté; elle faisoit ses prieres un Crucifix en main, qu'elle pressoit quelque fois sur sa poictrine, comme si elle eut voulu imprimer sur son cœur les caracteres de l'amour crucifiant.

Ce même amour luy donna l'inspiration & la force de graver avec un ganif diverses fois sur la chair de ses bras les Saints noms de Jesus & de Marie, se martirisant de plus par plusieurs autres rigueurs, suivant le Conseil de nôtre Pere Saint Augustin; elle usoit de la nourriture comme des Medecines, le moins qu'elle pouvoit, & precisément pour la necessité.

Dans une hydropisie de quatre mois qui la conduisit au tombeau, elle endura patiemment une soif excessive & malgré son mal, elle recita tous les jours l'Office de Nôtre-Dame & le Rosaire, excepté les derniers jours de sa vie, encore priat-elle qu'une autre dit ses prieres en sa place; se trouvant à l'extremité elle engagea une de ses compagnes de ne la point abandonner, mais de l'aider à bien employer le reste de son tems, ainsi l'espace de vingt-quatre heures elle pria sans intermission, suivant ce que cette Sœur luy disoit, & enfin aprés s'être fait lire la Passion de son Sauveur elle rendit l'ame.

Cette bonne ame nous donne une bonne instruction, comme elle s'est sanctifiée dans un siecle où les choses paroissent plus corrompuës: elle nous fait voir que c'est lors qu'il y a plus de désordres, que ceux qui veulent penser à eux, le doivent faire avec plus d'application, & que pour se souvenir dans ce tems, il faut être bon par excellence; elle nous montre que c'est alors plus que jamais qu'il se faut roidir contre le torrent pour ne s'y pas laisser emporter, & que bien loin de vouloir excuser les relâchemens par l'exemple des autres qui sont relâchés, il faut au contraire que la veuë de ce qu'ils font nous excite à vivre d'une maniere toute opposée; c'est le fruit que David dit, que les bons tirent de la veuë des méchans; pendant que l'impie s'éleve d'orgueil, dit-il, le pauvre est brûlé; ce que Saint Augustin nôtre Pere expliquant, dit qu'il n'est pas croyable combien les veritables Chrêtiens sont excités à bien vivre par la consideration de ceux qui pechent; ainsi tout sert aux E'leus de Dieu comme dit Saint Paul, jusques aux pechez des hommes, lors qu'ils les considerent avec cét esprit de foy, & que sans insulter ceux qui les commettent, ils tâchent seulement à l'imitation de nôtre Sœur Jeanne des Anges, d'en devenir plus sages, & plus circonspects, & par ses bons exemples inviter tout le monde à adorer & aimer leur Créateur.

MAXIMES.

I. La Sagesse toute-puissante de Dieu a cela de propre qu'elle se sert également des bons & des méchans pour ses desseins, & que tout instrument est bon dans sa main pour faire ce qu'il luy plaît de ses serviteurs; comprenons-donc cette verité, que de quelques côtés que nos maux arrivent, recevons les comme venans de Dieu même.

II. Ne vous retirés point de l'oraison jusqu'à ce que vous voyés que le feu que Dieu avoit allumé dans vôtre cœur soit cessé par l'ordre de sa Providence; car vous ne rencontrerez peut-être en tout le reste de vôtre vie, un tems aussi favorable que celuy de ce feu de la penitence & des larmes d'amour pour obtenir le pardon de vos pechés.

III. Il arrive souvent qu'une personne qui a receu de Dieu le don d'une parfaite

faite oraifon, & qui en a goûté les graces & les douceurs, foüille la pureté de fon ame par une parole inconfiderée, & qu'enfuite il ne trouve plus en fes prieres ce qu'il y cherche, & ce qu'il avoit accoûtumé d'y trouver auparavant.

DIXSEPTIE'ME JUILLET.

LA VENERABLE SOEUR CHRISTINE
Marie de Saint Jofeph, de Molart de Dieulamant, Religieufe Urfuline de Maux.

Ie vous conjure Filles de Ierufalem par les Chêvres fauvages, & par les Cerfs des Champs, de ne point éveiller ma bien-aimée jufques à tant qu'elle le veüille. Au Cantique.

Nôtre Sœur de S. Jofeph fut mife Penfionnaire aux Urfulines à l'âge d'onze à douze ans, & prit d'abord fi bien la pieté qu'elle avoit une ardeur nompareille pour entendre parler de Dieu ; elle fit auffi paroître une finguliere devotion envers la Mere de Dieu, par les foins qu'elle avoit de l'honnorer, & communiquoit les tendreffes qu'elle avoit pour cette Mere de bonté à fes Compagnes, les attirant au bien par fes exemples & par fes paroles ferventes ; toutes les petites amitiés qu'elle avoit avec celles de fon âge, ne tendoient qu'à les enflammer d'amour pour la Sainte Vierge. Un jour elles eurent un fi grand defir d'imiter fa pureté qu'elles firent vœu de virginité, fe dédians à fon fervice pour le refte de leur vie, & l'effet a bien fait voir dans la fuite du tems que leur devotion étoit veritable, & une infpiration du Saint Efprit, toutes ayant été Religieufes ; nôtre Sœur de Saint Jofeph fit tout fon poffible pour entrer au Noviciat à l'âge de quinze ans fans plus retourner dans le monde, ce qu'elle ne pût obtenir de Monfieur fon pere, lequel la retira & éprouva l'efpace de trois ans fa vocation. Cette fainte Epoufe dans la langueur de fon amour, fembloit être tombée dans un doux affoûpiffement de fes fens, lors qu'elle ne refpiroit que fon Bien-aimé ; l'Epoux voyant que ce luy étoit un tourment que de luy donner du divertiffement, conjure fes Compagnes par ce qu'elles ont de plus cher, de ne la point troubler dans fon repos, comme s'il leur eut dit, cheres Compagnes de ma Bien-aimée, ceffés d'apporter des fleurs & des pommes pour guerir fa langueur, c'eft une proye tres-agreable & qui m'eft acquife, je vous fouhaite un même bonheur dans l'exercice innocent de vôtre chaffe, que les Chévres fauvages bleffées de vos dards ne les puiffent quitter ; que les Cerfs pris dans vos rets ne les rompent jamais. N'arrachez donc point du cœur de mon E'pouse la flèche de mon amour qui l'a penétré, ne brisés point les doux liens de sa langueur, mais laissés-là dans cét amoureux sommeil, qui est une veille pour l'accomplissement de mes desirs ; son silence me promet plus que sa parole.

En éffet elle s'étudia à apprendre tout ce qu'elle pensoit être utile pour le service de la Religion en toutes sortes d'ouvrages, à peindre des Tableaux où elle réüssit merveilleusement bien, étant naturellement tres-adroite & industrieuse ; ainsi elle conjoint heureusement l'action de la vie active avec le doux sommeil de la vie contemplative, & elle a été souvent dans cét état d'un silence mistique pour honnorer les Grandeurs de son Celeste Epoux ; & quoy qu'elle fût occupée aux œuvres de charité, & manuelles, si est-ce qu'elle n'interrompoit pas le doux sommeil de Marie, mais dans un silence interieur elle écoutoit les paroles secretes de son Divin E'poux, qui la portoit à continüer toûjours ses instantes prieres pour entrer en Religion. Enfin au bout de trois ans le cœur de ce Pere se fléchit, par les paroles que la Superieure des Ursulines luy dit, sçavoir, *ne craignez-vous point de déplaire à Dieu, en vous opposant à l'inspiration du S. Esprit* ; ces mots eurent tant d'effet sur son esprit qu'au même moment il consentit, & aussi-tôt sa fille se rendit au Monastere, où elle arriva proche des neuf heures du soir : son frere qui la conduisoit, vouloit attendre au lendemain à la laisser entrer pour ne pas troubler le repos des Religieuses retirées dans le silence, mais elle fit tant d'instance, qu'elle entra ce même soir avec une joye reciproque des Religieuses & d'elle.

Elle commença la vie Religieuse avec une ferveur qui correspondoit à la haute estime qu'elle avoit de sa vocation, & l'on connut bien-tôt que son ame avoit d'excellentes dispositions à la vertu. Elle jetta les fondemens de son édifice spirituel sur le solide apuy de l'obeïssance, ayant une soûmission & docilité tres-grande pour toutes celles qui ont eu sa conduite, auxquelles elle s'est laissée gouverner avec une docilité d'enfant, suivant leurs avis comme des oracles du Ciel, laissant toutes ses veües pour suivre à l'aveugle leurs sentimens en toutes choses, disant qu'elle trouvoit en l'obeïssance le remède en toutes ses difficultez, sans avoir besoin d'autres recours ; en effet elle avoit une si entiere croyance en ce qui luy étoit dit, qu'elle le mettoit aussi-tôt en pratique, au préjudice de ses raisonnemens naturels, & de ses plus fortes inclinations : l'on voyoit clairement qu'elle avoit un attrait de grace tout particulier pour cét esprit de soûmission ; sa fidelité à regarder Dieu en ses Superieures, la rendoit contante & satisfaite de toutes, & la mettoit d'abord en repos dans ces changemens ; quoy qu'elle fût d'un naturel fort affectueux.

Son amour pour sa pureté étoit si grand qu'elle apprehendoit la moindre chose qui l'eût pû ternir tant soit peu, c'est ce qui la faisoit travailler puissamment au détachement de son cœur pour toutes les creatures, je le veus, disoit-elle, conserver tout pur pour mon E'poux. Elle mortifioit ses sens avec un grand soin, & pour s'y rendre plus exacte, elle s'étoit prescrite tous les jours un certain nombre d'actes & de pratiques de renoncement à tout plaisir ; c'est cét amour pour la pureté qui luy

17. Iuillet. *La V. Sœur Christine Marie de S. Ioseph, de Molart.* 139

faisoit fuïr tout peché, dont elle avoit une terreur extrême, bien qu'elle ne fût point scrupuleuse.

Elle forma un genereux dessein d'employer toute sa capacité & toutes les puissances & les forces de son cœur à aimer nôtre-Seigneur comme Epoux, & la Ste. Vierge comme sa Mere, disant, qu'elle estimoit vaine toute autre occupation, & que pour elle ce seroient désormais les seuls objets de ses desirs & de ses recherches, ne voulant rien épargner pour se rendre agréable à leurs yeux, ce qu'elle a executé fidellement, se rendant fort ponctuelle à ses exercices spirituels, ayant une parfaite exactitude à nos Saintes Régles.

Elle étoit saintement affamée de la Sainte Communion, d'où elle disoit tirer toute sa force. Elle goûtoit si fort toutes les choses qui la portoient à Dieu, qu'elle ne pouvoit s'empêcher de faire paroître le transport de sa devotion aux Fêtes de nôtre-Seigneur & de la Sainte Vierge. Dans les recréations ses paroles étoient autant de flammes qu'elle jettoit, exprimant les remarques qu'elle avoit faites dans ses Oraisons & dans ses lectures, d'une maniere qui montroit qu'elle y goûtoit Dieu, & qui étoit autant édifiante que touchante.

Deux mois avant son decez elle fit les exercices spirituels sur les perfections de nôtre-Seigneur, où elle redoubla toutes ses ardeurs pour luy, de telle sorte qu'on voyoit qu'elle ne pensoit, ne parloit, & ne s'occupoit que de son amour, qui faisoit toute sa joye & ses plaisirs; elle se détacha de tout le reste; elle ne s'est jamais servy des rares talens qu'elle avoit que dans l'esprit d'humilité; elle obligeoit tout le monde sans vouloir qu'on luy fut obligé, & sans dessein de s'acquerir la bien-vëillance de personne, sans se faire valoir ny se faire prier, & comme insensiblement; de sorte qu'il sembloit qu'elle fermât les yeux pour ne point voir la capacité qui étoit en elle, faisant toutes choses paisiblement & sans bruit, de sorte que ses bonnes qualitez n'exciterent point l'envie, mais seulement attiroient la charité.

Elle avoit de tres-bas sentimens d'elle-même, croyant toûjours de ne rien faire qui vaille; l'on voyoit en elle un certain mélange extrêmement agréable de la generosité & Noblesse de sa naissance, avec la charité la plus dés-interessée qui luy faisoit quitter tout pour rendre service à la moindre qui l'en requeroit, lors que la permission luy en étoit donnée, & cette charité étoit conduite avec tant de jugement & de prudence que châcune avoit lieu de croire qu'elle y avoit part, étant fort universelle dans ses affections.

Son bon naturel la rendoit incapable de garder un moment la moindre peine contre quelqu'un; elle étoit reconnoissante au possible des moindres bien-faits qu'elle recevoit, sur tout de la grace de sa reception, dequoy elle ne se pouvoit taire tant elle s'en estimoit redevable à la Communauté; dans ses sentimens elle se seroit consommée pour le service de la Religion, aussi à-t'elle beaucoup travaillé pour les ornemens de l'Eglise, la peinture des Chapelles, &c.

Son zéle étoit ardent pour l'Institut, & avoit beaucoup d'excellentes conditions pour y reüssir, sa conduite étoit douce & efficace; elle n'avoit point de peine à les maintenir dans le respect, quoy qu'elle fût aimée d'elles.

140 *La V. Sœur Christine Marie de S. Ioseph, de Molart.* 17. Iuillet.

Son amour & sa confiance vers la Sainte Vierge, prenant tous les jours de plus fortes racines dans son cœur, elle s'avisa de s'adresser encore plus particulierement à elle en la Fête de son Annonciation, la derniere qu'elle celebra en sa vie pour luy découvrir les grands desirs qu'elle ressentoit pour sa perfection ; elle luy écrivit là-dessus une lettre qu'on luy a trouvé aprés sa mort, dans laquelle il paroît avoir quelque pressentiment de sa fin prochaine ; & afin de voir les inventions du saint amour, je veux bien en mettre icy quelque chose.

,, Ma tres-digne Mere, c'est de toute l'affection qui est possible à mon pau-
,, vre cœur de ressentir, & avec tous les sentimens d'humilité que je puis pro-
,, duire en consideration des graces que la Sainte Trinité vous a faites, que je
,, vous suplie prendre sous vôtre sainte conduite vôtre pauvre servante qui n'a au-
,, tre esperance qu'en vous, faites-moy ma chere Mere ressentir les effets de vô-
,, tre misericorde, & que je ne sois point frustrée de mon attente, particuliere-
,, ment dans l'état present où je suis, du besoin & du secours de vos graces
,, pour faire un genereux divorce de toutes les choses de la terre, pour m'unir à
,, mon Dieu, & que toutes les creatures me soient mortes, & que je sois morte
,, à tout le monde, que je sois dans l'oubly de tout le monde, afin d'être tout
,, à vous ; tout mon desir est de vous voir, c'est pourquoy ma chere Mere se-
,, courez-moy de vos graces, afin que je devienne au peu de tems que j'ay à
,, vivre une parfaite Religieuse, & que le reste de ma vie soit employée à imiter
,, vos vertus, particulierement vôtre Sainte humilité, & celles que vous con-
,, noissez que j'ay plus de besoin ; exaucez les desirs de mon cœur, en tant qu'ils
,, sont conformes aux vôtres, mais ne m'éconduisez pas en cette derniere re-
,, quête, ma tres-chere Mere, c'est de mourir entre vos saintes mains en état
,, de grace un jour de vos Fêtes, afin de vous loüer en toute l'éternité.

Cette Mere d'amour a reçû, comme il est à croire sa requête ayant, communié en Viatique la veille de sa mort jour & Fête de nôtre-Dame de Mont-Carmel, gagné l'indulgence pleniere de ce même jour ; & decedée le lendemain Fête de Saint Alexis, ce grand amateur de la Virginité ; la protection de la Sainte Vierge a été grande sur cette ame, tant en sa vie comme en sa mort, luy ayant ôté toutes les craintes naturelles qu'elle avoit de ce dernier passage, ayant paru dans sa maladie dans une tranquilité merveilleuse. Lors que le Confesseur luy presenta la Sainte Hostie en sa derniere Communion, elle la regarda amoureusement, & dit toute pleine d'ardeur ; *Voicy Monseigneur qui me vient guerir, allons, allons, je le veux suivre, Monseigneur emmenez moy avec vous, je vous en suplie.* Elle ne parloit de la mort qu'avec plaisir, & c'étoit la désobliger que de souhaiter sa santé, disant que c'étoit trop d'honneur pour elle que de souffrir avec son Sauveur sur la croix, & lors qu'elle pensoit être seule, elle s'écrioit, *vous le sçavez, mon Seigneur, mon amour, qu'il n'y a que vous seul dans mon cœur ; d'autrefois, Monseigneur j'auray toûjours soin de vous aimer ; ayez soin de me sauver.* Elle prioit ses sœurs de prier nôtre Seigneur de l'emmener, & d'avoir pitié d'elle par les merites de sa Sacrée Passion où elle logeoit toutes ses esperances ; elle reçût l'Extreme-Onction dans une presence d'esprit & une devotion admirable, dans le grand

17. Juillet. *La V. Sœur Chriſtine Marie, de S. Ioſeph de Molart.* 141

excés de ſon mal elle s'occupoit en des actes de reſignation à la volonté de Dieu, invoquant preſque toûjours la Sainte Vierge, & ſes Saints Protecteurs du mois, dont elle avoit écrit ſoigneuſement la liſte depuis ſon entrée en la Religion, ſur tout S. Pierre, dont elle s'étoit fait apporter l'Image pour le voir toûjours devant ſes yeux; l'origine de ſa devotion vers ce Saint, étoit le grand amour qu'il avoit pour nôtre Seigneur; enſuite de l'Extreme-Onction elle fit toutes les proteſtations de l'ame, & actes portées dans le Mortuaire, & la Communauté paſſa le reſte de la journée en prieres auprés de ſon lict, & elle continüa dans la même application & attention à Dieu qu'elle avoit eu durant toute ſa maladie, & reçût encore l'abſolution un quart d'heure avant ſa mort, en ſuite on dit la Paſſion de noſtre Seigneur, à laquelle elle aporta une grande attention, & comme on fut à ces paroles, *conſummatum eſt*, elle les repeta pluſieurs fois, & les ſacrés Noms de IESUS & MARIE, puis entra à l'agonie, qui dura un *Miſerere*, pendant laquelle elle tint le Cierge beny ſans aide, & expira doucement, ledit Cierge demeurant ferme en ſa main juſqu'à ce qu'on le luy ôta. Sa maladie fut une fiévre continuë, avec une inflammation de poulmon; elle mourut au ſeptiéme jour de ſa maladie l'an 1669, âgée de vingt-trois ans & demy.

MAXIMES.

I. Une Religieuſe qui a bien pratiqué ſa Regle pendant ſa vie, fait fuyr le diable à la mort.

II. Dieu communique la faveur du ſilence myſtique de la Sainte Epouſe à celles qui aſſujettiſſent la chair à l'eſprit, les ſens à la raiſon, & la raiſon à la foy, pour maintenir l'équité.

III. Le ſilence eſt un effet qui accompagne le culte de la juſtice, qui prefere le bien ſouverain à tout l'être creé; ô! que ce ſilence eſt avantageux à une ame, non ſeulement pour honorer ſon Dieu par ce culte Religieux qui luy eſt deu, mais auſſi pour mépriſer tout ce que le monde adore comme un neant.

IV. Ce ſilence interieur reprime les affections deſordonnées, & ſoûmet entierement la volonté au domaine du Verbe, qui parle au fond du cœur de ſon Epouſe, & qui y poſe ſon étendar pour déclarer ſa victoire ſur la partie inferieure, ha! que cette ame eſt heureuſe d'entendre les entretiens familiers de ſon E'poux, & de luy répondre par une humble confeſſion de ſon impuiſſance à loüer ſes grandeurs, dont l'éclat qui l'éblöuit, l'oblige à ſe taire.

Dix-Huitiéme Juillet.

LA VENERABLE SOEUR FRANÇOISE
de Sainte Madelaine, Religieuse Ursuline d'Issoudun.

Toutes les graces & tous les bien-faits viennent d'en haut de la liberalité du Pere des lumieres. En S. Jacques, Chap. premier.

LA Sainte Religion est un si beau terroir que les épines même y deviennent des fleurs ; c'est la merveille que l'on a vû en la Sœur Françoise de Sainte Madelaine, qui entrant dans les Ursulines d'Issoudun à l'âge de trente ans, y apporta une humeur rude & brusque, tres-propre à la faire mourir à tout moment ; ce fut aussi l'exercice qu'elle entreprit avec un courage infatigable & avec succez : Il est vray que comme elle n'estoit pas tout à fait Maistresse de son naturel, quelle étude qu'elle fit, & quelle mesure qu'elle prit pour en dompter la violence, elle avoit assés souvent occasion de reconnoistre sa fragilité, & au lieu de s'abatre, elle reparoit sa faute par des actions oposées, elle demandoit pardon avec larmes & confusion, & l'on avoit de la peine à la faire relever de terre ; elle tiroit joye de son humiliation, & de voir que toutes les graces & tous les biens-faits viennent d'en haut de la liberalité du Pere des lumieres, & ne s'afligeoit que de l'offense de Dieu.

Son corps faisoit sa croix aussi bien que son esprit, mais elle se glorifioit de participer à la Croix de son Sauveur par une forte colique qui la tourmentoit souvent. Elle obtint que ses souffrances fussent reservées pour la nuit, & elle eut sept à huit mois la fièvre, & de grandes douleurs toutes les nuits, ayant le jour relâche suffisamment pour s'employer à l'Institut, puis elle mourut ayant passé huit ans en Religion.

Quand nous considerons cette vertueuse Ursuline aprés avoir quitté le monde & tous ses biens pour servir Dieu, s'apliquer avec tant de soin à vaincre son humeur fâcheuse, prions Dieu qu'il nous fasse comme à elle renoncer à nos passions, & qu'il nous fasse entrer dans un vray détachement de toutes choses, qui a esté le premier pas qu'elle a fait dans le service de Dieu.

MAXIMES.

I. Si Dieu nous éprouve par la malice de quelques personnes, prions pour eux avec ardeur que Dieu les touche, & que d'ennemis ils les rendent nos amis. Pour cela soyons à l'égard de leur mauvais traitement ce que les Saints ont été vers les Tirans qui les faisoient souffrir.

II. Pour acquerir cette fermeté interieure, ayons soin par nos prieres, par nos lectures continuelles, que nostre ame soit plus en Dieu que dans nous mêmes, ne soyons occupées que des offenses que nous avons commises contre luy, & nous penserons peu à celles que nous font les hommes.

III. Il y en a beaucoup qui se sont sauvé sans avoir aucunes revelations; mais nul n'entrera dans le Paradis sans l'humilité, puisque c'est elle qui est la gardiatrice de toutes les graces.

Dix-Huitieme Juillet.

LA VENERABLE SOEUR LAURENCE, du Saint Esprit, Clement, Religieuse Ursuline de Saint Malo.

Toute la bonne grace & la beauté que la femme prise tant dans le monde, n'est que vanité & tromperie; la femme qui craint Dieu, c'est celle-là qui merite d'être loüée. Aux Proverbes, Chap. 13.

Nostre Sœur du Saint Esprit a vécu dans le mariage, s'exerçant en toutes sortes de vertus & de bonnes œuvres, & toûjours aspirante au bon-heur de la vie Religieuse, pour laquelle elle avoit eu de grandes & fortes inclinations dés sa jeunesse; Madame sa mere n'y voulant consentir, l'engagea avec un party autant vertueux & porté au bien qu'elle. Tous les accidens qui arrivoient pendant son ménage, elle les recevoit comme des châtimens de la main de Dieu qui la reprenoit de n'avoir pas suivy sa sainte volonté. Ce fut la cause que sitôt qu'elle se vit dégagée de ses liens, elle poursuivit d'entrer aux Ursulines; peu de jours avant son entrée elle communiqua son dessein à un tres-sçavant personnage, lequel luy dit, allez vous devez tout à Dieu, & vous ne faites que restituer ce que de droit étoit à luy, ce luy fut comme des traits bien assurez des regrets d'avoir tant tardé, & des ardeurs pour le servir avec perfection, reconnoissant que toute la bonne grace & la beauté que les femmes prisent tant dans le monde, n'étoit que vanité & tromperie. Elle a été cette femme sage qui craint Dieu, & pour ce elle a merité d'être loüée. Dés son entrée elle se donna entierement à sa Divine Majesté, oubliant ce qu'elle avoit été au monde; elle se rendit une copie animée des Régles qu'elle a gardé exactement, aussi c'étoit sa lecture plus ordinaire ; elle cherissoit les occasions où elle manquoit des choses necessaires, & souvent elle s'en privoit avec une grande adresse, se contentant des moindres choses, refusant tout le superflu ; son attention étoit de se dégager de tout ; aussi on n'a trouvé à sa Chambre que le seul necessaire. Elle n'a pas fait la moindre faute contre le silence, ny au tems ny aux lieux, & en avoit acquis une telle habitude qu'en voyant sa tranquilité en toutes ses gestes & mouvemens, se faisant plûtôt voir qu'oüyr, on remarquoit le silence interieur de cette belle ame aussi bien que l'exterieur.

Jamais elle n'a fait aucune replique à l'obeyssance, & si en general l'on disoit de faire quelque chose, elle l'auroit voulu accomplir seule. Son amour pour l'Institut a fait qu'elle y a esté employée onze ans de suite avec un zele admirable, & c'est dans les basses Classes, qui sont composées d'un tres-grand nombre de Filles peu raisonnables, neanmoins elle les avançoit promptement par la bonne conduite qu'elle observoit, ne se rebutant pour aucune mauvaise humeur, & quand on luy disoit si elle n'y étoit point ennuyée, elle disoit, *si nôtre Seigneur me donnoit cent ans de vie, je les y voudrois tous employer*, ce qu'elle a fait jusques au jour qu'elle s'est allitée.

Elle ne disoit aucune parole de vanité, ou de jactance, non plus que de peu d'estime de qui que ce fut, & qui auroit pû tant soit peu mécontenter ou alterer la charité.

Dans les peines qui qui luy sont venuës du dehors, quoy que grandes & tres-sensibles, elle estoit si adroite à dompter son courage, & reprimer ses passions, qu'on ne luy a pas oüy dire la moindre parole de plainte, s'apuyant avec suavité sur la Sainte Providence, qui dispose de toutes choses pour le bien de ses Eleus ; Elle ne prenoit connoissance que de ce qui luy étoit commandé, se plaisant d'être petite en la Maison du Seigneur, aussi faisoit-elle avec joye tous les plus bas employs ; elle se presentoit pour supléer à celles qui manquoient pour laver la vaisselle, & à autres choses semblables.

Sa grande devotion étoit au S. Sacrement de l'Autel, qu'elle recevoit frequemment, & n'en perdoit aucune occasion ; lors qu'il étoit exposé, elle y assistoit dépuis le dîné jusques à Vêpres, & tous les autres jours elle y passoit une heure au temps des recreations ; ce qui est admirable, c'est sa conduite & sa constance dans ses dévotions & pratiques, toûjours faites à mêmes lieux & heures, soit pour le soulagement des Trépassés, soit pour honorer la Sainte Vierge, & le S. Esprit, auquel elle s'adressoit tres-souvent, pour imperrer sa conduite particuliere.

Sa maladie a été un débord de bille, qu'elle n'a porté que cinq jours ; aussi-tôt qu'elle en fût atteinte, elle assura qu'elle en mourroit : Elle demanda & reçut ses Sacremens avec autant de devotion & de presence d'esprit, que si elle eût été au plus fort de sa santé : Elle fût cinq heures à l'agonie, pendant laquelle elle ne désista un seul moment de faire des actes des plus éminentes vertus, gagna les Indulgences, receut la derniere Absolution presque en expirant, en prononçant les sacrés noms de JESUS & MARIE. Ce fut en l'an 1669.

Voila la ferveur de cette belle ame qui ne cedoit à rien, & qui s'élevoit au dessus

sus de tout ; sa grande foy luy fit surmonter tout le monde : admirons aussi cette humble Servante de Jesus-Christ ; Voyés la plenitude de grace qui entra dans son cœur par les paroles de ce grand Serviteur de Dieu, elles exciterent un feu dans cette belle ame qui y détruisit tout d'un coup toutes les inclinations de la nature, & qui causa une extraordinaire chaleur d'amour de Dieu dans son ame. Le feu de sa charité étoit tel, que tout ce qui paroissoit d'elle dehors étoit comme les étincelles & les fumées qui en sortoient comme d'un grand embrasement ; si elle n'agissoit, & ne souffroit pour celuy qu'elle aimoit. Que cét exemple nous rapelle à nous, & prions Dieu de nous donner une étincelle de son amour, & un desir vehement d'aimer Iesus-Christ à l'avenir avec plus d'ardeur, & trouver toute nôtre joye dans cette amour.

MAXIMES.

I. Dieu par une conduite admirable de sa providence & de sa misericorde, a permis pour nous humilier malgré nous mêmes, que les autres connussent nos playes beaucoup mieux que nous, afin qu'ainsi nous soyons contraints de ne pas attribuër nôtre guerison à nôtre propre sagesse, mais à l'assistance de nostre prochain, & au divin secours de la grace.

II. Celuy qui a l'esprit vrayement humble, a de l'aversion & de l'horreur pour sa propre volonté, comme pour celle qui ne peut que le tromper, & par la foy ferme & inébranlable avec laquelle il presente ses prieres à Dieu, il obtient d'ordinaire & la lumiere pour aprendre ce qu'il doit sçavoir, & la force pour l'éxecuter.

III. Ayant receu cette divine lumiere, il n'éxamine pas même en particulier quels sont les mœurs de ceux qui prennent soin de sa conduite, mais il s'abandonne entierement à Dieu seul.

IV. Et quand celuy qui est humble seroit conduit par l'esprit de Dieu dans toutes ses pensées, & dans toutes ses paroles, il n'en croiroit pas d'avantage à son propre esprit ; car ce n'est pas une peine moins pesante à l'humble de se fier à son propre jugement, qu'aux superbes à se soûmettre à celuy d'un autre.

Dix-Neuvie'me Juillet.

LA VENERABLE SOEUR SIBILE DE Cornillon, Ursuline Congregée de Pertuis.

La mort l'a enlevée dans ses jeunes années, crainte que la malice du peché ne pervertit son esprit. Au Chap. 5. de la Sagesse.

Elle étoit native de la Ville d'Aix ; Madame sa mere étoit fort pieuse, & souhaitoit sous le bon plaisir de Dieu qu'elle fût Religieuse, mais elle ne correspondoit pas à ce defir, n'ayant point d'inclination pour la Religion. Elle la remit entre les mains de la Venerable Mere du Revés, & aprés avoir été quelque tems Penfionnaire aux Urfulines de Pertuis, les faintes pratiques de vertus qu'elle y remarqua, luy gagnerent tellement le cœur qu'elle fe refolut de demander d'être receüe à la Compagnie, ce qui luy fut tres-volontiers accordé, voyant en elle un fujet tout préparé pour recevoir des bonnes impreffions; elle reluit d'abord comme un Soleil dans cette petite Communauté qui la regardoit comme un chef d'œuvre de grace. Elle jetta le fondement de fa perfection d'une humilité profonde, & fur ce elle édiffia la haute Tour d'un tres-pur amour, qui la dégagea généralement de tout ce qui étoit creé, & la rendit telle que fon Divin E'poux la fouhaitoit. Elle étoit pure comme un Ange, il fembloit qu'elle n'avoit jamais peché en Adam; la grace & la nature l'avoient avantagée à l'envy; fon humeur douce & agreable ne fit jamais peine à perfonne, elle étoit tres-exacte à tous les réglemens, mais fur tout au filence qu'elle pratiquoit avec une exactitude admirable, quoy qu'en même tems elle eût des Charges oppofées & qui l'obligeoient à parler, mais elle fur-veilloit fi fort fur elle-même, qu'elle fçavoit fort bien ajufter le filence avec l'action, étant tout à la fois Sacriftaine, Portiere & Dépenfiere; elle exerçoit ces trois fonctions avec une grande égalité d'efprit, & un recueillement fi profond qu'elle l'infpiroit à celles qui la voyoient, tant elle étoit unie à Dieu qu'elle ne perdoit jamais de veüe.

Elle avoit une tres belle voix, & joüoit fort bien de l'épinette; mais elle ne fe fervoit de toutes ces belles qualités que pour les employer à la gloire de Dieu. Ce fruit étoit trop beau & meur devant fon tems pour le laiffer plus long-tems fans être tranfplanté dans le jardin celefte; fon cher E'poux la voulant recompenfer de fes propres dons, fans avoir égard au deffein que fes Sœurs avoient fur elle, ny à leur interêt, croyant de la poffeder long-tems, une fiévre violente la jetta dans une fiévre lente qui dura trois mois; ce fut dans cette maladie où fa vertu fut dans fon comble, elle en donna des exemples de toutes fortes, fur tout de patience, ne faifant jamais de plaintes, quoy qu'elle fouffrit des grandes douleurs à raifon d'un exceffif cour de ventre qui ne la quita qu'à la mort.

Elle fit encore paroître fon parfait dégagement, Madame fa mere l'étant venuë voir, au lieu d'en témoigner de la joye, elle fe montra tres-indifferente, défirant même qu'elle fe retirât bien-tôt, mais comme cette bonne mere aimoit tendrement une fi vertueufe fille, elle arrêta quelques jours dans la maifon; nôtre malade ne fut pas plus fenfible à la fin de cette vifite qu'au commencement.

Son cœur étoit trop fortement attaché à fon cher E'poux pour regarder plus rien de la terre; elle n'avoit plus que fon pere qui étoit dans le Ciel, n'afpirant plus qu'à fa propre deftruction pour être bien-tôt unie à fon principe; elle receut tous fes Sacremens avec une grande prefence d'efprit; d'abord aprés qu'elle eut l'Extréme-Onction elle fut dans un tranfport de joye, dans la pensée que bien-tôt elle iroit joüir de Dieu; pour luy faire plaisir on luy parloit continuellement de la mort, c'étoit là toutes ses delices, enfin elle eut l'accomplissement de ses souhaits, & entra dans le baiser de son cher E'poux qu'elle avoit tant souhaité, l'an 1639. âgée d'envtion 25. ans.

Si la mort a enlevé cette belle ame dés sa jeunesse, crainte que la malice du peché ne pervertit son esprit; aussi Dieu par une speciale grace l'avoit auparavant enlevé du monde pour la mettre dans le port asseuré de la Religion; son penchant étoit les divertissemens du monde, & par sa misericorde il a changé les douceurs mortelles de ses plaisirs dans l'amertume salutaire de la penitence: le monde luy plaisoit, & elle plaisoit au monde, comme dit l'Evangile; mais dépuis le monde luy a déplû, & quand une fois elle eût goûté la vertu dans le Cloître elle n'y voulut plus tourner. Aprenés, ames Religieuses, que plus vous haïrés le monde, & que vous serés haïes du monde, plus vous devés esperer que vous serés conformes à Jesus-Christ, & la joye d'être approuvées de luy, vous tiendra lieu de tout l'estime des creatures; car il vous doit peu importer, que les hommes disent, ou pensent de vous, pourveu que vôtre pere celeste qui voit le secret de vôtre cœur vous approuve dans le secret de vôtre vie Religieuse, & cachée.

MAXIMES.

I. L'operation de la Charité est comme une forme universelle qui s'introduit & s'insinuë dans toutes les operations de l'ame, comme en autant de differentes matieres, car l'amour est le principe de l'ame & la fin de toutes choses.

II. Quand une ame passe dans tous les differens états, elle aime dans les croix, elle aime dans les joyes; elle aime dans les ténébres; elle aime dans les clartés, de sorte que toutes ces diverses dispositions sont comme la nourriture de la Charité, parce qu'en effet elle vit de toutes ces choses; elle vit de souffrances, elle vit de douceurs, elle vit d'obscurité, elle vit de lumieres, étant un feu qui entretient son ardeur & sa flamme en toutes les matieres qu'on luy donne.

III. C'est un grand coup que de fermer la porte aux créatures, pour ne l'ouvrir qu'au Créateur; que vous serés en bonne compagnie, si vous retirant de la conversation du monde, vous merités que Dieu demeure avec vous.

IV. Ha! que c'est heureusement trafiquer que d'achepter avec un morceau de terre un trésor infiny, & de se défaire du vieil homme pour se revêtir de la Grace.

V. Le Pauvre d'esprit est bien riche & veritablement heureux, qui possede seul tous les biens du Ciel, aprés cela que peut-il demander, puis qu'il ne desire que ce qu'il a.

VI. Ce qui opere la plus éminente grandeur des Saints, est l'esprit de la foy, quand il est la conduite & l'ame de tout ce qu'ils font, & de tout ce qu'ils souffrent pour Dieu.

DIX-NEUFVIE'ME JUILLET.

LA VENERABLE SOEUR MARIE GIRAD,
Religieuse Ursuline de Saint Iean d'Angely.

Les craintes & les terreurs du Seigneur combattent contre moy. En Job ch. 6. v. 4.

SES bons exemples animent encore celles qui l'ont suivy, elle étoit surnommée de ses Directeurs la Martire de l'amour de Dieu à cause des peines interieures qu'elle portoit, qui l'éloignoient de toutes les satisfactions humaines, & qui la faisoient trembler sous la Divine Iustice, & dire ; *Les craintes, & les terreurs du Seigneur combattent contre moy.* C'étoit neanmoins une ame innocente, & élevée dans la devotion dés son bas âge ; en honorant cette illustre Martire du Divin Amour, il est juste que nous tâchions aussi d'imiter la fidelité qu'elle a témoigné à Dieu dans l'état de peine, & la joye qu'elle eut de se donner à Dieu, & de se soûmettre à ses Loix. Il luy a dit comme à Abraham ; *Sortés de vostre païs, quittés vos parens, & venés en la Terre que je vous montreray*, & le suivit aussi-tôt dans la Sainte Religion, où elle a pris part à l'humilité de son Sauveur & à ses souffrances, pour enfin passer dans le Royaume celeste du fils de Dieu, lequel semble nous dire à tous, que si l'on ne l'adore dans ses abaissements, on ne le verra point dans sa gloire.

MAXIMES.

I. Ayons soin en tout & toûjours de passer du corps à l'ame, c'est à dire de ne suivre pas les sentimens de la chair, o i d'une raison corrompuë, mais de vivre de la foy, pour enfin passer du temps à la bien-heureuse Eternité.

II. Il y a plusieurs exercices de vertus qu'on peut dire être autant de chemins par lesquels on arrive à la parfaite humilité, lesquels sont, être pauvre de cœur, & d'affection, abandonner le monde par une retraite inconnuë au monde, cacher sa propre sagesse, être simple & sincere en ses paroles, bannir de soy toute vaine confiance en soy-même, & retrancher tous vains discours superflus & inutiles.

III. Il y a difference entre veiller sur son cœur avec assiduité pour reconnoître ses mouvemens & ses desirs, & gouverner avec un empire absolu ce même cœur par la partie superieure de l'ame, sçavoir la raison, qui étant éclairée de la lumiere de la foy, maitrise comme une Reine les passions, & offre à JESUS-CHRIST dans la priere des pensées & des meditations toutes celestes, comme autrefois les grands Prêtres offroient à Dieu des victimes toutes pures.

DIX-NEUFIE'ME JUILLET.

LA VENERABLE SOEUR BRIGITTE
de Jesus de Payen, Religieuse Ursuline d'Arles.

Quand j'étois dans la tribulation & dans la peine, tout mon recours étoit au Seigneur. Pſalm. 119. v. 1.

SI la marque de la predeſtination eſt celle de la tribulation portée avec patience, nôtre Sœur de Jesus fut exercée ſept ans durant, étant travaillée de douleurs tres-aiguës, ſur la derniere année qu'elle eut de ſi fortes convulſions qu'il faloit quatre Religieuſes pour la tenir au lit. Elle ne laiſſoit pas, ſe voyant jeune, de deſirer la ſanté ſous le bon plaiſir de Dieu, lequel étoit tout ſon recours dans ſes peines; ayant apris que la Mere Rampale avoit guery une fille dans le Monaſtere d'Avignon le jour qu'on ouvrit ſon tombeau, elle eut une aſſurée confience de guerir par ſon moyen, elle demanda inſtamment qu'on la portât à ſon ſepulchre; mais les Superieurs ne le trouvant pas à propos, la conſoloient d'ailleurs au mieux qu'il leur étoit poſſible.

Dans cette conjoncture Monſieur Rampale paſſant à Arles, la vit & luy promit de luy faire envoyer une des chemiſes que l'on changeoit de temps en temps à cette bonne Mere; huit jours ſe paſſerent encore, mais avec un tel agrement de ſes maux, qu'elle eut quatorze accidens en un jour qui obligerent à luy donner l'Etrême-Onction.

Comme toutes les Religieuſes l'aſſiſtoient, n'attendant plus que ſa mort, on aporta le linge d'Avignon. La Superieure le receut, & ordonna aux Religieuſes d'aller au Chœur prier pour l'Agoniſante, laquelle ſans que perſonne luy en dit rien, vit en eſprit tout ce qui ſe paſſoit en ſa faveur: D'auſſi loin qu'elle aperceut la Superieure tenir ce linge, elle ſe prit à pleurer de joye, & il ne fut pas plûtôt poſé ſur elle, que ſes bras qui eſtoient étendus comme deux barres de fer, ſe rendirent pliables, elle prit ce linge entre ſes mains & le ſerra tres-étroitement ſur ſa poitrine, puis étant laiſſée ſeule, elle ſe trouva extraordinairement unie à Dieu, & dans le deſſein d'accomplir ſa ſainte volonté en ſanté, ou en maladie; alors il luy ſembla qu'elle embraſſoit la Mere de Jesus Rampale, & qu'elle luy entendoit dire ces paroles; *Ma Fille, ſerois-tu plus contente à mon tombeau que tu és maintenant.* La Malade répondit toute tranſportée de joye & par trois fois, *que non.* Là-deſſus le Confeſſeur, la Superieure, & d'autres entrerent dans la chambre, & furent en admiration de voir qu'elle avoit recouvert la parole, & qu'elle eſtoit ſi contente. Elle demanda à manger, & elle mengea avec apetit. Elle chanta le *Laudate Dominum*, &c. d'une voix auſſi forte qu'avant ſa maladie; Enfin elle ſe porta si bien, qu'à peine demeura-t-elle jusqu'au matin hors des exercices de la Religion; cependant les Religieuses passerent toute la nuit en actions de graces: Le lendemain le bruit ayant couru par la Ville de sa guerison, tout le monde vint au Convent pour voir cette Religieuse, & durant trois jours il falût qu'elle demeurât presque continuellement au Parloir. Les Medecins qui l'avoient vû dans ses maux jugeoient que celle qui l'avoit guerie étoit bien puissante auprés de Dieu, & les autres le benissoient de ses misericordes, & elle a perseveré dans une tres-sainte vie, qui luy a merité une heureuse & bonne mort.

Cette vertueuse Religieuse nous montre par tant de souffrances, jusques où l'on doit porter la fidelité que l'on doit à Dieu; que ce souvenir nous porte donc à souffrir avec un esprit de patience ce qui ne regarde que nos personnes particulieres, mais en même tems que nous aurons cette douceur en ce qui nous touche, ayons un saint zéle pour tout ce qui regarde le service de Dieu, & de la Religion; ne craignons point alors d'implorer la faveur du Ciel, & les puissances temporelles, mais il faut en demeurer là, toûjours attaché à la volonté de Dieu, comme a fait nôtre Sœur de Jesus, qui obtint sa guerison pour mieux servir Dieu & la Religion.

MAXIMES.

I. Demandez par les larmes, cherchez par l'obeïssance, & frappez à la porte par une perseverance qui ne se lasse jamais; car celuy qui demande de cette sorte, reçoit; celuy qui cherche en cette maniere, trouve; & celuy qui frappe ainsi à la porte se la fera ouvrir.

II. N'employez pas le tems destiné pour la priere à des soins, quoy que necessaires, & à des affaires quoy que spirituelles, autrement ce seroit un artifice, dont le demon se serviroit pour vous dérober le plus precieux tresor de la vie Religieuse.

III. Celuy qui pratique une oraison continuelle, ne bronche que rarement, & s'il arrive qu'il bronche, il ne tombera pas tout à fait, car la priere est une sainte violence que l'homme fait à Dieu même.

Vingtième Juillet.

LA VENERABLE SOEUR URSULE
de Saint Joseph, de Prifye, Religieuse Ursuline de l'Isle de Venise.

Que celuy qui est saint devienne encore plus saint, & que celuy qui est pur, devienne encore plus pur. En l'Apocalipse, Chap. 22. verf. 11.

Nôtre Ursule étoit fille d'un fameux Médecin dont la science & ses belles qualités luy ont acquis une tres-grande estime de tous ceux qui le connoissoient. Il étoit natif de Nevers, mais les diverses disgraces de sa famille l'ayant obligé de prendre vacation, il s'en éloigna choisissant l'Isle de Venise pour son séjour, où il se maria en seconde Nopce avec Madame Laurence de Guart qui luy donna plusieurs enfants & filles, la derniere desquels fut celle dont nous parlons, qui sceut si bien gagner par les artifices innocents de ses bonnes qualités & de sa beauté naturelle l'amitié de ses parens, qu'ils ne pensèrent dés son jeune âge qu'à la faire paroître, & à la loger avantageusement dans le monde, neanmoins comme ils étoient bon Chrétiens, ils la voulurent faire instruire à la pieté, & la mirent en pension aux Ursulines de l'Isle; il ne se peut dire combien cette petite profita des instructions qu'elle y receut & comme elle s'enflamma en l'amour de Dieu, & s'anima à la solide pratique des vertus, auxquelles Nôtre-Seigneur l'attira par une grande pureté de conscience, car dés l'âge de sept ans, voyant qu'on ne luy permettoit pas de communier, elle s'obligea par vœu de se confesser au moins tous les Samedys; entre plusieurs pratiques de vertus, elle s'appliqua à une si grande mortification, que même elle mangeoit des choses tres sales & dégoutantes; elle passa de la sorte jusqu'à ce que ses parens la retirèrent; ce fut alors que l'on peut dire qu'elle remporta autant de victoires, que l'amour extraordinaire qu'ils avoient pour elle luy a tendu de combats; car comme son cœur ne soûpiroit que pour Dieu, & eux passionnoient qu'elle eut quelque complaisance pour le monde, il n'est pas concevable combien ils la firent souffrir, l'obligeant à se parer selon sa qualité, & à converser; mais enfin ne pouvant plus souffrir l'air infect de la conversation du monde, elle minuta sa retraite, & traitta pour cela avec les Religieuses Ursulines qui luy ouvrirent tres-agreab'ement leur porte.

Son pere s'étant apperceu que sa fille manquoit au logis, il se douta de la verité, & se rendant au Monastére, il demanda comme Médecin d'aller visiter les malades, les portes luy étant ouvertes, il visite plusieurs endroits du Monastére, où enfin il rencontra sa chere Ursule le long d'une galerie; l'amour cedant alors à la colere, le fit emporter à tel excés de la chasser à coup de pieds jusques hors du Convent, & la ramena à sa maison, mais ce ne fut pas sans luy donner des corps de garde qui l'espioient incessamment, & qui ne luy permettoient pas d'aller seule en aucun endroit; si bien que hors une protection particuliere de Dieu, elle n'auroit pû venir à bout du dessein qu'il luy avoit inspiré, & qu'il luy facilita comme vous verrez dans la suite.

Un matin qu'elle étoit en l'Eglise, où elle faisoit ses devotions à l'accoûtumée, elle se sentit fortement inspirée de se dérober une seconde fois, mais ne voulant rien faire sans conseil, elle entra dans une Chapelle pour le demander à un vertueux Ecclesiastique, qui gouvernoit alors les Ursulines, & à qui elle avoit beaucoup de confiance, lequel ayant écouté charitablement ses pensées, luy dit, qu'il falloit avoir recours à la Sainte Vierge, & invoquer son secours par un *Salve*, lequel finy, ce bon Prêtre luy dit, ma Fille allés au nom de Nôtre-Seigneur, executés ce qu'il demande de vôtre fidelité, & soyés asseurée que tout reüssira à sa gloire, presentés-vous hardiment aux Ursulines, & dites leur de ma part qu'elles vous ouvrent la porte; à peine eût-elle achevé d'entendre ces paroles, qu'elle se mit en devoir d'obeir, & Dieu facilitant les choses, la fit trouver sans que personne s'y opposât, au lieu de ses desirs; & ce qui est plus admirable, elle même ne sçeut pas comme la chose s'étoit passée: voicy ce qu'elle en dit, *lors que je sortis de l'Eglise pour aller au Monastére, je m'y trouva sans sçavoir comme ny par quel chemin j'y avois été menée, encore moins comme quoy j'avois pû échaper les yeux des personnes qui m'y avoient accompagnée*; de sorte que l'on peut dire, que Dieu renouvela en sa personne & en sa faveur ses anciennes merveilles; ce ne fût pas pour la laisser sans combat.

A la premiere nouvelle qu'on eût, Monsieur son pere courut plein de furie au Monastere, où ayant vomy son venin contre la Superieure & ses Religieuses, il rompit de colere à coups de pieds une partie de la porte; ensuite il passa au Parloir pour écouter les raisons des Religieuses, il s'emporta de telle sorte que sa bonne fille qui l'entendoit, se presenta pour ôter à la Superieure les clefs de la porte, crainte qu'elle ne l'ouvrit à son pere, mais à peine l'eût-il apperçû que s'adoucissant, il luy demanda pardon de tout ce qui s'étoit passé, & se se jettant à genoux devant elle, la pria de ne le point laisser, l'asseurant que si elle vouloit sortir, il luy donneroit un dot considerable pour son mariage, mais elle qui avoit mis tout son amour en l'Epoux des Vierges, sortit du Parloir, en luy disant, qu'elle ne se soucioit ny de son or, ny de son argent, pourveu qu'elle fût Religieuse; & de la sorte elle quitta son pere, pour aller demander grace & force à Dieu pour ne point succomber à ce premier combat, qui fut suivy de celuy de sa mere; ce fut devant le Saint Secrement où elle fit sa priere, ensuite son cœur soutenu de la grace, triompha des tendresses de sa mere.

Son pere voyant qu'il perdoit tems en poursuivant sa fille, eut recours à
l'Evêque

l'Evêque du lieu, lequel étant alors absent, Monsieur le grand Vicaire se rendit ce même jour à l'Isle, pour entendre & vuider cét affaire, pour laquelle il écrivit aussi à Rome pour avoir justice. Enfin après plusieurs raisons dites de part & d'autre, sur tout de nôtre genereuse fille, qu'elle disoit avec tant de sagesse & de courage qu'elle ravissoit, il fût conclud que pendant six mois elle demeureroit en dépôt aux Ursulines avec deffence aux Religieuses de ne luy point parler de la Religion ; mais pendant cette intervalle le cœur de Monsieur de Prisye se rendit enfin à Dieu, & consentit plûtôt qu'on osoit espérer à sacrifier sa chere fille, car huit jours après son entrée, & tout le bruit qu'il avoit fait il la fut visiter, & pendant un entretien de deux ou trois heures qu'il eut avec elle, il luy promit de luy donner toute satisfaction pourveu qu'elle voulut encore une fois aller en sa maison, à quoy elle consentit pour obeïr à son pere qui de sa part luy tint si inviolablement sa parole qu'il la laissa retourner au Monastére avec sa Bénédiction, & s'accommoda pour la dotte avec les Religieuses avec grande paix & douceur.

L'ennemy des hommes qui jusques alors avoit agy en Lion sans rien avancer sur le cœur de cette jeune Amazonne, se cacha en renard dans le plus secret de son ame, la remplissant d'amertume & de dégout pour la vocation qu'elle avoit choisy, voicy ce qu'en a dit son Directeur après sa mort, *il tint à peu, voyant l'indiference où elle étoit de la Religion, que je ne luy fisse ouvrir la porte, ce qui dura bien une partie du tems que Monsieur le grand Vicaire avoit ordonné qu'elle demeura sequestre.* Enfin le jour parut dans son ame qui luy donna ses premieres lumieres, luy découvrant plus clairement que jamais la beauté de l'état où Dieu l'avoit appellée, qu'elle embrassa le 17. de son âge, & le neuf de Janvier 1656.

Que celuy qui est saint devienne encor plus saint, que celuy qui est pur devienne encore plus pur. Tous les combats, toutes les victoires, & toutes les démarches que cette bonne ame avoit fait dans les voyes de salut, n'étoient encore rien à son amour, car quand elle se vit par la vêture au comble de ses desirs, ce fut alors qu'elle travailla à devenir encore plus sainte & plus pure ; à cét effet elle entreprit à se détruire elle-même, & toute chose en elle par une abnegation générale de toutes ses volontés qu'elle tint si soûmise à l'obeïssance qu'à peine a-t'on jamais pû remarquer qu'elle ait agy par elle-même en aucune action, ce qui donna tant de satisfaction aux Religieuses, que l'année de son Noviciat étant expirée, elles la receurent avec bien de la joye à la Profession qu'elle fit le quatorziéme Janvier 1657. & continüa son chemin avec plus de ferveur que jamais, se rendant si exacte à la pauvreté qu'elle recherchoit tout ce qui étoit le plus chetif pour son usage, c'étoit la joye de son cœur d'avoir les restes & le plus usé.

Elle se conservoit la pureté par une mortification générale de tous ses sens qu'elle privoit de tous les plaisirs. En voicy quelques actes ; une fois qu'on l'avoit servy du fruit, comme elle en avoit mis un morceau en sa bouche, elle sentit un gros vers sur sa langue qu'elle mangea non sans repugnance ; quand on

Tome III. V

la servoit de ce qu'elle craignoit, elle le mangeoit avec une avidité auſſi grande que les perſonnes voluptueuſes recherchent & devorent les friants morceaux, de peur que la charité de ſa maîtreſſe, ne luy ôtât cette occaſion de ſe mortifier.

Ceux qui la conduiſoient ayant remarqué tant de diſpoſitions à la penitence, luy en permirent au de-là des regles, de ſorte qu'elle prenoit la diſcipline deux & trois fois la ſemaine ſi rudement qu'on l'entendoit de bien loin exercer ſur ſon corps les ſaintes cruautez dont le Sauveur nous avoit donné l'exemple en ſa perſonne, & ne quittoit point cét exercice qu'elle n'eût mis l'inſtrument dont elle ſe ſervoit tout en ſang, de ſorte que l'on peut dire, que par ces pratiques & diverſes autres, qu'elle avoit mis une haye d'épines & des cloux en ſa vigne, qu'elle embellit encore par une ſincere & continüelle obeïſſance, de ſorte que non ſeulement elle faiſoit ce qui luy étoit commandé par les régles & les ordres de ſes Superieurs & Superieures, avec fidelité & exactitude, mais encore la grace jointe à ſon bon naturel, avoit mis ſon ame dans une ſi grande dépendance de la volonté de Dieu, qu'elle ſe portoit à toutes les obſervances ſans peine, & ne trouvoit difficulté à aucun bien : il ne ſe faut donc pas étonner ſi ceux & celles qui la conduiſoient, n'ont ſçeu remarquer en elle aucune imperfection volontaire. Elle tâchoit d'aſſujettir ſa volonté en tout à celle d'autruy, même à celle des Sœurs converſes, faiſant gloire de leur obeïr & aider aux actions les plus laborieuſes & viles. Elle leur faiſoit auſſi charitablement la lecture ſpirituelle, & leur cedoit en toutes choſes, ce qu'elle faiſoit même à l'égard des enfans de qui elle écoutoit leur petite raiſon, avec une entiere defferance, ce qui la rendoit aimable à toutes les perſonnes qui la converſoient : l'on peut dire qu'elle étoit accomplie en tout, & que cette victime fût conſommée par l'ardeur de ſon amour, la troiſiéme année de ſa profeſſion, dans les fonctions d'une vraye Urſuline, je veux dire, dans l'employ de l'Inſtitut.

Sa maladie parut d'abord n'être pas un mal fort conſiderable, & comme tel il fut négligé de ſon propre pere qui la traitta dans ſon mal, lequel empirant inſenſiblement d'un jour à autre, fit connoître mais trop tard, que c'étoit une fiévre maligne qui a peiné donna du tems pour pouvoir luy adminiſtrer ſes Sacremens en l'uſage de raiſon, & qui l'enleva de ce monde le 20. Iuillet l'année 1659. le vingt-deuxiéme de ſon âge.

Monſieur Maccaſſotte homme de grande vertu, & d'une ſincerité connüe, allant querir les Saints Huiles pour les donner à nôtre Sœur de Saint Joſeph, entendit des battemens de mains, comme des perſonnes qui ſe réjoüiſſoient, c'étoit dans la Sacriſtie ; on a crû pieuſement que c'étoit des ames du Purgatoire, qui témoignoient leur joye, eſperans d'avoir part aux prieres qu'on feroit pour elle aprés ſon trépas, dont elle avoit eû quelque preſſentiment dés ſon vivant, car Madame ſa Mere étant morte, elle entendit déslors juſqu'à ce qu'elle mourut des voix qui l'appelloient ſoit de jour, ſoit de nuit, par ſon nom d'Urſule, ce qui fût bien remarqué aprés ſon decés par les Religieuſes, qui ne purent de long-tems ſe conſoler de cette perte, que dans la volonté de Dieu. Vn devot Eccleſiaſtique qui avoit eû la direction de cette bonne Religieuſe, fit un Eloge de ses vertus, qui conclut en disant, que la Sœur Ursule de Saint Joseph avoit fait tout ce qu'une fille peut faire pour Dieu.

MAXIMES.

I. Attachés-vous à ne chercher qu'à plaire à Dieu seul, servés-le avec amour & fidelité, & vous vous joüerés du monde, mais si vous recherchés de plaire au monde, le monde se joüera de vous.

II. Une ame qui veut suivre Jesus-Christ, ne doit jamais chercher le repos, mais travailler continuellement sans se lasser jusqu'à la mort. Souvenez-vous que la terre n'est pas une region de clarté, mais de tenébres; que ce n'est pas le lieu où l'on voit, mais bien celuy où l'on travaille, & ainsi resolvez-vous à le faire quoyque vous n'ayés point de lumiere.

III. La perfection Chrêtienne n'est pas l'œuvre d'un jour, elle ne s'acquiert que par un travail tres-long, & en se renonçant & mortifiant soy-même en toutes choses petites & grandes, & cela sans relache. Elle ne consiste pas en belles paroles, en bons desirs, ny en bonnes resolutions, mais en œuvres saintes, & parfaites.

IV. Ne vous y trompez point, la perfection Chrêtienne est tres-difficile à acquerir, & si quelqu'un la croit facile, il fait bien voir non seulement qu'il ne l'a pas acquise, mais même qu'il n'y a pas essayé, & neanmoins cette difficulté, ne vous dispense pas d'être parfaites, puisque le Fils de Dieu nous y oblige dans l'Evangile, lors qu'il dit, *soyez parfaits comme vôtre Pere Celeste est parfait.*

VINGTIE'ME JUILLET.

LA VENERABLE SOEUR MARIE DE Sainte Ursule, Religieuse Ursuline de Liege dans le Païs bas.

Il receut tout aussi-tôt la veüe. En Tobie Chap. onziéme.

LE fiel de Poisson qu'apportoit le jeune Tobie fit recouvrer promptement la veüe à son pere; mais la main & le bras du Seigneur l'a donnée encore avec plus de miracle; car ce fut un sujet de grande admiration de voir cette bonne Religieuse nôtre Sœur Marie de Sainte Ursule, qui aprés avoir été éprouvée de Dieu par un aveuglement de plusieurs années, fut un jour si touchée de la necessité que la Maison avoit d'une fille de travail qu'elle impetra le recouvrement de la veüe, mais elle n'en eut l'usage precisement que pour le besoin, car aussi-tôt qu'une autre Religieuse fut revenuë d'un lieu où elle avoit été envoyée, celle-cy perdit les yeux derechef, & ne vit plus rien en ce monde. Admirons aujourd'huy la conduite de Dieu sur les ames, comme il sanctifie celle-cy par la separation de tous les objets visibles ce qui nous apprend à nous separer de toutes choses pour nous attacher qu'à Dieu seul, & luy donner toutes les tendresses de nôtre cœur.

MAXIMES.

I. Ayez toûjours une ferme confiance en Dieu, & il se rendra luy-même vôtre maître pour vous enseigner à la priere; c'est dans l'oraison même que nous l'apprenons par la lumiere de Dieu qui depart à l'homme la connoissance des choses Divines, qui donne la priere à celuy qui prie, & benît les années & les jours des justes.

II. Le repos du corps est un état de tranquilité & de paix, où tous les mouvemens & tous les sens corporels sont assujettis à la raison, & le repos de l'ame est un calme de l'esprit & une méditation tranquile qui est exempte de toute distraction, & inviolable aux larrons spirituels qui sont les Démons.

III. Le premier degré de la paix interieure de l'ame, est d'éloigner de soy tou le bruit que causent les passions, comme troublant la plus profonde tranqui lité de noste cœur, le dernier & le plus parfait est de ne pas craindre même c tumulte & d'y être entierement insensible.

IV. Plus on s'avance vers la paix de l'ame plus on est reüeilly en soy-mê me par le silence. Il est doux & c'est un tresor vivant de tendresse & de charité car celuy qui ne se porte que difficilement à parler, ne se porte que di ficilement à se mouvoir de colere, au contraire celuy qui est promt pour l'u l'est aussi pour l'autre.

VINGTIE'ME JUILLET.

LA VENERABLE SOEUR JEANN
de l'incarnation, Religieuse Ursuline de Beaune.

Qui a fait des choses mauvaises en la terre des Saints, il ne verra pas la glo de Dieu. Isaïe Chap. 26.

IL est écrit dans la vie de Sœur Estiennette de Sainte Catherine Gu une chose tres-remarquable arrivée à nôtre Sœur de l'Incarnation, laqu peut être fort profitable aux ames Religieuses. Elle tomba dans une gra maladie qui la mit à l'extrêmité ; Sœur de sainte Catherine fut une nuit destinée pour la veiller le septiéme Juillet ; tandis qu'on luy donnoit ses Sacremens, elle fut dans un transport dont étant revenüe elle dit à sa Superieure, jay veu l'Ange Gardien de nôtre Sœur qui a presenté à Dieu tout le bien qu'elle a fait. Toute sa vie a été severement examinée pour voir si elle iroit droit au Ciel, mais helas !ce qui m'a estonné c'est que l'on ne faisoit point d'état des pechés qu'elle avoit commis dans le monde, & que l'on pesoit seulement ceux où elle étoit tombée en Religion, on a laissé la conclusion indecise jusques à son dernier moment.

Le même jour elle vit le Fils de Dieu qui presentoit sa Passion au Pere éternel en faveur de cette ame, & une grande multitude de Saints prosternés, en demandant misericorde pour elle. Le Sauveur de nos ames dit à la Sœur Estiennette, *je veus que tu souffre afin que ta Sœur mon Epouse se rende digne de recevoir une grace dont elle a besoin pour me rendre l'esprit.* Au même tems elle eut des douleurs par tout le corps, & presque sans relâche pendant treize jours jusques à la mort de cette malade.

Le jour de sa mort sur les six heures du soir elle entra avec elle à l'agonie, n'ayant point de paroles que pour avertir des tentations, & convulsions qui devoient arriver à cette agonizante, afin que l'on pria Dieu pour elle ; à voir l'une on jugeoit de l'état de l'autre, car à mesure que celle-cy diminuoit, celle-là souffroit d'avantage, le 20. Juillet l'an 1646. à trois heures aprés midy, la malade mourut, & Sœur Estiennette fit un petit cris, disant, *son jugement est fait*, elle jetta à même-tems abondance de larmes, & au bout d'un quart-d'heure elle rentra dans son naturel, & alla au travail comme si elle n'eût rien enduré.

Elle dit, parlant de la defuncte, que c'étoit un spectacle horrible de voir les dé-
,, mons proche d'elle ; ils entroient quelquefois dans de si grandes rages de ce que
,, j'éxcitois à prier pour elle, qu'ils m'éfrayoient, & me ménaçoient de me fraper.
,, Comme ils la tentoient de vanité, la Mere Anne de S. Barthelemy Carmelite,
,, nos Meres Marie de l'Incarnation, & de S. Paul, ce sont deux Professes de l'Or-
,, dre, luy donnoient courage pour resister par des paroles admirables & si hautes
,, que je ne les peus retenir.

Or quoy que Sœur Jeanne de l'Incarnation eut été une tres-bonne Religieuse, une demy heure aprés sa mort, sa Sœur Estiennette l'entendit qu'elle luy disoit, *Ma Sœur, c'est chose épouvantable de tomber entre les mains de Dieu, quand on ne s'est pas acquitté de son devoir, vous ne sçauriés vous imaginer ce que je souffre, j'endure plus au bout de mon doigt que les plus grands des Martyrs qui ayent été, ayés compassion de moy.*

Pendant que l'on celebra les trois premieres Messes pour le repos de son ame, Sœur Estiennette souffroit des douleurs inexplicables, qui la firent tomber en défaillance ; on luy demanda d'où venoient tant de souffrances, c'est, dit-elle, *pour aider à cette Ame à faire son purgatoire, afin qu'elle aille au Ciel le jour de l'Assomption de nôtre Dame en la compagnie de plusieurs autres.*

Huit jours aprés son decés elle s'aparut à la même Sœur, & luy dit qu'elle avoit plus souffert depuis la separation de son ame jusques aprés les trois premieres Messes dites pour elle, que tout le reste des huit jours, & que ce qu'elle enduroit alors étoit peu de chose.

Au bout de deux jours elle se montra encore à elle vétuë de son habit Religieux, l'exhorta de profiter des graces. *Je souffre,* adjoûta-elle, *pour des defauts que je ne connoissois pas, mais il n'a tenu qu'à moy d'en avoir la connoissance, je vous prie, ma Sœur, d'exciter nos Sœurs à honorer les sept paroles que le Fils de Dieu profera en la Croix, cela aura bien du pouvoir pour m'avancer la joüissance de Dieu.*

Le troisiéme d'Aoust la même Ame luy dit, qu'elle ne souffroit plus que la privation de Dieu, & la pria de persuader la Superieure de commander aux Religieuses de gagner les Indulgences, afin que toutes le fissent. *Parce,* dit-elle, *qu'une petite action faite par obeïssance, surpasse tout ce que l'on pourroit faire de sa volonté.* De plus elle luy nomma trois Religieuses qui commettoient des fautes dans le Chœur, en suite de l'exemple qu'elle leur en avoit donné, la priant de les en avertir, & de leur faire sçavoir qu'elle en avoit beaucoup souffert.

Le jour de l'Assomption, aprés qu'elle eut communié, elle tomba comme évanoüie, & preste, ce sembloit, à tout moment de rendre l'esprit, jusques à l'elevation du S. Sacrement à la haute Messe, qu'elle se trouva à son ordinaire, mais tres-foible de ses grandes souffrances ; elle dit, en rendant compte de sa disposition, que nôtre Sœur Jeanne de l'Incarnation avoit été tout ce temps-là auprés d'elle, & luy avoit fait sçavoir, que depuis le jour precedent, que l'Eglise Militante avoit commencé la Feste, la Sainte Vierge avoit tiré quantité d'ames du Purgatoire, dont elle étoit du nombre, les laissant pourtant dans un certain lieu en attendant que toutes les communions de ce jour-là fussent faites, & luy dit. *J'ay bien de l'obligation à cette Maison des prieres qu'elle a faites pour moy, lors que je seray dans le Ciel je prieray pour elle. Adieu ma Sœur, tout nôtre Ordre a de grandes obligations à nos Bien-heureuses Meres Marie de l'Incarnation, & de S. Paul, pour les graces signalées qu'elles luy obtiennent ; elles possedent des places si hautes dans le Ciel, qu'il ne m'apartient pas d'y aspirer ; faites bien, ma Sœur, pendant que vous le pouvés, je m'estimerois heureuse d'être encore une heure dans le monde, afin de croître en l'amour de cette Divine Majesté ; ha ! que je le ferois bien d'une autre maniere que je n'ay fait.* Cela dit, elle disparut, & ne revint plus qu'un an aprés, le jour que l'on faisoit son Anniversaire dans le Convent. Nôtre Sœur Estiennette étoit dans un excés de douleur lors que la Défuncte se presenta à elle, & luy fit d'admirables leçons. La Vivante s'apliquoit fort pour les retenir, mais l'Ame luy dit qu'elle ne se peinât point, & que c'estoit plus pour luy donner de bonnes impressions en general qu'elle luy parloit, que pour les retenir en particulier.

Sœur Estiennette declara aprés, que S. Augustin & Sainte Ursule avoient revétu cette Ame Sainte d'une robe toute couverte de Pierres precieuses, & fait d'autres caresses. A côté d'elle elle vit un grand feu, & l'Ame la prenant par la main, luy dit. *Venés vous-en dans ce gouffre d'Amour, enfoncés-vous, brûlons.* Elle se sentit comme abîmée avec elle dans Dieu, & enfin elle contempla cette Ame que S. Augustin & Sainte Ursule élevoient au rang d'un grand nombre de Vierges, où elle prit place auprés d'une Mere de Sainte Catherine, Religieuse Ursuline de la premiere Maison de Paris. Ne nous scandalisons point lors que nous voyons ces évenemens funestes. Voyons avec attention de quelle maniere Dieu traite ceux qui luy sont plus fidelles. Disons donc ce que le Fils de Dieu dit dans l'Evangile. *Si le bois vert est traitté de la sorte, que deviendra le bois sec.* Si ceux qui passent leur vie dans la retraite, & dans la penitence, sont jugés si rigoureusement, & souffrent de si grands tourments, que doivent attendre ceux qui vivent dans l'impenitence, & dans tous les divertissemens du siecle. Mais si les personnes du monde doivent tirer cette instruction importante de cette histoire, celles qui s'en sont retirées & qui ont embrassé comme elle une vie religieuse & penitente, ne doivent pas trouver mauvais si Dieu permet quelquefois que leur paix soit troublée par des surprises où il semble qu'elle ne devroit pas être exposée. La vie de ce monde est une vie d'agitation & de tumulte, quelque repos que l'on y recherche ; JESUS-CHRIST dit, *qu'il n'est pas venu aporter la guerre, mais la paix*, qu'ainsi au lieu de se troubler de ces rencontres, rendés gloire à Dieu de ce qu'il les y a si bien preparé par la vie qu'il leur a fait embrasser, comme il a conduit cette sainte ame à la Religion pour estre mieux disposée à souffrir, qui est le chemin Royal de la gloire ; mais souvenés vous aussi, *que celuy qui a fait des choses mauvaises en la terre des Saints, il ne verra pas la gloire de Dieu.*

MAXIMES.

I. Une ame Religieuse dans sa solitude est comme un Ange terrestre, qui par sa vigilance & par son ardeur, bannit de son Oraison la paresse & la negligence ; le veritable solitaire est celuy qui crie du fond de son ame, *Mon cœur est preparé, mon Dieu.* Et il dit encore, *je dors, mais mon cœur veille.*

II. Fermés la porte de vostre celule à vôtre corps, la porte de vos levres à vôtre langue, la porte de vôtre ame aux malins esprits ; le grand calme & la chaleur du Soleil en plein Midy, montrent quelle est la patience du Matelot ; & le manquement des commodités de la vie, fait voir la constance d'une ame Religieuse.

III. C'est seulement dans le repos & la paix de l'esprit qu'on reçoit des sublimes connoissances ; il n'y a que l'oreille qui est dans la retraite & dans la solitude qui écoute de grandes choses de la part de Dieu.

IV. L'ame est vrayement solitaire qui ne voulant rien perdre des douceurs Divines dont Dieu l'a consolé, ne fuït pas moins les creatures, quoy qu'elle n'ait aucune aversion pour elles, que les autres les recherchent.

Vingt-vnie'me Juin.

LA VENERABLE SOEUR FRANCOISE de Saint Bernard, Berard, Religieuse Ursuline de Chambery.

Elle se soulera d'opprobres. Aux Threnes, chap. v. 30.

Elle étoit d'une condition mediocre dans la Ville de Lyon, avec le tems elle fut engagée à la suite d'une Dame que l'on estimoit magicienne, & qui luy voulut communiquer quelques choses de sa détestable science ; mais par la protection de Dieu, & par l'aide de quelques bons Religieux, elle sortit d'avec elle, & entra dans une Abbeïe, où la Bien-heureuse Mere d'Arbouse étoit Abbesse, laquelle fit son possible pour la retenir, disant, qu'elle prevoyoit ce que cette Ame seroit un jour ; elle retourna à Lyon, puis elle alla à Lagneu.

Le Superieur des Ursulines de Chambery, qui étoit un Feüillant nommé Dom Jean de Saint Pierre, frere de la Mere Anne de Beauvais, persuada à la Mere de Leguise de l'envoyer querir, & de la prendre gratuitement à Chambery, parce qu'assurément cette fille seroit quelque chose de rare ; on l'y receut sur cette esperance, & aprés qu'elle fut Religieuse on l'envoya à la fondation de Belay, & puis à Grenoble sous la conduite de la Mere Ranquet de Jesus, pour être éprouvée sur les choses extraordinaires que l'on remarquoit en elle.

En ce Convent-là on la priva long-tems des Sacremens, on la traita comme trompée du Démon, & même comme sorciere, pendant que Nôtre Seigneur fit voir son Ame à une Sœur Converse des Ursulines de Gex, dans une tres-sublime communication avec la Sainte Trinité, & c'est ainsi *qu'elle fut soulée d'oprobres*.

Elle fut rapellée à Chambery, elle y passa presque toute sa vie à l'instruction des filles externes, & par vœu elle s'y employa cinq ans de suite ; elle usoit des inventions familieres & agreables pour leur insinüer la pieté ; quelquefois elle leur faisoit vêtir & orner spirituellement Nôtre Dame par la pratique de divers actes de vertus raportantes à une robe, à une couronne, & choses pareilles, qui animoient merveilleusement ces petites creatures.

Les vertus de nôtre Sœur de Saint Bernard étoient des vertus d'acquisitions & de conquête ; son naturel y ayant beaucoup d'opposition ; de plus elle avoit un bel esprit cultivé par l'étude de la Philosophie, & même d'un peu de Theologie qui n'est pas toûjours la meilleure disposition à l'abnegation de soy-même, puis qu'au contraire au sentiment de S. Paul, la science enfle. Elle sçeut si adroitement se cacher qu'elle paroissoit la plus ignorante de la

maison

21. Iuillet. *La V. S. Françoife de S. Bernard, Berard.*

maifon ; elle faifoit des queftions les plus fimples du monde aux Religieufes. Elle demandoit l'explication des lectures les plus communes , & elle embraffoit generalement tout ce qui la pouvoit rendre abjecte.

Outre cela, durant un certain tems elle contrefit fi bien la folle, que chacun ne fçavoit qu'en croire ; elle qui avoit accoûtumé d'être fur le pied d'un grand ferieux , fe mit à badiner & à bouffonner ; fon Directeur qui étoit de partie avec elle , en faifoit l'ignorant quand on luy en parloit; mais une fois par hazard cette fage folle s'oublia de feindre , & fit réponce à une Religieufe qui luy vouloit donner quelque refpect humain. *Sçachez que je n'ay jamais pretendu des créatures que confufion & que mépris ; quand je les auray rencontré, c'eft alors que je feray contente.*

La fin de ce jeu myfterieux fût, que tout d'un coup elle revint dans fa gravité ordinaire, d'où l'on jugea qu'elle n'avoit point eu d'alienation d'efprit , mais que deliberément elle s'étoit reduite à l'état le plus méprifable qui luy avoit été permis. Elle vécut toûjours dans le rabais , aprés même qu'elle eut de quoy fe raffafier d'oprobres dans Grenoble, où enfin l'ayant reconnuë, on l'eftima fort.

Dieu luy laiffa quelques défauts legers , & vifibles, qui contribuerent à la tenir dans la voye de l'humiliation jufqu'au bout. Par la mortification affiduë elle dompta fes paffions , & changea fon temperamment , en forte que de vehement qu'il étoit , il parut froid & moderé. Elle pratiqua pendant quelque tems cent actes de mortification chaque jour. Proche des Fêtes les plus folemnelles elle obfervoit quelques jours devant un filence rigoureux & inviolable. Ses penitences eftoient rigoureufes, fes habits les plus ufés, fa nourriture la plus commune, & fes meubles les moindres de la maifon. Elle parvint par fa cooperation à la grace , à cét état d'enfance fpirituelle, tant recommandée en l'Evangile , & en fuite elle recent du Pere celefte des careffes furnaturelles qu'il cache du prudent du monde, & qu'il communique aux humbles.

Une fois en fe preparant à la Communion , elle vit Jesus Christ tout chargé de graces , attendant avec des defirs inimaginables que les paroles Sacramentales fuffent prononcées ; elle vit auffi une multitude de gens qui crioient pleins d'admirations. *O ! mortels, avec combien d'ardeur devriés-vous vous aprocher de cét Augufte Sacrement.* Aprés cette communion , Nôtre Seigneur luy dit, *que veux-tu de Moy.* Il luy fit auffi fçavoir, qu'il faloit qu'elle renonçât à tous les mouvemens vicieux qui s'éleveroient dans fon ame ; mais cét exercice luy parut fi penible, qu'elle ne croyoit pas y pouvoir perfeverer ; alors il eut la bonté de l'encourager , en luy promettant que cela luy ferviroit de purgatoire. Elle demandoit un jour à fon Divin Epoux la vertu d'humilité. *Tu me demande*, luy dit-il , *une chofe qui m'eft fort agreable , mais fçais-tu bien ce que tu demande, c'eft le mépris & les accufations ;* avec un grand dénombrement qu'il luy fit des chofes de pareille nature, dont elle fut fi étonnée, qu'elle fût prefque jufqu'au repentir de fa demande. Là-deffus il luy releva le cœur, & la foule des humiliations fuivit cette vifite ; aprés qu'elle les eut enduré patiemment , elle penfa qu'elle avoit acquis quelque degré d'humilité, fe trouvant infenfiblement au mépris, tout à l'heure

Tome III. X

son intérieur se revolta, & elle demeura un mois dans une tres-sensible aversion de la souffrance; mais à la persuasion de son Ange Gardien elle produisit un petit acte de resignation aux volontés de Dieu, & il luy sembloit qu'il n'y avoit presque rien du sien en cet acte-là; toutefois on luy fit entendre qu'elle avoit plus merité en cela, qu'elle n'avoit fait en toute sa vie; depuis elle fut si éclairée sur son impuissance, que quand elle auroit operé des miracles, elle ne s'en seroit rien attribué.

Un jour son bon Ange luy recommandoit la ponctualité aux Regles, & pour luy en donner l'exemple, il la quitta aussi vîte qu'un trait de flêche; au premier branle de la cloche qui apelloit à un exercice regulier, & comme elle retarda tant soit peu, il revint, & luy dit qu'elle devoit aller à toutes les Observances de même qu'elle l'avoit veu faire; & de plus il luy dit, que Dieu avoit attaché une grace de laquelle dépendoit sa perfection à une seule de ces Oraisons, qu'elle avoit trop de soin de sa santé, que les remèdes faisoient vivre avec moins d'incommodité, mais aussi avec moins de merite.

Se promenant dans une galerie un Seraphin luy apparut tenant en main une flêche, elle le pria de luy en transpercer le cœur afin qu'il n'y contint plus rien de terrestre, mais il répondit que ce cœur étoit trop impur; ce mot la perça de crainte, faisant reflexion qu'en ses actions elle ne vouloit rechercher que Dieu; le Seraphin luy dit pour l'explication de sa réponce, qu'elle avoit encore trop d'attache à une créature.

Nôtre-Seigneur luy faisoit des graces utiles aux autres, aussi bien qu'à elle; l'ame d'une Religieuse de son Monastére, & l'ame d'une de ses propres sœurs décedées dans le monde, luy vinrent demander des prieres pour le soulagement de leurs peines; Dieu luy donna le chois à laquelle des deux elle desiroit qu'il appliquât le bien qu'elle avoit fait dans la semaine, elle sentit une inclination de grace pour la Religieuse, parce qu'elle en avoit été notablement desobligée, & un penchant de nature pour sa Sœur dont elle n'avoit jamais eu que des amitiez; ainsi ayant peine à se déliberer, une lumiere luy montra que la Religieuse étoit la plus agreable à Dieu, ce qui la fit resoudre à payer pour elle, & par ce moyen elle se procura une Avocate au Ciel, selon ce qui luy fut dit.

Dieu demandoit à cette ame une fidélité proportionnée aux graces qu'il luy départoit; aprés qu'elle eut un jour combatu tout le long du repas son apetit, enfin elle s'en laissa vaincre en mangeant du fruit fort de son goût, mais ce morceau luy coûta bien cher, car elle le paya par une diminution de grace, & par la privation des communications de Dieu pour quelque tems, sçachant que la perfection d'une ame consiste à suivre la voye que Dieu luy marque, elle persevera constamment dans la sienne, qui étoit une voye de simplicité & d'abjection, telle que l'on peut dire que sa vie étoit cachée en Dieu avec Jesus-Christ.

Sur sa fin elle ne parloit plus que d'aller au Ciel, mais toûjours dans un air simple & familier. Un catarre la rendit comme paralitique, elle étoit sans parole, mais son visage toûjours gay, ne pouvoit persuader qu'elle fût en danger.

On luy donna l'Extrême-Onction, la Superieure étant en peine de voir qu'il étoit impossible de luy administrer les autres Sacremens, fit venir un Pere Jesuïte de grande experience, lequel entrant dans l'Infirmerie eut une connoissance particuliere de cette belle ame, & il se plaignit dequoy on l'avoit si long-tems cachée, on luy avoüa franchement qu'elle n'avoit passé que pour une des moindres du Convent; le Pere la voulut assister jusques à sa mort. Elle conserva son air serain & riant dans des convulsions qui faisoient trembler son lit, ayant été quatre jours sans pouvoir dire un mot; elle prononça distinctement le *Gloria-Patri* tout entier, qu'elle avoit repeté jour & nuit étant en santé, & dit ensuite trois fois le doux nom de Jesus, puis elle expira; le Pere qui l'assistoit crût qu'elle étoit morte en partie d'amour de Dieu, & le publia par tout, disant aux Ursulines que c'étoit un astre, qu'elle n'avoit sçeu voir que dans son éclipse & au couchant de sa mort; cette humble Ursuline quitta la terre l'an 1652. âgée de 53. ans.

Que le souvenir de cette Sainte ame nous excite à aimer & pratiquer la vertu comme elle a fait, quand même il pourroit arriver pour nous des facheuses suites; ne regardons pas ces contre-tems, pour user de ce terme, comme des choses qui nous soient à craindre; suivons nôtre conscience; rendons-nous dociles à ce que l'esprit de Dieu nous met dans le cœur, obeïssons à ses mouvemens, & abandonnons-nous luy les évenemens, quels qu'ils puissent être, ne les recevons que de sa main; ne nous arrêtons point à considerer si les hommes sont injustes dans les violences qu'ils nous font souffrir; voyons que Dieu peut tout d'un coup s'il veut changer leur cruauté en douceur; ou qu'il peut malgré eux empêcher qu'ils nous fassent aucun mal; cette persuasion qui doit être un effet de nôtre foy nous fera recevoir avec une égalité toûjours uniforme, tout ce qui nous arrivera de bien ou de mal, & nous fera trouver la paix dans les plus grandes agitations du monde.

MAXIMES.

I. Il y en a beaucoup qui ne font le bien que pour obscurcir par là en quelque sorte celuy que font les autres; ils ne se repaissent pas tant de leurs vertus, que du mépris qu'ils esperent attirer sur ceux ausquels ils portent envie, & ainsi dans le fond tout ce bien est un veritable mal aux yeux de Dieu.

II. C'est-pourquoy nos vertus mêmes ne nous doivent pas moins faire trembler que nos pechez, & nous devons dire avec Job, que quand nos mains paroîtroient blanches comme la neige, nous ne devons pas laisser de nous avoir en abomination, & de craindre comme ce Prophete pour tout ce que nous faisons; car le demon se joüe de nous en mille façons, & il se transforme en Ange de lumiere, quand il nous voit concevoir le dessein de quelque vertu, il y séme aussi-tôt sa zizanie afin d'en gâter toutes les suites.

III. Les hommes peuvent nous loüer à cause des belles aparences qui nous éblouïssent nous-mêmes ; mais Jesus Christ peut dire encore ce qu'il disoit autrefois ; *Ce qui paroit élevé devant les hommes, n'est qu'une abomination devant Dieu.*

IV. Mon Epoux m'a enseigné par les lumieres de la grace, que les actes de contrition purifient l'ame de toutes ses tâches, & que s'il étoit susceptible de douleur, il en auroit une tres-grande de ne trouver à qui donner ses graces.

V. Jamais Dieu ne manquera d'assister les Communautés, pourveu que son culte y soit bien observé.

VI. Que fais-je icy, disoit-elle, rien ne me donne plus de plaisir, ny de peine; allons, allons-nous-en en nôtre païs; ô! quand y irons-nous? ô quand y serons-nous?

VINGT-DEUXIE'ME JUILLET.

LA VENERABLE SOEUR MARGUERITE de Sainte Claire le Févre, Religieuse Ursuline d'Abbeville.

Voila que le lit de Salomon est environné de soixante braves Guerriers des plus forts d'Israël, tous portans l'épée, & tres-experimentés aux exercices de la guerre, un châcun d'eux doit porter son épée dessus la cuisse, à cause des craintes de la nuit. Aux Cantiques, chap.

NOstre Seigneur avoit prevenu cette sienne Epouse Sœur de Sainte Claire de ses Benedictions, l'ayant doüée d'un grand don de pieté, qu'elle a cultivé pendant qu'elle étoit pensionaire aux Ursulines, se portant d'un cœur affectueux & ouvert à toutes les pratiques de devotions qu'on luy inspiroit, & encore plus depuis son entrée dans la Religion, estant si fort établie dans cette sainte disposition, que ses grandes & presque continuelles infirmités ne ralentissoient jamais sa pieté. C'est ce qui a rendu l'ame de cette devote Ursuline une couche à son Divin Epoux, où non seulement il a habité par presence, mais encore il y reposoit par sa grace, & elle en joüissoit par amour, & ce Dieu d'amour y trouva tant d'agréement que l'on pouvoit dire avec admiration. *Voila la couche du Roy des Roys, que les Anges gardent & deffendent contre les esprits des tenebres.* Elle prepara le lit de son pacifique Jesus, en se retirant des vaines occupations du monde, en nettoyant son cœur des convoitises de la terre, se reposant librement dans le seul désir de Jesus, & elle remplissoit son cœur du S. Amour, & l'amour de cette Ame fidéle la rendoit un lit de repos à son Dieu. Les soixante forts d'Israël qui l'entouroient étoient les Saints, & les Docteurs de l'Eglise ; ils ont pour leur épée la parole de Dieu, ils la portent à la main pour repousser les ennemis qui vouloient empêcher cette ame de s'avancer dans la voye de la dilection; ils la tenoient sur leur cuisse pour reprimer les mouvemens déreglés, & ne chercher que la gloire de Dieu, & ils ont fortifié cette ame non seulement par leurs paroles, mais encore par leurs exemples. Cette sainte Epouse dans la possession de son Roy & son Epoux, l'adoroit & se portoit à le continuellement prier, dont elle étoit infatigable; son ardeur la portoit à l'exacte observance des Regles, singulierement sa fidelité paroissoit en ses exercices spirituels; car nonobstant ses grandes infirmités, elle prenoit toûjours le tems pour dire son Office avec un tres-grand respect, joint à une devotion & aplication intérieure qui paroissoit même à son exterieur; Cette vertu de Religion qui éclatoit en elle, l'animoit à une merveilleuse veneration pour le S. Sacrement de l'Autel, qu'elle visitoit tres-souvent comme le Divin Epoux de son ame dans sa couche d'amour; c'estoit dans cet Auguste Mystère où les Saints embrassemens de l'amour se reciproquoient mutuellement, ce qui la portoit, comme elle disoit, à s'en aprocher souvent plûtôt par amour, qu'à s'en retirer par la crainte; elle honoroit aussi tous les autres Mysteres du Fils de Dieu, par des saintes pratiques qu'elle s'étoit donné.

Aprés ce Divin objet de sa pieté, la Tres-Sainte Vierge étoit le plus doux charme de son cœur naturellement affectif; elle mettoit en usage plusieurs pratiques de devotion à l'honneur de cette digne Mere de Dieu, recitant tous les jours le Rosaire, ou du moins tous les Dimanches & Fêtes: Aprés le Saint Sacrement elle n'avoit pas de lieu qui luy fût plus delicieux qu'une Chapelle dédiée à cette Reine des Anges, c'étoit là où elle alloit souvent épancher son cœur tendre & affectueux aux pieds de sa Sainte Mere, qu'elle a tâché d'imiter dans ses admirables vertus, mais sur tout dans son humilité: Les sentimens que cette vertu luy donnoient, étoient de se croire & se dire sincerement la plus ingrate des graces de Dieu, & la plus grande pecheresse du monde; ce grand fond d'humilité a paru singulierement les dernieres années de sa vie.

Comme aussi sa douceur & sa charité qui étoit universelle, se portant d'inclination à donner contentement à toutes celles qui s'adressoient à elle, & dans ses employs elle se faisoit un plaisir de satisfaire généralement toutes, traitant ses Sœurs avec tant de bonté & de franchise, étant d'un esprit rond & si accommodant, que toutes avoient une satisfaction sensible d'être dans les employs avec elle. Son égalité d'humeur, sa franchise & sa cordialité la rendoient de bon accord à tout ce que l'on vouloit, & fort aimable à toutes.

Son estime pour nôtre Saint Institut animoit son zele pour le salut des ames. Et bien qu'elle eût un esprit fort, elle ne laissoit pas d'avoir un cœur tendre pour ses petites Filles, qui l'aimoient reciproquement; Mais son Divin Epoux jaloux de ce cœur affectif, luy inspira de travailler fortement à se détacher de toutes les creatures, afin de s'unir plus parfaitement à son principe, & ce fut jusques à un tel point de perfection, qu'elle en vint en l'indifference de ses proches mêmes, disant qu'elle ne vouloit plus songer qu'à se preparer à la mort.

Dans ce dessein, & pour correspondre à l'impression que Dieu luy en donnoit, six mois avant sa mort elle s'y disposa plus particulierement par l'usage qu'elle faisoit châque jour d'un exercice particulier pour se bien preparer à mourir. Elle recevoit les Sacremens de penitence & de l'Autel châque fois qu'elle s'en aprochoit comme si c'eut été la derniere de sa vie, recevant nôtre Seigneur en Viatique, ce qui luy a bien servy. Ses dernieres Communions se firent le Samedy, le Dimanche, & le Lundy, & le Mardy suivant sortant du Refectoir où elle avoit soupé à son ordinaire, & s'en allant à la recreation à la Communauté avec les autres, aprés avoir salüé la Sainte Vierge, & paru d'un visage extraordinairement gay & serain, au même moment qu'elle fut assise avec les autres pour se recréer, elle fut frapée d'apoplexie, en sorte qu'on ne pût tirer d'elle que quelques paroles en beguayant, où elle accepta toute la suite des souffrances que luy causeroit ce mal, & l'offrit à Dieu pour satisfaire à ses pechés, dont elle luy demanda pardon par un acte de contrition, s'abandonnant à Dieu en qui elle mit toute sa confiance; dans ces saintes dispositions elle receut l'Extreme-Onction, & au quatriéme de sa maladie elle mourut, l'an 1673. âgée de soixante-deux ans, & quarante-un de Profession.

Si l'amour de cette ame fidelle l'a rendüe sur la terre un lit de repos à son Divin Epoux, il est aussi à croire que l'amour reciproque de son Dieu luy a disposé un lit de repos dans le Ciel, où elle contemplera éternellement, & aimera dans l'éternité celuy qu'elle a aimé dans le tems.

MAXIMES.

I. Dieu qui est essentiellement Amour, se plaît d'habiter dans un cœur, lors que la charité y a étably son empire, & cette ame est digne de loüange, lors qu'elle mene une vie si pure, qu'elle n'aprehende point la presence du Roy des Roys, mais que son amour l'attire à choisir en qualité d'Epoux un lit de repos dans son cœur, & elle ne meriteroit point cette faveur si elle n'aimoit, & elle n'aimeroit pas si elle n'étoit aimée.

II. L'Amour que Dieu a porté à l'ame de toute éternité, est la cause de son amour dans le tems, Dieu l'a aimée afin qu'elle l'aimât.

III. O! Amour violent, ô! charité du Verbe, ô! dilection de l'Epoux, ô! Mariage sacré de la Sagesse! que ton pouvoir est grand, puisque tu contrains amoureusement cét Epoux celeste de se porter promptement dans l'ame qu'il a prevenu de son amour pour en faire la couche de ses innocentes delices; la langue ne sçauroit l'exprimer, le cœur s'en doit réjoüir, & l'esprit en jubiler, & il n'y a que l'experience qui puisse juger de ces douceurs.

IV. L'ame qui aime beaucoup, dilate son cœur par les ardeurs de son amour, & si Dieu n'est que charité, elle desire d'être toute transformée en charité. Saint Jean instruit dans l'école de l'Amour, dit *Que Dieu est charité, & qui demeure en charité, demeure en Dieu, & Dieu repose en luy*.

V. Dieu en la creation du monde nous a voulu declarer qu'il cherchoit son repos dans le cœur de l'homme, dans l'ordre qu'il y a gardé, car ayant creé le

Ciel, la terre, & tout le contenu, sans qu'il se soit reposé, au sixiéme jour il créa l'homme à son image & à sa ressemblance, & il se trouve qu'il est dans le repos; il se repose parce qu'il avoit creé un sujet, qui pouvoit rendre son cœur la couche de son repos par les ardeurs de son amour.

VI. Mais ô! merveille! dans le Ciel il se repose parmy les Anges, il reside dans les Seraphins comme Charité, dans les Cherubins comme Verité, dans les Trônes comme Justice; mais cherchant un sejour sur la terre, il le trouve dans l'ame raisonnable, dont l'amour la rend le lict de son Roy pacifique, le Verbe du pere l'époux sacré des Ames Saintes.

Vingt-deuxie'me Juillet.

LA VENERABLE SOEUR DIANE DES Rollands, de Reauville, de Reinallette, ditte de l'Enfant Jesus, Religieuse Ursuline de Carpentras.

Qui aura gardé sa vie, il la perdra, & qui aura perdu sa vie pour l'amour de moy, il la gardera ; Jesus-Christ, en Saint Luc. Chap. 14. & 26.

Elle étoit native de Mormoyron, Village du Comtat Venaissin, de Nobles & riches parens; son pere étoit Seigneur & Baron de Reynalette en Dauphiné; dés son bas âge elle étoit portée à la devotion, & avoit un esprit vif, penetrant, une excellente memoire, & une grande douceur qui la faisoit aimer de tous ses parens & principalement de Madame sa Mere ; elle fût mise à l'âge de dix à onze ans dans le Monastere des Ursulines de Carpentras, où elle avoit une Sœur déja Professe, elle eût la petite verole dans iceluy, où il fut permis par Monseigneur le Cardinal Bichy Evêque de Carpentras, de laisser entrer sa Mere femme trés pieuse, & qui a beaucoup souffert toute sa vie avec l'édification de tout le monde; cette consideration & celle de la vertu de sa petite fille, qui étoit de grande esperance, permit que cette Dame eût congé d'y demeurer pendant tout le tems de la maladie de sa fille ; à l'âge de treize & quatorze ans elle faisoit toûjours plus paroître la vivacité de son esprit par les remarques qu'elle faisoit sur les Predications & instructions que donnoit le R. P. Haley de la Compagnie de Jesus à elle & à une sienne parente, lesquelles instructions rendirent ces deux jeunes plantes si fertiles au bien, qu'elles furent capables de meriter d'être reçeües dans le Monastere ; elle prit donc le Saint Habit de Religion le jour de Saint Simon & Saint Jude avec une telle joye & ferveur, qu'il paroissoit sur son visage, & à la satisfaction de toute la Communauté, pendant dix-huit mois ou environ elle étoit dans une continüelle union avec Dieu, & sa ferveur la portoit à faire de si grandes penitences, qu'il la faloit retenir; il faut noter qu'elle demandoit tous les jours à l'elevation du S. Sacrement la grace de souffrir le martyre, & le bon Dieu exauça sa priere; car elle devint si hébetée, qu'elle n'avoit plus aucune marque de son bel esprit, encore moins de sa bonne memoire, ny aucune ferveur, n'étant plus la même, & devint méconnoissable; enfin elle ne ressembloit plus à la Sœur de l'Enfant JESUS, mais à une piece de bois: Il luy survint une douleur sur un bras qui fut suivie de remedes si violents, qu'elle en devint paralitique; il la faloit tous les jours habiller, & comme ce mal du corps augmentoit, son esprit reprit sa premiere vigueur, & elle commença de se réjoüir de voir qu'elle souffroit pour Dieu: La paralisie la saisie aux deux bras, & même aux jambes; on la portoit sur un matelat au Chœur pour oüir la Messe, le demandant par grace, ce qu'on faisoit avec grand plaisir & charité; le mal augmentant de plus en plus, elle ne pût bouger du lit, ce qui fût dans le mois de Fevrier; le temps de son Noviciat étoit écoulé depuis le mois d'Octobre: On fit entendre à Messieurs ses parens ou qu'elle fit profession, ou bien qu'ils la retirassent chez eux. Et d'ailleurs, elle pressoit les Religieuses de la recevoir à la profession, sa Sœur aussi porta ses parens à luy donner cette consolation. Enfin on obtint le congé de Monseigneur le Cardinal pour la faire dans le lit en presence du Grand Vicaire & de Monsieur Scarlaty qui étoit le Prestre, qui avoit la sur-intendance sur les Religieuses. Le Greffier & les témoins y furent aussi presents, & on fit toutes les ceremonies dans l'Infirmerie, où elle receut une grande consolation en proferant ses vœux. Toutes les Religieuses par rang l'allerent feliciter & embrasser, en chantant, *Ecce quàm bonum & quàm jucundum, &c.* Toute cette assemblée étoit ravie de la devotion de cette Fille; étant donc Professe, & ayant ses desirs accomplis, son Divin Epoux l'a voulu rendre semblable à luy, comme elle luy demandoit tous les jours de la faire participer à ses souffrances, voila que ses maux s'augmenterent de telle sorte, qu'elle n'avoit de libre que la langue. Il luy survint outre la paralisie, à toutes les joinctures de son corps une playe, comme aux deux épaules, aux deux coudes, aux deux jambes, & universellement par tout; aux jambes ses playes de jour en jour se faisoient plus grandes, sans qu'aucun remede la pût soulager. On fit venir même des Medecins étrangers, mais tous les remedes furent en vain, n'étant pas un mal naturel, mais une maladie toute particuliere; d'où elle tiroit tant de goût & de consolation interieure, qu'elle avoit toûjours son visage riant, & dit un jour à une sienne parente qui avoit dessein de se faire Religieuse, & niece de la Mere de la Touche dont nous avons parlé, n'étant pas encor bien établie dans sa vocation; nôtre malade penetrant son interieur, luy dit, *Ma cousine qu'il fait bon être Religieuse, Dieu vous en fasse la grace, prenés courage.* Et comme elle l'aimoit uniquement, l'on croit que par ses prieres elle se resolut fortement, nonobstant la resistance de sa mere, qui étoit sa pierre d'achopement, par les grandes tendresses qu'elle luy témoignoit. Elle a donc été Religieuse dans ce Monastere, qui fût nommée Sœur de Sainte Agnes, fille de jugement & de vertu, & sur tout elle a

excellé

22. Iuillet. *La V. Sœur Diane des Rollands de Reauville.*

excellé en la devotion, où elle s'étoit apliquée si fortement, que dans sa derniere maladie au délire qu'elle eut elle ne parla jamais que des prieres, recitant tous les Offices qu'elle disoit en sa jeunesse. Ce fut le jour des Ramaux qu'elle deceda. Mais revenons à nôtre Sœur de l'Enfant Jesus, à qui nous atribuons ce fruit-là; Ses playes devinrent incurables, nonobstant tout le soin qu'on aportoit pour la tenir nette; car outre deux Infirmieres, sa Sœur ne s'en bougeoit jamais. On ne pût empêcher que les vers ne se missent dans ses playes, & plus on en ôtoit, plus il s'en produisoit. Cela donnoit bien à connoître que ce n'étoit pas un mal commun, car elle mangeoit tres-bien, & son visage étoit aussi beau & serain que si elle eut joüy d'une pleine santé : Il luy faloit mettre le morceau à la bouche, & luy faire tout le reste des necessités dont un corps humain a besoin, lesquels services elle recevoit avec une grande humilité & reconnoissance, & souffroit avec tant de patience tous ces maux étrangers & violents qu'elle n'a jamais dit aucune parole d'impatience ny de plainte, seulement disoit-elle à son Infirmiere, *Me voila, Sœur Madelaine, semblable à mon Epoux, estant couverte de playes comme luy* ; étant si abandonnée interieurement, qu'il falut faire entrer dans le Monastere pour la consoler le Reverend Pere de Barry de la Compagnie de Jesus, qui assura qu'elle n'avoit pas matiere pour luy donner l'absolution.

Cependant le bon Dieu ayant compassion de son état, fit revenir sa premiere joye & ferveur, car le tems s'approchant de sa mort, une de ses Compagnes luy porta son suffrage, qui étoit Sainte Madelaine, la sentence portoit que tout ce qui étoit lié seroit délié, & que les souffrances seroient changées en joye; en effet, le tout fût executé ce jour-là : Elle commença donc à ne prendre plus que le boüillon, & à avoir des défaillances qui obligerent à luy donner le S. Viatique & l'Extreme-Onction, qu'elle receut avec une consolation incroyable.

Elle pria qu'on luy fit la charité de la mettre sur une paillace, voulant mourir sur icelle; & en effet elle y rendit son esprit, car elle n'eût point d'agonie, tant seulement on eut le tems de la benir avec le cierge; elle dit en riant à son Infirmiere, *je m'en vais voir mon Epoux à l'âge de dix sept ans.* Toute cette Communauté fût afligée de la perte d'un si bon sujet & d'une si sainte ame. Elle aparut à sa mere avec un visage riant, luy disant par trois fois, *Adieu ma mere je m'en vais au Ciel.* Elle mourût le jour de sainte Madelaine, auquel son ame fût déliée de son corps, & ses maux furent changés en joyes, & la sentence de son suffrage étant accomplie, étant âgée de dix-sept ans, duquel tems elle a passé deux ans & demy en Religieuse, & le reste ou pensionnaire ou pretendante. On l'a souvent invoquée, & on a ressenty les effets du credit qu'elle avoit envers Dieu, à qui la gloire en soit renduë.

Quand on alla apeller le Confesseur à onze heures de nuit, la porte se trouva miraculeusement ouverte pour y pouvoir aller au plûtôt, elle dit qu'elle souffre par tout jusques aux ongles, & qu'elle avoit des douleurs insupportables.

Rougissons nous autres aujourd'huy en jettant les yeux sur nôtre Ursuline, & rougissons du peu d'amour que nous témoignons pour Dieu, en la voyant toute transportée d'amour pour luy, & de desir de souffrir pour son amour; elle n'est

Tome III. Y

occupée que de luy, elle ne soûpire que vers luy, elle ne trouve sa joye que dans la mort qui la doit rejoindre à son Epoux, & nous que faisons-nous sur la terre ? où mettons-nous nos affections ? A quoy passons-nous non pas nôtre enfance, mais presque toute nôtre vie? aprenons donc efficacement aujourdhuy & prions le Seigneur qu'il nous l'aprenne, que la Religion dont nous faisons profession est toute amour, que le Dieu que nous adorons s'apelle amour; écoutons au fond de nôtre cœur la voix de nôtre Ursuline, qui ne nous crie pas avec moins de force que faisoit S. Paul. *Que celuy qui n'aime pas Iesus-Christ soit anatheme*, puisque ce Divin Sauveur dit luy même, *qui aura gardé sa vie il la perdra, & qui aura perdu sa vie pour l'amour de moy il la gardera.*

MAXIMES.

I. Dieu est un Dieu de paix, parce qu'il demeure dans la paix, & qu'il n'y a que luy qui puisse donner la paix; si vôtre cœur est en paix, c'est une marque qu'il en est le Maistre, & vous ne devés pas croire qu'elle procede du demon, qui est un esprit de trouble; je sçay qu'il y a une fausse paix, mais celle-là n'entre point dans le cœur, & ne sçauroit calmer ses inquietudes.

II. Si vous me croyés vous irés bonnement & simplement avec Dieu, & vous vous donnerés de garde de tant rafiner sur la devotion. Il faut chercher Dieu dans la simplicité de son cœur; une ame simple va devant soy sans crainte & sans défiance, comme elle s'est abandonnée à Dieu, elle se repose sur sa Providence, & n'aprehende rien sous sa conduite.

III. Tout le soin d'une ame fidèle est de mourir à ses soins, à ses craintes, à ses desirs, à ses reflexions, & à tous les retours que la nature fait sur elle même, toute sa vie est une espece de sommeil & de repos en Dieu, ou plûtôt une mort mystique qui luy ôte l'usage de toutes ses puissances pour recevoir les mouvemens du S. Esprit.

IV. Quel moyen de vivre dans la simplicité de cœur, si l'on craint, si l'on desire, si l'on tremble, si l'on se défie de tout, si l'on fait incessamment des reflexions sur soy même; cherchés Dieu seul, & ne vous arrestés à rien autre.

V. L'amour de Dieu est simple, & l'amour propre est reflexif, soyés simple, dit l'Apôtre, comme les enfans de Dieu, ôtés de vôtre esprit ces reflexions & ces défiances, marchés sans crainte sous la conduite de Dieu & de vos Superieurs, vous ne tomberés point.

VINGT-TROISIÈME JUILLET.

LA VENERABLE MERE CLAUDINE
Marie du Saint Esprit, Simon, Religieuse Ursuline de Poligny.

Le monde est mort & crucifié pour moy, comme je suis mort & crucifié pour le monde, Saint Paul au Gal. 6.

LEs parens de nôtre Ursuline étans fort pieux, prirent grand soin de l'élever dans les bonnes mœurs & vertus, l'ayant à cét effet mise Pensionnaire aux Ursulines de Poligny, où elle fit paroître dans ce bas âge, que nôtre Seigneur l'avoit choisie pour son service, car ayant été disposée pour sa premiere Communion, elle y apporta des soins extraordinaires & quoy qu'elle n'eût pas neuf ans accomplis, elle prit dés lors resolution de se consacrer à nôtre Seigneur dans la vie Religieuse avec une constance & fermeté inébranlable, & avec tant de mépris & horreur du monde & de ses vanités que quelques efforts que Messieurs ses parens fissent pour éprouver sa vocation l'ayant retirée à cét effet du Monastere, il leur étoit impossible de la faire parer de Bijoux quelle violence qu'on luy fit à ce sujet, par une Sainte generosité elle resistoit à tout, & demeuroit victorieuse dans ses combats.

Son desir & sa ferveur pour la vie Religieuse s'augmenta avec tant de zele que dans sa quinziéme année elle vainquit toutes les oppositions qu'on luy faisoit & entra au Monastere de Poligny où elle avoit été Pensionnaire ; elle fut revestüe du Saint Habit de Religion, pratiquant avec beaucoup de ferveur toutes les observances Religieuses, & s'adonna particulierement à l'acquisition d'un vray interieur, & de marcher continuellement à la presence de Dieu, ce quelle a observé fidellement tout le cours de sa vie. Nôtre-Seigneur voulut dés lors la visiter par une fâcheuse maladie qui l'ayant reduite à l'extrémité, luy laissa ensuite une infirmité habituelle qu'elle a porté toute sa vie, & qui luy a donné moyen d'exercer des vertus heroïques de patience & de force; nonobstant elle fut amise à la profession avec toute la satisfaction des Religieuses de sa Communauté, qui la consideroient déslors comme un des bons sujets de nôtre Saint Ordre; ce qui les obligea à la choisir pour donner commencement au Monastere qu'elles établirent à Noseray en qualité d'Assistante, quoy qu'elle eût peu d'années de profession, elle s'acquitta avec édification de cét employ, & ensuite à la charge de Superieure, en laquelle elle succeda à la Venerable Mere du Saint Sacrement, qu'elle a exercée treize ans par diverses élections à la satisfaction toutes les Religieuses qui étoient sous sa conduite, étant avantagée de toutes les qualités que l'on sçauroit souhaiter à une digne Superieure ; son esprit grandement éclairé étoit accompagné d'un bon & solide jugement ; son abord donnoit de la devotion; sa modestie & la sainteté de son visage rendoient un assuré témoignage de la continuelle union qu'elle avoit avec Dieu; tous les embarras & multiplicités d'affaires dont elle étoit ordinairement chargée, n'étoient pas capables de la distraire un moment de sa paix, en sorte qu'elle étoit toûjours presente à elle-même, se possedant si bien qu'elle n'étoit point surprise dans les rencontres difficiles & fâcheux, aussi rien n'étoit assez fort pour ébranler sa constance, c'étoit alors qu'elle faisoit paroître son amoureuse confiance à Dieu, qui étoit fondée sur la défiance d'elle même, car nonobstant ses capacités, elle n'avoit pour elle que des sentimens bas, accompagnant toutes ses actions, d'humilité, de patience, & de douceur, qui la portoient à donner satisfaction à toutes celles qui avoient à traiter avec elle, étant naturellement fort obligeante, ne pouvant mécontenter personne, aussi elle ne se plaignoit jamais des sujets de mortifications qu'elle recevoit de ses inferieures, étant toûjours la même à leur égard, leur rendant toûjours service & justice, sans que ses infirmités corporelles empeschassent d'y employer les parties de la nuit ; sa benignité s'étendoit particulierement aux infirmes & malades ayant un grand soin de pourvoir à tous leurs besoins, prenant elle même la peine de les servir & preparer leurs remedes.

 L'avancement spirituel des ames ne luy étoit pas en moindre recommandation, les y animant avec un zele indicible, qu'elle étendoit mesme aux filles externes, prenant la peine quoyque Superieure, & chargée de maladie de les enseigner souvent, ayent un grand estime de cét employ, qu'elle tâchoit d'imprimer dans celles qu'elle conduisoit, témoignant même reconnoissance aux Religieuses qu'elle voyoit s'y affectionner.

 L'exactitude aux regles luy a toûjours été fort recommandable, & autant qu'il luy étoit possible, elle se rendoit ponctuellement à tous les exercices spirituels, & lors que les devoirs de sa charge l'en privoient, elle en sçavoit bien reprendre le tems sur celuy de son repos, ne prenant à l'ordinaire que ce qui étoit necessaire pour subsister ; elle a veillé souvent les nuits pour travailler aux ouvrages ausquels elle reüssissoit parfaitement, afin de gagner quelque chose pour le soulagement de sa Communauté, on ne la voyoit jamais oisive, & souvent elle portoit un ouvrage au Parloir, lors qu'elle étoit alitée, elle travailloit sur son lit, même en sa derniere maladie jusqu'à la veille de sa mort, ayant si fort l'esprit de pauvreté en tout ce qu'elle manioit, que c'étoit chose difficile à le remarquer, non plus que le soin qu'elle avoit à conserver tout ce dont elle se servoit, aussi le recommandoit-elle souvent aux Religieuses, leur faisant apprehender l'importance d'observer exactement le vœu de Pauvreté.

 Sa grande devotion étoit au trés-Auguste Sacrement de l'Autel, qu'elle recevoit trois ou quatre fois la semaine avec grande reverence & amour, c'étoit dans cette fontaine de grace où elle puisoit les aides pour conduire sa Communauté avec prudence, zele & Charité, lors qu'il étoit exposé, elle demeuroit les jour-

23. Juillet. *La V. Mere Claudine Marie du S. Espait Simon.* 173

nées entieres à luy rendre ses hommages. Elle avoit aussi une grande aplication à la passion de Nôtre Seigneur, en la consideration de laquelle elle étoit toute abimée de douleur, & fondoit en larmes, lors singulierement qu'elle exposoit aux Religieuses le Vendredy Saint JESUS crucifié. Ses souffrances corporelles l'ont renduë elle même une victime de la Croix, & en telle sorte qu'elle pouvoit dire, *Le monde est mort & crucifié pour moy, comme je suis morte & crucifiée pour le monde.* Et nonobstant les violentes douleurs qu'elle souffroit, sur tout en sa derniere maladie, qui fût une fiévre étique accompagnée d'hydropisie, qui l'alita environ six mois. Elle ne se plaignoit point, tant sa patience étoit admirable, produisant des actes fervans de conformité & d'abandon à la Providence Divine, s'offrant à luy pour vivre en cét état douloureux, & avoir moyen de l'honorer. Elle receut ses derniers Sacremens avec une devotion exemplaire, repondant aux prieres avec une prudence d'esprit & attention souhaitable, ayant continuellement l'esprit élevé en Dieu par les actes fervents qu'elle proferoit autant qu'elle eut l'usage de la parole, ces mots, *Maria Mater gratiæ, &c.* avec le Verset *In te Domine speravi, non confundar in æternum.* Son agonie fut douce, & si paisible qu'il paroissoit sur son visage une si grande suavité lors même qu'elle eut perdu la parole, qu'elle ressentoit quelque chose de celeste. Elle expira fort doucement le mois de Juillet 1674. dans la cinquante-cinquiéme année de sa vie, étant plus belle même que durant sa vie.

Aprenés de nôtre Ursuline à ne point aimer le monde, parce que le monde flatte ses partisans, mais ce n'est que pour les perdre, il tuë en caressant; au contraire l'amour de JESUS commence par l'amertume, mais il finit par la douceur: Chrétiens qui êtes creés pour le Ciel, vous dont le cœur est plus grand que tout le monde, que faites-vous encore dans le monde ? quitrés-le, & dites avec nôtre Ursuline, *Le monde est mort & crucifié pour moy, comme je suis morte & crucifiée pour le monde.* Faites comme elle, ne craignés point le monde, la crainte du monde vous empêchera de servir Dieu, aussi bien que l'amour du monde; c'est un incensé, un ennemy de JESUS-CHRIST, il est impossible de le contenter, quoy que vous fassiés; si vous avés un peu de cœur il ne pourra rien faire contre vous, il n'abat que les timides & les lâches. C'est vous mon Divin Maître, que je veux craindre; que le monde parle comme il luy plaira, je craindray vos jugemens, & non pas les siens; ce n'est pas le monde qui me jugera un jour, c'est sur les maximes de l'Evangile, & non pas sur celles du monde qu'on m'éxaminera pour me recompenser, ou pour me punir éternellement.

MAXIMES.

I. Traités le monde avec mépris, foulés-le aux pieds, pour en venir là il ne faut que considerer la vanité de ses promesses, il ne faut que voir comme il traite tous les jours ses plus chers favoris, il vous avertit luy-même qu'il n'a pas dequoy vous satisfaire.

II. JESUS vous invite, & vous promet de combler vos desirs, & vous fuivés plûtôt le monde trompeur, que JESUS, qui eſt la verité même?

III. Aprochés-vous ſouvent de la ſainte Communion, car autrement les miſeres de cette vie ſont difficiles à ſouffrir & ſoûtenir ſans le renfort de cette manne celeſte.

IV. De quelle maniere que vous entriés en Religion, vous devés être perſuadé que vous êtes bien, & que c'eſt là que Dieu vous veut. Le Fils de Dieu ne veut-il pas que tout le monde ſoit parfait comme ſon Pere: Ne déclare-t-il pas que le moyen de l'être eſt de quitter ſes biens, de renoncer à ſoy-même, & de porter ſa croix, & de ſuivre ſes exemples & ſes conſeils, voila l'état Religieux: Et ainſi quoy que vous y ſoyés entré ſans deſſein, vous devés croire que ç'a été la volonté de Dieu, & que vous êtes dans la voye de ſalut & de perfection.

※※※※※※※※※※※※※※※※※※※※※※※※

VINGT-TROISIE'ME JUILLET.

LA VENERABLE SOEUR DE PONS,
de Mablanche, Religieuſe Urſuline d'Arles.

L'ame qui ſe perfectionnera en peu de temps, peut dire qu'elle a vecu de longues années dans la ſapience. Chap. 4. v. 14.

C'Etoit une femme Provençale veuve de Monſieur de Viguery, qui ſe rendit Urſuline à l'âge de cinquante neuf ans, aprés avoir fait des grands biens dans le monde, & ce fut une choſe admirable de voir cette Venerable femme ſe ranger à tous les exercices des Novices avec une ſi grande dépendance qu'elle n'eut pas fait la moindre choſe ſans congé, ſa ferveur luy fit meriter la recompenſe de ceux qui étoient au travail dés leur jeune âge, car elle ſervoit Dieu & ſe portoit à tout, ce qui luy étoit agreable avec d'autant plus d'ardeur qu'elle étoit entrée tard au Convent, & qu'elle ne croyoit pas avoir beaucoup de tems.

Elle y a vêcu neanmoins vingt ans dans une vieilleſſe ſans chagrin, aſpirant ſans ceſſe à Dieu par des Oraiſons jaculatoires, ou demeurant devant le tres-Saint Sacrement toûjours les mains jointes, ou demandant aux Religieuſes quelques inſtructions pour ſon amandement, & le demandoit même à genoux, enfin conſommée en vertus, & chargée non moins de merites que de l'âge de quatre-vingts-ans, elle termina ſa longue carriere l'an 1659.

Voyons que cette ame chrêtienne aprés avoir ſi bien vêcu dans le monde, & voyant l'obligation qu'elle avoit de ſe tenir preſte à toute heure de rendre ſon ame à Dieu, pour mieux s'y diſpoſer elle entre en Religion, pour ſe dépoüiller de tous ſes biens, pour renoncer à tous les plaiſirs de la chair, & ſacrifier tous ceux de l'eſprit; ce qui nous doit aprendre que lors que nous ſentons une pente à la joüiſſance de ces biens, diſons-nous à nous même, que ſi nous étions plus Chrêtiens & Religieux, nous ſerions moins touchés de ces vains objets, & que nos desirs rendent témoignage contre nous, que nous ne sommes souvent Chrétiens & Religieux que de nom.

MAXIMES.

I. Ajoûtés toûjours quelque chose de plus en plus à la ferveur de vôtre course, & soûtenés par vos bonnes œuvres la grandeur & la sainteté de l'état auquel vous avés été apellées.

II. Ayés soin avant toutes choses de garder un esprit d'union & de concorde avec tous. Suportés les foibles, afin d'acomplir ainsi la Loy de Jesus-Christ.

III. Vous mangerés les biens de la terre, dit Dieu à nos premiers peres, vous mangerés de la chair des animaux, comme vous mangés des autres fruits de la terre. Et David dit, que le vin réjoüit le cœur de l'homme, que l'huile y répend la joye, & que le pain le fortifie. Mais usés de tout cela avec discretion & avec sagesse, comme d'une chose dont Dieu vous acorde l'usage, car sans luy qui pourroit ou manger ou boire, tout ce qui est bon ne vient-il pas de luy?

IV. Occupés-vous à la lecture, ne vous contentés pas de sçavoir vous même la Loy de Dieu, enseignés-la encore aux autres.

V. Fuyés l'orgueil, car Dieu resiste aux superbes; ayés horreur du mensonge, car Dieu perdra les menteurs; donnés-vous de garde de l'envie, puisque c'est le demon qui en est pere. Son successeur est Caïn, il a porté envie à son frere, & il a commis un homicide.

✣✣✣✣✣✣✣✣✣✣✣✣✣✣✣✣✣✣✣✣✣✣

VINGT-TROISIE'ME JUILLET.

LA VENERABLE SOEUR IEANNE DE
Sainte Heleine du Creϛt, Religieuse Ursuline de Corbigny.

Mon fils mange le miel, parce qu'il est bon, & le rayon de miel qui est tres-doux à vôtre bouche. V. 13.

Telle est à vôtre ame la doctrine de la Sagesse, quand vous l'aurés trouvée, vous espererés en vôtre derniere heure. V. 14.

NÔstre Sœur de Sainte Heleine étoit fille d'un Gentilhomme, native de Chaalon sur Saône; Elle avoit été élevée dans la pieté & bonnes mœurs dés ses plus tendres années, & s'y étoit perfectionnée avec le secours de la grace de Dieu, ainsi elle a goûté dans son cœur la Sagesse comme un miel Divin, avant que de la connoître par l'esprit, parce que c'est ce goût même qui la fait connoître ; ce qui fit qu'à mesure qu'elle croissoit en âge, elle s'apliquoit à la devotion, & à la pratique des solides vertus, & correspondoit fidellement aux inspirations que le Seigneur luy donnoit, frequentant souvent les Saints Sacremens, & s'éxerçoit aux œuvres de charité vers le prochain, sur tout à secourir les malades, & tous les pauvres qu'elle pouvoit rencontrer. Elle avoit apris d'un excellent Medecin les causes de diverses maladies, & les remedes qui y étoient propres, elle les faisoit elle même, & les portoit à ceux qui en avoient besoin.

Elle alla dans la Province du Nivernois, où toutes ces saintes pratiques luy attirerent la grace de sa vocation à la vie Religieuse : De sorte qu'à l'âge de vingt-deux ans elle prit resolution de se retirer dans un Monastere. Elle choisit celuy des Ursulines de Corbigny pour y servir Dieu, & prit le S. habit de Religion avec toutes les bonnes dispositions qu'on peut souhaiter à un esprit solide, & à une ame qui se donnoit à Dieu avec grande affection, & qui quittoit le monde de bon cœur. Elle se comporta si vertueusement & si fervemment pendant son noviciat, & témoigna tant d'ardeur & de desir de se consacrer entierement à Dieu par les vœux, que toute la Communauté consentit volontiers qu'on demandât permission à Monseigneur Ragny Evêque d'Autun qu'elle ne fit qu'un an de noviciat, ce que sa Grandeur accorda, & depuis sa profession jusques à sa mort elle a perseveré dans sa même ferveur, s'atachant indispensablement à toutes les maximes Religieuses, étant tres-exacte à toutes les observances regulieres.

C'étoit une ame humble qui avoit des bas sentimens d'elle même, quoy qu'elle eut de tres-bonnes qualités en sa personne. Elle étoit tres-soûmise à la conduite de toutes ses Superieures, fort détachée des choses temporelles, étant tres-aise d'experimenter les effets de la pauvreté.

C'étoit une ame pure, qui avoit un grand amour de Dieu, qui craignoit de l'ofenser ; sa foy étoit ferme, & son esperance acompagnée de confiance en Dieu, & de défience d'elle même. Elle avoit une grande conformité à la volonté de Dieu. Sa vertu étoit solide & perseverante dans les exercices de charité ; elle étoit toûjours disposée à servir ses Sœurs dans tous les emplois où l'obeïssance l'occupoit, & par tout elle contentoit la Communauté. Etant soigneuse, agissante, & diligente, sans empressement, adroite à tout ce qu'elle faisoit, & capable des principales Charges de la Religion.

Dés l'âge de douze ans elle avoit signalé sa devotion à la Sainte Vierge, luy ayant toûjours rendu ses devoirs par des prieres à son honneur, & des pratiques de vertu. Elle honoroit singulierement S. Augustin, & sainte Ursule, & les onze mille Vierges : Elle avoit dit en leur honneur, les onze mille *Pater* & *Ave*. Il y a bien vingt-huit ans qu'elle faisoit tous les ans une neufvaine à sainte Barbe pour obtenir de mourir en la grace de Dieu.

Elle a porté un an entier un flux hepatique, avec la fiévre, qui se mit en continuë au mois de Fevrier, & ne l'a point quitté depuis ; dans le Carême elle fut

reduite

23. Juillet. *La V. Sœur Jeanne de Sainte Heleine, du Crest.* 177

reduite à l'extremité & reçeut ses Sacremens ; l'on fit un Vœu en l'honneur de Saint Lazare, on envoya à Valon où ses Reliques font, dire une Messe, & l'on remarqua qu'à l'heure qu'on la disoit pour elle, elle revint petit à petit, & même elle eût quelque relâche pour la Pentecôte ; elle fût à la Messe ces trois Fêtes & quelques Dimanches suivans, sa ferveur luy donnant des forces.

Mais enfin trois semaines avant sa mort ne pouvant plus surmonter son mal, ressentant des douleurs extrêmes, étant consommée de la fiévre & trés affoiblie par le mal, elle ne pensa plus qu'à se disposer à la mort ; elle se confessoit trés-souvent, reçeut le Saint Viatique plusieurs fois, & l'Extreme-Onction avec une trés-grande attention & devotion, répondant à toutes les prieres que l'on faisoit pour elle, le jour de sa mort qui fut un Vendredy en l'an 1682. elle demanda avec instance de recevoir encore le Saint Viatique, qu'elle reçeut dans toutes les bonnes dispositions que l'on peut souhaiter, & trois heures aprés elle rendit son esprit à son Createur aussi doucement qu'un enfant sans agonie, ayant toûjours eû le jugement bon jusqu'au dernier soûpir ; elle avoit trouvé la sagesse, aussi a-t-elle esperé en sa derniere heure, & son esperance ne perira jamais, c'est cette esperance que la sagesse, qui l'a accompagnée à la mort, qui nous l'a renduë ferme & constante, lors même que tout le monde nous échape, parce que la mort ne nous ravit que les faux biens, & nous met en possession des veritables.

MAXIMES.

I. Les personnes Religieuses ne doivent point avoir des amitiés particulieres entre elles, & se doivent toutes aimer également, aussi elles s'appellent Sœurs pour montrer l'égalité qui se doit rencontrer en leur amitié ; en effet, entre toutes les amitiés, il n'y en a point de si égales ny si bien cimentées que celles qui se trouvent entre Frere & Sœur.

II. Les Religieuses doivent bien être soigneuses de s'entr'aimer également, de ne se montrer partiales au témoignage exterieur d'amitié, veu que tout ce qui est en Religion sont autant de moyens qui les portent à la Charité & union, à la devotion, & à la perfection.

III. Les amitiés particulieres en Religion sont appellées du nom de partialité, comme étant fort préjudiciables à l'union fraternelle, & d'effet l'experience fait voir, qu'une personne Religieuse ne peut témoigner exterieurement une amitié particuliere à quelqu'autre, quelle ne donne à connoître aux autres qu'elle ne les aime pas si parfaitement, & par ce moyen elle donne occasion à plusieurs envies, jalousies, soupçons, aversions, haines, dissensions, ligues, cabales, & autres maux qui ruïnent entierement l'union de Charité.

IV. Une amitié particuliere sera cause que l'on fera plusieurs choses pour plaire à son amie, qui ne seront pas selon la bonne Observance, ny selon la mortification, comme si celle qu'elle aime vient à recevoir quelques déplaisirs, soit de la part de la Superieure ou de quelqu'autre, ou bien si l'on vient à dire quelques paroles à son désavantage, elle prendra aussi-tôt son party, & au

Tome III. Z

lieu de l'inciter à endurer patiemment cette mortification, elle l'animera à s'en ressentir, & ainsi sera cause d'un grand mal dans une Communauté.

V. Une autre fois pour coplaire à celle qu'on cherit, elle s'entretiendra avec elle au tems du silence, elle n'osera luy contredire lors qu'elle fera quelque chose mal à propos, voire même pour ne perdre son amitié elle luy aplaudira en choses qui seront contre la raison, & la perfection ; plusieurs choses semblables arrivent souvent en Religion, & voire quelquefois de plus dangereuses, à cause de ces amitiés particulieres.

VI. Il est donc necessaire de couper chemin à ce mal dés le commencement, car quand telles affections sont une fois encrées en l'ame, il est bien difficile de les ôter.

VINGT-QUATRIÉME JUILLET.

LA VENERABLE SOEUR PERRETTE de S. Joseph, Molard, Religieuse Ursuline d'Arles.

L'Innocent ne se perd jamais. Job, Chap. 4. V. 7.

Dés le berceau elle donna des marques que Dieu l'avoit predestinée & prevenuë ; il sembloit que le desir d'être Religieuse étoit né avec elle, au moins dés qu'elle sceut parler elle le témoigna, & peu aprés elle vouloit se discipliner avec des cordelettes comme les Religieuses ; ses parens ravis de voir en elle de si belles inclinations, la mirent pensionnaire aux Ursulines à l'âge de neuf ans, elle y entra avec une joye incroyable. Les Religieuses ne remarquerent en elle qu'innocence, devotion, & docilité ; mais comme on ne l'avoit mise dans le Convent que pour la contenter, parce qu'elle étoit presque éthique, deux mois aprés on fut obligé de l'en ôter pour luy faire des remedes, & pour en venir là il falut user de force, les artifices y ayant été inutiles. Pendant trois années qu'on la garda dans le monde elle fût si chagrine que rien ne luy profitoit ; elle devint en un tel état qu'elle ne parloit presque plus, mais pour luy tirer quelque mot, il n'y avoit qu'à luy parler des Ursulines ; car alors la vigueur & la joye s'emparoient de son cœur languissant, & luy délioient la langue, & bien plus encore quand on luy promettoit de l'y conduire.

Enfin la passion qu'elle avoit pour le Monastere vainquit la tendresse de ses parens. Son pere l'y mena luy même & en fit le sacrifice à Dieu ; sa joye fut alors si grande, que l'on eut dit qu'elle étoit alors en parfaite santé : Elle devint des plus sçavantes dans les Classes, continuant toûjours dans le dessein de se consacrer entierement à Dieu ; mais aprochant l'âge de l'éxecuter, elle tomba dans une dangereuse maladie, ne regretant pourtant rien autre chose que de mourir sans être Religieuse; les Vrsulines, & ses pere & mere voyant son ardeur, luy donnerent l'habit de Religion au même tems qu'elle étoit acablée de mal ; tous ses maux en diminuerent, mais neanmoins ils demeurerent encore assés grands pour la faire dispenser de tous les exercices des Novices, & c'estoit là le sujet de ses plaintes, se jugeant inutile dans la maison de Dieu. A quelque tems de là on changea la Maîtresse des Novices, & celle qui luy succeda fut plus favorable à sa ferveur, parce qu'elle luy permit de faire quelques actions religieuses; elle s'y apliqua avec tant d'afection & d'allegresse , que l'on estimoit que cela la rétabliroit en parfaite santé ; mais il en arriva tout au contraire , car une fiévre continuë la reduisit au lict de la mort : Et afin de luy accorder ce qu'elle souhaitoit si ardemment , le Confesseur receut ses vœux de profession en presence de la Communauté. Elle vécut un mois depuis , attendant la mort avec une admirable constance. Le jour de sa mort elle Communia encore , & se mit à genoux à la veüe du S. Sacrement pour l'adorer, & le receut en cette posture avec une grande devotion , & pendant que le Confesseur reportoit Nôtre Seigneur dans le Tabernacle , elle l'alla voir dans le Paradis l'an 1648. âgée de dix-sept ans. Elle ne porta l'habit des Vrsulines que dix mois ; mais cette grande affection pour la vie des Vrsulines merite bien d'être remarquée. Nous pouvons voir en cette courageuse Vrsuline le desir qu'elle avoit de témoigner à Dieu sa fidelité, & la crainte qu'elle avoit de se perdre dans le monde , c'est pourquoy elle recherchoit un lieu d'assurance pour conserver son innocence ; l'horreur qu'elle avoit du monde montre bien qu'elle connoissoit le danger où l'on est d'y faire son salut, cela nous avertit d'entrer dans ces mêmes sentimens, de voir avec douleur les maux qui se commettent dans le monde , afin que cette consideration nous retienne dans la crainte , & que cette crainte nous fasse travailler à nôtre salut avec tremblement, & nous empêche de tomber comme ceux dont nous déplorons les chûtes.

MAXIMES.

I. Murmurer n'est autre chose qu'une plainte injuste & inutile qu'on fait de quelques personnes avec impatience.

II. Quand on a quelque sujet de se plaindre , ce n'est pas proprement murmurer, il est neanmoins bien difficile de se plaindre sans commettre quelque imperfection : car l'amour propre nous fait toûjours ressentir les injures receües plus grandes qu'elles ne sont , & les actions qui nous déplaisent en nôtre prochain plus défectueuses.

III. Le plus assuré & le plus parfait c'est d'endurer sans mot dire ce qu'il a plu à Dieu nous envoyer, si ce n'est qu'on ait besoin de conseil pour s'y comporter selon la vertu; car en ce cas il est bon d'en parler à quelques personnes prudentes qui ayent sur tout la paix & l'union fraternelle ; car de s'adresser à des personnes trop zelées ou trop promptes à s'indiquer, au lieu d'en raporter la paix & la tranquilité , nous en sortirions plus inquietées & animées.

180 *La V. Mere Madelaine de la Resurrect. de Grand.* 25. Juillet.

IV. Vne bonne Religieuse ne se doit plaindre pour quelques paroles, car s'il étoit licite de se plaindre dans la Religion de ces petites occasions de mortification, on n'auroit jamais paix ny interieure, ny exterieure, d'autant qu'il est bien difficile dans une Communauté d'y vivre sans y trouver souvent de ces occasions d'endurer, à cause de la diversité des humeurs.

V. C'est un zele passionné tout manifeste, quand une Religieuse se plaint en tout rencontre de quelques ordonnances que sa Superieure aura fait qu'elle n'agréera pas, comme aussi quand elle se plaint de ce que quelques petites choses des Constitutions ou de la Regle ne sont pas bien observées comme elle desireroit.

Vingt-cinquie'me Juillet.

LA VENERABLE MERE MADELAINE de la Resurrection, de Grand, Religieuse Ursuline de Chaumont en Bassigny.

E'coûte, dit Dieu à son E'pouse, & considere & abbaisse ton oreille, & oublie ton peuple, & la maison de ton pere? Psal. 44.

Elle étoit issuë d'une des meilleures familles de Chaumont, & s'étant renduë dans les Ursulines, elle y fut souvent mise comme un flambeau sur le chandelier pour éclairer toute la maison; car elle occupa toutes les charges, & s'en acquitta si bien, que sa memoire passe encore pour un modelle; & l'on peut dire sans exageration que toutes les qualitez d'une bonne Religieuse, d'une sage Superieure, & d'une officiere reguliere ont paru en cette bonne Mere dans un eminent degré, & entr'autres vertus, sa prudence, sa charité & sa douceur sembloient avoir été l'ame, & l'esprit de sa conduite, ayant écouté Dieu & consideré sa voye qu'elle a suivy avec fidelité, oubliant le monde & ses maximes.

Elle mourut assez âgée, & l'on eût beaucoup de marque devant & aprés son trépas de sa sainteté, & du bonheur éternel, dont probablement Dieu luy fit prendre possession, aussi-tôt qu'elle eût quitté cette vie mortelle, qui fût en l'an 1659.

Voyons aujourd'huy comme cette sage Ursuline a renoncé à la fausse sagesse du monde, pour suivre la voye de Dieu, en entreprenant la vie Religieuse & imiter son Sauveur, elle n'a point rougy de la pauvreté du Fils de Dieu, elle s'est demise de tous les honneurs, & richesses comme le Fils de Dieu a quitté toutes les richesses de la Divinité; elle s'est fait pauvre, comme il s'est fait pauvre. Que cét exemple nous enflâme; Méprisons le jugement des hommes, n'ayons dans l'esprit que Dieu & ses Anges, nous serons bien sages si nous nous rendons dignes de leur approbation & de leurs loüanges.

MAXIMES.

I. Mettons-nous au dessus de tous les vains discours des hommes à l'égard du prochain; aimons & reverons ceux que nous sçavons par nous même être sages & vertueux, & si Dieu se sert de nous pour contribuër à l'établir leur memoire, tenons nous heureux de cette grace, & réjoüissons-nous de n'avoir manqué à rien de ce que nous devions à des personnes de merite.

II. Estre homme, & être imparfait, ce sont choses inseparables en cette vie; & il arrive souvent que les plus capables pour le gouvernement, auront quelque imperfection qui paroîtra d'avantage au dehors; c'est-pourquoy il ne se faut pas arrêter sur les défauts de ceux qui nous conduisent, mais sur les perfections qui sont en eux; ne regardés point la personne, ou le naturel, mais l'autôrité, & la place qu'ils tiennent, aussi les murmures qui se font contre eux, sont toûjours plus griefs pechés, que ceux qui se font dés autres, à cause du respect qui leur est deu, & de l'autorité qu'ils ont de Dieu.

III. Gravés en vôtre cœur cette verité, qu'il faut que l'ame Religieuse opere son salut par l'obeïssance, comme Jesus-Christ a operé nôtre rachapt par icelle, & elle se délivrera de la plus grande peine qu'elle puisse avoir en Religion, car les murmures contre les Superieures est une recherche déréglée de soy-même & de son propre interest; & ainsi elle se donne du chagrin & de l'inquietude par son peu de vertu.

IV. Pour maintenir la paix dans une Communauté, & ne se point troubler soy-même, que chàque particuliere s'acquite bien de ses obligations, & qu'elle ne se mêle point de contrôler la vie d'autruy, ny des affaires que quand elle y est appellée.

Vingt-cinquiéme Iuillet.

LA VENERABLE SOEUR JEANNE
Therése de Saint Augustin, Jourdan, Religieuse Ursuline de Bayeux.

J'ay observé toutes ces choses dés ma plus tendre jeunesse. En Saint Marc.

JESUS-CHRIST aima tendrement celuy qui avoit observé exactement les Commandemens de la Loy, & il aime d'un pareil amour ces saintes ames qui observent jusques aux plus petites choses de la Religion qu'elles ont embrassée; ce qui a esté verifié en la vie de nôtre Sœur de S. Augustin, qui parmy beaucoup de vertus qui la rendoient considerable à toute sa Communauté, fit paroître son obeïssance & sa soûmission au joug du Seigneur dés son enfance, où Dieu la prevint des benedictions de sa douceur. Elle avoit un grand fond de pieté, qui l'engageant à fuïr le monde à l'âge de vingt ans, elle entra aux Vrsulines de Bayeux, aprés avoir surmonté genereusement de grands obstacles qui s'oposerent à sa vocation pendant quatre années.

Dépuis sa profession qu'elle fit avec ferveur, nôtre Seigneur fournit à son courage diverses matieres de victoire par une suite d'infirmités & de langueurs, dans lesquelles elle a sacrifié à la grace beaucoup de soulagement, que la nature auroit exigé d'un zele moindre que le sien : Dans cét esprit elle a porté quatre ans entiers une fâcheuse toux, qui luy faisoit perdre la pluspart des nuits, & ne l'empêchoit point le lever de quatre heures, ny les suites des saintes Observances, que lors que les remedes pris par soûmission luy déroboient la consolation de s'y trouver.

Elle étoit fort charitable & bien-faisante, ayant adresse pour se parfaitement acquiter de tous les emplois où l'obeyssance l'apliquoit, ne s'embatrassant nullement des choses les plus empressantes, toûjours tranquile, & la même parmy la multitude des affaires : son esprit subtil & agissant luy facilitoit l'expedition de tout sans alteration.

Vne fâcheuse poulmonie survint, qui n'ayant point paru d'abord, donna nouvelle matiere de patience à cette bonne Religieuse, sans que son mal de côté & d'épaule, & tous ses autres maux la dispensassent des fatigues de son employ, ny d'aucunes observances, où elle fût toûjours tres-fidelle, & sans aucune plainte, ce qu'enfin a rendu les remedes inutiles.

Il semble que Dieu la diposa à ce dernier passage par la privation de sa Tante la Mere de S. Alexis d'heureuse memoire, laquelle elle vit en songe qui l'apelloit pour la suivre à la mort. Son aprehension naturelle de cét affreux moment luy causa tant de peine, que se réveillant en sur-saut, elle dit, *Il n'est pas encore temps.* Ne s'y pouvant resoudre, elle resta si effrayée, qu'elle n'en pût reposer de toute la nuit.

Depuis ce tems elle ne fût plus sans douleur, & par une grace extraordinaire, elle souhaitoit la mort avec S. Paul, selon la partie superieure. Et dés qu'elle se jugea en état de la subir, s'étant rendu les actes de soûmission aux Ordres Divins en ce sujet si familiers, qu'incessamment elle s'abandonnoit aux dispositions qu'il feroit d'elle, & n'auroit pas voulu en retarder l'execution d'un moment quand il auroit été à son pouvoir.

Toute sa crainte étoit que les sentimens qui luy restoient contraires en la partie inferieure, ne luy causassent quelques mouvemens imparfaits qui fussent desagreables à celuy qu'elle vouloit uniquement contenter.

Elle se sequestra adroitement de toute conversation humaine, sous pretexte de sa difficulté à parler, afin de n'en avoir qu'avec son aimable Epoux dans sa divine solitude du S. Sacrement, devant lequel elle passoit les journées entieres. Aussi a-t-elle eu le bon-heur de recevoir trois fois le S. Viatique, & tres à propos toutes sortes d'assistances spirituelles & temporelles. Elle receut le propre jour de sa

25.Iuillet. *La V. Sœur Ieanne Therese de S. Augustin, Iourdan.*

mort la derniere visite du Sauveur en Viatique, & trois fois l'absolution en moins de deux heures, dont la generale qui fut la derniere, fût demandée par elle trois *Pater* avant qu'expirer; elle la receut les mains jointes avec une inclination de teste, qui marquoit son profond respect, & elle passa de cette vie dans la même posture l'an 1680, ayant l'esprit & les sens entierement apliqués à Dieu.

Lors que nous voyons cette bonne ame, aprés avoir si bien vécu dés son bas âge, trembler neanmoins lors qu'elle se voit sur le point de mourir. Considerons qu'il n'y a rien de plus necessaire dans ce moment terrible, que de se souvenir par une humble confiance, & de repousser toutes les tentations du demon par la fermeté de son esperance. On doit craindre neanmoins que ces assurances que l'on voit quelques fois dans des personnes qui certainement n'ont pas vécu aussi saintement que nôtre Sœur de S. Augustin, ne soient plûtôt une marque de leur aveuglement & de leur stupidité, qui fait qu'ils ne voyent pas le peril où ils sont, qu'une preuve de la pureté de leur conscience. Quoy qu'il en soit, il vaut toûjours mieux passer comme cette bonne ame, de crainte, & de la frayeur, dans la paix & dans la joye, que de passer comme beaucoup d'autres, de la paix dans la frayeur & le tremblement.

MAXIMES.

I. Ayés toûjours une grande douceur & circonspection en vos paroles, mais sur tout fuyés toutes sortes de mocqueries pour legeres qu'elles soient, parce qu'elles sont contraires à l'union fraternelle, laquelle est souvent interessée par une petite raillerie, voire les aversions s'en ensuivent quelque fois, car peu de personnes sont arrivées à cette perfection, de n'avoir point de ressentiment quand elles s'aperçoivent qu'on se mocque d'elles.

Souvenés-vous qu'une personne ne seroit pas exemte de peché tres-grief quand elle mépriseroit tellement une personne, qu'elle n'estimeroit rien tout le mal qu'il luy pourroit arriver, ou bien si elle luy causoit déliberément & malicieusement quelque honte notable & préjudiciable, ou qu'elle eut intention de luy causer une confusion; l'on est obligé d'éviter soigneusement tous ces manquemens de charité.

III. Les Anges méprisent l'argent & les biens de la terre, & les bons Religieux méprisent les attaques & les tentations des demons. Les Anges étans dans le Ciel, ne sont point touchés de l'amour des choses visibles, & les Religieux étans sur la terre par leurs corps, sont là-haut au Ciel par leur esprit, & leurs cœurs n'étant émeus d'aucuns desirs pour tous les objets sensibles.

Vingt-sixième Juillet.

LA VENERABLE MERE FRANCOISE du Saint Esprit de Léguise, Fondatrice, Religieuse Ursuline de Chambery.

Son Esprit non divisé, ny partagé étoit tout occupé à penser aux choses Divines, comme elle plairoit à son Dieu. A la première aux Corinthiens, chap. 3.

LA Mere Françoise du Saint Esprit se trouva favorisée du Ciel dés sa naissance, appartenant à des Familles où l'honneur & la vertu étoient hereditaires, aussi-bien que la Noblesse ; son Pere & sa Mere faisoient de leur Château, comme un petit Convent en devotion, une honneste retraite aux affligez, & un Hôtel Dieu aux Pauvres, dont il y en avoit un journellement auprés de leur table qu'ils instruisoient, & qu'ils ne laissoient point sortir sans luy avoir fait donner sa nourriture. Il n'y avoit rien de si doux que cét enfant, son ris étoit le charme de tous ceux qui l'abordoient.

A l'âge de huit ans elle lisoit & écrivoit, & paroissoit déja si prude que son pere la surnommât sa sage Salomone, déslors on la fit communier, & la crainte de Dieu s'imprima si fort en son cœur que ce luy fût un preservatif contre le peché pour toute sa vie; quand elle eut quatorze ans, elle observa tous les jeûnes de l'Eglise.

Dieu l'ayant éclairé sur le bon-heur de la vie Religieuse, & par une Sainte jalousie de sa Sœur qui étoit déja dans un Monastere, elle luy dit qu'elle ne luy cedoit point la meilleur part, mais qu'elle vouloit luy tenir compagnie, & voyant que l'on avoit dessein de la marier, elle se rangea dans la Congregation des Ursulines de Paris, nonobstant la resistance de ses Parens qui estimoient à déshonneur qu'elle fût en Société avec des Maîtresses d'Ecole, ils s'efforcerent de l'en faire sortir & ne cesserent de la persecuter, même jusqu'à Chambery, quand elle y alla ; un de ses Oncles employant les forces du Roy, & de son Altesse Royale pour user de violence en son enlevement s'il étoit necessaire : mais Dieu permit que ses Parens furent instruits de la sublimité de l'institut des Ursulines, & enfin ils se rendirent à la volonté de Dieu, puis elle prit son party pour Lyon où d'abord elle s'accommoda à tous les exercices de ces bonnes filles, jusqu'à ce qu'elle fût prête d'embrasser l'état Religieux, car ne se sentant pas encore disposée d'en faire autant, & étant d'ailleurs pressée par la Mere de Luynes, Superieure des Ursulines du Pont Saint Esprit, de l'accompagner en Provence, elle s'y accorda & alla exercer la charge d'Assistante, & de Maîtresse des Classes

l'espace

26. Juillet. *La V. Mere Françoise du S. Esprit de Léguise.*

l'espace de quatre ans au Pont S. Esprit, puis à Avignon; & comme l'on traita de faire deux établissemens de l'Ordre à son choix, à Château Thierry son païs, ou à Chambery, elle prefera ce dernier sur la pensée qu'elle y seroit inconnuë, les Ursulines de Provence firent de grandes opositions à sa sortie sans la pouvoir empécher.

Elle n'entra pas plûtôt à Chambery que l'estime de sa personne se répandit par tout: Grand nombre de filles luy furent presentées tant pour être instruites que pour former sa Communauté; ainsi sa maison eut bien-tôt la stabilité & les succés.

Dieu luy fit connoître alors qu'elle avoit encore un pas à faire pour arriver à la perfection où il la desiroit, que c'étoit de changer sa maison en Monastere, & d'y être la premiere Religieuse; ne voulant point se fier à sa capacité sur cette affaire, elle demanda deux Religieuses Ursulines de Grenoble, à qui elle remit volontairement la conduite de sa Communauté, & prit sous elles la qualité d'inferieure: Peu de tems aprés on luy donna l'habit de l'Ordre, & au bout de trois jours elle fit profession avec dispense de son Prelat. Avant sa profession elle ceda tout son bien au Convent en qualité de Fondatrice, & le desir de l'employer ainsi, étoit une des raisons qui l'avoient fait differer de se rendre Religieuse, ayant non seulement attendu l'âge de Majorité, mais encore la mort de ses plus proches, afin de n'être point traversée dans son bon dessein.

Aussi-tôt que les Religieuses furent en droit d'élire une Superieure, elles luy donnerent leurs suffrages, dont elle s'afligea de se voir dans cét honneur; mais patience, le Ciel luy fit naître incontinant des occasions de plaintes bien differentes: Sa reputation qui paroissoit si fortement cimentée, fût mise au rabais; il se forma deux partis dehors & dedans le Convent, au sujet d'une de ses parentes que les Religieuses avoient été empressées d'avoir avec elles, puis elles ne la purent souffrir, & cela causa des broüilleries, dont la Fondatrice souffrit plus que nulle autre, étant Superieure, & encore plus aprés; car la chose faisant grand éclat, on ne garda aucune mesure à son égard, mais on la traita de mépris: On la priva par deux fois de voix active & passive; on la publia incapable de gouverner, & même on conseilla de la ravaler à l'état de Sœur Converse, & si l'on n'en vint pas là, au moins sa Superieure la retint plus en sujection qu'une Novice.

Quand celles qui portoient ses interests luy parloient en pitié du tort qu'on luy faisoit, elle les consoloit avec ces paroles. *Dieu soit beny, mes cheres Sœurs, c'est à present que l'on me connoît; & que l'on m'instruit de ce que je suis en verité.* Elle se trouva neanmoins en une telle desolation, qu'elle confessa à son Directeur qu'elle n'étoit plus qu'un cœur souffrant, parce que la calomnie attaqua jusqu'à son honneur, & les personnes qu'elle avoit le plus obligées, se firent les instruments de sa persecution. *Neanmoins, son esprit dans tous ces états ne fut divisé ny partagé, mais tout occupé à penser aux choses Divines, & comme elle plairoit à son Dieu.*

Enfin elle ménagea la sortie de sa parente, & peu aprés cette violente tempête s'apaisa, & passa le reste de sa vie sur le pied de la même constance en d'autres sortes de peines, & dans l'acquit de ses obligations. Elle étoit capable de toutes les importantes affaires; elle avoit une science dont la nature n'étoit pas le principe. Les personnes les plus spirituelles qui s'étoient associées avec elle, ont assuré que jamais elles ne sortoient de sa conversation, sans avoir une plus vive lumiere de la grandeur de Dieu, & que son cœur sembloit toûjours gemissant de ce que Dieu étoit si peu connu, & si peu aimé, étant toûjours occupée comme elle pourroit plaire à son Dieu.

Or comme elle étoit actuellement occupée à l'instruction dans les Classes, une fiévre l'obligea de se mettre au lit, où aprés quatre jours d'assoupissement, ses sens se recüeillerent.

Elle parla en particulier à chacune des Religieuses, en suite elle donna des bons avis en général. Elle n'obmit aucune des plus belles preparations à la mort, & proferant ces belles paroles, *Iesus, Marie, Ioseph, soyés à mon aide*; son ame se détacha de son corps l'an 1654. Son enterrement fût fait avec toute la solemnité convenable; l'Eglise, la Chapelle, le Chœur étant tapissés de deüil, la Chapelle demeura toute l'année dans cét ornement funebre. Pendant que les Prêtres chanterent l'Office de son enterrement, toutes les Religieuses par ordre ayant un cierge ardant en la main, allerent luy baiser les pieds, en presence des plus illustres personnes de la Ville; les plus celebres Presidens de Chambery demanderent de ses Chapelets pour les garder comme des Reliques, parce que c'étoit un sentiment commun, que ses paroles, son air, & ses actions ressentoient la sainteté.

Remarqués qu'aprés tant d'orages & de persecutions qu'a souffert cette grande servante de Dieu, il fit connoître sa vertu & son merite, & luy attira autant d'admirateurs qu'elle avoit eu de contradictions & de murmures. Enfin aprés avoir si utilement servy son Ordre par ses travaux, par ses prieres & par ses établissemens, elle est allé joüir de son Divin E'poux dans le Ciel. Le grand amour qu'elle luy a témoigné pendant sa vie par tant de marques exterieures, nous doit faire juger de celuy qu'elle luy porte maintenant, elle n'est pas moins jalouse de la gloire de son E'poux, qu'elle le fut autrefois; ce sont peut-être ses desirs que Dieu écoûte, & qu'il exauce lors qu'il remplit son Ordre de tant de Saintes Filles, qui dans tous les endroits du monde n'ont rien tant à cœur que les interests de Dieu & de son Eglise. C'est en ce point particulierement que nous devons l'imiter, que vôtre charité ne se borne point non plus que la sienne dans un seul Convent, & dans le Monastere où elle se trouve renfermée. Que cette charité soit Catholique & universelle, qu'elle embrasse toute l'Eglise, & qu'elle s'étende aussi loin que l'esprit qui l'a formé dans le cœur, qui remplit toute la terre. Rendons graces à Dieu de ce qu'il nous donne encore en nos jours tant de saintes Filles, qui édifient l'Eglise par leurs prieres, par leurs instructions, & par l'odeur de leur sainte vie.

MAXIMES.

I. Les Anges ne cesseront jamais de croître en l'amour Divin, les Ursulines ne cessent jamais de les imiter avec émulation, & avec zele, en s'avançant toûjours de plus en plus dans ce saint Amour. Ceux-là n'ignorent pas combien leurs tresors se multiplient, à mesure que leur charité s'augmente, ny ceux-cy combien ils montent & croissent en grace, à mesure qu'ils croissent en amour & en ferveur.

II. La ruine des Monasteres en ce qui regarde l'observance des regles, vient ordinairement de ce qu'on reçoit indifferemment toutes les filles qui se presentent.

III. Sur tout ne recevés jamais les Novices quand elles ont un esprit remuant, altier, turbulant; quand elles sont sujettes à des troubles d'esprit, & si elles n'ont point d'affection & bonne volonté pour le bien de la Communauté, & qui auront des passions indomptables & violentes.

IV. Souvenés-vous que vous ne sçauriés faire un plus grand tort à la Religion que de luy donner des mauvais sujets. Pour cette raison donnés-vous de garde de ne vous porter passionnément pour quelque Novice incapable, sous aucun pretexte, soit de parenté, soit d'amitié, vous souvenant que vous êtes sans comparaison plus obligées de maintenir le bien commun de la Religion, que de procurer le bien particulier d'une personne quelle qu'elle soit.

VINGT-SIXIE'ME JUILLET.

LA VENERABLE MERE CATHERINE Durre de la Touche, ditte de la Nativité, Religieuse Ursuline de Montelimar.

C'est par beaucoup de peines & d'afflictions que nous devons entrer dans le Royaume de Dieu. Acte 14.

CEtte bonne mere étoit de la Noble & illustre Famille d'Urre, son Pere étoit Seigneur de la Touche en Dauphiné, aussi pieux que vaillant, & sa Mere de la maison de Rival, Dame aussi pieuse que son mary; de cette Maison il y a eû des Chevaliers, Commandeurs, & Grands Maîtres. Catherine dés son bas âge étoit uniquement aymée de son Pere pour son naturel doux & affable, elle le fit paroître par la patience qu'elle eût dans un rencontre, où une fille de service de Madame sa mere luy donna par hazard du coude dans un œil, qu'elle perdit, avec toute la bonne grace qu'elle avoit sur son visage, sans l'oser jamais

A a 2

dire jusques à ce qu'on s'en aperceut; son pere & sa mere en furent extrêmement affligés. Vne autre fois on luy laissa choir sur la main un couvercle d'une caisse de noyer, laquelle main fût murtrie en telle maniere qu'il luy resta une deformité à un doigt qu'elle a porté toute sa vie ; elle reçût cét accident avec la même douceur que le precedent ; cela donna occasion à Messieurs ses paens de la mettre dés son enfance dans un Monastere. Elle fût donc donnée à la Mere Florentine Superieure de la Congregation du Monastere des Ursulines de Valreas, pour en avoir tous les soins possibles. Son pere avoit une si grande tendresse, qu'il ne la pouvoit voir qu'avec quantité de larmes. Dés cét âge-là elle goûta si fort la devotion, qu'elle prit resolution de se donner toute à Dieu ; & en effet elle fût menée par ladite Dame Florentine à Avignon, elle menoit cete jeune fille par tout où elle alloit, tant elle luy étoit chere, où elle fit par bon-heur la rencontre du Reverend Pere Boniel de la Compagnie de Jesus : Il trouva cette ame si disposée pour le bien & pout la vertu, qu'il fût poussé par le S. Esprit, à ce qu'il en a dit luy même, de cultiver cette petite plante pour la faire croître en la perfection ; & en effet il luy fit faire sa Confession generale, & fût ravy de son innocence ; il luy promit ses aides spirituelles tant qu'il auroit de vie. S'en étant retournée à Valreas, ses parens la voulant loger prôche d'eux, la mirent au Monastere des Religieuses de Montelimar, où elle fût receüe de toute la Communauté avec bien de l'agreement, tant pour son bon naturel, & la douceur qui paroissoit sur son visage, que pour sa naissance. On luy donna le saint habit de Religion à l'âge de seize ans, & fût nommée de la Nativité : Pendant son Noviciat elle étoit l'éxemple de toutes ses Compagnes, & les portoit à la vertu.

Quelque tems aprés sa profession elle fût envoyée à Beaucaire avec la Mere de Clausone, laquelle étoit allé aprendre la reforme à Montelimar ; elle fit faire à ladite Mere son Noviciat, & aprés l'envoya pour reformer la Congregation de Carpentras ; pendant ce tems elle mit en telle sorte l'esprit de ferveur & de reforme à ses Religieuses de Beaucaire, que son Monastere est un des plus florissant de Nôtre Ordre : En aprés les Religieuses de Beaucaire souhaiterent le retour de la Reverende Mere de Clausone dans leur Maison, où elle avoit été toûjours Superieure en Congregation. Il falût donc que nôtredite Mere de la Touche de la Nativité vint tenir la place de la Mere de Clausone dans le Monastere de Sainte Ursule de Carpentras, où elle fût receüe non seulement des filles, mais encore de toute la Ville avec grande joye & aplaudissement ; elles étoient encore toutes Novices, elle leur fit faire profession, & les fit dispenser des vœux par Monseigneur le Cardinal Biquy Evesque de cette Ville.

Elle ne se contenta pas de leur donner exemple de toutes les vertus, mais encor elle leur procuroit toutes les aydes Spirituelles des Reverends Peres Jesuites qui avoient une estime toute particuliere pour cette bonne Mere, d'autant mieux que ledit P. Boniel la recommandoit à tous les Recteurs qui venoient en ce College ; ils se portoient à servir cette bonne mere & ses filles avec tant de soin & d'affection qu'ils n'oublioient aucune chose pour leurs instructions & perfection soit en Conferences, Predications, Confessions, Escrits, Meditations,

26. Iuillet. *La V. Mere Catherine Durre de la Touche.* 189

Journels, Consolations, Avis, & tous les exercices qui se pouvoient rendre à des Pauvres Religieuses, & ont continüé tout le tems du Gouvernement de ladite Mere, aussi avoit-elle de trés-grands sentimens de respect, d'estime, d'obeïssance & reconnoissance pour toute la Compagnie, & faisoit naître ces sentimens au cœur de toutes ses Filles, mais sur tout elle continüa sa confience audit P. Boniel jusques à sa mort; elle luy envoyoit son Ange Gardien pour luy dire ses pensées, quand elle avoit quelques difficultés, & qu'elle ne pouvoit pas écrire ny le voir, étant trop éloigné lors qu'il étoit Provincial, & prioit l'Ange du même Pere, de dire au sien de luy inspirer ce qu'elle devoit faire; en effet elle disoit que c'étoit sa pratique & qu'elle s'en trouvoit trés-bien. Vne fois une Religieuse passant devant sa chambre de nuit, vit une grande clarté, & demanda à une autre s'il n'y avoit point de lumiere dans la chambre de la Superieure, ayant trouvé que non, ledit Pere assura quand on luy en fit le recit, que c'étoit son Ange Gardien qui l'avoit visitée.

Elle a excellé en trois principales vertus, l'humilité, la charité, & la penitence, où elle a bien eu moyen de les pratiquer; l'humilité par les bas sentimens qu'elle avoit d'elle même, & par les paroles qui provenoient de ses sentimens, n'ayant jamais en bouche sinon qu'elle étoit une grande pecheresse, qu'on priât Dieu qu'il luy fît misericorde; Non seulement elle avoit cette vertu interieure, mais encore exterieure; car toute Superieure qu'elle étoit, ayant gouverné vingt-un an, elle a exercé tous les offices les plus humbles & plus bas qui soient dans la Religion, comme laver la vaisselle, balier, jetter les vases des ordures des malades. Aprés la mort du P. Boniel, le P. de Bus de la même Compagnie l'exerça dans cette belle vertu par des actes qu'il luy faisoit faire de tems en tems, la traitant assés rudement dans sa conduite; assés souvent il luy faisoit détrousser son habit, & la faisoit marcher, disant avec une voix severe, *Ma Sœur, cét habit n'est point de la maniere qu'il faut qu'une Religieuse le porte, estant trop long* (quoy qu'il ne fût qu'à fleur de terre) disant que cela ressentoit son orgueil. Elle prenoit cela avec grande joye, & comme elle s'estimoit une grande pecheresse, le P. de Bus luy fit faire amande honnorable à la Divine Justice la corde au col, le Crucifix à une main, & un flambeau à l'autre, en sa presence. En un Confessional il luy faisoit faire des actes les plus humbles & les plus humilians qui se peuvent faire, & pour lors elle étoit toute satisfaite; ledit Pere l'humilioit & la mortifioit en toutes les manieres pour l'éprouver. Une fois luy parlant de son interieur à la grille de l'Eglise à voix basse, le Pere luy commanda de crier haut, & luy même haussoit sa voix dans ses réponses; la bonne Mere l'avertit de ne crier point si haut, parce qu'ils pourroient être entendus des personnes qui étoient à l'Eglise: *Hé! quoy ma Sœur,* (répondit-il) *ne voulés-vous pas qu'on vous connoisse, ne sçait-on pas qui vous étes, ainsi criés tout haut;* ce qu'elle fit avec une grande humilité & obeïssance. Revenant quelques jours aprés, *Hé bien, ma Sœur, quel orgueil vous avoit-il saisi ces jours passés,* & d'autres semblables paroles; étant porté de Dieu de la traitter de cette maniere, nonobstant l'estime & l'affection qu'il avoit pour cette digne Mere.

Son humilité ne parut pas moins grande dans une autre occasion, qui fût que son Confesseur ordinaire, saint Personnage, qui presentement par sa vie sainte & exemplaire fait des miracles en la ville de Carpentras, se servit de luy pour la faire meriter, n'ayant pas encore la connoissance de cette belle ame par la maniere de s'accuser; vous eussiés dit que c'étoit la plus grande pecheresse du monde; & d'ailleurs, le bon Dieu voulant sanctifier l'un & l'autre dans l'épreuve de leur vertu, permit que ce Saint homme crût qu'elle étoit possedée du malin esprit ; à cét effet luy faisoit les exorcismes dans le Confessionnal fort secrettement, ce qu'elle souffroit avec une humilité incomparable sans en dire mot à personne ; mais quelqu'unes de ses filles en eurent quelque vent, & en firent de plaintes à ce Confesseur, & il répondit que Dieu le permettoit ainsi, & qu'il en tireroit sa gloire. Cela fût consulté par quatre grands Casuistes Evêques, où le Saint homme fût condamné de son opinion ; car il n'y avoit nulle aparence qu'elle fût possedée d'autre esprit que de celuy de Dieu, & luy de son côté fût bien humilié, & receut cette mortification avec grand plaisir, car il est homme à ne vivre que dans la mortification ; nous n'aurions jamais tout dit si nous voulions parcourir tous les actes qu'elle a pratiqué sur cette vertu. Mais venons à la charité, qui n'est pas moindre ; car elle l'a exercée en toutes les manieres, & parculierement envers les malades, les veillant les nuits entieres, & aprés d'abord qu'elle étoit levée, elle alloit voir comme elles avoient pasé la nuit, & ce dont elles avoient besoin, portant les Medecins à leur faire des remedes, & même les leur suggerant : Elle avoit tres-grande estime de toutes ses Sœurs, leur procurant toutes les assistances spirituelles, & tout ce que pouvoit servir pour leur perfection, non seulement des Reverends Peres de la Compagnie, mais encore de tous les Livres les plus spirituels & les plus devots, qu'elle achetoit de l'argent que ses parens luy donnoient, lesquels étoient en grande quantité toutes les années. Elle compatissoit à l'affliction de ses Sœurs, & les consoloit avec tant de douceur, qu'aprés leur avoir parlé, tous leurs déplaisirs s'évanoüissoient, nonobstant l'esprit serieux qu'elle avoit naturellement, & seulement à la voir elle portoit au bien & à la paix, & d'un clein d'œil elle les ramenoit à leur devoir ; mais elle excelloit en la pratique de cette vertu encor plus envers celles qui avoient de petites froideurs pour elle, & se dispensoit plûtôt de rendre service à ses parentes & à ses amies, pour le rendre à celles-là, quoy qu'elle sçût tres-bien ce qu'elles faisoient contre elle, Dieu le permettant ainsi pour purifier sa charité.

La penitence a été aussi heroïque dans cette ame, car elle se privoit de son sommeil, se levant la nuit à petit bruit pour faire ses prieres, pour n'éveiller celles qui étoient à sa chambre, & aprés elle prenoit une rude discipline, qui luy causa une grande sciatique ; elle fût obligée de la faire sur les épaules, mais elle ne ne luy fût pas moins prejudiciable à sa santé, luy attirant la fluxion sur son œil ; & comme elle n'en avoit qu'un, aprehendant qu'elle ne le perdit, tous ses Confesseurs, Superieurs, & Medecins luy commandoient de cesser ses penitences, car elle s'échaufa le sang avec ses ceintures & haires qu'elle portoit continuellement ; mais le bon Dieu qui l'aimoit, permit que ne pouvant plus faire de penitences, elle fût accablée d'infirmités qui l'ont fait souffrir des maux tout le reste de sa vie, & luy ont fait éprouver tous les remedes les plus violents que l'art peut inventer, ce qu'elle enduroit avec tant de patience, qu'elle donnoit au cœur de toutes; elle a été reduite à ne pouvoir plus marcher sans apuy, & ne pouvoir prendre ses necessités que par la main des autres, par une hydropisie & paralisie, sans jamais se plaindre de ses maux, ayant toûjours le visage serain. Ses maux interieurs surpassoient de beaucoup les exterieurs. Je passe sous silence toutes les souffrances & contrarietés que le Seigneur a permis pour son exercice, lesquelles luy ayant été faites par celles mêmes ausquelles elle avoit rendu toute sorte de service, & même à sa derniere maladie elle ne put pas avoir l'assistance des Peres qu'elle avoit souhaité toute sa vie, lesquels ne se trouverent en volonté de l'assister, Dieu permettant ainsi qu'elle fût abandonnée de tous.

Sa derniere maladie fust une hydropisie qui la tint prés d'un an, qui enfin la rendit paralitique, étant reduite à la discretion & à la charité d'une Sœur Converse. Il sembloit pour lors que Dieu luy avoit aussi separé toutes ses amies qui ne luy pouvoient rendre service; son mal augmentant le jour de S. Alexis, elle communia au Chœur, où elle eut une grande défaillance, & fust suivie d'un diarré qui luy attira si fort le cerveau, & la reduît à une létargie; en étant un peu remise, il luy survint un délire qui luy dura jusques à la fin, n'ayant eu de relâche que pour recevoir ses Sacremens, ce qu'elle fit avec sa devotion & humilité ordinaire.

Vn jour auparavant que mourir étant un peu revenuë à elle-même, elle dit à la Sœur Converse, *Sœur Madelaine, ne voyés-vous pas cette belle Dame qui est au pied de mon lit? ha! qu'elle est belle!* Elle étoit dans un si grand transport de joye qu'elle devint belle comme un Ange, & étant dans son agonie elle a conservé cette beauté & sa majesté ordinaire. Son agonie dura plus de vingt-quatre heures, & rendit son ame le vingt-six Iuillet le jour de Sainte Anne à trois heures aprés Midy avec tant de douceur qu'on ne croyoit pas qu'elle fût morte; ses Confesseurs attestans que de leur vie ils n'avoient veu ny connu une personne plus humble que cette bonne Mere, & ils le pouvoient dire avec verité, car ils sçavoient tres-bien ce qu'elle avoit souffert; il y auroit pour faire un Volume entier, il suffit de dire qu'elle fust regrettée de toute la Ville, & on la nommoit aprés sa mort la Bien-Heureuse. On se recommandoit à ses prieres, & même ses Filles l'invoquent dans leurs besoins, & en ressentent les effets.

Ne nous flattons pas, il faut beaucoup travailler pour gagner le Ciel, c'est une Couronne, c'est un Royaume, il n'y a que les braves & les vaillants qui l'emportent à la pointe de l'épée; cette vie n'est pas un lieu de repos, c'est un champ de bataille; Jesus-Christ nous a marqué le chemin du Ciel par les traces de son Sang, les Saints l'ont arrousé de leurs sueurs, de leurs larmes & de leur propre sang, nôtre Ursuline a marché sur ces vestiges: Lâches que nous sommes, voudrions-nous avoir sans peine ce qui a tant coûté à nos illustres predecesseurs?

MAXIMES.

I. Tout ce que nous faisons, tout ce que nous souffrons est peu de chose, si nous le comparons à ce que Dieu merite, à ce que vaut le Paradis, & ce que Jesus-Christ a fait pour nous en ouvrir la porte.

II. Je souffre un moment, pour me deliver d'une éternité de douleurs, & pour joüir d'une gloire infinie & éternelle.

III. Le monde exige des services bien plus fâcheux de ses partisans, que ceux que Jesus-Christ demande à ses serviteurs. Regardés ce que fait un soldat pour faire fortune, un marchand pour s'enrichir, un amant pour venir à bout de ses desseins; que ne faites-vous pas, que n'endurés vous pas vous-mêmes pour contenter ou vôtre vanité ou vos plaisirs? quand sera-ce que vous travaillerez autant pour Dieu que vous avés travaillé pour le monde? quand ferez-vous autant pour vôtre ame que vous avés fait pour vôtre corps?

Vingt-sixie'me Juillet.

LA VENERABLE MERE ANNE DE SAINTE Euphrosine, Vachier, Religieuse Ursuline d'Arles.

Qui a-t-il au Ciel pour moy, & que veus-je sur la terre, sinon vous, ô mon Dieu, vous êtes le Dieu de mon cœur & mon partage à toute éternité. Psal. 72.

Jamais pere n'eut tant de tendresse pour son enfant qu'avoit celuy de nôtre Sœur Euphrosine, sa mere l'ayant laissée au maillot, son pere la fit élever avec un trés-grand soin, la conversation qu'elle eut avec les Ursulines ses voisines luy donna envie de servir Dieu parfaitement en leur compagnie, elle en découvrit quelque chose à son pere qui s'en fâcha, & la veilla de fort prés de peur qu'elle ne luy échapât; mais tous ses soins n'empêcherent pas que le jour de l'Epiphanie elle n'executa ce qu'elle avoit projetté; car s'étant levé de grand matin, & revêtuë de ses plus beaux habits, elle serra les autres dans un paquet avec quantité de bon linge, & tous les joyaux de feu sa mere, en un mot elle se chargea tant qu'elle put porter, dans la crainte que par colere son pere luy refusât dans la Congregation ce qui luy seroit necessaire. A peine fut elle entrée aux Ursulines que son pere y parût, & transporté de douleur, demanda aux Sœurs qu'elles luy rendissent sa fille, & tout ce qu'elle leur avoit porté, les traittant de larronnesses qui avoient persuadé à sa fille de le voler pour leur profit; comme il n'eut rien de ce qu'il pretendoit, il les menaça de les faire contraindre

par

26. Juillet.   *La V. Mere Anne de Sainte Euphrosine.*   193

par la Justice ; & en effet au sortir de là il y eut recours, & alla premierement presenter Requête à Monseigneur l'Archevêque afin de r'avoir sa fille,& son bien. Sa Grandeur voulut bien se transporter à la Maison de Sainte Ursule, suivy de tous ses Officiers, où après avoir interrogé la fille, il demeura tout surpris de sa constance ; elle l'assura qu'elle n'avoit point été attirée par les Ursulines , mais que Dieu l'appelloit à leur maniere de vie, & qu'elle se croyoit plus obligée d'obeïr à Dieu qu'aux hommes ; que ce qu'elle avoit emporté de chés son pere n'étoit point à luy, mais à elle, à qui il l'avoit donné dés long tems, & qui étoit à sa mere : Le bon Archevêque luy dit qu'elle n'auroit jamais un double de son pere si elle demeuroit en ce lieu-là, *il n'importe*, répondit-elle courageusement, *je seray la Servante des Religieuses.* Ce grand Prelat jugeant que c'étoit un affaire de Dieu, la laissa dans la Congregation, & exhorta le pere d'y consentir, & de s'accommoder avec sa fille, & avec les Religieuses de sainte Ursule.

Mais luy plus indigné que jamais, recourut au Parlement de Provence, & remontra que sa fille avoit embrassé un état contre sa volonté, & qu'il n'avoit pas moyen de luy donner une dote ; & pour mieux venir à ses fins, il se déguisa en pauvre, & parut vêtu de haillons un long-tems qu'il plaida, quoy qu'il fût un riche Bourgeois. Son jeu pourtant ne luy reüssit pas, car la Cour jugea enfin, qu'il donneroit une dote raisonnable à sa fille, & ainsi finit cette commedie, quoy que ce pauvre homme demeurât dans la derniere desolation,& quatre ou cinq ans sans la voir.

Pendant cela elle s'engagea à la vie Religieuse, en disant de tout son cœur. *Qui a t-il au Ciel pour moy, & que veux-je sur la terre, sinon vous ô ! mon Dieu, vous êtes le Dieu de mon cœur, & mon partage à toute éternité.* Or sur le fondement d'une vocation si ferme elle éleva un haut édifice de vertus. Les Religieuses differerent sa profession jusqu'à ce que son pere y eut consenty ; enfin Dieu ayant fléchy son cœur, l'amour qu'il avoit porté à sa fille se renouvella, & s'accrût même si fort que c'étoit même la plus douce consolation que de la visiter, il assista avec tous ses parens à sa profession, après laquelle elle profita tellement en la vie spirituelle, & devint si capable qu'à la suite du tems elle fut six ans de suite Superieure, alors elle n'eut point d'autre peine que de n'avoir pas du du bien suffisamment pour l'entretien de ses Filles.

Les Ursulines de Tarascon la demanderent sur la fin de sa vie, afin de se mouler sur ses bons exemples, on la leur envoya, & pendant cinq ans qui luy restoient, elle se comporta comme une Novice, disant qu'elle n'avoit autre chose à faire qu'à renger ses comptes pour se presenter au Tribunal de Dieu, avec cela pourtant elle s'aquittoit de divers emplois dans la Maison. Estant tombé malade, & demeuré cinq mois au lict, elle deceda bien disposée l'an 1662. âgée de cinquante-six ans.

Voyés le zele qui consommoit cette fidelle Servante de Dieu, pour luy gagner des ames, rougissons en considerant combien peu nous sommes brûlés de ce feu que l'Esprit Saint allume dans tous ceux dont ils remplit les cœurs; elle n'avoit nulle attache dans le monde, & ne pensoit qu'à se donner à Dieu, &

Tome III.   B b

après qu'elle eût connu la volonté de Dieu pour sa vocation ; elle y est allé & a surmonté avec constance & generosité tous les obstacles, & elle y a si bien vécû qu'elle fut envoyée dans un autre Monastere pour servir d'exemple; c'est ce que Dieu demande de nous de donner bon exemple, il desire la patience & la douceur dans les mauvais traitemens, de nous appliquer à l'Institut avec zele, le bien de gagner une ame à Dieu ne nous paroît rien, & souvent on aime mieux satisfaire au desir de vengeance, ou à quelqu'autre passion, que de témoigner à Dieu que nous sommes jaloux de sa gloire, & que nous desirons que toutes les Créatures le connoissent & le servent comme il merite de l'être.

MAXIMES.

I. Si quelqu'un renonce à la Croix de Jesus-Christ, & rougit de ses souffrances, qu'il passe pour un Antechrist ; quand il donneroit tout son bien aux Pauvres, quand il livreroit son corps aux flâmes, regardés-le comme une personne abominable.

II. Ayés une longue patience envers tout le monde, afin que vous soyés remply de sagesse, ne negligés point de faire l'aumône aux Pauvres selon le bien que vous avés ; car c'est par l'aumône & par la Foy, que l'on purifie ses pechés.

III. Conservés-vous chastes, comme la demeure de Dieu, le temple de Jesus-Christ, & l'organe du Saint Esprit, & si vous vous glorifiés, glorifiés vous dans le Seigneur.

Vingt-septiéme Juillet.

LA VENERABLE SOEUR ANNE DE Sainte Scholastique, de la Tours, Religieuse Ursuline de Vannes.

Faites moy connoître ma fin, & le dernier moment de ma vie. Au Psal. 28. v. 5.

POur marque de sa bonne vie elle eût asseurance de sa mort, car étant malade elle dit toûjours qu'elle mourroit le jour de sa Patronne Sainte Anne ; sur les cinq heures du matin de cette Fête elle demanda la Sainte Communion qu'elle avoit déja reçeu dépuis qu'elle étoit allitée ; en même tems que le Prêtre entra dans l'Infirmerie, portant le Saint Sacrement ; la malade raliant ses forces mourantes, dit à haute voix, *je vous adore mon Seigneur, & mon Dieu de tout mon cœur*, puis elle expira en sa Divine presence, laissant à toutes ses Sœurs une si grande joye interieure parmy la douleur de sa perte, qu'elles

27.Iuillet. *La V. Sœur Anne de Ste Scholastique de la Tours.*

croyoient ressentir quelque chose du Paradis. Imitons cette bonne ame; elle s'est élevée au dessus d'elle-même par la Foy, & pour éviter les perils dont cette vie est pleine; prions par le Saint Esprit, c'est-à dire faisons que nos Prieres soient ferventes, & animées de son feu Divin; conservons avec soin dans nous la Charité, c'est à cela seul qu'on peut reduire tous les avis qu'on devroit donner aux Chrêtiens, de se conserver dans l'amour de Dieu, sans souffrir qu'elle soit alterée par aucun autre amour des choses du monde; ne perdons rien de ce tresor precieux, que rien ne le diminuë, estimons-en la grandeur, & ne travaillons qu'à le faire connoître, & croître. Conservons-nous donc dans l'amour de Dieu, aimons cela pour nous, aimons-le pour les autres; craignons la perte de ce bien pour nous, craignons-la pour les autres. Ayés compassion de vôtre prochain, & priés pour luy.

MAXIMES.

I. Ne croyés pas à tous, & ne presumés pas de tous, de peur de vous laisser surprendre, car il y a plusieurs ministres de Satan, & celuy qui croit aisément, a le cœur leger. Souvenés-vous de Dieu, & vous ne pecherés, n'ayés point un esprit double en priant; heureux celuy qui n'hésite point, & vous rendés irreprehensible en toutes vos actions.

II. Ne soyés point de ces ames lâches & paresseuses, qui rencontrant des sujets d'entretenir leur negligence, se perdent entierement. Tenés-vous toûjours sur vos gardes, car les fervents aussi bien que les autres se perdent lors qu'ils trouvent de pareilles occasions.

III. Les qualités, les exercices, & les marques ausquelles on reconnoit ceux qui vivent dans les Monasteres par l'esprit de Dieu, sont la vigilence de l'esprit, la pureté des pensées, le ravissement du cœur en Dieu, le souvenir continuel des supplices de l'enfer, le violent desir de la mort, l'Oraison sans relâche, la fidèle & seure garde de ses sens, le don d'une chasteté parfaite, l'affranchissement de toutes les affections de la terre, la mort à tous les attraits du monde, la temperance au manger, la meditation des choses divines, la lumiere d'un profond discernement, les larmes saintes de la penitence, le retranchement de toutes les paroles inutiles, & enfin la possession de toutes les autres vertus, qui sont si éloignées de la vie commune des gens du monde.

VINGT-SEPTIE'ME JUILLET.

LA VENERABLE SOEUR MARGUERITE de Saint Gabriel, Religieuse Ursuline de Dijon.

Vous vous estes choisi un Lis. En Esdras, Chap. 5. v. 24.

LA sage Providence de nôtre Souverain, dont le domaine n'est pas moins absolu que ses conseils sont secrets & profonds en la conduite qu'il tient sur ses Eleus, nous a fait experimenter ces veritez en nôtre Sœur de Saint Gabriël, qui pour l'odeur de ses vertus jointes à la tendresse de son âge, qui n'étoit qu'à dix-huit ans, peut-être nommée une agréable fleur à la Sainte Religion, n'ayant que treize mois de profession; lors que par une mort extrêmement sensible à sa Communauté, elle a été cueillie de la main sacrée de son Divin E'poux. Elle s'étoit donnée à luy avec une ferveur qui la faisoit considerer comme une parfaite imitatrice du bien-heureux Loüis de Gonzague, aussi l'avoit elle choisi pour son modelle en la vie Religieuse qui n'a pas eu moins de raport à la sienne qu'à la Noblesse de son extraction. Elle étoit de l'Illustre & ancienne Maison de Tavannes, & n'avoit pas encore douze ans lors qu'elle fut mise pensionnaire aux Ursulines avec bien de la joye de sa part, puis Messieurs ses parens la retirent, pour éprouver sa vocation.

La Judicieuse réponce qu'elle fit un jour à un Ecclesiastique qui luy representoit les croix de la Religion, marque bien l'estime qu'elle en faisoit, disant, *que c'étoit l'aimant qui l'y attiroit, & que s'il n'y avoit rien à souffrir pour Dieu, elle n'auroit pas choisi cét état.* Elle fit paroître sa resolution & ses Saints desirs d'embrasser au plûtôt la vie Religieuse en presence de la Reyne, lors que Sa Majesté fit l'honneur d'entrer aux Ursulines de Dijon, & semblablement aux Dames de sa Suite aux premieres desquelles elle étoit alliée. Peu de jours après elle reçût l'habit de Religion des mains de Monseigneur de Langre, auquel elle appartenoit de prés. Elle se maintenoit avec tant de soin dans le recüeillement & la mortification, principalement de la veuë, qu'on ne pouvoit l'envisager sans être édifié.

Sa douceur & sa modestie avoient tellement attiré les cœurs des Ecolieres qu'elles ne la nommoient ordinairement que leur Ange & leur Vierge, & elle avoit de sa part pour elles une cordiale affection, & un zéle tout angelique pour leur instruction, ayant même commencé dés qu'elle étoit pensionnaire à faire les fonctions d'Ursuline par le soin qu'elle avoit d'assembler ses petites compagnes pour leur enseigner ce qu'elle sçavoit de la Doctrine Chrétienne, & leur

27. Juillet. *La* V. *Sœur Ieanne Marguerite*, *de* S. *Gabriel.* 197
donner de petites pratiques de devotion pour les difpofer aux bonnes Fêtes.

Sa foûmiffion la rendoit d'un fingulier exemple dans le Noviciat ; on remarquoit qu'en moins d'une heure elle quittoit fes petits ouvrages quatre & cinq fois fans témoigner aucune repugnance.

Sa derniere maladie a été un tranfport au cerveau, où les Medecins ont crû qu'il s'y étoit formé un abcez, lequel luy a caufé les fept derniers jours une grande fiévre, avec un affoupiffement létargique, & quoy que l'on y ait apporté tous les remédes imaginables, ils ont été inutiles, auffi bien que les vœux & les priéres des Religieufes, fon mal ne luy laiffa la liberté & le jugement que quelques heures, comme par une grace toute fpeciale de Dieu, pour luy donner le moyen de recevoir le Saint Sacrement, qu'elle même demanda avec inftance, & depuis ce tems elle a eu feulement quelque intervale, qu'elle employoit à proferer des Saintes paroles d'humilité, d'eftime de fa vocation, de foûmiffion à Dieu, & de reconnoiffance des foins pleins de tendreffe que l'on avoit pour elle. Elle invoquoit avec grande confience les facrés Noms de J E S U S, Marie & Jofeph, & formoit fouvent fur foy le Signe de la Sainte Croix ; toutes celles qui l'ont fervi, difoient qu'elles reffentoient une finguliere confolation à confiderer fa devotion & douceur de fon vifage. Elle avoit ordinairement le Crucifix à la main, & le pofoit fort frequemment fur fon cœur & fur fa bouche ; ainfi l'on peut dire veritablement qu'elle eft morte au baifer du Seigneur. Elle eft decedée l'an 1676.

Le zéle qu'avoit cette veritable Vrfuline, vous doit faire remarquer, que le vray caractere d'une ame Apoftolique, eft de n'avoir rien de fi cher que le dépôt facré de la doctrine des Peres, & de l'ancienne tradition : Nous devons tous être du fentiment de S. Bernard, qui a dit en parlant de luy-même, *Qu'encore qu'il eût receu du Ciel dans la meditation & la priere, l'intelligence de l'Ecriture facrée, & que tout ce qu'il y découvroit des myfteres & des veritéz celeftes luy paroiffoit plus clair & plus aimable dans la premiere fource de leur origine, que dans les ruiffeaux des interpretations qu'on leur donne.* C'eft ce faint refpect pour la fainte Ecriture & la tradition que nous devons avoir, & auquel nous nous devons indifpenfablement attacher, tant pour nous, que pour enfeigner les autres.

MAXIMES.

I. Les marques d'une ame vrayement foûmife & obeïffante, eft l'accroiffement de l'humilité, par la diminution de la colere. L'éclairciffement de l'efprit, le redoubement de l'amour de Dieu, l'affranchiffement des paffions, l'averfion de toute haine, le retranchement de toute moleffe, l'éloignement de toute langueur, & de tout ennuy ; l'augmentation de la vigilance, la compaffion & la tendreffe, & le banniffement de tout orgueil ; ces vertus font les marques & les effets de la veritable obeïffance.

II. Les principales chofes à quoy fe doit occuper l'ame Religieufe ; la premiere de fe defoccuper l'efprit des foins de toutes fortes d'affaires, foit qu'elles

198 *La V. Sœur Anne Benigne du S. Esprit, Gaillard.* 28. Juillet.
soient bonnes ou mauvaises, parce que si elle ouvre une fois la porte aux premieres qui sont les bonnes, les autres entreront en suite, & s'empareront insensiblement de son esprit ; la seconde est de prier sans relâche : & la troisiéme, de veiller tellement sur son cœur, qu'il soit inaccessible au demon.

I I I. Ne craignons point les maux de la vie, témoignons à Dieu que nous souffrons volontairement, & que nous attendons à toute heure le moment qu'il doit nous rejoindre à luy pour toute l'éternité ; portons la Croix de Jesus-Christ toûjours presente dans nos cœurs, n'ayons rien de lâche ny de mol en la portant. Agissons en homme de cœur pendant l'affliction qui passe, & soutenons-nous dans ces maux passagers, par la veüe des recompenses éternelles, dont ils doivent être suivis.

Vingt-huitiéme Iuillet.

LA VENERABLE SOEUR ANNE
Benigne du Saint Esprit, Gaillard, Religieuse Ursuline de Dijon.

La parole douce augmente le nombre des amis. Dans l'Ecclesiastique chap. 6. v. 5.

LA douceur & la grace n'ont pas été plus exprimées dans les noms, que dans les mœurs de Sœur Anne Benigne, qui fut un fruit de benediction à sa Noble famille ; la premiere parole qu'elle prononça, fut *Ursuline*. Et depuis elle perseverà à dire qu'elle le vouloit être ; l'on remarqua lors qu'elle y étoit pensionnaire, qu'elle avoit déja quelque attrait bien particulier pour la Sainteté ; En effet elle commença dés-lors la vie qu'elle a mené dans une si admirable pureté, que les personnes qui l'ont conduit durant les vingt-ans qu'elle à été Religieuse, n'ont pû se persuader qu'elle eût jamais fait une faute entierement volontaire ; elle abhorroit les plus petites imperfections en elle ou en autruy, & elle en avertissoit sans respect humain celles qu'elle y voyoit tomber, mais avec tant de douceur qui faisoit toûjours des bons effets.

Elle appliquoit ses soins à épurer ses actions de tout amour propre ; & pour dompter son naturel qui avoit un peu de Brusquerie, elle se faisoit une continuelle violence. Quand elle s'apercevoit d'avoir adheré à quelques mouvemens imparfaits, elle produisoit quantité de vertus & actes contraires ; elle recouroit à la penitence, & elle s'humilioit auprés de sa Superieure, à qui elle découvroit sincerement son cœur. Si quelque Religieuse luy marquoit ses manquemens, elle luy en faisoit mille reconnoissances, & demandoit pour grace qu'on luy fit confusion lors qu'on la verroit faillir. Sa pratique inviolable étoit de ne jamais s'excuser, mais de se condamner elle même en toutes choses.

28. Juillet. *La V. Sœur Anne Benigne du S. Esprit, Gaillard.* 199

La digne Mere de S. Xavier prisoit fort cette ame, & elle disoit par fois, *Voyés vous, nôtre Sœur Anne Benigne sera un jour avec sa simplicité la Sainte de céans.* L'effet a verifié cette prophetie ; c'étoit une ame qui ne vivoit que d'Oraison, & si on l'eût laissé faire, elle ne seroit point sortie de devant le Tres-Saint Sacrement, elle dormoit peu, & passoit la plûpart de la nuit à mediter la Passion de son Sauveur.

Depuis son Noviciat jusqu'à sa mort elle fût employée à l'instruction des jeunes filles, recherchant toûjours les basses Classes, & les plus pauvres.

Bien que l'on eut remarqué qu'elle étoit si exacte à tout ce qu'on luy commandoit, que jamais on ne l'y voyoit manquer, & qu'elle fût tres-soûmise & dépendante, neanmoins elle s'éxerça plus de six années en une pratique de pieté inusitée, sans avoir eu la pensée de la communiquer ; elle y avoit tant d'empressement qu'elle y vaquoit plusieurs fois le jour, & si elle y manquoit elle en avoit inquietude & scrupule. Enfin Dieu qui voyoit la sincerité de son cœur, l'éclaira & luy fit prendre resolution de se découvrir à sa Superieure : Ce dessein mit en fuite celuy qui sous ombre d'une haute vertu, l'avoit deceüe jusqu'à lors ; le soir en se déshabillant en sa célule, satan luy aparut déguisé en Ange de lumiere, & faisant un ris mocqueur comme triomphant de l'avoir atrapée, il l'éfraya si fort, que si elle ne se fût retenuë à la colonne de son lict, elle alloit tomber : Le lendemain dés le matin elle en rendit compte à sa Superieure qui luy ordonna de l'écrire afin qu'elle se souvint de ne plus rien faire sans direction. Dépuis ce tems-là elle veilla plus soigneusement sur ses actions, pour ne rien faire qui ne fût reglé par l'obeyssance ; pour s'y engager d'avantage elle fit une solemnelle protestation à la Sainte Trinité, & renouvella la donnation d'elle-même par son Vœu d'obéyssance.

Sa Directrice observoit que dans les differentes voyes d'abandon & de pauvreté spirituelle & interieure où elle se trouvoit en l'oraison, elle joüissoit d'un doux repos, recevant les impressions de Iesus-Christ en son ame par une maniere si pure, & si détachée des sens que souvent elle ignoroit ce qui se passoit en elle ; Dieu la cachoit à elle-même pour la tenir dans les sentimens & les pratiques de l'humilité & de la penitence, dans lesquelles elle a passé sa vie.

Elle étoit dégagée de tout ce qui touchoit la chair & le sang, ne parlant non plus de ses parens que si elle n'en eut point eu ; on receut une de ses niéces au Monastere, & lors qu'elle y entra sa bonne tante n'y parut point, s'étant retirée de peur d'avoir trop de contentement. Neanmoins elle ne manquoit de charité pour ses proches, car elle avoit tres-grand zele pour leur salut, & elle prioit beaucoup pour eux. Peu avant sa mort elle écrivit une conduite pour instruire sa même niéce Religieuse ; elle la mit entre les mains de la Superieure pour en user comme elle trouveroit bon, ne voulant pas avoir la satisfaction de la donner à sa niéce.

Sa derniere maladie fût fort longue, & voyant qu'elle n'avoit plus rien à faire qu'à prier, & à souffrir, elle s'en acquitta dignement, y joignant la pratique d'une fidelle mortification, qu'elle continua jusqu'à sa mort. Dieu s'empara tellement de son esprit, qu'elle ne pensoit & ne parloit plus que de ses divins attributs & de la félicité des Saints dans le Ciel. Sa ferveur augmentant, son mal n'empêchoit pas qu'elle ne se levât presque tous les jours pour aller plusieurs fois adorer le Tres-Saint Sacrement, & faire des petits pelerinages de pieté. Elle ne demandoit jamais aucun soulagement, & ne refusoit point les choses ameres & difficiles. Elle s'abandonnoit entierement à la conduite de sa Superieure, ne songeant non plus à son corps que si elle n'en eut point eu. Ses maux la reduisirent à l'extremité, on luy donna le S. Viatique, & l'Extreme-Onction, & parût toûjours, comme aussi durant son agonie, tranquile & occupée de Dieu. Elle se fit lire le Testament de S. Charles Borromé, tâchant d'entrer dans les saintes dispositions de ce grand Cardinal. Elle pria qu'on luy mit dessus le Livre des Epîtres & Evangiles, pour marquer qu'elle mouroit Fille de l'Eglise, & dans la foy des sacrés mysteres, & elle expira dans toutes ces bonnes dispositions l'année 1653.

Aprenés de cette bonne ame, le feu & l'activité avec laquelle nous devons veiller sur nous, & l'humilité profonde qui doit regner dans nôtre cœur toute nôtre vie, afin de parvenir par ces vertus à la perfection Religieuse.

MAXIMES.

I. Le moindre poil qui entre dans l'œil trouble la veüe, & le moindre soin mêlé d'inquietude & d'empressement trouble tout le repos de la solitude, car le repos de la solitude est un oubly de toutes autres pensées que de celles de nôtre salut, & un renoncement à tous les soins de la terre, quoy que justes.

II. Celuy qui aura embrassé de tout son cœur la vie Religieuse, ne s'inquietera pas même pour ce qui regarde son corps, sçachant que Dieu qui a promis de prendre soin de ceux qui ne servent que luy seul, ne sçauroit manquer à sa promesse.

Vingt-huitie'me Juillet.

LA VENERABLE MERE CATHERINE
de Saint Augustin, Canterel, Religieuse Ursuline d'Amies.

Vn cordage à trois cordons se rompt difficilement. En l'Ecclesiaste chap. 4.

LE cordage mystique de nôtre Mere Catherine de S. Augustin, & qu'elle a toûjours maintenu comme un modéle de perfection parmy les Religieuses, est qu'elle a esté dans son Monastere l'incomparable en vertu, en conduite, & en autorité. Aprés une sainte education que luy donna sa mere, elle chercha un Convent

28. Juillet. *La V. Mere Catherine de S. Augustin Cauterel.*

pour s'y consacrer entierement à Dieu. Celuy des Ursulines fût choisy; l'on connût bien-tôt ce que valoit nôtre Sœur de S. Augustin, & les Religieuses s'étudierent de seconder les dispositions qu'elle avoit à la sainteté, & à un bon gouvernement.

Elle profita si bien de leurs bons exemples, qu'elle acquit la constance & la fermeté d'une palme, & fût comme un Olivier pour sa douceur & suavité, & en fit un beau mélange dans tout le cours de sa conduite.

Le tems venu que nôtre Seigneur voulut qu'elle éclairât sa maison, elle fût éluë Superieure, & se comporta dans cette charge selon que l'on le devoit attendre d'une personne fort possedée de l'Esprit de Dieu. Dés lors jusqu'à sa mort elle fût toûjours attachée à la Superiorité ou à la Charge de Zélatrice dans les intervales que demandent les Regles. Elle commença l'établissement des Ursulines de Boulogne, & celuy de Beauvais, & laissa en ces deux Villes des hautes idées de sa personne.

Elle faisoit ce qu'elle vouloit du cœur de ses Religieuses, en étant la maîtresse absoluë; ses conseils & ses corrections étoient profitables, & suivies de benedictions. Elle recevoit dans ses Oraisons assiduës des lumieres pour bien conduire son Monastere dans l'Esprit de Dieu, & pour fortifier son ame dans la voye des Saints. Et encore que de sa propre élection elle s'attachât à la foy pure & nuë, Nôtre Seigneur la favorisoit quelquefois de paroles interieures, & d'autres graces de cette nature, qu'elle communiquoit à son Directeur crainte d'illusion.

Elle apprit par revelation comme elle devoit user pour convertir une personne Illustre qui vivoit mal, & qu'elle voyoit quelquefois; & par le conseil d'un Religieux elle suivit ce qui luy avoit esté revelé, dequoy cette personne fût touchée, & mit ordre aux affaires de sa conscience, & mourût Chrétiennement. Une Demoiselle qui celoit un peché en Confession depuis environ huit ans, ne laissant pas de frequenter les Sacremens, découvrit son mauvis état à la Mere, & en sortit aprés qu'à sa persuasion elle eut fait une Confession generale & sincere. Elle vint aussi à bout de faire reformer un Monastere Religieux qui en avoit grand besoin, & dont chacun en desesperoit. Mais son plus grand soin étoit de conserver son Monastere dans la pureté, & dans la simplicité de foy, fermant toutes les avenuës aux personnes qui étoient tant soit peu suspectes. Elle n'ôtoit point la liberté de conscience, mais elle sçavoit prendre des biais pour persuader ce qu'elle jugeoit plus convenable, & disoit que ce qui étoit propre pour une Ville, ne l'étoit pas pour les Religieuses.

Elle ne faisoit pas seulement cas des vertus eminentes, & éclatantes d'une bonne Superieure, mais elle faisoit ses delices de l'humilité, de la simplicité, & de l'obeïssance, que S. François de Sales apelle les fleurs du Calvaire; Elle obeïssoit à une Superieure qui avoit été sa Novice, sans recevoir d'elle des permissions generales; *Car*, disoit-elle, *il les faut renouveller tous les mois, pour ne point vieillir dans sa propre volonté.* Elle donnoit la liberté de dire ce que l'on avoit dans le cœur, même contre elle, & elle embrassoit les Religieuses dans ces rencontres avec beaucoup de tendresse; à son sentiment il ne faloit qu'une once de prudence contre une livre de simplicité pour faire une bonne Religieuse, & pour le salut il étoit besoin de travail, de penitence, & de maladie.

Les équivoques & les moindres détours luy étoient insupportables ; elle recüeillit par écrit la plûpart de ses Confessions, comme avoit fait nôtre Pere Saint Augustin ; elle fut mise à l'épreuve par des persecutions ; on luy dit & écrivit des railleries, & des reproches en la pressant d'y répondre, quelques fois elle jetta ces Lettres au feu; d'autres fois elle y répondit avec tant d'humilité & de douceur, que pensant la prendre, on se trouva pris, non seulement elle pardonna, mais elle fit du bien à des gens qui luy avoient joüé de fort mauvais tours.

Plus de vingt-cinq ans d'infirmités n'abbattirent point son courage ; elles ne l'empêchoient point d'agir, & ne diminuoient rien du doux empire qu'elle avoit sur l'esprit de ses Religieuses, de sorte que toute son autorité étoit aussi grande dans son lit, où elle demeuroit sur la fin, qu'à l'Eglise ou au Chapitre.

Celle de la Mere de Saint Augustin arriva l'an 1657. la 45. année de son entrée en Religion & la soixantiéme de son âge ; elle avoit été plus de vingt ans Superieure dans ce Monastére, où il y est resté d'elle quelques devots opuscules dont ces bonnes filles tirent beaucoup d'utilité.

Cette Illustre Ursuline a renfermé en sa personne toutes les qualités que les Saints Peres demandent dans ceux qui entrent dans les charges ; car non seulement elle a toûjours été exemte de vice ; mais elle a été remplië des graces de Dieu, & affermie dans la Charité ; elle n'a eu nulle ambition pour l'honneur; elle a fuï les charges autant qu'elle a pû, & elle ne les a acceptées qu'avec une veritable repugnance ; elle n'y a eu que la veüe de Dieu qui l'y appelloit, & la crainte de luy resister qui a eû le pouvoir de l'y faire resoudre, étant entrée dans les charges avec ces sentimens d'humilité & de crainte, elle les a toûjours conservé ; quoy qu'elle fut comme assurée de la vocation de Dieu, qui l'y avoit engagée, elle ne laissa pas d'estre toûjours humble & modeste, soûtenant l'éclat de sa charge seulement par la vertu; sa douceur qui étoit presque infinie, n'empêcha pas qu'elle n'eût du zéle, de la fermeté & du courage quand il étoit necessaire ; elle n'épargnoit point ses travaux, & dissipa toutes les brigues que l'on faisoit contre elle par le seul secours de Dieu, en qui elle avoit mis toute sa confiance, & qui la rendit enfin victorieuse de ses ennemis, & pour éviter les maux qui se peuvent faire aux élections des Superieures, voyés les maximes suivantes tirées des Conciles & des sentimens des Saints Peres.

MAXIMES.

I. Que la Religieuse se souvienne qu'elle ne peut rien faire de plus utile à la gloire de Dieu, au salut du prochain, & au bien de la Religion, que de ne faire élection pour les charges, sur tout de Superieure que celle qu'elle juge la plus capable, & que quand elle élit celle qu'elle ne juge pas la plus capable, elle pêche, & pour ce elle ne doit pas s'arrêter si fort sur l'ancienneté, mais on doit sur tout prendre garde à celle qui aura plus l'esprit de Religion ; neanmoins l'on doit preferer l'Ancienne aux autres, si elle la trouve autant capable, comme un droit justice, étant bien raisonnable que les Anciennes soient preferées en ce cas, joint qu'elles ont toûjours plus d'experience que les autres.

II. Les conditions que doit avoir une Fille pour être éleüe Superieure ; elle doit être exacte à ses vœux, Régles, Constitutions, & Coûtumes de la Religion, & avoir bien de zéle pour l'Observance qu'elle soit bien gardée, & pour le bien Spirituel, Corporel & Temporel de la Communauté, elle doit avoir une grande Charité envers le Prochain, & portée à soulager les malades tant pour le corps que pour l'esprit, qui aime la paix pour soy & pour les autres, qui sçait suporter les humeurs de ses Sœurs, & compatir à leur fragilité, qu'il faut dissimuler quelque tems avec patience pour en tirer l'amandement ; elle doit aussi participer à la douceur du Fils de Dieu, qui ne doit pas neanmoins empêcher la constance & la fermeté dans les occasions, ayant une Sainte hardiesse de reprendre quand il en est besoin, non avec passion, mais avec Charité & grande prudence.

III. Mais sur tout prenés bien garde de n'élire celle que vous jugerés avoir des amitiés particulieres, & qui seront partiales, mais bien celle qui aime toutes les Religieuses également en Nôtre-Seigneur ; celle qui ne croit pas legerement, mais qui écoute les unes & les autres, aussi-bien les jeunes que les Anciennes, celle qui ne condamne pas facilement, & qui se sert prudemment & secrettement de ce qui luy est raporté, celle qui n'est pas facile à se laisser persuader par celle qui n'aime pas la pure Observance, ou par celle qui sous couleur de zéle, parle des défauts des autres, celle qui aura cette prudence de ne parler d'aucune chose sans avoir reconnu la verité. Enfin celle qui est humble, & qui ne desire la Superiorité, & qui pour s'y entretenir ne voudroit rien faire contre la gloire de Dieu, & le bien de la Religion, que ce soit aussi une Fille de bon sens, de bon esprit, & de bon jugement, & qu'elle ait quelques pratiques de Religion, qu'elle soit capable d'enseigner les autres, par paroles & par exemple, & les aider de bons conseils.

IV. Et comme il est bien difficile de trouver des personnes qui ayent toutes ces qualités, du moins l'on doit choisir celle qui y approche le plus ; & l'on ne peut donner son suffrage à une Fille positivement incapable sans pecher mortellement.

V. Pour cette action si importante, il se faut presenter devant Dieu, afin qu'il nous inspire celle qui est selon son bon plaisir, & pour vous rendre capable du mouvement du Saint Esprit, dépoüillés vous de vôtre propre interest, pour vous revêtir de celuy de Dieu & de la Religion, ne prenés pas garde à celle qui est selon vôtre humeur, & de laquelle vous pourrés être soûtenuë, & mettant à part toute amitié & inimitié, tout autre respect quel qu'il soit.

VI. Et après un serieux raisonnement elle doit choisir celle qu'elle juge en conscience être plus capable, & quoy qu'elle croit que celle-là ne sera pas éleüe, voire même quand elle croiroit qu'elle n'auroit peut être que sa voix, elle doit neanmoins suivre son jugement, mais si l'élection ne se peut faire, elle peut en cette occasion changer sa voix à celle qui aura eu le plus de voix en l'élection, la donnant à celle qu'elle juge la plus capable de ceux-là ; je dis à l'une, car elle n'est point obligée de la donner à celle qui a plus de voix, si ce n'est qu'elle la jugeât plus capable ; mais, quoy qu'il en soit elle ne la doit jamais donner à celle qu'elle juge incapable absolument.

VII. En toute Election Canonique, qui est importante pour le bien du Monastere, on est obligé sur peine de peché mortel, selon le sentiment de tous les Peres de donner sa voix à celle qu'on jugera la plus capable, d'autant qu'en faisant autrement l'on prive le Convent d'un bien notable, & l'on commet une injustice envers celle qu'on juge la plus capable, en la postposant aux autres moins capables.

VIII. Celles qui subornent les voix aux Elections Canoniques outre le peché mortel qu'elles commettent, elles encourent l'Excommunication, il faut dire de même quand le Superieur ou son Député commet cette faute qui est encore plus grande en luy, à raison que ses paroles ont plus de prix & de pouvoir pour persuader éficacement, & que les Religieuses n'osent contredire par respect humain ou par crainte.

IX. Ce qui se dit des Elections se doit encore entendre pour la reception des Novices, pour lesquelles il ne faut point briguer pour les faire recevoir ou renvoyer quelqu'une, soit par priere ou autrement, ce qui seroit un trés grand peché, comme aussi l'on ne peut donner sa voix à une Fille pour faire Profession quand on l'en juge incapable sans pecher mortellement.

X. Et comme le sexe feminin se peut aisément tromper en son jugement, sous pretexte de quelque bonne fin & que la passion se glisse souvent insensiblement, lors même qu'elles pensent en être entierement exemptes ; c'est-pourquoy elles ne doivent jamais parler d'aucune élection qui se doit faire sous tel pretexte que ce soit, ny annoncer les perfections, ou découvrir les imperfections d'aucune, surtout quand le tems de l'élection s'aproche, mais qu'elles laissent agir librement le Saint Esprit qui doit être le principal Directeur d'une telle affaire, de peur que la Passion & propre interest ne les fassent parler, joint qu'elles doivent penser que les vertus & les imperfections se font assés connoître d'elles mêmes dans les occasions qui ne sont que trop frequentes dans une Communauté.

Vingt-huitième Iuillet.

LA VENERABLE MERE ANNE DE LA Sainte Trinité de Rüel, Religieuse Ursuline d'Avignon Lés-Royales.

Ie suis comme un doux Agneau que l'on porte en victime. En Ieremie chap. 11. v. 19.

Ie passe la nuit en veillant, & je me trouve comme un passereau solitaire sur le toict d'une maison.

LA premiere victime que le Monastere d'Avignon (consacré par la clôture & par les vœux de la sainte Religion) presenta à Dieu, fût Sœur Anne de la Sainte Trinité; Elle avoit été toute petite donnée aux Ursulines, qui n'étoient encore que congregées, & elle fût veritablement une de ces ames heureuses qui prennent le joug du Seigneur dés leur enfance, & dans qui la malignité du siecle ne fait nulle mauvaise impression. Son naturel ne se ressentoit point du desordre des enfans d'Adam: Elle étoit douce, tranquile, & affable, & il sembloit que la grace luy avoit ôté même les premiers mouvemens mauvais, ne paroissant presque rien en elle que les inclinations de la seconde naissance en JESUS-CHRIST, aussi les étudioit-elle sans cesse.

La penitence fût la voye que l'Esprit de Dieu luy ouvrit pour conserver la grace de son Baptême, & les mortifications dans lesquelles elle exerçoit sa ferveur dés son entrée en la Religion, la rendirent bien tôt exemplaire parmy des personnes qui en faisoient depuis long-tems un particulier usage. Elle baisa une fois une playe fort puante, & avala en suite une chose extremement sale pour remporter la victoire sur elle-même.

Le Reverend Pere Perrin Prêtre de l'Oratoire, qui est mort en odeur de sainteté, ayant communiqué avec la Mere Anne de la Trinité durant une retraite de dix jours, dit qu'elle avoit peine à s'occuper d'autre chose que de Dieu; cette sainte inclination la portoit à se lever à la pointe du jour, & à monter non seulement au plus haut de la maison, mais même sur le toict pour contempler le Ciel à plaisir. Sa devise étoit, *je passe la nuit en veillant, & je me trouve comme un passereau solitaire sur le toict d'une maison.*

Elle embrassa l'état Religieux, commençant un second Noviciat, & fit profession aprés, étant déja reduite dans les langueurs de la phtisie, & d'une hydropisie tres-douloureuse.

Depuis le jour de cette nouvelle consecration elle fût veritablement comme ces anciennes hosties destinées pour le sacrifice, separée de tout, & arrestée par la violence de ses maux, attendant l'heure de son immolation, souffrant la vie avec peine & souhaitant la mort avec ardeur; elle pratiqua une patience vrayement Chrêtienne, n'ayant jamais en la bouche que le Saint nom de JESUS dans le plus fort de ses souffrances.

Enfin voyant arriver le moment heureux aprés lequel elle avoit tant soûpiré, elle pria les Religieuses qui êtoient presentes, de luy aider à chanter le *Lætatus sum*, &c. & elle expira ainsi dans une grande joye & une douce paix l'an 1638. aprés avoir receu tous ses Sacremens avec une grande presence d'esprit, & une admirable disposition interieure; elle n'avoit que vingt-trois ans, & à peine sortoit-elle du second Baptême de la profession Religieuse.

Ecoutés ce que cette vertueuse Ursuline vous dit, (Vous servés le même Dieu „ que moy, vous avés choisi pour vôtre partage le même Epoux que j'avois „ choisi, voyés jusqu'où j'ay eu le bonheur de luy être fidelle; j'ay méprisé par „ sa grace le monde & ses maximes; j'ay embrassé les mortifications & les humi- „ liations; je n'ay consideré dans les creatures que Dieu; je me suis abandonnée „ entre ses mains, & je l'ay trouvé fidéle. Imités-moy, jettés-vous comme moy „ dans le sein de la Divine Providence; servés-le avec un humble tremblement; „ tenés-vous fortement attachées à luy, & aprés cela laissés faire aux creatures „ tout ce qu'elles voudront, si elles vous persecutent & vous dés-honnorent, vôtre „ persecution & confusion deviendra vôtre plus grande gloire, & vos souffrances „ feront la semence de mille biens qui ne finiront jamais.

MAXIMES.

I. La vie solitaire consiste à se tenir toûjours en la presence de Dieu, par un culte saint, & une adoration continuelle.

II. Ne respirés rien que JESUS, qu'il soit gravé dans vôtre memoire & dans vôtre cœur, & vous reconnoîtrés alors quel est le fruit de la solitude.

III. Comme la propre volonté fait tomber les Religieuses qui vivent sous l'obeyssance, ainsi l'intermission de la priere fait tomber ceux qui vivent dans la solitude.

Vingt-huitiéme Juillet.

LA VENERABLE SOEUR LOUISE DE la Passion de Quergroas, Religieuse Ursuline de Morlaix.

Ma vie est toute en JESUS-CHRIST. Aux Philipiens, chap. 1.

LA Hyacinte azurée est une des premieres fleurs qui pare la terre, & qui embaume l'air au prin-tems. La premiere Ursuline du Monastere de Morlaix s'y est renduë la plus considerable & la plus exemplaire ; elle fût aussi la premiere apellée à la recompense éternelle que sa vie innocente luy avoit merité.

Nôtre Sœur Louïse de la Passion entra fort jeune dans le Convent, & s'y consacra d'une ferveur tout à fait édifiante ; elle sceût joindre à sa douceur naturelle une vraye humilité pour être une bonne disciple à celuy qui se donne pour modelle de ces deux belles vertus, *Aprenés de moy que je suis doux & humble de cœur.*

Sa principale étude fût de contenter tout le monde, sans en attendre la loüange, & on l'apelloit communement *Ange de paix*, parce qu'elle accordoit les petits differents ; & à cause que sa tranquilité ne la laissa jamais paroître de deux humeurs, deux emplois oposés ne l'embarrassoient pas, & en les exerçant elle avoit assez d'adresse pour ménager du tems où elle pût travailler à l'Institut.

Elle avoit un amour tout seraphique pour le Tres-Saint Sacrement, & il n'y avoit qu'à la voir en sa presence pour être porté au respect. Elle usa de penitence rigoureuse un an avant sa mort, & se trouvant à la fin poulmonique, elle ne montra jamais de regret de mourir, que parce qu'elle quittoit ses cheres Sœurs ; car elle étoit tout à fait détachée du reste, & même en santé c'étoit sa croix d'aller voir ses parens.

Durant un an qu'elle fût languissante elle se disposa à la mort par une pratique journaliere des vertus, & souhaitant que son corps demeurât dans l'enclos du Convent, elle procura que l'on benit un lieu pour l'enterrer, & elle assista avec joye à cette ceremonie. Elle unit ses souffrances à celles de JESUS-CHRIST, & elle expira un Vendredy comme Luy, pouvant dire que sa vie étoit toute en JESUS-CHRIST. Son décés arriva l'an 1651. âgée de vingt-six ans, en ayant passé douze en Religion.

Estimons-nous heureuses aujourd'huy d'avoir un si bel exemple qui nous aprend à n'aimer que Dieu seul, & à separer nôtre cœur de tout le reste : Elle a méprisé le monde, & ses vanités ; Elle a veu avec une solidité d'esprit toûjours égale, le neant de toutes les grandeurs ; & s'est toûjours occupée à bien faire ses devoirs, dans la veüe des grandeurs d'un Dieu qu'elle servoit ; aprés avoir été si indifferente des choses terrestres, elle l'a été de même de ses grands maux ; elle y a toûjours témoigné une fermeté de courage, & une patience toute Chrêtienne, que David qui en témoigna tant aussi, auroit admiré luy même dans une jeune Fille ; Elle sçeut comme luy benir Dieu en tout tems. A son exemple soyés patientes dans les maux, de telle sorte que vous fermiés la bouche à ceux qui non seulement se plaignent dans leurs maux, mais encore à ceux qui cherchent de se justifier lors qu'ils sont affligés de persecution, & qui semblent croire que l'innocence soit inaliable avec la souffrance.

MAXIMES.

I. Souffrir la pauvreté avec un esprit tranquile, c'est un effet de la patience, mais c'est un ouvrage de la sagesse de la rechercher soy-même. La pauvreté Evangelique, dit S. Bernard, releve infiniment plus les Religieux, que toutes les grandeurs, & toutes les richesses du monde ne relevent ceux qui en sont si idolâtres.

II. Deplorons la captivité des ames qui sont sous la servitude des demons par le peché, & d'autant plus que ce mal est dangereux, & plus funeste, parce qu'il nous plaît à nous même.

III. Vn homme qui est dans les fers se plaint, parce qu'il les sent, & il est plaint de tout le monde, parce qu'on les voit. Mais ceux qui sont engagés dans cette captivité du demon ne sont plaints de personne, & ils ne se plaignent pas eux mêmes, parce qu'ils ne sentent pas qu'ils sont captifs, & qu'ils trouvent même leur souverain bien dans cette malheureuse captivité.

IV. La premiere grace que nous devons demander à Dieu, c'est de le connoître pour l'aimer, & de nous connoître pour nous hayr, & connoistre nos pechés, qui nous fasse comprendre & sentir la rigueur de nôtre esclavage.

V. Ne nous croyons pas libres lors que nous ne le sommes pas, n'imitons pas le malheur des Juifs, qui disoient au Fils de Dieu lors qu'il leur parloit de cette servitude interieure, qu'ils êtoient enfans d'Abraham, & qu'ils n'avoient jamais servy personne. Ainsi quelques grands que nous puissions être, ne nous croyons pas exempts de la servitude du demon, & tremblons à cette parole du Fils de Dieu, qui est la verité même. *Celuy qui peche, quel qu'il soit, est esclave du peché.*

Vingt-neufie'me Juillet.

La Venerable Soeur Jeanne de Sainte Elizabeth, le Houx, Religieuse Ursuline de Vire.

L'homme vit peu de jours. En Iob. chap. 14. v. 1.

La premiere Vrſuline qui deceda au Monaſtére de Vire, fût nôtre Sœur de Sainte Elizabeth, ſa courte vie avoit été tres-innocente, & paiſible, & ſa mort arriva dix-huit mois aprés ſa profeſſion l'an 1643. A peu de tems de là elle aparût à une autre jeune Profeſſe, & luy dit qu'elle mourroit la troiſiéme de la Maiſon : Cét advis fit un tel effet ſur ſon eſprit, qu'elle ſe mit ſur le pied de ſe preparer tout de bon à la mort, bien qu'auparavant elle ne pouvoit en entendre parler.

Aprenons qu'encore que nous ayons veillé ſur nous pendant toute nôtre vie, nous ne devons pas laiſſer d'être bien humbles aux aproches de la mort, & nous y diſpoſer avec ferveur, puiſque des ames ſi pures ne laiſſent pas de trembler à ce paſſage, qui nous conduit à une éternité : Et quoy qu'elles ſe ſoient ſoûtenuës par une humble confiance, elles ont fait voir neanmoins combien elles croyoient ce paſſage redoutable ; diſons donc, *Ayés pitié de moy, mon Dieu, ayés pitié de moy, car mon ame met ſa confiance en vous.* Que nous ſerons heureux ſi nous aprenons de cét exemple à nous diſpoſer ſagement à cette heure ſi terrible, & à enviſager avec un eſprit de foy ce qui doit nous arriver à ce moment.

Nous devons auſſi nous repreſenter les ames ſouffrantes du purgatoire, voir l'avantage que nous avons dans l'Egliſe de pouvoir éfacer dés icy par la penitence, ce que nous craindrions de reſerver à ces flammes. C'eſt toûjours une grande ſageſſe de choiſir les moindres maux, & puiſque le peché doit neceſſairement être puny, il l'eſt bien plus legerement lors que nous penſons tout de bon à le punir icy nous mêmes par la penitence, que lors que nous en reſervons la vengeance à Dieu, qui ſe ſert divinement de ces feux pour purifier ce que nous avons negligé de purifier, & pour ſe faire rendre juſqu'au moindre ſol les dettes dont nous n'avons pas eu ſoin de nous acquitter.

MAXIMES.

I. Les ames Religieuses qui se sont entierement devoüées à Dieu, ne doivent regarder que luy seul, & ne point apprehender les médisances de ceux qui les peuvent décrier; elles doivent souffrir de bon cœur de se voir noircir par les clameurs des personnes qui peuvent être en plus grand nombre, & être plus appuyées par les hommes, mais aussi elles ont sujet d'esperer que si le tems qui develope la verité, ne les venge de leurs ennemis, la lumiere de Dieu le fera dans son grand jour, où toutes les pensées des hommes paroîtront à nud.

II. Ne negligeons point de recourir à l'intercession des Saints, & voyons de quel secours nous nous privons nous mêmes lors que nous ne nous adressons pas à eux, puis qu'il est à croire qu'ils se joignent tous ensemble dans le ciel, afin de procurer quelques biens à ceux qui les invoquent & ont recours à leur Charité; ils demandent tous à Dieu des graces pour eux, & qu'il les remplisse de cét esprit de foy, & d'amour, afin qu'il n'y ait plus rien sur la terre qui soit capable de les separer de la Charité de Dieu.

III. Mettons nous donc à l'avenir en état de ressentir les heureux effets de cette Communion des Saints, & comme nous ne doutons pas que tous les demons ne s'unissent pour travailler d'un commun consentement à nôtre perte; que la crainte de cette malheureuse conspiration qu'ils font contre nous, nous excite à cette autre conspiration Sainte, que Saint Gregoire de Nysse nous asseure que les Bien-heureux font ensemble pour nôtre bien dans le Ciel.

Vingt-neuviéme Juillet.

LA VENERABLE MERE ELIZABETH de la Nativité de Jesus, Morin, Religieuse Ursuline de Vannes.

Je me réjoüiray au Seigneur, & mon ame tressaillira de contentement en mon Dieu, parce qu'il m'a revêtu des habillemens de salut, & environnée du vêtement de justice, & qu'il m'a parée comme un E'poux qui porte la Couronne sur sa tête, & comme une E'pouse ornée de colliers & de Pierreries.
En Isaïe, Chap. 6.

IL est bien difficile d'écrire en abregé la vie de cette illustre Ursuline, ayant reluy en toutes les vertus Chrétiennes & Religieuses; ainsi il est mal aisé

29.Iuillet. *La V. M. Elizabeth de la Nativité de Iesus, Morin.* 211

de dire laquelle étoit son propre caractére. Dés son enfance elle fût prevenüe de graces, & preservée d'une maniere toute particuliere de divers accidens. Vn jour se promenant sur le bord de la mer, n'ayant que cinq à six ans, voyant cét élement fort agréable, elle voulut marcher dessus, avançant le pied pour cét effet, elle sentit une main invisible qui l'en retira avec force, & elle fut muë interieurement à faire le signe de la Sainte Croix, & remercier Dieu de cette preservation, ayant connu le danger où elle s'étoit trouvée. Vne autre fois étant à la promenade avec Madame sa mere, un Cheval furieux jettant le feu par les yeux & les narrines, venant en poste se jetta sur elle, & la renversa sous luy, ce qui donna une frayeur extréme à tous ceux de la compagnie, de laquelle elle étoit un peu éloignée, qui la croyoient morte ou toute froissée, cependant elle n'en reçeut aucun mal, il semble que le démon prévoyoit dés lors ce qu'elle devoit être, commençant dés cét âge tendre à la persecuter, ce qui a continüé tout le cours de sa vie en diverses manieres.

C'étoit une de ces ames rares, & vrayement Mystiques à qui Dieu avoit ordonné toutes les vertus par luy même, & elle y a aporté une parfaite fidelité; dans cét heureux état elle pouvoit dire, *je me réjoüis au Seigneur, & mon ame tréssaillit de contentement en mon Dieu, parce qu'il m'a revêtu des habillemens de salut, & environnée du vêtement de justice, & qu'il m'a parée comme une E'poux qui porte la couronne sur sa tête, & comme une E'pouse ornée de colliers & de pierreries*; en effet elle étoit un préfix de tout ce que l'on voit de grand dans les ames choisies. Le Reverend Pere Valentin Religieux Carme, connu pour être d'un rare merite, vertu & experience dans la conduite spirituelle, ayant eu celle de cette chere Mere plusieurs années, disoit qu'on ne pouvoit rien dire que de particulier d'elle, parce que c'étoit des choses tres-extraordinaires & au dessus de la capacité commune des esprits, en sorte qu'il asseuroit que son plus grand Sacrifice a été de resister à l'attrait extraordinaire de Dieu, qui l'attiroit si puissamment, qu'elle auroit été dans une continüelle extase sans la violence qu'elle se faisoit pour éviter la singularité & obeïr; il attribuoit la stabilité de son fond à la continüation de ce Sacrifice, ajoutant qu'elle étoit une des trois ames plus parfaites qu'il eût connu & veu mourir plus puissamment à elle même, la mettant au rang de nôtre V. Mere Jeanne des Anges, & de feu Madame de Houx d'heureuse memoire, les connoissant toutes trois fort particulierement, & Dieu les ayant unies d'une maniere interieure, & d'une dilection trés-speciale.

Son attrait pour le trés-Saint Sacrement étoit extraordinaire, c'étoit une veritable amante de Jesus en ce Divin Mystére, recevant ordinairement de luy des forces surnaturelles, veu sa grande foiblesse, qui ne l'empêchoit pas dépuis plus de trente-cinq ans, de se lever presque tous les jours pour le recevoir, & de passer des tems fort notables à genoux en sa presence qui étoit son plus ordinaire séjour.

Sa devotion étoit trés tendre envers la Sainte Vierge, qu'elle a exprimée dans l'exacte imitation de toutes ses vertus, principalement dans son grand silence & vie cachée aux yeux du monde à qui elle paroissoit comme un petit ver, ne se pro-

D d 2

212 *La V. M. Elisabeth de la Nativité de Iesus, Morin.* 29. Juillet.
duisant jamais que par quelques motifs de charité; de maniere que les effets en étoient fort éficaces dans les ames qui avoient le bien de la pratiquer tant au dehors qu'au dedans de la maison, où plusieurs s'estimoient heureux d'avoir été de son tems, ayant eu le moyen de connoitre en elle ce que vaut une amonition exemplaire de la vraye vertu.

 Son aspect portoit à Dieu, & en imprimoit l'amour & l'estime dans les cœurs; son humilité étoit profonde, ayant une parfaite abjection d'elle-même; de sorte qu'elle étoit comme un caractere animé de cette vertu, en communiquant l'affection à celles qui luy parloient. Sa pauvreté & son détachement étoient admirables, ne voyant en tout ce qui étoit à son usage que l'image de cette vertu. Son obeyssance étoit simple au dessus de tout raisonnement humain, & la reduisoit à la docilité de l'enfance, quoy qu'elle fût douée d'un tres-grand discernement, ayant dignement exercé plus de vingt ans la charge de Discrette, avec le contentement & l'aprobation de toute la Communauté, dont elle étoit l'Ange de paix.

 Sa vie a été une continuelle infirmité, ayant une fiévre habituelle, qui la reduisit dans une etisie formée, avec plusieurs autres maux sensibles, comme gravelles, maux d'estomach, & des dégouts continuels des alimens qu'elle prenoit avec de tres-grandes difficultés, particulierement les dernieres années de sa vie; c'étoit une chose étonnante comme elle pouvoit subsister, & à moins d'un soûtien surnaturel, il ne luy eut pas été possible. Elle portoit cette indisposition d'une patience achevée, n'ayant jamais donné le moindre témoignage de chagrin, ennuy, ny d'impatience, ny la plus petite plainte de quoy que ce pût être, étant dans une continuelle mortification & possession d'elle même, provenant d'une conformité & union, & abandon entier à la volonté de Dieu: Elle portoit les plus violentes douleurs dont elle étoit atteinte, avec une tranquilité & douceur, qu'il ne sembloit pas qu'elle souffrit, & se rendoit si commode & agreable à toutes celles qui la visitoient, que toutes en restoient édifiées & satisfaites.

 Sa mort a été remplie de toutes les dispositions & circonstances que l'on peut attendre d'une ame de grace, comme la sienne, elle arriva en l'an 1679. âgée de cinquante-neuf ans, & de Religion quarante-deux. Voicy le témoignage qu'en ont donné les Reverends Peres de la Compagnie de JESUS, entre autres le Reverend Pere Limbert, Huby, & Guymond, qui tous trois l'ont connuë tres-particulierement, ayant été ses Directeurs, lesquels assurent n'avoir jamais connu une ame plus fidéle, & avancée dans les voyes de l'Esprit de Dieu.

 Vous avés, ames religieuses, un parfait modelle de vertu, sur tout d'une humilité solide, toûjours uniforme que vous devés garder en toutes choses, laquelle doit être tellement enracinée au fond de vôtre cœur, qu'il en naisse naturellement des fruits au dehors, comme les fruits sortent naturellement de leur racine.

 Lors que vous jetterés les yeux sur cette sainte ame, rougissés d'être si peu affectionnées à cette vertu. Vous ames mondaines qui ne recherchés que l'honneur & l'ambition de paroitre, admirés que cette humble Ursuline a tellement gardé l'humilité, que tout l'éclat de sa vertu ne la pût jamais ébranler. Mais si tous les Chrétiens en general aprenent aujourd'huy cette importante leçon de cette bonne ame, celles qui occupent sur la terre la même place, voyent de quelle manière elles doivent se conduire. Elles doivent se souvenir que c'est à elles encore plus qu'au commun des Chrétiens, que Iesus-Christ a dit ces paroles, qui ne doivent jamais sortir de leurs cœurs. *Aprenés de moy que je suis doux & humble de cœur.*

MAXIMES.

I. Celuy qui vit sagement dans la Religion, a Dieu seul pour objet & pour regle dans tous ses exercices, dans toutes ses paroles, dans toutes ses pensées, dans toutes ses démarches, dans tous ses mouvemens, & il ne fait rien qu'en la presence de Dieu & avec une ferveur toute interieure; que s'il perd quelque fois la presence de son Dieu, il n'a pa encore une solide vertu.

II. Si vous vous rejoüissés de ce que l'on vient vous visiter dans vôtre cloître, sçachés que ce n'est pas l'amour de Dieu, mais l'ennuy & le dégoût des choses saintes qui possedent vôtre cœur.

III. Demandés à Dieu sa lumiere, parce que vous n'en avés pas encore assés, proposés luy vôtre volonté dans l'Oraison, & attendés qu'il vous determine en vous assurant de la sienne.

IV. La puissance d'un Roy consiste dans l'abondance de ses richesses, & dans le grand nombre de ses sujets, & la puissance d'un Religieux consiste dans l'abondance, & dans la force de ses prieres.

VINGT-NEUFIE'ME JUILLET.

LA VENERABLE MERE MARIE DE Cambis d'Orsan, ditte Seraphique de S. Ioseph, Religieuse Ursuline de Carpentras.

Soyés Saint dans toute la conduite de vôtre vie, comme celuy qui vous a appellé est Saint. Saint Pierre, premier Epistre, Chap. 1.

ELle étoit native d'Avignon, Fille de Monsieur Jean de Cambis Seigneur d'Orsan & de Lagnes, homme Noble & Riche; sa Mere étoit Madame Marguerite de Simiane Truchenu de Chalançon, aussi noble que son mary, une des belles Dames du pays, mais sur tout elle étoit bonne Chrétienne. Nôtre petite Marie qui n'étoit pas moins agreable que sa mere, étoit uniquement aimée de son pere, & comme Madame sa mere aimoit plus une autre sienne sœur qu'elle, & que celle-cy étoit plus belle que l'autre, croyant que cela ne préjudiciât à son aînée, la voulut mettre dans un Monastere, au grand regret de son mary, elle fût donc menée à l'âge de sept ans aux Religieuses du Montelimar, qui fût aussi pour satisfaire au desir qu'une sienne tante sœur de sa mere avoit de l'avoir proche d'elle. Elle fût élevée dés ce bas âge en toute sorte de vertus, à bien lire, écrire, travailler à tout ouvrage, ce qu'elle faisoit dans la perfection. Elle étoit belle & aimable comm'un Ange. On la choisit entre toutes les filles du Montelimar pour presenter les clefs de la Ville au Roy quand il passa par ce Païs-là; elle ravit toute la Cour par sa beauté, modestie & douceur. Dieu ne l'ayant destinée pour le Monastere de Montelimar, mais pour celuy de Carpentras, permit que sa tante de Trucheneuf Religieuse fût obligée de sortir de son Monastere pour aller prendre les Eaux de Monstin; elle ne voulut point laisser sa chere Niece & la mena avec elle, & Dieu permettant que les Eaux ne fussent point bonnes cette année-là il falut que sa Tante se retirât dans un Monastere, & comme la Reverende Mere de la Touche étoit sa proche parente & Fille de Montelimar, elle fit le choix du Monastere de Carpentras, plûtôt que des autres quoy qu'ils fussent plus proches & plus commodes pour elle que celuy-cy, la Providence amena par ce moyen-là la Tante & la Niece pour executer ses desseins adorables; elles furent receuës avec beaucoup de joye de toutes, & en particulier de ses parentes: Nôtre Demoiselle d'Orsan étoit pour lors âgée de douze à treize ans, & prit en amitié la Reverende Mere de la Touche, sa parente; si bien que sa Tante étant obligée de s'en aller ou aux Bains ou au Montelimar, elle vouloit ramener sa Niece, mais on luy fit entendre que cela l'incommoderoit, car elle étoit estropiée, & ne pouvoit marcher qu'avec des potences, & que de trainer une fille aprés elle, cela luy donneroit de la peine, mais ce n'étoit que pour feindre le dessein qu'on avoit de retenir cette fille pour être Religieuse dans ce Monastere; en effet elle partit avec des regrets & des larmes incroyables, on luy promit pourtant de la luy mander quand elle seroit dans son Monastere; mais elle mourut dans cette intervalle, nôtre jeune Demoiselle fust receuë dans l'approbation, & on connut dés l'abord que cette fille étoit de grande esperance, & qu'elle serviroit bien cette Communauté; en effet elle étoit doüée des plus belles qualitez qu'une fille peut avoir. Elle étoit de la plus haute taille, blanche, blonde, des yeux charmans & doux, mais sa bonté surpassoit tout cela.

Elle prit l'habit de Religion sans aucun de ses patens, car sa mere étoit fâchée contre elle, n'ayant point suivy sa tante; son pere n'étant point homme à visiter des Monasteres, il luy fût député un Chanoine de Saint Genier d'Avignon, Procureur de Monsieur son pere, pour venir faire passer le contrat & arrêter toutes choses, & cét homme là aimoit & estimoit si fort la Demoiselle qu'il luy faisoit de grandes charitez, & a continué jusques à sa mort; elle fit son Noviciat avec une grande ferveur, & dans un grand détachement de toutes choses; la mere de la Touche qui étoit sa parente, & la Maîtresse des Novices ne l'épargnoit point, & la faisoit marcher à grands pas au train de la vertu, la faisant exercer aux offices les plus bas, & à toute sorte de penitences, mangeant son potage dans une tête de mort; son premier employ fût de luy faire passer la farine, ce qui ce faisoit deux fois la semaine, elle se portoit à cet employ avec bien de la joye, comme aussi à faire la charge du Refectoir, le balier tous les jours, nétoyer les vases, tasses & salieres, & à son tour elle lavoit la vaisselle, & la lessive comme les autres; il n'y avoit aucun office bas qu'elle n'exerçât, & d'autant mieux que sa Maîtresse l'incitoit toûjours à cela, & elle par son bon naturel y étoit portée, elle fût admise à la Profession aprés deux ans & quelques mois de Noviciat pour en avoir seize complets.

Elle alloit toûjours croissant en vertu, & entroit dans toutes les pratiques de Sainteté de sa Parente, n'obmettant aucune des Devotions de l'Année Sainte du Reverend Pere de Barry de la Compagnie de Iesus, qui faisoit une grande estime de cette Fille, & beaucoup d'autres grands Personnages de la même Compagnie; Elle fit pour lors la Charge d'Infirmiere avec grande charité & consolation des malades, en suite elle fust Maîtresse des Pensionnaires, & elle se faisoit aimer de toutes, leur aprenant à faire l'oraison, les menant avec elle pour la faire. A l'âge de vingt trois ans elle fust Maîtresse de Novices qu'elle élevoit dans une grande ferveur & exactitude dans l'observance de la regle, n'y obmettant aucune instruction, car elle étoit tres-spirituelle, ayant un grand jugement & prompte memoire, elle composoit des méditations, des octaves entieres, ses filles étoient toûjours aprés à s'en faire dire tant elles y prenoient de goût.

Quelques années aprés elle fût envoyée à Caromb pour y être Superieure, par Monseigneur Loüis de Fortias Montreal Evêque pour lors de Carpentras qui avoit une si grande estime & affection pour cette bonne mere que luy même payoit sa pension & de sa compagne au Monastere de Caromb, car aprés que les unes avoient fait leur triannal il en faloit mander des autres de ce Monastere; luy même l'alloit souvent visiter, elle y fut sept ans Superieure, mais à l'election d'un nouvel Evêque, le precedant étant mort qui fut Monsieur Gaspard Lascaris, les Meres & Sœurs luy demanderent le retour de nôtre Mere d'Orsan, étant necessaire dans leur Monastere; six mois aprés elle y fût eleuë Superieure au grand contentement de ses filles, & comme elle avoit un grand esprit, elle jugea bien de l'état de la maison qu'on croyoit n'être pas trop commode, & d'ailleurs on étoit dans une de loüage où il y avoit bien de l'embaras, de la pauvreté, & beaucoup plus du mauvais logement, nonobstant tout cela qu'elle voyoit tres-bien, elle ne desista pas de former le dessein de faire retourner toute cette Communauté à sa premiere maison qui luy avoit été donnée par Monsieur Paul, fondateur d'icelle, l'ayant donné pour la Congregation, comme on le peut voir dans les Chroniques; elle communiqua son dessein aux Meres anciennes de cette Maison, qui l'ayant goûté, elle prit resolution d'en parler à Monsieur l'Evêque, qui du commencement y apportoit de la difficulté sur la pauvreté du Convent, disant, *à quoy bon faire des bâtimens, & n'avoir pas dequoy subsister?* & d'autre part on y apportoit des grands obstacles; mais nôtre bonne Mere qui avoit l'esprit fort genereux & masle, ne se rebuta point de toutes ces difficultez, & ayant recommandé l'affaire à Nôtre-Seigneur & à sa Sainte Mere de qui elle portoit le nom, elle poursuivit son dessein, & fit des nouvelles demandes à son

Evêque, & pour le porter à donner son consentement, elle fit épargne de quelque cent écus pour cét effet, & l'Evêque voyant aussi-bien que les Religieuses que bien loin d'avoir eu quelque necessité, il y en avoit eu dans son triannal de reste par sa bonne conduite & œconomie, quoy qu'elle eust demeuré toute sa vie dans les Monasteres, & sa naissance ne luy avoit point permis d'entrer en connoissance du ménage, elle y entendoit tres-bien, cela le porta à adherer à son entreprise, d'autant plus qu'elle, & quelqu'unes de ses amies Religieuses firent une bonne somme d'argent pour faire commencer ce bâtiment, & aprés beaucoup de prieres que luy firent les Messieurs de la Ville, il y consentit ; l'on commença par la demolition de son premier Monastere, le tout par l'ordre & le soin de la Mere d'Orsan, à la consideration de laquelle plusieurs Gentilshommes de la Ville se porterent à la servir & à prendre soin de ce bâtiment qui se faisoit à son absence, il faloit pourtant que de tems en tems elle y fût avec de ses Religieuses, & l'Evêque les y menant toutes les fois que cela étoit necessaire, & cela se faisoit avec tant de religiosité que la Ville en étoit toute édifiée ; elle eut bien d'occasions de pratiquer sa vertu dans cét employ que nous omettons pour n'étre pas si long, il suffit de dire qu'elle les prit avec tant de douceur, humilité & patience qu'elle a ravy le cœur de toutes ses filles, & Dieu luy fit la grace de les mener dans ce nouveau Monastere, ce qu'on ne croyoit pas possible, veu les grandes reparations qu'il faloit faire à la maison de loüage que l'on quittoit qui l'obligerent à sejourner quelques jours dans cette maison pour les y faire, & elle les fit si à propos que le Maître en fût fort satisfait, & ce qu'on croyoit devoir coûter six cens écus, n'en coûtât pas cent, & quand elle revint en ce nouveau Monastere, il ne se peut dire la joye avec laquelle elle fût reçeuë, & les remerciemens qu'on luy fit, mais le bon Dieu ne permit pas qu'elle joüit long-tems de cette consolation, la voulant appeller à soy & recompenser ses travaux, permit qu'on luy ordonnât de prendre les eaux de Vas pour une grande douleur d'estomach qu'elle avoit, qui luy causerent un Coleramorbus, qui l'enleva dans deux jours ; Monseigneur l'Evêque la visita dans cét intervalle dans sa chambre ; faisant faire des grandes consultes de tous les Medecins de la Ville & étrangers mais tout fut en vain, son mal augmentant toûjours, on fût obligé de luy administrer les Sacremens qu'elle reçeut dans sa devotion ordinaire, on fit pour elle tout sorte de vœux & de prieres, tant dans le Monastere que dehors ; mais Dieu la voulant à soy, permit que ny remédes, ny vœux, ny prieres luy servirent de rien, croyant qu'elle étoit un fruit meur & propre pour aller à soy, elle n'avoit pas même la fiévre dans ce mal, mais un assoûpissement dans lequel elle rendit l'ame, avec tant de douceur qu'on eût crû qu'elle n'étoit point morte ; elle mourut le 29. de Juillet de l'année âgée de cinquante-trois ans : De dire la desolation où fût toute cette Communauté, ce seroit chose qui ne peut s'expliquer, on n'entendoit que de cris, des larmes & des soûpirs, & de ce jour là on ne se mit point en table, aucune ne put manger de chagrin à la perte d'une si vertueuse & bonne Mere, la Ville n'en fut pas moins touchée, & beaucoup plus Monseigneur l'Evêque qui en

pleura

pleura de regret, & luy fit dire quantité de Messes, disant avoir perdu un des meilleurs sujets & une des plus saintes filles de cette Maison.

La Sainteté de nôtre Ursuline est comprise en trois paroles, s'abstenir, soûtenir, & entreprendre; abstenez-vous à son imitation des choses illicites, dangereuses, & même souvent des licites; privez-vous des plaisirs de cette vie, & vous joüirez de ceux du Ciel; il n'y a point de plus doux plaisir même en cette vie que de se priver d'un plaisir pour l'amour de Dieu; Seigneur peus-je prendre mes plaisirs en vous voyant attaché sur une Croix, en pensant qu'il y a un Enfer sous mes pieds preparé pour les voluptueux. Soûtenez les assauts que vous livre la concupiscence, & les attaques du monde & du demon; endurez les insultes de vos ennemis & les perfidies de ceux que vous mettez au rang de vos amis. Enfin je vous défie qui que vous soyez, de compter un seul jour en vôtre vie sans avoir quelque occasion de souffrir; faites-y reflexion. En troisième lieu il faut entreprendre de grandes choses pour être Saint, c'est un grand ouvrage que la Sainteté, il faut pour y réüssir travailler serieusement à acquerir les vertus chrêtiennes; pouvez-vous dire que vous en ayez une seule en perfection? ne vous rebutez-pas neanmoins, il ne faut que vouloir être Saint pour le devenir.

MAXIMES.

I. Nul n'est content en ce monde si ce n'est en cherchant Dieu, & cette inquietude de nôtre ame est une preuve de la grandeur de nôtre cœur que rien ne peut remplir hors de Dieu.

II. Regardez ce qui vous empêche d'être Saint, & vous verrez que ce ne sont que des bagatelles, comme celles dont parle Saint Augustin ; *Retinebant me nugæ nugarum, & vanitates vanitatum.*

TRENTIE'ME JUILLET.

LA V. SOEUR FRANCOISE LE MAIRE, Religieuse Ursuline de Mondidier.

E'tant encore fort jeune, j'ay gardé la Loy de Dieu. En Tobie, Chap. 1. v. 8.

ON a remarqué que dés la tendre jeûnesse de nôtre Sœur le Maire elle étoit extraordinairement portée à la vertu ; sa Mere qui ne craignoit rien tant que de la voir Religieuse, faisoit tout son possible pour l'en éloigner ; elle luy brûloit ses Livres de dévotion, la faisoit dés-habiller pour luy ôter la haire, la contraignoit de soûper en sa presence les Vendredys, & les autres jours qu'elle s'imaginoit qu'elle vouloit jeûner, l'obligeoit d'aller en compagnie, la menaçant de l'y conduire à coups de bâtons si elle ne l'y suivoit, & plusieurs années elle la menoit perpetuellement avec elle, ou bien elle donnoit le bal en sa maison, & luy commandoit de recevoir & entretenir le monde, elle en vint même jusques à la frapper plusieurs fois quand elle la trouvoit en priere.

Cette fille étoit déja des bien-heureuses de l'Evangile, parce qu'elle enduroit de bon cœur cette persecution pour la justice, & pour rendre ses devoirs à Dieu & garder sa Loy, elle ne se plaignoit point de la rigueur dont sa mere la traittoit, & lors que ses compagnes luy en parloient, elle ne repondoit que des yeux, d'où les larmes tomboient malgré sa constance.

Enfin cette Mere ne pouvant vaincre sa constance, elle luy permit d'entrer aux Vrsulines, ce qu'elle fit avec une joye inexplicable, son courage ne paroissant pas moins en se donnant à Dieu, qu'il avoit fait à surmonter les obstacles qu'on luy avoit dressé; aussi c'étoit sa maxime, *que celuy-là ne se peut dire vailliant à qui le cœur ne croit pas parmy les peines.*

Cette genereuse fille étoit fort estimée dans le monde & tenuë comme l'oracle de la Ville, à qui l'on alloit demander conseil, mais dans la Religion elle s'étudia si éficacement à se cacher qu'on l'eût prise à la voir pour une idiote, & une ignorante; elle alloit s'informer des Novices de la maniere de dire l'Office, & des autres pratiques de la Religion, afin que cela luy servit à aneantir son propre sens. Pendant son Noviciat elle fut incommodée d'une foiblesse d'estomach, qui luy faisoit rejetter sa nourriture; sa ferveur l'empêcha de le dire, & quelqu'une s'en étant apperçuë, elle la pria de n'en point parler; peu aprés qu'elle fût professe, une fluxion luy tomba sur le poulmon, & le Medecin ne connoissant pas son mal, luy ordonna des remédes tout contraires, les Superieures suivant l'avis qu'il leur donna, la firent beaucoup travailler, & la mortifierent à tout propos, sans qu'elle en témoignât du mécontentement, attribuant elle même ses maux à sa lâcheté, & dans ces humbles sentimens elle porta comme un flux épathique l'espace de huit mois en devenant une vraye squelette; sa bouche étoit si dessechée qu'elle demandât congé de boire dés les quatre heures du matin; ce fut là tout son soulagement, car elle jeûna le Carême jusqu'au Ieudy Saint, que le Medecin vit son mal tel qu'il étoit, mais trop tard pour le guerir; elle fit les exercices spirituels avant que de se mettre au lict, & elle y eut autant de contrition que si elle eût été coupable de grands crimes.

Pendant deux mois entiers qu'elle fut alitée, elle étoit si exacte au silence qu'elle prioit celles qui la veilloient la nuit de ne point parler, leur promettant de demander ce qu'il luy faudroit, ce qu'elle faisoit en peu de mots: Les os luy percerent la peau, en sorte qu'elle avoit l'épine du dos toute découverte, mais la joye qu'elle tiroit d'aller bien-tôt au Ciel, charmoit toutes ses douleurs. Elle demanda le jour de sa mort qu'on la laissât seule entretenir Nôtre Seigneur, & elle luy dit des paroles fort tendres, & pleines de confiance; *le tems de cette vie,* disoit-elle, *n'est qu'un tems de Noviciat & d'épreuves; à trois heures j'iray commencer le mariage avec mon Divin Epoux.* Vne de ses dernieres nuits elle fit de son propre mouvement un acte de mortification, du moins aussi signalé, &

aussi difficile que celuy de sainte Catherine de Sienne, quand elle but le pus d'une aposteme, & dans la même maladie luy ayant été presenté par mégarde du lenitif au lieu de confitures, elle le mangea sans rien dire. Elle termina sa vie à la même heure qu'elle l'avoit predit, & devint aprés incomparablement plus belle, & plus vermeille qu'elle n'avoit été vivante, personne ne la pouvoit regarder sans veneration; sa mort arriva l'an 1628. qu'elle n'avoit pas deux années de profession; elle alla à si grands pas à la perfection qu'elle fit beaucoup de chemin en peu de tems; on trouva son corps sans corruption huit ans aprés l'avoir enterré, & ses habits même n'étoient point consommés ny gâtés.

C'est ainsi qu'a vêcu, & mourut cette brave Ursuline; Dieu qui avoit allumé cette lampe pour éclairer son Monastere, la rendit d'abord l'exemple de ses Sœurs, & comme les ames saintes doivent toûjours être preparées aux persecutions, Dieu permit qu'elle en éprouvât de toutes manieres; dans la maladie l'on ne connut point son mal, les Superieures agirent fortement contre elle, d'où nous aprenons d'elle, avec quel esprit de douceur nous devons aimer tous ceux qui nous persecutent, & même qui nous haïssent, & lors que nous voyons cette sainte ame n'avoir pas un mot de plainte dans tous les évenemens fâcheux de sa vie, rougissons de nôtre sensibilité, & de ne pas aimer nos ennemis; ne nous rejoüissons point de leur mal, mais au contraire employons toutes nos prieres pour forcer Dieu en quelque sorte pour les traitter dans sa misericorde.

MAXIMES.

I. La foy est comme une aisle sainte sur laquelle nôtre priere s'éleve jusques à Dieu, & sans cette foy elle ne peut monter en haut, mais elle retourne dans nôtre sein, selon l'expression de David; la foy met l'ame dans une assiette que rien n'est capable de l'ébranler.

II. Le fidelle est celuy qui ne pense pas seulement que Dieu peut l'exaucer, mais qui croit que Dieu exaucera toutes ses demandes; la foy nous fait obtenir ce que nous n'aurions pas même osé esperer, & nous le voyons par l'exemple du bon Larron, qui n'ayant demandé autre chose à Jesus-Christ, sinon qu'il luy plût se souvenir de luy dans son Royaume, devint heritier de tout ce même Royaume.

III. La foy naît de l'aversité qui éprouve la constance de l'esprit & de la rectitude du cœur, qui le rend toûjours ferme & inébranlable dans l'esperance du secours de Dieu.

IV. L'ame Religieuse a besoin de crainte pour subsister dans sa solitude, parce que rien n'est plus capable de chasser l'atiedissement, & la langueur; apprehendez-donc Dieu qui vous doit juger, & vous representés le Tribunal de ce juge redoutable.

Trentie'me Juillet.

LA VENERABLE MERE RENE'E DE TOUS LES Saints, L'Hoste, Religieuse Ursuline d'Orleans.

Je t'ay aimé d'une charité perpetuelle, & partant je t'ay attirée, ayant pitié de toy.
En Jeremie, chap. 31.

S'Il est vray qu'on peut attendre la mort sans crainte, & la souffrir sans regret, quand la vertu a prevenu son arrivée, telle a esté celle de la Mere Renée de tous les Saints, puis qu'il y avoit long-tems qu'elle s'y preparoit, la regardant comme un soulagement à ses peines, & que sa vie animée de la charité qui l'unissoit à Jesus souffrant, ne la faisoit aspirer qu'après cette belle vie qui commence la felicité des justes. Elle a esté aimée de son divin Epoux d'une charité perpetuelle, c'est-pourquoy il l'a attirée à luy, ayant pitié de son ardeur ; Mais ce fut après avoir vêcu dans une veritable pratique des solides vertus, particulierement dans l'exactitude aux Régles qu'elle pratiquoit avec soin ; ce qui paroissoit le plus dans sa vie étoit une sincerité sans fard, un tres-grand amour pour la justice, sans consideration de ses propres inclinations, une égalité dans son humeur, & une charité qui l'obligeoit à se donner entierement au soulagement de ses sœurs.

Dans sa maladie bien que ses douleurs fussent tout-à fait grandes, sur tout dans les derniers momens de sa vie elle l'a pourtant finy avec un repos & une douceur admirable & une application d'esprit à Dieu, qui a duré jusqu'au dernier soûpir. Il semble que Dieu a voulu couronner sa vie par une mort que nous pouvons dire être du nombre de celles qui sont precieuses devant les yeux du Seigneur, ayant receu tous ses Sacremens avec une grande pieté; Dieu par une grace speciale, permit que son vomissement continüel s'arrêtât quelques heures avant que mourir, pour luy faire celle de le recevoir en Viatique ; Elle est decedée l'an 1678.

Apprenons aujourd'huy à estimer comme nous devons le bon-heur que nous avons d'être à Dieu & de le servir, que cét honneur nous donne un mépris pour tout le reste, & dédaignons par un saint Orgueïl, comme disent les Peres, tout ce qui brille le plus dans cette vie ; que cette disposition nous fasse joindre toûjours une generosité chrétienne avec l'humilité ; que nostre esprit soit élevé vers le ciel lors que nôtre cœur est en même tems humilié vers la terre ; apprenons de cette bonne ame que nos pensées doivent estre élevées au dessus du monde, & que notre esprit doit habiter au plus haut des cieux, où selon Saint Paul, doit être nôtre conversation, & nôtre vie. Demandons à Dieu que nous gardions une juste mesure dans nôtre rabaissement, & dans nôtre élevation, afin que d'un côté nous soyons rabaissez dans le cœur par les mouvemens d'une humilité profonde, & que de l'autre nous soyons élevez dans l'ame par les sentimens d'une magnanimité vrayément Chrétienne.

MAXIMES.

I. Que l'œil de vôtre ame soit toûjours vigilant & attentif contre les mouvemens de la vanité, car c'est le plus subtil & le plus dangereux de tous les pieges.

II. Lors que vous sortés de vôtre célule, arrestez la volubilité de vôtre langue, car elle peut dissiper en fort peu de tems le fruit, que vous auriez recüeilly en beaucoup d'années, & avec beaucoup de travaux.

III. Vivez sans avoir la moindre curiosité pour toutes les choses qui ne vous regardent point, puisque cette passion est une de celles, qui peut davantage troubler le repos, & soüiller la conscience d'une Religieuse.

TRENTE-UNIÉME JUILLET.

LA VENERABLE SOEUR CATHERINE
de Saint Remy, de Barrel, Religieuse Ursuline de Saint Remy.

Qu'un chacun marche ainsi que Dieu l'appelle. Au Corinth. chap. 7. v. 17.

SA gentillesse gagna le cœur de sa Mere preferablement à ses autres enfans, elle ne pût pourtant la refuser à une de ses sœurs qui la vouloit élever prés de soy; mais étant venüe à l'âge d'être pourveüe, cette chere tante prit le dessein de luy faire épouser un neveu de son mary, & de la faire heritiere de tous ses biens, de quoy le Pere de Catherine, qui faisoit son compte de joüir de cette succession, conçeut une si grande aversion pour sa fille, qu'un jour la poursuivant tout en colere, il la precipita du haut d'un escalier en bas, mais Dieu la protegea de telle sorte qu'elle ne se blessât point, & son pere en fut le premier surpris. Elle s'enfuït dans le jardin de la maison pour échaper les coups de son pere, & levant les yeux, elle crût voir une main au ciel qui la benissoit, & alors elle ressentit une douce consolation en son ame; sa Tante perseverante en sa resolution, la maria à Monsieur Camaret, & elle fit vœu de se rendre Religieuse si elle survivoit aprés son mary, & dés lors elle se défit des ornemens de vanité, & se conduisit tres-sagement; étant demeurée veuve fort jeune, chargée de cinq enfans, elle les éleva en la crainte de Dieu; son fils mourut tout petit, elle maria trois de ses filles, & la quatriéme se rendit Ursuline à Arles qui y vécut tres-regulierement.

La vie de Mademoiselle Camaret en sa viduité fût l'exemple des veuves, car elle entreprit la pratique de la vertu qu'elle a continué jusqu'au dernier soûpir, reprenant avec zéle les personnes qu'elle sçavoit en peché, & elle en convertit plusieurs par ses soins, & assistoit les affligées de corps ou d'esprit; le Monastere des Ursulines de Saint Remy, commançant par la Mere Ieanne Rampale sa proche parente, elle s'y rangea pour y finir ses jours; toute la Ville fût touchée de voir une femme de soixante-six ans embrasser la vie Religieuse d'une merveilleuse ferveur; à son premier aissay l'on reconnut qu'elle avoit le courage de suivre les maximes regulieres, ce fut pourquoy on luy donna incontinent le voile de Novice, ce qui renouvella sa jeunesse, car elle prit à cœur la perfection de son état avec autant d'ardeur qu'auroit pû faire une jeune fille de quinze ans; elle auroit fait scrupule de manquer à la plus petite observance, & dans sa conduite elle revint à cette enfance aimable, que nôtre Sauveur à tant recommandé, ayant la docilité, l'obeïssance & l'humilité d'un enfant de grace; ainsi elle marchoit à la voye où Dieu l'avoit appellée, s'estimant indigne de la conversation de ses sœurs, à qui par honneur & preference elle donnoit ordinairement le nom de Vierges.

Elle s'offrit à servir les malades de jour & de nuit, & se mettoit à genoux pour l'obtenir, s'estimant heureuse de rendre les plus bas services aux E'pouses de Jesus-Christ. Elle disoit la leçon parmy les Novices, & vivoit plus austerement que pas une, jeûnant trois fois la semaine au pain & à l'eau, portant fort souvent la haire, & se disciplinoit avec une chaine de fer d'une étrange rigueur, jusqu'à ce que sur la fin de sa vie la Superieure modera sa penitence, alors elle demandoit à genoux & les larmes aux yeux qu'on la laissât punir son corps; quand on la refusoit elle se retiroit avec confusion de n'être pas digne de satisfaire pour ses pechez; les Vendredis elle redoubloit toutes ses mortifications, elle disoit la Passion de Nôtre Seigneur, & se privoit de tous plaisirs, conseillant à ses Sœurs d'en faire autant.

Son unique consolation étoit d'être proche du Saint Sacrement, elle étoit penetrée d'amour & de reconnoissance les jours qu'elle communioit; & non contente de s'y preparer par la confession dés la veille, elle alloit trouver sa Superieure le matin, & luy disoit sa coulpe avec le plus de confusion qu'il luy étoit possible, ce fût une pratique qu'elle continua jusqu'à la mort; aprés laquelle aparoissant à la même Superieure, elle luy dit, *ma mere si l'on sçavoit le plaisir que l'on donne à Dieu, & le merite qu'il y a à dire sa coulpe, je croy que les ames Religieuses se rendroient signalées en cét exercice, qui m'a acquis beaucoup de gloire.*

Pendant qu'elle étoit dans le monde une de ses jupes rendit la santé à un pauvre homme hydropique, il ne faut pas estimer qu'elle fut Novice en toutes les vertus, elle s'y étoit exercée fidellement dans le monde, jusques à faire deux

31. Iuillet. *La V. Sœur Catherine de Saint Remy, de Barrel.*

heures d'oraison mentale châque jour; Nôtre Seigneur détrempoit les petites amertumes qu'elle pouvoit ressentir par la douceur d'un don de larmes si abondant qu'elle en arousoit le pavé; elle eut de vrayes & extraordinaires lumieres sur plusieurs choses à venir; elle assura qu'une de ses filles seroit Religieuse en un tems où il n'y avoit nulle apparence.

Elle predit à sa Superieure qu'elle n'iroit point à une maison de l'Ordre, où il sembloit qu'elle deut incontinent aller, mais qu'elle demeureroit à Saint Remy, & qu'elle luy fermeroit les yeux, disant la chose avec tant de certitude, qu'elle consolât toute la Communauté dans la crainte qu'elles avoient de l'éloignement de leur bonne Superieure, le tout arrivant en suite comme elle l'avoit marqué. Elle dit aux Religieuses qu'elle ne meritoit pas de voir de ses parentes parmy elles; mais qu'aprés sa mort il y en entreroit quantité, & la même année de sa mort une de ses filles & trois de ses Nieces y furent reçûës.

Enfin elle predit son heure derniere une fois parlant à la grille à une de ses proches parentes, elle luy dit ouvertement qu'elle mourroit l'Eté prochain, puis elle demandoit souvent à ses Sœurs quand viendroit le dernier jour de Iuillet, disant transportée d'aise, que se seroit un jour heureux pour elle, puis qu'elle y mourroit; les Religieuses étant surprises de ses paroles elle se voulut couvrir, feignant que sa joye procedoit de ce que ce jour-là arrivoit la Fête de Saint Ignace son Protecteur du mois; le 24. Iuillet aprés s'être confessée & communiée, il la falut relever de terre où elle avoit demeuré long-tems prosternée selon sa coûtume pour la porter au lict, étant fort pressée d'un mal de côté, elle témoigna n'avoir autre regret en mourant que d'avoir commancé trop tard à servir Dieu, puis elle finit sa vie mortelle le même jour qu'elle avoit predit, l'an 1638. trois ans aprés son entrée en Religion; tous les seculiers à son enterrement la publioient Sainte, & il falut laisser son corps exposé plus long-tems que les autres à cause du concours du peuple.

On voit eminemment dans cette bonne ame que la Religion Chrêtienne ne trouble rien dans les divers états où la Providence nous engage, lors qu'il n'a rien de luy même qui soit incompatible avec le salut; c'est en cela proprement que consiste la veritable sagesse & la vray solidité de l'ame, de demeurer humblement dans son état, comme l'ancien & le nouveau Testament nous exhorte si souvent, & de sçavoir seulement en retrancher ce qui est contraire à la Loy de Dieu, ne comptant pour rien les incommodités qu'on y peut souffrir; l'esprit du monde & les mouvemens de la chair nous portent tout d'un coup à nous délivrer de ce qui nous incommode, mais l'esprit de Dieu nous porte à y demeurer fermes, & à trouver nôtre paix dans nôtre patience. Apprenez donc à acquerir la science des Saints, qui apprend à souffrir des maux temporels, pour meriter ainsi des biens éternels; quand Dieu aura veu nostre longue fidelité, & qu'il nous verra resolus d'endurer jusqu'au bout les peines, les mortifications, les humiliations, les mauvaises humeurs, & les mauvais traittemens de ceux qui nous font souffrir, il nous en delivrera peut-être au moment que nous nous y attendrons le moins.

MAXIMES.

I. La patience est l'état d'une ame qui n'est ny abatuë ny affoiblie par l'effort des plus grands travaux, parce que quelque sujet de crainte qu'elle puisse avoir, & que quelques violentes que soient les persecutions, ou tentations qui l'affligent, elles ne peuvent luy causer le moindre trouble.

II. Une ame Religieuse a plus besoin de la patience pour soûtenir la vie de son ame, que de la nourriture pour soûtenir la vie de son corps, puis qu'en se privant de cette derniere par l'abstinence & le jeûne, elle acquiert des recompenses, & des couronnes, au lieu que la premiere ne sçauroit luy manquer qu'elle ne se perde.

III. Celuy qui a le don de patience, & de perseverance dans la Religion, se peut considerer comme mort avant qu'il meure, puis qu'il fait de sa célule son premier tombeau; l'esperance du salut, & le vif regret de ses pechez produisent la patience perseverante, car celuy qui n'est point possedé de l'esperance des biens du ciel, & qui n'est point touché des douleurs pour ses pechez, est possedé de l'ennuy & du dégoût des choses celestes.

TRENTE-UNIE'ME JUILLET.

LA VENERABLE SOEUR MARIE DE Sainte Cecile, Religieuse Ursuline de Ploërmel.

Dieu est admirable en ses Saints. Psalme 67. v. 36.

CE jour ce fait la Fête du glorieux S. Ignace de Loyola, il est donc bien juste de publier, comme Dieu a paru admirable en ce grand Saint, & les Benedictions plus particulieres qui se sont operées par son intercession dans nôtre saint Ordre, ce qui fait voir que si les enfans de S. Ignace ont procuré l'établissement des Ursulines à Ploërmel, & les y ont toûjours assistées, ce Saint Peré s'interesse aussi pour le bien des mêmes Religieuses, & leur rend des secours encor plus puissants. L'an 1640. Sœur Marie de Sainte Cecile étoit presque paralitique il y avoit trois ans, ne pouvant marcher que tres-peu; à sa paralisie se joignirent des tremblemens de nerfs avec des convulsions qui duroient les quatre & cinq heures, suivies de foiblesses tres-grandes; les medecins voyant tant de maux succeder l'un à l'autre la condamnerent à mourir dans un de ses accez, enfin elle devint comme immobile, il faloit que d'autres l'aidassent jusqu'à luy mettre le morceau à la bouche; dans cette conjoncture il arriva que le Reverend

30.Iuillet. *La V. Sœur Françoife de la Ste. Croix, des Cartes.* 225

rend Pere Jean de la Cour Recteur du College des Jefuites, parlant à la Superieure, fur le recit qu'elle luy fit des maux de cette pauvre Religieufe, il luy envoya une Image de S. Ignace, & luy manda qu'au nom de ce Saint elle le vint trouver au parloir; à ce meffage la malade fe mit en devoir d'obeïr contre fon fentiment, & fon experience ordinaire; la Superieure luy fit apporter un bâton pour la foûtenir, mais elle n'en eut que faire, parce qu'au même inftant qu'elle voulut fe foûlever de fon lict, elle n'y fentit aucune difficulté, elle fe leva & s'en alla de fon pied au parloir, avec tant de diligence que toutes les Religieufes en demeurerent furprifes.

Elle témoigna au Pere qu'elle craignoit que fes convulfions accoûtumées ne la repriffent, & ne la miffent à l'extremité d'où elle venoit de fortir, alors le Pere dit avec une ferme foy, *au nom de Saint Ignace je commande aux convulfions de s'arrêter*; Aprés cela cette Religieufe toute guerie fi fubitement, rendit grace à Dieu au même parloir, fe tenant à genoux trois quarts-d'heure de fuite; & le même jour elle r'entra dans tous les exercices de regularité.

Huit ans aprés la même Religieufe devint percluse d'un côté, même de la langue, tellement qu'elle ne faifoit que de begayer, & à la fin elle perdit la parole & le mouvement des mâchoires, ny plus encore marcher que rarement, & avec des potences, mais elle fut guerie au même tems que neuf Religieufes du Convent prirent refolution de faire neuf jours durant quelques prieres pour elle à Saint Ignace, le Medecin, l'Apotiquaire & le Confeffeur en donnerent atteftation.

AUTRE MIRACLE ARRIVE' A LA Venerable Sœur Françoife de la Sainte Croix, des Cartes, Religieufe Vrfuline de Ploërmel.

C'Etoit la fille d'un Confeiller de Bretagne qui étoit travaillée depuis deux ans de douleurs à une cuiffe, à une jambe, & un bras, ne s'en fervant qu'avec une grande peine, les remédes luy ayant été inutiles; elle étoit abandonnée des Medecins, une autre Religieufe fe refolut par pitié de faire faire une neuvaine pour fa fanté, elle écrivit le nom de plufieurs Saints & Saintes, pour tirer au fort celuy qu'il plairoit à Dieu d'infpirer, & le nom de Saint Ignace fut tiré trois fois de fuite; on commença la neuvaine en fon honneur, & le troifiéme jour nonobftant les violentes douleurs que la malade reffentoit, elle fe fit conduire au Chœur, pour prier devant l'image de Saint Ignace, fi tôt qu'elle y fut arrivée, fes douleurs s'augmenterent de telle forte qu'elle demeurât comme pâmée, dequoy tirant bonne augure, & fe recommandant de tout fon cœur au Saint, elle fe fentit delivrée de fon mal en un moment, & marcha

Tome III. F f

aussi ferme qu'elle eut jamais fait, le Medecin & l'Apotiquaire attesterent cette merveille par écrit en presence du Reverend Pere Charlet Provincial dans la Compagnie de Jesus.

Ainsi nous pouvons dire que Dieu est admirable en ses Saints, & que par ce grand & admirable Patriarche Saint Ignace il fait tous les jours de grands Miracles, & lesquels on auroit peine à raconter.

BIENFACTEVRS ET BIENFACTRICES.

PREMIER JUILLET.

ABREGE' DE L'ELOGE DE MONSIEUR Charles de Saveuses, Conseiller Clerc au Parlement de Paris, Reparateur des Ursulines de Magny.

Assurez vôtre salut par vos bonnes œuvres. Saint Pierre en sa deuxiéme E'pitre, chap. 1.

IL est bien juste de dire icy quelque chose de la vie de Monsieur de Saveuses, comme d'un des plus signalés bien-Facteurs de l'Ordre de Sainte Ursule. Les antiquitez de Picardie parlent avec honneur de la Maison de Saveuses, une des premieres & des plus Nobles de la Province, dont les descendants ont eu des charges & des emplois grands & considerables pour les Roys de France & les Ducs de Bourgogne.

Monsieur Charles de Saveuses pour se rendre vray successeur de ses Ancêtres, étant encore fort jeunes, s'en alla à Rome, & y demeura deux ans, apprenant dans les Academies les exercices militaires; aprés qu'il eut achevé ses études il se fit passer Bachelier de la Societé de Sorbonne, ensuite il prit les Ordres Sacrés, & dépuis il a été quarante ans & d'avantage un parfait Ecclesiastique: de même qu'un Juge tres-integre, s'acquittant de ses devoirs avec une admirable exactitude; il avoit une assiduité nompareille à l'égard de sa charge, dans la pensée qu'il n'y avoit rien de plus agreable à Dieu que rendre à un chacun ce qui luy appartient, il accordoit souvent les parties, il soulageoit tant qu'il pouvoit les pauvres plaideurs, en leur donnant par forme d'aumône ce qui luy étoit deu, quelque fois il faisoit largesse de grosses sommes pour marier des filles de peur qu'elles ne tombassent dans le vice; il soûtenoit des familles entieres, il payoit la pension des pauvres écoliers; il aidoit à faire subsister des veuves qui étoient en necessité; en un mot il secouroit à ses dépens quantité d'affligez & de miserables, & il n'avoit point de plus grandes joyes que de faire des aumônes en secret. Il étoit aussi le protecteur declaré des ordres Religieux, il portoit tous leurs interests avec chaleur, & avec tendresse il deffendoit leurs causes avec un zéle tout de feu, & usoit de toutes les voyes de justice pour conserver leurs biens, afin qu'ils eussent le moyen de bien servir Dieu selon l'obligation de leur profession. Mais il ne pouvoit souffrir qu'ils plaidassent pour des droits honorifiques, & des preseances; il blâmoit en eux le relâchement de leurs régles & leurs divisions; il a rendu des services considerables à plusieurs Ordres en ce point par ses bons avis, faisant son plaisir d'accorder leur different, & de reformer leurs mœurs.

Mais son affection étoit extraordinaire envers les Religieuses, il eut voulu faire l'impossible pour les maintenir dans la perfection de leur état, & avec assez de biens temporels, pour être plus indépendantes des seculiers & plus attachées à leur solitude, où il les regardoit comme des captives & des victimes de l'amour de Jesus-Christ; il a gouverné long-tems avec une tres-grande prudence & charité diverses Communautés Religieuses, pour celle des Ursulines de Magny depuis qu'il en prit la charge, il ne la regarda plus que comme sa propre famille; jamais pere n'eut plus de soin de pourvoir ses enfans qu'il en eut pour ses cheres filles de Magny, dans le tems qu'il déliberoit l'affaire de leur restauration, il fut puissamment sollicité d'employer une somme notable à enrichir un tombeau de feu Monsieur son pere, mais il jugea qu'il devoit plûtôt contribuer à l'entretien des Temples vivants du Saint Esprit qu'à faire honorer le corps mort de son pere.

Si-tôt qu'il eut connu leur veritable besoin & ce qu'il faloit pour les faire subsister au tems present & à venir, prenant ses mesures il calcula ses revenus, & quoy que la dépense de sa maison eut toûjours été moderée, il la diminua de la moitié, en retranchant tout ce qu'il jugeoit moins necessaire de ses meubles, de ses Domestiques, de sa table, de sorte qu'il ne fit plus qu'un repas par jour & fort sobre, & se traittoit en tout avec frugalité, afin disoit il d'épargner pour ses cheres Ursulines, sur qui ensuite il versoit à pleines mains ses liberalitez, car outre le secours considerable & reglé qu'il leur envoyoit tous les trois mois, il leur donnoit quand il les alloit voir les trois, quatre & cinq cens livres, leur disant avec ouverture de cœur que c'étoit l'épargne de ses menus plaifirs, & que cela pourroit fervir à leurs petites neceffitez, il faifoit faire leur provifion en Carême, & aux autres tems, & luy qui jufqu'à lors avoit ignoré le prix des denrées, qui avoit abandonné le foin de fa maifon à fon Secretaire, & qui même ne gardoit point de clefs ny d'argent, s'appliquoit jufqu'au moindre befoin du Monaftere, prévoyoit les mauvaifes faifons pour l'en garentir, s'informoit de la valeur du bled, du bois, & devint comme un vigilant œconome à l'égard de cette Communauté.

Dés la premiere fois qu'il y dit la Sainte Meffe, il obferva ce qui manquoit à la Sacriftie, & il donna incontinent des Vafes d'argent & trois Chafubles, il dépoüilla fon cabinet de Tableaux, Reliquaires, bouquets, & pour en orner leur Autel. Il n'oublia pas de fournir des drogues d'Apotiquaire pour les Religieufes malades, & il fe privoit de toutes les douceurs pour les en recréer; en un mot jamais il n'alloit voir fes bonnes filles que les mains pleines de biens, qu'il épanchoit d'une maniere fi dégagée & fi gaye qu'elle charmoit plus que fes prefens mêmes.

Si fa charité incomparable a été infigne, l'on a encore remarqué la fermeté de fa foy, & fon refpect pour la Doctrine de la Sainte Eglife & pour les Anciens Peres. L'on ne peut affez loüer fa fimplicité toute Angelique qui luy faifoit mener une vie fans éclat, & entierement oppofée aux maximes du monde.

Sa manfuetude furnaturelle, qu'il avoit acquife en fe faifant de grandes violences, & l'humilité dont toutes fes paroles & fes actions étoient teintes, qui luy a fait toûjours refufer les titres de Reftaurateur, ou de Fondateur du Monaftere pour luy, ny pour fes parens; & bien loin d'exiger de l'eftime, ou de la reconnoiffance pour fignaler fes biens-faits, fa plus grande peine étoit de ne les pouvoir cacher; je voudrois, difoit-il, *que cela fut dans un éternel oubly, & pour moy je ne fais guére de reflexion fur ce qui eft fait, mais bien fur ce qui refte à faire.* En effet on ne luy a pas trouvé un mot d'écrit qui fit mention de tous fes dons, fi non fon teftament par lequel outre divers legs pieux & charitables, il a laiffé aux Urfulines de Magny plus de cinquante mille livres, laquelle fomme jointe à ce qu'il a donné de fon vivant, fe monte bien à deux cens mille livres.

Il eut une maladie l'an 1668. qui luy laiffa une grande langueur, mais il revint en une fanté fuffifante pour exercer fa charge, aprés qu'à ce deffein il eut fait vœu en l'honneur de Nôtre-Dame de grand Pouvoir, de payer trois ans durant la penfion d'une pauvre petite fille dans les Urfulines de Magny, & à la fuite pour ne point mettre de borne à fa charité il promit de donner cette penfion tant qu'il vivroit fur la terre, & continua dépuis à aller au Palais jufqu'au jour de fa mort, nonobftant les incommoditez de fon âge; fe fentant deffaillir chaque jour, il alla voir fes cheres Urfulines pour leur dire le dernier adieu, ce fût à la Fête de la Pentecôte, il y demeura trois jours, & il donna le voile à une fille, & reçût une autre à la Profeffion, avec une telle confolation de fon ame qu'il fembloit prevoir que ce feroit la derniere offrande qu'il feroit à Dieu dans ce Monaftere; il parla plufieurs fois à la Communauté avec une entiere effusion de cœur, & avec autant d'amour que fait un bon pere au lict de la mort à ses enfans bien-aimez, car il les assura souvent qu'il ne les verroit plus icy bas, & leur recommanda tout ce qu'il jugea plus utile pour les conserver en la ferveur au service de Dieu, leur declara ce qu'elles auroient par son testament, & à son égard ne demanda rien que leur amitié, voyant que le discours de sa mort les affligeoit à l'excez, il reprit sa gayeté naturelle, & leur dit qu'il vouloit soûper en leur parloir comme il fit, il se fit apporter un morceau de pain & de l'eau rougie qui étoit son régal tous les soirs depuis beaucoup d'années ; avant que de les quitter il leur souhaita toutes sortes de benedictions, puis il se retira seul dans sa chambre, & il demeura plusieurs heures en oraison, le lendemain matin il se mit en chemin pour Paris, & cinq semaines aprés comme il raportoit actuellement une affaire dans le Palais, l'aprés dîné du trentiéme de Iuin il tomba en foiblesse, & fut reporté de la grande Chambre chez luy en tel état que tout Paris le croyoit mort, mais les sens luy étans revenus, il demanda son Confesseur, & reçût les trois Sacremens de suite, il remit son testament entre les mains de Monsieur de la Vallée son Secretaire qu'il avoit choisi pour executeur, & luy recommanda avec des inimaginables tendresses ses cheres filles les Ursulines de Magny.

Il disoit des paroles de bonté & de reconnoissance à ses Domestiques, & n'entretenoit ceux qui étoient proche de luy que de la beauté du Ciel & des grandeurs de Dieu, attendant avec joye le moment qui luy devoit ouvrir le passage de la Bien-heureuse Eternité, qui arriva l'an 1670. âgé de 74. ans. Ainsi se termina la sainte vie de ce grand serviteur de Dieu, qui avoit assuré son salut par tant de bonnes œuvres.

On vint en foule de toute part visiter son corps l'espace de trois jours qu'il demeura sans être enterré ; bien qu'il eut défendu toute sorte de Pompes pour ses funerailles, sa parentée n'y voulut rien épargner, Messieurs de la Sainte Chapelle ses Confreres luy firent un service solemnel ; son corps fut porté aux Religieuses de *l'Ave Maria*, & pour son cœur qui avoit tant aimé les Ursulines de Magny, il leur fut donné par sa derniere volonté, & inhumé dans le gros mur qui sepate leur Eglise d'avec leur Chœur. Il vaut mieux ne rien dire de la douleur de ces bonnes Religieuses à la reception de ce present si cher, & si pitoyable, que d'en dire trop peu, elles marquerent leur reconnoissance par divers services qu'elles firent pour leur charitable deffunt, & tres-cher Superieur, Restaurateur & Fondateur ; on prononça deux fois dans leur Eglise un discours funèbre à sa loüange, de plus elles luy font dire toutes les semaines une Messe, & se sont obligées à des devoirs publics, annuels & journaliers, dont elles s'acquittent tres-fidellement.

Enfin pour dépeindre en racourcy cette personne d'un merite si rare, on peut dire comme du Saint Iob, que c'étoit un homme simple, juste, & craignant Dieu, qui fut toûjours accompagné de la misericorde en cette vie, & il reçoit la misericorde en l'autre, car comme dit la verité même. *Bien-heureux sont les misericordieux, car ils obtiendront misericorde.*

Neufviéme Juillet.

ÉLOGE DE MADAME D'ARCOURT,
Fondatrice des Religieuses Ursulines de Bayeux.

Vous avez trouvé, ô! Dieu! que son cœur étoit fidelle devant vous.
Au deuxiéme Livre d'Esdras, chap. 9.

Dieu ayant le dessein de se servir de cette Illustre Vierge pour l'établissement du Monastere des Vrsulines de Bayeux, permit qu'elle fût mariée, mais lors qu'on la croyoit le plus fortement engagée dans le monde, le Ciel luy rendit sa liberté, & le moyen de se maintenir en chasteté perpetuelle, comme elle a fait ; ce fut à la verité par un accident tres-fâcheux & déplaisant à toute sa parentée, qui étoit des plus illustres de la basse Normandie ; elle étoit de la Maison d'Harcourt, & en portoit le nom, ayant en outre toutes les qualitez plus desirables à son sexe, de sorte que plusieurs partis la demandans en mariage, Monsieur de Beuvron son frere aîné, & ses plus proches la promirent à un brave Gentil'homme du pays ; aprés les poursuites qu'il en avoit faites, on fit les nopces avec toute la réjouïssance possible, mais le soir même ce jeune Gentil'homme son mary tomba tout-à-coup en démence en presence de toute la compagnie, & celuy qui avoit tant témoigné d'amour pour sa nouvelle épouse, en conçut une telle aversion, qu'au lieu de demeurer avec elle, il s'enfuït & alla se cacher à l'écart derriere un buisson.

Vn changement si inopiné mit tous les parens & les conviés en consternation ; on alla le chercher, & on ramena comme par force ce pauvre incensé, l'ayant conduit à la chambre où l'attendoit son épouse, il entra en des nouvelles furies, & s'éforça de la tuër, ce que voyans les freres de la Demoiselle, ils la garderent toute la nuit, & cét homme ne revenant point à son bon sens, on les separa entierement, sans qu'ils eussent demeuré ensemble, Mademoiselle d'Harcourt se trouvant comme veuve, s'adonna toute à la pratique de la vertu, & se retira avec Madame de Beuvron sa belle sœur, qui étoit fille de Monsieur le Maréchal de Martignon, & quelque tems aprés elle entra dans un Convent ; enfin au bout de seize à dix-sept ans son mary mourut, & elle refusa toutes les recherches qu'on luy fit pour convoler en secondes nopces, elle vint lors se tenir à Bayeux, où elle se rendit aussi fort recommandable, non seulement par son extraction, mais encore par sa pieté, & liberalité envers les Églises & les pauvres qu'elle visitoit même en personne.

Avec tous ces saints exercices il luy vint des desirs pressants de se rendre fondatrice d'un Monastere de Religieuses Vrsulines, afin de contribuer au salut de plusieurs ames ; elle en forma la resolution par bon conseil, & n'en differa point l'execution ; & comme elle étoit dans une haute estime tant auprés de Monseigneur l'Evêque, que de la Ville, elle obtint facilement tous les consentemens necessaires ; elle prit des Ursulines de Pontoise, parce qu'elles faisoient le quatriéme vœu de l'instruction, & qu'elles pratiquoient les mêmes coûtumes que celles de Paris ; elle alla à Pontoise faire sa demande, & en eut l'enterinement ; aprés quoy elle retourna à Bayeux pour leur preparer le logis ; les Religieuses étant arrivées, la bonne Fondatrice n'omit rien pour le bon ordre de toutes choses, elle vêcut quatre ans aprés sa fondation, & pendant peu d'années elle fit un merveilleux progrés en la devotion & mortification, faisant sa joye d'être en ce petit Convent avec ses cheres filles, où son occupation principale étoit d'assister à l'Office Divin, & aux observances regulieres de même qu'une Religieuse, elle se soûmettoit à la Superieure comme à sa Mere, & cherissoit les Religieuses comme ses filles, leur rendant mille petits & humbles services. Elle alloit aux classes des Externes, écoûtoit le Catechisme, & maintenoit les enfans en leur devoir ; elle observoit la pauvreté, en sorte qu'elle ne vouloit pas qu'on luy allumât du feu en particulier, aprés qu'elle eut perseveré trois ans en ces saintes pratiques, & sur tout dans une genereuse humilité, elle eut la meilleure part de l'affliction que la peste causa dans son Monastere, qu'elle pensa voir détruy au moment qu'il sembloit être affermy par la profession de deux Novices ; ce mal contagieux emporta une de ses Nieces qu'elle aimoit uniquement, & quelques uns de ses domestiques.

Quand cette bourasque fut passée, & tout le Monastere remis en bon état, elle tomba malade à la mort, & comme elle avoit bien vêcu, aussi mourut-elle en bonne Chrétienne, munie de tous ses Sacremens & regrettée de toutes ses Religieuses, & d'autres Convents à qui elle faisoit beaucoup de charité, les necessiteux & toutes les personnes qui la connoissoient en porterent aussi de la douleur. Son decez arriva le 9. Juillet l'an 1628. & son corps fut enterré dans le Chœur des Religieuses avec la pompe qu'elle meritoit, Messieurs du Chapitre accompagnerent son Convoy, toutes les cloches de la Cathedrale sonnantes, & Monseigneur l'Evêque de Bayeux officia à ses obseques. La troisiéme année aprés sa mort la Superieure des Ursulines de Bayeux assura l'avoir veuë rayonante de gloire pendant qu'elle prioit, le propre jour que l'on celebroit dans le Convent son Anniversaire.

DIXIE'ME JUILLET.
ELOGE DE MONSIEUR ABRAHAM de Bourg, Chanoine & Chantre de l'Eglise Paroissiale Nôtre-Dame de Bourg en Bresse.

Bien-heureux sont les pacifiques, parce qu'ils seront appellés les enfans de Dieu.
En Saint Math. Chap. 5. v. 9.

CE tres-vertueux Ecclesiastique s'est rendu fort remarquable, & de grand exemple par son zéle pour la gloire de Dieu, & le salut des ames ; son cœur tout pacifique procuroit de tout son pouvoir la paix, ayant fait de tres-considerables reconciliations; il étoit tres-austere en sa personne, & portoit frequemment le cilice, la haire, ou la ceinture, & se donnoit la discipline; ses jeûnes étoient trés-rigoureux, sa modestie & mortification de ses sens étoient admirables; lorsqu'il alloit par les ruës on eut dit qu'il avoit les yeux colez; il étoit dans une continuelle presence de Dieu, & tres-exact à l'exercice de l'oraison & de la priere. Sa ferveur n'a finy qu'avec sa vie, il étoit humble, patient, charitable, & un grand zélateur pour empêcher autant qu'il étoit à son possible les offences de Dieu; mais il s'est signalé par son zéle & affection pour les Ursulines de Bourg en Bresse, leur ayant servy de Confesseur & de Directeur plusieurs années avec une grande charité & zéle, ayant un soin tres-particulier de l'observance des régles; sa vie chargée de merite & d'années s'est finie en l'an 1674.

Quatorziéme Juillet.
E'LOGE DE MONSIEUR JEAN BAPTISTE Romillion, Prêtre de l'Oratoire, & un des premiers Fondateurs de cette Congregation.

Ie suis zélé pour le Seigneur des Armées. Au troisiéme Livre des Roys, ch. 19.

Monsieur Romillion a laissé par ses vertus l'odeur d'une rare sainteté, & l'exemple du zéle du salut des ames; son oraison & union continuelle avec Dieu le rendit le zélateur invincible de sa gloire, ayant souffert avec grande constance, humilité & patience de grands Travaux, persecutions & mépris. Il étoit tres-zélé pour l'amplification de l'Ordre de Sainte Ursule en France, & a beaucoup travaillé pour cela, & pour la direction des premiers Monasteres de Lyon, d'Avignon, de Provence, & autres comme il se voit dans sa vie, & dans les Chroniques de l'Ordre de Sainte Ursule, aux établissemens desdits Monasteres; ce fut en l'Isle de Venise qu'il montra plus particulierement son affection pour ce Saint Ordre, lors qu'il reçût le Livre des Constitutions des Ursulines de Milan, il entra dans des transports de joye, le regardant comme le contract de mariage entre Iesus-Christ & ses chastes E'pouses, lesquelles s'offrirent aussi-tôt à embrasser ce Genre de vie, & luy même en prit l'entiere direction; il leur disoit la Messe, leur administroit les Sacremens, & les dressoit à tous les exercices de l'Ordre; il prit même le soin de leurs revenus, il étoit leur Superieur, & en un mot le Fondateur des premieres Ursulines de France; le feu de l'amour de Dieu qui avoit consommé son cœur, consomma aussi sa vie, qui fut toûjours tres-rigoureuse par l'exercice de tres-grandes penitences, & austeritez; il déceda à Aix en odeur de sainteté, l'an 1622.

Fin du Mois de Juillet.

TABLE
DES VIES CONTENVES
DANS LE MOIS DE JUILLET.

Premier Iuillet.

La Venerable Mere Angelle de Sainte Croix, d'Avantois.   page 1
Deuxiéme Iuillet.
La V. Sœur Catherine de l'Heraud.   7
La V. S. Alphoncine de Saint Bernard, de Leviston.   8
Troisiéme Iuillet.
La V. S. Alix de Saint Bernard, Elequens.   10
La V. M. Iacquette de Saint Augustin, Carpentier.   11
Quatriéme Iuillet.
La V. M. Madelaine de la Mere de Dieu, de Melly.   17
La V. M. Marie de la Trinité, de Riquety.   20
La V. S. Ieanne de Iesus, Mathon.   29
Cinquiéme Iuillet.
La V. M. Catherine de la Croix, de la Praderie.   32
Sixiéme Iuillet.
La V. M. Marguerite, de Ientileau.   35
Septiéme Iuillet.
La V. M. Marthe de Ste Cecile, Morel.   36
La V. M. Ieanne de Iesus, Rempale.   39
La V. S. Elizabeth de S. Paul, Salomon.   46
Huitiéme Iuillet.
La V. M. Iacquette de la Visitation, du Bos.   48
La V. S. Iacqueline de Iesus-Christ, le Cler.   51
Neufviéme Iuillet.
La V. M. Anne de Iesus.   53
La V. S. Françoise du S. Esprit, Hedoüyn.   55
La V. M. Marie du S. Esprit, Bertranne Gravé.   57

Tome III.   Gg

TABLE.

Dixiéme Iuillet.

La V. M. Catherine, de Bermond.   60
La V. S. Anne de Saint François Xavier, Gelée.   61

Onziéme Iuillet.

La V. S. Loüife de S. Thomas d'Aquin, de Payen.   65
La V. S. Jeanne de Ste. Angelle, des Conardins.   70
La V. S. Marie de S. Iean Baptifte, Germain.   72
La V. S. Antoinette de S. François, Sénéchal.   73

douziéme Iuillet.

La V. M. Marie des Anges, d'Infefche.   75
La V. M. Paule de la Mere de Dieu, de Cellarier.   77

Treiziéme Iuillet.

La V. S. Honnorée de Lafcours.   80

Quatorziéme Iuillet.

La V. M. Elizabeth de Ste. Catherine, de la Collancelle.   81
La V. M. Charlotte de la Mere de Dieu, de Cour.   84
La V. S. Catherine, Pilois.   116
La V. S. Françoife du S. Sacrement, de Relanette.   118

Quinziéme Iuillet.

La V. S. Catherine, Hebert.   126
La V. S. Marie de Sainte Catherine, Brenot.   127

Seiziéme Iuillet.

La V. M. Catherine Rampale.   130
La V. M. Hipolitte de l'Affomption, Chappelain.   131

Dix-feptiéme Iuillet.

La V. S. Jeanne des Anges.   135
La V. S. Chriftine Marie de Saint Jofep, de Molart.   137

Dix-huitiéme Iuillet.

La V. S. Françoife de Ste. Madelaine.   142
La V. S. Laurence du Saint Efprit, Clement.   143

Dix-neufviéme Iuillet.

La V. S. Sibile, de Cornillon.   145
La V. S. Marie, Girad.   148
La V. S. Brigitte de Jefus, de Payen.   149

Vingtiéme Iuillet.

La V. S. Urfule de S. Iofeph, de Prifye.   151
La V. S. Marie de Ste. Urfule.   155
La V. S. Ieanne de l'Incarnation.   156

Vingt uniéme Iuillet.

La V. S. Françoife de Saint Bernard, Berard.   160

Vingt-deuxiéme Iuillet.

La V. S. Margueritte de Ste. Claire, le Févre.   164
La V. S. Diane des Rollands, de Reauville de Reinallette.   167

TABLE.

Vingt-troisiéme Iuillet.

La V. M. Claudine Marie du Saint Esprit, Simon. 171
La V. Sœur de Pons, de Mablanche. 174
La V. S. Ieanne de Sainte Heleine, du Crect. 175

Vingt-quatriéme Iuillet.

La V. S. Perrette de Saint Joseph, Molard. 178

Vingt-cinquiéme Iuillet.

La V. M. Madelaine de la Resurrection, de Gand. 180
La V. S. Jeanne Therese de Saint Augustin, Jourdan. 181

Vingt-sixiéme Iuillet.

La V. M. Françoise du Saint Esprit, de Leguise. 184
La V. M. Catherine, Dure de la Touche, dite de la Nativité. 187
La V. M. Anne de Ste. Euphrosine, Vachier. 192

Vingt-septiéme Iuillet.

La V. S. Anne de Ste. Scholastique, de la Tours. 194
La V. S. Ieanne Marguerite de Saint Gabriël. 196

Vingt-huitiéme Iuillet.

La V. S. Anne Benigne du S. Esprit, Gaillard. 198
La V. M. Catherine de S. Augustin, Canterel. 200
La V. M. Anne de la Ste. Trinité, de Ruël. 205
La V. S. Loüise de la Passion, de Quergroas. 207

Vingt-neufviéme Iuillet.

La V. S. Ieanne de Sainte Elizabeth, le Houx. 209
La V. M. Elizabeth de la Nativité de Iesus, Morin. 210
La V. M. Marie, de Cambis d'Orsan, dite Seraphique de S. Ioseph. 213

Trentiéme Iuillet.

La V. S. Françoise, le Maire. 217
La V. M. Renée de tous les Saints, l'Hoste. 220

Trente-uniéme Iuillet.

La V. S. Catherine de Saint Remy, de Barrel. 221
La V. S. Marie de Sainte Cecile. 224
La V. S. Françoise de la Sainte Croix, des Cartes. 225

TABLE.

BIEN-FACTEURS ET BIEN-FACTRICES.

Premier Juillet.

E'Loge de Monsieur Charles de Saveuses, Conseiller Clerc au Parlement de Paris, & Reparateur des Ursulines de Magny. 226

Neufviéme Iuillet.

E'loge de Madame d'Arcourt, Fondatrice des Religieuses Ursulines de Bayeux. 230

Dixiéme Iuillet.

E'loge de Monsieur Abraham de Bourg, Chanoine & Chantre de l'Eglise Paroissiale Nôtre-Dame de Bourg en Bresse. 231

Quatorziéme Iuillet.

E'loge de Monsieur Iean Baptiste Romillion, Prêtre de l'Oratoire, & un des premiers Fondateurs de la Congregation des Ursules. 232

Fin de la Table du mois de Juillet.

AOVST.

Voilà des personnes qui ne semblent avoir esté faites que pour faire du bien aux autres; leur pieté & leurs biens-faits sont si bien establis qu'ils ne déperiront jamais ; leur posterité est toute sainte, & l'on diroit qu'ils ont laissé à leurs enfans leurs vertus comme par testament, & par forme d'heritage ; on ne meurt point dans leur maison, ou quoy qu'on y meure, leur maison & leur famille vivent tousjours, & il ne semble pas qu'ils doivent prendre fin qu'avec le monde, leurs corps reposent en paix, leurs ames joüissent de la beatitude éternelle, & c'est pour un jamais qu'on parlera d'eux, & que toute l'Eglise militante & triomphante retentira de leurs loüanges. En l'Ecclesiastique, Chap. 44.

QUAND on lit les vies admirables des Ursulines & les voyes dont Dieu s'est servy pour établir leur saint Ordre ; & quand on considere la Sainteté de la fin de cét Institut, & la vie de celles qui l'ont étably, & qui le maintiennent, on aura sujet de penser que ce que l'on en lit n'est que la moindre partie de leur Sainteté, & que ceux qui ont écrit leurs vies en ont plus laissé à dire qu'ils n'en ont dit, car ils ont laissé à raconter les graces interieures, puis qu'il n'y a que celuy qui les leur a communiquées qui en sçache le prix & la grandeur ; cette surabondance de graces qui leur a été donnée s'est communiquée aux autres, & c'est une chose bien remarquable que cét Ordre ait receu tant de graces que toutes les Saintes Communautés Religieuses de

Filles s'en soient ressenties, & toutes les Familles des Villes où il y a des Ursulines.

Mais c'est une chose qui n'est pas moins considerable que tous les bons effets que produisent ces graces remontent si heureusement à leur source qu'elle en tire sa gloire ; il est aisé de se persuader que le dessein des Ursulines n'est autre que de glorifier & servir Dieu par autant de services qui luy seront rendus par toutes les personnes qu'elles instruisent, & ne doit-on pas croire aussi que Dieu aura tellement agreé cette bonne volonté qu'il l'aura jugé digne d'autant de recompenses comme si elles faisoient ce que les autres ne font que par leur moyen, & qu'enfin Dieu ne les recompense de ses graces & de sa gloire.

JOURNAL
DES
ILLVSTRES RELIGIEVSES
DE L'ORDRE DE
SAINTE VRSVLE,
AVEC LEVRS MAXIMES,
& Pratiques spirituelles.

PREMIER AOUST.

LA VENERABLE MERE MARGUERITE
de Planchier, Ursuline Congregée à l'Isle de Venise.

Vous avez blessé mon cœur, ma Sœur & mon E'pouse, vous avez blessé mon cœur avec un de vos yeux, avec un cheveux de vôtre col. Au Cantique.

'AMOUR a porté Dieu à se joüer avec le neant pour en tirer les créatures, & pour les rendre les ombres, les vestiges, & les images de ses grandeurs, selon la diversité de leur être; mais le même amour l'ayant solicité à se faire homme pour converser avec les enfans des hommes, & trouver ses délices dans leur societé, il employe ses faveurs & ses biens-faits, comme des pommes amoureuses,& des fléches de feu pour blesser & charmer sainement, & innocemment leur cœur, & lors qu'il rencontre des esprits subceptibles de leurs charmes, & de leurs playes; il s'en fait un renvoy si heureux & si puissant qu'il

blesse le cœur de Dieu. C'est nôtre Mere Marguerite qui a envoyé des désirs si ardents que comme des fléches enflâmées, qui aprés avoir touché les Anges & les avoir outre-passé, a percé le cœur du Sauveur, lequel s'écrie, ô ! *ame fidelle ! qui avez merité le titre tres-aimable de ma Sœur depuis que j'ay pris la chair de l'homme pour me rendre ton frere, & que je t'ay honnoré de la qualité glorieuse de mon E'pouse, lors que je me suis uny avec toy par un amour reciproque, & par l'unité de nos cœurs; ton œil s'est porté à la veuë des objets éternels avec un genereux mépris de la terre, & ton regard m'est si charmant que ton amour blesse mon cœur, & le penêtre de ses coups, ton amour a été fort en toy comme la mort, pour te faire mourir au monde, & sa force m'a pressé de mourir pour toy, & de recevoir des blessures tres-cruelles en ma chair, afin que je fusse blessé de ton amour.*

J'aurois peine à me persuader que l'amour pût causer des blessures, si je n'entendois l'Epoux celeste publier hautement que son cœur est blessé par une œillade de son E'pouse, & un par cheveux de son col; mais la ferveur qui est un excez de l'amour, dit un excez de chaleur, a la vertu de blesser, & c'est ce que veut dire nôtre Divin E'poux quand il assure que ses fléches sont des fléches de feu qui ont une penetrante vertu pour blesser innocemment les cœurs; il faut avoüer que la force en est grande, puis qu'un Dieu qui est impassible, dit qu'il en est navré, *vous avez blessé mon cœur, ma sœur, & mon E'pouse, &c.*

L'amour de nôtre Ursuline étoit un œil droit, qui n'étoit point détourné par aucune sinistre intention ny abaissé par des affections terrestres, l'autre œil de nôtre E'pouse étoit simple & prudent qui n'étoit point blessé par des soupçons incertains, ny retenu par des vaines & curieuses sollicitudes, mais qui regardoit incessamment celuy que les Anges voyent & adorent. Et comme est-ce Divine Amante ! que cét E'poux Divin, qui fait ses saillies parmy les montagnes & les colines, & qui excede par le vol de ses perfections les sentimens des Anges & des hommes, pourroit être arrêté sans les playes de vôtre amour, nous nous appercevons encore que la pensée de vôtre entendement, & l'amour de vôtre volonté sont les deux yeux de vôtre ame par lesquels vous voyez vôtre Divin E'poux, mais il n'y en a qu'un qui blesse, parce que où l'entendement baisse ses paupieres offusquées par l'éclat de la gloire, & de la Majesté Divine, improportionée à sa foiblesse; mais l'amour penêtre, & ou la speculation est repoussée, l'amour est reçû avec ses fléches qui blesse le cœur de Dieu, lequel ne seroit pas blessé par les dards de l'amour de cette ame fidelle son E'pouse, si elle n'avoit été blessée premierement par l'amour de son E'poux; elle se plaisoit dans ses aimables playes, où elle trouvoit sa vie, & plus elle aimoit ses adorables perfections, ses blessures se rendoient plus profondes; & comme ses divines faveurs, & ses amoureux regards étoient des fléches qui perçoient son cœur, ses reciproques œillades étoient des dards embrasés qui penétroient le cœur de Dieu, sans toutefois l'entamer, c'est à-dire, que Dieu qui est un Soleil de justice repandoit les rayons de son amour sur cette ame, laquelle les reünissant par la pureté de son intention, en formoit

comme

comme un rayon tres-resplendissant, & d'une odeur tres-suave le refléchissoit à son principe pour le blesser reciproquement d'amour & sans l'offenser, d'autant que ces regards mutuels sont des fléches de lumiere & de feu qui percent le cœur pour l'obliger à augmanter son amour, l'Epoux confesse ses innocentes blessures, quand il dit ; *vous m'avez blessé le cœur, ma sœur, &c.*

Certainement l'Epouse Sainte est bien obligée d'aimer son Epoux, celle-cy l'aimoit de toute l'ardeur de son cœur, c'étoit dans l'Oraison mentale où elle s'appliquoit tout le tems qu'elle pouvoit avoir, & où elle a acquis le grand don de pieté qu'elle avoit ; c'est là principalement où Dieu se communiquoit à elle, & où elle fut heureusement prevenuë, car son amour quoy que tres-violent n'étoit point gratuit, mais il étoit deû, & comme auroit-elle pû meriter & obliger Dieu de l'aimer, puis qu'elle n'étoit pas assez riche pour payer la dette de son amour ; avoüons qu'elle étoit impuissante de le reciproquer pleinement, & neanmois cét amant celeste ne cessoit point de la surcharger de ses faveurs, & quoy qu'elle ne pût satisfaire entierement à son devoir, il recevoit comme gratuit l'amour qui luy étoit deû ; qu'elle merveille? qui n'estimera cette ame fortunée qui a navré le cœur d'un Dieu par ses pieuses affections ; n'apprehendez point la cruauté de ses blessures, ne craignez point E'pouse Sainte de jetter ces dards à vôtre E'poux, servez-vous hardiment de vos amoureux regards, comme des fléches dont la pointe de feu blesse son cœur, ne vous lassez point dans ce pieux combat, ce n'est pas assez d'avoir navré une fois cét invincible, il faut multiplier ses playes ; heureuses fléches, blessures fortunez, desquelles coule non du sang, mais la vertu Divine qui fortifioit nôtre amante, & plus elles étoient profondes, & plus la grace qui en venoit étoit puissante, decochés, decochés donc Sainte E'pouse vos fléches car elles sont favorables à vôtre E'poux qui en est l'autheur, si vous le blessés, il vous blesse, ha ! plût à sa bonté de multiplier ses blessures d'amour, car à dire le vray la santé est mauvaise, où les playes de Jesus ne se rencontrent point qui sont causées par ses regards, & comme la veuë provoque la veuë, nôtre E'pouse s'efforçoit de le blesser par ses regards continuels, & de le retenir comme prisonnier d'amour dans ses liens ; c'est dans cét heureux état qu'il s'écrie, *vous avez blessé mon cœur avec un de vos yeux*, & ce n'est pas sans mistere qu'il ne dit pas vous m'avez blessé avec vos yeux, & avec vos cheveux. La pluralité ne le touche point, c'est l'unité qui penétre le cœur d'un Dieu, un en essence, & tres-adorable en ses perfections, pour apprendre à son E'pouse que si elle a plusieurs yeux, il est necessaire de les fermer, & n'en ouvrir qu'un, qui seul a la vertu de regarder le bien-aimé de son ame ; cét œil est un s'il est pur, comme étoit celuy de nôtre E'pouse, il étoit un, ne se portant pas à plusieurs choses ; il est un, étant simple & serré pour n'être attaché qu'à un objet, & non occupé de plusieurs, cét œil de son amour est un, parce que le bien souverain qui est l'objet de ses recherches, est un, & comprend dans son unité tout ce qui peut contenter ses vœux & arrêter ses poursuittes.

Mais si l'Epoux Celeste est blessé par le regard de cét œil, n'est-ce pas une merveille qu'un seul cheveux soit un lien qui l'arrête comme un tres-illustre prisonnier de ses conquêtes, non les cheveux de l'Epouse ne doivent pas être flottans, & dispercez sans ordre, de peur que leur épanchement vagabon ne préjudicie à la veuë, & si l'œil est le Symbole de l'intention de l'amour, les cheveux sont l'image de la pensée. Nôtre E'pouse possedoit l'unité de l'un & de l'autre, lors que sa volonté se portoit à l'accomplissement de la Loy du Seigneur, & que sa pensée le rendoit l'unique objet de ses entretiens; son œil étoit un par l'uniformité de son cœur, avec le cœur de son E'poux, & son cheveux n'est qu'un par sa méditation qui s'occupoit dans l'unité d'un Dieu, & l'unité de sa Loy, dont nôtre Sainte Amante a blessé le cœur de son E'poux par l'un de ses yeux, lors qu'elle dressoit tous ses vœux & toutes ses pensées animées de son amour à l'unique objet de sa flamme, mais un cheveux de son col a contribué à cette playe, lors qu'elle a conjoint à son ardente charité l'humilité de son cœur qui a été comme un dard tres-aigu pour blesser son Divin E'poux.

Le cœur de nôtre E'pouse qui étoit si saintement navré ne pouvoit contenir son feu; aussi quand elle parloit de Dieu c'étoit avec un tel zéle, & avec tant d'ardeur qu'elle tiroit les larmes de ceux qui l'entendoient; ordinairement elle loüoit & benissoit Dieu, même en prenant sa refection; souvent elle quittoit le mangé tant elle étoit touchée de la lecture & des sentimens de devotion. Sa devotion particuliere étoit au tres-Saint Sacrement de l'Autel, & à la Passion du Sauveur, elle pleuroit amérement quand on en parloit.

L'esprit de sa vocation étoit si fort & si fervent en elle qu'elle ne se lassoit jamais d'instruire la jeunesse, & de catechiser les pauvres gens avec une patience admirable. Si elle sçavoit quelques personnes qui ne fussent pas d'accord, elle les mandoit querir pour les y mettre, & Dieu benissant son zéle, luy faisoit la grace qu'elle en venoit à bout, & même sur sa fin ne pouvant presque plus parler elle fit encore de considerables reconciliations.

Elle a toûjours vécu dans une grande simplicité Chrêtienne & un esprit de penitence, n'étant jamais lassée de souffrir pour Dieu; elle avoit un extrême desir de mourir pour joüir de son Divin E'poux; étant à l'agonie elle donna encore des marques de sa solide devotion envers la sainte Vierge, recitant son Office, & rendit l'ame, en portant le doigt à la bouche, comme si elle eut voulu tourner le feüillet de ses heures.

Un peu auparavant sa fin une femme nommée Catherine la Lupy, la vint voir, & la pria que si elle avoit quelque pouvoir devant Dieu, qu'elle eût pitié de sa fille, laquelle avoit un mal incurable à la main droite, avec des douleurs excessives; la malade luy promit que si Dieu luy faisoit misericorde qu'elle ne l'oublieroit pas. Aprés son decez qui arriva le premier Aoust 1622, la fille ôta tous ses emplatres avec une grande confiance aux prieres de nôtre Mere Marguerite, & dans deux ou trois jours elle fut entierement guerie, les cicatrices se reconnoissants encore à sa main en l'an 1645. qu'elle étoit encore pleine de vie, il est à considerer qu'il y avoit plusieurs années qu'elle étoit atteinte de ce mal, & que les Medecins luy avoient fait tous les remédes possibles sans qu'aucuns luy

1. Aoust. *La V. Sœur Claire de la Conception, de Poullat.* 243
eussent profité de rien ; plusieurs personnes ont ressenty les effets de ses prieres, on luy peut donner le nom de Bien-factrice de la Maison des Ursulines de l'Isle de Venise, dans la Compagnie desquelles elle a vécu tres-vertueusement l'espace de vingt-huit ans.

MAXIMES.

I. On ne sçauroit trop faire pour maintenir un Ordre Religieux dans une parfaite regularité, c'est delà que dépend son bon-heur, sa sainteté & sa durée. Celuy des Ursulines est d'une si bonne odeur dans l'Eglise, & dans une si haute estime parmy les Chrêtiens, par les services & l'utilité qu'ils en reçoivent ; qu'on ne peut trop donner de soin à sa conservation & à sa perpetuité.

II. Souvenez-vous que la chose la plus importante pour maintenir un Ordre c'est de recevoir de bons sujets qui possedent l'esprit de leur Institut, & qui ayent les qualitez necessaires pour meriter la profession, & y parvenir, & pour cela vous ne sçauriés trop examiner les Régles & Constitutions, & connoître l'esprit & l'intention de l'Eglise sur ce sujet, & quand vous voulez donner vôtre suffrage, pesez ces choses au poids du Sanctuaire, comme devant y être inflexible, & n'ayés que Dieu & sa gloire en veuë ; mal'heur à qui oppose l'esprit de l'homme à l'esprit de Dieu.

III. Dieu dans l'Ordre de sa Providence conduit les hommes par les hommes par une subordination qui soûmet les inferieurs aux Superieurs, lesquels comme dit S. Paul, luy rendront un compte exact de leur gouvernement, comme étans chargés du poids & du soin formidable des ames qu'il leur a commis.

PREMIER AOUST.

LA VENERABLE SOEUR CLAIRE DE la Conception, de Poullat, Religieuse Ursuline d'Aups.

Dés mon enfance la compassion & la misericorde sont cruës avec moy.
Au Chapitre 31. du Livre de Job.

DE's son enfance elle parut une petite predestinée, & ses parens ne la regardoient point autrement ; toutes ses actions le leur faisoient presumer, sur tout sa grande charité pour les pauvres. Elle avoit une petite caissette pour tenir ses petites nippes, qu'elle vuidoit pour la remplir de farine, & ensuite elle la paîtrissoit pour la donner aux Pauvres, quoy qu'elle fit tout son possible pour le faire en secret, elle ne put si bien faire qu'on ne vit son industrieuse charité ; mais par un miracle évident, veu que la chose étant apperceuë, son pere prenoit plaisir à la voir agir, & étoit ravy avec toute sa famille de ce que sa petite fille ne pouvoit épuiser la pâte de sa caissette, parce que Dieu la multiplioit miraculeusement, en sorte que tant qu'il y avoit de pauvres, il y avoit de pâte. Cette charitable fille succedoit à la vertu & grande pieté de ses parens; son pere étoit Procureur du Roy au Parlement d'Aix pour les Pauvres.

Elle fût mise pensionnaire aux Ursulines d'Aups, on remarqua qu'elle se levoit la nuit pour faire oraison, & se couchoit le matin comme si de rien n'eût été, elle avoit un grand attrait pour ce saint exercice, lequel luy a duré toute sa vie, tantôt elle s'appliquoit à adorer les perfections Divines, puis elle se tenoit dans une continuelle presence de Dieu, sans que ses grandes & ordinaires infirmitez l'en ayent jamais empêché.

Elle demanda avec instance d'être reçûë au Noviciat, il y eut de grandes difficultez à cause qu'elle avoit des écroüeles, mais elle ne se découragea point pour toutes ces oppositions, & s'adressant à la Sainte Vierge, elle fût entierement guerie; cét obstacle étant ôté; on la receut dans la quinziéme année de son âge; Dieu permit pour balancer la grande joye qu'elle avoit de se voir en voye de se sacrifier à son service, qu'il y eut en même tems deux autres filles reçûës avec un grand applaudissement, & mille témoignages de tendresse, pendant qu'on ne tenoit point de compte d'elle; & même pendant son Noviciat on luy faisoit connoître qu'elle auroit mieux fait de s'en retourner à Aix, ce qui luy abattoit le courage par des vives apprehensions qu'elle avoit de sa sortie, & ayant recour à son ordinaire à l'oraison devant le tres-Saint Sacrement de l'Autel, où elle recevoit toutes ses graces, adressant sa priere par Iesus-Christ au Pere Eternel, auquel elle avoit une grande confiance, elle entendit une voix qui luy dit, *ma fille ne crains point, tu seras mon E'pouse*, de quoy elle fut pleinement consolée, & fortifiée. Elle reçût une seconde grace un jour de l'octave du Saint Sacrement, lors qu'elle étoit en station; elle entendit une voix qui luy dit, *ma fille demande-moy misericorde, je te la feray*.

On la voyoit toûjours égale, & dans une même assiette, ce qui procedoit d'un abandon total qu'elle avoit à la Divine providence; elle disoit souvent qu'elle étoit ravie de se voir consommer à la gloire de Dieu, & qu'elle le prioit de tout son cœur de se contenter en elle, cherissant ses maux comme des gages de son Divin amour, & en desiroit s'il eut été son bon plaisir la durée jusqu'au jour du jugement; ses Directeurs & Confesseurs ont assuré qu'elle est morte dans son innocence Baptismale. A la fin de ses jours elle porta toutes les vertus à leur comble, voulant faire sa retraitte même au lict de la mort, ce qu'elle fit avec une ferveur admirable quelques jours avant la Fête de l'Ascension la même année; son agonie ne dura pas plus d'un ou deux *miserere*; un peu auparavant revenuë qu'elle fut d'un accident elle se prit à rire diverses fois, la Superieure luy demanda dequoy elle se rejoüissoit tant, le Confesseur repondit, parce qu'elle s'en alloit joüir de Dieu, & que tout alloit bien; à quoy sans hesiter nôtre Sœur repartit, oüy tout va bien, & prenant le Crucifix, le baisa amoureusement, & continüant sa joye tout de même que si elle eut eu tout le Paradis au tour de son lict, & expira le premier Aoust en l'an 1664. à onze heures du soir dans une paix & douceur angelique, âgée de vingt ans moins quelques mois; Aprés sa mort & à l'heure même qu'on vouloit l'ensevelir, on remarqua que son corps & tous ses membres étoient aussi souples & maniables que si elle eut été vivante, aussi croyons-nous pieusement qu'elle vit maintenant de la vie immortelle, & bien-heureuse, le Saint enfant Iesus l'ayant appellé à soy au même tems que la Communauté l'honnoroit en son voyage du retour d'Egypte en Nazareth, & tandis que nôtre Sœur de la Conception se disposoit à le recevoir dans l'Infirmerie, elle fut receüe de ce Divin & tout aimable Enfant Iesus pour être éternellement unie à luy dans le celeste sejour de la gloire.

Cette ame predestinée a eu le bon-heur de pouvoir dire, *dés mon enfance la compassion & la misericorde sont creüs avec moy*. Nous voyons dans cette Sainte ame que l'amour des pauvres est inseparable de la charité & necessaire à tous les fidelles, car la main d'un Chrêtien doit toûjours être ouverte aux pauvres, il doit être l'azile & le soûtien de tous ceux qui souffrent, il doit considerer la pauvreté d'autruy comme la sienne propre, parce que s'il n'a pas cette qualité, c'est en vain qu'il porte le nom de Chrêtien.

MAXIMES.

I. Aimer Dieu & le servir dans tous les états soit agréables ou fâcheux, de paix, ou de guerre; d'amertume ou de suavité, de clartez ou de tenebres, de joüissance ou de délaissement; en sorte que le seul rayon & le seul esprit de la foy dirige & anime la charité dans tous ses états interieurs, est la maniere la plus haute & la plus sublime dans les voyes de Dieu.

II. Apprenez ames Religieuses à servir Dieu pour luy même, & à trouver vôtre paix & vôtre sainteté dans l'independance de tous les états interieurs. Et n'ayez point de plus violent desir que d'être toute spirituelles & dégagées de la matiere, ce doit être la fin de tous vos soins.

III. Quand vous serez dans un état d'abandon, ne recherchez point des consolations humaines, ny même les Divines, mais soyez genereuses dans ce combat d'abandon, & dites ce que dit autresfois Saint Michel aux Anges fidelles, *qui est donc icy semblable à Dieu pour qu'on l'abandonne?* quoy que l'on soit abandonné de toute la nature, cette seule parole; *quis ut Deus?* inspire à l'ame une vigueur qui fait qu'elle ne craint ny le Ciel, ny la terre, ny les Anges, ny les Demons.

IV. I'aime mieux suivre le Sauveur sur le Calvaire que sur le Thabor, & être la compagne de sa Passion que celle de sa gloire.

Premier Aoust.

LA VENERABLE MERE CLAUDE DE
Sainte Agathe, Religieuse Ursuline d'Auxerre.

L'obeïssance est meilleur que le Sacrifice. Au premier Livre des Rois, Chapitre 11. verset 22.

Les Ursulines de Gien attribuent le bon succez de leur établissement commencé dans une parfaite pauvreté, à la vertu de nôtre Sœur de Sainte Agathe; il sembloit que dans les necessitez pressentes & ordinaires, Dieu multiplioit par ses prieres le peu qu'il y avoit dans la Maison, aussi étoit-ce une fille de rare vertu, à qui Nostre-Seigneur se communiquoit abondamment. Elle avoit en toutes choses une obeïssance ponctuelle & sans replique, jointe à une humilité sincere, dont on voyoit perpetuellement les marques en ses actions.

E'tant à l'article de la mort, une Religieuse fort tourmentée d'une douleur, la pria d'interceder pour elle lors qu'elle seroit au Ciel, & de luy obtenir la santé; la malade promit de le faire, & incontinent cette Religieuse se sentit soulagée, & peu de tems aprés entierement guerie; de sorte qu'elle n'a jamais depuis été atteinte de ce mal.

Il arriva qu'aprés sa mort elle avoit les mains toutes courbées, sans qu'on les luy eût pû joindre l'une contre l'autre, pour exposer son corps à l'accoûtumée, l'Infirmiere se mit à genoux, & luy dit *ma chere Sœur, comme vous avez été obeïssante durant vôtre vie, soyez aussi souple aprés vôtre mort*, au même moment les doigts de la deffunte se redresserent, & s'étendirent comme on voulut, dequoy toute la Communauté de Gien fut témoin, où elle étoit envoyée pour aider à l'établissement.

On a de plus remarqué que toutes les Religieuses qu'elle a conduit, étant Maîtresse des Novices au même lieu, ont participé à sa ferveur. Aprenez de cette vertueuse Ursuline avec quelle fidelité vous devez vous conduire dans l'état de vôtre vocation. Voyez aussi par son exemple ce que vous devez faire pour rendre vôtre travail utile pour l'éternité, & combien vous êtes obligées en travaillant de ne pas laisser dissiper vôtre esprit, mais de vous occuper de Dieu & de vous nourrir de l'Ecriture, on sçait que cela n'est plus dans l'usage aux Seculiers, & que l'on se riroit peut-être aujourd'huy d'une personne qui le feroit, mais que l'on ne craigne point les railleries des hommes, & qu'on aime mieux passer pour insensés, & pour stupides avec les Saintes ames, que d'être sages avec les moqueurs & les impies.

MAXIMES.

I. L'amour solide embrasse avec un grand courage toutes les volontés de Dieu, & les accomplit même parmy les brasiers & sur la Croix.

II. Dieu seul doit occuper nôtre esprit, & nous devrions pouvoir dire avec Saint Paul, *je sçay qui est celuy auquel je crois*, c'est de luy de qui nous devons attendre la recompense de ce que nous souffrons pour son amour ; il nous rendra dans le Ciel plus que ce que l'on nous ôte sur la terre, & nous trouverons tres-avantageusement dans luy, ce que nous voulons perdre pour luy.

III. Voyez jusques où va le courage d'une ame que Dieu remplit ; elle voit sans s'étonner toutes les contradictions des créatures contre elle ; elle les soûtient avec une intrepedité toute Divine, jugez par cette marque si vous avez beaucoup de l'esprit de Dieu, & gemissez lors que vous sentez vôtre timidité qui vous fait pâlir quelques-fois pour un rien, regardés cette foiblesse comme une preuve visible qui nous fait voir que Dieu nous remplit bien peu.

IV. Il n'y a que la persecution qui puisse nous faire connoître à nous même, jusqu'où iroit nôtre force ; humilions nous devant Dieu, & ne nous croyons pas fort courageux lors qu'en effet nous sommes tres-foibles, puis qu'il n'y a rien qui nous empêche tant d'être forts que de presumer de nôtre force.

V. Tâchons de ne mettre nôtre amour & nôtre gloire que dans la Croix de Iesus-Christ, ne nous glorifions point d'être Chretiens, d'avoir passé plusieurs années au Service de Iesus-Christ, d'être plus favorisez de ses graces, ne vous arrêtez pas-là ; c'est dans la Croix où vous devez mettre toute vôtre gloire & vôtre joye ; cette disposition fera qu'aimant la Croix au fond du cœur, nous les desirerons, nous nous y tiendrons toûjours preparés, & que lors qu'elles arriveront, bien loin d'en être surpris ou attristez, nous les embrasserons avec joye.

Deuxie'me Aoust.

LA VENERABLE MERE MARIE DES Anges, Fortin, Religieuse Ursuline de Bourg.

Voicy un nuage qui porte les vents & les orages, mais il est environné d'un cercle d'or. En Ezechiel, chap. 1.

LA Mere Marie des Anges étoit native de Bordeaux, & Religieuse de Bourg prés Bordeaux ; elle puisa l'esprit de l'Ordre dans une de ses principales Sources, c'est-à-dire dans la Maison de Bordeaux, & auprés de la Mere Françoise de la Croix, elle en reçût les Saintes instructions, & vit ses bons exemples, ce qui luy servit beaucoup dans les grands emplois qu'elle eut presque toute sa vie à diverses Fondations, car de Bordeaux elle fut envoyée à Laval, & delà en Bretagne, à Dinan, à Saint Brieux, & à Lambale ; cette vertueuse Mere fervente au dernier point, avoit un esprit courageux, une grande vigilence en l'exercice de sa charge de Superieure, & elle étoit une fleur d'Iris qui embaumoit ses Religieuses, elle avoit une merveilleuse addresse, suivie d'une grande benediction pour porter les ames au dessus d'elles-mêmes, les dégageant des sensibilitez & des reflexions imparfaites, dont le Demon tente les ames, & elle les engageoit insensiblement à faire plus de bien qu'elles n'eussent osé penser.

Elle eut sa bonne part des travaux des quatre établissements qu'elle fit, au dernier desquels Nôtre-Seigneur permit pour sa plus grande sanctification, qu'elle ne fût pas bien dans l'esprit de son Superieur par quelque mal-entendu, & sans sa faute ; de sorte qu'il l'obligeât de retourner en sa maison de Profession en Gascogne, il luy permit toutefois d'aller pour quelques jours au Monastere de S. Brieux, où elle avoit été long-tems Superieure. La Mere s'y rendit, & pendant huit jours qu'elle y sejourna, on ne la vit jamais sortir de sa célule que pour aller aux observances, & demeurant tout ce tems-là en silence, & en prieres, attendant ce qu'il plairoit à la Divine Providence de disposer d'elle ; au bout de ces huit jours lors qu'il sembloit que toutes choses fussent appaisées, le même Superieur la fit appeller au Parloir, & luy donna son obeyssance par écrit, luy enjoignant de sortir tout à l'heure ; elle se mit à genoux pour accepter ce Calice, & sans dire un mot de plainte, n'y alleguer le droit qu'elle avoit comme Fondatrice au Spirituel de S. Brieux, & de Lambale, d'y demeurer tant qu'elle voudroit. Elle demanda son Crucifix qu'elle prit entre ses bras comme le seul refuge de son cœur affligé; elle baisa amoureusement ses sacrez pieds, puis sans dire adieu à personne, afin d'obeyr plus promptement, elle sortit de Saint Brieux vingt-deux ans après qu'elle y étoit venuë pour faire l'établissement ; elle fut reconduite à Bourg par des personnes d'honneur & de pieté, & défrayée par la Communauté de Saint Brieux qui eut tout le regret possible dequoy elle quittoit la Bretagne; elle a vécu jusqu'en l'an 1664. & est decedée en reputation d'une tres-grande servante de Dieu.

Telle a été la vie de cette illustre Ursuline, qui après s'être nourrie long tems de Dieu dans la paix de sa retraite, & avoir amplifié l'Ordre par l'établissement de divers Monastéres qu'elle a établi dans la vraye regularité & esprit de l'Institut. Sa solide vertu luy a acquis assez de forces pour soûtenir sans s'ébranler les diverses agitations qu'elle reçut de son Superieur : Ce nuage qui portoit les vents & les orages des persecutions, a été environné d'un cercle d'or de charité & de patience, qui a rendu inalterable sa paix, & est demeurée inébranlable dans sa vertu, ayant été la même dans l'aversité qu'elle étoit dans la prosperité ; de telle sorte qu'elle pouvoit dire avec Saint Iean-Baptiste, dont elle a imité le zéle avec bien de succez qu'elle n'étoit pas comme un roseau agité de vent, qu'elle ne se laissa corrompre par les prosperitez & abattre par les adversitez de la vie. Aprenez d'elle combien il faut faire peu de fond sur les créatures ; elle passa le reste de

3. Aoust. *La V. Mere Renée de tous les Saints, Thomas.* 249
sa vie dans des sentimens de tendresse pour toutes ses sœurs, de reconnoissance pour ses amis, & de charité pour ses ennemis.

MAXIMES.

I. Il faut toûjours avoir un ennemy en tête pour donner éternellement à Dieu des preuves de nôtre fidelité, & de nôtre constance ; le tems du combat est souvent moins dangereux qu'une paix mal fondée ; combattés pour vaincre vos ennemis qui sont en grand nombre, & étans invisibles, vous attaquent à couvert, soyés si bien sur vos gardes que tous ces avantages leurs soient inutiles, & puis qu'il faut necessairement vivre parmy eux, il est de la sagesse de s'en toûjours défier, & d'avoir toûjours les armes à la main.

II. Preparez-vous à souffrir des tentations & des persecutions jusqu'à la mort, & persuadés-vous que non seulement vous pouvés leur resister, mais encore les faire servir à vôtre salut & à vôtre avancement spirituel.

III. Lorsque le Demon vous assaillira, que ses attaques reveillent en vous le souvenir de vôtre infirmité & de la force de la grace.

IV. Souffrez-vous des abandonnemens, des scrupules, des tentations, des afflictions du corps ou de l'esprit, souvenez-vous que vous étes hommes, & que telle est la condition de cette vie mortelle.

V. Vous ne manquerez pas de consolation si vous usez bien de la patience, c'est un bien qui prévaut à toutes sortes de maux.

VI. Il est aussi difficile de vivre dans la Religion sans croix & sans affliction, que de vivre dans le monde sans vanité & sans ambition.

TROISIE'ME AOUST.

LA VENERABLE MERE RENE'E DE
tous les Saints, Thomas, Religieuse Ursuline du grand Convent de Lyon.

La paix, la joye, & l'honneur soient à cette ame qui opere le bien.
Aux Romains, chap. 2.

IL faudroit avoir part à la grace de la Mere Renée pour parler dignement de sa vertu ; c'étoit une fille toute à Dieu, sa Divine Majesté l'avoit prevenuë du don d'oraison, la faisant passer par des voyes extraordinaires. Elle ne manqua pas d'être éprouvée, & examinée par des personnes d'experience ; sur-tout par le Reverend Pere de Berule, alors General de la Congregation de l'Oratoire de Jesus,

Tome III.   Ii

& Dieu leur fit connoître que c'étoit une ame choisie. Elle se rendit Ursuline dans la Congregation des Ursulines de Paris, & la Mere Françoise de Bermond fut secondée au gouvernement de la Maison, par le zéle de la Mere Renée : elle avoit le talent pour l'éducation des Pensionnaires, & l'exerça tres-utilement dans cette Maison, la Mere de Bermond étant allé à Lyon & y trouvant une grande moisson, & peu d'ouvriers, n'ayant qu'une ou deux compagnes, elle y attira sa veritable amie, la Mere Renée que l'on disposa sans peine à partir, bien qu'elle souffrit quelque violence à la separation de Mademoiselle Acarie sa Directrice & de toutes les filles de la Congregation de Paris, sur le chemin elle gagna pour compagne une Demoiselle devote de la Ville de Tours nommée Izabeau du Moulin, & arrivant à Lyon, elles furent reçûës avec d'autant plus de joye par la Mere de Bermond qu'elle en voyoit deux pour une qu'elle avoit tant souhaittée.

Nôtre Mere Renée commança à travailler fortement à cette vigne du Seigneur, elle avoit un singulier plaisir à s'entretenir avec les ames innocentes des jeunes filles, & quoy que son esprit fut élevé, elle ne laissoit pas de s'accommoder prudemment à la capacité de chacune; elle cherissoit les plus petites, imitant Jesus-Christ qui appelle à soy les petits enfans, elle en gagna plusieurs pour le Cloître, bien qu'elle ne les portât à aucun institut particulier.

La Mere de Bermond à cause de ses occupations interieures où Dieu la tenoit presque continuellement, n'ayant pas la liberté de vaquer à la conduite domestique, s'en remit entierement sur la Mere Renée, luy donnant la charge d'Assistante, & de Maîtresse des Novices ; par sa bonne œconomie l'on trouvoit tous les ans de l'épargne considerable à l'avantage de la Communauté, & par les grands principes de vertu & de Religion qu'elle donna aux Novices, dont plusieurs parvinrent à de hauts degrez d'amour & d'union avec Dieu, & sont decedées en opinion de sainteté; pour établir ses filles dans une vraye observance, elle les accompagnoit presque par tout ; il arriva un second Dimanche de Carême que les ayant conduit en une tribune pour faire l'examen de conscience avant dîné, elle y demeura immobile, & la cloche étant sonnée pour le dîné, ces filles toutes jeunes attendoient toûjours qu'elle leur fit signe de sortir ; elles se persuadoient les unes & les autres de luy demander congé d'aller dîner, mais elle n'entendoit rien de ce qu'elles disoient, ny de tout ce qui se passoit au tour d'elles; enfin aprés qu'elles eurent demeuré là prés d'une heure, la Mere de Bermond qui les attendoit au Refectoir, se douta de l'affaire, elle alla les appeller, les envoya dîner, & laissa cette belle ame en extase, jusques sur les deux heures aprés midy qu'elle vint à la reveiller de ce doux sommeil, auquel son esprit s'étoit si remply de la gloire de la transfiguration, qu'elle sembloit s'être répanduë jusques sur son corps, car sortant de ce lieu là, à peine pouvoit-on souffrir l'éclat de son visage. Nôtre-Seigneur la favorisoit tres-souvent de semblables graces, qu'elle tâchoit de cacher sous le voile de l'humilité, & du silence. Elle avoit le don de toucher les cœurs, à la sortie de ses conferances, ce n'étoient que soûpirs, que feu, & que flames parmy toutes ses bonnes filles.

Comme l'on traita de changer cette Congregation en Monastére, elle y prepara toutes ses Novices, & les anima au desir & à l'estime de ce nouvel état de perfection, leur dressant par écrit des Maximes pour le leur faire priser. Ses plus ardens desirs étoient de faire les trois vœux solemnels, en se sacrifiant à Dieu; enfin son desir fut exaucé le jour de l'Incarnation, l'an 1620. Monseigneur de Lyon reçût à l'habit & à la Profession Religieuse les quatre premieres filles de la Congregation, dont la Mere Renée fut la deuxiéme.

Une Novice ayant apporté du monde plusieurs infirmitez, & étant couverte de gale à la tête & par le corps, cette charitable Mere la voulut elle même peigner & penser, & le fit d'une affection sans pareille, ne permettant pas qu'aucune autre y mit la main, & en peu de tems elle la guerit entierement.

Toutes les Religieuses alloient de conseil à la perfection avec une ferveur inexplicable, le Monastere repandoit une merveilleuse odeur de vertus; l'obeïssance y étoit si humble & si fidelle, qu'elle obligeât la Mere Renée à dire à son Prelat, luy rendant compte de la Communauté que dans cette maison il n'y avoit qu'un esprit, qu'une volonté, que deux yeux, que deux oreilles, & qu'une langue, les autres vertus y éclatoient autant, particulierement l'obligation que les Religieuses avoient de converser avec le prochain par l'instruction, qui leur faisoit menager d'autant plus le tems & les lieux du silence, de sorte qu'il sembloit en certaines heures que tout étoit mort dans le Convent.

Elles ne paroissoient aux grilles que dans les besoins inévitables par le moyen de ce silence que Saint Bernard tient assez puissant pour reformer une Communauté décheüe; ce Monastere naissant se fortifioit merveilleusement en vertu, la plûpart des Religieuses passoient une partie de la nuit en oraison, & une Officiere ravie de leur abstinence, disoit qu'elle nourrissoit des Hermites, & non pas des filles. En un mot ce premier Monastere de Lyon étoit veritablement la Maison de Dieu, la porte du Ciel, & un vray Paradis de délices spirituelles.

Avant que la premiere année de cét établissent fut revoluë, la Mere de Bermond fut envoyée à Mâcon; de sorte que le Monastere demeura entierement sous la conduite de la Mere Renée; plus elle tâchoit de se tenir unie à Dieu, & éloignée de la Communication au dehors, plus l'éclat de sa vertu la trahissoit, & la faisoit connoître à plusieurs personnes d'éminente qualité, & de rare merite, entre lesquels Saint François de Sales, & Monseigneur de Langres étant à Lyon dans un entretien qu'ils eurent avec le Reverend Pere Bourgoin pour lors Superieur de l'Oratoire à Lyon, parlant entre eux de plusieurs ames de ce tems-là, conduites par des voyes élevées, ce Pere leur dit que la Mere Renée recevoit des graces de Dieu qui la faisoient passer par tous les états d'oraison, & qu'elle étoit une des filles des plus candides, & des plus éclairées de ce siécle: ce discours donna la curiosité à ces Saints Evêques de la voir; ils en parlerent à Monseigneur de Lyon, qui leur dit que le Pere en pouvoit parler sçavemment comme son Directeur, & pour moy, ajoûta-t-il, je puis vous assurer que cette Religieuse est dans une voye tres-solide, & qui ne tient rien des imaginations, dont plusieurs personnes de ce tems sont atteintes, je l'appelle Mere Therese vous m'obligerez Messieurs de la voir & de l'examiner, mais je dois vous avertir qu'elle est fort humble, & partant difficile à se communiquer, sinon à ses Superieurs & Directeurs, neanmoins comme elle est soûmise, elle ne fera pas difficulté de vous declarer simplement ce qui se passe en elle, si vous luy signifiés que je le luy ordonne ; ces grand Prelats l'ayant honorée de leurs visites, tirerent une expression de sa bouche de tout ce que le Divin E'poux operoit en elle, avec tant de naïveté, & de clarté qu'ils en demeurerent surpris ; tout deux porterent témoignage à Monseigneur de Marquemont, Evêque de Lyon, qu'ils n'avoient point connu d'esprit de fille qui pût atteindre plus haut que le sien, & qu'elle étoit un tresor de Sainteté, non seulement dans son Monastere, mais encore dans sa Ville.

Cette vertueuse Mere étant Superieure, par obeïssance à Monseigneur son Evêque, dressa des Constitutions que luy-même signa, & aprouva après les avoir fait examiner, elle acheva aussi des grands bâtimens.

Sa charité vers les malades étoit telle qu'elle les servoit à genoux ; une jeune Professe qui ayant des ulceres aux jambes, elle les baisoit & pansoit avec tant d'amour & de bon-heur qu'elle l'en delivra.

Elle même eut une maladie inconnuë aux Medecins, après qu'elle eût reçu le Saint Viatique, un mantelet de Nôtre-Dame de Lorette qui luy fût appliqué par le Sacristain de Saint Nizier nommé Monsieur Menard, la guerit en un instant, & elle se leva du lict, chantant le *Magnificat* ; dans cette maladie elle bût une verrée d'huile pour un julep, & ne se fâcha point contre la Sœur qui le luy avoit presenté par méprise.

La grande peste qui desola la Ville de Lyon entra dans les Ursulines, une Religieuse du Chœur & deux Sœurs Converses furent atteintes de ce mal dés son commencement ; la charitable Superieure se comporta en leur endroit selon qu'il étoit necessaire, & bien au delà ; elle usa de toute sa prudence pour en garentir les autres, & donna si bon ordre à tout, que bien que cette affliction generale dans la Ville fût de longue durée, il ne manqua rien à la subsistance des Ursulines. Une des Religieuses alla dire un jour avec empressement à la Mere que le bled manquoit à la Maison, la Mere ne s'en émeut pas, mais ayant prié Dieu, un honnête homme luy fit apporter environ cent septiers de bled, le même jour plusieurs personnes luy envoyerent jusqu'à dix fois des sommes d'argent, tant pour des pensions que par aumône.

Dieu exauça le desir qu'elle avoit de souffrir, car elle ne marcha pas toûjours sur les rozés dans le chemin de la perfection ; son E'poux couronné d'épines, sema quelque tems sa voye d'épines & de persecutions, & cela par un côté, dont elle le devoit moins attendre, car après tous ses soins pour le bien de ses cheres filles, il s'en trouva quelques-unes qui ressemblants aux hiboux, ne purent souffrir la lumiere qui les éclairoit, & qui firent leffort que leurs passions, & leurs jeunesse leurs suggeroient pour l'éteindre, si elles eussent pû, elles en vinrent jusqu'à prevenir l'esprit de leur Prelat, Monseigneur Myron qui venoit nouvellement de prendre possession de son Archevêché, luy faisant entendre des choses tres-fâcheuses au des-avantage de leur Superieure ; durant cette tempête elle paroissoit si tranquile que l'on eût dit qu'elle dormoit avec son Divin Maître dans un vaisseau agité ; les coups de langue luy étoient comme des coups de vagues qui se venoient briser contre le rocher de sa constance ; en effet il ne sortit jamais de sa bouche aucune parole de plainte ny de justification, dequoy une de ses Religieuses toute indignée, luy dit avec chaleur, *ma Mere vous vous taisez trop long-tems, que ne parlez-vous pour la verité ?* alors cette patiente Mere repondit avec exclamation, *ha ! ma Sœur, sçachez que si j'avois plus de conformité à Iesus-Christ que je n'en ay, je m'inquieterois, & me plaindrois de ce que l'on ne m'humilie pas assez.* Ces esprits passionnez & aigris contre elle, étoient les mieux venus & les plus caressez de son bon cœur ; elle se jettoit quelques fois à genoux pour les adoucir, & elle experimentoit la verité de ses paroles de son Maître ; *en vôtre patience vous possederez vos ames.*

Elle fût obligée d'exercer la Charge de Superieure au de-là des années prescrites par les Statuts de l'Ordre, à raison que les Anciennes Religieuses avoient été envoyées pour les nouveaux établissemens, mais dés qu'elle remarqua des sujets capables de gouverner, elle fit faire élection d'une autre pour cette charge. Elle ne demeura pas pourtant long-tems en repos, car Monseigneur de Richelieu Cardinal & Archevêque de Lyon l'envoya être Superieure au Convent de Montbrison, elle alla fervemment au devant de la Croix qui l'attendoit là, selon qu'elle en avoit eu revelation, *il la faut aimer,* disoit elle, *il la faut porter, il y faut mourir.* Elle quita avec douleur ses cheres filles de Lyon le jour de Saint André 1630. dix-neuf ans aprés qu'elle y étoit entrée.

Elle se rendit le lendemain à Montbrison; en peu de jours elle prit connoissance de cette Maison, & elle resolut de travailler puissamment à la mettre en bon état, malgré les oppositions que l'on y apportoit, car encor que bon nombre de Religieuses fussent ravies de sa venuë, les autres en avoient du chagrin dans l'idée qu'on leur avoit donnée que sa conduite étoit severe à l'excés ; il se rencontra là des esprits inflexibles, qui ne pouvans subir les ordres de leur Prélat, ny ceux de leur Superieure, se revolterent ouvertement, & furent cause qu'elle reçût des outrages de divers endroits ; on s'éforça de la broüiller avec ses Superieurs, mais on n'en pût pas venir à bout, le tems & sa patience éclaircirent les choses, & chacun reconnut que la Mere ne pretendoit rien que d'établir le bien par tout, disons donc que la paix, la joye, & l'honneur soient à cette ame qui a tant operé de biens.

La Sainte Communion luy fut accordée tous les jours à cause des faveurs celestes qu'elle y recevoit ; Nôtre-Seigneur l'avoit gratifiée d'une éminente science de nos saints Mystéres, de la Sainte E'criture, & de la vie interieure, parlant admirablement de tous ces sujets-là, & avec des conceptions si hautes & si divines, qu'on connoissoit bien qu'elle puisoit toute sa science dans le cœur de celuy qui est la parole éternelle de son Pere.

Elle voyoit quelques-fois jusqu'aux pensées secrettes de celles qui étoient sous sa conduite ; une jeune Religieuse portant la chandelle pour luy éclairer, rouloit cecy dans son esprit, je sers & je porte la lumiere à nôtre Mere qui est bien de moindre naissance que moy. La Mere lut dans le cœur de cette fille, & luy dit, *ma Sœur renoncez à la pensée d'orgueil que vous avez, posez le chandelier, quelqu'autre le portera avec plus de simplicité, & plus humblement que vous.* Plusieurs rencontres ont manifesté qu'elle predisoit surnaturellement les choses, & l'effet de ses predictions les a pleinement verifiées. Une Religieuse luy témoignant desir de l'aller accompagner à Montbrison, elle luy dit, *non ma Sœur, Dieu ne vous veut pas là, mais bien-tôt vos irez à un nouvel établissement,* ce qui arriva; étant à Montbrison deux filles se presenterent pour être reçûës, en les voyant elle reconnut que l'une avoit grande vocation, & l'autre point du tout, neanmoins celle-cy eut la pluralité des voix pour sa reception, & l'autre fut éconduite contre le sentiment de la Superieure; en leur portant la parole de la part de la Communauté, elle dit à celle dont on ne vouloit point, *ma chere fille, perseverez, Dieu vous fera la grace de revenir, & de rentrer.* Comme en effet celle qu'on avoit reçûë voulut sortir du Monastere, & quelque tems aprés l'autre y fut reçûë, & y a vêcu tres-Religieusement.

Dés son enfance elle avoit pris le grand Saint Ioseph pour son Protecteur, & elle a reçû beaucoup de graces par son intercession, dont la premiere fut le don d'oraison, selon qu'elle se declara à une Religieuse en l'exhortant de recourir à luy touchant quelque peine qu'elle avoit à l'oraison.

Cette vertueuse Mere gagna toutes les Religieuses, & les mit dans la paix & dans l'union, mais elles n'en joüirent pas long tems en sa compagnie, & sous sa sage conduite, puisque lors qu'elles commençoient à en goûter le bonheur, nôtre Seigneur la leur ravit par une maladie qui ne fut pas de longue durée; toutes alloient à l'envy pour la servir, pour demeurer proche d'elle, & pour oüyr les doux colloques qu'elle faisoit à Dieu, qui étoient tout de feu & d'amour, donnant aussi aux Religieuses des saintes Maximes pour la perfection. Le jour de sa mort approchant qu'elle avoit preveuë, elle pria qu'on luy donnât les saints Sacremens, & pendant la ceremonie elle apperceut que plusieurs Religieuses éteignirent leurs cierges, de peur de l'échauffer par le grand nombre de lumieres, *Non, mes cheres Sœurs,* dit-elle, *les choses qui regardent le culte de Dieu ne peuvent être que tres-salutaires, & ne me sçauroient jamais nuire. Ie suis fille de l'Eglise par la grande misericorde de mon Dieu, & je veux bien de tout mon cœur que tout ce qu'elle ordonne en cette rencontre soit observé exactement à mon égard.*

Elle demanda le Cierge beny, & s'en fit elle-même un grand Signe de Croix ensuite elle prit son Crucifix, & en baisant ses sacrées playes elle expira, mais si promptement que l'on n'eût pas le loisir de faire remonter le Prêtre qui ne faisoit que de sortir; elle parut si belle & si vermeille, qu'il ne pouvoit croire qu'elle fût morte, & dans ce doute il fit appeller le Medecin, pour en juger, lequel l'ayant veuë, assura qu'il n'y avoit plus de vie en elle, mais qu'il croyoit que sa belle ame si Sainte & si pure avoit communiqué de sa beauté à son corps, dévançant en ce point les avantages que les corps recevront au jour de la resurrection.

Aprés que l'on eût exposé son corps dans le Chœur pour ses funerailles, les

Religieuses commençant l'Office des deffunts, tout d'un coup il survint un grand nombre d'arondelles voltigeant tout au tour du corps, & sur les cierges allumez sans les éteindre, ny se brûler; elles se prirent toutes à chanter si fortement qu'elles sembloient vouloir faire un Chœur avec les Religieuses, continuant leur chant, sans qu'on les pût faire taire, ny sortir du Chœur pendant ce tems là.

Trois ans aprés sa mort les Ursulines faisans foüir la terre pour quelque accommodement, on trouva son corps tout entier, bien que la biere & ses habits fussent entierement pourris, il fut fort bien reconnu des Religieuses, ayant tous ses traits, jusqu'à un signe qu'elle avoit au visage; on remarqua sur tout l'endroit du Cœur, & le pouce de la main droite aussi vermeil que lors qu'elle vivoit; il est à remarquer qu'elle faisoit ordinairement le signe de la Croix de ce pouce sur son cœur.

Ce corps venerable se tenoit droit, & de bout, & se rendant maniable à discretion, où la revêtit aisément d'une chemise & d'un habit; entre grand nombre de personnes qui virent ce corps au sortir de la terre, plusieurs qui avoient veu celuy de S. Claude Archevêque de Besançon, dirent qu'ils n'étoient point differents l'un de l'autre.

Le Reverend Pere du Moulin, Superieur de l'Oratoire à Montbrison, le Confesseur du Convent, Monsieur l'Heritier Medecin, & un Chirurgien, furent appellez pour verifier cette merveille; le Pere Superieur se saisit de sa ceinture, & le Chirurgien luy arracha une dent avec beaucoup de difficulté, laquelle il garda comme une Relique. Il se rencontra en même tems dans le Convent une pensionnaire malade à l'extremité, & abandonnée des Medecins, une Religieuse luy alla mettre sur la tête la petite coëffe qu'on avoit ôtée à la Mere deffunte, & aussi-tôt elle se trouva guerie.

On peut appeller cette sainte ame une des plus grandes lumieres de son siécle, qui a enrichy par sa vertu, & par sa rare pieté tout son Ordre, dont elle a été comme l'ame, y renouvellant la ferveur, ne doit-on pas souhaiter aujourd'huy que cét Ordre, qui a tant fleury, & qui a donné à l'Eglise de si grandes servantes de Dieu, pense aujourdhuy à sa sainteté ancienne, & qu'il s'alume d'un saint zéle, afin de n'en pas dégenerer; le souvenir de tant d'ames qui en sont sorties, ne serat-il pas comme un aiguillon, qui les pressera de ne pas tromper les desirs & les esperances que les fidelles conçoivent de leur pieté, & de leur sagesse; en un mot cét ordre ne jettera-t-il pas les yeux sur la Mere Renée pour retracer ce qu'elle a fait, pour renouveller son premier esprit.

MAXIMES.

I. Nous devons croire que rien ne nous est deû que le blâme & le mépris, ô qu'une ame est heureuse quand elle peut donner à Dieu des marques de son amour; par les souffrances, avec la patience l'on possede son cœur.

II. Faites plus d'état de l'obeïssance acceptée que demandée, quand même il y auroit plus de perfection à l'une qu'à l'autre, que l'obeïssance soit sans murmure, lequel ruyneroit presque tout le fruit de l'execution la plus fidelle.

III. Le parfait obeyssant n'entre point en examen de ce qui luy est commandé, mais il obeït simplement & promptement, obeyssant à ses Superieurs comme à Jesus-Christ.

IV. L'obeyssance se doit étendre en toutes choses, grandes & petites, aisées & difficiles, & repugnantes aux sens & au jugement, obeyssez simplement avec grande humilité & joye spirituelle, vous remettant entre les mains de Iesus-Christ, & de vôtre Superieur, vous laissant conduire comme un corps mort sans resistance, qui se laisse mouvoir comme l'on veut, & même prevenés la volonté de ceux qui nous conduisent.

V. La vertu est languissante si elle n'est point exercée, mais elle fait des accroissemens admirables quand elle est combatuë.

VI. La sympathie naturelle, & les amitiez particulieres ruynent tout le spirituel de l'ame, & troublent la paix dans les Communautés, particulierement les complots & brigues secrettes.

VII. Evités les contentions, singularitez, prééminences, reserves, dissimulations, propre estime, mépris, rudesse, & semblable semence de discorde envers le prochain, parce que le plus puissant Royaume se perdra bien-tôt, s'il est divisé; le plus fort bâtiment sera ruyné s'il est demembré, & tout tombe dans le désordre quand la sedition, ou dés-union regne, en quoy git ouvertement la tyrannie de sathan.

VIII. N'ayez qu'un même cœur & une même intention, pour regler toutes les autres, visant toutes à l'union de leurs corps mystique, avec l'esprit de Dieu qui se plaît en la paix & concorde, & ne respirez, & aspirez qu'au Divin amour, & faites amoureusement tous les exercices communs.

IX. Cette union doit être sans exception, ny acceptation de personnes, entre les diverses humeurs, & complexions, cette difference & union ne doit pas être fondée en la sympathie des humeurs, & inclinations, sur des qualitez & belles parties naturelles, sur des occasions communes qui ne sont capables que de former un amour naturel, grossier & remply d'imperfection, mais bien sur la condition de filles appartenantes à Iesus-Christ, & Disciples d'un même Maître, comme les Apôtres étoient tenus de s'entr'aimer pour avoir été tous ensemble tres-aimés d'un même Maître Iesus-Christ.

X. Quand vous entendez quelques bons ou mauvais raports les unes des autres, prenez soin de conserver la bonne odeur de Iesus-Christ en vôtre prochain, & d'éviter les comparaisons des unes avec les autres, car il y a presque toûjours de l'offense contre la charité, ne fortifiez non plus vôtre avis par conteste, passion, ou attachement d'amour ou propre estime de vous même, mais proposés naïvement les motifs que vous avez de vous ranger plûtôt de ce côté-là que d'un autre.

Les Ursulines selon l'esprit de leur institut devroient être toutes de voix comme Saint Iean Baptiste pour prêcher Iesus-Christ, & preparer ces voyes dans les Cœurs, la fin de leur institut étant de procurer la gloire de Dieu, en avançant le prochain aux vertus Chrêtiennes.

XII. Souvenez-vous du dire de Nôtre-Seigneur Jesus-Chrift, *que qui pratique le bien qu'il enseigne sera grand devant Dieu en sa gloire*; & à cette fin il faut tendre à une étroite union avec Dieu, pour avec son assistance travailler à élever ses petites plantes au service, honneur & gloire de sa Divine Majesté.

TROISIE'ME AOUST.

LA VENERABLE SOEUR PIERRETTE des onze mille Vierges, Soleil, Religieuse Ursuline de Saint Jean de Lône.

Un esprit affligé du regret de ses pechez, est le sacrifice agréable à Dieu, mon Dieu vous ne mépriserés point un cœur contrit, & humilié. Au Psal. 50. v. 18.

NOstre Sœur Pierrette des onze mille Vierges prit le saint habit de Religion qu'elle n'avoit pas encore treize ans, elle étoit d'une humeur aimable, & elle avoit une tres-belle voix qu'elle employoit à chanter avec ferveur les loüanges de Dieu; bien-tôt aprés sa profession elle prit une fluxion sur les poulmons, & une fiévre lente qu'elle porta environ deux ans, ce que ses parens ayant sçeu, obtinrent une permission de Monseigneur de Langres pour luy faire changer d'air, mais nôtre genereuse malade n'y voulut jamais consentir, & fit d'instantes supplications à sa Superieure pour qu'elle ne l'obligeât point à rompre sa Clôture, disant que sa santé n'étoit pas si necessaire, que nôtre Seigneur luy ayant fait la grace de la mettre en cette sainte Maison, elle desiroit y finir ses jours, ce qu'enfin elle obtint, n'ayant vécu que quatre ans aprés sa Profession.

Sa derniere maladie fust une fiévre pourprine, tres-violente, qui l'allita trois semaines; durant ce tems elle fit paroître plus particulierement les profonds sentimens d'humilité qu'elle avoit, se publiant à tout moment la plus grande & miserable pecheresse qui fût sur la terre, & sa contrition allant de pair avec ses humbles sentimens, elle souhaitoit de se déchirer & mettre en piece si on luy eut permis, pour, disoit-elle, satisfaire en partie à la Divine justice, & meriter au moins d'aller en Purgatoire; c'est ainsi que cét esprit affligé du regret de ses pechez, faisoit le plus agreable qu'un pecheur penitent puisse presenter à la Divine Majesté, c'est l'offrande de son cœur percé d'un veritable regret, quoyque ses fautes étoient tres-legeres, ayant toûjours vécu dans une tres grande pureté, & innocence pour imiter celle de ses Saintes patronnes, qu'elle a saluées plusieurs fois par onze mille *Pater & Ave*, pour meriter leur secours à l'heure de sa mort, ce qu'elle a obtenu tres-avantageusement, ayant eu la grace de les voir en sa derniere maladie, comme elle en assura toutes ses Religieuses qui la visitoient, les priant de se mettre à genoux pour les honnorer; elle reçeut tous ses Sacremens avec une grande devotion, & application d'esprit; Le Seigneur reçeut ce cœur contrit, & humilié, l'an 1648. âgée de 21. ans, comme la seule Hostie, qui luy est plus agreable, & plus capable de l'appaiser; trop heureuse mille fois cette ame Religieuse, qui toute sanglante, & déchirée par sa douleur, le Seigneur l'accepte, comme la deüe victime, que sa justice exigeoit d'elle.

Dieu dit à Moyse, lors qu'un Israëlite sera frappé de la lépre, & que l'on en aura reconnu les premieres marques, vous le conduirés hors du camp comme un homme immonde, vous avertirés le Prêtre, qui estant venu le voir, priera pour sa guerison avec les ceremonies suivantes. Il prendra un rameau de Cedre, un échantillon d'Ecarlate, & un brin d'Hyssope, qu'il liera ensemble, il immolera la victime, & fera couler son sang dans un vaisseau plain d'eau claire, il prendra le rameau de Cédre avec l'écarlatte & l'hyssope, & trempera toutes ces choses dans le sang de l'oyseau immolé, & en aspersera sept fois le lepreux, en reïterant autant de fois sa priere, il congediera le malade & sa lépre sera guerië, aprés que le convalescent aura lavé ses habits dans l'eau pure il pourra retourner dans le camp. Toutes ces choses sont mysterieuses, & pour les expliquer clairement il faut supposer que la lépre est accompagnée de trois symptomes & trois accidents facheux. Le premier c'est une grande putrefaction & corruption dans la chair qui fait que toutes les humeurs du corps lépreux se changent en pus. Le second c'est une puanteur & une infection horrible. Le troisiéme c'est une couleur hydeuse qui est une qualité seconde qui suit la nature des premiers, & qui rend le lépreux insuportable à la veuë. Par le Cédre étoit figurée l'incorruptibilité que le malade devoit recouvrer en son corps. Par l'Hyssope la bonne odeur d'une chair pure & saine. Et par l'écarlatte la couleur vive & incarnate d'une personne qui se porte bien.

Aprenez Ames Chrétiennes que le peché est la lépre de nos ames, il les change en corruption, parce qu'elles ne sont pas capables d'aucun merite, il leur cause une puanteur horrible qui a été apperceuë de beaucoup de Saints, & enfin il les rend noires & difformes aux yeux de Dieu & des Anges, donc la penitence est figurée par l'aspersion de l'Hyssope, parce qu'elle est amere, par le Cédre, parce qu'elle nous rend la grace qui fait nôtre incorruptibilité, & enfin par l'écarlate, parce qu'elle rend à nôtre ame sa premiere & naturelle beauté, le tout trempé dans le sang de la victime qui est celuy de Iesus-Christ, mêlé avec les eaux vives qui sont les larmes de la penitence, & c'est ainsi que cette ame innocente nôtre Sœur des onze mille Vierges a nettoyé son ame de ses imperfections. Imitez-la.

MAXIMES.

I. Le repos de la solitude est l'aide de la continence, & la contrition du cœur est l'aversaire de toutes les mauvaises pensées.

II. L'oraison fervente & continuelle étouffe en nous l'attiédissement & la paresse, & le souvenir du dernier jugement excite en nous l'esprit de ferveur.

III. L'amour de l'humiliation, le chant des sacrez Cantiques, & la charité pour le prochain, sont les remédes de la colere.

❦❦❦❦❦❦❦❦❦❦❦❦❦❦❦❦❦❦❦❦

Quatrie'me Aoust.

LA VENERABLE MERE FRANÇOISE DE LA Croix, Tavignon, Religieuse Ursuline de Treguier.

Ce que je suis je le tiens & l'ay receu de la grace de mon Dieu.
Dans la premiere aux Corint. chap. 15.

Nostre Mere de la Croix ne demeura dans son Monastére que deux ans aprés sa Profession, parce que Dieu l'ayant pourveuë de tous les talens propres à l'Institut, Monseigneur de Lande son Evêque fit chois de sa personne pour l'envoyer avec d'autres s'établir à Morlaix, là elle conserva l'habitude de la presence de Dieu qu'elle avoit acquise dés son Noviciat; sa sagesse, sa modestie, & son attention à bien édifier le prochain firent autant d'effet que ses bonnes instructions; plusieurs femmes de qualité assurerent qu'elles ne luy avoient jamais parlé sans être échauffées du Saint amour Divin, & qu'encore aujourd'huy pour se bien conduire dans leurs familles elles suivent les saintes maximes qu'elle leur donnoit quand elles étoient ses E'colieres; donc elle a fait des fruits admirables dans l'instruction par le bon usage des talens dont Dieu l'avoit avantagée, & dans ces progrez elle disoit avec Saint Paul, *ce que je suis je le tiens, & l'ay receu de la grace de mon Dieu.*

Elle paroissoit dans sa Communauté comme un bel œillet marqueté en pannaches fort agréables, & elle a embelly les lis de sa pureté par les plus solides vertus de son état.

Sa mortification la porta à souffrir volontairement de grands froids, & par mépris d'elle-même elle gardoit une rigoureuse pauvreté, car en toutes choses elle jugeoit toûjours que le pire étoit trop bon pour elle; elle s'estimoit plus honnorée d'avoir le soin des vieux souïllers de ses Sœurs que de toutes les plus hautes charges de la Religion qu'elle avoit tenuës, de sorte qu'elle demandoit toûjours ce soin là au sortir des autres plus importants, & on le luy accordoit pour la contenter, elle prisoit tellement sa vocation d'Ursuline qu'elle eût volontiers desiré que les autres Ordres Religieux se fussent changez au sien, quoy qu'elle les honnorât tous; elle perdit presque la veuë par son assiduité à l'écriture, s'y employant jour & nuit plus de vingt-ans, pour montrer à grand nombre de pensionnaires & Externes, dont cette Ville qui est des plus peuplées, n'a jamais manqué de fournir.

260   *La V. Mere Françoise de la Croix, Tavignon*   4. Aoust.

Dans la charge de Superieure elle se comporta fort loüablement, en preuve dequoy la Mere des Anges étant morte Superieure aux Vrsulines de Lanion, nôtre Mere de la Croix fut choisie pour y aller entretenir la même ferveur de la Superieure deffunte, ce luy fut un coup bien sensible de quitter la Communauté de Morlaix, où elle étoit depuis si long-tems; elle empêcha pourtant ces Religieuses de remontrer leurs difficultez qui étoient grandes à Monseigneur de Treguier, & elle n'allegua point les siennes, mais ayant dit adieu à toute la Communauté, elle sortit genereusement, & alla à Lanion; au bout de deux ans les Vrsulines de Morlaix l'élurent derechef pour leur Superieure; elle y retourna, & les conduisit avec même force d'esprit que la premiere fois, mais avec plus de foiblesse de corps, & comme elle faisoit son compte à la fin du tems de se preparer en repos à la mort, on l'engagea à la nouvelle fondation de Hedé, elle ne connoissoit ny le lieu où l'on l'envoyoit, ny même les Religieuses de Treguier qui devoient luy tenir compagnie; néanmoins suivant l'étoile de l'obyssance, elle se separa avec douleur de ses cheres Sœurs de Morlaix, pour ne les revoir aparemment jamais en ce monde; pour consolation on luy donna une jeune Professe de grande édification, elle entra dans Hedé au mois de May 1666. & à peine y jetta-t-elle les premiers fondemens du Monastére, qu'une fiévre quarte l'attaquât, & puis l'emporta assez inopinément, quoy qu'elle eût fait pendant cette maladie tous ses aprets pour l'éternité.

Quand les Chrêtiens voyent aujourd'huy tant d'illustres Vrsulines qui ont éclairé dans leur tems, & qui ont soûtenu l'Ordre, leur cœur ne doit-il pas aussitôt soûpirer vers Dieu pour admirer les graces dont il les a enrichies, & le prier de les continuer encore sur les vivantes qui paissent les brebis de Jesus-Christ par l'instruction.

Vn des grands fruits que l'on doit tirer de la lecture de la vie des Saints, est que considerant tout le corps de l'Eglise comme un seul homme qui étoit dans sa naissance aux premiers siecles, & qui est maintenant comme dans sa vieillesse, adressés-vous à Jesus-Christ qui est la tête de ce corps pour attirer ses influences continuelles, afin que sa grace & sa misericorde fassent que ce corps se soûtienne toûjours, & que sa vieillesse étant vigoureuse, ait du raport avec sa jeunesse, c'est à quoy nous devons contribüer non seulement en s'éforçant chacun en particulier d'être des membres bien proportionnés à ce Sacré Corps, mais en conjurant Dieu par nos prieres continuelles de sanctifier tous les états de l'Eglise, & particulierement l'Ordre des Vrsulines, qui ne tend qu'à la gloire de son Chef Jesus-Christ, & au salut de ses membres, ce sentiment est d'autant plus Chrêtien que nous voyons dans l'Evangile que Jesus-Christ luy même nous commande d'y entrer, lors qu'il nous dit ces paroles, qui sont l'occupation de toutes les ames Saintes & Religieuses dans leur retraite, *priez le Maître de la moisson qu'il envoye des ouvriers dans sa moisson.*

MAXIMES.

I. Nous n'avons aucun bien que le bien de l'amour de Dieu, & la dilection qui est le bien de perfection; la dilection est forte comme la mort, & le zéle d'amour ferme comme l'enfer, l'on ne peut avoir des liens plus forts que les deux de la dilection, d'aimer Dieu sur toutes choses, & le prochain comme soy-même pour l'amour de Dieu; ce sont les liens de la perfection.

II. Les causes de respect humain ne doivent avoir aucun lieu parmy les servantes de Dieu, mais il les faut retrancher pour faire place au seul bon plaisir de Dieu.

III. La penitence doit commencer par la crainte, & finir par l'esperance & l'amour; nous devons craindre, nous devons esperer; nous devons craindre si nous tombons dans la recidive, nous devons esperer si nous perseverons, & aimons.

QUATRIÉME AOUST.

LA VENERABLE SOEUR CATHERINE de la Passion, Real, Religieuse Ursuline de Saint Remy, au Faux-bourg en Provence.

Tournez vos yeux sur moy Seigneur, & sauvez mon ame de tous dangers, délivrez-moy par vôtre grande bonté & misericorde. Psal. 6.

Nôtre Sœur de la Passion étant restée orpheline, fut mise entre les mains d'un sien oncle, lequel la tenoit ordinairement au champ à garder ses brebis, le Chirurgien des Ursulines de Saint Remy qui étoit aussi son oncle la retira des mains de son frere par ordre de la Iustice, & la mit en dépôt chez elles pour la faire instruire. Elle étoit si peu habituée à entendre parler de Dieu que lors que ses Maîtresses la vouloient enseigner, elle les repoussoit brusquement; mais comme c'étoit une ame choisie, que Dieu avoit preservée des dangers où elle avoit été pour l'ame & pour le corps depuis la mort de son pere & de sa mere, le Seigneur tournant les yeux de sa grande misericorde sur elle, luy donna la grace de sa vocation lors que l'on s'y attendoit le moins; l'on remarqua qu'elle se levoit le matin pour faire l'oraison avec la Communauté bien secrettement, & peu de tems après elle demanda instamment d'être reçûë à la probation, & donna ensuite tant de marques d'une veritable vocation qu'il fallut luy accorder sa demande. Elle entreprit la vie Religieuse avec une admirable ferveur, & se rendit incomparable en l'exactitude des Régles, sur tout au silence.

Elle auroit voulu donner tout son bien à la Religion, si la Communauté eût voulu suivre son sentiment, & qu'elle eut été moins dés-interessée. Sa maladie fut une fiévre lante, n'ayant que sept années de profession; elle ne fût pas de moindre édification dans la maladie que dans la santé.

Les personnes seculieres assuroient être touchées de voir son attention à Dieu, & sa mortification dans le Chœur, lorsque la grille étoit ouverte aux Receptions, étant immobile devant le Saint Sacrement, qu'elle reçût avant sa mort en Viatique, & tous les autres de Penitence & Extrême-Onction, dans toutes les Saintes dispositions que l'on pouvoit souhaiter; elle pouvoit avoir vingt-cinq ans lors qu'elle quitta le mortel sejour pour l'immortel; ce fut en l'an 1674.

Apprenez ames Chrêtiennes que si Dieu est un Dieu de bonté & de misericorde pour les ames predestinées, ce grand Dieu est aussi plein de fureur quand on l'offence; c'est un Dieu vangeur qui fait ressentir à ses ennemis les effets de son indignation; c'est pourquoy je m'étonne que les Chrétiens de ce tems péchent avec autant d'assurance comme s'ils offençoient un Dieu insensible & impuissant; quel aveuglement! qu'ils apprennent à craindre, & que cette crainte salutaire soit le motif de leur amandement.

MAXIMES.

I. Deux vertus nous sont absolument necessaires pour arriver à la penitence, ces vertus sont l'esperance & l'humilité; la premiere nous y conduit, & semble nous y porter sur ses aîsles, la seconde nous y fait perseverer.

II. La penitence est un état d'aneantissement, car il est juste que celuy qui a été rebelle à son Dieu, ne puisse obtenir sa grace, que par la plus parfaite des soûmissions.

III. C'est un grand ouvrage que celuy du salut éternel, puisque sa hauteur va jusqu'au Ciel, il ne peut avoir d'autre fondement que l'humilité, celuy qui s'humiliera, dit Iesus-Christ, sera exhalté.

IV. Si nôtre salut est un édifice, l'esperance en est l'épaulement, que si par malheur il prent coup, comme il n'arrive que trop souvent, il faut recourir à cette vertu, en embrassant la penitence.

V. Si nôtre vie est une infirmité continuelle, l'esperance en est le soûtien, & le plus ferme appuy; si nôtre vie est une mer, nôtre cœur un vaisseau, & le peché une tempête; l'esperance est une ancre qui nous rend immobiles au milieu des plus violentes craintes.

QUATRIE'ME AOUST.

LA VENERABLE MERE ANNE DE Saint Ignace, Balthasar, Religieuse Ursuline à la rüe Saint Jacques à Paris.

Considerez-bien le Ministere que vous avez reçû du Seigneur, afin d'en remplir tous les devoirs. Saint Paul. Col. 4.

NOstre Ursuline a passé sa vie dans le siécle dans une admirable ferveur à s'acquitter de tous les devoirs du Christianisme, & dans la Religion elle y a vêcu dans une étroite regularité, dans une exacte & constante observance des Régles jusqu'à la mort, & si bien elle a porté avec zéle les interests de sa Communauté, elle a rendu à Dieu ce qui luy appartenoit ; c'étoit un parfait modéle de toutes les vertus Religieuses; sa douceur étoit inalterable, sa pieté solide, & sa charité universelle ; dans un petit corps elle renfermoit une grande ame, & des trésors de grace & de sainteté, capables d'attirer les bénédictions du Ciel.

Peu aprés sa Profession les Religieuses de sa Communauté entreprirent l'établissement du Monastere de Saint Denis en France en l'an 1628. son bon sens & son bon jugement, joints à son bon exemple, la firent choisir pour y aider, ce qu'elle fit avec soûmission & ferveur ; la Reverende Mere Anne de Compans, Religieuse de Saint Denis, Superieure de la Martinique, passant à Paris avant son départ eût la consolation de luy faire ses adieu, & de luy témoigner ses reconnoissances & ses tendresses, se ressouvenant qu'elle luy avoit fait faire sa premiere Communion, & inspiré les premiers principes de la pieté & de l'amour de Dieu.

Peu d'années aprés son retour de Saint Denis elle fût envoyée avec la Reverende Mere Cecile de Belloy à la fondation de Montargis, elle y travailla infatigablement l'espace de sept ans dans la charge d'Assistante & Maîtresse des Novices où elle s'acquit par sa douceur & sa bonne conduite l'estime & l'amitié de toutes les filles qui y furent reçûës ; depuis son retour à Paris, on luy a veu honnorer en toute sa conduite la vie humble, cachée, & laborieuse du Fils de Dieu ; la pauvreté l'a tellement denüée de tout, qu'il n'y avoit rien de si pauvre que ce qui étoit à son usage, en sorte que ce qu'on luy a trouvé n'étoit que le précisément necessaire; des honnêtetez considerables qu'elle recevoit de Messieurs ses parens, elle n'en a jamais fait avoir pour sa personne aucun accommodement, employant le tout en œuvres pieuses ou de charité. Sa pureté étoit Angelique, quelques personnes asseurerent même qu'elles respiroient l'air de cette vertu en l'approchant. Il n'y avoit rien de plus soûmis, & de plus dépendant qu'elle l'étoit de ses Superieures, agissant à leur égard comme un enfant envers sa mere avec candeur & simplicité. Son humilité luy a toûjours fait chercher dans ses emplois ce qui étoit le plus vil & penible, ne le voulant ceder à ses compagnes d'office quoy qu'elles fussent plus jeunes; une heure avant que de tomber en appoplexie, elle pria encore la Sœur qui servoit à l'Infirmerie de luy laisser laver les écuëlles pour la soulager, ce qu'elle ne voulut pas souffrir.

La charité a mis la perfection à ses bonnes actions, elle paroissoit en toutes rencontres étant toûjours prête d'aider & de secourir ses Sœurs dans leurs besoins, ç'a été en l'office d'Apotiquairesse où elle l'a signalée d'avantage; s'étant renduë extraordinairement liberale, serviable & accommodante aux besoins de ses sœurs l'espace de sept ans avec un courage qui ne se peut comprendre.

Mais où elle faisoit paroître cette noble vertu, étoit à suporter & couvrir les défauts du prochain, trouvant des excuses où il sembloit qu'il n'y en avoit pas, parce qu'elle interpretoit toutes choses en bonne part; elle s'est comportée envers toutes avec tant de bonté, qu'elle n'a jamais donné sujet de peine à pas une, aussi toutes avoient pour elle beaucoup d'estime & de tendresse.

Ce grand amour pour le prochain dérivoit en elle de celuy qu'elle avoit pour nôtre Seigneur comme de sa source, aimant tout ce qui luy touchoit de plus prés.

La devotion qu'elle avoit pour la Sainte Vierge n'étoit pas commune, elle s'étoit engagée deux ans avant sa mort dans l'exercice de l'amour actuel de cette Mere de belle dilection, y employant châque jour une heure avec une singuliere consolation de son ame, sa confiance n'étoit pas moindre à proportion envers les autres personnes de la sainte Famille. Son union avec Dieu étoit tres-intime, qui operoit en elle une égalité d'esprit, une paix, & une modestie merveilleuse, une pureté de conscience qui obligea un grand personnage, son Directeur de luy dire qu'elle pouvoit communier tous les jours quand elle n'iroit à Confesse qu'une fois le mois, aussi étoit-elle toûjours affamée de ce pain des Anges, & s'en approchoit fort frequemment; c'est dans ces saintes dispositions qu'elle a terminé sa vie le 4. Aoust 1682. âgée de 77. ans & demy, & de sa Profession Religieuse 55. comme elle étoit un fruit meur pour le Ciel, elle tomba en appoplexie ou défaillance de nature entre sept ou huit heures du matin, priant dans une Chapelle dédiée aux Saints, le jour de Saint Ignace son Patron, perdant tout à coup la parole & la connoissance qui luy revint neanmoins par intervalle, & la rendit capable de recevoir l'absolution; on luy donna l'Extrême-Onction, n'ayant pû recevoir le Saint Viatique, mais elle avoit communié le matin & le jour de Sainte Anne sa Patronne.

Aprenez de nôtre Ursuline à bien remplir tous les devoirs de vôtre Ministére, imitez sa prudence dans vos affaires temporelles, il faut contenter les hommes quand cela ce peut sans offenser Dieu. On peut & on doit être homme d'honneur, & homme de bien tout ensemble; l'honnêteté est comme le fondement

de

de la vertu Chrêtienne, fuyez les honneurs à son imitation, obeïssez à la vocation de Dieu, il a des grands desseins sur vous; ne vous y opposez-pas, mais faites de vôtre côté ce que vous pourrez pour côoporer aux desseins de Dieu. Pourra-t-on dire de vous ce que l'on a dit de cette vertueuse Religieuse, qu'elle suportoit son prochain de telle sorte que jamais elle n'a donné sujet de peine à aucune personne; n'a-t-on rien à répondre en vôtre conduite, & Dieu n'a-t-il rien à vous reprocher, que vous en dit vôtre conscience? écoutez-là.

MAXIMES.

I. Voulez-vous vivre dans la paix, & vous attirer les bénédictions du Ciel, ne demandez-rien, & ne refusez rien; abandonnez-vous à la Providence de Dieu; laissez-vous conduire à l'obeïssance, reposez-vous sur vos Superieurs; comme vous n'êtes en Religion que pour servir Dieu, persuadez-vous que vous ne luy rendrés aucuns services qui luy soient agreables si vous n'êtes où il veut, & si vous ne faites ce qu'il desire.

II. Car autrement vous n'aurez aucun goût dans vos oraisons, aucune satisfaction dans vos exercices de pieté, aucune paix en vôtre conscience, aucune force dans vos tentations, & ce ne sera que parce que vous n'êtes pas en vôtre place, & que vous ne faites pas ce que vous devriez faire; vous vous êtes poussé dans cette Charge, vous vous êtes ingeré dans cét Office, vous avés obligé vos Superieurs à changer la disposition qu'ils avoient faite de vous, & de condescendre à vôtre volonté; voyez comme c'est une chose mauvaise & amére de s'être soustrait de la conduite de Dieu & de s'être abandonné à ses passions déreglées.

III. Il y a des gens raisonnables qui ne veulent que ce qui est juste, mais ils le veulent avec empressement de cœur & d'esprit; ils veulent la raison sans raison, parce qu'ils la veulent avec passion.

CINQUIE'ME AOUST.

LA VENERABLE MERE MARIE DE Gaufreteau, Religieuse Ursuline Congregée de Bordeaux.

Elle avoit un aspect & une face tres-belle. Dans le premier Livre des Rois, ch. 9.

LA Mere Marie de Gaufreteau fut appellée à la Religion par un attrait doux & puissant du Divin Amour; sa Reception se fit avec éclat, tout Bordeaux y accourut, elle prit l'habit avec une dévotion toute Angelique ; c'étoit une fille de quinze ans, qui avoit un aspect & une face tres-belle, accomplië des dons de grace & de nature, sur qui toute la Ville fondoit mille esperances du bon succez de l'Institut, puis qu'elle l'embrassoit avec tant d'ardeur ; en effet son exemple y attira plusieurs Demoiselles, & même deux de ses Sœurs.

Cette parfaite Novice se trouva aussi-tôt sans volonté propre, & dans une adherance pure & simple à Dieu qui la forma toute pour luy ; jamais Religieuse ne se rendit plus utile à sa Communauté, il n'y avoit chose aucune de ce qu'une fille peut faire où elle n'ait paru bien adroite ; mais la pratique solide d'humilité, d'obeïssance, de mortification, & de l'observance reguliere la fit bien-tôt aprés sa Profession juger capable d'être choisie pour Maîtresse des Novices, & elle s'en acquitta si bien que l'Ordre luy a obligation d'avoir durant quatre années élevé un bon nombre de Novices qui ont participé à cét esprit de Religion que Dieu luy avoit communiqué.

Monseigneur le Cardinal de Sourdis fit élection de sa personne pour être Superieure à la Fondation du Monastére de Poitiers, où Mademoiselle sa Mere, qui depuis mourut en odeur de Sainteté, voulut aller la conduire, & la sacrifier une seconde fois à Dieu pour le service de l'Ordre des Ursulines ; c'est là que cette chere fille a donné ses derniers & plus puissants exemples de vertu : Elle y est décedée dans la Charge de Superieure, & y a rendu sa memoire immortelle.

Cette bien-heureuse Victime du Fils de Dieu ne jette t'elle pas aujourd'huy une voix qui publie dans toute l'Eglise avec quelle ardeur les Chrétiens doivent aimer Dieu ; cette zélée Ursuline n'auroit-elle pas une douleur plus insuportable que ne seroient tous les tourmens des Martyrs, si elle voyoit aujourd'huy la froideur des Infidelles, & le peu d'ardeur que l'on a pour un Dieu qu'elle a tant aimé. Si son zéle brûlant, si son courage heroyque, si sa charité violente dans un sexe tendre & delicat ne nous touche point, nôtre insensibilité ne nous doit-elle pas étonner. Ouvrons donc les yeux pour voir dans ce grand modéle ce qui manque à nôtre amour, & employons les prieres de ces grandes & Divines amantes pour obtenir de Dieu qu'il fonde nos glaces, & qu'il reveille nôtre charité.

MAXIMES.

I. Lorsque Dieu met quelque pensée dans le cœur, l'on ne doit pas trop differer à l'executer, parce que ne l'accomplissant pas lorsque nous pouvons, Dieu permet que l'on ne le peut plus lorsque nous le voulons dans la suite.

II. La charité, au rapport de S. Paul, est le faîte de la perfection, & la Reine des vertus, puisque les autres ne sont rien sans elle, car l'ame sans son Dieu est une terre sans eaux.

III. Admirez les mouvemens de la grace, le cœur du juste est une mer agitée par le soufle du Saint Esprit, tantôt il s'abbaisse jusqu'aux abîmes par la crainte & par l'humilité, tantôt il s'éleve jusqu'aux nuës par l'esperance & par l'amour ; soyez donc fidelles à ses mouvemens.

IV. Appliquez-vous à chanter les Pseaumes avec une grande dévotion & application, tous les Versets sont autant d'actes d'amour & de contrition ; vous y remarquerez aussi les actes d'humilité, d'adoration, de loüange, d'esperance, de foy, & de resignation à la volonté de Dieu.

V. Les Pseaumes sont une méditation continuelle des grandeurs de Dieu, ses attributs & ses perfections ; ce sont des Cantiques qui ne parlent que de ses loüanges & de sa gloire ; c'est un encens qui monte en haut, & qui forme un agreable & odoriferante nuë ; ce sont des parfums qui s'élevent jusques au Ciel, qui vont percer le cœur de Dieu, & qui le blessent si tendrement, qu'ils luy ôtent la force de frapper les pecheurs quand ils s'en servent pour se deffendre innocemment contre sa justice.

CINQUIE'ME AOUST.

LA VENERABLE SOEUR MARGUERITE de l'Annonciation, Baudot, Religieuse Ursuline de Saint Jean de Lône.

Crucifiez vôtre chair avec tous les vices & toutes les convoitises d'icelle.
Aux Galates, chap. 5.

Nostre Sœur Baudot étoit petite Niece du côté maternel du Reverend Pere Bernard, assez connu en France par son éminente vertu & sainteté. Sa conduite a été par des voyes tres-rudes à la nature ; on peut dire qu'elle n'a pas été un jour sans peines interieures ou exterieures, ce qui obligea ses Superieures à l'exercer à beaucoup d'emplois, dont elle s'acquittoit parfaitement, surtout de l'Office d'Infirmiere, où elle a été plusieurs années avec satisfaction de toutes. La compassion qui luy étoit naturelle la portoit à servir les malades avec soin, ne leur parlant jamais qu'avec des termes doux, charitables & obligeants, charmant leurs maux par son humeur gaye & enjoüée.

Sa charité égale se signala dans le tems qu'elle fut employée à la Pharmacie ; elle fit paroître les grands talents qu'elle avoit pour l'Institut lors qu'elle fut Maîtresse des Pensionnaires, élevant avec zéle cette jeunesse, qu'elle attiroit à elle pour aprés les porter à Dieu ; dans ce tems le Seigneur la visita par des grandes infirmitez qui mirent fin à sa vie languissante, n'étant âgée que de trente-cinq ans, desquels elle en a passé dix-huit en Religion, & neuf ou dix ans dans des langueurs extraordinaires, supportant avec une admirable patience les maux qu'il plaisoit à la Divine Majesté luy envoyer ; mais si sa patience a paru en toutes ses infirmitez, elle a été en son lustre dans sa derniere extremité.

Sa derniere maladie fut une hydropisie, inflammation de foye avec une fiévre continuë de dix-neuf jours qui la reduit dans un état si pitoyable qu'elle attiroit les larmes & la compassion de toutes, sans qu'on ait jamais oüy sortir de sa bouche une parole d'impatience.

Elle reçût tous ses Sacremens avec un parfait jugement, répondant à toutes les prieres, & se confessa neuf ou dix fois dans cette derniere maladie avec une Contrition extraordinaire, qu'elle a toûjours conservée jusques à sa fin. Les sentimens qu'elle avoit d'elle-même étoient si bas qu'elle s'estimoit indigne des misericordes de Dieu, de l'assistance des Saints & des services qu'on luy rendoit; continuellement elle demandoit pardon en general & en particulier, avec des termes les plus humiliants & des paroles si exagerantes, qu'on auroit dit qu'elle avoit été la plus grande pecheresse du monde.

Son agonie fut fort longue, le Confesseur luy ayant donné l'Absolution generale, alla dire la Sainte Messe pour elle, pendant laquelle comme il offroit Iesus-Christ au Pere Eternel, comme une Victime d'amour & de reconciliation, cette autre Victime acheva son Sacrifice pour être presentée à son Epoux, & recevoir de sa main liberale la recompense de ses bonnes œuvres; l'on estime qu'il l'a appellée à luy aux approches de la Fête de la triomphante Assomption de Nostre-Dame pour recompenser la singuliere dévotion qu'elle portoit à cette Mere de Misericorde, qui luy a obtenu de mourir le jour que la Sainte Eglise solemnise la Fête de Nostre-Dame aux Neiges; elle a jeûné plusieurs années tous les Samedis, & une entiere au pain & à l'eau le pareil jour; elle avoit une exactitude extraordinaire à reciter son Office, & malgré ses infirmitez continuelles elle n'y manquoit jamais, non plus qu'au petit Office de l'immaculée Conception; Dieu a permis que ç'a été la derniere priere que l'on ait fait pour elle pendant son agonie.

Sa confiance à Saint Ioseph faisoit qu'elle recouroit à luy en tous ses besoins; sa dévotion à son Ange Gardien étoit tendre, comme aussi aux Ames du Purgatoire, pour le soulagement desquelles elle faisoit quantité de penitences, & les a continuées autant que Dieu luy a conservé des forces, qu'elle a employées infatigablement dans le travail commun, même s'employant avec les Sœurs Converses dans les plus penibles Ouvrages de la Maison; ainsi elle crucifioit sa chair avec toutes les convoitises d'icelle. Elle ne perdoit jamais un moment de tems, & même dans sa derniere maladie elle l'a employé pour le service de la Communauté, jusqu'à ce que sa foiblesse l'empêcha de manier son aiguille; son exterieur étoit modeste & Religieux, son humeur fort honnête, & étoit de tres-grande édification non seulement dans sa Communauté, mais encore vers les seculiers. Son decez arriva l'an 1677.

Il n'y a point d'état dans l'Eglise que nos illustres Vrsulines n'en soient des tres grands modéles; les uns voyent la vie qu'ils doivent mener dans le monde, s'ils sont riches & de condition ils doivent faire de grandes aumones, & y garder le secret; ils ne doivent point avoir horreur des jeunes, & leurs vies dans le monde doivent approcher de bien prés de celles des Religieux, tant par les veilles que par les prieres & les jeûnes. Les Reguliers voyent aussi le zéle & l'exactitude qu'ils doivent garder. Les vierges & les femmes Chrétiennes y trouveront de grands exemples de pieté qu'elles renouvelleront pour être dans leur cœur l'idée qu'elles se doivent former de la vie Chrêtienne, le mépris qu'elles doivent faire du monde, même dés leur plus grande jeunesse, & la fermeté avec laquelle elles doivent souffrir les persecutions, les tentations, les maladies, &c. Si Dieu permet qu'il leur en arrive comme il en arriva à nostre Sœur Marguerite de l'Annonciation.

MAXIMES.

I. La pauvreté volontaire bannit du cœur tous les mouvemens de tristesse & d'inquietude, & l'insensibilité pour les choses sensibles & corporelles produit la contemplation des choses spirituelles.

II. Le silence est l'ennemy de la vaine gloire; mais si vous étes dans un Monastére vous la devés combattre en embrassant volontairement les humiliations & les mépris.

III. L'orgueil visible, & qui se produit dans les actions interieures peut être guery par le rabaissement exterieur, mais l'invisible & l'interieur ne peut être guery que par l'esprit invisible, qui est avant tous les siecles.

IV. Le cerf est l'ennemy mortel de toutes les bêtes venimeuses de la terre, & l'humilité est la mort de toutes les venimeuses pensées de l'ame.

V. Comme il est impossible que le serpent se dépoüille de sa vieille peau s'il ne passe par quelque ouverture fort étroite, aussi nous est il impossible de quitter nos anciennes & mauvaises habitudes, si nous ne passons par la voye étroite & penible de la mortification & des humiliations.

SIXIE'ME AOUST.

LA VENERABLE MERE MADELAINE
de Planchier, Ursuline Congregée, Fondatrice & Bien-Factrice de l'Isle de Venise.

J'habiteray en vôtre Tabernacle à toûjours, je seray deffendu sous la couverture de vos aisles. Psal. 60. v. 4.

EN l'année 1594. Nôtre Demoiselle Madelaine & Marguerite de Planchier, ayant embrassé la devotion, se mirent dans la Congregation des filles de Sainte Ursule, & aprés y avoir demeuré quelque tems, Mademoiselle Blanche, leur sœur se rendit dans la même vocation, ensuite elles firent trouver bon à Mademoiselle Marguerite Aliberthe leur mere de les vouloir retirer en leur

Maison, à quoy elle consentit agréablement, & y vécut saintement avec ses filles jusques à son decez, qui fut le 11. Aoust l'an 1617. ce fut donc en l'an 1595. que la Compagnie des Vrsulines s'établit dans la Maison de Monsieur de Planchier, & après la mort de cette vertueuse Mere, ces trois sages filles donnerent tous leurs biens à la Compagnie, comme il se voit par un acte public, fait le le 17. Octobre 1621.

La Mere Madelaine étoit la plus âgée de ses sœurs, & a toûjours gouverné la Congregation jusques à sa mort en qualité de Superieure ; elle animoit ses Sœurs par son exemple, & la solidité de ses vertus, qui ont paru avec éclat, encore que son étude étoit d'en reserver le secret au seul E'poux de son ame, auquel elle s'unissoit continuëllement par un amour reciproque, & un frequent usage de la mortification, faisant son plaisir de s'employer à tout ce qui étoit le plus rebuttant ; elle se servoit de la qualité de Superieure, pour s'imposer les offices les plus bas de la Maison ; son employ plus ordinaire étoit la coûture, & de rapiecer les bas, même des Sœurs Converses.

Sa charité s'étendoit à tout tant pour le corporel que pour le spirituel, ce qui la portoit souvent à s'informer de ses Sœurs de leur disposition, puis apportoit en même tems le soulagement à leurs peines. Elle étoit naturellement bonne, affective, & bien-faisante, se faisant un plaisir de réjoüir par fois ses cheres filles par quelques petites largesses les jours de divertissemens. Son gouvernement étoit si doux & affable que tout le monde l'aimoit & estimoit pour le grand profit qui en revenoit à sa Congregation.

Mais son humilité qui ne recherchoit que le mépris, fit qu'elle fit son possible pour se décharger de cét éclat, & se retirer dans l'oubly de toutes les créatures, ce qui la porta de demander sa décharge à Monseigneur de la Bourdassiere pour lors Evêque de Cavaillon, & pour donner plus de force à ses paroles, elle se fit dresser une requête à cet effet, ne s'estimant pas assez capable de la dresser elle même, & après s'être fort appliquée à bien produire son discours, à la premiere veuë dudit Seigneur, elle l'énonça de fort bonne grace en pleine Assemblée, croyant d'obtenir sa décharge entiere ; elle fût bien surprise quand elle entendit prononcer par son Prelat l'arrest contraire, l'affermissant plus que jamais dans la Charge, l'assurant que tant qu'elle vivroit il n'y auroit point d'autre Superieure dans sa Congregation, puisque sa conduite étoit si utile, non seulement à son Monastére, mais encore au public, lequel donnoit mille loüanges au Ciel, & à nos Vrsulines de l'heureux progrez qu'elles faisoient au Christianisme.

Vingt ans aprés l'exercice de la Doctrine Chrétienne, elles firent representer une requête aux Messieurs les Consuls, par laquelle on leur exposoit la devotion, l'utilité & le zéle, avec lequel cette Congregation s'employoit au profit du public, & tout ce qui touche l'éducation des jeunes filles, & qu'à ces fins les bonnes Meres de Planchier avoient donné tous leurs biens temporels, leurs personnes, leur industrie l'espace de vingt ans à cét exercice, au contentement de chacun, & dans leur propre Maison, & comme de jour en jour s'augmentoit

6. Aoust.   *La V. Mere Madelaine, de Planchier.*   271

le defir du peuple de profiter de ces faints exercices, & que la multitude des personnes qui fe faifoit inftruire étoit fi grande que la Maifon étoit trop petite, & incommode pour y recevoir tant de gens, qu'à peine en pouvoit-on y recevoir la moitié. Cette requête prefentée n'eut pas de la peine d'en raporter fon effet, car en même tems Meffieurs les Confuls firent leurs diligences pour contribuër à maintenir le zéle & l'ardeur de nos Vrfulines, & leurs donnerent cinq cens écus, comme il fe voit par un acte public du 8. Janvier 1619. à condition toutesfois que l'exercice de la Doctrine Chrêtienne fubfifteroit dans le tems, comme il fait aujourd'huy avec beaucoup de fruit.

l'attrait particulier de nôtre Mere Madelaine, joint au zéle de l'inftruction de la jeuneffe, étoit l'honneur & la gloire de Dieu qu'elle recherchoit dans toutes fes actions, c'étoit ce qu'elle inculquoit le plus à fes filles ; ce même zéle luy fit entreprendre quelques mois avant fa mort un tres-beau bâtiment ; elle eut la fatisfaction d'y faire pofer la premiere pierre le deuxiéme May l'an 1626. avec les ceremonies ordinaires, & Dieu fe contentant de fa bonne volonté, ne voulut pas qu'elle joüit de la confolation qu'elle a procurée à fes defcendentes qui joüiffent depuis longues années des fruits de fes labeurs dans la perfection, où fe trouve maintenant l'Eglife, ayant la gloire d'avoir établi le Sanctuaire de Dieu, qui donne moyen à fes Adorateurs de luy faire hommage au Divin & adorable Sacrement, ainfi qu'elle faifoit elle-même ; car elle avoit un fi ardent defir de le recevoir à la fainte table, qu'elle eût fouhaité d'en faire fon pain quotidien, & pour feconder fa devotion, on la luy permettoit tous les jours de l'octave du Saint Sacrement ; elle exhortoit fes filles d'en faire le même avec foûmiffion & obeïffance ; elle ne s'eft jamais voulu conduire par fes propres penfées ; elle prenoit même plaifir dans les chofes ordinaires de fuivre le fentiment d'autruy pour n'agir felon fon propre fens.

Elle finit fes jours par une fiévre pourpreufe, dont l'ardeur ne la priva point de l'ufage de fes fens, la laiffant libre pour s'unir à Dieu ; elle congedioit toutes celles qui luy venoient parler d'affaire, difant qu'elle ne vouloit plus penfer qu'au Ciel ; elle fouffroit fa violante fiévre avec une patience Angelique.

Lors qu'elle eut reçû les Saintes Huilles, elle demanda de communier avec un ardent defir de s'unir à l'objet de fon amour. E'tant proche de fa fin elle manda querir fes plus proches, pour leur recommander la fainte dilection, la crainte de Dieu, & l'union entre elles, & rendit fa belle ame au Seigneur le 6. Aouft 1626. âgée d'environ 63. ans, aprés en avoir paffé trente-deux dans la Congregation. L'on ne peut exprimer dans quelle confternation elle laiffa fes filles, on n'entendoit que fanglots & lamentations, non feulement des perfonnes de la Maifon, mais encore des feculiers qui ne pouvoient fe confoler de cette perte ; toute la Ville étoit en deüil, & il fe paffa bien d'années avant que l'on pût tarir fes larmes.

Son corps fut mis en dépôt dans l'épaiffeur d'une muraille, & Dieu voulant faire voir la pureté & fainteté de fa fidelle fervante, voulut la conferver dans l'incorruption, car ayant été obligées de la tranfporter à l'Eglife, on le trouva sein & entier trois ans aprés aprés son decez de même que s'il n'eut passé qu'un jour de sa sepulture, & celles qui furent ensevelies au même lieu, & mises au dessus de ladite Mere, furent toutes en poudre, quoy que leurs decez furent aprés elle, & nous attestons, & assurons avec verité l'avoir tenu sur ses pieds aussi ferme que si elle eût été pleine de vie, & de telle sorte qu'on luy changeat d'habit, repandant une odeur merveilleuse, tous ceux qui la virent furent dans des transports de joye, ce que nous attestons ce jourd'huy 22. Fevrier 1683. dans nôtre Monastere de Sainte Ursule de l'Isle, SOEUR GABRIEL DU SAINT ESPRIT, Superieure au nom de la Communauté.

Nous disons de plus qu'elle a fait plusieurs miracles que nous obmettons pour n'avoir pas le tems à les faire authoriser; disons donc qu'elle a habité, & habitera à toûjours au Tabernacle du Seigneur, & qu'elle a été défenduë sous la couverture de ses aisles, non seulement pendant sa vie par l'heureux succez de ses travaux, mais encore aprés sa mort jusqu'à la conservation de son corps.

MAXIMES.

I. Ce n'est pas la peine, mais l'indisposition de l'ame qui l'empêche de travailler à la pratique des vertus, car la grace de souffrir, n'empêche jamais celle de se rendre à toutes les choses ausquelles on est obligé.

II. Dieu se plaît quelquesfois à se cacher à ses Eleus pour éprouver leur foy, leur amour, & leur fidelité vers luy, & lors il faut qu'ils prennent le soin d'agir en exterieur & dans l'interieur, non pas selon ce qu'ils sentent, mais bien selon ce qu'ils croyent, conformément à ce que dit Saint Paul, *le juste vit de foy*.

SIXIE'ME AOUST.

LA V. SOEUR MARIE DES ANGES, DE LESQUEN,
Religieuse Ursuline de Josselin.

Faites vôtre salut avec crainte. Auy Ephes. Chap. 6.

LEs Religieuses qui n'ont pas commencé à servir Dieu avec assez de ferveur, trouveront du soucy dans le Monastére de Josselin, & à l'exemple de Sœur Marie des Anges, qui dût porter avec justice le nom de cette fleur de soucy, sur la fin de sa vie, comme on la va voir.

Sa vocation

Sa vocation ayant esté causée par quelque respect humain, elle passa la premiére année de son Noviciat avec tant de négligence, que l'on eût bien de la peine à luy donner le Voile blanc au bout de ce terme ; mais par la grace de Dieu le changement d'habit, changea si fort son esprit, qu'elle devint un modéle de mortification, de regularité & de charité; aprés qu'elle eût vécu environ six ans depuis cette parfaite conversion, Dieu luy fournit une occasion de patience des plus penibles qui luy pouvoient arriver, & elle l'endura avec une constance qui ravit toutes les Religieuses, avançant admirablement à la perfection par cette voye étroitte : cette occasion l'éxerça un an, & ensuite s'étant couchée un soir fort pensive, elle demeura la tête appuyée de la main, & le coude sur l'oreillier; quelque temps aprés une de ses compagnes qui étoit dans la même Chambre, l'entendit crier d'une voix pitoyable, *ha! mon Dieu! encore un an,* puis ayant fait une pose, elle s'écria derechef ; *au moins six mois, mon Dieu!* enfin un peu aprés elle redoubla avec sanglots & soûpirs, *ha! mon Dieu! misericorde, hé! donnez moy au moins trois mois de vie!* La Religieuse la fit revenir à elle, & sans luy dire ce qu'elle avoit entendu, elle l'engagea à luy d'écouvrir ce qui luy étoit arrivé. *Ie me suis trouvée,* dit elle, *en un moment au Iugement de Dieu, & obligée de rendre compte de ma vie, que j'ay trouvée bien tiede, & éloignée de l'état d'une vraye Religieuse, sur quoy poussée d'un puissant désir de mieux faire, je criois misericorde à nôtre Seigneur, luy demandant encore une année, laquelle m'ayant esté refusée, je demandois au moins six mois, que je n'ay pû obtenir.* Elle dit ces choses-là avec une tres-grande abondance de larmes, assurant quelle ne passeroit pas le mois; au même temps la fiévre luy prit, & d'autres accidens, elle ne cessoit de demander toûjours du temps pour mieux servir Dieu, jusqu'à ce qu'on luy eût fait entendre qu'elle ne pouvoit mieux faire, que d'accepter la mort au temps qu'il plairoit à Dieu de la luy envoyer, car alors elle s'abandonna entierement entre ses mains, & dans cét abandon elle fit ses dernieres préparations à la veüe de la Communauté, qui étoit fort affligée de la perdre, parce que c'étoit un tres-bon sujet.

Le Reverend Pere Fulgence de Sainte Barbe Religieux Carme, se trouva contre toute apparence pour l'assister à sa derniere heure selon qu'elle l'avoit toûjours désiré, & luy seul sçeût soulager les inquietudes de son esprit qu'elle rendit en paix l'an 1657.

C'est ainsi qu'elle a operé son salut avec crainte, & qu'elle nous invite à faire le même, quittant toutes les pensées terrestres, pour nous élever aux celestes, & à une Eternité, songeant à une vie invisible qui n'a point de fin.

Ouvrez les yeux de la Foy, & considerez attentivement quels sont les jugemens de Dieu, ne soyez point du grand nombre des insensez qui ne font point de reflexion sur leur salut. Apprenez aussi que si Dieu vous a donné aujourd'huy cét exemple de Penitence, c'est une instruction qu'il vous donne pour veiller sur vous même, & vous tenir sur vos gardes.

MAXIMES.

I. L'ennuy & la pareſſe eſt un relâchement de l'ame, une défaillance de l'eſprit, un dégoût des exercices ſpirituels, & une averſion de la vie Religieuſe qu'on profeſſe; il rend l'ame languiſſante, il la rend lâche dans la priere, mais il la laiſſe infatigable dans les exercices corporels, diligente & laborieuſe dans tout le travail des mains, prompte & allégre dans les devoirs de l'obeïſſance.

II. Celuy qui eſt ſoûmis à un Superieur dans une Communauté, ne connoît point cette paſſion, parce qu'il fait ſervir le miniſtere des choſes ſenſibles, auſquelles on l'occupe au réglement des ſpirituelles, car la vie commune des Monaſteres eſt contraire à la pareſſe.

III. Quand nous ſommes à l'Oraiſon & à la priere, l'ennuy nous fait ſouvenir de quelque affaire neceſſaire, & toute déraiſonnable qu'elle eſt, elle s'efforce de tout ſon pouvoir de nous tirer de cette occupation ſi ſainte. Elle les porte auſſi à aller vers ceux qui ſont dans la triſteſſe & l'abbattement d'eſprit, leur inſpirant de conſoler, & de fortifier les foibles, lors qu'il n'y a rien de plus lâche, ni de plus foible qu'eux-mêmes.

IV. Chacune des vertus détruit en particulier le vice qui luy eſt oppoſé, comme chaque vice détruit en particulier la vertu qui luy eſt contraire; mais celuy cy eſt la mort generale de toutes les vertus en un Religieux. Une ame Religieuſe releve & r'anime ſon eſprit lors qu'il eſt tout abatu, mais cêt ennuy & cette langueur dans une ame lâche, diſſipent tout le tréſor des vertus.

V. C'eſt dans le temps du combat, qu'on peut reconnoître ſi nous uſons d'une ſainte violence contre nous-mêmes, car il n'y a rien qui procure tant de couronnes à une ame Religieuſe que la guerre que cette paſſion luy fait, ſi elle luy reſiſte avec un ferme courage.

VI. Si vous y prenez bien garde, vous trouverez qu'il tente ceux qui ſont debout, en leur inſpirant de s'aſſeoir; & ceux qui ſont aſſis, en les excitant à s'appuyer; & lorsqu'ils prient, il les plonge dans le ſommeil; s'ils ſont à leur Celule, il les porte à regarder par les fenêtres, & par tout il les tente.

VII. Les moyens de ne ſuccomber à ces tentations, eſt de conſiderer les biens avenir, de penſer ſerieuſement au Jugement de Dieu, & à nôtre derniere fin, & de recourir à la priere.

VIII. L'origine de l'ennuy & de la pareſſe, eſt l'inſenſibilité de l'ame & l'oubly des biens celeſtes, & quelque fois de l'excés des travaux du corps; les maux qui accompagnent la pareſſe, ſont le mépris des ordres de ceux qui nous conduiſent, & l'oubly des jugemens derniers.

Septième Aoust.

LA VENERABLE SOEUR ANNE DE S. IGNACE, d'Urigny, Religieuse Ursuline de Bourg en Bresse.

Ie suis heureusement sortie d'un bon combat. A Timot. Ch. 4.

Elle fit voir à son entrée en Religion, la generosité d'une ame fidelle à la grace. Messieurs & Madame de la Vernée ses Pere & Mere, personnes tres-qualifiées, n'avoient qu'un seul fils, & elle, & l'un & l'autre fort accomplis. Madame sa Mere demeurant bien-tôt veuve, fonda toutes ses esperences en en ses deux Enfans, & cherissoit cette fille comme la prunelle de ses yeux. Mais Dieu qui est le maître des cœurs, l'attira toute petite à soy, en sorte qu'elle prit résolution d'être Religieuse, quoy qu'elle n'en découvrit rien.

 Quand elle fût en âge de paroître, sa beauté, son humeur engageante & son honnêteté, la firent plus considerer que les ornemens que sa Mere ne luy épargnoit point. Trois ou quatre ans se passerent qu'elle respiroit l'air du grand monde, & elle vint jusqu'à la veille d'être accordée, alors elle se déclara à sa Mere, & voyant qu'elle ne vouloit point consentir à sa retraitte, elle la quitta secretement, & se rendit aux Ursulines de Bourg en Bresse, où trouvant la porte ouverte, elle y entra sans vouloir plus sortir, puis elle le manda à sa Mere. Cette Dame jetta pour ainsi dire feu & flames de déplaisir, & fit mille offres pour retirer sa fille, laquelle enfin ne l'appaisa aucunement, mais comme elle pensoit être au bout de ses combats, ils recommencerent avec plus de violence de la part de ses Oncles Commandeurs à Malte, qui depuis sa vêture, & sa profession même, tenterent toutes sortes de voyes pour la faire sortir du Couvent, se promettant d'avoir facilement du Saint Pere la dispence de ses Vœux, tout cela n'ébranla point la constance de cette jeune Ursuline ; elle pria avec tant d'instance ses parens de ne la plus importuner, qu'enfin ils la laisserent en paix.

 Remportant la victoire d'un si glorieux combat, Elle disoit, *Ie suis heureusement sortie d'un bon combat.* Aussi nous pouvons dire que la palme qui ne courbe jamais, sous quelque poids ou fardeau que ce soit, est l'illustre simbole de la constance, & generosité d'esprit de cette incomparable Amasonne, laquelle dés son entrée au Noviciat, embrassa de même ardeur qu'elle y étoit entrée, la pratique solide des vertus, & fit un si grand progrez à la perfection, qu'en moins de sept ans qu'elle vécut dans le Monastere, elle acquit un entier abandon aux volontés de Dieu, & dit en mourant qu'il y avoit long-temps qu'elle n'avoit pû s'attacher à autre exercice. Elle porta une fluxion sur le Poulmon un an durant, avec joye de se voir approcher de l'Eternité. Le jour de sa mort, le Medecin luy ayant dit qu'elle partiroit bien-tôt, *Monsieur*, répondit-elle, *je vous remercie*, jamais personne ne me donna une si bonne nouvelle ; puis étant saintement preparée, elle rendit son ame à Dieu, l'an 1640. ayant au plus 26. ans.

Il semble que Dieu ait pris plaisir de peindre en cette bonne Religieuse d'une maniere sensible, l'état dans lequel sont tous les Chrétiens dans ce monde ; ils sont les enfans de Dieu, & ils le sont effectivement, selon que l'Apôtre Saint Jean l'assure.

Comme nôtre Sœur de la Vernay étoit fille de qualité, on ne voyoit à cette humble Ursuline aucune trace de son illustre naissance ; elle vivoit dans la pauvreté, comme tous les Chrétiens doivent vivre pauvres & humbles dans ce monde, en attendant le moment qu'il plaira à Dieu de faire connoître ce qu'ils sont. Soyez donc ames Chrétiennes dans une patience toûjours tranquille, ne prevenez-pas le temps que Dieu a marqué pour vôtre gloire. Voyez cette constante Ursuline, qui pouvoit par une parole changer son état, & passer de sa vie humble & mortifiée au comble de tous les plaisirs qu'elle a rejetté, pour conserver jusqu'à la fin l'humilité & le silence ; imités sa perseverance, encouragez-vous à souffrir le peu qu'il faut endurer, dans l'esperance que cette bassesse apparente se tournera bien-tôt en une véritable gloire, & ainsi vous occupant de ces grandes veritez, vous rendrez graces à Dieu, qui vous a donné ce moyen pour gagner le Ciel, & le prierez qu'il vous donne la patience, par laquelle vous attendiez les biens qui doivent suivre les maux.

MAXIMES.

I. La douceur consiste à souffrir avec une insensibilité sainte, les troubles que nous cause nôtre prochain, & à prier pour luy avec une parfaite sincerité, lors qu'il agit avec une injustice contre nous ; & nous fait demeurer toûjours fermes dans les persecutions sans être ébranlez.

II. La douceur est l'aide de l'obeïssance, c'est le guide & le lien de la societé fraternelle ; c'est le frein qui arrête la fureur & qui dompte la colere, c'est une source de joye toute sainte, une imitation de JESUS-CHRIST, & une qualité toute Angelique, c'est un bouclier pour repousser tous les traits de la haine & de l'aigreur.

III. Les doux seront les possesseurs de la terre (dit Iesus-Christ) où plûtôt ils en seront les dominateurs, au lieu que les furieux, & les coleres seront exterminez de dessus la Terre.

IV. L'Ame qui est douce & paisible, est le siége de la simplicité ; & l'esprit colere & violent est une source feconde en malice.

V. Comme les nuées obscurcissent la lumiere du Soleil, ainsi les mauvaises pensées offusquent la lumiere de l'esprit, & l'ensevelissent dans les tenebres de la mort.

LA VENERABLE SOEUR MARIE DE S. JOSEPH,
Eufrase, Religieuse Ursuline de Liege.

Quand je suis infirme, c'est alors que je suis plus forte. A la seconde, au Corinth. Chapitre 12.

Dieu donna sa benediction au courage, & à la constance de nôtre Sœur Marie de Saint Ioseph. Elle étoit languissante d'une infirmité notable, & neanmoins elle ne manqua pas un jour, pendant un an entier, de monter cinquante degrez d'un escailler qui est dans le jardin des Ursulines de Liege, & qui conduit à deux Oratoires dediés à la Sainte Vierge, & à Saint Ioseph, que cette devote Religieuse alloit visiter, & à la fin elle recouvra sa parfaite santé ; ainsi elle pouvoit dire avec le grand Apôtre, *quand je suis infirme, c'est alors que je suis plus forte.* Nous avons donc aujourd'huy un modéle de pieté, & de generosité à imiter ; Priez le Seigneur qu'il vous rende si ferme dans son amour, qu'il n'y ait rien sur la terre qui vous puisse ébranler. Il semble que c'est ce qu'il desire le plus de ceux qui le servent, comme il paroît en ce que loüant Saint Jean Baptiste, ce qu'il semble le plus estimer en luy, est ; *Qu'il n'étoit point semblable à un Roseau agité de vents.* C'est en quoy nous devons tâcher autant que nous le pouvons de nous rendre semblables aux Saints. C'est un grand amour que produit cette grande solidité, comme c'est un amour foible qui nous rend semblables à des Roseaux agitez ; joignons à nôtre ardente charité, une profonde humilité, qui nous fasse connoître nôtre foiblesse, puisqu'il n'y a rien qui éloigne si fort de la solidité, qui parût dans la pieté de cette grande servante de Dieu, que la trop grande facilité à se persuader qu'on l'a déja.

MAXIMES.

I. Méprisés la mort, & la regardés plûtôt avec joye, qu'avec crainte ; un Chrétien qui se souvient de ce qu'il est, doit se souvenir aussi que le grand effet de l'Incarnation, est d'avoir délivré les hommes de la crainte de la mort.

II. Plus nous aurons de part à ce mystere ineffable, moins nous craindrons ce que Iesus-Christ nous a appris à mépriser, & nous sentirons une ardeur toûjours nouvelle, de nous rejoindre au plûtôt à ce chef Divin, quelque porte qu'il plaise à Dieu de nous ouvrir, pour sortir de ce monde, & pour nous faire aller à luy.

III. Comme l'eau qui est pressée & reservée dans les tuyaux, s'éleve en l'air avec impetuosité, ainsi il arrive souvent que l'ame qui est pressée, & environnée de perils, s'éleve à Dieu par la penitence, & par la priere, & trouve dans la penitence, & dans la priere son salut.

Huitie'me Aoust.

LA V. SOEUR JEANNE DE LA NATIVITE', de Gauteron, Religieuse Ursuline de Belay.

Celuy qui garde la Loy, est un enfant sage ; celuy qui nourrit des gens de bonne chere, couvre son pere de confusion. Aux Proverbes, Chap. 28. verf. 7.

Salomon appelle un Enfant sage, non celuy qui connoît, mais celuy qui garde de la Loy de Dieu ; on peut la connoître & estre insensé. Celuy-là seul est sage selon Dieu, qui ne veut sçavoir ce qu'il nous commande que pour regler sa vie, & non pour se produire devant les hommes ; c'est pourquoy, l'Ecriture ajoûte, *Celuy qui nourrit des gens de bonne chere, couvre son Pere de confusion.* On peut entendre par ces gens de bonne chere, ceux qui prennent plaisir à entendre des discours de Dieu, comme s'ils entendoient un air de musique, selon que l'Ecriture le leur reproche; *Ils vont aux Assemblées saintes, comme des gens de bonne chere vont à la Table;* c'est à dire, plûtôt pour satisfaire leur curiosité que pour honorer la verité & pour s'en nourrir ; celuy qui prend plaisir à parler devant ces personnes pour être approuvé d'eux, & pour recevoir leurs loüanges, confond son Pere, parce qu'il deshonore le Sauveur au nom duquel ils parlent ; au lieu que les vrayes Ames Apostoliques, selon Saint Paul, sont la gloire de Iesus-Christ.

Sœur Ieanne de la Nativité issuë d'une noble famille du Dauphiné, & Professe du Monastere des Vrsulines de Belay, laquelle fût choisie & envoyée pour aider à l'établissement des Vrsulines de Gex, a esté cét Enfant sage qui a gardé la Loy de Dieu, ayant parfaitement excellé en l'esprit d'obeïssance qui est l'ame de la Religion ; jamais on ne la veû manquer en la moindre chose de la dépendance & de la soûmission à celles qui la conduisoient, & bien qu'elle fût obligée de servir la Communauté aux principales Charges, jamais elle ne relacha rien de l'obeïssance, non plus que de son exactitude à l'observance des régles, dont elle étoit un exemple parfait, quoy qu'elle ne servît Dieu que sur l'appuy obscur de la foy, sans nulle consolation dans ses oraisons, où elle étoit dans des gemissemens continuëls, demandant incessamment à nôtre Seigneur le don d'Oraison ; elle demeura toute sa vie dans cét état de peine & d'aridité, jusqu'à ses derniers jours, qu'elle fût bien recompensée de sa fidelité à servir Dieu à ses dépens, comme dit Sainte Therese.

Elle fût attaquée d'étizie & d'hydropisie, & finit dans cette maladie si facheuse, pratiquant les mêmes vertus que pendant sa santé, & reçeût tous ses Sacremens dans ses saintes dispositions, & Dieu commença à luy faire goûter combien il est doux & suave à ceux qui quittent tout pour le suivre, en luy donnant quelques jours devant sa mort un don d'Oraison si extraordinaire, qu'elle fût comme dans une continuelle extase & ravissement, dans la contemplation des grandeurs de Dieu, & de la gloire du Paradis ; elle goûtoit des douceurs inexplicables, que l'on voyoit par la jubilation qu'elle en faisoit paroître & le profond recüeillement où elle étoit. Elle disoit souvent qu'elle possedoit par la misericorde de Dieu, ce qu'elle avoit tant soûhaitté & demandé. L'excez de joye où elle étoit luy faisoit dire des choses admirables, apprenant à ses Sœurs ce que c'étoit que l'état de la Beatitude dont elle penetroit les ineffables grandeurs, & est decedée dans ces jubilations interieures, en publiant les grandeurs de Dieu ; c'est ainsi que cette Ame Apostolique, selon Saint Paul, a esté la gloire de Iesus-Christ, & est allé joüir de luy en l'an 1639.

MAXIMES.

I. Travaillons de toutes nos forces pour arriver au plûtôt au comble de toutes les vertus, sur tout de l'humilité, que si nous sommes trop lâches pour pouvoir monter si haut, au moins attachons-nous fortement à elle, & ne nous en separons jamais, puisque celuy qui s'en separe ne peut presque sans miracle, recevoir aucune grace qui soit de durée.

II. E'tre pauvre de cœur & d'affection, abandonner le monde par une retraitte inconnüe au monde, cacher sa propre sagesse, celer sa noblesse, être simple & sincere en ses paroles, bannir de soy toute vaine confiance en soy-même, & retrancher tout discours suplerflu & inutile, sont les exercices de vertu qui sont comme autant de nerfs qui fortifient l'humilité, & qui nous y conduisent.

III. Comme celuy qui porte sur soy des parfums, ne peut empêcher qu'on le reconnoisse pas l'odeur excellente de ses parfums, aussi celuy qui porte dans son cœur l'esprit de Dieu même, ne peut empêcher qu'on ne le connoisse par ses paroles, & par son humilité.

Huitie'me Aoust.

LA VENERABLE SOEUR SEBASTIENNE ANNE du Saint Sacrement, de Gauteron, Religieuse Ursuline de Gex.

Les yeux du Seigneur gardent la science, les paroles de l'injuste seront confonduës.
Aux Proverbes, Chapitre 22. vers. 12.

LA vraye science est celle qui observe toûjours les yeux du Seigneur, nôtre Sœur du Saint Sacrement avoit cette science, car elle regardoit sans cesse Dieu qui est la sagesse eternelle, & desiroit d'être regardée de luy, afin qu'elle fust toûjours soûmise à ses ordres, aussi Dieu l'a protegée & sa science, parce qu'elle venoit de luy, & qu'il en étoit la fin comme le principe. Cette ame éclairée étoit fortement attirée à l'oraison. Sa devotion particuliére étoit à l'humanité sainte de N. Sauveur, qui luy servoit de modéle, & animoit sa ferveur, & son zéle. Son humilité la portoit à se faire un plaisir de vivre abjecte dans la maison de Dieu.

Sa bonne Sœur Ieanne de la Nativité, qui l'avoit attirée dans le Monastere, luy servit aussi d'exemple, & elle imita de fort prés ses vertus, sur tout dans l'exactitude & ponctualité à tous les exercices de la Regle.

Sa maladie fut un débord de cerveau qui la conduit en moins de cinq jours du temps à l'Eternité, apres avoir receu tous ses Sacrements dans des dispositions toutes saintes : Elle attendit ces derniers momens d'un courage admirable : Elle dit au Confesseur aprés quelle eût fait les recommandations de l'ame, quelle avoit par la grace de Dieu un courage de Cesar, & qu'elle ne craignoit rien, étant aidée du secours du Ciel, & se rendit si attentive aux Litanies des Saints, que quand on fut à l'invocation des Saintes Vierges, Elle invoqua tout haut Sainte Gertrude, & mourut aussi-tôt aprés, le huitiéme Août 1652. Ayant vécu en Religion 14. ans.

MAXIMES.

I. *Les paroles de l'Injuste seront confonduës* (dit le Sage.) Il est injuste lors même qu'il dit la verité, parce qu'il l'a dit par Esprit de mensonge, qui est l'Esprit d'Orgueil, & qu'il ne cherche que sa propre gloire selon l'Evangile ; ainsi ses paroles seront confonduës, parce qu'elles rougiront, selon l'expression d'un Ancien Pere, étant démenties par ses actions.

II. Le commencement de l'orgueil & la fin, est le comble de la vaine gloire ;

son progrés est le mépris du prochain, l'amour des loüanges, la haine des reproches, l'ostentation de nos travaux; sa fin est un renoncement au Divin secours de la grace par une présomptueuse confiance à nos propres forces.

III. Comme les vents troublent la Mer, ainsi la colere plus qu'aucune autre passion trouble l'esprit.

IV. Il n'est pas plus impossible que le feu produise jamais de la neige, qu'il est impossible que celuy qui recherche la gloire de la Terre, joüisse jamais de celle du Ciel.

Huitie'me Aoust.

LA V. SOEUR JEANNE MARIE DE SAINT Sebastien, Carpentier, Religieuse Novice de Bourg en Bresse.

Venez, je le veux, qu'on me reprenne, & on me fera plaisir.
En Isaïe, Chapitre 1. Verset 18.

Notre Sœur de Saint Sebastien s'est toûjours portée avec ferveur à toutes les maximes Religieuses: Dieu qui en peu de tems la vouloit enrichir des mérites de plusieurs années, permit qu'elle fût exercée fortement dés son entrée au Noviciat; la Maîtresse la voyant disposée à la pratique d'une vraye & solide vertu, & à faire beaucoup de bien, ne l'épargnoit point: Elle portoit souvent la reprehension qu'elle n'avoit pas méritée, elle en faisoit estime, & l'on eût dit, qu'elle y étoit insensible, sa maniere d'agir sembloit y inviter, en disant, *venez, je le veux bien, qu'on me reprenne & l'on me fera plaisir.* Iamais on ne la oüi dire un mot de plainte, ayant acquis un si haut état de perfection, qu'elle avoit acquis une égalité admirable en tout ce qui luy arrivoit, étant toûjours sans inquietude ou impatience, prenant avec joye les humiliations & les mortifications, sans se justifier bien que souvent, ce qu'on luy disoit, ne fut pas. Mais se rendoit tres soigneuse de profiter des occasions de ces Vertus, & tres courageuse à aller au devant.

Son silence étoit si exact, que jamais on ne luy a oüi dire une parole innutile hors les recreations, nonobstant les occasions que luy en donnoient ses occupations. Son exterieur étoit retiré, mortifié & humble, qui témoignoit son recueillement interieur. Elle avoit une grande pieté, sa dévotion particuliere étoit à honorer la Sainte Vierge, disant souvent qu'elle ne luy avoit jamais rien demandé qu'elle ne l'eût obtenu. Sa soûmission aux volontés de Dieu étoit

282 *La V. Sœur Ieanne Marie de S. Sebastien, Carpentier.* 8. Aoust.

singuliere, tout luy étoit indifferent, parce, disoit-elle, que rien n'arrive que par le vouloir de Dieu. Il ne se faut pas étonner si sa vie a été si Sainte, puisque son inclination au bien a parû dés son Enfance, aussi bien que les dispositions qu'elle avoit pour la vertu, car dés l'âge de six à sept ans, elle se déroboit pour se cacher en quelque coin, & se dépoüilloit pour quitter son linge, ce qu'elle faisoit tres-souvent, comme aussi de donner ses déjeunés & ses goûtés aux Paûvres; ordinairement on la trouvoit en priere en des lieux écartés.

Sa bonne vie a été suivie d'une sainte mort, à laquelle elle a porté toutes les dispositions d'une Ame prédestinée, & qui luy a merité la Grace de voir en mourant Sainte Ursule, & les onze mille Vierges, qui la venoient accompagner aprés son décés qui arriva l'an 1629. Elle a paru à sa Mere qui étoit dans sa maison à l'heure qu'elle mourut, toute entourée de lumiere, avec des Palmes en mains & une Couronne de laurier sur la Tête, & luy dit, *Adieu ma Mere je m'en vay, Dieu m'a fait misericorde.* Apparamment cette jeune Epouse du Sauveur est Bien-heureuse, & sera éternellement loüable de ce qu'elle s'est toûjours tenüe attachée à Dieu, & à ceux qui la conduisoient, quoyque ce fusse par une voye assés rude, c'est cette premiere generosité qui luy a merité le courage & la force avec laquelle elle enduroit les maux que son amour pour Dieu & sa perfection luy attiroient. Ha! qu'elle s'est trouvée heureuse de cette douce persecution, elle preferoit toutes ses peines à la vie la plus paisible, & la plus agreable qu'elle eût pû mener dans le monde. Elle eût bien assez de lumiere pour discerner où se trouvoit son veritable avantage, & eût assez de courage pour se tenir en ce qu'elle avoit une fois connu luy être le meilleur, quelque pénible qu'il fut au sens. Ames Chrêtiennes! vous trouverés icy un grand modele de toutes sortes de vertus. Sa pieté, sa charité, son humilité, sa mortification, son courage, sa fidelité, sa joye dans les persecutions, sa perseverance dans les souffrances, sa patience dans les maladies & plusieurs autres, sont autant de miroirs pour vous considerer vous-mêmes, & voir quel raport vous avez avec elle.

MAXIMES.

I. L'Ame qui est remplie de douceur, se remplit des paroles de la sagesse, *car le Seigneur*, dit le Prophete, *conduira les doux dans la science des jugemens*, ou pour mieux dire dans la lumiere du discernement.

II. L'Ame qui est droite & sincere, est la fidéle compagne de l'humilité, au lieu que celle qui est malicieuse, est la Servante & l'Esclave de l'orgueil.

III. Les Ames des Doux sont éclairées des connoissances Divines, au lieu que l'esprit des coleres demeure toûjours dans les tenebres & dans l'ignorance.

IV. Comme il arrive souvent qu'une seule étincelle de feu embrase toute une grande Forest, aussi une seule bonne action peut consumer un grand nombre de pechez.

HUITIE'ME AOUST.

LA VENERABLE SOEUR FRANCOISE DU Saint Esprit, Robot, Religieuse Ursuline de Viteaux.

J'ay appris à me contenter de l'état où je me trouve, je sçay vivre pauvrement, je sçay vivre dans l'abondance, ayant éprouvé de tout, je suis fait à tout.
Saint Paul, Philip. 4.

Notre Sœur du Saint Esprit ne pouvoit être mieux nommée, car elle en avoit un si droit, si bon & si fort qu'on pouvoit compter sur elle pour tous les besoins d'une Communauté, & les bons Conseils qui y sont de nécessité. Elle avoit été élevée dans la maison de Monsieur son Pere & de Mademoiselle sa Mere avec tant de soin & de tendresse, que l'on ne pouvoit comprendre comme elle avoit conçû des pensées pour la Religion ; Ils y apporterent tant de délay, & tant d'opposition qu'il fût besoin de toute sa fermeté pour soûtenir sa vocation, qui étoit fort désirée des Religieuses, tant par la consideration de sa Famille qui est des premieres de la Ville de Viteaux, que pour sa personne qui devoit être d'un grand secours à sa Communauté, parmy laquelle elle y a vécu 36. ans, avec une grande édification, étant d'une pieté solide, qui la toûjours rendüe tres fidelle à tous ses Exercices Spirituels, s'y appliquant entierement, elle se débarrassoit de tout, & même on n'osoit la détourner pour quelque affaire que ce fût. Les jours de Communion sa coûtume étoit de passer une heure devant le Saint Sacrement ; avant que d'y aller elle prévoyoit à ce qu'on ne la détournât point, comprenant que pour prier & adorer cette Unité Divine, il faloit sortir de la multiplicité des choses exterieures ; elle s'y tenoit d'un maintien si dévot, qu'on jugeoit que son Ame étoit pénétrée d'un profond respect ; Elle avoit une dévotion particuliere à la Sainte Mere de Dieu, à Saint Joseph & à son Ange Gardien, & se préparoit à toutes ces Fêtes par des pratiques particulieres ; on la voyoit sur tout attachée à demander le pardon de ses pechez, paroissant dans une grande contrition & d'une ferveur extraordinaire, chaque fois qu'elle alloit au Tribunal de la Confession, elle touchoit celles qui la voyoient dans ses dispositions, aussi avoit elle un zéle particulier à y disposer les Pensionnaires, où elle a été employée fort long-temps, ayant pour cela tous les talens nécessaires, sur tout celuy de leur faire concevoir ce qu'elle vouloit leur apprendre, elle y étoit infatigable, & quoy qu'elle n'eût pas de santé, elle s'y donnoit toute entiere, oubliant ses maux quand elle étoit dans cette occupation, dont elle s'acquittoit à la satisfaction de ses Superieures & de celles qui étoient sous sa conduite. Vne partie des Religieuses de sa Communauté luy doivent ce qu'elles sçavent ; mais elle se donnoit un plus grand soin de celles qui paroissoient les plus pauvres & les plus abandonnées, les supportant, & excusant avec une douceur qui ne se peut dire, se souvenant de ce que Jesus-Christ dit, *Ce que vous ferez à un de ces petits, je le tiendray fait comme à moy même.* C'est ce qui la faisoit consommer dans la charité, c'est ce qui obligea à la mettre Maîtresse des Pensionaires, aussi-tôt aprés sa Profession, & puis Maîtresse generale, quoyque Dépositaire, pendant plusieurs années ; Elle s'est acquitté de l'un & de l'autre si fort à l'avantage de la Religion, qu'on l'en comptoit un grand soûtien ; Elle étoit capable de toutes sortes d'ouvrages, cependant dépuis bien d'années elle n'en faisoit point, s'il ne faloit quelque figure à la Chapelle, étant toute employée aux affaires de consequence, qu'elle entendoit comme un Avocat bien éclairé & fort habile : Elle étoit une grande œconome, fort reservée pour l'usage des choses qui étoient de son particulier, qui luy ont toûjours été fournies par Messieurs ses parens avec profusion, ayant grand soin de la soulager, étant d'une complexion & santé fort foible, en sorte que plusieurs années avant sa mort elle ne pouvoit suivre la Communauté, quoy qu'elle la servit beaucoup ; elle fust enfin contrainte de s'aliter, ayant de violens accés de fiévre, de grandes douleurs par tout le corps ; il luy vint tout à coup une thumeur chancreuse au sein gauche; on la voyoit presque tous les jours dans de nouveaux & terribles accidens, qui la consommoient de souffrances, sans que cela diminuât son zéle pour le bien de la Communauté, son esprit agissant toûjours, & l'ayant present à tout ce que l'on souhaitoit d'elle jusques à la derniere extremité, qui a été une cruelle hydropisie, qui étoit si douloureuse qu'elle ne pouvoit s'aider, ny demeurer que fort peu dans une même situation ; de sorte qu'elle étoit un objet de pitié, son corps étant tout ulceré, & cependant avant ces maux fort beau & bien fait.

Elle communia avec tant de pieté & d'application que l'on jugeât bien que son humilité cachoit ses occupations interieures. Deux ans avant sa mort elle avoit conçû un desir extraordinaire de sa perfection, priant une Religieuse de l'advertir quand elle la verroit manquer sur un point qu'elle luy dit être son foible ; & en effet dépuis ce tems elle y avoit fait de grands profits ; elle se disposa à sa fin par un soin assidu à gagner les Indulgences, ayant dans son Monastére beaucoup de jours en l'année, ou en sept Autels particuliers, comme les sept Autels de Rome, elle ne manquoit jamais à profiter de ces trésors Divins. C'est un de Messieurs ses Neveux, qui a obtenu ces graces de sa Sainteté, & qui aussi déposé en ce Monastére de belles & considerables Reliques qu'elle étoit fort soigneuse d'honorer. La crainte de la mort qui luy étoit naturelle, se dissipa en ses derniers jours, de sorte qu'elle ne songea plus qu'à s'y preparer par des desirs de voir Dieu.

Elle avoit la conscience bonne & tendre ; elle demanda à Monsieur le Confesseur pour qui elle avoit une veneration particuliere, telle que sa haute vertu & son merite l'exigent, de la confesser châque soir, craignant de le faire avertir la nuit, &

que sa santé n'en souffrit à cause de son grand âge; elle demanda l'Extrême-Onction qu'elle reçût avec une parfaite resignation, & une application si touchante, qu'il paroissoit que Dieu operoit en elle quelque chose de fort particulier. E'tant fort proche de sa fin elle demanda la Communauté pour dire les prieres des Agonizantes, puis elle passa toute la nuit dans des terribles souffrances, qu'elle portoit avec une admirable patience, faisant tous les actes qu'on luy sugeroit, puis elle rendit son ame à son Createur si doucement qu'à peine connut-on qu'elle expiroit; ce fust le huitiéme Aoust 1684.

Avoüons qu'elle pouvoit dire, *j'ay appris à me contenter de l'état où je me trouve, je sçay vivre pauvrement, je sçay vivre dans l'abondance, ayant éprouvé de tout, je suis faite à tout.* Imités-là, vivés contente & joyeuse dans l'état où Dieu vous a mis. Ne soyés point du nombre de ces personnes qui ne sont ingenieuses qu'à se rendre miserables ou en exagerant les maux qui leur arrivent, ou en comparant leur malheur imaginaire à la felicité apparente, qu'ils voyent dans les autres. Dieu vous a mis dans cét état, demeurez-y, vivez-y contant & joyeux, Dieu le veut; le Sage a dit avec raison, *qu'il n'avoit rien trouvé de meilleur que de bien vivre & se réjoüir.*

MAXIMES.

I. Le cœur qui a une fois quitté Dieu, ne trouve rien en terre qui luy agrée, il ne faut aimer la vie que parce qu'elle nous conduit à la mort, & qu'en ce peu de tems nous pouvons gagner l'Eternité.

II. Contentez-vous des biens de la fortune & des talens de la nature que Dieu vous a donné, & n'en desirez pas d'avantage, Dieu sçait ce qu'il vous faut, peut-être vous seriés damné si vous aviés plus d'esprit, plus de santé, & plus de richesses que vous n'en avés; ce ne sont pas les richesses ny les autres biens qui vous rendront heureux en ce monde; c'est la possession de Dieu, qui est la veritable richesse de nos ames.

III. Soyez aussi contente des biens que Dieu vous fait en l'ordre de la grace, & n'en souhaittés pas de plus grands avec inquietude; employés les graces qu'il vous donne & les talens qu'il vous confie, & Dieu sera content.

IV. La veritable componction produit la grace & la joye dans nôtre ame, & les larmes des Penitens sont infiniment plus agreables & plus consolentes que toutes les fausses joyes que les pecheurs goûtent dans leurs plaisirs criminels.

Neuvième Aoust.

LA VENERABLE SOEUR ANNE DE S. JOSEPH,
Religieuse Ursuline de Dijon.

Nous sommes la bonne odeur de Jesus-Christ. En la deuxiéme au Cor. ch. 15.

L'Esprit de nôtre Sœur Anne de Saint Joseph étoit doux & paisible, & elle étoit fort studieuse & exacte à se bien acquiter des occupations que l'obéïssance luy donnoit ; dés qu'elle fût aux Pensionnaires les Maîtresses étoient si persuadées de sa fidelité à se maintenir à son devoir, & faire observer le même aux autres en leur absence, qu'elles s'en reposoient entierement sur elle, la trouvant judicieuse au delà de son âge. Sa dévotion vers le grand Saint Joseph a été remarquable ; elle obligea sa Superieure par la suplication qu'elle luy en fit, de luy en donner le nom à sa véture ; à ses Fêtes elle s'y disposoit par un nombre tres-considerable d'Actes de vertus, qu'elle se prescrivoit quelque tems auparavant, & invitoit d'autres Religieuses à faire le même d'une maniere fort engageante ; elle fit un recueïl de tous les actes & pratiques de pieté qu'elle avoit pû recouvrer à son honneur ; elle avoit dedié tous les seconds Dimanches du mois pour luy rendre des hommages particuliers ; elle demanda que l'on mit avec elle dans son Tombeau une Image de ce grand Saint, pour témoigner en la vie & en la mort qu'elle s'étoit consacrée à son honneur & entierement abandonnée à sa protection, à laquelle nous attribuons les aydes & secours extraordinaires, tant interieurs & exterieurs qu'elle a eû, sur tout en sa derniere maladie qu'elle reçût ses Sacremens fort à propos, ensuite des desirs empressés qu'elle en a fait paroître par des frequentes suplications, & produit d'une grande ferveur tous les Actes convenables à son état present ; elle pourvût même à charger une Religieuse de dire & faire pour elle tout ce qui se doit pour bien mourir, quand elle la verroit à l'extremité, & dans l'impuissance d'agir elle-même.

Quand elle reçût les Saintes Huiles, bien qu'il n'y eût pas deux jours qu'elle avoit fait une Confession générale avant la reception du Saint Viatique, elle voulut encore pour se mieux préparer à ce dernier Sacrement & paroître devant Dieu avec plus de pureté, se confesser de nouveau une heure avant qu'entrer à l'agonie, ce qu'elle fit avec de si saintes dispositions que le Confesseur en restât fort édifié ; l'Infirmiere luy ayant présenté quelque petite douceur, elle la refusa, disant, qu'elle avoit si peu de tems à vivre qu'elle ne devoit perdre aucune occasion de mériter.

Madame la premiere Présidente des Comptes, sa bonne Mere, qui est fort pieuse & d'une haute vertu, ayant contribué de ses soins avec empressement pour la soulager par une grande tendresse qu'elle avoit pour elle, souhaitoit fort de la voir en ces derniers momens ; mais quand on luy en parla, sa réponse prouve son dégagement, & son zéle pour l'observance reguliere. *J'aymerois mieux*, dit elle, *mourir tout presentement que de voir à mon occasion manquer à la clôture, & je vous puis assurer que cela sur toute autre chose seroit capable d'avancer mes jours.* Les dernieres paroles qu'elle fit porter pour son adieu par une Religieuse à sa petite Sœur qui étoit Pensionnaire, furent celles-cy, aprés la recommandation de s'exercer aux Vertus qu'elle jugeoit luy être plus nécessaires, elle ajoûta, *qu'elle soit sur tout bien reconnoissante envers la Sainte Religion des soins & des charités qu'elle a pour moy & pour elle ; je l'en prie de tout mon cœur, je crois que c'est la meilleure marque que je puisse luy donner de mon affection.* Voilà comme cette excellente Religieuse s'est renduë la bonne odeur de Jesus-Christ, & à toute la Communauté qui étoit fort édifiée, sur tout de sa charité & singulierement dans le tems qu'elle étoit Infirmiere. Sa mort causa une tres-grande douleur à toutes ses cheres Sœurs, qui ont trouvé une consolation tres-douce, dans la consideration des graces & des misericordes de Dieu, répanduës avec abondance sur cette Sainte Ame ; elle est décedée l'an 1676.

Cette vertueuse Ursuline nous apprend aujourd'huy, que la vie d'une Ame chrétienne en cette vie, est de se désoccuper de toutes choses, pour n'avoir dans l'esprit que Dieu, elle doit être contente de le connoître, & d'avoir dans elle quelque témoignage de sa misericorde ; Elle ne doit penser qu'à augmenter sa grace & son union avec Dieu, fuïr les occasions qui nous en peuvent distraire, comme elle a fait, en ne voulant pas seulement voir sa Mere dans son extremité ; mais s'occuper à regarder cette Divine Majesté cent fois le jour, ne vouloir entendre parler que de luy, & être toûjours prête à luy obéïr comme les Anges ; quoyque ce soit-là le partage de tous les Chrétiens, les Ames Religieuses ont encore une obligation plus particuliere de suivre en cela son exemple, & de se separer de cœur encore plus que de corps de toute la terre, pour ne plus penser qu'au Ciel, c'est-là la vie de la Foy, qui ne s'arrête plus à considerer les choses visibles, mais les invisibles, & qui ne desire en ce monde que ce que les Anges desirent dans le Ciel, c'est à dire la Gloire de Dieu, & la sanctification de l'Eglise.

MAXIMES.

I. La simplicité est une habitude de l'Ame qui la rend incapable de toute duplicité, & immobile à tous les mouvemens de la corruption de l'esprit, & de la dépravation du cœur.

II. La malice est ennemie de la verité, & comme elle s'en prive elle même, elle veut aussi en priver les autres par ses tromperies.

III. L'Hypocrisie est une composition exterieure de nos actions & de nos paroles, toutes contraires à la disposition interieure de nôtre cœur, & toute couverte de déguisement & d'artifice.

IV. L'Innocence au contraire, est l'état d'une Ame tranquille, qui est pleine d'une joye sainte, & exempte de tout déguisement & artifice.

NEUVIE'ME AOUST.

LA VENERABLE SOEUR CATHERINE DE Saint Joseph, Gloria, Religieuse Ursuline Converse de Dieppe.

Les armes & les épées sont dans la voye des méchans ; celuy qui garde son ame s'en retirera bien loin. Aux Proverbes, Chapitre 22. vers. 5.

Les dents même du pecheur sont des armes, comme dit David, & sa langue une épée tranchante à cause de la médisance avec laquelle il déchire les bons; les épées sont dans sa voye, parce qu'il prefere toûjours la violence à la douceur, & qu'il dit, comme le Sage le represente ailleurs, *que nôtre force soit la loy de justice* ; mais nôtre sœur de Saint Joseph, qui gardoit son ame, s'en est retirée bien loin, parce que rien n'est plus éloigné de la disposition d'un Chrétien que la médisance, & que cette conduite violente est haïe des hommes & encore plus de Jesus-Christ ; car c'est luy qui nous a appris par ses paroles & par ses exemples, non à faire le mal à ceux qui ne nous en font point, ny à rendre le mal pour le mal, mais à vaincre le mal par le bien, & à n'opposer aux emportemens de l'orgueil & de la colere, que la fermeté de la patience & de la douceur.

C'est ce qu'a fait cette charitable & patiente Sœur de Saint Joseph, qui étoit fervente au dessus du commun, & qui encore qu'elle eût donné à la Communauté suffisamment pour être du Chœur, son inclination au travail, ou pour mieux dire son humilité & sa charité qui la portoient à rendre service à son prochain, la firent ranger à la condition de Sœur Converse, où elle a travaillé infatigablement, & plus qu'on n'auroit esperé de son apparence exterieure, étant de fort petite taille, mais son ardeur & sa grandeur de cœur & de courage luy faisoient égaler toutes ses Compagnes, avec une propreté singuliere, n'épargnant point ses peines non plus que ses soins & son tems pour bien faire ses emplois ; & outre cela elle recherchoit avec empressement les occasions de charité vers quantité de Religieuses infirmes, à faire leur Chambre & tous les services qu'elle pouvoit, ce qui luy a causé plusieurs contradictions qu'elle portoit avec patience & douceur, & qui n'ont pû amortir son zéle, qu'elle étendoit aussi abondamment sur les Pensionnaires, à qui elle faisoit tout de son mieux, principalement lors qu'elles avoient quelque infirmité, la propreté & le soin qu'elle avoit de les bien servir ne se peut expliquer.

Dans le commancement elle fust employée aux obeyssances des Sœurs de Chœur, au soin du linge & de l'Infirmerie, avec grande satisfaction de toutes, & eut toûjours soin de faire en son rang ses emplois de Sœur Converse. En tout tems & à toute heure on la trouvoit toûjours prête de secourir & assister au besoin, comme de garder & veiller les malades où elle se portoit d'affection. Cette bonne inclination au travail n'étoit qu'un effet de ses bonnes dispositions interieures & de sa ferveur d'esprit dans le desir de beaucoup faire pour Dieu, nonobstant ses grandes souffrances, dont il l'avoit affligée, ayant des infirmitez de toutes sortes & extraordinaires, qui l'ont mis plusieurs fois à l'extremité, tellement que ses forces étant comme toutes épuisées, ses maux augmentoient châque jour. Deux ans avant sa mort l'on ne luy donna plus des occupations fortes & penibles, la laissant en liberté de faire ce qu'elle pourroit, ce qui ne luy fust pas une petite mortification, continuant de se trouver toûjours au travail penible jusqu'à son dernier jour, se levant aussi matin que les autres sur les deux à trois heures, comme toute sa vie elle avoit eu la bonne coûtume lors qu'elle prevoyoit avoir affaire, afin de ne manquer à un seul des exercices de pieté qu'elle avoit entrepris, dont elle s'acquittoit avec exactitude, observant ponctuellement un Examen particulier sur iceux.

Elle entendoit le plus de Messes qu'elle pouvoit, & n'eût été l'obeïssance qui la retenoit, elle auroit été tout le jour devant le Saint Sacrement, qui faisoit toutes ses delices en ce monde, étant l'unique & bien-aimé de son cœur, dont elle tiroit toutes ses forces tant spirituelles que corporelles pour se surmonter elle-même dans ses difficultez interieures, qui l'ont puissamment travaillée, avec des secheresses extrêmes, qui la laissoient sans aucun goût de Dieu, qu'elle recherchoit incessamment par toutes les voyes possibles, de prieres continuelles, de mortifications regulieres, de penitences severes, retraites ordinaires, des actes interieurs qu'elle faisoit à miliace, & pardessus tout son affection sans égale pour la sainte Communion, dont elle auroit fait usage tous les jours si on luy eût voulu permettre, & c'a été toute sa vie une des resignations des plus grandes dont elle ait eu besoin pour porter le refus sur les poursuites journalieres qu'elle en faisoit avec une grande humilité. Tous les Dimanches & Fêtes son refuge étoit à l'Eglise, & s'y occupoit à la priere vocale & mentale, ou à lire des Saintes pratiques, dont elle étoit insatiable, comme aussi du Livre de Gerson, qu'elle lisoit tous les jours, même en filant elle recitoit par cœur quantité de prieres & Litanies à l'honneur de la sainte Vierge, de S. Joseph, &c. avec des adorations & prosternations frequentes, ce qu'elle a fait plusieurs années durant la nuit, même aux plus grandes rigueurs de l'Hyver; ainsi cette bonne ame s'est disposée tous les jours de sa vie, par l'exercice de tant de

Tome III.   O o

bonnes œuvres, & d'une vie souffrante pour acquerir la felicité bien-heureuse. Enfin Nôtre-Seigneur l'a appellée en l'an 1673. n'ayant été alitée que quinze heures, pendant lequel tems elle n'a cessé d'exercer toutes sortes d'actes de vertu, pour s'unir à Dieu, à qui elle demandoit continuellement la participation des merites de Nôtre-Sauveur, que nous esperons qu'il agreât son défir de le recevoir Sacramentalement un quart d'Heure avant sa fin, qu'elle acheva si doucement, qu'à peine toute la Communauté qui étoit presente, la pût voir expirer.

Sa maladie fut un vomissement continuel, causé d'une indigestion d'humeur, qui étant abondante, la faisoit souffrir de grands maux toute sa vie, empêchant la coction de la nourriture qu'elle prenoit, & qu'elle vomissoit presque tous les jours, sans que cela l'empêchât d'agir non plus que si elle eût été en parfaite santé ; mais en ce rencontre son heure derniere étant venuë, joint à son âge de 67. ans, la nature ne put surmonter cét accident, ell reçût neantmoins les Sacremens de Penitence & de l'Extrême-Onction, & ne pût communier à raison de ses vomissemens, ce qui fit le dernier sacrifice de sa vie.

MAXIMES.

I. La rectitude du cœur est une intention droite qui ne recherche point des subtilités & des détours pour s'écarter de la verité ; elle est aussi sincere dans ses actions que simple & sans fard dans ses paroles.

II. L'innocent est celuy qui est dans la pureté naturelle, où son ame a été creée de Dieu, & qui agit & parle avec tout le monde selon cette même pureté.

III. Comme on ne peut tuer une bête farouche sans armes, aussi l'on ne peut vaincre la colere sans l'humilité.

DIXIE'ME AOUST.

LA VENERABLE SOEUR ELIZABETH
de Saint Joseph, Cotereau, Religieuse Ursuline
de Tours.

Les Ames Saintes se font connoître par les bons fruits qu'elles portent.
En Saint Mathieu, Chapitre 7.

Notre Sœur de Saint Joseph, étoit Fille de Monsieur le Président de Tours, & sa Mere eût soin de la bien élever, laquelle croissant en sagesse, en croissant en âge, avoit l'esprit si prompt qu'elle apprit à lire parfaitement, avant qu'elle eût six ans accomplis, & la mémoire si fidéle, qu'elle n'oublioit rien de ce qu'elle lisoit ; sa premiere lecture fut la Vie des Saints, qu'elle raportoit avec une grace merveilleuse, dans le dessein de les imiter : reconnoissant qu'ils avoient tous été ennemis du monde, elle résolut d'y renoncer aussi, & de se consacrer à Dieu au Monastére des Ursulines, & quoy qu'elle n'eût que neuf ans, elle sçeût vaincre la résistance de ses Parens, & obtint par sa constance la retraite qu'elle soûhaitoit, & que la tendresse qu'ils avoient pour elle, leur fit long-tems refuser.

Elle entra donc dans ce saint lieu qui fut un azile à son innocence, & une école où elle aprit la pratique de toutes les vertus, faisant en peu de tems de si grands progrez, que l'on voyoit déja en elle toutes les qualités d'une bonne Religieuse ; Elle rejetta les Habits de soye, se contentant d'en avoir de Laine, sous lesquels elle portoit tantôt une haire, & tantôt une ceinture de crain ; l'amour de la penitence luy fit trouver une invention encore plus rude, qui fut de ramasser plusieurs petits bouts de fer pointus, dont elle se fit une chaîne, & s'en ceignit le corps si étroitement qu'elle ne pouvoit faire aucun mouvement sans douleur ; outre cela la lecture & l'Oraison faisoient une bonne partie de ses occupations, & ce fut dans ces saintes dispositions qu'elle se rendit Religieuse.

Elle eût desir d'être Sœur Converse, mais sçachant que les Religieuses du Chœur seulement pouvoient prétendre d'aller à Kebec travailler à la conversion des Sauvages, son zéle l'emporta sur son humilité. Quand elle fut professe, l'occasion luy manqua d'aller si loin, mais non jamais le desir, qu'elle employa à ce que Dieu & la Religion luy mirent entre les mains, à sçavoir, la conduite des petites Filles.

Les fatigues qu'elle prit dans cét exercice de charité, furent extraordinaires, elle ne sortoit point de Classe que ses forces ne fussent tellement épuisées, qu'elle étoit obligée de se reposer un peu sur son lit, pour ne se réduire dans l'impossibilité de continuer, ce qu'elle craignoit plus que toutes les peines qu'elle y souffroit ; un mal d'estomach qu'elle y contracta, ne fut pas capable de luy en faire recevoir dispense, croyant qu'une bonne Ursuline devoit sacrifier sa santé, & même sa vie aux fonctions attachées à sa Profession, ainsi elle y persevera avec bien plus de courage que de force.

Son visage étoit l'image de la modestie ; Elle cherissoit tous les offices que luy assignoit l'obéïssance, pas un neanmoins ne luy plaisoit tant que celuy d'assister les malades, & s'il eût été à son pouvoir, elle eût pris sur elle une partie de leurs maux pour les en soulager. Un jour elle changea son lit qui étoit bon avec celuy d'une autre fort méchant & fort incommode, estimant qu'il luy seroit plus propre, & qu'elle pourroit donner à la priere ; le temps que la dureté de ce lit raviroit à son sommeil.

Jamais elle ne témoigna plus de joye, que quand on luy déclara qu'elle devoit bien-tôt mourir, & dés lors elle fut dans un saint empressement d'arriver à ce moment heureux, qui termineroit sa captivité; Elle s'entretenoit avec Dieu par des discours tous célestes, & elle en fournissoit même à ceux qui l'exhortoient à la mort; Enfin elle parvint au but de ses desirs, munie des armes de l'Eglise, l'an 1650. âgée de 25. ans.

Ainsi cette Ame sainte, s'est connuë par les bons fruits qu'elle a porté, dont la racine a été son humilité profonde, qu'elle a toûjours gardée envers Dieu & envers le prochain; c'est cette divine vertu qui est comme l'ame de la vie Religieuse & le fondement de tout nôtre édifice spirituel, qu'elle a pratiqué avec tant de fidelité, se regardant toûjours comme un instrument mort, & que si Dieu se servoit d'elle pour le salut des ames, c'étoit à luy seul, disoit-elle, que toute la gloire étoit duë.

MAXIMES.

I. Que nous serviroit-il d'être austeres en nôtre vivre, simples dans nos habits, mortifiez par les sueurs du travail des mains, par les jeûnes & les veilles, si nous ne sommes humbles; prions Dieu qu'il nous donne l'humilité, car sans elle, toutes les autres vertus sont inutiles.

II. Nôtre profession est l'abjection & l'anéantissement; c'est une vertu rare que de bien faire, & que de s'estimer inutile; Pour moy j'estime cette disposition du cœur plus que des grands jeûnes, les longues veilles & les exercices corporels.

III. Comme on ne peut pas naturellement conserver la vie du corps sans manger, aussi on ne sçauroit conserver la vie de l'Ame, sans veiller continuellement sur soy-même jusqu'à la mort.

DIXIÉME AOUST.

LA VENERABLE SOEUR ANNE DE SAINT Ange, de Corsant, Religieuse Ursuline de Châtillon lés Dombes.

Ie souffre en mon corps de tres-grandes douleurs. Au deuxiéme des Mach. Chap. 6. verset 30.

S'Il est vray que les souffrances ayent toûjours été l'appanage des Ames justes, & que nous apprenons de Saint Bernard, qu'elles sont le plus seur chemin de l'Eternité Bien-heureuse; Nous pouvons dire que cette chere Sœur en a des arrhes certaines, car depuis huit à neuf ans, elle a souffert des maux inconcevables avec une patience & gayeté de cœur si heroïque, qu'elle surprenoit ceux qui tachoient de la consoler.

 Dieu luy inspira une devotion particuliere à Saint Laurent, lequel elle se proposoit ordinairement dans la violence de ses maux, comme pour participer au caractere de son Martyre par imitation, ainsi qu'elle fit paroître deux jours avant sa mort, ramassant toutes ses forces pour faire à Dieu un sacrifice de toute soy-même, d'autant qu'il sembloit que le même feu qui consomma le Corps de cét invincible Martyr, dévoroit continuellement ses entrailles; le Ciel satisfait de sa genereuse constance, l'enleva au quatorziéme jour, d'une fiévre continuë, accompagnée d'un débordement de cerveau & une fluxion sur la poitrine, qui la suffoqua au moment qu'on chantoit les loüanges de Saint Laurent dans ses Vêpres, & rendit son Esprit à Dieu sous sa protection, avec des sentimens si pieux, que toutes les Religieuses & son Directeur même qui l'assista jusqu'au dernier soûpir, en jetterent des larmes.

 Elle a passé vingt-cinq ans dans la sainte Religion, & dans l'exercice des plus solides vertus, & qui paroissoient même les plus contraires à son temperamment qu'elle tenoit d'une naissance illustre, laquelle quoy que jointe à la vivacité d'un esprit assez rare, luy inspiroit une continuelle humilité; Dans cét état elle paroissoit apparamment si simple, que toutes les Religieuses trouvoient également accez auprés d'elle; Elle ne pouvoit souffrir que celles qui avoient quelques infirmités la consolassent, estimant toûjours que les autres souffroient plus qu'elle, elle recherchoit souvent les occasions de les soulager, & de leurs rendre services, parce qu'elle enduroit par compassion plus de leurs maux que des siens propres, quoyque plus violens, & dont la rigueur luy ayant empêché depuis quelques années de faire les fonctions de nôtre Ordre, luy laissa néantmoins assez de pieté pour se prescrire des Exercices spirituels conformes à ses foiblesses, ausquels elle se rendoit si fidelle, qu'on la trouvoit ordinairement en sa Celule toute occupée à la dévotion.

 Sa candeur & sincerité à l'endroit de ceux qui la conduisoient, étoit si naïve qu'elle ne se reservoit rien, pas même les tentations qu'elle avoit contr'eux, afin de les surmonter plus aisément, quoyque son humilité & sa modestie éclatassent au dessus des dons naturels, dont le Ciel l'avoit avantageusement pourvûë; Cela n'empêcha pas que tous ceux qui la connoissoient ne jugeassent que sans ses infirmitez, elle étoit capable de s'acquitter de tous les emplois d'un Monastére.

 Sa dévotion étoit tres-solide, & singulierement à la Sainte Vierge & à Saint Joseph, elle se dépoüilloit de tout, même des choses nécessaires à son usage, pour orner leurs Autels.

 Sa soûmission & son obéïssance a toûjours été tres-exemplaire; elle souhaitoit de faire vœu d'obéïr indispensablement à son Confesseur, lequel souvent a été surpris de sa prudence à vouloir déguiser ses sentimens, pour sonder s'il ne la flattoit point dans sa conduite, ce qu'elle a toûjours fort aprehendé, même jusqu'à la mort, il falut que le Confesseur pour luy ôter cette crainte, luy promit de mettre ame pour ame, étant bien fondé fur la connoiffance qu'il avoit de fon interieur, puis elle fe difpofa à recevoir tous fes Sacremens avec tant de fatisfaction & un tel fentiment de Dieu, qu'elle expirât avec tranquilité, aprés que par fes pleurs jointes à fes paroles humbles, elle eût par deux diverfes fois demandé pardon à la Communauté : Elle déceda l'an 1676. Il eft à efperer qu'elle joüit maintenant de la Gloire, aprés avoir fouffert avec une fi admirable patience un Purgatoire anticipé ; fi bien qu'elle pouvoit dire, je fouffre en mon corps de tres-grandes douleurs, lefquelles ayant uniës avec celles du Glorieux Saint Laurent, elle a auffi fini fon facrifice avec luy, en nous invitant à l'imiter : Ecoutons-la.

Quoyque tous les Martyrs en general, méritent nos refpects & nos loüanges, on voit neantmoins dans Saint Laurent quelque chofe de particulier, qui merite auffi une veneration particuliere : Auffi on voit combien l'Eglife le diftingue des autres, & combien la Fête qu'elle en fait luy eft folemnelle. Ce difcernement eft une legere Image de celuy que Dieu fit de luy dans fa gloire ; Auffi Saint Paul nous affure qu'il y a divers dégrez, & qu'un Elû eft different d'un Elû, comme une étoile eft differante en clarté d'une autre étoile ; nous ne devons pas douter que Saint Laurent ne foit un de ces Aftres les plus brillans ; honorons-le donc, finon autant qu'il mérite d'être honoré de nous, au moins autant que nous le pouvons faire, & puis qu'il n'eft venu à cette grande force, que par l'humble fidelité qu'il a témoigné dans fon employ, felon que le remarquent les Saints Peres, foyons fidelles comme luy châcun dans le nôtre, afin de mériter que Dieu nous donne une partie de fa force, & de fon courage.

MAXIMES.

I. Combatez & travaillez pour vous détromper de vôtre fauffe fageffe ; par ce moyen vous trouverez le falut de vôtre Ame, dans la fimplicité de vôtre cœur, & vous obtiendrez l'un & l'autre par la grace de Jefus-Chrift.

II. Fuyez la malice, laquelle eft un renverfement de la rectitude du cœur ; c'eft une intention maligne qui fe couvre du faux pretexte d'une conduite fage & judicieufe ; c'eft une ambiguité affectée dans les paroles ; c'eft une duplicité de cœur qui eft obfcure & impénetrable, c'eft un abîme de tromperie, une habitude de manfonges, un orgueil paffé en nature, un ennemy mortel de l'humilité, c'eft une attache opiniâtre à fon propre efprit & à fa propre conduite, & enfin c'eft une devotion fauffe & fardée.

III. Comme un feul rayon du Soleil, entrant par quelque fente dans une chambre, l'éclaire de telle forte, qu'il y fait voir les moindres petits atomes qui volent dans l'air ; ainfi lors que la crainte de Dieu entre dans une Ame, elle l'illumine de telle forte, qu'elle luy fait découvrir jufqu'à fes moindres petites fautes.

ONZIE'ME AOUST.

LA VENERABLE SOEUR CLAUDINE GARGAT,
Religieuse Ursuline de Vienne en Dauphiné.

La dextre de Dieu a fait par cette Ursuline des miracles.
Au Pseaume 117.

Cette bonne Ame Sœur Claudine Gargat, se doit compter entre celles qui ont orné de leurs vertus le Monastére de Vienne ; on a estimé qu'elle n'avoit jamais offensé Dieu de volonté déliberée ; elle étoit entrée si jeune en Religion, qu'il n'y avoit point à douter, qu'elle n'y eût apporté son innocence, & toute son étude fût de la conserver jusqu'à l'âge de vingt-un an qu'elle y trépassât

Un cœur si pur fut favorisé liberalement des lumieres du Ciel, pour s'exposer à souhait aux rayons du Soleil de justice ; Elle n'avoit pas assez de tems pendant le jour, & par cette raison elle obtint congé de passer une partie de la nuit en contemplation.

Par sa priere elle éteignit une fois le feu qui avoit pris au Monastére & qui menaçoit de le consumer, c'est ainsi que la dextre de Dieu a fait par cette vertueuse Ursuline des miracles, & à son trépas qui arriva l'an 1662. on apperçût une brillante étoile monter au Ciel.

A l'exemple de nôtre Ursuline, demeurés stable au service de Dieu, car celuy qui tombe dans l'oubli de Dieu, bien-tôt il sera dans l'opprobre des hommes, & dans un mal-heur éternel ; tremblés à ces paroles de l'Evangile, *plusieurs sont appellez, mais peu sont Eleus*, que personne donc ne se glorifie du bien present qu'il fait, & qu'il ne s'en attribue pas la gloire comme s'il se faisoit de luy-même, & par ses propres forces ; nous voyons aujourd'huy ce que nous sommes, & nous ne sçavons pas ce que nous serons demain ; tant que cette vie dure nous sommes dans l'incertitude de ce qui nous doit arriver, & c'est être insensé de se réjoüir du bien que l'on fait comme si l'on étoit assuré que l'on y dût perseverer jusqu'au bout, c'est pourquoy écoutons l'avis de Saint Paul, & travaillons à nôtre salut avec frayeur & tremblement.

MAXIMES.

I. Rougissons de mener une vie molle au service de Dieu, & de passer le tems en des choses inutiles que nous devrions appliquer à des choses plus importantes pour le salut, les dangers qui se trouvent dans les plaisirs de la vie, sont des maux bien plus à craindre, que tous ceux qu'on peut souffrir en la vie ; le repos & les plaisirs en tuënt plus, que les Epées des persecuteurs n'en ont fait mourir.

II. Fuyez le précipice de l'hypocrisie, & l'abîme de la dissimulation & de la duplicité, écoutés les paroles du Prophête ; *Les Méchans seront exterminés, & ils se seicheront devant la face de Dieu, en aussi peu de tems que l'herbe se seiche par l'ardeur brûlante du soleil* ; car ils doivent être la pâture des Demons, comme l'herbe est la pâture des Bêtes.

III. Dieu qui est appellé charité dans les Ecritures, est appellé dans la même Ecriture, le Dieu d'équité, c'est pourquoy le Sage parlant à l'Ame pure, dans son cantique, luy dit, *le Dieu d'équité vous a aimé*, & David dit, *le Seigneur est bon & équitable* en voulant faire entendre que ceux qui portent avec luy ce même nom, sont sauvez ; il ajoûte en un autre lieu, *Le Seigneur sauve ceux qui ont le cœur équitable & droit*. Il dit encore, *Il a jetté ses yeux sur les Ames justes & a consideré leur rectitude & leur équité*. Vivez donc toûjours sous les yeux du Seigneur.

⚜⚜⚜⚜⚜⚜⚜⚜⚜⚜⚜⚜⚜⚜⚜⚜⚜⚜⚜⚜

ONZIE'ME AOUST.

LA VENERABLE MERE MARIE DE JESUS, Odette Regnauldot, Religieuse Ursuline & Fondatrice du Monastére de Poligny.

La patience porte quant à soy la perfection de l'ouvrage.
En S. Jacques, chapitre 1.

LA Mere Marie de Jesus étoit une des principales Fondatrices du Monastére de Poligny, qui a toûjours mené une vie parfaitement Religieuse & exemplaire, jusqu'en l'an 1664. qu'étant décedée saintement on a posé sur son Tombeau l'Epitaphe suivante. *La Reverende Mere Marie de Iesus, dite dans le siécle Odette Regnauldot, est décedée le onziéme d'Aôut 1664. âgée de soixante & onze ans, avec les qualitez de Fondatrice de ce Monastére & de Réparatrice des ruines entieres d'iceluy aprés les Guerres, & avec le nombre de cinquante ans qu'elle a vêcu en Religion, où elle a dignement exercé la charge de Superieure l'espace de trente ans, & de Maîtresse des Novices, des Pensionnaires & d'Assistante l'espace de vingt ans.* Toutes ces choses rendent sa mémoire aussi honorable à la posterité, qu'elle a laissé de regrets aux Gens de biens,
& de

11. Aoust. *La V. Mere Marie de Iesus, Odette Regnauldot.*

& de douleurs tres-sensibles à toutes ses Religieuses, à cause de sa rare pieté, & des exemples insignes de ses solides vertus, de sa sainte vie, & de son zéle pour l'accroissement de l'Empire de Jesus-Christ, & le bien & salut des Ames, qui nous fait esperer que la sienne jouït de l'immortalité bien-heureuse.

C'est à nous aujourd'huy à benir Dieu de ce qu'il nous a donné tant de saintes Ames, dans tous les lieux, dans tous les tems, pour nous exciter par leurs exemples, & pour renouveller en nous l'ancien esprit de sa grace, que la corruption du tems nous fait insensiblement oublier; aimons Dieu, aimons nôtre prochain, & ayons du zéle pour l'Ordre comme cette sainte Ame Marie de Jesus en a eu, & que ce soit là tout l'objet de nôtre pieté & de nôtre tendresse. Que s'il arrive quelques persecutions à celles qui auront le bon-heur de se sacrifier pour les interests de Dieu & de l'Ordre, qu'elles le souffrent avec humilité & patience, attendant ce que Dieu a resolu sur elles pour l'avenir, & qu'elles demeurent paisibles dans tous leurs exercices de pieté & de Religion.

MAXIMES.

I. C'est un grand manquement de charité à une Superieure, de ne permettre que rarement des Confesseurs extraordinaires, ou que si elles en donnent, comme le Concile l'ordonne de donner trois ou quatre fois l'année un homme auquel elles n'ayent pas grande confiance, ce qui est contre l'intention du même Concile, laquelle n'est autre que de donner une sainte liberté aux Religieuses de se confesser à un extraordinaire, auquel elles puissent avoir une entiere confiance à se declarer.

II. Le Confesseur extraordinaire, selon l'intention du Concile, doit être plus capable & plus experimenté que l'ordinaire. Que les Superieures donc sçachent qu'elles offensent Dieu en ne suivant pas l'intention du Concile, & non seulement elles pechent en n'obeïssant pas à ce Decret, mais encore quand elles sont curieuses de sçavoir des Confesseurs les choses de conscience des Religieuses; car quoyque les Confesseurs le dissimulent, neanmoins cela peut porter les Religieuses à une défiance tres-dangereuse du Confesseur, qui les peut mettre en danger de faire des Confessions sacrileges, & ainsi la Superieure est obligée d'éviter tout ce qui peut donner du soupçon.

III. Les Superieures doivent avoir une grande prudence & charité pour donner des Confesseurs, & il faut qu'ils soient des hommes de grande probité & capacité, & selon la Bulle de nôtre Saint Pere le Pape Paul V. donnée aux Religieuses de Sainte Ursule, qui ordonne que leur Confesseur soit versé en la Sainte Theologie, prudent & experimenté: c'est à quoy il faut aviser.

IV. C'est comme une necessité que les Religieuses ayent des Directeurs, car delà dépend le bon ordre des Communautés; c'est ce qui maintient la regularité, & empêche les abus qui se glissent ordinairement dans les Communautés Religieuses; car quoyque le Confesseur soit capable, & que les Religieuses y ayent grande confiance, qui sont les deux raisons qui peuvent excuser que l'on ne donne un Directeur ; neanmoins un Confeſſeur eſt ſi lié par le Secret des Confeſſions, que pour y être inviolable, il ne peut remedier par avis & conſeil à beaucoup de choſes, & pluſieurs autres raiſons non moins fortes, qui ſe peuvent mieux penſer qu'expliquer.

V. Il n'eſt point au pouvoir d'une Superieure d'empêcher la liberté aux Religieuſes en aucune élection ou concluſion du Chapitre, ſoit en leur témoignant ſon deſir, ſoit en les priant, ſoit en les intimidant, ſoit en les faiſant prier ou autre choſe quelle qu'elle ſoit, qui offenſeroit leur liberté, veu qu'elle pecheroit griévement.

VI. Qu'elle ne ſe perſuade pas qu'il luy ſoit permis en aucune maniere d'empêcher la concluſion du Chapitre ſi la contraire opinion à la ſienne emporte la pluralité des voix, alors elle eſt obligée de conclure en faveur de l'opinion contraire à la ſienne, pourveu qu'elle ſoit ſoûtenuë d'une voix au deſſus de la moitié.

VII. Elle ne peut non plus impoſer le ſilence à celles qui ſont de l'opinion contraire, ny témoigner qu'elle ſe ſente offenſée, veu que ce procedé met la crainte dedans les eſprits des Filles qui prennent l'épouvante pour peu de choſe, ce qui pourroit empêcher qu'elles ne donnaſſent librement leurs ſuffrages ſelon leur conſcience.

VIII. Et d'autant que d'une viſite bien faite dépend en partie l'entretien & le progrez des obſervances regulieres, les Superieures ſont obligées de la procurer ſelon l'intention des Régles, à quoy elles ſe doivent attacher indiſpenſablement, & toutes les Religieuſes doivent être entenduës & dire, comme elles y ſont obligées, les choſes neceſſaires, ſoit pour le bien commun, ſoit pour le bien des particuliéres.

DOUZIÉME AOUST.

LA VENERABLE SOEUR MARIE DE Sainte Urſule, de la Morliere, Religieuſe Urſuline de Mondidier.

Dieu aime ces grands cœurs qui luy donnent joyeuſement les biens qu'ils poſſedent.
A la deuxiéme aux Corinth. Chap. 9.

Notre Sœur Marie de Sainte Urſule fut quelque-tems dans le Monaſtére d'Amiens, où elle connut l'excellence de cét Inſtitut, elle y commença ſon Noviciat & y prit même l'Habit ; mais il luy ſurvint une maladie de telle conſequence qu'elle la contraignit de ſortir. Quand elle

12. Aouſt. *La V. Sœur Marie de Ste. Vrſule, de la Morliere.* 299

fut guerie, elle déſira avec ardeur qu'il y eût une Maiſon d'Urſulines à Mondidier, ce qu'elle obtint enfin de Dieu & de la Sainte Vierge, à qui elle étoit ſingulierement devote. Elle eût la conſolation que ſon propre logis ſervit à cette bonne œuvre.

Elle alla querir les Urſulines à Amiens pour commencer ce nouveau Monaſtére, & le même jour qu'elles commencerent cét établiſſement, elle ſe rangea ſous leur conduite, les accueillant avec autant de joye dans ſa Maiſon qu'elle avoit eu d'empreſſement pour les y attirer.

Elle entreprit la vie Religieuſe avec une ſinguliere eſtime de tout ce qui ſe pratique en Religion ; Elle ſe donna à Dieu avec tant de ferveur, que le travail ny la pauvreté ne la touchoient point ; la joye ſpirituelle dont elle joüiſſoit luy adouciſſoit tellement les mortifications qu'il ſembloit qu'elles étoient l'aliment de ſon ame ; elle vivoit comme un Ange par ſon union à Dieu & ſa grande pureté, & y finit ſes jours l'an 1639. Ouvrez les yeux, Ames Chrétiennes, & voyez cette vertueuſe fille quitter de bon cœur tous ſes biens pour en établir un Monaſtére d'Urſulines, où elle ſe rangea avec une admirable ferveur, & dans l'eſprit d'une vraye pauvreté Evangelique ; imités ſon exemple.

MAXIMES.

I. C'eſt en vain que l'on croit que le faſte exterieur donne de l'authorité, & qu'il eſt neceſſaire pour ſe ſoûtenir dans le monde ; le mépris que l'on en fait en donne ſans comparaiſon d'avantage, parce qu'il fait voir une grandeur d'ame qui s'éleve au deſſus de ſes baſſeſſes, & qui ne penſe qu'à plaire à Dieu & à ſes Anges, qui ſont les ſeuls ſpectateurs auſquels on doit deſirer de plaire.

II. Craignons d'être lâches au ſervice de Dieu, & de ne combattre le Démon que foiblement ; briſons dans nos cœurs les idoles qui s'y veulent faire adorer, & faiſons-nous pour cela toutes les violences & toutes les ſeparations qu'il nous faut faire.

III. Comme les écriviſſes ſont aiſés à prendre, parce que tantôt ils avancent & tantôt ils reculent, ainſi une ame inconſtante, qui tantôt s'emporte dans des ris immoderés, tantôt pleure ſes offenſes, puis ſe remet dans une vie molle, & delicieuſe, eſt aiſément ſurpriſe par les Demons, & ne reçoit aucun fruit de ſes bonnes œuvres paſſageres, parce qu'elle recule autant qu'elle avance.

Douzie'me Aoust.

LA VENERABLE SOEUR JACQUELINE de la Nativité, Bouvot, Religieuse Ursuline de Saint Jean de Lône.

Le Prince se laisse flechir par la patience, & la langue douce rompt ce qu'il y a de plus dur. Aux Proverbes, Chapitre 25. verset 15.

SI les Princes de l'Eglise & ceux qui gouvernent & tiennent la place de Jesus-Christ, ne se souviennent pas quelques fois de ce qu'ils doivent au Seigneur, dont ils sont les Ministres, qu'il leur a deffendu en la place des Apôtres, d'user de domination & d'empire ; il est juste neanmoins que nous nous souvenions toûjours qu'en qualité de Chrêtiens nous devons leur être soûmis, non seulement par necessité, mais même de cœur & d'affection, sans perdre jamais la veneration profonde que des enfans doivent à leurs peres & Meres ; cest-pourquoy S. Gregoire nous apprend que hors des occasions qui sont rares, où il n'est pas permis de se taire, (selon ce grand Pape,) & où Saint Pierre même, Chef de de tous les Pasteurs, nous commande d'obeïr à Dieu plûtôt qu'aux hommes ; nous devons prendre plaisir de leur donner des marques de nôtre respect & de nôtre obeïssance, & quand ils nous traitteroient même d'une maniere visiblement injuste, nous devrions offrir sans cesse à Dieu nos prieres pour eux, dans l'esperance qu'ils se laisseront fléchir enfin à nôtre patience, & qu'ils se souviendront qu'ils sont Peres lors qu'ils remarqueront dans nous toute la douceur & la moderation que l'Eglise attend de la pieté de ses Enfans.

Le caractére particulier de nôtre Sœur de la Nativité, fust l'obeïssance & soûmission d'esprit soit au mouvement de la grace, soit à ceux qui la conduisoient ; sa fidelité à la grace s'est remarquée en sa vocation, Dieu l'attira à la Religion d'une façon bien particuliere : Monsieur son pere se voyant engagé à un affaire tres-facheuse, & où il y avoit même du danger de sa vie, fit vœu à Dieu que s'il luy faisoit la grace d'en sortir heureusement, il consacreroit sa fille aînée à son service, si c'étoit son bon plaisir de luy en donner la bonne volonté. La Divine Bonté témoigna que ce vœu luy avoit été agreable, le délivrant bien-tôt après de cette mauvaise affaire, & donnant en même tems à sa fille la volonté d'être Religieuse, ce qui obligea son pere de s'acquitter de sa promesse ; il la conduit luy-même aux Ursulines, où elle prit genereusement le Saint Habit. Ayant ainsi obéy à la grace, elle se

12. Aoust. *La V. Sœur Iacqueline de la Nativité, Bouvot.* 301
rendit comme une cire molle entre les mains de ses Superieures, qui en faisoient tout ce qu'elles vouloient.

Elle avoit l'esprit de l'Institut, & s'y employoit avec zéle & charité, & étoit infatigable au travail.

Elle n'a vécu que deux ans & demy aprés sa Profession, qui ont été plains devant le Seigneur ; Elle promettoit beaucoup pour les belles qualités d'esprit & de corps, dont elle étoit doüée ; Sa derniere maladie fut une colique dont elle ne fut allitée que sept jours, elle reçut tous ses Sacremens avec une grande devotion & résignation à la volonté de Dieu, & mourut l'an 1649. âgée de 22. ans.

MAXIMES.

I. La simplicité que quelques-uns ont reçuë de la nature, est une qualité avantageuse & un bonheur inestimable ; mais cette simplicité naturelle est beaucoup inferieure à la simplicité surnaturelle, que nous avons comme entée sur la racine malheureuse de nôtre corruption & de nôtre malice, par le mérite de nos travaux.

II. La simplicité naturelle nous donne seulement une aversion de tous les déguisemens & de tous les artifices, mais la surnaturelle étant au dessus de la nature, nous procure l'humilité la plus sublime & la douceur d'esprit la plus parfaite, & ainsi au lieu que la recompense de l'un ne sera pas grande, celle de l'autre sera infinie.

III. Si nous desirons d'attirer JESUS-CHRIST au fond de nos cœurs, approchons-nous de luy comme d'un excellent Maître pour recevoir ses Divines Instructions, mais approchons-nous de luy avec simplicité, sans artifice, sans déguisement, sans malice & sans curiosité ; car comme il est luy-même d'une naissance toute pure & toute simple, il veut que les Ames qui s'approchent de luy, soient toutes simples & toutes pures comme luy, sçachant que si elles sont simples, elles seront indubitablement humbles, puisque la simplicité est inseparable de l'humilité.

TREIZIE'ME AOUST.

LA VENERABLE SOEUR JEANNE DE la Croix, Religieuse Ursuline d'Ussel.

Elle sort d'une generation toute sainte & toute pleine de grandeur.
Dans la Sapience, Chapitre 4.

Notre Sœur Jeanne de la Croix décendoit encore de la lignée de Saint Roch, mais du côté de sa Mere, étant de la noble maison de Saint Estienne du côté de son Pere ; aussi elle avoit un esprit élevé & une heureuse naissance, c'est ce que l'on remarqua dés son plus tendre âge.

Elle fut mise Pensionnaire aux Ursulines d'Ussel, & elle y voulut retourner à treize ans, en ayant été retirée ; Elle entra au Noviciat un Laurier en la main, pour marque de sa victoire, & gouverna si bien sa langue & ses yeux dans le Couvent, qu'elle étoit un exemple de recollection aux autres Novices, & redoubla ses ardeurs aprés sa Profession.

C,a été une Religieuse fort humble & qui menoit une vie bien cachée, néantmoins le feu qu'elle couvoit dans son cœur se manifestoit quelques-fois par ses paroles, comme par des étincelles qui échauffoient les personnes qui l'écoutoient ; Elle affermit la vocation d'une Fille qui étoit fort chancellante, & persuada plusieurs autres de s'addonner à la vertu, même à des Jeunes Hommes de se rendre Ecclesiastiques.

La souffrance étoit la bien aimée de son cœur, elle arrousoit de son sang les lieux où elle se donnoit la discipline ; une veille de l'Assomption elle se mit à balayer la maison si long-tems avec la haire sur le dos, qu'elle se rompit une vaine, & perdit alors quantité de sang, comme bien d'autres-fois depuis, durant les trois années qu'elle vécut aprés cét accident. Son Martyre fut depuis ce tems-là d'user des soulagemens ausquels on l'obligea : encore que d'elle-même elle continuât dans sa ferveur & dans les actions penibles, en sorte qu'elle devint pulmonique, & enfin hydropique, souffrant tous ces maux plus de six mois avec une joye meveilleuse.

Comme une fois on luy portoit la Sainte Communion au lit, elle fut saisie d'un si grand mouvement de componction, qu'on la vit pleurer & sangloter de même que si elle eût commis de grands crimes. Son courage soûtint le reste de ses forces, de telle maniere qu'elle se fit mener à l'Eglise pour y recevoir plus devotement l'Extréme-Onction, & l'on admira qu'avec toute son enfleure, elle marcha jusqu'au jour qu'elle mourut, qui fut l'avant veille de l'Aſſomption, ſa vertu, ſes talens & ſa jeuneſſe augmenterent au double le regret de ſa perte, car elle n'avoit que vingt-deux ans.

Voyez particulierement en cette illuſtre Urſuline, la ſageſſe avec laquelle vous devez gouverner vôtre langue & veiller ſur ſes mouvemens, ſi nous ne nous tenons bien ſur nos gardes en ce point, tout le culte que nous rendons à Dieu eſt vain, & nous nous trompons nous-mêmes; écoutés ce qu'en dit Saint Jacques & tremblés, puiſqu'il parle de cette abondance du Saint Eſprit dont il étoit remply. *Si quelqu'un d'entre-vous ſe croit être Religieux & qu'il ne retienne pas ſa langue, comme avec un frain, mais que luy-même ſéduiſe ſon cœur, ſa Religion eſt vaine & infructueuſe.* Ce Saint Apôtre pouvoit-il mieux témoigner que par ces paroles, qu'il étoit vrayement Diſciple de celuy qui nous a tant recommandé de veiller auſſi ſur nôtre langue, & qu'il nous a aſſuré que nous luy rendrions compte en ſon jugement de la moindre parole inutile.

MAXIMES.

I. La veritable retraite du monde, la parfaite obéïſſance & la vigilance exacte ſur ſes paroles, ont été ſouvent tres-efficaces contre la malheureuſe corruption d'un eſprit malicieux, & par changement tout-à-fait miraculeux, elles-ont guery des Ames, dont les playes paroiſſoient entierement incurables.

II. Une Ame qui eſt vrayement ſimple, ne reſiſte point à ceux qui la conduiſent, mais elle ſuit leur volonté ſans les contredire jamais, non pas même quand ils la ſacrifieroient comme une victime.

III. Si les riches (comme dit Jeſus-Chriſt) entreront difficilement dans le Royaume du Ciel, ces Sages ſelon le monde, qui ſont veritablement foux ſelon Dieu, n'entreront pas moins difficilement dans la bien-heureuſe ſimplicité.

IV. Combattez donc, & travaillez pour vous détromper de vôtre fauſſe ſageſſe, par ce moyen vous trouverez le ſalut de vôtre Ame dans la ſimplicité de vôtre cœur, & vous obtiendrez l'un & l'autre par la grace de Jeſus-Chriſt.

TREIZIE'ME AOUST.

LA VENERABLE MERE FRANCOISE Therese de la Trinité, Grillot, Religieuse Ursuline d'Autun.

Le juste médite continuellement la Loy de Dieu afin de s'y pouvoir mieux conformer.

Le Prophete Elie a paru au monde comme un feu, & sa parole étoit ardente comme un flambeau. En l'Ecclesiastique, Chapitre 48.

IL semble que Dieu ait pris plaisir de répendre à pleine main sur nôtre Mere Therese de la Trinité, l'abondance de ses graces, & de faire voir les richesses de ses misericordes infinies, l'ayant avantagée de tous les dons celestes de l'esprit Divin, qui l'a choisie comme son Temple pour y établir sa demeure, & y prendre ses delices. L'humilité a été sa Royale vertu, bien qu'elle les aye toutes possedé éminemment, celle-cy neanmoins a été le fondement solide sur lequel avec le secours Divin elle a élevé l'édifice de la perfection, où elle est arrivé, en ayant atteint par ce moyen le plus haut & le plus sublime degré: Cette ame si fidelle à Dieu étoit si portée au bien & à la vertu, qu'il sembloit qu'elle n'a pas plûtôt commencé à vivre au monde qu'à aimer celuy qui luy avoit donné l'être, & qu'il avoit aimé & éleuë de toute éternité pour sa gloire, & le salut de toutes celles que la Divine Providence vouloit commettre à ses soins.

Le Ciel l'ayant destinée pour être une veritable fille de Sainte Ursule, nôtre glorieuse Mere fit qu'elle a eu le bon-heur que le jour de sa naissance, celuy de sa reception au Saint Habit, celuy de sa Profession, & de l'établissement du Monastére de Semeur, a été le même que l'Eglise celebre sa Fête, & aussi par son intercession elle a receu de graces en abondance, ce qui la portoit à une dévotion tendre envers sa Mere & sa Protectrice, & des sentimens de reconnoissance vers son Dieu pour les faveurs speciales qu'elle en avoit receüe, ayant été prevenuë des Benedictions de sa douceur dés sa plus tendre jeunesse, ce qui luy a fait embrasser les pratiques Chrêtiennes d'une ardeur nompareillle. Cette Ame juste meditoit continuellement la Loy de Dieu, afin de s'y pouvoir mieux conformer: Aussi-tôt que Dieu eût éclairé son ame pour luy faire connoître le chemin de la perfection Evangelique, son cœur en même tems s'embrasa d'un si

puissant

13. Aoust. *La V. M. Françoise Therese de la Trinité, Grillot.*

puissant desir de se donner à Dieu qu'elle ne pouvoit plus tarder de faire son sacrifice d'elle-même.

A l'âge de neuf à dix ans elle fit sa premiere Communion, & reçût ce jour-là des graces tres-particulieres, & depuis ce tems-là le Sauveur au tres-Saint Sacrement de l'Autel fust l'objet de ses plus tendres affections, & les delices de son cœur; c'étoit là comme dans la source qu'elle puisoit toutes les graces, la force, la constance, & la ferveur avec laquelle elle a excellemment pratiqué toutes les vertus jusqu'à la fin. Elle prit un dégoût de toutes les choses terrestres, & se mit dans la pratique de l'Oraison Mentale, & ne s'appliqua plus qu'aux exercices de pieté & de mortification, dans le dessein d'être Carmelite à Beaune, où elle étoit alors chez une sienne Tante, qui la favorisoit beaucoup en ses dévotions, étant elle-même dans la haute pratique; de sorte que ses habits furent faits en ce Monastére, & le jour pris pour la recevoir avec une grande satisfaction de part & d'autre.

Mais la Divine Providence qui dispose de toutes choses pour le bien de ses Eleus, permit pour celuy de nôtre Saint Ordre, que Monsieur son Frere ayant eû quelques difficultez touchant une succession qui étoit écheuë à sa bonne Sœur, fut obligé à la conduire à Arnay-le-Duc pour ce sujet, où elle ne fut que tres-peu de tems, à cause du décés de sa Tante, qui l'ayant fort affligée, Monsieur son frere l'emmena à Autun aux Ursulines, lesquelles luy donnerent bien-tôt l'entrée selon son desir.

Peu de tems aprés elle reçût le Saint Habit avec une ferveur nompareille, & continua la pratique des solides vertus, étant âgée de seize ans.

C'est en ce tems où son Ame se disposa par une grande fidelité & docilité aux lumieres de Dieu & à la conduite de ses Superieurs, pour se rendre digne de faire son holocauste par les Vœux de Religion; ce qu'elle fit avec toute l'ardeur possible, dans l'âge de dix-huit ans.

Elle avoit toutes les qualitez naturelles & surnaturelles que l'on peut souhaiter dans les mœurs & la conduite d'une parfaite Religieuse, qui auroit eu la pratique des Exercices spirituels durant plusieurs années de Religion; tous ses Superieurs faisoient si grande estime de sa vertu, qu'aussi-tôt aprés sa Profession, on luy donnât la charge de Maîtresse des Novices, dont elle s'acquitta si bien, & avec tant de charité & d'humilité, qu'elle étoit à toutes un sujet de consolation.

La Reverende Mere Jeanne du Saint Esprit de Vefvre d'heureuse mémoire sa Superieure, avoit un si grand estime & confiance en elle, qu'elle se servoit d'elle en toutes choses, de sorte qu'elle l'exerçoit en tous les Offices, la voyant capable de reüsfir à tous par son adresse & grande intelligence.

Etant retirée du Noviciat, elle fut ensuite Dépositaire & Assistante, nonobstant les grandes répugnances qu'elle avoit à accepter ces charges, jusques à en tomber malade; mais reconnoissant la volonté de son Dieu en plusieurs manieres, elle se rendoit à l'obéïssance, aprés neanmoins avoir fait tous ses efforts pour les éviter, lors qu'elle connoissoit que l'on avoit dessein de l'y engager.

Tome III.

La V. M. Françoise Therese de la Trinité, Grillot. 13. Aouft.

Elle fut choifie pour aller en qualité de Superieure établir un Monaftére à Semeur, qu'elle commança le jour de Sainte Urfule, l'an 1631. n'étant âgée que de 22. ans & quatre de profeffion ; Elle experimenta en peu de tems les effets d'une grande pauvreté, dont elle reçût les occafions avec joye & confiance à la Divine bonté ; Elle avoit recours à Dieu en tous fes befoins, avec tant de confiance que fa providence pourvoyoit toûjours aux chofes néceffaires par des moyens impréveus, & Nôtre Seigneur donna tant de Benedictions à fes travaux continuels, qu'après le fecours de Dieu cette Communauté luy eft entierement redevable du bon état où elle l'a laiffé pour le temporel & le fpirituel, nonobftant les perfecutions univerfelles efquelles elle participoit beaucoup, ce qui luy caufoit une extrême douleur, dans l'apprehenfion d'en voir la regularité décheuë ; & pour la maintenir elle faifoit tout fon poffible par fes inftructions & fes exemples, fervant à toutes de modéle pour la perfection. Sa fageffe & fa prudente conduite, étoit un écoulement de la Grace que Dieu luy communiquoit, ayant toutes les graces acquifes & furnaturelles, qui peuvent rendre une Superieure accomplie, elle avoit l'efprit bon, l'entendement éclairé, la mémoire heureufe, la volonté ardente & portée au bien, le jugement folide qui déliberoit meurement de tout ce qu'elle avoit à faire, avec une grande difcretion, conftance & fermeté. Sa prudence étoit rare, & elle conduifoit les Ames à la vertu & à la perfection, par des moyens doux & faciles.

Sa direction étoit tres-exacte dans les commencemens, mais à la fuite elle fut accompagnée d'une incomparable douceur, elle difoit à fes Sœurs, *Je me trouve toute autre à vôtre égard, & fuis peut-être trop indulgente, mais il vaut mieux faillir par trop de douceur, que d'exceder en la rigueur : Si vous voulez, Mes Sœurs, vous ferez bonnes & parfaites Religieufes, il ne tiendra qu'à vous, vous en avez tous les moyens poffibles par la grace de nôtre bon Dieu.* Ce qui faifoit que chacune fe rendoit d'autant plus exacte à fon devoir que fa douceur & bonté étoit plus grande, fes paroles étoient efficaces pour perfuader les efprits ; fon raifonnement étoit fort pour faire de puiffantes impreffions dans les cœurs, & leur communiquer les lumieres qu'elle avoit reçûës à cét effet.

C'étoit une Ame de grace dans laquelle Dieu prenoit fes délices, elle avoit une merveilleufe connoiffance de tous les Myftéres de nôtre Foy, & en rendoit l'intelligence fi claire & facile, que toutes étoient ravies d'entendre fes exhortations au Chapitre les Vendredis, ce qui fervoit beaucoup à animer dans la pratique des vertus. Son cœur étoit tendre & compaffif envers celles qui ayant failly, s'humilioient & reconnoiffoient leurs fautes ; elle n'agiffoit que par des grands principes interieurs & de tres-pures intentions, qui la rendoient un exemplaire de regularité en toutes chofes, ne s'étant jamais relachée d'un feul point de fa premiere ferveur depuis quarante-un an, étant toûjours animée du zéle ardent de plaire uniquement & conftamment à fon Dieu.

13. Aouſt. *La V. M. Françoiſe Thereſe de la Trinité, Grillot.* 307

Sa conſcience étoit ſi délicate, qu'elle apprehendoit la ſeule ombre du peché, dont elle avoit plus d'horreur que de la mort. La preſence de Dieu luy étoit continuelle par l'habitude acquiſe de la frequente pratique des actes interieurs de toutes les vertus.

Sa modeſtie exterieure quoyque ſimple & ſans artifice, portoit la paix & la devotion dans les eſprits, même les Seculiers ne la voyoient jamais ſans être édifiés & conſolés. Elle n'étoit pas moins admirable par ſa profonde humilité, dégagement de ſoy-même, ſoûmiſſion de ſon jugement, abnegation de ſa volonté, en tant d'occaſions où il luy étoit facile de la ſuivre, aprés tant d'experience dans la conduite d'une Communauté nombreuſe qu'elle a gouverné heureuſement, l'eſpace de 24. ans à diverſes Elections dans la charge de Superieure. Le long uſage de commander ne luy a jamais donné de peine à obéïr, tant ſans faut c'étoit ſon élement dans les intervalles qu'elle n'étoit pas Superieure, & bien qu'elle fut toûjours Aſſiſtante ou Zélatrice, neanmoins elle ne laiſſoit d'être ſoûmiſe & obéïr en tout, comme la derniere des Novices, avec autant de fidelité, ſans ſe prévaloir jamais en quoy que ce fut, des pouvoirs qui luy étoient donnés, & à chaque rencontre elle demandoit une nouvelle permiſſion à genoux aux pieds de ſa Superieure ; Elle étoit toûjours la premiere au travail manuel & œuvres pénibles, & elle s'y appliquoit avec tant de ferveur, qu'elle y paroiſſoit infatigable.

Son auſterité étoit ſi grande au vivre, vêtir & és penitences ſecrettes, que l'on étoit obligé de les luy faire retrancher par l'autorité des Viſiteurs, & étoit en cette matiere ſi éloquente en ſes demandes, qu'ils ne la pouvoient quelque-fois refuſer ; elle a jeûné des Carêmes au pain & à l'eau, avec ſeulement un peu de potage comme la Communauté, de ſorte qu'elle en fut malade à l'extremité, elle jeûnoit ordinairement trois fois la ſemaine, & ſon abſtinence & ſa mortification étoit ſans relache, & en toutes choſes. Elle paſſoit les années entieres ſans manger de certains fruits qu'elle aimoit naturellement, & elle étoit infatigable en ſanté & en maladie, pour l'acquit du dévoir de ſes charges.

Sa ferveur étoit accompagnée d'allegreſſe & agilité, jamais on ne la voyoit laſſée, ſe pleindre, ennuyée ou attiedie tant ſoit peu au Service Divin, ny à tout autre excercice, dont elle s'acquitoit avec un ſoin, une exactitude & vigilence merveilleuſe. Elle avoit une grande joye de voir l'ordre des ceremonies bien obſervé & gardé dans le Chœur ; elle faiſoit état des plus petites, étant tres-exacte à ſupléer aux moindres fautes, & à les corriger aprés.

L'objet de ſes dévotions particulieres étoit à la tres-adorable Trinité, à l'Humanité Sainte de Jeſus au Saint Sacrement, où elle reçevoit des impreſſions, des graces & des lumieres ſans nombre, à la Paſſion & à la Sainte Famille de Jeſus, Marie & Joſeph, de qui elle a reçeu des protections ſingulieres pour elle & pour tout ſon Monaſtére ; elle a dit ſouvent que c'étoit par ce moyen qu'elle avoit ſubſiſtée. Elle avoit pour les honorer pluſieurs pratiques interieures & exterieures pour tous les jours.

Elle étoit toûjours vétuë comme la plus ſimple du Monaſtére, faiſant ſa joye d'experimenter les effets de la pauvreté, & l'on ne pouvoit luy faire changer d'habit, qu'il ne fût tout usé. Elle choisissoit toûjours le plus vil, & elle a porté plus de quatre ans un voile de quinze pieces.

Elle étoit à la disposition de ses Superieurs comme un sujet pris à leurs volontés, libre & abandonnée à leurs sentimens, comme s'ils eussent été siens, nonobstant ses longues experiences; & quoyque sa vertu la rendit aimable à tout le monde, neanmoins par un secret de la Divine Providence, elle n'a jamais manqué de croix, de notables persecutions & de souffrances sensibles; il y avoit des tems qu'il sembloit que Nôtre-Seigneur prenoit plaisir à l'exercer, & de recüeillir pour sa gloire les fruits de sa patience heroïque, de sa constance, & de sa fidelité; l'on eut dit qu'elle n'avoit point de part à la fragilité humaine dans ces occasions, d'autant qu'elle en profitoit toûjours avec sa patience invincible, une humilité profonde, & sa fermeté qui rendoit son Gouvernement efficace, bien qu'elle se servoit beaucoup plus de la douceur & des supplications, que de commandement & d'authorité.

Elle n'avoit aucun ressentiment contre les personnes qu'elle sçavoit être les Auteurs de ses souffrances, au contraire elle recherchoit tous les moyens de les pouvoir servir, c'étoit ceux à qui elle faisoit plus de bien, & témoignoit plus de bien-veillance.

Nôtre-Seigneur la faisoit joüir quelque-fois de l'amour pur dans les souffrances interieures, & alors elle se trouvoit comme environnée de douleurs au corps & en l'esprit sans en rien faire paroître, & sans diminution de ses pratiques & de sa ferveur. Mais son Divin Epoux la tiroit bien-tôt de cét état, & les rayons du Soleil de Justice, dissipoient en un instant toutes ses obscuritez, la rétablissant dans sa paix ordinaire. Son entretien avec Dieu étoit fort, simple, fidéle & perseverant.

L'Oraison étoit sa vie & son occupation principale : C'étoit une Aigle Royale, qui s'élançoit incessamment dans le sein de Dieu, par le vol de son esprit, tirant delà les lumieres & devots sentimens qu'elle communiquoit à ses Religieuses dans ses exhortations, sur les Mystéres de la Foy, sur les Evangiles, & pour la pratique des vertus, dont elle donnoit des Maximes faciles & aisées à garder, qui étoient tres-utiles pour agir en tout avec un esprit interieur, & pour faire un fond solide de vertu en peu de tems. Elle se tenoit à la priere dans une composition & maintien, qui excitoit à la devotion; Elle étoit toûjours à genoux, le corps droit, les mains jointes & élevées, sans jamais s'apuyer, & en cette posture, elle passoit tout le tems de l'Oraison.

La Sainte Communion faisoit ses plus cheres délices, elle s'en approchoit le plus souvent qu'elle pouvoit, & regulierement deux fois la semaine, toutes les Fêtes & Dimanches, tous les jours de l'Octave du Saint Sacrement, & toûjours avec des dispositions merveilleuses; qu'elle s'étoit prescrite d'une Communion à l'autre, avec les sentimens d'une vive foy, d'une confiance assûrée d'une ardente charité; mais sur tout d'une humilité tres-profonde, & anéantissement d'elle-même. On la voyoit tres-souvent prosternée contre terre, les bras en

13. Aoust. *La V. M. Françoise Therese de la Trinité*, Grillot.

Croix, quelques-fois aux entrées du Chœur & du Réfectoir sous les pieds de toute la Communauté, qu'elle surprenoit adroitement à une autre occasion, lors que par respect elles s'étoient retirées aprés l'avoir reconnuë.

Tous les trois mois elle faisoit une Confession generale de tout ce tems-là, & pleuroit amérement ses plus petites fautes, comme si c'eût été des crimes; Elle faisoit des penitences publiques des plus humiliantes, qui étoient toûjours celles de son choix; Elle demandoit pardon à la Communauté & détestoit ses fautes, avec tant d'exageration, de sentimens de douleur & de larmes, qu'elle en faisoit jetter en abondance à sa Communauté; elle faisoit quelques-fois amande honorable à son Sauveur & à la Sainte Vierge devant le Tres-Saint Sacrement, la corde au col, les pieds nuds, une lumiere à la main & son seul petit voile, dans de si grands sentimens de douleur, qu'elle donnoit de la pieté & de la ferveur aux plus tiédes.

Elle s'estimoit la plus coupable & la plus criminelle que le Soleil ait jamais éclairé; Elle étoit si abjecte à ses yeux qu'elle avoit horreur de ses loüanges, qu'elle n'entendoit jamais sans une extrême confusion & aneantissement, & par des retours d'esprit à Dieu, qu'elle reconnoissoit seul & unique Auteur de toutes les graces, comme il est seul digne de toute la gloire qui luy est dûë en toutes choses, attribuant tous les heureux succés de son établissement aux effets de la bonté & misericorde de nôtre Dieu, de sa speciale providence, par les secours & intercessions de la Sainte Vierge, & les prieres de sa Communauté : Elle possedoit si bien l'humilité de cœur, que tous les aplaudissements qui luy étoient donnés de toutes parts, ne faisoient aucune impression sur son Ame.

Toute la Ville étoit en joye, lors qu'elle étoit établie Superieure, de sorte qu'il sembloit que l'on leur rendoit leur propre Mere, & elle seule étoit dans l'affliction, & répandoit tant de larmes que l'on ne pouvoit la consoler; *Je veux*, disoit-elle, *tout ce que Dieu veut, à quelque prix que ce soit, au peril de ma propre vie; mais je ne sçaurois du tout empêcher ces sentimens dans la veüe de ce que je suis.* Elle se jugeoit du tout incapable de gouverner, se défiant fort d'elle-même en toutes choses, son recours étoit à Dieu, lequel l'assistoit en tous ses besoins.

Sa charité vers le prochain étoit tres-grande, elle l'aimoit tendrement & dans des tres-sublimes intentions; nous pouvons dire qu'elle étoit l'œil, le pied & la main de toutes pour les secourir, étant toûjours disposée de servir & soulager tout le monde, s'il luy eût été possible, sans craindre le travail ny la peine des veilles de plusieurs nuits de suite, qu'elle passoit auprés des malades, qu'elle assistoit jusqu'à leur fin; Elle faisoit de grandes & fervantes prieres à nôtre Seigneur, pour obtenir leur guerison, en ayant de cette façon retiré plusieurs du tombeau; l'on avoit grand recours à elle de toutes parts & grande confiance en ses prieres, qui étoient fort efficaces, d'autant que Dieu exauce les prieres des Justes, il est attentif à leurs Oraisons & il fait la volonté de ceux qui le craignent & qui l'aiment; l'on a veu des grands effets en la personne de cette sienne Servante.

Elle avoit quelquefois des pressentimens des choses futures pour l'utilité de ses Sœurs & pour la sienne; Elle dit un jour à sa Communauté. *Mes Sœurs, je me sens pressée de vous dire de la part de Dieu, qu'il y en a plusieurs parmy vous, ausquelles il a prolongé la vie pour quelque-tems, & de vous avertir d'en faire un saint usage à l'avenir, avec plus de fidelité, je vous en supplie, pour les interests de Dieu & les vôtres.*

Elle les exhorta toutes une autre fois de sortir de la retraite en la même disposition en laquelle elles désireroient d'être trouvées à l'heure de la mort: *J'ay,* dit-elle, *quelque pressentiment que Dieu en veut appeller quelques-unes de vous, je ne sçay pas qui elles sont, mais je vous prie profités-en toutes, je vous en conjure, puisque l'heure est incertaine.* Quelque peu de tems après il en mourut deux en trois jours, dont l'une fut surprise d'Apoplexie, mais elle s'étoit préparée trois jours auparavant comme pour mourir.

Pour son égard elle eût aussi plusieurs pressentimens de sa mort. Huit mois auparavant, elle dit. *Mes Sœurs, je crois que je n'iray guere loin de ce triannal, si je l'acheve encore; ce n'est point revelation, ne le pensez pas, j'en suis indigne.* Au dernier Chapitre qu'elle fit le 16. Juillet, elle dit, *Je vous supplie mes Sœurs, au nom & pour l'amour de Dieu de bien vous ressouvenir & pratiquer autant qu'il vous sera possible, ce que moy indigne je vous apprent aujourd'huy, sur tout de faire tous les matins une serieuse reflexion sur vous mêmes, pour voir ce que Dieu & vôtre état demandent de vous. Voilà peut-être les dernieres recommandations que je vous feray de ma vie.*

Elle avoit un zéle ardent du salut des Ames qu'elle demandoit à Dieu instamment, & prenoit un singulier plaisir d'entendre dire la conversion de quelques-unes, & le progrés en la vertu de quelques-autres ; Ses grandes occupations pour toutes les affaires du Monastére, de quelque nature qu'elles fussent, ne l'empêchoient point de s'appliquer à Dieu & de suivre fidellement les mouvemens de sa grace qui ont été si puissans en elle, qu'elle ne pouvoit plus contenir le desir ardent, qu'elle avoit de joüir de son Dieu, & l'amour ardent dont son cœur brûloit jour & nuit, a jetté incessament de si puissantes flammes qu'elle ne trouvoit pas assés de moyens pour en donner des marques assurées à ce divin objet, selon son desir ; faisant toutes choses le plus parfaitement qu'il luy étoit possible, selon les lumieres qu'elle en recevoit, & en cette maniere elle a profité de tous les momens de sa maladie jusques au dernier soûpir.

C'est dans ces excellentes pratiques, qu'elle a disposé à remplir sa lampe de son cœur, de l'huile de la grace, pour se rendre digne d'entrer aux Nôces de l'Epoux celeste, qui voyant cette ame pure si degagée de toutes choses, & qui ne respiroit plus que de s'unir à son divin Centre, luy envoya le 21. Juillet une fiévre continuë avec des grandes douleurs de tête, & si ardentes que tous les remedes ont été inutiles ; c'étoit chose merveilleuse de l'affection, & du desir que l'on témoignoit de toutes parts de sa guerison, il s'est dit des Messes, fait des Vœux, prieres, Communions & Processions sans nombre en plusieurs Communautés, & si ceux-là en ont usés ainsi, jugés ce que ses cheres filles ont fait : Elles

13 Aoust. *La V.M.Françoise Therese de la Trinité, Grillot.* 311

n'ont rien oublié pour obtenir cette faveur du Ciel. Les Reverendes Meres de sainte Marie envoyerent leurs Reliques de Saint François de Sales, cette defolée Communauté commença une Neufvaine de Proceffions avec des lumieres, & elle demandoit à Dieu mifericorde afin qu'il luy plût de détourner ce Calice, s'il eût été poffible. Mais il la voulut avoir à foy pour recompenfer fes vertus, & la rendre participante du Triomphe glorieux de fa tres-fainte Mere.

Elle demanda & receut plufieurs fois le Saint Sacrement avec de tres-grands fentimens de pieté, ayant eu l'efprit & le jugement bon jufqu'à fa fin, & dans toutes fes douleurs qui ont duré l'efpace de 23. jours qui l'ont confommée, comme une holocaufte, dans l'ardeur d'une fiévre prodigieufe; neanmoins en tout ce tems elle n'a formé aucune parole de plainte; mais elle etoit dans une pratique d'une refignation continuelle à la volonté de Dieu; Elle s'eft tellement abandonnée à tous fes ordres divins, & à toutes les volontés de celles qui etoient deftinées pour la fervir, qu'elle faifoit & prenoit à point nommé tout ce qu'elles defiroient, quoy que ce fût, fans jamais donner le moindre figne d'impatience; & l'on ne pût remarquer une imperfection apparente. Elle recevoit cordialement toutes les Religieufes qui la venoient vifiter, & fe recommandoit à leurs prieres; *Non*, difoit elle, *Pour obtenir la fanté, mais l'accompliffement de la volonté de Dieu en elle.*

Le jour qu'elle receut l'Extrême-Onction, elle donna fa Benediction à toutes, & fit des recommandations conformes au befoin de chacune, avec tant de douceur & de bonté que cela ouvroit le cœur; Elle ne fe laffoit point de repeter nonobftant l'extrême alteration qu'elle avoit, ces paroles; *Mes Sœurs, je fuplie la tres-fainte Trinité de vous départir amplement toutes les graces qu'elle vous a preparées, & de vous donner toutes les benedictions du tems & de l'Eternité, que je vous fouhaite de tout mon cœur.* Puis elle recommanda la crainte & l'amour de Dieu, la paix, l'union, la regularité, l'eftime de la vocation, la charité, & le fuport mutuel; Mais voyant fa Communauté fi affligée qu'elle faifoit compaffion, voir cinquante Religieufes gemir & fondre en larmes dans le jufte fentiment de fa perte, cette belle ame en fut touchée à l'imitation des Zelateurs de la gloire de Dieu, & jetta de nouvelles flâmes de fa charité, bien que fa Couronne fut preparée; *Seigneur*, dit elle, *Si je fuis encore utile à cette Communauté, vous qui m'avés donné la vie, vous pouvés encore me la conferver & me donner la fanté, je veux tout ce que vous voulés, mon Dieu, je ne fuis plus de ce monde.*

Elle ne voulut que le Confeffeur ordinaire, crainte qu'une telle entrée n'étant pas neceffaire, ne fut contre la clôture, quoy qu'elle eût grande confiance au Confeffeur extraordinaire, continuant ainfi dans l'éloignement de la feule ombre du mal. Elle donna entendre qu'elle fouhaitoit d'être inhumée dans le Cloître, en fuite de la derniere decedée; La Mere affiftante s'en étant aperçuë, fit figne aux Anciennes & leur dit tout bas, mes Sœurs j'ay permiffion de la mettre au milieu de nôtre Chœur, luy rendre nos derniers devoirs le plus honorablement qu'il nous fera poffible: Elle l'entendit & fit quelque figne de la main par mépris d'elle-même: *Non*, dit-elle, *je veux être après la derniere pauvrement, comme pauvre*

La V. M. Françoise Therese de la Trinité, Grillot. 13. Aoust.

Elle demeura tout le jour apliquée à Dieu & comme en contemplation, il sembloit qu'elle recevoit de grandes graces & lumieres de son Dieu, ayant le visage doux & si agreable que l'on y remarquoit les traits de la Sainteté, paroissant dans une si grande paix & tranquilité que l'on ressentoit une consolation sensible à la regarder; toutes les prieres du Ceremonial furent repetées plusieurs fois auprés d'elle, & comme elle avoit l'intelligence du Latin, on voyoit renouveller sa ferveur de tems à autre, élevant son esprit à Dieu, faisant des Actes interieurs de contrition, d'amour, de resignation, & desir de voir Dieu.

Elle a fait des preparations sans nombre pour obtenir la grace finale, qu'elle a euë heureusement en l'an 1666. expirant fort doucement, & est demeurée dans la beauté de visage qu'elle avoit euë, tout le monde regretoit cette perte; on luy rendit les derniers devoirs la veille de l'Assomption de la Ste. Vierge, Monseigneur l'Archevêque de Narbonne dit la premiere Messe pour elle. Toute l'Eglise étoit plaine de monde qui la faisoient retentir de leurs cris. Et ainsi son heureuse vie s'est terminée par une precieuse mort qui l'a conduite à son Souverain.

Que l'Ordre des Ursulines se rejoüisse aujourd'huy en considerant une si bonne Ame chargée de tant de merites dans leur Ordre, & dans lequel elle a donné tant d'exemples de vertus: *Elle y a paru comme un feu, & sa parole étoit ardante comme un flambeau.* Suivés donc ses conseils, imités ses vertus, vous devriés à son imitation avoir passé vôtre jeunesse dans la pratique des vertus & avoir en obeïssant dans un Monastere, apris le moyen de bien commander aux autres, voyés en cette vertueuse Ursuline, le zéle que vous devés avoir pour la penitence, & le salut des ames, & la charité que vous devés à Dieu & au prochain. Aimés les peines qui vous affligent, goûtés les austerités, qui vous purifient, & soyés animées à la mortification en voyant son exemple.

MAXIMES.

I. Rien contre Dieu, je feray mon possible pour le service de tout le monde jusques là; mais avec le secours Divin je ne passeray plus outre.

II. Tout est contentement pour moy, pourveu que Dieu soit craint, aimé & servy avec la fidelité qu'il desire & attend de nous, & j'aimerois mieux mourir que de faire une seule action, dire une parole, ou faire un seul pas avec veuë qui fut hors du bon plaisir de Dieu.

III. Une ame qui se donne entierement à Dieu, se doit mettre au dessus de tout respect humain, au dessus du vent des paroles qui passent & qui ne mordent personne, & voilà bien de quoy pour delaisser Dieu, qui a-il de plus facile à vaincre que tout cela? un peu de silence en fait la raison.

IV. Vous ne pouvés mieux punir une personne qui vous entreprend que de ne luy pas répondre le mot, tout ce qu'il dit c'est pour vous mettre en humeur, vôtre impatience le delecte, vôtre silence le confond, & il n'en sçauroit tant dire, que vous n'en puissiés oüir davantage, il n'a qu'une bouche, & vous avés deux oreilles.

V. Dans le train de la vie spirituelle, vous faites bien de vous craindre vous-même

même, si tant est que vous attendiés la perseverance de vous-même, mais si vous l'attendés de Dieu, ne devés-vous pas avoir plus d'esperance de sa bonté, que vous n'avés de crainte de vos infirmités.

VI. Pour s'affranchir de ses passions, il y faut resister courageusement ; faute d'avoir un peu de resolution, vous roulés toûjours dans vos liens, faites un petit effort & vous vous trouverés dans la paix & le repos d'esprit, & vous aurés une ame victorieuse de ses passions.

TREIZIE'ME AOUST.

LA VENERABLE SOEUR CATHERINE de S. Bruno, du Bosc, Religieuse Ursuline de Lisieux.

Ie me suis éloigné en fuyant le monde, & j'ay demeuré dans la solitude.
Psal. 54.

CEtte Ame prevenuë dés sa jeunesse d'une pieté & pureté extraordinaire, dés l'âge de deux à trois ans, un Gentil-homme ayant baisé une femme de chambre qui la tenoit, elle luy lava le visage, & fut long-tems sans la vouloir approcher. Aussi-tôt qu'elle voyoit un homme, elle s'alloit cacher, ne voulant nullement en approcher. Une Demoiselle sa parente étant sortie d'un Convent d'Ursuline, & luy ayant appris les mortifications qu'on y pratiquoit, elles les faisoient ensemble, & on les surprenoit quelquefois qu'elles prenoient la Discipline. L'argent qu'on luy donnoit pour ses petits divertissemens, elle l'amassoit & en a fondé une Messe en l'honneur de sainte Catherine : Toutes ses maximes étoient si contraires à celles du monde, qu'elle pouvoit bien dire, *Ie me suis éloignée en fuyant le monde, & j'ay demeuré dans la solitude.* Ce fut aux Ursulines de Lisieux, où elle fit sa retraitte, elle y fut mise pensionaire, où elle se montra des plus ferventes, & excitoit les autres par son exemple à tous les exercices de devotion. Son âge approchant auquel elle se pouvoit consacrer à Dieu, elle poursuivit son entrée au Noviciat avec tant d'empressement, que Monsieur son Pere qui étoit absent, fût obligé de luy envoyer sa benediction, & son consentement par écrit, quoy qu'avec regret, parce qu'il souhaittoit la garder pour le monde, étant avantagée des graces naturelles qui donnent de l'estime aux filles de qualité.

Ce jour tant desiré fut le jour de l'Assomption de la sainte Vierge, auquel elle commença son approbation avec beaucoup d'ardeur, & dans une parfaite exactitude de toutes les pratiques Religieuses, & prit singulierement à tâche la mortification de tous ses sens, & de denier à sa nature tout ce qui la pouvoit contenter, passant tous les hyvers sans se chauffer, se privant souvent d'une partie de sa nourriture, & faisoit adroitement croire que cela étoit utile pour sa santé. Elle étoit si portée aux penitences qu'elle prioit souvent ses Superieurs de luy en permettre, étant toûjours des premieres & des dernieres à tous les ouvrages communs, & aux actions humbles & de travail, & si affectionnée à l'observance qu'elle sçavoit prevenir, & si bien menager ses emplois, que le tems de l'Oraison & de l'Office divin luy demeuroit toûjours libre. Elle observoit ponctuellement dans ses maladies, de dire son Office en même tems que la Communauté, & son Chapelet & autres prieres pendant l'Oraison du soir, & gardoit le silence aux heures de la Régle aussi exactement que dans sa santé.

Le moindre soulagement qu'il falloit donner à son corps, luy étoit insuportable, & n'avoit point de plus grandes peines que quand on l'obligeoit d'aller à l'Infirmerie pour quelques legeres indispositions; Dans les grandes maladies ausquelles elle étoit sujette, elle eût voulu se remettre à l'Observance aussi-tôt qu'elle avoit quitté le lict, & la contrainte qu'elle se faisoit d'y être un tems raisonnable pour reprendre ses forces, luy étoit tres-sensible.

Toutes ses Régles étoient ses délices, & si fidelle à toutes qu'on étoit assuré en quel lieu qu'elle fût que la regularité y étoit entierement gardée.

Le silence, l'Oraison, & la retraitte étoient ses cheres vertus. Elle étoit ennemie des parloirs, évitant le plus qu'il luy étoit possible les visites du dehors, même de ses plus proches parens, qui étoient des personnes de qualité, de merite, & de vertu, qui ont toûjours eu bien de l'estime & de l'amitié pour elle, & elle avoit même fait resolution de n'en parler jamais, voulant que son celeste Epoux fût le seul & unique possesseur de son cœur, & perdre le souvenir de tout ce qui la pouvoit distraire de sa divine presence.

Pour cet effet elle s'étoit composé à l'imitation de saint Bernard, un bouquet de Myrrhe des sacrées douleurs de son Sauveur, qu'elle portoit continuellement en son sein, par le souvenir & l'application interieure qu'elle pratiquoit depuis plusieurs années à chaque heure du jour des mysteres de sa douloureuse Passion.

Elle s'étoit aussi prescrite des methodes pour s'occuper saintement tout le tems de pieté, & bonnes Fêtes de l'année, sur tout aux Fêtes de la sainte Vierge, s'étant engagée à sa grandeur en qualité d'Esclave, faisant pour chacune, des prieres conformes, des visites chaque jour au tres-saint Sacrement, des penitences, des nombres d'Actes interieurs, & pratiques exterieures de quelques vertus; En un mot cette sainte ame ne respiroit que de plaire à Dieu, d'augmenter en son divin amour, & d'arriver à la perfection qu'il demandoit d'elle; Le soin qu'elle avoit de ne le point offenser, nous donne lieu de croire qu'elle a conservé sa grace Baptismale.

Elle a été la consolation des Superieures, ausquelles elle rendoit tant de respect, de soûmission & d'obeïssance, qu'il étoit aisé à voir qu'elle regardoit Dieu en elles; On la trouvoit disposée à toute heure & à tout tems à faire ce que l'on souhaittoit. Sa conversation étoit douce, obligeante, & prête à rendre service à tout le monde, singulierement aux malades, obtenant le plus qu'elle pouvoit la permission de les veiller: Elle étoit tres-propre & adroitte à toutes sortes d'ouvrages, & elle avoit talent, & affection pour nôtre saint Institut, auquel elle a été long-tems employée avec édification.

Elle aimoit la pauvreté, prenant soigneusement garde par cet esprit de conserver ce qui luy étoit donné pour son usage, & en ses obediences se contentant des choses purement necessaires, & dont on ne se peut passer.

Sa maladie commença un an avant sa mort, par une hemorrhagie de sang par le nez & les gencives qui fut si abondante, qu'elle la reduisit à l'extremité: Elle revint quelque tems en convalescence, mais toûjours avec une fiévre lente, qui se mit en suitte en quotidienne, avec un flux presque continuël & un ulcere au poulmon, sans que tous les remedes y ayent donné aucun soulagement: Elle portoit tous ses maux avec bien de patience & de douceur, & avoit soin de ne point surcharger ses infirmieres, & qu'elle ne perdit les observances pour elle, & ne put souffrir qu'on la veillât que les trois dernieres nuits de sa vie, tant elle craignoit de donner de la peine. Elle apprehendoit un peu la mort, mais cette crainte se changea un mois avant son decés en desir de mourir devant l'Assomption de la Ste. Vierge, dans la confiance qu'en qualité de sa tres-humble servante, elle la delivreroit des flâmes du Purgatoire le jour de cette grande Fête; elle a receu tous ses Sacremens avec grande devotion, & est decedée l'an 1669. âgée de 34. ans huit mois, & de Religion 20. ans.

Il est à remarquer que nôtre Sœur obtint ce qu'elle avoit souhaité de souffrir pour Dieu, & de mourir devant la fête de l'Assomption; sans doute cette sainte Ame étant prête de ce desir, comprenoit d'un côté quelle étoit la pureté de Dieu, devant lequel on va paroître en mourant, puisqu'en effet elle a fort long-tems apprehendé ses jugemens, & de se presenter devant sa Majesté, étant encore pleine de tâche. Elle voyoit aussi en même tems qu'elle étoit la severité des peines du Purgatoire qu'elle souhaittoit de prevenir, & d'y obtenir le secours de Marie; sa foy ne se laissoit point abatre par le mal present, & elle perdit la veuë d'autres maux, qui pour être encore un peu éloignés, n'en étoient pas moins à craindre. Si nous avions quelque chose de la foy & de la ferveur de nôtre Ursuline, nous n'aurions pas tant d'empressement, pour chercher du soulagement dans nos maladies, & paticulierement dans celles qui semblent nous devoir conduire au tombeau. La foiblesse que nous témoignons pour supporter nos maladies, est une marque de la foiblesse de nôtre foy, qui n'est guere occupée des jugemens de Dieu, & de la sincerité avec laquelle il punira ce que nous n'aurons pas puny nous-mêmes: On peut dire que nôtre ame alors est encore plus languissante que nôtre corps, & que nôtre penitence, dont l'ardeur devroit se renouveller dans ces derniers momens, est peut être du rang de ces penitences foibles, dont saint Augustin dit, qu'il est bien à craindre qu'elles ne meurent en même tems que le penitent.

MAXIMES.

I. L'homme spirituel est proprement celuy qui chemine sur les pas que le

Sauveur du monde nous a tracé par ses exemples, qui méprise les prosperitez que Jesus-Christ a méprisé, qui ne craint point les aversitez qu'il a tres-courageusement enduré, qui enseigne volontiers tout ce qu'il a enseigné, qui fait ce qu'il a fait, qui espere ce qu'il a promis, & suit où il l'a precedé.

II. C'est celuy qui s'étudie au contentement de la raison & non pas de la sensualité, qui fait ce qui édifie plus volontiers que ce qui delecte, qui émousse la pointe des desirs charnels par les plaisirs spirituels, qui assujettit la chair à l'esprit, qui prefere le tems present à l'avenir, qui veut tout ce qu'il veut selon la Régle des volontés de Dieu.

III. L'homme spirituel jamais ne médit, jamais il ne méprise personne, si ce n'est soy-même, il ne sçait que c'est d'envier les heureux, de persecuter les miserables, de courtiser les riches, de chercher ses interests, de flatter ses sens, de contenter sa curiosité, & d'entretenir ses plaisirs.

QUATORZIÉME AOUST.

LA VENERABLE SOEUR MARIE DE Sainte Therese, Prevotiére, Religieuse Ursuline de Saint Jean d'Angely.

Ie me réjoüis dans les souffrances que j'endure pour les autres.
Aux Colossiences, Chapitre 1. vers. 24.

IL y a une fleur dans la nature fort rare mais tres-precieuse, puis qu'elle porte les marques des cinq playes & des principaux instrumens de la Passion de Nôtre Sauveur, d'où on luy a donné le nom de fleur de la Passion ; la vie de nôtre Sœur Marie Therese va montrer que cette fleur est son simbole.

Ses Parens ayant plus d'envie qu'elle fût Religieuse qu'elle-même, la firent entrer aux Ursulines, mais sans qu'elle y resistât nullement, au contraire elle fit croire aux Religieuses qu'elle avoit une bonne volonté, & sur ce pied-là on la mit au Noviciat, où elle parut encore avec quelques défaus de jeunesse; dans le tems de son approbation il survint un Jubilé, qui luy donna l'inspiration de faire une Confession generale, c'étoit là où la grace l'attendoit pour la changer entierement; en effet elle fust bien recompensée des dispositions extraordinaires qu'elle y avoit apporté, car elle se trouva dans le vray chemin de la Sainteté qu'elle ne quitta jamais dépuis.

Aprés sa profession on vit profiter les talens que Dieu luy avoit donné, & qui n'étoient pas mediocres, ny peu en nombre ; il sembloit qu'elle ne perdit pas un moment la presence de son Divin E'poux, ayant deja le récuëillement profond des ames les plus avancées dans la vie spirituelle : Elle s'étonnoit comme on pouvoit penser à autre chose qu'à Dieu ; Les Superieures luy firent de diverses épreuves pour reconnoître s'il n'y avoit point de tromperie, ou de paresse en sa maniere de vie, mais la soûmission qu'elle leur rendit toûjours, justifia sa conduite.

C'étoit presque luy ôter la vie que de la distraire de l'Oraison, où elle passoit même une bonne partie de la nuit, Dieu se communiquant à elle d'une maniere bien intime ; elle avoit de si belles lumieres sur nos saints Mystéres que les personnes à qui elle en faisoit part, selon son devoir, en étoient surprises, & disoient que Dieu élevoit cette Ame extraordinairement haut, & que de sa part elle étoit fort humble. Rien n'étoit abjet à ses yeux qu'elle-même ; elle prenoit toûjours la derniere place, & ne s'asseoit jamais qu'à terre. Elle sçavoit retenir jusqu'aux premieres sallies de ses passions ; toutes choses ne luy étoient qu'une, les regardant dans l'ordre de la Divine Providence ; Elle étoit morte à son propre interest, mais celuy de Nôtre-Seigneur luy étoit si cher qu'elle n'épargnoit rien pour le reparer quand il étoit offensé, comme lors qu'elle sçavoit que quelque crime avoit été commis, on la voyoit dans une telle desolation qu'elle en faisoit pitié ; elle s'en prenoit à son chaste corps, & le mettoit tout en sang.

Elle s'offroit aux pecheurs qui s'addressoient à elle, de faire penitence pour eux, pourveu qu'ils luy promissent de se retirer du peché & des occasions d'y retomber ; & même les petites fautes qu'elle voyoit dans la Communauté, luy étoient fort sensibles ; elle embrassoit les austeritez avec autant d'ardeur que si elle eût voulu punir sur elle la personne la plus criminelle du monde ; Elle se servoit d'une croix de fer blanc large de quatre doigts & longue d'un pied, qui étoit troüée & hérissée, en sorte qu'elle faisoit fremir à la voir ; neanmoins elle la portoit si long tems, qu'on arrachât une fois la peau en la luy ôtant de dessus le dos ; ses disciplines étoient armées les unes de pointes de fer, & les autres d'épingles. Une de ses Sœurs en ayant emprunté une pour en faire un essay, se satisfit du premier coup, n'osant jamais décharger un second de peur de se massacrer : Elle ne se deshabilloit jamais pour dormir ; son lit n'étoit d'ordinaire que des ais, sur lesquelles elle se couchoit de la posture qui luy étoit plus incommode, disant qu'une Religieuse devoit chercher la mortification par tout ; pour elle on avoit grande peine à l'en empêcher ; Elle faisoit beaucoup de jeûnes au pain & à l'eau, & le peu qu'elle mangeoit étoit assaisonné d'amertumes, elle ne se plaignoit même d'aucun mal, que lorsque l'obeïssance la pressoit de le dire ; En un mot elle menoit une vie de mort à tous les plaisirs de la terre jusqu'aux plus innocens, & ne faisoit point de plus instantes prieres que de n'être jamais sans souffrances sur la terre, où son divin Epoux avoit sans cesse enduré ; cette ardeur de souffrir luy dura jusqu'au dernier moment de sa vie ; elle avoit fait vœu de ne demander jamais du soulagement ny dans ses maladies, ny dans ses autres peines, & elle l'observa si bien qu'il faloit user d'authorité pour l'assujettir aux remêdes qui luy étoient necessaires.

Elle ne se consideroit que comme la victime du saint amour & de la divine justice ; elle s'expliquoit fort éloquemment sur ces matieres, mais ses actions preuvoient encore mieux la verité de ses sentimens, car elle sacrifioit continuellement aussi bien son esprit que son corps ; Elle prioit toujours à genoux d'une attention tenduë, encore qu'elle n'eut pas toujours de la douceur, mais en quelle disposition qu'elle se sentit, elle perseveroit dans ses exercices accoutumés.

L'attrait qu'elle avoit à la contemplation qui arrivoit quelques fois jusques à l'extase, n'étoit point incommode aux autres, & ne la retiroit point des emplois de la maison ; elle fit merveille dans les classes, aux ouvrages delicats & aux penibles, comme aussi dans la charge de Maîtresse des Novices, où l'on vit un fruit proportionné à sa grande vertu, la Maîtresse étoit plus simple à l'obeïssance que les Novices mêmes.

L'amour divin n'étant pas content de la voir porter en son corps la mortification de son Epoux, s'il n'étoit luy-même empreint d'un caractere ineffable, luy inspira d'y graver son sacré Nom aux deux endroits qu'il marque à l'Epouse des Cantiques, quand il luy dit *Met-moy comme un cachet sur ton cœur & sur ton bras*. Elle prit un ganif trenchant, & se découpa la peau de dessus le cœur, en forme d'un Nom de Jesus, étant alors si transportée de joye de recevoir une si precieuse impression, qu'elle ne sentit presque point de mal ; il n'en fut pas de même quand elle se l'appliqua sur le bras avec un cachet tout rouge de feu, & qu'elle eût le courage de le faire rechauffer, & rappliquer jusqu'à cinq fois, autant que ce Saint Nom a de lettres, car elle eût des douleurs bien cuisantes, suivies d'une inflammation qui la contraignit de se découvrir à une Religieuse qu'elle affectionnoit d'une sainte amitié, & qui trouva moyen de la faire penser secrettement ; le Chirurgien s'étonna de ce qu'elle ne s'étoit pas estropiée, ayant fait ses graveures au dedans du bras, où sont tous les nerfs ; Néanmoins l'Onction & le Baume que ce doux Nom répandoit dans le cœur de cette Amante, s'étendit jusques sur son corps, & adoucit si bien sa douleur que son visage n'en fût point alteré.

Le tres-saint Sacrement qui est la fournaise de l'amour divin, embrasoit son cœur de plus en plus, & son approche faisoit sa peine & ses delices tout ensemble, par la veüe des grandeurs de ce Mistére & de sa propre indignité.

La preuve de son amour envers Dieu étoit sa charité envers ses Sœurs ; elle aidoit à toutes celles qui avoient quelques choses à faire, son abstraction ne la rendoit point triste, mais elle avoit un abord facile & une gayeté aimable à toutes ; qui la vouloit consoler n'avoit qu'à luy donner quelque occasion de service ; ce qu'elle étoit, ce qu'elle avoit, & ce qu'elle faisoit appartenoit entierement à la Communauté, ne se reservant rien pour elle en particulier.

Elle avoit une liaison étroite avec sa Superieure, la Marguerite Poisson, & elle offrit plusieurs fois à Dieu sa vie pour elle, deux mois avant que cette Mere decedât, ayant témoigné beaucoup de crainte de la justice de Dieu, nôtre bonne Sœur poussée d'un excés de charité, demanda de faire le Purgatoire que meritoit sa Superieure ; à quelques jours delà une fiévre la saisit qu'elle negligea, &

elle ne quitta point ses veilles & ses autres penitences, jusqu'à ce qu'elle eût ordre de se laisser traitter en malade, en même tems la Mere Poisson fut attaquée de sa maladie mortelle, & nôtre Sœur se doutant bien qu'elles étoient toutes-deux proche de l'Eternité, elle renouvella du meilleur de son cœur l'offrande qu'elle avoit faite d'elle-même pour le soulagement de sa Superieure; il sembla que Dieu l'accepta, parce qu'incontinent elle passa par toutes les choses qui luy étoient les plus repugnantes; Elle se vit reduite à l'Infirmerie, & assujettie aux remedes des malades, à quoy elle avoit une extrême aversion, il l'a fallut veiller toutes les nuits trois mois durant, ce qui luy causoit une peine tres-grande, ce qu'elle avoit toûjours apprehendé pour le travail de ses Sœurs; elle se vit tellement abatuë de foiblesse qu'elle ne se pouvoit même remuer, sans être aidée, & l'on fut obligé de la servir en toutes choses, comme un enfant au berceau; Elle enduroit quelquefois une faim canine, sans pouvoir ny oser manger, car si elle mangeoit un peu, son estomach devenoit opilé; ce qui devoit naturellement la soulager, irritoit ses maux, & il luy en survenoit de nouveaux de tous côtés; on eût dit que Dieu l'avoit abandonnée dans son lict de douleur, comme Job sur son fumier. Les personnes qui l'avoient cherie davantage, la delaisserent; si quelqu'un avoit desir de luy donner de la consolation, Dieu y mettoit des obstacles, & luy même livroit son ame en proye aux Croix interieures, même aux tentations du malin esprit; son imagination fut enfin si pleine d'horreur, que contre sa coûtume elle imploroit le secours de ses Sœurs, & pria qu'on ne la laissât point seule; Elle se faisoit jetter d'eau benite & joignoit ses prieres avec celles de la Communauté assemblée au tour de son lict; souvent on reïteroit les mêmes choses qui dissipoient les forces de l'ennemy.

Le Medecin étant entré dans le Convent pour voir une autre malade, on luy montra celle-cy, qu'il avoit abandonnée il y avoit long-tems; d'abord qu'il apperçût son Corps changé en vray squelette, l'étonnement luy ôta la parole, puis quelque tems aprés il s'écria, ô! la main de Dieu est icy, cette fille ne peut pas vivre humainement; ce Medecin étoit heretique, & son jugement fût suivy de celuy du Chirurgien, & de l'Apoticaire, qui admirerent un objet si pitoyable.

Celuy qui seul l'affligeoit, luy donnoit quelques-fois de la consolation; il arriva aprés une Communion, qu'elle vit une lumiere brillante au pied de son lit avec un cœur au milieu de cette lumiere qui causoit de grandes palpitations au sien, comme pour aller joindre ce beau cœur; en effet il luy sembla que son cœur s'en étant approché il se fit un mélange de ces deux cœurs de même que si ce n'en eût été qu'un; cette veuë causa une incendie d'amour dans son ame, dont elle seroit morte à son avis, si l'Infirmiere ne l'eût rettirée de cét excés.

Quand elle communia la derniere fois, son Divin E'poux entrant dans la chambre entre les mains du Prêtre, elle s'écria avec respect & tendresse, ô! *Dieu que vous ôtes Saint, mes Sœurs, que Dieu est Saint, qu'il est Grand; ô! Dieu, que suis-je pour vous recevoir.* Le dernier jour de sa vie on luy demanda si elle enduroit beaucoup, elle répondit confidemment, *Oüy, Ie souffre comme une ame que Dieu punit en l'autre monde, mon corps est comme sur une grille de feu,* l'on l'interrogea sur ses peines intérieures, & elle fit réponce, qu'elle en ressentoit qu'elle ne pouvoit expliquer; on luy dit n'en avés-vous point trop, & ne vous repentés-vous point d'avoir tant demandé de Croix, *Non,* repliqua la mourante d'une generosité qui marqua bien sa haute vertu, *S'il étoit à faire, je le ferois encore;* Elle pouvoit dire avec le grand Apôtre, *Ie me réjoüis dans les souffrances que j'endure pour les autres.*

La Superieure la visitant, la trouvoit toûjours dans la soûmission, & prête à écouter les élevations d'esprit qu'elle luy dictoit, même elle luy dit qu'elle l'entendoit mieux que les autres, & elle la pria de luy parler souvent de Dieu; Enfin elle mourut victorieuse de l'Enfer; l'an 1662. Aprés son enterrement on apporta ses hardes devant la Communauté, & l'on n'y vit que des marques de la pauvreté, de l'austerité & de la devotion de nôtre Deffunte; on trouva dans ses papiers une association qu'elle avoit faite avec les ames du Purgatoire pour adorer continuellement la justice Divine.

La vie & la mort de cette bonne & fervente Religieuse sera bien capable d'exciter les ames lâches, & de leur donner une vive crainte de la force des ennemis qu'elles auront à combatre, lorsque rien ne les pourra plus aider que Dieu.

Monsieur Lanier Abbé de Vaux, manda ce qui suit sur sa mort; *Sœur Marie de sainte Therese étoit un esprit tout de feu & de zéle, qui n'a guere perdu d'occasions de s'offrir à Dieu pour les souffrances de toutes les personnes qui y étoient exercées, elle vouloit toûjours être Anathème pour ses freres, & pour l'Eglise; elle étoit infatigable des penitences & des austerités, ausquelles Dieu l'attiroit puissamment; Elle s'est fait des marques sensibles, même d'une consecration particuliere à Dieu, & s'y sentoit comme forcée, si on ne l'eût retenuë, elle eût fait encore davantage, son raisonnement étoit tres-simple, & toûjours dans un desir present de la gloire de Dieu, qui l'animoit puissamment à travailler au salut du prochain.*

MAXIMES.

I. Toute la vie de l'homme spirituel est admirablement tissuë de l'action & de la contemplation, qui font en terre une image des Anges, montants & décendants & nous donne déja en cette vie le goût des biens que nous esperons en l'autre.

II. La vie active le fait profiter dans le monde, la contemplative luy montre comme il faut monter par dessus le monde; l'une va aux degrés, l'autre aux faîts, l'une le fait saint, l'autre parfait; l'une luy fait pardonner les injures, l'autre le met au delà du sentiment des injures, l'une luy enseigne à mortifier ses passions, l'autre l'établit dans l'Empire de toutes ses passions; l'une le porte à vêtir la nudité des pauvres, l'autre le fait dépoüiller de soy-même; l'une délie les chaînes des prisonniers par ses mains, & l'autre l'enchaîne avec Dieu: l'une donne du secours aux affligés par ses moyens, & l'autre s'afflige volontairement dans l'imitation des souffrances de Jesus-Christ; l'une court au prochain, l'autre s'arrête en

Dieu

Dieu: l'une a de l'exercice, l'autre de la joye, l'une conquête, l'autre possede, l'une frappe à la porte, l'autre entre, l'une méprise le monde, l'autre joüit de la Divinité.

III. L'homme spirituel est un homme avare de l'Eternité, prodigue de la vie, peu soucieux du present, certain de l'avenir. Un homme qui semble n'avoir plus rien à démêler avec la vie, & qui n'a rien de si familier que la vie, qui est ensevely comme un mort, & qui vole par dessus les tombeaux comme un Ange qui ne tient plus à la terre, que par une petite racine de necessités naturelles, & qui touche déja le Ciel du doigt; un homme qui est encore dans la chair, quoyqu'il ait fait un Eternel divorce avec la chair; qui est sous les pieds de tout le monde par humilité, & par dessus toutes les grandeurs par mépris, qui se lie pour être en liberté, qui se crucifie pour combatre, qui se mortifie pour avoir de la vigueur qui se seiche pour reverdir, qui meurt tous les jours, pour ne jamais mourir.

QUATORZIÉME AOUST.

LA VENERABLE MERE MARGUERITE de Sainte Agnes, Traboüillet, Religieuse Ursuline de Bayeux.

Dites à Archipus de ma part qu'il considere soigneusement le Ministre qu'il a receu de la main du Seigneur, afin qu'il accomplisse. Aux Collossiens Chap. 4.

LA Mere de sainte Agnes étoit un exemple de toutes les vertus, une régle vivante, laquelle a travaillé infatigablement pour le bon établissement de sa Communauté, étant une des douze premieres; elle avoit le naturel doux, l'esprit bon, net & franc, le jugement solide, prudente & d'une humeur égale en tous evenemens, de bonne conversation, raisonnable, bien-faisante & serviable. Dés sa jeunesse Dieu l'a prevenuë de graces bien speciales & l'a appellée en Religion d'une façon non commune.

Dés son entrée au Noviciat la Superieure la trouvant disposée pour recevoir l'Esprit de l'Ordre, en prit un soin particulier, & elle profita si bien de ses instructions, qu'elle la trouva capable de luy communiquer les grandes graces, dont Dieu l'avoit gratifiée, desquelles par son moyen l'Ordre en a eu connoissance.

Dabord nôtre Mere de Sainte Agnes s'appliqua au détachement de toutes choses, par une mortification continuelle, le silence, & la recollection, & exactitude aux observances sans rien obmettre, & la premiere à tous, ce qu'elle a continué avec ferveur; elle pratiquoit l'humilité dans toute son étenduë, & elle

La V. Mere Marguerite de Ste. Agnés, Trabouïllet. 14. Aoust.

veilloit continuellement sur elle-même, de telle sorte qu'elle se tenoit dans un profond abaissement devant Dieu, qu'elle honoroit en la personne des Superieurs, étant dans une obeïssance simple & prompte à executer ce qui luy étoit dit, malgré les repugnances de la nature.

Dieu l'a élevée à un degré d'Oraison, aprés avoir été conduite par des voyes bien penibles, dont elle n'a rien fait paroître, non plus que des graces qu'elle a receuë, sinon à ceux qui avoient la conduite de son ame; Sa devotion s'étendoit à tous les Mistéres de nôtre foy, & specialement au tres-saint Sacrement de l'Autel, s'en approchant autant que l'on luy permettoit, étant insatiable de cette sacrée viande, comme aussi des penitences, jeûnes & veilles, il falloit que l'obeïssance retinsse sa ferveur, & l'obligea à prendre ses soulagemens, elle ne se plaignoit jamais, mais elle cachoit ses infirmités, par une sainte cruauté contre elle-même.

Dans les charges de Superieure, Assistante, Zelatrice, Depositaire, & Secretaire du Chapitre, & au grand employ de faire bâtir, elle prenoit si bien son tems, que ses prieres etoient dites sans y manquer, même celles de devotion, en ayant plusieurs à la sainte Vierge, à nôtre Pere Saint Augustin, à Saint Joseph, & à Sainte Ursule.

Sa charité n'avoit point de bornes, l'on peut dire qu'elle s'étoit consommée pour le service de chacune en particulier, & pour le bien commun: elle procura par le moyen d'un sien frere un Thresor de Reliques, dont son Monastére en a une partie tres-considerable, c'est elle qui dressa les livres du dépôt du Secretariat, & les chroniques du Monastére; ses emplois l'ont empêchée d'être dans l'exercice de l'institut pour lequel elle avoit grande estime & capacité, n'y ayant été que durant son Noviciat. Enfin c'étoit une Marthe bien-occupée, & une Magdelaine contemplative, ayant trouvé le secret de pratiquer ces deux vies si necessaires à une vraye Ursuline, dont elle avoit soigneusement consideré le Ministére qu'elle avoit receu de la main du Seigneur & l'a parfaitement accomply.

Aprés qu'elle eût atteint l'âge de soixante ans quatre mois, & trente sept ans quatre mois de profession, Dieu l'a retirée de ce monde par une pleuresie bilieuse de sept jours; six semaines auparavant elle demanda permission de faire les exercices de la preparation à la mort, elle les a fait trois fois; il y a trente ans qu'elle faisoit une devotion au Refectoir la vigile de Saint Laurens à l'imitation du B. H. Stanislaus pour demander à Dieu une bonne mort, & d'entrer au Ciel le jour de l'Assomption; allant à l'Oraison de quatre heures aprés midy, entrant au Chœur, elle prit mal au côté, au col & à la tête, ce qui ne l'empêcha pas de poursuivre, en suite elle fit une devotion au Refectoir, assista à Matines sans dire son mal, le lendemain elle fut contrainte de s'alliter & est decedée l'an 1667. aprés avoir receu une fois la sainte Communion, le saint Viatique & l'Extrême-Onction, par les mains du Superieur, qui l'assista jusqu'au dernier soûpir. Et comme elle avoit été une parfaite observatrice durant sa vie, elle le fut aussi en sa mort, car elle ne manqua à aucune ceremonie marquée, les faisant avec une grande application, & presence d'esprit.

14. Aoust. La V. Mere Marguerite de Ste. Agnès, Trabouillet.

Sa patience a été remarquable durant le cours de sa vie, & specialement durant sa maladie où elle en a donné des bonnes marques, & aprés sa mort celle de sa pauvreté, qu'elle a pratiquée en tout, n'ayant que le seul necessaire, étant indifferente à tout ce qu'on luy donnoit pour son usage, ayant grand soin de bien accommoder les autres & prenoit toûjours le pire pour elle.

Puisque c'est l'amour de Dieu, & la charité, & douceur vers le prochain qui a élevé cette bonne ame dans un si haut point de vertu, aimons-les & tâchons de les pratiquer à l'avenir plus que nous ne l'avons fait jusqu'icy, mais que cét amour, cette charité & douceur soit veritable, & non pas feinte, qu'elle soit semblable à celle de la Mere Agnes, car il y en a assés qui sont doux pendant qu'on ne leur dit rien, & qu'on ne leur fait que ce qu'ils veulent, mais qui font voir combien ils sont éloignés de la veritable charité & douceur, lors qu'il en survint la plus regete occasion.

MAXIMES.

I. Comme le douceur à qui Dieu promet dans son Evangile de faire heriter le Ciel, le pourra-elle faire, si elle manque & se pert avant qu'elle en puisse être heritiere, il faut donc que cette douceur soit uniforme & perseverante, & que nulle contradiction des creatures ne la puisse jamais ébranler.

II. L'homme spirituel n'est point enflé d'orgueil, ny precipité de l'ambition ny chatoüillé par la vaine gloire, ny brulé du desir de l'honneur, ny assommé de delices, ny rongé de haine, ny troublé de contentions, ny épouvanté par la force, ny amolly par la complaisance; l'audace n'en fait point un impudent; l'iniquité un injuste, la dureté de cœur un sauvage; l'inconstance un variable, la rigueur un opiniâtre, la fureur un insensé, la gourmandise un delicat, la desobeïssance un rebelle, la vanité un glorieux, l'infidelité un perfide, la facilité un leger, la cruauté un farouche, la perversité un soupçonneux, la vengeance un colere, la malignité un injurieux.

III. Une Depositaire doit avoir beaucoup d'intelligence pour les affaires, de la fidelité pour ne pas dissiper les biens temporels, ny en donner à personne sous pretexte que ce soit, soit parens, ou autres personnes, sans le consentement non seulement de la Superieure, mais encore des Officieres, & Anciennes; qu'elle ait une grande prudence & douceur en ses paroles, qu'elle ne soit pas facile à se laisser corrompre & emporter à la colere parmy les affaires, qu'elle soit zélée pour le bien de la maison, & qu'elle édifie les seculiers dans la conversation, qu'elle soit constante à s'opposer à ce qui seroit prejudiciable au bien de la Communauté, qu'elle ne soit point passionnée soit en amitiés, soit en inimitiés, favorisant les unes, & foulant les autres, & sur tout celle qui ne soûtient point de partis.

Quinziéme Aoust.

L'ASSOMPTION DE LA TRES - DIGNE MERE de Dieu, jour de son glorieux Triomphe.

Venez du Liban mon Epouse, venez du Liban, venez vous serez couronnée du sommet d'Amana, de la cime de Sanit & d'Hermon, des retaites des Lions, & des Montagnes des Leopards. Au Cantique, chap.

IL est bien juste que les Ursulines trouvent en ce jour du triomphe de Marie, la souveraine Reine du Ciel, & de la Terre, & leur premiere & generale Superieure de tout l'Ordre, un mot de sa grande solemnité dans l'Empiré, & de sa gloire, qui a été aussi grande que son humilité a été profonde. On ne sçauroit se former une idée, assés haute de cette divine Mere du Sauveur, ny luy témoigner une veneration telle qu'elle merite; si tous les enfans de l'Eglise sont les enfans de cette Mere de bonté; donnons-luy aujourd'huy tous nos respects, entrons dans les sentimens de tous ses devots, mettons toute nôtre gloire à l'honorer.

Nôtre grande Reine a été aujourd'huy élevée par dessus tous les Ordres des Anges & des hommes, en authorité & en puissance d'une maniere incomparable, de sorte que toute la gloire qui se trouve dans toutes les creatures inferieures est comprise plus excellemment dans la perfection de leur Princesse; cette dignité tres-éclattante avoit été cachée sous l'humble titre de servante, mais elle a été dans son éclat & dans sa pompe au jour de son Couronnement. Le Saint Esprit l'invite au jour de son heureux trépas à quitter le séjour de son heureux pelerinage, pour entrer dans le Ciel en triomphe, & pour y recevoir une triple Couronne. *Venés du Liban mon Epouse*, &c. Le devot Abbé Ruper explique ces paroles de la sortie de son corps, plus blanc que la neige en sa pureté virginale, afin que l'ayant repris, elle soit élevée en Corps & en Ame dans l'Empiré, pour être couronnée par toute la Trinité; en effet le Pere la couronne comme sa Fille pour être la Reine de tous les Anges qui luy obeïssent, en faveur de tous les mortels, qui attendent l'heritage de salut. Le Fils la couronne comme sa Mere, pour être la Reine de tous les hommes, & enfin le Saint Esprit la couronne comme son Epouse, pour être la Reine des Demons, desquels elle dompte l'insolence.

Le Pere qui a couronné sa Fille pour être Reine des Anges, qu'elle employe pour le salut des hommes, veut aussi qu'elle soit Reine de misericorde, & si elle a été misericordieuse au tems de son pelerinage, elle le doit être davantage, après le jour de son Couronnement.

O! Fille bien-aimée du Pere, vous avés receuë une ample Benediction de son pouvoir, parce que vous ayant étably Reine des Anges, vous avés surpassé les premieres actions de vôtre misericorde, par les témoignages posterieurs de vôtre pieté ; La misericorde des jours de vôtre vie sur la terre a été grande, mais la misericorde de vôtre reigne dans le Ciel la surmonte ; helas ! que nous serviroit-il que vous ayés conceu un Dieu, si vous ne nous impetriés de le voir par vos prieres ; Nous vous saluons comme Reine, & comme Mere de misericorde, mais pour la rendre accomplie en nous, nous vous suplions de nous montrer vôtre Fils le fruit benit de vôtre ventre, aprés nôtre exil. Nous sommes ravis que vous soyés la Fille aînée du Pere Eternel, & qu'il vous ait constituée la Reine des Anges, mais le titre de Reine de misericorde, nous charme davantage, il est si avantageux aux mortels, que vôtre devot Saint Bernard dit hardiment, *S'il y a quelqu'un, ô glorieuse Vierge, qui se souvienne que vous luy ayés manqué dans ses necessités, lorsqu'il a invoqué vôtre clemence, qu'il taise vôtre misericorde.* Nous nous complaisons comme vos Filles & tres-humbles servantes dans l'éclat de vos vertus : Nous loüons vôtre Virginité feconde ; nous admirons vôtre maternité Virginale, & nous exaltons vôtre Virginité ; Mais le nom de vostre misericorde nous est plus doux & plus agreable à nostre souvenir ; O ! Fille bien aimée du Pere des misericordes, revêtuë de son esprit, qui pourroit mesurer la largeur, la longueur, la sublimité, & la profondeur de vôtre misericorde ? sa longueur s'étend jusqu'à la fin des siecles sur tous ceux qui vous invoquent, sa largeur remplit le monde, afin que toute la terre en soit pleine, sa sublimité s'eleve jusqu'au Ciel pour reparer les ruïnes, & sa profondeur jette ses racines sur les ames assises à l'ombre de la mort pour obtenir leur liberté ; c'est par vous que le Ciel a été remply des enfans de la gloire, c'est par vous que l'Enfer a été vuidé par la liberté de nos Peres, c'est par vous que les ruïnes de la Jerusalem celeste ont été reparées, & enfin c'est par vous que la vie perduë a été renduë aux miserables qui attendoient cette faveur de vôtre misericorde ; & si le Pere comme sa Fille vous a couronné Reine des Anges ; son Fils comme sa Mere, vous a couronné Reine des hommes & des hommes pecheurs.

Selon le droit naturel, la Mere ne peut être separée de son Fils, donc si son Fils est Roy de toutes les ames par le droit de leur redemption, sa Mere en est la Reine; mais parce qu'à l'exemple de son Fils, elle ne s'est pas servie de sa puissance, mais qu'elle l'a voilée par son humilité, il la fait éclatter au jour de son Couronnement, auquel elle est reconnuë avec pompe pour Reine de tout l'Univers.

Le Saint Esprit nous décrit son éclat par une étrange façon de parler ; *Venés du Liban mon Epouse, venés vous serés couronnée du sommet Damana, de la cime de Sanir & d'Hermon, des retraittes des Lions, & des Montagnes des Leopards :* Ces paroles sont obscures, mais misterieuses dans leur obscurité ; Ruper en découvre le mistére, quand il dit, que les Rois de Babilonne & de Perse ; de Medé, & de Grece, signifiés par les Lions, & par les Leopards, ont crû en Jesus-Christ, & que leur salut devoit servir de Couronne à sa Mere, afin qu'aprés la gloire de son Couronnement, elle fût Reine des Saints triomphants dans le Ciel, & Reine des Royaumes sur la Terre au milieu de leurs combats ; mais me reconnoissant pecheresse, ce m'est une consolation singuliere de la respecter comme Reine de tous les compagnons de ma misere, sans laquelle elle ne seroit point la Mere de mon Dieu, & je ne peux me figurer qu'elle abhorre les pecheurs sans le mal-heur desquels elle n'auroit pas eu un si grand Fils; elle est donc Reine des pecheurs, d'autant qu'elle les conduit heureusement parmy les perils de leur vie, qu'elle les deffend & protege des foudres de la Justice divine, qu'elle les induit à la penitence de leurs crimes par ses charitables secours, & qu'elle les couronne dans le Ciel; & les vices des pecheurs étans surmontés, leurs tentations vaincuës servent d'ornemens à son Diadéme, au jour de son Couronnement, elle paroît à la dextre de son Fils comme Reine, avec un vêtement éclattant, entouré d'une riche varieté, & cette agreable diversité se fait voir en la multitude de ses sujets, dont les uns ont conservé leur innocence dans les services qu'ils ont rendu à leur Princesse; les autres ont perdu la grace & l'ont recouverte par ses soins, pour se protester ses Esclaves, & il arrive souvent que ceux que la Justice du Roy de gloire, & du Juge souverain pourroit damner, sont délivrés par les intercessions de cette Mere de misericorde.

Le Saint Esprit couronne la Vierge comme son Epouse, pour être la Reine des Demons, qu'elle traitte en Esclaves de la Justice Divine; la Vierge est par un titre singulier l'Epouse du Saint Esprit, qui l'a renduë feconde par l'operation divine de sa vertu, pour concevoir & enfanter un homme Dieu, & sa vertu aussi l'a renduë tres-puissante, pour être terrible aux Demons, comme une Armée bien ordonnée, d'autant qu'étant Epouse de ce Roy du Ciel, & de la Terre, qui ôte l'esprit aux Princes, elle se rend épouvantable à leurs puissances, pour les traitter en Esclaves de la Justice du Ciel, contraints de contribuër à la gloire de son Triomphe, & à l'ornement de sa Couronne, & si son Epoux l'invite à venir du Liban pour être couronnée de la cime d'Hermon, le nom de cette Montagne, qui est interpreté destruction ou anathéme, figure le Demon, qui ayant détruit en soy la grace pour être foudroyé des anathémes de la colere de son Juge, doit obeïr en qualité d'Esclave à cette Reine, & redoutter son pouvoir sur l'Enfer.

Vierge tres-sainte, Reine tres-auguste, je vous contemple dans le bon-heur au jour de vôtre triomphe, lorsque nous sommes dans les miseres, miseres du corps & de l'ame, puisque le corps est tributaire à autant d'infirmités qu'il contient de parties, & que l'ame est sujette à la tirannie d'autant de maîtres rigoureux qu'elle nourrit de vices. Adorable Marie qui êtes la Reine de nos cœurs, & la Maîtresse de nos affections, qui sçait si la providence divine ne vous a point élevé à la qualité de Reine, pour vous opposer aux suplices qui menacent vôtre Nation en un tems si calamiteux. Si vous possedés si glorieusement le titre de Reine des Anges, des hommes, & des Demons, & de tous les Royaumes, permettés que je vous dise, que vous l'êtes singulierement du Royaume de France, pour nous secourir en un tems si mal-heureux, auquel nos pechés attirent les vengeances divines sur nos têtes; en ce tems auquel la vertu gemit de se voir abattuë au pied du vice, lorsqu'elle devroit être victorieuse sur ses efforts; en ce

15. Aoust.   *Le Triomphe de la tres-digne Mere de Dieu.*   327

tems auquel la verité cede au menfonge, & la fincerité à la diffimulation, qui eft comme l'ame des complimens d'une affection feinte; en ce tems où les jeux, le luxe, & l'excés aux feftins regnent avec mépris des exercices du Chriftianifme; en ce tems auquel l'interêt eft une idole univerfel, qui attire les refpects des hommes, qui ne font deûs qu'à vôtre Fils. Mais fi nous vivons en un tems de mifere, vous regnés comme Reine de mifericorde, qui ne joüiriés pas de ce titre, fi nous n'avions été mal-heureux; que nôtre mal-heur qui a été l'occafion de vôtre grandeur, foit le fujet de vôtre mifericorde, & fi vous êtes impaffible en vôtre facrée perfonne, ne foyés pas incompaffible à nos maux; je fouhaiterois mifericordieufe Princeffe que cette priere fut accompagnée de nos larmes, qui font l'effet d'un cœur contrit.

Souffrés que je vous prie encore de jetter les yeux de vôtre mifericorde fur tout vôtre Ordre des Urfulines, il eft vôtre par la foûmiffion de toutes celles qui vous y honorent & reconnoiffent pour leur Mere & premiere Superieure, il eft vôtre par leur Inftitut, qui ne tend qu'à la gloire de Dieu & au falut des ames, qui eft la plus proche imitation de la vie de vôtre cher Fils, il eft vôtre par les vœux continuels qu'elles font de fe confacrer entierement à vôtre fervice; & de vous faire connoître & aimer de tout le monde fi elles pouvoient, elles vous prient toutes de rendre leurs defirs & leurs travaux efficaces pour le falut de tout vôtre Peuple; elles vous demandent que l'efprit de l'Inftitut foit toûjours dans fa vigueur, mais fur tout l'union de tout l'Ordre.

Vierge tres-fainte, Fille du Pere, Mere du Fils & Epoufe du Saint Efprit, couronnée de gloire pour être Reine de mifericorde, que nous participions à vos faveurs, je confeffe que je fuis indigne de vos graces, mais follicitée par les attraits de vôtre bonté fans pareille, je vous choifis pour ma Mere, pour ma Reine pour mon Avocate, avec un ardent defir de vous aimer, de vous fervir & de vous honorer, je vous confacre aprés Dieu & aprés la facrée humanité de fon Fils, mon ame avec fes puiffances, mon corps avec fes fentimens, je me jette entre les bras de vôtre Providence comme un enfant fur le fein de fa mere. Reine des cœurs reglés ma vie, conduifés mes penfées & mes affections felon les volontés de vôtre Fils. Je vous invoque dans mes neceffités comme un Avocate tres-puiffante. Je fouhaite avec ardeur d'étendre vôtre culte, & de ne point fouffrir que vous foyés offenfée; comme Mere recevés moy pour vôtre Fille engendrée par vos larmes; comme Redemptrice, tenés moy au nombre de vos Efclaves, racheptée par le fang de vôtre Fils, dont vous avés fourny la matiere, & comme Reine reconnoiffés-moy pour vôtre fujette, comme Reine des Anges employés leur fervice pour mon falut; comme Reine des hommes fpecialement des pecheurs, ayés compaffion d'une miferable qui regrette le mal-heur où le peché l'a conduite, & enfin comme Reine des Demons, aneantiffés leur pouvoir, banniffés les à l'heure de ma mort; il n'eft pas jufte, que ces titans raviffent une victime qui doit être immolée à vôtre Fils, qui en eft le Roy, & fa Mere qui en eft la Reine.

MAXIMES.

I. Il est certain que Dieu est un bien souverain qui enferme dans son Essence toutes les bontés répanduës dans toutes les creatures qui ne sont que des écoulemens de la sienne, & la foy nous dicte qu'il est souverainement aimable, si la nature nous incline à son amour, son Commandement nous oblige à l'aimer de tout nôtre cœur, de toute nôtre ame, & de toutes nos forces.

II. Tous nos efforts, toutes nos poursuites, toutes nos diligences & toutes nos ardeurs ne peuvent pas arriver à une perfection d'amour qui corresponde à la grandeur de l'objet qui nous captive, parce que nos yeux & nos desirs sont finis &, il est infiniment aimable, donc l'ame doit toûjours croître en amour.

III. Le mouvement circulaire d'une ame, qui peut être infini, convient à sa dilection, parce qu'elle retourne à Dieu, qui en est le principe, & y trouve des forces nouvelles, elle augmente son amour, & ses ardeurs pour aimer ce bien infini, qui ne peut être assés aimé.

IV. L'ame qui aime Dieu n'est pas rassasiée par son amour, parce que Dieu est amour, & celuy qui l'aime aime l'amour essentiel, or aimer l'amour c'est former un cercle, afin qu'il n'y ait point de fin en son amour, mais qu'il croisse toûjours.

III. L'Epouse d'un Dieu qui aspire à un degré plus sublime, doit éviter la multitude des pechés veniels, & les plus petites imperfections pour accroître son amour, elle doit employer ses soins pour se délivrer des pensées inutiles, & des mouvemens de colere, & d'impatience, & fuïr les soupçons contraires à l'estime du prochain, elle doit être vigilante à retrancher les satisfactions de ses sens, parce que son cœur se trouvant vuide de l'amour du monde, ses flâmes s'augmenteront pour aimer le Ciel.

QUINZIE'ME

Quinzième Aoust.

LA VENERABLE MERE MARIE DE
Sainte Elizabeth, Basset, Religieuse Ursuline du grand Convent de Lyon.

La joye de l'esprit rend le Corps plein de vigueur ; la tristesse du cœur desseiche les os. Aux Proverbes Chap. 17. v. 22.

Dieu veut qu'on le serve de bon cœur, & que la joye qui remplit l'esprit se répande sur le corps ; toutes les passions ont une joye qui en est inseparable, c'est ce mouvement qui fait agir les hommes, & qui adoucit tout ce qu'ils souffrent pour venir à bout de ce qu'ils desirent : *Il n'est pas croyable*, dit Saint Augustin nôtre Pere, *que les sens ayent ainsi leur satisfaction, & que l'ame qui est sans comparaison plus noble n'ait pas la sienne.*

Le plaisir est un poids qui entraine avec une douce violence le cœur de l'homme; ceux qui agissent pour la terre en ont de terrestres. La mere de Sainte Elizabeth qui n'agissoit que pour le Ciel, en avoit de toutes celestes & divines; Elle demandoit souvent à Dieu qu'il répandit dans son cœur cette joye interieure & spirituelle, qui ne peut venir que de luy ; *Vous êtes doux ô Seigneur*, disoit-elle avec David, *enseignés-moy vos Ordonnances dans vôtre douceur.*

On peut dire que toutes les années de sa vie ont été consacrées au Seigneur, & qu'elle a porté son joug dés le berceau, puis qu'elle avoit receu les premiers principes de la vie chrêtienne dans une Maison de l'Ordre de Fontevaud.

Cette ame prevenuë de la grace par une si sainte éducation, a remply dignement les devoirs de sa vocation, ayant passé toute sa vie dans l'exercice continuel d'une priere fervente, & d'une application entiere à toutes les actions de la vie Religieuse, sans relache, étant tres-reguliere dans sa conduite, fort exacte à toutes nos saintes Régles & coûtumes, ne se dispensant même des plus legeres, sans une extrême necessité, & par obeïssance, sans oublier jusques aux plus petites prieres communes, qu'elle recitoit en particulier, lorsqu'elle n'avoit pû s'y rencontrer, faisant toûjours ses lectures spirituelles & s'approchant des Sacremens fort souvent, avec une grande humilité, un profond respect & une solide devotion.

Elle étoit fort charitable, bien-faisante à toutes, tres-reconnoissante des moindres services, aimant & estimant beaucoup sa vocation, & le bien spirituel & temporel de la Communauté, le procurant en tout ce qui pouvoit dépendre d'elle. Elle fut envoyée au troisiéme Monastére des Ursulines de Lyon, lors de sa fondation, où elle a demeuré vingt-un ans dans une exactitude fort édifiante &

exemplaire, témoignant son zéle pour Dieu, & sa charité pour ses Sœurs dans toutes ses charges de Superieure, Depositaire & plusieurs autres, ausquelles elle y a été employée.

Dépuis son retour à son Monastére elle a continué ses saintes pratiques, toûjours occupée pour le service de Dieu & de la Religion, dans les emplois de Zélatrice, Maîtresse des Novices, & des Pensionnaires, dont elle s'est acquitté dignement, ayant un talent particulier pour l'instruction, un zéle fervent pour toutes les actions de la Religion, & un attrait si puissant à la priere, qu'elle en faisoit un usage tres-frequent, recitant même les Pseaumes Penitentiaux tous les matins en s'habillant, l'Office des Morts la nuit quand elle ne pouvoit pas dormir.

Sa devotion au tres-saint Sacrement de l'Autel la rendoit tres-assiduë au Chœur les Dimanches & Fêtes, & les jours qu'il étoit exposé, ne s'en éloignant que pour les choses absolument necessaires; Sa confiance à la tres-sainte Mere de Dieu, l'avoit obligée dés long-tems de se mettre sous sa protection pour la vie & pour la mort; les instantes prieres qu'elle luy faisoit tous les jours, ont eu leur accomplissement par une heureuse fin, en la maniere qu'elle l'a souhaité; Elle s'y disposoit dépuis trente ans par une tres-sainte pratique, comme elle le declara à son Confesseur en mourant. Elle faisoit choix d'un jour toutes les semaines pour se preparer à la mort par des Actes de resignation à la volonté de Dieu, adorant ses desseins en elle, & l'acceptant avec soûmission & obeïssance par hommage & union à la mort de Jesus-Christ, luy faisant un Sacrifice de sa vie, dans les sentimens d'un cœur contrit & humilié, recitant les protestations de foy, & les autres prieres du Rituël pour la recommandation de l'ame, se presentant au Jugement de Dieu pour s'avoüer criminelle en sa presence & implorer sa misericorde; cette Sainte habitude luy a rendu la mort si familiere qu'elle la veüe venir sans trouble, & receuë avec joye; aprés avoir languy quelque tems, elle s'est alitée d'une fiévre continuë qu'elle a soufferte jusqu'à son dixiéme, avec une grande douceur & patience, se réjoüissant de mourir pour aller voir Dieu dans l'Eternité, souhaittant même la mort pour s'unir à son divin Epoux; elle prioit que l'on demandât à Dieu pour elle la grace de se trouver en Purgatoire le jour de la fête de l'Assomption, qu'elle auroit la satisfaction d'y voir la Ste. Vierge consoler ses saintes ames; quand on luy demandoit si elle y prieroit Dieu pour la Communauté, elle répondoit qu'elle n'y alloit pas pour prier, mais pour souffrir, & qu'elle n'avoit pas assés bien vêcu pour oser demander des graces à nôtre-Seigneur; quelques-unes luy demandant dans ces grands accés ce qu'elle faisoit, elle répondoit avec beaucoup d'humilité; *J'attends les Jugemens de Dieu, j'adore ses desseins, j'accomplis ses volontés.* Elle n'étoit remplie que de luy seul, ne voulant penser à autre chose, sa Superieure luy ayant dit, que quelques-unes de ses parentes avoient obtenu une permission pour la venir voir; elle luy répondit, *Je vous suis obligée ma Mere, Je ne souhaite que la veüe de mon Dieu, & de mes Sœurs de Religion, il faut se détacher de toutes choses & se renoncer soy même:* Elle s'est étudiée soigneusement à ce détachement pendant sa maladie, ne demandant aucunes des choses qui luy étoient necessaires, les recevant par obeïssance, l'esprit toûjours élevé en Dieu, & dans de si saintes dispositions qu'elle édifioit tout le monde, que Dieu a recompensé d'une bonne mort, qui a été en elle le commencement d'une heureuse vie, ainsi que nous avons lieu de croire, puisqu'elle est decedée le jour qu'elle avoit desiré, dedié au Triomphe de la Mere de Dieu, sa divine protectrice, ayant vécu le même nombre d'années, & finy sa vie le même jour en l'an 1682. par une grace particuliere, ayant receu tous ses Sacremens avec des grands sentimens de devotion. Nous esperons que les paroles de Jesus-Christ seront accomplies en elle, *Qui s'humiliera sera exalté*, Et que s'étant crû indigne de prier Dieu pour les autres, il nous accordera en sa faveur les graces qui nous sont necessaires.

MAXIMES

I. La tristesse qui attaque le cœur, & qui le jette dans l'abattement, ne paroît pas d'abord aussi dangereuse qu'elle est, mais elle dessseiche peu à peu ce qu'il y a de plus solide dans la vertu, qui est toute la force, & comme les os de l'ame.

II. Ayés des bons sentimens de la providence de Dieu, qui couvre comme sous l'ombre de son manteau Royal toutes les creatures, Dieu n'a pas fait le monde pour l'abandonner, il le gouverne & le protege, fiez-vous hardiment en la providence de Dieu, si vous desirés vivre content.

III. Nôtre vie est composée de trois ombres, qui sont le tems passé, le present & l'avenir, voulés vous faire un bon partage de tout cela, donnés le passé à l'oubly, le present à la Sainteté & à la Justice, & le futeur à la Sainteté.

IV. Embrassés une vraye & solide pieté, servés Dieu interieurement avec une grande pureté de cœur, & de tres-hauts sentimens de sa Majesté, exterieurement s'accommodant aux services & aux ceremonies ordinaires avec une sincere franchise, sans superstition ny scrupule, sans vanité ny presomption, & sans singularité.

SEIZIE'ME AOUST.

LA VENERABLE SOEUR FRANCOISE
Marie de Saint Armel, le Bret, Religieuse Ursuline de Ploërmel.

Rien ne se peut perdre de ce que l'on souffre courageusement pour Dieu. Au Psal. 9.

Nôtre Sœur de saint Armel dés son enfance s'adonna à la vie spirituelle, & eût bien-tôt le dessein d'être Religieuse, mais elle le cela long-tems pre-

LA V. Sœur Françoise Marie de S. Armel, Lebret. 19. Aoust.

voyant les difficultés qu'elle auroit à l'executer, étant seule d'un second Mariage de Monsieur son Pere, & son bien étant embroüillé.

Enfin elle se declara & plaida sa cause en Audiance, pour avoir son bien, & l'ayant obtenu, elle entra aux Ursulines, puis elle y prit le voile.

Aprés qu'elle fut professe on l'envoya aider à la fondation de Pontivy, elle y tient les premieres charges sous la Superieure, & au bout de six ans elle fut rappellée à Ploërmel; la faim insatiable qu'elle avoit de la perfection, l'obligea à ne se pardonner aucunes fautes commises avec quelque deliberation, en tirant vengeance du moins par des coups de discipline.

Elle se lia d'amitié avec une Religieuse qui luy étoit compagne d'Office, afin de s'entr'avertir charitablement l'une & l'autre de leurs manquemens, elle avança si bien à la perfection qu'elle fut élevée à une Oraison extraordinaire qui luy ôta la liberté de mediter.

Quand elle se mettoit à genoux le soir pour se recommander à Dieu, elle se trouvoit si fort occupée, qu'elle ne pouvoit se lever de sa place, de quoy se plaignant amoureusement une fois à Nôtre-Seigneur, elle luy dit, *Permettés-moy s'il vous plaît de faire ma Regle*, & il luy répondit, *Celuy qui a fait la loy n'en peut il pas dispenser?*

Elle demeura donc à genoux, jusqu'à quatre heures du matin, que le reveil sonnant, elle s'en alla au Chœur à l'ordinaire; la même chose luy arriva trois nuits de suite, entre les Fêtes de la Pentecôte & du Saint Sacrement, & onze autres nuits jusques à minuit, sans qu'elle en ressentit aucune incommodité, quoyque pendant le jour elle eût un employ des plus laborieux.

Une des lumieres qui éclairerent son esprit dans l'obscurité de ses nuits fut l'humilité, car elle vit les beautés de la vie cachée, humiliée & méprisée, par rapport à celle de nôtre Seigneur, lequel aussi la porta principalement à un abandon à tous ses desseins sur elle, de quelque nature qu'ils fussent, l'obligeant à mourir aux sentimens de l'amour propre.

Un de ses neveux extrêmement débauché se trouvoit souvent en des mauvais rencontres; elle pria Dieu de tout son cœur de ne pas permettre qu'il tombât entre les mains de la Justice, mais une nuit il luy montra ce jeune garçon pendu à la potence de la Ville, elle sentit une affliction inimaginable de le voir mourir au gibet, mais enfin par respect à la Providence, elle s'y resigna; aprés cét Acte nôtre Seigneur luy dit, *Il n'y mourra pas, je voulois seulement cette soûmission de toy.*

Dieu demandoit d'elle une si grande fidelité, & luy donnoit de telles experiences de la pureté de la grace, qu'elle disoit, que si elle n'eut été fortement soûtenuë de la Foy, elle auroit renoncé aux faveurs extraordinaires qu'elle recevoit, à cause de la difficulté qu'il y avoit à y correspondre, apprehendant même de manquer de perseverance en cét exercice, Nôtre Seigneur luy dit au fond de l'ame; *Je te donne la force & la confiance, mais la fidelité dépend de toy*, dépuis elle fut remplie d'une grande confiance en Dieu, & d'une force pareille à surmonter ses repugnances naturelles, & à souffrir avec un tel courage qu'elle dit à une occasion; *Il faut que Dieu m'augmente ses dons, s'il veut que je fasse davantage:* Elle demanda & obtint de la bonté Divine, qu'il ne parut rien en elle d'éclattant qui luy attirât de l'estime ; elle fut Maîtresse des Novices, elle ne les souffroit point tendres sur elles-mêmes, ny aimans leurs commodités.

Proche le tems d'une election, étant en priere elle se vit dans la chaire de la Superieure ; en ayant fait ses plaintes à son Sauveur, le suppliant de détourner ce coup, elle n'eut point de réponce, jusqu'à ce qu'elle se fut abandonnée à la conduite de Dieu, mais aussi-tôt qu'elle eut fait cet acte, elle se trouva décenduë à la place de la Zelatrice, & il luy fut dit interieurement, en ce lieu tu boiras le Calice, je ne veux plus que tu aye de volonté que la mienne ; quand ce vient à cette élection, les voix se partagerent, de sorte qu'elle eût toûjours la moitié, celle que l'on prit pour Superieure ne l'emportant que parce qu'elle étoit son Ancienne ; il luy en arriva autant à l'élection de l'Assistante, puis elle eut plus de deux tiers des voix pour être zélatrice, mais cela tourna tellement à son humiliation, qu'elle beut à long trait le Calice dont on luy avoit parlé.

En exerçant cette charge elle devint pulmonique, & son mal faute d'être connu du Medecin, se rendit incurable; elle ne quitta pas un point de sa Régle, aprés avoir passé les nuits à tousser & à rejetter sa nourriture : elle se levoit à quatre heures, & vivoit dans sa rigueur accoûtumée ; elle jeûna tout le Carême & presque au pain & à l'eau, de quoy elle demeura si debilitée, qu'alors on la jugea tout à fait incapable de remedes ; malgré sa grande vertu elle ressentit fort cette longue negligence que l'on eut à son égard, & elle s'en expliqua confidemment à une personne deux mois avant sa mort, en ces termes ; *Bon Dieu que la nature a euë de peine, tant qu'elle a cru qu'il y avoit du remede, & que l'on n'y apportoit point ; il se faisoit un combat en moy contre moy-même, mais enfin il a fallu aneantir ses propres sentimens pour se perdre dans la conduite Divine, heureuse perte! & puis qu'est ce que nous perdons en perdant une chetive vie.*

On la fit derechef Maîtresse des Novices, encore qu'elle dût plûtôt se coucher que travailler, ce fut là qu'elle défaillit notablement, & sa pulmonie étant estimée communicative, on la separa des autres, à sa grande mortification ; mais elle y acquiesça doucement, se souvenant que comme les Anciennes victimes, elle devoit être separée avant son immolation, & par le même esprit elle refusa la Sœur Converse à qui elle avoit plus de confiance, qu'on luy vouloit donner pour l'assister, ne desirant plus avoir de satisfaction qu'à souffrir pour son Sauveur ; cinq semaines avant sa mort on la transporta à l'Infirmerie commune, où elle entendit tous les jours la Sainte Messe, & communia souvent à la Chapelle, jusqu'à la veille de sa mort, qu'elle le fit encore, c'est le jour de l'Assomption, on fut obligé à luy donner l'Extrême-Onction, & le lendemain matin le Saint Viatique; puis aprés que le Confesseur eut dit la Messe des Agonizans pour elle, elle expira l'an 1648. Il sembloit que jusqu'alors Dieu avoit mis un voile sur les yeux de celles qui la voyoient pour leur cacher sa vertu, que l'on admiroit dans son commencement, & dans son progrés ; aprés sa mort ce voile fut levé, & il n'y eût personne de sa connoissance, qui ne publiât hautement ses loüanges.

Et ainsi rien ne se peut perdre de ce que l'on souffre courageusement pour Dieu

La V. Sœur Francoise Marie de S. Armel, Lebret. 15. Aoust.

C'est ainsi que cette admirable Ursuline finit son Martyre d'amour, & qu'elle en rapporta une glorieuse Couronne, elle a méprisé le monde & ses vanités, étant éclairée de la Foy, elle a preferé les souffrances aux plaisirs, & la mort à la vie; que ceux qui n'ont pas le même engagement dans le monde, rougissent de ne la pas imiter, & lorsque nous voyons cette bonne ame prodigue de sa vie, pour témoigner à Dieu l'amour qu'elle luy portoit, ayons de la confusion de luy témoigner si froidement le nôtre, & d'être si peu preparés à la souffrance.

MAXIMES.

I. Donnés à chaque chose son prix, puisque le commencement de nôtre malheur vient de la mauvaise taxe que nous faisons des creatures, il importe merveilleusement d'apprecier tout selon son merite; faute de sçavoir le prix de ce que on aime, on met Dieu sous l'Autel, & le vice dessus pour luy donner la meilleure partie de l'encens.

II. Travaillés tous les jours à vous affranchir des opinions du monde, de vous servir non de la balance du maudit Chanaam, mais de la balance de Jesus-Christ, qui est la Croix, c'est là que nous devons peser le delectable & l'utile, le bien & le mal, le tems & l'éternité, & ajuster nos jugements, nos resolutions, nos desseins, nos actions, & nos procedures à cette grande balance qui ne nous peut tromper.

III. Si vous devés combatre à l'exterieur ce torrent des opinions populaires & vulgaires, aussi en l'interieur avons nous nos passions qu'il faut necessairement deraciner, pour porter un jugement de chaque chose avec une pleine liberté, autrement elles nous jettent la paille à l'œil & nous aveuglent.

IV. Vivés comme Pelerin du monde, grandement dépoüillé, & n'estimer rien sien que soy-même: tout ce qui nous fait dépiter, quereller, accuser les hommes, c'est la pensée d'être proprietaire de ce que nous n'avons que l'usage.

V. Il n'y a qu'une vertu en ce monde, dit Saint Chrisostome, qui fait toutes les autres vertus, c'est se porter pour Pelerin de ce siecle, & Citoyen du Paradis.

SEIZIE'ME AOUST.

LA VENERABLE SOEUR CLAUDE DE la Passion, Perra, Religieuse Ursuline Converse de Bourg en Bresse.

Seigneur vous m'avés beaucoup aimée d'avoir permis que j'aye toûjours fait vôtre volonté. Au Psal. 29. v. 9.

Notre Sœur Claude de la Passion, étoit native de Chalamon en Bresse, elle vint morte au monde; il y eut un Pelerin vêtu en habit de Prêtre, lequel entrant au logis de son Pere, importuna beaucoup, afin que l'on jettât ce petit corps à la voirie, mais la sage femme s'y opposa, disant qu'elle le vouloit porter à l'Eglise, dans l'esperance que la Sainte Vierge feroit quelque chose en sa faveur, comme il avint, car l'enfant étant devant un Autel, se mit à pleurer; on luy confera aussi-tost le Saint Baptême, puis on la raporta avec joye à ses parens, qui étant vilageois l'occuperent avec le tems à garder leur troupeau dés qu'elle en fut capable; dans les champs elle passoit une grande partie du tems à dire le Chapellet, elle se resolut toute petite de conserver toûjours la fleur de sa pureté, quoy qu'elle n'en connût pas autrement l'excellence; un bon Hermite la confirma dans ce dessein, & luy donna des instructions pour la vie devote qui luy furent fort utiles; Etant en service en un vilage, elle fut contrainte une fois pour sauver son honneur de se jetter du haut d'un haut Etage en bas: elle devoit être toute fracassée de cette cheute, sans un secours invisible qu'elle crût avoir obtenu de la Sainte Vierge & de son Ange Gardien: les Ursulines de Bourg en Bresse l'eurent pour Tourriere, puis la prirent pour Sœur Converse, sa vertu principale fut l'obeïssance à ses Superieures & la conformité à la volonté de Dieu, ces reflexions ordinaires en toutes choses étoient, Dieu l'a permis, Dieu le veut, ou Dieu ne le veut pas, ce qui tenoit son esprit toûjours égal, & qui luy acquit parmy les Religieuses le beau nom de la volonté de Dieu: elle ne pût apprendre à lire autre chose qu'un petit Office, & les Litanies de nôtre Dame.

Par obeïssance elle demanda à la Sainte Vierge qu'elle luy apprit à reciter devotement le Chappellet, & il luy en fût inspiré une Methode excellente.

Passant une fois par le Refectoir, elle apperçut nôtre Seigneur assis à la place de la Superieure, mais tout déchiré de playes, elle se prosterna, & luy demanda toute tremblante qui l'avoit ainsi traitté, *Ce sont*, luy répondit-il, *les personnes Religieuses qui n'obeïssent pas à leur Superieure*, puis il disparut.

En sa derniere maladie, le Medecin ne la jugea pas en danger, mais elle dit à la Zelatrice qui se retiroit le soir d'auprés d'elle, ma Mere vous ne serés pas long-tems en repos, car mon bon Ange ne me laissera pas mourir sans mes Sacremens; environ deux heures aprés, il se fit un si grand bruit proche de la chambre de la Superieure, & de la Zelatrice, qui prenans cela pour un avertissement, firent lever toute la Communauté, & administrer les Sacremens à la malade, & mourut l'an 1660. âgée de 52.ans, en ayant passée 30. en Religion, soit Touriere, soit Religieuse; sa vie fut une continuelle penitence dés le tems même qu'elle étoit au monde. Plusieurs Religieuses decedées en la Maison luy avoient apparu & parlé, mais elle ne découvrit qu'en Confession ce que ces ames luy avoient dit : vous voyés Ames chrêtiennes, que nôtre Sœur Claude de la Passion pouvoit bien dire à son divin Epoux, *Seigneur vous m'avés beaucoup aimé, d'avoir permis que j'aye toûjours fait vôtre volonté.* C'est à quoy elle s'est uniquement attachée dans les divers évenemens de la vie; cette verité est si importante qu'il est bon de renouveller en nous cet esprit de foy, qui nous ouvre de telle sorte les yeux pour l'Eternité, & pour ses grands biens, ou ses grands maux que nous attendons qui ne sont pas peut-être fort éloignés de nous, que nous les tenions fermés pour la terre, & que nous comprenions que tout ce qui y est soit bien ou mal, n'est presque que comme une peinture en le comparant à cette autre vie qui doit nous occuper entierement, & souvenés-vous que si vous faites bien la volonté de Dieu en terre, vous la ferés éternellement dans le Ciel.

MAXIMES.

I. Qui est l'homme sage qui ne plaigne pas davantage un Chrêtien, lors qu'il est dans les délices, que lors qu'il est dans les souffrances, & qui ne sçait que les délices de la vie, ont plus perdu d'ames, que les horreurs de la mort.

II. Le meilleur remede contre la tristesse, c'est l'Oraison, c'est un grand contentement que de recourir à Dieu & luy dire ses peines, apprenés à vous plaindre à Dieu, & à chercher le remede de vos playes dans ses misericordes & vous sentirés beaucoup d'allegement, & devisés souvent avec Dieu, par des Oraisons jaculatoires.

III. O! Jesus-Christ mon Sauveur, ayés pitié de moy, élevés mes pensées au dessus des bassesses de la terre, & faites-moy tendre vers les biens du Ciel, par les maux de la terre.

Dix-septie'me Aoust.

LA VENERABLE MERE MARIE DE LA Nativité, Bouffart, Religieuse Ursuline de Roüen.

Mon Dieu, aidés-moy. En Esther, Chap. 14. v. 14.

LA Mere Marie de la Nativité, incomparable en conduite & en bon-heur, fût dés sa tendre jeunesse belle & d'un esprit agreable, d'une conversation charmante, & avec le tems elle devint une des plus aimables personnes du monde, où elle étoit presque adorée, & où elle se plaisoit fort, lors qu'une main puissante l'en retira par le secours de la Tres-sainte Vierge, en recompense de quelque petit reste de devotion qu'elle luy avoit conservé, & que les torrens de la vanité n'avoient pû éteindre, c'est ainsi qu'elle parloit d'elle-même: elle se servoit bien à propos de cet exemple pour graver la devotion dans le cœur des jeunes filles, à qui elle le racontoit en tierce personne, les assurant, mais avec une ardeur merveilleuse, que cette ame auroit été perduë sans ressource, si la Mere de misericorde ne l'eût protegée; Ce fût le jour de sa glorieuse Assomption qu'elle se resolut d'être Religieuse, & qu'elle sentit le secours de son Dieu, & par sa grace & son aide fut victorieuse du monde & d'elle-même; *Mon Dieu, aidés-moy*, disoit-elle; Sa protection fut si grande que trois semaines aprés elle entra dans les Ursulines, avec un retour à Dieu si parfait qu'elle sembloit fouler aux pieds toutes choses.

Elle prit l'habit Religieux le jour de l'immaculée Conception de la Sainte Vierge, elle le porta si dignement qu'elle fut toûjours la joye de ses Superieures, la consolation & l'édification de sa Communauté, pendant vingt six années qu'elle demeura dans le Monastére de Roüen, de sorte qu'étant encore jeune Professe dans le Noviciat, on la choisit pour Assistante, & aprés pour d'autres charges principales, jusqu'à ce que l'an 1649. le Convent de Magny accablé de toutes sortes de miseres, & de pauvreté, recourant à Monseigneur l'Archevêque de Roüen pour être soûtenu, sa Grandeur donna ordre de leur envoyer quelque Professe de Roüen, & heureusement pour Magny le sort tomba sur la Mere de la Nativité, pour y être Superieure, son courage intrepide & sa solide vertu, la faisant juger capable d'une entreprise de cette consequence.

Dés le moment que cette Croix luy fut imposée au jour de saint André, elle l'embrassa cherement & la porta de bon cœur, & y sacrifia sa vie; en effet on ne peut pas expliquer de quel zéle & de quelle ardeur elle chercha les moyens de soulager cette Maison desolée, combien de vœux, de devotions, de penitences & autres bonnes œuvres elle y employa pour y attirer la misericorde de Dieu ; elle mettoit incessamment les Religieuses en ferveur par son exemple, elle imploroit le secours de la Sainte Vierge, la conjurant d'être la Mere & la Protectrice de la Communauté, mais avec une si grande confiance qu'elle la rétabliroit, que dans le tems où tout le monde disoit qu'il n'y avoit point de voye humaine pour en venir à bout, & qu'elle alloit perir, la bonne Superieure assuroit que Dieu & son Auguste Mere en prendroient soin; Esperant ainsi contre toute esperance, elle ne diminuoit rien de la vigilance de son esprit infatigable à travailler en toute maniere, & auprés de toutes les personnes qui la pouvoient aider à venir à ses fins, elle y pensoit jour & nuit, & elle fit si bien par ses industries, que dans les six premieres années de sa Superiorité, elle procura quarante mille livres d'aumônes qui firent subsister la Communauté.

Mais soûpirant aprés son rétablissement parfait, elle eût l'instint de faire reconnoître la Sainte Vierge pour premiere Superieure & Fondatrice de la Maison, & cela par vœu, y joignant quantité de Saintes pratiques, pour obtenir une personne qui tint sa place en terre, & par qui elle communiquât les effets de ses bontés sur toutes ces pauvres Filles, qui se tiennent obligées à leur bonne Mere de la Nativité du grand don que Dieu leur fit en la Personne de Monsieur de Saveuse leur illustre Superieur, & Bien facteur, de toutes ces immenses liberalités qu'il leur a faites pendant sa vie, & qu'il leur a laissées aprés sa mort ; ce grand serviteur de Dieu l'aimoit & l'estimoit infiniment, ce fût elle qui luy donna aprés Dieu la premiere pensée de secourir le Convent, & de luy ceder le revenu de son Benefice, & elle fit tant auprés de son Sauveur & de nôtre Dame de grand pouvoir, qu'il en eût la volonté toute entiere, suivie des effets qu'on peut dire merveilleux : Ainsi il est vray que la Mere de la Nativité a obtenu ce qu'elle desiroit, & Dieu l'a aidée.

Son zéle pour le progrés spirituel surpassoit encore celuy du temporel; chacune de ses filles étoit comme le cœur de son cœur, & l'ame de son ame, & son unique but étoit de mettre Dieu dans le cœur de toutes ; elle enflamoit les plus tiedes en l'amour de la vertu, ayant mille inventions pour diversifier les sujets de ses belles exhortations, elle étoit toûjours en état d'assister celles qui en avoient besoin, sans jamais se lasser de leurs importunités ; elle calma les inquietudes secrettes d'une Religieuse, en luy disant d'une façon douce & grave, *Ma Sœur, Dieu vous suffit.*

Elle faisoit une guerre mortelle à l'amour propre, & travailloit perpetuellement à le détruire par des Actes innombrables de mortifications, tous ceux qui ont eu habitude avec elle, ont jugé qu'il falloit une personne de sa force pour remettre le Convent de Magny en l'état où il est, & que sa Foy, sa Sagesse & sa pieté y avoient attiré des grandes benedictions du Ciel.

Aprés beaucoup de grandes affaires, où elle avoit montré la grandeur de son ame, Dieu luy donna de grandes souffrances pour sceler sa longue vie de 76. ans, & l'on peut dire que sa charité l'engagea à souffrir, parce qu'ayant pris à cœur la conversion de trois ames qu'elle sçavoit être attachées au peché, elle ne se contenta pas de faire une multitude de prieres à leur intention, mais de plus elle s'offrit à la justice Divine, pour endurer tout pour elles, pourveu qu'elles fussent sauvées; à peu de tems de là il luy vint un chancre au sein qui luy causa de furieuses douleurs, particulierement les cinq derniers mois de sa vie; elle avoit presque tout un côté du corps pourry & l'autre desseiché, comme une Squelette; en ce pitoyable état son cœur se tenoit attentif à Dieu; elle disoit, *Ie ne suis plus de ce monde, je suis une victime qui ay le coup de la mort dans le sein.*

Le jour de sainte Ignace de Loyola, à qui elle étoit singulierement devote, elle pria instamment qu'on la laissât encore communier au Chœur, quoy qu'elle fût tres-mal. *Il y a 50. ans*, dit-elle, *que je n'ay point manqué de reconnoître la grace de ma conversion arrivée à pareil jour.* Aprés qu'elle eut receu les derniers Sacremens, la veille de l'Assomption, elle fit lire un testament qu'elle avoit composé, contenant les plus devots sentimens d'une ame vrayement Chrétienne, contrite & humiliée, ce qui toucha vivement la Communauté, à qui par obeïssance au Confesseur, elle donna sa benediction, avec des instructions dignes de sa pieté; Mais sur toutes choses elle recommanda de conserver toûjours le souvenir des graces receuës dans cette Communauté par l'intercession de la sainte Vierge, parlant encore avec une ferveur surprenante pour l'extremité où elle étoit. Elle entendit en suite la Messe des Agonizants, & eut l'esprit, l'oüye & la parole jusqu'à son dernier soûpir, qu'elle rendit en prononçant les Saints Noms de Jesus, Marie, & Joseph; elle mourut l'an 1673.

La reputation de cette grande Religieuse Ursuline nous doit porter à la venerer, & à admirer cette sagesse toute Divine, qui luy fut comme particuliere, & sa grande pieté par laquelle elle a obtenu tant de graces, on a veu dans sa conduite la prudence du Serpent, avec la simplicité de la Colombe, la force & la douceur, & par sa grande charité elle a eu l'Empire des cœurs, pour les tous porter à Dieu; imités-la.

MAXIMES.

I. Si vous avés crû que vous n'auriés rien à souffrir, lorsque vous seriés entrée dans une vie Chrétienne, & Religieuse, vous n'y êtes pas entrée en vraye Chrétienne, que si vous vous êtes attenduë à être persecutée, vous devés en remercier Dieu, si vous ne l'avés pas été, ou souffrir genereusement, si ce que vous avés attendu vous est arrivé, autrement vous êtes obligée de reconnoître que vous manqués à vôtre promesse.

II. Ne regardés rien de facheux en cette vie que de perdre Dieu, que Dieu dispose de tout le reste comme il luy plaira, il sçait la raison de tout ce qui nous arrive, luy qui est le Maître de nôtre vie; craignons seulement de faire quelque chose qui soit indigne de nôtre pieté.

III. Dieu sçait par quelles voyes il doit nous mener, sa grace n'est pas pauvre, il a plus d'une voye pour nous faire aller au Ciel, s'il a choisy pour nous celle des souffrances, soumettons-nous à sa volonté, usons de nos souffrances, de telle sorte que nous les faſſions ſervir à purifier nôtre ame, & à la rendre capable de bien-tôt joüir de luy.

IV. Comme Dieu eſt tout juſte, il ne ferme point la porte de ſa miſericorde à ceux qui frappent avec humilité.

❦❦❦❦❦❦❦❦❦❦❦❦❦❦❦❦❦

Dix-septie'me Aoust.

LA VENERABLE SOEUR URSULE DE S. Auguſtin, Tardet, Religieuſe Urſuline de Mont-ferrant en Auvergne.

Les penſées ſe diſſipent, où il n'y a point de conſeil, où il y a pluſieurs conſeils elles s'affermiſſent. Aux Proverbes, Chap. 15. v. 22.

Lors que l'on ne rapporte pas toutes ſes actions à un certain but, on ne forme que des reſolutions vagues, & des deſſeins qui ne s'entretiennent pas, & ainſi tout ſe diſſipe & s'évanoüit en peu de tems : C'eſt pourquoy nôtre Sœur de Saint Auguſtin avoit une fin determinée qui étoit Dieu, où elle rapportoit toutes ſes actions & tous ſes deſirs qui étoient de rendre à Dieu ce qui luy étoit dû, & de preferer ſon ſalut à tout le reſte, & pour ce elle a regardé le choix d'un genre de vie qui luy puiſſe être propre, ce fût à l'âge de treize ans, qu'elle fut miſe penſionnaire aux Urſulines, elle n'eût pas ſi-tôt connu le bien de la vie Religieuſe qu'elle conceut le deſir de l'embraſſer, qu'elle executa aprés le conſeil des perſonnes bien éclairées.

Peu aprés ce Saint engagement, nôtre bon Dieu la mit au creuſet des Saints, l'exerçant dans les Croix des plus rudes peines interieures, qu'elle a ſoûtenuë pluſieurs années, dans une fermeté qui l'a renduë conſtante au bien, & attachée inviolablement à tous les devoirs de ſa profeſſion, qu'elle a remply avec un zéle digne de ſa pieté, & du reſpect qu'elle avoit pour Dieu, lequel formant en elle une conſcience tendre, luy imprimoit auſſi de l'horreur pour les moindres fautes ſans s'éloigner de cette premiere rectitude, étant de cette generation ſainte qui cherche la face du Dieu de Jacob, & qui chemine droit devant luy ſans ſe détourner de ſa voye, & d'une conduite qui la rendoit toûjours preſente à elle même, pour ne ſortir point des termes de ſon devoir en toutes ſortes d'occupations.

Elle étoit tres-ſoûmiſe au ſentiment de ſes Superieures, auſquelles elle avoit un continuel rapport, ne voulant faire la moindre choſe ſans leur congé; ſon reſpect & ſa confiance en eux étoient admirables, comme ſa candeur & ſa ſimplicité en ce qu'elle n'eut pas voulu admettre la moindre penſée dans ſon eſprit, ny embraſſer aucune pratique ſans la leur communiquer auparavant, non plus que de leur cacher les tentations les plus secrettes & humiliantes, pour se confondre davantage & échapper les prises de Sathan: Elle étoit d'une grande consolation à ses Superieures, étant toûjours prête pour suppléer à celles qui manquoient dans les Offices, & pour faire les obediences plus penibles, n'ayant point de replique à tout ce qui luy étoit enjoint, si ce n'est quand il s'agissoit de quelque soulagement étant dure sur elle-même & portée aux austerités; Elle prenoit la discipline pour l'ordinaire trois fois la semaine, & ne passoit presque jour sans porter la ceinture, ou elle jeûnoit comme elle faisoit tres-souvent, & se nourrissoit toûjours du plus pauvre, & si sobrement qu'elle n'en prenoit pas à suffisance, profitant de l'occasion de la charge de Celleriere pour ramasser ce qui étoit le plus dégoutant, ayant une sainte aversion des choses qui tendoient à contenter la nature, & les sens à la garde desquels sa vigilance étoit grande, fuyant de même tout ce qui avoit de l'éclat, & se plaisoit aux actions basses & de mépris; elle aimoit la retraitte & le silence & à être cachée, en sorte qu'on ne s'appercevoit qu'elle fut dans la Maison qu'en la voyant, & étoit si dénuée qu'elle n'avoit que le seul necessaire.

Son esprit interieur animoit ses actions journalieres, & passoit jusques à son exterieur, la tenant dans un recueillement & modestie tres-édifiante, qui la rendoient ennemie de tout commerce avec les seculiers, & même de ses proches, qu'elle ne voyoit que par obeïssance: C'étoit une fille de paix, d'humeur toûjours égal, sociable, accommodante & de secours dans les emplois, quels qu'ils fussent, ne s'épargnant en rien, sacrifiant genereusement tous les petits interêts d'amour propre, pour le bien commun & particulier de la charité, se portant à servir toutes ses sœurs, à l'égard desquelles il n'y avoit rien de plus doux en conversation, jamais elle ne disoit une parole plus haute l'une que l'autre, quoy-qu'il arrivât de fâcheux, suportant tout en la veüe de son indignité, qui la tenoit dans une crainte & défiance d'elle-même, étant tres-persuadée qu'elle n'étoit propre à rien. Aussi travailloit-elle fidellement à s'établir sur le solide fondement de la vraye humilité, qui la portoit à dire ses fautes dans le commun, en des termes propres à la rendre ridicule: Entrant dans l'employ de Maîtresse des Pensionnaires, qui a été le dernier, elle dit dans un humble sentiment, *J'y entre avec obeïssance, mais en disposition d'en être chassée avec ignominie*: Elle n'y fût que deux mois, mais en ce peu de tems elle donna des marques de son zéle accoûtumé en ce saint employ, traittant avec les enfans avec une bonté, douceur, & suavité capable de les gagner & attacher à leur devoir, qui étoit son but.

L'attrait de sa devotion étoit à la personne adorable de nôtre-Seigneur Jesus-Christ, & son imitation; elle se proposoit ce divin objet pour modelle en ses actions, pour s'y conformer & pour en recevoir plus facilement les divines impressions, elle s'approchoit frequemment de la Sainte Communion, dont elle revenoit toûjours plus affamée de ce pain du Ciel, duquel elle se trouvoit notablement fortifiée en son ame; son corps déja affoibly d'une fiévre lente, ne l'a point privé de la consolation de le recevoir deux & trois fois la semaine, s'efforçant de passer les nuits sans boire dans l'extrême ardeur de sa fiévre pour joüir de ce bien: Elle a tres édifié jusqu'à sa fin par sa patience & exactitude à toutes ses observances, qu'elle gardoit dans l'Infirmerie aussi regulierement qu'en sa plaine santé, & elle prenoit encore soin que ses Infirmieres à son occasion n'y manquassent dans les soins assidus, qu'elles furent obligées d'en prendre autant la nuit que le jour, les trois dernieres semaines de sa vie, pendant lesquelles on ne la pouvoit rassasier de luy parler de Dieu, & de son bon-heur prochain, auquel elle aspiroit avec des ardeurs Seraphiques.

Nôtre bon Dieu a exercé cette ame innocente jusqu'à sa fin, par l'apprehension de ses jugemens redoutables, & autres sortes de peines qui n'ont servy qu'à augmenter sa confiance en ses misericordes, & enfin par une agonie de trois jours aussi douloureuse que surprenante, n'étant pas ordinaire à la nature d'une maladie languissante; elle ne perdit la connoissance que demy heure avant que d'expirer, ayant au prealable été munie de tous ses Sacremens, & a receu diverses fois le saint Viatique; elle est decedée l'an 1682. âgée de 35. ans, & de profession 18. accomplis, le jour même de son enterrement, ayant consommé son sacrifice à pareil jour & heure qu'elle l'avoit offert à Dieu pour la premiere fois. Cette vertueuse Ursuline étoit un sujet formé à une vertu non pas naturelle, mais acquise par un travail fervent & intrepide aux saillies d'un naturel prompt & sensible extrêmement, qui luy a fourny matiere d'un grand exercice, mais avec tant de succés, qu'elle s'étoit renduë capable de servir & soûtenir les premieres charges de la Religion, sur tout de Maîtresse des Novices, étant fort interieure.

MAXIMES.

I. Faites vous une ame qui soit dans une certaine trempe de probité, laquelle consiste à suivre l'éclair de la nature & la touche du Ciel, qui nous dit, que nous devons faire à autruy tout ce que nous voudrions être fait à nous-mêmes, ne pas faire à autruy ce que nous ne voudrions pas être fait à nous mêmes; voilà le grand chemin de la prudomie, & quiconque s'en écarte pour faire le rusé, biaisant toûjours à ces pretendus avantages, se trouvera trompé au bout du compte.

II. La sagesse de l'homme consiste en trois points, à bien traitter avec Dieu ce qui se fait par la Religion, avec soy-même ce qui se fait par la mortification de ses passions, & avec le prochain, ce qui se fait en l'épargnant & endurant de luy, en faisant part à tous du bien, & aprés l'avoir fait, preparer ses oreilles pour oüir du mal.

III. Le moyen de resister aux tentations, ce n'est point de se former une insensibilité spirituelle qui ne s'émeut de rien, il est mal-aisé de l'avoir, tant l'amour propre est sensible, ce n'est point de chasser une tentation par une autre, & faire un mal pour se délivrer d'un autre mal, car suivre une telle façon, c'est se laver d'ancre; ce n'est point se cacher à toutes sortes de tentations, & ne faire jamais de bien, de peur d'avoir un combat contre le mal, mais c'est de resister courageusement.

Dix-Huitie'me Aoust.

LA VENERABLE SOEUR PERRETTE de Sainte Angele, Camuset, Religieuse Ursuline d'Eparnay.

En ma personne il s'est fait un grand Miracle. Au Livre des Nombres, Chapitre 26. vers. 10.

L'Eglise honore en ce jour Sainte Helene, dont Dieu s'est servy pour un si grand dessein, pour détruire tout ce que l'Idolatrie & le Demon avoient taché de faire, en cachant la Croix du Sauveur ; il n'y avoit point de maniere plus glorieuse de faire trouver la Croix que de susciter ainsi la premiere Imperatrice Chrêtienne, & de luy faire faire un voyage exprés en Jerusalem infiniment plus glorieux, que ne fut autrefois celuy de la Reyne de Saba ; il remplit pour cela son cœur d'un courage & d'un zéle, qui fait qu'on peut justement luy donner le nom de femme forte : Il semble que Dieu en la choisissant pour ce dessein, ait voulu continuer de confondre encore les Demons par une femme ; c'est pourquoy il choisit pour l'invention de la sainte Croix, non seulement une femme, mais une Reine, comme Eve étoit non seulement une femme, mais la Reine de tout le monde ; cela fait voir que Dieu ne cessera jamais de se venger de l'injure que le Diable a fait à ce sexe, & qu'il s'en servira jusques à la fin du monde, pour faire de grandes œuvres de grace, en élevant toûjours quelques-unes en sainteté & en pieté, pour ne cesser jamais de confondre le Demon par elles ; & c'est ce que nous voyons tous les jours dans le celebre Ordre des Ursulines, & c'est ce qui doit encourager ce sexe, & particulierement celles qui tiennent un rang considerable, soit en sainteté, & dans les charges en la Religion, soit en qualité & vertu dans le siécle, à seconder les desseins que Dieu a de se servir de leur foiblesse, pour faire davantage éclatter sa gloire, & c'est ce qui doit les porter à le servir avec le même courage que sainte Helene, qui n'apprehenda point de faire de grands voyages sur Mer & sur terre pour obeïr à Dieu, pour contribuer à l'accomplissement de ses grands desseins, puisque on peut dire qu'aprés les mistéres de Jesus-Christ, il n'y a rien de plus grand que l'invention de sa sainte Croix ; il est bien encore à propos de faire mention aujourd'huy du grand & insigne miracle qui s'est fait par l'intercession de cette Sainte. En l'an 1655. Sœur Perrete de sainte Angele, étant grievement malade depuis six ans d'une maladie que l'on jugeoit proceder de quelque malefice, à cause des accidens étranges qui luy arrivoient, & qui luy avoient commencé seulement par une aiguille qu'elle sentit pi-

344 La V. Sœur Perrette de Ste. Angele, Camuset. 18. Aouſt.

quer ſon genoüil, & qu'on luy ôta, aprés des grandes douleurs, & une fiévre double tierce, elle eût des ſueurs l'eſpace de trois ans, mais d'une façon ſi prodigieuſe qu'elle trempoit ſon lit, & ſes habits, autant en une ſaiſon qu'en l'autre, & ſur la fin il ſembloit quand elle avoit demeuré demy heure en une place, que l'on y eut jetté un ſceau d'eau, les remedes humains y étoient inutiles & même nuiſibles.

Elle fit une neufvaine à l'honneur de ſainte Helene, & au bout de la neufvaine les ſueurs ceſſerent, quelques jours aprés, il luy prit un grand devoüement, & commençant encore une neufvaine, elle ſe trouva fort ſoulagée, cela la porta à faire tous les jours une devotion à cette Sainte, mais ayant omis un jour à s'en acquitter, ſoudain les ſueurs la reprirent, & puis ceſſerent dés qu'elle fit ſes prieres accoûtumées : le mal s'augmenta à ſon genoüil en ſorte qu'elle ne pouvoit plus marcher qu'avec des potences, il y parut une ſeconde aiguille que l'on tira avec effort, & comme elle diſoit en ſentir beaucoup d'autres, on luy voulut faire une inciſion, à quoy elle ne conſentit point ; mais par l'invocation de ſainte Helene, on tira de ce genoüil pluſieurs épingles & aiguilles, & même du fer, ce qui fut réïteré pluſieurs fois durant un an ; enſuitte elle fut reduitte en un tel état pendant onze jours qu'elle ne pouvoit avaler que un peu d'eau claire où le Suaire de ſainte Helene avoit trempé, enſuitte elle jetta un vertoir à filler, & depuis elle vomit à diverſes fois l'eſpace de huit mois, pluſieurs paquets de cloux, liés avec du chanvre, des crampons, crochets, & autres ferremens. Ces accidens ſi extraordinaires obligerent Mr. Cloquet grand Vicaire de l'Archevêché de Reims, de faire conduire cette Religieuſe à l'Abbaye d'Auvilliers, où la Chaſſe de ſainte Helene étoit, pour implorer ſon ſecours ; au retour de ce petit voyage elle fut ſi entierement guerie, que le même grand Vicaire trouva bon qu'elle y allât une ſeconde fois pour remercier la Sainte, & depuis la même Religieuſe prit ſon nom, ſe nomma Sœur Helene de ſainte Angele, laquelle pouvoit dire, *En ma perſonne s'eſt fait un grand miracle*, duquel fut tiré atteſtation des Medecins, des Religieuſes qui l'avoient veües, & en fut dreſſé un procés verbal par Monſieur d'Abuiſſon, Aumônier de Monſeigneur l'Abbé d'Auvillier Evêque d'Agens.

MAXIMES.

I. Il faut ſouffrir & être tenté, de quel côté que ce ſoit, c'eſt nôtre profeſſion, nôtre métier, & nôtre continuel exercice, il eſt auſſi naturel à l'homme d'étre tenté, comme à l'oyſeau de voler & de chanter.

II. Si vous quittés le train de la vie ſpirituelle, craignant d'être tenté, & ſi vous recherchés les contentemens du monde, tenés pour une verité infaillible que vous le ſerés encore davantage, & qui pis eſt, ſans conſolation, ſans honneur, ſans merite & ſans recompenſe ; vous quitterés une Croix de papier, laquelle ſi vous ſçaviés bien manier, elle vous chargeroit comme les plumes font l'oiſeau, & vous la quitterés pour en prendre une autre dure & fâcheuſe, qui vous fera compagnon du mauvais larron.

III. Souvenés-vous qu'aux affaires du monde, on travaille plus laborieuſement

ment, & on moissonne plus infructueusement; la fin d'un travail est le commencement de l'autre, en travaillant on n'a point d'autre esperance que de toûjours travailler, & un travail temporel traîne en queüe une peine éternelle.

DIX-HUITIE'ME AOUST.

LA VENERABLE MERE GABRIELLE de l'Annonciation de Saint Pé, Religieuse Ursuline d'Orleans.

Que vous êtes belle, ma bien-aimée, que vous êtes belle, vos yeux sont des yeux de Colombe, sans parler de ce qui demeure caché au dedans. Aux Cantiques.

LA Mere de l'Annonciation étoit une fille interieure, de grace & d'une élevation d'oraison extraordinaire, elle avoit un jugement tres-solide, & un esprit tres-éclairé pour toutes les choses spirituelles, c'est de ces seules choses qu'elle prenoit plaisir de parler, aussi est-ce de luy qu'elle avoit appris cette douceur & cette humilité de cœur, dont elle faisoit une profession singuliere; on ne voyoit point de foiblesse dans sa douceur, point de bassesse dans son humilité. Son zéle pour Dieu luy donnoit une vigueur sans severité, & une moderation sans relâchement, c'est ce qui la rendoit si propre à élever la jeunesse, que cet employ si important à la Religion luy a été confié plus de vingt-cinq ans; la plus grande partie de celles qui survivent dans la Communauté, sont les ouvrages de ses soins, & de ses instructions; elle répandoit par tout une odeur de Sainteté, qui luy attiroit la veneration & l'amitié de toutes celles qui avoient le bonheur de l'approcher de plus prés: elle sembloit n'être née que pour aimer la verité, la sincerité luy étoit si precieuse qu'elle auroit preferé la mort à la plus legere dissimulation; le moindre deguisement luy paroissoit un crime si horrible qu'elle ne pouvoit comprendre comme un Chrétien le peut commettre; sa conduite étoit si reguliere qu'on n'y remarquoit jamais d'inegalité: Sa belle ame demeuroit tranquille dans la violence des plus grands maux dont son corps faisoit une rude & continuelle experience, & sa patience avoit tant d'empire sur ses douleurs, même dans les dernieres extremités, quoy qu'elles fussent tres-aiguës, qu'elle luy fermoit la bouche dans l'excés de ses souffrances, qu'on ne connoissoit que par un changement forcé de son visage.

Elle a passé 25. ans en la Religion dans une étroite observance des Régles, quoy que ses infirmités ont été tout ce tems presque continuës, elle ne se dispensoit qu'à l'extremité, faisant souvent au dessus de ses forces; aussi le chemin de l'Eternité ne luy a pas été inconnu, puisque avant sa mort elle étoit plus au Ciel que sur la terre, son entretien avec Dieu étoit si familier, qu'elle ne parloit presque qu'avec luy ou de luy, étant tres-éloignée de tout ce qui ressentoit le monde; les yeux de son ame toûjours attachés à Dieu present, la tenoient occupée des quatre dimensions de son être Divin; la longueur de son Eternité formoit dans son cœur un mépris des objets perissables pour aspirer à la joüissance des biens éternels, la hauteur de son incomprehensibilité l'humilioit dans la connoissance des foiblesses de son entendement à penetrer ses grandeurs, la profondeur de l'infinité de ses perfections l'obligeoit de tendre à la vertu avec tous ses efforts, pour être semblable à son divin Epoux, & la largeur de son immensité l'animoit à le voir present par tout.

Voilà l'exercice de cette sainte Amante, que le Saint Esprit nous décrit dans son Epitalame Divin, quand il dit, *Que vous êtes belle ma bien aimée, que vous êtes belle, vos yeux sont des yeux de Colombe, sans parler de ce qui demeure caché au dedans.*

Cette ame qui porte la qualité d'Epouse est appellée deux fois belle pour declarer la beauté de sa contemplation, & de son action; ses yeux sont les pensées de son entendement & l'amour de sa volonté; ils sont simples, lorsque la veuë de son entendement étoit occupée à la veuë de la premiere verité, & que l'amour de sa volonté s'attachoit à la souveraine Bonté; enfin ce qui demeuroit caché au dedans étoit la claire vision de la Face de son Epoux, toute rayonnante de gloire, qui la fait soupirer à sa joüissance.

L'exercice donc de la Mere de l'Annonciation étoit de se servir de ses deux yeux de l'entendement & de la volonté, dans la pratique exterieure de Dieu present, elle s'élevoit des creatures à son Createur, car si elle voyoit les fleurs, les arbres &c. son entendement y voyoit en même tems les grandeurs de leur Maître, & toute transportée d'amour, elle s'élançoit continuellement à Dieu. Cette vertueuse Ursuline étoit simple en sa veuë & droite en son amour, elle étoit simple parce que les yeux de son ame ne regardoient que Dieu comme l'objet de ses pensées & de son amour, lequel étoit droit, parce qu'en suite de cette veuë toute amoureuse de ses perfections, elle ne commettoit aucune faute volontaire, elle consideroit Dieu sur sa tête, & au milieu de son cœur, comme un œil perçant qui penetroit ses pensées, & ses desseins, si l'œil de sa pensée luy faisoit trouver son ame comme un miroir, où elle voyoit Dieu present par essence, presence & puissance, l'œil de son amour luy faisoit aimer; cette ame donc regardoit, & Dieu la regardoit, & c'est l'assurance que luy en avoit donné le Prophete en ses termes, *l'affermiray mes yeux sur toy*, comme s'il disoit, je ne retireray point mes yeux de ta personne, parce que tu n'éloigne point tes regards de mes perfections; Dieu donc voyoit cette ame par une emission des rayons qui sont comme des éclairs de sa lumiere increée, qui l'excitoit à un sacré ressouvenir de ses bontés, & cette ame voyoit Dieu par une reciproque Emission des rayons qui sont les pensées de son entendement, & les traits enflamés de sa volonté, qui perçoient le cœur de son Dieu; l'œil de son amour dans l'exercice de sa veuë interieure diversifioit ses regards selon les sentimens qu'elle experimentoit en soy-même; car si elle consideroit son Createur comme un Juge souverain, elle se tenoit à ses pieds comme une criminelle, & luy jettant une œillade de crainte, elle s'écrioit avec le Prophete, *Seigneur percés ma chair avec le dard de vôtre crainte, car j'ay redouté vos jugemens.* Si elle le regardoit comme son Bien-facteur, elle paroissoit avec la qualité d'une mercenaire, qui espere les biens de la gloire de sa main liberale, & s'élevant d'un regard d'esperance, elle poussoit cét Elan; *J'espere de voir le tresor du Seigneur en la terre des vivans;* Si elle regardoit son Dieu comme son Maître souverain qui luy apprenoit les leçons de l'éternité, elle étoit comme une Disciple qui se soumettoit à ses sentimens, & en entendant les Oracles de sa bouche sacrée, elle luy lance un regard de soumission, & elle s'écrioit, *J'ay plus compris que tous ceux qui m'avoient enseigné, par ma propre experience.*

Si elle regardoit Dieu comme son Pere, elle étoit comme une fille comblée de Benedictions qui luy portoit un regard de reconnoissance, & qui chantoit avec David, *Que rendray-je à mon Seigneur pour toutes les faveurs que j'ay receuës de sa bonté*: Mais si elle regardoit Dieu comme son Epoux, elle prenoit la confiance cordiale d'une Epouse, & luy jettant un regard d'amour, elle disoit dans le sentiment de ses caresses, *Mon bien-aimé est à moy, & je suis toute à luy.*

Ce regard de l'amour est si puissant en ses charmes que Dieu qui est impassible, confesse que son cœur en est vivement blessé, & luy-même nous le declare quand il dit, *Ma Sœur, mon Epouse vous avés blessé mon cœur, & vous l'avés blessé avec l'un de vos yeux*; mais pourquoy avec un œil, puis qu'elle en possede deux, l'œil de pensée & l'œil de l'amour, c'est pour nous signifier que si la beauté de l'Epouse, se rend recommandable en la veüe de son Epoux par la vivacité de ses yeux de Colombe, l'œil de l'amour a des regards plus doux & plus charmants pour captiver son Epoux, que l'œil de la pensée.

Elle se disposa donc pour aller au devant de son divin Epoux, ce fut par la reception de tous ses Sacremens qu'elle receut dans les sentimens dignes de sa grande pieté, & aprés qu'elle eut fait une liste des maux qu'elle avoit évité, & des biens qu'elle avoit receu, & qu'elle avoit fait par le secours de la grace, elle conclud avec une sainte confiance, que Dieu étoit le témoin de sa simplicité & de son innocence: si donc cette bonne ame a été belle par son innocence dans l'exercice de la veüe de Dieu present, & si elle a conservé des yeux de Colombe dans la simplicité de ses regards comme une fidelle Epouse, l'œil de sa pensée l'ayant veu en toutes choses, & l'œil de son amour l'ayant cherché pour commencer son Paradis en ce monde, & rendre le séjour de son pelerinage un Ciel, où elle a goûté par une heureuse anticipation les delices des Saints, par cet exercice qui a du rapport avec leur gloire; Enfin elle finit sa vie l'an 1676. dans la paix interieure qu'elle avoit possedée durant sa vie, & qui ne s'est point perduë à l'instant de sa mort, mais elle s'est doucement épanoüie sur sa face, que l'on ne pouvoit assés regarder, un rayon de felicité asseurée; elle étoit tres-digne Sœur du Reverend Pere de saint Pé, Prêtre de l'Oratoire, d'heureuse memoire.

MAXIMES.

I. Comme la veüe de Dieu est arrêtée continuellement sur nous pour nous faire ressentir les soins de son amoureuse providence, nôtre veüe doit aussi s'employer à le voir present par tout, pour luy témoigner la fidelité de nôtre souvenir; nôtre ame a pour ses yeux l'entendement & la volonté, avec l'un elle connoît, avec l'autre elle cherche son Dieu, qui est élevé par dessus tous les enfans des hommes, afin qu'il voit, comme dit Richard de saint Victor, s'il y a quelqu'un qui le connoisse, ou qui le cherche, & ses deux yeux ont leur exercice pour voir Dieu present; l'œil de l'entendement le voit, ou dans le miroir des creatures qui est exercer la presence exterieure, ou dans le miroir de l'ame, qui est pratiquer une presence interieure, ou dans le miroir de l'Essence divine, qui est l'exercice d'une presence intime; & cette veuë se forme par une foy tres vive & tres épurée qui éclaire l'entendement, & qui enflame la volonté, pour voir & pour aimer un Dieu invisible, comme s'il étoit visible.

III. Il est certain que nous devons suivre les ordres de nôtre Createur, d'autant que la perfection de la creature selon Saint Thomas, consiste dans la sujection qu'elle rend aux dispositions de son Autheur; Or Dieu a placé dans le monde comme son temple, toutes les creatures comme des miroirs, qui nous montrent les vestiges de ses perfections; il a formé l'homme, & il a posé son ame comme un miroir où reluit son Image, & ce grand Ouvrier est luy méme un miroir volontaire, qui se laisse voir selon son bon plaisir, donc nous devons employer les deux yeux de nôtre esprit, pour le voir, & pour l'aimer comme present par tout.

IV. L'amour est un œil chaste, un œil de Colombe, qui dans la veuë des choses concedées à l'usage de l'homme, ne s'y arrête point pour contenter les desirs immoderés de la convoitise, mais il contemple un Dieu Eternel, dans les regards exterieurs des objets passagers & changeants; c'est un œil qui ne se ferme point, parce qu'il n'est point couvert des paupieres de la chair, c'est un œil qui n'est point troublé, parce qu'il ne reçoit rien du dehors qui le puisse offenser; c'est un œil qui n'est point assoupy, parce que quand l'homme exterieur dort, l'interieur veille; enfin c'est un œil droit, qui n'est jamais détourné de la veuë de Dieu par aucune sinistre intention, mais qui contemple frequemment celuy que les Anges desirent regarder comme l'objet de leur felicité.

V. Lors qu'une ame se sert de l'amour de l'interêt, la veuë de Dieu est moins frequente, mais quand elle employe l'œil de l'amour de bien-veillance, la veuë amoureuse de ses perfections souverainement aimables, est presque continuelle.

VI. Il arrive quoyque rarement, que quand l'ame est dans l'exercice de la veuë interieure, blesse le cœur de Dieu, & est élevée à une veuë intime qui la met dans un état passif, où Dieu la blesse, & sa blessure est si efficace qu'elle la fait mourir entierement à elle-même, pour ne voir que Dieu & ne vivre que pour Dieu; ô! que cét état de la vie intime est fortuné! lorsque l'ame voit Dieu en soy même, elle s'oublie entierement de soy-même, pour ne se souvenir que de Dieu.

DIX-NEUFVIE'ME AOUST.

LA VENERABLE MERE MARIE DE Clemenceau, Religieuse Ursuline de Bordeaux.

Le Seigneur a veu mon humilité. Dans la Genese, chap. 29.

LA Mere Marie de Clemenceau a été sans doute l'une des plus illustres de l'Ordre; comme l'on est dans le dessein de faire imprimer sa vie, nous marquerons icy seulement que l'humilité étoit la vertu qu'elle aimoit le plus, & que son principal exercice étoit d'en pratiquer les plus fortes maximes pour conserver les graces que le Ciel versoit dans son ame avec une grande profusion; & comme la plus haute perfection du Christianisme est d'affermir les desirs d'une vertu par un vœu pour s'en rendre l'exercice necessaire par un engagement inviolable, elle fit vœu d'humilité le second jour d'Avril 1625. & ce vœu fut agreable au Ciel, & elle pouvoit dire, *Le Seigneur a vû mon humilité*, qui a été suivie de mille faveurs extraordinaires, sur tout un jour assistant au Saint Sacrifice de la Messe, aprés avoir selon sa coûtume fait quatre heures d'Oraison, elle vit clairement & distinctement dans la Sainte Hostie que le Prêtre tenoit entre ses mains, le Divin Jesus comme un petit enfant qui dormoit dans le sein de sa Mere : Une nuit de Noël elle eut encore la faveur dans un ravissement qui fut visible à toute la Communauté, de voir nôtre-Dame auprés de la crêche de son Fils adorable; la Sainte Vierge luy fit plusieurs fois la grace de luy apparoître, & toutes les grandes Fêtes elle entendoit une musique admirable qui l'animoit à adorer, & aimer Dieu.

Enfin le tems approchant que la Providence avoit destiné pour recompenser ses vertus, il l'en avertit luy-même, & comme elle ne pouvoit douter de la verité de cette vision, elle alla trouver sa chere Mere de la Croix, pour prendre congé d'elle & pour luy demander pardon des fautes qu'elle croyoit avoir faites contre sa profession, & luy declara comme elle étoit avertie du jour de son trépas, & peu aprés étant reduite aux dernieres deffailliances, elle supplia la Mere, les larmes aux yeux, de luy permettre de décendre sur une grande Croix qu'elle avoit dedans sa chambre; il fallut luy accorder cette demande, *Voicy*, dit-elle en même tems qu'elle fut couchée sur cette Croix, *le jour de ma Fête ou de ma consolation*; puis tirant un profond soûpir de son cœur, & appellant à son secours la sainte Vierge, elle attendit l'heure de son trépas, & étant comme dans une extase, elle rendit son ame entre les mains de son aimable Redempteur, l'an 1644. âgée de 63. ans, & l'on vit à sa mort des couronnes d'or, d'argent & de fleurs sur sa Tête.

Reconnoissons dans cette grande servante de Dieu, que la grace lors qu'elle a remply un cœur, n'y demeure pas sterile, mais qu'elle découle & se répand sur les autres; apprenés qu'il n'y a rien qui soit d'un si grand merite, ny qui soit plus agreable à Dieu que l'humilité dans toute l'étenduë de sa perfection.

MAXIMES.

I. Entre tous ceux, au salut desquels nous devons nous appliquer, nos proches doivent tenir le premier rang, & Dieu a souvent égard à cette charité tendre, y joignant le secours de sa grace.

II. N'est-ce pas une pure folie de croire un Paradis, une vie éternelle, & un Jesus-Christ, qui s'est fait une échelle de sa Croix pour monter au Trône de sa gloire, & cependant nous autres pecheurs ne vouloir rien souffrir, voir le Maître approcher le chemin du Ciel à travers de tant d'épines, & le serviteur faire le délicat, & ne vouloir marcher que sur les roses, & quand bien il n'y auroit autre fruit dans les Croix & les tentations que la conformité qu'on prend avec Jesus-Christ, qui est la souveraine Sagesse, c'est être hautement recompensé; quel souverain bon-heur de se pouvoir tous les jours crucifier avec luy; enfin sa langue en surmontant les plaisirs de la bouche, couvrit son corps de playes par une sainte mortification de s'anéantir par le mépris de l'honneur, à l'exemple de celuy qui pouvant toûjours marcher sur les aîles des Cherubins, a voulu ramper parmy nous comme un petit ver de terre.

III. Ne vous fiés en aucun remede humain, quand il est question de surmonter une tentation, ce n'est pas chose qui depende purement de nous, il faut que Dieu marche devant, & que nous contribuons nôtre franc-arbitre; car si luy ne veille sur nos têtes, nous avons beau faire la sentinelle, personne n'est si foible, que celuy qui se tient pour fort.

IV. Plusieurs biens se font en l'homme que l'homme ne fait pas, & l'homme ne fait aucun bien que Dieu ne fasse; qui pense resister aux tentations sans son aide, est trompé, & partant un moyen tres efficace en ce combat, c'est d'insister à l'Oraison, principalement sur l'abord de la tentation.

V. La retraitte & le silence sont les plus puissans moyens pour acquerir une haute perfection.

DIX-NEUFVIE'ME AOUST.

LA V. SOEUR MARIE MARGUERITE
de l'Annonciation, Parreſſot, Religieuſe Urſuline
de Beaune.

Mon bien-aimé eſt à moy & moy je ſuis à luy, qui ſe pais parmy les Lys. Au Cantique.

Dès l'âge de ſept à huit ans, nôtre Sœur Marguerite de l'Annonciation fut miſe penſionnaire aux Urſulines, & y demeura juſqu'à ce qu'elle y prit le le Saint Habit; elle étoit ſi aimable, ſi innocente, & ſi agreable qu'elle ſembloit un Ange, auſſi participoit-elle à leur charité & obeïſſance; l'exercice de ſon amour pour Dieu, s'étendoit à une charité tendre pour ſon prochain, elle faiſoit ſes délices d'enſeigner à ſes compagnes ce qu'elle avoit appris de ſes Maîtreſſes, aimant avec Paſſion l'avancement des ames & leur ſalut; elle s'y employoit, non ſeulement avec inclination, mais avec devotion, les talens naturels la rendoient tres-propre à nôtre Inſtitut, & ſon zéle la portoit à y être toûjours employée; elle avoit une memoire Angelique, un jugement fort ſolide, un exterieur devot & modeſte, elle étoit douce en ſes paroles, tres paiſible, exemplaire en toutes ſes actions, & ſe portoit viſiblement par une grace ſpeciale en toutes ſortes de biens. L'obeïſſance qui eſt la vertu qui nous doit faire vivre dans la Religion, elle la poſſedoit dans l'éminence, & le plus ſouvent par des ſimples ſignes elle la rendoit, mais avec une grande ſoûmiſſion, comme venant de la part de nôtre ſouverain Maître; avant ſa mort elle confeſſa tout haut avec une raviſſante humilité, qu'elle avoit deſobeï deux fois depuis ſa profeſſion, & l'on aſſure que c'eſt en ſi petites choſes, que l'on eût dit plûtôt que c'étoit de vertus qu'imperfections.

La pureté logeoit en elle comme dans ſon trône, au rapport de ceux qui l'ont entendu en Confeſſion, qui ont declaré hautement aprés ſa mort, qu'elle avoit conſervé ſa grace baptiſmale.

L'on trouva aprés ſa mort un petit cayer écrit de ſa main, où étoit ſon journal ſuivant le Directoire, dont nous dirons ſeulement un mot, comme elle ſe comportoit dans l'Oraiſon, elle dreſſoit toûjours ſon intention en cette maniere.

Je renonce, ô! mon Dieu! à tout ce que je ſuis, à tous mes ſentimens, & même à mes propres lumieres, pour vous loüer plus parfaitement, & pour faire mon Seigneur une action ſi ſainte, je deſire tres ardemment d'être unie à vous, qui êtes la Sainteté même. Elle faiſoit des Actes de Foy, d'adoration, d'humilité, de confiance, & autres pour s'unir à ſon divin E'poux, lequel l'ayant prevenuë par ſon amour, &

ses graces, ce n'est pas merveille qu'elle luy reciproque son amour, donc l'amour mutuel entre Dieu & son E'pouse nous est presenté par ces paroles, *Mon bien-aimé est à moy & moy je suis à luy, qui se pais parmy les Lys.* Cette vertueuse Ursuline éclairée par le Saint Esprit, n'ignoroit pas que c'est le même Dieu qui est repû & qui repais, & qui demeure entre les lys, qui regne sur les Astres ; mais elle aime mieux raconter ce qui est de ses abaissemens, parce qu'il s'est rendu plus aimable, ayant pour nôtre amour voulu être repeu ; *Celuy*, dit Saint Bernard, *qui est le Seigneur dans le Ciel, est le bien-aimé sur la terre.* Il aimoit sur les Astres, parce qu'il n'y a ny tems ny lieu auquel il n'aime, puis qu'il est l'amour même ; mais il n'a porté la qualité de Bien aimé, que quand il est décendu aux Lys, & a été repeu parmy les Lys, comme homme pour rendre son amour sans nombre, sans poids, & sans mesure ; l'amour prevenant de nôtre Dieu, a été un beau jour qui a luit dans l'éternité, & qui étend sa lumiere dans le tems pour combler de ses faveurs ses E'pouses ; c'est un poids ou une flame du feu qui brûle dans le cœur de cet Amant Souverain ; c'est un soufle de son esprit qui vivifie les cœurs ; Celuy de nôtre Seraphique E'pouse a fait voir que l'amour éternel de son E'poux, étoit la régle de celuy qu'elle luy témoignoit dans le tems ; il l'avoit prevenuë à l'aimer d'un amour sans nombre, sans poids & sans mesure, & elle luy rendoit reciproquement, l'aimant d'une amour de preference par dessus son être, & pour preuve de son amour, elle luy offroit son ame avec ses puissances pour être consacrée à son service ; elle l'aimoit de tout son cœur qui est le principe de sa vie, & pour marque de son affection, elle mortifioit ses sens pour les immoler à l'Auteur de nôtre vie ; elle l'aimoit par dessus la vie raisonnable, & pour témoigner son amour elle captivoit son entendement sous l'obeïssance de la foy, pour adorer avec une entiere soûmission la verité de ses Mistéres ; elle l'aimoit de toute son ame, & pour le caractere de son amour, que son essence animoit par la grace, luy servoit de temple, sa memoire se souvenoit de ses biens-faits, son entendement contemploit ses grandeurs, & sa volonté étoit embrasée des ardeurs qui partent de son trône de feu.

Apparemment cette sainte Amante sentoit des effets singuliers de la Divine Providence, lors qu'elle disoit, *Mon bien-aimé est à moy, & moy je suis à luy,* he quoy ? est-il à vous seule ? ne regne-t'il pas sur les Anges, qui le possedent ? voyés le gouvernement de ce grand Dieu dans le silence de sa solitude, comme un Roy souverain assis dans un trône sublime, & abaissé pour y donner ses Ordres ; il exerce sa Providence sur tous les Anges, il regne dans les Seraphins, comme amour, il éclaire les Cherubins comme verité, il siege dans les Trônes comme justice, mais il décend du Ciel en Terre pour le salut des hommes, & il exerce sa conduite sur toutes les creatures inferieures à vôtre condition : Nôtre E'pouse répond, il est singulierement à moy, pour veiller sur tous mes interêts, je suis sa Fille, il est soigneux de mon bien, je suis sa Disciple, il prend garde à mon avancement, je suis son E'pouse & il est attentif pour accomplir les desirs de mon cœur, il est à moy pour me communiquer ses graces, & moy je suis à luy pour l'en remercier, il est à moy pour procurer ma liberté, & moy je suis à luy pour avancer son honneur,

comme

19. Aouſt. *La V. Sœur Marie Marguerite de l'Annonciation.*

comme mon Inſtitut d'Urſuline m'y oblige ; il eſt à moy pour veiller à mon ſalut, & moy je ſuis à luy pour ſuivre ſes volontés ; enfin il eſt à moy, parce qu'il eſt puiſſant pour me fortifier dans mes combats, ſage pour prevenir mes maux, & pour pourvoir à mes neceſſités, & bon pour le vouloir, & moy je ſuis à luy pour reconnoître ſes faveurs.

Nôtre E'pouſe eſt ſi charmée des ſoins charitables de ſon E'poux, qu'elle appelle ce Seigneur des Armées ſon Bien-aimé, & ſe glorifie que celuy qui juge toutes choſes avec tranquilité, veille à ſes interêts, il eſt à moy, dit-elle, pour être attentif à ma conduite, & je ſuis à luy pour ſuivre ſes diſpoſitions, il eſt à moy parce qu'il eſt benin & miſericordieux, & moy je ſuis à luy parce que je ne ſuis pas une ingratte, il m'a communiqué la grace par ſa pure miſericorde ; & je luy rend grace pour ſa grace : elle adoroit la Divine Providence dans toute ſa conduite, & elle recevoit une grande tranquilité dans ſon ame, une genereuſe vigueur pour ſouffrir les évenemens contraires avec patience, elle avoit une grande confiance en Dieu qui connoît toutes nos foibleſſes, & qui peut nous aſſiſter de ſes graces, & une entiere ſoûmiſſion pour s'abandonner à ſa conduite.

Le deſir qu'elle avoit de s'unir plus parfaitement au bien-aimé de ſon cœur dans la Communion ſacramentale, la rendoit aſſiduë à s'y preparer, à cet effet elle prenoit tous les jours demy heure, & les trois jours qui la precedoient elle dreſſoit tout ce qu'elle faiſoit à cette intention, les dediants aux trois perſonnes de la Sainte Trinité, comme auſſi à la Sainte Vierge, & elle tenoit une heure de ſilence, faiſoit trois Communions ſpirituelles, & trois viſites au tres-Saint Sacrement.

La tres-digne Mere de Dieu faiſoit ſa plus tendre devotion, elle diſoit tous les jours le Roſaire & l'Office de ſon immaculée Conception : elle ſe preparoit ſoigneuſement pour ſolemniſer ſes Fêtes, elle étoit née le jour de la Nativité de Nôtre-Dame, entra dans le Noviciat le jour de la Preſentation, & eſt morte le Dimanche dans l'Octave de l'Aſſomption : tous les jours elle faiſoit des prieres particulieres à l'honneur de ſon Ange Gardien, de ſaint Auguſtin, de ſainte Urſule, & de ſainte Barbe, pour obtenir la grace de bien mourir ; elle diſoit tous les jours le *Miſerere* pour la converſion du plus grand pecheur qui étoit au monde : Cette ame étoit entierement à Dieu, & ſa mort a bien fait connoître ſa bonne vie, ſa derniere maladie a été un débord avec une inflammation de poulmon, & une vehemente fiévre continuë, qui fut ſi violente que l'on fut obligé à ſon troiſiéme de luy donner le Saint Viatique, pour lequel elle ſe prepara avec toute la ferveur & preſence d'eſprit poſſible, renouvellant de tems en tems ſes Actes de foy, d'adoration & autres dans des manieres extraordinaires qui mettoient dans l'admiration ; elle receut pour une ſeconde fois le Saint Sacrement avec la même diſpoſition, le deſir qu'elle avoit pour la Communion, & de s'unir à ſon Bien-aimé étoit ſi grand qu'il falloit la retenir, crainte qu'il n'augmentât encore plus ſon mal, elle ſe confeſſa pluſieurs fois, quoy qu'elle ne témoignât aucune impatience, le Confeſſeur étoit tout ſurpris qu'elle portât une maladie ſi fâcheuſe avec tant de generoſité, l'inflammation étoit ſi ardente qu'elle luy avoit ulceré

La V. Sœur Marie Marguerite de l'Annonciation. 19. Aoust.

tout le gosier, ce qui l'empêchoit de prendre les choses necessaires qu'avec une grande peine : elle receut l'Extrême-Onction le jour de sa mort, s'y étant preparée la veille, faisant tous les Actes portés au Rituel, & autres qu'elle continua le reste du tems, mais avec une application d'esprit inconcevable ; elle rendit l'esprit à Dieu en prononçant les Saints Noms de Jesus & Marie, avec tant de douceur & de tranquilité que l'on fut long-tems sans sçavoir si elle étoit passée.

La mort sans doute ne l'a pas surprise, parce qu'elle s'y preparoit il y avoit long-tems par toutes sortes de vertus & mortifications ; elle a assuré que le veritable moyen qui la disposoit tous les jours à la mort, c'étoit un Rosaire du Saint Nom de Jesus, qu'elle disoit journellement : Elle est decedée l'an 1663. âgée de dix-huit ans, il n'y avoit que trois mois que ce jeune cœur avoit fait son Sacrifice par la Profession Religieuse, ce fut le jour de la Tres-sainte Trinité, à laquelle elle avoit une devotion toute particuliere ; elle l'honoroit au dessus de tous les autres Mystéres de nôtre sainte Religion, ayant une connoissance parfaite, que c'étoit l'origine de tous les autres ; ha ! que cette ame a été fortunée ! qui a aimé son Dieu dans le cours de son pelerinage d'un amour sans nombre, sans poids & sans mesure, & pource il est à presumer, que dans la Patrie celeste le Pere Eternel l'aime comme sa fille Bien-aimée, le Fils de Dieu comme sa sœur, & le Saint Esprit comme son E'pouse ; par la pureté de son affection son amour est reciproque, elle aime le Pere E'ternel, qui l'affermit par sa puissance dans la possession de son bon-heur, elle aime le Fils qui l'éclaire par les rayons de sa Sagesse, pour voir la lumiere increée, & elle aime le Saint Esprit, qui la charme par les douceurs de sa bonté, pour goûter les délices de la gloire.

MAXIMES.

I. Voyés l'amour de Dieu pour une ame fidelle & en son Acte & en ses effets, il n'y a ny commencement ny fin, parce qu'il est éternel, & sans principe & sans fin, Dieu même nous en donne l'assurance, quand il dit par la bouche de son Prophete Jeremie, *Ie t'ay aimé d'un amour éternel*, c'est l'Acte qui est aussi ancien que l'Eternité même, *C'est pour cela que je t'ay attiré, ayant compassion de toy*. Et c'est l'effet qui conduit à l'éternité.

II. L'amoureuse inclination que Dieu a pour les ames, part du cœur de cét être Souverain avec une affection de nous communiquer ses faveurs, c'est son objet, & il ne cesse de nous le continuer jusqu'à ce qu'il nous ait conduit à la parfaite joüissance de nôtre unique bien, & du Principe de nôtre être, pour terminer le cercle éternel, qui est sans commencement & sans fin.

III. Dieu nous a aimé d'un amour sans nombre, car qui pourroit compter tous les biens-faits, & toutes les faveurs de l'amour avec lequel il nous a prevenu, il a aimé mon neant pour le rendre bon, & pourquoy mon neant n'aimerat-il son Dieu qui est son bien souverain ? Dieu nous previent & sa bonté le sollicite à aimer un neant, qui de soy n'est pas aimable, & ce neant qui ne merite rien, n'aimera pas son Dieu, qui est infiniment aimable ?

IV. Donnés moy une ame qui n'aime que Dieu, & que ce qu'il faut aimer en luy, & pour luy, une ame qui a pour sa vie Jesus-Christ qui vit en elle, qui a déja longuement vêcu en luy, une ame qui emploit tout son tems à respirer la presence de Dieu, & à marcher soigneusement devant sa face; oüy, donnés-moy une ame doüée de ces perfections, & je diray qu'elle est digne des soins particuliers de son E'poux, des regards de sa Majesté, des faveurs de sa domination, & si elle s'en veut glorifier, ce ne sera pas en vain, puis qu'elle se glorifie en la bonté de son E'poux qui veille pour ses interêts, afin qu'elle veille pour son honneur, qui pense à elle, afin qu'elle pense à luy, & qu'elle puisse dire avec verité dans sa confiance cordiale, mon Bien-Aimé est à moy & je suis à luy.

V. La bonté d'un Dieu qui nous aime, doit être le motif qui nous oblige à nous confier à ses soins.

VINGTIE'ME AOUST.

LA VENERABLE SOEUR MARIE DE de l'Incarnation, Mornais, Religieuse Ursuline d'Ussel.

Nous sommes comme des neans devant Dieu. Psal. 78. v. 4.

Son Pere & sa Mere avoient obtenu par prieres nôtre Sœur de l'incarnation, aprés avoir demeuré long-tems ensemble sans enfans, elle fut bien-tôt orpheline, & son tuteur qui étoit son oncle paternel, & le Medecin des Ursulines d'Ussel l'y mit pensionnaire; elle fit dés lors des apprentissages surprenans en fait de mortification, puis elle se rendit Religieuse, & parut pendant son Noviciat fort fervente, & desireuse de servir à l'Institut: Mais quelque tems aprés sa profession elle se relâcha un peu, jusqu'à ce que ses obligations luy ayant été remontrées elle les comprit si bien, qu'elle en redoublât le pas vers la perfection; une retraitte de dix jours qu'elle entreprit en suite, la fortifia tout à fait dans son dessein, parce que Dieu l'attira si fortement à luy, que d'abord qu'elle consideroit son sujet de meditation, elle étoit élevée à une contemplation passive; elle receut entre autres graces une lumiere du neant de la creature à l'égard de Dieu, qu'elle ne pût pas expliquer, mais qui luy laissa des grands effets dans l'ame, auparavant elle étoit fort tendre pour ses parens, & un peu curieuse de petites hardes propres & agreables, mais depuis elle devint insensible, & détachée à un tel point, qu'il la falloit exciter à avoir soin de ce qui luy étoit necessaire; rien ne la touchant plus, excepté l'offence de Dieu; Comme son zéle luy faisoit chercher des inventions pour en détourner le prochain, & le porter à son amour, & à son service, il luy vient en pensée de lier en Congregation les E'colieres qu'elle avoit instruites dans les classes; cela réüssit, & un Religieux leur donna des Methodes pour bien vivre dans le monde, comme elles ont fait avec tant de vertu que la plûpart n'ont pas voulu se marier.

Nôtre Sœur de l'Incarnation n'eût pas toûjours le vent de la devotion propice depuis son grand retour à Dieu, elle éprouva qu'en ce monde la nuit succede au jour, & le jour à la nuit; ainsi après avoir été presque abîmée dans la douceur, la voilà tout à coup à sec, avec des difficultés aux Saintes actions, & des obscurités de conscience qui la tenoient à la torture; Son Directeur & sa Superieure furent surpris de son état penible, & douterent que Dieu vouloit par là la disposer à la mort, & luy fournir matiere de grands merites, ils ne s'y tromperent pas, elle tomba incontinent dans une longue & mortelle maladie, où sa patience fut tout à fait rare & admirable, les os luy ayant presque percé la peau, on la voyoit toûjours douce & paisible qui ne demandoit rien qu'à souffrir d'avantage, disant qu'elle se flattoit en ses maux, & qu'une autre les sçauroit bien dissimuler; cependant elle avoit un ulcere qui luy pourrissoit les entrailles, non sans d'extrêmes douleurs, ausquelles elle ajoûtoit chaque jour quelques Actes de mortification, & un Acte aussi de quelqu'autre vertu, en l'honneur de la Sainte Vierge, les nuits elle s'addressoit à elle, & pour charmer ses ennuis elle chantoit & repetoit ces mots : *Advocata peccatorum.*

Elle communia souvent pendant sa maladie, goûtant avec la Sainte Hostie des douceurs ineffables dans sa bouche, le jour de l'Assomption son Directeur luy dit qu'elle demandât à aller voir ce jour là la Sainte Vierge en Paradis, *Helas!* répondit-elle, *je le voudrois bien, mais ne seroit-ce pas un sentiment trop interessé de desirer la gloire en se dispensant de souffrir tout ce que Dieu veut.* Elle languit encore jusqu'au vingtième en suivant, & ce jour là comme on luy presenta le Crucifix pour le baiser au côté, elle s'attacha seulement à ses pieds, & dit *qu'étant pecheresse, c'étoit là sa place, & où elle devoit impetrer son pardon.* Enfin elle demanda congé de mourir, & perdit la vie un Samedy, l'an 1650.

Cette vertueuse Ursuline fait voir qu'une des parties plus importantes de la magnanimité, est cette fermeté avec laquelle les ames Religieuses doivent soûtenir l'état des perfections qu'elles ont embrassé, sans se laisser emporter à la tentation; elle nous apprent à recourir à Dieu, & luy demander un cœur ferme & constant qui demeure immuablement attaché à tout ce qu'on croit que Dieu desire de nous; elles ne doivent avoir rien ny à perdre ny à esperer dans cette vie, lors qu'il s'agit de faire son devoir envers Dieu & la Religion, soyés donc fermes & courageuses, & en même tems sages & circonspectes, ne pensant en toutes choses qu'à plaire à Dieu seul, puisque selon David, *Dieu brise les os de ceux qui veulent plaire aux hommes*; Dieu ne reproche rien tant à ceux qui ont la conduite des ames que leur timidité; *Vous ne vous êtes point opposé,* leur dit-il par Jeremie, *comme une muraille pour la maison d'Israël*; S'opposer ainsi comme une muraille, dit Saint Gregoire, c'est resister à tout ce qui s'oppose à la verité, &

20. Aoust. *La V. Sœur Marie de l'Incarnation, Mornais.*

parler avec liberté pour les interets de Dieu, de l'Eglise, & de son Ordre ; c'est s'opposer aux efforts des méchans par le zéle & l'amour de la Justice.

MAXIMES.

I. Quand Satan vous tend un piege, faites en un instrument de merite ; s'il vous presente une bonne œuvre qui éclate dans le monde pour vous tenter d'orgueil, faites la bonne œuvre, & laissés la vanité ; raportant tout à la plus grande gloire de Dieu.

II. Quand vous avés surmonté une tentation, gardés-vous de débander & de ramolir du tout vôtre esprit, comme s'il n'y avoit plus d'ennemis à combattre ; tout ainsi que la deffience est mere de la seureté, aussi la trop grande seureté est la porte du peril.

III. Souvenés-vous lorsque vous souffrés des peines, & des tentations, que ce qui consoloit Nôtre-Seigneur en la Croix dans cet abîme d'opprobres, & de douleur, c'étoit un miroir de gloire, dans lequel il contemploit toutes ses passions couronnées ; voilà le trein qu'il faut tenir, s'arrêter peu sur le present, & se tenir dans une vive apprehension de l'avenir & avoir toûjours au cœur ces paroles de Saint Paul, *Un petit moment de nôtre tribulation, opere en nous un poids éternel de gloire.*

IV. Un souverain moyen de vaincre les tentations, c'est d'ouvrir tres-liberalement son cœur à son Pere spirituel, de declarer ses pensées, de les bien connoître, de considerer leur nature, & de voir la puissance qu'elles ont sur nôtre esprit ; il arrive ordinairement que ce ne sont pas les choses qui nous troublent, ce sont nos fantaisies ; nous faisons souvent des mouches des Elephans.

V. Donner les mains au peché, quelle en sera la fin, achepter si cher un repentir ; donner en proye à un mal-heureux moment de plaisirs une renommée de tant d'années, où est la foy promise à Dieu ? Cherchons pour le moins un lieu où il ne soit point, & où n'est-il pas ? Tant d'Astres, tant d'intelligences, dont le monde est remply, sont autant d'yeux de Dieu qui nous regardent, luy même éclaire jusqu'au fond de vôtre conscience ; prenés congé de luy si vous voulés pecher, mais comme le demander ? & comme l'obtenir ? un peu de patience, cette tentation est une nuée qui passera, vous allés faire un peché dont le pardon est bien incertain, mais il est certain que dans toute l'éternité, quand vous l'aurés commis, Dieu même ne pourra pas faire qu'il n'ait été fait.

VI. N'estimés point que vous êtes moins agreables à Dieu, quand il permet que vous soyés tentés, pensés-vous que pour avoir quelque bonne volonté de bien faire, vous deviés être affranchis des guerres de la nature, qui tiennent toûjours dans l'humilité vôtre esprit un peu trop amoureux de soy-même.

Vingtie'me Aoust.

La Venerable Mere Claire de la Nativité, Gresil, Religieuse Ursuline d'Ollioulles.

Je l'ay cherché, & je ne l'ay pas trouvé. Aux Cantiques.

Cette vertueuse Ursuline s'est signalé par le zéle qu'elle a eu pour les interêts de la Gloire de Dieu, & tout ce qui regardoit son service, pour le bien de la Communauté, mais sur tout pour l'observance des Régles, & quoy qu'elle fût d'une foible santé, elle n'a pas laissé de rendre de signalés services à la Religion, singulierement à l'instruction où elle a été souvent employée avec fruit & édification, ayant un attrait particulier pour les porter à Dieu ; sa ferveur parut avec éclat dans la charge de Maîtresse des Novices, tant pour les soins qu'elle en prenoit que par le bon exemple qu'elle leur donnoit, étant toûjours la premiere à pratiquer ce qu'elle leur ordonnoit, même aux Offices les plus bas : son humilité a paru dans toutes sortes d'occasions, par les bas sentimens qu'elle avoit d'elle-même, se nommant toûjours une miserable pecheresse, souffrant avec peine les honneurs que les Novices luy rendoient ; lors qu'on fit une élection elle eut connoissance qu'on avoit dessein de la faire Assistante, elle s'alla mettre à genoux avec larmes & prieres pour suplier de ne la point nommer, disant qu'elle n'étoit point capable de cet employ, quoy qu'elle possedât toutes les qualités pour être une parfaite Superieure ; si elle faisoit quelques fautes, elle s'humilioit si fort qu'elle auroit voulu se mettre au centre de la terre, s'en accusant avec effusion de larmes. C'étoit alors que cette Sainte E'pouse faisoit ses amoureuses plaintes, dans la douleur où elle étoit d'avoir perdu le Bien-Aimé de son cœur, *Je l'ay cherché, & je ne l'ay pas trouvé* : qui n'estimera juste la plainte de cette E'pouse qui cherche son Dieu avec un ardent desir de goûter les delices de sa presence, qui luy a été soûtraite aprés en avoir experimenté les douceurs ; mesurés la justice de sa plainte selon la grandeur de son amour, & c'est avec un amour plaintif de son cœur qu'elle dit, *Je ne l'ay pas trouvé*, celuy que j'aime avec passion, & que je cherche avec diligence, quoy n'ay-je pas sujet de m'écrier que vous m'êtes un E'poux rigoureux, pour m'avoir laissé tomber dans un état que je vous suis, je ne diray pas contraire, mais comme étrangere, & que je suis importune à moy-même, & ma charge est si pesante, que la vie & la lumiere me causent de l'ennuy, lors que je me vois privée de la presence de mon Dieu, qui est la vie de mon ame, & la lumiere de mes yeux, quelle consolation pourray-je recevoir au dehors, puisque je ne ressens au dedans de moy que troubles par l'absence de mon E'poux, elle s'écrioit avec le Prophete, *Mon cœur a été troublé, ma vertu m'a abandonné, la lumiere de mes yeux s'est eclipsée, & celuy qui étoit ma vertu, ma lumiere & un autre moy-même, n'est plus avec moy.* Il est certain que l'ame de cette divine Amante avoit experimenté en soy la presence sensible du Verbe incarné son E'poux; c'est sa vertu qui la soûtenoit, c'est sa lumiere qui l'éclairoit, & c'est un autre soy-même qui la rendoit feconde en bonnes œuvres, mais lors que par un adorable disposition de sa conduite il suspend ses consolations & ses attraits sensibles, il luy semble que sa vertu, que sa lumiere & que la moitié de son ame l'ont abandonné: *Je l'ay cherché & je ne l'ay point trouvé;* elle cherche le Verbe Incarné comme sa vertu qui la doit soûtenir, & la fortifier dans le lit de sa douleur.

Il est certain que lors qu'elle experimentoit sensiblement son appuy, elle étoit puissante pour resister courageusement aux tentations du Demon, aux appas de la chair, & aux vanités du monde; elle est forte pour dompter ses passions, & pour abatre les mouvemens déreglés de la partie inferieure; c'est par la force de son E'poux tout puissant qu'elle eût le courage de surmonter sa nature, lors qu'elle sentoit de la repugnance à regarder des crachats dans des plats, alors elle prit un morceau de pain, le trempa trois fois dedans, & le mangea; elle avoit aussi ramassé un os d'une morte, qu'elle gardoit fort cherement, & toutes les bonnes Fêtes elle le tenoit à la bouche au Refectoir; ces sortes de mortifications font horreur d'elles-mêmes, & si elle en faisoit ses délices; & si l'on eut adheré à sa ferveur, elle auroit sacrifié sa vie par les penitences & austerités.

Mais comme elle n'experimentoit pas sensiblement le secours de sa vertu, elle le cherchoit comme s'il eût été absent: *Je l'ay cherché,* disoit-elle, *& je ne l'ay pas trouvé;* Hé! quoy mon Dieu? fuyés-vous lors qu'on vous cherche, vous moqués-vous des peines d'une E'pouse qui vous aime & vous recherche? Si vôtre Majesté vous éleve & vous éloigne, que vôtre misericorde vous abbaisse? Si vous ne vous rendés present à vôtre Bien-aimée, ayés compassion d'une pauvre affligée? Helas! je suis plongée dans l'affliction, & reduitte dans une grande bassesse, car quoy que je cherche dans ma foiblesse ma vertu & mon appuy, je suis frustrée de mes attentes, & je ne peux que me plaindre & m'écrier, *Je ne l'ay pas trouvé:* Car quoy qu'il habite dans le fond de son ame, où il voit sa genereuse resistance & qu'il la fortifie par une vertu secrete, si est-ce qu'elle souffre le retardement de son E'poux, & ignorant le sujet de sa retraitte, elle se laisse emporter à une amoureuse impatience, qui luy fait dire, *Je l'ay cherché, & je ne l'ay pas trouvé.* Parce qu'elle ne recevoit pas sensiblement la grace qu'elle demandoit, & qu'elle ne ressentoit pas sa presence par les douceurs ordinaires; elle cherche donc le Verbe Incarné son divin E'poux, non seulement comme sa vertu pour être appuyée dans ses foiblesses, mais comme sa lumiere pour en être éclairée dans ses tenebres; car c'est un Verbe de vertus & de lumieres en sa naissance éternelle, parce qu'il procede du sein de son Pere, comme l'idée de ses desseins dans la formation du monde, & comme la lumiere de son entendement qui éclaire les Anges & les hommes; c'est un Verbe de vertu & de lumiere en sa naissance temporelle, qui affermit les ames dans la grace, & qui les illumine dans leur conduite; ô! Sainte E'pouse!

quel est vôtre bon-heur de l'entendre parler dans vôtre interieur, vous êtes toute resplendissante de ses rayons, & vous luy rendés ce témoignage avec le Prophete : *La declaration de vos paroles illumine mon ame, & communique l'intelligence aux petits*, & c'est dans cet heureux état qu'étant favorisée de ses lumieres, elle contemploit la grandeur de son Dieu, elle voit le neant des creatures, & se soûmet à ses dispositions sans reserve, pour être entierement immolée à sa gloire; cét E'poux sacré étoit le Soleil de toutes ses puissances, qui éclairoit son entendement de ses rayons, qui enflamoit sa volonté de ses divines ardeurs ; à la faveur de ses lumieres elle contemploit ses infinies perfections ; mais s'étant retirées, elle tombe dans les tenebres d'une nuit sans coulpe, qui luy est importune; elle cherche son Bien-Aimé qui est la vie de son ame, & ne paroissant pas selon ses vœux, elle s'en plaint en ces termes, *Ie ne l'ay pas trouvé*; cher objet de mon cœur serés-vous inexorable à mes vœux ; tous mes desirs se terminent à vous, pourquoy n'écoutés-vous ma plainte, dont vous êtes la cause; vous dissimulés de l'entendre, & differant de m'accorder vôtre douce presence, je demeure troublée & crie dans mon trouble : *Ie ne l'ay pas trouvé* ; que ma condition étoit heureuse, lors qu'il m'étoit permis de voir la lumiere dans vôtre lumiere, je sçay que vous êtes le Soleil de mon ame, mais je suis dans les tenebres d'une facheuse nuit, j'en cherche les rayons, & vous les suspendés.

Consolés-vous divine Amante, vos recherches ne sont pas inutiles, vous portés dans vôtre sein un feu qui consomme vos imperfections, sans que vous le sentiés ; vôtre ame est le Ciel du Soleil dont vous cherchés la lumiere, mais elle ne paroît pas pour augmenter vos desirs ; helas ! quelle consolation puis-je recevoir, puisque je suis privée de la presence de mon Bien-Aimé, qui est ma vertu, ma lumiere & un autre moy-même; mes desirs me portent à vous chercher, mais vous differés de vous rendre present, mes souhaits m'apportent quelque soulagement, mais il est comme absorbé dans le suplice du délay; qui me pourroit consoler me voyant éloignée de mon E'poux, qui est ma vertu, ma lumiere & un autre moy-même.

Cette sainte E'pouse cherchoit le Verbe comme son E'poux, qui par une étroite union de la grace, est un autre soy-même, & un même esprit avec elle; dans cette alliance spirituelle, elle se glorifie d'être une même chose avec luy, & chante avec le Prophete, *Ce m'est un bien d'être attachée avec Dieu, & de loger mon esperance au Seigneur*. Dieu qui la preparoit pour le Ciel, luy donna un si grand degoût pour la Terre, qu'ayant tout abandonné, elle faisoit son plaisir de la solitude & du silence, ne voulant parler ny entendre parler des choses du monde; mais de toute l'étenduë de ses vœux elle s'unissoit au Verbe, qui étoit la vie de sa vie, & ne se conduisoit que par ses conseils, qu'elle concevoit & qu'elle enfantoit par sa vertu, & elle pouvoit dire avec l'Apôtre : *Iesus est ma vie & la mort m'est un gain, qu'il m'en donne la joüissance* : l'Epoux dans la connoissance de sa fidelité se confie en ses soins, & la rend Dépositaire des secrets de son cœur, il l'estime parce qu'elle a tout quitté pour son amour, & qu'elle a jugé que tout ce que le monde adore, n'est qu'un

fumier

fumier couvert de neige, pour ne chercher que luy seul ; dans cette étroite union elle est renduë feconde pour produire des pensées salutaires dans sa retraitte, & pour enfanter par son zéle des ames à son E'poux dans l'employ de l'Institut ; elle est agitée de divers sentimens, elle est sollicitée par la necessité du prochain de porter des fruits à son E'poux, & elle est invitée à cette heureuse joüissance par la douceur de son amour, ces productions la consolent, mais les chastes embrassemens de son E'poux la charment, les enfans spirituels luy sont des gages tres-chers, mais les adorables baisers de son E'poux luy sont plus agreables; dans cette union l'Epouse est un même esprit avec son E'poux, & ce luy est une grande consolation de l'experimenter par un écoulement de cœur reciproque. mais lors qu'il s'absente par un éloignement que l'amour invente pour se faire chercher, ce luy est un sujet de plainte, & elle surprise de sa fuite, elle le cherche comme le Dieu de son cœur, & comme sa portion pour une éternité ; elle l'assure que lors qu'elle en est privée, elle demeure comme une terre seiche, & sterile.

Versés ô! mon Dieu! qui êtes la source de mon bon-heur, une partie de vôtre plenitude, pourquoy retirés vous le torrent de vos délices qui coule de la Fontaine de vie qui est en vous, son cours est passager je le confesse, mais l'experience de ses douceurs, augmente mes desirs, les douceurs passent, mais les desirs demeurent, les satisfactions de sa presence s'écoulent, mais le souhait du retour tourmente, le retardement est plus importun à l'amour, lorsque l'agréement a été plus sensible à la possession: helas où est à cette heure la multitude de vos misericordes pour une amante dans son affliction, celle que vous avés aimée est malade, le desir de vôtre presence la jette dans la langueur, & vous n'êtes point touché, & quoy me serés-vous inferieur en amour, qui m'êtes Superieur en Majesté, souvenés-vous que l'amour & l'humilité ont plus de rapport & de correspondence que l'amour & la Majesté, oubliés un peu de vôtre grandeur pour vous souvenir de vôtre misericorde, je vous appelle, & vous ne me répondés pas, je cherche vôtre face & vous me la cachés, je m'en trouble & je crie dans les plaintes de mon amour *Ie l'ay cherché & je ne l'ay pas trouvé*, que ma condition seroit encore heureuse, si je pouvois dire comme autrefois, *Mon Bien-Aimé est à moy; & moy je suis à luy*, mais helas je ressens le contraire, je suis à luy, & il n'est pas encore à moy, que ce changement est rigoureux à une ame qui aime, que fera cette sainte Amante, elle s'unit à cet E'poux d'amour dans l'Auguste Sacrement de l'Autel, y faisant sa plus ordinaire demeure, du moins tout le tems qu'elle pouvoit, sur tout les Dimanches & Fêtes, car elle n'alloit au Parloir que par force : elle avoit épargné d'une pension viagere qu'elle avoit, cent livres pour embellir le Tabernacle où reposoit son Sauveur, & tous les Jeudis Saints elle obtenoit la permission de faire bruler des Cierges en sa presence ; sa devotion à saint Joseph la porta à faire faire Vn Tableau de ce Saint Agonizant qu'elle mit au Chœur, afin que chacun luy rendit ses devoirs, ses tendresses étoient toutes pour la Tres-digne Mere de Dieu, aussi obtint elle de cette Mere de misericorde la grace de bien mourir dans l'Octave de sa triomphante Assomption, & un Samedy jour dedié à son honneur, ainsi qu'elle l'avoit souhaité, aprés avoir été munie de tous ses Sacremens; quand elle demanda pardon à la Communauté, ce fut avec de si grands sentimens d'humilité & exageration de ses fautes qu'elle tira les larmes de toutes : on luy donna les saints Huiles, elle eut l'esprit present à tout, répondant à toutes les prieres, sa maladie fut une hydropisie & phthisie, ses souffrances étoient inexplicables, sur tout un mois avant sa mort, ayant la moitié du corps d'une grosseur prodigieuse, & depuis la ceinture en haut elle n'avoit que les os, étant reduite sur une paillasse à moitié couchée; elle avoit un degout continuel, & n'avoit pas un moment de repos, avec tout cela elle n'a jamais perdu sa tranquilité interieure, son Bien-Aimé étoit sa force qu'elle invoquoit sans cesse, s'abandonnant avec soûmission & resignation à sa sainte volonté, le nommant son Dieu, son Roy & son E'poux, l'apostrophant de plusieurs beaux éloges : elle avoit une particuliere devotion à Saint Longin, parce qu'il avoit fait l'ouverture de son precieux côté, dans lequel elle faisoit sa demeure ordinaire, le bon Larron avoit encore part à sa devotion, disant qu'elle esperoit par l'intercession de ces deux Saints obtenir misericorde de Dieu, puis qu'il ne l'avoit pas refusé à eux, elle n'eut presque point d'agonie, & est decedée l'an 1679. âgée de 50. ans, & de profession 32.

MAXIMES.

I. Pourquoy tout ne seroit-il possible à une ame qui est appuyée sur son divin E'poux, qui peut tout, il n'y a rien qui rende la Toute-puissance du Verbe plus éclatante, qu'en ce qu'elle rend toutes puissantes les ames qui esperent en son soûtien, luy même nous a enseigné que toute chose est possible à celuy qui croit; celuy-là n'est-il pas tout-puissant, à qui tout est possible.

II. Une ame qui ne presume point de ses forces, mais qui se confie en la vertu de Dieu, exerce son domaine sur les rebellions de la partie inferieure,& l'injustice ne la domine point, il n'y a point de tromperie, point de violence, point de plaisir qui la puisse abbatre, parce qu'elle est soûtenuë.

III. Quand Dieu se retire d'une ame par une suspension de son secours sensible, il luy semble qu'elle a perdu toute sa force, elle experimente ses foiblesses dans les divers combats que luy livrent les ennemis de sa perfection,elle a sujet de craindre, parce qu'elle ne peut se soûtenir par sa vertu, ny se lever du peché, sans la grace.

IV. L'ame connoît sa foiblesse par les combats de ses ennemis, le Demon la sollicite par le venin de sa malice, mais il ne la renverse pas si elle refuse son consentement ; & même il prend la fuite si elle luy resiste, le monde la pousse avec le vent de la vanité, mais il ne l'abbat point, parce qu'il ne fait tomber que ses amis qui ad'herent à ses sentimens, & elle ne veut point être son amie, pour ne pas tomber, parce que quiconque veut être l'amy du monde, se rend l'ennemy de Dieu.

V. L'homme la pousse, & si vous demandez quel est cét homme, je réponds que c'est un chacun de nous, & ce dernier ennemy est plus dangereux, parce que les autres n'ont pas le pouvoir de nous faire tomber si nous ne leur donnons la main pour nous precipiter par leurs conseils pernicieux. C'eſt digne de compaſſion que l'ame ſe pouſſe ſoy-même avec le poids de la nature corrompuë par le peché, qui eſt d'autant plus à craindre, qu'elle peut tomber dans ſon ſeul mouvement.

VI. E'tre juſte c'eſt être tout ce que peut être un homme de bien, puiſque la juſtice eſt de rendre à un chacun ce qui luy appartient ; c'eſt d'aſſujettir en nous le corps à l'ame, & l'ame à Dieu ; car la premiere des injuſtices c'eſt de mettre les paſſions ſur les Autels, la raiſon à la chaîne, & ne chercher le Royaume de Dieu, que dans le regne de ſes interêts.

VINGT-VNIE'ME AOUST.

LA VENERABLE MERE CECILE DE Sainte Croix, de Belloy, Religieuſe Urſuline au Faux-bourg Saint Jacques à Paris.

Elle a été une lampe qui a brillé & échauffé pluſieurs ames à l'amour de Dieu, & de ſon ſacré Inſtitut. En Saint Iean, Chap. 5.

LA tres-illuſtre Mere de Belloy a eu l'avantage de naître de Parens conſiderables pour leur nobleſſe & pour leur vertu, & dans la Religion d'être la premiere Profeſſe de ſon Ordre ; ſi-tôt qu'elle ſceût parler & marcher, elle preſſoit les gens du logis d'aller à l'Egliſe, ſur tout les Fêtes & Dimanches ; elle perdit Monſieur ſon Pere toute jeune, d'une glorieuſe maniere, car aprés avoir employé ſes biens, du moins une partie en liberalités envers les Pauvres, il s'offrit dans les Guerres civiles de ſigner de ſon Sang, ſa profeſſion de Foy, puis s'étant rendu à l'armée de Senlis, il y donna des marques d'une generoſité toute Chrétienne, dont la derniere fût de dire hautement à un Heretique dans le fort de la mêlée, qu'il étoit & vouloit vivre & mourir Catholique, au même inſtant il fut tué de deux coups de Piſtolet ; il ſe nommoit Loüis de Belloy, Madame Anne de Guiſon ſa femme, ne luy étoit point inferieure en naiſſance, en pieté, & en honnêteté, elle faiſoit de ſa Maiſon l'azile des miſerables, & ſouvent elle y logeoit des Pauvres, auſquels elle donnoit au delà de ſes moyens. Quant à nôtre petite, elle fut toujours tres-reſpectueuſe, & ſoûmiſe à ſes Parens, & ſa Mere aſſura qu'elle ne luy avoit jamais déſobey.

A peine eut elle atteint l'onziéme année de ſon âge qu'une violente maladie la mit ſur le bord du tombeau ; elle en tira de grands avantages pour l'avancement de ſon ame, car étant reduite à l'extremité, nôtre Seigneur luy fit connoître fort clairement la vanité de tout ce qui n'eſt point Dieu, l'infaillibilité de la mort, & l'importance de cette derniere heure; ce qui fit forte impression sur son esprit, de plus elle goûta alors des consolations si douces, & si celestes qu'elle ne pouvoit plus retenir ses larmes pendant ses prieres; ce don de larmes & de tendresse interieure luy a continué toute sa vie.

Estant revenuë en parfaite santé elle parût toute changée quittant entierement les jeux, les petites vanités, & les libertés de son âge; tout le monde s'étonnoit de voir tant de sagesse, & de détachement en une jeune fille; on ne pouvoit comprendre les heures qu'elle employoit châque jour en l'Oraison, où elle passoit même une grande partie des nuits, sa Mere quoy que vertueuse n'y prenoit pas plaisir, craignant que cela ne la portât bien-tôt à l'abandonner & à se rendre Religieuse; elle faisoit coucher avec elle de tems en tems sa petite Sœur pour l'espier, & même elle se donnoit quelquefois la peine d'aller éveiller cét enfant pour luy demander tout bas si sa Sœur Cecile n'avoit pas beaucoup prié Dieu; cette même Sœur disoit quand elle fût grande, ne se souvenir point de l'avoir veu jamais couchée dans le lict, mais qu'elle demeuroit à genoux auprés, ou dessus le lict: elle se retiroit des Compagnies, & aprés avoir receu civilement celles qui venoient au logis, elle s'eloignoit adroitement avec quelques honnêtes excuses, faisant mine souvent de sortir, seulement pour prendre soin d'une autre petite Sœur qu'elle emportoit à sa Chambre, où elle l'amusoit à quelque poupée, pendant qu'elle prioit, & levoit la bonde à ses larmes, mais avec tant de ferveur que cette petite fille de quatre à cinq ans quittoit tout pour la considerer à son aise, sans qu'elle s'en apperceut; plusieurs années elle n'eut autre Directeur que le St. Esprit, jusqu'à ce qu'un Religieux de l'Ordre de St. François allant souvent au logis, elle luy déclara le grand desir qu'elle avoit de servir Dieu parfaitement; le bon Religieux l'encouragea fort, & delà en avant elle suivit ses avis en toutes choses. Elle se tenoit si assiduëment à genoux qu'il luy vint un mal de genoüil que l'on fût contraint d'ouvrir par de grandes incisions, & elle fût si constante dans ces violentes operations qu'elle ne donnât aucun signe de douleur.

Dépuis que Dieu l'eût attirée on ne luy vit plus porter les livrées du monde qu'une fois seulement qu'on luy apporta de Paris une Coëffure à la mode, qu'elle mit avec beaucoup d'indifferance, puis étant en visite, les premieres Personnes qu'elle entretint luy dirent que cét ornement luy seoit bien, alors y faisant reflexion, elle retourna sur ses pas, & ôta cette vanité, disant avec ardeur, *je ne veux agréer qu'à Dieu seul*, & mit ensuite plus que jamais de soin à parer son ame pour la rendre agréable aux yeux de celuy à qui elle s'étoit consacrée.

Elle jeûnoit souvent au Pain & à l'Eau, & se cachoit avec tant d'adresse qu'on ne s'en apperçût qu'à la longeur du tems.

Elle étoit naturellement franche, pleine de bonté & de compassion pour les pauvres, sur tout pour les malades, leur envoyant ou portant elle-même des vivres, & des medicamens, parce que sa Mere luy avoit laissé l'entiere disposition de tout, n'ayant point de débat avec elle, que pour luy persuader de ne se point tant fatiguer, mais de faire ses aumônes par d'autres, en avançant toujours en la vertu ; son desir d'être toute à Dieu par la profession Religieuse se fortifioit de jour en jour, elle le découvrit à sa Mere, laquelle à une nouvelle si surprenante, pensa mourir de douleur, dix ans entiers ne furent pas capables de luy donner la resolution de laisser aller sa fille aînée qui fût combatuë de tout côté pendant un si long tems, tous ses Parens luy étoient contraires & ne vouloient pas consentir qu'elle entreprît une maniere de vie extraordinaire à leur lignée, où il n'y avoit encore jamais eu aucun Religieux ny Religieuse ; neanmoins son courage triomphoit de toutes les opositions; elle redoubloit ses bonnes œuvres, & prioit continüellement, & avec le tracas du ménage où sa Mere l'engagea de plus en plus pour la divertir de la pensée d'être Religieuse, elle trouva le moyen de continüer ses pieux exercices, se dérobant de ses occupations & s'écartoit au Grenier, ou à la Cave, d'où ne laissant pas d'entendre la voix de sa Mere quand elle l'appelloit, elle sortoit soudain pour luy rendre obeïssance : plus elle étoit aimée de sa Mere, plus en étoit-elle mal-traitée à l'égard seulement de sa vocation, car en tout le reste elle n'en éprouvoit que tendresses & douceurs ; elle la façonna en cét esprit d'œconomie qu'elle a eu toûjours dépuis, & bien qu'elle eût dégout de cét employ, étant attirée au recüeillement, & à la solitude, elle s'acquittoit pourtant excellemment des choses qui luy étoient données en charge, il n'y avoit qu'en ce qui concernoit sa personne qu'elle manquoit, ne pouvant s'assujetir à s'ajuster, ce qui luy attiroit une ordinaire persecution.

Elle avoit déslors un si grand don d'Oraison que toutes choses luy élevoient l'ésprit ; elle ressentoit des merveilleuses suavitez à entendre le chant de l'Eglise, & à considerer les ceremonies ; elle ne sembloit pas croire, mais qu'elle voyoit les mysteres qui y sont représentés, même les objets differents l'excitoient puissamment à la devotion ; ainsi la veuë des fleurs, & de ce qui étoit le plus commun la portoit en un moment des Creatures au Createur, & des beautés passageres aux Eternelles.

Comme elle tantoit fortune de tout côté pour se dégager du monde, Monsieur son frere vint à prendre party, dans cette conjoncture elle le sceut si bien gagner qu'il accorda de luy fournir ce qui luy seroit necessaire pour être Religieuse, la difficulté ne paroissoit plus qu'à trouver un Monastére où l'observance se gardât exactement, & dont la Régle fut fort austere, elle se presenta en trois ou quatre, mais n'y trouvant pas ce qu'elle y cherchoit, elle n'y fit pas long sejour, elle apprit que les Carmelites s'établissoient à Pontoise, elle s'y fit conduire par son frere, la B. Anne de Saint Barthelemy étoit Prieure du Convent, à la premiere veüe elle fut si satisfaite de nôtre postulante, qu'elle arrêtât le jour pour luy donner l'habit de Carmelite, il sembloit que cette bonne ame fût à la fin de ses combats & au comble de ses desirs, mais elle étoit encore bien éloignée du terme que la divine Providence luy avoit assignée, parce que Madame sa Mere apprenant de son Fils où il avoit laissé sa Sœur, l'état des Carmelites, principalement la solitude, austerités & Oraisons en laquelle on y vivoit, elle crût qu'à ce coup sa chere fille étoit perduë pour elle, la douleur la mit en un tel point qu'il fallut que ce Gentil-homme retourna à Pontoise pour en retirer sa Sœur, sous pretexte de leur partage, la Mere Prieure ne se vouloit pas mettre en hazard de frustrer son Ordre d'un si grand tresor, & la fille qui devinoit la ruse, refusa de suivre son Frere, disant, *Qu'elle n'avoit point de part aux biens de la Terre, allant comme elle esperoit jouïr de ceux du Ciel.*

Quand sa bonne Mere eut receu cette réponce, elle demeura dans une telle desolation, que son mary en écrivit en diligence à sa Belle-fille, & sa lettre contenoit, que sa Mere en extremité de maladie, ne vouloit & ne pouvoit recevoir de soulagement, ny d'assistance que d'elle, & qu'elle retournât du moins pour recevoir sa derniere Benediction, & luy fermer les yeux ; elle craignoit fort que ce ne fût encore là une feinte, toutes fois par le Conseil de la Mere de saint Barthelemy, elle partit à dessein seulement de rendre les derniers devoirs à sa Mere, & puis se venir refugier au plûtôt en ce Convent ; étant arrivée à Morangle elle trouva tout le monde en santé, & faisant autant de Fête pour la recevoir que si elle eut été ressuscitée, mais ils ne la firent pas longue, parce que nôtre genereuse fille desesperant de tirer le consentement de sa Mere par prieres, ny par complaisance, la quitta sans prendre congé d'elle, ny d'autre, pour suivre l'attrait de la grace.

Elle sort du logis accompagnée d'un seul serviteur, & s'en retourne à cheval comme en triomphe à Pontoise, où sur le point d'entrer aux Carmelites, elle trouva un obstacle qui luy fut plus sensible que tous les precedens, ce fut que le Religieux de saint François son Directeur arriva en même tems qu'elle à Pontoise, & ayant appris succintement de sa bouche la suite de ses combats, & comme elle alloit enfin posseder le bon-heur qu'elle avoit tant poursuivy, il luy repartit d'un ton ferme & absolu, que Dieu ne vouloit pas qu'elle se rendit Carmelite, & qu'elle devoit aller à Paris au lieu qu'il luy enseigneroit, jusqu'à ce que sa Divine Majesté en disposa autrement, ces paroles donnerent vivement au cœur de nôtre Demoiselle, elle en demeura si surprise qu'elle ne pouvoit rien dire, elle obeït pourtant à l'aveugle, & s'en alla où elle ne sçavoit pas, c'étoit à une assemblée de filles qu'une Demoiselle nommée de Raconis gouvernoit à Paris, pretendant les établir en Religion, les filles receurent celle-cy avec tant de satisfaction qu'elles la choisirent incontinent pour leur Superieure, mais elle ne vouloit point accepter cette qualité, jusqu'à ce qu'on le luy ordonna ; son Directeur la visitoit là quelquefois, & apprenant les austerités qu'elle faisoit qui excedoient les bornes de la discrétion, quoy qu'elles fussent en usage en ce lieu, il luy commanda de se moderer, Dieu ayant à se servir d'elle ailleurs, ce même Religieux qui apparemment étoit éclairé du Ciel, dit un jour à ses Compagnes, *voyez-vous la Sœur Cecile, elle sera Mere de tant de filles que vous en serez étonnées.*

Les desseins de Mademoiselle Raconois étant dissipés, les filles qu'elle avoit assemblées, prirent party ailleurs, une desquelles se rengea à la Maison Congregée des Ursulines, dont Madame de Ste. Beuve se rendoit Fondatrice, à qui elle dit tant de bien de nôtre Sœur de Ste. Cecile, qu'elle luy fit naître

21. Aoust. La V. Mere Cecile de sainte Croix, de Belloy.

l'envie de la voir; dés leur premiere entre-veüe, elles se contenterent reciproquement, si bien que la Fondatrice la retint avec elle, & elle entra dans la Maison de Ste. Ursule de Paris, & y démeura plûtôt pour obeïr à Dieu qui l'y avoit conduite que par sa propre élection; elle y donna tant d'estime d'elle qu'elle y fût mise Supérieure, pendant ce tems elle profita beaucoup de la conversation familiere & intime de Mademoiselle Acarie, c'étoit tout son conseil, tant pour son interieur que pour la conduite de la Maison.

Toutes les conclusions étant prises pour établir un Monastére d'Ursulines, les Superieurs s'employerent soigneusement à éprouver les filles pour discerner les plus propres à jetter les fondemens de ce grand Ordre, douze enfin furent choisies, entre toutes les autres, & destinées à prendre ensemble l'Habit Religieux, desquelles nôtre Sœur Cecile fût la premiere; la ceremonie s'en fit l'an 1612. l'onzieme de Novembre qui fût le jour natal du premier Couvent & de tout l'Ordre Religieux de Ste. Ursule. Elle choisit le nom de Ste. Croix, qui luy fut toûjours fort cher, encore que les autres Novices fussent tres-ferventes & d'excellents sujets, celle-cy paroissoit la premiere en ardeur, & en penitence, de même qu'elle étoit la premiere en rang: de l'Oraison elle alloit au travail ou à l'instruction avec tant d'assiduité, que l'on eût jugé qu'elle y avoit des attraits bien sensibles; son Noviciat se passa de la sorte, son esprit demeurant dans la Paix, & soûmis à la volonté de son Dieu.

Le jour de la Présentation de Nôtre-Dame quatre Novices d'élite firent solemnellement profession dont celle-cy fut la premiere; sa jubilation interieure se lisoit sur son visage, & elle commança à joüir du repos desiré, aprés tant de travaux, ayant alors trente-un an; quoyque sa naissance la rendit plus considerable que toutes ses Compagnes de Religion, elle s'estimoit la moindre, & tâchoit de tout son pouvoir de paroître la derniere de la Maison; Aussi-tôt que l'Ordre de Ste. Ursule fut érigé en Monastére Religieux plusieurs Professes sortirent de ce Couvent pour aller en divers lieux planter de semblables jardins fermez & remplis de délices, qui invitoient leur bien-aimé à y venir goûter la douceur de leurs fruits immortels; la premiere d'entre elles, dont nous parlons, a comme deffriché la terre & dressé les premiers plans, ayant commencé les premieres Fondations, & les ayant mises en peu de tems en état de produire les fruits considerables qui y paroissent aujourd'huy en leur beauté & à l'utilité des Peuples; le septiéme mois aprés sa profession elle fût choisie pour aller donner commencement au Monastére d'Abbeville en Picardie, avant son départ elle demanda pardon à genoux, & baisa les pieds de toutes les Religieuses, puis elle s'en sépara avec larmes de part & d'autre, & partit accompagnée d'une Professe & d'une Novice.

Arrivant à Abbeville elle fut receuë avec grande joye tant de ceux de la Ville que des filles qui avoient dessein d'être Religieuses. On logea cette bonne Mere & ses Compagnes dans une Chambre dépouveüe des choses les plus necessaires, & si entre-ouverte de toute part, qu'elle pouvoit voir aisement le Ciel par le toict, les voisins par le plancher, & les Passans par les fentes des murailles, si bien que pour ne les pas épouvanter d'abord, on avoit étendu de la Paille à terre, ce qui n'empêcha pas qu'elles ne trebuchassent plusieurs fois dans les trous; la Mere de Ste. Croix ravie de se voir en ce gîte, le préferoit en son cœur à un Palais, parce qu'elle y pratiquoit la pauvreté de son Sauveur; elle encourageoit ses Sœurs à souffrir les incommodités, & se passer du peu qui leur étoit départy la plûpart du tems par aumône, peu à peu elle mit les choses en meilleur état, & nôtre Seigneur se contentant pour lors de ce premier essay, ne la tint là que quatre mois, au bout desquels elle fût eleuë Assistante en son Monastére de Paris, elle y fût rappellée, & y r'entra avec joye, toutefois elle n'y fit pas long sejour, parce que les heureux commencemens qu'elle avoit donné au Monastére d'Abbeville, la firent encore choisir pour celuy d'Amiens, elle se soûmit par obeïssance à la superiorité dont on la chargea, ayant deja éprouvé qu'il y avoit plus de peine que d'honneur; là elle souffrit asses pour les contrariétés du déhors, & par les fatigues du dedans de la Maison, mais tout cela luy sembloit peu de chose, la joye qu'elle avoit d'édifier une nouvelle demeure à nôtre Seigneur, & la docilité des ames qui s'y rendoient Religieuses, luy faisoit méprifer tous les travaux, & surmonter tous les obstacles de sa Ste. entreprise: elle y fut environ cinq ans, & le Monastére demeura si imbu de ses maximes qu'elle y est encore comme vivante dans toutes les Religieuses, qui conservent précieusement le premier esprit qu'elle leur a donné.

Estant retournée à Paris, elle exerça la Charge d'Assistante & de Maîtresse des Novices, puis une fondation se présentant en la Ville de Crepy, on l'envoya donner l'Habit Religieux aux premieres filles, elle y sejourna quatre mois, bien occupée à cultiver ces jeunes plantes. Aprés elle revint à son Couvent tenir les Charges de Dépositaire, & de premiere Portiere; en tous ces emplois differens elle se maintenoit en l'union à Dieu, & dans une exactitude merveilleuse, qui a toûjours été son Caractere si particulier que c'est avec grande raison qu'elle fût choisie pour tant de Fondations, étant tout-à-fait propre pour établir la regularité. Enfin elle alla encore établir un Couvent à Montargis, elle l'accepta d'un esprit d'abandon aux volontés Divines, sacrifiant à l'obeïssance sa quiétude, & sa santé même qui étoit alterée dépuis plusieurs mois par une fiévre lante, & nonobstant cét état languissant, elle sortit pour la derniere fois de son cher Monastére de Paris: pendant le voyage elle faisoit tous ses exercices spirituels à point nommé, & se comportoit en tout avec une grande mortification.

Estant à Montargis elle fût introduite en la Maison Paternelle de la Fondatrice, Mademoiselle Catherine de Langlée, qui par consequent étoit tout-autre que celle où la Mere de la Croix avoit été receuë aux autres établissements; elle n'avoit rien plus à cœur que l'exercice de son Institut, en tous lieux elle avoit un soin merveilleux de ses Novices, elle observoit leur déportement pour connoître les qualités qu'elles avoient propres ou contraires à la Religion, & ne se fiant pas ny à sa lumiere, ny à son experience, elle étoit bien aise que les

autres

autres Religieuses les exerçassent, & luy en dissent leurs pensées, ausquelles elle defferoit beaucoup ; elle les dressoit aux pratiques interieures, aux observances regulieres, aux fonctions de l'Institut, aux actions de mortifications, d'humilité & des autres vertus, au travail, à l'œconomie, & jusqu'aux Ouvrages delicats, disant que les Ursulines devoient tout sçavoir pour être capables de bien servir Dieu & la Religion ; c'étoit là la fin principale de sa conduite, elle portoit les Novices à tendre dés le commencement à une haute perfection ; elle avoit grand soin de leurs corps aussi bien que de leurs esprits, les soulageoit, & leur rendoit tous les Offices d'une parfaite charité, elle ne leur imprimoit rien tant que l'esprit de ferveur, & une douce attention à leur devoir, qui animât toutes leurs actions, & elle les entretenoit toûjours dans la joye spirituelle ; son soin ne se bornoit pas au seul Noviciat, il s'étendoit generalement à toutes les Religieuses & au bien du Monastére.

L'établissement de Montargis fût persecuté, mais ce qui toucha le plus la Mere de la Croix, fût de voir les petits & lants progrés de cét établissement les quatre ou cinq premieres années, son principal exercice de vertu pendant ce tems étoit d'abandonner tout à Dieu, & de moderer ses désirs, attendant les momens que le Pere avoit mis en sa puissance, mais pour ne rien obmettre de ce qui étoit en son pouvoir, elle fit un vœu solemnel à Saint Charles Boromé, les effets montrerent bien-tôt, qu'elle avoit choisy un puissant intercesseur, parce que delà en avant la Maison prospera, il sembloit que Dieu versoit à plaines mains ses graces sur cette petite Famille, en consideration d'une ame si zelée & si fidelle. Chacune de ses filles couroit avec allegresse à la perfection, & il y avoit une sainte émulation entre elles à qui feroit mieux son devoir ; ce qui éclatoit le plus à la gloire de la Communauté, étoit la concorde & l'unité d'esprit dans laquelle leur Superieure les maintenoit.

L'esprit d'Oraison dont elle avoit été animée dans sa jeunesse dans le monde, fût toûjours dans la Religion son soûtien, sa consolation & sa force. Elle dérobait quelques heures à son sommeil pour vaquer à des prieres extraordinaires ; elle aimoit à parler de Dieu, parce qu'elle aimoit beaucoup Dieu, & chacun étoit persuadé que rien ne luy plaisoit que ce qui portoit les marques de l'amour Divin.

Les vains discours étoient tellement bannis de ses Monastéres, que les recreations étoient aussi utiles que l'Oraison ; elle Communioit quatre ou cinq fois la semaine, se confessant presque toûjours auparavant ; elle employoit regulierement au moins demy heure avant la Messe pour ses preparations, son recours étoit à l'ombre du Tabernacle, son ame y prenoit son repos aprés les affaires, son corps même y recouvroit ses forces, c'est là d'ordinaire où elle passoit sa fiévre, on la veuë plusieurs fois si accablée d'infirmitez, qu'elle s'acheminoit pour aller se mettre au lict, mais faisant auparavant sa priere devant le St. Sacrement elle se relevoit aprés avec tant de vigueur, qu'au lieu d'aller à l'infirmerie, elle suivoit la Communauté ; l'experience qu'elle avoit de semblables effets luy faisoit souvent refuser les remédes, disant, que N. Seigneur étoit le Medecin des Religieuses.

Elle proposoit la Ste. Vierge pour modéle à ses Religieuses qu'elle nourrissoit du lait de sa devotion, & la leur faisoit prendre pour Gardienne de leur pureté. Elle n'aimoit pas que l'on manquât à son devoir, pour faire des devotions, mais elle recommandoit fort l'usage des Oraisons jaculatoires, & une douce pensée de la présence de Dieu, elle avoit peine à souffrir qu'une Religieuse eût tant d'amour pour la conservation de sa vie & de sa santé; mais aussi elle le faisoit si bien, qu'elle s'est même levée plusieurs fois dans la nuit pour secourir ses Sœurs, entre-autre une pauvre infirme qu'elle alloit réchauffer fort charitablement, elle mettoit les mains à tous les travaux du commun ; ses amis s'abstenoient de la loüer pour luy épargner de la peine ; elle n'usoit des commodités de la vie que tres-petitement & avec crainte, & disoit que les Religieuses devoient rejetter les flatteries des personnes qui leur vont dire, *vous auriez besoin de cecy ou de cela*.

Dieu benissoit sa conduite par le don de discernement des esprits, par l'éficace qu'il donnoit à ses paroles, par la penetration des cœurs, & même par des prédictions qui tenoient de la prophetie ; elle insinüoit facilement la crainte de Dieu & la ferveur, & de même l'ésprit de simplicité dans les gens même qui y avoient plus d'opposition; elle étoit si attachée à l'observance des Regles qu'on la nommoit une régle vivante, & nonobstant son zéle & son exactitude elle ne génoit point les esprits, mais les entretenoit dans une sainte liberté, desirant que l'on se portât à la vertu par amour & non par force ; elle suivoit en sa direction l'attrait de Dieu sur les ames, ses reprimendes encourageoient au lieu d'abattre, parce qu'elle y employoit des paroles qui marquoient toûjours de la tendresse, & même de l'éstime ; ses filles croyoient qu'elle voyoit leur interieur ; plusieurs en conférant avec elle s'apercevoient qu'une divine lumiere luy manifestoit au fond de leurs ames ce qu'elles ne connoissoient pas elles-mêmes ; aux autres elle donnoit des lectures à faire inopinement, & selon leur besoin present qu'elles n'avoient découvert à personne.

Encore qu'elle vécut dans la disposition que l'on peut souhaiter à une ame d'élite, si est-ce que sa derniere année, comme si elle eût eu certitude de sa mort prochaine de quoy elle donna plusieurs marques, elle redoubla toutes ses forces & s'abandonna aux ardents desirs de voir Dieu qui l'avoient saisïe dés son Noviciat.

La surveille de l'Assomption elle prit un frisson fort grand, & se mit au lict pour n'en plus relever, comme elle le dit à ses filles, les priant de ne s'en point affliger; sa constance à souffrir les douleurs de la pleuresie jointe à la fiévre, rendit constantes & courageuses toutes ses bonnes filles, pour assister leur Mere, sans se laisser emporter aux extremitez de la desolation pour sa perte, & cette grace leur continüa à sa mort & en toutes ses suites. Elle leur donna tous les avis necessaires, & elle ordonna le lieu où l'on feroit sa fosse, & toutes les autres particularités de ses obseques, ayant l'esprit si present & si libre qu'elle fit étudier les ceremonies de son Enterrement autour de son lict, & à sa veuë, à cause que n'étant encore mort personne en ce Monastére, elle craignoit que ses Sœurs ne fussent embarrassées ; elle fit une Confession Generale, puis elle receût le Saint

Viatique à genoux sur son lict, & demeura en cette posture tant que le Saint Sacrement fût en la Chambre, faisant en sa presence sa profession de foy, & demandant pardon aux Religieuses qui fondoient en larmes, aprés elle rendit long tems ses actions de grace à nôtre Seigneur.

Elle receût l'Extreme-Onction, le lendemain elle aprit du Medecin qu'elle étoit à l'extremité; à cette nouvelle qui faisoit toute sa joye, elle éleva les yeux & l'esprit au Ciel, & dit d'une voix intelligible, *Lætatus sum in his quæ dicta, &c.* Dés lors elle entra dans un profond recuëillement, & desira de parler encore une fois à son Directeur; quand il fût entré il luy demanda tout haut, & loin d'elle ce qu'elle vouloit de luy, & luy dit d'un ton assez ferme, qu'elle s'en expliquât devant la Communauté; elle comme vraye obeïssante dit sa difficulté qui étoit de n'avoir pas assez de crainte de la mort, & de posseder un esprit si paisible que rien ne la troubloit; le Religieux experimenté, luy fit reponce, *ma Mere demeurez en cét état, & ne vous en étonnez plus*; cela-dit, il se retira, sur les neuf heures du soir les Religieuses recitant autour d'elle les prieres de l'agonie il s'en rencontra une qui profera quelques paroles, mais nôtre parfaite Religieuse ne le pût endurer, & quoy qu'elle eût l'ame sur le bort des levres, elle donna la derniere preuve de son amour pour l'éxacte observance de Régles, en disant affectueusement, *mes chers Sœurs, je vous prie gardez le silence, & ne le rompez point à mon occasion*: Elle employa le reste de son tems en des aspirations pleines d'amour, & elle ne recommanda rien en mourant que ce qu'elle avoit repeté pendant sa vie, à sçavoir la fidelle observance des Régles qu'elle scéela de ses derniers exemples; enfin elle rendit l'esprit sans agonie l'an 1639, âgée de 56. ans. elle étoit d'une complexion à vivre plus long-tems, mais elle s'étoit extenuée d'austeritez, & le moindre de ses soins fût en tout tems, le soin de sa conservation.

Ainsi s'ést éteint cette lampe qui a brillé & éschauffé tant d'Ames à l'amour de Dieu, & de son Sacré Institut; & ainsi s'est eclipsé pour la terre ce premier Astre de l'Ordre après avoir jetté en divers lieux les rayons d'une vie tout-à-fait Religieuse, vingt-quatre heures après sa mort son visage parût doux & modeste comme quand elle prioit; ce tems finy il devint extremement beau, les lévres vermeilles comme du coral, avec une lumiere en forme de petit Soleil de la grandeur d'une Hostie sortant de sa bouche; elle fût trois-heures en cét érat, quantité de personnes qui avoient conversé avec elle, ont crû que cette splandeur sortie de sa bouche morte, étoit une recompense visible de ses bons discours & de la sage conduite de sa langue, qui avoit reluy par tout où elle avoit été.

Une Religieuse Ursuline travaillée de douleurs excessives de la gravelle, eût inspiration de recourir au merite de la Mere Cecile de Ste. Croix, & pria Dieu que par son intercession, il la secourût, mettant en même tems la ceinture qui luy avoit servy durant sa vie, aussi-tôt elle en eût un notable soûlagement, & dépuis ne s'en ést comme point ressentie, ce que l'on a admiré d'autant plus que la gravelle, en la qualité & en la quantité que cette Religieuse la jettoit auparavant, faisoit croire aux Experts que la pierre étoit toute formée.

L'Ordre des Ursulines a une grande obligation de suivre les traces de le Mere

Cecile de Ste. Croix, de conserver son premier esprit afin de porter les mêmes fruits qu'elle a porté, & de n'estre pas comme des Arbres qui ne portent que des fueilles ; elle a reçeu de Dieu les premices de l'esprit de l'Institut, & elle l'a ensuite repandu sur ses filles, ayant donc reçeu la semence de la vie, elles doivent aussi produire des fruits de vie, comme elle, & dans elles-mêmes & dans les autres; ainsi que vôtre gloire soit encore aujourd'huy à vous laisser gouverner par l'esprit de sa conduite. Concevez dans vous cette ferveur interieure qui la brûloit, & ne dégenerez pas de son ardente charité, voyez avec un esprit de zéle si le tems qui gâte les meilleurs choses, n'a point insensiblement introduit quelques petits relachements dans l'Observance de la Régle, & que vous ne vous accordiés pas par une Indulgence cruelle, ce que cette zelée Ursuline vous retrancheroit si elle revenoit maintenant au monde, de cette maniere bannissés de vos Monastéres tout ce qui pourroit s'y être glissé plûtôt par delicatesse que par necessité, & conspirés en quelque sorte avec elle à r'appeller la tiedeur de ces tems à l'ancienne ferveur de leur établissement.

MAXIMES.

I. Quand Dieu habite dans une ame par sa grace elle ne peut être vaincuë qu'on ne se rende infidelle à ses mouvemens.

II. Vne Ursuline doit tendre à l'Oraison comme à son propre poids, & celle qui ne prie que quand la Cloche l'appelle, montre qu'elle a peu d'affection à ce saint Exercice.

III. Le soin de la santé nuit ordinairement à la Sainteté, c'est aux Superieurs de veiller & de pourvoir aux necessitez.

IV. Pour être sainte il ne faut que bien observer sa Régle & s'y attacher fervemment.

V. Les Superieures sont tenües de se porter au travail tant qu'elles ont de force; leur charge ne les exempte point, au contraire les oblige de s'humilier pour encourager & édifier les autres.

VI. Usez des commoditez de la vie tres-petitement, & avec crainte, car la nature en fait bien accroire quand on l'écoute un peu, ce qui est contraire à la santé, est ordinairement propre à la Sainteté, & quand on s'oublie un peu de soy-même, on trouve le Paradis en terre.

VII. Le voile d'une Religieuse doit être la modestie, l'on ne parle pas des yeux, il suffit d'entendre & de repondre.

VIII. L'ame d'un bon gouvernement est d'aimer cherement ceux que l'on gouverne, & d'être aussi tendrement aimé d'eux.

IX. Vne ame veritablement humble doit être toûjours prête à dire ses fautes, à être contredite, & à bien mourir.

X. Il y a lieu d'esperer que nôtre Seigneur sera hautement glorifié dans un Monastére, quand il permet qu'il soit persecuté dés le commencement.

VINGT-VNIE'ME AOUST.

LA VENERABLE MERE CATHERINE
des Seraphins, Peruchaut, Religieuse Ursuline
de Bollieu.

Vos témoignages sont veritables, ils se justifient d'eux-mêmes, ils rendent sages ceux qui ont moins de lumieres. Au Psal. 18. & 10.

Nostre Mere des Seraphins eut des grands obstacles avant qu'elle pût avoir le bien d'entrer dans la Religion, lesquels elle surmonta genereusement, s'éloignant de plus de cinquante lieuës de son Païs pour aller prendre le St. Habit en l'établissement des Vrsulines de Bollieu, elle fit paroître en ce voyage tant de ferveur qu'on luy donnât pour son nom de Religion Sœur des Seraphins, avec lequel elle se sentoit animée à faire toutes ses actions d'une ardeur toute seraphique, se tenant toûjours en la presence de Dieu; elle s'addonna auffi-tôt à une rigoureuse mortification de ses sens, & mattoit son corps de plusieurs austerités, la Discipline luy étoit presque journalliere, elle portoit souvent une ceinture de rosettes de Fer; elle prenoit toûjours le pire de sa portion, & jeûnoit souvent, & quelquefois tout l'Avent; sa posture dans la Priere étoit la face contre terre & les bras étendus, elle entendoit toûjours la Sainte Messe les genoux nuds contre terre, le tout avec la permission de ses Superieurs, elle aimoit le silence, & étoit fort assiduë & fervente à l'Oraison, & aux exercices de toutes les Régles.

Ces bonnes dispositions & saintes pratiques la firent considerer, & juger capable d'aller en qualité d'Assistante & de Maîtresse des Novices en l'établissement d'Argental en Forest. C'est là où elle continua à se perfectionner dans toutes les vertus Chrétiennes & Religieuses, & qu'aprés avoir embaumé de ses vertus la Communauté de Bollieu, elle jetta ses parfums à celuy d'Argental, aussi avoit-elle un don merveilleux pour attirer les ames; elle a été presque toute sa vie employée à l'instruction, & quoy qu'elle ait été plusieurs années Superieure, elle ne desistoit point de cét exercice Apostolique, au contraire elle faisoit encore plus éclatter son zéle, ayant été cause que plusieurs filles se sont consacrées à Dieu, & que plusieurs Veuves qui la venoient consulter, sont demeurées en viduité, & se sont addonnées à la vie devote. Les Superieurs luy avoient permis de faire la Doctrine Chrétienne à la Porte de la Chappelle, où plusieurs Personnes seculieres se trouvoient pour profiter de ses bons avis; mais comme une fidelle épouse elle rendoit à Dieu toute la gloire du bon succez de ses travaux, & de ses saintes instructions, & s'écrioit dans le transport de son amour, *vos témoignages, Seigneur, sont veritables, ils se justifient d'eux mêmes, ils rendent sages ceux qui ont moins de lumiere ; envoyez-moy par tout le Monde, afin de les enseigner à ceux qui les ignorent.*

Si elle avoit si fort gagné les cœurs des Personnes du déhors, elle ne satisfaisoit pas moins les Religieuses de la Communauté qui l'aïmoient toutes tendrement ; elle faisoit ses corrections avec tant de prudence aux delinquentes, que bien qu'abord elles ressentissent la mortification, bien-tôt-aprés elles revenoient la trouver avec beaucoup d'amour, & elle de sa part usoit aussi d'un doux reciproque.

Dieu a souvent permis pour éprouver sa vertu qu'elle ait eû des contradictions, & plusieurs autres sujets de souffrances, où elle a fait paroître une grande generosité & force d'esprit qui provenoit de l'union continuelle qu'elle avoit avec Dieu, aux volontez duquel elle a toûjours paru fort resignée.

Elle a porté pendant plusieurs années une toux fort violente, & bien qu'elle fût fort indisposée sur tout la nuit, elle s'est toûjours levée pour assister à l'Oraison du matin, & suivoit reguliérement la Communauté en tout ce qu'elle pouvoit ; son détachement pour les choses de ce monde luy faisoit desirer passionnement de mourir, ce qu'elle témoigna plus particulierement les derniers mois de sa vie, car se voyant consumer à petit feu par une fiévre lante, elle témoignoit beaucoup de joye, disant en regardant ses bras, *voilà déja qui est presque mort, courage nous sommes proche de nôtre fin* : la Divine Providence modera cette joye sur le reproche sensible qu'elle luy donna de ses pechez, à l'occasion desquels elle tomba en scrupule, & eut des grands desirs de faire penitence en ce Monde, & fut ainsi travaillée par plusieurs jours jusqu'à ce qu'aprés s'être confessée avec plus de recherche & déxactitude qu'il luy fût possible, elle recouvra la Paix & la tranquilité de son cœur, & redoubla ses desirs de voir Dieu, à la proche de la mort ; elle reçeut tous ses Sacremens avec une grande devotion, & avec une si grande confience à la Ste. Vierge qu'elle tint toûjours dépuis une de ses Images entre ses mains, jusqu'à ce qu'elle expira, qui fût le vingt-uniéme d'Aoust 1657. étant âgée de 49. ans dont elle en avoit passé 24. en Religion.

Nous devons remarquer dans cette illustre Ursuline avec quel desir elle a toûjours recherché la gloire de Dieu & le salut des ames ; son amour & son zéle s'est toûjours de plus en plus excité dans l'éxercice de l'Institut ; lors donc que nous voyons cette Charité si brûlante, nous n'avons pas ce même zéle, & cét ardent desir d'aller voir Dieu, quittons au moins cette attache que nous avons à la vie, & soûpirons aprés la mort, ne disons point que nous sommes pecheurs, & que nous n'osons paroître devant Dieu. La Mere Catherine des Seraphins étoit plus humble que nous, & si elle se fût arrêtée à ces pensées, elle n'auroit pas desiré la mort avec tant d'ardeur ; ainsi qu'une fausse humilité ne serve point de voile à nôtre paresse. E'coutés ce que dit sur ce sujet Saint Augustin nôtre Pere. *Lors, dit-il, qu'une ame a une foy sincere qui luy fait voir où elle doit arriver aprés cette vie, elle doit s'avancer dans le desir de la mort à mesure qu'elle s'avance dans* la pieté; car il ne suffit pas qu'elle voit par la foy cette demeure celeste, mais il faut qu'elle l'aime, & qu'elle desire deja d'y être; il est impossible qu'elle ait cette disposition dans l'esprit, sans être bien aise de sortir de cette vie; c'est donc en vain que ceux qui ont deja une foy sincere, disent qu'ils ne veulent pas mourir si-tôt, afin d'avoir du tems pour devenir meilleurs, puis qu'ils ne s'avanceront dans la vertu qu'à proportion qu'ils desireront la mort; ne dites donc point je ne veux pas mourir afin d'avoir le tems de devenir plus vertueuse, ce ne seroit pas le moyen d'acquerir plus de vertu, mais une marque qu'ils n'en auroient guere acquis, qu'ils ne souhaitent de mourir qu'afin de pouvoir devenir parfaits, mais qu'ils souhaitent de mourir & ils seront parfaits.

MAXIMES.

I. Il n'y a rien qui nous fasse plûtôt arriver à l'union Divine que d'agir par l'esprit de foy, il n'est rien qui soit dégagé comme elle de tout le creé, & il n'est rien comme elle qui regarde Dieu dans toute sa pureté, de sorte que cette élevation & ce vol qu'elle prend au dessus des choses creées, & ce pur regard de ses yeux nous donne le privilege d'une parfaite union avec Dieu.

II. La Foy ne s'arrête jamais ny au cris de la nature, ny aux angoisses de la conscience, ny à la rude experience des sens, ny aux raisonnements de l'esprit humain, ny à ce que les puissances ennemies peuvent inspirer de plus terrible, mais s'élevant au dessus de tout cela, & étant toûjours victorieuse de ses obstacles, elle fait à l'ame trouver son Dieu, & s'y unir, quoy que dans un dessein d'épreuve il semble rejetter l'ame comme une reprouvée, la Foy l'éleve en quelque façon au dessus de Dieu même dans Dieu, luy faisant trouver un certain dernier fond de bonté, qui luy donne des assurances contre toutes ces menaces.

III. La Foy a pour son unique soin d'élever l'ame à contempler Dieu tout pur, & à n'y prendre d'union que pour s'y perdre & non pas pour y chercher à s'enyvrer de délices & à se revêtir de gloire; Elle ne regarde Dieu que comme Souverain; & premier être, & elle ne fait reflechir l'ame sur elle même que pour se consumer dans ses services, & pour s'anéantir dans son union.

IV. Pour entrer en union parfaite avec Dieu, vous n'avez que faire de vous arrêter à Dieu beau, bon, misericordieux, delicieux, mais à simple & tout pur, en effet prenez garde que dans l'Ecriture il ne menace l'Homme de retirer de luy son esprit, que parce qu'il est chair, comme voulant dire, qu'il veut qu'il soit tout esprit afin que le sien y puisse souffrir l'union.

VINGT-DEUXIE'ME AOUST.

LA VENERABLE MERE MARIE DE la Presentation, de Croix, Religieuse Ursuline de l'Isle.

Courons aprés les voyes du Seigneur par la vertu de patience. Aux Hebreux, Chapitre 12. verf. 1.

IL est assez difficile de pouvoir marquer la vertu particuliere de nôtre Sœur de la Presentation, puis qu'elle les a toutes pratiqué solidement & constamment ; sa pieté étoit remarquable, & sa devotion étoit extraordinaire à la tres-sainte Humanité & souffrance de Jesus-Christ, & au tres-Saint Sacrement de l'Autel ; toutes ses delices & consolations étoient de le visiter souvent & de communier, inventant de nouveaux moyens de l'honnorer par des mortifications & abstinences qu'elle faisoit les veilles de la Communion ; elle demeuroit tout le tems qu'elle pouvoit au pied de ses Autels, dont elle puisoit des forces pour s'appliquer interieurement à vivre d'une vie cachée & detachée de toutes les choses de la terre. Elle s'étudioit fort à l'humilité & mépris d'elle-même, ne voulant qu'on luy rendit aucun service, s'estimant indigne de tout soulagement. Elle se portoit infatigablement aux plus bas & penibles exercices de la Communauté, encore qu'elle fût d'une complexion fort delicate, on la voyoit quelquefois plier sous le faix, neanmoins elle passoit outre, se surmontant ainsi courageusement par un grand amour qu'elle portoit à Dieu ; elle étoit fort incommodée d'un asme, ce qui la contraint pour ce sujet d'être sans se coucher ny deshabiller l'espace de vingt-quatre ans, étant extrêmement dure sur elle-même, & fort addonnée à la mortification jusques à demeurer un mois & six semaines sans boire, & ne le faisoit jamais à la colation, même aux plus grandes chaleurs de l'E'té ; elle ne se chauffoit jamais, pour rigoureux que fût le froid, & étoit fort ingenieuse à cacher tout le bien qu'elle faisoit sous le voile de l'humilité.

Elle choisissoit toûjours le pire, & n'a jamais voulu souffrir aucune particularité ; *ainsi elle couroit aprés les voyes du Seigneur par la vertu de patience.*

Elle étoit fort reguliere & fort exacte aux observances, ne s'en dispensant qu'à l'extremité & par obeïssance, ayant des sentimens admirables du benefice de sa vocation Religieuse, & grande estime des Régles, s'appliquant à les garder avec un grand interieur. Cette ame fervente ne cherchoit que de plaire à Dieu & d'accomplir sa sainte volonté ; elle animoit un chacun à la pratique de la

vertu

vertu par ses saints entretiens; elle aimoit la pauvreté, & dans cét esprit de pauvreté elle s'addonnoit au travail. Son soin particulier étoit à se conserver dans une grande pureté de corps & d'ame; sa fidelité & son obeïssance à ses Superieures étoient en tout & toûjours, leur portant un saint respect & affection vrayement selon Dieu.

Elle a été employée plusieurs années à l'instruction, tant aux Pensionnaires qu'aux Externes, s'y portant avec beaucoup de zéle & affection, particulierement envers les Pauvres. Sa grande charité envers ses sœurs la portoit à les aider volontiers en tous leurs besoins, ayant un grand support pour le prochain.

Elle étoit fort soigneuse à prier pour les Ames du Purgatoire, recitant souvent pour leur delivrance le Pseautier de David. Elle aimoit le silence & la recollection, & n'étoit jamais oisive; elle s'acquittoit parfaitement de toutes les Charges de la Religion, singulierement de celle d'Assistante, de Maîtresse des Novices, & de Sacristaine.

Sa maladie a été une hydropisie, ses jambes d'une grosseur prodigieuse s'éclatterent, & ulcererent; elle endura des douleurs excessives & si cruelles dans l'interieur qu'il luy sembloit qu'on luy attachoit le cœur & les entrailles, ce qu'elle souffroit avec une patience & resignation si grande qu'elle s'écrioit, *encore d'avantage, mon Dieu, & aussi long tems qu'il vous plaira*. Elle receut tous ses Sacremens avec une grande devotion & une si grande presence d'esprit qu'elle observa jusqu'à la plus petite ceremonie, & fit plusieurs fois les Actes pour se preparer à bien mourir. Elle fut trois heures à l'agonie, où elle témoigna toûjours par signe son attention à Dieu, & mourut l'an 1661. l'Octave de l'Assomption de la sainte Vierge, à qui elle a toûjours eu une devotion tres-particuliere, aussi l'on peut pieusement croire qu'lle luy a fait cette faveur en recompense de la fidelité qu'elle a eu à luy rendre toute sorte d'honneur; Elle avoit toûjours le Rosaire en main qu'elle disoit avec une grande devotion. Le Confesseur assura aprés sa mort qu'il n'étoit jamais sorty de ses entretiens, qu'il ne fût excité à l'amour & service de Dieu.

Nous voyons par l'exemple de cette vertueuse Ursuline que le zéle est un feu spirituel & Divin, qui brûle dans le cœur d'une vraye épouse de Jesus-Christ, & fait qu'elle entreprent avec ardeur les choses les plus difficiles, lors qu'il s'agit de rendre à Dieu ce qui luy est dû, & de satisfaire aux obligations de sa Charge, il n'y a rien où le zéle & le courage d'une Ursuline doivent tant paroître qu'à s'opposer à l'offence de Dieu & au dereglement du siecle, à reprendre les deffauts, à representer la colere de Dieu qui nous menace, pour exciter à la penitence.

MAXIMES.

I. La plus grande marque qu'on peut donner d'une affection sincere à ceux que l'on conduit, est de les presser de sortir de leurs deffauts pour éviter les maux qui seront inévitables en l'autre monde.

II. En ne resistant point aux desordres on les approuve, & l'indulgence avec laquelle on traitte le pecheur, excite à pecher.

III. La douceur de celuy qui entretient & nourrit les crimes, (dit Saint Augustin) parce qu'il n'ose reprendre de peur d'attrister ceux qui les commettent, est semblable à la douceur de celuy qui n'ose ôter un coûteau à un enfant, de peur qu'il ne pleure, & qui ne craint point qu'il s'en blesse, ou même qu'il se tuë.

IV. C'est une marque qu'un esprit n'est pas éclairé de la lumiere Divine, & qu'il est remply de vanité, lorsque demeurant irresolu dans ses jugemens, il est long tems sans se determiner & prendre quelque party.

Vingt-deuxiéme Aoust.

LA VENERABLE MERE PHILIPPE Gertrude de Saint Dominique, de Boulongne, Religieuse Ursuline de Kebec.

Ie rechercheray toûjours ce qui plait d'avantage à Dieu.
En l'Ecclesiastique, Chap. 2.

LA Mere Philippe Gertrude de Saint Dominique a paru les années qu'elle a passé dans le siecle, comme un modéle accomply de toutes les vertus Chrêtiennes, sur tout de modestie & pureté de corps & d'esprit qu'elle a conservé jusqu'à la fin de sa vie, qui luy faisoit abhorrer & refuser la moindre chose qui auroit pû ternir cette belle vertu : Elle avoit une grande soûmission, & une grande pieté, accompagnée d'une singuliere affection à la vie Religieuse, où elle aspiroit de tout son cœur dés ses plus tendres années, esperant toûjours que nôtre Seigneur luy donneroit le moyen d'entrer en quelque Sainte Religion. Sa devotion la portoit au commencement à l'Ordre de St. Dominique, mais la Divine Providence qui la destinoit à être Ursuline, permit que Mr. Dailleboust, son beau-frere & Madame sa Sœur l'emmenerent à la nouvelle France l'an 1643. où ils furent d'abord à l'Isle de Monreal, pour donner commencement à une nouvelle Colonie Françoise, qui s'établissoit en ce lieu ; nôtre Mere de St. Dominique ne manqua pas de croix en cette entreprise, mais sa douceur & sa bonne conduite gagnerent tellement les cœurs de toutes les Personnes à qui elle avoit à faire, que tous l'aimoient & avoient du respect pour sa vertu ; ayant passé quelques années à Monreal, Monsieur Dailleboust son beau-frere fût choisy à cause de son merite pour être Gouverneur de tout ce Païs, ce qui obligea ce bon Seigneur à demeurer à Kebec, où il fit aussi-tôt venir sa belle-Sœur ; c'étoit là où la grace l'attendoit, & le point de son bon-heur, car elle n'y fût pas plûtôt arrivée

22. Aoust. *La V. Mere Philippe Gertrude de S. Dominique.*

& logée dans le Château avec Madame sa Sœur, qu'elle ne pensa plus qu'à poursuivre son entrée aux Ursulines, où elle fût receuë avec toute l'affection possible, & telle que meritoit sa vertu; ce fût alors que pensant n'avoir encore rien fait pour Dieu, elle recherchoit toûjours ce qui luy pourroit plaire d'avantage, & pour ce elle commança son Noviciat avec une ferveur extraordinaire, & fit toûjours paroître une profonde soûmission & une parfaite obeïssance à ses Superieures, ayant un respect nompareil pour leurs Personnes, & pour tous leurs Ordres.

Sa devotion étoit rare & tres-bien ordonnée; son silence & recollection étoient continuels; elle ne se lassoit jamais d'entendre parler de Dieu, & d'être instruite de ses devoirs, & sur tout elle faisoit instance pour que l'on luy enseignât à bien faire l'Oraison, quoy qu'en cette matiere & toute autre elle étoit si sçavante & si experimentée qu'elle en pouvoit faire leçon, joüissant depuis un long tems d'un grand don d'Oraison, quoy qu'elle ne le connût pas, son humilité & sa parfaite simplicité luy cachant à elle même les graces dont Dieu l'avoit tres-avantageusement gratifiée; elle ne voyoit que ses deffauts & les vertus de ses Sœurs, pour lesquelles elle conservoit une haute idée & estime, & beaucoup d'affection, s'appliquant à les servir dans les Offices que l'obeïssance luy donnoit, avec une grande bonté & douceur.

Elle fit sa profession au bout des deux ans de son Noviciat avec une grande ferveur, & depuis ce tems ses vertus furent toûjours de plus en plus éclatantes, & exemplaires. Son affection & industrie dans l'exercice de nôtre Saint Institut, étoit admirable; elle s'appliquoit de tout son pouvoir à bien imprimer la crainte de Dieu dans les cœurs, elle donnoit une horreur extrême du peché, son zéle la porta à aprendre la Langue sauvage à un âge fort avancé pour pouvoir instruire les petites Sauvages, à quoy nôtre-Seigneur donna benediction; dans tous ses emplois elle donnoit des exemples tres-parfaits de pauvreté, prenant toûjours le pire, & de charité accommodant le mieux qu'elle pouvoit toutes celles à qui elle devoit fournir leur necessaire, usant d'un grand soin & vigilance pour contenter un chacun; elle ne se plaignoit jamais de personne & excusoit tout le monde avec une grande debonnaireté.

On ne l'entendoit jamais murmurer, ny parler contre la charité; elle suivoit exactement & avec respect les Ordres de ses Superieures, ne pouvant souffrir qu'on les blamât en quoy que ce fût, elle n'étoit pas moins respectueuse envers les Anciennes, son exactitude aux observances des Régles, & son amour pour suivre la vie commune étoit incomparable, comme aussi sa tres-grande application à la presence de Dieu qu'elle ne perdoit presque jamais de veuë; tant de belles vertus l'ayant rendu fort agréable aux yeux de son Divin Epoux, pour achever sa couronne, il la mit dans l'exercice d'une longue infirmité pour sa derniere perfection; trois ans avant sa mort elle porta un flux hépatique & fût long tems sans en parler par la sainte habitude qu'elle avoit de souffrir en silence, mais les accidens de son mal se faisant assez connoître, elle fût obligée de quitter son Office pour se rendre à l'infirmerie; l'on fit ce que l'on pût pour la guerir, mais

380 *La V. Mere Philippe Gertrude de S. Dominique:* 22. Aoust.
en vain, la maladie surmonta les remédes, ce que voyant nôtre genereuse Mere, elle se resolut à la patience, & à suporter son mal sans rien relâcher tant qu'elle pourroit des exercices reguliers, à quoy elle ne manqua point nonobstant que son flux la travaillât jour & nuit, & qui la reduisit dans une si grande foiblesse qu'elle ne pût porter un rume qui la saisit, dont elle ne fût allitée qu'un jour ou deux; elle a reçeu tous ses Sacremens, son agonie fût fort douce & courte, nôtre Seigneur luy ayant ôté toutes les apprehensions de la mort. Il y avoit long tems que sa vie n'étoit plus qu'une continuelle preparation à ce dernier passage qu'elle regardoit avec amour comme le commencement de son bon-heur eternel; elle est decedée l'an 1667. âgée de 61. ans, & dix neuf de Religion, ses jours ont été pleins de bonnes œuvres & d'une tres-exacte regularité.

Apprenons de cette grande servante de Dieu à n'avoir point des attaches secrettes, à avoir une charité égale à tous, à honorer la vertu par tout où on la trouve; que vôtre charité soit à son exemple sans bornes, sans envie, sans ambition & sans interet, regardés tout le monde dans cét esprit qui reünit en soy toute l'Eglise, & qui conserve un profond respect pour tous les serviteurs de Dieu par tout où ils sont.

MAXIMES.

I. Combattez de tutes vos forces pour operer vôtre salut malgré les efforts du demon, qui veille toûjours pour vous perdre; souvenez vous que si nous tombons dans la negligence & dans la paresse, nous pleurerons tres-amerement un jour l'état miserable auquel nous serons reduits; ne laissons pas couler inutilement les jours & les années que Dieu nous donne par sa bonté, employons-les avec joye pour acquerir le salut.

II. Pensés quel est le bon-heur que Dieu prepare aux Saints dans le Ciel, & quels sont les tourmens que souffriront ceux qui ayant connu la verité, au lieu de marcher comme ils doivent dans ses voyes, ont quitté le chemin de la vertu; il n'y a rien qu'on ne dût faire, pour éviter les suplices éternels, & pour nous rendre dignes de posseder l'heritage que Dieu a promis à ceux qui le servent.

III. Le bon-heur de la gloire est si grand, qu'il faut être entierement abandonné au mal pour ne le pas estimer, & ignorer entierement ce que l'on pert, en le perdant.

IV. Il faudroit des ruisseaux de larmes pour pouvoir assez pleurer le malheur d'une ame, qui ayant une fois renoncé au siecle, s'y engage de nouveau; ah! ne souffrons pas que ce monde, où il n'y a rien d'asseuré, nous prive d'une vie éternelle & bien-heureuse.

VINGT-TROISIE'ME AOUST.

LA VENERABLE SOEUR FRANCOISE de sainte Anne, Collin, Religieuse Ursuline de Nantes.

C'est une double grace que d'être sainte, & extrêmement pudique.
Dans l'Ecclesiastique, Chap. 26. v. 19.

Nostre Sœur de Sainte Anne étoit fort prude ; elle se rendit singulierement remarquable les quinze années qu'elle vécut dans le Monastére, par une invincible patience à souffrir une infirmité cachée, laquelle augmentant notablement, elle se prepara à la mort avec un sentiment de crainte des jugemens de Dieu, qui la porta à faire plusieurs choses au delà de ses forces. Elle eut de plus une si admirable pudeur que son mal étant devenu mortel, à moins qu'on ne luy fit une operation jugée necessaire, elle fit consulter si elle étoit obligée d'y consentir, & luy ayant été repondu que non, parce qu'encore que par le droit naturel cela luy fût permis, elle étoit aussi libre de ceder le même droit, par un respect à une plus parfaite pureté; d'ailleurs l'obeïssance remettant la chose à son chois, elle declara resolument au Medecin qu'elle aimoit mieux ne point guerir, & perdre plûtôt la vie que de s'exposer à ce qu'il luy proposoit ; en suite ses douleurs qui étoient déja tres-aiguës se rengregerent de telle sorte qu'elle en mourût, aprés trois jours & trois nuits d'agonie, où elle eut toûjours l'esprit tranquile & le visage majestueux. Les Medecins voyant qu'elle avoit suby une mort si violente plûtôt que leurs remèdes, dont elle pouvoit user, publierent qu'elle mouroit veritablement Vierge & Martyre par l'excés des douleurs qu'elle n'avoit pas voulu éviter.

L'on ne doit pas se contenter d'admirer la grande pureté de cette vertueuse Ursuline, mais nous devons tâcher de vivre comme elle a vêcu ; les Vierges Chrétiennes ont une obligation plus particuliere de l'imiter, c'est peu d'avoir ce zéle qu'elle a témoigné pour la pureté de son corps, c'est la pureté du cœur qu'elles doivent conserver avec une vigilence continuelle ; c'est cette pureté interieure que des Tyrans plus redoutables que ceux qui font mourir les Martyrs, s'efforcent de leur ravir, & c'est ce qu'elles doivent garder neanmoins, en perdant pour cela jusques à la vie même.

MAXIMES.

I. Ne fuivés pas les mouvemens de la nature mais ceux de la feule raifon, & les lumieres des maximes éternelles.

II. R'entrez dans vous-même, & ne jettez point les yeux fur des objets qu'il vous eft deffendu de fouhaitter.

III. Oubliez le monde que vous avés quitté ; c'eft être fage étant obligé de perdre l'affection d'une chofe, que d'en perdre auffi le fouvenir.

IV. Regardez d'une vive foy, & aimés feulement les biens éternels, tous les autres n'ont que l'apparence & qu'un faux brillant qui plait à la verité, mais qui n'a rien de folide, au lieu que ceux-cy quoy qu'invifibles font les feuls veritables.

VINGT-TROISIE'ME AOUST.

LA VENERABLE SOEUR HONORE' de Jefus, d'Eftienne de Villemus, Religieufe Urfuline de Saint Remy en Provence.

Ceux qui forment de mauvais deffeins ont la tromperie dans le cœur, mais ceux qui n'ont que des Confeils de paix feront dans la joye.
Aux Proverbes, Chap. 12. v. 20.

Ceux qui ont des mauvais deffeins dans les confeils qu'ils donnent aux ames, parce qu'ils ne les conduifent pas felon l'efprit de Dieu, & qu'ils cherchent plûtôt leur intereft propre, que ceux de Jesus-Christ, ont la tromperie dans le cœur, lors qu'ils femblent avoir la verité & la charité fur la langue, & s'ils donnent la Paix à ceux qui la leur demandent c'eft une Paix fauffe, felon l'experience du Prophete, & non celle de Dieu qui eft infeparable de la verité. Mais nôtre Sœur de Jefus, par fes confeils portoit les ames à ne rechercher que cette Paix, que la feule grace de Jesus-Christ nous donne, & qui nous reconcilie veritablement avec Dieu, leur faifoit goutter cette joye interieure que l'on éprouve lors que Dieu à guery l'ame par des vrais remèdes qui ne font point fans quelques douleurs & quelque amertume, felon St. Paul ; elle étoit la joye & la confolation de toutes fes Sœurs, étant fort charitable, & portée à la compaffion pour fon prochain, fans fe plaindre jamais de perfonne, & fi douce qu'on n'a jamais remarqué aucune impatience en elle en tous fes maux, qu'elle a toûjours porté avec une grande foûmiffion à la volonté de Dieu, fur tout la patience de nôtre Sœur a été admirable à porter un Cancer au sein longues années, & plusieurs autres tres-grandes infirmitez qui la détenant dans sa Chambre, la rendoient solitaire, sur tout les Vendredys qu'elle observoit un rigoureux silence même aux heures de recreation, sans jamais y manquer; elle avoit un si grand amour pour la pauvreté qu'elle se privoit même des choses necessaires nonobstant ses grands maux.

Elle a passé trente-trois ans tant en Congregation qu'en Religion, pratiquant en tout une vertu tres-solide. Elle est decedée l'an 1664. un Vendredy, âgée de 47. ans; elle étoit native de la ville d'Aix.

MAXIMES.

I. Les occasions de meriter la misericorde de Dieu sont les occasions de faire misericorde au prochain, car c'est la parole de Dieu, quiconque la fera la recevra, & il est certain que vous aurez autant de bien de Dieu que vous en ferés à vôtre prochain, & vous luy en pouvés faire autant que vous voudrez, veu qu'ayant une bonne volonté pour autruy, c'est luy faire du bien.

II. C'est vouloir faire la Loy à Dieu que de ne la vouloir pas prendre de luy, & quiconque espere misericorde sans la faire, il entreprent contre la Loy de Dieu, qui porte expressement qu'il ne fera jamais de grace à celuy qui n'en sçait point faire aux autres.

III. Si vous ne sçavez pas priser les graces de Dieu, apprenez du moins à craindre ses châtimens; si vous n'êtes point touchez de l'attente de ses misericordes, picqués-vous de l'apprehension de ses jugemens, voilà l'Arrest qui en est donné, jugement sans misericorde à celuy qui n'a point fait de misericorde.

IV. Les vrais pacifiques sont ceux qui se conservent en paix eux-mêmes, & qui ne la rompent jamais avec les autres, & qui la renoüent si elle est rompuë autant qu'ils le peuvent.

V. N'être en paix & n'y laisser les autres que quand on est en sa belle humeur, ce n'est pas être en la vraye paix, car l'humeur change, & la vraye paix doit toûjours demeurer.

VI. C'est être pacifique que de n'avoir que des pensées de paix, & c'est assez pour s'appaiser parmy ses troubles, que de penser qu'à même tems que Dieu nous envoye d'afflictions, il pense à nôtre salut.

Vingt-quatrie'me Aoust.

LA VENERABLE MERE SUZANNE, de Richon, Religieuse Ursuline de Bourdeaux.

La personne qui seme des benedictions en terre, c'est-à-dire qui s'employe aux bonnes œuvres, elle les cüeillera dans le Ciel. Dans la deuxiéme au Corinth. Chapitre 9.

Il plût à son Divin E'poux de l'enrichir des merites qui s'acquierent par les souffrances; elle eut la fiévre quarte ving-quatre ans durant sans en être empêchée dans l'acquit de sa Charge, ny dans ses autres obligations; ce qui concernoit l'Office Divin étoit sa principale étude, & en suite l'Institut, allant aux Classes instruire les pauvres, sur tout lorsque la Contagion l'obligea de quitter Carcassonne où elle étoit Superieure, & de se refugier avec toutes ses Religieuses à la campagne: Elle prenoit un singulier plaisir, & même tenoit à honneur d'enseigner la Créance aux petites filles, & aux femmes la maniere de se bien confesser & communier. Sa charité étendoit son pouvoir, & surpassoit ses moyens, ce qui fut évident lors d'une famine, elle fit faire & distribuer du pain à vingt-cinq pauvres par jour, pendant que sa Maison à peine avoit le necessaire, disant que dans une si grande necessité il luy sembloit qu'il se falloit sacrifier soy-même pour assister son prochain.

L'égalité de son humeur ne s'alteroit point dans les déplaisirs qu'elle recevoit; il y eut une Dame qui l'ayant priée de luy garder quantité de vaisselle d'argent, la luy vint demander au bout de quelques mois, & par une lourde méprise, crût qu'on ne luy avoit pas tout rendu, cependant elle s'emporta, & dit des paroles fâcheuses à la bonne Superieure, sans qu'elle luy repliquât autre chose, sinon qu'elle avoit été la seule Gardienne de cette Argenterie, & qu'assurement elle n'a-voit receu que ce qu'elle rendoit. La Dame récouvra aprés ce qu'elle estimoit dé-robé, & le manda à la Mere qui ne fit aucun reproche du jugement desavantageux qui avoit été fait contre sa fidelité, mais digera le tout en silence.

Ne se croyant pas capable de la superiorité, elle fit tous ses efforts pour la quitter, & en seroit venuë à bout devant les six premieres années de l'établissement de Carcassonne, si son Directeur ne l'eût empêchée de poursuivre ce dessein, allant toûjours croissant en vertu comme les Personnes parfaites. Sa derniere année elle fit tant de mortifications le jour de Ste. Suzanne sa patronne, qu'elle en tombât malade à mort, car negligeant ses douleurs excessives, elle parla en particulier à toutes les Religieuses, montrant jusqu'à la fin de sa vie que la charité

est plus

24. Aoust La V. Mére Suzanne, de Richon.

est plus forte que la mort; elle s'informoit à toute heure si celles qui l'assistoient avoient pris leurs repas & leur repos.

Monseigneur Vital de l'Estang son Prelat l'ayant honoré de sa visite, elle luy recommanda la Communauté avec tant de vigueur d'esprit qu'il ne pouvoit croire qu'elle dût mourir de cette maladie, toutefois elle partit de ce monde en prononçant le St. nom de JESUS, l'an 1633. Il parût sur son corps mort des marques aux pieds & aux mains semblables aux stimates que l'on dépeint au Portrait de St. François. Un Pere Minime assura dans la chaire de verité, qu'en son vivant elle luy avoit dit, que tous les Vendredys elle sentoit des grandes douleurs en ces parties-là. Monseigneur de Carcassonne ayant appris son decez, alla aux Ursulines, & il y dit la Messe, puis fit commandement aux Religieuses de faire passer le Corps de la Défunte à visage découvert dehors en leur Eglise, pour contenter le Peuple qui desiroit de le voir; il ordonna aussi à tous les Prêtres & Religieux, de venir en Procession chanter un *Libera me* autour de ce Corps, & enfin sur le midy il fit celebrer la Messe Solemnelle par un Chanoine, & en suite fit luy même la ceremonie de l'Enterrement; le Chanoine qui chanta la Messe, & qui depuis a été Archidiacre & grand Vicaire de Cominge, voulut prendre un petit Rosaire que la Défunte tenoit en ses mains, mais à ce qu'il a assuré, elle ouvrit les yeux & le regarda comme en colere, de ce qu'il prétendoit luy ôter cette marque de sa devotion à Nôtre-Dame; ce regard l'épouventa de telle sorte qu'il jetta promptement le Rosaire dans la fosse, & dit souvent depuis que toutes les fois qu'il se souvenoit de cet accident il en avoit frayeur.

Onze ans aprés sa mort elle apparut à une Ursuline de Carcassonne nommée Sr. Jeanne de Rieublanc à qui elle avoit donné le voile, & qu'elle cherissoit fort; cette Sœur qui veilloit sur les bâtimens, & qui y prenoit grande peine, fût saisie d'une griefve maladie, les Medecins l'abandonnerent bien-tôt, & sur le point qu'on étoit de luy donner l'Extreme-Onction, un matin que son infirmiere l'avoit laissée seule quelques momens, elle vit devant soy une Dame fort éclatante de gloire, precedée de quatre beaux visages qui sembloient paroître dans des glasses de miroirs, la malade pensant que c'étoit la Mere de Dieu, assistée d'Anges, la vouloit reconnoître pour telle, mais cette Dame luy dit, *ma fille je ne suis pas celle que vous pensés, je suis la Mere de Richon qui vous vient voir pour vous dire que vous ne mourrez pas de cette maladie, & que vous guerirez dans peu de tems, continuës d'aimer & servir la Communauté, ainsi que vous avez fait, cela est fort agreable à Dieu*, la malade toute ravie luy demanda quelle étoit sa compagnie, & elle eut cette réponce, *ce sont quatre ames, au salut desquelles par la grace de Dieu j'ay cooperé, & travaillé beaucoup, lesquelles servent d'accroissement à ma gloire*. Elle disparut aussi-tôt, laissant la malade consolée & sans fiévre; elle fût bien-tôt sur pied, & au service de la Maison, avec plus de ferveur que jamais; elle a vêcu 23. ans dépuis, ayant presque atteint l'âge de 80. ans; donnons luy pour simbole un martagon tourné vers la terre.

Les Ursulines de Carcassonne conservent la reconnoissance des graces qu'elles ont receües de leur Illustre Superieure, la Mere de Richon pendant sa vie; sa memoire leur est extrêmement précieuse comme elle le doit être à tous ceux qui sçavent l'honneur que l'on doit rendre aux Superieures, que Dieu a appellé luy même à ce rang d'honneur, on doit les regarder si elles ont été vrayement appellées à ces charges, comme des personnes qui se sont sacrifiées pour la gloire de Dieu, & le service de leur Ordre, & particulierement de leur Communauté; elles se doivent considerer comme des victimes prêtes à être offertes à Dieu, afin de maintenir ses interêts, & ceux de la Religion, elles doivent être assurées que depuis qu'elles sont établies dans la charge, elles ne peuvent plus vivre sans affliction, puisqu'elles doivent dire avec St. Paul, *qui est foible sans que je m'affoiblisse, qui est scandalizé, sans que je brûle.* On ne doit pas douter, que nôtre Mere de Richon, n'ait eu dans le cœur ces sentiments de Saint Paul, & que la peine où elle voyoit ses cheres filles lorsque la contagion les obligea à abandonner leur Monastére, ne luy fût bien sensible: elle pouvoit dire avec St. Gregoire Pape, *les Villes sont détruites, les terres désertes, & je me vois chargée du soin d'une pauvre Communauté affligée*; ces douleurs qui sont tous les jours nouvelles me plongent comme dans la mort, & neanmoins je ne peux mourir; on plaint sans doute des Superieures qui sentent le poids de tant de maux, mais on peut dire qu'on doit encore plus plaindre celles qui seroient insensibles à tant de sujets de douleurs, & qui auroient assez de dureté pour penser à se divertir pendant que tant de sujets devroient arracher de toutes parts leur compassion & leurs larmes.

MAXIMES.

I. Le grand employ des Creatures est de faire la volonté du Createur, & celuy qui l'aime bien fait toûjours assez.

II. Dieu n'a besoin de personne pour l'avancement de sa gloire, & s'il se sert quelquefois du Ministére de ses Créatures, ce n'est que pour leur donner part aux bonnes œuvres dont il est l'auteur.

III. Si Dieu ne veut pas que vous fassiez de belles actions, contentés-vous de bien souffrir, & si vôtre corps pour être trop affoibly par les infirmités, n'est pas capable de grandes penitences, pensés que l'obeissance vaut infiniment mieux que le Sacrifice, & qu'une bonne volonté est preferable à toutes les austeritez.

IV. Prenez garde à ne prendre jamais pour inspiration ce qui n'est qu'une propre inclination, ou pour un mouvement de l'esprit ce qui n'est qu'un pur attachement de l'amour propre.

V. La chûte n'est pas mauvaise qui nous empêche de tomber plus bas, & si vous tirez de vos pechez matiere d'humilité, vous en aurez bien profité.

Vingt-Cinquiéme Aoust.

LA VENERABLE MERE ANNE DE LA Nativité, Boicervoise, Religieuse Ursuline d'Abbeville.

Qui n'aura pas bien combattu, ne sera pas couronné. Dans la deuxiéme
A Timoth. Chapitre 2.

Son Pere n'oublia rien pour la bonne education de sa chere fille, reconnoissant la bonté de son esprit, aprés son decez on la mit pensionnaire aux Ursulines de Pontoise qu'elle n'avoit qu'onze à douze ans ; toutes celles de la Maison contribuoient à luy engager le cœur, & elle de sa part se plût si fort à leur maniere de vivre, qu'elle declarât qu'elle vouloit être Religieuse ; ses Tantes l'obligerent à sortir & il fallut user d'industrie pour en venir à bout, à cause de l'attachement qu'elle avoit à cette Maison ; étant retournée à Bauvais, elle commença à paroître entre toutes les Filles de la Ville, chacun jettoit les yeux sur elle, même les Personnes de qualité l'admiroient, tant à cause de sa grande beauté, & de son bon air, qu'à cause de sa modestie, de sa sagesse, & de sa douceur ; ses Tantes étoient raviës de la voir si bien faite, & si fort estimée, mais sur tout elles avoient de la joye de ce qu'elle se portoit à la devotion & à la conversation des Personnes de vertu.

Son desir pour la vie Religieuse s'augmentoit de jour en jour, dans cette conjoncture sa Mere luy manda le dessein que l'on prenoit d'établir des Ursulines Religieuses à Abbeville, elle alla trouver sa Mere à Abbeville au grand regret de ses Tantes, qui ne laisserent pas de luy témoigner leur affection par des bons effects quand elle se rendit Religieuse ; lorsqu'elle fût arrivée son ardeur étoit pour se devoüer à Dieu, & le delay de six mois que les Ursulines de Paris firent pour faire la Fondation en cette Ville, l'ennuya si fort qu'elle en demeura malade & contracta des maux de tête, de fiévres, & des alterations d'humeur qui l'incommoderent toute sa vie.

Le même jour que les Ursulines arriverent, elles receurent en leur Compagnie nôtre Postulante avec une joye indicible de part, & d'autre, le 4. Fevrier 1616. elles donnerent solemnellement le Voile à six Filles pour commencer le Monastére, & elle fut la premiere à qui l'on donna l'Habit de Novice, ensuite elle s'étudia à se revêtir des vertus Religieuses, & s'y prit de si bonne maniere qu'elle étoit l'exemple de toutes ses compagnes, particulierement en l'obeïssance & en la charité ; elle aimoit toutes ses Sœurs, & toutes ses Sœurs l'aimoient.

Il fallut dèslors que la Superieure veillât extraordinairement sur elle, autre-

388 *La V. Mere Anne de la Nativité, Boicervoise.* 25. Aoust.

ment sa ferveur eut bien-tôt ruiné sa complexion ; elle s'habitua à une merveilleuse force d'esprit, où elle a perseveré toute sa vie, laquelle consistoit particulierement à supporter patiemment les humeurs désagréables, les defectuositez & les manquemens du prochain sans se plaindre, elle donna un jour le desfit à toutes les Religieuses du Monastére de pouvoir dire à qui & de quoy elle s'étoit plainte au désavantage de personne d'entr'elles dedans ou dehors de la Maison, & de delà l'on peut juger que la reputation du general, & des particulieres étoit en parfaite assurance entre ses mains.

La nouveauté attiroit en ce tems des externes aux Classes ; quantité de Filles de bonne Maison, & d'âge raisonnable qu'elle forma à la vertu avec tant de bon-heur, que plusieurs de ces Filles se sont renduës exemplaires dans les conditions qu'elles ont embrassées.

Elle fit sa profession la premiere du Couvent, & avec tant de joye, qu'elle disoit, qu'elle étoit si intime & si abondante qu'elle ne croyoit pas qu'il y en pût avoir de pareille ; la Religion qui la consideroit comme un instrument tres-propre pour aider les ames, luy ordonna la conduite des Novices si-tôt qu'elle fût Professe, & un mois après elle fût mise Assistante ; elle exerça ces deux charges avec tant de conduite, que l'année suivante les Religieuses de Paris étant retirées pour aller ailleurs, elle fût eleuë Superieure n'étant âgée que de vingt-un an, l'affliction qu'elle eut de se voir dans cette Charge, luy causa une fiévre, & un dégoût qui luy continua plusieurs années ; avec le nom de Mere elle en prit aussi le cœur ; & travailla puissamment à gagner les volontés de ses filles, par plusieurs bons Offices, & elle se les acquit toutes, comme aussi l'estime des Seculiers avec qui elle avoit à traitter.

Sa Croix tant qu'elle fût Religieuse fut les maladies qui n'empêcherent pas pourtant qu'elle ne satisfit entierement à son devoir, parce que nôtre-Seigneur luy fournissoit des forces aux occasions où elle en avoit besoin, sa modestie & sa prudence édifioient tous ceux qui la conversoient ; ses trois années achevées, elle fut continuée dans la charge par les suffrages unanimes des Religieuses ; alors son zéle capable de consumer des forces de Geant détruisit bien-tôt son peu de santé & de force ; il faut pourtant avoüer qu'il n'y eut que ce seul bien dont la nature luy fût avare, puisqu'elle luy avoit departy tres-liberalement tous les autres biens du corps, de l'esprit, & de l'humeur, que la grace perfectionna & ennoblit en sorte qu'elle étoit une personne achevée, qui se faisoit avec justice aimer, admirer & respecter de chacun, aussi les Religieuses à qui elle étoit incomparablement chere, ne la laisserent jamais hors du Gouvernement, étant toûjours ou Superieure ou Maîtresse des Novices, avec quelqu'unes des autres principales charges de la Maison.

Par une charité signalée les Religieuses firent part de leurs tresors aux Ursulines d'Evreux, dont elles avoient entrepris l'établissement, en leur envoyant la Mere de la Nativité, pour y mettre la derniere main ; elle s'employa avec tant de courage & d'assiduité dans le Monastére d'Evreux, qu'elle dit confidemment à son retour à une Religieuse d'Abbeville, qu'en son sejour de deux années elle n'avoit

25. Aouſt. La V. Mere Anne de la Nativité, Boicervoiſe.

pas perdu deux heures de tems ; elle fut tourmentée dans ce lieu de ſi furieuſes coliques qu'elle en penſa mourir ; ce mal luy laiſſa de ſi mauvais effets, qu'ils luy durerent toute ſa vie. Les Vrſulines d'Evreux deſiroient ſi fort la conſervation de leur bonne Mere, qu'elles paſſoient pour ce ſujet les jours & les nuits en prieres, & n'épargnoient rien pour ſon ſoulagement ; Monſeigneur d'Evreux ne la nommoit point que la vertueuſe Mere.

Enfin il falut qu'il condeſcendit à la rendre à Abbeville, & que les Vrſulines d'Evreux en fuſſent privées, quoy qu'à leur grand regret ; trois ſemaines aprés qu'elle fût r'entrée dans ſon Convent de Profeſſion, elle y fût encore éluë Superieure ; ſi elle avoit eu de la peine à ſubir la Charge auparavant, elle en eut lors bien d'avantage, ſon corps demandant pour lors plûtôt du repos que du travail, relevant d'une grande maladie, & ayant pluſieurs notables infirmitez ; ſes coliques que l'on connut être pierreuſes la reprirent, le ventre luy enfla, & s'endurcit comme un caillou, luy cauſant des douleurs exceſſives, en ſorte que quelquefois elle ſe ſentoit comme lardée & tranſpercée de coups d'épée ou de poignard en divers endroits ; de plus ſes nerfs étant offenſez de la violence de l'agitation où la mettoient ſes coliques, il luy prit comme des gouttes aux pieds, les fluxions luy tomberent ſur les autres membres ; les maux de dents luy étoient ordinaires, & la privoient non ſeulement du plaiſir dans l'uſage des viandes, mais auſſi de manger ſuffiſamment pour ſe ſoûtenir.

Vn peu avant ſa mort elle aſſura que dépuis vingt-cinq ans elle n'avoit pas été l'eſpace d'une *Ave Maria* ſans endurer de douleurs de tête, qui étoient bien ſouvent fort aiguës & cruelles.

Ajoûtons le martyre continuel des remêdes dont elle ne pouvoit ſe diſpenſer, chacun la preſſant d'en uſer de toutes ſortes, à quoy elle s'abandonnoit malgré ſes repugnances naturelles, & par mortification elle ſe faiſoit effort de boire les medecines & apoſemes, goûtant leur amertume, bien qu'elle n'en reçût aucun ſoulagement ; on luy appliqua pluſieurs fois des cantarides qui luy écorchoient la tête & le col, & excitoit à pitié ſeulement à la voir, cette ame genereuſe faiſoit neanmoins peu de cas de toutes les ſouffrances de ſon corps, qu'elle ſouffroit avec une admirable patience.

Aprés les ſix années de ſa Superiorité, & un mois aprés ſa depoſition la fiévre la prit par un friſſon, & ne la quitta plus ; le cinquiéme jour d'aprés il luy ſurvint d'accidens qui luy peignirent la mort ſur le viſage, & qui luy firent donner promptement le Saint Viatique ; comme on l'apporta dans l'Infirmerie, elle eſſaya de ſe lever pour l'adorer, mais cela luy étant impoſſible, elle addreſſa ſes paroles à nôtre-Seigneur, & luy dit tout haut. *Monſeigneur Ieſus-Chriſt, je vous demande tres humblement pardon de ce qu'à preſent je ne puis vous rendre mes devoirs par ma tres-grande lâcheté.*

En ſuite elle demanda pardon à la Superieure & à la Communauté, & toutes luy ayant répondu par la bouche de la Superieure, luy demandant reciproquement pardon, & la ſuppliant que puis qu'elle leur avoit toûjours été bonne Mere, & donné tant de preuves de ſa charité pendant ſa vie, elle la leur continuât aprés ſa mort, la malade repliqua, *pour la charité, je puis assurer que j'ay toûjours aimé tendrement & également mes Sœurs, je n'ay point de remord d'avoir jamais manqué à les supporter, ny d'en avoir mecontenté aucune.* Le Superieur l'exhortant à mettre sa confiance en la Croix qu'il luy presentoit pour être sa deffence contre l'esprit malin, elle dit en regardant fixément la même Croix, *Nôtre-Seigneur Iesus-Christ sera le plus fort, il a vaincu le Demon en la Croix, il le vaincra encore, s'il luy plaît.*

Sa langue qui jusqu'alors avoit été sans douleur entre tous ses autres membres, fut ulcerée & fenduë en divers endroits par l'excés de son ardeur interieure ; mais ce surcrois de mal fut favorable au recueillement de son esprit, car les Religieuses n'osoient presque l'approcher, sçachant qu'elle ne pouvoit parler qu'avec grande peine, toutefois elle ne rebuttoit personne, & m'éprisoit son tourment pour donner consolation à celles qui la recherchoient ; elle leur temoignoit sa cordialité ordinaire avec tant d'étenduë, qu'elle n'oublioit pas la moindre personne qu'elle ne touchât, & demeura si constante qu'encore que celles qui luy parloient, fondissent toutes en larmes, on ne la vit pas une fois attendrie, elle qui avoit un naturel si sensible, & si reconnoissant ; mais elle s'étoit degagée si absolument des Créatures dés le commencement de sa maladie, que rien ne la touchoit plus que le Ciel, & en vingt-six jours quelle fût alitée, on ne luy vit pas prendre un moment de divertissement : l'Infirmiere luy dit qu'elle étoit proche de sa fin, & nôtre malade luy repondit qu'elle se resignoit à tout ce qu'il plairoit à Dieu, puis elle le pria avec une ferveur toute nouvelle, de sanctifier les derniers momens de sa vie, & l'action de sa mort en l'union de celle de son Fils.

Elle demanda qu'on la couchât sur la terre, & l'Infirmiere y ayant de la difficulté, elle fit d'elle même un effort pour y decendre, appuyée seulement sur le bras d'une Religieuse qui avoit mis un Matelat sur la terre, & sur lequel elle se jetta pour attendre la Mort. Elle se confessa encore & communia pour la derniere fois, & en suite fit sa profession de foy, renouvela ses vœux, & produisit plusieurs Actes d'amour de Dieu, puis ayant prononcé les Saints noms de JESUS & de MARIE, avec le verset, *in manus tuas, &c.* Elle baissa la tête, & rendit l'esprit ; sa mort arriva l'an 1637. Elle fût toûjours à bon droit cherie & consideree de ses filles, non tant pour ses avantages naturels, bien qu'ils fussent tres-rares que pour sa solide vertu, & pour la bonne maniere dont elle les gouvernoit, étant toûjours demeurée si humble, & si modeste dans son élevation, que chacune voyoit qu'elle choisissoit pour elle le pire en toutes choses, jusqu'à ne prendre ses soulagemens qu'à force d'importunité. Elle traitoit les autres au contraire avec tant de bonté, de douceur & de soin qu'elles disoient que si elle augmentoit tant soit peu de ce côté-là, il y auroit de l'excés, & même quelques unes s'en plaignant par fois, à qui elle repondoit, qu'elle aimoit mieux rendre compte à Dieu de la misericorde que de la Justice, & c'étoit cette suavité qui rendoit sa conduite merveilleusement efficace, jointe à sa vigueur, à sa prudence, & par dessus tout à la grace particuliere de nôtre-Seigneur, qui sanctifioit sa Personne, & benissoit toutes ses entreprises.

Ses bonnes filles on fait un ample recueil de ses vertus, dont nous dirons seulement, qu'elle n'a jamais rien recommandé en public qu'elle ne l'ait observé la premiere, qu'elle consultoit sa Superieure aux plus petites choses qui la touchoient, que bien qu'elle s'insinuât si facilement dans le cœur des autres, elle étoit parfaitement libre & dégagée, & qu'en fait de charité elle excusoit quatre sortes de personnes, les absentes, les infirmes, les Anciennes, & les disgraciées de nature, & que non seulement elle les défendoit envers les autres, mais elle même s'aveugloit en leurs défauts, & y donnoit toûjours la plus douce interpretation qu'ils pouvoient recevoir. Enfin elle se comportoit si vertueusement & si regulierement, que toute malade qu'elle étoit, elle faisoit honte aux saines, & plusieurs des Religieuses ayant une fois pris attache d'observer tous ses déportements, n'y remarquerent point d'imperfections en six mois que dura cét examen.

Sa vigueur en ses maladies à fait protester cent fois aux Medecins qu'il y avoit du prodige, qu'ils ne pouvoient comprendre ce que leurs yeux en voyoient, qu'elle ne vivoit que par miracle, & que selon leur science il y avoit plus de deux ou trois ans qu'elle devoit être morte.

Le jour qu'elle mourut il s'épendit en plusieurs lieux du Monastére, & particulierement dans l'Infirmerie où son corps étoit exposé, du parfum extraordinaire, & cette senteur étoit semblable à un musc excellent; ses hardes sentoient comme une cassolette qui exhaloit une odeur merveilleuse à tous les lieux voisins.

Environ un mois après sa mort une Vrsuline d'Abbeville étant dans une grande peine d'esprit, elle sentit nôtre bonne Défunte s'approcher d'elle, & la reprendre doucement de ce quelle s'entretenoit trop sur le sujet de sa souffrance, l'excitant à la mépriser, & se retourner vers Dieu, ce qu'elle fit en se mettant à genoux, & au même instant sa peine s'effaça de son cœur, qu'elle trouva autant remply de consolation, qu'il avoit eu auparavant d'amertumes: Plusieurs Religieuses du même Couvent ont experimenté qu'elle leur sert de severe censeur lorsqu'elles ont fait des choses contraires à la vertu, leur donnant quelquefois des lumieres sur les plus petits détours de l'amour propre, & les animant à épurer leurs intentions.

La Sacristaine travaillant à la Sacristie, elle luy apparut un jour, la felicita de son employ, & encore plus de son occupation interieure avec Dieu, luy donna des bons avis, & la laissa comblée de consolation. L'on verra dans les Chroniques de l'Ordre plusieurs semblables prodiges, & non seulement la guerison des peines interieures; mais encore des maladies du corps, comme il est marqué au Traité, page 10.

Nous voyons en cette illustre Vrsuline les glorieuses victoires qu'elle a emporté sur le Monde, sur elle même, & les conquêtes qu'elle faisoit des cœurs qu'elle portoit à Dieu, aussi a-t'elle été couronnée & n'en pouvons douter par les marques sensibles qu'elle en a donné après sa mort; l'union admirable de la Mere de la Nativité, avec ses Filles quil sembloit qu'elles n'étoient toutes qu'un même cœur, quoy qu'elles fussent si differentes en humeur, & en qualité, ou par

392 *La V. Mere Anne de la Nativité, Boîcervoise.* 25. Aouſt.
acquiſition ou par grace; une même charité régla tout en elles, & reduiſit toutes ſes differantes apparences à une parfaite unité, comme la premiere Egliſe de Jeruſalem n'étoit qu'une ame & un cœur, faut il s'étonner que le même eſprit n'ait fait qu'un cœur de tout les cœurs de ſes ſaintes Filles.

Cét exemple nous eſt d'une tres-grande inſtruction, il nous apprent que quand Dieu unit pluſieurs perſonnes entre elles, elles doivent vivre enſemble dans une intelligence pareille. Elles peuvent avoir leurs humeurs & leurs qualitez differentes entre elles, mais nonobſtant ces contrarietez apparentes, la grace doit tout unir, & la charité doit triompher de toutes ces oppoſitions; c'eſt proprement ce qui diſtingue les amitiés Chrétiennes d'avec celles qui ne ſont que humaines, & qui ne ſont formées d'ordinaire que par un rapport d'eſprit & d'humeur.

MAXIMES.

I. Comportez-vous avec vôtre prochain comme vous pretendez qu'il ſe comporte avec vous; tâchez de vivre avec Dieu comme il vit avec vous, apprenez du traittement qu'il vous fait celuy que vôtre prochain doit attendre de vous, il ſouffre les maux que vous faites, & continuë à vous combler de ſes biens, & pourquoy vous plaignez vous, ſi les Créatures vous traitent comme vous traités vôtre Créateur & vôtre Dieu.

II. Je n'appelle pas croix ce qui regarde le corps, oüy bien ce qui touche l'eſprit, ſi je n'avois que des maux exterieurs, je croirois de ne rien ſouffrir, & je prendrois un ſingulier plaiſir de pâtir incomparablement d'avantage pourveu que cela ſervit à délivrer les autres de peine.

III. O! que ce ſont des grandes faveurs que les ſouffrances, particulierement quand il plaît à Dieu de découvrir à l'ame les moyens de les prendre dans l'eſprit qu'il faut; pour moy le peu que j'en connois m'a toûjours obligé de les eſtimer, & je n'en ay jamais demandé la délivrance, mais bien la grace d'y être fidelle.

IV. Conſultez vôtre Superieure aux plus petites choſes que vous faites, & cela ne coûte qu'un peu de tems & de patience.

VINGT-CINQUIE'ME

Vingt-Cinquie'me Aoust.

LA VENERABLE SOEUR FRANCOISE DE la Trinité, Religieuse Ursuline de Mâcon.

Les fleurs ont apparu à nôtre terre, le tems est venu de monder les arbres.
Aux Cantiques.

Nostre Sœur Fançoise de la Trinité étoit une fort vertueuse & fervente Religieuse, qui étoit sous la conduite de la venerable Mere Charlotte de Cour d'heureuse memoire, elle étoit jeune Professe. Un Carême voyant cette digne Maîtresse jugée à Mort par les Medecins, & reduite à l'extremité d'une etisie, demanda à Dieu instamment la vie & la santé pour ladite Mere, s'offrant à sa Divine Majesté pour porter son mal, & mourir en sa place, si elle devoit mourir, comme on l'y condamnoit, ce qu'elle fit sans conseil, & sans en demander permission, neanmoins elle le dit à plusieurs Novices & jeunes Professes, les priant de joindre leurs prieres avec les siennes, afin qu'elle meritât d'être exaucée & que les desirs & les prieres de la malade ne prevalussent pas les siennes, temoignant beaucoup de sentiment de son impuissance, & le bon-heur qu'elle esperoit de recevoir le mal de sa Maîtresse, & de donner sa vie pour la sienne, & pour la consolation de ses Sœurs. Elle en parloit avec une telle assurance que l'on eût dit qu'elle en avoit l'Arrest; Dieu accepta sa volonté, & dépuis ce tems on vit tout-à-coup cette pauvre Fille qui s'étoit victimé pour sa Mere Maîtresse, prendre une fiévre lante qui la fit enfin etique, de quoy on étoit fort étonné, & en même tems on voyoit la malade qui se portoit mieux, & qui se remit en sa premiere santé; on usa de tous les remêdes possibles pour la guerir, on luy enjoignit de ne se plus lever quand la Communauté, mais une heure & demy aprés de prendre d'autres soulagemens qu'on luy jugeoit necessaires, à quoy elle apportoit beaucoup de repugnance, sur tout au manger, ayant un extrême dégoût; l'on ne croyoit pas pourtant qu'elle eût autre chose que les opilations, quelque tems aprés l'on s'apperçût qu'elle avoit la fiévre. La Superieure un jour luy dit en recreation que possible elle aimoit bien nôtre Seigneur, elle repartit en souriant, *helas! ma Mere, vous sçavez bien que non, & je voudrois être deja en Paradis pour le pouvoir aimer comme vous dites.* La Superieure luy touchant le poux, luy trouva une grosse fiévre & la fit voir au Medecin qui crût toûjours que ce n'étoit que les opilations, & luy fit pour cela des remèdes au mois de May, dont elle ne receut aucun soulagement, aucontraire elle alloit toûjours affoiblissant & amaigrissant, & comme elle toussoit beaucoup, lors l'on reconnut son mal, on la mit dans l'Infirmerie,

Tome III. Ddd

& on luy fit d'autres remédes, nonobstant lesquels son mal alloit toûjours augmentant; & quoy qu'elle fût fort jeune, n'ayant que vingt ans & avantagée de toutes les belles qualités que l'on peut souhaiter, elle se sacrifia de bon cœur, & portoit son mal avec une grande constance & joye, voyant evidemment que Dieu avoit agreé son sacrifice. Un jour la Mere de Cour la consolant sur son mal, luy dit s'il ne luy fâchoit point de mourir si jeune, *non*, dit elle, *au contraire j'ay plûtôt de la complaisance de ce que Dieu m'a accordé ma demande, ayant accepté ma chetive vie pour celle d'une personne tres-vtile à cette Communauté*. Alors la Mere fût surprise, & douta que ce ne fut pour elle, & luy dit, *mon Dieu, mon enfant n'est-ce point pour moy, vous avez offensé Dieu d'avoir fait cela sans permission, & sans conseil*. Elle repondit, *je ne le crois pas, parce que j'ay été poussée à cela dans une communication, ayant des mouvemens si forts de le faire, & que c'etoit la volonté de Dieu, comme il a fait clairement voir par les evenemens qui sont arrivé, vous avez été guerie contre les sentimens des Medecins qui vous avoient condamné de mourir de la maladie que vous aviez, & moy j'ay pris vôtre place, dont j'ay une sensible joye, je meurs fort contante, & prête de ratifier ce que j'ay fait*. La bonne Mere se mit à pleurer amérement, & luy témoigna le regret qu'elle avoit de la voir mourir, pouvant plus glorifier Dieu, disoit elle, que non pas qui n'étoit plus propre que de commettre des fautes, dont elle auroit été délivrée, & qu'elle l'avoit privée du grand bien de joüir de son Souverain.

Un jour ayant un entretien sur l'interieur de son ame avec la Mere de Cour, elle luy découvrit toutes ses peines sur ses deffauts, & imperfections dans ses actions, mais sur tout des repugnances qu'elle avoit apporté à l'obeïssance pour son soulagement, les occasions qu'elle avoit perduës de pratiquer la vertu, les peines qu'elle croyoit avoir donné à celles qui la conduisoient, enfin jusqu'au moindre manquement, dont elle avoit un grand ressentiment & douleur, avec un desir ardent de mieux faire, & se rendre parfaite à l'exercice des vertus; la Mere connut bien que son esprit se subtilisoit, & purifioit beaucoup par dessus son accoutumé, qui luy fit douter de sa Mort prochaine, & que l'on croyoit plus eloignée qu'elle ne fût. La Mere la disposa à faire une Confession extraordinaire, & l'exhorta à demeurer aprés entierement en repos d'esprit, qu'elle se rendit attentive à rachepter le tems perdu, & doubler le pas en la vertu; elle luy demanda si faisant ainsi, il luy seroit possible que Dieu prit l'exercice de ses desirs pour des effets, à quoy elle luy repondit, qu'oüy; mais que pour les rendre acceptables, qu'elle tâchât le reste du tems que Dieu luy donnoit, de faire des actions de vertu conformes à iceux, sur quoy l'embrassant tendrement, elle dit, *ô! quelle grace ma Mere! je tacheray de m'y appliquer, s'il plaît à Dieu; priés Dieu, s'il vous plaît que je le puisse faire*. Elle se rendit si soigneuse & ponctuelle à tout, que toutes les Religieuses étoient extraordinairement édifiées de sa vertu, sur tout elle avoit une grande crainte de faire sa propre volonté, & pour ce elle se rendit si obeïssante & indifferante en toutes choses, que quoyque souvent son naturel y eût grande répugnance, elle n'en donnoit nulle indice.

Elle crût une fois que le Medecin luy avoit dit de ne se pas tenir touchée du côté gauche, à raison de quoy elle pâtit beaucoup toute la nuit sans dormir, faisant plusieurs Actes interieurs d'obeïssance & de resignation.

Elle obtint de communier toutes les Fêtes & Dimanches au Chœur, car l'on n'eut pas dit qu'elle fût prés de sa fin comme elle étoit, car elle decéda peu aprés avec des dispositions aussi admirables que l'Acte de charité qu'elle avoit fait la veille de Saint Loüis, qui étoit un Dimanche ; elle communia au Chœur, & même le Medecin jugeoit qu'elle pouvoit bien aller à Vêpres comme elle disiroit, mais la Mere ne luy permit pas, parceque la malade luy avoit dit auparavant qu'elle vouloit demander des forces à nôtre-Seigneur, car, dit-elle, *je n'en ay presque plus*, quand l'on l'eut ramenée de l'Eglise, la Meré luy dit, he ! bien ma Sœur, nôtre-Seigneur vous a-til donné des forces, elle repartit, *je ne luy en ay point demandé, ma Mere*, que luy avés-vous demandé, dit la Mere, *je l'ay requis qu'il accomplit sa volonté en moy*. Elle luy demanda encore la Communion pour le lendemain, ce qui luy fût encore accordé ; tout ce jour-là elle fût en une joye & jubilation si grande, que l'on étoit étonné de la voir ; aprés Vêpres comme l'on faisoit la Procession, que l'on fait dans ce Monastére à l'honneur de Saint Loüis, comme étant un des Protecteurs de la Communauté, pour étre preservé de la Peste, & pour le Roy, Elle la voulut voir passer, ce qu'elle fit de son lict, lors une Religieuse nommée Sr. Anne de l'Incarnation, & une nommée Sœur Françoise de tous les Saints, apperceurent en un Arbre qui étoit vis-à-vis de son lict, dont les branches venoient avant dans la Fenêtre de l'Infirmerie, qui est une Chambre haute, une fleur si belle & si fort épanoüie qu'elle leur donnât de l'admiration, mais encore plus pour être hors de saison, & pour la façon dont elle étoit, tendant droit vers son lict, elles la luy firent voir & à plusieurs autres qui allerent à l'Infirmerie aprés la Procession, & une des Religieuses luy dit, mais que veut dire cette fleur, ma Sœur, n'est-ce point l'Epoux qui dit, *flores aparuerunt in terra nostra, tempus putationis advenit* ; les fleurs ont apparu à nôtre terre, le tems est venu de monder les Arbres, & elle toute disposée à la venuë de l'Epoux, & languissante d'amour, repondit fort agréablement, & joyeusement, *fulcite me floribus, stipate me malis, quia amore langueo*. Entourés-moy de fleurs, appuyés-moy de fruit, car je languis d'amour ; car l'Arbre étoit chargé de Pommes, l'on vit aussi une Colombe voltiger devant les Fenêtres de l'Infirmerie, qui étoit une marque que le Saint Esprit qui n'est que charité, venoit la recompenser de la sienne.

Sur les six heures du soir la Superieure l'allant voir, la trouva dans la même joye, & la congratula de la solemnité que l'on avoit fait à l'honneur de saint Loüis. Mais pendant Matines elle commença à plaindre, & l'on remarqua la sueur froide de la mort, dont l'Infirmiere ayant averty la Communauté, qui étoit déja retirée, laquelle s'étoit renduë à l'Infirmerie, on la trouva fort basse quant à ses forces : car pour le reste elle étoit à l'accoutumé.

Elle se confessa, & reçut l'Extreme-Onction, car elle avoit communié ce jour-là ; Elle répondit toûjours aux prieres & oraisons, & dit toutes les prieres marquées au Ceremonial, & ne pouvant presque plus parler, elle pria que l'on achevât les protestations pour elle, qu'elle les diroit de cœur, ce qu'elle fit, baisant souvent un Crucifix qu'elle avoit en une main, & une image de Nôtre-Dame en l'autre, repetant souvent, *O! Bone Iesu! esto mihi Iesus, ô Mater Dei memento mei*, puis regardant la Superieure, elle luy dit, *je m'en vais, je me recommande aux prieres de toutes les Religieuses*, & leur demanda derechef pardon, les priant de se retirer, c'étoit sur les dix heures, & l'on croyoit qu'elle passeroit encore le lendemain, car elle avoit autant de soin que sa Superieure fût assise, & qu'elle ne luy parlât pas, parce, disoit-elle, qu'elle s'épuiseroit, comme si elle eût été en parfaite santé; Elle mit la Croix sur son lict, & garda l'image de la sainte Vierge, à laquelle elle jettoit souvent des devotes œillades, luy disant, qu'elle étoit sa Mere, la priant de luy départir les effets de son amour maternel, & de sa protection, disant souvent, *monstra te esse Matrem*, &c.

Quand on luy demandoit si rien ne luy faisoit de peine, *rien du tout*, disoit-elle, puis se tournant vers la Superieure, elle dit, *je m'en vais voir*, *ma Mere, je m'en vais*, où, luy dit la Superieure? Elle répondit joyeusement *vers Dieu*, & elle la pressa pour se retirer, la Superieure luy dit qu'elle craignoit qu'elle ne passât en son absence, *non feray*, dit-elle, hé bien il faut qu'avant que je m'en aille vous offriés vôtre agonie à nôtre Seigneur, en l'union de celle qu'il a souffert pour nous au jardin des Olives, & sur la Croix, & luy rendre graces de la faveur qu'il vous a fait de vous appeller jeune à son service, & maintenant à la joüissance de luy & de sa gloire, ce qu'ayant fait avec beaucoup de sentiment, un quart d'heure apres que l'on fût retiré, elle commença à entrer à l'agonie, aussitôt la Communauté se rendit à l'Infirmerie, qui dit les recommendations de l'ame, & elle prononçant le saint Nom de Iesus, passa si doucement que l'on eût peine à s'en appercevoir; le lendemain son corps & son visage furent embellis d'une beauté, douceur & grace plus grande qu'elle n'avoit pas même durant sa vie, ce qui donnoit de la devotion à toutes. Quelques jours apres son trépas on dit à la Superieure & à la Communauté la merveille de la fleur, qu'elles n'avoient pas encore veuë, on la leur montra, & trouverent la merveille encore plus grande apres l'avoir fait cueillir, parce que d'une fleur que l'on pensoit voir, il s'en trouva trois toutes pareilles, sortant d'une même tige, & au bout d'un petit bois tout sec, & ces trois fleurs arrangées de sorte qu'elles n'en representoient qu'une, ce qui signifioit que la tres-sainte Trinité, dont elle portoit le nom, l'avoit receuë dans son Paradis. Ces fleurs marquoient aussi sa grande pureté.

ATTESTATION DE MONSIEUR DE BRIE, Confesseur des Ursulines de Mâcon.

JE confesse avoir veu la merveille extraordinaire d'une fleur Triade qui parut sur l'arbre opposé à l'Infirmerie du tout hors de saison, en même temps que nôtre Sœur Françoise de la Trinité éprise de joye extraordinaire, & comme fleurissante en grace pour sa pieté & devotion, au jour même qu'elle devoit produi-

26.Aoust. *La V. Sœur Françoise de Ste. Gertrude, Raimond.* 397

re au Ciel le fruit de la gloire promise à ses bonnes œuvres, j'ay crû que c'est une marque tres-signalée de la felicité de laquelle Dieu en Trinité la vouloit honorer ça bas, suivant ce qu'il a dit en trois versets par la bouche de son Prophete Royal ; *Que bien-heureux est celuy qui ne se laisse emporter au conseil des méchants, mais qui conforme sa volonté à la Loy du Seigneur, s'occupant jour & nuit à la contemplation d'icelle*, parce qu'il aura la felicité en ce monde par esperance ; étant comme le bois planté auprés du coulant des eaux passageres de ce monde, & qui produira son fruit en son tems, c'est à dire apres sa mort, en possedant la gloire, selon l'explication du Cardinal Berlamin ; ce qui convient bien à cette Religieuse selon ma connoissance. Dieu veille que nous en sentions les effets, j'espere le même de vous, & de moy, assisté de vos prieres. Voila le Mystere qu'il me semble qui peut être compris en cette fleur. DE BRIE.

MAXIMES.

I. L'amour que nous appellons substantiel, embrasse avec un grand courage toutes les volontés de Dieu, & les accomplit même sur les brasiers, & parmy les croix.

II. Les sentimens qui viennent de Dieu, sont ceux-là qui nous apprennent à nous vaincre nous mêmes, à nous aneantir, & à mépriser les creatures, pour ne chercher en toutes choses que de plaire au Createur.

III. C'est sur la Croix que JESUS-CHRIST se trouve, & c'est en vain que vous le chercherez sans elle, croyez-moy, plus vous desirerez de souffrir, moins vous souffrirez, & rien ne vous fera plus souffrir que vôtre propre volonté.

⚜⚜⚜⚜⚜⚜⚜⚜⚜⚜⚜⚜⚜⚜⚜⚜⚜⚜⚜⚜⚜

VINGT-SIXIE'ME AOUST.

LA VENERABLE SOEUR FRANCOISE
de sainte Gertrude, Raimond, Religieuse Ursuline de Montferrant.

Soyez l'exemple aux Fidelles en vos paroles, en vôtre conversation, en la charité, & en toutes les autres vertus. Dans la premiere à Timothé, Chapitre quatriéme.

Nôtre Sœur de Sainte Gertrude demeura orpheline à l'âge de trois ans, & fust commise aux soins d'une sienne Tante, qui la mit Pensionnaire aux Ursulines de Clermont, n'ayant alors qu'environ huit ans. Son temperamment bilieux & sanguin, la rendoit d'un côté vive, boüillante, & portée à aimer,

& de l'autre rude, fiere, & genereuse. Comme elle avoit la memoire excellente, & l'esprit fort ouvert & perçant, elle profita beaucoup à la lecture & au Catechisme. Par le moyen d'un de ses Parens elle fust conduite aux Ursulines de Monferrant selon son desir, la premiere année de leur établissement, & elle y goûta de plus en plus les instructions qu'on luy donnoit. Un jour sa Maîtresse luy dit en riant, que de bonne foy elle croyoit qu'elle auroit peine à se sauver dans le monde, mais que si elle se donnoit à la Religion, elle seroit une bonne Religieuse ; sur ces paroles elle fit une serieuse reflexion, & les fit repeter plusieurs fois à sa Maîtresse, & pour conclusion elle luy dit, puis qu'il est ainsi je vous promets que jamais le monde ne me sera rien ; Et pour marque que ce n'étoit pas une boutade d'une fille de dix ans, elle commença dés l'heure les exercices de la vie Religieuse, & fit une Confession generale, aprés laquelle elle dit à sa Maîtresse, s'en est fait je suis Religieuse, je ne m'en sçaurois dédire ; Elle s'affermit si fort dans sa resolution, qu'ayant plus d'égard à sa ferveur qu'à son âge, on fut comme obligé de la recevoir au Noviciat quand elle eut onze ans accomplis, ne pouvant rejetter les prieres ardentes & empressées qu'elle employa pour cette fin.

La Mere Clemence Ranquet qui étoit alors Superieure, disoit souvent à ses Religieuses que c'étoit une grande misericorde de Dieu sur leur Communauté que d'y avoir conduit cette ame. Elle ne fut pas plûtot entrée au Noviciat qu'elle la portoit à tout le bien qu'elle voyoit pratiquer aux autres ; il falloit veiller sur elle pour empêcher qu'elle ne fit des excés nuisibles à sa santé dans une si grande jeunesse. On luy commit le soin du Refectoir qu'elle balayoit tous les jours, & lorsque parmy les ordures elle trouvoit quelques morceaux de Pain durs & sales, elle les reservoit pour ses repas. Elle usoit de mille inventions pour se mortifier, en hyver elle avoit les mains toutes écorchées, de quoy elle ne faisoit que rire, & ne laissoit pas de courir la premiere aux travaux communs. Elle parloit de la vie Religieuse avec tant d'estime, qu'elle la fit embrasser à une fille qui jusqu'alors combattoit l'inspiration Divine. Mais le demon enragé de ce succés, luy donna des dégoûts, & des tentations contre son entreprise, sans que pourtant elle se relachât de son exactitude ordinaire. Il luy suggera le desir de sortir ; elle s'en declara à son cousin de la compagnie de Jesus, mais la conferance qu'ils eurent ensemble, changea entierement ses sentimens, & redoubla sa premiere ferveur, & dés le lendemain ses parens étant venus, elle tira d'eux leur consentement, & celuy de la Communauté, & les Superieurs donnerent dispence pour prendre l'habit de Religion à treize ans, & aprés elle demeura dans une entiere satisfaction. Elle se levoit aussi-tôt que les autres, observoit les jeûnes de la Regle, & tous les autres points sans vouloir accepter les dispences qu'on luy offroit, avant qu'elle eût l'âge de la probation ordinaire.

La Maîtresse des Novices pour concourir au dessein de Dieu sur cette jeune fille, luy ordonna de luy rendre compte tous les soirs des actions de la journée, elle luy fit aussi étudier ses inclinations, afin de travailler à les détruire, & de tout ce qu'il y avoit d'imparfait en elle ; Elle vouloit que dés qu'elle se sentoit émeuë d'affection pour quelque chose qu'elle eût en usage, qu'elle s'en deffit, & là luy apportât ; Elle luy faisoit souvent changer ses hardes en d'autres moindres, à cause que naturellement elle aimoit à être propre, & pour l'humilier elle l'obligeoit de s'accuser en presence de la Communauté des fautes exterieures qui la confondoient le plus, à quoy la Novice avoit une fidelité, une docilité merveilleuse, demandant elle-même à changer son voile avec celuy des Sœurs Converses; elle declaroit ses pensées humiliantes, & s'accusoit plusieurs fois d'une même faute afin que l'on crût qu'elle y retomboit souvent. Elle se faisoit un plaisir nouveau de châque occasion de mortification, & pour marquer sa joye d'être en la Maison de Dieu, elle baisoit les murailles, & disoit, qu'elle tenoit à grace singuliere de se voir au commencement d'un Monastére, parce qu'étant plus pauvres il y falloit beaucoup travailler.

La Superieure luy remontroit fortement de sa part que Dieu vouloit d'elle quelque chose de grand, qu'elle seroit utile au Couvent, si elle cooperoit à la grace, mais au contraire si elle y étoit infidelle, elle y causeroit de tres-grands maux ; il n'y a point de milieu pour vous, luy disoit elle, vous êtes d'un naturel violent, violentez-vous contre vous-même, puisque le Ciel souffre violence ; nôtre Novice s'animoit par ses discours à la parfaite victoire d'elle-même.

Elle fit profession ayant atteint l'âge, & ensuite elle fût employée dans les Offices, où elle y pratiqua si solidement la vertu, que sa veüe faisoit une forte impression sur tout le Monastére, se signalant en toutes les vertus qui constituent une parfaite Religieuse ; On a fait de tres-belles remarques sur sa charité tendre, étenduë, & toûjours agissante pour son prochain, sur sa penitence continuëlle, sur sa pureté de cœur & de corps, sur la force genereuse dont elle domptoit les saillies de son naturel, sur son humilité que l'on peut dire heroïque, eu égard à l'opposition qu'elle y avoit, & sur les autres vertus Religieuses; mais il en faut venir à l'origine & à la cause qui fera aisement juger des effets.

Le fond de cette ame a été dés le commencement une solide pieté, & un grand zéle joint à une ferveur inimaginable : son unique soin étoit d'appliquer toute sa capacité, & toutes ses forces pour glorifier Dieu ; les lumieres qu'elle avoit de la pureté & de la perfection dont il merite d'être honoré, la rendoient insatiable du desir de se perfectionner, pour la rejoüir il n'y avoit qu'à luy demander si elle ne vouloit pas devenir sainte, car toute à l'heure ses actions & ses gestes repondoient aussi bien que ses paroles, & exprimoient de conseil la vehemence de son desir ; c'étoit l'obliger infiniment que de luy faire ouverture de quelques moyens pour parvenir à la Sainteté, bien que d'elle-même elle en mit presque une infinité en usage, sans lassitude & sans dégoût, elle passoit dans la Communauté pour le boutte-feu de l'amour de Dieu, tant-elle avoit de force à persuader à ses Sœurs non seulement de courir, mais de voler à la perfection ; *çà mes Sœurs*, disoit elle, *faisons entre nous un deffit, à qui sera la plus grande Sainte, & le plûtôt ?* Elle étoit toûjours de societé avec celles qui se portoient plus ardemment à la vertu, il n'y avoit presque point de Religieuse au Couvent avec laquelle elle n'eût pris à tache quelques exercices particuliers, & ce qui étoit digne d'admiration, elle s'attachoit si exactement à chacun, qu'elle prenoit soin d'en remarquer tous les jours ses pratiques & ses fautes, pour en rendre compte le soir à ses associées en la même pratique; pendant quelque tems elle alla tous les jours s'accuser à sa Superieure, & pour chercher en cela sa plus grande humiliation, elle l'abordoit aux heures qu'elle jugeoit en devoir être d'avantage rebutée, ou qu'elle n'avoit pas le loisir de l'interroger, comme elle avoit commis ses fautes, afin qu'elle les crût en la maniere, & dans les circonstances agravantes, dont elle les disoit; cette ardeur de s'avancer faisoit qu'elle comparoit le profit d'un jour, d'un mois, d'un an, avec l'autre, pour voir s'il y avoit du déchet, ou de l'avancement.

Elle avoit pris pour fruit du Sacrement de Penitence, de faire tous ses exercices avec esprit de ferveur, de sorte qu'elle n'eût rien à dire en Confession touchant cela; pour fruit de la Ste. Communion la charité & la douceur; & pour profit de ses Oraisons & autres devots exercices, de garder le silence. Elle pratiquoit le tout avec tant de ponctualité que l'on remarquât qu'elle n'y avoit point failly les trois & quatre mois; en tout ce tems-là elle n'y avoit fait aucune faute; mais l'exercice spirituel auquel elle s'appliquoit avec plus d'assidüité, étoit celuy de l'Oraison mentale. Elle obtint congé d'aller en solitude toutes les Fêtes & Dimanches; elle n'oublioit rien pour fléchir la Divine Providence à luy accorder le don d'Oraison; un jour de Sainte Madelaine, s'étant prosternée entierement devant une de ses Images, elle luy dit dans une grande simplicité & confiance, qu'elle ne se releveroit point qu'elle ne luy eût obtenu le don d'Oraison, & demeura en cette posture une heure de suite, au bout de laquelle elle fût si plainement exaucée que dépuis elle n'eût aucune peine à s'unir à Dieu, aussi Dieu versoit dans son ame de si doux sentimens de sa presence, qu'elle ne pouvoit plus goûter d'autres douceurs; elle demeuroit les trois heures prosternée contre terre, les bras en croix pour honorer l'Oraison de nôtre-Seigneur au jardin des Olives; outre l'honneur qu'elle rendoit aux Saints Mystéres dans le tems que l'Eglise nous les represente, elle faisoit tous les jours trente-quatre pratiques de mortification, en memoire des années que nôtre Redempteur a demeuré sur la terre, cinq autre Actes de mortification, & autant de genuflexions à ses cinq playes, & une sixiéme pour adorer sa croix.

Elle avoit partagé les souffrances & les humiliations de nôtre Seigneur en sa Sainte Passion en trente points, qu'elle suivoit l'un aprés l'autre chaque jour durant un mois; le Carême elle avoit plusieurs autres exercices à l'égard de la Passion du Sauveur, & des sept paroles qu'il dit en la Croix; d'ordinaire aux Fêtes de Nôtre-Dame elle faisoit autant d'Actes de vertu chaque jour de l'Octave, que la Sainte Vierge avoit demeuré d'années au Monde, & elle avoit dressé un entretien sur ses vertus & ses grandeurs, pour luy servir d'occupation pendant cette même Octave, & pour les Fêtes de Saints.

Un jour de l'Ascension elle demeura dépuis les six heures du matin jusqu'au dîné dans le Chœur sans y faire reflexion; *il me semble*, dit elle, *que Dieu m'attiroit toute à luy, & m'éclaira sur les grandes pertes qui se font par les attaches, & trop de commerce avec les Créatures, dans ce peu de tems je m'étois oubliée de moy même, je ne sentois*

26. Aoust. *La V. Sœur Françoise de Ste. Gertrude, Raimond.* 401

sentois point mon corps, & j'ay connu le bon-heur de la solitude, & j'en sent un desir si grand que je ne le puis expliquer, & c'est alors que Dieu m'a fait connoître que je misse en effet cette parole, qu'il m'a si souvent dite au cœur après la Ste. Communion, je ne veux plus que tu aye aucune familiarité avec les Créatures. Elle demandoit en suite d'aller tres-souvent en solitude, & pour concourir à la grace, on luy accordoit d'y demeurer les quarente jours de suite; elle regardoit sa Cellule comme le mystique cellier, où le Saint Espoux l'enyvroit saintement du Vin de son amour sacré, & elle y étoit ordinairement à genoux, tous les momens qu'elle pouvoit avoir de libre, après avoir satisfait à son employ elle s'y rendoit, ou bien devant le tres-Saint Sacrement, mais avec la même ardeur qu'une personne affamée iroit à un somptueux regal, lorsque l'obeïssance l'appelloit ailleurs, quittant la solitude exterieure, elle ne sortoit que fort peu de l'interieure, son exercice par tout étant de marcher en la presence de Dieu.

Il ne se passoit d'heure, ny presque moment du jour qu'elle n'eût des pratiques marquées pour s'élever à luy; elle regardoit tous les lieux comme des Sanctuaires remplis de la Majesté de Dieu, aussi luy dressoit-elle par tout où elle pouvoit des petits Oratoires qui consistoient en quelques Images du tres-Saint Sacrement, ou de Sainte Madelaine, devant lesquelles on la voyoit à genoux.

Lors qu'elle étoit occupée à la Cuisine elle disoit à sa compagne, ma Sœur considerons que nos bons Anges tiennent nôtre place dans le Chœur, & font ce que nous y devrions faire, si l'obeïssance ne nous retenoit icy; essayons d'y travailler pour l'amour de Dieu, dans la veuë que cette viande que nous aprêtons & distribuons, doit servir pour nourrir des hosties vivantes, & consacrées à la Divine Majesté.

On la pouvoit nommer avec justice la victime du Saint Sacrement, elle tenoit à grace d'avoir (pour quelque different de ses Parens) fait profession un Jeudy sur les sept heures du soir, & au même tems que nôtre-Seigneur institua ce grand Mystére, jugeant de là que Dieu nôtre Sauveur la destinoit au culte particulier de Jesus au tres-Saint Sacrement. Ce divin Soleil de justice produisoit de si doux effets dans son ame, qu'elle se seroit volontiers oubliée d'elle-même pour demeurer incessemment exposée à ses rayons; elle faisoit tous les jours sept Stations en esprit dans sept Eglises de la Ville, rendant hommage à nôtre-Seigneur pour tous ceux qui s'en oublient; elle s'étoit accordée avec quelques Religieuses d'y demeurer châcune tous les jours de certaines heures au moins en esprit, afin qu'en quelques lieux & dans quelques occupations qu'elles fussent, elle se tinssent en sa presence, & elle en prit une telle habitude qu'une de ses compagnes l'avertissant une fois que c'étoit son heure d'être en Station devant le Saint Sacrement, elle luy repondit naïvement qu'elle y étoit toûjours, on eût dit qu'elle vouloit se consumer & détruire quand sa Fête approchoit tous les ans, tant elle étoit empressée & brûlante d'amour; elle destinoit six semaines tant auparavant qu'après la Fête, pour s'y appliquer d'une maniere singuliere, elle le visitoit châque jour de l'Octave vingt-quatre fois, & disoit l'Office, & les Litanies du Saint Sacrement. Elle veilloit tous les ans la nuit entiere du Jeudy Saint en sa presence, où après que la Communauté s'étoit retiré, outre la discipline qu'elle avoit pris avec les autres, elle en prenoit encore une tres-rude, & puis elle passoit la nuit dans la méditation de ce Mystére.

Elle destinoit trente quatre heures, ou trente-quatre demy heures, pour se preparer à châque Communion, & le tems qu'il y avoit d'une Communion à l'autre elle l'employoit en actions de graces; toutes les veilles de Communion elle supplioit cent fois nôtre Seigneur de preparer le logis de son cœur, & de venir en elle pour s'y glorifier; tous les jours de Communion elle visitoit neuf fois le saint Sacrement pour l'en remercier. Dieu demandoit d'elle une si grande fidelité à la grace, qu'une seule parole dite par mégarde pour se contenter, ou un clein d'œil jetté en passant sur une personne pour qui elle sentoit de l'inclination, luy étoit corrigé à la Communion suivante, nôtre Seigneur luy en faisant au fond du cœur de si fortes reprimandes qu'elle en pleuroit amerement, ce qui ne luy aidoit pas peu à la rendre merveilleusement vigilante sur elle même; Elle ne sortoit point de sa Célule, qu'elle n'eût baisé une image du saint Sacrement qu'elle y avoit, & luy en ayant demandé la cause, elle répondit, que c'étoit pour y laisser sa langue, afin qu'elle ne parlât point par la maison sans sujet ou mal à propos.

Elle a continüé ces saints exercices avec une fidelité & une constance continüelle, sans que le travail, ou la diversité des emplois empêchât l'occupation tendre de son Esprit, qui étant admirablement vif & prompt, luy fournissoit plus de pensées en un quart d'heure, qu'un autre moins agissant n'auroit eû en tout le jour, joint à l'affection & assiduité, dont elle s'y exerçoit, tirant de tout, matiere de vertu.

La singuliere devotion qu'elle avoit à sainte Madelaine, la portoit sur tout à rentrer dans son esprit de haine du peché; quand elle entendoit dire qu'il s'étoit commis quelque griefve offence, elle en étoit affligée à l'excés; luy ayant été raporté qu'un de ses proches menoit une vie fort libertine, elle en ressentit un si grand déplaisir, que l'on eût dit que ses yeux étoient changez en deux fontaines de larmes, sans que nulle chose la pût consoler, & châque fois qu'elle entendoit dire qu'il perseveroit dans son peché, sa douleur se renouvelloit aussi vivement que si elle en eût dû mourir. Une fois il la vint voir, aprés qu'elle luy eut dit tout ce que le zéle luy inspira, elle l'assura qu'encore qu'il se mariât, il n'auroit jamais d'enfant, ce qui est arrivé; on ne sçauroit dire les penitences extrêmes qu'elle fit pour cette ame, sa Superieure confessa aprés sa mort qu'elle avoit grand scrupule de luy en avoir tant permis, bien qu'elle ne luy en accordât jamais le quart de ce qu'elle luy en demandoit.

Elle avoit une grace toute singuliere pour gagner les cœurs de celles qu'elle instruisoit selon son Institut, sur tout elle les rendoit devotes à la sainte Enfance de Nôtre-Seigneur, y ayant elle même des applications & des tendresses bien particulieres, c'étoit un de ses grands attraits, & qu'elle honoroit jour & nuit, particulierement les vingt-cinq de châque mois.

Son frere n'ayant qu'un fils unique fort jeune pour être heritier de ses grands biens, elle demanda instamment à Dieu, que si cét enfant devoit être un jour mauvais, & déreglé, il le retirât de ce monde dans sa jeunesse, & son Nepveu mourut bien-tôt aprés.

Elle demandoit souvent la grace de mourir jeune & la premiere de sa Communauté, comme elle l'a obtenu; On la trouvoit quelquefois au jardin, les yeux attachés au Ciel, en disant, *j'y vais, quoy qu'il m'en coûte, s'il plait à Dieu*.

Ayant si utilement employé les années de sa vie, & l'heure s'approchant que le Divin Espoux en vouloit terminer la course, il l'exerça par des peines d'esprit qu'elle porta avec une patience non moindre que ses autres vertus; son recours dans ses plus violentes attaques étoit à sa Superieure, & à l'Oraison; elle eut congé pour y vaquer d'avantage, de se coucher une heure plus tard que la Communauté.

Sa disposition les derniers mois de sa vie fût une parfaite soûmission de toutes ses volontés à celles de Dieu; elle tomba malade la veille de Saint Laurent, & dés ce jour-là, elle se sentit tout-à-fait abattuë, bien qu'elle eût toute sa vie un tres-grand soin de se preparer à ce dernier passage, pratiquant tous les mois l'exercice de la preparation à la mort du Reverend Pere de saint Iure; Elle fit une Confession generale, & la grace de ce Sacrement luy causa une admirable consolation, elle receut le saint Viatique avec un tel respect que si on ne l'eut retenuë, elle se seroit jetté hors du lit, pour se mettre à genoux; pendant sa maladie on la trouvoit souvent les bras en Croix, criant misericorde à Dieu, & quelques jours avant sa mort elle demeura plusieurs heures en cette posture, bien que la violence de la fiévre la fit entrer en délire; lors que pour la soulager dans son extreme ardeur on luy vouloit appliquer quelque chose de rafraichissant, elle le rejettoit, ne se pouvant resoudre même dans cette extremité de rien accorder à son corps, aucontraire quand on luy presentoit ce qui luy étoit naturellement repugnant, il ne falloit que luy demander si elle ne vouloit pas bien devenir sainte, à ce mot se levant comme en sursaut, elle prenoit courageusement tout ce qu'elles desiroient; enfin en produisant un acte de Contrition, elle rendit son ame à Dieu, l'an 1652. âgée de 24. ans, en ayant passé 13. dans le Monastere.

Ainsi elle a été l'exemple dans son Monastere, & l'est aujourd'huy dans tout l'Ordre par ses paroles en sa conversation, en la charité & en toutes les autres vertus.

Nous devons bien considerer dans cette vertueuse Ursuline qu'encore qu'elle fût d'un naturel extrememment enjoüé, d'un temperemment bilieux, qui la rendoit vive & portée à aimer, & rude, fiére, & genereuse, il ne parut neanmoins en elle aucune trace de ces enjoüemens, & de ces humeurs; depuis qu'elle eût entrepris une vie sainte elle ne pensa point à conserver cette gayeté, en disant que c'étoit son temperemment & son humeur, elle corrigea les deffauts de son temperemment par une grande application à Dieu, & par de vifs sentimens de penitence; & ainsi les ames Religieuses qui se sentent d'un naturel gay, doivent avoir cette gayeté pour suspecte; elles doivent la regarder comme une preuve qu'elles sont peu touchées de Dieu ; la gravité doit être leur caractere, & un certain air serieux qui les éloigne de tous les vains divertissemens du Monde, comme nôtre Sœur de Sainte Gertrude a fait par une grande mortification.

MAXIMES.

I. O! que si Dieu me fait la grace de faire mon sacrifice par la profession, je m'abandonneray absolument à luy, & je m'attacheray si fort à la pratique de son Divin amour, que je ne penseray à autre chose, je tâche de le faire à tous momens, mais je le feray encore alors plus purement.

II. La Croix est la plus grande faveur que nous pussions desirer, n'attendez ny des larmes, ny des extases, mais un pur amour de Dieu, & un vif desir de la Croix.

III. Celuy qui se jette aux pieds de la Divine misericorde, fait un singulier plaisir à Dieu, & s'il est permis de le dire, luy rend un grand-honneur, c'est avoir un tres-haut sentiment de sa bonté ; le plus insigne tort que nous sçaurions faire à sa Divine Majesté, est de le mesurer par nous même, ne croyons pas qu'il est comme nous un cœur de fiel & de vengeance ; qu'il soit fait comme les Hommes, qui se lassent de pardonner ; ne luy donnons pas une autre nature que la sienne, il est infiniment bon, & sa misericorde n'a point de bornes.

IV. Souvenez vous que la misericorde de Dieu sera toûjours plus puissante que nos miseres.

V. Il est rare que nos actions soient reglées par la charité & par la raison, mais plûtôt par l'Inclination & par l'amour propre, si vous faites état de vous conduire par la raison, preferez Dieu à tout le Monde, & ne vous preferez à personne, pesez dans une même balance ce qui vous touche, & ce qui regarde les autres ; ne tenez pas un petit poids pour donner, & un grand pour recevoir.

Vingt-Sixie'me Aoust.

LA VENERABLE SOEUR CATHERINE
Couturier, dite de S. Ignace, Religieuse Ursuline d'Argenteüil, Isle de France.

Le chanteray à jamais les misericordes du Seigneur. Psalm. 88.

CEtte vertueuse Religieuse pouvoit assez justement s'appliquer aussi bien que Sainte Therese, ces paroles du Prophete, *misericordias Domini in æternum Cantabo*, puisqu'elle a sensiblement éprouvé les effets de cette même misericorde dans tous les divers tems de sa vie ; Elle fût mise pensionnaire toute jeune dans le Couvent des Reverendes Meres de Saint Denis, où elle receut les premieres impressions de la grace qui comme un Germe precieux, demeura caché dans le fond de son ame pour y produire dans le tems le fruit d'une haute pieté & d'une solide vertu.

Cependant comme cette jeune Demoiselle possedoit mille qualités engageantes, elle n'eut pas plûtôt l'âge d'entrer dans le Monde qu'elle s'en attirât toute l'Estime & les caresses ; elle étoit de toutes les meilleures Compagnies où elle se faisoit toûjours distinguer par son esprit fin, ses manieres honnêtes, son air libre & aisé, son humeur enjoüé, sa belle voix, & enfin par tous les endroits par où une fille bien faite peut plaire. Dans ces engagemens un peu délicats l'Epoux celeste jaloux d'un cœur dont il avoit déja eû les premiers feux, ne le laissa pas engager plus avant dans le peril, il luy fit entendre sa voix, mais une voix de misericorde & d'amour qui luy fit comprendre la vanité du Monde qui passe comme un songe, le peril continuel où le salut est exposé, l'Importance d'assurer son eternité, la brieveté de la vie, &c.

Toutes ces grandes veritès la penetrerent si fort joint à la Mort subite d'une bonne amie, & la lecture qu'elle fit du Livre de l'Imitation de Jesus-Christ, que touchée fortement & efficacement, elle se dégoûta du Monde & de la bagatelle, & prit toutes ses mesures pour se jetter dans un Cloître, mais Madame sa Mere qui l'aimoit uniquement, donnant trop à sa tendresse, les rompit toutes par les obstacles qu'elle y mit ; neantmoins cette chere Sœur qui avoit vrayement prêté l'Oreille à la voix du celeste Amant, & qui s'étoit déja laissée gagner à son amour, ne s'étonna point de ce mauvais succez, elle prit pour elle le conseil que son futur Epoux donne dans son St. Evangile aux ames qu'il appelle à la glorieuse qualité de ses Epouses, d'abandonner son Pere & sa Mere pour le suivre ; elle quitta genereusement la sienne à son insceu, & vint demander d'être receuë dans nôtre Monastére, grace qu'elle n'eut pas de peine d'obtenir, son merite nous étant assés connu, & dailleurs se montrant si ardente dans la poursuite de ce bien, quelle en fût aussi-tôt mise en possession.

Elle commança son Noviciat dans la même ferveur qu'elle y étoit entré, mais Dieu qui en vouloit faire un sujet d'une vertu éminente, ne differa guere à l'éprouver, permettant qu'elle ressentit de grandes difficultez dans les choses de la Religion, comme il est assés ordinaire aux filles qui ont un peu goûté le Monde ; elle les surmonta neantmoins toutes avec tant de courage que le Seigneur la trouvant déja de ces ames fortes & genereuses, la jugea capable de soûtenir de tout-autres Combats, ce qui luy fit bien comprendre que sa voye pour aller à luy seroit desormais la Royalle de la souffrance. Le decez de Monsieur son Pere étant survenu en la seconde année de son Noviciat, & cette perte ayant causé beaucoup de mauvais affaires en sa famille, la pauvre fille se vit obligée de se resoudre à un long retardement de sa Profession, & même au hazard de perdre entierement ce bien ; en effet elle a été quatre ans Novice, & si la Communauté n'eût eu la charité pour elle de la recevoir gratuitement, vaincuë par la compassion, & gagnée par les bonnes qualitez d'une fille si acomplie, elle auroit été contrainte de sortir.

Il seroit mal-aisé de dire l'affliction que luy causa cette disgrace, les vertus qu'elle luy fit exercer, & le fond solide de pieté qu'elle luy fit établir, car n'envisageant que Dieu seul en cette conduite, elle avoit continuellement recours à luy, employant tout le tems qu'elle pouvoit à l'Oraison avec des sentimens si tendres qu'elle y fondoit toute en larmes, & Monsieur nôtre Confesseur a même remarqué qu'en ce tems-là elle n'aprochoit point de la Sainte Communion qu'elle n'en fût toute baignée; elles ne procedoient pas neantmoins du chagrin, son cœur étant entierement soûmis sur la ferme créance que son E'poux ne permettroit ces choses que pour la rendre plus digne de son alliance, & pour la faire avancer plus vîte à sa perfection.

Ayant enfin fait Profession sur ces saintes dispositions, il est aisé de juger de la vie qu'elle a mené du dépuis. Son attrait particulier c'étoit de s'appliquer à la vie interieure par une frequente conversation avec Dieu au secret de son cœur, qui luy a rendu l'exercice de sa Divine presence si facile qu'elle l'avoit presque continuel, acompagné d'un don special d'Oraison, son ame y demeurant fort recuëillie, & toute apliquée à la veuë amoureuse des grandeurs & des perfections de son divin Objet, grace qu'elle n'a pas receuë de Dieu sans avoir passé un assés long-tems par la dure voye des épreuves interieures, dont elle s'affligeoit beaucoup, parce qu'ayant la conscience fort délicate, elle craignoit toûjours que ce ne fût un châtiment de ses fautes, quoyque cependant elle n'en commit que de tres-legeres, & même on luy a entendu dire plusieurs fois qu'elle ne pouvoit comprendre qu'une Religieuse pût commettre un peché de volonté, aussi certes vivoit-elle dans une tres-grande veille sur elle-même, & dans une exacte Regularité, ne pouvant souffrir les moindres & plus petits manquemens, qui se pouvoient commettre contre les Régles.

Le tendre de sa devotion étoit vers l'Adorable Sacrement de nos Autels, dont elle s'approchoit le plus souvent qu'il luy étoit possible, & prenoit un singulier plaisir aux Loüanges Divines qui se chantent en sa Divine presence, où elle employoit toute sa belle voix; Elle avoit des attachemens extrêmes pour la Sacrée Mere de Dieu, elle Communioit les Samedys, & disoit le St. Rosaire ce même jour en son honneur, & ne manquoit point tous les soirs de luy faire amande honorable.

Elle avoit aussi beaucoup de devotion au grand Saint Joseph, qu'elle avoit choisi pour Directeur de son ame, & dont elle avoit receu une grace singuliere dans une difficulté & peine interieure, sur laquelle elle fût aussi-tôt éclaircie qu'elle eut Communié neuf Mercredys en son honneur.

Le grand Apôtre Saint Paul étoit un de ses particuliers devots, elle lisoit tous les jours un Chapitre de ses Epitres pour se les rendre familieres, & les Saints Ignaces & Xavier à cause de leur grand zéle pour le salut des ames, & il est vray de dire qu'elle a recüeilly le sacré fruit de sa devotion, ayant été admirablement remplie de ce saint Feu dont elle faisoit toute sa vie.

La prudence & gravité faisoit le plus bel Ornement de cette chere Sœur;

accompagnée d'une profonde sagesse qui éclattoit en toutes ses paroles dans tous ses déportemens, ce qui la rendu dés le commencement tres-propre à la conduite des Pensionnaires où elle a été presque toûjours employée, & avec un tres-grand fruit. Elle possedoit toutes les qualitez qui se peuvent souhaiter en une veritable & excellente Ursuline ; son esprit étoit éclairé des plus belles lumieres, qu'elle puisoit en l'Oraison & dont on apercevoit les rejaillissemens dans ses entretiens, parlant toûjours de Dieu d'une maniere tres-relevée, & en des termes si profonds & embrasez qu'ils échauffoient tous les cœurs ; elle avoit un don tout particulier pour se bien donner à entendre aux enfans & leur faire comprendre les mystéres de nôtre Religion, & leur en inspirer une tendresse particuliere, comme aussi pour les élever dans la pieté, & leur inculquer les Maximes du Christianisme, tenant à cét effet des methodes tres-belles, tres-aisées & plaines d'onction qu'elle avoit elle-même dressées, & nous a laissées par écrit, dont assurement nôtre Communauté tire une tres-grande utilité.

D'où il ne faut pas s'étonner si les Pensionnaires qui étoient sous sa Charge, ont fait de si grands progrez en la pieté & en la vertu, que sa Clace pouvoit aller de pair avec un fervent Noviciat, aussi avoient elles infiniment d'estime, de respect & d'amour pour elle, remarquant dans toute sa conduite qu'elle n'agissoit que par un principe de grace, que l'esprit Divin la dirigeoit en tout, & qu'elle n'avoit pour fin que la gloire de Dieu & l'amplification du Royaume de Jesus-Christ ; c'est sur cela que son cœur concevoit des ardeurs & des flammes qui allumoient en elle un zéle qui la faisoit remplir dignement son nom d'Ignace, & qui la rendoit infatigable dans ses saintes fonctions ; elle disoit souvent qu'une bonne Ursuline est heureuse de se consumer pour faire vivre & regner Jesus-Christ dans les ames.

Ce zéle luy donnoit encore une sainte envie pour celles qui avoient la conduite des petites Claces, c'étoit un de ses plus grands desirs que d'y être employée, afin d'avoir le bon-heur de jetter les premieres semences du salut dans ces ames innocentes ; mais si elle n'a pû avoir cette satisfaction selon son desir & en sa maniere, elle la recouvert heureusement d'une autre dans les frequentes instructions qu'elle leur a fait pour leur premiere Communion, où pour lors on voyoit son cœur se dilatter de joye d'être employé à disposer la demeure du Roy Celeste, & son zéle alloit si loin, que même dans le tems de ses autres obediences, elle n'a pas laissé d'y vaquer avec une ferveur & une application extraordinaire.

L'esprit de nôtre saint Institut n'étoit pas le seul talent que possedoit nôtre incomparable Sœur, elle en avoit encore pour tous les autres Offices, & pour les principales Charges dont elle étoit parfaitement capable & qu'elle auroit dignement remplies, si le deffaut d'années de Profession n'en eût empêché, car on peut dire sans exageration qu'elle possedoit toutes les grandes qualités qui y peuvent faire reüssir, ayant l'esprit fort élevé, solide, penetrant, vif, le jugement profond, la memoire heureuse, & beaucoup d'experience.

Cependant comme les Conduites de Dieu sont toûjours pour nous des abîmes impenetrables, pendant que nous comptions sur un sujet de si grande esperence, le Seigneur qui avoit compré ses jours, nous l'a ravie dans ses plus beaux, par une maladie de trois semaines d'une siévre continuë; mais si violente & maligne qu'elle luy causa un transport au cerveau dés son quatriéme jour avec un profond assoupissement & une enfleure prodigieuse; le deffaut de connoissance en cette vertueuse Sœur nous a privées de tout ce qu'elle nous auroit pû faire paroître de son fonds de pieté & de vertu en un tel incident, ce qui n'a pas empêché que dans de bons intervalles elle n'ait eû le bon-heur de recevoir le saint Viatique, dont la derniere fût la veille de sa mort; Elle le fit avec une presence d'esprit qui luy vint tout-à-coup, & par un effet de cette Divine Misericorde qui l'a toûjours acompagnée; Elle receut en suite l'Extreme-Onction, puis retomba dans son premier état, enfin elle revint à elle dans le commencement de son agonie qui a duré prés de cinq heures; Elle est passée sur le midy, âgée de 37. ans, & de Profession, le 26. Aoust 1664.

Dieu a toutes sortes de voyes pour sanctifier ses éleus, nôtre Ursuline s'est renduë tres fidelle à celle par laquelle il l'a conduit, il n'est non plus à douter qu'elle n'ait eu une affection particuliere au Saint dont elle portoit le nom, qu'elle n'ait tâché de concevoir le même zéle pour la gloire de Dieu & le salut des ames, & l'un & l'autre n'avoient qu'un même but, c'est à quoy elle vous invite.

MAXIMES.

I. O† qu'une Ursuline est heureuse de se consumer pour faire vivre & regner Jesus-Christ dans les ames.

II. Soyez fidelles aux moindre choses, puisque vôtre avancement spirituel, qui est la plus grande de vos affaires, en dépent absolument; nous sommes obligés de pratiquer non seulement ce qui nous rend parfaits, mais encore les moyens de le devenir.

III. Reglés bien vos paroles, car les grands parleurs sont peu spirituels.

VINGT-SEPTIE'ME

VINGT-SEPTIE'ME AOUST.

LA VENERABLE SOEUR MARGUERITE de Sainte Elizabeth, Nicolle, Religieuse Ursuline de Chartres.

Dans mes infirmitez pour grandes qu'elles ayent été, j'ay toûjours suivy ma Régle. Au Psal. 17.

LE divin époux qui veut rendre ses épouses participantes de sa croix, a voulu exercer la patience de celle-cy par une longue maladie de quinze mois de fiévre tres-violente, & des coliques, joint à l'hydropisie & fluxions qu'elle a souffert avec une merveilleuse patience & resignation, afin, disoit-elle, de me rendre conforme à mon Sauveur dans ses douleurs, & dans sa soûmission aux volontés de son Pére; Elle a toûjours eu des grandes dispositions à la pratique de la vertu, sur tout son zéle étoit ardent pour l'observance des Régles; à peine pouvoit elle souffrir que l'on la dispensât d'aucune en veuë de ses infirmités, pouvant dire avec le Prophete Royal, *dans mes infirmités pour grandes qu'elles ayent été, j'ay toûjours suivy ma Régle.* Elle se rendoit admirable par son obeïssance, & elle étoit si reguliere & amie du silence, & de la paix, qu'on ne pouvoit pas connoître qu'elle fût dans sa maison, sinon parce que l'on la voyoit. Enfin elle étoit parvenuë dans la douceur des pacifiques, pour joüir des benedictions du Ciel, ayant été par ses souffrances une victime du Divin amour; son déces arriva le 27. Aoust, l'an 1675.

Quand nous voyons la constance de cette vertueuse Ursuline, nous sommes obligés de reconnoître les effets admirables de la grace qui triomphe ainsi de nôtre foiblesse, & qui nous communique quand il luy plaît une partie de sa Toute-Puissance; comme nous voyons que ce n'est point par sa propre force qu'elle a souffert si constamment, c'est dont Dieu qu'il faut admirer, c'est à la force toute-puissante de ses graces qu'il faut rendre des loüanges, c'est elle qui éleve au dessus des sens, c'est elle qui combat dans les ames, & qui rend la chair assujettie à l'esprit, c'est elle qui ôte la crainte des maux, & qui rend victorieuses les ames fidelles à ses attraits. Imitons cette patiente Religieuse lors que Dieu nous fera remporter quelque victoire sur le demon, demeurons toûjours dans sa veuë, & dans la connoissance de nôtre propre foiblesse, & disons, ce n'est pas moy qui ay vaincu cét ennemy qui me persecutoit, ce n'est point par mes propres forces que je suis sorty d'un si grand danger, & sans le secours de la grace j'aurois succombé aux maux dont j'étois pressé.

MAXIMES.

I. Resignez-vous en toutes choses sans reserve & sans interest à la volonté de Dieu, c'est de sa seule disposition que vous devez attendre tout vôtre bien.

II. Souffrez-vous des abandonnemens, des tentations, des maladies du corps, & des afflictions d'esprit, vous ne manquerez pas de consolations, si vous usez bien de la patience, elle est un bien qui prevaut à tous ces maux.

III. Craignez le peché, & non pas son chatîment, ce qui plaît à Dieu ne doit pas nous déplaire, c'est maintenant la saison de souffrir; les peines ne nous seroient pas si fâcheuses si nous avions un peu moins d'amour propre; & si nous aimions bien Dieu, nous recevrions avec joye les peines qu'il nous envoye.

Vingt-Huitie'me Aoust.

LA VENERABLE SOEUR MARIE DE de Jesus, Le-Maitre, Religieuse Ursuline de Blois.

Qui sera ce bon cœur, ô! mon Iesus, qui vous sera semblable.
Dans l'Exode, Chap. 4.

LE Pere & la Mere de Nôtre Sœur de Iesus, ayant été plusieurs années ensemble sans avoir d'enfans, obtinrent celle-cy par un vœu, & pour l'accomplir elle porta le nom de Marie & fût vetuë de blanc jusqu'à l'âge de sept ans, alors on luy changea d'habit dans une chapelle de nôtre-Dame, & celuy qu'on luy ôta fut donné aux pauvres; depuis elle méprisa toûjours les ajustemens de vanité, qui plaisent si fort aux enfans; Cette fille unique étoit uniquement aimée de ses parens pour sa beauté, pour sa complaisance, & pour son air judicieux.

A l'âge de douze ans elle sortit de la maison de son Pere sans rien dire, & s'en alla aux Ursulines de Blois; ses pleurs eurent le pouvoir de la faire demeurer quelque tems en ce Couvent-là; Aprés elle en fut retirée pour éprouver sa vocation, car elle desiroit être Religieuse; ses parens ne la purent retenir que deux mois, parce qu'elle devint languissante, & ne vouloit ny parler, ny manger, ny se divertir, de sorte qu'il la fallut reconduire au Monastére, où elle avoit laissé son cœur; aussi-tôt qu'elle y fut r'entrée, elle reprit son embonpoint. Le sacrifice que fit Monsieur son Pere en la consacrant à Dieu, fut comparé à celuy d'Abraham à l'égard de son unique Isaac, mais tout le tendre qu'il avoit pour cette chere fille n'ébranla jamais la fermeté de sa resolution.

L'étude particuliere de nôtre sœur dans son Noviciat, fut la conservation de son ame & de son corps dans une pureté angelique, ayant pour ce dessein une admirable mortificaton de tous ses sens; Nous luy pouvons donc donner pour Simbole un lys entre des épines.

Sa mort qui luy arriva toute jeune, eut quelque raport à celle de son Divin Epoux, ce qui merite bien d'être remarqué, car elle sortit de sa chere Hierusalem son aimable Couvent, pour aller mourir à la campagne d'une mort ignomineuse aux yeux des hommes, & qui porte avec soy l'abandonnement, & ainsi elle prit part à l'abandonnement du Sauveur, qui fut assisté de sa sainte Mere, & nôtre pauvre pestiferée le fut aussi de sa Superieure à qui elle recommanda sa petite sœur, & fit une recommandation reciproque à cette fille d'être toûjours dépendante des volontés de la Superieure, cela n'avoit-il pas l'imitation de la recommandation de Jesus mourant à sa sainte Mere, & à saint Iean; Iesus-Christ mourut au milieu de deux Crucifiés, & nôtre Sœur au milieu de deux Pestiferées qui de leurs pauvres couches imploroient l'aide de ses prieres; il mourut par obeïssance, & elle aussi, n'ayant pas voulu lever la tête de dessus le chevet pour boire, sans en avoir le congé de sa Superieure. Elle mourut un Vendredy comme elle en avoit prié Dieu plus de cent fois la veille, *qui sera ce bon cœur, ô mon Iesus! qui vous sera semblable.* C'est nôtre Sœur Marie de Jesus, qui enfin fût décenduë avec des cordages, ainsi que celuy de Jesus avoit été décendu de la Croix, que reste-t'il pour la derniere circonstance de ressemblance & de raport sinon qu'on l'enterrât dans un Sepulchre emprunté, & donné par aumône.

Les Religieuses quelques jours aprés son decez, étant eveillées une nuit & dans une même Chambre, entendirent une grande plainte qui se reïtera plus de trente fois & en même tems sa petite Sœur la vit en songe, & aprit d'elle qu'elle étoit en Purgatoire, mais pour peu de tems.

Cette vertueuse Ursuline nous est de grand exemple, laquelle ayant été dans la vie du Monde où elle a toûjours vêcu innocemment, se sentant touchée d'un puissant desir de servir Dieu encore plus parfaitement, elle renonça à tout pour se sacrifier à la Divine Majesté; reconnoissez cette grace comme un don tres-precieux, & l'estimés autant qu'a fait cette bonne ame, qui ne s'arrêta pas à considerer, qu'elle pouvoit se sauver dans le Monde en ne faisant tort à personne, elle receut au contraire cette grace avec joye, qui la poussoit à une vie plus austére, & elle ne pensa plus depuis qu'à imiter son Sauveur.

MAXIMES.

I. Ceux qui ont été dans un grand éclat & une haute reputation, doivent lors qu'ils se convertissent & qu'ils se retirent du monde, chercher la retraite le plus qu'ils peuvent afin d'être entierement morts dans l'esprit du monde, comme le monde est entierement mort dans leur esprit.

II. Renoncez à l'affection de toutes les choses visibles & vous serez capables d'une sincere amour de Dieu.

III. En vos oraisons cherchez Dieu plûtôt que ses caresses, & les aridités pour importunes qu'elles soient ; ne vous en tirés point, Dieu ne doit pas être servy par interest, mais en confideration de ce qu'il est.

IV. Quoy qu'il vous arrive, pensez que Dieu ne sçauroit faire ny tort ny mal à personne, adorez la Justice de Dieu qui vous châtie, & attendez humblement le secours de sa misericorde.

Vingt-Hutieme'me Aoust.

LA VENERABLE SOEUR FRANCOISE de Saint Jean Baptiste, Simon, Religieuse Ursuline d'Eu.

Celuy qui se vente, & qui s'enfle d'Orgueil, excite des querelles, mais celuy qui espere au Seigneur, sera guery. aux Proverbes Chapitre 28. verset 26.

Celuy qui se vente & qui met sa confiance en son cœur, est un insencé, mais celuy qui marche sagement, se sauvera. Celuy que se fie sur ses vertus, quelques grandes qu'elles paroissent, & sur la pureté de son cœur, est un insencé ; mais nôtre Sœur de St. Jean Baptiste qui a marché sagement, c'est-à-dire qui s'est toûjours deffiée d'elle même, qui n'a esperé qu'en la misericorde de Dieu, & qui étoit persuadée que toute sa force consistoit à croire qu'elle n'en avoit point que celle que Dieu luy donnoit, sera sauvé ; & quoyque sa vertu fût tres-solide, dont le fond étoit sa grande humilité, nous n'en ferons qu'un petit crayon, sa vie cachée & son humilité nous en a derobé le principal, & nous a imposé le silence.

Elle avoit donné commission à une Religieuse qu'aussi-tôt qu'elle seroit morte, qu'elle remit à sa Superieure sa Lettre circulaire qu'elle avoit dressé, & que je crois devoir mettre icy pour l'edification de tous nos Monastéres, & pour preuve des bas sentimens qu'elle avoit d'elle même, & dans sa confiance au Seigneur.

Ie suplie nôtre Reverende Mere d'avoir la bonté de me permettre qu'il ne soit augmenté ny diminué en cette presente Lettre, puisque Dieu m'est témoin que je dis la verité. Ie me confesse pecheresse à la face du Ciel, & de la terre, & devant la Communauté à qui je demande pardon de l'avoir tres-mal edifiée par ma vie pecheresse, ayant vêcu plus en Athée qu'en Religieuse, ayant caché mes vices comme si c'estoient des vertus, vous m'en êtes toutes témoins, & si je disois le contraire, Dieu me puniroit, je vous conjure d'oublier tout le passé, & les mauvais exemples que je vous ay donné, priés Dieu qu'il n'entre point en jugement avec moy, & je demande aussi pardon à tous nos Couvents d'avoir si mal-vêcu dans un si St. Ordre, & j'en fais amande honorable à toutes nos Communautés, & en particulier à la nôtre. Mes Reverendes Meres supliés le Seigneur qu'il ne me prive point des suffrages de l'Ordre ; mes pechez le meritent, pour preuve que je dis la verité, Dieu m'a frappé d'un chancre horrible, & je vois ma chair pourrie devant ma Mort, me punissant si misericordieusement que je n'ay pas sujet de me plaindre, desirant de tout mon cœur mourir dans la penitence & haine du peché que je deteste de toute ma puissance, & suis bien aise qu'il soit puny en moy comme l'ennemy de Dieu. Ie declare aussi que jusqu'au dernier soûpir de ma vie, je veux vivre fille de l'Eglise, quoyque tres indigne ayant dédit par ma vie pecheresse, cette qualité que j'ay receu au St. Baptême, & ratifiée par la profession Religieuse que j'ay deshonoré, ayant laissé des marques de mes crimes par tout où j'ay conversé ; j'espere toutefois aux misericordes immenses de mon Dieu, & à vos charités, mes Reverendes Meres, si par anticipation il me falloit souffrir les peines d'enfer, pour voir mon Sauveur Iesus-Christ, je suis toute prête, pourveu qu'il soit avec moy, car je desire voir la face de mon Iesus, je l'ay toûjours souhaité ; procurez-moy cette grace, mes tres-cheres Meres, vous exercerez une pieté qui ne sera pas commune envers la plus grande pecheresse qui soit au Monde ; je vous demande derechef pardon, & demandés à Dieu que la Confession de cette verité repare la gloire que je luy ay ôté par mes offences.

C'est dans cette Confession que nôtre Sœur de Saint Jean Baptiste montre son cœur à tout le Monde, mais un cœur contrit & humilié & plain d'amour pour son Dieu, & par un fond si solide il est facile de juger de l'eminence de toutes ses autres vertus, elle s'est renduë la parfaite imitatrice de nôtre grand Patriatche Saint Augustin, dont nous celebrons aujourd'huy la Fête.

Sa charité a été le comble de toutes les autres vertus, sur tout de son humilité, étant veritable de dire que sur ces deux pivots elle a fait rouler tout le cours de sa vie, remplie de pieté & d'édification, ayant vêcu non pas comme elle dit, mais en veritable & parfaite Religieuse, dans le silence & la solitude ; la vie cachée de JESUS-CHRIST étant son attrait, & de souffrir toutes choses sans dire mot, avec une douceur Angelique. Elle étoit le reconfort des affligez, & quelque affliction que l'on eût, elle les disposoit par ses entretiens solides & genereux ; la foy étoit la vie de toutes ses actions.

Nous estimons que c'est son humilité qui luy a merité les graces extraordinaires qu'elle a receu dans une si longue & cruelle maladie, ayant souffert un an entier d'excessives douleurs qui accompagnerent le mal dont elle est morte, & avec une patience que je ne peux exprimer, & la presence d'esprit qu'elle a eu, jusqu'au moment de sa mort luy a servy pour animer son esprit par les Actes fervents qu'elle faisoit de toutes les vertus, agissant avec merite par le sacrifice continuel qu'elle faisoit de toutes ses souffrances ; elle a receu le St. Viatique plusieurs fois, & l'Extreme-Onction avec une ferveur admirable ; elle est decedée l'an 1665. âgée de 49. ans, & de profession 30. ans & cinq mois.

MAXIMES.

I. Si Dieu a la bonté d'attendre si long tems la conversion des pecheurs, que ne ferat-il point en faveur des justes qui tremblent toûjours devant luy par une crainte respectueuse.

II. Nous sommes assez persuadés de la certitude de la Mort, mais nous en ignorons les suites, nous ne songeons pas qu'alors il n'y aura plus de retour à la penitence, plus de lieu aux actions de merite, plus d'espoir de recompence, & qu'elle éfacera de nous la memoire de dessus la terre pour nous ensevelir dans un oubly eternel ; qu'elle éteindra les passions les plus vivement allumées dans l'ame, soit d'amour, soit de haine, soit de jalousie, & il ne nous restera plus aucun commerce avec les vivans.

III. Prenez pour Régle de vos actions la Loy de Dieu, & quand vous aurez satisfait à vôtre devoir, confiez-vous en sa bonté, & en la pureté de vôtre conscience, puis joüissez en repos & avec joye des biens qu'il vous a donné pour saisfaire aux besoins de vôtre vie.

Vingt-Huitie'me Aoust.

C'est à ce même jour qu'à Hipponne mourut nôtre glorieux Pere Saint Augustin.

Tel que sera le Gouverneur de la Ville, tels aussi seront forts ceux qui l'habitent.
Dans l'Ecclesiastique, Chapitre 10.

L'Experience des graces que cét Illustre Patriarche départ à ceux qui vivent sous sa Régle, nous fait dire, que tel est ce grand Pere & Gouverneur de tant d'Ordres, tels seront ses enfans qui y habitent ; mais écoutez premierement les instructions qu'il a donné à quelques unes de nos Ursulines.

Il fit un jour connoître à la Mere Germaine de la Nativité Tiercelin quelque chose de l'union qu'il avoit eu avec Dieu en cette vie mortelle ; & comme il puisoit dans la divine essence, ainsi que dans une mer, toutes les lumieres qu'il a laissé à l'Eglise par ses écrits, il luy sembloit que ces lumieres découloient en son ame avec autant de simplicité & de pureté que s'il n'eût point eu de corps, & que cette sainte ame les renvoyoit vers Dieu en la même pureté, sans y toucher que pour la gloire de Dieu, & pour attirer les ames à son pur amour, *Ma fille*, luy dit-il, au milieu des lumieres, des flâmes, & d'une nuée blanche, où elle l'apperceut successivement en cette vision. *Aime Dieu de ce pur amour que tu vois, c'est en cét état où j'ay trouvé force & courage sur terre durant plus de trente années depuis ma convesion, c'est aussi là où tu trouveras consolation dans tes secheresses & desolations.* C'est à quoy il nous invite.

La venerable Mere Madelaine Claviere qui avoit une devotion tres-tendre pour nôtre Pere Saint Augustin, portoit aussi toutes ses compagnes les Religieuses de l'Ordre de sainte Ursule à l'honorer d'un culte tout particulier ; aprés avoir apris d'une bonne ame, que Saint Augustin étoit en pouvoir, & en desir de procurer de nouvelles graces aux Ursulines, mais qu'elles ne recouroient pas assez souvent à luy. Ce trait merite une petite reflexion, qui est que nous ne devons pas être surprises de l'avance que nôtre bon Pere fait de son secours, pour nous inviter à recourir à luy plus souvent que nous ne faisons, les Saints perdent bien cét amour de la chair, & du Sang pour les enfans que la nature leur a donné, mais ils ne perdent pas celuy qu'il ont eu pour leurs enfans spirituels, aucontraire la gloire augmante en eux le desir de leur procurer du bien; de plus Dieu attache souvent les graces & les biens qu'il veut faire aux familles, à l'intercession des Bien-heureux qu'elles ont choisy pour leur Pere, & Patron, apprenons donc (Mes Reverendes Meres, & tres-cheres Sœurs) de l'avis charitable que nôtre Illustre Patriarche donna à cette grande Servante de Dieu, de recourir à luy avec confiance, le plus souvent que nous pourrons, & d'en faire nôtre Advocat tous les jours de nôtre vie auprés de Dieu, pour luy presenter nos prieres, tant pour nos necessités particulieres que pour celle du commun, car puisqu'il est grand devant Dieu, il peut nous aider, & puisqu'il est nôtre Pere, il le veut. *E'coutés aussi ce que nous dit nôtre Mere Marguerite de St. Xavier, Coutier.*

Qu'il faut que les Ursulines qui observent la regle de saint Augustin, se figurent qu'elles entendent de la bouche de ce Divin Patriarche ces paroles de saint Paul aux Corinthiens, *soyez mes imitateurs comme je le suis de Iesus-Christ*, mais principalement en sa charité immense qui l'a rendu tout celeste.

Honorons donc aujourd'huy le plus grand des Peres de l'Eglise qui a été miraculeusement instruit de Dieu dans l'école du saint Esprit, & qui ayant receu sa science aussi bien que sa sainteté par une infusion toute celeste, a été regardé depuis comme la langue de l'Eglise dans ses combats contre les heretiques, comme l'esprit qui animoit tous les Conciles d'Afrique, comme le plus celebre Evêque de l'Univers qui portoit la parole devant les peuples, & qui écrivoit au Pape au nom des Evêques de sa Province; Mais plus nous reconnoissons la profondeur de sa science, & avoüons qu'elle a été toute Divine, n'ayant point eu d'autre principe que Dieu, plus nous devons avoir de zéle pour nous en nourir, & les ouvages de ce Saint, qui ont été de tout tems l'amour & les delices de tout le monde, même de l'Empereur Charlemagne dans sa vielliesse, doivent trouver aujourd'huy dans nous un renouvellement d'estime & affection, & nous devons éprouver en les lisant, ce qui a toûjours été dit d'eux, qu'ils representent les verités de nôtre Religion avec une beauté si naturelle, & qu'ils sont si plains de pieté qu'ils sont capables d'amôlir les cœurs les plus endurcis, d'inspirer du courage aux plus languissants, & de donner un grand sujet d'abaissement aux plus saints. *Voyons maintenant les trésors que l'Eglise nous départ à ce jour.*

EXTRAIT DE LA BVLLE
DE CLEMENT PAPE X.

POur une éternelle memoire à tous les Fidelles en JESUS-CHRIST, qui ces prefentes Lettres verront, Salut & Benediction Apoftolique.

Nous quoy qu'indigne & fans aucun merite de nôtre part, tenant la place en ce monde du Fils unique de Dieu, nôtre Redempteur, & nôtre Seigneur JESUS-CHRIST, qui eft décendu en terre du fein de fon Pere, & qui par une bonté ineffable fe revêtant de la foibleffe de nôtre nature pour racheter le genre humain de la fervitude, & le rétablir à fa premiere image, & reffemblance, nous a donné des preceptes tres-falutaires: Nous reverons d'une devotion fincere les Saints qui refident dans le Ciel, & principalement ceux qui comme des flambeaux tres-éclatans placés fur les Chandeliers de l'Eglife, ont découvert les fecrets de la parole de Dieu, & arroufé toute l'Eglife des Eaux falutaires de la Doctrine, & l'ont enrichie des fruits de la charité; nous fouhaitons d'entretenir, & d'exciter là devotion des Fidelles envers eux par des graces & des Indulgences, comme nous croyons être utile & falutaire pour l'édification des Fidelles & avantage de l'Eglife.

De forte que nous reffouvenans avec refpect & veneration des merites ineffables de Saint Auguftin Evêque & Confeffeur, & tres-Illuftre Docteur de l'Eglife, qui remply de l'efprit de Dieu comme un Soleil tres-lumineux du Chriftianifme, a diffipé par des écrits plus clairs que le jour les tenebres de l'herefie & de l'erreur, a échaufé les cœurs des Fidelles du feu de la charité dont il étoit luy-même embrazé, & de fainte Monique fa Mere aux larmes de laquelle nous devons la converfion d'un fi grand Saint, & fi admirable Docteur, & de Saint Nicolas de Tolentin, & Saint Thomas de Ville-Neuve Archevêque de Valence, qui ont fleury fous la Régle des Hermites du même Saint Auguftin par la fainteté de leurs vies, & par les miracles que la Bonté Divine a fait par leur interceffion, & de fes autres Saints dudit Ordre; confiderant encore les merites du Venerable Frere Eufaine Evêque d'Melenople Prefet de nôtre Sacraire Apoftolique, qui a fait Profeffion dans le fufdit Ordre, n'ayant encore que les quatre Mineurs.

Ayant égard aux humbles prieres qui nous ont été faites, & nous confiant fur la mifericorde de Dieu, & de Saint Pierre, & de Saint Paul Apôtres, & par fon Authorité, nous accordons Indulgence Pleniere, & remiffion de tous pechés à tous les Fidelles de l'un & de l'autre fexe, qui confeffés & Communiés, viliteront avec devotion quelqu'unes des Eglifes tant des Freres dechauffés que des Religieufes dudit Ordre, déja érigées, ou à ériger à l'avenir en quel endroit qu'elles puiffent être, aux Fêtes de Saint Auguftin, Sainte Monique, Saint
Nicolas

Nicolas de Tolentin, & Saint Thomas de Ville-Neuve, & encore au treisiéme Novembre, auquel jour on fait la commemoration de tous les Saints du susdit Ordre depuis les premieres Vêpres jusqu'au lendemain Soleil couchant, & qui dans les susdites Eglises prieront pour la paix entre les Princes Chrétiens, l'extirpation des heresies, & l'exaltation de Nôtre Mere Sainte Eglise; Les presentes accordées pour toûjours, Nous voulons que les copies des presentes, soit qu'elles soient transcrites, ou imprimées, pourveu qu'elles soient signées, & scéelées par quelque personne constituée en dignité Ecclesiatique, ayent la même force, & qu'on leur ajoûte par tout la même foy, soit en jugement, soit dehors, comme si c'étoit le propre original. Donné à Rome à Sainte Marie Major, sous l'Agneau du pêcheur, le dix-huitiéme Decembre mil six cent septente-un, l'année deuxiéme de nôtre Pontificat.

I. G. SLUSIUS.

Decret de la sacrée Congregation des Indulgences, & des saintes Reliques.

LEs Religieuses sous l'invocation de Sainte Ursule, sont en doute si elles peuvent joüir des Indulgences accordées autrefois à l'Ordre des Freres Hermites de Saint Augustin, sur tout de celles qui luy ont été données le dix-huitieme Decembre de l'année mil six cents septante-un, pour la Fête de Saint Augustin & des autres Saints de l'Ordre, d'autant que Paul cinquiéme de pieuse memoire lors qu'il approuva leur institution, & qu'il erigea leur maison en Monastére de l'Ordre de Saint Augustin, lequel se divise en l'ordre des Chanoines réguliers, & en celuy des Freres Hermites, il ne fit pas assez bien connoître auquel des deux il les associoit. C'est pourquoy ce doute étant proposé en la sainte Congregation, & ayant été examiné, la même Congregation a répondu que lesdites Religieuses peuvent joüir desdites Indulgences. A Rome le vingt-troisiéme Juin mil six cens septente-six, scélé & signé.

A. CARD. HOMODEUS ——— † ——— MICHAEL ANGELUS
RICCIUS, Secretarius.

VINGT-NEUVIE'ME AOUST.

LA VENERABLE MERE ANTOINETTE de la Trinité, de Belouse, Religieuse Ursuline de Bourg en Bresse.

Obeïssez à vos Superieurs, & soyez toûjours soûmis à leurs volontés.
Aux Hebreux, Chap. 15.

Cette vertueuse Ursuline fut mise pensionnaire aux Ursulines dés l'âge de douze à treize ans, ce qui l'a toûjours conservé dans une grande innocence; Elle prit l'habit de Religion à quatorze ans avec une ferveur admirable, & a remply ses jours d'une grande regularité, & exactitude à toutes les observances des Régles; son obeïssance, respect, amour, & candeur envers ses Superieurs étoient telles que Saint Paul demande, lors qu'il dit, *soyez obeïssans à vos Superieurs, & toujours soûmis à leurs volontés.*

Son attrait à la priere faisoit qu'elle y employoit tout le tems qu'elle pouvoit avoir hors le tems de ses occupations. Si elle avoit talent pour l'Institut, aussi possedoit-elle bien avantageusement l'esprit d'une vraye Ursuline; le zéle avec lequel elle s'énonçoit, imprimoit efficacement ce qu'elle enseignoit, faisant goûter la vertu & la devotion à ses Ecolieres, ayant l'esprit éclairé pour la conduite des Novices, discernant les mouvemens naturels d'avec ceux de la grace, & la portée de leur esprit, agissant toûjours avec beaucoup de prudence & de soin; elle ne commandoit rien qu'elle ne fût la premiere à en donner l'exemple, & sur tout pour le travail, la penitence, & mortification, les faisant dans sa chambre avant que de les imposer aux Novices; elle faisoit souvent des Neuvaines de disciplines, lesquelles étoient de fer, & la prenoit si long-tems, que celles qui l'entendoient, en avoient compassion, mais on ne luy en osoit rien dire, craignant de choquer son humilité, qui luy faisoit cacher ses plus rares pratiques interieures avec tous les soins imaginables.

Sa charité étoit égale envers toutes, son maintien étoit Religieux, & sa grande modestie marquoit le bon ordre de son interieur, auquel elle s'appliquoit d'un grand serieux; ses Confesseurs en admiroient la conduite, elle ne faisoit rien que par soûmission à leur Ordre, & elle avoit une grande application sur elle même, pour soûmettre l'humeur à la raison, & la nature à la grace; Mais sur tout elle s'est signalée par sa ferveur, & l'amour à sa vocation, sa civilité, honnêteté & sa douceur envers toutes. Sa maladie a été une fluxion sur la poitrine qu'elle a porté plusieurs mois avec une admirable patience; Elle a eu le bon-heur de recevoir tous ses Sacremens avec une grande devotion, & presence d'esprit, & est decedée en l'an 1653. âgée de 34. ans, en ayant passé vingt en la sainte Religion.

Nous devons considerer comme nôtre Mere Antoinette de la Trinité a travaillé infatigablement dans la vie interieure par l'abnegation & mortification, & son application au spirituel, combien les emplois où elle s'est sanctifié ont été penibles à la nature, car outre les peines particulieres que donne l'instruction, en même tems de mort pour elle même, mais cette ame Apostolique qui avoit apris du Souverain Pasteur avec quel soin il falloit chercher les brebis égarées, ne comptoit pour rien toutes ses souffrances, pourveu qu'elle pût sanctifier & grossir le troupeau de Jesus-Christ, & a fait voir que les ames Apostoliques ne sont pas nées pour le divertissement & pour le repos, mais pour les travaux & les peines.

MAXIMES.

I. Consultez les personnes sages & éclairées, & n'ayez autre jugement que le leur; l'obeïssance, si vous ne l'empêchez pas, vous portera au Ciel sur les épaules d'autruy.

II. Ne cherchez pas un autre genre de sainteté que celuy qu'il plaît à Dieu, car quand on veut aller par un chemin qui nous a été fermé, on fait de grandes démarches, mais qui nous engagent toûjours d'autant plus dans l'égarement, qu'elles sont hors de la veritable voye.

III. Un cœur bien mortifié est libre des affections déreglées qui nous éloignent de la contemplation, & les actions exterieures nous en détournent moins que les passions interieures.

VINGT-NEUVIE'ME AOUST.

LA VENERABLE SOEUR MARIE DE LA Visitation, Gein, Religieuse Ursuline de Moulins.

Vôtre nom & vôtre honneur sera que ma volonté soit faite en vous.
En Isaïe, Chapitre 61.

LE Celeste Epoux ayant trouvé en cette fleur qui ne commençoit qu'à paroître dans le parterre de la Religion de si bonnes odeurs qu'il la ravie avant qu'elle fût bien épanoüie, n'étant âgée que de vingt-un an & demy, & de Profession quatorze mois, Dieu l'avoit avantagée d'un tres-bon esprit, & des qualités capables d'engager & d'attirer les cœurs, mais sa bonté qui vouloit la posseder uniquement, luy inspira de faire vœu d'être Religieuse avant qu'elle connût, ny qu'elle fût connüe du monde, qui luy livra bien de combats à ce sujet dans son âge plus avancé, son naturel facile & complaisant avoit besoin d'un lien aussi fort que celuy d'un vœu pour s'en défendre, & sa fidelité à la grace la rendit victorieuse de tout ce qui s'opposoit à son dessein, dont son renom & son honneur a été que la volonté de Dieu soit faite en elle. Ce fut à l'âge de dix-huit ans qu'elle prit l'habit de Religion avec un courage qui donna de l'admiration à toutes les personnes qui la connoissoient.

Nôtre Seigneur ne differa pas à luy faire éprouver que son joug est doux à à ceux qui l'aiment, il luy confirma ce rare don de pieté qu'il luy avoit communiqué dés son enfance, mais avec un tel accroissement que l'on peut dire que la priere étoit son élement ; à entendre ses preparations pour la celebrité de nos saints Mystéres on eût jugé que châcun étoit sa devotion particuliere, il est vray qu'elle avoit des tendresses toutes singulieres pour la sainte Enfance de nôtre Seigneur, & pour les sacrées personnes qui composent cette Auguste Famille ; Elle avoit des manieres d'agir avec elles qui ne sont permises qu'aux ames pures & innocentes, comme elle étoit, aussi disoit-elle ingenuément qu'elle en obtenoit tout ce qu'elle demandoit.

Il est croyable que Dieu s'est servy de nôtre Pere Saint Augustin pour luy conferer beaucoup de graces par son intercession ; étant encor fort jeune & pensionnaire dans le Couvent des Ursulines, il luy apparut intellectuellement en la figure d'un viellard venerable qui luy tendoit les bras, luy promettant sa protection ; en effet nous pouvons assurer que depuis ce tems elle a éprouvé journellement les effets de cette avantageuse promesse qu'il luy a continué jusqu'à la mort; huit jours devant elle témoigna qu'elle desiroit de mourir le jour de sa Fête ; quelques Religieuses luy ayant dit qu'il ne le falloit pas, qu'elle donneroit trop d'affaire, à cause d'une ceremonie de vêture que l'on avoit à faire ce même jour, elle repartit agreablement qu'elle ne mourroit qu'aprés que tout seroit fait, & qu'elle esperoit que Dieu luy feroit cette grace ; le tout est arrivé comme elle l'avoit souhaité.

Nôtre Seigneur luy a fait part de sa croix comme à son Epouse, il luy inspira dés son entrée en la Religion de luy demander de faire son Purgatoire en ce monde pour n'être pas retardée de sa bien-heureuse veuë au sortir de cette vie ; nous ne doutons pas qu'il ne luy ait accordé, n'ayant jamais été depuis sans douleur; elle a porté un an un abcez sans jamais se plaindre : étant un jour extrêmement pressée de la douleur qu'il luy causoit, elle eut recours à sa bonne Mere la Sainte Vierge, & prenant une sienne petite Image qu'elle avoit, elle l'envelopa reveremment dans un linge blanc, & se l'attacha proche de la partie où étoit l'abcez, la supliant avec sa confiance ordinaire, de luy obtenir de son cher Fils la guerison, veu que sans cette grace elle ne pouvoit esperer sa perseverence dans la Religion ; peu aprés l'abcez creva, & ne parut plus au dehors ; durant ce tems la paleur de son teint trahissoit son courage, & portoit les Religieuses à la soulager en tout ce que l'on pouvoit, mais ignorant la cause de cette paleur & fiévre lante qu'elle avoit presque toûjours, on luy faisoit des remedes contraires à son mal qu'elle ne déclara que peu avant sa mort, aprés sa Profession qu'elle fit avec des dispositions aussi saintes que l'on peut souhaitter; tous ses maux se rengregerent qui l'ont reduite enfin à l'extremité.

Sa patience & sa douceur dans ses souffrances faisoit le sujet des admirations de sa Religieuse Communauté, aussi bien que son zéle pour l'Institut, où elle a été employée autant que ses infirmitez le luy ont pû permettre, ne s'étant arrêté qu'à toute extremité; elle avoit un talent extraordinaire pour cét employ, son esprit engageant gagnoit sur les enfans tout ce qu'elle vouloit; elle reçeut tous ses Sacremens quatre jours avant sa mort avec une ferveur & une devotion si édifiante qu'elle donnoit envie de mourir à celles qui la voyoient; elle ne pouvoit se lasser de remercier la Communauté de la grace qu'elle luy avoit fait de la recevoir; elle renouvella ses vœux & repondit à tout avec tant de vigueur qu'on jugeât qu'elle avoit encore bien de forces, mais elles parurent toutes défaillies aprés cette sainte & derniere action de sa vie; elle n'a perdu ses sens qu'un peu avant sa mort, qui arriva l'an 1579. & a toûjours eu le jugement bon.

E'coutons aujourd'huy cette vertueuse Ursuline qui nous exhorte à son exemple de demeurer fermes dans nos bonnes resolutions. Estimons la grace que Dieu nous a fait de nôtre vocation autant que nous la devons estimer, & n'en laissons point éteindre la reconnoissance par le peu d'application que nous pourrions avoir à la conserver; apprenons neanmoins à même tems à avoir un esprit compatissant pour ceux qui ne se conservent pas dans leur premiere ferveur, & qui semblent degenerer de leur ancienne vertu. Ne brisons pas un Roseau brisé, comme il est marqué de Jesus-Christ, souhaitons, & prions que ces charbons qui s'éteignent, reprennent leur premiere chaleur; craignons pour nous mêmes le danger où nous voyons nôtre prochain, & que leur état au lieu de nous élever, nous humilie, & nous tienne dans la frayeur & le tremblement; ne soyons point comme ces esprits relachez, un sujet de division aux servantes de Dieu, mais travaillons humblement à l'ouvrage de nôtre salut, & prions Dieu qu'il nous donne quelques étincelles de ce Feu qui a brûlé dans le cœur de tant d'Illustres Ursulines, dont le nom & l'honneur a été l'accomplissement de la volonté de Dieu en elles.

MAXIMES.

I. On nous tiendra compte de nos bons desirs, si nous ne pouvons pas les reduire en effet.

II. Qu'il vous souvienne que la santé est heureusement perduë où l'on gagne de grands merites.

III. Il ne faut jamais se plaindre d'être sans employ, puisque l'on peut toûjours aimer Dieu, ce repos qui semble quelquefois inutile, donne le moyen de faire de grandes choses, & Jesus-Christ ne merita pas moins par son silence de trente ans, que par la penible journée de sa Passion.

TRENTIÈ'ME AOUST.

LA VENERABLE MERE LUCRECE DE la Presentation, de Gastineau, Religieuse Ursuline d'Avignon Lés-Royalles.

Mon esperence est toute en Dieu. Au Psal. 61.

Mademoiselle de Gastineau étoit de parens tres-considerables, bien que la Divine Providence luy tint presque toûjours lieu de Pere & de Mere, l'ayant bien-tôt rendu orpheline, & laissé entre les mains de ses Oncles ; on ne pourroit pas dire qui avoit l'avantage de son corps ou de son esprit, l'un & l'autre étant pourveus de grace & de charmes accompagnées d'un grand air, & d'une certaine fierté douce, qui portoit chacun à l'aimer & à la respecter ; elle fût assez long tems asservie à la vanité, ayant une adresse particuliere à se bien mettre, semblant même prevenir les modes du tems. Elle étoit la plus estimée dans tous les lieux où le beau Monde se fait remarquer ; mais sur tout elle excedoit en la passion d'être aimée, & avoit des complaisances pour elle-même si grandes, qu'on la pouvoit appeller l'Idole de soy-même, ainsi que dépuis sa conversion elle devint la victime de la grace.

Dans la force de son engagement au Monde, & dans la vingt-troisiéme année de son âge, un Sermon commença de la toucher, les dernieres fin de l'Homme sur lesquelles le Predicateur du Carême à Orange faisoit mille reflexions, furent les puissant motifs par lesquels Dieu l'attira, neanmoins elle avoit peine de prendre un meilleur party, craignant pour ainsi dire de vouloir quelques jours, ce qu'elle ne vouloit pas encore assez; quand elle avoit une fois resolu quelque chose rien n'en pouvoit plus empêcher l'execution, ainsi toute fatiguée d'écouter les difficultés que ses sens opposoient à son entreprise, elle rompit brusquement les liens dorez qui tenoient son cœur dans l'esclavage du Monde, & parut soudain dans une entiere reforme, jusques-là, que le Bal étant donné chez son Oncle qui étoit President en la Cour d'Orange, elle ne s'y voulut point trouver, & pour se dégager des importunités qu'on luy faisoit, elle sortit, & s'en alla chez un autre de ses parens.

Cette premiere violence ayant déja contenté le Ciel, il luy fit naître beaucoup d'occasions de vertu, & luy en inspira efficacement la pratique, de sorte que le tems de ses visites, & vains amusemens, fût changé & consacré au soulagement des malades, des Prisonniers, & des miserables ; lorsque l'on portoit le Saint Sacrement par la Ville à quelle heure que ce fût, & dans quelques occupations qu'elle se trouvât, elle l'accompagnoit avec un saint empressement, pour rendre à la veuë des Heretiques cette marque de Religion à son Souverain Seigneur.

L'envie fit beaucoup parler sur le changement de nôtre Demoiselle, & particulierement sur la simplicité de ses habits, le Monde ne pouvant souffrir de voir condamner son luxe par celle même qui l'avoit tant aimé ; elle s'entendoit blâmer hautement par ses proches, & elle même qui essuyoit ses propres repugnances, se faisoit à son tour des reproches secrets qui luy étoient infiniment plus rudes que ceux des autres ; ses combats la rendirent si seiche & si abattuë, que l'on crût qu'elle alloit devenir hectique, elle étoit pourtant resoluë malgré tous les obstacles de perseverer dans son dessein qui n'étoit encore que de démeurer dans le Monde, sans suivre les maximes du Monde, la Clôture l'empechoit de penser à être Religieuse, non qu'elle eût peine à ne point sortir, mais parce qu'aimant ses Oncles avec tendresse, & croyant devoir à leurs soins des reconnoissances éternelles, elle vouloit être en liberté pour les servir du moins en leurs maladies.

L'Illustre Sœur de Luynes avoit pour lors la conduite de la Maison de Sainte Ursule, où les filles sans être encore liées par les vœux de Religion, étoient si regulieres que chacun en étoit edifié ; il arriva qu'elle passa par Orange, & nôtre Demoiselle aprés un seul entretien avec elle, luy promit de la suivre ; Elle fit sa declaration à ses Parens, & leur fit un prompt adieu, puis elle se rendit à l'Eglise des Reverends Peres Capucins, où elle étoit attenduë de Monseigneur l'Evêque d'Orange & de la Sœur de Luynes, tous ses proches & tous ses amis luy faisant compagnie, *je suis sur le point*, disoit elle, parlant de cette separation, *de regarder en arriere, & mon cœur trop attendry à la veuë de mes Parens qui pleuroient sur moy comme sur leur Hierusalem, me pensa trahir, laissant éclatter ma douleur au déhors, mais me piquant de courage & de solidité d'esprit, je fis tant d'effort sur ma propre foiblesse qu'à peine vit-on tomber une larme de mes yeux.*

Monseigneur d'Orange ayant devant toute cette Assemblée applaudy à sa genereuse resolution, la benit & la livra entre les mains de la Sœur de Luynes comme sa chere proye, puis elle l'emmena au Pont St. Esprit, où elle fût receuë de toutes les filles de Ste. Ursule avec une joye qui repondit à celle de leur Superieure, & au merite d'une telle Compagne.

Dés le premier jour de son Noviciat on la jugea capable de tous les emplois de la Maison, en effet son talent s'étendoit à tout, & elle avoit tant de lumieres qu'il sembloit que rien ne pouvoit réüssir sans son avis ; le Noviciat dans lequel elle fut élevée, étoit comme le tombeau de la nature, ou comme le Purgatoire du Paradis de la Religion, dans lequel les ames les plus innocentes étoient de nouveau épurées par des mortifications tres-rigoureuses, mais entre toutes la Sœur de Gastineau s'y portoit d'une incomparable ferveur, & sembloit donner le deffit à ses Compagnes, les renoncemens de volonté, les violences à ses inclinations les plus naturelles, les oppositions à ses desirs les plus justes, les privations des choses les plus necessaires, enfin les plus austéres penitences qu'elle pratiquoit, jettoient déja en elle le fondement de cette mortification presque excessive, en laquelle elle s'est exercée dépuis tout le long de sa vie.

D'abord elle fut Infirmiere, elle exerça cét Office avec tant de charité que ses Sœurs s'en trouverent beaucoup soulagées dans leurs infirmitez ; elle portoit sur le visage un je ne sçay quoy de si doux, de si gay, & de si paisible, que sa veuë consoloit les plus chagrines, & luy gagnoit generalement l'amitié de toutes; plusieurs choses ne laisserent pas de luy causer de la peine, elle se sentit accablée de toutes sortes d'ennuis, toutes choses luy tournant en tentation ; jamais le Monde ne luy parut si beau qu'aprés qu'elle l'eût quitté, jamais les Compagnies ne luy semblerent si attrayantes que lors qu'elle eût fait profession de ne converser qu'avec les Anges, & jamais les plaisirs de la vie ne livrerent à ses sens des atteintes plus fortes que quand elle se fût voüée à la Croix du Sauveur ; toutes ces sortes de tentation luy coûterent beaucoup de longues veilles, & il luy fallut bien prier pour en être delivrée.

En ce tems-là un de ses Oncles étant tombé malade, envoya solliciter sa Niece de revenir à Orange l'assister, selon la promesse qu'elle luy en avoit faite en se separant de luy ; *il n'y eût rien en moy*, dit elle, *qui ne s'émût, & qui ne se rendit à une proposition si legitime ; neanmoins quelque chose m'empêchoit d'y consentir, & faisant malgré moy resistance à mes propres desirs, de sorte que je dis resolument que je ne sortirois point, m'excusant sur la maniere de vie que je venois d'embrasser.* Par là l'on void que la grace avoit déja un merveilleux empire sur cette grande ame qui avoit mis toute son esperance en Dieu.

Peu aprés elle acquiesça à sa sortie, mais par obeïssance, & pour servir l'Ordre en un nouveau établissement que l'on alloit faire à Avignon, & elle fût une des principales que la Superieure choisit pour y travailler, quoyqu'il n'y eût que trois ans qu'elle avoit été receuë à la Congregation.

Les Messieurs d'Avignon les reçurent comme les Anges Tutelaires de leurs jeunesses, aussi-tôt la parole de salut fut départie aux petits & aux pauvres, nôtre Sœur fût obligée de s'employer à l'éducation des filles, & à les dresser à la pieté, elle fit quasi des miracles dans cét employ, c'étoit si bien son talent que dans tous les autres Offices qu'elle eût, elle n'abandonna point entierement celuy-cy, même étant Superieure, elle se faisoit honneur & un plaisir d'aller enseigner quelques choses aux Classes, elles joignirent à leurs instructions accoûtumées, celle de l'Oraison mentale, donnant chaques jours sur le soir aux Dames, des points de meditation ; nôtre Sœur étoit incomparable pour cét employ, ayant une grace particuliere pour Imprimer dans les ames le bien qu'elle proposoit, & une honnêteté dans tous ses déportemens qui agreoit fort aux Personnes de qualité qui l'estimoient & la consultoient comme un oracle, & l'on ne sortoit jamais d'auprés d'elle sans en tirer de l'utilité.

Elle fût mise Maîtresse des Novices, & trouvant dans ces jeunes filles des cœurs disposés à prendre feu, elle y alluma aisément celuy qui brûloit dans le sien ; ses Maximes étoient fort Religieuses, & ses pratiques un peu severes, & mortifiantes.

Les petites Loix d'amour qu'elle prescrivoit avoient toûjours pour fondement l'abnegation & l'oraison; elle exigeoit aussi une grande dépendance & sincerité,

mais

mais aprés cela ce n'étoit que bonté, que tendreſſe, & empreſſement charitable, de ſorte qu'il falloit avoir peur de la trop aimer, plûtôt que de la craindre à l'excez.

Aprés qu'elle eut heureuſement conduit le Noviciat, il luy fallut gouverner toute la Maiſon en qualité de Superieure, étant choiſie pour cette Charge par le concours unanime de toutes les voix, alors on reconnut qu'elle poſſedoit en éminence toutes les conditions d'une habile Superieure, ſes filles n'avoient point encore d'autre obligation que celle de la volonté ſoûmiſe à la grace; la charité étoit le ſeul lien qui les uniſſoit enſemble, enfin c'étoient des juſtes qui n'ayant pas beſoin de Loy, voulurent néanmoins s'en impoſer, & imiter quantité d'autres Maiſons de Sainte Urſule, qui s'étoient déja érigées en Monaſteres; elle obtint pour ce ſujet un Bref de nôtre Saint Pere le Pape, enſuite nôtre Mere de la Preſentation fit ſolemnellement ſes vœux, & fut auſſi-tôt confirmée Superieure de ce Monaſtére où les Religieuſes commencerent un ſecond Noviciat; il y avoit déja quinze ans qu'elles étoient établies, & ſept ans que la Mere de Gaſtineau les gouvernoit.

Mais les conſiderant comme appartenantes d'avantage à JESUS-CHRIST dans ce nouveau état de Religieuſe, elle s'anima d'un nouveau zéle pour les porter de conſeil à la perfection de leur Inſtitut; elle deſiroit que l'on ſervit Dieu avec joye & liberté d'eſprit. Elle s'intereſſoit univerſellement dans toutes les œuvres de vertu, & favoriſoit tout ce qui étoit entrepris pour la gloire de Dieu; Elle procura & aida à l'établiſſement d'une Maiſon de l'Oratoire à Avignon, que l'on peut appeller veritablement ſon œuvre.

Les Dames de la Charité ayant choiſi l'Egliſe des Urſulines pour y faire leur devotion, nôtre charitable Superieure contribüoit toûjours quelque choſe avec elles pour ſoulager les pauvres honteux; quand elle apprenoit les miſeres d'autruy, elle auroit voulu ſe donner elle même pour y remedier.

Elle ſe faiſoit une joye de recevoir les avis de ſes Religieuſes pour tout ce qu'elle entreprenoit; jamais elle n'étoit plus fervente ny plus éloquente que quand elle parloit de l'humilité. On ne remarquoit point en elle de preſomption, de hauteur, ny de vanité, mais au contraire les marques d'une humilité ſi parfaite, qu'elle arrivoit juſqu'à la joye dans le mépris; quelques eſprits mal tournez firent inſulte ſur ſa conduite, une Religieuſe luy en parla afin qu'elle prit garde à elle, à qui la Mere répondit, *par la grace de mon Dieu, je n'ay pas ces défauts-là, mais nôtre Seigneur permet que l'on diſe ce qui n'eſt pas, pour confondre ce qui eſt veritable, ſi je pouvois ſçavoir qui a dit cela, je l'embraſſerois de tout mon cœur, & je luy rendrois ſervice preferablement à tout autre.*

Sa grande devotion étoit envers les états humiliants de JESUS-CHRIST; lors qu'on luy demandoit le moyen de ſe preparer pour quelque ſolemnité, *humiliez vous*, diſoit-elle, *car la grace des Myſteres ne s'obtient que par l'humilité.*

Si au ſentiment de Saint Auguſtin, une ame veritablement humble, eſt le cœur & les amours de JESUS-CHRIST, quel jugement doit-on porter de celle qui a acquis l'humilité aux dépens de ſes plus fortes inclinations, & qui eſt devenuë par grace toute autre qu'elle n'étoit par nature.

Le zéle de la justice & de la Sainteté de Dieu étoit le principe de la haine qu'elle avoit à l'égard d'elle-même ; Elle étoit l'ennemie irreconciliable du vieil homme & de la nature corrompuë, surmontant d'un courage intrepide toutes ses repugnances, & faisant des actes si violents qu'elle en pensa mourir ; en voicy un seul exemple. Son temperemment tout de feu, joint au grand travail de son esprit, la rendant fort alterée, elle se resolut par mortification de passer tout un Carême sans boire qu'une fois le jour, ce qui la reduisit bien-tôt dans une si grande seicheresse qu'elle n'en pouvoit plus ; en ce tems-là elle étoit employée à servir à la cuisine, où le feu irritant sa soif, elle passoit des nuits entieres sans dormir, la bouche ouverte, & la langue attachée au palais, & elle se disoit à elle même, comme pour s'encourager, plus que trois jours pour l'amour de Dieu, & puis encore cinq en l'honneur de la Passion du Sauveur, & ainsi de jour à autre en consideration de quelque Saint de sa devotion, elle se trouva enfin au bout du Carême, croyant être à la fin de sa vie ; elle a beaucoup de fois re'iteré cette mortification, mais elle deffendoit expressement à ses Religieuses d'endurer jamais la soif, ayant l'experience de ce cruel tourment ; En toute autre chose elle en usoit de même, voulant que la Communauté eut amplement ses necessitez, pendant qu'elle se les plaignoit, ou même s'en privoit.

Son goût étoit des plus fins & des plus delicats, & ses mets les plus mal assaisonnez par l'ordre exprés qu'elle en donnoit ; Elle ne mangeoit point de chair en certain tems, & elle avoit de saintes ruses pour ne pas paroitre en cela singuliere. La longueur de ses veilles repondant à ses abstinences, elle perçoit bien avant dans la nuit, pleurant & gemissant devant le Saint Sacrement : Elle faisoit essay des instrumens de Penitence, devant que d'en permettre l'usage ; il luy fut trouvé aprés un rang des croix, & des cœurs lardez de petits cloux, des ceintures de fer & de crain, des cilices, & des disciplines ; nous n'expliquerons pas tous ses mauvais traittemens en détail, parce que l'on peut bien juger quelle devoit être la suite & les effets de ce grand zéle qui l'armoit contre elle-même.

La voye de son Oraison étoit tres-respectueuse, elle trembloit toujours en la presence de son Dieu, nonobstant son grand amour, il falloit la tirer de force à la fin de l'Oraison pour la luy faire quitter, & bien souvent au sortir delà, elle agissoit comme une personne sans reflexion & toute transportée en Dieu. Encore que son genie fût des plus forts, elle avoit une tendresse d'enfant pour les choses saintes ; son assiduité à la priere y attiroit ses Sœurs. Les Mystéres de la Passion & du Saint Sacrement étoient comme les premiers alimens de sa grace, mais en ses dernieres années elle paroissoit toute appliquée à Jesus Enfant ; Elle a beaucoup contribué à établir cette même devotion en son Monastére, elle leur proposa de petits reglements à pratiquer du vingt-quatre au vingt cinq de chaque mois, que la Communauté accepta fort agreablement, & elle persevere à les observer avec benediction.

L'amour qui d'un côté sembloit évaporer le cœur de cette Mere en encens de devotion, le fondoit de l'autre, & le faisoit couler en or liquide de charité envers le prochain, il n'y avoit rien de plus tendre ny de plus obligeant qu'elle dans le monde & dans la Religion, c'étoit l'azile & la consolation des miserables.

Cette charitable Mere ne pouvant une fois convaincre une fille sur l'importance de ses deffauts, elle se prit à pleurer amérement, & gagna par ses larmes ce qu'elle n'avoit sçû faire par ses raisons. Vne autre fois ayant repris trop fortement une Religieuse, elle ne reposa point toute la nuit suivante, se reprochant son emportement & la peine où cette pauvre Sœur étoit encore; elle alla le lendemain matin la chercher & la consoler, car c'étoit sa coûtume d'aller toûjours au devant des personnes qui avoient eu quelque petit different avec elle, ou bien elle envoyoit quelques Sœurs de confiance, pour sçavoir leurs sentimens, & leurs expliquer les siens tout plains d'amour, afin de les mettre en repos.

Vn matin sortant de sa chambre, & trouvant une Religieuse qu'elle avoit mortifié la veille, elle l'embrassa, & la voyant rougir, *ne vous troublez point, mon enfant*, luy dit-elle, *hier au soir je vous parus bien colere, mais je vous assure qu'il n'y avoit rien moins dans mon cœur, je vous aime plus que moy même* (c'étoit son mot ordinaire) *je veux vous voir sainte, & c'est pour cela que je vous reprens*; la charité même a-t-elle un langage plus doux, plus tendre, & plus fort que cela? Elle avoit des égards & des soins tous particuliers pour celles qu'elle connoissoit luy vouloir moins de bien; une Religieuse luy en faisant quelques reproches, en eut cette reponse, *je n'ignore non plus que vous, les sentimens de ces personnes-là, mais c'est pour cela seul que je les aime davantage; quand on m'auroit crevé les yeux, je ne sçaurois m'empêcher de bien faire à toutes mes Sœurs, & mon courage me porteroit à commencer par celle qui auroit moins d'amitié pour moy.*

Aprés le Chœur l'Infirmerie étoit le lieu de la Maison qu'elle frequentoit davantage, s'y rendant presque d'heure en heure pour voir si les malades avoient tout ce qui leur étoit necessaire; il arriva une fois qu'une malade souffrit quelque petite indigence en sa nourriture; une autre le sçût, qui en avertit secretement la Superieure, laquelle à l'heure du dîné se rendit à l'Infirmerie; comme étant un peu incommodée, elle s'assit à table & remarqua la verité de ce qu'on luy venoit de dire touchant cette Sœur infirme, puis tirant l'Infirmiere à part, elle luy dit, *j'ay pris garde que ma Sœur N. ne mange point, & qu'elle n'est pas assez soignée, vous sçavez là-dessus vôtre devoir, il faut toûjours prevenir les pauvres malades; celle-cy avoit aujourd'huy sujet de se plaindre, mais elle est patiente comme un Ange, c'est ce qui qui vous doit exciter à la servir avec plus d'affection.*

Cette charité si prudente attiroit la confiance universelle de ses Filles, Elle s'est levée les nuits tres-souvent pour assister celles qu'elle entendoit se plaindre; Elle demeuroit prés de leur lit si elles ne pouvoient dormir, tâchant par tous moyens de les soulager, ou de les fortifier; Elle ordonnoit quelques fois plusieurs petits remedes à la la fois, & les Infirmieres ne sçachant par où commencer, elles luy en faisoient plainte; Elle répondit, *Mon Dieu, c'est qu'il m'est impossible de voir souffrir personne, si vous n'étes pas assez à l'Infirmerie, appellez toutes celles de la Maison, on ne peut jamais se trop empresser pour soulager les malades.* Lors qu'une malade commençoit à se remettre & à sortir de l'Infirmerie, elle s'appliquoit à voir comme on la traiteroit, & generalement elle étoit si soigneuse de pourvoir à tous les besoins, que même afin que rien n'échappât à sa connoissance, elle baisoit les pieds des Religieuses pendant le dîné au commencement des saisons, à dessein de voir si elles étoient bien chauffées ; Elle trouva une fois en faisant sa visite des celules, une couverture usée à une des Novices, & elle la changea avec la sienne propre ; Elle faisoit ainsi des autres hardes, se dépoüillant de tout pour se revêtir de la seule charité.

Dieu voulant recompenser son zéle, luy faisoit goûter sur la fin de sa vie le fruit de ses travaux, par l'heureux progrez de ces Religieuses; nos Sœurs (disoit-elle) sont toutes des Anges, elles se portent de consert au bien, elles aiment la priere, elles veulent être inconnuës au monde, ô ! que j'en ay de joye !

En la seconde année de son dernier Triannal ses jours ayant été pesez au poids du Sanctuaire, furent trouvés plains devant le Seigneur; Le vingt-neufviéme d'Aoust elle communia, bien qu'elle eût été indisposée toute la nuit, & aprés l'Oraison du soir elle s'arrêta pendant le soûper à exhorter une Religieuse pour luy aider à bien porter une peine selon l'Ordre Divin ; Elle entra ensuite au Refectoir, comme la Communauté en alloit sortir, alors elle entendit jetter du matrain d'une chambre fort haute que l'on nettoyoit, aprés y avoir massonné, & dans la crainte que quelque Religieuse n'en fût blessée, elle sortit promptement pour crier que que l'on cessât, mais au même instant une pierre tomba sur sa tête, & luy donna un coup mortel ; cét accident fit accourir toutes les Religieuses qui la trouverent étenduë sur la terre, les bras croisez sur sa poitrine, toute beignée en son sang, sans parole & sans aucun mouvement ; cela causa une consternation que l'on se peut imaginer, mais non pas expliquer ; tous les Medecins & Chirurgiens furent appellés, lesquels aprés avoir veu sa playe, dirent en pleurant avec les Religieuses que c'étoit fait de sa vie, neanmoins pour entiere satisfaction, on luy fit le trépan, & tous les autres suplices qui tiennent lieu de remêdes en cette douleureuse conjoncture ; depuis sa chûte elle ne donna aucun signe de vie, que par des suffocations tres-grandes, & on luy donna ce même soir l'Extreme-Onction, le lendemain elle agonisa, & le Vendredy 30. d'Aoust l'an 1657. elle rendit son ame à Dieu, âgée de 63. ans, dont elle en avoit passé prés de 40. à son service. Elle avoit été quinze ans Superieure.

Une si belle vie qui s'étoit toute consommée dans les plus violens exercices de la mortification, sembloit en quelque façon, ne devoir pas finir par une mort violente ; rien ne pût consoler ses cheres filles, que de dire, *le Seigneur en a disposé à son gré*. Elle fut enterrée avec beaucoup de solemnité & de larmes. Le Reverend Pere Bouchard de l'Oratoire qui l'avoit particulierement conduit, assura qu'elle avoit servy Dieu avec un tres-grand désinteressement ; qu'elle avoit été une des signalées filles d'Oraison de ce dernier siecle, & que sa pieté étoit tres-solide.

MAXIMES.

I. Servez Dieu avec joye & liberté d'esprit, je ne veux point de ces filles timides & chagrines qui s'inquietent de tout ; j'aime les ames genereuses, les humeurs gayes, qui sçavent se divertir & faire divertir les autres au tems qu'il faut.

II. Je ne voudrois jamais penser à tout ce que j'ay été en Adam, que pour le déplorer avec des larmes de sang ; les idées de ma vie passée me couvrent de confusion & de crainte devant Dieu.

III. Nous devons toûjours être armés de ce glaive de l'Evangile, qui divise l'esprit d'avec l'ame, & ne faire jamais ny paix ny treve avec l'amour propre, surmontant d'un courage intrepide toutes les repugnances.

IV. Donnez-moy une fille qui se veüille humilier, & je la rendray parfaite en trois jours.

V. O ! que c'est une chose étrange d'être humiliée de la main de Dieu, pour n'avoir pas voulu s'humilier soy-même, j'ay veu des ames qui n'ont jamais ôsé lever la tête, aprés ces sortes d'humiliations.

VI. Il vaut mieux s'occuper, & même s'ennuyer auprés de Dieu, que de se divertir ailleurs.

VII. Prevenez toûjours les pauvres malades, & ayez un grand soin pour prevoir, & leur donner tous leurs besoins.

VIII. Lors qu'il me faut porter quelques tristes nouvelles, j'ay besoin d'aller demander du courage à nôtre bon Dieu, car j'en suis aussi touchée que si elles étoient arrivées à moy-même.

IX. Mes Filles, je vous porte tellement dans mon cœur, que si vous aviez besoin de mon sang, je vous le donnerois volontiers, je demande sans cesse à nôtre Seigneur qu'il vous communique plus de graces qu'à moy, qu'il me châtie de vos fautes, pour vous faire misericorde; mais aussi aprés cela, si vous n'étes toutes saintes, je vous accuseray au jugement de mon Dieu, & me plaindray de vôtre ingratitude.

TRENTIE'ME AOUST.

LA VENERABLE MERE CATHERINE de Saint Joseph, de Moüte, Religieuse Ursuline de Pertuis.

Ils affligent, Seigneur, celle que vous affligez, & ils ajoûtent de nouvelles douleurs à celles des playes que vous me faites. Job.

Dés que les Meres d'Aix furent arrivées à Pertuis, pour y éablir un Monastére d'Ursulines, le Seigneur toucha le cœur de Mademoiselle de Moûte, & quoy qu'elle fût dans le grand Monde, il n'eût pas le pouvoir de l'arrêter, & comme elle étoit sa Maîtresse, sans délay, le jour de la Presentation de la Sainte Vierge elle vint se presenter pour être receuë au temple de la Religion, ce qui se fit avec une reciproque joye & satisfaction de part & d'autre, & fût la premiere pierre de cét édifice spirituel; dés le moment de son entrée Dieu fit connoître qu'il la menoit sur la Montagne du Calvaire pour y être immolée, ayant toûjours tenu une voye de rigueur sur elle; tout concouroit au dessein de Dieu, son humeur, son naturel & plusieurs occasions qui luy arriverent, auxquelles sa fidelité se faisoit paroître.

L'esprit de pieté dont elle étoit doüée, animoit toutes ses actions, se trouvant toûjours la premiere à tous les exercices, n'ayant jamais ômis ses Oraisons, & ses actions de graces aprés la Sainte Communion, quelques emplois qu'elle eût, ayant été long tems Dépositaire, & même dans le tems des Bâtimens où il y avoit beaucoup d'ouvriers, elle eut veillé toute la nuit plûtôt que de manquer à satisfaire à ses obligations.

Elle ne possedoit pas moins le don d'Oraison, que celuy de pieté; on la veuë passer la veille de Noël dépuis huit heures du soir jusqu'à dix heures du matin sans bouger d'une place, hors le tems des Offices toûjours à genoux; dans ses retraites annüelles elle passoit les huit heures à genoux immobile, ce qui imprimoit une grande estime pour elle.

Sa devotion envers le Saint Sacrement étoit fort grande; elle avoit une faim de ce Pain celeste, & auroit volontiers Communié tous les jours; le grand amour qu'elle avoit pour Jesus Christ, luy inspiroit de saints transports pour sa sainte Mere, elle en parloit avec un grand amour qui luy donnoit une sainte confiance, ne l'appellant jamais que du nom de sa bonne Mere, laquelle ne luy avoit jamais rien refusé de tout ce qu'elle luy demandoit; on la voyoit fondre en larmes à ses pieds, s'il luy arrivoit quelques sujets de peine, elle luy alloit faire

La V. Mere Catherine de S. Ioseph, de Moute.

ses amoureuses plaintes, & quelquefois si haut que l'on entendoit ses paroles. Elle en faisoit de même à Saint Joseph, pour qui elle avoit une singuliere devotion; la veille de l'Assomption de la Sainte Vierge elle veilloit toute la nuit pour honorer le triomphe de sa Souveraine Princesse; elle disoit journellement le Rosaire, pour offrir à cette Mere d'amour sa Communauté, pour les interêts de laquelle elle se seroit sacrifiée, n'ayant égard à rien, du moins où il s'agissoit de son avantage, elle étoit capable de toutes les fonctions de la Religion; la Providence permit qu'elle fût envoyée à Apt pour y remplir la Charge de Superieure, dont elle s'acquita tres-dignement.

Madame la Marquise de Bœuf fille de Monsieur le Comte de Grignan avoit une entiere confiance en elle, & la regardoit comme sa Mere, c'étoit tout son conseil, & à sa consideration, elle a toûjours protegé les Religieuses d'Aups.

Dans le tems qu'elle fût portiere elle convertit des Femmes perduës, Dieu luy avoit donné des graces efficaces pour luy gagner les ames. Une jeune Demoiselle qui étoit dans un fort engagement dans le Monde, se convertit entierement à Dieu, & qui a été d'un exemple merveilleux a plusieurs autres, qui ont augmenté en la pratique de la vertu par la force de ses paroles.

Sa vertu étoit tres-solide, ce qui paroissoit en toutes sortes d'occasions, elle sçavoit si bien se maîtriser, que si quelquefois elle s'échapoit en quelques paroles ou action, elle s'en punissoit aussi-tôt, jusques-là que de se mettre du fumier dans la bouche où elle sentoit remüer les vers; elle avoit passé par l'épreuve de plusieurs tentations qu'elle avoit surmonté courageusement; sa conscience étoit si timorée, que la moindre ombre de l'imperfection la faisoit trembler, l'on peut dire par son propre aveu qu'elle n'a jamais menty volontairement.

Dans l'Octave de l'Assomption en l'an 1612, elle pressa extraordinairement sa Superieure de luy laisser faire sa retraite annuelle; les chaleurs étant extrêmement violentes, faisoient trouver quelques difficultez à son dessein, mais il falut ceder à son ardeur; enfin elle y entra avec une ferveur admirable, & un si grand recüeillement qu'elle ne parla à personne qu'à son Directeur, elle passoit les recreations à chanter le *Magnificat*; au sortir de cette solitude, on la vit dans une extraordinaire reflexion, & dans un si bas sentiment d'elle-même que souvent elle disoit n'avoir rien de Religieux que l'habit, aussi s'approchoit-elle de sa fin, & Jesus-Christ, & sa Sainte Mere la disposoient sans qu'elle en sçeût rien. Le 30. d'Aoust aprés avoir passé tout le jour en parfaite santé, & assisté à tous les exercices, au sortir des Vêpres entrant en sa Chambre, elle fût saisie d'une Apoplexie qui ne luy donna qu'un moment pour dire de tout son cœur à voix haute, *mon Dieu, je le veux*, & perdit la parole, & le sentiment; elle reçeut l'Extreme-Onction, & rendit sa belle ame à son Createur à six heures du même soir, un Mercredy jour dedié a St. Joseph. Il y a une personne digne de foy qui a assuré l'avoir veuë en gloire quelque tems aprés sa Mort.

Son Directeur Monsieur Cabassut Prêtre de l'Oratoire l'ayant appris, écrit à la Superieure des Ursulines de la Presentation de Pertuis la Lettre suivante, que j'ay crû devoir mettre icy pour un Autentique de la vertu de nôtre Défunte.

MA' REVERENDE MERE,

„ La grace de JESUS-CHRIST nôtre Seigneur soit avec vous à jamais ; cette
„ ame qui vient d'achever la course de son Pelerinage mortel, m'étant beaucoup
„ precieuse devant Dieu, lequel voulant toûjours de plus en plus la purifier &
„ perfectionner, l'a conduit par la voye des grandes souffrances presque conti-
„ nuelles ; ses souffrances étoient surnaturelles, Divines, & tres-rigoureuses,
„ que Dieu imprimoit sur son ame en diverses manieres, tantôt par des te-
„ nebres & des delaissements étranges, dans l'intention de l'humilier, & pur-
„ ger fortement de toute tâche d'amour propre, de telle sorte qu'elle ne pouvoit
„ recevoir du soulagement, ny appuis d'aucun être creé, ny même de l'être
„ Divin & increé qui sembloit la rejetter & abandonner d'une façon si desolante,
„ & si affligeante que nulle parole n'en pourroit exprimer la rigueur, tantôt
„ Dieu par sesdelaissemens & impressions penibles, vouloit honorer en elle par
„ imitation les langueurs & delaissemens de son Fls au jour de sa Passion. C'est
„ dans cét état qu'elle pouvoit dire, *ils affligent Seigneur, celle que vous afligés*,
„ &c. Car ses impressions de peines n'étoient pas toutes Divines, il y en avoit
„ quelquefois de malignes, Dieu permettant à Satan ainsi qu'il avoit permis
„ en la personne de Job, de troubler & affliger son ame par des douleurs corpo-
„ relles, mais sur tout par des frayeurs en son ame.

„ C'étoit chose admirable de voir de quelle soûmission, silence & acquiesce-
„ ment à la volonté de Dieu, elle portoit toutes ses peines, ses tenebres, &
„ delaissemens, sans aucun soulagement, ny lumiere, ny discernement, ny
„ consolation aucune ; Dieu agreoit pourtant que je luy servisse d'Ange conso-
„ lateur. Par fois dans ses grandes peines elle cherchoit ce soulagement par le
„ desir (que Dieu ne l'empêchoit pas d'avoir) de mes lettres, dont elle temoi-
„ gnoit qu'elle recevoit de la force & du courage.

„ Dieu quelquefois interrompoit, mais pour peu de tems ses grandes peines,
„ par des consolations qu'il versoit dans son ame, mais avec tant de profusion,
„ que la pauvre nature n'en pouvoit pas supporter le poids, & en étoit comme
„ accablée ; ce qui est arrivé à quelques Saints, comme à Saint Xavier, & à
„ Saint Philipe de Nery, & autres. Je sçay une ame qui est maintenant au
„ Ciel, qui dans quelques maladies recouvroit tout d'un coup la santé, & les
„ forces par l'infusion de telle joye interieure, celle-cy aucontraire, par la sur-
„ abondance de telle joye que la nature n'étoit pas capable de soûtenir, & qui
„ surpassoit toutes les joyes sensibles de la terre, en étoit par fois devenuë ma-
„ lade. Dieu par son admirable conseil, se servoit des souffrances de cette sienne
„ E'pouse pour soulager & delivrer des ames du Purgatoire, qui plusieurs fois
„ luy ont apparu visiblement pour être par elle soulagées ; il y en a eu par fois
„ qu'elle n'avoit pas connües au monde, & dont j'avois connu le déportement
„ quand elles étoient en cette vie, qui luy ont apparu, & fait connoître leurs

peines

peines. Elle avoit coûtume par mon conseil, d'appliquer les peines extraordinaires pour leur delivrance, je sçay qu'elle a été quelquefois transportée en esprit dans le Purgatoire où elle a veu des choses étranges, & des peines épouventables, tant il est vray que Dieu a voulu se servir d'elle, de sa charité, & de ses excessives peines pour le secours de ces ames souffrantes, & hâter leur entrée dans le Ciel.

Je suis certain qu'elle n'étoit rien moins que visionnaire, & que son ame tres-pure étoit tres-élevée par dessus ces bas amusemens & imaginations; mais il faut icy finir pour adorer les conseils de la conduite du Divin E'poux sur cette ame choisie, & nous exciter à l'imitation de ses vertus.

Je suis en JESUS, & sa Sainte Mere,

Vôtre tres-affectionné à vous servir,
CABASSUT Prêtre de l'Oratoire.

Telle a été la vie & la mort de cette vertueuse Ursuline; Elle n'a eu aucune complaisance pour les creatures; ses vertus luy ont attiré l'envie de l'ennemy du salut, de maniere qu'elle a pû dire, *ils affligent, Seigneur, celle que vous affligés, & ils ajoûtent de nouvelles douleurs à celles des playes que vous me faites.* Il y a peu peu d'ames qui ayent pratiqué plus exactement par une patience invincible, & par une charité sincere, la doctrine de la Croix, qu'elle enseignoit si souvent; sa vie a été une preuve vivante de la verité de ces paroles, & sa mort a été une digne couronne de sa vie.

MAXIMES.

I. L'avantage que l'on tire d'operer par la foy, est que plus l'ame est dépoüillée de lumieres, de veuës, de sentimens, & de douceurs, la foy en est beaucoup plus forte, & en contracte une fermeté qui rend l'ame inébranlable.

II. Voyez que les belles connoissances dissipent beaucoup les ombres de la foy, les vives apprehensions rendent la créance moins soûmise, les douceurs luy ôtent cét esprit, qui n'experimentoit rien & qui croyoit tout sans experience; les sentimens luy dérobent presque tout son employ, faisant le principe de nos actions, de sorte que la foy est bien moins pure par ses dispositions agreables, & ses operations sont bien moins élevées.

III. Jamais la foy n'est plus forte dans ses operations que lorsque l'ame est toute denüée de lumiere, de consolation & de sentimens; jamais vous ne faites rien de plus heroïque dans la vertu, & de plus digne de Dieu, que lors qu'elle vous fait agir dans les dispositions suivantes.

IV. Renonçons donc à toutes ses impressions brillantes & sensibles, si Dieu en ordonne autrement, puisque par là se pert la grande pureté & l'éminence de la foy, & que par là on opere d'une maniere moins parfaite.

V. Aimez tendrement la pauvreté de tous ces agreables biens, laquelle vous rend capable de faire quelque chose de plus grand pour Dieu, acceptés volontiers d'être stupide & aveugle toute vôtre vie, puisque vous en serez, étant soûtenuë de la pure foy, plus invicible & plus forte dans la vertu.

Trentie'me Aoust.

LA VENERABLE MERE LOUISE MARIE de Jesus-Christ, de Montbeſon, Religieuſe Urſuline de Saint Jean de Loone.

Je vous épouſeray dans la foy, je vous épouſeray pour jamais.
Oſée, Chapitre 2.

Cette vertueuſe fille fit paroître la grandeur de ſon ame dans la maniere genereuſe avec laquelle elle quitta le monde, en mépriſant les avantages de ſa naiſſance, & triomphant au Baillage de Saint Iean de Loone, & au Parlement de Dijon & de Paris, des tendreſſes d'une Mere paſſionnée pour ſa fille ; ce fût elle qui ſe deffendit en tous ces lieux en ſon habit de Novice, des mouvemens de la nature, des raiſons d'une Mere, & des ſubtilités du Barreau ; mais l'eſprit dont elle étoit remplie, la confirma d'une telle maniere dans ſa vocation, qu'elle ſortit victorieuſe de tous ces embarras avec éclat. Et c'eſt dans cét état glorieux que ſon Divin Epoux luy diſoit, *je vous épouſeray dans la Foy, je vous épouſeray pour jamais*: oüy ſainte Amante, vôtre conſtance merite que je vous épouſe dans le tems par la foy, & que je vous épouſe pour jamais dans l'eternité.

C'eſt cette grace qui avoit pris ſoin de ſon éducation dés le berceau, & qui l'avoit fait reſoudre à ſe conſacrer à Dieu dans une Maiſon Religieuſe, auſſi pauvre qu'étoit celle des Vrſulines de Saint Jean de Loone dans ſa naiſſance ; cette pauvreté ne la rebuta point, quoy qu'elle fût d'une complexion fort délicate. A l'âge de dix ans elle pria Madame de la Rochette ſa Tante de l'y conduire ; elle y attendit avec une ſainte impatience l'âge d'y pouvoir recevoir le St. Habit de Religion.

Dans tout ce tems ſa gravité, ſa prudence, ſa douceur, & ſa conduite s'y faiſoient admirer également, il n'y avoit point d'enfance en ſes manieres de converſer ; il ſembloit qu'elle voyoit écrites devant ſes yeux toutes les Régles de la Religion, pour s'y aſſujettir. Reconnoiſſant dans le nom que la Religion luy avoit donné, qu'elle étoit dévoüée à honorer la Sainte Vierge, & à perſeverer dans la devotion qu'elle avoit ſuccé avec le lait, pour la Mere de Dieu, elle inventa des addreſſes des plus particulieres pour l'honorer ; elle l'avoit toûjours dans ſa penſée, ne parloit que de ſes biens-faits, ne s'entretenoit que de ſes vertus, inſpiroit à un chacun de la confiance pour cette Divine Mere, & par un ſurcrois de zéle & une induſtrie toute inocente, elle gravoit dans ſa plus tendre jenneſſe avec la pointe d'un ganif ſur ſa main le nom de Marie, afin de mieux rendre à ce nom Myſterieux ſa veneration dans tous les momens de ſa vie.

Mais Dieu qui ne vouloit pas que le merite de cette vertueuse fille fût caché aux yeux des gens du siecle, voulut le faire éclater, en permettant que sa vocation fût traversée comme nous avons déja dit, par les interêts humains d'une Mere affligée; il voulut qu'elle triomphât devant ces Juges de la chair & du Sang; elle se vit conduire devant eux comme une victime innocente, mais elle ne rougit point de l'Evangile, puisqu'elle soûtint hautement dans son habit de Religieuse, la forte resolution qu'elle avoit prise de se consacrer à Dieu par sa profession, & toute victorieuse de l'amour maternel, elle retourna dans sa pauvre Maison, aprés six mois d'absence elle r'entra dans le Noviciat avec une consolation qui ne se peut exprimer. La grace de Dieu la mit en état de faire le sacrifice qu'elle avoit tant souhaité; si-tôt qu'elle eût fait profession, elle s'attacha de plus fort à Dieu; on la vit croître de vertu en vertu; son amour à la Ste. Vierge s'embrasa encore de plus fort; elle consacra tous les momens de sa vie à l'honorer, elle jeûnoit à son honneur tous les Samedys, & les veilles de ses Fêtes. La violence d'une fiévre quarte qu'elle eut pendant onze mois, ne la retint point de jeûner sept jours au pain & à l'eau; elle ne se contentoit pas de cette pratique, elle luy offroit à ces jours mille *Ave Maria*, sans se dispenser du Rosaire qu'elle luy a recité tous les jours de sa vie; elle prenoit soin d'orner ses Images, d'entretenir les Lampes devant ses Autels, & de faire brûler des parfums qui exhaloient des odeurs qui montoient jusques au Trône de son adorable Princesse: elle a composé des pratiques de devotion pour tous les jours de l'année; il ne se pouvoit rien ajoûter à l'amour tendre, filial, & respectueux qu'elle avoit pour MARIE; elle s'appelloit son esclave, & cét amour étoit accompagné d'un si grand zéle, qu'elle disoit souvent, *plût à Dieu que je pusse faire connoître la Ste. Vierge par tous les endroits de la terre, sur tout dans la pureté de son immaculée Conception.* C'étoit le Mystére de sa devotion pour qui elle auroit donné son sang jusqu'à la derniere goûte pour en soûtenir la verité. Tous ces grands attachemens au service de la Mere de Dieu, luy meriterent toutes les grandes communications qu'elle a eu avec elle, & les écoulemens des graces dont plusieurs de sa Communauté ont été témoins.

Sa devotion étoit solide, exempte d'illusions, d'une liberté Chrêtienne, franche, & sans façon; elle la conservoit au milieu des occupations & des charges qu'elle a eu dans la Religion, où elle faisoit en même tems les offices de Marthe & de Madelaine, retenant son ame dans la solitude pendant qu'elle étoit obligée de paroître au dehors, ce qu'elle ne faisoit que pour des choses purement necessaires: Elle trouvoit de la douceur dans le silence; elle faisoit conscience de dire la moindre parole inutile, il y avoit toûjours à profiter dans sa conversation, son humeur n'étoit point austére ny chagrine, elle étoit d'un naturel doux & paisible.

Comme elle étoit devoüée à la Mere de JESUS, elle a voulu l'imiter dans la vertu qu'elle a plus pratiqué; elle a caché comme elle dans un esprit d'humilité toutes ses vertus; elle usoit de tant de ménagement dans ses devotes pratiques, qu'il a fallu des addresses particulieres pour les découvrir; néanmoins elle n'a pû si bien faire pour mener une vie cachée, que l'on n'ait vû sortir de son cœur, comme des rayons d'une grace extraordinaire. Plusieurs de nos Monastéres, où elle a demeuré, rendent témoignage de cette verité, & la confideration que Monfeigneur de Langres, & Monfieur l'Abbé de Sainte Marguerite fon Superieur, ont toûjours eû pour elle, fait bien voir qu'elle étoit d'un rare merite; c'eft ce qui fit qu'ils l'envoyerent Superieure à Muffi-l'Evêque, elle y a demeuré trois ans, & retourna en fon Monaftére. Elle a été fix ans Superieure, trois ans Affiftante, & douze ans Maîtreffe des Novices ; c'eft dans ce dernier Office où Dieu l'a appellé pour la recompenfer du defir qu'elle avoit au milieu de tous fes emplois du Cloître, de fe rendre inconnüe à tout le monde, pour être mieux connuë à fon Dieu; fi elle fe cachoit par fon humilité, fon zéle & fa bonne conduite découvroient affez fon merite, puifque c'eft une chofe admirable avec quelle douceur, avec quelle charité elle a gouverné fa Communauté, avec quel refpect elle a affifté & obey à fes Superieures, avec quel foin elle a élevé fes Novices, elle les portoit toutes à Dieu par la voye de douceur & d'amour; fon Noviciat étoit le fejour de l'innocence, la devotion à la Vierge & la mortification des fens étoient les fruits dont fe nourriffoient ces ames choifies : prefque toute fa Communauté luy eft obligée de fon éducation en la vie Religieufe, toutes avoüent qu'elle avoit un zéle extraordinaire pour les avancer à la perfection, qu'elle n'y épargnoit rien, & que jufqu'à fa mort elle a travaillé de concert avec Dieu pour les porter à l'exercice de leurs Régles, tant par fa fidelité à les pratiquer, que par fon humilité qui étoit accompagnée de tant de gravité & de modeftie, que fes jeunes Religieufes avoient pour elle un tres-grand refpect. Sa maladie a été une diffenterie & une fiévre continuë qui l'a enlevé dans l'onziéme de fa maladie l'an 1683. âgée de 45. ans & de Religion 28. Ses douleurs étoient extremes, fa patience à les fouffrir étoit inconcevable ; fa mort fût tranquille, fa douceur parut jufqu'au dernier moment fur fon vifage, ce moment terrible ne troubla point fa belle ame ; elle expira heureufement fur le cœur de Marie qu'elle avoit fi fouvent invité à fe trouver à fon départ de cette vie, étant munie des Sacremens de l'Eglife, & foutenüe de la protection amoureufe de fa bonne Mere, qui aura recompenfé fon zéle & fes fervices dans la beatitude éternelle.

MAXIMES.

I. Une ame qui n'agit pas par la pure foy, & qui n'eft animée à la perfection que par des difpofitions fenfibles, fi les lumieres viennent à s'obfcurcir, fi les apprehenfions fe rafroidiffent, fi fes douceurs l'abandonnent, fi fes fentimens font éteints, elle changera auffi vite que fes difpofitions, parce qu'elle s'appuyoit fur un fond incertain ; & vous la verrés auffi languiffante, & auffi abbatuë qu'elle étoit fervente, lors qu'elle étoit pleine de fes douceurs, & de fes fenfibles operations de la grace.

II. Quand la feule & pure foy l'applique aux actions de vertus, vous voyez cette ame toûjours forte, toûjours égale, & fans changement, parce qu'elle s'établit fur un principe qui ne change jamais.

III. Cette maniere d'operer par efprit de foy fimple, & toute nuë, quand on travaille à sa perfection, est le bonheur consommé de l'ame, elle ne void rien, elle ne goûte rien, il est vray, elle est dans une nudité extême, mais aussi elle est en échange toute pleine de Dieu, & ne l'est que de Dieu; son dépoüillement est comme recompensé par la substitution de Dieu même, qui se met seul en la place des choses qu'elle n'a pas.

IV. Ah! que je suis heureuse dans le dépoüillement universel de toutes les choses sensibles, n'étant soutenuë que de la pure foy pour aller à la perfection, & à mon Dieu; hé! que cette voye est pour moy precieuse, où étant denué de tout, je rencontre une divine plenitude, & je puis dire que Dieu seul est ma lumiere, Dieu seul est ma douceur, Dieu seul est mon ardeur, Dieu seul est mon sentiment, c'est ainsi que Dieu seul est ma plenitude, & que la foy m'ôtant tout, me donne tout.

TRENTIE'ME AOUST.

LA VENERABLE SOEUR ISABEAU DE Saint Augustin, Tardy, Religieuse Ursuline d'Argental, en Forest.

La connoissance enfle le cœur, & est souvent contraire à la perfection; mais la charité édifie. Saint Paul aux Corinthiens, 18.

CEtte vertueuse Ursuline avoit un riche naturel, & étoit si docile envers ses Superieures, que l'on ne luy a jamais oüy faire une replique à l'obeïssance. La pratique de la pauvreté étoit ses delices, elle sembloit être morte pour tous les biens de ce monde, ne voulant que son Divin E'poux, & la Croix, se souvenant des paroles du grand Apôtre, *que la connoissance enfle le cœur*, étant souvent contraire à la perfection; c'est pourquoy elle ne vouloit sçavoir que Jesus-Christ crucifié; *Mais la charité édifie.* C'est aussi la vertu où elle s'est attachée, car son amour pour Dieu la portoit avec ardeur à tout ce qui tendoit à son service, & sa charité vers le prochain, faisoit qu'elle le prevenoit de tous les services qu'elle pouvoit luy rendre & de jour & de nuit; car si elle entendoit plaindre quelques unes de ses Sœurs, elle se levoit promptement pour les soulager. Elle prioit les Officieres de souffrir qu'elle portât de l'eau & du bois à la cuisine, & de l'avertir lors qu'on auroit besoin de quelques services, & ce qui la rendoit plus remarquable étoit qu'elle étoit une fille de qualité & fort delicate.

Son zele pour l'Institut faisoit qu'elle s'employoit avec grande ferveur à l'instruction de la jeunesse, & quoy qu'elle fût jeune d'âge, & de Religion, elle y a été employée plusieurs années de suite, & lors qu'elle fût atteinte de sa derniere maladie, sa plus grande peine étoit de ne pouvoir plus vaquer à ce saint Exercice; Elle fit paroître une tres grande patience à souffrir tous ses maux, & telle que les Medecins l'admiroient.

Enfin à la vingtiéme année de son âge Dieu l'appella à soy, en ayant passé sept dans la Religion avec tant d'édification, qu'il est tres-difficile d'exprimer toutes les pratiques de vertus que l'on en a remarqué; seulement nous dirons qu'elle étoit tres-mortifiée & tres-exacte à l'observance de toutes les Régles. Elle deceda le 30. Aoust 1647.

On voit aujourd'huy un modéle achevé pour les Filles de qualité, lesquelles doivent voir combien leur vie est peu conforme à celle de cette sainte ame, qu'elles jettent les yeux sur ses vertus; elle gouvernoit la jeunesse avec une prudence qui la faisoit admirer; elle aimoit ses filles avec une tendresse réglée par la grace, qui ne luy faisoit chercher en elles que Dieu seul; Elle gagnoit leurs cœurs & ceux de ses Sœurs par la solidité de sa sagesse: Elle gardoit dans toutes ses actions une douceur qui la faisoit aimer de tout le monde. Elle avoit cela d'admirable qu'elle ne se negligeoit pas elle-même, mais que sans se reposer lâchement sur les actions de charité qu'elle faisoit au dehors, elle veilloit avant toute chose à tout ce qui regardoit son ame, & la pureté de sa conscience. Elle voyoit qu'encore qu'elle témoignât à Dieu qu'elle desiroit se sauver, en faisant beaucoup de bonnes œuvres exterieures, elle ne devoit pas laisser néanmoins de s'appliquer principalement à régler son cœur, & à le purifier de tout ce qui pourroit y déplaire aux yeux de Dieu, c'est ce à quoy elle s'est appliqué. Imités-la.

MAXIMES.

I. Dieu n'est point beauté, il n'est point douceur, il n'est point lumiere; il est tout cela & rien de tout cela en particulier, mais il est tout esprit; c'est donc cét esprit tout pur, à l'union duquel la foy invite l'ame, l'ayant auparavant toute purifié elle-même.

II. La maniere d'agir dans l'esprit de foy, est une voye par laquelle Dieu a coûtume de faire marcher les ames qu'il destine à une éminente Sainteté. *Elle marcha dans la force du pain qu'elle avoit mangé jusqu'à la Montagne de Dieu.* Cette maniere d'agir dans le pur esprit de foy, est proprement ce Pain Celeste, ce Pain des forts, dont la nourriture donne à l'ame tant de vigueur & de force, qu'elle monte facilement jusqu'à cette Divine Montagne de l'union, au dessus de tous les bruits qui se passent dans la region inferieure, & dont tous les autres états sont capables.

III. L'état de l'esprit de foy, est une voye de croix toute pure, toutes les autres voyes penibles & desolentes ne laissent pas d'être souvent adoucies de quelque consolation qui n'est pas incompatible avec elles; mais celle de la foy toute pure, dés qu'on la met dans cette pureté, on la dégage tellement de tout, que l'esprit qui en souffre la peine ne reçoit rien de quelque part que ce soit, qui le puisse consoler.

IV. C'est une voye de paix parfaite, la paix n'est jamais parfaite pendant qu'elle est capable d'être alterée, parce que tout ce qui peut laisser à l'ame quelque crainte de perdre son bien, ne luy laisse aussi qu'une possession bien imparfaite ; mais la paix que l'état de simple foy donne à la conscience, est si solide qu'elle ne peut être ébranlée d'aucune part ; car que peut-elle craindre qui luy soit ôté ? Qu'on ôte aux autres leurs lumieres & leurs douceurs, elles en sont toutes troublées ; mais dans cette voye de pure foy, l'ame n'ayant que Dieu tout pur, c'est ce qui ne luy peut être ravy par tous les efforts de ses ennemis, & c'est ce qui rend sa paix inalterable.

V. La modestie est une juste constante moderation de tout l'exterieur, qui n'est pas moins efficace pour calmer ses passions qu'elle a de douceur & de facilité. Si vous cherchez les moyens de vous sacrifier, il ne faut point tant rafiner, soyez incessemment modeste, & vous ferez de vous une hostie toûjours vivante à Dieu ; car est-il rien qui nous fasse mourir comme la captivité ? est-il rien qui captive comme la modestie, qui ne laisse pas la liberté d'un propre mouvement qui ne soit conduit avec toute la justesse.

TRENTE-UNIE'ME AOUST.

LA VENERABLE SOEUR MARGUERITE Augustine de la Misericorde, Adrian, Religieuse Ursuline de Pontoise.

Elle est tres-digne d'être dans la memoire & dans le tendre souvenir de toutes les bonnes ames. Au deuxième des Machab. Chap. 7.

CEtte fille porta le doux nom de la misericorde, en consideration de la grace qu'on luy faisoit de la recevoir dans un état de foiblesse, & d'infirmité notable ; la force de sa vocation, sa ferveur, & son humilité, ayant vaincu les Religieuses, elle y fit profession, & se rendit singulierement remarquable en l'obeïssance universelle, & aveugle, de sorte que par épreuve on luy ordonnoit par fois des choses apparemment ridicules qu'elle accomplissoit avec simplicité ; sa pratique ordinaire étoit de se dénier toutes sortes de satisfaction, & pour ce sujet elle cachoit ses incommoditez afin d'éviter d'en être soulagée ; elle donna long-tems des marques de sa charité dans l'Office d'Infirmiere qu'elle exerçoit avec assiduité, prudence, & égalité, si non qu'elle usoit de preference avec les Religieuses les plus necessiteuses, & plus delaissées ; elle aimoit tant nôtre Seigneur qu'elle contentoit l'ardeur de son cœur en rendant service à ses Sœurs, comme aux Epouses & aux membres de son bien-aimé.

Son application étoit à la vie cachée de Jesus, son plaisir d'en discourir, d'en lire, & d'en mediter, comme son but de s'y conformer; aussi elle étoit une Religieuse des plus interieures, & éclairées dans les voyes de Dieu, y faisant des avances journalieres, sans que rien la pût arrêter.

Aprés la Mort de la Mere Aimée de Jesus, la Superieure qui luy succeda, n'étant pas encore informée de son infirmité habituelle, la laissa dans le train de la Communauté, & elle se sentant succomber, alla se prosterner sur le tombeau de feu sa bonne Mere, luy representant avec abondance de larmes, l'extrêmité où elle se trouvoit, & la priant instamment de luy obtenir des forces pour garder toute sa Régle, & jeûner de même que les autres; elle n'eut pas plûtôt fait sa priere qu'elle se sentit fortifiée, jeûna le Carême & autres jours, ce qu'elle n'avoit pû faire auparavant, quoy qu'elle l'eût souvent essayé. Enfin une maladie provenant en partie des fatigues qu'elle prenoit auprés des malades, luy fit endurer l'espace d'un mois des douleurs tres-aigües, son esprit cependant étant attentif à souffrir comme victime, en l'union de Jesus immolé à l'Autel, & prenant châque jour un tems particulier pour mediter sur le St. Sacrifice de la Messe; Elle reçeut les derniers Sacremens, & n'aspirant plus qu'à la joüissance de nôtre Seigneur, elle repetoit souvent ces belles paroles de Job, *je crois que mon Redempteur est vivant, qu'au dernier jour je ressusciteray, & qu'en ma chair & de mes yeux je verray mon Sauveur.* Sa Mort arriva l'an 1652. âgée de 52. ans, & le 27. aprés sa Profession.

C'est une verité que cette vertueuse Ursuline, *est tres-digne d'être dans la memoire, & dans le tendre souvenir de toutes les bonnes ames*; & les ames Religieuses doivent apprendre de son exemple à craindre de n'être pas assez fidelles à remplir tous leurs devoirs; il leur étoit libre avant que d'avoir embrassé cette profession sainte de mener une vie plus commune dans le Monde, mais aprés ce choix, elles doivent se conserver pures pour Dieu, comme elles voyent qu'on luy conserve purs les vases qui luy sont consacrez, de peur d'attirer sur elles-mêmes la condamnation d'un horrible sacrilege, en soüillant de nouveau par le commerce d'une vie mole & relachée, un corps qui est consacré à Dieu par la profession de la vie Religieuse; que le souvenir donc de cette bonne ame, leur fasse éviter le relachement & la negligence; particulierement lorsqu'elles tombent malades & qu'elles sont dans des longues infirmitez, qu'elles craignent la riedeur & les omissions dans leurs prieres, qu'elles apprehendent les vaines affections que l'on recherche dans le Monde, qu'elles tremblent lorsqu'elles sont engagées à quelques conversations, & à quelques entretiens, puisqu'un cœur consacré à Dieu par la Virginité, doit prendre un si grand soin d'éviter tout ce qui peut ou le diviser, ou le soüiller, qu'il luy est presque aussi dangereux (selon Saint Basile) de tomber dans quelqu'un de ces désordres, que de commettre des pechez grossiers où elles ne peuvent penser qu'avec horreur.

MAXIMES

MAXIMES.

I. Il ne faut pas prétendre à une Sainteté demesurée, vous ne serés jamais en repos, si vous esperés de pouvoir arriver à une si haute perfection, que vous soyés exempt de peché & de tentations.

II. On n'oublie rien pour recouvrer la santé du corps, & on recompense avantageusement des Medecins qui ont fait sur nous des operations tres-douloureuses; pourquoy donc recompensez-vous si mal ceux qui avec moins de cruauté, vous aident à gagner une vie éternelle.

III. La charité ne regarde pas seulement Dieu, mais aussi tous les hommes, c'est pourquoy si vous ne pouvez faire du bien à tous, souffrez au moins leurs imperfections.

IV. Renoncez à l'affection de toutes les choses visibles, & vous serés capable d'un sincere amour de Dieu.

TRENTE-UNIE'ME AOUST.

LA VENERABLE SOEUR ANNE DE Saint Pierre, de Demendolx, Religieuse Ursuline d'Aups.

Ie vous montreray à qui elle a ressemblé. Au Chap. 6. de S. Luc.

Elle fût mise Pensionnaire aux Ursulines à l'âge de dix ans, son esprit, son bon sens & jugement devançoient son âge, si bien qu'un an & demy aprés son entrée on la jugea capable d'être receüe à l'habit de Religion, qu'elle demandoit avec instance; nonobstant toutes les difficultés qui s'y trouverent elle franchit tout par son humilité, du côté de la Religion qui ne la vouloit point contre la volonté de ses Parens, ausquels elle protestoit qu'elle ne sortiroit jamais de cette sainte Maison, & qu'elle en seroit plûtôt Sœur Converse; ce qu'elle disoit avec tant de force, qu'elle attendrissoit toute l'Assemblée, d'autant que c'étoit un petit corps foible & delicat, & que ses paroles ne procedoient que de ses saintes dispositions interieures, sans avoir égard ny à sa qualité, ny à son impuissance pour cette condition. Enfin ayant obtenu sa demande, son Confesseur voulut qu'elle fit sa premiere Communion, ce qui fut le comble de ses joyes; elle fit paroître déslors tant de pieté, de modestie, & docilité, qu'on reconnût bien qu'elle étoit prevenüe d'une grace particuliere, à laquelle elle a été tres fidelle, & à l'exacte pratique des vœux, & des Régles, qu'elle a observé en tout rencontre, n'étant jamais ébranlée où il s'agissoit de son devoir, de telle sorte qu'elle s'est renduë remarquable dans la regularité, & exactitude jusques aux plus petites choses.

Aussi avoit-elle l'ame si délicate que le plus petit manquement luy étoit insuportable, & l'on apprehendoit de faire rien de libre en sa presence, de peur de chôquer la candeur & pureté de son ame, qui n'étoit pas moins attentive à suivre les mouvemens interieurs de la grace, qu'elle l'étoit exterieurement à toutes les observances & pratiques Religieuses, qu'elle accompagnoit d'un grand esprit interieur, n'agissant en toutes ses actions que par des motifs extremement élevés, & toûjours avec des dispositions conformes à celles de Jesus, unissant toutes ses actions aux intentions saintes & Divines, par lesquelles il operoit étant sur la terre.

Elle aimoit grandement la Priere & l'Oraison, comme étant le plus doux entretien & les cheres delices d'une ame Religieuse; elle y employoit tout le tems qu'elle pouvoit dérober de ses autres occupations, & on la voyoit presque ordinairement en la presence du tres-Saint Sacrement, où elle demeuroit le plus qu'elle pouvoit; ses grandes infirmitez ne luy étant point un empêchement à rendre à son Divin E'poux dans cét Auguste Mystére tous les devoirs que sa pieté & son amour luy pouvoient suggerer, son respect étoit si grand pour cét Auguste Sacrement, qu'on ne la pouvoit resoudre à permettre qu'on luy portât la sainte Communion à l'Infirmerie, de sorte que pour accorder son desir, sans luy rien faire perdre de son amour, il falloit dans la plus grande extremité de ses maladies, la lever de grand matin, & la porter au Chœur, où elle se confessoit & communioit, se mettant souvent au danger de sa vie; quoy que cette sacrée nourriture fusse toute sa force, pour supporter agreablement, & dans un esprit d'abandon & de sacrifice, les croix, & les peines interieures dans lesquelles son Divin E'poux l'a tenüe toute sa vie, & qui luy ont servy d'un continuel Exercice de patience, & penitence, étant jointes à ses ordinaires infirmitez, & maladies qu'elle avoit de tems en tems, qui aprés l'avoir reduit à tenir le lit long-tems, elle devint comme paralitique, neanmoins ayant été un peu soulagée, elle prit un bâton, & par un effort qu'elle se fit, elle tira des forces de sa foiblesse, pour aller au Chœur & à tous les exercices de la Communauté.

Dieu l'ayant éprouvé par tant de manieres, qu'il sembloit ne l'avoir destiné que pour être une victime de douleur, pour la rendre par ce moyen conforme, & semblable à JESUS-CHRIST mourant sur la Croix, aussi étoit-ce le Mistére de sa devotion, & on remarqué que tous les Vendredys elle avoit des surcrois en ses maux.

Quelques années avant sa mort ses maux augmenterent par une toux presque continuelle, accompagnée d'une violente fiévre, d'un mal de poitrine, de gosier & autres qu'elle portoit avec une patience heroïque; & enfin elle devint hectique d'une hetisie, & puis hydropique contre toute aparence, car elle étoit de son naturel fort seiche, & depuis quelques années elle ressembloit plûtôt à une squelette qu'à une personne vivante; pour l'accomplissement de sa couronne Dieu permit que la gangrene se mit à son enfleure afin que par le moyen de ce feu ardent elle pût consommer son sacrifice.

31. Aoust. *La V. Sœur Anne de S. Pierre, de Demendolx.*

Parmy tous ses maux on voyoit reluire tant de vertus en elle, qu'elle sembloit avoir perdu tout sentiment, l'ayant neanmoins fort bon jusqu'au dernier soûpir de sa vie, avec une presence d'esprit si grande qu'un petit instant avant que de rendre sa belle ame à son Createur, elle éleva & joignit ses mains comme si elle eût voulu adorer son juge, & faire une acceptation de l'arrest definitif de sa vie, & de toutes ses volontés éternelles, pour se perdre entierement en celuy qu'elle avoit tâché d'avoir pour son unique objet en toutes les actions de vie; Elle est decedé en l'an 1670. le 31. Aoust, âgée de 48. ans, en ayant passé 38. dans le Monastére; Elle receut tous ses Sacremens avec des dispositions conformes à l'ardeur de son amour, ayant laissé sa Communauté fort édifiée de sa solide vertu, & de la perfection avec laquelle elle s'acquitoit de ses emplois, sur tout en celuy de Maîtresse des Novices, où elle faisoit de grands progrez en la vertu, sous sa conduite; aussi elle avoit un grand talent pour les élever à toutes les vertus Religieuses, elle n'en avoit pas moins pour tout ce qu'on luy mettoit en main; Elle sçavoit la musique admirablement bien, & elle l'enseignoit aux autres Religieuses, aussi bien qu'à joüer de la Basse de Viole & autres instrumens; son occupation ordinaire dépuis ses grandes maladies, étoient de faire & mouler des saints Enfans-Jesus de Cire, à quoy elle travailloit parfaitement, & avec tant de zéle & d'assiduité qu'elle ne cessât de faire ses ouvrages que quelques jours avant sa mort, qui fut precieuse devant Dieu, sa vie n'ayant été qu'une pratique continuelle de toutes les vertus.

MAXIMES.

I. Puisque l'Homme n'a été creé de Dieu que pour l'honorer & le servir, il est obligé pour ne se point d'étourner de la fin pour laquelle il a reçeu l'être, de bannir de luy toute autre pensée, tout autre desir, tout autre amour, & tout autre interêt; & il doit employer toute sa puissance, qui est tres-petite à honorer un Dieu qui est si digne d'honneur.

II. Dans les divers evenemens de cette vie, nous ne devons pas nous arrêter à ce qui se passe sur la terre, mais il faut élever nos esprits à ce qui est caché dans la sapience Divine, adorer ses desseins & nous y rendre fidellement autant que nous les pouvons connoître.

III. Dieu demande de sa Créature un retour perpetuel vers luy de tout ce qu'elle est, de tout ce qu'elle a, de tout ce qu'elle fait, & de tout ce qui luy arrive, comme étant la source de son être, de sa vie, de sa voye, & de sa perfection.

IV. En tout lieu, en tout tems, en toutes choses, ne pensez qu'à rendre à Dieu ce qu'il y demande de vous, & il aura soin de disposer de tout pour vôtre sanctification.

V. Il ne faut pas nous donner, mais seulement nous prêter aux choses creées, puisque nous ne sommes pas à nous mêmes, mais à Dieu qui a seul droit de disposer de nous.

VI. Ne remplissez jamais vôtre esprit de vous même, & de ce que vous faites, de ce qui se passe en vous, ou de ce qu'il vous arrive, mais oubliez tout cela, comme chose de neant, & vous occupez du Fils de Dieu, & de ce qu'il a operé en la terre pour nôtre salut, & sanctification, qui doit faire toute nôtre plenitude.

TRENTE-UNIE'ME AOUST.

LA VENERABLE MERE MARTHE DE la Visitation de Monpesat, des Comtes de Vingtimilles, Religieuse Ursuline d'Aups.

C'est en vous seul, mon Dieu, en qui j'ay mis toute ma confiance. Au Psal. 30.

Cette Illustre Ursuline vint au Monde le troisiéme May de l'an 1620. Elle étoit fille de Monsieur de Boullant, des Comtes de Vingtimilles, Seigneur de Monpesat, & de Dame Françoise des Comtes d'Arnaud, personnes des plus Illustres de la Province, tant pour leur Ancienne noblesse que pour leurs merite & vertu; Elle eût le Saint Baptême le même jour de sa naissance, & eut le bon-heur d'avoir pour Maraine, Demoiselle Marthe d'Orison Dame d'Allemagne, qui est morte en odeur de Sainteté dans les Capucines de Paris, aprés avoir établi & fondé celuy de Marseille.

Nôtre Demoiselle de Mompezat entra dans le Monastére des Ursulines d'Aups à l'âge de dix ans & neuf mois, pour y être instruite en qualité de Pensionnaire, où elle n'eut pas demeuré trois ou quatre mois qu'on luy fit faire sa premiere Communion; son Confesseur aprés sa Confession luy donna pour avis d'appliquer cette premiere Communion pour demander à Dieu la grace de le servir dans l'état Religieux si c'étoit son bon plaisir, & pour sa gloire. Aprés cette Communion on reconnut un si grand changement en elle qu'elle en étoit méconnoissable; l'on s'aperceut dés lors que la presence du Divin Sauveur avoit fait des grands effets dans son ame, commençant de luy faire aimer ce qu'elle abhorroit, & de luy faire abhorrer ce qu'elle aimoit, sçavoir les vanités du siecle, pour qui elle avoit autant d'inclination en un âge si tendre, qu'elle avoit du dégoût & de l'aversion pour l'état Religieux; mais depuis cét heureux jour que son ame se fût unie à son Dieu par ce Divin Sacrement, elle conceut tant de mépris des choses de la terre, d'estime & d'amour pour celles du Ciel, & de l'état Religieux, qu'elle ne fût plus que dans des impatiences & des langueurs extrêmes jusqu'à ce qu'elle se vit revêtuë de l'Habit de Novice, ayant à cét effet pressé Messieurs ses Parens avec des instances & des importunités continüelles pour luy accorder cette grace qu'ils luy refusoient opiniatrement, soit parce qu'ils l'aimoient beaucoup, soit à cause de la tendresse de son âge, n'ayant pour lors que onze ans & quatre mois.

E'tant enfin victorieuse de tous ces combats, d'abord qu'elle fût Novice, on l'employa aux Charges de la Sacristie, de Portiere & de Maîtresse des Pensionnaires, dans lesquelles elle fit paroître tant de sagesse, de prudence, & de modestie, qu'elle ressembloit déja une personne consommée en vertu, & se rendit remarquable non seulement dedans, mais à tous ceux de dehors; ses premieres années de Religion se passerent toutes dans une grande pieté & ferveur, faisant paroître tant de zéle & d'amour pour toutes les Régles qu'elle auroit fait grand scrupule d'y manquer à un yota; sa docilité & sa soûmission d'esprit étoient telles qu'il sembloit qu'elle n'avoit point de volonté, de sorte qu'il n'étoit point necessaire que les Superieures luy fissent des Commandemens, car elle prevenoit même leur intention, & suivoit en toutes choses les mouvemens de l'obeïssance, & y portoit les autres tout autant qu'elle pouvoit par son exemple & ses douces persuasions; un jour la Superieure luy ayant fait connoître qu'elle souhaiteroit fort qu'il y eût dans la Maison quelqu'une qui sçeut faire les dentelles de Flandre, elle se mit d'abord en devoir pour satisfaire à sa volonté, & se confiant à nôtre-Seigneur & à la vertu d'obeïssance, elle s'y apliqua avec un si grand soin que quoyque ce fût un travail que jamais elle n'avoit fait, ny veu faire, étant tout nouveau dans la Province, neanmoins elle y réüssit si bien qu'en peu de jours elle s'y rendit fort habile, & enseigna dépuis plusieurs Religieuses & Pensionnaires; ce qu'elle fit aussi quelque tems après au Pont St. Esprit où elle demeura deux ans avec grande édification de cette Religieuse Communauté; elle y fût employée à faire la doctrine Chrétienne publiquement, ainsi qu'elle avoit fait auparavant dans l'Eglise de son Monastére durant quelques années, avec beaucoup d'ardeur & de zéle, n'épargnant ny soin ny peine où il s'agissoit de la gloire de Dieu.

Un an & demy après son retour elle fut eleuë Superieure dans son Monastére, n'ayant pas encore trente ans; Elle fit bien voir que la force de la grace, & l'abondance de l'esprit de Dieu qu'elle possedoit supléoient au deffaut de l'âge, car on reconnut tant de vertu & de sagesse dans son gouvernement, que toutes étoient également édifiées & contentes de sa conduite, quoy qu'elle fût naturellement judicieuse, d'un esprit fort meur & bien éclairé tant pour le spirituel que pour le temporel, neanmoins elle fit d'abord voir une adresse si admirable à traiter toutes sortes d'affaires qu'elle sembloit avoir eu toute sa vie la conduite de la Maison, agissant sans empressement dans une douceur d'esprit accompagnée d'une force qui n'avoit rien de commun avec le sexe, sur tout en ce qui regardoit la pratique des observances Religieuses, où elle se montroit tellement zélée qu'elle n'en pouvoit souffrir la moindre alteration, ce qui ne pouvoit proceder que de la grande estime & amour qu'elle a toûjours eu pour sa vocation.

Son innocence & sa pureté de vie même dés son bas âge a été dans une si haute perfection qu'on ne l'a jamais veu reculer dans les voyes de la grace, ayant eu une constance & fermeté au bien du tout inalterable, jusqu'au dernier soupir de sa vie. Sa confiance en la providence dans les affaires fâcheuses étoit sans égale, sur tout au tems qu'elle étoit Superieure, pendant lequel s'étant trouvée en des occasions des plus surprenantes qui puissent arriver, comme furent les inondations qui arriverent en l'an 1651. où le Monaftére fallit à être tout perdu, auquel il y eut grand dégaft, cependant jamais fa paix & fa confiance en Dieu ne reçeurent aucun déchet ; tout fon recours pour lors étoit à la priere, pratique qu'elle recommandoit tres-particulierement quand on prenoit fes avis ; Elle exhortoit de fouffrir patiemment & avec une parfaite foûmiffion aux volontés de Dieu, toutes fortes d'évenemens ; Auffi on a veu des effets prodigieux enfuite de cette grande confiance qu'elle avoit en Dieu, fur tout les dernieres années de fa Superiorité, à raifon des grandes dépenfes qui s'étoient faites pour la Bâtiffe du Monaftére ; châcun s'étonnoit qu'on pût fournir à de fi grandes frais fans que la Maifon en fût incommodée ; lors qu'on luy en parloit, elle difoit dans fa naïfveté ordinaire, qu'elle avoit prié le Saint Enfant JESUS de luy donner un peu de l'or de fa crêche qui luy avoit été offert par les Saints Roys Mages pour le mêler avec celuy du dépôt, afin qu'il le multipliât, & que l'on pût achever de bâtir la Maifon ; En effet en moins d'un an & demy on fit un grand corps de logis, pour lequel elle prit des foins, & des peines inconcevables.

Ce n'a pas été en cette feule occafion que Dieu a fait reluire fa mifericorde, car il a toûjours donné une grande benediction à toute fa conduite, tant pour le fpirituel, que pour le temporel, en tout ce qu'elle entreprenoit, parce qu'elle agiffoit d'une façon tout à fait défintereffée, ne cherchant que la gloire de Dieu, le bien de fa Communauté, & l'avancement des ames, ce qu'elle avoit à cœur pardeffus toutes chofes.

La fource de tant de talens & richeffes fpirituelles qu'elle poffedoit, étoit fans doute la devotion qu'elle avoit au Myftére de la Sainte Enfance de JESUS, qui faifoit toutes les delices de fon cœur, & qu'elle a toûjours tâché de graver dans les ames qui étoient fous fa conduite, leurs infpirant avec grand zéle l'amour de fa fainte pureté, fimplicité & autres vertus, qui ont le plus reluit en ce Divin Enfant, qu'elle pratiquoit elle même avec un foin merveilleux & infatigable, qui faifoit bien voir qu'elle étoit une vraye domeftique de cét aimable Enfant JESUS nôtre adorable Sauveur ; Elle exhorta fortement quelques jours avant fa mort fa Communauté de le faire toûjours vivre dans leurs ames, qu'il triomphât en toutes chofes en qualité de Maître & de Souverain de leurs cœurs, que la pieté & devotion à fa fainte Enfance fût cherement conservée, comme étant une fource & un trefor de graces & de benedictions pour toute la Maifon. Mais fi fon amour étoit grand pour la fainte Enfance du Sauveur, celuy qu'elle avoit pour les autres Myftéres n'étoit pas moindre, pour tous lefquels elle avoit une tendreffe & application extraordinaire, fur tout au tems que la Sainte Eglife les propofe, n'oubliant rien pour les celebrer avec veneration, & devotion par toutes fortes d'actes de Religion, & elle ne manquoit point d'y joindre le Sacrifice de penitence & de mortification, quoy qu'elle fût d'une complexion extremement foible & delicate, fujette à beaucoup d'infirmitez, principalement les dernieres années de fa vie, par lefquelles aparemment Dieu vouloit luy faire honorer les fouffrances de fon Fils, & la rendre conforme à luy, la purifiant comme l'or dans la fournaife par plufieurs maux ; une fiévre ardente, & quelques au-

31. Aoust. La V. Mere Marthe de la Visitation, de Monpesat. 447

tres incommodités durant quelques années l'avoient tellement desseché qu'elle sembloit à une squellette, car on ne voyoit en elle que les os couverts d'une peau ; cependant elle avoit suivy presque toûjours la Communauté, jusqu'au vingt-sept du mois de May, qu'elle fût obligée de s'aliter, aprés avoir fait sa retraitte de dix jours, qu'elle assura que ce seroit la derniere qu'elle auroit le bon-heur de faire, ce qui a été veritable ; tout d'un coup il luy prit un grand regorgement de sang & une grosse fiévre, & un surcrois de fluxion sur la poitrine ; elle jugea d'abord par la violence de son mal qu'elle approchoit de sa fin, & r'apellant d'une vigueur extraordinaire toutes les forces & puissances de son ame pour ne les employer plus qu'à se disposer au grand voyage de l'eternité, quoy qu'elle fût déja bien preparée par sa bonne & Religieuse vie, & que dépuis peu elle avoit fait une Confession generale

De sorte que son heure étant venuë elle ne fût point surprise, comme les vierges folles, mais son E'poux l'ayant trouvé chargée de bonnes œuvres, & comblée de merites, il l'a jugé digne d'être introduite dans la Sale des Noces, pour la faire joüir de ses chastes & amoureux embrassements, car comme dit le grand Saint Augustin nôtre Pere, *la Mort est ordinairement l'écho de la vie* ; aussi cette digne Ursuline qui avoit durant sa vie donné tant de preuves de sa fidelité & de son amour pour Dieu, par la pratique de toutes les vertus dans sa maladie, étant proche de sa fin, ses mêmes vertus parurent avec tant de force & de vigueur que toutes les Religieuses en étoient raviës, sur tout de sa patience & resignation, & de son esprit d'abandon & de confiance qu'elle avoit si fort pratiqué toute sa vie, & qui a fait l'achevement de sa couronne pour l'éternité.

Elle reçeut tous ses Sacremens avec des sentimens & des dispositions toutes extraordinaires qu'elle a conservé jusqu'au dernier soûpir ; un instant avant son dernier moment elle voulut se reconcilier & recevoir l'absolution generale de tous ses pechez, en suite elle pria que l'on recitât les Litanies du Saint Enfant Jesus, & comme le Confesseur les recitoit avec toute la Communauté, comme il fût arrivé à ce verset, *per Nativitatem tuam*, nôtre Agonisante qui avoit déja perdu la veuë, chercha avec la main l'Image du Saint Enfant Jesus, qui étoit sur son lit pour le baiser amoureusement, ainsi qu'elle faisoit fort frequemment, durant sa maladie on la voyoit jour & nuit son Crucifix entre les mains, ou posé sur sa poitrine, contre lequel elle avoit attaché une Image du petit Jesus reposant sur les instrumens de sa Passion, avec une autre de la Sainte Vierge qu'elle aimoit tendrement, à qui elle donnoit aussi de tems en tems mille baisers & regards si plains d'amour, qu'elle élevoit à Dieu seulement de la voir ; elle tenoit aussi le nouveau Testament pour qui elle avoit une grande veneration ; tous ses divins objets n'étoient pas seulement toute l'occupation de son ame, mais encore son esperance & son apuy, c'étoient là toutes les forteresses des ses Bastions, en qui elle trouvoit des armes offensives, & défensives pour combatre & surmonter les ennemis de son salut avec des aides si puissantes ; elle finit donc heureusement sa vie, qui fût le 31. Aoust 1672. à l'heure de midy, tems auquel l'Epouse damanda de se reposer sous l'ombre de son bien-aimé ; aussi nôtre E'pouse la Mere de la Visitation termina les travaux & miseres de cette vie mortelle, à la même heure pour entrer dans le repos eternel & dans le sein de son aimable Jesus; ce qui fut d'une façon la plus douce & la plus sainte qui se soit jamais veuë.

Le Confesseur qui étoit fort experimenté à la conduite des ames, & qui en avoit assisté plusieurs à la Mort, a assuré n'avoir jamais vû mourir personne dans une si profonde paix & repos de conscience que cette belle ame, laquelle demeura tellement empreinte qu'on la lisoit encore sur sa face aprés sa mort, qui ressembloit à celle d'un Ange par sa douceur. Elle est decedé dans l'exercice de la Charge d'Assistante, âgée de 52. ans, dont elle en a passé 41. en la Religion.

Nous dirons encore qu'une Religieuse qui est à present vivante, & qui avoit une entiere confiance en nôtre deffunte par l'experience qu'elle avoit fait de sa prudence & de la fidelité à garder le secret, lors qu'une personne se declaroit à elle avec sincerité, a assuré que se trouvant travaillée d'une peine interieure si grande, qu'elle la tenoit dans un trouble extraordinaire, & ne trouvant point de moyen d'en sortir, quoy qu'elle en eût communiqué avec son Confesseur, qui ne pouvoit entrer dans son sentiment; ainsi elle étoit toûjours dans sa peine, & son trouble étoit continuel, ce qui obligea cette Religieuse d'aller trouver la Mere de la Visitation, qui étoit moribonde, & luy ouvrit son cœur dans sa confiance ordinaire, & la pria que lors qu'elle seroit devant Dieu, qu'elle luy obtint la delivrance de ses peines, & la grace de sortir de cét état, à quoy elle luy répondit avec une tendresse & sentiment de compassion, qu'elle n'y manqueroit pas, si le bon Dieu luy faisoit misericorde, & tâcha de la consoler autant qu'elle pût, ce qui fortifia beaucoup cette Religieuse; le quatriéme Octobre suivant, jour de de Saint François, elle se trouva entierement delivrée de ses peines, & dans une grande paix & calme, ce qu'elle croit avoir obtenu par les prieres, & le pouvoir de nôtre Mere de la Visitation, & qui a fait croire que c'étoit ce jour qu'elle a été delivreé du Purgatoire, & qu'elle est allé au Ciel.

MAXIMES.

I. Ceux qui ne sont pas assez desinteressés dans le service de Dieu, n'avancent pas beaucoup au chemin de la perfection, ce sera toûjours à refaire, si on ne l'entreprent avec un grand desinteressement.

II. Ne vous arrestés pas plus à considerer vos miseres que la misericorde de Dieu, & sur tout n'oubliez jamais qu'elle a plus de force pour vous sauver, que vos miseres n'en ont pour vous perdre.

III. Le plus sensible plaisir, & si je l'ose dire, le plus grand honneur que l'on puisse faire à Dieu, c'est d'avoir un tres haut sentiment de sa bonté, comme au contraire le plus insigne déplaisir que vous luy sçauriez faire, c'est de le mesurer par vous-mêmes. Ne luy donnons pas une autre nature que la sienne, il est infiniment bon, & sa misericorde n'a point de bornes.

IV. Si vous perdez l'esperance du pardon, vous ne meritès point de pardon.

PRATIQUE

Pratique de la Mere Marthe de la Visitation pour honorer le Saint Enfant JESUS.

Divin & adorable Enfant JESUS, mon aimable Sauveur! par obeïssance à ce que vôtre infinie bonté a daigné me faire connoître vouloir de moy vôtre chetive servante, je ne veux plus vivre à l'avenir que selon vous, c'est à dire, de la maniere que vous avez fait, étant sur la terre, n'y cherchant comme vous que la gloire & les interêts de Dieu vôtre Pere; faites-moy donc la grace ô! tres-aimable Enfant, que je vive en esprit de perpetuel sacrifice, & abandon à toutes vos saintes volontez, en éloignement, separation, dépoüillement & mort de tout ce qui n'est pas vous, n'ayant pensée, mouvement, ny actions que conformement aux vôtres, que je ne parle, agisse, converse, & travaille en ma vocation, & en tous les devoirs de ma Charge que comme vous avez fait, & feriez si vous étiez encore au monde, que je ne vous perde jamais de veüe, ô! Saint Enfant! en tout ce que je feray, afin que vôtre sainte vie soit à jamais la Régle de la conduite de la mienne, & pour me faciliter cette pratique, je vous demande du plus profond de mon cœur par les entrailles de vôtre divine misericorde, de me vouloir toute caher, perdre & abîmer en vous, en sorte qu'il n'y ait rien d'humain en moy, & que je pratique aux occasions qu'il vous plaira m'envoyer, vos aimables vertus de douceur, de patience, d'humilité, de simplicité, de charité, & d'obeïssance, & faisant toutes mes actions même les plus indifferentes dans vôtre esprit d'enfance, & tout ainsi comme vous les avez fait, vous demandant, mon Souverain Seigneur, la faveur de travailler avec fidelité à cela, & dans toute l'étenduë de la grace qu'il plaira à vôtre Divine Bonté me communiquer, & qu'il n'y ait en moy mouvement, sentiment, affection, desir, pensées & actions qui ne soient conformes aux vôtres, & à vos desseins; & pour exprimer celles que vous avez operé sur la terre pendant vôtre vie mortelle, & toûjours par hommage, honneur, & dépendance à vôtre aimable état d'enfance, auquel il vous a plû attirer puissamment mon ame; me confiant si fort à vôtre infinie misericorde, que nonobstant mes grands pechez, ingratitudes, & infidelités innombrables dont je suis redevable à vôtre Justice; qu'en consideration de vôtre incomprehensible douceur, & amour vers vos creatures, vous m'accorderez cette faveur, de laquelle je vous conjure aussi par les merites & intercessions de la tres-sainte Vierge vôtre digne Mere, du grand saint Joseph, & de tous les Saints, des saints Innocens mes chers Protecteurs, de mon Ange Gardien, que je prens pour témoin & pour entremetteur de cette grande entreprise, de laquelle je veux esperer un heureux succez, quel empêchement, foiblesse & impuissance que je sente en moy-même, apuyée toûjours ô! tres-aimable, JESUS! sur la grandeur de vôtre immense Bonté, & sur l'éficacité de vôtre grace, à la force & puissance de laquelle je m'abandonne entierement à cét effet; oüy, ô! saint Enfant c'est tout de bon, & sans reserve que je veux être toute à vous; soyez donc pour jamais l'ame de mon ame, le cœur de mon cœur, la vie de ma vie, & tout en toutes choses. Ainsi soit-il.

BIENFACTEVRS ET BIENFACTRICES.

DEUXIE'ME AOUST.

ELOGE DE MONSIEUR CLAUDE CURTON, Prêtre & Curé d'une Paroisse proche de Gex, & Bien-facteur des Ursulines de la même Ville.

Preparez-vous à la mort par toutes les actions de vôtre vie.
Aux Proverbes, Chapitre 24. & 27.

Entre les actions plus signalées de ce digne Ecclesiastique, ç'a été celle de se rendre le Protecteur des Ursulines de Gex, & leur charitable Bien-facteur, lequel après les avoir assisté en qualité de Confesseur l'espace de vingt-sept ans, leur laissa en mourant tout ce qu'il avoit au Monde; sa mort fût un coup si sensible pour ces pauvres filles, qu'elles ne s'en seroient jamais pû consoler, si elles n'avoient levé les yeux en haut pour adorer la main qui les frapoit, & l'esperance qu'elles avoient qu'il leur seroit un aussi bon Avocat au Ciel, qu'il leur avoit été bon Pere en terre; car on peut veritablement dire que châcune en particulier trouvoit sa consolation dans sa parfaite charité, & tout le secours qui leur étoit necessaire.

Sa patience n'a jamais paru lassée, ny tant soit peu ennuyée en l'assiduë pratique de ses soins à aider châcune en particulier; c'étoit une ame de grace qui avoit un grand fond, & un naturel propre à la sainteté, & si soûmis aux Ordres de Dieu, qu'il dit un jour à une Religieuse quelque tems avant sa mort, que toutes les afflictions, maladies, pertes de biens, & d'honneur, & tous les mal-heurs qui luy pourroient arriver en cette vie, n'etoient pas capables de luy ravir la paix de l'ame; Il a vécu avec tant d'édification & d'exemple, que les Heretiques même admiroient la vertu de la Religion Chrêtienne en luy.

Sa parfaite charité le faisoit être la consolation des affligés, le refuge des Pelerins, & le Pere des Pauvres. Cét homme de Dieu étoit sans fiel, & entierement pacifique & d'une vie irreprochable; aussi étoit-ce un parfait Ecclesiastique qui rendoit dans tout l'étenduë de sa capacité, à son état l'honneur & la gloire qu'il en recevoit.

Sa patience a été admirable dans ses maladies, & son humilité le porta d'ordonner dans son Testament d'être inhumé dans l'endroit le plus foulé du Cemetiere. Sa mortification n'étoit pas moindre, car ayant une fois demandé quelques fruits, il en eut des grands scrupules d'avoir cherché sa satisfaction. Enfin sa vie étoit un assemblage de toutes les vertus qui composent la Sainteté, & une voix qui publioit continuellement la plenitude avec laquelle le Seigneur se communique à ceux qui luy sont fidelles. Sa mort eut un merveilleux rapport à sa bonne vie; il fut toûjours jusqu'au dernier moment dans une continuelle & fervente application à Dieu. Il fit un legat de cent pistoles au Séminaire d'Annecy, & plusieurs autres legs pieux aux Reverends Peres Capucins de Gex, comme aussi aux Filles de la Charité de la même Ville & à l'Eglise de sa Paroisse, & quantité d'autres aumônes, & constitua enfin ses Filles les Ursulines heritieres de tous ses biens aprés leur avoir sacrifié ses soins sans discontinuation jusques à sa mort, qui arriva le 2. Aoust 1676. aprés avoir receu tous ses Sacremens dans la ferveur qui luy étoit ordinaire. Ainsi nous pouvons dire que toutes les actions de ce grand Serviteur de Dieu, ont été une preparation à sa belle mort.

VINGT-HUITIE'ME AOUST.

LA SOEUR LUCRESSE DE S. ESTIENNE,
Sebastin, Sœur Tourriere aux Ursules de Romans.

Je me suis humilié au fond de mon ame, & le Seigneur m'a sauvé.
Psal. 114. Verset. 6.

Sœur Ennemonde de Saint Augustin, avoit toûjours été grande amie dans le monde de cette bonne sainte Tourriere, leur amitié apparemment s'etoit perfectionné dans la Religion, puisque quelques jours avant sa mort elle vit un soir nôtre Sœur de Saint Augustin qui étoit decedé au mois de Juin, qui l'appelloit, ce qui luy fit croire d'abord qu'elle mourroit, & se prepara pour cela avec ardeur; elle étoit âgée de plus de soixante ans, en ayant passé au service du Monastére 22. & quatre mois; Elle avoit au moins quarante-quatre ans quand elle fut receuë; mais comme elle étoit bien vertueuse & experimentée en tout ce qui étoit de l'œconomie, on ne fit nulle consideration aux années, aussi a-t'elle bien servy la Communauté, & avec tant d'affection qu'elle ne regardoit en tout que le bien d'icelle, ce qui luy faisoit quelque fois exposer sa santé & sa vie, car il s'est rencontré tres-souvent, qu'il étoit les deux & trois heures aprés midy, & plus, qu'elle n'avoit ny beu ny mangé, & cela pour aller d'un lieu à l'autre, non seulement dans la Ville, mais aux Villages voisins, pour faire des provisions & & avoir les denrées à meilleur marché; son zéle & son affection étoient conniies d'un chacun, aussi ce Monastére a beaucoup perdu en la perdant; Ce fut une fiévre continuë de 21. jours qui l'emmena aprés avoir receu tous ses Sacremens, l'an 1665. le jour de Saint Augustin sur le soir au moment que l'on donnoit la Benediction du Saint Sacrement; & cette vertueuse Fille pouvoit dire, je me suis humiliée au fond de mon ame pendant que mon corps étoit fatigué de la peine, & le Seigneur m'a sauvé.

VINGT-NEUVIE'ME AOUST.

ELOGE DE VERTUEUSE DEMOISELLE DE de l'Huilier, Dame de Sainte Beuve, Institutrice des Religieuses Ursulines, & Fondatrice de leur premier Monastére au Faux-Bourg Saint Jacques à Paris.

Elle fust suivië dans l'autre vie par ses bonnes œuvres. Dans l'Apocalip. Ch. 4.

ENcore que cette grande ame ait caché le plus beau d'elle même par sa modestie, ce que l'on a seulement veu est capable d'en donner une haute idée, car sans parler d'un grand Ordre qu'elle a étably si utile à l'Eglise & au public qui rendra sa memoire glorieuse à tous les Siécles, c'est assez de sçavoir que les belles qualitez de sa personne, ses bonnes œuvres, & sa sage conduite l'ont fait passer sans contredit pour une des plus accomplies de son tems. Elle a été l'honneur de son sexe, l'exemple des filles, des Femmes, & des Veufves de son siécle, la Mere d'un million de Vierges, & l'admiration du Monde en tous les états de sa vie.

Ses Peres & Meres étoient issus des plus nobles & anciennes Maisons de Paris, étant aussi alliez à plusieurs Illustres Familles de ce Royaume; la noble extraction de nôtre Demoiselle n'étoit que le moindre de ses avantages ; elle étoit fort aimable pour sa grande beauté, sa douceur & son bon naturel ; à mesure qu'elle croissoit en âge, elle augmentoit en perfections ; son esprit vif & gay, son jugement plein de maturité, son honêteté & sa discretion qui brilloient déja sur son visage, & dans tous ses déportemens, attirerent bien-tôt quantité de partis qui la demanderent en Mariage, entre lesquels fût choisi Monsieur Claude le Roux, Seigneur de Ste. Beuve, Conseiller du Roy en sa Cour de Parlement de Paris, issu de la noble Maison de le Roux de Roüen, qu'elle épousa à l'âge de dix-neuf ans, & le Ciel versa tant de benedictions sur l'un & sur l'autre, que dans la parfaite union où ils vivoient ensemble, ils sembloient n'avoir plus rien à desirer que la longue durée de leur vie.

Mais Dieu qui étoit saintement jaloux du cœur de cette Demoiselle, fit par la Mort de son mary, la dissolution du Mariage, ce luy fut une affliction fort sensible, & au fort de sa douleur, avant même que le corps de son mary fût enterré, reconnoissant la fragilité, & l'inconstance des choses de ce Monde, elle prit une forte resolution de ne se point remarier, & de n'avoir jamais d'amour que pour celuy qu'elle ne pouvoit perdre.

La constance qu'elle a eu dans son dessein, nonobstant la recherche de plusieurs partis avantageux dans l'épée, & dans la robe, a bien fait voir qu'il avoit été conçeu par une inspiration divine, & non par les premiers mouvemens de l'éxcés de sa douleur : Elle n'avoit pas plus de vingt-deux ans quand elle demeura Veuve, & sans avoir eu d'enfant : comme elle avoit conduit son menage avec grande œconomie, & que sa maison bien reglée ne laissoit pas de se soûtenir avec autant d'éclat qu'aucune autre de celles de sa condition, elle avoit déja acquis beaucoup d'estime qui s'accrut de jour en jour, lorsqu'on reconnut par le refus qu'elle faisoit de toutes les aliances, qu'elle ne vouloit plus vivre au Monde que pour le service de Dieu ; c'étoit à la verité une chose admirable de voir une Veuve de son âge, de sa qualité, riche & belle au point qu'elle étoit, se conduire avec tant de retenuë dans sa viduité, dans laquelle elle perseveroit quarante-six ans, avec une integrité, une sagesse, & une vie si irreprochable que jamais la médisance n'a pû luy donner la moindre attaque, au contraire sa reputation étoit telle que l'on disoit communement, qu'il n'y avoit qu'à changer une lettre de son nom, pour être aussi bien de nom que deffet, la sainte Veuve.

En ce tems-là le Roy Henry le grand entra dans Paris, lequel n'avoit pas moins d'inclination pour elle, que d'estime de sa vertu, elle usoit de la faveur de sa Majesté qui prenoit beaucoup de plaisir en ses entretiens, pour l'élever à Dieu ; & des discours communs, elle portoit l'esprit du Roy aux choses utiles à son salut, & à la pieté Chrêtienne ; un jour entre autres elle luy dit, lorsqu'il se plaignoit qu'il ne ressentoit point les tendresses de la devotion, *si vôtre Majesté n'a pas la tendresse de la devotion, elle en peut avoir la force où gît la vraye devotion, & qui luy en sera d'autant plus meritoire.* Elle alloit souvent au Louvre pour authoriser ses bonnes œuvres par la faveur des Reines, & pour les induire elles mêmes à en exercer, & elle étoit toûjours bien receuë de leurs Majestés.

Eloge de vertueuse Demoiselle de l'Huilier. 29. Aoust.

Sa maison étoit l'abord de deux personnes bien differentes, les unes de consideration, comme des Prelats, des Seigneurs, des Princes, & des plus celebres Religieux qui la consultoient sur des affaires tres-importantes ; les autres gens à qui elle donnoit aussi libre accez, étoient les pauvres qui s'adressoient à elle pour être secourus en leurs necessitez, ou qui la prioient de les assister en la recommandation de leur procez : jamais elle ne les éconduisoit, mais elle parloit, ou écrivoit à leur faveur à ses Parens & à ses amis ; l'affabilité qu'elle témoignoit à ces pauvres, leur ravissoit le cœur, & faisoit que nonobstant son air majestueux, elles luy découvroient confidemment leurs miseres.

L'horreur qu'elle avoit de la médisance, l'obligeoit à ne frequenter qu'avec les personnes de vertu, & pour ce sujet elle se retiroit des compagnies ordinaires, qui n'étoient que pour le divertissement.

Elle a souvent contribué à la conversion des Heretiques, elle a servy heureusement au salut de plusieurs personnes qui vivoient en tres-mauvais état ; une fille qui étoit en resolution de se retirer du vice, la pria de la proteger, & assister dans sa necessité, nôtre vertueuse Veuve luy tendit la main si charitablement, & si liberalement, qu'elle luy donnât huit cens écus. Une autre fille qui avoit failly, & s'en repentoit, fût par elle mise en Religion, ayant usé de telle precaution pour empêcher que sa faute ne fût sceuë dans le Couvent, que la chose est demeurée secrette, & la fille a été Religieuse.

Le Reverend Pere Gontery la dressa à l'Oraison mentale, & aux autres exercices de la vie spirituelle ; de sa part elle luy étoit parfaitement soûmise : Dieu voulant rendre cette chaste Veuve Mere de tant de Religieuses, & la faire le principal instrument d'une œuvre si considerable que l'instrument d'un nouvel Ordre en son Eglise, luy inspira un grand zéle de la gloire de sa divine Majesté, & des desirs ardens d'y contribuër & d'y employer tout le bien qu'elle avoit au Monde : elle eut ses desirs genereaux & confus plusieurs années avant que de connoître en particulier la volonté de Dieu : toutes les occasions journalieres de charité ne la contentant point, elle s'en ouvrit à son Directeur, lequel luy conseilla de recommander tout à Dieu, & de se resigner entierement à sa sainte volonté, ce qu'elle fit depuis avec beaucoup de soûmission, quittant aussi déslors tous les ornemens superfius, tant en sa personne qu'en ses meubles.

Un jour parlant au Reverend Pere Lancelot Marin, de la Compagnie de Jesus, elle luy découvrit les grands & continuels desirs de son cœur pour procurer la gloire de Dieu, mais qu'étant si peu de chose & si incapable, ses desirs ne luy servoient qu'à luy donner de la confusion & de la douleur ; elle luy demanda s'il ne voyoit point quelques moyens de renouveller le culte de Dieu, qui diminuoit tous les jours, & en quoy elle y pourroit contribuër, le Pere luy repartit que ce seroit une entreprise tres-loüable & tres-utile d'établir dans Paris une Congregation où l'on retirât les petites filles, & que les ôtant du Monde comme d'une mauvaise terre, elles fussent transplantées en un terroir fertile, afin qu'ayant receu là des bonnes instructions, elles en sortissent ainsi que d'une pipiniere pour porter la vertu dans les Familles ; les Familles reglées reformeroient les Villes, les

29. Aoust. Eloge de vertueuse Demoiselle de l'Huilier.

Provinces, & par ce moyen le Monde deviendroit tout autre, du moins les pauvres Catholiques ne vivroient pas dans l'ignorance, qui est la cause de tant de vices : Ce discours fût un rayon de lumieres qui éclaira son esprit, & luy donna la premiere pensée de sa future Fondation, mais si vive & si forte, qu'elle se resolût bien-tôt aprés de l'executer, & nôtre Sieigneur luy en donna le moyen en cette maniere.

Mademoiselle Acarie assez connuë pour sa haute vertu, & pour ses dons de Dieu extraordinaires avoit un nombre de filles qu'elle employoit à instruire gratuitement de jeunes filles, prevoyant par la lumiere celeste les biens qu'un Institut animé de cét esprit produiroit dans le monde, & le besoin qu'en avoit tout le Peuple Chrêtien, elle n'eut point de repos qu'elle ne vit l'execution de l'idée qu'elle en avoit conceuë, ce qui la fit resoudre d'en parler à sa Cousine Madame de sainte Beuve, elle la persuada aisément de s'en rendre Fondatrice pourveu que les filles qui instruiroient, fussent Religieuses, & aprés avoir meurément deliberé avec les plus doctes & pieux Personnages de Paris, elle embrassa courageusement cette œuvre, & y consacra tous ses soins avec une telle affection, qu'elle vendit la maison qu'elle avoit dans la Ville pour aller loger proche du lieu destiné au Monastére, & afin que ny les Maîtresses, ny les Pensionnaires ne fussent plus obligées à sortir de la maison pour aller faire leur devotion aux Eglises, elle fit bâtir une Chapelle où l'on pût dire la Messe, qui y fût celebrée à l'honneur de Saint Michel, & des Saints Anges, le propre jour de leur Fête, l'an 1610. Elle meubla la Chapelle & l'orna de beaux ornemens ; Elle entreprit encore de grands bâtimens au même Monastére, où elle a eu la consolation d'y voir loger prés de soixante Religieuses & d'avantage de Pensionnaires ; enfin elle conduit son dessein avec tant de prudence, que ce Couvent s'est accru & maintenu par la grace de Dieu, comme il se voit à present, dans le desir qu'elle eût que ce premier Monastére fût d'abord imbu du propre esprit qu'il devoit communiquer à tant d'autres ; avec l'avis du Superieur elle choisit entre tous les Religieux les Reverends Peres de la Compagnie de Jesus, comme ayant le même but que les Ursulines en leurs instructions pour la gloire de Dieu, & du salut du prochain, afin que par l'assistance spirituelle de ces Peres, elles fussent formées & entretenuës dans les principes conformes à leur Institut ; il ne se peut dire en combien de manieres l'ennemy de Dieu, & des hommes a tâché de décrier, de perdre, ou du moins de troubler ce Monastére, & ceux & celles qui le soûtenoient, particulierement sa Fondatrice, jusqu'à ce point qu'une Sorciere protesta qu'elle avoit fait ses efforts pour corrompre cette chaste Veuve avec des sortileges, mais que son humilité étoit cause qu'elle ne luy avoit pû nuire.

Comme les Saintes Ames oublient les bonnes œuvres du passé, desirant de faire toûjours d'avantage pour Dieu, celle-cy animeé d'un zéle tout nouveau, considerant que l'impieté s'augmentoit beaucoup en ce mal-heureux siécle, se resolut aprés une forte inspiration, d'ériger une Chapelle au dedans du Couvent, où ses Religieuses à perpetuité honoreroient Dieu, la Sainte Vierge & tous les Saints, & Saintes de Paradis, en reparation des indignitez qu'ils recevoient dans le monde, & pour rendre ce lieu plus venerable, elle se porta avec un admirable soin & pieté à ramasser quantité de Saintes Reliques pour y être gardées; la Reine Anne d'Autriche lors Regente luy donna un ossement de Sainte Anne, & de quoy l'enchasser dans une petite figure de vermeil doré, & la Reine Mere Marie Medecis recevant des tresors de la Sainte Chapelle de Paris, un peu de la couronne d'épines de nôtre Seigneur, elle en mit un éclat à part, disant que c'étoit pour Madame de Sainte Beuve, & qu'elle la feroit bien aise, en effet elle l'accepta avec plus de joye que si cette grande Princesse luy eût partagé sa couronne; cette Chapelle aprés le Saint Sacrement, est le recours aussi bien que le tresor de ses bonnes Religieuses; pour la Fondatrice elle en faisoit son Paradis de delices, y demeurant en prieres plusieurs heures de suite.

Entre les Ordres Religieux elle affectionnoit particulierement les Reverends Peres Jesuites, & recherchoit tous les moyens pour leur rendre services; En effet elle fonda un College pour les Novices des Jesuites, procurant pour ce dessein de Monsieur du Tillet une maison & une rente, à condition qu'il ne seroit point parlé de luy en cette affaire, & qu'elle seule porteroit le nom de Fondatrice; ils débattirent saintement sur ce dernier article, toutefois voyant qu'il alloit du succés de cette bonne œuvre, elle prit enfin cette qualité.

Elle fonda aussi les Ursulines de la ruë de Ste. Avoye à Paris, dans l'union du premier Couvent, & pour ne ceder à personne en grandeur de courage, non plus qu'en vertu, elle donna pareillement sa qualité de Fondatrice & ses droits à Madame Gabrielle de Chanterenne sa Niéce, elle conduit aussi les Religieuses qui allerent fonder les Monastéres de Pontoise & de Saint Denis en France, y contribuant par ses soins, & charité autant qu'il luy fût possible.

Elle avoit en priant Dieu une contenance si agréable qu'elle en donnoit envie, & excitoit à la devotion seulement de la voir; elle recitoit tous les jours le petit Office de Nôtre-Dame, & avoit ses heures reglées pour l'Oraison mentale & vocale; elle se servoit souvent d'Oraisons jaculatoires, & ne pouvant pas avoir continüellement une presence de Dieu, elle usoit de devotes conventions, entre lesquelles elle avoit promis à nôtre-Seigneur aprés une Communion qu'à chaque fois qu'elle tireroit un grain d'un bracelet de sept grains qu'elle portoit au bas, ce seroit autant que si elle faisoit distinctement un Acte des sept principales vertus.

Elle consideroit les Religieuses comme les Epouses de JESUS-CHRIST, & leur portoit un tres-grand respect; elle étoit en parfaite intelligence avec les Superieures, & leur déferoit beaucoup, quoyque quelques personnes la sollicitassent de s'entremettre dans les affaires particulieres du Chapitre des Religieuses, elle y resista toûjours, sçachant tres-bien discerner la difference de la condition seculiere d'avec la Religieuse, & que les Privileges d'une Fondatrice sont accordés pour maintenir un Monastére, & non pas pour le troubler par l'usurpation d'une authorité qui ne leur est pas deuë, elle étoit fort zélée pour le bon Ordre de la Maison, & y contribüoit de tout son pouvoir; en tous ses discours elle étoit si cordiale & si engageante que l'on ne s'en pouvoit deffendre; il sembloit qu'elle avoit la clef des cœurs pour y entrer & les gouverner à son gré, & elle se faisoit

aimer

Eloge de vertueuse Demoiselle de l'Huilier.

aimer ou craindre selon qu'elle desiroit: mais encore qu'elle eût une si grande effusion de cœur pour tout le Monde, elle avoit pardessus tout une tendresse & une condescendence maternelle pour ses filles les Vrsulines; elle quittoit ses propres affaires, & même ses repas pour leur donner satisfaction, toutes luy étoient cheres, & recevoient d'elle des marques de sa bonté; elle apprit qu'une Religieuse infirme avoit quelque incommodité dans la Chambre où on l'avoit mis, & aussi-tôt elle luy donna la sienne, & prit celle-là qui n'étoit qu'un pauvre galetas.

Son naturel étoit parfaitement disposé aux desseins de Dieu sur elle, car elle avoit grande inclination pour les enfans, se plaisoit à raisonner avec eux, & elle donnoit de tres-belles Maximes aux Vrsulines pour leur éducation, comme de les porter à une grande reverence en leurs prieres; à l'amour de la modestie & de la verité, recommandant sur tout de ne leur point tolerer le mensonge, de ne leur jamais dire les choses autrement qu'elles n'étoient, & de ne les point rebuter dans leur simplicité, & discours enfantins, mais de leur rendre doucement raison; comme, disoit elle, leur esprit se ferat-il, si vous leur ôtés la liberté de s'instruire, & de declarer leurs pensées.

Jamais elle n'a fait previlegier ses Parentes qui étoient au Monastére, mais elle les a laissé conduire tout ainsi que les autres; plusieurs fois elle a fait l'Office de Maîtresse dans les Classes, elle leur montroit à lire, coudre, & chanter, leur faisoit repeter les sermons, & exerçoit avec joye les autres fonctions des Vrsulines; elle avoit tant de bonté pour elles qu'elle se faisoit aimer generalement de toutes, si bien que pour luy complaire aussi-tôt qu'elles l'appercevoient, elles composoient leur maintien, tâchant d'imiter sa bonne grace, selon le signe qu'elle leur en donnoit fort obligemment. Elle n'aimoit pas moins les petites E'colieres externes, qui étoient déja prés de deux cens en nombre, quelquefois elle les visitoit & en faisoit montre à ses bons amis, comme de ses perles precieuses; une fois elle mena le Reverend Pere Gontery proche de la porte par où elles sortoient en fort bel ordre, & luy demanda toute en joye ce qu'il pensoit des charitables soins rendus à une telle multitude de pauvres Enfans, le Pere luy répondit qu'il faudroit sans doute beaucoup de vertus pour les continüer, & perseverer dans le travail qui y étoit attaché; mon Pere, repliqua-t'elle, j'espere que Dieu nous donnera toûjours des filles propres à ce dessein, & ma pretention est qu'on les choisisse en sorte que celles qui seront destituées de biens, soient preferées aux riches & aux Nobles, si elles ont meilleure vocation, plus de vertu & de capacité pour servir à cét Institut.

Ce seroit ce semble assez dire touchant ses aumônes & liberalitez, de raporter ces paroles qu'elle repetoit souvent, que l'argent aussi bien que la tristesse étoient incompatibles avec elle. Elle avoit donné charge à ses gens de l'avertir des malades, & des necessiteux, plusieurs fois elle a nourry de sa table les malades abandonnés, se privant de ses boüillons & autres choses pour eux. Elle a aidé à marier beaucoup de pauvres filles les ayant retiré du vice, ou de l'occasion d'y tomber, si bien que par fois elle s'épuisoit tout à fait & aprés avoir vuidé sa bource, elle cherchoit autre chose plûtôt que de congedier les Pauvres, jusques-là qu'un soir elle donna son Benitier d'argent à un Pauvre honteux. Touchée de compassion pour un Artisan ruiné & reduit à la mendicité, elle quêta pour luy à un de ses proches & en obtint une aumône de cent écus, elle fit venir ce pauvre homme & s'enquit de luy s'il étoit soigneux de rendre ses devoirs à Dieu, il répondit qu'oüy, & que quoy qu'il luy arrivât il n'y voudroit pas manquer, *or ça mon amy*, luy dit elle, ouvrant son tablier où étoient les cent écus, *puisque vous avez la crainte de Dieu, tenez voilà ce qu'il vous envoye, voyez comme il pourvoit ceux qui le servent.* Cét homme surpris de voir si inesperement tant d'argent, n'en pouvoit croire à ses yeux, & au lieu de le prendre il se reculoit en arriere, pensant qu'on le vouloit tromper, mais sa Bien-factrice l'assura que tout cét argent étoit pour luy, & le luy mit entre les mains, à condition qu'il en releveroit sa boutique. L'hyver elle envoyoit du bois dans les maisons des Pauvres familles, & dans les grands froids elle faisoit porter des fagots dans la ruë pour faire le feu aux passants ; Elle disoit souvent, le plus grand contentement que j'aye quand je m'éveille le matin, c'est de sçavoir que je pourray donner quelque chose ce jour-là, & elle se retranchoit tout ce qu'elle pouvoit ; lors qu'elle commença la Fondation des Vrsulines, elle vendit sa vaisselle d'argent, ses tapiceries & tous ses autres meubles de prix, elle se vestit de laine, elle se desfit de son carrosse, & congedia la plûpart de ses gens, aprés les avoir tres-bien recompensé. Ce sont toutes ses bonnes œuvres qui sont suivies dans l'autre vie.

Nôtre Seigneur voulant que parmy les honneurs qu'elle recevoit de toutes parts, elle goûtât un peu du mépris, permit qu'une gueuse à laquelle, de même qu'à quantité d'autres, elle destribüoit des aumônes reglées, entra dans une si méchante humeur que plusieurs jours durant elle injuria nôtre charitable Dame, jusqu'à la menacer qu'elle feroit sçavoir à ses Parens qu'elle étoit incapable de gouverner son bien ; cette ingratitude la toucha sensiblement, encore qu'elle la souffrir en silence, & qu'elle n'empêcha point que la fille entra en sa maison pour luy faire ces insultes. Son humilité luy fit aussi brûler deux ans avant sa mort, plusieurs papiers remplis de ses bons sentimens, & autres choses de son interieur. Elle se lioit d'amitié avec les personnes de basse condition, pourveu que ce fussent des gens de bien.

Elle étoit fort reservée à parler d'elle, & ne s'enfloit point des loüanges qu'on luy donnoit, & pendant que tout le monde l'admiroit, elle seule sembloit s'ignorer.

Sa chasteté étoit accompagnée d'une rare modestie dans tous ses déportemens, sa sincerité & son zéle à deffendre la verité, n'ont pas moins paru en toutes occasions ; Elle étoit réglée en sa nourriture comme en tout le reste ; jamais elle ne trouvoit à redire à ce qui luy étoit presenté ; cette admirable retenüe en une personne delicate, & Maîtresse d'elle-même, qui jamais n'ordonna, non plus ce qu'on luy aprêteroit pour son repas, fait paroître un grand détachement, qui seroit seul suffisant pour persuader que sa vertu n'étoit pas commune.

Avançant sur l'âge, des petites incommoditez sembloient l'avertir de se preparer à la mort, ce qu'elle fit, & le 25. d'Aoust l'hydropisie se montra toute formée, les Religieuses en étant averties, prioient continuellement devant le tres-Saint Sacrement; on luy demanda ce qu'elle desiroit qu'on la fit ressouvenir plus souvent à son extremité, elle répondit, de m'offrir à Dieu & ma mort aussi, en l'union de son tres-cher Fils, & des merites de sa tres-precieuse Mort & Passion; Elle reçeut tous ses Sacremens avec des sentimens tres-tendres de la Bonté de Dieu envers elle. Sa mort fut constante, & dans une tres-grande tranquilité, le 29. Aoust de l'an 1630. Tous les Habitans prirent part à la perte des Ursulines, les Pauvres faisoient pitié par leurs cris & gemissemens; son corps fut enterré comme elle avoit marqué dans son Testament, dans le Chœur du grand Couvent des Ursulines.

VINGT-NEUVIE'ME AOUST.

ELOGE DE MADEMOISELLE ANNE Marie de Luynes, fille de Monsieur de Luynes, Connétable, Duc & Pair de France, & de Madame Chevreuse.

Si je plaisois aux hommes, je ne serois pas la Servante de mon Sauveur.
Aux Galates, Chapitre premier.

Elle étoit autant Illustre par sa vertu que par sa naissance, & ses grands biens, dont elle employoit une partie en aumônes, l'autre en l'entretien de sa Maison, & la troisiéme pour l'ornement des Eglises: tous ses domestiques étoient occupez selon leurs talents à ces Ouvrages, & elle même y travailloit infatigablement, changeant les plaisirs qu'elle pouvoit prendre à la Cour, où elle devoit tenir le premier rang, à ceux de simple Religieuse: quoy qu'elle n'en eût pas l'habit, elle en possedoit neanmoins les vertus, pratiquant de bien prés leurs mêmes exercices, car elle disoit le Breviaire, faisoit l'Oraison mentale, l'examen & autres devotions, dont la principale étoit la frequentation des Saints Sacremens.

Elle fit sa retraite au Monastére des Vrsulines de Saint Denis en France, s'étant retiré du Monde pour conserver le beau lys de sa chasteté, qu'elle avoit voüé dés l'âge de neuf ans, & dépuis elle affermit ce premier vœu par un second, de ne jamais en demander la dispence, & de ne le point accepter si on l'obtenoit à son inscçeu. La Reyne Epouse de Loüis XIII. qui l'avoit tenu sur les Fons de Baptême, la consideroit & l'honoroit de son amitié, sa Majesté à sondé quelquefois en particulier les mouvemens qui portoient nôtre Demoiselle à cette retraitte, de qui elle avoit toûjours pour raison, que c'étoit pour suivre l'attrait du Saint Esprit ; *si je plaisois aux hommes*, disoit elle, *je ne serois pas la servante de mon Sauveur.* Rien ne luy faisoit impression que les choses celestes ; elle possedoit les belles sciences, & la vivacité de son esprit la faisoit penetrer les objets dans leurs veritables lumieres ; elle étoit vêtuë comme une personne qui a renoncé aux vanités du siécle ; sa nourriture étoit fort commune, & ses ameublemens de même, toute sa magnificence étoit reservée pour le Temple de Dieu.

Son zéle la portoit à vouloir traverser les mers pour aller dans le Canada assister de ses biens, & de ses talens les sauvages, mais elle en fut dissuadée par son Confesseur qui fut toûjours un Pere de la Compagnie de Jesus, son affection pour les bonnes ames étoit singuliere, tenant à honneur d'être connuë d'elles, & preferant leur souvenir devant Dieu à toutes les faveurs de la terre.

L'espace de sept ans que les Vrsulines de Saint Denis joüirent de ses rares exemples, ne servit pas peu à les animer à la perfection : l'affection qu'elle leur portoit luy inspira le desir de faire une Fondation du même Ordre prés de Paris, & qu'elle eut extrêmement avantagé à dessein d'y passer ses jours dans sa pieté ordinaire, mais sa mort intervint à la fleur de son âge, le Ciel se contentant de sa courte vie, qui n'a été que de vingt-sept ans, c'étoit une belle personne d'un maintien fort grave, & qui portoit sur le front le Caractere de la vraye noblesse, qui est la vraye vertu, avec un empire entier sur ses passions.

Fin du mois d'Aoust.

TABLE
DES VIES CONTENVES
DANS LE MOIS D'AOUST.

Premier Aoust.

LA Venerable Mere Marguerite, de Planchier.	page 239
La Venerable Sœur Claire de la Conception, de Poullet.	243
La V. M. Claude de Sainte Agathe.	246

Deuxiéme Aoust.

La V. M. Marie des Anges, Fortin.	247

Troisiéme Aoust.

La V. M. Renée de tous les Saints, Thomas.	249
La V. S. Pierrette des Onze mille Vierges, Soleil.	257

Quatriéme Aoust.

La V. M. Françoise de la Croix, Tavignon.	259
La V. S. Catherine de la Passion, Real.	261
La V. Mere Anne de S. Ignace, Balthazar.	263

Cinquiéme Aoust.

La V. M. Marie, de Gaufreteau.	265
La V. S. Marguerite de l'Annonciation, Baudot.	267

Sixiéme Aoust.

La V. M. Madelaine, de Planchier.	269
La V. S. Marie des Anges, de Lesquen.	272

Septiéme Aoust.

La V. S. Anne de S. Ignace, d'Urigny.	275
La V. S. Marie de Saint Joseph, Eufrase.	277

Huitiéme Aoust.

La V. S. Jeanne de la Nativité, de Gauteron.	278
La V. S. Sebastienne Anne du S. Sacrement, de Gauteron.	280
La V. S. Jeanne Marie de S. Sebastien, Carpentier.	281
La V. S. Françoise du S. Esprit, Robot.	283

TABLE.

Neuviéme Aoust.

La V. S. Anne de Saint Joseph. — 286
La V. S. Catherine de Saint Joseph, Gloria. — 288

Dixiéme Aoust.

La V. S. Elizabeth de Saint Joseph, Cotereau. — 290
La V. S. Anne de Saint Ange, de Corsant. — 292

Onziéme Aoust.

La V. S. Claudine Gargat — 295
La V. M. Marie de Jesus, Odette Regnaudolt. — 296

Douziéme Aoust.

La V. S. Marie de Sainte Ursule, de la Morliere. — 298
La V. S. Jacqueline de la Nativité, Bouvot. — 300

Treiziéme Aoust.

La V. S. Jeanne de la Croix. — 302
La V. M. Françoise Therese de la Trinité, Grillot. — 304
La V. S. Catherine de S. Bruno, du Bosc. — 313

Quatorziéme Aoust.

La V. S. Marie de Sainte Therese, Prevotiere. — 316
La V. M. Marguerite de Sainte Agnes, Trabouillet. — 321

Quinziéme Aoust.

Le Triomphe de la tres-digne Mere de Dieu. — 324
La V. M. Marie de Sainte Elizabeth, Basset. — 329

Seiziéme Aoust.

La V. S. Françoise Marie de S. Atmel, le Bret. — 331
La V. S. Claude de la Passion, Perra. — 335

Dix-septiéme Aoust.

La V. M. Marie de la Nativité, Bouffart. — 337
La V. S. Ursule de Saint Augustin, Tardet. — 340

Dix-huitiéme Aoust.

La V. S. Perrette de Sainte Angele, Camuset. — 343
La V. M. Gabrielle de l'Annonciation, de Saint Pé. — 345

Dix-neuviéme Aoust.

La V. M. Marie de Clemenceau. — 349
La V. S. Marie Marguerite de l'Annonciation, Parresot. — 351

Vingtiéme Aoust.

La V. S. Marie de l'Incarnation, Mornais. — 355
La V. M. Claire de la Nativité, Gresil. — 358

Vingt-uniéme Aoust.

La V. M. Cecile de Sainte Croix, de Belloy. — 363
La V. M. Catherine des Seraphins, Peruchaut. — 373

Vingt-deuxiéme Aoust.

La V. M. Marie de la Presentation, de Croix. — 376
La V. M. Philippe Gertrude de Saint Dominique, de Boulongne. — 378

TABLE.

Vingt-troisiéme Aoust.

La V. S. Françoise de Sainte Anne, Collin. 381
La V. Sœur Honoré de Jesus, d'Estienne de Villemus. 384

Vingt-quatriéme Aoust.

La V. M. Suzanne, de Richon. 384

Vingt-cinquiéme Aoust.

La V. M. Anne de la Nativité, Boicervoise. 387
La V. S. Françoise de la Trinité. 393

Vingt-sixiéme Aoust.

La V. S. Françoise de Sainte Gertrude, Raimond. 397
La V. S. Catherine Couturier. 404

Vingt-septiéme Aoust.

La V. S. Marguerite de Sainte Elizabeth, Nicolle. 409

Vingt huitiéme Aoust.

La V. S. Marie de Jesus, Le-Maître 410
La V. S. Françoise de St. Iean-Baptiste, Simon. 412
Pour le jour de Saint Augustin. 414

Vingt-neuviéme Aoust.

La V. M. Antoinette de la Trinité, de Belouse. 418
La V. S. Marie de la Visitation, Gein. 419

Trentiéme Aoust.

La V. Mere Lucrece de la Presentation, de Gastineau. 422
La V. M. Catherine de Saint Ioseph, de Moute. 430
La V. M. Loüise Marie de Iesus-Christ, de Montbeson. 434
La V. S. Izabeau de Saint Augustin, Tardy. 437

Trente-uniéme Aoust.

La V. S. Marguerite Augustine de la Misericorde, Adrian. 439
La V. S. Anne de Saint Pierre, de Demendolx. 441
La V. M. Marthe de la Visitation, de Monpesat des Comtes de Vingtimilles. 444

BIEN-FACTEURS ET BIEN-FACTRICES.

DEUXIE'ME AOUST.

E Loge de Monsieur Claude Curton, Prêtre & Curé d'une Paroisse proche de Gex, & Bien-facteur des Ursulines de la même Ville. 450

TABLE.

Vingt-huitiéme Aouſt.
La Sœur Lucrece de Saint Eſtienne, Sebaſtin. 451

Vingt-neuviéme Aouſt.
Eloge de vertueuſe Demoiſelle de l'Huilier, Dame de Sainte Beuve, Inſtitutrice des Religieuſes Vrſulines, & Fondatrice de leur premier Monaſtére au Faux-bourg Saint Jacques à Paris. 452

Trentiéme Aouſt.
Eloge de Mademoiſelle Anne Marie de Luynes, fille de Monſieur de Luynes Connétable, Duc & Pair de France, & de Madame Chevreuſe 359

Fin de la Table du Mois d'Aouſt.

SEPTEMBRE

SEPTEMBRE.

Seigneur, vous m'avés donné cinq Talents, & en voila cinq autres que j'ay gagné. En S. Mathieu, Chap. 25.

ON appelle Talent une grace gratuite, dont Dieu previent par les douceurs de ses benedictions quelque personne, sans qu'elle y ait travaillé, soit que cette grace soit naturelle, comme un bon esprit pour apprendre l'éloquence pour parler, ou surnaturelle, comme de convertir les pecheurs; entre les pecheurs la grace de discerner les esprits, d'appaiser les consciences, de pouvoir bien mediter, & de faire quelqu'autres bonnes œuvres semblables, qui puissent servir à la gloire de Dieu ou au prochain; on remarque aux vies de nos Ursulines qu'elles ont eu tous ces Talents.

1. Elles ont été doüées d'un naturel parfaitement bon, & tout façonné pour la vertu & la sainteté; on n'y voit rien de malin, mais elles se portent d'elles-mêmes avec la grace à toutes sortes de bonnes œuvres, à la priere, à l'aumône, au jeûne, & autres austeritez, &c.

2. Elles ont une docilité d'esprit pour se laisser gouverner & conduire par leurs Directeurs, Superieurs & Superieures.

3. Elles ont eu en horreur les occasions du peché, ayant au contraire une grande inclination à la retraite & à la solitude.

4. Elles ont eu un esprit fort vif & capable des sciences, mais sans legereté, & un jugement meur; de sorte qu'elles eurent bien-tôt appris ce qu'il faut sçavoir pour enseigner les autres; leur science étoit sans vanité, & leur vertu sans aucune affecterie; c'est ce qui leur a fait gagner le cœur de tous ceux qui les pratiquoient.

V. Elles agissoient & parloient puissamment selon toute l'étenduë de l'art de l'éloquence, & cette grace se peut appeller encore plus proprement Talent que les autres, parce qu'elle touche de plus prés le service & l'aide du prochain, quand principalement elle est animée de l'esprit de Dieu, comme étoient nos Ursulines, lesquelles faisoient servir les paroles aux raisons, les raisons à la grace, & tous les interêts humains aux seuls desseins de Dieu.

Ces choses admirables se sont fait remarquer en toutes ces Ames saintes, & d'une si excellente maniere que nous pouvons dire qu'elles ont receu cinq Talens, mais qu'elles en ont bien gagné au double, sur tout en s'employant à instruire, à convertir, à corriger, & à consoler le prochain, à quoy elles ont réüssi parfaitement.

JOURNAL
DES
ILLVSTRES RELIGIEVSES
DE L'ORDRE DE
SAINTE VRSVLE,
AVEC LEVRS MAXIMES,
& Pratiques spirituelles.

Premier Septembre.

LA V. SOEUR MARIE GASPARDE DE
S. Paul, Carrier, Religieuse Ursuline de Montbrison.

On se souviendra toûjours d'elle. En l'Ecclesiastique, Chap. 49.

ELLE s'est renduë memorable par l'assiduë mortification qu'on l'y vit pratiquer dés sa tendre jeunesse, ayant été pensionnaire aux Vrsulines dés l'âge de sept ans, & quand elle fust Religieuse, on eut dit qu'elle n'avoit d'autre étude que de trouver des inventions pour crucifier sa chair ; elle passa sept ans sans s'approcher du feu ; elle couchoit la plûpart du tems sur une ais qu'elle couloit dans son lict : Elle honoroit souvent le silence de Nôtre-Seigneur par une admirable circonspection en ses paroles, sur tout pendant le Carême ; elle étoit tout-à-fait muette quand il étoit question de s'excuser, se laissant juger & condamner comme coupable, encore qu'elle fût innocente.

Elle demeuroit en Oraison Mentale dépuis neuf heures du soir jusqu'à dix, en memoire de la priere de Jesus au Jardin des Olives, puis avant que de se reposer elle étoit long tems les bras en croix, les passant dans deux cordes pour les soûtenir bien étendus, ce qui n'empêchoit pas que cette posture ne luy fût fort penible.

La Semaine Sainte il faloit qu'elle se retirât pour cacher ses sanglots & ses larmes, & ayant ainsi semé des pleurs, elle moissonna des joyes à l'heure la plus terrible de toutes, car proche de sa mort elle invitoit Nôtre-Seigneur à l'emmener, disant d'un grand desir & avec une sainte allegresse, *Venez, mon Dieu, il est tems, venez, mon Iesus, que je m'en aille avec vous.*

Aprés qu'elle fût morte, plusieurs Religieuses sentirent dans l'Infirmerie une odeur de violette, & trois jours aprés son enterrement son tombeau exhaloit la même odeur, les Religieuses s'appelloient l'une & l'autre pour en faire experience, & chercher d'où cela provenoit, mais on ne trouva aucune autre cause que le corps de la Défunte, c'étoit au mois de Septembre qu'elle trépassa, l'an 1659. âgée de trente-quatre ans.

Nous devons remarquer avec quel desir cette excellente Religieuse a toûjours recherché la mort d'elle-même par la mortification; son amour & son zéle ont été excités par le bon exemple des Ursulines & leurs saintes instructions; honnorons-donc cette vertueuse fille qui a eu le bon-heur que Dieu l'a retiré de bonne heure des eaux ameres du siecle avant que la vanité, qui est le Poison des ames, l'aye corrompu, & luy a fait trouver dans le desert de la Religion des delices innocentes, qui l'ont dégoûtée de toutes les delices du monde.

MAXIMES.

I. L'ame se doit rendre toute au desir de la gloire de Dieu, & de l'accomplissement de ses volontés, quelques contraires qu'elles soient à ses propres inclinations, car elle n'est pas creée pour se contenter elle-même, mais pour contenter Dieu.

II. Comme la puissance de Dieu sur sa Créature est infinie, la Créature luy devroit rendre une soûmission infinie, si elle en étoit capable, mais comme elle ne l'est pas, au moins doit-elle s'y soûmettre autant qu'elle le peut, en tout tems, en tous lieux, & en toutes choses, sans aucune reserve, ny limitation.

III. Il ne faut jamais où il s'agit de l'interet de Dieu, regarder celuy des Créatures, ny si on leur plaît, ou si on leur déplaît; mais il faut toûjours faire ce qui est le plus droit devant Dieu, & luy qui est l'autheur des vrayes joyes, sçaura bien contenter sa Creature, autrement que nous ne pouvons penser.

PREMIER SEPTEMBRE.

LA V. MERE MARIE DE l'ANNONCIATION, Paresy, Religieuse Ursuline de Dieppe.

Qui a mes Commandemens & les garde, c'est celuy qui m'aime; & qui m'aime il sera aimé de mon Pere, & je l'aimeray. Jesus-Christ en Saint Jean, chap. 8. v. 31.

Ette fille de benediction, la Mere Marie de l'Annonciation, a commancé de bonne heure l'édifice de la perfection, ayant eu l'avantage d'être née de parens doüés d'une rare pieté, dont sa Mere étoit estimée de toute la Ville comme une Sainte, & étant decedée fort jeune, son mary à l'imitation de sa vertueuse femme, se consacra au service de Nôtre-Seigneur, par le Sacerdoce, dont il s'est acquitté dignement, & est mort en grande estime de vertu. Ils n'eurent que deux filles, lesquelles ont été toutes deux Religieuses au Monastére des Ursulines de Dieppe, où elles y furent mises jeunes pour continuër la bonne éducation de leurs parens, surtout celle dont nous écrivons la vie, laquelle dés l'âge de trois ans avoit tant de pieté, que lors qu'on la portoit à l'Eglise des Carmelites, où sa bonne Mere faisoit souvent ses devotions, nôtre petite s'attachoit aux pieds d'une croix qui est en la cour avant qu'on entre en leur Chappelle, d'où on ne la pouvoit tirer sans luy faire répendre des larmes : Elle entra au Noviciat dés l'âge de quatorze ans, où elle a été deux ans en habit seculier, attendant l'âge pour prendre le saint Habit, par un tres-ardent desir de se donner à Dieu de bonne heure.

Nous pouvons dire qu'elle a aimé Dieu, puisque toute sa vie elle a gardé ses Commandemens, aussi a-t'elle été aimée de Dieu, ayant été si abondamment prevenuë de ses graces ausquelles elle a toûjours été fidelle, étant un piller d'observance, où elle se rendoit avec une merveilleuse exactitude, sans attache aux devotions particulieres, mais bien à celles du commun, où on étoit assuré de la trouver toûjours des premieres : Elle ne manquoit point toutes les semaines d'employer un quart d'heure en la lecture des Régles, sur lesquelles elle s'étoit si parfaitement formée, qu'on peut dire qu'elle étoit une Régle vivante; ce qu'elle a enseigné aux Novices qu'elle a conduit sept ans avec une grande édification, & satisfaction de toute la Communauté.

Elle étoit fort interieure, & son port exterieur denotoit une application continuë, par sa gravité, modestie, douceur & silence, qui la faisoit respecter de chacune si charitable qu'on pouvoit avoir recours à elle en ses besoins, sans crainte de refus, & fort vigilante dans les emplois de pourvoir aux necessités de tout le monde, soit à l'Infirmerie, ou à la pharmacie, mais surtout dans la Charge de Superieure, où elle faisoit paroître une affection tendre pour la regularité qu'elle enseignoit autant d'exemple que de parole, avec l'étenduë d'une charité bien-faisante qui luy confilioit les cœurs. Elle étoit toûjours la premiere au travail commun, si humble qu'elle s'estimoit incapable de réüssir à sa Charge, ce qui la rendoit fort déferente en toutes rencontres, suivant plûtôt l'avis des autres que le sien.

Sa maladie a été une violente fiévre continuë & fluxion qu'elle a porté d'un visage serain & d'une parole toûjours égale, dans une patience admirable; mais surtout que dans toutes ses reveries elle demeura toûjours dans sa modestie ordinaire, & qu'étant presque toûjours assoupie, si-tôt qu'on luy parloit de Dieu, son esprit s'y attachoit aussi-tôt, & témoignoit un agrément, qui faisoit voir la Sainte habitude qu'elle avoit à s'entretenir avec Nôtre-Seigneur, & ne se lassoit jamais d'entendre parler de Dieu, & eut le soin de faire les protestations de l'ame, & toutes les preparations à la mort. Elle est decedée l'an 1671. aprés avoir été munië de tous ses Sacremens, avec une grande devotion & application.

Imités-donc cette sainte ame qui a uny une profonde humilité avec la Charge de Superieure, & une pauvreté parfaite, une liberté intrepide, avec une charitable condescendence, une éloquence celeste, avec le don d'un silence interieur, l'austerité avec sa delicate complexion, & une magnanimité heroïque avec la foiblesse d'un corps languissant.

MAXIMES.

I. Toutes nos richesses sont la vie, les actions, les paroles, & les Mystéres du Fils de Dieu, & nous nous devons tenir heureux de passer le cours de nôtre pelerinage sur la terre à contempler, à adorer, & à imiter ces choses si grandes & si Divines, comme ce sera une grande partie de nôtre bon-heur dans l'éternité de les voir à découvert.

II. Les Mystéres de Jesus-Christ doivent être honorés non seulement par des bonnes pensées, mais principalement par la pratique exacte des vertus Chretiennes & Religieuses, qui sont les plus remarquables dans les mêmes Mystéres.

III. Lorsque vous vous sentirés plus distraite, & plus pauvre dans la priere, demandés à l'ame sainte de Jesus-Christ qu'elle daigne vous donner quelque part aux hommages qu'elle luy a continuellement rendu sur la terre, à sa reverence vers luy, à ses adorations, à son amour, & à ses loüanges, & vous y unissez de tout vôtre pouvoir.

Deuxiéme Septembre.

LA V. SOEUR SIMONE DE Ste. URSULE,
Religieuse Ursuline de Gien.

Il est plus seur, & il vaut mieux se confier au Seigneur qu'aux Princes & aux Grands de la Terre. Au Psal. 117.

Nostre Sœur de Sainte Ursule s'est renduë une des plus exemplaires en la ferveur; son entrée en la Religion fust un attrait pour d'autres qui l'y suivirent, & elle y fust fort utile, tant pour les commodités qu'elle y apporta, que pour les bien-faits de sa famille pour sa Communauté, & en sa consideration cela a beaucoup avancé le temporel ; mais sa bonne vie a été encore plus avantageuse au spirituel, animant les Religieuses à la perfection par son dénuëment de toutes choses, par son zéle & par l'estime qu'elle faisoit de Dieu seul, se souvenant de ce que dit David, *Qu'il vaut mieux, & qu'il est plus seur de se confier au Seigneur, qu'aux Princes & aux Grands de la Terre* ; Aussi c'est en luy qu'elle a mis toute sa confiance, & elle n'a pas été trompée. Sa memoire est en veneration aux Ursulines de Gien, où elle a heureusement finy ses jours.

MAXIMES.

I. Si vous voulez parler des choses interieures, parlez du Fils de Dieu, qui est l'interieur de tous les interiers, le principe & le soûtien de toutes les bonnes dispositions où les ames peuvent entrer.

II. Comme le Fils de Dieu s'est donné à nous par la Vierge, il veut aussi qu'elle nous soit voye & moyen pour aller à luy.

III. Nous devons beaucoup demander à la tres-Sainte Vierge, qu'elle nous apprenne à adorer & à aimer son Fils, & nous souvenir que le privilege incomparable de sa Divine maternité, luy donne un droit & un pouvoir, qui vont infiniment au delà tout ce que nous pouvons comprendre, pour nous faire accomplir ces grands devoirs avec perfection.

IV. Examinez bien tous vos sentimens, de peur que ceux de la chair, & du sang ne passent parmy ceux de l'esprit, & que vous ne preniez vôtre inclination pour une inspiration.

V. Les sentimens qui viennent de Dieu, sont ceux qui nous apprennent à nous vaincre nous-mêmes, à nous aneantir, & à mépriser les Creatures.

Deuxie'me Septembre.

LA V. MERE MARGUERITE DE SAINT François, de Merieu de Saint Germain, Religieuse Ursuline de Chambery.

Le sentier du Juste est comme une lumiere brillante qui s'avance, & qui croît jusqu'au jour parfait. Aux Proverbes, Chap. 4. v. 28.

C'Est avec beaucoup de raison que l'on peut appliquer cette Sentence du Sage à la venerable Mere de Merieu, puisque toute sa vie n'a été qu'une suite continuelle d'actions vertueuses, sans qu'elle se soit jamais détourné de ce droit sentier; pour les differens états, où elle a été, tantôt de Superieure, & tantôt d'inferieure, on l'a toûjours veu également fidelle à Dieu & également humble, & même elle a augmenté sans cesse jusques à ce que le Divin Soleil de Justice l'ayant fait approcher de luy, & l'ayant fait atteindre à ce jour parfait que nous marque le Proverbe, luy a donné une mort aussi sainte qu'elle la pouvoit desirer, & qu'on peut veritablement nommer la mort d'une ame juste, c'est ce que nous verrons aprés un discours abregé de sa vie.

Elle étoit d'une illustre naissance, & ses Parens d'une qualité considerable dans le Verromay, où aprés avoir vêcu jusques environ l'âge de vingt-cinq ans sous la conduite de Madame sa Mere, elle quitta sa Maison paternelle pour aller se joindre à quelques autres filles devotes qui s'étoient assemblées dans la petite Ville de Lagneu, à dessein d'y former une Congregation d'Ursulines, si elles y pouvoient réüssir; elles y resterent quelque tems sans aucun établissement ny fermeté dans leur état, cependant avec beaucoup de vertus, & firent la Demoiselle de Merieu leur Superieure, ce qui fait voir comme elle excelloit deja pardessus ses Compagnes: Enfin comme elles eurent appris l'établissement des Ursulines de Chambery en Congregation par la venerable Mere de Léguise, qui sortit pour cét effet du Pont Saint Esprit, & en fust la Fondatrice, ces bonnes filles se resolûrent de quitter Lagneu, & d'aller se joindre à cét établissement solide qui se commançoit à Chambery; la Mere de Merieu fust une des premieres qui s'y rendît avec Sœur Françoise Berard de S. Bernard, dont la memoire est fort illustre dans les Croniques de l'Ordre. A leur arrivée à Chambery elles furent receuës avec joye & actions de graces de la venerable Mere de Léguise, & de ses Compagnes, qui souhaitoient l'augmentation de leur nombre, pour vaquer aux emplois de leur Saint Institut, auquel Dieu donnoit beaucoup de benedictions, même dans ses commancemens. La Mere de Merieu fit d'abord connoître qu'elle n'étoit

point

point commanceante dans la pratique des vertus Religieuses, bien qu'elle n'en fit pas encore entierement profession, n'étant toutes alors que simplement congregées; il ne se pouvoit rien ajoûter à son exactitude dans leurs saints Réglemens, & son obeïssance étoit deja dans le haut point de la perfection; elle prit l'Habit de Novice, & un an aprés la Profession Religieuse avec la venerable Mere de Léguise, & toutes ses Compagnes au nombre de douze. Déslors elle ajoûta à toutes ses autres vertus une ferveur admirable dans tous les travaux & exercices de cette Maison naissante, surtout à ceux que demandent les emplois de l'Institut; car ce Monastére étant dans la Ville Capitale des E'tats de Savoye, fust d'abord peuplé de bon nombre de Pensionnaires, & encore plus d'E'colieres externes, en sorte que cette bonne Mere dont nous écrivons la vie, aprés avoir été tout le jour occupée avec ses Compagnes à leurs saints exercices & à l'instruction, sans aucun repos, passoient encor presque toute la nuit à travailler pour gagner quelque chose, & aider ainsi aux besoins de leur Communauté, sans rien relacher pour ces veilles, de leur ferveur & de leur exactitude. Quelque tems aprés la venerable Mere de Léguise choisit la Mere de Merieu, dont nous parlons, pour aller avec quelques autres commancer un Monastére de l'Ordre à Belay, d'où elle fust encore tirée pour aller à Bourgoin être Superieure au commancement d'un établissement. Aprés cette Superiorité la Maison de Chambery la r'appella, & la fit Superieure en trois differens Triannels; ce fust dans ce Monastére de sa Profession où elle donna jusques à la fin de ses jours un parfait exemple de toutes les vertus d'une Sainte Religieuse; elle avoit une entiere exactitude à tous les Réglemens de la Religion, & jamais ny la Charge de Superieure ny les autres emplois grands & petits qu'elle exerça presque tous, ne relâcherent sa ferveur ny un point de son exactitude.

Elle étoit fort ennemie du monde & de ses maximes, & n'alloit aux Parloirs que par contrainte; on ne l'oüit jamais parler de sa naissance, ny loüer la qualité & les avantages de ses Parens: Elle aimoit beaucoup le travail, surtout dans les Offices humbles, comme balayer, laver la vaisselle, & autres de pareille nature; elle s'y portoit toûjours la premiere, toute Superieure qu'elle étoit, & continua dans ces fonctions jusques à sa vieillesse, que son manquement de respiration & ses autres infirmitez ne le luy permirent plus, de même qu'à se lever toûjours à quatre heures du matin, ce qu'elle continua fidellement toute sa vie, & jusques au tems de ses plus grandes infirmitez.

Ses Confesseurs assuroient qu'elle avoit l'ame tres-innocente, & dans une crainte continuelle d'offenser Dieu, ce qui luy fit passer toute sa vie dans une tres-grande pureté de conscience, & dans une fidelité admirable à tout ce qu'elle connoissoit que Dieu demandoit d'elle: Elle ne quittoit jamais un moment de ses oraisons, & y retournoit autant de fois qu'elle pouvoit être interrompuë par les obligations de ses Charges, & cependant elle fust toûjours dans une seicheresse continuelle, & sans recevoir aucune onction de grace sensible, ny de consolation interieure auprés de Nôtre-Seigneur, cela ne luy empêchoit pourtant point qu'elle ne restât à genoux devant le tres-Saint Sacrement autant de tems qu'elle pouvoit, sans rien dérober à son travail & à ses Charges, elle s'approchoit fort souvent de la sainte Communion outre les jours marquez par la Régle, & y paroissoit toûjours dans une ferveur nouvelle. Sa devotion a la tres-sainte Vierge étoit telle qu'il n'y avoit presque point d'images de cette Reine des Anges dans le Monastére, qu'elle n'honorât par quelques hommages particuliers. Lors qu'elle étoit Superieure elle étoit fort aimée & respectée de toutes les Sœurs, & bien qu'elle fût exacte & rigide en ce qui regardoit l'observance, voulant que toutes choses fussent maintenuës dans la rigueur. Elle étoit fort charitable, de facile abord, prompte à consoler & recevoir en particulier les Sœurs, qui sortoient toûjours satisfaites d'auprés d'elle, & fort tendre & compatissante pour les malades & infirmes; enfin étant deja fort âgée, elle fust élûe pour la troisiéme fois Superieure de son Monastére, ce qu'elle accepta avec beaucoup de repugnances, prédisant dés-lors qu'elle n'acheveroit pas la Charge, comme il arriva; car dans le milieu de sa troisiéme année, achevant une nœuvaine de Communions, (comme elle en faisoit fort souvent,) le jour de Saint Loüis, qui étoit le dernier de sa nœuvaine, à la fin de l'action de graces elle fust saisie tout d'un coup d'une paralisie de la moitié du corps qui luy occupa encore la langue & le gosier, en sorte que dés-lors elle ne parla plus qu'en begayant jusques à sa mort, qui fust dix jours aprés, & quelque tems avant que de prendre mal elle predit ce qu'il luy arriveroit, disant à quelques-unes des Sœurs qu'elle ne renouvelleroit pas ses vœux le jour de S. Augustin avec la Communauté.

Ce fust durant ces dix jours de maladie que Dieu decouvrit plus que jamais les trésors de graces & de vertus qu'il avoit caché dans l'ame de cette bonne Mere pendant sa vie humble, exacte, & tres-innocente, car on ne vit en elle autre chose qu'une application continuelle à Dieu, avec une onction de devotion si tendre, & si ardente que la Communauté qui la consideroit, & qui n'ignoroit pas comme elle avoit été toute sa vie en seicheresse & en aridité devant Dieu, jugea qu'il luy avoit reservé ses douceurs & ses attraits pour ses derniers jours, & pour recompenser la fidelité qu'elle avoit eu à le servir dans la pure souffrance.

Elle communia encore le jour de S. Augustin, & renouvella ses vœux en bégayant; mais dépuis elle ne pût rien avaler: Un jour ou deux aprés elle souhaita qu'on luy apporta le tres-Saint Sacrement pour l'adorer, lors qu'on venoit de communier une autre malade dans la Chambre voisine; ce fust alors que voyant qu'elle ne pouvoit le recevoir, elle voulut s'élancer hors du lit pour l'embrasser, & le Confesseur pour contenter sa ferveur, luy donna à baiser la Custode, alors elle dit encore ces paroles en bégayant, que sa ferveur luy fit prononcer, nonobstant sa paralisie, *ha! mon Dieu! vous en irés-vous sans moy, emmenés-moy avec vous.*

Bien qu'elle eût l'usage de la parole interdit, elle avoit pourtant le jugement & les autres sens bons, ce qui fit qu'elle témoigna qu'elle souhaiteroit d'embrasser toutes les Sœurs avant que de mourir, pour leur témoigner son amitié comme à ses filles, puis qu'elle en étoit Superieure, & elle le fit avec des grandes tendresses à toutes, même jusques aux Novices; en suite elle se fit donner une image de

2. Septembre.   *La V. Mere Marguerite de S. François.*   475

la tres-sainte Vierge, qu'elle avoit beaucoup reveré pendant sa vie, & se prit dans son begayement à luy parler d'une maniere si touchante que toutes en furent dans l'admiration; peu de tems aprés elle fit signe aux Sœurs de se mettre à genoux pour chanter les Litanies de la tres-sainte Vierge, & alors on vit une joye toute extraordinaire sur son visage, s'essayant de chanter de cœur, & par ses gemissemens, ce qu'elle ne pouvoit faire autrement; elle entra enfin dans une rude agonie, où elle resta deux jours entiers, ayant gardé les sens de la veuë & l'oüie bons jusques à deux heures avant sa mort qu'elle perdit toute connoissance, & demy heure avant que d'expirer elle eut un redoublement d'agonie, & de douleurs si grandes qu'elle suoit à grosses gouttes; ce fust dans ce tems que quelques-unes des Sœurs assurerent avoir vû sur son visage des rayons de lumieres fort éclattans. Elle expira environ les trois heures aprés midy du deuxiéme jour de Septembre mil six cents soixante, étant âgée de soixante-trois ans, & trente-trois de Religion.

MAXIMES.

I. Ce n'est pas sans raison que les Peres ont toûjours estimé l'état d'une ame Religieuse une espece de Martire; c'est en effet un Martire pour le corps & un Martire pour l'esprit; le corps y est souvent dans la souffrance par les infirmitez, par le manquement des commoditez temporelles que l'on a volontairement abandonné, & par les austeritéz de la Régle que l'on professe; mais l'esprit y souffre une autre sorte de Martire & plus rigoureux & plus meritoire, la perseverence dans les mêmes exercices châques jours durant une longue vie, le support & l'union des personnes de contraires humeurs; l'établissement & la demeure dans un même sejour; l'aneantissement continuel des passions & des tentations, ausquelles il faut toûjours faire la guerre; ce sont tous les instrumens de ce Martire, qui conduira infailliblement l'ame qui l'embrasse & qui le souffre genereusement, dans le même port où sont arrivé ceux qui ont répandu leur sang pour la querelle de Jesus-Christ.

II. Il est pourtant facile de soûtenir ce glorieux & volontaire martire quand on est éclairé des divins rayons du Soleil de Justice; Gerson nous l'apprend par ces beaux mots, lorsque la grace nous soûtient & nous porte, il ne nous est pas difficile de fournir nôtre carriere, c'est-à-dire une grace sensible & consolante; un seul éclair de l'œil Divin dans l'Oraison, un seul soufle de ce Divin Esprit qui gemit dans nos cœurs, une étincelle de ce brasier Divin, dont parle l'Ecriture, quand elle nous enseigne que nôtre Dieu est un feu consommant; oüy, une seule de ses faveurs est capable de rendre tout ce saint martire de la Religion tres-doux & agreable; il n'en faudroit même qu'une ou deux en toute la vie, si elles sont bien imprimées en l'ame, pour la faire marcher avec force & amour jusques à la montagne de Dieu, comme parle le Prophete, parce que dans les nuits les plus obscures où elle puisse se trouver durant sa course, le souvenir du beau jour qu'elle a eu une fois, reveille ses esperences & son amour, & la fortifie dans les souffrances jusques au trépas.

III. Mais il est encore plus solide & plus glorieux de soûtenir ce martire sous les seules ombres, & les obscuritez de la foy, sans aucun rayon de lumiere; une ame toûjours fidelle à l'oraison, sans en quitter jamais un moment, & sans y recevoir la moindre onction de grace sensible, est une Martire de la foy & de l'amour de Dieu, aussi-bien que celles qui l'ont soûtenu par leur sang & par leurs paroles, puis qu'elle fait agir sa foy aussi vigoureusement, ne ressentant rien de Dieu, & ne laissant pas de l'aimer par la fidelité qu'elle a à faire ses saintes volontés, & à croire ce qu'il est, c'est-à-dire un Dieu d'une infinie douceur, bienque son experience ne luy en dise rien ; qu'elle s'appuye donc sur cette grace cachée, & qu'elle se fortifie dans l'attente du Seigneur, puisque cette foy qui la fait souffrir & soûtenir, est une grace solide, assés puissante pour la faire triompher dans ses combats, & la rendre victorieuse de ses ennemis. *Post tenebras spera lucem.*

TROISIE'ME SEPTEMBRE.

LA V. SOEUR MARGUERITE DE LA Trinité, Le-Mirrhe, Religieuse Ursuline de Lizieux.

Les Ames Saintes iront de vertu en vertu. Au Psal. 83.

NOstre Sœur Le-Mirrhe étoit niéce de la Mere Jeanne des Anges Parfait, aprés qu'elle eut été fort chrêtiennement élevée par Messieurs ses Parens, elle fust Religieuse l'espace de dix-sept ans, & toute sa vie vertueuse remplit la signification de son nom, & de ceux de ses bons Parens ; car elle fust comme l'agreable fleur qui s'appelle Marguerite, & qui s'éleve peu de la terre ; cette ame demeurant toûjours par inclination de grace dans les sentimens d'humilité, étant dans la Charge de Zélatrice, elle n'y eut point de repos, pour ainsi dire jusqu'à ce qu'elle en eût fait élire une autre à force de prier, allegant pour raison ses incommodités, de sorte qu'il falut en venir là.

Elle fust aussi une precieuse perle, cachée dans le champ de la Clôture Religieuse que le celeste Marchand qui l'avoit achepté à grand prix, épura, polit & blanchit en diverses manieres pour être plus propre à embellir son Divin Diadéme. Ce fust encore une branche de mirrhe choisie, qui distila une liqueur excellente, & abondante de patience & de mortification, ayant été comme incisée par les coups des maladies continuelles, & par cette patience elle a acquis la perfection, & est allé de vertu en vertu. Tellement qu'il est probable que le nom de la Sainte Trinité luy fust ajoûté pour couronner tous les autres ; en effet elle passa les trente-trois ans de sa vie dans une si parfaite innocence, qu'elle merita d'être toûjours la demeure de la sainte Trinité, sans separer de son amour par un peché grief,

3. Septembre.   *La V. Mere Ieanne de S. François de Paule.*   477
au jugement de ceux qui ont connu le fond de son ame ; la pureté de son cœur se lisoit dans ses yeux. Monsieur le Pileur Vicaire General, Official de Monseigneur l'Evêque de Lizieux, & Superieur des Ursulines, dit aprés sa mort que c'étoit une Sainte, & qu'il n'avoit jamais vû souffrir avec tant de joye qu'elle avoit souffert. Enfin toutes les Religieuses du même Convent l'estimoient si parfaite que conferant ensemble sur ses rares exemples, elles conclurent que six filles auroient été recommandables par le partage des talens & des perfections naturelles & surnaturelles qui avoient éclatté en elle seule ; car sa charité étoit sincere, son union avec ses Sœurs sans discorde, son amitié sans envie, sa vertu toûjours égale. Imités-la.

MAXIMES.

I. La parfaite charité que nous nous devons à nous-mêmes, consiste en grande partie à nous refuser continuellement tout ce que nôtre nature imparfaite nous demande.

II. C'est une grande chose que l'humilité de cœur ; il y a peu d'ames qui soient vrayement de ces humbles & de ces petits dont parle nôtre-Seigneur dans l'Evangile, & cependant c'est cette vertu qui luy prepare dans l'ame une demeure agreable, & sans laquelle toutes les autres ne luy peuvent plaire.

III. Il faut avoir grand recours aux Saints dont on porte le nom, puisque Dieu nous les a donné pour avoir soin de nous.

TROISIE'ME SEPTEMBRE.

LA V. MERE MERE JEANNE DE SAINT François de Paule, Daing de Riz, Religieuse Ursuline d'Amboise.

Je me réjoüiray en mon Seigneur, je tressalliray d'aise en Iesus mon Dieu.
Le Prophete Habacu. Chap. 3.

SA naissance tres illustre luy a donné des nobles inclinations, aussi bien que le sang ; & la suite de sa vie a fait voir la bonne éducation qu'elle avoit receu de Madame sa Mere, mais beaucoup plus sous celle des Reverendes Meres Ursulines de Pontoise, où elle apprit la parfaite pieté & une singuliere dévotion, ayant demeuré plus de sept années dans leur Maison, où elle reçut la grace de la vocation Religieuse qu'elle a conservé fidellement, nonobstant toutes les

478 *La V. Mere Ieanne de S. François de Paule.* 3. Septembre.
épreuves que Meſſieurs ſes Parens luy donnerent, la retirant de cette vertueuſe Communauté, où elle exerçoit tous les exercices de la plus ſolide devotion, pour la mettre au monde, & dans tous les divertiſſemens & plaiſirs licites aux perſonnes de ſa qualité, ſans qu'elle ait été ébranlée, étant victorieuſe de tous ces combats ; elle choiſit le Monaſtére des Urſulines d'Amboiſe pour ſa retraite du monde, où elle a donné des impreſſions ſi fortes de ſa vertu, que l'on peut dire veritablement qu'elle étoit une grande Servante de Dieu, & une parfaite Religieuſe.

Elle étoit fort éclairée, & remplië d'un zéle tout celeſte qu'elle exerçoit avec une agreable douceur, ſurtout dans le tems de ſa Superiorité, qui luy a attiré les cœurs & les volontés de ſes filles, à qui elle donnoit des maximes toutes ſaintes, les gouvernant avec une conduite ſi épurée, qu'il paroiſſoit à toutes qu'elle n'avoit dans ſes intentions que le pur regard de Dieu.

Son eſprit étoit ingenieux en toutes choſes, elle n'ignoroit rien de ce qu'une fille peut ſçavoir, même elle entendoit le latin parfaitement, & compoſoit des Cantiques Spirituels qui pouvoient ſervir de ſujets d'oraiſon ; elle parloit eloquemment des choſes ſpirituelles, mais ce qui étoit admirable, c'eſt le bon uſage qu'elle faiſoit de ſa ſcience, ne ſe produiſant qu'avec tant d'humilité, & de retenuë que l'on voyoit bien qu'elle s'étudioit à une ſimplicité Chrétienne, & à cacher ſes grands talents ; elle avoit des grandes lumieres pour la vie interieure, où elle étoit fort experimentée pour elle & pour les autres.

Sa ſoûmiſſion à l'égard de ſes Superieurs & Directeurs n'étoit pas moins remarquable, faiſant une eſtime tres-grande de la conduite de Dieu en eux ; mais ce qui fait l'éclat de ſa belle vie, c'eſt le bon-heur qu'elle a eu de bien & beaucoup ſouffrir d'extrêmes peines interieures & exterieures ; les infirmitez corporelles luy étoient preſque continuelles, quoy qu'elle fût d'une nature tres-forte. Ses migraines étoient frequentes, avec des grands crachements de ſang, & enfin un aſme qui deſſeicha ſes poulmons, & la reduiſit à une maigreur épouvantable & une oppreſſion tres violente ; tous ſes maux n'alteroient point ſa patience, & il n'y avoit qu'elle de conſtante pendant que ſes Sœurs étoient vivement touchées de compaſſion. Elle reçeut tous ſes Sacremens avec une preſence d'eſprit & une devotion que l'on peut dire Angelique, où elle a ſans doute ſuccé la douceur du Ciel, puiſque l'on remarqua que dépuis cette reception elle jouït d'un calme extraordinaire pour l'eſprit & le corps, & elle diſoit, *je me rejoüiray au Seigneur, je treſſalliray d'aiſe en Ieſus mon Dieu.* Nous pouvons dire que ſa mort a été celle des juſtes, comme dit le Prophete, precieuſe devant les yeux du Seigneur, & un ſujet digne de nos envies & de nos deſirs ; elle arriva l'an 1678. âgée de 49. ans, & de Religion 29.

Que la liaiſon & union de cette digne Superieure avec ſes Religieuſes nous avertiſſe aujourd'huy de régler nos amitiez, & de les rendre chrêtiennes, il n'y a guére d'amitié plus pure, plus étroite, plus ſolide, & plus durable que celle qui eſt cimentée par la charité, & ſi la conformité d'humeurs, d'inclinations, & de temperamens, est la cause la plus ordinaire de toutes les amitiés humaines; la ressemblance des vertus acquises, Chrêtiennes, & Religieuses, forma dans ses saintes filles une union aussi indissoluble, que le principe en étoit spirituel & Divin, la connoissance que chacune avoit du merite & de la vertu de sa Sœur, leur inspiroit un profond respect l'une pour l'autre, le bût de leur amitié ne tendoit qu'à Dieu. Elles ne se parloient que pour s'inspirer de plus en plus un dégoût des vanités du monde, que pour concevoir de plus saintes resolutions pour l'avenir, pour s'appliquer plus exactement à la vertu, pour se détacher de plus en plus de la vie, & pour s'exciter à soûpirer avec plus d'ardeur vers la mort. Prions le Seigneur que ce soit cét esprit saint qui unisse nos cœurs, & que nos amitiés n'ayent point d'autre bût que de procurer la gloire de Dieu par une conspiration toute sainte.

MAXIMES.

I. C'est une chose tres-perilleuse de juger de son prochain, quand on n'en a pas le droit, car bien souvent ce que nous jugeons imperfection en autruy, ne l'est pas, & quand il le seroit, nous ne devons pas faire une chose que Dieu nous deffend si expressément; *ne jugez point, & vous ne serez point jugez.*

II. On verra souvent en une personne cinquante vertus, ausquelles on ne pensera pas, & s'il y a en elle la moindre imperfection, on la remarquera; mais tout au contraire s'il y avoit dans le prochain cinquante imperfections, & qu'il n'y eût qu'une seule vertu, il faudroit fermer les yeux à celles-là, & s'arrêter à celle-cy, pour l'en estimer & l'en aimer, selon ce que Saint Paul nous dit de la charité, *elle ne pense point en mal, elle ne se réjoüit point de l'iniquité, mais elle se réjoüit de la verité.*

III. Nous jugeons bien souvent des ames qui nous jugerons un jour, les Superieurs même qui ont droit de juger ceux qui leur sont inferieurs, ne le peuvent neanmoins bien souvent faire sans danger.

IV. Tant qu'une ame s'occupe à remarquer les deffauts des autres, dont Dieu ne l'a pas chargé, elle ne sçauroit être parfaite.

V. Soyez douce vers autruy, & rigoureuse vers vous-même, & quand il se presente quelque chose de penible, chargez-vous en toûjours, pour en décharger les autres.

QUATRIE'ME SEPTEMBRE.

LA V. SOEUR MARIE LOUISE DE LA Cuisse, dite de Sainte Gertrude, Religieuse Ursuline d'Argenteüil, Isle de France.

E'coutez ma fille, & voyez, oubliés vôtre peuple & la maison de vôtre Pere, & le Roy convoitera vôtre beauté. Psal. 44.

Cette aimable Sœur a été si fidelle à l'appel de son Bien-Aimé, que bouchant sagement ses oreilles pour ne point entendre les voyes enchantées des Sirennes du monde, qui l'appelloient à son party ; elle a saintement ouvert son cœur à la grace pour la suivre pas à pas dans le chemin étroit de la perfection Religieuse, mais avec d'autant plus de generosité qu'elle avoit de liens à rompre & d'obstacles à vaincre, car il est certain qu'elle tenoit au monde par autant d'endroits qu'elle avoit de qualités capables d'attirer l'estime & d'engager les cœurs, étant naturellement bien faite, d'une riche taille, l'air bon, l'esprit jolly, l'humeur enjoüée, la conversation agreable, & surtout avantagée d'un tres-beau bien par le decés de Messieurs ses parens.

Tous les avantages naturels attirerent à cette jeune Damoiselle une si grande foule de partis, qu'elle se trouva obligée d'en venir aux mains, avec tout ce que le monde a de plus charmant pour le combattre, & Messieurs ses Parens qui l'aimoient avec une extréme tendresse, se faisant de partie, elle eut une assez forte épreuve à soûtenir; cependant la grace, qui avoit deja occupé le fort de ce jeune cœur, luy préta des armes pour se deffendre, & pour soûtenir un si rude choc, son celeste Amant luy redoubla les accents de son amoureuse voix, & luy dit encore, mais d'une maniere plus forte, *audi filia, & vide, &c.* Alors cette ame fidéle se tournant vers celuy qui avoit par sa grace captivé son cœur, elle s'offrit mille fois à luy pour n'avoir jamais d'autre E'poux, & ce qui l'aida dans ce genereux dessein, fust que revenant une nuit d'un bal, elle entendit sonner les Matines à une Maison Religieuse, & la grace qui ne perdoit point de tems pour gagner entierement le cœur, luy fit comprendre interieurement quelle douceur de vie menoient ces saintes Ames qui s'en alloient chanter les loüanges Divines pendant qu'elle se fatigoit dans l'embarras & bagatelles du monde, indignes d'une ame creée pour Dieu.

Dans ces belles dispositions elle rompit tout ce qui luy restoit d'attache pour cét agreable ennemy, & entrant dans nôtre Monastére, elle dit avec le Prophete, *Dirupisti Domine vincula mea, tibi sacrificabo hostiam laudis.* En effet elle y

entra

entra pour faire de toute elle même une hostie sainte & toute dévoüée au culte & aux loüanges Divines, par un fonds de pieté qui fit dés-lors son propre caractére, nourrissant son ame d'une solide dévotion ; Elle faisoit son plaisir de vaquer à l'oraison autant de temps qu'il luy étoit permis, les bonnes Fêtes étoient pour elle des jours de retraite & de solitude, qu'elle passoit toutes entieres devant le Saint Sacrement ; ses plus douces conversations étoient des choses spirituelles, & ses plus agreables compagnies celles qui étoient embrasées de son même feu.

C'étoit une ame de bonne volonté, & toûjours ardente pour la pratique du bien, elle portoit un fonds soûmis aux volontés du Seigneur sur elle, qui a été le mobile de toute sa conduite, & qui a fait sa force & son soûtien dans les petites contrarietez dont la vie ne peut être exempte. Pour posséder plus parfaitement son Divin E'poux, & se rendre plus conforme à luy, elle fit son étude de se dénuër & dépoüiller de tout ce qui pouvoit empêcher l'intime communication qu'elle vouloit avoir avec luy, jusques aux choses même necessaires, & qu'elle pouvoit raisonnablement exiger, ayant apporté une dotte considerable, mais la moindre singularité luy étoit insupportable, elle auroit crû en cela démentir l'amour & l'estime de sa vocation, qu'elle faisoit paroître en toutes les occasions, singulierement au Parloir, où elle en parloit si avantageusement, qu'elle édifioit beaucoup les personnes du monde, surtout sa condition d'Ursuline, pour laquelle elle avoit infiniment d'estime, son zéle pour en faire les fonctions étoit merveilleux, elle y trouvoit moyen d'y satisfaire sa pieté, faisant travailler les Pensionnaires pour la décoration des Autels, à quoy elle employoit elle-même une bonne partie de son tems.

Mais comme le plus parfait de nôtre Institut sembloit être à nôtre chere Sœur l'instruction des externes, c'est aussi ce qu'elle prisoit le plus, desirant de finir sa vie dans cét employ, bien qu'elle le sçût être assez contraire à sa santé, elle l'accepta toutefois un an avant sa mort sans en rien dire, Nôtre-Seigneur ayant permis qu'il luy fût donné pour l'accomplissement de son pieux desir, puis qu'elle y a vacqué jusqu'à deux mois avant sa mort.

Il est facile de croire qu'elle ne luy a pas été imprevevë, car Dieu qui la vouloit retirer de bonne heure à luy, pour la disposer toute à loisir à ce dernier passage, luy en donna un fort pressentiment un an auparavant ; elle le declara à sa Superieure, sur le dessein où elle la voyoit de la retirer d'un employ, elle luy marqua qu'elle y trouvoit son avantage pour avoir plus de tems à se disposer à la mort, parce qu'assurement elle ne croyoit pas avoir encore plus d'un an à vivre, ce qui est arrivé, comme elle l'avoit dit, car ayant été travaillée plus violemment que de coûtume d'une fluxion de tête qui la tourmentoit assez souvent, & les remedes qu'on luy fit luy ayant apporté un peu de soulagement, il fust si court, que l'ayant repris au bout de huit jours justement la surveille de la Fête de nôtre glorieux Pere Saint Augustin, avec un accablement universel, sa ferveur l'empêcha de ceder, suivant l'observance & le Chœur pour la celebrer avec plus de devotion, mais deux jours après se sentant plus mal, & jugeant qu'il étoit tems de se rendre, elle prit son Mortuaire, & fit à genoux les preparations à la mort qui y sont inserées, puis elle se mit au lit où en trois jours elle consomma son sacrifice, car elle s'étoit offerte à Dieu, à ce qu'elle-même a dit, pour être la victime de la Communauté, y ayant prés de six ans qu'il n'y étoit mort personne, & comme elle entendit dire qu'on faisoit des prieres pour sa santé, & que deux de ses propres Sœurs faisoient dire des Messes pour le même effet, elle s'en fâcha contre elles, leur disant qu'il les faloit garder pour aprés sa mort.

Elle étoit dans un si grand détachement de tout, qu'elle pria sa Superieure d'empêcher que ses deux cheres Sœurs ne la vinssent attendrir par leurs larmes, mais une d'elles s'étant approchée, comme pour luy dire le dernier adieu, luy témoignant son regret de ce qu'elle mouroit si jeune, elle la repoussa, & s'adressant derechef à la Superieure, elle luy dit, *je vous avois tant prié, ma Mere, de vous opposer à toutes ces tendresses*, sa resolution étant d'aller à Dieu dans toute la vigueur de son amour. Cette ame genereuse & constante attendoit la mort avec une assurance & une tranquilité de conscience qui donnoit de l'étonnement, & elle marquoit même tant de consolation & de joye de mourir Religieuse, qu'il paroissoit bien qu'elle regardoit venir ce jour comme celuy de ses noces avec l'Epoux Celeste, Dieu s'étant montré en cette occasion d'autant plus liberal à son égard qu'elle avoit plus fait pour luy en quittant le monde pour se consacrer à son service, étant vray que son desir de mourir ne provenoit point d'aucun dégoût de la vie, mais pour joüir pleinement & plus promptement de son Dieu, & de crainte, disoit-elle, de décheoir des bonnes dispositions où elle se trouvoit.

La veille de sa mort par bon-heur pour elle, le Reverend Pere le Breton de la Compagnie de Jesus, qui étoit son Directeur dépuis son entrée en Religion, s'étant trouvé chez nous, entra pour la confesser, ce qu'elle fit dépuis sa derniere retraite avec tant de paix que ledit Reverend Pere témoigna qu'il n'avoit pas eu besoin de la calmer, son ame étant dans une parfaite quiétude; elle reçût en suite le Saint Viatique, renouvella ses vœux, & demanda pardon à la Communauté, specifiant de son propre mouvement ses principaux deffauts, le lendemain elle reçut l'Extrême Onction, avec une parfaite application d'esprit qu'elle eut jusqu'à un moment avant sa mort, qui arriva le jour de l'Octave de nôtre Pere Saint Augustin auquel elle étoit tres-devote, ainsi qu'à la Sainte Vierge, à son Ange & à Saint Joseph, le 4. de Septembre 1676. âgée de 29. ans & demy, & 10. de profession.

Il n'est point à douter que nôtre Sœur de Sainte Gertrude n'ait eu une affection particuliere aux Saints & Saintes dont elle portoit le Nom, qu'elle n'ait tâché de concevoir le même zéle pour la gloire de Dieu, & le salut des ames, & les uns & les autres n'avoient que le même but, c'est à quoy ils vous invitent. Imités-les.

MAXIMES.

I. Il y a de l'imperfection à desirer sa perfection, si on la desire comme un degré d'excellence, & avec empressement.

II. Les desirs sont necessaires aux personnes qui commencent, & qui avancent; ils détachent l'ame des Créatures, ils la rendent capable des dons de Dieu; ils attirent les graces du Ciel, & disposent à l'union, mais les ames parfaites qui ont trouvé Dieu n'ont plus rien à desirer.

III. On ne desire que ce qui est absent, Dieu peut-il s'éloigner de vous si vous n'aimez que luy, & si vous sçavés qu'il est dans vous, vous trouverés dans vous-même le comble de tous vos desirs.

IV. Si vous étes agité de desirs, croyés-moy, vous n'avés pas encore quitté la terre, plongés-vous en Dieu qui est l'occean de tous les biens, & vous n'aurés plus de mouvemens.

V. Pourquoy desirer ce que vous possedez, si vous dites que vous ne le sentez point, ce n'est pas Dieu que vous cherchés, mais le sentiment de sa presence. On desire souvent sa perfection par un motif secret d'ambition.

QUATRIE'ME SEPTEMBRE.

LA VENERABLE MERE BAPTISTE,
Venarcia, Religieuse Ursuline de Gennes en Italie.

La voix de la Tourterelle a été entenduë en nôtre Terre. Au Cantiq. ch. 34.

Cette devote Amante a été comme une chaste & gemissante tourterelle dans le Cloître des Ursulines dans la Ville de Gennes, lieu de sa naissance. En cette Province les Ursulines sont indifferemment appellées Filles de S. Augustin & de Sainte Ursule, à cause qu'elles professent la Régle de ce grand Patriarche Saint Augustin nôtre Pere. Cette grande Servante de Dieu a gouverné son Monastére prés de soixante ans; Elle a écrit quatre Tomes des choses spirituelles, sans avoir jamais appris à lire ny écrire d'aucun Maître mortel, où les personnes doctes & de pieté remarquent des sentimens tres-affectueux pour la devotion, & tres-sublimes en matiere de spiritualité, & tres-solides en doctrine, elle explique les passages de l'E'criture par des textes les mieux appliqués qu'il se peut, & bien que ses explications soient nouvelles, & que l'on ne les trouve point ailleurs, cette nouveauté pourtant n'offence point l'esprit, & ne peut être suspecte aux ortodoxes, étant toute conforme aux sentimens des Peres, & aux Decrets des Conciles; encore que ces lumieres brillent dans les yeux, leur éclat n'empêche pas de leurs ardeurs; il est impossible de lire de si belles choses que l'on ne sente le cœur échauffé, entre autre cette Seraphique fait voir évidemment dans ses doctes écrits, que l'amour éternel de son E'poux étoit la Régle de l'amour qu'elle luy témoignoit dans le tems. *Il nous a aimé*, disoit-elle, *dépuis l'éternité pour nous apprendre à l'aimer constemment dans le tems; & si son amour a été sans interruption, c'est pour nous enflammer à chercher sa face avec perseverence.*

Aussi son amour étoit sans nombre, lors qu'elle consideroit ses bien-faits sans limites. Elle aspiroit continuellement à son souverain bien, elle le voyoit present, & le gouttoit dans tous les ouvrages de sa puissance. Son amour étoit sans poids, lors qu'elle confessoit que sa bonté surpassoit ses pensées, & qu'elle ne le pouvoit pas aimer selon la grandeur de ses incomparables merites; & pour satisfaire à son impuissance elle se réjoüissoit de ce qu'il s'aimoit luy-même autant qu'il est aimable. Enfin son amour étoit sans mesure, lors qu'elle protestoit devant toute la sainte Trinité, que quand sa Majesté la placeroit dans le profond des Enfers pour y supporter le poids des supplices dûs à tous les pechez du monde, elle seroit contente, pourveu qu'elle ne perdit point les sentimens de son amour dont la force la rendoit constante pour souffrir toutes sortes de martires, sans avoir égard à la joüissance du Souverain bien qu'elle souhaitoit avec ardeur; tous ses saints transports n'avoient point d'autre fin que de plaire d'avantage à son E'poux, & d'accomplir son bon plaisir.

Les Peintres la representent percée d'un glaive qui traverse sa poitrine, avec ces paroles, *l'épée transpercera vôtre ame*, qui est la parole de Dieu plus penetrante qu'un glaive qui tranche des deux côtez, & dont le tranchant arrive jusqu'à la division de l'ame & de l'esprit. L'operation de ce glaive vif & aigu a été admirable, en ce que passant au travers de son cœur par un merveilleux secret, il a comme divisé l'ame de l'esprit, partage si fortuné que son ame sembloit n'être plus unie à son corps, que pour servir dans les langueurs de son pelerinage, & le souvenir de sa patrie celeste, se voyant éloignée de son Bien-Aimé, qui étoit l'unique objet de ses soûpirs, tandis que son esprit s'élevoit au Ciel par ses élans continuels dans la recherche de la presence de son Dieu, playe d'amour, qui la rendant morte au monde, la faisoit converser au Ciel, où elle étoit par pensées, & par desir.

En effet, qui lira son quatriéme Tome, connoîtra clairement que cette sçavente fille instruite dans l'E'cole du Saint Esprit, gemissoit sans cesse en l'absence de l'objet de son amour, ses Cantiques Spirituels, ses Colloques Divins avec son E'poux, les traittez qu'elle a composé de l'union avec Dieu, & des desirs embrasez de l'Epouse, sont autant de caractéres des gemissemens de son amour, & les plus sçavans en la Theologie Mystique peuvent dire dans la lecture de ses sacrez documens, *la voix des Tourterelles a été entenduë en nôtre terre*. Le tems de son pelerinage a été de nonante ans, dans le cours desquels elle a gemy au souvenir de sa patrie celeste, & son amour a poussé des soûpirs amoureux en l'absence de son Bien-Aimé, qui étoit l'unique objet de ses vœux, je l'entens, écoutons-là.

I. Que je suis extrêmement obligée de vous aimer, ô! mon Dieu! ô! mon éternel amour! puisque je ne vous ay jamais fait que du mal, & que vous m'avez toûjours fait du bien.

II. Je m'oublie moy-même, ô! mon Dieu! & il me suffit de sçavoir que vous étes un bien souverain, dont la bonté excede les pensées des Anges & des hommes.

III. Mais quand sera-ce que vous me ferés voir vôtre face pleine des attraits qui charment tous les Saints.

IV. Vous étes un Dieu tout-puissant en vos effets miraculeux, & rien ne peut me plaire que vôtre fœlicité, ne souffrez point, je vous en supplie, que je sois d'avantage absente de vous; il est tres-juste que je sois toûjours avec vous, puisque vous m'avez veu de toute éternité en vous; rettirez-moy donc desormais de ce monde, qui est si aveugle en ses poursuites.

V. ô! Amour immense! je vous souhaite avec ardeur, decouvrez-moy vôtre beauté, qui est la source de tout ce qui est beau.

VI. O! amour! qui me fera la faveur que je meure pour vous.

VII. Mais pourquoy vais-je chercher l'amour si loin, puisque je le reconnois en moy par les marques de sa bonté, *Ché morir spero del Divino Calore*, & que j'espere de mourir par l'activité consommante d'une Divine chaleur.

VIII. Je proteste devant toute la tres-sainte & auguste Trinité, que quand il plairoit à vôtre Divine Majesté de me faire souffrir tous les supplices, & porter les peines dont une Créature est capable, je serois contente, dans la pensée que j'ay, qu'en cét état vôtre grace conserveroit dans mon cœur les sentimens de vôtre amour.

Voila les gemissemens de nôtre chaste Tourterelle; le Senat de la République de Gennes poursuit à Rome sa Canonisation par ses Ambassadeurs, toutes choses concourent à faciliter cette affaire, autant la Sainteté de sa vie que l'évidence des miracles qu'elle fait; il n'y a que sa mort trop peu éloignée de nous, qui empêche ou qui retarde ce témoignage authentique de l'Eglise; pour moy, dit un grand Serviteur de Dieu, je ne fais pas difficulté d'invoquer cette ame si sainte & si éclairée, en luy demandant instamment qu'elle m'impetre du Pere des lumieres quelques rayons de ceux qu'il luy départit autrefois, & quelque part aux ardeurs qui embraserent son cœur.

Et vous Ames Chrêtiennes & Religieuses, imitez-la en son amour, puisque Dieu nous a prevenu à nous aimer d'un amour sans nombre, sans poids & sans mesure, rendons-luy un amour reciproque, aimons-le d'un amour de preference pardessus nôtre être; pour témoignage de cét amour offrons-luy nôtre ame avec toutes ses puissances pour être consacrée à son service; aimons-le de tout nôtre cœur, qui est le principe de vie, & pour marque de nôtre affection, privons-nous des choses superfluës, & mortifions nos sens pour les immoler à l'Autheur de nôtre vie. Aimons-le pardessus nôtre vie raisonnable, & pour preuve de nôtre amour, captivons nôtre entendement sous l'obeïssance de la foy, pour adorer avec une entiere soûmission la verité de ses Mystéres; aimons-le de toute nôtre ame, & pour le Caractére de nôtre amour, que son essence animée par la grace luy serve de temple, que nôtre memoire se souvienne de ses bien-faits, que nôtre entendement contemple ses grandeurs, que nôtre volonté soit embrasée des ardeurs qui partent de son trône de feu. O! qu'une ame est fortunée, qui aime son Dieu dans le cours de sa vie d'un amour sans nombre, sans poids & sans mesure, parce que dans la patrie celeste le Pere l'aimera comme sa fille bien aimée, le Fils comme sa Sœur, & le Saint Esprit comme son Epouse pour la pureté de son affection, & son amour sera reciproque; elle aimera le Pere qui l'affermit par sa puissance dans la possession de son bon-heur; elle aimera le Fils qui l'éclaire par les rayons de sa sagesse pour voir la lumiere increée, & elle aimera le Saint Esprit qui la charme par les douceurs de sa bonté pour goûter les delices de la gloire.

MAXIMES.

I. Aimés l'amour qui vous a éternellement aimé, parce qu'il vous a prevenu en sa dilection; il est juste que Dieu nous ayant aimé de toute éternité, nous l'aimions dans le tems & pour l'éternité.

II. La cause d'aimer Dieu, c'est Dieu, parce que nous ne pouvons l'aimer, dit S. Bernard, comme nôtre fin surnaturelle sans l'infusion de son amour.

III. La mesure d'aimer Dieu, c'est de l'aimer sans mesure, & la raison est que l'amour qui tend à Dieu, se porte à un objet immense, & a un bien infiny dont la bonté est sans limites. Qui donc borneroit nôtre amour, seroit-il limité parce que nous n'aimons pas gratuitement, mais qu'étant prevenus, nous aimons par titre de justice; qu'elle apparence?

IV. L'immensité nous aime, l'éternité nous aime, la charité sureminente pardessus la science nous aime, Dieu qui est immense, éternel & souverain Amant nous aime, Dieu dis-je dont la grandeur n'a point de fin, dont la sagesse n'a point de nombre, & dont la paix excede les pensées de tous les entendemens humains, & nous serons si lâches que de luy rendre un amour reciproque avec mesure, donc si nous sommes reconnoissantes de sa bonté, & parfaites imitatrices de sa charité, nous devons l'aimer sans mesure.

V. Prenez garde de n'être pas si aveugles que de vouloir aimer vôtre Createur & la Créature avec une mesure déterminée, autrement vous l'entendrez tonner dans vôtre interieur par la bouche du Sage. *Pondus & pondus, mensura & mensura, utrumque abominabile apud Deum.* Le poids & le poids, l'un pour Dieu & l'autre pour l'ouvrage de ses mains. La mesure & la mesure, l'une pour le Créateur, & l'autre pour la Créature, sont abominables devant Dieu.

VI. Hé! quoy y aura-t'il quelque comparaison d'un être sujet à la vanité, avec l'être par essence qui ne change jamais, hé quoy ? l'homme qui est un ver de terre, le joüet de la fortune & le butin de la mort sera-t'il égal avec un Dieu vivant & Seigneur souverain qui regne par tous les siecles.

QUATRIE'ME SEPTEMBRE.

LA V. SOEUR MARIE GABRIELLE DE Freambert, Religieuse Ursuline de Guerande.

Dieu fait la volonté de ses parfaits Adorateurs. Au Psal. 10.

SA bonne & vertueuse vie luy a merité sa guerison miraculeuse, car étant tombée dans un sommeil léthargique duquel on ne la pût tirer par la violence du fer & du feu, aussi-tôt que l'on eût posé dessus sa tête un bonet de deffunte Mere Marie de Clemenceau, Ursuline de la Congregation de Bordeaux ; & que la Superieure du Monastére qui étoit la Mere Spadin, eût fait vœu de neuf Messes, la Malade revint en son bon sens, reçût les Saints Sacremens, & se disposa à la mort, dont Dieu neanmoins la preserva, & luy rendit sa pleine santé, pour manifester encore en sa personne les merites d'un de ses grands serviteurs, car la même année au mois de Septembre, la même maladie l'ayant repris avec une paralysie, & plusieurs accidens tous jugés mortels, démeurant privée plus de six semaines de la veuë & de la parole, & perdant enfin tout mouvement, en sorte qu'elle étoit à la derniere extrêmité, la Superieure promit de faire dire neuf Messes en l'honneur du Venerable Frere Jean de Saint Sansom, Religieux Carme fort renommé dans la Bretagne, & luy appliqua de ses Reliques pendant que l'on celebroit une de ses Messes ; Ce bon remêde guerit soudain la malade en un moment, Elle recouvra l'usage de tous ses sens & ses forces ordinaires ; il en fust dressé un Acte le cinquiéme de Septembre, que la Superieure & les principales Religieuses signerent, comme aussi les Medecins & Operateurs qui avoient traité cette Religieuse dans sa maladie, & qui attesterent qu'elle n'en pouvoit humainement guerir.

Monsieur Guermeno chef du Clergé de Guerrande, & Superieur des Ursulines fit les informations de cette merveille, reçût & approuva les attestations, puis l'acte fust delivré aux Reverends Peres Carmes de Nantes, & Madame de Freambert Mere de la Religieuse guerie, fit representer la chose dans un tableau, qui se voit attaché dans le Chœur des Ursulines de Guerrande.

Nous voyons en cette bonne ame accomplir le dire du Prophete, *que Dieu fait la volonté de ses parfaits Adorateurs.*

MAXIMES.

I. Il n'est rien de plus precieux que le tems, & rien de plus negligé.

II. Quoy qu'il soit bon de servir Dieu avec plaisir, il n'est pas pourtant mauvais de n'en point avoir.

CINQUIE'ME SEPTEMBRE.

LA V. MERE CATHERINE URSULE de Jesus, Ravelle, Religieuse Ursuline de Tolon.

Elle est morte dans sa centiéme année. Dans la Genese, Chap. 47. v. 28.

Elle a eu la gloire d'employer un siecle entier au service de Dieu; la bassesse de sa naissance releve d'avantage sa vertu, car n'étant que la fille d'un Maçon de la Ville d'Aix en Provence, elle se trouva capable d'édifier plusieurs Maisons à Nôtre-Seigneur, de les gouverner, & d'y donner de tres-saints exemples.

Elle étoit entrée jeune dans la Maison de sainte Ursule d'Aix, où elle fust choisie pour diverses Missions, & pour des établissemens de l'Ordre; elle a demeuré long tems à Marseille, à la Ciota, à Brignolles & à Bagnol, d'où elle alla conduire les Novices à Tolon, & trente-sept ans durant elle a signalé son zéle dans ce Monastere là: châcune des Religieuses la consideroit comme une des plus parfaites filles de sainte Ursule. Son plus particulier attrait fust toûjours l'instruction des pauvres Externes, à quoy elle s'addonna incessamment, & d'une ferveur & charité inexplicable; combien de fois l'a-t-on veuë se traîner aux classes étant malade, faisant toute sa joye & sa consolation d'user ses forces & sa santé en donnant la connoissance de Dieu aux Ames pour lesquelles il est mort. Elle trouvoit le tems trop court pour enseigner les femmes aux Fêtes & Dimanches, & souvent on l'a veuë sortir de table avec congé, se privant de ses repas pour aller leur départir la nourriture spirituelle; elle avoit aussi un empressement & un talent tout particulier pour convertir les femmes de mauvaise vie, on n'a pû tenir compte de la multitude de celles ausquelles elle a réüssy, les aidant même par des quêtes qu'elle faisoit pour leur subsistance, afin de les éloigner de l'occasion du peché.

Ces vertus Religieuses accompagnoient cette charité ardente & agissante, & quoyque dans son extrême caducité son esprit & sa memoire diminuassent un peu, & que la foiblesse de son corps la retint à la chambre ou au lict ses deux dernieres années, jamais sa ferveur ne diminua ny son exactitude, se faisant

porter

porter à la Messe, recitant l'Office Divin, & vaquant à l'oraison à même heure que la Communauté: son bouclier étoit le Crucifix que l'on voyoit toûjours entre ses mains, & elle disoit que tout son divertissement étoit de lire la vie des Saints. Elle reçû les derniers Sacremens avec bon jugement, & la veille de sa mort sa Superieure l'ayant priée de dire aux Novices quelques paroles d'édification, *ma Mere*, répondit-elle, *qu'elles aiment bien leur vocation, & qu'elles instruisent bien les filles de classe.*

Son agonie dura dix heures, & pendant tout ce tems-là la mauvaise odeur de sa chambre qui étoit tres-grande cessa, & se changea en une si bonne senteur que toutes les Religieuses y firent réflexion, & même elles assurerent qu'elles sentirent bon de la même maniere jusqu'à ce qu'elle fût enterrée vingt quatre heures aprés sa mort. Tandis qu'on l'enselevissoit, toutes les Pensionnaires de la Maison couperent son habit en pieces, & le partagerent entre elles, & les personnes seculieres voulurent avoir les fleurs que l'on avoit mis sur son corps. Tout le cours de sa belle & longue vie de cent années, elle conserva la pureté dés son Baptême, au jugement d'une personne d'autorité, & d'une rare pieté, qui étoit le Directeur de cette bonne Religieuse, laquelle est decedée l'an 1673.

Il n'y a point d'Ursulines & d'ames chrétiennes, qui ne doivent honorer cette illustre Ursuline, qu'elles se souviennent avec respect, & avec étonnement de la vertu heroïque de cette grande ame, qui fût nourrie d'abord par toutes les pratiques de la pieté, & par la meditation continuelle de la parole de Dieu, qui a été ensuite exercée dans le ministere Apostolique avec tant de zele, & de ferveur que les conversions qu'elle a fait sont innombrables, & enfin a été purifiée par de longues maladies, qui ont donné lieu de reconnoître par l'instinct de la pieté chrétienne, que les Croix de cette vie sont d'un grand merite devant Dieu, puisqu'il s'en sert pour couronner la charité la plus pure, & la plus ardente de ses plus fideles. Cet exemple nous doit être de grande consolation dans les maux de cette vie, & rien n'est plus capable de nous faire concevoir l'idée veritable de l'éminente vertu de cette bonne ame, que sa patience toûjours douce, toûjours paisible, toûjours genereuse, qu'elle a toûjours conservé.

MAXIMES.

I. Puisque l'homme n'a été créé de Dieu que pour l'honorer, & le servir; il est obligé pour ne se point détourner de la fin, pour laquelle il a reçû l'être de bannir de lui toute autre pensée, tout autre desir, tout autre amour, & tout autre interêt; & il doit employer toute sa puissance, qui est tres-petite, à honorer un Dieu qui est si digne d'honneur.

II. Dans les divers évenemens de cette vie nous ne devons pas nous arrêter à ce qui se passe sur la terre; mais il faut élever nos esprits à ce qui est caché dans la sapience divine, adorer ses desseins & nous y rendre fidellement autant que nous le pouvons connoître.

III. Dieu demande de sa créature un retour perpetuel vers luy, de tout ce qu'elle est, de tout ce qu'elle a, de tout ce qu'elle fait, & de tout ce qui luy arrive, comme étant la source de son être, de sa vie, de sa voye, & de sa perfection.

IV. En tout lieu, en tout tems, & en toutes choses ne pensez qu'à rendre à Dieu ce qu'il y demande de vous; & il aura soin de disposer de tout pour vostre sanctification.

V. Il ne faut pas nous donner, mais seulement nous prêter aux choses créées; puisque nous ne sommes pas à nous mêmes, mais à Dieu, qui a seul droit de disposer de nous.

VI. Ne remplissez jamais vôtre esprit de vous-même, de ce que vous faites, & de ce qui se passe en vous, ou de ce qui vous arrive, mais oubliez tout cela comme choses de neant, & vous occupez du Fils de Dieu, & de ce qu'il a operé en la terre pour nôtre salut, & sanctification qui doit faire toute nôtre plenitude.

Cinquie'me Septembre.

LA V. MERE ANNE DE TOUS LES SAINTS, de Mareil, Religieuse Ursuline de Ponte-Croix

Personne n'a été delaissé de la sainte Vierge qui a eu recours à elle. S. Anselme.

LA Mere Anne de tous les Saints s'est renduë remarquable par l'exacte observance de ses vœux, & de ses regles, s'étant toûjours acquitée avec perfection de ses obligations, tant de Religieuse particuliere, comme du devoir de sa charge de Superieure, dont elle étoit tres-capable.

Si ses beaux talens naturels de corps & d'esprit la rendoient aimable à tout le monde, la conversation, & union continuelle qu'elle avoit avec Dieu imprimoient le respect, l'amour, & veneration à toutes ses filles. Son procedé étant une manifestation évidente qu'elle ne vouloit faire conquête des cœurs que pour les conduire à Iesus, regardant tout en luy, sans réflechir à ses intérêts qu'elle avoit sacrifié aux volontés de son Dieu; cette grande ame alloit droit à luy; Elle avoit un esprit franc sans affectation, & un bon cœur pour Dieu, & son prochain, & un jugement solide, dont la principale marque a été le bon usage qu'elle a fait des graces de sa vocation, & tel qu'elle pouvoit dire avec l'Apôtre, *Que la grace de Dieu n'a point été vaine en elle.* Aussi a t'elle eu un grand courage à rendre des preuves de sa fidelité à nôtre Seigneur; elle a experimenté que selon sa misericorde ordinaire il luy a donné le centuple, la faisant mourir de la mort des Saints, qui est précieuse devant Dieu. Elle en parloit comme du jour de sa plus grande joye; pour ce, disoit-elle, qu'elle esperoit alors recevoir la misericorde finale de tant d'autres dons, dont elle étoit obligée à la bonté divine; & se plaignoit à ses Sœurs lors qu'elle les voyoit fondre en larmes qu'aparemment elles ne l'aimoient pas de s'attrister ainsi de son bien. Elle meditoit dépuis un long tems le mistere de la descente de la Croix de nôtre Seigneur, dont elle avoit l'image; le Confesseur luy demanda, si elle avoit devotion qu'on l'enterra avec ladite image; elle répartit qu'elle en avoit été souvent touchée, & qu'elle pourroit être profitable à quelqu'autre.

Sa devotion envers la Sainte Vierge étoit rémarquable, quand la Communauté faisoit des vœux aux Saints de leur devotion pour sa guerison, elle disoit, qu'elle honoroit & aimoit cherement tous ces grands Saints, qui avoient été fidelles à Dieu; mais que tous ses vœux s'étoient toûjours adressés à Marie, laquelle aprés Jesus étoit toute son esperance, ce qui luy a fait experimenter les belles paroles de saint Anselme; *Que personne n'a été delaissé de la tres-Sainte Vierge qui a eu recours à elle.*

Comme on la voyoit fort foible plusieurs jours avant son decez, & que l'on appréhendoit à tout moment sa derniere heure, elle dit qu'on se mit en répos, & que Dieu luy feroit la grace d'en avertir quand elle en seroit proche, ce qu'elle fit une heure avant qu'expirer disant qu'elle alloit recevoir misericorde de Dieu.

Sa Vie a été fort innocente, & dans une grande ferveur, & sa mort toute seraphique, elle a eu les preparations éloignées par une grande patience en des continuelles infirmités, & les prochaines par la reception des saints Sacremens avec la devotion d'une vraye fille de l'Eglise, & faisoit paroître une joye inexplicable d'aller voir Dieu, prononçant incessamment jusqu'à la fin le saint Nom de Jesus & de Marie. Sa maladie a été une Poulmonie & Phthisie dépuis plusieurs années, où sa patience a éprouvé toutes ses autres vertus. Ce fût en l'an 1661. qu'elle rendit son ame à son Créateur.

C'est un grand exemple pour les personnes que Dieu apelle à son service, que cette vertueuse Ursuline. Voyez combien vous devez avoir le cœur pur pour aprendre de Dieu dans la priere ce que vous devez faire pour regler vôtre vie dans les moindres choses. Soyez aussi persuadés que pour enseigner utilement les autres, il faut être vous mêmes Disciples de Dieu, & ne negliger point de rechercher les instructions du saint Esprit dans l'écriture, & goûtés dans la meditation de la parole de Dieu, non seulement une lumiere toute sainte, mais encore une joye & une onction celeste que vous devez considerer comme la force & le soutien de vôtre ame.

MAXIMES.

I. Bien que le fils de Dieu soit le Dieu de le sainte Vierge, il est aussi son fils, & comme il a toutes les perfections dans un degré plus éminent sans nulle comparaison, qu'il ne les a répanduës dans ses creatures, il aime & honore sa Mere plus que nous ne pouvons penser, liez-vous donc à cét honneur & à cét amour qu'il luy rend, pensant qu'il n'y en a point d'autre digne d'une Mere de Dieu.

II. Nous ne pouvons rien faire qui soit plus agreable à la sainte Vierge, que de pratiquer la vertu qui l'a renduë digne d'être Mere de Dieu.

III. Ce qui nous fait croitre en l'humilité nous doit être grandement agreable, & nous devons tenir plus chere une humiliation, de quelque part qu'elle nous arrive, que si l'on nous donnoit la possession de quelque grand tresor.

IV. Demandés souvent au grand saint Joseph qu'il exerce sur vous sa qualité de pere, laquelle il a sur toutes les ames, ensuite de ce que le Fils de Dieu l'a voulu reconnoître pour Pere sur terre. Et nous autres Ursulines avons un droit particulier de le regarder en cette qualité, puisque nous avons la grace d'être plus specialement filles de la tres-Sainte Vierge.

V. La charité est une vertu si précieuse, & si necessaire, & elle nous a été si particulierement récommandée par le Fils de Dieu, que nous ne devons point laisser passer jour sans la luy demander; luy-même l'a demandée pour nous à son Pere, quand il luy a dit, *Qu'ils soient tous un, ainsi que vous, mon Pere, étes en moy, & que je suis en vous, afin qu'eux aussi soient un en nous.*

VI. Il faut aimer toute sorte de personnes, quoy que de party contraire & d'humeurs differentes; car la charité de Dieu unit tout en luy.

SIXIÉME SEPTEMBRE.

LA V. SOEUR JEANNE DE LA PRESENTATION, de Combet, Religieuse Ursuline de Beaucaire.

Je m'en vay venir bien-tôt, conservez ce que vous avez, de peur que nul ne prenne vôtre Couronne. En l'Apocalipse 3.

DIeu donne à chacun des graces necessaires pour arriver à la Sainteté qu'il luy a destinée: si nous profitons de ses graces, nous en aurons de plus grandes. Il y a des graces qui sont attachées à la vocation d'un chacun, pour les recevoir il faut suivre la vocation que Dieu vous inspire, avec ce secours du Ciel les choses plus difficiles n'auront pour vous aucune difficulté; c'est la raison par laquelle tant de saintes ames sont joyeuses

& contentes parmy les austerités d'une vie Religieuse, pendant que les mondains qui s'engagent, ou par interêts, ou par caprice, dans l'état de vie qu'ils choisissent, gemissent, & sont malheureux au milieu des richesses, & des plaisirs.

Nôtre Ursuline a eu le bonheur d'être attirée par une grace speciale à sa vocation dés son enfance qu'elle a passé dans le Monastere des Vrsulines de Saint Remy, où elle s'adonna à une grande pieté, & tendre devotion à la Sainte Vierge qui luy obtint une grande fidelité aux graces, sur tout à celle de sa vocation ; sa grande ferveur la porta d'abord à un esprit de penitence, s'en faisant une pratique ordinaire. Elle prit le Saint habit de Religion dans le Monastere de Beaucaire, où elle augmenta son zele pour la Sainte Vierge, se disposant à châcune de ses Fêtes par une mortification extraordinaire, & par un grand nombre d'actes, de violences, & d'humiliations qu'elle faisoit, tant en public qu'en particulier en l'honneur de cette Reine des Anges, excitant par son exemple, & fervens entretiens ses compagnes du Noviciat à faire le même, au jour de ses Fêtes elle disoit mille fois *l'Ave Maria*, faisant grand nombre de genuflections. Elle avoit tant d'attrait pour l'oraison qu'elle n'en sortoit presque jamais par l'attention continuelle qu'elle avoit à Dieu, & sur sa conduite pour ne pas manquer aux Regles, & aux pratiques qu'elle s'imposoit pour son avancement interieur, étant insatiable des pratiques de perfection, demandant incessamment à celles qui la conduisoient permission d'en faire quelques unes, comme de porter la Ceinture le Cilice, &c. ce qu'elle faisoit frequemment, & en faisoit sa joye. L'esprit du Seigneur l'ayant prévenuë dés sa jeunesse, luy inspira n'étant encore que Pensionnaire de jeuner tout le Carême, ayant l'adresse de glisser doucement sa portion dans celle de sa compagne.

Cét esprit de rigueur pour elle, la porta à passer des Carêmes tous entiers sans boire qu'une seule fois le jour ; quoy que par son temperament tout de feu elle eût une grande alteration. Elle portoit la veüe continuellement baissée, ne se donnant pas la liberté de regarder personne en face, ny rien qui pût contenter ses yeux ; son silence étoit si exact qu'elle ne disoit jamais rien d'inutile ; mais lors qu'il s'agissoit de parler de Dieu, elle avoit de la peine à se moderer, tant son ardeur pour luy étoit grande.

L'obeissance étoit sa chere vertu, elle s'y appliquoit avec tant d'exactitude qu'elle eût fait grand scrupule de manquer de soumission, même aux moindres choses à toutes les personnes qui la conduisoient, regardant Dieu en elles, ce qui la portoit à leur découvrir avec une ingenuité extraordinaire jusqu'aux plus petits mouvemens de son ame, n'oubliant rien pour leur donner une parfaite connoissance de son interieur, étant tres-fidelle à pratiquer leur avis, en sorte que si elle y faisoit quelques manquemens, elle s'en humilioit profondement comme si c'eut été un crime ; ensuite elle prenoit un nouveau courage à s'atacher à tous ses devoirs avec une plus grande ferveur ; c'est cette belle vertu qui l'a accompagnée jusqu'au dernier soûpir de sa vie, & luy a fait porter durant plusieurs mois toutes les incommoditez d'une fiévre languissante avec une patience heroïque, ne voulant avoir que Dieu pour témoin de ses souffrances qu'elle cachoit avec soin aux Créatures, pour éviter d'en être soulagée, & ne point quitter les exercices de la Communauté, qu'elle a toûjours suivy autant qu'on a voulu luy permettre, surmontant la foiblesse de son corps par la force de son esprit, communiant à la grille du Chœur, & assistant à la profession de sa Sœur deux jours avant sa mort, pendant laquelle elle employa toute l'ardeur de son cœur à se disposer à son dernier sacrifice; elle demanda avec un grand empressement de recevoir les Sacremens, & les reçeu avec une grande devotion, & continua à marquer sa pieuse affection à la Sainte Vierge par le Bouquet spirituel composé d'actes des vertus qu'elle avoit coûtume de luy présenter chaque jour.

Elle fit encore reciter son testament par lequel elle la constituoit son heritiere de tous les biens qu'elle avoit fait par son secours pendant sa vie, qui ne fut pas bien longue puisqu'elle mourut dans la 23. année de son âge, & quatre ans aprés son entrée en Religion le 6. Septembre 1639.

MAXIMES.

I. Si vous ne correspondés pas aux graces que Dieu vous fait, il donnera à un autre les graces efficaces qu'il vous auroit donné; ha! que Dieu est admirable quand il nous attire à soy par sa grace, mais qu'il est terrible quand il nous abandonne pour avoir méprisé ses graces.

II. L'union de l'ame avec Dieu n'est jamais parfaite quand il y a une Créature entre deux; l'esprit se doit vuider de toutes les lumieres creées pour être remply de la sagesse de Dieu, comme le cœur se doit vuider de toutes les affections creées pour être remply de son amour; travaillez donc avec sa grace à vous défaire de tout ce qui est creé pour vous unir plus intimement à l'increé.

III. La premiere pensée de la journée doit s'élever à Dieu, la premiere parole doit être de Dieu, la premiere action doit être pour Dieu, & comme la semence de toutes les autres; la fin dépend du commencement, vous finirez bien la journée si vous la commencés bien.

IV. Ceux qui ne remercient pas Dieu de ses bien-faits, ne meritent pas d'en recevoir; il faudroit soûpirer autant de fois qu'on respire, & ne pas être un moment sans s'entretenir avec Dieu; du moins accoûtumés-vous à vous récüeillir de tems en tems, le plus souvent est le meilleur.

V. Rendez-vous l'usage des oraisons jaculatoires facile & frequent, il ne faut que sçavoir aimer pour sçavoir prier & soûpirer; ces élans du cœur procedent du Saint Esprit; c'est une langue d'amour, qui est bien connuë de ce Dieu d'amour.

VI. On pense à ce qu'on aime, dites assurément que vous n'aimés point Dieu, si vous pensés peu ou point du tout à luy.

Sixiéme Septembre.

LA VENERABLE MERE JEANNE
de Saint Jean Baptiste, de Faucher, Religieuse Ursuline d'Arles.

Elle est morte fort âgée, & ses jours ont été trouvés pleins.
En Job, Chapitre 42.

SA rare beauté la rendit singulierement aimable à ses parens ; mais à cause que l'Abesse de Saint Cezaire l'avoit tenuë sur les Saints Fonts de Baptême, ils la mirent quelques années sous sa conduite pour être élevée en la vertu. Quand elle en fust retirée, il n'y eut point de bravoure qui luy fust épargnée pour rehausser l'éclat de son visage & de sa bonne grace, de sorte qu'elle paroissoit comme un Astre dans toutes les Assemblées, & attiroit par tout des admirateurs; plusieurs partis s'empresserent pour l'avoir en mariage ; mais Dieu mit obstacle par tout, jamais même la vanité ne fust de son goût, & au fonds de son ame elle aspiroit à un état parfait, dans ces sentimens elle fit recherche des personnes spirituelles pour apprendre d'elles ce qu'elle pourroit faire de plus agreable à Dieu.

Il luy survint une maladie qui servit à rompre entierement ses chaînes, ce fust une grosse fiévre avec un charbon sous l'œil droit, les Experts furent appellés de toute part pour empêcher que ce mal ne luy fit perdre l'œil, comme il menaçoit ; une de leurs ordonnances fust qu'elle ne dormiroit de trente jours, & les Messieurs & les Dames d'Arles eurent soin de luy tenir compagnie jour & nuit, luy donnerent les violons, & d'autre sorte de divertissemens pour la tenir éveillée : Dieu benit les remedes & elle retourna en parfaite santé ; lors qu'elle se vit guerie, elle negligea ses bravoures accoûtumées, & embrassa la vie devote, desirant même de se rendre Religieuse; quelque tems aprés elle entra dans la Congregation de Sainte Ursule, qui édifioit déja tout le monde & faisoit de grands fruits par ses instructions. Elle ne consulta point sa Mere ny ses autres parens pour sa retraitte qui les surprit & toucha tous, comme aussi toute la Ville qui ne s'attendoit à rien moins; elle étoit en âge de sçavoir ce qu'elle faisoit ayant trente ans accomplis, aussi ne se prit elle pas à l'étude de la perfection autrement que comme une personne fort judicieuse avec une grande generosité, une ardeur, & une constance merveilleuse.

D'abord elle se proposa de vivre d'une maniere toute opposée aux maximes du monde, & dans la pratique elle se comportoit de même que si jamais elle n'y eut été : au bout de quelques jours on luy donna l'habit des Sœurs congregées, aprés quoy une des anciennes l'a conduisit chez sa Mere, elle n'eut aucune peine de paroître en ce simple habit, mais voyant sa Mere en larmes pour son changement, elle luy parla avec tant de force du bonheur d'être à Dieu, que Madame sa Mere l'en felicita, & fit sa consolation le reste de ses jours d'entretenir quelques fois sa chere fille.

On la voyoit souvent par les rües avec des Robes déchirées, étant interrogée si elle n'avoit point de mortification de paroître en cét equipage, au même lieu où elle avoit paru si brave & si bien mise, elle répondit, dans un transport de joye que jamais elle ne s'étoit trouvée si bien mise qu'alors, & qu'elle étoit bien aise que le monde vit par là qu'elle se moquoit de luy, & de ses vanitez.

Elle ne voulut jamais se contenter d'une dotte raisonnable que Monsieur son Frere offroit pour sa subsistance, disant qu'elle ne prétendoit pas que le monde eut un double de son bien, & son Frere venant à plaider pour ce sujet là, elle soûtint si bien sa cause au Parlement d'Aix, & en propre personne qu'elle la gagna, quoyque dépuis les Sœurs Congregées quitterent quelque chose par accommodement à Monsieur son Frere à l'insceu de sa Sœur, qui l'apprenant dépuis, protesta qu'elle n'y consentoit point, desirant donner tout à Dieu ; le mépris qu'elle avoit du monde & d'elle-même luy dura toute sa vie, & la rendit docile & simple comme un enfant, pauvre, humble, charitable, & zélée.

Lorsque l'on embrassa l'état Religieux dans la Maison d'Arles, elle fust au comble de ses satisfactions ; elle fust une des quatre premieres de cét édifice spirituel, & contribua beaucoup à sa perfection ; trente ans & davantage elle ne dormit chaque nuit que trois heures, & le plus souvent à platte terre, disant que puisque Dieu luy avoit donné une bonne santé, elle la vouloit sacrifier à son service ; on l'envoya Superieure à la Fondation d'Avignon, & elle attira de la Ville & des Lieux circonvoisins quantité de Damoiselles au service de Dieu, de sorte qu'au bout de quinze mois on vit une Maison commençante dans une perfection achevée, de là elle alla encore établir le Monastére de S. Remy, avec un aussi bon succés que celuy qu'elle avoit eu à Avignon, puis elle fust r'appellée à Arles pour y gouverner le Spirituel & le Temporel, qui en avoit grand besoin, étant alors en fort pitoyable état, dans l'affliction de voir la Maison fort dépourvuë ; elle faisoit sa joye de voir les Religieuses si vertueuses qu'elles souffroient la necessité avec contantement ; neuf à dix ans avant sa mort elle eut une rude épreuve par des scrupules importuns & presque continuels ; on luy faisoit par fois insulte pour essayer de la guerir, mais en vain, & elle souffroit ce qu'on luy disoit avec une douceur nompareille, puis se retiroit sans repondre.

Sa derniere maladie la prit en cét état, & l'obligea de demeurer prés de trois mois dans une chaire, d'où s'étant une fois levée seule pour tâcher d'aller à l'Eglise, qui étoit dépuis long tems son plus ordinaire sejour, elle tomba

&

& se blessa de telle façon sans qu'il parût au dehors, qu'elle ne vêcût plus qu'un mois dans les cris que de violentes douleurs luy arrachoient malgré sa patience. Enfin l'an 1667 elle acheva sa bonne & longue vie, puis qu'elle parvint jusqu'à l'âge de 81. an ; sa mort fust comme un doux sommeil, dont elle ne s'apperçût point, la Divine Bonté le permettant ainsi, peut-être pour l'apprehension qu'elle avoit de ses redoutables jugemens.

Disons donc de cette grande Servante de Dieu qu'elle est morte fort âgée, & que ses jours se sont trouvés pleins devant le Seigneur ; remarquons que ce qui a beaucoup contribué à sa sanctification, c'est le mépris qu'elle a fait du monde & de ses vanités ; les mépris qu'elle a aussi reçus avec douceur & patience, & l'envie d'un de ses propres freres qui a été son persecuteur ; que cette veuë fasse deux impressions dans nous, l'une pour supporter l'envie qu'on nous porte, comme cette bonne ame l'a suporté avec une douceur qui ne cherchoit qu'à ceder à tout le monde ; hors quand il s'agissoit de l'interet de Dieu & de la Religion. L'autre pour nous empêcher nous-mêmes à tomber dans un si funeste peché. Nous serions bien malheureux, si nous n'étions au monde, que pour travailler à la sanctification des autres, en nous perdant nous-mêmes ; cependant on voit souvent que ce vice arrive dans les maisons les plus saintes, & que ce sont souvent les plus parfaits qui s'en doivent donner de garde ; Que personne ne se flatte, & ne se trompe soy-méme, puisque le peril où il s'exposeroit en negligeant un si grand mal, seroit presque sans ressource ; vivez donc toûjours en charité avec vôtre prochain.

MAXIMES.

I. La vertu de charité est grande, & tout ce qui la regarde est grand pour petit qu'il paroisse ; c'est pourquoy prenez garde de n'y pas manquer dans la moindre de vos actions, de vos paroles, & même de vos pensées.

II. Ne parlez jamais de personne que pour dire ses vertus ; & faire le contraire, c'est donner lieu à la malignité de nôtre nature, & aller ouvertement contre l'obligation de la vraye charité.

III. Dieu n'a que faire de nôtre esprit pour avancer ses œuvres, & lors qu'il s'en veut servir, il commence par l'humilier & abbattre à ses pieds ; car c'est par ces dispositions d'abbaissement, de destruction, & de mort à soy-mêne, qu'il le veut preparer à entrer dans ses conseils, & si nous voulons nous en rendre dignes, il faut suivre fidellement sa conduite sur nous.

IV. S'il vous vient des pensées, ou des sentimens contraires à l'humilité, addressez-vous à la sainte Vierge, qui a sçû s'abbaisser jusqu'à la qualité d'esclave, lors même que Dieu l'élevoit jusqu'à celle de sa Mere, & luy demandez qu'elle vous apprenne à pratiquer cette grande vertu.

V. Comme c'est une marque d'une ame vrayement humble & vertueuse, d'aimer à être méprisée de tout le monde, c'est un orgueil intolerable & une espece de folie, lors qu'étant tous remplis de fautes & d'imperfections, nous ne voulons pas souffrir que l'on nous en fasse voir une seule.

VI. C'est une joye aux Enfans d'Adam d'être exaltez, & d'entendre dire leurs loüanges, & de parler eux mêmes à leur avantage ; mais au contraire c'est la joye des Enfans de Dieu d'être humiliez & méprisez, d'entendre dire leurs deffauts, & de les faire connoître eux-mêmes.

Septie'me Septembre.

LA VENERABLE SOEUR MARGUERITE de Saint Pierre, Rault, Religieuse Ursuline de Boulongne sur Mer.

Vn peu aprés que je les ay passé, j'ay trouvé celuy que j'aime.
Au Cantique 3. 4.

LA démarche de nôtre Sœur de Saint Pierre a été grande dans les voyes du Divin E'poux, qu'elle a cherché avec un ardent amour ; voyons les heureuses avantures de cette sainte E'pouse, laquelle a employé toutes les actions des puissances de son ame à la recherche de son Dieu, qui étoit l'unique objet de ses vœux. Elle employa les fonctions de son entendement pour faire le tour de la cité de l'Univers, pour y chercher son E'poux dans la veuë des Créatures inanimées, vegetantes, & sensitives ; elle les regardoit, & y contemploit leur Autheur invisible comme dans les ombres & les vestiges de ses perfections, lesquelles luy disoient toutes d'une voix commune qu'elles n'ont pas l'être d'elles-mêmes, mais par la puissante main du Seigneur Souverain, qui les a tirées du neant.

Cette veuë ne luy a pas été singuliere, puisque les Philosophes s'en sont servy & ont connu Dieu par cette voye, mais ils ne l'ont pas aimé ; c'est pourquoy de la Cité de l'Vnivers, elle passa à celle de l'Eglise, pour y considerer la Créature raisonnable, & pour contempler plus familierement son Dieu, comme dans l'image plus naïve de ses perfections, qu'elle portoit gravée dans le fond de son ame ; elle n'arrêta point sa veüe sur tous les mortels, mais elle regardoit les personnes spirituelles, qui suivent la voye étroite, & gagnent le Royaume des Cieux avec violence, sans faire reflexion sur ceux qui marchent par un aveuglement prodigieux dans le chemin spacieux de la mort ; ce fust sur les Vrsulines où elle attacha son regard, & trouva dans ces Ames choisies l'image & la ressemblance bien avancée des excellences de son Dieu, par la solide pratique des vertus, & par un admirable progrez dans la voye de leurs perfections ; mais parce que cette ressemblance n'étoit pas encor achevée, elle passa de la Cité militante à la Cité de l'Eglife triomphante, pour y voir en efprit les Anges, qui contemploient fans voile la face de l'Epoux qu'elle cherchoit.

Elle voyoit ces Efprits Bien heureux poffeder une reffemblance Divine, qui leur a été imprimée dés le moment de leur création, & qui perfeverent dans les fplendeurs de l'éternité, comme des miroirs de la lumiere éternelle, qui voyant Dieu comme il eft en foy-même, & étant exempts de tâche, ils le reprefentoient parfaitement en eux-mêmes à cette ame pure, & c'eft dans ces miroirs qu'elle voyoit la reffemblance de fon Dieu; car ils font purs, & ils expriment par leur pureté la fainteté de leur Autheur; mais parce qu'elle cherchoit la fource, & non pas les ruiffeaux, elle quitta toutes fes veuës des creatures, & fon amour l'a renduë affez heureufe pour trouver fon Epoux; elle fait fçavoir fes heureufes avantures, lors qu'elle dit, *Un peu aprés que je les ay paffé, j'ay trouvé celuy que mon ame cherit, je les ay outrepaffé pour aller à luy, & j'ay paffé par leur chemin pour le trouver, car c'eft par leur fecours que j'ay obtenu l'accompliffement de mes vœux, aprés avoir enflamé mes defirs, & imperré fa venuë.*

Elle a trouvé fon Epoux, lors qu'elle experimentoit fa prefence par fon amour, qui étoit fuivy de la communication de fes fecrets. Cette divine préfence renouvella tout fon interieur, & dans une étroite union luy fit goutter fes douceurs, & reffentir que fon intelligence étoit éclairée, que fa foy s'affermiffoit, que fon efperance s'elevoit, que fa charité s'enflâmoit, & que fon amour étoit ardent pour Dieu, & pour le Prochain; fon obeïffance, fa pureté & fa pauvreté fe perfectionnoient comme Religieufe, & fon zéle pour la converfion des ames, & l'inftruction des enfans, s'augmentoit comme Urfuline, & toutes fes autres vertus de fa fimplicité, de fa douceur, de fa modeftie, de fa patience, de fa mortification, & de fon humilité; ce font de fes heureufes avantures, mais en voicy bien d'autres, fon entendement, & fa volonté, receurent du Pere des lumieres des habitudes furnaturellement infufes, pour connoître, & pour aimer le bien fouverain, & pour en joüir comme de fa derniere fin.

Son entendement fût orné de foy, & de la fcience des chofes divines, comme fes beaux écrits en font de tres-fortes preuves, dans lefquels fes communications intimes avec Dieu font merveilleufement bien décrites. Et fa volonté fût enrichie d'un ardent amour, ô! l'heureufe avanture de l'amour, d'autant que c'eft un privilege fingulier, à une habitude vertueufe, de trouver Dieu! Quel avantage a cette ame de joüir des douceurs de fa divine préfence par une douce experience de fes faveurs, & d'entrer dans les joyes de fon Seigneur, & d'être introduite dans le cabinet de fes fecrets par une connoiffance affectueufe, & experimentale de fes perfections.

Nôtre divin Maître nous a enfeigné ces verités, lors qu'il difoit; *Je vous ay appellé mes amis, & vous l'êtes puifque vous ayant aymé, vous m'aymés, & vôtre amour vous a rendu capables des fecrets que j'ay apris dans le fein de mon Pere.*

Si l'œil de l'entendement de nôtre Epoufe s'affoibliffoit par l'éclat d'une lumiere inaccessible; l'amour de sa volonté ne quittoit point ses soupirs, ils s'é-rendoient & se plongeoient dans son souverain bien, où elle experimentoit les faveurs de ce divin Epoux.

Un peu aprés que je les ay passé, j'ay trouvé celuy que j'ayme : à dire le vray l'amour de nôtre Epouse avoit besoin d'ailes pour voler en si peu d'espace de tems au delà des Cités, & des Anges, pour trouver son Epoux qui siege au dessus des Cherubins. Ne les interrogez plus, divine amante! s'ils n'ont point veu celuy auquel vous avés consacré tout vôtre amour, ne vous y arrêtes pas davantage, il s'est élevé par dessus la plenitude de la science, c'est à dire des Cherubins, qui signifie sçavants, Dieu excede le pensées de nôtre entendement, non vous ne le trouveréz point par les efforts de vôtre intelligence, mais bien par l'ardeur de vôtre amour.

Il faut que son amour fût tres-pur & tres-ardent pour Dieu, & c'est ce qu'elle montre, lors qu'elle dit. *Un peu aprés que j'ay passé, j'ay trouvé celuy que mon ame cherit.* Cette bonne ame étoit transportée d'un amour fervent, c'est pourquoy elle assure que l'ardeur de ses desirs la portoit plus avant que tout ce que les Anges luy pouvoient raconter de l'unique objet de ses poursuites, elle examine en passant leurs charitables documens, & elle consideroit les perfections de leur nature; mais elle les a laissé, parce qu'elle cherchoit son Epoux, dont les rares qualités excedent tout ce qu'ils luy pouvoient dire, & tout ce qu'elle pouvoit découvrir en eux; car quoy que ses sentinelles soient des Cherubins & Seraphins, qui sont les premieres & secondes splendeurs de la lumiere éternelle, ils ne peuvent pas ny declarer par leur éloquence, ny exprimer par leur imitation toutes les excellences du Verbe incarné l'Epoux de nôtre amante, qui par un excés de bonté se laisse trouver aux ames en qualité d'Epoux, lors qu'elles le cherchent avec l'ardeur de leurs desirs, & les favorise d'un amour joüissant, plus aimable en sa possession, que facile en son expression.

Nôtre Sœur de Saint Pierre s'est disposée à cette faveur, & à cette heureuse avanture, par un cœur net, préparé, & ardent; avec un cœur net qui l'a renduë digne de cette visite, avec un cœur préparé pour le recevoir au tems de sa venuë, & avec un cœur ardent pour le presser par ses amoureux soupirs: Cét exercice la mit dans un silence profond, & au dessus de toutes les creatures, & dans une récollection si grande qu'il étoit aisé à juger que ne disant mot à ses Sœurs, elle disoit beaucoup à Dieu, & entendoit de grandes choses de luy au fond de son cœur; mais ce silence quelque grand qu'il fût n'étoit importun à personne, elle parloit quand il falloit, & comme elle étoit incommodée de l'oüye du corps, & par la privation du grand commerce des créatures, Dieu luy avoit davantage ouvert l'oreille du cœur, pour communiquer avec elle plus intimement; mais par quelque sorte de miracle, l'on peut dire qu'elle entendoit quand il falloit; l'on a souvent remarqué que pour les choses inutiles & indifferentes, il étoit necessaire de redoubler sa voix pour se faire entendre, & que pour celles qui étoient de Dieu & de l'obeïssance, il ne la falloit hausser que mediocrement.

Il nous seroit aisé de faire voir par les grands exemples de vertu qu'elle a donné qu'elle étoit un prodige de grace ; mais puisque le même Ange qui a dit dans l'E'criture, *Qu'il étoit bon de manifester les œuvres de Dieu*, a dit pareillement *Qu'il étoit bon de cacher le secret du Prince* : & que pouvons nous appeller autrement les operations particulieres de la grace sur cette ame; c'est un *sabat delicat* : pour me servir des termes d'un Prophete qui marquant cét état bien bien-heureux des grandes ames qui les fait doucement se reposer en Dieu, & le laisse agir sur elles, marque aussi la delicatesse de ce repos qui n'est goûté que de celles qui en ont l'experience.

Enfin une vie si interieure, demandoit, une maladie, & une mort qui ne fussent pas beaucoup pleintives, c'est ce qui luy est arrivé, car étant tombée malade d'une fiévre continue, elle n'a quasi eu que le tems de recevoir les Saints Sacremens, aprés quoy l'humeur s'étant jettée au cerveau, elle perdit la parole, & aprés avoir demeuré quelques heures en cét état, elle rendit doucement son esprit à Dieu, l'an 1668.

MAXIMES.

I. Dieu est si bon que lors qu'une ame le cherche avec diligence, & qu'elle se montre contente en ses recherches, il acquiesse à ses vœux, & se presente pour la combler des delices de sa presence.

II. Une disposition pour nous rendre capables de posseder Dieu, est une netteté de cœur, qui éloigne non seulement le péché mortel, qui est contraire à l'amour, mais encore les péchés veniels d'affection, qui ne le détruit pas, mais qui combat ses ardeurs, & rend l'ame moins susceptible de la visite du Saint Esprit. Il est bien juste que pour experimenter les chastes delices d'un E'poux qui est le Saint des Saints, elle affecte une grande netteté de cœur.

III. Ecoutés ce que vous dit le Prophete Isaïe, lavez-vous, soyez nette, si vous pretendés de trouver vôtre E'poux, qui étant la même pureté, ne souffre point les tâches de son E'pouse, aprés l'avoir lavée par son sang.

IV. Preparés vôtre cœur par un éloignement de tout l'être créé, il n'y a rien de plus digne que l'E'poux, donc il faut passer toutes les créatures comme une voye pour arriver à Dieu par amour qui est nôtre unique fin, tout l'éffort de l'ame se fait par un amour fervent, qui a pour ses aîles des desirs emflâmés pour s'élever à Dieu, & joüir de sa presence par une étroite union.

V. Il y a deux amours, l'un de pratique, & l'autre de joüissance. L'amour de pratique est celuy que nous employons pour chercher Dieu par des actes frequens & qui allument dans nos desirs l'ardeur de le trouver. Mais l'amour fruitif qui est essentiel à Dieu, & suressentiel à l'ame, n'est autre que l'union à l'essence divine ; son amour, sa felicité, & sa vie s'écoulent dans son fond d'une maniere mistique, & admirable, & la rend un même esprit avec Dieu, & c'est en ce moment fortuné que l'esprit devient tout en celuy qui est par dessus toutes choses, & de tout ce qui peut...

V I. O ! Pere des lumieres, grand Seigneur du Ciel & de la terre, je confesse que vous avés caché ces secrets aux Sages du monde, & que vous les avés revelé aux petits, parce que c'est vôtre bon plaisir.

Septie'me Septembre.

LA VENERABLE MERE MARGUERITE
du Saint Sacrement, Le-Jeune, Religieuse Ursuline de Châlon sur Seine.

Le cœur qui dit que Iesus habite en luy, il luy doit ressembler, & l'imiter en la pratique de toutes les vertus. Aux Galates, Chap. 4.

Elle étoit de Champagne, & fille d'un brave Capitaine, qui par malheur étant heretique, toute sa Famille fust enveloppée des tenebres de l'erreur; il est pourtant croyable que sa fille Marguerite fust élevée avec des personnes Catholiques; car on a remarqué que dés son enfance elle quittoit ses petits plaisirs, & les bravoures dont on la paroit, pour travailler plus fervemment à l'étude de la pieté. Dieu qui la destinoit pour la conduite de beaucoup d'ames, l'anima déslors d'un saint zéle de le faire connoître; ce zéle la poussa, à faire un vœu à Saint Ignace de Loyola, afin que nonobstant sa foiblesse & delicate complexion, elle pût contribuër à la gloire de sa Divine Majesté; elle tira tant de forces de son vœu, qu'elle crût en avoir assés pour entreprendre & pratiquer tous les exercices de la Religion, & ayant fait partie avec sa sœur aînée, elles entrerent toutes deux aux Ursulines, l'une en sortit sans prendre le voile, laissant le prix que meritoit une plus longue course à sa sœur la cadette; là connoissant la grace de preference qui luy étoit donnée, elle redoubla son courage pour en bien user, afin, (disoit-elle,) que si avec le tems elle venoit à se relâcher de ses premieres ferveurs, on la redressa par le souvenir de son Noviciat; mais on ne fust jamais à cette peine, parce qu'elle-même veilloit si soigneusement sur son cœur, qu'elle tâchoit de reparer chacune de ses fautes, pour legeres qu'elles fussent, par des voyes extraordinaires.

Elle fust jugée capable des plus grands emplois de l'Ordre; on l'envoya donner commencement au Monastére de Tonnerre, de Barsurseine, & de Troyes; elle a été dix ans de suite Superieure en ce dernier Monastére, tant par commission que par élection, ensuite elle tint un an la Charge d'Assistante puis elle y mourut, aprés avoir porté long-tems le caractére de la Croix en son esprit & en son corps, tant par des tentations que par des maladies, & de telle sorte que nous pouvons dire, que ce cœur où Jesus-Christ habité, l'a ressemblé,

& imité en la pratique de toutes les vertus; en effet toutes celles qui sont propres à une bonne Superieure, & à une parfaite inferieure, ont reluy en elle à l'édification, & au profit de toutes les Communautés où elle a été.

Au lit de la mort elle pria souvent Dieu pour son Ordre, & suivant l'exemple du Sauveur, qui avoit prié en la Croix pour ses ennemis; elle specifia quelques Convents, où elle avoit eu de l'exercice, excusant les personnes qui le luy avoient causé.

Ayant porté dix-sept jours sa maladie mortelle, comme elle se disposoit à Minuit à Communier vers les quatre heures du matin, selon que l'on luy avoit promis, elle perdit la parole & les sens, & un quart d'heure après elle rendit sa belle ame à Dieu, faisant échange de la Table des petits à celle des Anges. Sa mort arriva l'an 1646.

Honorons aujourd'huy cette vertueuse Ursuline, qui a témoigné la grandeur de l'amour dont elle brûloit pour Dieu par tant de preuves magnifiques; car toute sa vie si feconde en tant de vertus, n'a été que comme une effusion continuelle de son cœur, qui répandoit au dehors les effets visibles de cette ardente charité, dont Dieu avoit produit au dedans de cette grande ame les mouvemens invisibles & Divins; ce parfait desinteressement au milieu de ses grands biens, ce renoncement volontaire de toutes choses, sa profonde humilité, cette langue de feu, pour ainsi dire, avec laquelle elle parloit des veritez Divines, & en allumoit l'amour dans les cœurs, dont l'heureux embrasement étoit dans son ame; cette tendresse qu'elle avoit pour les pauvres, qu'elle consideroit comme les membres de Jesus-Christ. Enfin toutes ses vertus ont fait voir combien elle étoit possedée de cét amour qui ne cherche point de recompense, quoy qu'il ne puisse demeurer sans recompense, & qu'il se tient assés recompensé de posseder ce qu'il aime, c'est à dire Dieu; rougissons après cét exemple d'aimer si peu un Dieu, que cette ame a tant aimé; prions le Seigneur qu'il nous fasse la grace de sortir de nôtre insensibilité.

MAXIMES.

I. Comme nôtre corps tend continuellement à la terre, de laquelle il a été tiré, & en laquelle il doit enfin être reduit par la mort; nôtre esprit doit de même & à bien plus forte raison tendre continuellement à Dieu, qui est son principe & sa derniere fin.

II. Le tems de la mort étant si terrible & si incertain, & la porte du Ciel si étroite, comme le Fils de Dieu nous l'apprend, il est necessaire de veiller, & d'être toûjours sur ses gardes; afin de ne se point détourner de Dieu, & de n'être pas pris à l'imprévû de cette derniere heure.

III. Il ne s'y faut pas tromper, jusqu'au dernier moment de nôtre vie il n'y a nulle assurance non seulement pour la perfection; car il n'y a point d'ame pour avancée qu'elle soit, qui puisse croire y avoir fait le premier pas, mais même pour le salut; c'est-pourquoy nous devons travailler jusqu'à la mort, sans nous lasser, & operer nôtre salut en crainte & en tremblement, comme nous apprend l'Ecriture; & vous sçavez ce qu'elle dit encore ailleurs, *que l'homme ne sçait s'il est digne d'amour ou de haine.*

IV. Cherchez la paix, souffrez de tout le monde, & vous réjouïssez dans l'esperence des biens à venir, que Dieu a preparé & promis à ceux qu'il aime.

SEPTIE'ME SEPTEMBRE.

LA V. SOEUR MADELAINE AIME'E DE JESUS,
Religieuse Ursuline de Dijon.

O! mon Dieu! dés le point du jour je veille aprés vous, mon ame a soif de vous, & ma chair se desseiche aprés vous, en cette terre deserte & sans chemin je suis en vôtre presence comme si j'étois en vôtre Ciel. Psal 62.

IL semble que le Ciel ait de l'envie sur la terre en enlevant les Ames pour remplir les sieges des Anges qui sont décheus de leur gloire; Nôtre Sœur Madelaine Aimée de Jesus a pris son vol comme une pure colombe dans le sein de son Epoux; elle a bien porté l'effet de ce beau nom, ainsi qu'une Madelaine Mystique aux pieds de la Croix, d'où elle tiroit toute sa force dans ses infirmitez, & participoit aux amertumes d'un Dieu mourant par l'impression de ses sacrées souffrances, y ajoûtant une vie fort penitente & austére. Elle ne pouvoit souffrir la moindre faute dans son ame sans en faire des exagerations & satisfactions tres-grandes en public & en particulier, voulant passer pour la plus imparfaite du monde. On ne luy entendit jamais dire aucune chose à son avantage, bien qu'elle fût fille d'un President, mettant toute sa gloire dans les aneantissemens de Jesus-Christ. Elle embrassoit toûjours ce qui étoit le plus laborieux & repugnant à la nature; mais si elle prenoit les rigueurs pour elle, elle étoit toute de charité pour son prochain, étudiant les besoins de ses Sœurs pour leur rendre quelque service; Elle demanda avec instance qu'on luy donna le soin d'une Religieuse qui étoit aveugle, avec de si grandes incommodités qu'elle ne sortoit presque point du lict, & la servit plus de deux ans sans en témoigner aucun dégoût, ny rebut, son zéle prenant toûjours de nouvelle vigueur pour la soulager & adoucir ses maux.

Elle la pria quelque moment avant sa mort de luy obtenir de Nôtre-Seigneur d'être la premiere qui la suivit dans le Ciel, ce qui luy a été accordé.

Toutes sortes d'occupations luy étoient indifferentes, sinon qu'elle avoit plus d'attrait pour ce qui étoit de plus vil & humiliant, quoy qu'elle eût une addresse
particuliere

7. Septembre. *La V. Sœur Madelaine Aimée de Iesus.*

particuliere pour les ouvrages, specialement pour la dorure où elle a fait voir sa capacité, ayant bien travaillé au Rétable de l'Eglise de son Monastére.

Sa soûmission à la Divine Providence faisoit qu'aux choses qui luy étoient proposées, sa réponce étoit, tout ce qu'il plaira à Dieu & à la sainte obéïssance. C'étoit dans les Classes où elle prenoit ses delices, honorant le Fils de Dieu, qui se plaît dans la pureté & l'innocence des enfans, ce qui luy donnoit une affection nompareille pour les instruire, on ne l'en pouvoit retirer; elle y a été employée une grande partie de sa vie; elle leur communiquoit la devotion à la sainte Vierge, les engageant agreablement à dire le Rosaire chaque jour, ce qu'elle-même faisoit avec une assiduité merveilleuse, tenant à faveur d'avoir obtenu de sa Superieure de se lever une heure avant le Reveil pour le reciter; d'ordinaire elle portoit son Chappellet en main, le baisant souvent pour témoigner son respect & son amour envers cette Mere de bonté, aussi a-t-elle eu la grace de mourir la veille de sa sainte Nativité, l'an 1678. âgée de 61. an, & 44. de Profession.

Sa maladie a été une longue suite d'infirmitez accompagnées de circonstances tres-mortifiantes sans qu'elle ait fait paroître aucune impatience; dés le mois de Janvier elle fust attaquée d'une forme d'Apoplexie si violente que l'on crût que c'étoit le dernier jour de sa vie; aussi dépuis ce tems elle n'a fait que languir. Elle a été munie des Sacremens de l'Eglise, & peu de jours avant sa mort on vit paroître sur son visage une beauté qui ne luy étoit pas commune; elle demanda un Livre qui traittoit des joyes du Paradis, il sembloit qu'elle les goûtoit deja par anticipation, & dans l'ardeur de ses desirs elle disoit, *O! mon Dieu! dés le point du jour je veille aprés vous, mon ame a soif de vous, & ma chair se desseiche aprés vous, en cette terre deserte & sans chemin je suis en vôtre presence comme si j'étois en vôtre Ciel.*

Il seroit à souhaiter que toutes les Vierges Chrêtiennes profitassent de l'exemple de cette vertueuse Ursuline, & qu'elles eussent horreur des vanités de la jeunesse, qu'elles voyent que cette bonne ame a tant méprisé, qu'elles mettent à son exemple, tout leur soin à parer leurs ames, & à orner le fond de leur cœur, où leur divin E'poux habite, qu'elles comprennent que l'amour de la pauvreté & le mépris des bravoures du siécle les rend infiniment plus parées à ses yeux, que les filles les plus curieuses ne le sont aux yeux des hommes. Mais en général que tous les Chrétiens tirent un saint usage de la sagesse de cette bonne ame, & que dans les maladies dont Dieu se sert pour les affliger, & pour les purifier, ils ayent soin de remarquer le doigt de Dieu, & de reconnoître les traces de cette sagesse infinie, qui punit avec des proportions admirables les fautes de leur vie passée. Cette reflexion étant accompagnée de l'humilité qu'elle produira, les rendra plus patiens dans leurs maux, quelques grands qu'ils soient, & ils seront plus occupez alors à considerer cette justice si admirable de Dieu, qui se vange d'eux d'une maniere si Divine, qu'ils ne le seront de leurs maux, où ils verront sensiblement le doigt de Dieu.

MAXIMES.

I. Regardez-vous comme la derniere de toutes, & obeïssez à toutes vos Sœurs, comme vous croyant leur inferieure, & la plus imparfaite.

II. Tenez pour Régle de suivre toûjours plûtôt la volonté & les pensées des autres, que les vôtres, autant que vous le pourrés, selon Dieu, vous souvenant que sans la soûmission d'esprit, & la soûmission du propre sens, l'on ne peut être à Jesus-Christ, selon sa parole, *Que l'on ne le peut suivre, & être son Disciple, si l'on ne renonce à soy même.*

III. Lorsque les ames sont assez dociles pour être toûjours en disposition d'apprendre de tout le monde, celuy qui est la même sagesse & le Docteur des humbles, ne manque point de leur enseigner la science du salut, & le chemin de la vie éternelle.

IV. La qualité d'enfant de Dieu que nous avons receu au Baptême, & qui nous a été acquise par la Croix & par le Sang de Jesus-Christ, nous oblige à renoncer continuellement à nous mêmes, & à tout ce qui est du peché, pour vivre de la vie des enfans de Dieu, laquelle n'est pas une vie de delices, mais de souffrances, de croix & de mort.

HUITIE'ME SEPTEMBRE.

LA VENERABLE MERE MARIE DE Sainte Claire, Léclancher, Religieuse Ursuline de Paris ruë Saint Avoye.

La marque & le caractére des enfans de Dieu, c'est de se laisser mouvoir & conduire à son esprit. Aux Romains, chap. 8.

Elle a pratiqué toute sa vie la vertu. Dés l'âge de cinq ans elle enseignoit quantité de choses, même à ses Maîtresses. Son premier dessein fust de se rendre agreable à Dieu, en suite dequoy elle imitoit la devotion de sa bonne Mere, frequentant les E'glises, & passant les journées, & une partie de la nui en bonnes œuvres, & elle se soûmettoit jusqu'à ses servantes, se souvenan que *la marque & le caractére des Enfans de Dieu, c'est de se laisser mouvoir & conduire à son esprit.*

Lors qu'elle eût atteint l'âge de treize ans, un jour dans l'Eglise de S. Eustach de Paris une voix interieure luy dit positivement, *il faut que tu sois Religieuse* Cela la surprit fort, parce qu'elle estimoit l'état Religieux trop relevé pour ell

& ne détermina rien ; mais les mêmes paroles luy furent repetées deux autres fois, ce qui l'obligea de se rendre, & commença le premier pas de sa perfection, en renonçant aux vanités ; à cét effet elle ôta toutes les dentelles de ses habits & de son linge ; son Pere s'appercevant de ce changement, elle luy donna pour raison qu'une Religieuse ne devoit rien porter de toutes ces bravoures. Elle paya bien cher les deux ou trois jours de resistance à sa vocation ; car elle eut mille peines à être Religieuse. D'abord elle se fit un Monastére de la Maison de ses Parens, & commença là à devenir une fille d'oraison, & à reciter tous les jours le Breviaire Romain.

Quand elle eut seize ans elle se rangea dans une Assemblée de filles que l'on preparoit pour une vie penitente, à être Religieuse Capucine ; mais Dieu permit que les Capucines la refuserent ; passant par le lieu où les filles assemblées faisoient leur devotion, elle trouva à ses pieds une croix que l'on peut dire luy avoir été envoyée du ciel ; car personne de la terre ne l'avoit veuë, & ce luy fut un presage des souffrances qu'elle auroit à endurer.

De cette maison, elle entra dans le Couvent naissant des Ursulines de Paris, où rencontrant des ames toutes de feu, & de zéle, son cœur se baignoit d'aise dans ce Paradis de delices, c'étoit le nom qu'elle luy donnoit ; elle y prit l'habit de Novice, & participoit à la sainte émulation des Religieuses qui tâchoient de prendre le pas devant en toutes sortes de regularités ; ce fût en ce tems là que son Pere s'étant engagé à certain trafic fit naufrage sur Mer, perdit trois Vaisseaux, & fût jetté seul par les ondes en une Isle deserte, où se trouvant presque au desespoir, il eut bien le courage, aidé de la grace de Dieu, de resister au Démon qui luy apparut visiblement, & s'offrit de luy faire recouvrer ses biens : aussi tôt qu'il luy eut donné la fuite, un de ses Vaisseaux perdus se presenta à la rade, & le ramena à sa patrie, où il ne vécu plus guere, & ne laissa pas de grands biens à sa famille ; Or soit par cette raison ou d'autre, sa femme, Mere de nôtre Novice ne voulut jamais donner quoy que ce fût à sa fille, & la força de sortir du Couvent sans que les rémontrances des Religieuses, & des personnes que l'on employa, non plus que les prieres & les larmes de cette fervente fille, la pussent changer, il fallut donc que nôtre Sœur Marie sortit, & ce luy fut un choc qu'elle eut bien de la peine à soûtenir, nonobstant sa generosité, elle se souvient de la Croix qu'elle avoit trouvée, & elle dit à Dieu d'un accent douloureux ; *Ha ! Seigneur, je ne croyois pas que vous me la preparassiés si pesante.*

A son retour dans le monde la voilà abandonnée d'un chacun, & persecutée de sa propre Mere, mais Dieu luy sevant de Pere & de tout, luy inspira d'instruire des petites filles pour gaguer quelque chose qui luy aida à rentrer dans les Ursulines ; elle eut un don particulier d'imprimer la crainte & l'amour de Dieu dans les ames, & cela fût si manifesté dés ce tems, que trois ou quatre Docteurs de Sorbonne à qui elle demandoit conseil, consulterent si elle ne feroit point mieux de demeurer dans le monde, que d'être Religieuse à cause du grand fruit qu'elle faisoit, & ils ne consentirent à sa retraite qu'à cause de cette parole interieure dont elle avoit été appellée, & qui selon leur sentiment ne l'obligeoit pas moins qu'un vœu.

Au bout de huit ans elle fût reçuë, prit l'habit de Novice, & deux ans aprés elle fit Profession, elle ne pouvoit se lasser de baiser son voile qui luy avoit tant coûté, & qui étoit la marque de sa stabilité dans la Religion, où comme elle tenoit les premiers rangs, elle occupa les charges plus importantes ; puis elle fût envoyée à Lisieux pour y être Superieure.

Elle sortit de son Convent avec une si grande repugnance qu'elle en évanoüit deux fois le matin de son départ, & elle fit le voyage avec une si grande mortification, qu'elle ne voulut pas voir aucun lieu pour devot qu'il fût, & vivoit aussi regulierement dans le Carosse, qu'elle l'avoit fait dans le Cloître.

Etant à Lisieux elle disposa tout si prudemment que jamais ce Convent n'a souffert de necessité notable, & il goûte encore aujourd'huy l'avantage d'avoir été bien commencé, & d'avoir eu une personne qui ayant puisé l'esprit de l'Ordre dans les deux maisons de Paris, le luy a communiqué avec abondance.

Une fois qu'elle étoit dans la Cour du Convent, une Religieuse par mégarde luy laissa tomber de la fenestre d'un troisiéme étage un gros Breviere sur la tête, de quoy elle cheut toute évanoüie, & il la falut emporter ; si tôt qu'elle fut revenüe à elle, elle envoya querir cette pauvre Religieuse presque morte de déplaisir, elle la consola, la caressa, & luy ordonna de la venir voir tous les jours pendant une Semaine, & deffendit que l'on dit par la maison l'accident qui luy étoit arrivé, & encore d'avantage de nommer celle qui le luy avoit causé.

Aprés qu'elle eut été douze ans Superieure, elle fit si bien qu'elle obtint son rétour à Paris, aprés avoir fait élire une autre Superieure à Lisieux. Ce qu'elle imprimoit le plus au cœur de ses Filles, fût l'observance des regles à la lettre, de fuïr les grilles hors la grande necessité ; & de tout perdre plûtôt que la clôture. Elle même avoit de continuelles incommodités qui faisoient croire aux Medecins que sa santé & sa vie étoient absolument attachées à sortir en quelques lieux de campagne pour prendre un plus grand air ; Monseigneur de Lisieux de son propre mouvement, luy envoya non seulement la permission, mais même le commandement : Elle luy fit représenter tres humblement ses excuses, & qu'elle aimoit bien mieux mourir que de donner ce mauvais exemple à l'Ordre ; ce sage Prélat pour trouver une voye d'accommodement, luy offrit un lieu de plaisance apartenant à l'Evêché situé à un quart de lieu de Lizieux, promettant d'en faire sortir tous ses gens afin qu'elle fût là en pleine liberté & comme dans son Couvent ; ainsi tout fût preparé, châcun pressoit nôtre Superieure là-dessus, & les personnes les plus exactes & les plus devotes n'y trouvoient rien à redire ; toutes fois il ne fût pas possible de la résoudre à faire cette démarche ; ce qui obligea Monseigneur de dire, que lors qu'un Superieur affectionnoit sa Regle, comme la Mere de Sainte Claire faisoit la sienne, il n'y avoit point de Maison en desordre qu'il ne remit bien-tôt dans le lustre de son institution.

Elle rentra dans le Couvent de Sainte Avoye, & y exerça la charge de Depositaire, mais seulement quatre mois dont elle en demeura trois alitée de sa derniere maladie, ou pour mieux dire de la continüation de ses maladies accoutumées que jusqu'alors elle avoit porté de bout par son courage. Une autre Religieuse se trouva avec elle au lit de la mort dans une même infirmerie, l'une & l'autre se disposoient à la mort, & suivant leur desir reciproque, elles moururent le même jour, & à même heure, l'an 1645.

L'on a pû remarquer dans la vie de cette vertueuse Ursuline que son caractere a été de se laisser conduire à l'esprit de Dieu, qui la mit dans le haut état de perfection, où elle a paru à tous ceux qui la connoissoient, elle n'a pas laissé d'être exercée fortement, & même par des continuelles infirmités qu'elle a souffert avec une grande paix & joye; & Dieu a eu pour agréable l'holocauste qu'elle faisoit de son corps, même pendant sa vie, l'on peut aussi voir que ce ne sont pas les plus riches, qui sont les plus vertueux, & que ce sont souvent les pauvres, que Dieu prent plaisir de remplir de tous les trésors de sa grace; mais on remarque en même tems que ce sont ceux que Dieu aime davantage, qu'il purifie par de plus longues souffrances. Mais qu'elle recompense prépare-t-il à ses Serviteurs, qu'il rabaisse icy par des humiliations & des maux qui sont bien courts à l'égard d'une gloire éternelle.

MAXIMES.

I. La souffrance est le chemin que le Fils de Dieu nous a enseigné dans sa vie, dans ses actions, & dans sa mort, c'est ce qu'il a laissé en partage à ses enfans, & à ses E'lûs pour les sanctifier, & plus particulierement à ceux qui doivent luy appartenir davantage dans l'état de la grace & dans celuy de la gloire.

II. Souvenez-vous que Jesus-Christ choisit la voye des souffrances pour entrer dans sa gloire, & qu'il les a laissé pour partage à ses E'lûs, voulant que leurs richesses en la terre fussent l'assujetissement, les humiliations, & la croix, par laquelle il faut qu'ils se lient à celuy qui est mort pour eux.

III. Jesus-Christ n'a pas dit à ceux qui joüissent, ny à ceux qui possedent des biens, vous serez bien-heureux, mais il l'a dit à ceux qui sont pauvres, & à ceux qui souffrent pour son amour.

IV. La vie des Saints & des E'lûs est accompagnée de beaucoup de travaux, il faut laisser couler le tems en patience & en humilité jusqu'à ce que nous soyons faits dignes de recevoir la couronne de vie, que le Saint & le veritable a promis à ceux qui luy seront fidelles jusques à la mort.

V. Beaucoup cherchent la Croix de paroles & de desirs, qui après la fuyent dans les occasions; or il faut qu'ils se souviennent que ce n'est pas aux paroles ny aux desirs qu'est promise la recompense la vie éternelle, mais aux œuvres.

VI. Portez humblement & fortement vos petites peines, sans vous en occuper, & sans en rien faire paroître au dehors; elles ne vous sont pas données pour vous entretenir ny les autres, car le conseil de Dieu en nous éprouvant, n'est pas de nous disciper, mais de nous élever à luy en silence, patience, & dans l'oubly de nous-même.

Huitie'me Septembre.

LA V. SOEUR CATHERINE DE L'INCARNATION
Maillan, Religieuse Ursuline Converse de Beaucaire.

Le Disciple n'est pas plus grand que le Maître, mais tout Disciple est parfait lors qu'il est semblable à son Maître. Jesus-Christ, Luc. 6.

SEs parens quoy que fort honnêtes & vertueux qui l'avoient fait avec soin élever dans les bonnes mœurs, s'opposerent fortement à sa vocation à la vie Religieuse, pretendants de l'établir dans le monde; rien ne fust capable d'ébranler sa constance, s'étant dérobée deux fois pour se cacher dans le Monastère des Ursulines de Beaucaire, d'où on la fit une fois sortir avec violence pour l'empêcher d'y r'entrer; la derniere fois ses parens en furent si irrités qu'ils demeurerent un an sans la voir, ny vouloir oüir parler d'elle, au bout duquel sa patience & sa perseverence les ayant fait revenir, elle prit le saint Habit de Religion avec des dispositions toutes saintes; son bon naturel la portoit à ne se plaire que dans l'exercice de la pieté & bonnes œuvres. Et depuis son entrée en Religion jusqu'à sa mort, on la toûjours veüe extremement attachée à l'exacte observance des Regles, les ayant d'abord étudiées avec tant de soins qu'elle en citoit tous les points avec autant d'assurance que si elle les eut lû dans le livre, elle les avoit toûjours presens à son esprit pour n'y pas manquer, aussi elle étoit fort recüeillie, & gardoit le silence si exactement qu'on avoit de la peine à la faire parler même pour les choses necessaires, elle avoit tant d'attraits pour l'oraison qu'elle ne s'en tiroit qu'avec violence, & y employoit tous les momens qu'elle pouvoit dérober à ses occupations, son esprit étoit toûjours occupé de Dieu, & ne se servoit de l'heureuse memoire qu'elle avoit, que pour aprendre de saintes pratiques, & des élevations d'esprit pour l'unir entierement à Dieu.

Sa Mortification étoit telle que durant tout le tems qu'elle a fait la cuisine, elle n'a mangé que des viandes capables de faire bondir le cœur.

Elle avoit autant d'amour que d'estime pour l'obeïssance, & l'a pratiqué jusqu'au dernier soupir, de la maniere la plus exacte, & s'est acquitée de tous les emplois de son état, avec beaucoup de vertu, & de soin pour le bien de la Communauté,

Elle avoit un tendre amour pour la sainte Enfance de Jesus & pour la sainte Vierge, faisant plusieurs exercices de devotion à son honneur, recitant souvent le Rosaire, & mille *Ave Maria*, à châcune de ses Fêtes; à quoy elle ajoûtoit un grand nombre de genuflections: treize mois avant sa mort elle fût attaquée d'une fiévre ardente, qui ayant relâché après quelques Semaines, luy laissa une fiévre lente qui la consomma peu à peu, étant accompagnée de bien d'autres maux, lesquels ne luy ayant jamais donné du relache, luy ont été matiere de vertu, surtout de la patience, ne témoignant pas même la moindre inquiétude, & de mortification refusant à son corps dans cét état languissant, les soulagemens, & les divertissemens, se contentant du plus necessaire. Elle avoit un si grand desir de mourir pour voir Dieu, qu'il ne se peut expliquer, on ne pouvoit luy donner plus de joye qu'en luy disant que le Medecin croyoit qu'elle mourroit bien-tost.

Elle ne s'allita que sept semaines avant sa fin, ayant trainé son corps autant qu'elle avoit pû, pour ne donner de la peine à ses infirmieres; incontinant après elle fust attaquée d'hydropisie, ce qui redoubla l'exercice de sa patience, qui ne fust jamais alterée, non plus que sa douceur & sa presence d'esprit qu'elle a eu jusques à sa fin; comme elle s'en vit proche elle demanda tous ses Sacremens, faisant paroître un si ardent desir de les recevoir, qu'on les luy donna, bien qu'on ne jugeoit pas encore necessaire. Dieu a favorisé sa grande pieté, permettant qu'elle reçût deux fois le Saint Viatique, & qu'elle déceda dans l'Octave de la Nativité de la Sainte Vierge, comme elle l'avoit souhaité, après avoir passé 14. ans dans la Religion n'étant âgée que de 33. ans, & est decedée l'an 1684.

L'étude de nôtre sœur Marie de l'Incarnation a été de se rendre semblable à son Maître Jesus-Christ, c'est en quoy elle a établi l'état de sa perfection, & à suivre le dessein de son Sauveur lors qu'il est descendu du Ciel en Terre pour nous enseigner une doctrine toute divine; nous devons donc la posseder parfaitement, il n'est rien de plus vray que cette doctrine, rien de plus profitable, rien de plus necessaire au Chrêtien que la connoissance de Jesus-Christ, cependant nous la negligeons, nous quittons cette source d'eau vive pour nous desalterer dans les citernes boüeuses d'Egypte.

MAXIMES.

I. Pratiquez ce que Jesus-Christ nôtre Divin Maître nous a appris, la science du Chrétien ne doit pas être speculative, il faut qu'elle soit pratique, il faut de plus imiter Jesus-Christ nôtre Maître pour entendre sa doctrine, qui n'est autre chose qu'un Abregé de ce qu'il a dit, & de ce qu'il a fait.

II. Iesus cét admirable Docteur a commencé à prêcher la pauvreté dés la crèche. E'coutez le? c'est delà qu'il vous parle, avares!, il l'a prêché solemnellement sur la montagne, où il fit cét admirable Sermon des huit Beatitudes, c'est son Sermon de l'humilité, il a enseigné l'amour des souffrances du haut de sa Croix; retenez bien ces trois leçons de Jesus-Christ, & pratiquez ce qu'elles vous enseignent, & si personne ne vous attache à la Croix, embrassez-la, & crucifiez vous vous-même par une mortification continuelle.

III. Mon divin Maître aprenés moy à vous aimer, c'est l'abregé de la perfection d'imiter ce que nous adorons.

Neuvie'me Septembre.

LA VENERABLE SOEUR CATHERINE
de Saint André, de Forthias, Religieuse Ursuline de Paris ruë de Saint Avoye.

Ie la meneray à la solitude, & parleray à son cœur, & je l'alaiteray.
En Hosée, Chapitre 2.

Cette illustre Ursuline, nonobstant sa qualité, appartenant aux meilleures Familles de Paris, ne se distinguoit que par sa vertu dans le Noviciat, & dans la Communauté; il n'y avoit rien de plus doux & de plus docile qu'elle. La delicatesse de sa complexion luy faisant connoître qu'elle ne pouvoit long tems vivre, elle se familiarisa avec la mort, & se faisoit un plaisir d'en parler & de s'y preparer; elle refusa absolument l'Abbaye de Vernon que Madame sa Tante possedoit, & qui la demandoit pour Coadjutrice; parce qu'elle ne jugeoit point de condition si aimable, ny si avantageuse que celle de simple Ursuline, & a tenu à grace de mourir telle. Aprés une vie tres edifiante, ce fût dans cette solitude où le Divin E'poux a parlé à son cœur pour l'attirer uniquement à luy; mais ce qui est admirable c'est qu'aprés s'être fait admirer dans le mépris qu'elle a fait de cette place honorable qu'elle eut remply avec bien de merite, elle fit voir combien peu elle avoit d'atache à cette gloire qui la suivoit sans quelle la chercha. Elle s'en retira tres-volontairement, faisant voir, que c'étoit Dieu uniquement qu'elle cherchoit, les engagemens apparens qu'elle avoit ne luy parurent point une raison suffisante pour embrasser une vocation qui pouvoit nuire à sa perfection, & le secret plaisir que l'on peut trouver dans ses dignités ne la seduit point par ses attraits, mais elle aima mieux vivre abjecte en la Maison du Seigneur.

Craignons lorsque nous voyons sa prudence toute Divine, accompagnée d'une simplicité qui fuït le mal aussi-tôt qu'elle le découvre, de nous laisser conduire nous mêmes par une fausse sagesse. Quittons tout ce qui nous peut nuire, & que la fuite des faux honneurs & biens de ce monde nous dispose comme cette bonne ame, à supporter tous les maux.

Enfin n'ayant guere plus de trente ans, elle se trouva au lit de la mort, & dans la même Infirmerie que la Mere Marie de Sainte Claire, l'une & l'autre se disposerent ensemble à la mort, & s'en entretenoient comme elles auroient fait d'une promenade, & suivants leurs desirs reciproques, elles moururent à même jour & à même heure, le 9. Septembre de l'an 1645.

MAXIMES.

MAXIMES.

I. Il ne faut point de retardement pour donner nos cœurs à Jesus-Christ, il ne les a créé que pour l'aimer parfaitement en toutes les manieres qui nous sont possibles, & bien que nous ne sommes pas dignes des choses si grandes, neanmoins puisque par l'excez de sa bonté & de sa misericorde il nous appelle à son amour, nous devons sans cesse y tendre, nous devons sans cesse languir & soûpirer aprés cét amour.

II. L'amour est la richesse de l'Eglise, & le trésor des fidelles, & plus nous y aurons de part en la terre, plus nous y en aurons dans le Ciel, & plus étroitement serons nous unis à Jesus-Christ, & par luy à son Pere pour l'éternité.

Une Ursuline ne doit aimer que Jesus-Christ, n'être liée qu'à Jesus-Christ, & ne regarder les créatures que pour Iesus-Christ dans la conduite de sa grace, & nullement par celle de son esprit particulier.

Pratique pour se disposer à la Mort.

I. Communiez pour abandonner vôtre corps à nôtre Seigneur Iesus-Christ, & luy demandez qu'il ne vous laisse de vie & de respiration qu'autant qu'il vous en faut, pour ce qu'il veut accomplir en vous, & pour y consommer sa grace ; que le grand desir de le voir separe vôtre ame de vôtre corps.

II. Ne songez plus à la terre, vous étes destinée pour quelque chose plus grande, ne pensez plus qu'au Ciel, & à aller voir nôtre Seigneur Iesus-Christ, & vous rassasier de ce pain de vie.

III. Adorez le dernier moment de la vie du Fils de Dieu sur la terre, demandez luy qu'il vous le donne, qu'il vous donne sa mort, & que comme il vous donne son corps au saint Sacrement de l'Autel, il vous donne sa mort afin que vous ne mouriés point de la vôtre, mais de la sienne.

IV. E'levez-vous souvent au Fils de Dieu, & luy demandés qu'il achéve d'accomplir en vous toutes les choses qu'il y a voulu faire par sa grace.

V. Donnez vôtre ame au Fils de Dieu, afin qu'il rende les derniers actes de vôtre vie, conformes à ceux de la sienne tres-sainte, & pour la gloire de son Pere.

VI. Donnez-vous au Fils Dieu à la Communion pour mourir par obeïssance, quand même vous n'y seriés point necessitée par la nature, pour rendre hommage à ce qu'il est mort pour obeïr à son Pere ; car il a dit qu'il a reçû de son Pere le commandement de mourir.

VII. C'est une des grandes obligations des ames Religieuses que l'obeïssance, le Fils de Dieu est le premier & le seul parfait des Religieux, & il a été obeïssant jusqu'à la mort, & à la mort de la Croix; vous sçavés aussi que c'est luy qui a dit, qu'il n'y a point de plus grande charité que celle qui nous fait donner nôtre vie de même, ainsi il n'y a point de plus grande, ni de plus agreable obeïssance, que d'obeïr jusqu'à la mort.

VIII. Demandez au Fils de Dieu, quoy que vous vous reconnoissiés tres-miserable, qu'il daigne vous établir dans l'état de la gloire.

IX. Ayez recours à la Mere de Dieu, & l'invoqués souvent, comme celle à laquelle toute l'Eglise s'adresse pour être aidée par elle, en cette heure de la mort.

X. Saluëz aussi tous les Saints, comme esperant être bien-tôt de leur Bien-heureuse troupe, par la bonté infinie & par les merites de Iesus-Christ.

XI. La mort des justes est une chose grande, c'est une ame qui quitte son corps, & toutes les miseres dont elle étoit environnée, & qui s'en retourne à Dieu. Remercions nôtre Seigneur de la grace qu'il nous a fait de nous avoir racheptré de son precieux sang, car sans Iesus-Christ toutes les penitences, & tout ce que le Ciel & la Terre ensemble auroient pû faire, ne peut sauver une ame & la rendre joüissante de Dieu, mais il nous a donné son Fils pour cela, & nous luy en devons rendre graces.

XII. Appliquez-vous à aider les ames separées de leurs corps à faire leur chemin; quand ce ne seroit que pour les faire arriver un jour plûtôt dans le Ciel, ce seroit toûjours beaucoup.

Neuvième Septembre.

LA V. SOEUR EDME'E DE SAINTE CECILE de Rozelie, Religieuse Ursuline de Corbigny.

J'ay toûjours craint Dieu comme des flos enflez sur moy, je n'ay pû porter son poids. Ieremie, Chap. 10. v. 24.

Cette ame choisie pour le Ciel s'étoit donnée à Dieu avec une grande affection; dés son Noviciat on remarquoit en elle beaucoup de vertus, & point de deffauts volontaires, en sorte qu'il falloit que la Maîtresse des Novices pour l'exercer à l'humilité, trouva des inventions pour la mortifier; lors qu'elle a été hors du Noviciat elle s'est perfectionné de plus en plus; elle a toûjours eu une assiduité continuelle à toutes les observances regulieres, & telle qu'elle pouvoit dire, *j'ay toûjours craint le Seigneur comme des flos enflez sur moy,* c'est cette crainte qui la tenoit toûjours attachée à suivre les volontés de Dieu, & de ses Superieures, à qui elle étoit d'un grand service à toutes, & toûjours disposée à ce que l'on souhaitoit d'elle, ce qu'elle faisoit avec un esprit de soûmission & d'obeïssance.

Elle n'avoit pas moins de zele pour la pauvreté, dont on luy voyoit toûjours des marques, & même aprés sa mort on a trouvé dans sa Célule que ses pauvres habits, & des haires, des cilices, des ceintures de crain & de fer, & autres instrumens de penitence, c'étoit là ses tresors, il luy faloit souvent refuser la permission de s'en servir.

Elle recevoit tres-souvent le tres-saint Sacrement de l'Autel, mais avec des si bonnes dispositions & des si exactes preparations que le fruit qu'elle en tiroit étoit visible. Elle étoit tres-devote à la Passion de Nôtre-Seigneur, & à la sainte Vierge; elle aimoit le silence & la recollection, & ne se plaisoit qu'aux choses spirituelles & à entendre parler de Dieu & des vertus des Saints: Elle avoit une affection tres-grande aux pratiques de charité envers les Religieuses, sur tout à servir les malades, à quoy elle a été employée plusieurs années, étant infatigable au service du Monastére dans tous les emplois qu'elle a exercé, & quoy qu'elle fût grandement infirme quinze mois avant sa mort, elle ne laissoit pas d'agir avec sa ferveur ordinaire.

Ce qui a mis fin à sa vie, selon le sentiment des Medecins, ç'a été une Carnosité qui s'est faite dans le creux de son estomach, qui empêchoit la distribution de sa Nourriture; tous les remèdes ont été inutiles, elle a receu tous ses Sacremens avec une grande dévotion, & presence d'esprit, faisant tous les actes prescrits dans le Rituël, & a eû tres-peu d'agonie, à rendu son ame à son Créateur le neuviéme Septembre 1682.

Il est bon de considerer en lisant la vie de cette vertueuse Ursuline, que la plus grande sagesse que l'on puisse témoigner, est de ne point donner de mauvais exemple, comme a fait cette grande servante de Dieu; plût à Dieu que nous puissions aujourd'huy acquerir cette veritable sagesse; car il est vray qu'il n'y a presque rien en quoy l'on fasse plus de faute, sans que même on s'en apperçoive qu'en donnant mauvais exemple. Nous scandalisons le prochain, c'est-à-dire nous le portons à faire le mal, parce que nous le faisons nous-mêmes, ou nous l'empêchons de faire le bien, parce qu'il ne voit pas que nous nous mettions en peine de le faire nous-mêmes, & cependant lorsque nous causons ses playes profondes dans le prochain, nous faisons des maux que nous ne connoissons pas.

Souhaitons donc d'avoir cette sagesse, par laquelle chacun dans son employ vive de telle sorte qu'il ne scandalise personne; prions Dieu qu'il nous ouvre les yeux pour nous faire voir combien nous avons fait de fautes en ce point, & en comprenant combien jusqu'icy nous avons été éloignés de la veritable sagesse de nôtre Sœur de Sainte Cecile, nous rougirons de nôtre folie, & nous prierons Dieu qu'à l'avenir il nous en délivre, en nous empêchant de scandaliser personne.

MAXIMES.

I. La patience est grandement necessaire dans la vie, tant pour porter ses propres miseres, que pour toutes les autres choses difficiles qui s'y rencontrent continuellement.

II. Lorsque l'on se trouve dans quelque grande peine, il faut se souvenir de ces paroles que le Fils de Dieu dit à ses Apôtres au jardin des Olives, *Ne sçauriés-vous veiller une heure avec moy, & en tirer force*, pour demeurer veillants & souffrants avec luy.

III. Quand il nous arrive des afflictions exterieures, ou interieures, il nous faut souvenir que ce sont des peines deües à nos pechés, & que bien loin d'avoir droit de nous en plaindre, nous avons sujet d'admirer la bonté de Dieu, & de luy rendre grace de ce que meritant des si grands châtimens pour nos crimes, il se contante de nous en envoyer des si petits.

IV. Souvenés-vous que vous êtes appellés à la Religion pour suivre de plus prés le Fils de Dieu, & pour participer d'avantage à ses travaux & à sa croix qui est une tres-grande grace. *Il vous est ordonné*, dit Saint Paul, *non seulement de croire en Iesus-Christ, mais encore de souffrir pour luy.*

DIXIE'ME SEPTEMBRE.

LA VENERABLE SOEUR THERESE du Saint Esprit, de Gardet, Religieuse Ursuline de Lambese.

Elle étoit un vray modéle des vertus. En Ruth, Chapitre 4.

LA vie de nôtre Sœur de Gardet fut fort édifiante, & dans la parfaite observance de ses vœux; son obeïssance étoit universelle, & constante à l'assujetissement des Regles; pour être plus pauvre elle fit un vœu particulier de ne jamais rien porter de neuf & bien l'oin d'aimer les plaisirs du corps, elle usoit d'austerités jusqu'à l'excez, de sorte qu'il falloit la retenir en ce point, elle fut deux ans étique, & se prepara à la mort par un ardent desir de la beatitude éternelle; elle deceda le 10. Septembre 1654. âgée de 28. ans, dont elle en a passé treize en la Religion.

Disons-donc que cette vertueuse Ursuline étoit un vray modele de vertu, & aprenons à ne nous pas persuader aisement que les sciences que nous sentons dans l'esprit, soient dans le cœur, mais craignons que lorsque l'affliction viendra, elle ne decouvre bien du foible dans ceux mêmes qui paroissoient les plus forts. Le Royaume de Dieu, comme dit Saint Paul, ne consiste pas dans les paroles mais dans la force & la vertu que l'on temoigne pour agir, & encore plus pour souffrir. C'est une reflexion qui est d'autant plus importante, que nous sommes dans un tems où l'on desire assez d'être sçavant, & où il y a en effet beaucoup de personnes tres-éclairées; mais où l'on ne voit pas en même tems qu'on ait le même soin pour devenir vertueux. Il est difficile que la science que l'on a soit utile à soy même, quoy qu'elle pût l'être aux autres, si on ne la soûtient par un fond de charité, sans laquelle il est à craindre, comme dit Saint Paul, que la science ne nous enfle & nous perde.

MAXIMES.

I. La vie Religieuse ne doit être depuis le commencement jusqu'à la fin qu'une continuelle mortification, & si nous manquons d'y travailler courageusement, nous serons Religieuses seulement d'habit, & non pas en effet & en verité.

II. Si vous ne mortifiez vôtre nature, elle prendra le dessus, & vous serez enfin penible à vous même & aux autres.

III. L'ame qui se resout à travailler courageusement à se vaincre elle-même, & qui en effet met la main à l'œuvre, emporte cét avantage, que si aujourd'huy elle se surmonte en une chose, demain elle aura plus de force pour se surmonter en une autre, & ainsi la nature meurt, & la grace vit; l'ame se rend la Maîtresse, & les sens demeurent soûmis.

IV. Quand la mortification cesse, la grace se pert, & la grace, quoyque tres-grande, se rettire quand nous abandonons les œuvres.

DIXIE'ME SEPTEMBRE.

LA VENERABLE SOEUR ELIZABETH, de sainte Cecile, Morin, Religieuse Ursuline de Caën.

Il a ordonné en moy la charité. Aux Cantiques.

Nôtre Sœur de Sainte Cecile étoit une fervente Religieuse & un tres-digne sujet pour l'institut, pour lequel Nôtre-Seigneur luy avoit donné des avantages tres-cosiderables, sur tout un grand zele & amour, & de telle sorte qu'elle pouvoit dire, *Il a ordonné en moy la charité* ; comme si elle disoit, je demeure dans l'ordre de l'amour, car je prefere mon ame à mon corps, & mon corps aux tresors de la terre, & j'étend cette action de justice sur mes prochains, d'autant que l'amour que j'ay pour moy même, doit être la mesure que je dois aux autres, voyons sa pratique; son amour a été veritable, éloignant le peché de sa personne, son amour a été juste preferant son salut à tous les biens du monde; son amour a été saint, employant tous ses soins non-seulement pour aller à Dieu, mais encore y porter son prochain, comme étant nôtre derniere fin, & le centre de nôtre repos.

Sa principale occupation a été dans l'exercice de l'institut, où son zele a paru avec tant de fidelité qu'elle n'y a rien perdu de l'esprit de Religion, étant tres-exacte à tous ses Exercices spirituels d'où elle tiroit des forces infatigables pour travailler avec autant d'assiduité, de vigilance, & d'amour pour l'avancement des enfans, comme si elle n'eut fait que commencer. Aussi Nôtre-Seigneur luy a donné grande benediction, ayant fort bien reüssi aux filles quelle avoit élevées; elle avoit pour elles le cœur d'une vraye Mere, s'y appliquant avec un soin admirable, pourvoyant & s'accommodant à toutes leurs petites necessités, ayant une addresse merveilleuse pour les gagner, & elle en faisoit tout ce quelle vouloit: sur tout son soin s'appliquoit à les bien dresser & instruire en ce qui regarde les vertus Chrêtiennes, leur faisant connoître leurs deffauts & imperfections, afin de les porter à y travailler, & s'en corriger.

Le moyen dont elle se servoit pour bien réüssir en ce pieux ouvrage, étoit l'oraison avec un recours fort frequent à nôtre Seigneur Jesus-Christ, & à sa sainte Mere, afin de le former en leurs cœurs avec une humilité profonde, se jugeant tout-à-fait incapable d'un si saint employ, & croyant n'y rien faire de bien. Son amour étoit égal pour châcune, ne considerant que leurs plus grands besoins; aussi elles l'aimoient, & la craignoient toutes également; de sorte qu'encore qu'elle fût assez rigide & attachée à les maintenir selon l'ordre du Réglement, neanmoins c'étoit en sorte qu'elles le faisoient de bon cœur, & les tenoit toûjours gayes & contentes; ç'a été une chose pitoyable de les voir, lors qu'elles apprirent sa mort, on eût dit qu'elles avoient chacune perdu leur Mere propre.

Cette grace si particuliere pour nôtre saint institut provenoit de son bon fond de vertu, car outre sa grande humilité & bas sentimens d'elle même, elle avoit une pieté & amour de Dieu singulier, avec une douceur, modestie, & égalité d'humeur en tout accident, une charité cordiale, qui la rendoit accommodante au Prochain, & tres-paisible, quittant volontiers ses interêts pour contenter les autres; & ce qui étoit encore bien remarquable, c'est l'amour sincere qu'elle avoit pour sa Communauté. Il semble que Dieu la disposoit à la mort, par des veües & sentimens particuliers d'être toute à luy; un an auparavant, étant plus interieure & retirée qu'à l'ordinaire, elle en parloit & la desiroit, (quoy que naturellement elle en fût fort appréhensive,) afin, disoit-elle, de s'unir à nôtre Seigneur, ayant un plus grand dégoût de toutes les choses de la terre. Elle ne fût que quinze jours malade des fiévres du tems, avec un abcez qui s'étoit formé dans sa tête, qui n'a paru qu'après sa mort, ayant souffert avec tant de patience & de douceur, que celles qui l'on veüe & assistée en sa maladie, en ont été fort édifiées; elle est decedée l'an 1663. âgée de 47. ans dont elle en a passé plus de 32. en Religion: & quoy qu'elle fût d'une complexion assez delicate & infirme, neanmoins elle a toûjours suivy la Communauté fort genereusement.

MAXIMES.

I. La priere donne beaucoup de force à l'ame, en priant & en cherchant, l'ame trouve, selon la promesse de Jesus-Christ, *Demandez, & vous recevrez, Cherchez & vous trouverez.*

II. L'ame devroit toûjours desirer l'oraison, comme un pauvre qui est affamé, desire de manger, car l'oraison est la nourriture de l'ame.

III. Ne quittez jamais la priere sans grand sujet, car c'est par l'oraison que nous recevons les graces de nôtre Seigneur, & que nous sommes mis en ses mains pour faire ses œuvres.

IV. Souvenez-vous toûjours que c'est le conseil du Fils de Dieu, que tout ce qu'il a demandé pour nous à son Pere, nous le demandions aussi avec luy, & dans la même demande qu'il luy en a faite, afin que nous soyons exaucés.

V. Pour obtenir de Dieu ce qu'on luy demande, il faut accompagner sa priere d'une profonde humilité, & une des principales causes pour lesquelles nos oraisons ne sont pas exaucées, c'est qu'elles ne sont pas assez humbles.

VI. Quand nous prions ou nous demandons pardon à Dieu pour les Pécheurs, mettons nous toûjours les premiers du nombre.

C'est aujourd'huy que l'Eglise celebre la fête de saint Nicolas de Tolentin. Voyons avec quelle équité un Ordre des plus celebres, & d'une grande étendüe luy rend ses justes respects, puisqu'il l'a honoré de ses vertus, & de ses miracles, & qu'il y a fait revivre dans le quatorziéme siécle la pieté des premiers siécles de l'Eglise.

Il fust converty par les Prédications pleines de feu d'un des Peres de cét Ordre, & il quitta tous les engagemens du monde, & un Canonicat où il étoit déja établi, pour embrasser l'obeïssance, la pauvreté, & la penitence, qu'il porta jusqu'aux excez; il fist voir aux Religieux de son Ordre que leur vie doit être une mortification, & une priere continuelle; il trouvoit un si grand goût dans l'oraison que rien ne le pouvoit separer de cét exercice, & au lieu que tant d'autres personnes ont peine à s'y appliquer, & qui se forment eux-mêmes des obstacles pour ne pas prier, ou pour interrompre ou abreger leurs prieres. Il est marqué ancontraire de ce Saint, que tous les efforts même visibles du Démon ne purent luy faire interrompre ce Saint exercice.

Les Ursulines luy doivent une particuliere veneration tant pour être associées à son Ordre, que pour joüir des graces & indulgences de ce même Ordre.

Aujourd'huy il y a indulgence pleniere, comme il se voit dans la Bule que vous trouverez au vingt-huitiéme Aoust, jour de la Fête de nôtre Pere Saint Augustin, laquelle oblige à se repentir veritablement de ses pechez, se confesser & communier, visiter quelqu'unes des Eglises, tant des Augustins que des Religieuses Ursulines; & depuis les premieres Vêpres jusqu'au Soleil couchant dudit jour, prieront dans ces mêmes lieux pour la paix entre les Princes Chrétiens, pour l'extirpation des heresies, & pour l'exaltation de nôtre Mere la sainte Eglise.

ONZIÉME SEPTEMBRE.

LA V. SOEUR MARGUERITE DE SAINT
Augustin, Lesné, Religieuse Ursuline de Paris
au Faux-Bourg Saint Jacques.

Ie châtie mon corps. En la premiere au Chorin. Chap. 9.

IL y a plus de trente-cinq ans que l'on conserve dans le premier Convent de l'Ordre la memoire de nôtre Sœur de S. Augustin, laquelle aprés une sainte vie, se donna innocemment le coup de la mort par une extraordinaire dureté sur elle-même, pouvant dire avec le grand Apôtre, *je châtie mon corps.* Une de ses Sœurs, & jusqu'à neuf de ses Nieces & petites Nieces, ont été ensuite d'elle Pensionnaires dans ce même Convent, dont l'une y est demeuré Religieuse, & une autre est allé delà au Ciel ; Elle étoit fille de Monsieur de Pomereu, Conseiller d'E'tat, & de Madame Agnés Lêné ; on la peut compter comme associée à l'Ordre, puis qu'elle a été enterrée dans le Cloître avec le voile blanc.

Que l'exemple & le Martyre d'amour de cette fervente Religieuse nous touche, & apprenons de nôtre Ursuline que la fidelité que nous devons à Dieu nous doit coûter quelque peine, & que souvent par lacheté nous sacrifions nôtre propre ame aux Démons, & que nous ne pouvons guére nous empêcher de luy rendre le culte que les personnes du siecle luy rendent, que nous ne nous fassions beaucoup de violence dans les rencontres ; mais qui seront suivies d'un bon-heur qui sera sans fin.

MAXIMES.

I. Ayez un grand recours au Fils de Dieu dans la tentation, & regardez en luy les vertus contraires aux imperfections dont vous vous sentés combattuë.

II. Quand vous serez attaqué de quelque tentation, entrez dans un profond abaissement devant le Fils de Dieu, & avec cette disposition retirez-vous dans son ame tres-sainte, comme dans un refuge asseuré, afin qu'elle vous environne, qu'elle vous protege, & qu'elle vous deffende des desseins & de la puissance de vos ennemis.

III. Les ames qui ont quelques tentations ou autre peine d'esprit, se doivent bien garder de se servir de ce pretexte pour s'exempter d'obeïr ponctuellement ; ca en tout tems l'on doit s'assujettir, mais particulierement en celuy-cy, où l'am étan étant plus combatuë, a besoin de se tenir d'autant plus fortement à la grace, qui est renfermée pour elle dans la pratique de l'obeïssance, & des autres vertus.

IV. Les Saints n'ont pas acquis l'entrée au Royaume de Dieu, pour avoir été tentez; mais pour avoir été fidéles dans leurs tentations, en les portant fortement, & en travaillant sans cesse à les vaincre.

V. La priere & la patience sont des armes, avec lesquelles il faut vaincre toutes les adversitez de cette vie.

VI. Si vous vous trouvez dans la facilité, servez vous en pour travailler fidellement à la vertu, & si vous vous trouvez dans la peine, & dans la souffrance, alors soyez forte pour rendre à Dieu ce que vous luy devés en cét état, allés à luy en patience & humilité.

Onzie'me Septembre.

LA VENERABLE SOEUR CATHERINE de Sainte Angele de Quinson, Religieuse Ursuline de Cremieux.

Il faut se supporter les uns & les autres. Aux Galates, Chap. 6.

L'On peut dire que nôtre Sœur de sainte Angele a acquis & pratiqué toutes les vertus, surtout la charité, en supportant & excusant les deffauts du prochain, & en donnant tout ce qu'elle pouvoit aux pauvres, se retranchant & privant bien souvent des choses necessaires, pour les soulager, surtout les malades, pour qui elle avoit une tendre compassion. Sa dévise étoit qu'il se falloit supporter les uns & les autres.

Par humilité elle fuyoit autant qu'il luy étoit possible les Charges honorables, & faisoit sa joye des emplois bas, & d'être dans le mépris, ce qu'elle souffroit avec une admirable paix; elle s'est aussi signalée par sa grande modestie & simplicité Religieuse, soit en sa personne, soit en ses paroles, en ses écrits & déportemens, ce qui la faisoit estimer & aimer generalement du dedans & du dehors; sa mort qui arriva l'an 1675. n'a pas été moins édifiante que sa vertueuse vie.

Cette bonne Religieuse est d'un grand exemple pour toutes celles qui sont dans le même Ordre, qu'elles voyent de quelle sainteté elles doivent accompagner leur Institut; que si elles ont des occasions de souffrir des mépris, elles ne doivent pas s'en étonner, mais les porter avec force, paix, douceur, & patience, & se soûtenir par le témoignage de la bonne conscience, & elles éprouveront que la pieté enfin triomphera de la médisance, & que ceux qui les décrieront, ne feront rien que les rendre plus celebres dans le monde ; n'ayez donc foin dans vos perfecutions, que d'adorer les deffeins de Dieu, & d'attendre en patience les effets que fa Providence en veut tirer.

MAXIMES.

I. Quand vous vous trouvés denués de toutes les vertus, allez à nôtre-Seigneur Iefus-Chrift, comme à vôtre richeffe, & à la fource inépuifable de tous les biens, & le priez qu'il vous en rempliffe ; il ne luy faut ny des mois, ny des jours pour le faire, en un moment il peut vous enrichir, felon ce que dit l'E'criture, qu'il eft facile à Dieu de revêtir un pauvre tout d'un coup.

II. Dieu n'eft pas comme les Rois de la terre ; lorfque vous leurs faites une demande pour plufieurs, cela vous empêche d'obtenir pour vous-même ; mais au contraire ce Roy Souverain plus on luy demande, & plus la charité par laquelle on le prie eft étenduë, plus il fe rend liberal à accorder.

III. La vraye retraitte ne confifte pas feulement à être tout le jour feule ; mais bien à retrancher toutes les penfées, tous les defirs, & toutes les occupations vaines & inutiles.

IV. Si les Ames veulent s'avancer dans la vie interieure, il faut qu'elles prennent un tres-grand foin d'éviter toutes legeretés & diffipations ; car l'efprit de Dieu eft ferieux, & il faut des ames ferieufes pour le recevoir & pour le conferver.

V. Nôtre-Seigneur prent grand plaifir à voir les ames qui font à luy, paffer leur vie en filence, en patience, & en prieres.

VI. Aimés la retraitte, priés beaucoup, parlés peu, & foyés humble, car c'eft ce qui met les ames dans la voye fainte, & les difpofe à l'accroiffement des dons de Dieu.

DOUZIÉME SEPTEMBRE.

LA V. MERE JEANNE MARIE DE SAINT Joseph, de Merindol, Fondatrice des Religieuses Ursulines d'Apt.

Travaillez comme un bon soldat de Iesus-Christ, ceux qui se sont enrolés au service de Dieu, ne s'embarrassent point dans les affaires seculieres.
S. Paul à Timoth. 2. Epître, Chap. 2.

Dieu ayant avantagé nôtre Ursuline des dons de grace & de nature, ayant un grand esprit, elle n'eut pas plûtôt goûté les premieres impressions de la vertu dans la maison des Ursulines congregées d'Apt, qu'elle fut destinée pour la conduite des Novices, & y reüssit si bien que la plûpart sont Superieures & conduisent avec grande edification le Monastere du Martegues; aprés ces premiers fondemens de sa prudente conduite y ayant été dix ans Superieure, & avant que d'en sortir pour donner commencement à celuy d'Apt, Dieu luy inspira le desir de la reforme, & de l'établir en la vie Religieuse; depuis ce tems elle exerça toûjours les charges de Superieure, & d'Assistante, & de Maîtresse des Novices avec tant de soin & un si grand zele, qu'elle laissa la maison dans un état florissant tant pour le spirituel que pour le temporel; elle avoit le don du discernement des esprits, & dans les besoins de ses Sœurs elle n'épargnoit ny soin ny peine pour donner satisfaction à toutes; mais avec tant de tendresse & d'adresse qu'elle attiroit les cœurs pour les porter puissamment à Dieu; sa regularité étoit admirable, & son zele ne paroissoit jamais plus animé que lors qu'elle connoissoit le moindre relachement aux Regles, & pour animer par son exemple elle étoit la premiere à tout; l'habitude qu'elle avoit à la mortification de ses passions paroissoit aux occasions, ayant reçeu des injures des personnes Seculieres avec la même tranquilité que si c'eut été des loüanges; sa pieté la rendoit affamée des choses spirituelles, & son esprit y étoit si fort éclairé qu'elle parloit de Dieu avec des connoissances si grandes & si touchantes qu'elle imprimoit l'amour de la vertu dans les cœurs.

Elle avoit un grand zele pour le Chœur, ne pouvant souffrir qu'on y fit des manquements même aux moindres ceremonies, ayant toûjours l'œil ouvert pour prendre garde à celles qui y manquoient pour charitablement les en avertir.

Sa maladie a été une suitte de maux qu'elle avoit dépuis long-tems d'une perte de sang qui l'alita le 23. d'Aoust sans aucune aparence qu'elle en deut

La V. Mere Ieanne Marie de Saint Ioseph. 12. Septembre.

mourir, mais bien-tôt après elle tomba dans des défaillances de cœur & eut une si violante fievre & opression de poulmons qu'elle fut reduitte à l'extremité ; nôtre Ursuline voyant que par l'excés de ses maux elle n'avoit pas beaucoup de tems à vivre, elle demanda ses Sacremens qu'elle reçeut le jour de Saint Augustin, avec une grande devotion & presence d'esprit, & dans une ferveur qu'elle faisoit des actes tous embrasés d'amour qui touchoient sensiblement ses Sœurs, sur tout par son humilité qui luy faisoit exagerer ses manquemens avec tant de rigueur qu'elle se publioit la plus criminelle creature, quoy que sa vie fut si sainte, & innocente ; ces bas sentimens d'elle-même provenoient de la haute estime qu'elle avoit de sa vocation, puisque dans ce tems elle exhorta sa Communauté à l'observance des Regles avec un zele si ardent qu'elle paroissoit enflamée comme un Seraphin ; avec ces saintes dispositions ses maux augmentoient avec tant de violence qu'elle étoit comme crucifiée avec son Divin Epoux ; rien n'abatoit son courage étant toûjours constante & contante dans ses maux, en sorte qu'on ne connût jamais un mouvement d'impatience, ny entendu une parole de plainte, ny même rien demander, étant toûjours appliquée à Dieu, en sorte que tout le tems de sa maladie elle ne parloit que pour le necessaire, & ses yeux toûjours attachés à son Crucifix ou fermés; sa soumission pour les Religieuses qui la servoient étoit admirable, étant dans un total abandon à la volonté de Dieu, lequel luy fit la grace de le recevoir quatre fois dans sa maladie & toûjours dans une ferveur Angelique, produisant des actes admirables. Elle porta plusieurs jours des ulceres à la langue avec une enflure prodigieuse sans en rien dire, & ne pouvant plus humecter, il en falut découvrir la cause, ce qui la mit en scrupule, s'acusant de son peu de fidelité à Dieu, ayant resolu de souffrir ce mal sans en rien dire, & sans soulagement. Le jour de la Nativité de la Sainte Vierge elle renouvella ses preparations pour la mort par des desirs de s'unir à son Createur avec un ardeur inconcevable ; sa devotion à la Sainte Vierge étoit singuliere, ses dernieres paroles furent, Jesus mon aimable Pere venés que je vous embrasse, Marie mon aimable Marie, puis demeura deux heures dans une agonie comme celle d'un petit enfant, & expira dans une douceur d'Ange; son corps resta palpable comme dans sa santé ; son âge de 60. ans ne paroissoit point sur son visage, elle est decedée le 12. Septembre 1663. ayant passé quarante six ans en Religion, vingt-trois Congregée, & le reste dans l'état Religieux.

Nous pouvons dire que nôtre Ursuline a travaillé comme un bon Soldat de Jesus-Christ, aussi il s'est verifié en elle que ceux qui se sont enrolés au service de Dieu, ne s'embarrassent point dans les affaires seculieres ; mais elle s'est toute devouée au service de Dieu, & de ses Epouses, aussi a-telle experimenté son secours, & sa protection par l'intercession de Marie sa tres-digne Mere, dans les affaires embarrassantes du Monastere, particulierement les six premieres années de sa Superiorité au Monastere d'Apt, un procés les ayant mis dans une si grande pauvreté, que sans une protection particuliere de Dieu & le secours de la Sainte Vierge, elles n'auroient pû subsister, souvent il n'y avoit ny bled, ny argent, & sans sçavoir où en prendre, l'on en recevoit par des voyes inopinées. Une fois que les Religieuses étoient dans la derniere misere une pauvre femme à qui l'on faisoit l'aumône, & qui n'avoit que trois émines de bled, les prêta : Vne autre fois qu'il n'y avoit que demy charge de farine celle qui pétrissoit, mit trop d'eau sans y penser, la farine manquant, elle ne sçavoit que faire, nôtre Superieure luy dit d'avoir recours à la sainte Vierge, d'abord cette bonne Religieuse promit de dire sept *Salve Regina*, &c. durant neuf jours, & prendre la discipline, au même instant elle eut la pensée de repasser le son, quoy qu'il fût tres-bien passé ; chose admirable ! il rendit autant de farine qu'il en faloit pour faire le pain, lequel fust si bon, que jamais on en a mangé de meilleur goût ; il faudroit un volume pour décrire toutes les graces qu'elle a reçû par l'entremise de la Sainte Vierge, car cette Communauté ayant soutenu des tres-pesantes Croix, nôtre Ursuline ayant toûjours été Superieure, ou Assistante, elle en a porté la meilleure part.

Pour être un veritable soldat de Jesus-Christ il faut resister genereusement au Démon, qui est son ennemy capital, s'opposer par tout à ses desseins, declarer hautement la guerre à ses partisans, c'est ce qu'a glorieusement fait la Mere de Saint Joseph ; mais n'êtes vous point l'amy du Démon, bien loin d'être son ennemy, n'obeïssez-vous point à toutes les mauvaises pensées qu'il vous sugere, lors que vous cherchez vos plaisirs & vos commoditez : lors que vous travaillez inutilement pour acquerir l'honneur, c'est à cét esprit superbe que vous obeïssez, prenez y garde.

MAXIMES.

I. Souffrés de toutes les Créatures sans leur resister, sans vous plaindre, & sans vous deffendre, si vous voulez marcher sur les pas de Jesus-Christ : c'est être victorieux que de ceder en ces rencontres à l'insolence de ceux qui vous raillent, & qui vous persecutent. Si vous aimez Jesus, vous le devez imiter, en souffrant comme luy, jusqu'à la fin de vôtre vie ; si vous aimés sa Croix, vous la porterez.

II. Il vous faut vaincre vous-même, c'est la victoire la plus honorable, la plus difficile & la plus agréable à Dieu que vous puissiez remporter. Faitez le dans les plus petites choses, aussi bien que dans les grandes.

III. Vous pouvez aisement vous passer de plusieurs commodités de la vie, que vôtre amour propre vous oblige de rechercher ; sacrifiez les à Jesus crucifié, depeur qu'il ne vous refuse la gloire qu'il a preparé à ceux qui auront porté sa Croix.

IV. O ! que heureux est l'homme qui fait de son corps une victime continuelle, & qui peut dire avec saint Paul, je meurs tous les jours.

Douziéme Septembre.

LA VENERABLE SOEUR CHARLOTTE
de l'Annonciation de Louvencourt, Religieuse Ursuline
de Paris au Faux-Bourg Saint Jacques.

La grace de Iesus-Christ n'a pas été inutile & vuide en moy. Dans la premiere
Au Corinth. Chap. 15.

NOstre Sœur de l'Annonciation étoit une des plus petites Religieuses de corps ; mais aussi une des plus grandes en esprit, en grace, & en vertu; Monsieur de Louvencour, Thrésorier de la Maison du Roy, & Madamoiselle de Flecelles, ses Pere & Mere, la mirent en pension aux Ursulines, où elle s'acquit d'abord l'estime & l'amitié de tout le monde, pour la vivacité de son esprit, & un certain air fin qui éclattoit déja dans ses comportemens, quoy qu'elle eût à peine neuf ans accomplis. La pieté où elle étoit portée dés son enfance prit de si fortes racines dans son cœur, qu'en communiant pour la premiere fois, & ayant bien compris l'importance de cette sainte action, elle en profita toute sa vie ; dés lors elle recita tous les jours le petit Office de Nôtre-Dame, & le Chapelet, & fit regulierement ses autres exercices de devotion. Elle se lioit toûjours avec les plus sages de ses compagnes, comme à celles qui luy étoient plus semblables.

C'étoit une fille de conversation qui sçavoit fort bien deviser, railler, & donner le tour agreable à ce qu'elle disoit, elle étoit complaisante & engageante au possible, & avoit la raison aussi avancée à douze ans, qu'à vingt-cinq ans ; son visage étoit joly, sa petite taille tres-bien proportionnée, les yeux si perçans que l'on eut dit qu'elle penetroit les pensées, & l'on veilloit à s'en defendre ; elle n'avoit point d'autre foiblesse à l'égard de la perfection, à laquelle elle se détermina dés la Classe, qu'une passion d'honneur qui luy faisoit craindre jusqu'à l'ombre du mépris ; pour l'éviter elle se donnoit la gêne, ne tombant presque point en faute qui parût, & tachoit par tout moyen de se faire valoir, & de s'insinuer dans les esprits, ce qui luy étoit tres facile ; elle discernoit parfaitement son naturel & ce qu'elle étoit, d'avec ce qu'elle devoit être, de sorte que si tôt qu'elle entendoit parler de l'orgueil, la couleur luy montoit au visage, comme si elle eut été en ce vice la seule heritiere de Lucifer.

On ne peut exprimer comme cette belle ame se donna à Dieu, en se faisant Religieuse, ny comme elle fit un fervent Noviciat, il n'y avoit qu'à la considerer pour apprendre ce que l'on avoit à faire. Elle avoit conservé une affection ardente pour une Religieuse à qui elle étoit redevable de son education, & elle ne croyoit pas pouvoir jamais luy temoigner assez de reconnoissance, mais avant sa Profession, ayant eu lumiere que cét engagement de cœur seroit prejudiciable au saint amour, elle s'en deffit, & déplora cette affection comme le plus grand peché de sa vie ; ses inclinations furent depuis reglées avec tant de justesse qu'elle ne donna depuis aucune marque d'amitié particuliere, si non à quelques unes de ses Compagnes pour s'animer avec elles à la victoire de l'amour propre, dont elle étudioit incessamment les ruses pour s'en garentir. Elle entreprit la haute vertu, d'une maniere si extraordinaire, dans une vie ordinaire, & changea tellement en toutes choses, qu'elle devint toute autre par vertu qu'elle n'étoit par nature. Elle émoussa saintement la pointe de son esprit, cacha les adresses de ses doigts, n'en usant plus qu'à l'écriture qu'elle avoit admirable, & tourna ses inclinations à la solitude & au silence pour s'éloigner de tout ce qui peut tacher, ou attacher son cœur, & pour n'être plus agreée de personne, ne desirant plaire qu'à son bien aimé Jesus. Et par dessus tout elle combatit l'orgueil avec tant de succez, qu'elle confessa long-tems avant sa mort que ce n'étoit plus là son vice, & les effets montroient qu'elle disoit la verité, parce qu'on la voyoit continuellement se porter aux actions basses, se blamer à tout propos, & sans peine rechercher les occasions de mépris, & les souffrir avec joye, ou comme si par stupidité elle y eut été insensible, quoy que naturellement elle eut à tout cela des opositions extremes, & rien ne l'émouvoit plus que ses loüanges, au moment qu'elle les entendoit elle entroit dans une evidente colere.

Elle n'estimoit pas que le plaisir fût si aisé à vaincre que l'honneur, parce qu'elle le prenoit dans son plus delicat, & jusques dans les plus secrettes recherches de l'amour propre. Cette sentence de Nôtre-Seigneur entre plusieurs autres, étoit profondement gravée dans son cœur, *qui haït son ame en ce monde, la gardera pour la vie eternelle* ; la pratique assiduë de la mortification la fit arriver à cette sainte haine, qui paroissoit même sensible, toute sorte de bon traitement luy étoit insuportable ; Elle n'eut pas voulu avancer d'un moment l'heure prescrite du coucher, & quand on la dispensoit de se lever à quatre heures, elle s'empechoit de dormir depuis cette heure-là, encore qu'elle demeurat au lit pour obeïr. A l'entendre parler il sembloit qu'elle ne vivoit que pour se nourrir delicieusement, mais à la voir on jugeoit qu'elle ne mangeoit pas suffisamment pour vivre, & cette abstinence luy tourna si fort en habitude qu'elle ne pût jamais en passer les bornes, lors que sa Superieure le desira ; l'hyver elle avoit les pieds, & les mains enflés, & crevassés d'engeleures, n'aprochant du feu qu'autant qu'il falloit pour n'être pas singuliere ; pour supléer aux austerités qu'on luy refusoit pour l'épargner un peu, elle s'avisa de ne se point asseoir qu'aux observances regulieres, cette mortification la mina tellement qu'elle devint une vraye squelette dont elle avoüa en étant pressée que c'étoit là la cause, parce que cela luy avoit été fort penible ; par des semblables rigueurs secrettes elle se ruina la santé, & l'eut fait encore plus, si l'on n'y eut mis ordre.

La V. Sœur Charlotte de l'Annonciation. 12. Septembre.

Mais l'application qu'elle eut à donner une droite, & actuelle intention à toutes ses actions, à tenir son esprit élevé à Dieu, à prier sans distraction, & à assujettir l'humeur à la raison, & la nature à la grace, a fait que la grace de de Jesus-Christ n'a pas été inutile & vuide en elle, & c'est ce qui a été encore plus capable de détruire ses forces corporelles, & d'abreger sa vie que tout le reste.

Sa principale occupation étoit de cultiver son interieur pour le conserver en pureté, en paix, & en union avec Dieu; en même tems que par étude elle cachoit les lumieres de son esprit elle découvroit sans y penser l'excellence de son jugement, par le saint usage qu'elle faisoit sans discontinuation des Maximes & des Pratiques Spirituelles. Dabord elle fût assez avide des Sermons, & lectures, mais l'onction venant après à l'enseigner, elle quitta les livres, disant qu'il ne falloit point tant apprendre, mais faire, & tacher de mettre toutes les graces à profit.

Dieu la favorisa d'un don d'oraison fort particulier, de sorte qu'elle ne pouvoit plus prendre allieurs de divertissement, ny de goût. Un Pere spirituel luy conseilla de se rendre un peu plus sociable, parce qu'en se montrant farouche, elle seroit inhabile à servir le Monastere; mais elle n'en pût venir à bout, la retenüe luy étant si naturelle, qu'elle ne rioit plus même, que de mauvaise grace, tant elle en étoit desaccoutumée; toute son austerité pourtant ne s'étendoit que sur elle-même, & nonobstant son admirable exactitude, elle ne se mal-édifioit de personne, se croyant veritablement la pire de toutes.

Elle servoit & obligeoit generalement toutes les Religieuses selon son pouvoir, étant compatissante, secourable, sincere, & cordiale en la conversation, prevenant celle qu'elle jugeoit avoir besoin de repos pour aller travailler en leur place, sur tout aux heures de la recreation; sa fidelité à s'acquitter ponctuellement de toutes ses obligations avoit bien de raport à celle du bien-heureux Loüis de Gonzague, elle n'avoit de livre que ses Brevieres, quand elle vouloit écrire, elle alloit emprunter un encrier, & des plumes, s'en étant deffaite à cause qu'elle s'en pouvoit passer; Elle se privoit de tout ce qui étoit satisfaisant, même des entretiens spirituels, de crainte d'en occuper ses pensées & de s'attacher à la creature. Elle se déroboit même à ses propres yeux de peur que la vanité ne l'empêchat de plaire à Jesus-Christ seul.

Elle fut toûjours si souple à ses Superieures, que toutes faisoient d'elle ce qu'elles desiroient, sans qu'elle y temoigna de la difficulté; elle s'ouvroit à elles avec beaucoup de candeur, disant que jamais elle n'avoit reçeu plus de soulagement que par ses Superieures, & qu'il n'étoit rien tel que d'y aller en confiance.

Elle eut de tres-grandes peines à se resoudre à faire le vœu d'instruction, se jugeant incapable d'expliquer le Catechisme en une Classe; mais elle se trompoit fort en ce point; car elle s'en acquita des mieux, enseignant les Externes elle gagna la petite verole, & luy en resta une incommodité au visage, dont elle se tint honorée. Elle fut aussi fort utile aux Novices étant leur Sous-Maîtresse,

& elle

& elle s'efforçoit-là par ses paroles de passer pour la plus lâche & imparfaite de toutes les Religieuses.

Les dernieres années de sa vie elle étoit tellement morte à tout, qu'elle sembloit une personne de l'autre monde, qui n'étoit plus susceptible d'aucunes complaisances humaines. En ce tems-là les infirmitez l'accüeillirent, ce qui luy fit croire que son exil alloit finir & qu'elle approchoit de la celeste patrie, aprés laquelle elle soûpiroit il y avoit long-tems. Elle fut trois mois au lit de la mort, sans sentir à ce qu'elle disoit de grandes douleurs de la poulmonie, & de l'hydropisie, qui la faisoient mourir.

Dieu luy cacha l'heure & le moment qu'elle avoit tant redouté; car le 12. Septembre 1655. elle se fit encore lever pour aller communier à la Chapelle de l'Infirmerie, quoy qu'elle parût plus mal, ce fût là le dernier effort de cette ame sainte vers son Dieu dans cette vie; deux heures aprés elle perdit la connoissance, reçeut l'Extreme-Onction en cét état, puis ayant demeuré cinq ou six heures en l'étargie, elle trépassa, laissant une si grande opinion d'elle dans sa Communauté, que quand elle auroit fait des miracles, on n'en auroit pas eu d'avantage.

Elle a donc laissé ses exemples, & montré ce que nous devons faire, encore plus par ce qu'elle a fait elle-même, que parce qu'elle a dit, elle a imité Jesus-Christ pendant sa vie, & elle l'a imité en sa mort, souffrant ses maux avec amour comme son Sauveur, & a souffert la mort qui a separé son ame de son corps; mais qui ne la pût separer de la charité de Jesus-Christ. Cette precieuse mort qui a séellé ce qu'elle avoit dit, doit jetter aujourd'huy une voix qui se fasse entendre de tous les Chrétiens; qu'ils voyent si une vie molle & languissante s'accorderoit bien avec la vie de cette fervente Ursuline, & que se representant la vie penitente de cette bonne ame, ils rougissent de se voir si delicats, & laches à moderer & reprimer leurs passions.

MAXIMES.

I. Parlés beaucoup à Dieu, & peu aux creatures, le silence est une grande chose, & tres-necessaire pour acquerir la perfection.

II. La langue nous est donnée pour loüer Dieu, & pour dire les paroles necessaires, & non pour en dire d'inutiles, c'est pourquoy il la faut soigneusement garder, & vous voyez aussi que nôtre Seigneur n'a pas dit seulement, quand vous mentirez, quand vous médirez, vous en rendrez compte au jour du jugement, mais que vous y rendrez compte de châque parole oiseuse que vous aurez dite.

III. Un des usages, par lesquels nous pouvons honorer le Fils de Dieu comme Verbe, & parole de son Pere, c'est la parole, c'est pour cela que nous devons avoir un tres grand soin, que toutes celles que nous sommes obligés de proferer, soient Saintes & parfaites, *& comme parole de Dieu*, Selon ce que dit Saint Pierre.

IV. Soyez fort reconnoissante des charités que l'on vous rend, vous souvenant que la justice vous y oblige, & que Dieu hait autant l'ingratitude, qu'il aime la reconnoissance.

V. Les ames qui vont simplement & innocemment sont remplies de la plenitude de Dieu, & vous voyez que son Fils luy rend graces, de ce qu'il a caché ses secrets aux sages & aux prudens, & les a revelés aux petits, qui sont les simples, & les humbles.

VI. Il n'y a rien que l'homme craigne davantage que l'assujettissement, ny rien qu'il aime mieux que sa liberté; c'est-pourquoy Dieu veut qu'il luy en fasse un sacrifice, & pour moy je ne fais nulle estime de toutes les devotions d'une ame, si elle n'est assujettie.

DOUZIÉME SEPTEMBRE.

LA VENERABLE SOEUR MARIE Martin, dite des Anges, Religieuse de Sainte Ursule de Cret en Dauphiné.

La volonté de Dieu est que vous soyez Saint. S. Paul Thess. 4.

S'Il est vray que les plus grandes faveurs du Fils de Dieu sont les Croix humiliantes, nous pouvons dire que ma Sœur MARIE MARTIN, dite des Anges, en a été tendrement aimée; c'étoit une fille de bon sens & d'un solide jugement, mais d'un naturel fort prompt & porté à l'impatience, & c'est par la vertu contraire que Dieu l'a voulu sanctifier, elle a été atteinte de grandes infirmités dés son bas âge qui luy ont causé non seulement des grandes douleurs, mais aussi beaucoup de mortifications qu'elle n'a pû soûtenir sans faire de la violence à son panchant, & naturel, & quelle connoissance que nous ayons eu de son mal, elle nous en a caché autant qu'elle l'a pû; une de nos Religieuses entrant dans une chambre où elle étoit seule, elle la vit tenant un de ses genoux entre ses mains, pleurant à chaudes larmes, *mon Dieu*, disoit-elle, *ayez pitié de moy, que voulez-vous que je devienne, je n'en puis plus*; mais comme ses maux étoient d'une nature à n'oser luy en parler, cette Religieuse sortit & ne luy dit rien; peu après on apelle ma Sœur des Anges, qui sortit de cette chambre d'un visage aussi gay que s'y elle n'y eut rien souffert; celle qui l'avoit veuë ne pouvoit assez admirer ce changement, elle avoit au dessous de ce genoüil une playe de la longueur d'un doigt, où l'on en auroit caché trois si grande elle étoit, ses douleurs étoient grandes sans doute, mais ce n'est rien comparé à celles de sa derniere maladie, elle étoit fort devote à la Sainte Mere de Dieu, ayant pris soin jusqu'à sa fin, de sa Chapelle nonobstant toutes ses infirmités, & que ladite Chapelle étoit au fond d'un jardin, se faisant aider à marcher lors qu'elle n'y pouvoit aller seule; elle étoit fort devote à son Saint Ange Gardien, ayant beaucoup de pratiques pour l'honorer. Sainte Therese & le grand Saint Joseph étoient ceux qu'elle avoit choisi pour ses particuliers Protecteurs, mais son attrait particulier étoit un amour tendre pour nôtre Sauveur dans son état de Sacrement, elle luy a rendu des frequentes visites autant qu'elle la pû, bien souvent même l'on la trouvoit à une Tribune qui repond sur l'Eglise où elle s'étoit traînée apparamment à quatre pieds la nuit pendant le repos des autres; elle parloit de ses maux à ce cher Medecin dans une entiere confiance, & une fois y faisant oraison, elle fût éclairée d'une celeste lumiere qui luy fit voir ses maux comme la juste punition de ses fautes.

Elle reconnut la misericorde que Dieu luy faisoit de la châtier en ce monde; elle accepta de tres bon cœur tous les desseins de Dieu sur elle, s'estimant trop heureuse de faire son Purgatoire en ce monde; elle s'offrit à la Divine justice pour être une victime d'expiation pour tous les pechez de la Communauté, grace que Dieu luy accorda, mais qui luy coûta bien cher.

Je n'ay point de termes pour exprimer l'état où elle fust reduite par cette Divine justice, si ce n'est de vous representer Job sur son fumier comme un parfait modéle de ses souffrances & de sa patience; elle n'avoit pas en son corps une partie dépuis le cerveau susques sous la plante des pieds, qui n'eut sa douleur particuliere; ces grandes souffrances commencerent un an avant sa mort par des suffocations qui la laissoient comme morte, & la jetterent enfin dans une hydropisie, qui poussa sa violence jusques à la derniere extrêmité; quelques mois avant son decez elle prit une oppression de poitrine qui luy faisoit passer les nuits entieres sans se coucher, appuyée sur quelque chaise; elle prit un mal aux yeux si cruel qu'il luy brûla toutes les joües, & les douleurs qu'elle souffroit étoient si violentes qu'elle craignoit d'entrer dans le desespoir; la Superieure la visitoit souvent pour la consoler, & un jour luy representant les souffrances de nôtre Sauveur sur l'arbre de la Croix, *Ha! ma Mere*, luy dit-elle, *il étoit Dieu, & ces souffrances n'ont duré que trois heures, & les miennes sont si longues, & je ne suis qu'une chetive créature, remplie de foiblesses, priés Dieu pour moy ma mere, afin que je n'entre pas dans le desespoir; demandés-luy qu'il me donne autant de patience, qu'il veut me donner de souffrances, je le veux, mon Dieu*, disoit-elle, *je veux souffrir, mais fortifiés-moy de vôtre sainte grace.*

Jamais on ne la vit impatienter; tout son recours étoit à Dieu dans le plus fort de ses douleurs, luy criant avec l'aveugle de l'Evangile, *Iesus, Fils de David, ayés pitié de moy*, paroles qu'elle avoit incessamment à la bouche; & comme si ce bon Jesus luy eût demandé ce qu'elle vouloit de luy, elle répondoit, *que je voye mon Seigneur, que je voye la lumiere du jour*; il luy accorda sa demande.

Un mois avant sa mort ses yeux furent si parfaitement gueris, qu'il ne paroissoit pas qu'elle y eût eu du mal; la guerison de ses yeux fut le redoublement de ses autres maux; son enfleure creva, & de quantité des ulceres qui couvroient ce corps, il n'y en eut plus qu'un qui le tenoit tout, à la reserve de l'endroit du cœur, où l'on remarquoit un peu de vuide, & au milieu une playe semblable à celle du Sauveur qu'elle avoit porté depuis long tems, & une de même sur châque pied; elle souhaitoit ardemment de se voir delivrée de tant de miseres, & la pensée de la mort étoit ses plus cheres delices; elle en parloit aussi familierement que nous le faisons de la vie, la Superieure luy anonça enfin que ce tems étoit proche, *Ha! ma Mere*, luy dit-elle, *quelle bonne nouvelle me donnez-vous, j'espere à la misericorde de mon Dieu, je me confie en sa bonté, je l'iray voir, ha! ma Mere quelle bonne nouvelle, je ne puis assez témoigner ma joye.*

Elle paroissoit autant sur son visage qu'en ses paroles: Elle voulut recevoir le Saint Viatique ce même jour, quoy qu'elle eût reçû tous ses Sacremens, & communié plusieurs fois, elle employa tout le tems qui luy restoit à des Saints desirs pour le Ciel, à demander pardon à la Communauté, à rendre graces à ses Infirmieres des soins qu'elles avoient eu d'elle, les assurant qu'elle n'en seroit pas ingrate, si le bon Dieu luy faisoit misericorde; son agonie fut de quarante-huit heures presque toûjours privée de la raison, mais dans des douleurs si violentes causées par une gangréne par tout son corps, qui luy faisoit faire des cris si grands, qu'ils nous touchoient jusques au fond du cœur; Dieu fût enfin contant de ses souffrances, & ulceres, & elle fût dans une grande paix pendant sept ou huit heures, dans un parfait raisonnement, jusqu'à son dernier soupir, elle répondit d'une grande présence d'esprit aux prieres de la récommandation de l'ame, & lors que la Communauté disoit, *Ora pro eâ*, elle disoit, *Ora pro me.* Voilà quelle a été la vie ou plû-tôt le martyre de ma Sœur Marie des Anges, sans parler des plus rudes épreuves de la Medecine, où elle a passé, où l'on n'a épargné ny le fer, ny le feu.

On luy fit un cedon, plus de douze ans avant sa mort, qui luy offença un nerf, & le fit retirer, en sorte que son menton demeura colé sur sa poictrine sans le pouvoir remuer; dans sa derniere maladie tous ses nerfs se retirerent, ce qui ne peut-être sans des douleurs que nous ne sçaurions concevoir; elle deceda le 12. Septembre 1667. âgée de 44. ans, & 20. ans de Religion; c'étoit une des premieres professes de cette maison, elle étoit Pensionnaire dans Sainte Ursule à Montelimart, & lorsque ces Religieuses vindrent donner la réforme, elles la menerent avec elles, & luy donnerent le voile dans la maison de Sainte Ursule de Crest.

Vous n'entrerés jamais dans le Ciel, si vous ne menez une vie semblable à celle des Saints, & vous ne les imiterez pas si vous n'aprenez ce qu'ils ont fait en lisant leurs vies, prenez un moment de tems tous les jours pour cette lecture, on pert tant de tems à converser avec les Créatures, & on ne trouve pas un moment de loisir pour s'entretenir avec les Saints.

Tachez d'imiter tant que vous pourrez les vertus que vous remarquerez dans la vie de nos Ursulines, surtout faites reflexion qu'elles ont toutes été unies à Dieu par l'Oraison, austéres envers elles-mêmes, & charitables en l'endroit du prochain; vous n'en trouverés aucune qui n'ait eu ces trois qualités, ayez les avec vous, sans cela il ne faut point esperer de Paradis; il ne suffit pas pour aller dans le Ciel que nous fassions profession de la même Religion Chrétienne, dans laquelle elles ont vêcu, il faut encore que nos mœurs soient conformes à la Sainteté de nôtre Loy, & au bon exemple qu'elles nous ont donné. Imités en particulier les vertus de quelques Saints que vous avés choisy pour Patrons, & s'il se peut qu'il ait été de la même Profession que vous avés exercé; imités encore les vertus du Saint dont vous portés le nom.

MAXIMES.

I. Dans toutes vos necessités temporelles & spirituelles ayez recours aux Saints, faites reflexion sur vôtre vie, quels Saints imités-vous, vous allés par un chemin tout contraire à celuy qu'ils ont tenu; prenez y garde.

II. Si vous avés de la peine dans l'état de vie que vous avés embrassé, faites de necessité vertu, & surmontés vos inclinations contraires, chargés sur vos épaules le joug aimable de Jesus-Christ, & protestés que vous le voulés porter pour son amour tout le tems de vôtre vie, marchés sans vous faire traîner, faites par amour ce que vous faites par necessité, & vous trouverés enfin des consolations que vous n'eussiés jamais osé esperer.

III. Considerés l'admirable artifice de la providence de Dieu, qui tire nôtre salut de nôtre perte, & qui nous laisse tomber dans les filets pour nous mettre en liberté, il nous tire du monde comme il fit autre fois le peuple d'Egypte, sans nous faire connoître où nous allons, & nous ferme le passage des eaux de la Mer du monde, pour nous empêcher d'y retourner.

Treizième Septembre.

LA VENERABLE SOEUR FRANC̨OISE
Suzanne de Saint Loüis, Pascal, Religieuse Ursuline d'Ussel.

A cette Ame qui avec mon aide vaincra les ruses du Demon, je luy donneray une manne cachée. Dans l'Apocalypse, Chapitre 2. v. 17.

Notre Sœur de Saint Loüis fut guerie en son enfance d'une fiévre qui l'avoit travaillé ving-huit mois, aprés un vœu fait en l'honneur de la Sainte Vierge. Elle n'eut pas plûtôt l'usage de la raison qu'elle se donna à Dieu pour ne le jamais quitter ; les bonnes œuvres qu'elle fit dés ce tems-là attirerent la haine du Demon contre elle, il la tenta en diverses manieres, jusqu'à la presser interieurement à se precipiter dans un puis ; mais le signe de la Croix luy tint lieu de bouclier.

Elle entra en pension dans les Ursulines avec autant de peine que si on l'eut enfermée en prison, neanmoins le Convent luy devint comme un Paradis Terrestre ; sa Maîtresse luy ayant expliqué la façon de mediter les Mysteres douloureux, en disant le Rosaire, elle enfonça une fois des épingles bien avant au tour de sa tête, & les y laissa tout le tems qu'elle recita son Chapelet afin de souffrir quelque chose qui eut rapot à la Couronne d'Epines de son Sauveur. Quand ses Compagnes étoient endormies, elle se levoit de son lit, & prioit long-tems prosternée contre le planché de sa chambre, que même elle léchoit par penitence des fautes qu'elle avoit commises par ses paroles. Ayant une fois trouvé un gros vers sur sa viande, elle le mangea, pour triompher de la repugnance de ses sens ; voila de l'air qu'elle se porta à la mortification pendant les six mois qu'elle demeura dans le Cloître.

En étant sortie, elle choisit le Reverend Pere Fulgence de la Motte pour le Directeur de son ame, elle s'adonna regulierement à l'Oraison Mentale, où aprés les premiers essais, elle éprouva les vicissitudes ordinaires des aridités qu'elle souffrit avec tant de constance, que la devotion sensible luy fût renduë au double ; & dés lors elle eut des operations extraordinaires, & ainsi cette ame qui avec l'aide de son Dieu, avoit vaincu les ruses du Demon, & avoit été fidelle à la grace, reçeut de sa bonté une manne cachée, & des graces singulieres en abondance, comme nous verrons.

Entre ses rigoureuses austerités dans une semaine Sainte, elle se fustigea tous les jours, soir & matin par tout le corps, un quart d'heure durant, & trois fois le Vendredy Saint, & s'étant long-tems abstenüe de boire dans sa soif, elle alla neuf fois en un jour puiser de l'eau sans en mettre seulement une goutte sur ses lévres desseichées ; pour recompense Nôtre-Seigneur l'envvroit de douceurs spirituelles aux aproches de sa Sainte Table. Quelque fois la Sainte Hostie cette manne Celeste luy sembloit aussi douce que du sucre, & aprés l'avoir avalée, cette suavité luy continuoit, accompagnée d'un feu qui la brûloit agreablement.

Cette manne de douceurs Celestes commença à pleuvoir dans son cœur, une Fête de Saint Augustin, comme pour un heureux presage de l'abondance qu'elle recevroit quand elle professeroit sa Régle ; cependant ses parens la retinrent deux ans dans le monde, & ce luy fut un petit purgatoire, pour l'ardeur qu'elle avoit de se sacrifier toute à Dieu. Un jour son desir se redoubla tellement qu'elle se prit à dire au fort de sa priére, *Seigneur, he! quoy ne voulez-vous donc pas que j'entre en Religion*. Alors une voix luy repondit, *ma fille tu y entreras demain* ; sur le pied de cette promesse, elle alla trouver son pere, quoy qu'elle trembla de crainte, elle le sçeut si bien prendre qu'il luy promit de la mener le lendemain aux Ursulines, ce qu'il executa à la joye de sa fille, qui se confessa & communia le matin, pour faire veritablement son bon jour, & le meilleur qu'elle eut eu en sa vie.

Dans le Noviciat sa principale étude fut l'humilité & la mortification interieure ; si l'envie luy venoit de parler, elle gardoit le silence ; si son esprit luy fournissoit des raisonnemens, elle les soûmettoit non seulement à celles qui la conduisoient, mais encore aux Novices ; si à table la sensualité la pressoit de manger les choses qui étoient de son goût, elle n'en sortoit point qu'elle ne se fût mortifiée cinq ou six fois, & ainsi du reste. Vne fois on luy commanda de se jetter par la fenêtre, & au même moment elle monta dessus, & elle alloit se precipiter, si on ne l'eût arrêtée. La veille de sa vêture elle parut devant la Communauté toute échevelée, & la corde au col, une Croix sur ses épaules, & une Couronne d'Epines sur sa tête, pour temoigner le dessein qu'elle avoit d'aimer le mépris & les souffrances : Elle reïtera plusieurs autres fois cette mortification de porter la Croix, qui luy étoit fort penible, parce que Dieu luy appesantissoit ce fardeau leger de soy, il luy causoit des douleurs si grandes, qu'elle ne pouvoit presque faire un pas, sans s'arrêter pour reprendre haleine.

Pendant son approbation elle entra si avant dans la solitude de son cœur, qu'elle en paroissoit toute hebetée, & voyant qu'on la prenoit pour telle, elle faisoit sa joye d'un jugement si favorable à ses inclinations ; c'étoit une chose admirable que les entretiens qu'elle avoit avec Dieu, & de Dieu avec elle, il eut la bonté d'être son maître, & de la conduire à la plus haute perfection, non par la pratique d'une seule vertu, mais de toutes celles qui étoient propres à son état. Il luy commanda une fois de secoüer jusques à la plus petite lâcheté en ses actions, pour l'amour de luy, qui étoit tout amour pour elle, & d'éviter la precipitation par un continüel regard de sa presence. Il survint quelque affaire, qui retarda sa Profession, & comme elle en ressentoit du chagrin, elle fut consolée par ces paroles interieures : (*Ma fille, mon amour a eu dessein de toute éternité de te prendre pour épouse.* Etant encore après attaquée de trouble, le Dieu de paix qui établissoit son trône en elle, luy dit, *ne craint point ma fille tu feras Profession*; puis luy fit connoître que les actions qui se font après la Profession, luy sont plus agreables que celles d'auparavant, & cette connoissance de même que le feu d'un alambic, échauffa son desir, & luy tira beaucoup de larmes.

Quand elle étoit dans la froideur & dans l'abattement d'esprit, si-tôt qu'elle se preparoit à la Communion, elle s'enflâmoit d'amour, & plusieurs fois en communiant il luy sembloit qu'elle recevoit une bluette de feu qui causoit une incendie dans son ame.

Il luy fut dit une fois dans les sentimens d'humilité où elle étoit; *Le tout se plait de s'unir au rien, moy seul je veux posseder ton cœur, je desire que tu vive de ma vie, qui est une vie d'amour, d'humilité, d'obeïssance, de mépris, & de perfection*, & elle repondit toute opressée de la veüe de son indignité, *mon Dieu, mon amour je merite que vous retiriez de moy toutes vos graces à cause de mes infidelitez, & que vous les donniez à vos fidelles épouses.* Et il luy fut dit que Dieu avoit assez de graces pour elle, & pour toutes les ames fidelles.

A la Fête de la Sainte Trinité, elle entendit au fond de son ame une voix interieure, qui disoit, *c'est à cette fois que nous voulons faire nôtre demeure dans ton cœur, ton partage est la Croix en ce monde, & ma possession en l'autre, comme l'amour m'a attaché à la Croix, je veux qu'il t'y attache, je suis si grand que je ne peux souffrir dans un cœur que moy seul.*

Bien loing de tirer vanité des familiarités de son époux, elle en étoit toûjours plus humble & plus craintive, ce qui luy fit faire des instantes prieres à son époux de retirer le cours de ses graces extraordinaires, alors il luy dit d'un air de reprimande, *je t'ay fait tant de fois connoître, que je ne veux pas que tu aye d'autre volonté que la mienne*: Enfin étant encore une autre fois dans l'inquietude de son état; *ne craint point, ma fille*, luy dit cét incomparable époux, *c'est moy qui te parle, je ne permetiray jamais que tu sois trompée, pour te donner des marques que c'est moy qui parle, mes paroles sont permanentes, on n'en pert pas le souvenir, je te laisse dans la paix & dans le desir de ta perfection, parce que je suis un esprit de paix, & un Epoux tout desireux de ton bien.*

Elle fit sa Profession, ayant passé une partie de la nuit precedente en prieres, pendant la ceremonie elle prit le Crucifix qui luy fust presenté, & mit le pied de la Croix proche de son cœur, comme pour y planter cét arbre de vie, qui y prit au même moment racine, & donna des fruits d'amour & de douleur qui présagérent qu'elle seroit une vraye fille du Calvaire; elle eut en cette action des desirs inexplicables des souffrances, & ainsi elle finit son sacrifice avec mille actions de graces au Ciel qui l'avoit daigné agréer; reconnoissant l'obligation de ses vœux, elle prit la perfection encore plus à cœur qu'elle n'avoit pas fait. Elle s'appliqua à la pratique de toutes les vertus qui luy étoient propres, selon les rencontres qui s'en offroient; elle s'étudioit à l'imitation de quelques Saints, à

dire

dire des paroles, & à faire des actions les plus éloignées de la prudence humaine, afin de s'attirer du mépris ; Son Directeur a assuré qu'un ambitieux ne poursuit point les honneurs avec tant de passion, qu'elle soûpiroit après les humiliations. Vne de ses plus precieuses graces étoit la lumiere qui luy étoit souvent communiquée touchant sa bassesse, sa foiblesse & son inutilité ; il luy fust dit interieurement sur ce sujet, *la terre seiche ne peut rien produire d'elle-même, mais étant arrosée par le Maître, elle donne de bon fruit, qui n'est pas à la terre, mais au Maître*, l'enseignant par cette figure qu'elle ne pouvoit rien d'elle-même, mais tout avec la grace Divine. Depuis qu'elle fût ainsi éclairée, son neant luy demeura si present, qu'il luy étoit comme impossible d'avoir de la vaine gloire.

La liberté d'esprit fust admirable en cette ame, un office fort occupant, & à qui tous les autres avoient rapport ne luy donnoit point d'empressement ny d'envie de gagner du tems pour l'oraison, bien qu'elle y eût tant d'attrait ; *il me suffit*, disoit-elle, *que je fasse l'obeïssance* ; son E'poux luy dit une fois que lors qu'elle se trouveroit tiéde & abbatuë, qu'elle se servit de cette pensée, *c'est la volonté de Dieu que je fasse cette action* ; car de même, ajoûta-t'il, *que le Maître d'un Horloge luy donne le mouvement, je veux aussi donner le mouvement à ton cœur dans toutes tes œuvres.*

Nous ne dirons rien des excellens parfums, ny des suavitez qu'elle avoit en la bouche après la Communion, sinon que c'étoit une amante qui couroit de grande vitesse après les odeurs du Divin E'poux ; mais la vertu de simplicité la faisoit aller droit dans sa course, & sans détour sur ses interêts, ou sur son esprit propre, s'étant accoûtumée à ne parler que dans une parfaite sincerité & naïveté.

La plus seure marque de la bonne conduite de cette ame, étoit sa docilité & son obeïssance ; Jesus son Divin Amour luy avoit particulierement recommandé d'obeïr, en luy disant, *lorsque je te feray connoître quelque chose, & que l'obeïssance t'indiquera le contraire, je veux que tu prefere l'obeïssance à ce que je t'auray dit* ; ce qu'elle executa ponctuellement, soit aux desirs des mortifications, soit aux autres moyens de perfection qu'elle se contentoit de proposer, agréant également le refus ou la permission, soit encore au commandement qui luy fust fait d'arrêter la vehemence de son amour à Dieu qui la conduisoit jusqu'aux abois son cœur se trouvant tellement dominé de ce feu celeste qu'elle ne pouvoit en retenir la force, son E'poux luy disant, *j'ay un pouvoir absolu sur ton cœur, une épouse ne peut pas empêcher les visites de son E'poux.*

Pour obeïr elle demanda quatre fois à Dieu sa santé, sur la fin de sa vie, contre la lumiere qui luy marquoit que le bon plaisir de son Sauveur étoit qu'elle vécût & mourût sur la Croix ; il luy fust dit à sa premiere priere ; *un E'poux de sang veut une E'pouse de sang*. A la seconde, *c'est ma gloire, ma volonté, & ta perfection que tu souffre*. A la troisiéme, *mon dessein de toute éternité est que tu souffre jusqu'à la mort en l'ame & au corps à mon exemple*, & à la quatriéme, *je veux que tu endure pour te purifier, afin que ma possession ne te soit pas retar-*

dée, je suis un E'poux entierement beau, je te veux rendre une E'pouse entierement belle.

Environ trois mois aprés sa profession étant prevenuë du desir de souffrir, il luy fust dit au fond de l'ame, *de même qu'une Mere bien tendre à l'égard de son enfant, se cache quelquefois pour voir s'il la cherchera, ainsi je me veux cacher de toy pour voir si tu me chercheras avec amour.* Cét advertissement fust suivy d'un fâcheux hyver dans son ame, par une longue absence de son Divin Soleil ; elle se vit au milieu des tenêbres, des tentations, des blasphêmes, & des desespoirs ; elle sentit des froideurs succeder à ses ardeurs precedentes; en assistant au Chœur le Demon la pressoit de déchirer son Breviaire, de le jetter, & de sortir de là ; mais elle redoubloit ses loüanges à Dieu pour vaincre la tentation ; elle fust même poussée d'en venir à la derniere extrêmité contre elle-même,& au fort de ces execrables pensées, elle s'offroit à son unique tout, de porter ses peines tant qu'il voudroit, & même d'aller en Enfer,pourveu qu'elle eût la liberté de l'aimer. Une si grande constance donna la fuite à son persecuteur ; il revint pourtant tandis qu'elle vacquoit à la solitude, & luy livra les mêmes tentations qu'il avoit bien osé livrer à son Maître au Désert, sur tout il la portoit à le reconnoître pour Souverain, & il persista six mois à luy suggerer cette impieté, quoy qu'à sa grande honte ; car la genereuse Suzanne donnoit & redonnoit son cœur à son Createur, disant d'affection, *ne faut-il pas que le ruisseau se rende à sa source ; Dieu est mon principe & ma fin, je veux être à luy sans reserve.*

Un soir comme elle alloit se mettre au lict, l'ennemy l'importuna avec effort de le prendre pour Maître, elle recourant à Jesus son grand Capitaine, le pria d'augmenter son courage, & de combattre pour elle, puis se prosternant devant un Crucifix, elle renouvella sa consecration à Dieu, l'écrivant en sa presence d'une telle resolution, qu'elle dit aprés que si elle eût trouvé un ganif,elle auroit gravé cette consecration sur sa chair ; nôtre-Seigneur pour recompense de sa fidelité, la délivra de cette attaque, mais non pas des autres, dont il vouloit achever sa Couronne ; en effet à quelque tems de là elle fust fortement tentée l'espace de trois jours, le Demon luy mettant dans l'esprit qu'elle n'étoit entrée en Religion que pour sa perte, & semblables pensées afligeantes à l'excés, comme si c'eût été un assaut general à son ame, laquelle quoy qu'elle y resistât vigoureusement, ne laissoit pas de se trouver étrangement en peines de sorte qu'il luy sembloit être dans un Enfer; Enfin aprés tous ces déchainemens des ennemis de son salut, elle triompha d'eux, & les broüillards qu'ils avoient formé dans son esprit pour l'offusquer, se dissiperent à la presence du Soleil de justice dans une Communion, où de plus elle eut la consolation d'entendre que son Divin amour l'avoit purifiée par cette voye : E'coutés ce que dit son E'poux, *A cette Ame qui avec mon aide a vaincu les ruses du Demon, je luy ay donné une manne cachée.*

Cette bonne Religieuse n'eut pas moins de force & de bon-heur à combattre contr'elle même que contre les Démons, elle augmenta quand elle fût Religieuse les Penitences dont elle avoit auparavant affligé son Corps virginal, elle se fit des violences extremes pour vaincre ses inclinations naturelles, jusqu'à tomber en deffaillance en approchant des choses mal propres. Elle se rendit maîtresse de ses passions, & de ses sentimens, aprés des actes heroïques, & si penibles que son Directeur luy deffendit de les continüer. Quand on l'obligeoit d'aller au Parloir, elle y demeuroit fort peu, & jamais pendant le Service Divin, ses Parens se plaignant de quoy elle les quittoit si-tôt, elle leur rémontroit que sa conversation ne pouvoit pas beaucoup servir, & les prioit de ne la visiter que tres-rarement.

Nôtre-Seigneur, qui la vouloit toute pour luy, la détachoit de l'affection des Créatures, par des lumieres qui luy découvroient leur foible & leur vanité, d'où elle tiroit un mépris de toutes choses, étant deplus avertie par une voix interieure que c'étoit à Dieu seul qu'elle se devoit attacher. Celuy qui l'instruisoit si-bien pour la perfection de son ame, l'éclaira aussi sur plusieurs choses qu'elle ne pouvoit naturellement sçavoir, & qui arriverent tout de même qu'elle les avoit prédites.

Comme Nôtre-Seigneur ne repetoit rien si souvent à sa bien-Aimée que la leçon de l'amour de la Croix, il luy appliqua luy même son corps, comme l'on a veu qu'il avoit crucifié son esprit, & pour l'y disposer, il luy dit, *Tout-ainsi que mon Pere m'a envoyé au Monde pour souffrir, de même je t'envoye aux Croix, j'ay été une victime des desseins de mon Pere, je veux que tu en sois une des miens. Une autre-fois, au moment que je fus élevé sur le bois de la Croix, j'eu dessein d'y attirer toutes mes Epouses; toy en particulier, non pas pour être attachée au bas, mais au plus haut.*

Le Divin Amant n'employa que l'amour pour rendre cette ame, amante, & souffrante tout ensemble; car ce fût par un excés d'amour que son cœur avoit des émotions, & des palpitations étranges, & qu'enfin par des efforts extrêmes du même amour, elle se rompit une veine dans le corps, & rendit le sang de tems en tems en grande quantité, cette veine se r'ouvrant à châque fois qu'il luy reprenoit des assauts d'amour divin.

Le jour de Saint Philipe de Nery, elle se trouva si échauffée des desirs d'aimer Dieu, qu'il luy sembloit être toute de flâme, & qu'elle alloit se consommer entierement en douleur, & en douceur: Elle eut voulu se martyriser pour procurer les louanges, & le service de Dieu; & ce transport luy dura depuis sa Communion, jusqu'à cinq heures du soir, son corps en démeurant visiblement affoibly.

Elle faisoit des sacrifices d'elle même pour une éternité de tourmens, s'il plaisoit à Dieu, & luy en demandoit de plus grands qu'elle n'en souffroit; elle convint avec luy qu'à châcune de ses respirations, elle marquoit avoir une nouvelle soif de souffrir; & lorsque ses douleurs se rendoient plus insuportables, elle le prioit de les redoubler, s'il n'y en avoit pas assez, desirant ou mourir ou souffrir, non pas à cause de ses pechez; mais parce qu'il vouloit qu'elle endurat, & qu'elle ne pouvoit pas luy donner de plus grandes preuves de son amour.

Une fois qu'elle étoit en doute si elle iroit à confesse, ne sentant pas beaucoup de contrition, ny de fautes qui luy fissent peine, elle fût résolüe par les paroles suivantes. *La moindre tâche paroit sur une belle étoffe, je ne veux rien d'imparfait en ton cœur.* Alors ses fautes luy parurent bien grandes, & cette grace luy dura à toutes ses confessions.

Une autre fois, il luy imposa une loy d'amour pour la pureté de ses intentions, en luy disant, que sa volonté étoit qu'elle n'eut que deux desirs, l'un de luy plaire en toutes ses actions, & l'autre de n'être jamais separée de luy, sur quoy elle s'écria; O! mon amour, puisque vous faites toutes les delices de mon ame, voudriez-vous permettre que je fusse jamais separée de vous; il luy répondit que non.

Les vertus, l'amour, & les souffrances de nôtre Sœur de Saint Loüis approchant du terme que Nôtre-Seigneur leur avoit marqué, il l'avertit de sa mort, par ces paroles; *le temps de la moisson s'aproche.* Et derechef à la Fête de Saint Augustin, il luy donna ordre de s'y preparer, luy repetant que ce seroit bien-tôt, elle demanda ce qu'elle feroit pour une bonne preparation, & elle eut pour réponse ces instructions. *Sois dans un continuël desir de t'unir à moy d'une union éternelle dans un amour ardent, qui te fasse soûmettre amoureusement à toutes les peines que j'ay eu dessein que tu souffre, & confie toy en moy, qui ne permettray que jamais rien t'arrive qui te soit nuisible.*

Elle s'anima à porter son mal plus genereusement que jamais, & avec tant de joye, que l'on croyoit qu'il n'étoit pas grand, encore qu'elle fût alitée; parce que l'amour luy redonnoit des forces, & son visage avoit un embon-point, & une beauté extraordinaire.

Quoy-que l'on ne remarqua rien d'extraordinaire en son mal, la Superieure la fit confesser, puis on l'aporta dans une chaise au Chœur afin qu'elle y communiat avec la Communauté, quand ce vint au tems d'aller à la Sainte Table, son vomissement de sang la reprit fort violemment, la Superieure luy dit, qu'elle demandat à Dieu la grace de communier, elle l'obtint; ce fut sa derniere communion, aprés laquelle étant rapportée à l'Infirmerie, son Directeur la visita, & luy vit produire les actes les plus excellens des vertus chrétiennes, sourtout de l'amour de Dieu, dont les flâmes sembloient réjaillir de son cœur jusques dessus son visage, qui en parut tout vermeil; & quelques heures aprés son départ, ayant dit à une Religieuse qui l'assistoit, qu'elle avoit reçeu l'absolution generale de sa vie, & fait tous ses prépartifs pour sortir de ce monde, en sorte qu'elle n'apprehendoit en aucune façon la mort, l'amour de son cœur faisant un dernier effort, poussa un torrent de sang qui l'étouffa pendant qu'elle tourna les yeux au Ciel, & prononça trois fois le S. nom de Jesus, sa vie finissant dans l'acte de l'amour divin, le 13. Septembre 1653. Ainsi se consomma cette pure Victime de l'amour divin, n'ayant vécu que quatre ans en Religion.

Honorons donc aujourd'huy cette Martyre d'amour, animons nous à la ferveur à son exemple. Qu'at'-il servi aux Juifs de dire qu'ils ont Abraham pour Pere, n'est ce pas été à leur plus grande confusion d'être nés d'Abraham, le Pere des

Fidelles sans avoir la foy d'Abraham, que nous n'ayons donc une vaine confiance dans la justice de nos illustres Ursulines qui sont nos devancieres ; mais travaillons plûtôt à imiter leur foy, à méprifer comme elles la vie presente, à souffrir pour l'amour de Jesus-Christ qui a souffert pour nous, & à penser à gagner les biens du Ciel, par les maux, & les afflictions de la Terre.

MAXIMES.

I. Puisque nous ne sommes pas dignes de souffrir de grandes choses, souffrons du moins les petites que Dieu nous presente, & qui sont toûjours en nos mains.

II. Lorsque les ames se rettirent de l'assujettissement, elles entrent dans une fausse liberté, & sortent de la liberté des Enfans de Dieu, que l'on ne reçoit que dans le parfait assujettissement à Dieu & aux hommes pour son amour.

III. Ne demandés rien, & ne refusez rien, mais soyés disposées à tout ce que l'obeïssance voudra faire de vous ; les vrayes Ursulines doivent faire toutes choses par amour.

Pratique pour honorer Nôtre-Sauveur au Saint Sacrement de l'Autel.

I. Adorés la sacrée personne du Fils de Dieu en ce Divin Sacrement, adorés toutes ses qualités, demandés-luy qu'elles operent tous les effets qu'il veut produire par elles en nos Ames.

II. Demandés-luy que comme viande il vous nourrisse, & que comme vie, il détruise la vôtre, & vous fasse vivre de luy, & prenez force en ce Sacrement pour vous rendre fidellement à tous ses desseins sur vous.

III. Vous devés continuellement reverer & adorer dans un tres-profond abbaissement la grandeur de la charité de ce Seigneur, par laquelle il s'est donné à nous en ce Myftére jusqu'à la fin du monde ; il est là perpetuellement, regardant des yeux de sa misericorde, nos miseres & nos necessités, & écoutant nos demandes.

IV. Il est là comme une hostie de loüange, & bien que nous ne voyons pas ce qu'il y fait, que nous n'entendions pas ce qu'il y dit, il y est parlant à son Pere, aimant son Pere, & adorant incessamment son Pere pour luy-même, & pour nous.

V. L'adoration est la plus excellente, & doit être la plus ordinaire de nos actions ; mais si nous voulons qu'elle soit agreable à Dieu, & qu'elle en soit receuë, il la faut faire avec Jesus-Christ ; car rien ne plait au Pere, & rien n'est digne d'en être reçû que ce qui est fait avec son Fils, & par son Fils ; unissons-nous donc à luy, faites ce qu'il fait, dites ce qu'il dit ; il aime son Pere, aimons-le en luy & par luy ; il loüe son Pere, & loüons-le avec luy, & dans ses mêmes loüanges ; il adore son Pere, adorons-le avec luy de sa même adoration, selon cette belle parole de l'Ecriture, *& adorabunt de ipso semper.*

VI. Voila ce que nous devons faire durant toute nôtre vie, & pendant toute l'éternité, que d'adorer Dieu par Jesus-Christ, avec Jesus-Christ, & comme étant quelque chose de Jesus-Christ, & dans sa même adoration.

VII. Souvenez-vous que plus vous aurez d'amour, d'adoration & d'application à Jesus-Christ & à ses Mystéres, plus vous vous rendrés conformes à la volonté du Pere Eternel, qui nous l'a donné pour être l'objet continuel de nôtre amour & de nos hommages, *& dites souvent.*

I. Je vous adore mon Dieu, la vie de ma vie, amour souverain, seul & unique objet de mon ame.

II. Je me donne à Dieu afin qu'il produise en moy tous les effets d'amour & de grace qu'il m'a donné par Jesus-Christ.

III. Je l'adore & luy rend graces infinies pour sa mort tres-sainte.

IV. O ! mort de mon Sauveur, soyez la vie de mon ame ; soyez la vie qui me fasse vivre en vôtre grace, & soyez la mort qui me separe, & me fasse mourir au peché.

V. Je propose fermement avec la grace Divine de reverer & d'imiter toutes les actions que Jesus-Christ m'a montré pour aller à luy.

VI. Je luy rend graces de tout ce qu'il a fait pour moy, & de ce qu'il a rendu à son Pere Eternel pour moy, tres-vile & tres-indigne Créature.

VII. Je revere toutes ses actions comme Divines, & Divinement données à moy, afin que je les imite.

VIII. Je me resigne à porter les petits travaux & souffrances, qui me surviennent dans les occasions de la vie.

IX. Je separe mon esprit de toutes les imperfections, à quoy ma nature mauvaise m'incline en telle occasion, & je vous les donne, Dieu Saint, Dieu juste, Dieu fort, & tout puissant.

Quatorzième Septembre.

LA VENERABLE MERE MARGUERITE de la Nativité, Rousseau, Religieuse Ursuline de Seurre.

Je luy montreray combien de peine elle doit endurer pour mon saint Nom.
Aux Actes des Apôtres, Chap. 9.

La Mere Marguerite de la Nativité a été éprouvée de Dieu dés l'âge de sept à huit ans, car elle tomba dans un pot plein de lessive boüillante, où l'un de ses genoux se trouva enfoncé, de telle sorte qu'elle en eût la jambe & la cuisse brûlés, les nerfs retrecis, & tout ce côté-là si offensé, que l'on ne pût jamais la guerir parfaitement, aprés deux ans de cruauté exercée sur ce petit corps, la gangréne s'y étant mise, on luy alloit couper la jambe, si la tendresse de sa Mere n'eût prevalu sur l'avis des experts; nôtre petite disoit souvent que Dieu avoit permis que cét accident luy arriva, afin qu'elle fût Religieuse.

Elle obtint son congé, puis elle entra dans le Monastere de Seurre, qui ne faisoit que commencer, & qui étoit dénüé d'assistance spirituelle & temporelle; mais le Pere des pauvres survint à leur besoin par le moyen de nôtre Marguerite, à qui il donna tant de lumieres, & tant de graces, qu'incontinent aprés sa Profession elle se fit distinguer entre toutes les Religieuses du Couvent, châcune eut recours à elle avec succez, & tout le Monastere est redevable à ses travaux de ce qu'il est aujourd'huy, elle l'a gouverné & soûtenu puissamment l'espace de vingt-cinq ans sans discontinuation, y tenant les premieres charges; mais ce fût tout particulierement tandis qu'elle fût Superieure que Dieu se servit d'elle pour la conservation de la vie, de l'honneur & des biens de Religieuses du même lieu.

Elle fût élüe Superieure pour la premiere fois le 17. May l'an 1650. au tems que toute la France, nommement la Bourgongne se voyoit à la veille d'une étrange calamité.

L'on pourra voir dans les Croniques de l'Ordre comme l'adresse & la vigilence de cette bonne Superieure empêcha la ruine & pillage de son Monastére au tems de cette guerre; comme elle pratiqua l'affection du Gouverneur tant pour la sortie de ses Religieuses au cas de besoin, que pour leur demeure en cas de contrainte, comme aussi pour empêcher les entreprises des Soldats insolens, & pour la subsistance des Religieuses. Elle se conseilla l'amitié de plusieurs Officiers, & s'acquit un ami intime duquel elle apprenoit les secrets necessaires.

La V. Mere Marguerite de la Nativité. 14. Septembre.

L'on ne peut expliquer ce que cette vertueuse Mere souffrit dans cette occasion, Dieu luy fit bien sentir les peines qu'elle devoit porter pour accomplir sa Divine volonté, & pour la gloire de son saint Nom.

Elle ne sçavoit quel party prendre à l'égard de sa Communauté, tantôt elle vouloit mourir avec toutes ses Sœurs dans son Monastére, plûtôt que d'en voir la desolation, tantôt elle songeoit à se retirer plûtôt que de s'exposer au pillage, enfin n'osant expliquer ny ses desirs, ny ses craintes, elle apprehendoit tout, sans rien resoudre; & aprés mille pensées de cette nature, elle conclud de se retirer avec ses Sœurs plûtôt que de se voir abandonnée à la rage des Soldats. Elle n'étoit pas moins forte que prudente à soûtenir la tentive que luy fit malicieusement un homme de la part de quelques Officiers du Conseil de guerre pour la surprendre, & voir si elle se confioit à la parole du Gouverneur qui luy avoit promis son assistance, mais nôtre Superieure se défioit de tout, & ne s'ouvroit à personne, de sorte qu'elle ne repondit autre chose à ces semonces artificieuses, sinon qu'elle étoit resoluë de demeurer à son Monastére, quand il y iroit de sa vie, & qu'elle se tenoit à la parole d'un Prince qui luy avoit promis protection.

Nonobstant tous ses heureux succés, elle ne faisoit point fond sur son industrie, mais sur l'assistance de Dieu; elle crût que pour l'attirer de plus en plus, elle & ses Sœurs étoient obligées à un redoublement de devotion, elle régla pour cét effet entr'autre chose une Procession le Vendredy de châque semaine, dans laquelle il se fit une representation des Mystéres de la Passion de Nôtre-Seigneur, & où tous les instrumens de sa mort furent portés, chacun par une Religieuse, les pieds nuds. Elle exerça aussi son zéle à l'instruction & à la conversion de plusieurs heretiques, qui se trouverent parmy la garnison, entre lesquels un jeune homme Lutherien instruit au Convent, étant tombé malade, abjura solemnellement son Heresie, & fit une fort belle fin. Monsieur de Bouteville avoit conçû une si haute idée de la vertu de nôtre prudente Superieure, que non seulement il étoit Religieux en sa presence, mais même il ne souffroit que l'on y dit aucune parole indecente. Les esprits les plus fins de la Province qui traitterent avec elle, publierent en suite la grandeur de son genie, la sagesse de ses réponses, la candeur de sa conduite, l'agréement de sa conversation, & le bon tour qu'elle sçavoit donner à toutes choses.

L'an 1653, la ville de Seurre se vit assiegée par une partie des Gens du Roy, dans cette affliction la Mere Marguerite se consoloit par l'esperence de quitter la Superiorité; elle avoit tout exprés mis ordre que l'Election d'une autre se fit précisément au bout de son premier Triannal; on l'a fit en effet: mais elle fust de nouveau chargée pour trois ans, & malgré toutes ses repugnances il luy falut sacrifier le peu de vie qui luy restoit, au service de sa Communauté, qui avoit encore besoin d'une personne de son habilité & de sa force, j'entends de la force de son esprit; car pour celle de son corps, le peu qu'elle en avoit eu, étoit déja tout-usé de maladies & de fatigues. Deux jours aprés cette seconde E'lection on se mit à battre la ville, avec dix pieces de Canon, mais d'une telle roideur,

que

que comme le Monastere étoit situé au lieu le plus exposé, & à l'endroit où il se faisoit la principale attaque, & par lequel la Ville fût enfin reduitte, il se trouva en tres-peu de temps que tous les toits y furent brisez, les cheminées abbattuës, & toutes les chambres hautes percées comme des cribles, sans qu'une seule Religieuse reçeut la moindre blessure; cette marque visible de la Divine Providence se fit remarquer de tout le monde qui admiroit la protection de Dieu sur cette maison; il est à remarquer qu'il n'y avoit aucune voute, & que l'étenduë de la maison étoit fort petite, que le nombre des Religieuses & Pensionnaires étoit de soixante, & qu'en l'espace de sept jours une Religieuse paralytique compta jusqu'à mille cent cinquante coups de canon, que l'on ramassa dans la clôture plus de trente Boulets; que les Balles des mousquets alloient jusques aux portes de leurs chambres; un jour pendant que la Communauté prenoit sa refection, un boulet perça le toit, & vint comme mourir aux pieds des Religieuses sur le planché du Refectoir.

La Mere commençoit à s'accoûtumer au bruit des canons, lors que des nouvelles machines de guerre, je veux dire les bombes, vomirent leur feu, aprés quinze jours de Siege, ce qui redoubla les justes craintes des Religieuses & les mit dans un general éfroi; d'autant plus que de trois qui tomboient sur la Ville, elles en avoient deux pour leur part; ce qui les força à rompre la clôture, & à chercher un lieu moins exposé à cette furie; ce qui pressa encore plus la chose fût les Pensionaires, & autres personnes foibles du Convent, qui étans toutes consternées par le fracas de ces machines, poussèrent de si grand cris, que la pauvre paralytique dont on vient de parler, qui étoit un miroir de patience, autant étonnée du bruit de ces filles que de celui des Bombes, pria incessamment qu'on la mit en un lieu seur, la Superieure accorda sa sortie à une veuve sa parente qui la demandoit avec importunité, & lui donna une compagne pour en avoir soin.

Les Bombes continuans de renverser le Monastere, la Superieure qui avoit concerté avec les Cordelieres de la Ville de se prêter retraitte mutuelle en cas d'extremité, les fit avertir qu'elle leur alloit envoyer seize Religieuses, puis elle les y fit conduire par un Aumonier, & par Monsieur le Major, dans un temps où tous les Soldats étoient en faction, il ne restoit personne par les ruës; elles furent accueillies avec beaucoup de charité par les bonnes Religieuses Cordelieres, ce qui fit que la Superieure y envoya encore celles qui étoient en Ville, & elle songeoit tant à la conservation d'une partie de ses Sœurs avec qui elle étoit demeurée, qu'elle en oublioit la sienne propre, & elle s'appliquoit si peu à sa santé que quinze jours d'insomnie ne furent pas capables de la faire plaindre; en un jour douze Bombes tombèrent sur le Monastere, de telle sorte que ces pauvres Religieuses à demy-mortes par leur separation, moururent encore douze fois ce jour là, par la frayeur qu'elles avoient de ce feu infernal.

Cette Communauté ainsi partagée pendant cinq ou six jours, se reünissoit à chaque moment par des petites lettres reciproques; mais entre-autres nôtre bonne Superieure en écrivit une, où il sembloit qu'elle eût reüni toutes ses tendresses, toutes ses forces, tout son amour, & toute la douceur de son ame pour leur expliquer sa peine, & pour les consoler; elle les appelloit toutes les filles de son cœur, & leur difoit, que leur feparation compofoit l'amertume de fon Calice, que fon ame étoit plus où elle aimoit, qu'où elle animoit, que bien qu'elle parût la plus affligée de la terre, cette apparence n'étoit que la moindre partie de fes douleurs, que neanmoins elle baifoit la main qui la frapoit, & que de tres bon cœur elle s'offroit à lui pour être la victime de la Communauté, bien-heureufe fi elle pouvoit payer pour toutes les autres.

Enfin la capitulation fut faite, avec obligation aux gens de guerre de fortir dans trois jours ; la furveille de leur départ Monfieur de Bouteville pour marquer à nôtre Superieure comme il avoit agi de bonne foy, lui rendit & à toute fa Communauté déja reünie, une derniere & fort obligeante vifite, accompagné de la plus part de fes gens, il reftitua de lui même avec interêts, les bleds qu'il avoit fait prendre dans la maifon, puis il fe retira, ayant reçû mille remerciemens de ces bonnes Religieufes.

Le dixiéme de Juin la Superieure fit rendre folemnellement des actions de grace à Dieu, par un *Te Deum*, chanté en mufique, où elle tint fa partie avec une admirable ferveur, Monfieur le Duc Dépernon y affifta, & tous fes Officiers.

Dépuis les fatigues & les alarmes qu'eut cette vertueufe Mere en ce temps de defordre, elle eut de grandes maladies, & enfin fe trouvant à la derniere dans un parfait dégagement de toutes chofes, & dans un fi entier abandon, que la fanté, la maladie, & la mort lui étoient également indifferentes.

Elle reçû fes derniers Sacremens, avec tant de larmes, de fanglots & de contrition qu'ils lui faifoient étrangement palpiter le cœur, ce qui obligea le Confeffeur de la prier de fe moderer & d'Offrir à Dieu en fatisfaction de fes infidelitez fon cœur uni à celui de Jefus-Chrift, alors fe recüeillant en elle-même comme un flambeau qui s'éteignant jette une plus vive flâme, elle fit cét acte rigoureufement, & plufieurs autres en fuite, & demeura tres-conftante pendant trois jours que durerent fes plus grandes fouffrances, invitant fouvent & amoureufement fon Divin Epoux de l'amener avec luy par ces paroles, *Allons Seigneur, allons fi c'eft vôtre fainte volonté*. Elle étendit les bras en Croix, & repetant plufieurs fois ce verfet, *Verbum caro factum eft*, elle perdit la vie, ou pour mieux dire, elle fit échange de vie mortelle à l'immortelle, montant au Ciel par l'échele de la Croix le jour de fon Exaltation, l'an 1661. Nôtre-Seigneur luy avoit une fois montré une grande Croix qui luy étoit préparée, fans qu'elle pût s'imaginer ce que ce feroit, il eft probable que cette Croix fuft la peine continuelle où elle fe trouva dans les tumultes de la guerre. C'eft donc bien à propos que nous luy appliquions ce qui eft dit aux Actes des Apôtres, *Ie luy montreray combien de peines elle doit endurer pour mon faint Nom*. Enfin pour faire un abbregé des enfeignemens qu'elle donnoit, en dirigeant les ames, il faut feulement dire qu'elle les portoit de toute l'étenduë de fon cœur, à devenir de nouvelles créatures en Jefus-Chrift, & à s'impatifer à l'humeur de ce Divin Sauveur par les vertus d'humilité, de douceur, d'innocence, & de retraitte interieure : c'eft à quoy elle nous invite.

MAXIMES.

I. Ma gloire est dans mon abbaissement.

II. La perfection à laquelle sont appellées les ames chrétiennes, & religieuses, ne consiste pas seulement en la pratique de quelque vertu, & pour un tems, mais à les pratiquer toutes en tout tems, en toutes occasions, & quelques difficultez que l'on y rencontre de la part de la nature ou de la tentation.

III. Comme Dieu peut agir sur le néant, & en tirer quelque chose, il pourroit bien mettre en nous les vertus en un moment, & sans qu'il nous en coûta rien; mais il ne luy plaît pas d'agir de cette sorte que tres-rarement, car il veut que nous les acquerions par un long & penible travail, joint à l'operation de sa grace, sans laquelle tout ce que nous pourrions faire de nôtre part, seroit vain & inutile.

IV. Travaillez sans cesse à toutes les vertus, mais particulierement à l'humilité & à la douceur, vous souvenant que le Fils de Dieu nous les a singulierement recommandé, lors qu'il a dit à ses Apôtres, *Apprenez de moy que je suis doux & humble de cœur.*

Quatorzième Septembre.

LA VENERABLE MERE MARIE DE l'Incarnation, du Bois, Religieuse Ursuline de Nevers.

La grace l'ayant perfectionnée, en tres-peu de tems elle fit ce que les autres font à loisir. Dans la Sapience, Chap. 4.

LA ville de la Charité, & une Mere de même nom donnerent avec la naissance un cœur tout de charité à Marie du Bois, au lieu des avantages, dont ses parens étoient destitués; elle eut deux Sœurs qui ont finy leurs jours comme elle dans l'Ordre de Sainte Ursule. Cette aînée dés son enfance se rendit si reguliere dans sa petite conduite, que chacun l'aimoit. Quand elle eut douze ans, une Dame la prit avec elle, la mena à Bourges, & la voyant jolie, modeste, & de belle taille, elle y mit son affection, & eût la bonté de la dresser en toutes choses; cette Dame avoit une fille qui faisoit profession ouverte de servir Dieu, & n'aspiroit qu'à se rendre Religieuse, Marie du Bois la suivoit en toutes ses devotions; elles firent connoissance avec un Pere de la Compagnie de Jesus fort interieur, qui leur donna des Regles de perfection qu'elles observerent; un jour ce Pere les entretenant du nouvel établissement des Ursulines dans Nevers, elles eurent l'inspiration de s'y rendre, & y firent résoudre cette bonne Dame, qui pour ne pas séparer ce que Dieu avoit uni, fit recevoir dans le Convent avec sa fille cette compagne en qualité de Sœur Converse, la premiere mourut de la Contagion peu aprés qu'elle fût Professe entre les bras de nôtre Sœur du Bois. D'abord on la retint Tourriere de dehors par épreuve, & par nécessité d'une personne fidelle, on ne la voyoit point emportée ny évaporée, tellement que les Seculiers disoient qu'elle sembloit un Ange en forme humaine. Le soir elle couchoit dans la Clôture, aprés avoir travaillé dans les Offices où elle étoit nécessaire; elle étoit si penetrée d'onction spirituelle, qu'elle ne sentoit point le poids du travail.

Aprés qu'elle eût frappé deux ans à la porte du Monastere, il luy fust ouvert, & elle eust la derniere place entre les servantes de Nôtre-Seigneur; elle reçût avec l'habit Religieux une merveilleuse plenitude de l'esprit de Dieu, qui luy donnoit autant d'ardeur pour ce qui peut détruire la nature, que les autres en ont pour la conserver; si on ne l'eût veillée, elle se seroit consommée dés ce commencement; ses fautes involontaires luy causoient autant d'humiliation qu'auroient pû faire des grands crimes.

Il plût à Nôtre-Seigneur d'éprouver cette Communauté naissante par la Contagion, en cette perilleuse conjoncture nôtre Sœur de l'Incarnation demanda de servir les pestiferées, & elle y fût exposée volontiers, par ce qu'on avoit besoin d'assistance; la voylà donc enfermée à l'écart dans un petit appartement demy bâty, & au milieu de douze malades; trois femmes que l'on avoit prises, ayant d'abord gagné le mal, cette courageuse Sœur les servit seule, avec des graces tellement au dessus de ses forces, qu'il parût bien que la main du Seigneur étoit avec elle, de même que si la charité eut multiplié sa personne; elle se trouvoit en même tems auprés de toutes celles qui l'appelloient, elle les servoit avec joye sans montrer aucun dégoût sur ces objets qui donnent naturellement tant d'horreur, & non-seulement elle assistoit ces malades pour le corps, mais bien plus pour l'ame, leur parlant des choses éternelles, & les animant à la patience, & à la soumission; c'étoit presque une chose incroyable qu'une fille seule, qui n'étoit point robuste pût suffire à penser les playes, faire les lits, laver les linges, porter les remèdes, & faire en un mot tout ce qu'il falloit à douze malades, sans avoir ni préservatifs, ny soulagement, ny repos; aprés qu'elle avoit incessamment travaillé tout le jour, s'il luy restoit quelques heures dans la nuit, elle les employoit à la priere à genoux, puis sommeilloit un peu sur la platte terre, car il n'y avoit point là des meubles, ny des licts, sur lesquels elle se pût réposer; une de ces pauvres mourantes y ayant fait une reflexion, l'invita à se mettre avec elle dans son lict, sur lequel elle pût reposer, disant, que ce n'étoit pas l'intention de la Superieure, qu'elle pria toûjours Dieu sans dormir, & nôtre Sœur par condescendance se coucha sur le lit de cette malade pleine de peste & de charbons; les bons cœurs qui liront cecy, seront assurément touchez de tendresse, voyant qu'il n'y a point de commodité pour nôtre charitable Sœur dans ce Taudis.

Comme elle étoit une fois en peine comme elle perceroit la tumeur d'une pestiferée, elle apperçût inesperément une lancette dans un trou de mazure, elle la prit & s'en servit fort adroitement, quoyque jamais elle n'en eût manié. Elle se tint toûjours dans la dependence de la plus ancienne malade, & ne faisoit rien sans son aveu; c'étoit elle qui ensevelissoit les corps morts, & qui aidoit à faire leur fosse, & qui les portoit en terre.

Une fois succombant soûs la pesanteur d'un de ces corps, elle sentit quelqu'un qui luy aidoit, & se retournant elle eût la consolation de voir Jesus-Christ auprés d'elle. Le détail des belles actions de cette ame charitable pendant l'espace de quatre mois que dura ce mal contagieux se peut mieux imaginer que décrire. Il mourût neuf de ces douze malades, qui furent reconnoître devant Dieu ses bons offices, & les trois qui échaperent n'eurent pas de paroles capables d'expliquer ce qu'elles luy devoient, non plus que toutes les fatigues qu'elles luy avoient veu prendre, ni les actes signalez & continuels de vertus qu'elle avoit pratiqués; sur le recit qu'elles firent de tout cela, la Communauté se resolut de l'élever de la condition de Sœur Converse à celle de Religieuse du Chœur.

On luy fit donc cette justice de luy faire faire la Profession en qualité de Religieuse du Chœur, n'y ayant elle même consenty qu'aprés que la Superieure luy eût dit que c'étoit une nouvelle Croix qu'elle luy chargeoit sur ses épaules, car cette seule pensée vainquit toutes ses repugnances. Nôtre-Seigneur de sa part la recompensa de la monnoye dont il paye les Saints en cette vie, luy augmentant notablement une douleur de côté, à quoy elle étoit sujette, mais il lui augmenta en même tems le courage pour souffrir aussi heroïquement qu'elle avoit déja fait, en agissant pour lui.

Aprés qu'elle fut Professe elle exerça les offices de la maison, & de l'institut avec benediction, un signe de ses yeux ou de sa main, étant capable de remettre les petites filles à leur devoir. Elle accepta la charge d'Assistante par la force de l'obeïssance qu'il fallut employer, autrement elle eut perseveré dans le refus; tout le Monastere fût content de la voir là faire tout avec prudence, avec douceur, sans bruit & sans choquer personne; de sorte qu'il sembloit que Dieu luy avoit fait part de cette sagesse qui est l'assistante de son trône, s'il n'eut si promptement coupé le fil à sa vie, elle auroit été infailliblement Superieure, mais il voulût ce semble épargner son humilité, luy donnant assignation pour se rendre en l'autre monde, par la violence de sa douleur de côté, qui l'ayant tourmentée long-tems, & secrettement, sans luy faire quitter ses penitences, ses travaux ny sa régularité, se manifesta enfin par la diminution de ses forces; on essaya en vain de la rétablir, car son mal avoit pris trop d'empire; elle fit tant de poursuittes pour quitter la charge d'Assistante, qu'enfin on en mit une autre, luy en laissant seulement le nom qui même luy étoit desagréable.

Se voyant donc dans un état d'où elle ne pouvoit humainement relever, elle redoubla ses pas vers l'éternité, & mit le comble à sa perfection par la patience; elle avoit outre ce mal de côté un ulcere dans le foye, avec un flux épatique qui

La V. Mere Marie de l'Incarnation, du Bois. 14. Septembre. la mina de telle sorte qu'aprés sa mort on luy trouva la peau du ventre colée à celle des reins. Elle ne parloit de ses maux qu'au Medecin, & à celles qui l'en interrogeoient, sans les exagerer, sans tendresse, & sans jamais échaper une parole de plainte.

Comme elle ne pouvoit plus exercer la chatité par œuvre, elle le faisoit par paroles, étant à son ordinaire si bonne, si franche, si cordiale, & si obligeante qu'il n'y avoit rien de plus touchant, & chacune des Religieuses étoit convaincuë qu'elle les aimoit sincerement, qu'elle avoit été toûjours prête de se mettre, pour ainsi dire, en pieces pour leur service, & qu'elles avoient toutes ressenty des grands effets de ses bonnes volontés. Elle ne meritoit pas selon son sentiment d'occuper le tems, & les soins des Servantes de Dieu, elle recevoit leur secours avec une confusion toute évidente; tout ce qui donne ordinairement peine aux malades, n'en faisoit point à celle-cy.

A la Fête de Saint Augustin, qui preceda sa mort, elle vit un flambeau allumé dans son lit, haut d'une coudée, & nôtre Seigneur en croix au dessus, sa Superieure craignant la vanité, luy dit, qu'elle ne devoit pas faire fonds sur ces choses, que la veüe diminuoit, & que son esprit commençoit à s'affoiblir, à quoy elle acquiesça avec humilité. On la vit souvent environnée de lumiere, celle qui l'approchoit sentoit l'impression de sa grace, plus elle alloit à la mort, plus se purifioit-elle dans le creuset de l'amour & de la douleur. Elle aimoit mieux souffrir davantage que de permettre qu'on la veilla, ny qu'on se levat la nuit pour elle. Tous les jours on la portoit au Chœur pour communier, ne pesant pas plus sur les bras d'une Sœur Converse qu'auroit fait un petit enfant.

Enfin un mal de gorge qui luy rendoit le parler fort difficile, montra qu'elle étoit bien proche de sa fin, & au lieu de la porter au Chœur, on luy portoit la Sainte Communion tous les matins, & sur la fin elle le reçû en Viatique, avec une devotion parfaitement édifiante. Pendant qu'on luy donnoit l'Extreme Onction, on eut dit qu'elle jouïssoit d'une beatitude anticipée tant elle paroissoit contente. Elle predit à une Religieuse sa Compagne ce qui luy devoit arriver, & ce qui luy arriva en effet.

Le jour de sa mort elle eut sans cesse l'esprit occupé à se sacrifier à Dieu, le soir élevant les yeux au Ciel, & tenant le Crucifix entre ses mains jointes, elle expira l'an 1639. le jour de l'Exaltation Sainte Croix, & celuy de la mort de Sainte Catherine de Gennes à qui elle étoit tres devote. Elle acheva si promptement l'ouvrage de sa perfection, que le Roy de gloire l'appella pour la recompenser; & il est vray qu'elle travailla fervemment & sans faire de pose, disons donc *Que la grace l'ayant perfectionnée, en tres-peu de tems elle fit ce que les autres font à loisir.* Celles qui l'ensevelirent furent toutes consternées, de ne luy trouver que la peau & les os, le côté du foye dur comme une pierre, & le corps tout vuide & desseiché comme une squelette.

Son corps ne fût pas enterré dans le lieu ordinaire, mais pour la grande opinion de sa Sainteté, il fût déposé dans le Chœur proche de la grille de la Communion, afin que celle qui pendant sa vie avoit brûlé d'amour pour le Saint Sacrement,

14. Septembre. *La V. Mere Marie de l'Incarnation, du Bois.* 551
eut l'honneur de se reduire en cendre proche de son Autel, & là elle repose en paix proche de son bien aimé.

Les Religieuses qui l'ont veuë ont toutes témoigné qu'elle avoit mené une vie fort parfaite; & a paru exempte de fautes, même de celles où l'on tombe communément par fragilité.

Plusieurs personnes ont eu recours à ses intercessions avec succez; une Religieuse qui l'avoit priée de luy obtenir la grace de faire toutes les actions de sa regle avec perfection, si-tôt que nôtre Sœur de l'Incarnation fût morte, elle se trouva dans une disposition bien plus interieure que de coûtume, & il luy sembloit qu'elle avoit toûjours quelqu'un auprés d'elle qui luy marquoit avec quel esprit elle devoit faire chaque chose pour plaire à Dieu.

Une Sœur Converse ne pouvant travailler à cause d'une syatique, étoit toute en chagrin, de se voir inutile dans le Monastere, elle demanda congé de faire une nœufvaine à quelque ame sainte pour être guerie; sa Maîtresse luy dit, où est vôtre foy à nôtre Sœur de l'Incarnation, & pourquoy negligez-vous son secours que vous avés tant de fois éprouvé? ces mots animerent la fille, qui commença une nœufvaine sur son tombeau, & devant qu'elle fût achevée, elle se sentit quitte de son mal, lequel ne lui est point revenu dépuis. D'autres ont ressenti de grandes assistances en des choses importantes à leur salut, en disant des prieres à son honneur, & communiant en action de grace des dons de Dieu, faits à cette sainte ame.

MAXIMES.

I. Pour l'ordinaire Dieu nous fait desirer ce qu'il nous veut donner; c'est pourquoy quand l'ame ressent un desir particulier de quelque vertu, elle doit aussi travailler avec un soin particulier à l'acquerir, & esperer que celui qui peut tout ce qu'il veut, benira son travail, & l'accompagnera de sa grace.

II. Quand-on reçoit quelque grace de Dieu, il ne faut pas s'y arrêter pour en joüir, mais l'accepter par amour vers lui, & pour l'honorer d'avantage, retranchant la part que nôtre amour propre y pourroit prendre.

III. Toute la vie nous est donnée pour commencer à servir Dieu, la pratique d'une vertu est une disposition pour en acquerir une autre; aprés la mort on commencera une vie de gloire dans le ciel, qui durera toûjours, & où tout sera parfait, mais en la terre il faut toûjours, & à chaque moment commencer. David étoit un grand Prophete, neanmoins il disoit, *Ecce nunc cœpi*, maintenant je commence.

QUATORZIE'ME SEPTEMBRE.

LA VENERABLE MERE SERENE, Religieuse Ursuline de Bourdeaux.

Frappez, mon Dieu comme il vous plaira, me voicy à genoux, prête pour recevoir les coups de vôtre main paternelle. Psal. 37.

LA Mere Serene fût une des premieres filles qui donnerent commencement à l'Ordre des Ursulines de Bordeaux, après on l'envoya à Beziers, où étant parfaitement bien intentionnée, elle s'employa charitablement & utilement à enseigner les petites filles & à pratiquer d'autres œuvres de misericorde, & de pieté. Elle ne pût soûtenir plus de quatre ans les fatigues qu'elle se donnoit dans cette Ville-là, & ses forces cedant à la vigueur de son courage, un jour de l'Exaltation de la sainte Croix au sortir de la sainte Table, il la fallût mettre au lit pour un ulcere interieur qui lui causa des douleurs étranges un an durant, sans que les remedes y servissent, & sans qu'elle reçeût aucun soulagement, si non quand quelque-fois elle flechissoit les genoux pour prier Dieu, disant, *frappez mon Dieu comme il vous plaira, me voicy à genoux prête pour recevoir les coups de vôtre trait paternel.* Enfin au bout de l'an à même jour de l'Exaltation de sainte Croix, ayant auparavant prédit le tems & l'heure de sa mort, ses os ayant percé sa peau en divers endroits, & son ame brisé les liens de sa captivité, elle s'envola à la Céleste patrie entre les mains de son Divin E'poux ; son chaste corps après sa mort devint si beau, si poly, & si brillant, que tous ceux qui la virent en demeurerent ravis, & en admiration.

Cette vertueuse Ursuline est d'un grand exemple à son Ordre, faites à son imitation de vôtre cœur un autel, pour y offrir à Dieu des hosties spirituelles, soit que vous tombiez dans des infirmitez corporelles comme elle, ou dans les calomnies, vous ne vous en devez point étonner, mais le porter patiemment, & vous soûtenez par le témoignage de vôtre bonne conscience & vous éprouverez que la pieté triomphera enfin de la malice, & des medisances ; ayez donc soin dans vos maux d'adorer les desseins de Dieu, & d'endurer en patience, vous soûmettant aux effets que sa providence en veut tirer.

MAXIMES.

I. Quand on veut se resoudre à travailler pour acquerir la perfection, il ne faut pas regarder à son âge, car ce n'est pas l'âge qui donne les vertus, mais la seule

seule grace de Dieu, suivie de la fidelité de l'ame à y correspondre.

II. Soyez donc fort fidelles à la parole interieure de la grace, car la grace a une parole, & les ames doivent être tres-attentives à l'écouter, & tres-promptes à se rendre à ce qu'elle demande d'elles.

III. Souvent les ames se trompent beaucoup, croyant des choses impossibles qui leur seroient faciles, si elles avoient plus de soin de recourir à Dieu dans leurs besoins, & plus de courage & de fidelité, pour bien user de la grace qu'il leur presente, pour se surmonter elles-mêmes, & pour se rendre à leur devoir.

QUINZIE'ME SEPTEMBRE.

LA VENERABLE MERE BLANCHE, de Planchier, Ursuline Congregée de l'Isle de Venise.

Seigneur, convertissez-moy, & je seray toute à vous.
Jeremie, Chap. 31.

DIEU s'est servy de l'exemple, & des sollicitations de ses deux Sœurs Madelaine & Marguerite de Planchier, pour convertir & attirer à soy celle-cy, qui étoit dans le grand monde, & en portoit le bel air avec éclat; sa beauté & sa bonne grace la faisoient paroître dans les compagnies, & luy attiroient beaucoup d'Amans; mais l'Epoux Celeste qui se l'étoit reservée par un coup de grace, rompit ses liens, & celuy-là même qui la recherchoit avec plus de force & d'assiduité, la voyant victorieuse du monde, qu'elle mit sous ses pieds avec toutes ses vanitez, se rendit Religieux; & elle reconnoissant l'amour de son Dieu à son égard, toute embrasée qu'elle étoit de ce même amour s'écrioit; *Seigneur, je suis toute à vous*. Non, l'on ne peut exprimer de quel ardeur elle se donna à Dieu, & elle fût si penetrée de son amour qu'elle étoit ardente comme un Seraphin; aussi avoit-elle le don de toucher les cœurs de ceux à qui elle parloit, & traitoit des choses spirituelles avec bien de l'onction.

Elle avoit un talent merveilleux pour faire la Doctrine Chrétienne, & elle n'étoit jamais lasse dans ce saint exercice, qu'elle faisoit avec un zéle embrasé du salut des ames, & sa ferveur a duré autant que sa vie, ce qui luy donnoit une grace particuliere pour conduire les ames droit à Dieu.

On a toûjours remarqué en elle une vertu tres-solide, & un esprit égal en tout rencontre; l'on ne pouvoit la voir sans l'aimer, elle étoit le refuge de toutes les femmes de la Ville; elle exerçoit les unes aux Penitences, les autres à l'Oraison mentales, & d'autres aux prieres vocales; tous les affligés trouvoient consolation vers elle. Elle a été Superieure à Cavaillon où elle fit beaucoup de fruits.

Sa mort a été une Apoplexie qui arriva un Vendredy, le 15. Septembre, l'an 1623. aprés avoir demeuré vingt-huit ans à la Compagnie de sainte Ursule.

Les Ursulines ont aujourd'huy dans cette bonne ame un grand modéle, elles voyent en elle le soin qu'elles doivent avoir de s'avencer dans la science des Saints, qui s'apprent par la priere & par la meditation de l'écriture dont le saint Esprit est l'unique maître; cette connoissance de Dieu ne vient pas de la pensée & du raisonnement, mais du cœur & de la volonté, elle ne s'acquiert pas par les études seiches & steriles de la Theologie Scolastique; parce que comme dit un Auteur pieux, plus l'entendement recherche avec la subtilité des écoles à connoître la grandeur de Dieu, plus la volonté s'éloigne de son amour, si l'on n'a soin à même tems d'y joindre cette sagesse qui vient d'en haut, qui est paisible & modeste, & que Dieu ne donne qu'aux ames humbles; c'est de cette sagesse qu'a été remplie nôtre Mere Blanche de Planchier, dont elle a tâché de remplir aussi les autres, en les rendant plûtôt les Disciples du saint Esprit, & de la tradution de l'Eglise, que de ses Disciples propres. Souhaittons que son exemple fasse impression; dans ce tems, comme dit saint Augustin nôtre Pere, plusieurs desirent avec ardeur la lumiere de la sagesse, & de la science, lors qu'en même-tems ils n'ont que du mépris pour la vertu, & la justice.

MAXIMES.

I. Lorsque quelque chose du service de Dieu, ou de vôtre perfection vous paroîtra extremement difficile, ne vous amusés point à regarder cette difficulté, mais dites dans vôtre cœur ces paroles de Saint Paul, *je puis tout en celuy qui me conforte*; recourés humblement à luy, & vous souvenez qu'il ne refuse point sa grace à ceux qui perseverent à la luy demander avec humilité & confiance.

II. Si les ames n'ont un grand soin de se r'appeller souvent à l'estime & à l'amour du joug de Jesus-Christ, non seulement elles n'arriveront jamais à la perfection, car elles en demeureront toûjours tres-éloignées, mais aussi elles ne trouveront jamais le vray repos que le cœur de l'homme desire & cherche continuellement, car Jesus-Christ ne donne sa paix qu'à ceux qui aiment son joug, & qui s'y assujettissent de toute leur puissance.

III. Il importe peu que l'on soit dans l'action ou dans le repos, mais il importe beaucoup que l'on soit separé de soy-même dans l'un & dans l'autre.

Quinzie'me Septembre.

LA VENERABLE MERE JEANNE DE Saint Michel, du Moutier, Religieuse Ursuline de Paris au Fauxbourg Saint Jacques.

Aprés mille & mille fatigues me voicy de retour, j'habiteray icy jusqu'à ma mort, puisque je me suis choisi cette demeure. Au Psal. 131.

CETTE Damoiselle de Normandie qui se rengea en la Compagnie des Ursulines de Paris environ l'âge de trente-sept ans, elle y fût des premieres Novices, & étant toute prête de faire Profession le jour de la Presentation de nôtre Dame, on l'arrêta sur le point qu'elle étoit d'entrer dans l'Eglise avec ses compagnes pour cette Ceremonie, à dessein seulement de l'éprouver, elle prit cela si tranquillement, que deux jours aprés on la trouva digne d'offrir son Sacrifice.

Aprés son Sacrifice elle alla par obeïssance aider à l'établissement de la maison d'Abbeville, ensuite elle commença celuy de la Ville d'Eu, & y demeura huit ans, son principal employ fût en Flandre où elle fit deux Monastéres tres-celebres l'un à saint Omer où elle demeura dix-huit ans, elle y étoit si cherie & consideréе qu'il sembloit qu'elle étoit la Mere commune; Monseigneur l'Evêque du lieu ne voulut jamais permettre qu'elle quittât la Superiorité. L'autre établissement qu'elle fit en Flandre fût à l'Isle. Aprés qu'elle eût achevé l'œuvre du Seigneur, elle fit son possible pour retourner à Paris, à quoy l'Evêque ne voulut consentir, jusqu'à ce que les Ursulines de Paris, avec qui elle s'entendoit, eussent obtenu son passe-port, & tout ce qui étoit necessaire pour la faire repasser en France. Elle dit adieu avec un grand dégagement à ses cheres filles, & à ses connoissances, toutes generalement pleurant son départ, elle rendit ses tres-humbles actions de grace à son Prelat, qui assura qu'il ne la laissoit sortir que parce qu'il ne la pouvoit retenir d'avantage; & pour derniere marque de son affection, il la recommanda à des Dames de qualité pour la reconduire exprés à ses dépens jusqu'à son Convent de Paris, où elle entra comme dans son élement, disant de bon cœur au Seigneur, *aprés mille & mille fatigues, me voicy de retour, j'habiteray icy jusqu'à ma mort, puisque je me suis choisie cette demeure.* On reconnu bien-tôt que pour avoir si long-tems commandé, elle n'avoit pas oublié à obeïr, puis qu'elle étoit aussi ponctüelle qu'une Novice, elle ne prioit guere sans répandre une grande abondance de larmes; & la vertu de simplicité la fit toûjours agir rondement avec Dieu, & les hommes; elle quitta volontiers sa prison mortelle à l'âge de soixante dix-sept ans, l'an 1651.

Si les personnes qui sont engagées aux affaires pouvoient aujourd'huy, en considerant ce grand modéle, comparer leurs soins, & leurs occupations aux siennes, elles rougiroient peut-être de voir les bassesses dans lesquelles toute leur vie se passe ; la Mere Jeanne de saint Michel, est un reproche continuel aux femmes du siécle, qui sont idolatres d'une chair, qui n'est qu'un peu d'herbes, & qui n'ont point de plus grand empressement que d'amasser des richesses. Ne croyez point que pour être chargé de soins, & pour avoir des affaires, que vous deviez pour cela ne prendre le tems pour travailler à vôtre salut, & au salut des autres par des prieres ferventes. A peine donne-t'on une tres-petite partie du jour pour une affaire si importante, & nôtre Mere de saint Michel à tout quitté pour s'y occuper; faut-il que cette fervente Ursuline soit un témoin contre nous, qui nous accuse, & qui nous reproche nôtre paresse, & qui nous condamne par sa ferveur nôtre lacheté, & nôtre negligence. Apprenons donc aujourd'huy, à remonter aux principes, & aux premiers commencemens de nôtre Religion; ne nous comparons pas sur les gens du monde, leur vie mondaine nous seroit un sujet de scandale & de chûte, & nous feroit croire peut-être, que parce que nous ne les imitons pas dans leurs désordres, nous sommes des Saints; comparons nous plûtôt avec nos Illustres Ursulines, de la vertu desquelles nous ne pouvons pas douter, puisque c'est le saint Esprit qui nous a décrit leur vie, & nous serons heureuses, si en voyant les laideurs que ces admirables miroirs nous representent dans nous, nous avons soin en même-tems de les corriger, & de nous raprocher un peu plus de la vie de ceux avec qui nous esperons de vivre éternellement dans le Ciel.

MAXIMES.

I. Il nous importe fort peu que l'on nous loüe, ou que l'on nous blâme, que l'on ait bonne, ou mauvaise opinion de nous, car les hommes passeront en un moment, & lors toutes leurs pensées periront; c'est pourquoy nous ne devons faire estime que du jugement de Dieu qui demeure éternellement.

II. Il n'importe pas à l'ame de sçavoir en quelle voye Dieu la met, mais il luy importe infiniment en quelque état où elle soit, d'y être à Dieu, & d'y accomplir parfaitement toutes ses saintes volontés sur elle.

III. Faites plus d'estime de la pratique solide de la vertu, que de plusieurs visions & revelations ; car si elles ne sont accompagnées d'une grande humilité, mortification, & soûmission d'esprit, l'ame se pourroit perdre dans ses dons extraordinaires.

Seizième Septembre.

LA VENERABLE SOEUR ANNE DE la Nativité, Madur, Religieuse Ursuline d'Ambert.

Ie mourray dans mon petit nid. Job, Chapitre 29.

Nostre Sœur de la Nativité conservoit la presence de Dieu dans les actions les plus distrayantes, & pour s'y habituer elle s'étoit étudiée dés son commencement à tirer de toutes choses des saintes pensées, & affections pour élever son esprit à Dieu, ce qui étoit si reconnu de toutes ses Compagnes, que lors qu'en recreation elles tenoient de vains discours, & qu'elle y survenoit, elles disoient entr'elles, taisons-nous, voicy nôtre Sœur Anne, & elle reveilloit les entretiens pieux.

Elle étoit tellement morte à tout, qu'elle ne vouloit voir ses Parens que rarement, & peu de tems, encore qu'elle ne leur parla que des choses spirituelles, & qu'elle garda à la grille une tres-grande retenuë, au sortir de là elle retournoit dans sa solitude, comme dans son petit nid, pour joüir des caresses de son Jesus, & pour dire avec l'Epouse, *il est tout à moy, & je suis toute à luy, c'est icy mes delices, je mourray dans mon petit nid.*

Son égalité d'esprit fust admirable, tant en santé que dans sa maladie mortelle qui dura un an; & pendant tout ce tems-là quand on luy demandoit ce qui luy manquoit, elle répondoit avec douceur, l'amour de Dieu, & la haine de moy même. Elle eut la grace de voir la Sainte Vierge, avec le Saint Enfant Jesus à l'heure de son trépas, & alors ravie d'amour & de joye en la presence de ces divins objets, elle expira dans les plus saintes dispositions que l'on pouvoit souhaiter, le 16. Septembre 1624. aprés avoir demeuré dix ans dans la Maison de Sainte Ursule d'Ambert, tant Congregée que Cloîtrée.

Apprenons de cette grande servante de Dieu, qui ne souhaitoit que l'amour de Dieu & la haine d'elle-même, & qui semble avoir été suscitée de Dieu pour rétablir dans nôtre siécle le veritable esprit de Religion; sa lumiere a veu qu'en vain un Religieux seroit mortifié & solitaire, s'il n'avoit dans ses mortifications, & dans cette solitude, l'amour de la pauvreté, puisque la mortification du corps non plus que les autres vertus ne peuvent être stables parmy les richesses, comme la pauvreté ne seroit elle-même d'aucun merite parmy les délices; c'est pour ce sujet qu'encore qu'elle gardât plus les austerités & les mortifications pour elle-même que pour les autres, elle vouloit qu'au regard de la pauvreté on y fût plus exactes, & même sans aucun desir de recevoir, ce qu'elle faisoit voir quand elle disoit qu'elle ne souhaitoit que l'amour de Dieu; elle ne regardoit pas la pauvreté comme un fardeau incommode, mais comme un veritable bien, qu'elle cherissoit avec autant d'ardeur que les riches aiment leurs richesses.

MAXIMES.

I. Une Religieuse doit mourir à tout plaisir sensible, & ne se mêler de rien que de ce que l'obeïssance luy ordonne.

II. Quand vous rendrés compte des dispositions de vôtre ame, il ne faut pas que ce soit pour recevoir de la satisfaction de ceux à qui vous parlés, mais pour recevoir la grace que nôtre Seigneur Jesus-Christ vous a meritée, & qu'il vous veut donner par cette communication.

III. Le besoin le plus ordinaire des ames, n'est pas de recevoir des nouvelles lumieres, mais bien de faire un saint usage de celles qu'elles ont déja receües.

Seizie'me Septembre.

LA VENERABLE SOEUR ANNE DE Jesus, Dulbe-Pierre, Religieuse Ursuline de S. Barthelemy à Lyon.

Venez Seigneur, Jesus en mon cœur. En Saint Jean. Immolez-moy, mon Sauveur, sur vôtre sacrifice, sacrifiés mon cœur sur vôtre cœur, mon esprit avec vôtre esprit, toutes mes actions, ma vie, & ma mort avec vôtre mort, vôtre vie & vos actions. S. Paul.

LA ferveur de nôtre Ursuline a été telle que l'on ne pouvoit moderer son zéle, ny borner sa mortification, & son esprit d'humilité; elle s'étoit attachée à la Devotion au saint Sacrement de l'Autel, & faisoit toutes ses actions comme des Sacrifices, en s'unissant d'esprit, de cœur, & d'actions avec Jesus immolé; ainsi elle appliquoit ses pensées, ses desirs, & ses actions à se disposer pour recevoir son Sauveur en se sacrifiant avec luy, & comme il se sacrifie pour nous, & pour la gloire de son Pere, ainsi elle vivoit dans une union presque continuelle avec nôtre Seigneur, de sorte que sa vie étoit un Sacrifice sans reserve, & sans relâche, non seulement des petits divertissements licites, mais de toutes les inclinations, & des desirs qu'elle voyoit naître dans son cœur, elle n'en souffroit aucun que pour mieux se disposer à s'immoler, & pour rendre grace à Dieu des occasions qu'on luy donnoit de se Sacrifier. Elle renonçoit même aux consolations & aux douceurs Spirituelles dont le Sauveur la favorisoit, luy demandant toûjours un aneantissement pareil au sien, afin qu'elle pût adorer Dieu, comme il l'adoroit dans toute l'étenduë de son Esprit Divin & de sa verité infinie; les paroles dont elle se servoit dans cette pratique étoient des Apôtres saint Jean & saint Paul, les plus amateurs de Jesus-Christ, sçavoir, *venez Seigneur Iesus en mon cœur, ou bien immolez moy mon Sauveur sur vôtre Sacrifice, sacrifiez mon cœur sur vôtre cœur, mon esprit avec vôtre esprit, toutes mes actions, ma vie & ma mort avec vôtre mort, vôtre vie & vos actions.*

Elle avoit si bien compris que cét Acte étoit le plus parfait de tous, puisque le Fils de Dieu qui est la Sagesse infinie, n'en avoit point connu de plus parfait, ayant été la plus grande pratique pendant le cours de sa vie mortelle, nôtre Sœur à son imitation s'y est uniquement attachée dans la solitude de son cœur, & dans celle de sa chambre d'où elle ne sortoit que pour les actions de Communauté, où on la voyoit dans une modestie penetrée de Dieu, ce qui se manifestoit par le zéle & l'ardeur avec lequel elle en parloit.

Cette pratique de sacrifice qui paroit difficile à ceux qui n'en ont que l'usage fort speculatif, ne l'empêchoit point de s'appliquer à tous les emplois qu'on luy donnoit, dont elle s'acquittoit avec plaisir, & dans la satisfaction universelle, trouvant toûjours bien du tems pour beaucoup d'actions de surerogation, & même étant allée par obeïssance à la campagne pour prendre des remêdes, elle s'y affoiblit beaucoup par l'excés de son zéle, qui la portoit à instruire le prochain pour la reception des Sacrements de Confession & Communion, jusques à apprendre à lire aux enfans, faisant paroître par tout qu'elle avoit le veritable esprit des Ursulines, qui s'exposeroient volontiers au Martyre pourveu que Dieu en fût glorifié, & le prochain sanctifié.

La sainte mort dont le Sauveur a recompensé sa bonne vie, est une marque visible de l'amour que Jesus-Christ avoit pour elle; car elle a souffert une agonie de plusieurs semaines, avec une tranquillité d'esprit, & une paix de l'ame si constante qu'on eût dit qu'elle ne souffroit pas. Sa patience & sa douceur ont paru avec éclat dans sa derniere maladie, qui finit avec sa vie le 16. Septembre 1683.

L'exemple de cette vertueuse Ursuline nous exhorte à être des victimes d'amour; helas! quelle confusion pour nous qui ne pouvons souffrir une parole désobligeante & la moindre médisance; une parole quelque fois nous retire de nos meilleures resolutions, prenons garde à nous, & craignons que Jesus-Christ ne trouvant rien en nous dans son jugement de la generosité de cette admirable Ursuline, ne nous donne aussi aucune part en sa gloire, n'aimons ny le monde, ny ses plaisirs, & soyons occupez d'une autre vie, qui faisoit toutes les delices, & qui occupoit toutes les pensées de nôtre Ursuline.

MAXIMES.

I. Il ne faut pas que les ames fidelles reviennent deux fois à demander avis sur une même chose, une seule doit suffire, & encore peu de paroles.

II. Ceux qui ont la conduite des ames leur doivent parler, non par leur esprit naturel, mais par celuy de Jesus-Christ, qui est benin, & tout ensemble fort & puissant, selon ce qui est écrit de la Sagesse de Dieu, qui est son même Fils, qu'elle atteint d'une extremité jusqu'à l'autre fortement, & dispose suavement de toutes choses.

III. C'est une chose si dangereuse que la direction des ames que si l'on en voyoit les perils, bien loin de s'en ingerer par son propre choix, lors même que l'on seroit contraint de s'y rendre, pour se soûmettre à l'ordre de Dieu, on ne le feroit qu'avec crainte & frayeur.

IV. Travaillez soigneusement à retrancher en vous jusqu'à la moindre petite imperfection, car puis qu'il n'y en a pas une, qui en quelque maniere ne nous détourne de Dieu, nous n'en devons negliger aucune.

Pratique de nôtre Sœur Anne de Jesus, tirée d'un papier de sa main, & sçavons de certitude qu'elle l'a pratiqué dépuis plusieurs années.

I. Au lever, sacrifier le plaisir du dormir & du repos, me levant avec diligence.

II. *En m'habillant*, sacrifier l'amour de mes commoditez, le faisant avec modestie, & diligence.

III. *En l'Oraison*, sacrifier la paresse qui me voudroit faire asseoir & appuyer, me tenant à genoux, à moins que quelque incommodité ne m'oblige au contraire.

IV. *En la recitation de l'Office*, sacrifier l'amour de mon corps & de mes commodités, qui me fait appuyer, & m'empêche de faire l'inclination profonde; sacrifier la paresse de l'esprit, le tenant appliqué aux sens des paroles, & à ce que l'Eglise demande par chaque Psalme.

V. *En la recollection & reflexion de l'Oraison*, sacrifier la répugnance que j'ay à faire cette reveuë, la faisant toûjours après l'oraison, & écrivant ma resolution.

VI. *En faisant mon lict, & nettoyant ma chambre*, sacrifier la paresse que je ressens, ou le trop d'amour pour la propreté, moderant mes soins, & l'empressement inutile.

VII. *En travaillant*, sacrifier le plaisir ou la repugnance que j'ay à cét ouvrage, & n'y chercher que la seule gloire de Dieu, le quittant au premier son des observances.

VIII. *En la lecture*, sacrifier tous les plaisirs d'esprit pour ne chercher que ma sanctification.

IX. *En l'examen*, sacrifier sa precipitation, & y donner tout le tems ordonné, marquant les fautes.

X. *Au repas*, mortifier la sensualité, en la privation de ce qu'elle desire, en luy donnant tout le contraire, sacrifier l'empressement, en la prenant avec moderation.

XI. *A la recreation*, sacrifier l'inclination que j'ay à la raillerie, à la curiosité, & à l'impatience à suporter les deffauts.

XII. *Allant par le Monastére*, sacrifier la curiosité de voir & d'entendre, tenant la veüe baissée & l'esprit élevé à Dieu, par quelques aspirations.

XIII. *Allant au parloir*, sacrifier la repugnance que j'y ay, ne cherchant que la gloire de Dieu, & l'édification du prochain avec qui je converse.

XIV. *Quand on sonne les observances*, sacrifier le plaisir que j'ay au travail, lecture, & écriture, m'y rendant au premier son de la cloche.

XV. *Dans la communication avec mon Directeur*, sacrifier les plaisirs, & la consolation de mon esprit, que pour n'y pretendre que ma sanctification, & instruction.

XVI. *Dans l'écriture*, sacrifier le plaisir, & le trop d'application, en le faisant uniquement pour la gloire de Dieu, & non pour plaire à la personne qui m'employe.

XVII. *Au coucher*, sacrifier le plaisir que j'aurois pour lors à veiller & lire, obeïssant exactement en ce point comme à tous les autres de ma Regle.

XVIII. *Dans mon employ*, sacrifier la repugnance à servir les malades facheuses, & n'en faire aucune plainte, sacrifier le plaisir que j'ay d'être dans ma cellule, lors que la necessité & la charité exige de moy que je sois auprés des malades ou ailleurs.

XIX. *Dans la tentation*, sacrifier le plaisir, le trouble, & la crainte trop excessive que j'ay d'y succomber, me resignant à la Divine volonté, & invoquant le Seigneur avec confiance.

XX. *Dans les accusations*, sacrifier la naturelle inclination que j'ay à me justifier, & à m'excuser, demeurant dans le silence.

XXI. *Dans les injures & mépris*, sacrifier mon ressentiment, en ne permettant pas seulement à mon esprit de s'en occuper volontairement.

XXII. *Dans le tems du silence*, sacrifier le plaisir que j'ay à parler, même des choses bonnes.

XXIII. *Dans la conversation*, sacrifier le plaisir que j'ay de converser avec les personnes qui me plaisent naturellement, & le desir que j'ay de leur plaire, en ne cherchant que la gloire de Dieu.

XXIV. *Dans mes indispositions corporelles, & dans les incommoditez des saisons*, sacrifier le trop d'empressement à rechercher des soulagemens, & à me plaindre, souffrant dans le silence, & ne prenant les remédes que par obéïssance.

XXV. *Dans les heureux succés de mes actions*, sacrifier ma vanité qui se plaît à en recevoir des loüanges, en donnant toute la gloire à Dieu.

SEIZIE'ME SEPTEMBRE.

LA VENERABLE MERE MARIE DE Saint Ignace, & du siécle Lucienne Bridet d'Emiars, Religieuse Ursuline de Mâcon.

Vn Athléte qui combat dans la carriere, n'est couronné qu'aprés avoir combattu, selon la loy & l'ordre des combats. 2. Thim. Ch. 2.

LA Mere Marie de Saint Ignace étoit des plus honorables familles de Cluny. Dés son entrée au Noviciat elle donna des marques de l'excellence de sa vocation, se portant à toutes les pratiques de la Religion avec une ferveur & une exactitude admirable, de sorte qu'en peu de tems elle acquit un fond de vertu qui la fit aussi-tôt considerer, & destiner à porter les premieres Charges du Monastére. Son Noviciat étant finy, elle fut mise Maîtresse des Novices, & s'en acquitta à l'avantage de ses filles, & à la satisfaction de la Communauté, qui l'éleut pour la charge d'Assistante, & commença un second Triannal, pendant lequel l'occasion de fonder un Monastére à Mets se presenta; le grand zéle qu'elle avoit pour l'institut luy fit poursuivre vigoureusement ladite Fondation, en laquelle elle y fut envoyée pour y être Superieure, qualité qu'elle a dignement portée l'espace de dix-huit ans, étant fort zélée pour le bien spirituel & temporel de sa Communauté, pour laquelle elle avoit des tendresses de mere; son grand cœur faisoit voir dans les occasions qu'il étoit remply de charité pour les malades, & de compassion pour les pauvres & les affligez qu'elle assistoit, & consoloit autant qu'il luy étoit possible.

Elle avoit un attrait singulier pour gagner les ames à Dieu, & se plaisoit à donner des salutaires instructions aux Novices, & aux E'colieres. Elle en a eu de la premiere qualité, & même une Princesse, qui aprés avoir été sa disciple, a voulu encore être sa fille, & recevoir le voile de sa main qu'elle a moins illustré par la grandeur de sa naissance que par sa vertu, qui étoit un fruit de ses instructions.

Aprés qu'elle eût souffert les incommoditez d'une grande pauvreté les trois ou quatre premieres années qu'elle fut à Mets, elle eût la consolation de voir sa maison des mieux établies, & de gagner un grand Procés qui luy a coûté des grandes fatigues, & plusieurs mortifications dont elle a fait un tres-bon usage. Elle a aussi procuré l'établissement de deux Monastéres en Allemagne, l'un à Kintzingent, & l'autre à Erfort: puis étant affligée de grandes maladies causées par l'ardeur de son temperamment, & l'activité de son esprit, elle demanda son retour à Macon, y voulant finir ses jours comme dans le sein de sa bonne Mere; elle fut receüe à bras ouverts, & depuis elle a encore exercé son zéle pour l'institut, ayant été Maîtresse generale des Pensionnaires, & en suite premiere Portiere; dans ce dernier employ, ses infirmitez s'étans beaucoup acrües, l'ont enfin reduitte à l'Infirmerie plus d'un an avant sa mort, & au lict huit mois, souffrant de grandes ardeurs & cruelles douleurs d'entrailles, qu'elle a porté avec une patience admirable, & une resignation fort édifiante à la volonté de Dieu ; se preparant incessamment au dernier combat, s'employant à cette intention pendant cinq ou six heures par jour en prieres, ou devotes lectures, ayant eu l'esprit aussi libre en sa derniere maladie que lors qu'elle n'avoit que 30. ans ; Elle a eu le bon-heur de Communier tous les huit, ou dix jours de sa maladie, & trois-fois en Viatique ; la derniere fois fût la veille de sa mort, ayant reçu l'Extrême-Onction, le tout avec une grande application d'esprit. Son dénuément étoit si grand qu'on ne luy a rien trouvé que quelques livres de devotion. Elle est decedée l'an 1684. âgée de 70. ans, & cinquante de Religion.

Aprés une si Sainte vie, & une si heureuse mort, nous avons lieu d'esperer qu'ayant combattu si genereusement dans la carriere, Elle est couronnée selon la loy & l'ordre des combats ; nous devons apprendre qu'il y a une éternité de bonheur ou de malheur ; c'est une verité dont nul Chrétien ne peut douter ; comprenez-vous cette parole ? Eternité ; y pensez-vous ? y travaillez-vous, comme nôtre Ursuline pour vous la rendre heureuse ? O ! Eternité, que ta pensée a peuplé de solitudes ! qu'elle a fait de Saints ! Pensez jour & nuit à ces deux mots, *Ie seray éternellement heureux, ou éternellement malheureux !*

MAXIMES.

I. Ne regardez point vos souffrances, mais la couronne qui vous est preparée, peu importe que le corps souffre, puis qu'aussi-bien il doit mourir.

II. Le péché est le plus grand tourment que doit souffrir une ame, pourveu que je l'évite, tout le reste me doit être doux.

III. L'éternité commencera aprés nôtre vie, il n'y aura plus de tems, nous ne pourrons plus rien faire pour gagner le Ciel, ny pour éviter l'enfer ; ô ! moment de la mort, moment effroyable duquel dépend une éternité de bien ou de mal, quand viendrat-il ce moment, peut-être aujourd'huy, & je n'y pense pas, insensé que je suis ? que n'employe-je le tems que Dieu me donne pour me procurer une éternité bien-heureuse ; pensez que l'éternité dépend d'un moment.

IV. L'éternité est une couronne de gloire pour les Bienheureux, & une couronne de souffrance pour les damnés ; cette couronne commencera toûjours, & ne finira jamais ; ils sçauront, & ils croiront que leur supplice durera pendant toute l'éternité sans relâche, sans interruption, & sans esperence de consolation.

V. E'ternité ! éternité ! que ton souvenir est effroyable ! mais qu'il est salutaire, pensons y, on ne sçauroit prendre de trop grandes precautions dans une affaire où il s'agit d'une éternité de bonheur ou de malheur.

DIX-SEPTIE'ME SEPTEMBRE.

LA VENERABLE MERE MARIE DE la Croix, Bourgeois, Religieuse Ursuline d'Orleans.

Ne contristés point le Saint Esprit dans vos entretiens par des paroles inutiles & oiseuses. Aux Eph. Chap. 1. v. 4.

SON entrée dans le Monastere de Ursulines fût la vingt-quatriéme année de son âge. Elle avoit eu quelque dessein auparavant d'être Carmelite, mais Dieu la reservoit pour servir d'exemple dans le Monastere des Ursulines d'Orleans, aussi étoit elle une des plus anciennes de cette Communauté, ayant cinquante-un an de Religion, lesquels elle a passé dans la pratique des plus solides vertus; l'assiduité au Chœur & à l'oraison qui faisoit ses delices, comme la Communion journaliere ses plus ardens desirs, ce qu'on luy accordoit souvent.

Elle avoit bien compris & mis en pratique l'avis de l'Apôtre Saint Paul, quand il dit, *Ne contristés point le saint Esprit dans vos entretiens par des paroles inutiles.* En effet son silence étoit exact, mais rigoureux & inviolable pour les deffauts du prochain, ne souffrant pas même qu'on en parlat en sa presence.

Son zéle pour l'institut, ne luy permit jamais de faire reflexion à son âge avancé, servant souvent de Regente aux Pensionnaires, & externes dans les moindres Classes, son humilité l'a tenüe dans les bas sentimens d'elle même, si bien qu'elle n'a jamais donné le moindre empressement pour les charges, ce qu'elle a conservé jusqu'à la mort; & elle auroit voulu que tout le monde l'eut eüe en mépris, ce qui luy fit dire, qu'elle souhaittoit que l'on ne dit que deux mots en sa lettre circulaire, sçavoir qu'elle étoit une pauvre pecheresse qui imploroit la misericorde de Dieu par les suffrages de l'Ordre, qu'il n'y avoit que cela à dire.

Sa maladie a été un épanchement de bille par tout son corps, si prodigieux qu'on ne s'en sçauroit faire une figure qui en approche, & luy causa un dégout, & même une aversion de toute sorte de nourriture, qu'elle porta avec une admirable patience, & resignation à la volonté de Dieu; dans tout ce tems qui fût d'environ cinq mois, elle continua toûjours tous ses actes, sur tout, de Foy, d'Amour, & d'Esperance, elle reçût tous ses Sacremens avec une grande union à Dieu, sa bonne vie fust suyvie d'une sainte mort, qui arriva l'an 1675. âgée de 75. ans.

Avec combien de justice les Ursulines doivent elles honorer aujourd'huy cette vertueuse Ursuline, qui a travaillé si utilement pour elle, par sa grande pieté & humilité qui la rendoit toûjours soûmise aux loix de la Religion, & pour le prochain par sa charité, & son zéle pour l'institut, & si la loy civile nous commande en general par la bouche des Sages d'honorer les anciens & les vieux, combien nous oblige t'elle plus de les honorer, lors qu'ils conservent dans l'Eglise militante & dans la triomphante par leurs vertus & par leurs merites le rang que leur âge leur a acquis, & que par une union heureuse ils r'assemblent dans eux la double grandeur, celle, qui est selon le siecle, & celle qui est selon Dieu; ainsi suivons cette loy, & reverons aujourd'huy l'objet de nos respects, & de nôtre imitation.

MAXIMES.

I. Apprenez à juger sagement de toutes choses; deffiez-vous des prosperités du monde, qui souvent sont un tres-grand mal, & ne craignez point ses maux, puisque ce sont des veritables biens pour ceux qui en sçavent user aussi sagement que les Saints.

II. Jamais l'imperfection ne donne de joye à l'ame qui s'y laisse aller, au contraire elle luy laisse une certaine tristesse qui ne se peut exprimer, & elle ne la luy fait pas ressentir seulement pendant qu'elle est dans ce monde, mais aussi lors qu'elle en sort, & encore plus quand elle en est sortie, si bien qu'une ame imparfaite porte la tristesse de son imperfection dans la vie, dans la mort, & jusqu'aprés la mort, & au contraire les ames vertueuses ont toûjours joye, & paix elles-mêmes, quelques sujet de trouble & de tristesse qu'elles puissent avoir dehors.

III Lors que nous nous laissons aller à quelques imperfections, nous manquons non seulement aux vertus, mais aussi à Jesus-Christ qui en est l'Autheur.

DIX-SEPTIE'ME SEPTEMBRE.

LA VENERABLE SOEUR MARIE Barbe Iolande de Riancourt, d'Orival, dite de Saint François, Religieuse Urfuline d'Amiens.

Tandis que le jour s'aproche de fa fin, & que les ombres s'abbaiffent pour la preffer, retirez vous mon bien aimé, & foyez femblable à la Chevre fauvage, & au Fân de la Biche fur les Montagnes de Bethel. Aux Cantiq.

NOTRE Sœur de Saint François étoit d'une des plus Nobles & Illuftres Maifons de Normandie, Madame fa Mere luy infinüa l'efprit de pieté qu'elle poffedoit en éminence, étant le modéle des Dames pour la charité envers les pauvres, & fa rare devotion ; elle confia aux Urfulines d'Amiens fon trefor en cette aimable fille, dès l'âge de fept ans ; elle fit paroître auffi-tôt une fi grande vivacité d'efprit, folidité de jugement, jointe à une modeftie qui la rendoit aimable à tous ; elle fut trouvée capable de Communier à huit ans, par les Peres de la Compagnie de Jefus, qui jugerent que ce feroit faire une injuftice de priver une ame innocente, doüée de fi belles qualités de la grace que Jefus-Chrift communique dans le plus augufte de nos Myftéres. Aprés cette fainte action elle s'affocia à une de fes petites Compagnes pour l'oraifon Mentale châque jour, prenant le Saint Efprit pour Directeur ; on les voyoit quelquefois toutes en larmes au fortir de l'Eglife ; & interrogeant nôtre petite Sœur quel étoit le fujet de fes pleurs, elle repondoit, la Paffion de nôtre Seigneur ; marquant deflors que fon attrait particulier étoit la vie cachée & la flagellation ; en effet pour faire quelque chofe pour honorer les fouffrances de fon Jefus flagellé, elle fe fit une difcipline dont elle fe frappoit rudement tous les Vendredys, n'ayant pas plus de neuf ans.

De fi beaux commencemens donnerent place à la grace, qui éclairant fon efprit fur les vanitez du monde, luy en fit faire un genereux mépris, & le chois de l'Ordre des Urfulines pour y accomplir les deffeins de Dieu fur fa perfonne ; mais fes lumieres & bons defirs furent bien-tôt renverfez par Meffieurs fes Parens qui la retirerent du Convent pour la mettre dans un autre Monaftére, où elle étoit fouhaitée avec ardeur ; on luy fit même efperer une Abbaye, tout cela ne la pût fléchir, & quoy qu'elle reçeût de ces Dames des honnêtetés extraordinaires, & qu'elle les regardât comme des Anges pour leur regularité, elle ne faifoit que pleurer fon éloignement : Madame fa Mere en fût fi touchée, qu'aprés trois mois de fejour dans ce Monaftére, elle l'en retira pour la remettre aux

17. Septembre. *La V. Sœur Marie Barbé, de Riancourt.*

Ursulines, son cœur s'épanoüissoit de joye dans l'entrée de ce sanctuaire, & là elle continüa avec ferveur l'exercice des classes, jusqu'à quinze ans où Messieurs ses parens voulant faire derechef essay de sa vocation, la retirerent chez eux pour luy faire voir le grand monde; elle n'y attacha pas son cœur, au contraire méprisant toutes ses pompes qui servent de chaîne aux ames moins éclairées, elle les rompit genereusement au bout de six mois par l'entrée au Noviciat qu'elle commença avec ferveur, quoy qu'elle y essuyât beaucoup de difficultez, par les tentations qui l'environnerent dont la grace la rendit victorieuse avec l'aide de Dieu, & de sa Maîtresse, qui étoit une ame d'une haute vertu. Incontinant aprés son entrée elle perdit Madame sa Mere; la violence qu'elle se fit pour étouffer les sentimens naturels, luy causa une grande maladie qui degenera en infirmitez habituelles, Monsieur son Pere la pressa pour sa sortie afin de recouvrer sa santé, elle repartit qu'elle aimoit mieux mourir jeûne en Religion, que de vivre des siécles dans le monde; une si sainte vocation la fit recevoir sans difficulté pour la sainte Profession, quoy qu'elle fût infirme & qu'au jugement des Medecins elle n'avoit pas un an à vivre, en ayant auparavant donné avis à Monsieur son Pere, lequel aimant sa fille selon Dieu, & pour son salut, consentit à sa perseverance, & en fit luy même le sacrifice à sa Divine Majesté, donnant liberalement tout ce qui étoit convenu.

Aprés qu'elle se fût consacrée à Dieu par les vœux solemnels, ce ne fût plus que joye, & consolation interieure dont elle fit un saint usage, marchant à grands pas à la perfection; mais quelques années aprés nôtre Seigneur luy cacha son beau visage, elle se trouva dans une obscurité, secheresse & dégoût de l'oraison que ce luy étoit un martyre; ce fut bien alors que *le jour s'aprochoit de sa fin, & que les ombres s'abbaissoient pour la presser, retirez vous mon bien aimé, & soyez semblable à la chevre sauvage, & au fân de la biche sur les montagnes de Bethel.*

Ces paroles expliquées au sens mystique nous signifient la presence du Divin Epoux dans l'ame du juste qu'il aimoit, & son absence dissimulée pour éprouver son amour; ses divers changemens ont paru dans la conduite de nôtre illustre Ursuline, il vient dans son cœur, & il s'en retire, non par un mouvement local, mais par le sentiment, & l'experience qu'elle en a; en effet n'a-t'elle pas ressenti les touches sacrées de la grace, & en a reconnu sa presence, mais ayant suspendu son operation sensible, elle se plaint de son absence & elle soupiroit aprés son aimable presence, s'écriant avec le Prohete, *Ma face vous a cherché, Seigneur, je chercheray vôtre visage*; Elle ne peut desirer autre chose, non pas même y penser; donc sa fidelle cooperation aux inspirations divines, l'acquiescement facile aux mouvemens, & aux attraits du S. Esprit, sa haute estime de ses dons, sa serieuse circonspection à éviter les imperfections, & à fuïr les péchez veniels qui se commettent par surprise & par fragilité, l'aveu sincere de son insuffisance, & de son neant, la confession veritable de son indignité à recevoir les visites, & les caresses de son Epoux, furent les premieres dispositions à attirer la presence sensible de son époux, qui éclairoit son entendement de ses lumieres, & qui enflâmoit sa volonté des ardeurs de son amour, car c'est un Soleil dont la lumiere est aimable lors qu'il se decouvre, c'est un feu consommant, dont la flâme est douce à son cœur, lors qu'elle se faisoit sentir par son operation. Nôtre Epouse dont nous décrivons les flâmes divines de son amour, confesse qu'elle a ressenty les amertumes de son éloignement, qu'il s'est retiré par un juste ressentiment de colere, qui n'est pas sans amour, car cét Epoux l'aime, & vous en jugerez par les titres amoureux dont il l'honore, nonobstant que nôtre pauvre épouse dans la route inconnüe, abîmée dans la douleur, peu fallut qu'elle ne s'y égara, en y cheminant toute seule, & vous la blamerez en même tems de son incivilité; le Divin Epoux se presente à la porte de sa maison, il frape, & il crie, *ouvrez-moy, ma Sœur, ma bien aimée, ma colombe, & ma belle, parce que mon chef est chargé de rosée, & mes cheveux crépés sont mouillez des gouttes de la nuit*; Son cœur ne devoit-il pas être sensible à ces semonces si douces, mais elle y resiste par sa paresse, *J'ay quitté ma robe, comme la revêtiray-je; j'ay lavé mes pieds, comme me resoudre à les souiller*, mais rentrant aussi-tôt à elle-même, honteuse de son refus, elle se leve pour luy ouvrir la porte, & pour luy témoigner la douleur qu'elle a conçeüe de son infidelité, en l'assurant que ses mains ont distilé la mirrhe, & que ses doigts sont pleins de la plus exquise; elle leve le verrou de la serrure pour ouvrir à son Bien-Aimé, mais il avoit passé outre.

Voila un crayon de ce qui s'est passé entre Dieu & nôtre Epouse Sœur de Saint François, car par un excés d'amour il frappoit à la porte de son cœur par ses inspirations secrettes, il le touche par des mouvemens sacrés; il luy representoit les perfections de sa Divinité, il luy imprimoit un salutaire souvenir des travaux qu'il avoit souffert en son humanité pour satis-faire aux obligations de ses pechez, qui la rendoient criminelle; il la conjure de se rendre facile à ses semonces par les titres charmants de Sœur, d'Epouse, & de parfaite, qu'il ne respiroit que les tendresses de son amour, mais se laissant gagner à la paresse, elle se rend indigne de sa grace, & son infidelité le contraint à s'éloigner pour punir sa lâcheté, mais sa juste retraite ne se fait point sans amour, car ce n'est que pour luy témoigner que son imperfection luy déplait; mais aussi si nôtre Epouse se plaint de son éloignement, ce n'est point pour l'accuser de severité, mais bien pour blâmer son infidelité à correspondre aux attraits de sa grace, elle avoüe ce qu'elle a perdu pour n'avoir pas fidellement conservé ce qu'elle possedoit avec tant de bonheur, & l'absence feinte du Bien-Aimé de son cœur luy declare ce que luy valoit sa presence.

Quand l'Epouse r'appelle son Bien-Aimé, c'est avec raison qu'elle l'invite d'être à son retour semblable à la Chevre sauvage, ou au fân de la Biche sur les Montagnes de Bethel, se montrant en sa visite remply de graces & de verité; en effet la verité a des yeux perçans comme la Chevre sauvage, & la grace porte avec elle la gayeté d'un fân de Biche, & l'une & l'autre sont necessaires à nôtre Epouse pour la maintenir à la fidelité qu'elle doit à son Epoux lors qu'elle est favorisée des douceurs de son aimable presence; la verité à qui les secrets de son cœur ne peuvent être cachez, & la grace à laquelle elle ne pretent point de les celer, luy sont necessaires, & à vray dire la visite de son Epoux, ne
seroit

seroit point parfaite, si la grace & la verité n'en étoient les Compagnes, parce que la rigueur de la verité seroit onereuse sans la grace ; & la douceur de la grace la pourroit jetter dans une vaine complaisance qui l'obligeroit à s'éloigner par colere, sans la severe humeur de la verité qui la modere; écoutés ce qu'en dit Saint Bernard, la verité est amére, si elle n'est adoucie par la grace d'une devotion sensible, & la devotion sensible devient dereglée, si la verité ne luy sert de frein.

 Voyons maintenant le second motif de l'absence de l'E'poux, il dissimule sa presence par un jeu d'amour, ce qui se fait par une simple suspension de ses graces sensibles, & c'est par une amoureuse industrie, afin que l'ame recherche comme absent son bien Aimé qui dissimule sa presence ; Il faut avoüer que l'amour est ingenieux pour allumer le feu Divin dans le cœur de son E'pouse, qui en avoit consacré les inclinations & les mouvemens à son Dieu, lors qu'elle joüissoit sensiblement de la presence de son Divin E'poux par l'experience de ses caresses; mais comme l'assiduité de ses dons pouvoit engendrer le mépris, c'est pour ce sujet qu'il s'est retiré, afin que l'éloignement la pressa à le desirer avec plus d'ardeur, que ses desirs enflâmés l'obligeassent à le chercher avec plus de chaleur, & que l'ayant cherché plus long-tems, elle le trouve avec plus de satisfaction; que ce jeu agreable inventé par l'amour a de chàrmes, car lors que nôtre épouse pensoit joüir de sa presence, il échape, de ses mains, étant poursuivi il retourne, & dans les mêmes momens qu'elle le retient, il prent la fuite pour accroître sa flâme, & se faire chercher avec plus d'ardeur, il disparoit encore derechef, & ne se voit plus, jusqu'à ce qu'étant une autre fois invité par ses larmes & par ses prieres, il retourne. O ! absence presente, & presence absente d'un Dieu, qui en même tems se retire & demeure present. En effet il étoit present par la grace sanctifiante, & il dissimule sa presence, & se fait croire absent par la suspension de la grace sensible; la pratique de ce jeu paroit évidemment dans les entretiens de nôtre E'pouse, elle dit, *mon Bien-Aimé est à moy, & moy je suis à luy* ; elle ne parleroit pas en ces termes, si elle ne joüissoit de sa presence, mais que ses satis-factions sont courtes, puis qu'il se retire promptement, & que l'amour l'oblige à s'écrier, *retournez, mon Bien-Aimé !*

 L'E'poux Divin desiroit qu'elle fust une même chose avec luy, comme il est une même essence avec son Pere, ô ! heureuse société, union tres-agreable, accompagnée de l'onction du Saint Esprit, qui est plus delicieuse en son experience, qu'elle n'est facile en son expression, car lorsque l'Epouse joüit de sa douce presence, tout luy succedoit selon ses souhaits, mais quand il s'éloigne par une suspension de ses faveurs sensibles, tout luy est importun, & l'amertume qu'elle ressentoit par son absence, la pressoit de crier, *retournez, ô ! mon Dieu, & mon Seigneur !* Quel est ce jeu, ô ! E'poux Divin ! l'amour l'auroit-il inventé ? que pretendez-vous, par ces fuites ? vôtre épouse affecte le bon-heur de vôtre presence de toute l'étenduë des desirs de son cœur, & vous la laissés seule; elle s'en plaint, lors qu'elle dit que son ame vous a desiré la nuit, & comme ne seroit-elle pas dans les tenêbres, puisque vous qui étes sa lumiere, ne paroiffés pas à fes yeux, elle crie, *retournez*, & avec raifon, parce qu'elle experimente fes foibleffes, lors que vous la privés de vôtre vifite ; mais ce qui l'étonne, c'eft que lors qu'elle croit de fe réjoüir de vôtre retour, vous prenés la fuite à fon infceu, & elle ne le connoit que par la privation de vôtre aimable prefence, ô ! adorable E'poux !

Confolez-vous époufe chafte, il eft prefent dans le fond de vôtre ame, où il opere fecrettement, & s'il fe cache c'eft pour fe faire chercher avec plus d'ardeur, c'eft un jeu familier à fon amour, il fort du temple de vôtre ame, qu'il éclairoit de fes lumieres, & où il faifoit fentir les flâmes du feu qu'il avoit allumé fur l'autel de vôtre cœur, fa fortie n'eft que feinte, & non veritable, il fort dans vôtre fentiment, par ce qu'il fufpend fes confolations, qui vous étoient un figne de fa divine préfence ; mais il demeure, quoy que caché, pour exciter vôtre amour à le chercher avec plus de chaleur, c'eft luy feul qui vous peut confoler qui habite vôtre temple, quoy qu'il femble en être forty.

Dieu qui eft la charité même, ne luy manque point pour la fanctifier, mais il s'abfente pour éprouver la fidelité de fon amour, ce n'eft pas que fon œil perçant ne penetre tous les fecrets de fon cœur ; mais il veut éprouver fi l'effet eft conforme aux fentimens de fon affection. Or nôtre époufe lors qu'elle recevoit les vifites de fon Epoux qui la rempliffoit de fes graces fenfibles par fa prefence, elle luy faifoit des proteftations d'un amour inviolable ; elle fe repofoit à fon ombre, & fon fruit étoit agréable à fa bouche ; mais defirant d'éprouver fi fon amour eft fidelle, il s'éloigne par la fubftraction de fes careffes, qui attendriffoient fon cœur ; cét Epoux porte dans les Oracles du Prophete Evangelique Ifaïe, le titre d'un Dieu caché qui par des artifices amoureux, fe montre & fe dérobe aux yeux de fes facrées Amantes, felon les difpofitions de fes jugemens qu'elles doivent adorer également dans la joüiffance, & dans la privation.

Dieu qui pretendoit que nôtre époufe l'aimât fidellement, l'a éprouvée fouvent par fa retraite ; elle luy proteftoit fouvent dans l'abondance de fes devotions qu'elle l'aimoit ; mais il ne fe payoit pas des feules penfées de fon cœur & des paroles de fa bouche, il en a voulu voir la verité par les effets, & c'eft pour cela qu'il l'a éprouvée par fa fuite, c'eft pour aneantir l'amour propre en fon époufe, afin qu'elle ne fe contentât pas aux dons fenfibles, mais aux perfections de fon E'poux ; ce n'eft pas merveille que lors qu'elle éprouve les faveurs de fa bonté, elle s'écrie, mon bien aimé eft à moy, & moy je fuis à luy, il me previent de fon amour, je luy rends une affection reciproque, & la juftice l'exige puifqu'il eft uniquement aimable en foy & en fes dons, ainfi enyvrée du vin myftique de fes confolations, n'oubliés pas fainte E'poufe que le raifin a été cueïlli dans la vigne de cét E'poux de fang, qui a fouffert fur la Croix une defolation tres-étonnante, chantés donc fes loüanges dans fon abfence, & l'aimés comme dans le tems de fa prefence fenfible ; c'eft ainfi qu'il connoit la conftance de vôtre amour, par la continuation de vos faints Exercices, c'eft par ces effets qu'elle a fait voir qu'elle aimoit chaftement fon Divin E'poux, ne s'attachant point à fes dons, mais à luy

17. Septembre. *La V. Sœur Marie Barbe, de Kiencourt.* 571

même : les aides des Reverends Peres Jesuites, & de ses Superieurs à qui elle manifesta ses dispositions, luy servirent beaucoup à soûtenir toutes ces épreuves, & à même-tems elle parût toute autre.

Elle fit vœu de ne s'asseoir jamais dans l'Eglise, & on l'y a vuë les six heures entieres à genoux dans une modestie Angelique, qui donnoit d'autant plus d'admiration que la delicatesse de son corps étoit grande ; tous ses autres exercices alloient de même air. Sa devotion pour la sainte Passion, se renouvella avec les tendresses qu'elle avoit pour la Mere de Dieu, son Ange, Saint Charles, & Sainte Therese, dont la lecture de ses œuvres & son intercession luy avoit beaucoup servy dans le tems de ses aridités, elle avoit des pratiques particulieres pour honorer tous ces Devots. La tendresse qu'elle avoit pour la Divine Enfance étoit admirable ; elle solemnisoit tous les vingt-cinq du mois avec toute la devotion possible, tous les Vendredys elle faisoit reparation d'honneur & amande honorable au Crucifix, & faisoit les sept stations.

Tous les jours elle disoit le Rosaire, & quantité de prieres divisées pour tous les jours de la sémaine ; les Fêtes & Dimanches elle donnoit tout son tems à l'Oraison, tirant toutes les lumieres de ce saint Exercice.

Elle a donné des rares exemples du mépris des grandeurs, ne voulant jamais qu'on luy parlât de sa naissance, & des avantages qu'elle eut pû avoir au monde, exigeant, & contraignant pour ainsi dire les Superieures pour les emplois les plus vils ; elle a été quelque tems infirmiere des enfans, & leur rendoit des services qui luy ont donné une si haute idée de sa vertu, qu'elles parlent encore des actes heroïques qu'elles luy ont vû pratiquer, & ses exemples ont beaucoup servy pour le changement de leurs mœurs.

Sa ferveur pour les penitences n'a pas été de moindre éclat, ayant adresse pour tirer diverses permissions à la fois, ce qui étant reconnu, on mit des bornes, pour empêcher que ses desirs de souffrir n'abregeassent sa vie. Dieu luy donnoit quelquefois de si fortes pensées de nos mysteres, de la Sainteté & justice de Dieu, qu'elle en fondoit en larmes, & se seroit volontiers mise en pieces pour correspondre à son Divin amour, lequel la voulant derechef épurer, la mit dans le creuset des peines interieures, & de l'apprepension de la mort si terrible & du jugement, qu'elle en devenoit toute froide quand-elle en meditoit les verités, avoüant que si Dieu n'eût arrêté le cours de cette impression, on l'auroit trouvée morte ; sa generosité nous a caché beaucoup de choses, passant au dessus des difficultés fort adroitement ; ayant entrepris de mener une vie inconnuë aux creatures, & denuée de tout, n'ayant que le seul necessaire ; étant neanmoins tres-bien pourvüe des instrumens de penitence, ce qui obligea une Religieuse à luy demander en sa derniere maladie, si elle ne desiroit pas en faire quelque don, elle repartit, *je veux mourir pauvre, & ne disposer de quoy que ce soit, qu'on porte tout à nôtre Reverende Mere.*

L'on peut dire qu'elle étoit toute de cœur & de courage, qu'elle a fait paroître jusqu'à la fin de sa vie, avec une reconnoissance aimable des services qu'on luy rendoit, assurant que si Dieu luy faisoit misericorde, qu'elle prieroit Dieu pour la Communauté.

Dieu par sa bonté changea dans un moment les dispositions de crainte où elle étoit, en des joyes & desirs de s'unir à son Dieu, & se trouva dans l'exercice d'un parfait abandon & conformité à la volonté Divine, ayant fait auparavant une Confession extraordinaire avec tant d'attention qu'elle avoüa n'avoir ressenty aucune douleur pendant ce tems ; incontinent aprés elle fust fort tranquille, & sa paix fust entierement stable ; aprés qu'elle eût reçû le Saint Viatique, & dépuis ce tems jusques aprés sa mort elle n'eut aucune apprehension, & même en recevant l'Extrême-Onction elle ordonnoit de tout ce qu'il falloit faire, & remercia le Confesseur & le Sacristain avec tant de generosité qu'ils croyoient qu'elle en reviendroit ; mais elle n'avoit pas ce sentiment, offrant incessamment ses souffrances en l'union de celles de son Jesus flagellé & crucifié, dont elle baisoit incessamment les Images, invoquant aussi le secours de Marie son Avocate, & produisant tous les actes propres à ce dernier passage ; elle témoignoit aussi le contentement qu'elle avoit de mourir Ursuline.

Dans toutes ces bonnes dispositions, elle rendit l'esprit dans la douceur d'un Enfant, âgée de 32. ans, & 16. ans & demy de Religion, l'année 1676.

MAXIMES.

I. Dieu est dans le juste, dit saint Augustin, comme un sujet connu dans l'entendement qui le connoit, & comme un objet aimé dans la volonté qu'il aime, il est comme un amy dans l'essence de l'ame, par grace ; qui étant le fondement d'une parfaite amitié, en requiert la douce presence ; or quoy que Dieu demeure toûjours dans une ame qui persevere en son amour, si est ce qu'il dissimule sa presence, pour éprouver la fidelité de ses chastes amantes.

II. Mais lorsque l'Epoux passe, (dit saint Bernard) il veut être arrêté, lors qu'il se retire, il desire d'être rappellé ; ce Divin Verbe n'est pas irrevocable, il s'en va, & il retourne selon son bon plaisir, il visite le matin une ame par ses caresses, & il l'éprouve subitement par sa retraite.

III. Dieu s'éloigne de l'ame sans la quitter, par une espece de colere, pour punir son épouse de quelques pechez veniels, ou de quelques legeres imperfections, qui la privent des douceurs de ses visites, c'est aussi un certain jeu d'amour accompagné d'industrie pour se faire chercher, & pour éprouver la fidelité de l'amour de son cœur.

IV. Quand une ame neglige de cooperer à la grace, qu'elle se rend peu souple aux sacrez mouvemens de l'amour, qu'elle se laisse emporter en quelque vaine complaisance en ses dons, lors qu'elle en devroit glorifier l'Autheur, ou qu'elle se laisse aller à quelques sentimens d'orgueil secret, qui enfante une trop grande estime de soy même, ou qu'elle commet quelques pechés veniels par inconsideration, lors qu'elle devroit veiller sur la garde de ses sens, & sur le reglement des affections de son cœur, tous ces manquemens obligent le Divin Epoux à se retirer, non par la substration de la grace sanctifiante, mais par la suspension de ses caresses.

V. Quand une ame joüit de la presence de Dieu, qui calme les déreglemens de son cœur, il luy est facile d'aimer l'Autheur de sa paix interieure, & la source des innocens delices qu'elle goûte, elle possede une joye qu'elle ne peut exprimer, elle ne sçauroit rien desirer, puis qu'elle regarde comme present celuy, qui est l'unique objet de ses satisfactions, & de son affection, aussi toutes les consolations que le monde recherche luy sont importunes, parce qu'elle joüit de la presence de son souverain bien.

VI. Aimer chastement, c'est une grande perfection, ce n'est pas un amour interessé qui regarde dans la veuë de soy même, ou les commodités temporelles, ou les consolations spirituelles, mais c'est un amour pur que l'on porte à Dieu, parce qu'il est souverainement aimable, & digne d'être uniquement aimé.

Dix-Huitie'me Septembre.

LA VENERABLE SOEUR MARIE
de la Nativité, le Rible, Religieuse Ursuline d'Elbeuf.

Veillés en Oraison. Dans la premiere de Saint Pierre, Ch. 4.

L'Oraison étoit l'attrait particulier de nôtre Sœur de la Nativité, & pour accomplir le conseil de S. Pierre, elle s'y appliquoit autant que ses emplois luy permettoient, & quoy qu'elle en eut souvent plusieurs à la fois, elle ménageoit si-bien son tems, qu'elle en trouvoit toûjours beaucoup pour vaquer en ce saint exercice, aussi faut-il dire que la pieté étoit son principal caractere, sans qu'elle se soit jamais ralentie de sa premiere ferveur; l'objet de sa devotion étoit le Mystere de la sainte Enfance du Sauveur pour lequel elle avoit une singuliere veneration. Elle communioit tous les vingt-cinq de châque mois, se levoit à minuit pour adorer Jesus, & passoit pour l'ordinaire tout ce jour en solitude, s'exerçant dans plusieurs actes de pieté qu'elle commençoit dés la veille, pour se disposer à la mieux sanctifier, à quoy elle adjoutoit plusieurs pratiques de devotion envers la sainte Vierge, & saint Joseph; & nous pouvons dire que Dieu luy avoit communiqué l'esprit des Domestiques de la sainte Famille, dont elle a laissé des merveilleux exemples; nonobstant le soin qu'elle prenoit de se cacher tant qu'elle pouvoit, elle n'a pû faire neanmoins que nous ne l'ayons remarqué, principalement l'esprit d'une pauvreté vrayement évangelique, que nôtre Seigneur luy avoit imprimé dés les premieres années de sa vie, aussi bien que celuy de la penitence, ayant toûjours été extremement portée à l'austerité sans desister jusqu'à ce qu'elle fût dans l'impuissance par la maladie, son obeïssance n'étoit pas moindre, étant tres-affectionnée à cette vertu, & à tout ce que l'obeïssance souhaittoit d'elle, étant le support en tout rencontre de ses Superieures, leur étant sincere en la manifestation de son interieur; exacte & reguliere en toute chose, même pendant ses infirmités, comme en sa parfaite santé.

C'étoit une Fille de Communauté à laquelle, elle a rendu de tres-bons services par un zéle charitablement ardent pour le bien commun. Son entiere & parfaite résignation à la mort, a couronné toutes ses belles actions, l'ayant acceptée avec une joye qui marquoit la paix de son ame, qui n'a point été alterée même dans les grandes douleurs qu'elle a souffert, demeurant toûjours dans une patience admirable, & une continuëlle application à Dieu & dans un amour actuel.

Sa maladie a été une fluxion sur la poitrine, qu'elle a souffert quinze mois, avec des extrémes douleurs dont elle fût réduite en un pitoyable état, particulierement les trois dernieres semaines qu'elle a été alitée & en danger évident de mort, dés le dernier jour du mois d'Aoust, auquel elle communia en Viatique, & dépuis elle a eu encore ce bonheur deux fois dont la derniere fût le propre jour de sa mort. Il semble que Dieu ne prolongeoit sa vie, que pour luy fournir l'occasion de se repaître de ce sacré Pain des Anges dont elle avoit une faim continuëlle, & elle s'en approchoit tres-souvent, ce qu'elle faisoit avec tant d'application d'esprit, & dans une posture de corps si respectueuse, qu'à la voir seulement, on étoit touché de devotion; elle est decedée l'an 1677.

Ne nous accoûtumons point à voir indifferemment les rares exemples de nos vertueuses Ursulines; representons-nous l'état de toutes ces saintes Familles dont pas une ne degenere de la pieté des autres, & qui toutes brûlent d'un même zéle pour la gloire de Dieu & le salut des ames, & souffrent de differens maux avec une égale constance; rougissons d'avoir si peu de chaleur, que bien loin de brûler les autres par nôtre exemple, à peine rompons nous nous-mêmes la dureté de nôtre cœur: quelle confusion pour nous, lors que nous jettons les yeux sur l'exemple fervent de nôtre Ursuline.

MAXIMES.

I. C'est par la priere que l'on triomphe de ses ennemis, & comme la victoire toutes choses dépend uniquement de Dieu, Dieu la donne aussi à ceux qui luy offrent de plus ferventes prieres.

II. N'écoutés point la nature qui tend toûjours du côté de l'imperfection; mais quand elle veut quelque chose conforme à son inclination dépravée, il la faut faire obeïr à la grace, & entrer dans l'assujettissement à la Loy de Dieu, car c'est nôtre devoir & nôtre ouvrage.

III. Lorsque nous manquons à Dieu dans les petites occasions, c'est un grand abus, de croire que nous ferons mieux dans les plus importantes; car comme la fidelité que nous luy rendons dans ces petites choses, nous dispose à luy en rendre dans les grandes; ainsi les legeres imperfections où nous tombons, nous sont un chemin pour passer à en faire des plus grandes.

IV. C'est par les petites choses que le Fils de Dieu nous veut élever aux plus grandes, selon cette parole qu'il dit en l'Evangile, *Bon Serviteur & fidelle, qui avés été fidelle en peu de chose, je vous constituray sur beaucoup.*

Dix-Huitie'me Septembre.

LA VENERABLE SOEUR JEANNE DE l'Assomption, Prevost, Religieuse Ursuline d'Auxerre.

Qui me donnera des aisles de Colombe pour voler au Ciel. Au Psal. 54.

La vocation de nôtre Sœur de l'Assomption a été assez extraordinaire, ayant vêcu dans le siecle avec tous les divertissemens licites que sa naissance luy permettoit, dépuis qu'elle eût perdu sa Mere ; mais comme on luy parla de prendre un party, elle y trouva d'abord tant d'aversion, & elle sentit de si puissans attraits de l'amour de Dieu & de son salut, que toutes les persuasions, menaces, & promesses, que l'on luy fit, ne purent en aucune façon ébranler sa resolution de se dédier entierement au service de Dieu, & demeura ferme en sa resolution, & poursuivit fortement l'execution, si bien qu'enfin elle entra au Monastére des Ursulines, où elle a vêcu avec une tres-haute estime de sa vocation, & si zélée pour nôtre saint institut, qu'elle faisoit son possible pour que ses emplois ne la dispensassent de l'instruction ; & l'espace de plus de trente-cinq ans elle ne s'est relâchée de ce saint exercice, que par les maladies, & tout ce tems elle a toûjours été aux classes des externes. Vous pouvez juger de là, quelle a été sa ferveur pour toutes les autres observances ; puis qu'elle n'a jamais apprehendé un travail si penible, & qu'elle a été la pratique solide de toutes ses vertus, que nous ne mettons pas en détail, pour satisfaire en quelque chose à son humilité, & modestie qui ne l'a pas souhaitté.

Nous dirons seulement que sa devotion au saint Sacrement étoit telle, qu'elle demandoit presque tous les jours permission de communier, & comme l'on s'étonnoit de ce qu'elle s'exposoit à des refus, elle repartit, que cela ne la rebutoit aucunement, qu'elle les offroit pour sa consolation à nôtre Seigneur. Elle a reçeu des graces singulieres pour profiter de ses fâcheuses & longues infirmitez habituelles, sçavoir d'une opression de poitrine qui l'a renduë asthmatique dépuis plus de quinze ans, & qui luy a causé une hydropisie qui a exercé sa patience, & qui enfin l'a reduitte à une telle extremité de mal, que c'étoit pitoyable de la voir souffrir de si violentes douleurs, tous ceux qui la voyoient ne pouvoient assez admirer sa paix, & tranquillité interieure, même aux approches de la mort, n'en ayant témoigné aucune apprehension, ny fait paroître aucun desir de la vie, au contraire desirant de s'unir à son principe, elle disoit avec le Prophete *qui me donnera des aîles de Colombe pour voler au Ciel.*

Elle reçeut tous ses Sacremens avec une singuliere devotion, & un vray détachement d'elle-même, & de toutes les choses creées, huit jours avant sa mort, & le dernier de sa vie elle eût encore la grace de Communier, ce qu'elle fit avec les mêmes dispositions; & incontinant aprés elle entra à l'agonie, mais sans autre violence que son oppression, avec le jugement & la parole libre jusqu'au dernier soûpir, demandant genereusement le cierge, un peu auparavant que de le rendre, disant qu'il étoit tems, ainsi elle rendit son ame entre les mains de son Createur, l'an 1666.

Ce n'est point des hommes, mais du Ciel que nôtre Ursuline avoit appris la voye seure d'aller à Dieu. Apprenez de son exemple qu'il est bon de nous separer des creatures en quelque pieté qu'elles puissent être, & que nous ne pouvons assez tendre à ne nous occuper dés maintenant que de Dieu, qui remplira luy seul un jour toutes nos pensées.

MAXIMES.

I. L'on ne peut guere accorder Dieu avec les hommes, & l'on dérobe presque toûjours au premier, le tems que l'on donne aux autres, & l'on ne peut guere allier ces deux choses; Dieu demande de nous une grande paix, & une grande simplicité, & les creatures au contraire nous causent des embarras dans l'esprit, & le remplissent d'une multitude de pensées confuses; ainsi retranchez d'un côté ce qui vous peut nuire de l'autre.

II. Quand nous sentons nôtre nature émeuë dans la passion, il faut peu parler; pour éviter de dire quelque chose qui soit conforme à ses sentimens imparfaits, ce qui seroit encore un plus grand mal, & un sujet de nouveau trouble à l'ame; mais il faut aussi-tôt aller au Fils de Dieu chercher nôtre remede.

III. Ne vous découragés point à la veuë de vos fautes & de vos imperfections, mais il vous en faut humilier; c'est le propre des enfans d'Adam de tomber, & celuy des enfans de Dieu de se relever, & de tirer du profit de leurs cheûtes selon ce qu'il est dit; *qu'à ceux qui aiment Dieu, toutes choses cooperent en bien.*

Ce même jour se fait la Fête de Saint Thomas de Ville Neuve, lequel fut tiré de l'Ordre de Saint Augustin pour être Archevêque, ce fut dans cét employ où il fit paroître son zéle pour la Conversion des ames, & sa charité envers les pauvres. Dieu luy revela l'heure de sa mort en luy parlant par la bouche d'un Crucifix, il fit d'abord donner tout ce qu'il avoit d'argent aux pauvres, aussi bien que ses meubles & son lit, priant les pauvres à qui il l'avoit donné, de luy prêter jusqu'aprés sa mort qui arriva en l'an 1555.

Nous avons lieu d'honorer tres-particulierement ce grand Saint, puis qu'étant de l'Ordre de Saint Augustin, nous participons à ses graces; par l'Indulgence pleniere que l'Ordre des Ursulines a à aperpetuité ce jour-là, comme il se
voit

voit en la Bulle mise au long au vingt-huitiéme d'Août, pour gagner ladite Indulgence il faut être Confessé & Communié, visiter leur Eglise & prier pour l'exaltation de la sainte Eglise, l'extirpation des Heresies, & pour la paix entre les Princes Chrétiens.

Dix-Neuvie'me Septembre.

LA VENERABLE SOEUR MARIE DE Saint François, Pallu, Religieuse Ursuline de Tours.

Ie tiens à gloire toutes mes infirmitez, pourveu que je possede toûjours le cœur & l'amour de Iesus. Dans la deuxiéme au Corinth. ch. 12.

NOSTRE Sœur de saint François est sortie d'une famille tres-considerable dans la Tourraine, Monsieur son Pere étoit Avocat du Roy & Conseiller au Presidial de Tours, un des plus sages & plus habiles hommes de son tems; Madame sa Mere étoit fille d'un Conseiller au Parlement de Rennes, & depuis premier President du Presidial de Tours. Il ne s'est peut-être jamais vû un mariage plus saint & plus heureux, le mary, & la femme menoient une vie vrayement Chrétienne, & ce fut sans doute leur pieté envers Dieu, leurs charitez envers les pauvres, & leurs autres bonnes œuvres qui attirerent sur eux une benediction abondante de dix-huit enfans que Dieu leur donna, dont plusieurs se sont consacrés à son service dans l'état Ecclesiastique & Religieux.

Nôtre Sœur de Saint François se fit Ursuline, laquelle n'entendit pas plûtôt parler des Monastéres, qu'elle se déroba secretement, & eût assez de credit à l'âge de dix ans pour se faire recevoir aux Ursulines de Tours; ses parens ne la trouvant plus chez eux, la firent chercher par la Ville, & ayant apris où elle étoit, ils se tinrent en repos; dés lors son Pere s'attacha à la Communauté, l'assista si infatigablement, qu'il en merita le nom que chacun luy donnoit de bon amy, & de Pere commun. Dans le peril d'une inondation, toutes les Religieuses de Tours ayant commandement de sortir de leur Convent, la Superieure des Ursulines ne manda que ce peu de mots à Monsieur Pallu, vos amies sont en danger, & s'en fut assez pour un bon cœur comme le sien, car au fort de la nuit il fit apprêter vingt lits en sa maison, en fit sortir sa famille, & monta en carosse pour aller querir ces bonnes Religieuses, avertissant de plus tous ceux de la Ville qui y avoient interêt, afin qu'elles fussent toutes & promptement secourües, comme elles le furent en effet, & il ne leur manqua jamais en d'autres occasions.

Sa fille se trouvoit si bien au Monastére que non seulement elle n'en voulut pas sortir, mais on ne pût la retenir à la Classe depuis qu'elle eût treize ans, il fallut pour donner quelque chose à sa ferveur extraordinaire, la mettre au Noviciat devant le tems accoûtumé; aussi son esprit avancé au de-là de son âge, la facilité avec laquelle elle apprenoit tout ce qu'on luy enseignoit, avec toutes les marques d'une excellente vocation, meritoit bien qu'on luy fît un tel privilege.

Elle se trouva la plus jeûne, la plus delicate, & la plus foible de vingt-cinq Novices qui étoient alors au Convent, cependant elle égaloit les plus fortes dans les exercices les plus laborieux. C'étoit un sujet tres-propre à une vie de Communauté, car comme elle avoit l'humeur honnête, complaisante, officieuse, & pleine de bonne volonté, qui est le propre caractere de sa famille, elle s'attiroit l'amitié de toutes les Religieuses, elle en fût reçeuë unanimement, & elle offrit ses vœux avec un redoublement de ferveur qu'elle sçeût conserver toute sa vie, sans aucune diminution. La grace à laquelle elle fût fidelle, perfectionna ses belles inclinations.

Elle se croyoit de bonne foy la plus imparfaite du Monastere, & se rendoit si accommodante à ses Sœurs qu'à tout ce qu'elles luy proposoient, elle n'avoit point d'autre réponse, que, *ce qu'il vous plaira*: Elle eut voulu les servir & soulager toutes, c'étoit à elle à qui elles recouroient avec franchise dans leurs besoins, & elle faisoit sa joye d'avoir toûjours dequoy les contenter. Les Pensionnaires, & les Novices qu'elle instruisoit avec un zéle mêlé de douceur, n'avoient pas moins de confiance en elle, car ses manieres d'agir étoient tout à fait engageantes, & pour dire tout en un mot, elle étoit toute aux autres & rien à elle.

Un an avant sa mort elle fut attaquée de certaine décharge de cerveau, qui s'épanchant sur ses membres, luy causa une pesanteur qu'elle appelloit lâcheté, & pour la dissiper elle alloit balayer, & porter des fardeaux; à peine avoüoit-elle ses maux quand on les devinoit, ayant peur d'être dispensée de la regularité; enfin la Superieure l'obligea à se rendre à l'Infirmerie, où les précautions n'empêcherent point qu'elle ne devint hydropique.

Si la charité bien-faisante avoit été sa particuliere vertu lors qu'elle se portoit bien, la mortification fut celle de sa maladie, où elle se privoit des douceurs que ses parens, & la Religion luy presentoient, & même de boire dans sa plus grande soif; elle s'abandonna aux remédes les plus fâcheux pour bien ménager toutes les occasions de souffrir: on l'eût sacrifiée par tout le corps si l'on eût crû que cela luy eût sauvé la vie, & elle y avoit consenti, disant que ce luy seroit une honte de refuser une Croix; ses dernieres dispositions furent si édifiantes & si saintes, qu'on les tint pour le fruit de quantité de devotions qu'elle avoit fait, pour obtenir la grace finale; Elle avertit avec intrepidité que le froid de la mort luy prenoit, & aprés un demy quart-d'heure d'agonie, elle rendit son ame à Dieu, âgée de trente-sept ans. Sept jours aprés sa mort une Religieuse de ses intimes qui la regretoit fort, priant pour le repos de son ame, ressentit tout d'un coup une consolation extraordinaire, qu'elle communiqua aprés à celuy qui avoit reçeû la Confeſſion generale de la deffunte, & qui eſtima que cette joye étoit un petit réjailliſſement de la gloire dont elle jouïſſoit déja.

Voyez par l'exemple de cette vertueuſe Urſuline la fidelité avec laquelle vous devez ſervir vôtre Epoux. Si nous n'avons plus aujourd'huy les Tirans à combattre, nous avons le Demon à vaincre, c'eſt ce Monſtre que nous avons à abattre à nos pieds, en reprimant les paſſions de nôtre propre chair, dont il ſe ſert pour nous perdre.

Regardez-vous, comme devant marcher ſans ceſſe ſur des charbons embraſés, ſans vous brûler, & paſſer au travers des épées, ſans en recevoir la moindre bleſſure; le peché que vous avés ſurmonté eſt quelquefois plus puiſſant que le fer & que la flâme; vous ne pouvez mieux réüſſir dans cette guerre qu'en jeûnant, veillant, priant, & mortifiant vôtre chair, qui eſt une ſource auſſi feconde de corruption qu'un corps mort eſt une ſource de vers. E'coutés nôtre Urſuline dans ſes ſouffrances, *je tiens à gloire toutes mes infirmités, pourveu que je poſſede toûjours le cœur, & l'amour de mon Dieu & Sauveur*; c'eſt ainſi qu'elle emportoit la victoire ſur ſoy-même, & ſur les ſuggeſtions du Démon, & apprenés que l'on ne triomphe point, ſi on n'a remporté la victoire, & que la victoire ne ſe remporte point ſans combattre.

MAXIMES.

I. L'ame ne doit jamais s'abbattre, en ſorte qu'elle manque à l'eſperence que Dieu veut qu'elle ait de joüir de luy, & de le poſſeder éternellement; & pour témoigner combien cette eſperence luy eſt agreable, il nous y oblige ſous peine de peché.

II. Quand vous avés fait quelque faute, demandez-en pardon à Nôtre-Seigneur Jeſus-Chriſt, avec une profonde humilité, & le remerciés de ce qu'il a deja donné ſon ſang pour l'effacer, puis r'entrés dans la paix & dans la confiance en Dieu, & recommencés tout de nouveau comme ſi vous n'aviés rien fait.

III. Lorſque nous recevons l'abſolution de nos pechez, il faut nous lier aux Actes de Contrition, que Nôtre-Seigneur Ieſus-Chriſt a fait pour nous lors qu'il étoit ſur la terre, & ſupplier ſon Pere que pour l'amour de luy il daigne nous regarder, non plus comme ſes ennemies, mais comme ſes filles & ſes ſervantes.

IV. Ayés une grande confiance en Jeſus-Chriſt, comme en celuy qui peut ſeul remedier à tous nos maux, & qui ne ſe laſſe jamais de nous bien faire.

DIX-NEUVIE'ME SEPTEMBRE.

LA VENERABLE SOEUR MARIE de l'Incarnation, de la Ruë, Religieuse Ursuline de Dinan.

Nos tribulations qui sont si legeres qu'elles passent en un moment, operent en nous le poids solide & stable de la gloire. En la deuxième Aux Corinthiens, Chapitre 4.

NOSTRE Sœur de l'Incarnation étant abattuë & allitée de maladie dans le Monastére de Dinan, châque fois que sa Superieure vouloit, elle se levoit de son lit, & accomplissoit ses ordres, tout de même que si elle eût été en santé, c'étoit une chose admirable, mais encore plus d'obeïr ainsi jusqu'à la mort, & même aprés, par une merveille surprenante, les Religieuses ne luy purent jamais fermer la bouche, mais elle se ferma d'elle-même, sans la plus ouvrir, aussi-tôt que la Superieure le luy eût commandé.

Ainsi ses tribulations qui ont passé en un moment, ont operé, jointes à sa parfaite obeïssance, le poids solide & stable de la gloire. Elle s'employoit à tout, ne raisonnant point selon la prudence de la chair, ne s'arrêtant point à considerer si elle s'attireroit de nouvelles infirmités, en obeïssant à sa Superieure, mais suivoit seulement le mouvement que Dieu luy imprimoit dans le cœur, & elle luy en abandonnoit toute la suite, demeurant toûjours dans la paix des enfans de Dieu. Admirez cét exemple, & l'imitez.

MAXIMES.

I. Souvenez-vous que plus nous avons soin de nous mêmes, & de ce qui nous regarde, conformément à l'inclination de nôtre amour propre, moins nôtre Seigneur en a, & que moins nous en prenons pour nous abandonner à sa providence, plus il en prent par sa bonté infinie.

II. Soyez égales en tout tems, ne vous laissant aller ny à la joye, ny à la tristesse, & soyez toûjours soûmises à ce qu'il plait à Dieu d'ordonner sur vous, acceptant également le travail & le repos, la peine, & la facilité; un jour viendra que nous entrerons dans une autre vie, & dans une autre terre, où la paix, & la joye seront éternelles.

III. Passez châque jour comme si c'étoit le dernier de vôtre vie, & faites châque action comme si c'étoit la derniere que vous eussiez à faire.

IV. Prenez toûjours le moment present pour en faire bon usage, car vous n'avez que cela en vos mains, c'est un effet de nôtre bannissement, & de nôtre pauvreté en la terre, que nous ne possedons ny pour nous, ny pour les autres, que le moment où nous sommes; car ce qui est passé n'est plus en nôtre puissance, & personne ne nous sçauroit répondre de l'avenir.

VINGTIE'ME SEPTEMBRE.

LA VENERABLE SOEUR ANNE DE Saint Loüis, de Conquerant, Religieuse Ursuline de Montargis.

Nous sommes entré dans la lice, nous avons vaillamment combattu, nous avons bien fourny la carriere, il ne nous reste plus que d'emporter la Couronne de justice que Dieu nous garde comme en dépôt. S. Paul à Timoth. ch. 4.

NOSTRE Sœur de Saint Loüis a été prevenuë des graces de Dieu dés son enfance; lors qu'elle entra en Religion, qui fut à l'âge de quinze ans, Madame sa Mere assura qu'elle n'avoit jamais fait une action qui luy pût déplaire, & qu'elle avoit toûjours été sa consolation; dés qu'elle fut entrée en Religion elle devint celle de sa Mere Maîtresse, d'autant qu'elle passa son Noviciat avec tant de ferveur & d'exactitude, qu'on la comparoit au Bien-heureux Loüis de Gonzague, toute sa vie s'est passée dans cette même ferveur. C'étoit une fille d'ordre qui s'acquittoit parfaitement de tout ce que l'obeïssance commettoit à ses soins, ayant un grand respect & estime pour ses Superieures.

Son dénuëment de toutes choses étoit singulier, n'ayant precisement que le necessaire, & même dans sa derniere maladie qui a été de six mois, elle étoit dans une attention continüelle pour se priver de tous les petits soulagemens que la mortification luy faisoit tenir pour superflu; il sembloit qu'elle eût voulu encore en cét état s'éxempter de toutes particularitez, comme elle avoit fait toute sa vie. Six ans avant sa mort elle eût une maladie qui la reduisit à l'extremité, en laquelle aprés qu'elle eût receû tous ses Sacremens avec une merveilleuse application d'esprit, l'on fit un vœu en l'honneur de la Sainte Vierge & de Saint François de Sales, pour le recouvrement de sa santé; Dieu exauça les prieres de sa Communauté, elle guerit par une espece de miracle; depuis ce tems elle n'eût point de santé parfaite, & ne laissoit pas de faire tout son possible pour suivre toutes les observances regulieres, même l'oraison de quatre heures, où elle se trouvoit tant qu'elle pouvoit. Elle receût donc la santé comme un don du Ciel, &

crût d'être obligée d'en employer tous les momens pour Dieu. Elle fit ensuite des merveilleux progrés pour la vertu, s'adonnant encore plus particulierement à la vertu interieure, s'offrant continuellement à nôtre Seigneur en qualité de victime.

Sa devotion particuliere étoit au Saint Sacrifice de la Messe, toutes celles qui se disoient au Monastere, elle y assistoit, même les six derniers mois de sa vie, que la fiévre putride s'étoit jointe à la fiévre lente qu'elle portoit depuis long-tems; elle tiroit des forces de sa foiblesse, pour y assister, aussi-bien qu'à l'Oraison du soir, où elle s'est traînée tant qu'elle a pû.

Sa ferveur & son courage l'ont encore portée à jeûner les Carêmes avec tous ces maux, qui ne l'empêcherent pas non-plus à faire ces éxercices spirituels, avec une dévotion admirable, à dessein particulierement de se disposer à bien mourir; elle degagea son cœur de toutes choses, & s'adonna si fort à penser à Dieu souvent, qu'on peut dire qu'elle étoit continuellement en sa presence, & vivoit dans une apprehension perpetuelle de luy déplaire. Tous les mois elle faisoit l'exercice pour se preparer à bien mourir, du Reverend Pere saint Jure, & tous les huit jours, six moix avant sa mort, faisant aussi toutes ses Confessions, & Communions, comme si elles eussent dû être les dernieres de sa vie. Elle se voyoit mourir tous les jours peu à peu, & avec tant de constance, & de generosité, qu'elle disoit, comme saint Paul, qu'elle souhaittoit la dissolution de son corps, pour être unie avec Jesus-Christ: on ne pouvoit jamais à son gré luy parler assez de Dieu, tant elle étoit insatiable de la divine Parole.

Son attrait particulier étoit l'amour douloureux dont elle produisoit incessamment des actes; elle se fit encore effort pour communier à l'Eglise, le jour de la Fête de nôtre Pere Saint Augustin, & ensuite elle s'alita pour la derniere fois, & depuis elle reçût trois fois Nôtre-Seigneur, une par dévotion, & deux en Viatique dont la derniere a été comme le sçeau de sa prédestination, puis qu'elle a expiré dans les entretiens de son Divin Hôte, qui ne venoit que d'entrer chez elle. Toute sa vie elle avoit eu un singulier soin de gagner les Indulgences, elle l'eut aussi en sa derniere heure, priant qu'on les luy fît gagner. Et crainte de perdre un seul moment de sa vie voyagere, elle avoit donné son desir & sa volonté à plusieurs Religieuses, afin que pendant son agonie, on produisît pour elle des actes de contrition, d'amour, & autres propres de ce tems. Lorsqu'elle reçeut l'Extrême-Onction, elle faisoit des actes de douleur à châque Onction avec une application d'esprit extraordinaire: Ainsi elle finit sa belle vie par une mort précieuse. Nous pouvons pieusement croire qu'elle l'a merité par sa grande devotion à la sainte Vierge, à son bon Ange, & à prier pour les ames du Purgatoire.

Elle a laissé une grande édification dans son Monastére par sa modestie, charité, compassion, douceur, condescendence, & autres vertus, qui feroient une redite des exemples cy-dessus; mais particulierement son affection pour l'institut, où étant employée, son but principal étoit d'imprimer l'horreur du peché.

Le sentiment qu'elle avoit des graces que la bonté de Dieu luy avoit donné, étoit si grand, & reconnoissant, que ne pouvant presque plus marcher, elle se fit aider pour faire un pelerinage à une Chapelle qui est dans l'enclos du Monastére, pour témoigner à Dieu ses actions de grace, & pria une Religieuse d'y faire une neufvaine à cette intention.

Admirons ce grand modele, voyons cette vertueuse Ursuline affronter la mort, comprenons l'éminence de la grace qui étoit en elle, & en comparant ce brasier de charité avec nos froideurs, humilions-nous dans nôtre pauvreté, sans porter envie aux Trésors de grace quelle possedoit. Elle sentoit en elle une force, sans neanmoins s'en ébloüir, & s'en servoit pour se porter à toutes les plus solides pratiques pour se disposer à bien mourir, elle étoit courageuse sans être superbe, & en sacrifiant à Dieu son corps par les souffrances, elle sacrifioit aussi son ame par la profonde humilité dont elle accompagnoit ses maux ; ce sont là les modéles qui nous doivent faire rougir de nôtre élevement, & de cette vanité interieure, qui nous corrompt de telle sorte, que nous ne pouvons faire le moindre bien, sans en devenir en même tems orgueilleux.

MAXIMES.

I. La Foy établit les ames dans les lumieres de Dieu, & les éleve au dessus d'elles mêmes, par une intime union à Dieu, & à toutes ses divines perfections, pour croire humblement tout ce qu'il luy plait de leur reveler de ses grandeurs, de ses conseils, & de ses œuvres, sans consulter la raison, pour agir avec confiance en luy, sans chercher le vain supléement des biens perissables.

II. La Foy demeure aussi-bien dans la tempête, que dans le calme, pourveu que nous soyons toûjours fidelles à Dieu, & que nôtre volonté soit soûmise à la sienne. Il est dit, que la vie du Juste est la Foy, parce qu'il opere, non selon ce qu'il sent, mais selon ce qu'il croit, & qu'en cela consiste la vie des Enfans de Dieu.

III. Les enfans du siecle, & des tenêbres, regardent toutes choses dans les tenêbres, mais les enfans de lumiere regardent tout dans la lumiere, ceux-là voyent la pauvreté, l'humiliation, la mortification, & les souffrances, comme des maux, & au contraire ceux-cy les voyent comme des biens, & comme des grands biens, puis qu'il les rendent conformes au Fils de Dieu, humble, pauvre, & souffrant, qui est le bon-heur de la Terre ; ce leur sont des moyens d'être faits semblables à luy-même, riche, glorieux, & regnant, qui est tout le bon-heur du Ciel, & de l'Eternité.

VINGTIE'ME SEPTEMBRE.

LA VENERABLE MERE CATHERINE de Langlée, Fondatrice des Religieuses Ursulines de Montargis.

La Loy de Dieu fust toûjours dans son cœur.
Au Psalme 36.

Celuy qui sçait tirer du bien du mal, sçait aussi tourner à nôtre avantage nos plus grandes infortunes, il en usa ainsi envers Mademoiselle Catherine de Langlée, la faisant fondatrice d'une maison d'Ursulines, presque aussi-tôt qu'elle se vit obligée de sortir de celles de Paris au grand Convent où elle avoit porté l'habit de Novice, car la douleur qui la possedoit dans cette conjoncture émeût tellement à compassion & les Religieuses, & sa bonne Mere, que cherchant quelques moyens de la consoler, il ne s'en trouva point de plus efficace que la resolution d'établir un Monastere à Montargis, dans une maison qui luy appartenoit ; les mêmes Ursulines de Paris s'engagerent de donner quatre Professes pour cette fondation, dont l'une étoit la Sœur de la jeune Fondatrice, & la Superieure la Mere de Belloy de Sainte Croix premiere Religieuse de l'Ordre ; toutes choses arrêtées, Madame de Langlée les conduisit à Montargis, & sur le chemin, passant par Nôtre-Dame de Ferriere, nôtre Damoiselle remit son dessein entre les mains de la Sainte Vierge, luy demandant son assistance particuliere pour son heureux succez, non contente de cela, au bout de quelques années, elle renonça en faveur de la même Vierge, à l'honneur & au titre de Fondatrice par un acte solemnel signé de sa main, devant une de ses Images en presence de la Communauté, & ne voulut plus depuis ce jour-là être appellée de ce nom. Elle fut la premiere Novice, & Professe de ce Couvent, & elle y a toûjours donné grande édification par sa fidelité à la Loy du Seigneur, & aux Regles de l'Ordre.

Représentés-vous si la vie de nôtre-Ursuline a été froide, & languissante, apres une si grande constance à sa vocation, c'étoit un effet des transports d'amour qu'elle avoit pour Jesus, qu'elle n'a point diminüé jusqu'à sa fin.

Prions Dieu qu'il imprime dans nos cœurs quelque chose de ses mouvemens, convertissons-nous sincerement à luy, mais convertissons-nous par amour comme-elle.

MAXIMES.

MAXIMES.

I. Quoyque nous difions ou faifions il faut aimer, la converfion ne fe fait que par l'amour, & ce n'eft que par l'amour que l'on obtient la remiffion de fes pechez.

II. Le Fils de Dieu nous affure que fes paroles ne pafferont point, quoyque toutes les chofes vifibles, même le Ciel & la Terre viennent à perir, il n'en faut laiffer paffer aucune fans y rendre un hommage fpecial, puis qu'une virgule ou un yota ne paffera point, & que la loy de Dieu doit être accomplie juſqu'à la moindre circonftance; il n'y a rien dans fa loy & dans fa parole qui ne foit digne de nôtre application & de nos hommages.

III. O! que l'Eglife eft riche, ô! que les trefors que Jefus-Chrift luy a donné, en luy donnant les Evangiles & les autres E'critures Saintes, font grands! je ne dés-approuve pas les devotions & les pratiques de pieté, que l'efprit de Dieu fuggere quelque-fois à de bonnes ames, mais ce qui vient de la part de l'Eglife, & ce qui eft appuyé de fon authorité, eft incomparablement meilleur. Jefus-Chrift en eft le chef, le Saint Efprit la gouverne & la regit, nous ne pouvons nous tromper en nous conformant à elle, & en nous liant aux devotions, & aux fujets aufquels elle nous applique.

IV. Je vois avec douleur, que les Chrétiens ne reffentent point le malheur dont ils font menacez, chacun s'occupe avec d'extrémes foins à fes affaires, & à fes propres interêts, mais pour ceux de Jefus-Chrift, & pour ceux de fon Eglife, peu d'ames y penfent en verité. Demandons luy qu'il nous rende dignes de ce petit nombre, & que nous oublions tous nos befoins, pour nous appliquer à celuy qui furpaffe tous les autres, fans nulle comparaifon.

V. Souvenez-vous de ce qui eft écrit des premiers Chrétiens, lors que toute l'Eglife fouffroit en la perfonne de Saint Pierre; ils étoient tous affemblez, dit l'Ecriture, & prioient fans intermiffion jour & nuit pour leur Pafteur. L'une de nos principales obligations eft de prier pour l'Eglife, que tout ce que vous ferez maintenant foit donc employé à cette fin, que vos communions, vos penitences, ayent pour but la parfaite intelligence des Chrétiens, leur union fincere & unanime, dans la dépandance, & dans la Foy que profeffe leur Pere commun.

Vingt-Unie'me Septembre.

LA VENERABLE SOEUR CATHERINE de Saint Hyacinthe, Guiry, Religieuse Ursuline de Lizieux.

Dieu m'a veritablement fait des graces de toutes sortes.
En l'Ecclesiastique, Chapitre 24.

Nous pouvons dire de cette vertueuse Ursuline que depuis que nôtre-Seigneur l'a appellée dans la Religion, aprés avoir mené dans le monde une vie pure & innocente, elle y a remply ses jours de saintes œuvres, & a toûjours agi selon l'étenduë de la grace & des lumieres, qu'il luy a communiquées, n'ayant pas relâché un seul moment sa premiere ferveur. Elle commença son Noviciat âgée de dix-huit ans, dans une exactitude admirable, étant toûjours la premiere au Chœur; quand elle voyoit quelques Religieuses avoir la même ardeur, elle se retiroit doucement pour luy donner le pas, & la consolation de saluër le tres-Saint Sacrement la premiere; & avoit la même exactitude à tous ses exercices spirituels, où elle ne manquoit jamais, même dans son travail manuël, elle s'occupoit en prieres vocales, ayant une presence de Dieu continuelle.

Elle étoit au Chœur comme un Ange, chantant avec assiduité, & une si grande ferveur qu'on l'entendoit par dessus les autres; si elle pouvoit avoir quelque moment de tems elle l'employoit à l'oraison, & visites au tres-Saint Sacrement de l'Autel, ne manquant point d'en faire au moins trois par jour. Son plus grand divertissement aux recreations étoit de parler de Dieu, & de chanter des Cantiques Spirituels; elle étoit si ponctuelle au silence qu'elle eût fait conscience de dire une parole inutile.

Sa pauvreté a été dans le dernier degré de dénuëment qui peut être pratiqué dans les Communautés Religieuses, se contentant du tres-necessaire, prenant toûjours le pire pour elle, tant pour le vêtement que pour sa nourriture. Son soin particulier dans ses emplois étoit de conserver & ménager toutes choses utilement, s'étant tellement donnée au bien commun, qu'elle ressentît une consolation sensible à la mort de n'avoir jamais fait un seul point pour son particulier.

Son plus grand plaisir étoit d'obeïr, regardant en ses Superieures la personne de Jesus-Christ, elle étoit toûjours disposée en tout tems & à toute heure à faire tout ce que l'on fouhaittoit d'elle, fans aucune reprefentation, prevenant même les volontés des Superieures, quand elles les avoient découvertes par le moindre figne.

Son zéle pour l'inftitut luy faifoit fouhaitter avec ardeur d'aller confommer fa vie à l'inftruction des petites Canadoifes. Les veilles, les jeûnes au pain & à l'eau, & toutes les autres aufterités qui fe pratiquent dans la vie Religieufe luy étoient ordinaires, joint à une veille continuëlle fur la mortification de fes fens, jufques là même qu'un peu avant fon agonie elle fit encore reflexion, fi elle devoit prendre une goutte d'eau pour rafraichir l'ardeur qui la confommoit, crainte de donner quelque foulagement à la nature; elle a paffé les hivers tous entiers fans fe chaufer, & s'en fût toûjours abftenuë, fi on ne luy eut ordonné expreffement de le faire.

L'ardeur de fon zéle pour les chofes fpirituelles, de mortification & de regularité n'empêchoit qu'elle ne s'occupat infatigablement au fervice exterieur de la Communauté, étant d'une complexion forte, & rigoureufe

Elle faifoit bien fouvent plus d'ouvrage elle feule que fix Religieufes enfemble n'en euffent pu faire, quoy qu'elle euft toûjours de grandes obediences, comme Lingere, Celeriere, Maîtreffe des Externes, & cela ne l'empêchoit pas d'être toûjours la premiere & la derniere à tous les ouvrages communs de la maifon, & de rendre à châque Religieufe tous les fervices dont elles avoient befoin, avec tant de charité & de joye, qu'elle donnoit confiance à toutes de s'y adreffer; & ce qui eft furprenant, elle ne laiffoit avec tout ce que nous venons de dire, d'entretenir elle feule toute la Communauté de fouliers, faifant une eftime fi particuliere de cette occupation, qu'elle avoit peine à fe refoudre à la montrer à une autre de crainte d'en être privée. Elle folemnifoit avec grande devotion la Fête des Saints Crépin & Crépinian, conviant toutes les Religieufes de faire un falut à fa Cordonnerie, en l'honneur de ces grands Saints comme Patrons de fon obedience. Elle avoit fait des Cantéques fpirituels à leur honneur, qu'elle aportoit foigneufement à la recreation pour être chantés le jour de leur Fête; tout ce qui étoit de bas, & humble étoit fes delices. Nous paffons quantité d'autres chofes fous le filence, un abregé ne permettant pas d'en dire davantage.

Comme la mort eft l'éco qui répond à la vie, elle y a apporté toutes les difpofitions que l'on peut fouhaitter; nôtre-Seigneur luy en donna un preffentiment un an auparavant, où elle difpofa & mit en écrit ce qu'elle avoit à faire jufqu'à fa mort; ce fût au premier de Janvier de l'an 1674. qu'elle prit un grand rume, & fluxion fur le Poulmon, avec fiévre, & de grandes fueurs, qui malgré tous les remédes, ont toûjours augmenté; elle employa ces neuf mois de tems qui luy reftoient à fe preparer faintement à fa derniere heure, croyant certainement qu'elle ne gueriroit point; le faint Sacrement étoit fon lieu de refuge, où elle paffoit tous les momens que fon Infirmiere luy vouloit bien permettre. Elle portoit tous fes maux avec une patience & douceur admirable, & quoy qu'il n'y avoit point eu de malade quelle n'eût veillé à fon tour, elle ne pouvoit souffrir qu'on luy rendit la même charité, ayant soin jusqu'à la fin de ne donner aucune incommodité à personne, & de se priver adroitement de tous les petits soulagemens, & douceurs necessaires dans ces sortes de maux; elle ne s'est allitée que douze jours, pendant lesquels elle a reçû tous ses Sacremens avec plein jugement, elle se confessa & communia encore le matin de son decez, grace qu'elle avoit beaucoup souhaité, aussi-bien que celle d'être assistée dans ses derniers jours de Monsieur des Speriez Professeur Royal de Sorbonne & Superieur du Monastere, qui luy donna cette consolation avec grande bonté, zele, & assiduité, jusqu'au dernier moment; elle est decedée le 21. Septembre, dans une paix & tranquillité entiere, ne souhaitant que de s'unir à celuy qu'elle avoit tant aimé & si fidellement servy, qui aprés l'avoir captivée de son amour sur la terre, & remplie de ses dons, il l'a attirée à luy pour la faire joüir de ses bontés éternelles, comme nous avons lieu de l'esperer de sa misericorde; & c'est dans cét heureux moment qu'elle chante avec le Prophete, que *Dieu luy a fait veritablement des graces de toutes sortes.*

Il y a peu de Chrétiens qui ayent accomply plus ponctuellement ce que dit saint Paul, *Qu'il faut devenir fol pour être sage*, que nôtre Ursuline qui a renoncé à la fausse sagesse du monde, pour entreprendre une maniere de vie qui passeroit aisément pour une folie aux yeux charnels de ceux qui se disants sages, sont devenus fols eux-mêmes. Ainsi elle n'a point rougy de la pauvreté du Fils de Dieu, lequel a quitté toutes les richesses de la Divinité; elle s'est faite pauvre, comme il s'est fait pauvre, elle a comme luy embrassé une profession méprisable selon les hommes, & gagné sa vie à la sueur de son visage, ô ! qu'elle a beny de fois la grace que Dieu luy a faite de cette divine folie ; que le desir de n'avoir aucune charge honorable, pour être toûjours Cordonniere & être méprisée, nous serve d'exemple, & nous enflâme.

Méprisons le jugement des hommes, n'ayons dans l'esprit que Dieu, & ses Anges; nous serons bien sages si nous nous rendons dignes de leur approbation, & de leurs loüanges.

MAXIMES.

I. Elevons nous à Jesus-Christ, réjoüissons nous dans l'attente des choses avenir, consolons nous dans l'esperance de posseder quelque jour une vie, où la joye, & la paix dureront éternellement, & où toutes les choses de ce monde passeront bien-tôt, nous aurons dans peu la consolation de nous voir dans ce beau sejour de l'éternité, où il n'y aura plus ny plaintes, ny peines, ny douleurs, tout ce qui est de nos infirmités sera aneanty, & Dieu renouvellera toutes choses.

II. Embrassez avec allegresse les mépris, les souffrances, & les travaux de cette vie, & soyez assûrés que ces legeres douleurs que l'on porte icy-bas pour Jesus-Christ, & qui se passent en un moment, produiront un poids, & un tresor de gloire qui ne perira jamais, & que nulle langue ne peut exprimer.

III. Tâchez dés cette vie de converser dans le Ciel, comtemplés-en la gloire, & la splendeur; aimés cét état, & saluës de loin cette belle Cité, honorés les heureux habitans dont elle est peuplée; souhaittés ardemment d'être quelque jour de leur nombre, & demandés cette grace au Fils de Dieu, & aux mêmes Saints.

Vingt-Deuxie'me Septembre.

LA VENERABLE SOEUR CLAUDE de Sainte Therese Touronnée Religieuse Ursuline de Morlaix.

N'haïssés pas les Ouvrages pour penibles qu'ils soient.
Dans l'Ecclesiastique, Chap. 7.

NOSTRE Sœur Claude de sainte Therese étoit naturellement courageuse, elle se resolut d'abord de ne se point épargner pour le service de son Monastére qui étoit dans son commencement, & bien-loin d'haïr les ouvrages penibles, elle s'y portoit avec ferveur, & on la voyoit toûjours en action au moindre signe de l'obeïssance, pour quelque employ que ce fût; ainsi l'on peut dire qu'elle gagnoit son pain à la sueur de son visage, non seulement le pain materiel qu'elle s'épargnoit fort, mais beaucoup plus le pain sacramentel, dont elle avoit une si grande faim, que sa Superieure luy en accordât un usage plus frequent qu'aux autres.

Elle avoit un amour de transport à l'égard de la sainte Vierge, & de saint Joseph, elle procura la construction d'une petite Chapelle à leur honneur dans l'enclos du Monastére; & des aumônes qu'elle obtint, elle fit faire un Tableau de Jesus, Marie, & Joseph, pour cette Chapelle, où la Communauté va en procession plusieurs fois l'année, & a reçeu beaucoup de graces en suite de cette dévotion. Les ames du Purgatoire ont dû se ressentir des prieres de nôtre Sœur Therese, car elle étoit fort soigneuse de les aider.

Une langueur dans ses dernieres années l'assujettit aux remédes, mais elle ne s'exempta d'aucune régle, non pas même de se lever de grand matin. Elle fust contrainte de garder la Chambre les derniers jours de sa vie, & alors elle prioit comme par grace qu'on la laissa seule durant l'Office Divin, afin que ses Infirmieres suppleassent à son impuissance de s'y rendre elle même; le jour qu'elle reçût l'Extréme-Onction, aprés qu'elle eut communié au Chœur, elle retourna à l'Infirmerie, se mettant au lit, elle eut encore le bonheur de communier à peu de jours de-là, & le lendemain elle tomba dans une Lethargie; quand elle fût prête d'expirer, une Religieuse pour voir si elle avoit encore quelque discernement, luy presenta l'Image de la sainte Vierge, & luy demanda si elle la connoissoit bien, elle répondit aussi-tôt qu'oüy, encor qu'elle n'eut parlé de tout le jour, & ajoûta, & pourquoy non, n'est-ce pas là ma Mere; c'étoit le nom ordinaire qu'elle donnoit à la sainte Vierge, puis refermant les yeux, elle quitta la terre, âgée de quarante ans, aprés en avoir demeuré 23. dans le Monastére.

Nous remarquons dans nôtre Ursuline, que Dieu se sert de toutes sortes de voyes pour la sanctification de ceux qui luy appartiennent, & que tout ce qui arrive dans le monde contribüe à leur veritable bien, le travail, & la solitude, tout porte à Dieu, ainsi soyons en repos, & quelque inquiétude même que les hommes nous pourroient causer, contentons nous de regarder paisiblement Dieu qui gouverne tout avec souveraine sagesse, & qu'il sçaura bien par l'amour qu'il a pour nous, faire reüssir à nôtre avantage, tous les desseins que l'on pourroit même former pour nous perdre.

MAXIMES.

I. Dans quelque état que nous puissions être gardons-nous bien de nous tenir entierement assurées; Nous sommes toûjours dans le hazard de déchoir de la grace, & même de la perdre, & si Iudas l'a perdüe en la Compagnie de Jesus-Christ, qui étoit une Societé bien-plus Sainte que toutes celles des Maisons Religieuses les plus parfaites; ne devons nous pas toûjours craindre, & être toûjours sur nos gardes, de peur que l'esprit malin ne trouve quelque entrée en nous pour nous seduire, & nous faire tomber.

II. Reconnoissez le peu de pouvoir qu'a vôtre ame, pour suivre parfaitement la voye, par laquelle Dieu veut que vous marchiez : regardez-le humblement, abandonnés-vous toute à luy, rendez-vous fidelle aux occasions, & entierement dépendente de sa bonté, pour luy rendre ce qu'il demande de vous, & ainsi appuyée sur luy, vous espererés tout de luy, & rien de vous même.

III. Soyez fidelle à Dieu, & croyez qu'il ne manquera jamais de vous assister dans toutes vos necessités, par des voyes inconnües presentement à vôtre ame, car il a un pouvoir infiny, & des moyens que nous ne sçaurions comprendre, mais il s'y faut abandonner incessamment.

Vingt-Deuxie'me Septembre.

LA VENERABLE SOEUR MARGUERITE de Saint Ignace, Baillot, Religieuse Ursuline de Roanne.

Vos cheveux ressemblent à des troupeaux de Chevres qui sont montés du plus haut de la Montagne de Galaad.
Aux Cantiques.

NOSTRE Sœur de Saint Ignace demeura sans Mere dés son bas âge, elle fust élevée en la maison de Madame la Contesse du Bourg jusqu'à l'âge de quinze à seize ans, où elle apprit tout ce qu'une Fille peut sçavoir, avec la pieté, qui luy inspiroit de bons sentimens pour la vie Religieuse, lesquels se diminuërent à treize ans par la frequentation des Compagnies, mais Dieu qui la destinoit pour être son Epouse, permit qu'elle fût mise Pensionnaire pour quelques mois aux Ursulines de Roanne, pendant lesquels elle eut de grands combats à soûtenir sur sa vocation, dont elle fust victorieuse; elle prit le saint habit de Religion, & fit Profession aprés avoir fait son Noviciat avec tant de ferveur qu'elle ne manquat pas un jour d'être la premiere à tous les exercices de Communauté. Et quoy qu'elle fût avantagée d'un naturel doux, d'un bon & solide jugement, & d'un esprit vif, toutes ses belles qualités n'empêcherent pas une profonde humilité, & anéantissement, sur quoy elle bâtit le haut édifice de sa perfection. Dieu dit par la bouche de son Prophete, sur qui reposera mon esprit, si-non sur l'humble; si nôtre Ursuline n'avoit pas été humble, le Saint Esprit n'auroit pas reposé dans son cœur, & elle n'auroit pas eu les graces que la residance de cét Esprit d'amour luy a communiqué; il faut donc avoüer que les pensées profondes de son neant, ont été le sujet de ses grandeurs. Le saint Esprit nous décrit naïvement cette verité dans les Cantiques, lors que se servant de la plume du plus sage des Roys, comme d'un pinceau pour peindre la couleur des cheveux de l'épouse, quand il dit, *Vos cheveux ressemblent à des troupeaux de chevres qui sont montés du plus haut de la montagne de Galaad.*

L'Epoux loüe la beauté de son épouse par cette similitude, comme s'il disoit, que l'on diroit à les voir flottants, serrez, toffus, & bien peignés, que ce soient des troupeaux de chevres qui couvrant la Montagne de Galaad, semblent tomber les unes sur les autres, & que pour brouter les plantes que porte la racine, se font un poil luisant qui rend cette Montagne éclatante aux yeux de ceux qui la regardent; les cheveux flottans sont comparés aux mouvemens irreguliers des Chevres; ils sont toffus, & bien paignés; les sentimens d'une ame humble, sont toûjours accompagnés d'une severe mortification, telle qu'a été celle de nôtre Ursuline, dont les cheveux étoient les humbles sentimens d'elle-même, ils sont comparés aux Chevres qui sont montées à la Montagne, par ce que plus elle s'est abaissée, Dieu l'a exaltée davantage; son abaissement a été le degré de son exaltation.

Dieu l'ayant prévenüe de beaucoup de graces, sur tout d'un don d'Oraison, où il traittoit avec elle, par des communications intimes, & tres-relevées, luy faisant connoître ses divines perfections qui la mettoient dans l'aneantissement, lequel la rendoit courageuse dans la pratique de l'humilité, & de la mortification dont elle étoit insatiable : les penitences faisoient sa joye, se privant même de l'aliment necessaire pour soûtenir sa santé, si l'on n'y eut pris garde. Les violences continuëlles qu'elle se faisoit, ne luy faisoient perdre aucune occasion pour donner à Dieu des marques de son amour, c'est ce qui adoucissoit ses peines; quand on luy disoit qu'elle s'y prenoit avec trop d'ardeur, qu'il ne dureroit pas, elle répondoit qu'il y avoit des ames à qui Dieu demandoit beaucoup de choses en peu de tems, que se croyant de ce nombre il falloit aller vîte, étant pressée de se tenir sur ses gardes, crainte de manquer à la fidelité qu'elle avoit promise à Dieu. Son adresse à gaigner les cœurs pour les porter à Dieu étoit grande, comme aussi sa conduite en tout ce quelle entreprenoit, & ses raisons fortes marquoient la clarté de son esprit.

Un an avant sa mort le dernier jour d'Aoust, elle eut pour suffrage saint Michel à qui elle avoit une particuliere devotion, il luy dit interieurement qu'il la prenoit en protection pour toute l'année qui seroit la derniere de sa vie; elle redoubla sa ferveur, & Dieu de sa part l'exerça dans des continuëlles indispositions de maladie, & de grandes humiliations; elle demeura toûjours dans une admirable paix, qui ne l'a point quittée même en ses derniers momens, non plus que la patience dans ses maux tres-violents.

Elle assura sa Superieure que rien ne la troubloit, ny la crainte de la mort, ny le jugement de Dieu, par ce qu'il étoit un Dieu tout plein de misericorde, à qui elle s'abandonnoit entierement, si elle étoit criminelle elle consentoit de tout son cœur de satisfaire à sa divine justice, étant unie, & conforme à toutes ses adorables volontés, elle reçût tous ses Sacremens avec une grande devotion, & expira le 22. Septembre 1659. âgée de 22. ans, & 6. ans de Religion.

MAXIMES.

I. La virginité est tres-loüable, mais l'humilié est une vertu necessaire au salut. Nous sommes invités à la virginité, mais nous sommes obligés de pratiquer l'humilité sans laquelle nous ne pouvons entrer dans le Royaume de Dieu; l'on peut être sauvé sans la virginité, mais non pas sans l'humilité.

II. L'hu-

11. L'humilité reconnoit ses offenses, & les deplore avec regret, ce qui est agreable à Dieu. Il est plus avantageux d'être purgé dans une fontaine de larmes, que dans un feu dont l'ardeur penetre les ames; il n'y a point de milieu, ou la fontaine pour le present, ou le feu pour l'avenir qui est allumé par le souffle de la colere de Dieu, où les vices sont punis sans pouvoir être purgés.

VINGT-DEUXIE'ME SEPTEMBRE.

LA VENERABLE SOEUR FRANCOISE Ursule, Sauteret, Religieuse Ursuline de Saint Jean de Loone.

Malheur à ceux qui mettent leur confiance aux hommes, qui font de la chair leurs bras, & leur soûtien, & qui détournent leur cœur du Seigneur.
Jeremie, Chap. 17. v. 5.

Nôtre Sœur de Sainte Ursule n'a vécu en Religion après sa profession que six mois & demy; dans ce peu de tems Dieu l'a exercée, & purifiée par des maladies continuëlles, & permit pour sa sanctification qu'elle eut pour Maîtresse une de ses parentes qui s'étudioit à rompre toutes ses volontés, la conduisant avec quelques sortes de rigueurs, sans avoir égard à ses infirmités. Il est à croire que Dieu par des lumieres extraordinaires, luy faisoit connoître que la vie de nôtre Sœur devant être fort courte, il falloit luy faire doubler le pas, pour arriver à l'état de perfection, dans lequel il la vouloit.

Ses Infirmités luy ayant donné un peu de tréve, elle demanda permission de faire sa retraitte de dix jours, qu'elle fit avec tant de ferveur, que les plus fortes n'en pouvoient faire davantage; elle fit une Confession generale avec des marques de contrition si sensibles qu'on la voyoit toûjours en larmes; elle eut en ce tems des assurances infaillibles d'une mort prochaine, en effet, dés le lendemain de sa solitude elle tomba malade d'une fiévre continuë, avec un grand dévoüement qui luy dura autant que sa vie; pendant ce tems elle édifia merveilleusement sa Communauté; ne témoignant ny chagrin, ny impatience, au contraire l'on voyoit une joye sur son visage, lors qu'elle pensoit qu'elle devoit bien-tôt voir son Dieu, dans le desir d'aller à luy, elle envisageoit la mort comme sa bien aimée, & disoit en chantant comme un Signe, ces paroles, *Je reconnois en moy trop de courage, pour n'oser voir* la mort en son visage, & le reste de la chanson, qu'elle repettoit à toute heure la veille de sa mort.

Aprés qu'elle eut remercié sa Maîtresse des soins qu'elle avoit eu de son éducation, luy demanda humblement pardon, & luy dit qu'elle mouroit contente, par ce qu'elle n'avoit jamais fait sa volonté. Elle a eu le bonheur de communier deux fois pendant sa maladie qui dura 17. jours ; elle demanda instamment, environ une heure avant sa mort qu'on luy apporta encore le saint Viatique, & dans l'intervale qu'on mit à le luy apporter, elle dit d'une voix haute & intelligible le Psalme, *Miserere mei Deus, &c.* répetant plusieurs fois ces paroles, *Cor mundum crea in me Deus*, & ces autres, *Cor contritum, &c.* Voyant entrer le Prêtre à l'Infirmerie, sa joye parut toute extraordinaire ; elle se confessa derechef, & répondoit à toutes les prieres qu'on faisoit. Elle ne pût Communier, son dévoûement l'ayant reprise, mais elle eut le bon-heur de mourir pendant qu'on luy donnoit l'Absolution, & la bénédiction du Saint Sacrement, parlant jusqu'au dernier soûpir, témoignant le desir qu'elle avoit de s'unir à Dieu. Elle dit pendant son agonie qu'elle voyoit deux Religieuses Ursulines qui l'invitoient d'aller de compagnie avec elles dans le Ciel, sa Maîtresse entendant ces discours, luy dit qu'elle luy ordonnoit, si Dieu luy en donnoit la permission, de l'avertir quand elle sortiroit du Purgatoire ; étant morte à dix heures du matin un jeudy 23. Septembre 1655. A midy ce même jour elle avertit par quelque signe visible sa Maîtresse en presence des Novices qu'elle s'en alloit au Ciel, & quelques jours après l'on reçû des lettres circulaires qui aprirent la mort de deux Religieuses qui étoient decedées le même jour, & à la même heure.

Nôtre Sœur de Sainte Ursule n'a pas mis sa confiance aux hommes ; mais elle a attaché son cœur au Seigneur ; apprenez de l'exemple de nôtre Ursuline, que ce n'est point par les Créatures, ny par les richesses, ny les fastes qu'on s'attire le respect ; plus vous serés humbles, plus vous serés reverés, plus vous serés pauvres, plus vous serés élevés, & moins vous rechercherés l'estime des Grands, plus vous en serés honnorés pendant vôtre vie, & après vôtre mort.

MAXIMES.

I. Rendés-vous à la Sainteté, & travaillés courageusement à l'acquerir afin de correspondre aux desseins de Dieu sur vous, qui veut que nous soyons Saints. C'est à quoy Jesus-Christ nous a exhorté, lors qu'il a prononcé ces paroles, *Soyez parfaits comme vôtre Pere Celeste est parfait.* C'est ce que le grand Apôtre nous enseigne, lors qu'il annonce cette verité à ses Disciples, *La volonté de Dieu est vôtre sanctification.*

II. Ne croyez pas qu'il vous soit impossible d'être Saints, car s'il y avoit de l'impossibilité, ou même autant de difficultez que quelques-uns se l'imaginent par leur foiblesse & par leur lâcheté, le Saint Esprit ne nous proposeroit pas si souvent cette obligation, & quoy qu'il y ait de la peine, nous avons grande raison de ne nous décourager pas dans cette entreprise, puis qu'il y a tout sujet d'esperer que celuy qui nous a donné le precepte, nous donnera la grace & la force dont nous avons besoin pour l'accomplir.

III. Heureuse est l'ame qui habite en la protection du Dieu du Ciel, rien ne l'ébranle, rien ne l'épouvante, rien ne la trouble, rien ne l'affoiblit, rien ne luy fait perdre le courage, parce qu'elle sçait que son Protecteur est la puissance même, & la même bonté.

IV. Heureuse est l'ame qui se rettire, mais plûtôt qui se jette entre les bras de ce Seigneur, comme l'Enfant entre les bras de sa nourrice, qui a soin de tout ce qui est necessaire à cét Enfant; elle le soûtient, elle le porte dans les mauvais chemins, & les luy fait passer sans danger, sans que ce même Enfant le connoisse, ny même qu'il y pense; il évite ces mauvais pas par le soin & la charitable conduite de sa nourrice, où il se seroit perdu, s'il eût été à luy-même. Croyez que Dieu ne vous manquera jamais, sa misericorde vous protegera toûjours au tems de la necessité, & reposez-vous sur cette verité infaillible.

VINGT-TROISIE'ME SEPTEMBRE.

LA VENERABLE SOEUR JEANNE Olier, Religieuse Ursuline Congregée de Saugues.

Elle a presagé ce qui devoit arriver. Dans l'Ecclesiastique, Chap. 48.

SOEUR Jeanne Olier a été une des quatre filles qui donnerent commencement à la Maison de Sainte Ursule de Saugues, les premieres années de ce siecle; Elles étoient pauvres, ignorantes & simples au possible, mais pourtant d'un bon sens & d'une grande dévotion; celuy qui converse volontiers avec les ames simples, fit des faveurs signalées à celle-cy, & luy découvrit des secrets pour le bien de sa Communauté, pendant un Procez qui se plaidoit à Bourges, il luy en revela le succez, & que ses Sœurs auroient gain de cause par les prieres de Sainte Ursule; car étant en oraison dans sa chambre, & devant une image de Sainte Ursule, qui étoit peinte les mains jointes, & sans Compagnes, elle vit par trois diverses fois cette Sainte étendre ses bras, ouvrir son manteau, & luy montrer dessous toutes les Sœurs de sa Communauté, comme pour dire qu'elle les prenoit sous sa protection; nôtre bonne Sœur pour leur consolation leur porta cette nouvelle dans sa simplicité, & les assura qu'infailliblement elles gagneroient leur procez, que ceux qui les inquietoient ne l'emporteroient point sur Sainte Ursule, mais qu'ils en seroient punis, ce qui fust veritable ; durant que l'on rendoit bonne justice à la Communauté à la confusion de ses persecuteurs, dont le principal se presentant à la porte de l'Eglise des Vrsulines, il tomba en pamoison, d'où étant revenu, il fust commencer une fonction publique de sa Charge, qu'il ne pût achever pour s'être évanoüy derechef, il fallut donc l'emporter au lit, & trois semaines aprés au tombeau ; durant sa maladie Dieu luy fit la grace de se reconnoître, de sorte qu'il envoya plusieurs fois demander pardon aux Vrsulines du tort qu'il leur avoit fait, & se reconcilia avec leur Confesseur, lequel il avoit chassé sans sujet.

On reçût une Novice, de laquelle nôtre Sœur Olier n'étoit point contente, elle protesta plusieurs fois devant & aprés sa Reception, qu'elle troubleroit cette Maison, où elle ne mourroit jamais ; en effet il falut qu'elle en sortit, ayant même fait les vœux de Congregée, sous pretexte de prendre l'air necessaire à sa santé ; Elle se maria & décria les Vrsulines de Saugues à plusieurs Parlemens, pretendant de faire casser leurs Contracts, mais en vain ; Elle plaida aussi bien vingt-cinq ans contre ses Parens, jusques à les presque ruïner de riches & puissans qu'ils étoient. Avoüons donc qu'elle a presagé ce qui devoit arriver.

Elle fust malade à mort, & encore favorisée de la veuë de Sainte Vrsule, & de saint Jean l'Evangeliste son Patron. Sept ans aprés son décez on trouva son corps entier, quoyque l'on eut jetté dessus beaucoup de chaux ; ce qui a été assuré par la Superieure, & Assistante, qui se nommoient Sœurs Claude, & de saint Pierre, qui en ont été Témoins occulaires.

Voyons par cét exemple avec combien de verité le Fils de Dieu nous a dit, *Que le Disciple n'est pas plus que le Maître*, & que si celuy que nous adorons comme nôtre Seigneur & nôtre Dieu, a été traité de la part des hommes en la maniere que nous sçavons, nous devons aussi nous attendre à être traités d'eux de la même sorte. C'est pourquoy s'il nous arrive des maux, ne nous en affligeons pas ; considerons de quel corps nous sommes, & qui est le chef à qui nous avons la gloire d'appartenir ; souvenons-nous qu'il nous faut necessairement souffrir.

Si nous voyons des hommes, qui pour ainsi dire, soient vendus, afin qu'ils nous exercent par leurs persecutions injustes, élevons-nous au dessus de ce que nous voyons, ne nous arrétons pas à ceux qui nous affligent au dehors, prions pour eux, ayons en compassion, & ne pensons qu'à ménager utilement pour nôtre salut, des maux qui se tourneront pour nous en une source de biens.

Bevons le Calice de Jesus-Christ, comme saint Jacques ; quelle que soit la main qui nous le presente, ne regardons pas qui est celuy qui nous le donne à boire, & n'y considerons autre chose si non que c'est le Calice de Jesus-Christ.

MAXIMES.

I. Confiés-vous beaucoup en l'amour que Jesus-Christ a porté à vôtre ame, mourant pour la sanctifier avant même qu'elle fust créée, & luy donnant sa grace dans le Baptême devant qu'elle fust capable de la luy demander; c'est-pourquoy je vous prie d'être forte en sa force, & fidelle en ses œuvres, & à ce qu'il demande de vous, vous assurant en sa bonté qu'il vous benira, qu'il vous assistera, qu'il fortifiera vôtre foiblesse, & soûtiendra vôtre petitesse, si vous recourés à luy en humilité & simplicité, comme étant sa fille, & luy nôtre Pere & nôtre tout.

II. Hé bien, si Dieu nous afflige, il nous guerira, ayons un peu de patience, attendons le Seigneur, & soyons forts en sa vertu.

III. Les plus grandes traverses dans les affaires sont une marque que ces mêmes affaires sont de Dieu, & ainsi plus les nôtres sont fâcheuses, recherchons avec plus de soin dans Jesus-Christ la force qui nous est necessaire pour essayer de faire que tout réüssisse à sa gloire & à son service ; si elle succede selon nos desirs, rendons-en graces à sa bonté ; s'il en ordonne autrement, aprés avoir fait ce que nous devons, demeurons en paix.

IV. C'est le Fils de Dieu qui deffend luy-même ses œuvres, il n'a que faire pour cela de ses Créatures, Quand on dit que tout est desesperé, c'est alors qu'il faut se confier d'avantage en Dieu, & luy demander avec foy qu'il y mette la main ; il aime qu'on luy demande avec foy, & avec confiance.

Vingt-Troisie'me Septembre.

LA VENERABLE SOEUR MARIE Marguerite de Jesus, de Barre, Religieuse Ursuline de Dijon.

Ie suis la voye, la verité & la vie ; nul ne vient à mon Pere que par moy.
Jesus-Christ en Saint Jean, 14.

CE n'est pas sans raison que le seul nom de Jesus fût donné à la véture de nôtre Ursuline, puis qu'elle parût dés ce moment comme une pierre prétieuse qui a toûjours éclaté par le brillant de ses vertus. Elle fust mise Pensionnaire aux Ursulines de Dijon à l'âge de treize à quatorze ans, où elle eut une maladie mortelle, ce fût une appoplexie avec de fâcheux symptomes, ayant perdu l'ufage des fens pendant neuf jours ; celle qui la fervoit fût infpirée de demander à Dieu que fi elle devoit être une parfaite Vrfuline comme elle témoignoit en avoir le defir, il plût à fa bonté la retirer de cét accident, s'approchant de fon lit pour la reveiller, fuivant fa penfée, elle luy dit, mon enfant voulezvous être Vrfuline, cette parole la retira des portes de la mort, elle s'écria, Oüy ! *de tout mon cœur, je veux être bonne Religieufe*, & dans ce moment elle revint à elle ; dans la fuite de fa fanté s'étant fortifiée, elle fervit d'exemple aux Penfionnaires ; fes Maîtreffes affûrent qu'elle ne leur a jamais donné matiere de la reprendre : fes defirs augmentant, elle preffa pour être admife au Noviciat.

Elle prit le faint habit de Religion à 19. ans, & fe propofa d'abord pour parfait modele le Bien-heureux Loüis de Gonzague qu'elle a imité de prés. Elle n'a point manqué de communier le jour de la Fête dépuis fon entrée en Religion, jufqu'à fa mort, animant fur tout les Novices à faire le même, leurs faifant remaquer dans fes Maximes le Caractere de fa pieté pour s'en appliquer elle même le fruit aux pieds des Autels par une devotion fi tendre à l'augufte Sacrement, qu'aprés fa reception fon exterieur paroiffoit tout penetré des effets vifibles de la grace. Jefus fouffrant fit impreffion dans fon cœur, de fes adorables paroles, *Qui veut venir aprés moy, qu'il renonce à foy-même, &c.* En effet toutes fes actions & paroles en furent fi animées que dépuis l'humilité, & la penitence furent fon attrait particulier, fes écrits font des preuves de cette verité ; voicy comme elle parle, *Ie fouhaitte des rebus, & des humiliations, il me femble que cét état eft la joye, & la paix de l'ame*. Dans un autre, *Ma fuperbe m'a caché toutes me miferes, & me fait croire que parce que je reffens de l'inclination à faire le bien, & que j'ay un peu de douceur à l'oraifon, je fuis déja bien avancée, cependant je ne reconnois en moy que fujet d'anéantiffement, & je fupplie pour cela mon Dieu, de donner à mes Superieures les lumieres neceffaires pour m'ayder à fortir de mon aveuglement.*

Cét amour de la penitence luy avoit donné, dés l'âge de fept ans, inclination pour l'Ordre de fainte Claire, elle ne changea cette penfée que lors qu'elle connût que la douceur de la vie des Vrfulines n'exclut pas les impreffions des fouffrances d'un Dieu crucifié. Elle avoit tant de joye & prenoit tant de goût dans la pratique des Regles, qu'elle appréhenda de joüir dés ce monde d'un Paradis anticipé, ce qui luy fit demander à nôtre-Seigneur un échange de cét état de douceur en des peines interieures, & corporelles pourveu que ces dernieres ne paruffent point pour eviter d'être plainte, & exemptée des moindres obfervances de Communauté, ou qu'on luy donna du foulagement, qu'elle n'a jamais pris que dans une grande neceffité, & par obeïffance ; cette vertu l'a renduë comme une cire molle entre les mains de fes Superieures qui s'en fervoient dans tous leurs befoins, étant affûrées de l'integrité de fa confcience, & de fon fecret.

Sa douceur gagnoit tous les cœurs, ne pouvant rien refufer quand il s'agiffoit de pratiquer la charité. Elle a toûjours eu une extréme horreur des charges, on a remarqué que dans tous les Offices qu'elle a exercé, elle choisissoit toûjours le plus penible & le dernier lieu, donnant la préferance à celle qui étoit plus jeune qu'elle. On ne peut expimer l'ardeur de son zéle pour instruire la jeunesse, entrant dans la Classe comme dans une Terre promise pour y cultiver les ames à Jesus-Christ, aussi y donnoit-elle tous ses soins, lesquels étoient récompensés par l'abondance des douceurs dont elle avoit demandé la soustraction.

Ses belles dispositions luy ont acquis une maniere d'oraison particuliere, recevant plus de Dieu, qu'elle n'agissoit par elle même, y demeurant abîmée dans celuy qui occupoit uniquement son cœur. Un jour sa Superieure l'ayant interrogée pour la connoître plus à fond, luy demanda si elle ne se confessoit des distractions qu'elle avoit à l'oraison, elle luy répondit ingenuëment qu'elle ne comprenoit point comme l'on en pouvoit avoir, & qu'il faudroit distraire son esprit volontairement pour le des-occuper de la presence intime de son bien-Aimé.

Sa maladie a été une fluxion sur la poictrine, joint à un asme qui ayant augmenté sa fievre, peu de jours avant sa mort, on luy administra fort à propos les derniers Sacremens, son jugement n'a point diminüé, repettant incessamment ces paroles, *Mon Dieu, & mon Pere*, Elle a reçeu les marques de cette qualité expirant dans la confiance filiale düe à sa vie pleine de merites pour entrer en la possession des Bien-heureux. Elle est decedée le vingt-troisiéme Septembre de l'année 1684.

Jesus est la voye par laquelle nous devons arriver au Ciel, suivons les vestiges qu'il nous a marqué, l'exemple que nôtre Ursuline nous en a donné; & il est nôtre Capitaine, il a le premier ouvert la porte du Ciel, & il n'y a point d'autre chemin que celuy des humiliations, & des souffrances qu'il nous a montrées; vous vous trompez si vous pretendés d'aller dans le Ciel par une autre voye; suivés-le donc par tout, jusques sur la Croix.

Jesus est la verité, vous seriez impie si vous doutiez de la verité de ses paroles, il a dit cependant que les pauvres, les affligés, & les persecutez sont heureux; n'est-ce pas la raison pour laquelle nôtre Ursuline demandoit de souffrir des peines interieures, & corporelles, mais vous; le croyez-vous bien ? ne croyez-vous pas plûtôt le monde qui dit le contraire, ou il faut que Jesus-Christ se trompe, ou que le monde se trompe, & vous veüille tromper; ce n'est pas vous mon Jesus! c'est le monde qui est un trompeur, & nous le connoissons, & nous l'aimons, & nous nous fions à luy; Jesus est la vie, il est venu en ce monde pour nous donner une vie heureuse, & abondante en toutes sortes de biens, non pas des biens de la Terre, mais des biens du Ciel; c'est sur tout dans l'adorable Sacrement de l'Autel, où nôtre Ursuline recevoit cette vie, voyez comme vous vous en approchez. Ah! si nous avons tant d'amour pour cette vie qui doit finir un jour, quels desirs ne devons nous pas avoir de posseder cette vie bien-heureuse, & éternelle que nous aurons, si nous imitons Jesus-Christ.

MAXIMES.

I. Acquitez-vous fidellement de vos charges comme d'une commiſſion que Dieu vous a donnée, ne faites point de diſtinction entre les emplois particuliers de vôtre condition, & l'état general de vôtre vie; comme il ne faut point s'engager dans un état où l'on n'eſt point appellé, il ne faut point auſſi s'ingerer dans un Office où l'on n'eſt point employé.

II. Les graces ne ſont pas ſeulement attachées à l'état de vie où Dieu nous veut, mais encore aux lieux, & aux emplois particuliers qui nous ſont marqués par l'obeïſſance. Dieu ne predeſtine point les hommes en general, mais en particulier, un tel en telle Charge, & en tel lieu; par conſequent vos graces ſont attachées au lieu, & à l'employ qui vous a été deſtiné par la Providence & marqué par l'obeïſſance.

III. Si vous obligés vos Superieurs à condeſcendre à vos volontés, & ſi vous vous procurés des emplois conformes à vos deſirs, & à vos inclinations, ſi vous employez des moyens pour arriver à vos fins, & ſi vous détournés par le credit de vos amis le cours ordinaire de l'obeïſſance, vous n'aurez point les graces de Dieu qui vous attendoient en un autre lieu, & en un autre Office, vos travaux n'auront point ſa benediction, & ne produiront que des épines. Bien plus, il traverſera tous vos deſſeins, il ruïnera tous vos projets, il permettra à vos paſſions de ſe revolter, au Démon de vous tenter, aux hommes de vous perſecuter; il vous laiſſera tomber dans un ſens réprouvé, & vous rendra miſerable dans ce monde, & dans l'autre.

IV. Faites reflexion ſur ces veritès, ames Religieuſes, étes-vous dans l'employ ou Dieu vous veut, ne vous étes-vous point procuré celuy où vous étes, n'avés-vous point détourné le cours des graces; pour qui travaillez-vous, comme oſerez-vous demander vôtre ſalaire à celuy qui ne vous a point employé, un Soldat peut-il quitter le rang qui luy eſt marqué par ſon Capitaine.

VINGT-TROISIÉME SEPTEMBRE.

LA VENERABLE MERE MARIE DE l'Enfant Jeſus, de Vezon, Religieuſe Urſuline de Montbard.

Celuy, (dit Nôtre-Seigneur,) *qui me ſert, me ſuive; & là où je ſuis, là auſſi ſera mon Serviteur avec moy.* Jeſus-Chriſt.

NOSTRE vertueuſe Urſuline étoit Pariſienne, fille de Monſieur Vezon, Capitaine dans l'Armée Royale; elle fuſt élevée à la pieté dés ſon berceau

par

23. Septembre.   La V. Mere Marie de l'Enfant Iesus.

par Madame sa Mere, qui étoit tres-vertueuse; non seulement elle luy inspiroit les Maximes Chrêtiennes par ses exemples, & bonnes instructions, mais elle avoit un grand zéle & soin de la faire aller au Catechisme, où elle profita si bien qu'à sa premiere Communion qu'elle fit à neuf ans, elle reçût des graces fort particulieres qui la porterent au mépris du monde, & fit deslors de grandes instances pour entrer en Religion; mais étant tendrement aimée de sa Mere, elle y trouva bien de la resistance; elle ne se rebuta point pour cela, car continuant ses poursuites avec plus d'ardeur, sa perseverence emporta sur les tendresses de sa bonne Mere, qui ceda enfin à la force de la grace. Elle l'envoya à Noyers chez les Ursulines, n'ayant encore que douze ans, où après avoir suby les épreuves, elle y reçût le voile, & fit sa Profession à seize ans; on reconnut en elle tant de maturité & de vertu, qu'on la mit tôt après seconde Maîtresse des Novices, devant même que de sortir du Noviciat, en suite elle eut la Charge des Pensionnaires, puis des Novices, avec heureux succez, quoy qu'elle y eût de grandes difficultez, se portant au silence & à la retraite, pour n'y voir que Dieu & elle, d'où il luy sembloit que ses emplois la retiroient.

En ce tems-là les Ursulines de Noyers allerent établir à Montbart, où la Mere Madelaine du Calvaire eut ordre de Monseigneur de Langres d'aller, pour y être Superieure; Elle demanda la Sœur de l'Enfant Jesus qu'elle sçavoit être capable pour la conduite des Novices, cette entreprise fût fort difficile, on eut bien de la peine de l'obtenir, car elle étoit fort aimée dans sa Maison; de sa part elle s'y porta, & le demanda instamment, d'où l'on peut juger le desir qu'elle avoit de souffrir, ayant l'esprit assez éclairé pour prevoir les incommodités qui accompagnent les nouveaux établissemens; le Démon craignant ce changement, le fruit qu'elle y feroit, & la gloire qu'elle y devoit donner à Dieu, il y fit naître plusieurs obstacles; l'on fit une assemblée à ce sujet, où toutes témoignerent de l'opposition, & dirent n'y vouloir consentir, elles n'oublierent rien pour l'en vouloir dissuader, luy reprochant qu'elle ne les aimoit pas, puis qu'elle les vouloit quitter; ces paroles & autres semblables qui procedoient de la bonté qu'elles avoient pour elle, eussent été capables de l'arrêter, si elle n'eut suivy les mouvemens de la grace plûtôt que ceux de la nature, ayant un cœur tendre, & porté à la reconnoissance; elle se souvenoit des paroles du Sauveur, *Celuy qui me sert me suive, & là où je suis, là aussi sera mon Serviteur avec moy.* Par là elle entendoit que si elle desiroit de luy ressembler au Ciel, elle devoit l'imiter sur la Terre, s'assûrant que si elle souffroit avec luy, elle regneroit avec luy; ce qui augmentoit ses desirs & ses poursuites, jointes à celles de Montbart, ce qui fit enfin acquiescer à ses desirs; & ses Sœurs malgré toutes leurs tendresses pour elle, consentirent qu'elle y alla. Elle y exerça quasi tous les emplois, specialement les charges d'Assistante, de Zelatrice, & de Maîtresse des Novices; Dieu luy avoit donné bien de talens, & de grace pour cette charge, l'ayant favorisée du discernement des esprits, ce qui a été reconnu, ayant dit plusieurs choses des

Tome III.   Gggg unes & des autres, qui se sont trouvées tres-veritables.

Elle étoit fort interieure, & recueillie, gardant avec exactitude la Regle du silence ; son exterieur si modeste qu'il faisoit r'entrer en elles-mêmes les plus dissipées incontinent qu'elles l'appercevoient, & les incitoit à la devotion par son seul aspect, ses yeux si bas, qu'ils paroissoient comme fermés, ne les levant que par necessité, souvent même dans les récréations, quoy qu'elle y fust fort gaye, elle y gardoit encore cette retenuë, particulierement aux Avents & Carêmes; toutes choses la portoient à Dieu, on l'a veuë par fois sortir des Classes toute enflâmée de son amour, pour avoir seulement oüy quelques petites E'colieres en produire des actes. Elle étoit ardente comme un Seraphin à exhorter les Ames à cét exercice, & son souhait étoit de mourir dans un acte pur de cét amour ; une Pensionnaire fort petite qu'elle élevoit dans ce principe, la tira un jour par sa robe, & luy dit ces mots, *Dieu nous voit* ; s'en fust assez à son cœur si bien disposé pour y faire une telle impression qu'elle luy dura jusqu'à la mort.

Son zéle à honorer l'adorable Jésus au tres-Saint Sacrement, étoit singulier, tant par ses soins à faire en sorte que tout ce qui touchoit à l'Autel, fust propre, que par son desir que chacun l'aimâ & luy fit la cour ; en cét état d'hostie, elle s'associa plusieurs de ses Sœurs, qui voulurent bien concourir à son dessein, & coucha par écrit ce qu'elles devoient observer, comme il se verra cy après.

Plusieurs personnes seculieres ont été si édifiées de cette devotion & Association, qu'elles se sont jointes pour sa pratique aux Religieuses de son Monastére, qui l'ont quasi toute embrassé. Elle ne la mit au jour qu'après avoir reçû quantité de graces extraordinaires à ce sujet, dont elle a fait une déclaration à sa Superieure, ayant à leur égard une grande candeur & sincerité. Elle n'avoit pas moins de zéle que le Divin Office fût bien chanté, estimant que pour rendre gloire à Dieu dans cette action, il ne faloit point s'épargner, & effectivement elle s'y portoit avec tant de ferveur que les plus lâches en étoient excitées, & l'on connoissoit au ton, & à l'accent de sa voix que son cœur étoit fort animé, elle s'appliquoit à bien former ses Novices pour le Chœur, leur y servant d'un bel exemple de modestie, & d'exactitude aux plus petites Ceremonies.

Son Cœur étoit si plein de Dieu, que tous ses entretiens visoient à ce but, n'en ayant point qui luy fussent plus agreables. Son plaisir étoit de rencontrer des personnes qui eussent de semblables sentimens, & fussent blessées de mêmes traits. Un bon Serviteur de Dieu saintement animé de son amour, cherchoit des ames par tout où il passoit, qui voulussent se joindre au dessein de prier incessamment pour l'Eglise, & s'offrir à Dieu par Jesus-Christ, & avec luy en qualité de victime pour appaiser son ire ; cette proposition agréa fort à la Mere Marie de l'Enfant Jesus, dont le desir de glorifier Dieu avoit quelque chose de semblable ; elle l'accepta tres-volontiers, & se dévoüa à la Divine Majesté pour souffrir toutes les peines qu'une victime doit subir, n'en voulant le titre que pour en porter les effets, & se considera toûjours dépuis comme destinée au Sacrifice, pour suivre & imiter son Sauveur. Sa charité pour le prochain suivoit de prés l'amour qu'elle avoit pour son Dieu, d'où elle tiroit son principe, sçachant bien qu'il tenoit fait comme à luy-même ce que l'on faisoit à ses enfans, & à ses temples vivans; ces veües la portoient à une si grande douceur & support, qu'elle se gagnoit les cœurs non pour en être proprietaire, mais pour les porter suavement à Dieu qu'elle aimoit infiniment plus qu'elle-même.

Si nous avons dit qu'elle repugnoit aux Charges, nous pouvons ajouter qu'elle les avoit en aversion, ne les acceptant qu'avec contrainte, & ce n'étoit qu'aprés que Dieu luy avoit fait connoître que ses resistances devoient cesser. Vne fois qu'elle souffroit ces peines, elle apperçût entrant dans le Chœur son Sauveur, ayant les yeux bandés, qui dans un instant découvrit à son esprit tous les Mystéres de nôtre Redemption; elle jugea bien qu'il ne luy étoit apparu sous cette forme que pour luy apprendre à le suivre, & à obeïr à yeux clos; neanmoins le bas sentiment d'elle-même, luy persuadoit qu'elle étoit incapable de porter les Charges honnorables, ce qui l'obligeoit à poursuivre incessamment sa démission, & sollicita si bien un Visiteur du Monastère qu'il engagea les Religieuses de l'en exempter au moins pendant trois ans; il sembloit aprés cela qu'elle devoit être contente, & passer ce tems doucement en simple Religieuse; mais sa vertu ayant un notable progrés, son humilité la porta encore plus loin, luy inspirant le desir de se renouveller dans le Noviciat, ce qu'elle demanda si fervemment & avec tant d'instance, qu'on ne pût le luy refuser, quoyque cette pratique n'est usitée; elle y passa environ un an dans tous les exercices des Novices; c'étoit un sujet d'admiration, que celle qui en avoit tant instruit peu auparavant, fût devenuë comme un enfant & la derniere de toutes, le fruit qu'elle y fit pour son avancement spirituel fust tres-grand, & elle ne nommoit ce tems que son Noviciat de graces.

Plus elle s'approchoit de sa fin, plus aussi le desir de quitter cette vie pour joüir de son Dieu s'augmentoit, en sorte qu'aprés la mort de nôtre Sœur de la Presentation, lors qu'on étoit sur le point de la descendre dans la fosse, nôtre Mere Marie de l'Enfant Jesus s'approcha du corps, & l'embrassant, la pria que si elle avoit quelque pouvoir devant Dieu, elle luy obtint de bien-tôt mourir, elle connut peu de jours aprés que sa priere avoit été exaucée, car se levant un matin, elle oüit une voix qui la nommoit par son nom, dont elle fust fort surprise, d'autant qu'elle croyoit être seule: Ayant demandé qui l'appelloit, la Sœur de la Presentation luy fit connoître que c'étoit elle par quelque marque qui ne luy laissa aucun doute; dépuis cela elle l'avoit si presente, qu'il luy sembloit l'avoir toûjours à ses côtez, avec un pressentiment de sa mort prochaine, qui arriva precisément huit mois aprés.

Il y avoit deja quelque tems qu'elle étoit menacée d'aveuglement par une cataracte qui se formoit sur ses yeux; en effet sa veüe diminuoit notablement, de sorte qu'elle ne pouvoit plus lire; Dieu qui en vouloit faire une victime à son amour, ainsi qu'elle l'avoit si ardemment souhaité, la prit par l'endroit qui luy étoit le plus sensible, la privant de la lecture, qui jointe à l'oraison faisoit partie de sa vie, elle en fit neanmoins le sacrifice à son E'poux, non une, mais autant de fois qu'elle pensoit son mal être sans remêde.

Dieu enfin la voulant recompenser de sa fidelité & de son amour, luy envoya une maladie, qui acheva de la perfectionner, elle y fit reluire avec plus d'éclat les vertus qu'elle avoit pratiqué durant sa vie ; une pureté Angelique, ne pouvant souffrir qu'on la toucha à nud, bien qu'elle ne pût se mouvoir que par l'aide d'autruy ; une obeïssance & mortification surprenante, entr'autre avalant une potion purgative par ordre du Medecin, nonobstant la peine qu'elle y avoit, deux heures avant sa mort; d'humilité, interrompant la Zélatrice qui disoit sa coulpe pour elle des fautes qu'elle pourroit avoir faites, tirant des forces de sa foiblesse, elle fit entendre ces paroles au mieux qu'il luy fust possible ; *Il ne faut pas dire qu'elle a pû faire, mais qu'elle a fait, n'y ayant point de mal dont je ne sois coupable, & je prie toutes mes Sœurs de m'accuser de celuy qu'elles connoissent.*

Quelques jours devant sa mort elle demanda de voir une Novice qu'elle exhorta à la vertu selon son zéle accoutumé, puis se tournant du côté de la Sous-Maîtresse qui l'avoit conduit auprés d'elle, luy dit, *Elle fera profession, oüy, assûrement elle fera profession, quoy qu'il arrive.* Cette repetition avec assurance étonna un peu, joint qu'on ne voyoit point apparence de difficulté, & fust prise pour un délire, étant lors tres-mal ; mais depuis les suites ont donné lieu de croire qu'elle avoit parlé dans l'esprit de Prophetie, car les Parens de la fille au point de sa Profession firent tant naître de difficultez qu'elle fût differée quelques années, pendant lesquelles elle fust plusieurs fois sur le point de luy ôter l'habit, sa perseverence neanmoins eut le dessus, faisant enfin Profession, ainsi que l'avoit assuré nôtre vertueuse Ursuline. Elle expira comme l'on venoit d'offrir pour elle le Divin Sacrifice, le 23. de Septembre l'an 1672. âgée d'environ 48. ans, mourant ainsi qu'elle avoit vêcu, c'est-à-dire dans une basse estime d'elle-même, & dans un amour embrasé pour son Dieu.

Nous passons sous silence les graces extraordinaires qu'elle a reçû, & dirons seulement que telle a été la vie d'une des plus vertueuses & éclairées Ursulines, & en même tems d'une des plus humbles qui fust jamais, ayant suivy l'Agneau jusqu'à la mort dans l'état d'abjection & de souffrances, comme une victime immolée à son amour; Dieu l'ayant destinée pour porter ses interests, & luy attirer des cœurs, luy avoit donné cét humble sentiment d'elle-même que la grace donne à tous ceux qu'elle remplit, & qui la soûtiennent. Ainsi lorsque les Créatures admiroient les lumieres de son esprit qui brilloient en elle avec tant d'éclat, elle seule n'en étoit point éblouïe, elle se tenoit ferme dans la consideration de son neant, & renonçant à la science qui enfle, elle embrassoit la charité qui édifie; aussi elle a fait voir dans toute la suite de sa vie que c'étoit la penitence & non la science qui étoit son étude continuel, & que le tems qu'elle donnoit à la lecture sainte, qu'on pouvoit appeller ses delices, étoit plus pour se remplir le cœur des ardeurs du Saint Esprit, que son esprit de ses lumieres, donnant en cela un exemple admirable à tous ceux qui s'appliquent aux sciences, & qui deffendent les veritez de la grace, de le faire de telle sorte qu'en servant aux autres, ils ne se nuisent pas à eux-mêmes.

MAXIMES.

I. C'est bien de l'honneur à nous de faire l'Office des Anges & des Saints, ô! que je serois heureuse, si à force de chanter ses divines loüanges, je pouvois me rompre une veine, & mourir dans ce saint exercice.

III. Quand il plaît à Dieu de se communiquer à une ame, si elle n'est extrémement infidelle, elle se separera bien-tôt des Creatures, & pour bonnes qu'elles soient, la veuë luy en sera insuportable en son interieur, car l'amour ne peut être divisé, il donne le tout pour le tout, & comme celuy qui se donne à l'ame, se donne tout entier avec sa verité, & toutes ses perfections, elle se veut aussi donner à luy sans reserve, delà vient que l'ame dit ce que disoit l'E'pouse, *j'ay trouvé celuy que mon cœur aime, rien ne m'en pourra separer, car l'amour est fort comme la mort.* Il resiste à tout, mais rien ne luy resiste.

PRATIQUE DE LA V. MERE MARIE
DE L'ENFANT JESUS.

Association pour honnorer la solitude de JESUS au tres-Saint Sacrement pendant la nuit qu'il est délaissé des hommes, pour lesquels il s'est rendu prisonnier d'amour.

POUR cette devotion joignez-vous, ou vous associés sept, ou deux fois sept, par rapport aux sept Anges, assistans & encensans continuellement devant le Trône de Dieu, lesquels il faut prendre pour Protecteurs & Avocats vers la Divine Majesté, & leurs rendre tous les jours quelques particuliers hommages, les priant de nous aider & proteger, & d'agréer que nous, nous unissons à eux pour plus purement & ardemment loüer, aimer, & incessamment adorer nôtre Divin Sauveur au tres Saint Sacrement de l'Autel, & de faire de nos cœurs de sacrez encensoirs, toûjours remplis du feu du Divin amour, que nous demanderons souvent à Dieu par leur intercession, pour nous & pour nos Associées; à cét effet habituons-nous aux rencontres l'une de l'autre de nous le souhaiter, le demandant fervemment à Dieu, & pour s'y habituer plus facilement, nous nous en rafraichirons la memoire aux recreations, & celle qui y aura manqué, supléera pour lors.

Communiez sept fois l'année les unes pour les autres, & aprés la mort faites châcune une Communion pour la Deffunte, outre celles qui luy sont deuës, & tous les jours un an durant à la sainte Messe nous ferons une Amande honnorable des fautes par elles commises à l'égard du tres-Saint Sacrement en quelque façon que ce soit, particulierement en la reception d'iceluy, & de celuy de penitence. Elle ne sera point effacée de nôtre Registre, desirant que tant qu'elle sera en Purgatoire, elle participe à tout le bien qui se pourra faire en cette Association, & qu'étant parvenuë au repos éternel, nous recevions aussi le secours de ses prieres vers sa Divine Majesté pour nous obtenir l'augmentation de son amour, & de mourir en iceluy, il en faut substituër une autre en sa place, qui aura les mêmes avantages.

Le devoir, l'étude, pratique, & son principal pour cette Association sera que toutes les nuits il se faut abbaisser & prosterner interieurement, pour de la part de toutes les Associées, & d'une affection ardente, saluër, & aimer nôtre Divin Jesus amoureusement emprisonné & voilé sur nos Autels, luy sacrifiant les cœurs, & toutes leurs affections, le priant par l'entremise des sept Anges nos Protecteurs, de les embraser & consommer du sacré feu de son Divin amour; faisons luy aussi hommage pour tous les Eslûs & les ames qui sont en grace, pour lors impuissantes de le faire par le sommeil, & luy demandés la grace d'une conversion efficace pour celles qui sont détenuës dans le peché mortel, & ce par un zéle ardent que Dieu soit incessamment aimé de ceux desquels il veut être la Beatitude éternelle.

VINGT-QUATRIE'ME SEPTEMBRE.

LA VENERABLE SOEUR MARIE
Constance de Sainte Catherine, Gautier, Religieuse Ursuline de Bourg en Bresse.

Parce que vous avés été fidelle dans les choses mêmes les plus petites, c'est pour cela que je vous veux recompenser. En Saint Luc, Chap. 19.

SA conscience timorée la faisoit vivre avec une grande presence d'esprit, pour ne s'écarter en rien de la pure & exacte observance du Christianisme, de ses vœux, & de ses Regles, s'attachant avec autant de respect aux plus petites qu'aux plus grandes. Son naturel de feu luy a diverses-fois contracté des mala-

24. Septembre. *La V. S. Marie Constance de Ste. Catherine.* 607
dies, par la violence qu'elle se faisoit à le reprimer.

Sa charité toûjours égale s'est signalée vers les malades, & donnoit des forces à sa foible complexion. Elle étoit admirablement exacte au silence, & avoit un zéle singulier pour l'institut, ç'a été aux Classes externes où elle étoit employée, elle se faisoit aimer à ses Enfans, & les faisoit bien profiter.

Son obeïssance, & respect à l'égad de ses Superieures, étoit telle qu'on la peut souhaitter à une parfaite Religieuse. La crainte de Dieu a été le mouvement de toutes ses actions, comme la mortification en a été la fidelle compagne, étant fort austére, sobre, elle faisoit de grandes abstinences. Quelque tems avant sa mort Dieu purifia cette belle ame par des peines interieures, puis finit sa bone vie par une sainte mort, qui arriva après avoir reçeu tous ses Sacremens, le 24. Septembre l'an 1653.

Nous avons lieu de croire que cette vertueuse Ursuline joüit de la recompense promise par Jesus-Christ à ses fidelles Serviteurs, ayant été une fidelle épouse, qui n'a point été dépourvûe à l'arrivée du Divin E'poux; que son exemple nous excite à n'être point temeraires, comme elle ne l'a pas été, mais quand les maux viendront sur nous, qu'ils nous trouvent préparées à les soûtenir, voyons son courage dans la pratique de la vertu, & dans le combat des peines, elle demeure inébranlable dans ses devoirs, elle suit sans s'égarer la lumiere de la grace; & a fait voir que la simplicité chrêtienne & Religieuse est la plus solide deffence dans les raisonnemens naturels & humains.

MAXIMES.

I. C'est une chose admirable de l'amour que Dieu porte aux ames, c'est une chose épouventable de la resistance que l'ame fait à Dieu, il faut une force extrême pour porter cette veüe sans se troubler; Seigneur! pourquoy endurez-vous que si peu de chose arrête vôtre divine puissance, & vos divins plaisirs.

II. On ne peut penetrer par quelle voye Dieu se glorifie, ses œuvres sont de son amour, que luy seul peut entendre, & faire entendre à qui il luy plait, Dieu occupe tout, il opere seul, & l'ame ne doit que s'aneantir en sa presence, voyant que sans le secours de Dieu, elle manque toûjours de fidelité à Dieu.

III. Ayons une grande joye de la mort & de la vie, de l'une parce que c'est un moyen pour aller à Dieu; de l'autre, parce que c'est une occasion de souffrir pour luy, & de toutes les deux, parce qu'elles dépendent de la misericorde de Dieu, & que rien ne nous doit être plus agréable, que de voir que toutes choses sont entre ses mains.

Vingt-Quatrie'me Septembre.

LA VENERABLE SOEUR JEANNE DE Sainte Anne, Catemiel, Religieuse Ursuline Converse de Saint Jean de Loone.

Vous êtes la force du pauvre, la force de l'indigent en sa tribulation, l'esperance contre l'orage, & l'ombre contre la chaleur. Isaïe, chap. 25. v. 4.

DIEU qui avoit destiné nôtre Sœur de Sainte Anne pour porter les fatigues & travaux du nouvel établissement des Ursulines de Saint Jean de Loone, s'en rendit aussi la force, & de sa part elle mit toute son esperance au Seigneur, puis elle s'acquitta de ses devoirs avec une fidelité admirable; la charité étoit sa vertu qui la faisoit exposer à toutes sortes de mesaises, de veilles, & autres incommoditez pour le service de Dieu & du prochain; elle se faisoit un plaisir de servir les malades, leur procurant avec une affection toute cordiale, tous les soulagemens qui luy étoient possibles.

L'on a remarqué qu'elle a passé plusieurs années sans manquer une seule nuit de se relever pour servir les malades. Elle étoit la premiere & la derniere au travail, prenant toûjours pour elle le plus penible, quoyque son pauvre corps fût plus attenué que nul autre.

Quand elle étoit malade, à peine luy pouvoit-on faire prendre un jour de repos, disant qu'elle ne trouvoit point de meilleurs remèdes à ses maux, que de chauffer le four, laver la lessive, & faire les autres œuvres penibles. Outre ces penitences elle en faisoit plusieurs autres; elle portoit sur sa chair une grosse corde à plusieurs nœuds à l'honneur de la Passion de Nôtre-Seigneur, qui étoit sa grande devotion, comme aussi à la sainte Vierge. Tout ce qui étoit à son usage portoit les marques de la pauvreté, ayant par cét esprit conservé la robe qui luy fust donnée le jour qu'elle prit le voile jusqu'à sa mort; elle pratiquoit excellemment la Régle, sur tout en ce point, que nous serons veritablement riches, quand nous nous passerons de beaucoup, & nous contenterons de peu de choses; & l'on peut dire que tout ce qui étoit à son usage étoit le pire du Monastére.

Elle reconnoissoit ses défaux, & s'en humilioit avec douleur, ne se presentant jamais à la Sainte Communion qu'elle n'en eût dit humblement sa coulpe, bien qu'elle se fût Confessé le même jour. Sa maladie a été un débord de rume, & mal de côté, avec la fiévre, mais cette fiévre fust si violente, & ses douleurs si excessives, que son visage en paroissoit tout grillé, ce qu'elle souffroit avec

grande

24. Septembre. *La V. Sœur Ieanne de Ste. Anne, Catemiel.*

grande patience & refignation à la volonté de Dieu, en cinq jours de maladie elle eut le bonheur de communier deux fois, & reçût l'Extrême-Onction avec une tres-grande devotion & application d'efprit ; Elle demanda pardon à la Communauté avec des fentimens qui firent verfer des larmes, fes dernieres paroles furent le facré nom de JESUS, & mourut l'an 1667.

Avoüons que le Seigneur a efté la force de nôtre Sœur de fainte Anne dans fa pauvreté, & dans fes fouffrances, & l'ombre contre la chaleur de fa fiévre, l'armant d'une patience invincible ; fa paix qui ne s'altera jamais dans fes maux, fait voir qu'elle s'éroit accoûtumée aux fouffrances pendant fa vie ; imitons-là dans le tems heureux & paifible, felon l'avis de l'Ecriture ; preparons-nous au tems malheureux, puifque celuy qui refifte à la douceur de la vie, peut efperer qu'il refiftera à fes maux, qui le plus fouvent ont moins de force pour abattre l'ame, que la profperité & les plaifirs.

MAXIMES.

I. N'ayons point de retardement pour donner nos cœurs à Jefus-Chrift ; il ne les a créés que pour l'aimer parfaitement en toutes les manieres qui nous font fenfibles ; & bien que nous ne foyons pas dignes de chofes fi grandes, neanmoins, puifque par l'excez de fa bonté & de fa mifericorde il nous appelle à fon amour, nous devons fans ceffe y tendre, nous devons fans ceffe languir & foûpirer aprés cét amour ; car c'eft la richeffe de l'Eglife & le threfor des Fidelles, & plus nous y aurons de part en la Terre, plus nous y en aurons dans le Ciel, & plus étroitement ferons-nous unis à Jefus-Chrift, & par luy à fon Pere pour une éternité.

II. Une Vrfuline ne doit aimer que Jefus-Chrift, n'être liée qu'à Jefus-Chrift, ne regarder les creatures que pour Jefus-Chrift, dans la conduite de fa grace, & nullement par celle de fon efprit particulier.

III. Les ames qui ne travaillent pas fortement à rüiner l'amour propre, ne peuvent pas faire de grands progrez en l'amour de Dieu ; pour y parvenir, il faut ajoûter les effets aux defirs, les actions aux paroles ; il n'y a rien pour difficile qu'il foit, que l'amour pour Jefus-Chrift, & l'exemple de fa vie tres-fainte ne doivent faire embraffer, & quand une ame fe laiffe arrêter par les difficultez qu'elle trouve, c'eft une marque que l'amour eft bien petit en elle, & qu'elle eft peu occupée & remplie de nôtre-Seigneur.

VINGT-QUATRIE'ME SEPTEMBRE.

LA VENERABLE SOEUR DENISE
de la Presentation Jaquetot, Religieuse Vrsuline
de S. Iean de Loone.

Donnez à mon cœur celle que mes yeux desirent plus que la lumiere du Ciel ; aime qui voudra tout ce qu'il voudra, & que chacun dévoüe son cœur à qui luy plaira ; pour moy je ne veux aimer que Iesus & Marie, voilà tous mes desirs au tems & à toute éternité.   S. Bernard au Sermon de la Nativité.

QVOYQVE nous ignorions une bonne partie des Vertus & saintes actions de nôtre Sœur de la Presentation, son humilité les ayant dérobées à nos yeux, elle n'a pû pourtant nous ôter la connoissance de sa veritable devotion à la sainte Vierge, qu'elle a témoigné toute sa vie par l'amour plein de tendresse, & la parfaite confiance qu'elle avoit en cette Mere de bonté : elle ne la nommoit ordinairement que sa bonne Mere, son Esperance & son Tout aprés Dieu, s'écriant avec le grand S. Bernard : *Donnez à mon cœur celle que mes yeux desirent plus que la lumiere du Ciel, aime qui voudra tout ce qu'il voudra, & que chacun dévoüe son cœur à qui luy plaira, pour moy je ne veux aimer que Iesus & Marie dans le tems & dans l'éternité*

Sa devotion étoit des plus solides par l'imitation de ses Vertus, & l'assiduité à luy rendre ses hommages chaque jour sans y manquer ; mais sa ferveur & ses tendresses pour Marie augmentoient à l'aproche de ses Fêtes ; elle s'y preparoit par toutes sortes de penitences publiques & particulieres : dix jours avant ses Fêtes, elle luy presentoit un Bouquet de mille *Ave Maria* & autant de genuflexions, passant pour l'ordinaire dépuis Matines jusqu'à minuit en ses devots exercices, & à mediter les grandeurs & vertus de Marie : Elle luy a souvent écrit pour luy témoigner son amour & le desir empressé qu'elle avoit de la voir : Elle n'a jamais rien refusé de ce qu'on luy demandoit au nom de Marie ; cette seule prononciation la combloit d'une joye extraordinaire, elle avoit toûjours son image à la main pour la voir & baiser, & sur son cœur pour le garder des surprises de l'ennemy de son salut qui la vouloit souvent éfrayer par des terreurs paniques pendant ses veilles ; mais elle ne faisoit que se moquer de ses ruses, quoy qu'elle eût été fort peureuse auparavant.

Son amour la portoit à inspirer la devotion à la sainte Vierge à tous ceux qu'elle frequentoit, sur tout aux Ecolieres à qui elle aprenoit milles petites pratiques pour l'honorer : Tout son plaisir étoit de parler de ses grandeurs & des faveurs qu'elle fait à ses amans ; aussi en parloit-elle par sa propre experience, en ayant beaucoup reçu dans sa derniere retraite, où elle luy demanda avec tant de ferveur de rompre ses liens qu'elle fût exaucée, puisque sortant de cette derniere solitude pour veiller une pauvre Religieuse mourante, nommée Sœur Ieanne de sainte Anne, elle la pria instamment de l'appeller aprés elle, ce qu'elle luy promit si c'étoit la volonté de Dieu, qui parut l'agréer ; incontinent aprés le decez de cette Religieuse, cette fidelle servante de Marie prit la fiévre, & dans huit jours elle acheva sa vie mortelle, pour aller voir l'objet de ses desirs, elle fut munie auparavant de tous ses Sacremens, & se disposa à la mort par une patience & une soûmission tres-grande, elle finit comme elle avoit commencé dans l'amour & confiance en sa bonne Mere, dont elle tenoit & baisoit l'image en expirant, qui fut le 24. Septembre un samedy, l'an 1667. âgée de 26. ans.

Admirons aujourd'huy la perseverance de nôtre Ursuline dans ses saintes pratiques, nonobstant les persecutions des Demons ; ceux qui aiment leurs plaisirs ouvrent les yeux pour voir quel piege le Diable leur tend par ces divertissemens, & combien ils sont plus à plaindre à proportion qu'ils joüissent davantage de ce faux bonheur, ne reconnoistront-ils pas que le même ennemy qui attaquoit nôtre Sœur de la Presentation dans ses veilles & autres pratiques de vertus, les attaque encore aujourd'huy, & qu'il le fait avec d'autant plus d'ardeur, qu'il espere que ses artifices ne luy seront pas si inutiles à leur égard qu'ils le furent à l'égard de nôtre Ursuline : Cette verité à laquelle ils ne peuvent resister, ne fera-t'elle pas au moins que lors qu'ils joüiront de ces plaisirs de la vie, ils troublent quelquefois leur fausse joye par une crainte salutaire, & qu'ils regardent cette vie voluptueuse comme un veritable malheur ; mais, helas ! nous sommes ingenieux nous mêmes pour nous perdre, nous servons le Demon contre nous, nous sommes d'intelligence avec luy pour faire réüssir ses desseins ; il veut nous perdre par les plaisirs, & nous mettons nous-mêmes toute nôtre étude à rechercher ces plaisirs qui nous perdent. Y-a-t'il rien de plus malheureux que cét aveuglement des hommes ? le secours de Marie est le plus puissant pour y remedier ; suivons l'exemple de son amante ; ayons amour & confiance en ses bontez.

MAXIMES.

I. Dieu nous a donné le portrait de sa sainte Mere comme un gage precieux de son amour ; ayez-y grande devotion, & ne la voyez jamais sans vous donner tout à elle, & par elle à son Fils.

II. Ne vous lassez jamais de celebrer les loüanges de Marie, puisque les personnes du monde prennent tant de plaisir à parler de la grandeur de leurs parens ou de leurs alliez, nous en devons bien prendre davantage à parler de la Vierge qui est la Mere de Dieu & la nôtre ; ses grandeurs sont solides & veritables, & ainsi bien differentes de celles de la Terre, qui ne sont que bassesse & vanité.

III. Pratiquez la vertu qui a rendu la sainte Vierge digne d'être la mere de

Dieu, j'entens l'humilité ; car c'est ce qu'elle témoigne elle-même quand elle dit, que c'est ce que Dieu a regardé en elle ; en effet, pendant toute sa vie elle a cherché de paroître comme une personne commune dans ses actions, dans ses paroles ; & ce qui est digne d'étonnement, c'est dans sa purification & oblation de son Fils au Temple ; elle s'est mise au rang des femmes ordinaires, de celles qui sont souïllées & pecheresses, elle qui étoit plus sainte & plus pure que les Anges.

IV. Puisque le fils de Dieu, par un effet singulier de sa bonté & de son amour pour nôtre Ordre, a daigné nous donner sa propre Mere pour être la nôtre, & qu'elle nous a fait l'honneur de nous recevoir au nombre de ses filles, nous devons employer tous nos soins à nous rendre dignes de cette maternité, & pour cela il faut travailler avec tant de courage & de fidelité à l'imitation de sa vie tres-sainte, conformant nos paroles à ses paroles, nos desirs à ses desirs, & nos actions à ses actions, que chacune en soit un portrait (autant que cela se peut dans nostre petitesse) & que ceux qui nous verront, remarquent en nous sa rare modestie, son profond silence, sa parfaite douceur & benignité, son humilité, sa charité, & toutes les vertus qui ont éclaté en elle en un degré si éminent, & dont elle nous a laissé un si parfait exemple ; c'est à cela que l'on reconnoîtra que nous sommes vrayement ses filles.

V. Un des plus grands desirs que nous devions avoir, c'est que la sainte Vierge soit reconnuë & honorée selon sa haute qualité de mere de Dieu, qu'elle nous dispose à recevoir toutes les graces qu'elle nous veut faire par la puissance qu'elle a en suite de cette même qualité ; ne demandez pas seulement cela pour vous, mais pour toutes les ames de l'Ordre, & même pour tous les Chrétiens.

VI. Un des plus grands services que nous puissions rendre au fils de Dieu, est d'aimer & honorer sa Mere, & le plus grand honneur que nous puissions rendre à Marie, c'est d'aimer & d'imiter son fils ; aimons-les donc de toute nôtre puissance, & pour satisfaire au desir & de la mere & du fils, aimons la mere dans le fils, & le fils dans la mere.

VINGT-CINQUIÉME SEPTEMBRE.

LA VENERABLE SOEUR UVARIN
de Ste. Madelaine, Religieuse Ursuline d'Amiens.

Dieu ne permet pas qu'on soit tenté au delà de nos forces. Dans la 1. aux Cor. ch. 10.

NOSTRE Soeur de sainte Madelaine étoit si aimable & spirituelle, que le Reverend Pere de S. Jure dit en recevant la nouvelle de sa mort ; helas ! voilà le Soleil des filles éclipsé : Elle fit vœu de s'employer à l'ornement de l'Eglise, étant fort sçavante, & experimentée en la peinture & en la broderie. La Mere de Saint Augustin l'offrit à nôtre Seigneur en presence de toute la Communauté pour ce sujet, il accepta son offrande, & se contenta de sa bonne volonté, car il la tira de ce monde, aprés qu'elle eût fait quelques légers desseins, & sans avoir mis un coup de pinceau pour l'execution, cela luy tenoit si fort au cœur qu'elle dit en mourant, qu'elle prieroit Dieu pour les Sœurs ouvrieres, & qu'infailliblement elles en viendroient à bout. Sa soûmission étoit rare à l'égard de ses Superieures qui ne l'épargnerent nullement; la Mere de Saint Augustin l'entreprit dés son entrée au Noviciat, aimant mieux, disoit-elle, une Sainte qu'une ouvriere en sa Communauté; elle l'exerçoit en l'humilité & en l'obeïssance aveugle, ce que nôtre Sœur de Sainte Madelaine ressentoit vivement, parce qu'elle n'avoit pas le cœur moins grand que l'esprit; toutes-fois au lieu de se plaindre, elle recouroit à nôtre Seigneur, & en faisoit des vers agréables, qui servent encore aujourd'huy de consolation aux Religieuses; un jour sentant ses passions revoltées, & son cœur dans l'envie de se décharger par quelques entretiens de confidence; elle entra au lieu de cela dans l'Eglise, & se mit en Oraison, où il luy sembla voir le Sauveur, détachant une main de la Croix, & l'appellant pour venir prendre son repos avec luy sur le lit de la mort; cette veüe luy alluma une soif des humiliations qui luy dura jusqu'à la fin de sa vie, où elle se trouva deux ans aprés, & passa à l'éternelle, l'an 1647.

Honnorons aujourd'huy nôtre Ursuline, & si nous voyons qu'elle a mis en pratique des vertus dont les autres ne parlent qu'en idée, imitons-là, ne nous contentons plus du nom de la vertu, travaillons à être veritablement vertueux aux yeux de Dieu, entrons dans l'esprit du Christianisme, fuyons les illusions du monde, & du Demon qui se joüe de nous, & qui nous fait croire souvent que nous sommes deja parfaits, lorsque nous n'avons pas encore fait le premier pas pour le devenir. Souvenez-vous que vous pouvez tout avec la grace; imités cette grande servante de Dieu, qui au lieu d'adherer à ses passions revoltées, recouroit à l'oraison, où elle trouvoit le secours du Seigneur.

MAXIMES.

I. En quel état que vous soyez, ou parfait ou imparfait, priez toûjours; si vous étes parfait, priez afin de perseverer; si vous étes imparfait, priés afin de vous avancer; mais prenés garde en vous presentant devant Dieu, que ce soit avec le respect & la circonspection qui luy est deüe; qu'il n'y ait plus rien alors qui vous occupe l'esprit sur la terre, puis qu'il vous dit luy-même, *demeurez en repos, sçachez que c'est moy qui suis Dieu.* Qu'ainsi il n'y ait plus ny parens, ny amis, ny affaires, ny afflixions, qui vous detournent de sa presence.

II. Ne vous laissez pas emporter par des sentimens de compassion, oubliés tout le monde, élevés-vous autant qu'une créature le peut, au dessus même des Anges, & ne contemplés que Dieu.

III. Il y a bien souvent de la legereté & de la vanité dans un exercice si saint que la priere, on se laisse dissiper & distraire l'esprit par une infinité de soins, on dispute contre ses passions, on est tout partagé & divisé, & cela parce que l'on n'a pas parfaitement renoncé au monde ny à soy-même ; comme donc la priere est le canal pour faire couler les graces de Dieu sur nous ; tâchez que ce canal soit pur, afin que rien n'arrête les eaux de la grace, & ne les empêche de se communiquer à vous.

VINGT-CINQUIÈME SEPTEMBRE.

LA VENERABLE SOEUR MARIE DE Saint Joseph, Morel, Religieuse Ursuline Converse à Avalon.

Ie garderay le Seigneur comme toûjours present devant mes yeux. Psal. 115.

BIEN QUE nôtre Sœur de Saint Joseph fusse d'une complexion tres-foible, elle fust receuë en qualité de Sœur Converse, parce qu'étant fille d'un habile Chirurgien qui servoit la Communauté, il se fit un plaisir d'instruire fidellement sa fille des secrets de la Chirurgie, & comme elle avoit l'esprit bon & la memoire heureuse, elle apprit facilement ce que d'autres n'apprennent qu'avec bien du travail ; elle ne pouvoit seigner ayant un doigt retiré, mais elle montroit fort bien à le faire; elle pensoit les playes & les traittoit fort assurément & avec succez : Pour contenter son inclination charitable, on luy permit de donner des onguens, & faire des appareils pour les pauvres qui venoient aux grilles luy montrer leurs maux ; elle les traittoit avec tant d'adresse, ou plûtôt Dieu benissoit tellement sa charité, qu'elle guerissoit les plus inveterées, & venoit à bout des playes enveillies de plusieurs années, ne se contentant pas de donner ses soins, elle demandoit encore la permission de garder les petites douceurs qu'on luy donnoit dans les occasions de ses besoins pour les donner à ces pauvres patiens (c'est le nom qu'elle donnoit aux pauvres qui recouroient à elle) ; sa Superieure luy disant d'user ce qu'on luy donnoit, qu'elle pourvoiroit aux necessitez de ces pauvres, elle luy répondoit ingenuëment qu'elle faisoit son plaisir de se priver de ces choses pour la charité ; l'engageant par là à le luy permettre.

Sa Communauté luy est obligée de s'être exposée pour servir celles qui eurent des maladies contagieuses dans le tems de peste ; elle étoit encore fort jeune Religieuse ; elle traitta toutes celles de la Maison qui en furent frapées avec tant de bonté & tant de soin que pas une n'en mourut ; ce qui se peut dire un effet de sa confiance au Seigneur qu'elle regardoit comme toûjours present devant ses yeux. De son naturel elle étoit affable, civile & reconnoissante, & fort respectueuse; tres-devote à la sainte Vierge & à saint Joseph, & tres-ardente pour la sainte Communion.

Sa maladie a été une pleuresie compliquée avec une violente poulmonie, & siévre maligne qui l'a consommée en trois jours; dés le second elle reçût le Viatique, l'Extrême-Onction au troisiéme. Dans une maladie aussi forte qu'a été la sienne, elle a fait connoître un grand fonds de patience, de crainte de Dieu & de pieté: elle ne demandoit secours qu'à Dieu, mais elle luy demandoit continuëllement en termes si humbles & si affectueux, qu'ils marquoient bien l'amour de son cœur. Elle vit quelques-unes de ses compagnes qui s'attendrissoient prés d'elle; elle les en reprit & leur dit, qu'elle n'étoit qu'une pauvre miserable, qu'il ne falloit aucunement regretter: Ayant finy dans des sentimens si humbles, nous avons lieu d'esperer que Dieu l'élevera dans la gloire promise à l'humble de cœur.

Sa constance dans les maux a été extraordinaire; elle n'ouvroit la bouche alors, que pour rendre graces à Dieu, & non pour en faire des plaintes, étant persuadée qu'une ame qui a de l'amour pour Dieu, doit luy assujettir tout ce qu'elle peut avoir d'humain.

MAXIMES.

I. La crainte de Dieu fait que nous aimons mieux cacher les graces que nous recevons de sa bonté, que de les produire au dehors pour en acquerir une vaine reputation.

II. Nous devons beaucoup desirer & demander avec instance le regne de Dieu en nous, étant bien juste qu'il domine pleinement sur ses Créatures, parce que nôtre premier & plus ardent desir doit regarder sa gloire, & parce que c'est un moyen pour obtenir en suite que sa Majesté nous rende dignes de regner éternellement avec luy en son Royaume.

III. Que Jesus-Christ croisse, & que je sois anéantie, que je porte toutes les humiliations de la terre, & que les œuvres de Dieu s'accomplissent.

IV. Agissez avec un grand dégagement, oubliez-vous vous-mêmes, & toutes sortes d'interêts, pour entrer seulement dans ceux qui regardent l'honneur de Dieu; pour cét effet addressez-vous à la Sainte Vierge, qui a infiniment plus de desirs de sa gloire que toutes les Créatures ensemble.

Vingt-Sixiéme Septembre.

LA VENERABLE MERE JOURDAINE de Sainte Ursule, de Bernieres, Fondatrice, & premiere Professe des Ursulines de Caën.

Le jour de sa mort est encore plus beau que celuy celuy de son Illustre Naissance.
Dans l'Ecclesiastique, chap. 7.

DIEU qui destinoit Mademoiselle de Bernieres à être Fondatrice d'un des plus celebres Convens de France, la pourvût abondamment de toutes les qualitez qui luy pouvoient faire porter ce titre avec splendeur, comme il se verra par le leger crayon qui s'en va faire, qui pourra bien donner idée de son merite à ceux qui ne l'ont pas connuë; mais il n'aprochera pas de l'opinion que sa vûë & sa reputation ont imprimé dans l'esprit d'une infinité de personnes. Elle étoit d'une famille considerable de Normandie par sa noblesse & par ses belles actions: Son enfance se passa dans une innocence parfaite & dans une douce gravité qui luy attiroit déja du respect; jamais elle n'aima le monde, ny qui que ce fust que selon la Loy de Dieu, ayant le naturel aussi genereux & vertueux que tendre: avec l'âge elle acquit un certain air de grandeur, relevé encore par une modestie Angelique, & par des mœurs si honnêtes, que jamais les plus critiques n'eurent à pointiller sur sa conduite, ny les plus libertins n'oserent s'émanciper en sa presence. Elle s'adonna toute jeune aux exercices de pieté, même elle usoit d'austerité les veilles de Communion, & s'exemptoit ces jours-là des compagnies. Ses Directeurs qui furent toûjours les Reverends Peres Jesuites, connoissant la force de son genie & son extraordinaire capacité, luy firent lire la Somme de S. Thomas & autres livres sublimes, qui luy aiderent fort à faire valoir de plus en plus ses talens; rien ne luy plaisoit à l'égard des Sermons; & comme sa memoire n'étoit pas moindre que sa facilité à comprendre, elle les retenoit entierement, & aprés elle les écrivoit pour son utilité: Elle passa plusieurs années vivant de cette maniere, parce que ses parens s'oposerent formellement au dessein qu'elle avoit de quitter le monde, & se servirent de toutes sortes de moyens pour l'y retenir. Monsieur son Pere la contraria en ce seul point plus qu'aucun autre, & ne pût être fléchy pour la voir cent fois fondre en larmes à ses pieds, luy demandant congé d'être Religieuse: mais voyant qu'elle refusoit tous les engagemens qu'il luy offroit fort souvent, il se resolut de la garder auprés de luy, & de prendre d'elle ses conseils dans ses plus importantes affaires, ce qu'il fit avec tres-bon succez.

A la

A la suite du tems son Confesseur luy inspira de fonder un Convent d'Ursulines dans la ville de Caën, elle en rejetta d'abord la proposition, estimant que cette qualité de Fondatrice seroit incompatible avec la vie humble & retirée d'une simple Religieuse, pour laquelle seule elle sentoit de l'attrait ; mais son Confesseur ayant usé de commandement sur ce sujet-là, & luy ayant remontré qu'elle ne seroit jamais Religieuse autrement, puisque ses parens n'y consentiroient qu'à cette condition : enfin elle connut que c'étoit la volonté de Dieu, & s'y soûmit avec l'approbation de quantité de personnes de grande autorité; pendant qu'elle délibéroit de cette affaire, elle fut demandée par un si haut party qu'il n'y avoit pas lieu de s'en deffendre ; les parens y donnoient la main de grand cœur, & il n'y avoit qu'elle qui se trouvoit fort embarrassée : celuy qui la recherchoit sçachant l'amour qu'elle avoit pour la Virginité, la fit assûrer de sa part qu'il suivroit son exemple & vivroit en continence avec elle : nonobstant cette promesse elle ne pût se resoudre au Mariage, & recourant de toute son affection à celuy qu'elle desiroit pour son unique Epoux, elle l'alla trouver dans une Eglise lors qu'il n'y avoit personne, se jettant à genoux pleine de douleur, & se plaignant amoureusement à Dieu de ce qu'il ne rompoit pas les chaînes dont le Monde la vouloit captiver : dans la ferveur de son Oraison qui fut longue, il luy sembla voir en esprit un beau Convent de Religieuses, & elle eut une asseurance qu'elle seroit Religieuse, & vivroit dans une pareille Communauté, cette grace la consola.

Elle n'entreprit point sa fondation qu'aprés une déclaration autentique qu'elle n'acceptoit le titre de Fondatrice que pour être Religieuse, renonçant absolument à toutes les exemptions que l'on prétendoit luy donner, & ensuite elle vêcut dans son Convent de la même maniere que les autres, & sans aucunes particularitez, jusqu'à sa vieillesse & dans ses incommoditez qu'elle reçut les soulagemens que la justice & la charité de l'Ordre concede à toutes les Religieuses dans leurs besoins : Davantage, dans son Contrat elle ne chargea de luy rendre ny à ses parens aucun honneur ny reconnoissance pendant leur vie ny aprés leur mort; ce qui marque la modestie de cette belle ame. Aussi-tôt qu'elle eut tiré le consentement de ses parens elle n'eut plus de patience ; mais sans délay elle s'employa à toutes les choses necessaires pour l'execution de son bon dessein : Elle fit même le voyage de Paris, & emmena des Professes du grand Convent, qui trouverent à Caën les choses si bien preparées qu'elles prirent clôture tout incontinent : Peu de jours aprés elle quitta secretement sa famille, & se renferma avec ces bonnes Meres le 21. Novembre 1624. puis le jour de sainte Catherine ensuivant elle prit l'habit Religieux sans éclat ; de sorte que par la Ville on sçût qu'elle étoit Novice lors qu'on déploroit encore sa retraite : A peine fut-elle dans le Cloître qu'elle s'y trouva comme un Element dans son centre ; toutes ses inclinations étoient ajustées aux observances qu'elle y voyoit pratiquer & qu'elle y pratiquoit elle-même : Elle n'avoit point d'autre mortification que d'aller au Parloir, & celle qui s'étoit acquis une singuliere estime dans la Province, cherissoit l'obscurité d'une Célule, quittant toute autre pretention que celle de plaire à son divin Epoux.

Dés son Noviciat jusqu'à la fin elle aima tant la pauvreté, qu'il n'étoit pas possible de luy faire prendre des habits neufs, mais les vieux & les refaits étoient son partage, tout de même dans la nourriture, c'étoit le pire qui la contentoit davantage. Les jeunes Religieuses, pour bien & parfaitement obeïr, n'avoient qu'à imiter leur Fondatrice, laquelle dans les épreuves ordinaires elle ne montroit que soûmission, & sçavoit si bien captiver son jugement & toutes ses lumieres soûs l'obeïssance Religieuse, que l'on eût dit qu'elle n'avoit jamais fait qu'obeïr : Elle tenoit ses sens sous une tres-severe loy, & faisoit conscience de leur accorder la moindre petite satisfaction pour le seul plaisir.

Elle possedoit éminemment l'esprit & la grace de l'Institut ; ses instructions étoient insinuantes & efficaces ; étant Superieure elle ne laissoit d'en aller faire aux Classes avec une éloquence si remplie d'onction, que les cœurs de celles qui l'entendoient, concevoient une nouvelle ardeur pour la vertu : Elle usoit de termes si persuasifs pour animer les Religieuses à cét employ, que l'on eût dit, quand elle les envoyoit aux Classes, qu'elle les envoyoit aux Indes planter la Foy. Si cette zélée Ursuline eût suivy l'activité de son zéle, elle auroit passé la Mer, & prodigué sa vie dans le Royaume d'Angleterre pour contribuer à reduire les Peuples à la Foy Catholique : dans ces sentimens elle disoit qu'elle n'accepteroit jamais l'établissement d'aucun Monastere si ce n'étoit en Angleterre ou en Hybernie : & en effet, elle a refusé tous ceux qui luy ont été presentés pour ailleurs ; il s'est offert quelque occasion extraordinaire où elle a fait paroître une pureté & une fermeté de foy, telle que des personnes de merite la comparent à celle d'Abraham : Elle avoit tant de generosité, que pour imiter sa Royale Patrone sainte Ursule, elle eût voulu finir sa vie par le Martyre, & ce luy en étoit assurément un devoir qu'apparemment elle mourroit dans un lit & non sur un échaffaut, ou entre les mains des Barbares pour signer sa foy de son sang. Il n'y avoit pas quatre ans accomplis qu'elle étoit Professe lors qu'elle fut éluë Superieure de son Monastere ; alors elle entreprit le Bâtiment qui n'est pas un ouvrage ordinaire ; mais un des plus beaux & des plus magnifiques pour la fabrique & pour les ornemens ; la Fondatrice veilloit sur les Architectes & Connoisseurs, y étant plus intelligente qu'eux-mêmes, comme ils le confessoient avec admiration ; ce bel Edifice est donc la gloire de celle qui l'a si bien sçû conduire, & avec un si grand dégagement, que quand elle alloit à l'Oraison au sortir des Bâtimens & de la conversation des Seculiers & Ouvriers qui auroient embarrassé un esprit moindre que le sien, elle y avoit autant d'attention que si elle fût venuë d'un desert ; aussi disoit-elle qu'elle n'étoit jamais distraite des affaires qu'elle entreprenoit pour Dieu; quoyque le bien qu'elle donna à sa fondation fût considerable, l'argent s'épuisoit quelquefois dans un si grand Bâtiment, les materiaux y manquoient encore plus souvent, & voyant que cela diminüoit le courage des Religieuses, elle leur disoit en soûriant, où est vôtre foy & confiance en Dieu ? puis devant la fin de la journée le secours venoit à l'impourveu, & par des voyes qui ont été jugées miraculeuses. Mais sa plus grande gloire est d'avoir si bien dressé ses Religieuses qu'elle sont ses vivantes copies. Cette sage Fondatrice les rendoit heureuses en ce lieu selon le possible, & sa personne faisoit une partie de leur felicité; car elle fut toûjours l'ame de cette Communauté fort nombreuse; c'étoit elle qui y donnoit comme la vie & l'action qui y causoit toute la joye, & qui y attiroit toutes les benedictions du Ciel & de la Terre, qui y tournoit tous les cœurs à son gré; en un mot qui y étoit aprés Dieu toutes choses, & qui y faisoit regner Dieu par dessus tout; neanmoins elle n'y tient pas perpetuellement la charge de Superieure, mais seulement dix-huit années par diverses élections; & suivant l'ordre prescrit, elle quittoit au bout de six ans, puis étoit ordinairement maîtresse des Novices, lesquelles, ainsi que toutes les autres Religieuses & la Superieure même, étoient si fortement attachées à elle par les liens de respect, de reconnoissance, de confiance & d'amour, qu'elles n'agissoient qu'aprés l'avoir consulté, & avec son approbation.

Elle portoit la prosperité & l'aversité d'une ame égale, & même dans les peines & les pertes qu'elle souffroit ou sa Communauté, son visage paroissoit avec un air de douceur & de sainteté tout-à-fait rare, qui donnoit envie de souffrir comme elle. Son caractére plus visible a toûjours été la constance dans le bien, & c'est ce qui assurement luy a merité la couronne promise à la perseverence, & c'est ce qui luy a fait soûtenir son Monastére dans une admirable vigueur, & dans une regularité aussi exacte, qu'elle y avoit été mise d'abord.

Le beau Livre du Chrêtien interieur est un manifeste témoignage de la conduite interieure de cette vertueuse Ursuline, & en preuve autant la solidité que l'élevation: Elle contribüa de plus au recüeil de ces precieuses Reliques de l'esprit de Monsieur de Bernieres son frere, ayant donné pour ce sujet diverses lettres qu'il luy avoit écrites, avec plusieurs manuscrits qu'elle avoit reçû de luy pour en faire usage, & qu'elle garda par adresse; car l'intime communication de ces belles ames n'étoit pas seulement comme de frere à sœur, mais semblable aux intelligences celestes qui se purifient, s'éclairent & se perfectionnent l'une & l'autre à la plus grande gloire de Dieu: Ainsi qui voudra s'instruire de la voye de perfection de celle-ci, n'a qu'à lire les Ecrits de celuy-là, parce que les Maximes du Frere étoient les Maximes de la Sœur, & par reciproque les Maximes de la Sœur étoient celles du Frere. Aprés qu'elle eut passé l'âge de septante-quatre-ans; aprés qu'elle eut employé ses biens & usé ses forces aux services de Dieu, à sa sanctification & à l'avantage du Convent qu'elle avoit si bien fondé; quatre jours de maladie la conduisirent au Tombeau. Pour donner en son extrêmité ses dernieres exemples de vertus, elle ne dit pas un mot, & ne jetta aucun soûpir qui témoignât qu'elle souffroit ou qu'elle desiroit le moindre soulagement; le seul mot d'obéïssance que l'on employoit à son égard luy faisoit faire l'impossible; ses paroles succintes marquoient l'occupation de son ame avec Dieu, que ses Religieuses désolées, par respect à la priere qu'elle leur en avoit fait, n'osoient interrompre sans une grande necessité: enfin la paix qui étoit peinte sur son visage surmonta la pâleur de la mort, & il sembloit qu'elle s'endormoit plûtôt que de mourir, le 26. Septembre l'an 1670. Quand son decez fut sçû dans la ville, le cœur & la bouche d'une infinité de gens s'ouvrirent au regret & aux plaintes,

& mêlerent leurs prieres & leurs larmes pour le prompt repos de la deffunte, son corps fut mis dans un cercuëil de plomb, Monseigneur l'Evêque de Bayeux honora cette triste ceremonie par sa presence, & par un Discours funebre des plus devots & des plus touchans qu'il prononça à la loüange de cette digne Ursuline au milieu d'une grande Assemblée de ses parens & de quantité d'autres personnes de qualité. Messieurs les Curez de la ville & faux-bourgs de Caën recommanderent son ame de leur propre mouvement aux prieres de leurs Paroissiens, & quelques-uns d'eux vinrent sur son Tombeau faire des services solemnels où ses parens assisterent encore.

Admirons en cette vertueuse Ursuline qui fait la gloire du Sexe, qu'il semble que Dieu ait pris plaisir de faire voir en elle qu'il étoit le Créateur & le Redempteur de l'un & de l'autre sexe, & qu'il avoit autant d'égard au bien du plus foible qui avoit enfanté le Sauveur du monde qu'à celuy du plus fort & du plus noble. Il a voulu rendre cette fille foible de grande condition & élevée dans toute la delicatesse possible, aussi admirable par ses vertus que les plus grands Saints, & luy a inspiré par le même Saint Esprit, le même esprit de solitude, de silence, de penitence qu'il a donné aux Solitaires, de force & de constance, qu'il a donné aux Martyrs, l'ayant été de desir & de zéle pour la gloire de Dieu & le salut des Ames, qu'il a donné aux Apôtres, lesquels Saints se sont rendus plus recommandables par leurs vertus, & elle par l'imitation de leurs exemples, suivés les siens.

MAXIMES.

I. Une Religieuse doit mépriser le monde, & tout ce qui est passager, & éviter tant qu'elle peut la conversation des Seculiers, n'ayant rien de plus aimable que son Monastère.

II. Je ne dors point d'un sommeil plus doux, qu'après avoir eu quelque bonne croix, qui m'oblige de m'abandonner entre les bras de mon Dieu.

III. L'amour du mépris & des humiliations est le fondement solide de toute la perfection Chrêtienne.

IV. La premiere démarche qu'une ame doit faire pour s'avancer à Dieu, est de se dépoüiller de toutes les choses exterieures, comme les richesses, les honneurs, & les plaisirs; durant qu'elle aura la moindre affection vers ces choses, jamais elle ne s'avancera pour trouver Dieu, ny jamais elle n'aura une parfaite possession de Dieu.

V. Il n'y a précisément que la pure necessité & la charité qui nous doivent faire garder la réelle possession des biens temporels, & il faut vivre dans la disposition d'esprit, que quand ces choses nous seroient ôtées, nous en serions raviës, parce que la plûpart du tems elles nous servent plus d'empêchement que de moyen pour trouver Dieu.

VI. C'est un bon conseil de quitter pour suivre Nôtre-Seigneur ses biens & ses honneurs, quand on le peut faire par cét esprit; mais quand on s'en voit dépoüillé par les ordres secrets de la Divine Providence, c'est une obligation de l'agréer, d'y consentir, & c'est en quelque façon mieux que si nous les quittions de nous-mêmes, sur tout quand on croit que cela nous arrive par nôtre faute; car alors nous tombons dans l'abjection & dans le mépris, qui est le vray centre où nous devons aspirer.

VII. Une Ame n'est vrayement Chrétienne qu'autant qu'elle aime la vie spirituelle; Quand donc nous sommes si sensibles aux croix, & aux choses qui sont si opposées à nos sens, nous ne sommes pas beaucoup remplies de l'Esprit du Christianisme, c'est-à-dire de l'Esprit de Jesus-Christ, pauvre, souffrant, & anéanty.

VINGT-SEPTIÈME SEPTEMBRE.

LA VENERABLE SOEUR MADELAINE de la Passion, Chastelain, Religieuse Ursuline Converse de Chambery.

La plenitude de la Loy, & sa perfection en abregé, c'est la dilection.
Aux Romains, Chapitre 13.

LES Guerres ayant contraint Madelaine Chastelain de quitter la Ville de Chambery, elle se trouva par hazard surprise par une troupe de Soldats, qui ne sembloient pas l'approcher à bon dessein; mais elle fit vœu à Nôtre-Dame de Liesse, & au même moment elle fust insensiblement tirée de leur presence, & delivrée de peril. Mademoiselle Acarie luy dit lors qu'elle fust à Paris que Dieu la vouloit Ursuline, & par sa faveur elle trouva place aux Ursulines de Paris encore en Congregation; delà elle alla à six autres Maisons, s'étant tout-à-fait donnée à l'Ordre, & elle s'arrêta enfin à Chambery, & y fust Religieuse; par tout elle travailla infatigablement, & s'acquitta fort loüablement des emplois qu'on luy commit. Quand on avoit fait quelques charités au Convent, *Ha! mes Sœurs*, disoit-elle, *rendons graces à la tres-adorable Trinité*, & se prosternant contre Terre, elle recitoit le Verset, *Retribuere dignare Domine, &c.* avec plusieurs fois *Gloria Patri, &c.* C'étoit sa coûtume de prier ainsi par tout, particulierement devant le Saint Sacrement, prosternée la face contre terre les heures entieres.

Elle étoit favorisée d'un don de larmes presque continuel, ce qui paroissoit les Vendredis plus que les autres jours. Une Novice la voyant pleurer doucement & abondamment à pareil jour, en faisant la cuisine, luy demanda quel étoit le sujet de ses larmes, à qui elle répondit, mais en les redoublant, *Hé quoy, ma bonne Sœur, ne sçavez-vous pas que le Fils de Dieu a souffert mori*

& Paſſion aujourd'huy pour nous ; & elle luy parla ſi tendrement des douleurs de Nôtre-Sauveur que la Novice pleura auſſi bien qu'elle.

Encore qu'elle ne fût que Sœur Converſe, ce n'étoit pas par incapacité, car elle entendoit le Latin, ſçavoit les ceremonies de l'Egliſe, avoit lû la ſainte Ecriture & les Peres, & parloit éloquemment, encore que depuis trente-ans qu'elle étoit conſacrée au ſervice de Dieu, au lieu d'avoir de la vaine gloire de ſa Science extraordinaire dans ſon ſexe, & de ſes autres qualitez de corps & d'ame qui la rendoient une fille tres-accomplie, elle s'humilioit plus que pas une de la Maiſon, & il ſembloit qu'elle vouloit s'abîmer interieurement & exterieurement ; ſitôt qu'on la loüoit elle ſe jettoit en ſa poſture ordinaire de proſternation, proteſtant qu'elle étoit une miſerable pechereſſe & une pauvre marmitonne, & en même-tems les larmes luy couloient des yeux.

Elle étoit ſilencieuſe, & s'étudioit à la ſimplicité ; ce qu'elle ſçavoit ne luy ſervoit que pour augmenter cette haute eſtime qu'elle avoit de Dieu, & pour luy fournir des paroles utiles au prochain, ne parlant preſque jamais ſans alleguer à propos quelques exemples des Saints ou quelque paſſage de la ſainte Ecriture ; ſur tout elle avoit toûjours aux occaſions des paroles puiſſantes pour encourager les Maîtreſſes des Claſſes, & ſçavoit perſuader les perſonnes ſeculieres qu'elle voyoit, à donner leurs filles en penſion dans le Convent : Son courage éclata juſqu'à la fin de ſa vie ; aprés cinq jours de fiévre continuë, elle ſe leva à quatre-heures du matin & alla communier au Chœur, puis alla ſe coucher, & étant au bout de quelques jours à l'extrémité, elle reçût le S. Viatique, & trois heures avant que d'expirer l'Extréme-Onction, répondant juſqu'à la fin & à toutes les prieres, pour derniere parole elle dit qu'elle ne ſeroit jamais raſſaſiée de ſouffrir juſqu'à ce que la gloire de Dieu luy aparût ; elle renouvela ſes vœux & rendit ſon ame à ſon Créateur le 27. Septembre 1645. âgée de 68. ans.

Lors que nous voyons le fruit que produit la fidelité de cette Servante de Dieu, & les heureuſes converſions qu'elle cauſa, apprenons à ne mépriſer perſonne de quelle baſſe condition qu'elle paroiſſe dans l'Egliſe, & quelque vil que ſoit ſon employ. La Religion Chrêtienne qui nous aprend à juger des choſes ſelon la foy, bannit toutes ces differences, & comme on a veu ſouvent que des Serviteurs ont ſurpaſſé en vertus leurs Maîtres quoy qu'ils fuſſent des grands Saints, on doit toûjours avoir un reſpect interieur pour ces perſonnes, & les regarder comme étant peut-être conſiderables aux yeux de Dieu. Et telle qu'a été nôtre Sœur de la Paſſion qui a agy avec tant de perfection & de dilection dans toutes ſes actions, que la Loy du Seigneur y a toûjours eſté inviolable.

MAXIMES.

I. Quel moyen de n'être point touché de douleur ? la Terre eſt toute couverte de pechez ; Dieu n'a qu'une petite poignée de vrays Serviteurs ; il n'y a preſque plus dans le monde qu'intereſt, & c'eſt ce qui mine tout l'eſprit du Chriſtianisme; c'est à nous à qui Dieu a fait la grace de nous tirer du Siécle, d'essayer de vivre avec tant de pureté & de fidelité, que nous puissions reparer quelque chose du des-honneur que les grands pecheurs font à Dieu.

II. Une des principales obligations des ames retirées du siécle, est de prier pour tant d'ames qui se perdent tous les jours, & qui rendent inutile pour elles le Sang precieux de Jesus-Christ, c'est un sujet de douleur qui surpasse toute autre douleur.

III. Il n'y a rien de plus utile que le bon usage de la Confession Sacramentale; rien de si perilleux qu'en abuser: si le peché est le poison de l'ame, la confession en est le contrepoison; son operation est violente, il faut ou qu'elle tuë, ou qu'elle guerisse; pour user bien de ce puissant remède, il seroit bon de ne le prendre jamais que vous ne soyez disposées avec autant de soin comme si c'étoit la derniere de vôtre vie.

VINGT-SEPTIE'ME SEPTEMBRE.

LA VENERABLE SOEUR MARIE de Sainte Marthe, Boudroüet, Religieuse Ursuline Converse, au faux-bourg S. Jacques à Paris.

La fin du Precepte, dit S. Paul, *est la charité d'un cœur pur.*
Dans la 1. aux Corinth. chap. 12.

LES deux noms de Marie & de Marthe convenoient parfaitement bien à nôtre Ursuline, d'autant que toute sa vie n'a été qu'une alliance continüelle des exercices de Marthe & de Marie, mais avec tant de bonheur qu'il seroit difficile de trouver une personne qui s'acquitât mieux de toutes les fonctions de sa condition, & que même on ne pourroit être plus interieure, plus presente à soy, & plus attentive à Dieu dans les emplois les plus recüeillis, que nous avons veu nôtre Sœur de sainte Marthe dans les actions les plus laborieuses tout le tems qu'elle a passé dans le Monastére, où elle étoit entrée dés l'âge de dix sept ans, & ayant fait son Noviciat avec grande ferveur & donné des preuves de ce qu'elle pourroit devenir, en usant avantageusement de son naturel doux, paisible, courageux & serviable. Elle fut admise à la profession qui étoit le but de ses desirs, & dont elle sçut si bien ménager les graces, qu'elle devint un exemplaire de vertus, croissant de jour en jour, & allant à grand pas vers la perfection; mais d'une si belle maniere qu'elle se rendoit agreable à Dieu & à sa Communauté, n'y ayant ny Religieuse, ny Pensionnaire qui n'eût pour elle de l'affection, & même du respect, parce qu'on remarquoit en elle un ardent desir de plaire à nôtre Seigneur, & puis de servir à la Communauté & contenter le prochain, accomplissant, comme dit S. Paul, la fin du Precepte, qui est la charité d'un cœur pur : Elle ne se tenoit point à son sens, mais déferoit avec soûmission aux autres, quoyque bien plus jeunes qu'elle, se comportant avec telle charité, discretion & sagesse, que jamais il n'a été besoin qu'elle ait demandé pardon à aucune, ny aucune ne le luy a demandé aussi, ne blessant, ny étant blessée de personne.

Elle faisoit son ouvrage si paisiblement qu'on la voyoit seulement sans l'entendre, & encore qu'à sa derniere année elle y fût un peu plus lente, son assiduité neanmoins égaloit les plus diligentes. Des maladies notables auroient vaincu un courage moindre que le sien ; mais si-tost qu'elle recouvroit sa santé, elle retournoit aussi-tôt à ses meilleures & plus heureuses coûtumes comme à son centre, & y a perseveré allegrement quarante-six ans, & jusqu'à la mort, de laquelle elle a eu les atteintes par une fiévre continuë sans autre accident, qui a duré neuf jours, & qui luy laissant l'esprit fort libre & sain, luy a donné moyen de mettre le Sceau à sa bonne vie par les dernieres dispositions à son heureuse fin. Elle est morte comme elle a vêcu, dans un abandon d'elle même, une indifference & resignation entiere à la volonté Divine, & au gouvernement de celles qui l'assistoient, une desquelles luy ayant témoigné de l'étonnement de la voit si tranquille & si joyeuse ; elle luy répondit : *quand il faut faire une chose, ne la faut-il pas faire de bonne grace* ; d'autrefois elle disoit dans un sentiment extraordinaire de confiance, *je m'en vais rendre compte à mon Iuge, il m'y faut preparer*. Et pour ce sujet elle avoit toûjours l'esprit saintement occupé & attentif aux actes de vertu qu'on luy suggeroit comme elle en avoit instamment supplié. Son agonie, si telle on la doit appeller, n'a pas duré plus de demy-heure, étant dans une tranquilité sans aucun effort, comme une personne qui attendoit paisiblement les ordres de Dieu ; en sorte qu'à peine la Communauté presente pût-elle appercevoir l'instant de sa mort.

Nous passons sous silence plusieurs graces gratuites dont elle-même a avoüé que nôtre-Seigneur l'avoit favorisée ; nous taisons même quantité de vertus qui paroissoient à celles qui la conversoient, pour éviter les redites, nous contentant d'ajoûter que son soin particulier étoit de cacher toutes ses belles pratiques pour n'être vûë que de Dieu seul.

Si vous vous sentez insensibles à tant d'exemples de vertu, ne vous étonnez pas si vous êtes si lâches dans la pratique, & si vous recevez si peu le secours de la grace, c'est que le peu d'affection que vous avez pour les ames predestinées est presque une conviction du peu d'amour que nous avons pour Jesus-Christ ; si nous sentions pour nôtre aimable Sauveur ces transports ardens que la foy devroit produire dans nos cœurs, nous aimerions aussi celles qui l'ont aimé tendrement, & nous leur témoignerions la part que nous prenons à leur joye de ce qu'elles ont eu le bonheur d'avoir sacrifié leurs biens, l'honneur & les plaisirs pour s'offrir comme des innocentes victimes à Dieu, donnant enfin leur vie de bon cœur à leur E'poux qui les a sauvé par sa mort ; ne nous endormons donc
pas

pas plus long tems dans cette indifference que nous avons pour nos vertueuses Ursulines, aimons celles qui ont aimé Dieu, & faisons réjaillir sur elles l'amour que nous devons à Dieu.

MAXIMES.

I. Nous avons obligation de servir les Ames, & de tâcher de leur plaire autant que nous le pouvons selon Dieu, & nous ne devons jamais avoir de complaisance pour nous-mêmes; mais souvenons-nous que Nôtre-Seigneur ayant fait tant de choses, & si difficiles, pour contenter les autres, n'en a jamais fait aucunes pour sa propre satisfaction. Pesés les paroles de Nôtre-Sauveur; *Quiconque perdra son ame pour l'amour de moy, la trouvera en la vie éternelle.* Et apprenés à n'être point attachés à vous-mêmes, & à ne point regarder vos propres interêts.

II. Celuy-là n'est pas de l'Edifice Spirituel des Predestinez, qui ne s'étudie point à profiter, & de croître en vertu.

III. La paix qui nous délivre de nos inquietudes, est un degré qui nous éleve, & nous conduit à l'union de la charité.

Vingt-Huitie'me Septembre.

LA VENERABLE SOEUR MARGUERITE de Sainte Agathe, Cantherine, Religieuse Ursuline d'Amiens.

Ce que je suis, je le suis par la grace de mon Sauveur; c'est pourquoy je luy offre & consacre toutes mes victoires & toutes mes couronnes. Dans la prem. au Cor. ch. 15.

Nôtre Sœur de Sainte Agathe étoit doüée de tous les talens propres à rendre une personne de son Sexe accomplië, joint à un don de pieté, qui insinuoit la devotion à celles qui la voyoient prier, & qui l'attiroit elle-même à un recueillement si extraordinaire, que les Superieures furent obligées de la moderer, aussi-bien que ses penitences; ce qui luy faisoit dire avec le grand Apôtre, *Ce que je suis, je le suis par la grace de mon Sauveur; c'est-pourquoy je luy offre, & consacre toutes mes victoires, & toutes mes couronnes.*

On luy donna des Religieuses pour luy aider au grand ouvrage qu'elle avoit entrepris de la decoration de leur Eglise, & par esprit d'obeïssance elles surmonterent toutes les difficultez qu'elles avoient, & acheverent un dessein merveilleusement bien entendu. La Superieure proposa à nôtre Sœur de sainte Agathe de

Tome III. Kkkk

faire une Peinture entierement contraire aux regles de cét Art, elle dit une fois, ses excuses, puis voyant que sa Superieure persistoit, elle se mit à genoux, & dit ma Mere je fais vœu de faire la chose en la maniere que vous souhaitez, & de ne vous plus alleguer aucune raison contraire; alors la Mere luy dit qu'elle entroit fort bien dans son sens, mais qu'elle avoit desiré de voir une marque de sa soûmission. Elle ne faisoit point cas de son habilité, quoyque les Connoisseurs en fussent surpris. Elle ne fit jamais present de son ouvrage à aucun de ses proches, & ne travailloit que pour la Communauté.

Ses parens ayant fait faire son portrait avant son entrée en Religion, & desirant aprés de l'avoir en Religieuse, ils passerent ce Tableau dans le Convent avec l'agréement de la Superieure, afin que la Sœur de sainte Agathe y peignît un voile & un habit Religieux; mais quand le Tableau fut entre ses mains elle l'effaça, & y dépeignit l'Image du S. Sacrement, afin, dit-elle, que nôtre Seigneur fût honoré en sa place.

Au lit de la mort on luy demanda si elle ne vouloit pas être du nombre des Vierges sages pour entrer aux nopces à la suite de l'E'poux: *Ie ne pense rien*, répondit-elle, *sinon que je suis la Brebis égarée qui retourne à son Pasteur; Ie me jette entre ses bras, & voilà toute mon occupation*. La veille & le jour de sa mort, elle aspira incessamment à Dieu, disant, *O! utinam! ô utinam!* Elle rendit l'esprit le 28. Septembre. Honorons aujourd'huy cette vertueuse Ursuline qui s'est si bien acquitée de tous ses emplois: apprenons de-là que quand il s'agit de distribüer les charges, combien il faut éviter les vûës humaines, & combien l'on se trompe si sans consulter Dieu, on ne se laisse aller qu'aux jugemens de ses yeux. Plusieurs saintes Ames ont donné des grands sujets d'edification par leur vie pure, & Sainte; ce qui doit aujourd'huy être la confusion de beaucoup, qui sans se mettre en peine des ces thresors interieurs de vertus & de graces qui sont necessaires pour les Charges, n'y considerent, & n'y apportent que des qualitez purement exterieures.

MAXIMES.

I. La vie est courte, & se passe bien-tôt, & lors qu'il plaira au Fils de Dieu de nous prendre, estimons-nous heureuses, si c'étoit en l'imitant en son obéïssance, en sa charité, & en sa douceur.

II. Le moyen d'adorer Dieu comme il faut dans un lieu aussi plein de tenebres, d'incapacité, & de toutes autres sortes d'empêchemens qu'est ce bannissement, dans lequel nous vivons; quand sera-ce que nous serons delivrées de cette mortalité, & que nous nous verrons dans l'état heureux de pouvoir satisfaire pleinement à ce que nous devons à cette suprême Majesté, la seule consolation qui nous reste, est d'avoir le Fils de Dieu incarné, par qui même dans cét exil nous pouvons dignement adorer son pere.

III. Servés Dieu pour son pur amour, & soyez toûjours disposés à souffrir; c'est une vertu de demander à Dieu d'endurer, mais c'est bien d'avantage de se laisser entierement à sa disposition.

VINGT-HUITIE'ME SEPTEMBRE.

LA VENERABLE SOEUR MARGUERITE de Saint André, Fougeyras, Religieuse Ursuline Converse de Montferrand.

O ! toute la Congregation du Peuple, esperés au Seigneur, épandés vos cœurs devant luy, Dieu est nôtre aide éternellement. Psal. 61. v. 9.

NOSTRE Sœur de S. André étoit une fille de petite naissance, mais Dieu l'avoit doüée d'un bon esprit, d'un jugement tres-solide, & dont la conduite & capacité surpassoit de beaucoup la condition. Aprés qu'elle eut servy quatre-ans en qualité de Touriere, elle fut revétuë de l'habit de Religion, & reçuë à la Profession.

Le caractere de cette Ame étoit la pieté, & sa premiere étude fut de travailler solidement à se rendre interieure, animant dés lors ses plus petites actions des motifs plus spirituels & relevez, n'ayant en vûë que de plaire à son Dieu, & se tenir en sa presence; & pour ce que l'exercice de Marthe n'interrompit celuy de Madelaine, elle se prescrivit une loy comme indispensable de prier incessamment dans son travail, pour faciliter cét exercice & le rendre continüel.

Elle apprit par cœur l'Office de Nôtre-Dame qu'elle disoit tous les jours, & de plus les autres petits de la semaine avec leurs Litanies, celuy des cinq playes, de la Sapience, & semblables prieres qu'elle sçavoit en si grand nombre qu'il y avoit autant dequoy s'étonner comme elle avoit pû y réüssir, ne sçachant presque rien à la lecture, & la voir agir à la cuisine, ou boulangerie, où elle a plus demeuré qu'ailleurs, travailler & prier à haute voix avec sa compagne d'office sans intermission aucune, quelque embarras ou interruption qui survint, expediant tout dans une paix inalterable qui la faisoit aimer de chacune; en sorte qu'il y avoit émulation entre ses compagnes qui étoient auprés d'elle pour luy aider, étant comme la Mere de toutes, à raison de sa bonté, charité & suport, les animant par son exemple, étant la premiere au travail commun, & s'attachant au plus penible pour les épargner, ménageant avec tant d'industrie l'humeur de chacune pour les porter à leur devoir, que venant à y manquer, elle les avertissoit dans une sainte liberté sans respect humain, mais toûjours charitablement, en se condamnant elle-même plus coupable; de sorte que ses corrections étoient toûjours bien prises & suivies de bons effets, sa conduite étant ronde, simple & candide, tant vers Dieu qu'à l'égard du prochain, qu'elle étoit toûjours disposée à servir autant la nuit que le jour les malades singulierement, ayant couché dans l'infirmerie durant longues années, sans qu'on ait jamais pû l'obliger à prendre son repos dans une Célule, à raison de son âge & grand travail, se levant toûjours demy-heure avant le reveil pour y vaquer, bien que son courage & ferveur surpassoient de beaucoup ses forces, ayant une foiblesse de bras qui la rendoit toute tremblante ; Elle avoit un fonds de devotion & application speciale à la Passion de Jesus-Christ, & à ses playes ; la veuë presque continuëlle de ses souffrances luy faisoit tout surmonter. Il luy est arrivé trés-souvent qu'étant sur le point de mettre les mains à la pâte, son pauvre corps se sentant défaillir, elle jettoit les yeux sur son Crucifix : Ce regard penetrant condamnant sa lâcheté, elle se levoit aussi-tôt, & tirant force de sa foiblesse, elle s'abandonnoit comme une victime immolée au service de la Religion, le bien de laquelle elle a procuré de tout son pouvoir, & toûjours aux dépens de son propre repos & attraits pour l'Oraison, preferant les devoirs de sa condition à toutes ses devotions particulieres, en ayant conservée une haute idée jusqu'à la fin pour estre plus semblable à Jesus caché & avily, s'estimant la derniere de toutes les creatures, n'osant même paroître en Communauté que lorsqu'il s'agissoit de s'accuser, & confondre elle-même ce qu'elle faisoit d'un air genereux.

Son amour pour les pauvres étoit incomparable : De tems en tems elle leur faisoit du potage de féves & des pois qu'elle avoit ramassez dans la grange, & autres choses qui autrement se seroient perduës, & sur lesquelles la benediction du Ciel se joignant à celle de l'obéissance, il sembloit y avoir du miracle, toutes choses se multipliant entre ses mains. La pureté de sa conscience luy donnoit une ardeur insatiable pour la sainte Communion.

Elle étoit trés-fidele à la mortification de ses sens, ainsi qu'à l'observance des Regles, grandement silencieuse, toûjours occupée, portée à excuser les fautes du prochain, pouvant vrayment estre appellée la couverture des Freres, & trés-édifiante en toute sa conduite, ne s'étant jamais relâchée de sa premiere ferveur au service de Dieu, ayant toûjours fait de nouveaux progrés en l'exercice du Divin amour, dont elle étoit si remplie qu'elle prenoit occasion de tout ce qu'elle voyoit pour s'élever à luy par des affections saintes, s'écriant avec le Royal Prophete, O ! *toute la congregation du peuple esperez au Seigneur, épandez vos cœurs devant luy, Dieu est nôtre aide eternellement.* Ainsi elle convioit toutes les creatures à se joindre à elle pour loüer son Createur.

L'amour de la sainte pauvreté l'a dépoüillée de tout, n'ayant que les choses dont elle ne pouvoit se passer, ne demandant jamais rien, pas même dans sa derniere maladie ; le pire de la Maison étoit toûjours à son sentiment trop bon pour elle. Son obéissance étoit prompte, genereuse, fidele & exacte ; il n'y avoit rien au monde qui pût luy faire obstacle, si rudes & fâcheux que fussent les ordres de ses Superieures, quelques éloignez qu'ils fussent de son sens, elle les croyoit toûjours faisables, s'y soûmettant comme aux choses de la Foy, ainsi qu'elle fit paroître dans sa resignation à souffrir une operation trés-cuisante qu'il fallut necessairement luy faire sur un genoux, où à la longueur du temps il s'étoit formé une loupe de grosseur prodigieuse, sur laquelle fut appliqué le rasoir, &

d'où l'on tira du moins une livre de chair. Pendant cette charitable cruauté, on n'entendit sortir de sa bouche que ces deux mots repetez, *Iesu patientissime miserere mei*, qui ravirent d'admiration les Medecins & Chirurgiens presens & témoins de la patience, qui a paru la même dans son extremité, lors qu'au seiziéme de sa maladie d'une fiévre continuë, ne pouvant rien avaler, pas même une goutte d'eau, à raison d'une esquilence, elle souffrit extraordinairement dans l'essay de divers remêdes violens pour un corps deja tout affoibly; elle receut tous ses Sacremens avec des dispositions saintes, ayant consommé sa vie en priant; ayant fait tous les Actes du Rituël, elle répondit à toutes les Prieres avec une grande paix & presence d'esprit; elle rendit enfin son ame, dans une douceur d'enfant, le 28. Septembre, l'an 1682, âgée de 63. ans.

Apprenons de cette fervente Ursuline que la vie Religieuse, & la vie penitente est une même chose, & que l'on ne se renferme pas dans les Maisons saintes pour y mener une vie paisible, molle & delicieuse, mais pour s'y purifier par un Baptême laborieux, & pour assujettir parfaitement la chair à l'esprit; c'est une leçon que toutes les personnes Religieuses doivent apprendre, que quelques innocentes qu'elles ayent été dans leurs vies passées, elles doivent se souvenir qu'elles ne peuvent pas avoir été plus pures, ny plus saintes que nos Ursulines, & celle que nous honnorons aujourd'huy, elle n'a point porté à la Religion de crimes qu'elle dût punir, & cependant voyez de quelle maniere elle se punit elle-même, tant elle étoit persuadée que dépuis que l'on s'est une fois enfermé dans une Maison Religieuse, ce n'est plus que pour y pleurer ou ses pechez, ou ceux des autres, & pour y consumer sa vie en prieres & en penitences.

MAXIMES.

I. C'est dans la solitude que l'on trouve la plenitude de Dieu, le trouble & le bruit du monde ne permettant pas qu'on entende la douce voix de Dieu.

II. Se peut-il bien faire qu'une ame qui croit en Dieu, puisse aimer autre chose, Dieu qui est tant aimable, & qui nous a tant commandé de l'aimer, pourquoy ne nous a-t'il donné qu'un seul cœur, encore est-il bien petit.

III. L'amour propre & les recherches secrettes font des choses aux Ames que le monde admire beaucoup; mais dans le fonds elles ne font rien du tout.

Vingt-Neuvie'me Septembre.

LA VENERABLE MERE ANNE DU SAINT
Sacrement, Prunier, Religieuse Ursuline de Grenoble.

Iesus m'a aimé, & m'a appellé de sa vocation sainte. Dans la Deuxiéme Timoth. Chapitre premier.

La Mere Prunier auroit été sans doute en grande consideration dans le monde, pour le rang & la pieté de ses Parens; mais elle s'en est acquise d'avantage dans la Religion par ses propres vertus. Monsieur le President de Saint André, & la fille de Monsieur le Chancellier de Bellieure étoient ses Pere & Mere, qui confierent son éducation aux Ursulines de Grenoble; elle y demeura dépuis l'âge de cinq ans jusqu'à treize, joignant à son heureuse naissance de bonnes habitudes, & formant même le dessein d'être Religieuse, qui ne pût être ébranlé à onze ans que Madame sa Mere la retint auprés d'elle; de sorte que méprisant genereusement tous les avantages qu'elle avoit pour le monde, elle le quitta tout-à-fait au vingt-trois de son âge, & avec un sentiment de joye si grand, qu'elle fut prête à chanter le Pseaume, *In exitu Israël*, &c. Quand elle se vit dans le Noviciat, elle fit Profession ouverte de mépriser tout ce qui avoit de l'éclat, du faste & de la vanité, & d'embrasser toutes les choses contraires. Elle témoignoit aussi tant de repugnance pour les tendresses & les delicatesses du corps, qu'il sembloit qu'elle eût été nourrie grossierement, comme une personne de fort bas lieu.

Son caractére étoit l'abandon à la Divine Providence, & dans tout ce qui arrivoit elle conservoit sa paix, & avoit toûjours le visage serain, de même que si elle eût toûjours eu son compte. Elle ne souhaitoit que les emplois ravalez; cependant Dieu luy avoit donné de si rares qualitez pour la conduite, qu'il s'en trouve peu de pareilles: On en fit aussi tant de cas, que contre les loix ordinaires au commencement de sa cinquiéme année de sa Profession, elle fut éleuë Superieure. Elle fit alors paroître ce qu'elle étoit; à sçavoir, une personne sage, douce, bien intentionnée, & si ferme qu'elle passoit pour inflexible en tout ce qui touchoit la gloire de Dieu & l'observance des Regles. Elle s'étudioit de tenir un juste milieu en toutes choses, de prévoir & d'éloigner ce qui pouvoit causer tant soit peu de relâchement, de donner un facile accés à ses Sœurs, & de pourvoir également aux besoins de la derniere, comme de la premiere de la Maison: Elle s'acquita si dignement de cette Charge, & avec tant de désinteressement & de force

29. Septembre.   La V. Mere Anne du S. Sacrement.   631

sur elle-même, qu'il sembloit qu'elle prenoit plaisir à en faire les fonctions, bien qu'elle y ressentît chaque fois autant de peine, que si on l'eût traînée au supplice.

Elle trouva la regularité dans une admirable vigueur, & elle eut la consolation de voir augmenter de jour en jour la perfection spirituelle. Le temporel n'étoit pas en si bon état, à cause du bâtiment qu'il avoit fallu faire : Il n'y avoit que cinq ou six Pensionnaires, quand elle entra en charge ; mais aprés des devotions qu'elle & ses Religieuses firent envers la sainte Vierge & S. Joseph, au bout de l'an on y en compta trente, & dans le cours de cette année-là on receut presque tous les jours des presens & des aumônes au Convent ; ce qui étoit tout-à-fait extraordinaire.

Elle a été six ans de suite Superieure, & aprés une intervale, on la reprit encore, mais non pas pour long tems, car elle tomba dans la phtisie qu'elle porta prés d'un an, puis elle en fust emportée d'abord ; elle fust reduite à demeurer dans une chaise, ce qui n'étoit pas une petite Croix à un naturel vif comme le sien. Elle se voyoit chargée de cinquante Religieuses qu'elle ne pouvoit plus gouverner, ny aider que par son bon exemple, ce qui luy servit de particulier motif pour se rendre exemplaire autant qu'il se pouvoit par la patience ; ainsi dans la longueur de sa maladie, dans les douleurs, & dans les dégoûts qui l'accompagnerent, elle demeura avec sa force d'esprit, & avec sa paix accoûtumée ; par une charitable discretion elle empêcha que celles des Religieuses qui étoient plus susceptibles de la phtisie, ne l'approchassent, & elle promit à la Communauté, Que si aprés sa mort elle avoit du credit auprés de Dieu, elle luy demanderoit que la Maison fût délivrée de ce mal qui depuis plusieurs années y avoit moissonné plusieurs bons sujets. Depuis sa mort pas une n'en a été attaquée.

Quand elle fust à l'extremité, elle s'anima par des Versets des Pseaumes, & entre autres de celuy qui commence; *Quam dilecta tabernacula tua Domine virtutum, &c.* Et sur la fin en appellant son Sauveur, elle disoit en soûpirant, *Veni Domine, & noli tardare.* Le dernier jour de sa vie un assoupissement tempera ses grandes douleurs : Elle ne s'éveilla presque plus que pour élancer de fois à autre des traits d'amour vers le Ciel ; enfin elle s'endormit au Seigneur, ainsi qu'il est à croire de la pureté de sa vie, l'an 1652. Elle fut enterrée avec tous les honneurs qui étoient deus à ses merites. Il semble que cette genereuse Ursuline nous exhorte par ses paroles, *Iesus m'a aimé, & m'a appellé de sa vocation sainte*, d'embrasser de bon cœur la vie humble & penitente, afin de meriter d'entrer dans la gloire de Dieu.

Elle a eu le bon-heur d'imiter Jésus-Christ qui ne s'est point arrêté à sa condition Royale pour se soûmettre au traitement le plus indigne qu'il pouvoit souffrir ; elle a oublié le rang qu'elle pouvoit tenir dans le monde, pour agréer d'estre abjecté en la maison du Seigneur, quoyque son merite ne l'y ait pas laissé long-temps. Que diront icy ceux qui alleguent si souvent leurs conditions pour se dispenser des devoirs du Christianisme, lorsqu'ils leur semblent trop vils

& trop bas; ors pour dire hardiment que c'est là la plus grande peste de la pieté qui fait que nous sommes incapables de suivre Jesus-Christ par la voye d'abjection & de mépris, voyez comme nôtre Ursuline nous exhorte de méprifer le monde & ses vanitez par ses exemples, l'ayant si genereusement méprifé.

MAXIMES.

I. Quand il n'y auroit d'agreable dans la pauvreté, que de nous faire mourir à l'indépendance dont les hommes sont si amoureux, c'est un grand honneur de l'avoir, & quand par quelque accident on est sans employ & sans honneur dans le monde, on est regardé comme inutile, & on est facilement oublié & abandonné de ses meilleurs amis; & tant mieux pour le Ciel, si on en sçavoit bien user à l'exemple des Saints.

II. O! le grand secours pour porter l'ame à Dieu, que d'estre méprisé de ses amis, & qu'ils nous soient plûtôt un sujet d'affliction que d'affection: Heureuses les occasions qui nous font perdre la consolation de nos amis sans pecher; en les perdant nous perdons un grand appuy de l'amour propre.

III. Ce n'est pas tout, il faut se perdre soy-même; c'est-à-dire estre bien aise d'estre estimé sans sagesse, sans pouvoir, aimer la dépendance & la sujetion plus qu'un Empire, n'avoir de la raison que pour renoncer à la raison, quand elle n'est pas soûmise à Dieu, & mettre en sa place les pures lumieres de la Foy. O! qu'elle nous fait voir clairement qu'il faut avoir de la joye de n'avoir aucun talent de nature, de n'estre bon à rien; car cette veuë, quand elle penetre un cœur, anneantit puissamment l'inclination naturelle que nous avons à nôtre propre excellence.

IV. Consentir agreablement d'estre abject, c'est un grand exercice d'aneantissement de la propre excellence, & la mesure de cet anneantissement est celle de la perfection.

VINGT-NEUVIE'ME

Vingt-Neuvie'me Septembre.

LA VENERABLE SOEUR GERMAINE
Anne de Saint Ambroise, David, Religieuse Ursuline de Paris au Faux-bourg S. Jacques.

Ceux qui se confient au Seigneur, entendent la verité, & les Fidelles feront son Commandement en dilection, car dons & paix est à ses E'lûs.
En la Sapience, ch. 3. v. 9.

Lorsqu'elle fut Pensionnaire aux Ursulines, elle donna toute sorte de satisfaction par sa docilité, par sa modestie, & par la facilité qu'elle avoit naturellement à apprendre tout ce qu'on vouloit luy enseigner: Mais depuis qu'elle fut entrée au Noviciat, elle fit voir par son recüeillement, par sa ferveur, & par son application aux choses de Dieu, *Qu'elle étoit de ces ames choisies qui se confient au Seigneur, entendent la verité, & par leur fidelité font ses Commandemens en dilection; car dons & paix étoient à cette ame éleuë, que* Nôtre-Seigneur s'étoit reservée, & dont le monde n'étoit pas digne.

On jugea dés lors qu'elle seroit capable de tous les Offices où on la voudroit employer ; car elle avoit de tres-belles qualitez, l'esprit excellent, le cœur bien fait, l'ame genereuse, beaucoup de sagesse & de discretion, sur tout une douceur charmante, & des manieres honnêtes qui la rendoient fort aimable. Ce beau naturel perfectionné par la grace, faisoit qu'il ne luy échapoit jamais rien qui pût fâcher tant soit peu personne, & que tout le monde étoit toûjours content d'elle : Elle avoit un talent particulier pour la conduite & pour l'instruction des jeunes Filles, se faisant également craindre & aimer, parlant d'un air insinuant & avec un je ne sçay quel empire qui la rendoit maîtresse des esprits.

Neuf mois avant sa mort, sa santé s'altera notablement, & son mal dégenera peu à peu en une hydropisie que tous les remedes ne pûrent dissiper. Se voyant hors d'état d'agir, elle ne pensa qu'à souffrir chrétiennement, & elle n'y eut pas de peine, s'en étant fait comme une habitude par la pratique de certains actes qu'elle faisoit tous les jours depuis quelques années, selon que portoit un papier que l'on a trouvé aprés sa mort, écrit de sa main, signé de son sang, le huitiéme de Decembre, jour de l'immaculée Conception de la sainte Vierge, l'an 1676. ainsi qu'il se verra à la fin des Maximes. Ce même papier contenoit aussi d'autres actes pleins de devotion envers Nôtre-Seigneur crucifié, la sainte Vierge, S. Joseph, S. Michel & son Ange Gardien, pour se disposer à bien mourir. Avant que de tomber ma-

Iade elle avoit jeûné & communié dix Vendredis de suite en l'honneur de S. François Xavier, afin d'obtenir par son entremise la grace d'une bonne mort. Durant le cours de sa maladie elle ne voulut point que l'on demandât rien à Dieu pour elle, que l'accomplissement de la volonté Divine : Elle fit vœu le jour du bien-heureux Loüis de Gonzague, si Dieu luy rendoit la santé, d'aller sous le bon plaisir de ses Superieurs, passer le reste de ses jours dans les Isles de l'Amerique. Son dessein étoit de mourir par là à tout ce qu'elle avoit de plus cher en ce monde, & de ne plus vivre que pour souffrir.

A mesure qu'elle approchoit de sa fin, l'on voyoit croître en elle les sentimens de pieté qu'elle a toûjours eu, quelle languissante qu'elle fût, elle ne prenoit la nuit nulle nourriture pour recevoir Nôtre-Seigneur, & toute sa consolation étoit de s'unir à luy de plus en plus, mais dans les derniers jours de sa vie, elle parût détachée de tout ce qui n'est point Dieu, ne soûpirant qu'aprés son Epoux, & ne pensant qu'à l'eternité parmy des douleurs tres-sensibles.

Le Pere Jesuite qui étoit auprés d'elle, luy ayant demandé si elle ne vouloit pas aller à Dieu, *Oüy, mon Pere*, luy répondit-elle, *& par le chemin le plus rude*.

Elle reçût ses Sacremens avec des dispositions admirables, dont la principale a été une tendre confiance en Jesus-Christ, & à la sainte Vierge qu'elle appelloit sa bonne Mere. Elle avoit souvent en la bouche ces paroles de David, *Misericordias Domini in æternum cantabo* ; Ie chanteray éternellement les misericordes du Seigneur. Elle est morte avec tant de tranquilité & de joye, que tout son scrupule en mourant, étoit d'être trop tranquile & trop contente. Ce fut en l'an 1682. âgée de trente-trois ans, & de Profession quinze moins deux mois.

Aprés que nôtre Ursuline eut quitté le monde, & donné des marques de sa fidelité pour Dieu, ayant été si genereuse en ce rencontre, elle n'a pas moins été heureuse de ne travailler plus que pour Dieu seul, elle étoit animée d'un veritable esprit de zele, ayant une soif ardente de la conversion des Ames ; mais elle sçavoit conduire ce zéle brûlant par une charité ingenieuse, & par des addresses toutes Divines que l'esprit de Dieu dont elle étoit pleine, luy faisoit trouver pour gagner celles que Dieu luy addressoit, par ce qui étoit le plus capable de les toucher.

Sa memoire & son exemple doit apprendre aujourd'huy à celles qui conduisent les ames, à avoir quelque chose de ce saint empressement pour leur salut, & qu'il plaise à Dieu les rendre les instrumens de la conversion de plusieurs.

MAXIMES.

I. Tant que nous écouterons plûtôt les persuasions de la raison humaine que les lumieres de la Foy, nous ne ferons jamais aucun avancement à la vertu.

29.Septembre. *La V. Sœur Germaine Anne de S. Ambroise.*

II. Une Ame n'est pas élevée tout d'un coup à la perfection de cette vie, mais d'abord qu'elle envisage sa beauté, honteuse de ses propres deffauts, de ses attaches aux Créatures, & à soy-même, & attirée de la beauté de cette vie admirable, elle travaille à se mortifier, à renoncer à toutes choses, soûpire aprés le profond mépris, & l'oubly de toutes les Créatures, ne desire que d'être dans les privations, pour être hors des inclinations de la nature, & entrer dans la pureté de la vertu.

III. L'ame purgée des Créatures & de soy-même, avance en suite dans les lumieres de cette vie spirituelle, son entendement reçoit plusieurs veuës & lumieres touchant la grandeur & l'excellence de cét état ; elle conçoit les merveilles de Jesus pauvre, souffrant, & aneanty ; elle s'apperçoit qu'il y a une suavité dans les souffrances, & que l'union se rencontre avec les croix & les privations.

Pratique de la Venerable Sœur Germaine Anne de Saint Ambroise, David, écrite de sa main, & signée de son sang.

I. JE veux souffrir & mourir en punition de mes crimes, parce qu'ils meritent la mort.

II. Je veux souffrir & mourir pour ne plus offenser mon Dieu.

III. Je veux souffrir & mourir pour voir mon Dieu, pour l'aimer, pour le loüer, & pour en joüir éternellement.

IV. J'accepte les souffrances & la mort pour obeïr à la volonté de Dieu, & pour me soûmettre à l'Arrest de sa justice, qui nous a condamné à mourir.

V. Je veux souffrir & mourir pour la plus grande gloire de Dieu.

VI. Je m'estimerois heureuse de souffrir, & mourir pour la foy & le salut du prochain.

VII. Je veux souffrir & mourir pour rendre graces à Dieu de tous ses bien-faits, & enfin pour imiter la mort de Jesus-Christ.

TRENTIE'ME SEPTEMBRE.

LA VENERABLE MERE MADELAINE des Anges, Myron, Religieuse Ursuline de Paris au Faux-Bourg Saint Jacques.

Qui me glorifiera je le glorifieray. Au premier Livre des Rois, Chap. 2.

LE Reverend Pere S. Jure, à la priere des Ursulines, a écrit la Vie & la Mort de cette excellente Religieuse. Voicy ce que nous en avons tiré. Elle nâquit en Suisse de Monsieur Myron Conseiller du Roy en ses Conseils d'Etat & Privé, President aux Enquêtes du Parlement de Paris, & Ambassadeur pour le Roy en ce Pays de Suisse : Ses pere & mere n'étoient pas moins recommandables pour leurs vertus que pour leur qualité ; elle demeura en Suisse jusqu'à l'âge de sept ans, puis ses parens revenant en France, la ramenerent à Paris leur ordinaire demeure, & au bout d'un an la mirent en pension aux Ursulines ; là elle profita notablement, apprenant tout ce qui luy étoit enseigné : Elle se rendoit aimable par la vivacité de son esprit ; elle s'affectionna tellement à la lecture, qu'on ne la voyoit point sans Livre. Elle prepara son cœur à sa premiere Communion, par les pratiques spirituelles qu'on luy apprenoit, & qu'elle comprenoit parfaitement, s'éloignant d'elle-même des choses pueriles, pour se porter aux solides : de sorte que le temps venu de cette premiere Communion, elle étoit toute autre, & en recevant Nôtre-Seigneur elle conceut les premiers desseins d'être Religieuse, qui crurent toûjours depuis. Elle avoit des qualitez qui se rencontrent rarement dans un même sujet ; car elle avoit tout ensemble beaucoup de subtilité & de solidité, beaucoup d'éclat & de serieux, son esprit studieux & pieux à l'égal, étoit accompagné d'une trés-heureuse memoire : En un mot, elle étoit si bien éclairée & si bien tournée, que le Reverend Pere de S. Jure disoit qu'elle étoit autant admirable que rare. Elle étoit adroite à tout : Son humeur étoit aisé, doux & égal ; sa conversation agreable & obligeante : Elle parloit peu, & sçavoit se posseder, & avec tous ces avantages elle n'avoit aucune vanité, mais beaucoup d'humilité ; enfin elle avoit toutes les qualités propres pour composer une parfaite Ursuline ; ce fût aussi l'état qu'elle embrassa avec meure déliberation.

Elle entra au Noviciat à l'âge de quinze ans & demy, sans vouloir être plus de trois jours auparavant avec ses parens hors du Cloître. Les grandes inclinations qu'elle avoit à la vertu, firent que rien ne luy fit peine dans la vie Religieuse. Sa Maîtresse ne sçavoit en quoy la mortifier, qu'en la curiosité d'esprit, & au desir naturel qu'elle avoit pour les sciences ; mais quoyqu'elle luy ôtât, même durant quelques mois, toutes sortes de Livres, à la reserve d'un petit & bien commun, elle la trouvoit toûjours docile & soûmise à faire & à quitter toutes choses selon son gré. Pour s'animer à la perfection, elle se servoit de principe trés-puissant, comme d'une haute estime de Dieu, & de l'union à la volonté Divine : Elle dressa deux petits Exercices sur ces grands principes, par le precis de quelques sentences de la sainte Ecriture, qui y ont du rapport, faisant sa plus ordinaire nourriture spirituelle de la parole de Dieu, dont une seule étoit suffisante de l'occuper plusieurs jours de suite ; tellement qu'elle experimenta en tout temps & en toutes occasions, que ces divines paroles sont esprit & vie : Mais pour le saint Sacrement où est contenu le Pain vivant descendu du Ciel, sa reception frequente étoit sa vraye manne, laquelle entretenoit sa vie spirituelle, & augmentoit de jour en jour ses forces interieures ; afin de s'exciter toûjours un nouvel appetit de cette viande, elle composa diverses Pratiques pour la veille & le jour de la Communion : Aprés qu'elle en eut fait usage, elle les communiqua à ses compagnes ; les personnes doctes ont été surprises, les ayant veuës, apprenant qu'elles partoient de l'esprit & de la main d'une Fille. Elle regloit ainsi ses autres exercices.

Elle accomplissoit tout ce qui luy étoit ordonné, sans rien refuser, & sans se plaindre ; de sorte que les Superieures pouvoient se servir d'elle librement en toutes choses, & en effet il n'y étoit du tout point épargnée. Il eût été difficile de trouver nôtre Sœur des Anges autrement que raisonnable, moderée & semblable à elle-même : Sa vertu étoit generale & étenduë, qui ne se bornoit point à des actions particulieres, & qui ne s'embarassoit point, ny pour les occupations, ny pour les contrarietez ; telle devoit être (à son avis) la vertu d'une Ursuline.

Elle avoit de belles maximes, & un grand fonds de spiritualité qui luy fournissoit un entretien dans la conversation, utile & agreable tout ensemble ; ce qui la rendoit recommandable, c'est qu'étant capable de tous les emplois de la Religion, son inclination étoit aux plus abjects, disant qu'une de ses plus grandes joyes étoit qu'elle étoit propre à servir à balayer, &c. aussi étoit-elle ordinairement occupée aux emplois de cette nature, s'offrant de suppléer aux Religieuses qui ne pouvoient s'en acquiter.

Dans les connoissances qu'elle avoit de plusieurs sciences qui passoient son sexe, & qu'elle penetroit par la seule force de son genie, elle ne s'en élevoit point, & ne s'en faisoit point accroire ; au contraire on l'eût prise pour une personne du commun, sans se produire, ny montrer aucune fierté : Elle se mettoit au dessus des contrarietez par de bons raisonnemens ; elle se divertissoit à composer des Vers, & de cette maniere elle trouvoit en elle-même dequoy se contenter selon l'humain : Mais son ame n'ayant pas là son entiere satisfaction, aspiroit sans cesse à une perfection plus haute ; elle roula longtemps dans son esprit diverses voyes pour s'y acheminer, cela la tenoit dans des incertitudes, attendant chaque jour, au milieu du combat, l'heure de son heureux changement; aprés qu'elle eut fait mille prieres pour être éclairée de Dieu sur cela, l'occasion s'offrit d'en demander conseil au Reverend Pere S. Jure, luy qui étoit trés-experimenté en la conduite des Ames, connut au même moment qu'il falloit reduire ce bel esprit à la simplicité, & l'affermir sur la pierre vive qui est Jesus-Christ : de sorte qu'il luy donna pour unique conseil de salut, de perfection & de repos, de s'appliquer de tout son cœur à l'union de ce divin Seigneur, en qui tous les tresors de la sagesse & de la science de Dieu sont renfermez : La grace fortifiant le discours du Pere, opera un si grand effet dans son ame, que reconnoissant le foible des sciences, elle se détermina de suivre le plus parfaitement qu'il luy seroit possible, le chemin qu'on venoit de luy montrer.

Outre l'innocence de ses mœurs, ce luy fut un grand avantage d'avoir eu le cœur dégagé de toutes choses : Jamais dans la Religion ses amitiez ne furent déreglées, bien qu'elle les épura de plus en plus, à mesure qu'elle croissoit en l'amour Divin : Elle parvint à un si grand mépris d'elle-même & de ses pensées, que l'an 1649. elle fit un sacrifice de plusieurs Poësies & autres productions de son esprit, sur des sujets de pieté, en disant que tout ce qui partoit d'elle devoit être aneanty. Ensuite de cet acte genereux elle fit les Exercices spirituëls, & elle prit des resolutions trés-bien concertées, lesquelles ont été trouvées écrites de sa main, & qui tendoient à graver à Nôtre-Seigneur dans son cœur, dans son ame & dans toutes ses actions. Ces resolutions furent les regles de sa vie interieure, & aprés ses exercices elle les pratiqua fidelement : Elle entra lors dans un recueillement extraordinaire, ne parlant quasi plus qu'à Dieu, ou de Dieu, & des moyens d'aimer Nôtre Seigneur. Elle portoit toutes celles qu'elle conversoit à cét amour, & l'on sentoit par la force de ses discours la vigueur de son zele : elle ne s'occupoit plus à lire que pour son utilité, & ne composoit plus ny en Prose, ny en Vers, sinon rarement & par condescendance à ses Sœurs. Sa science negligée par elle luy fut plus profitable & à son Monastere, même à tout son Ordre, qu'elle n'auroit jamais été si elle l'eût cultivée suivant ses premieres & naturelles inclinations, parce que sa Superieure connoissant sa disposition & ses rares talens, luy ordonna de dresser le Ceremonial du Chœur & tous les Réglemens des Ursulines de la Congregation de Paris, afin de les faire imprimer ensuite : Elle y travailla avec l'heureux succés que l'on y remarque, & se mit à une plus exacte pratique de ce qu'elle redigeoit par écrit. Ce fut elle encore qui par le conseil des Anciennes de la Communauté forma le dessein d'un Directoire pour l'instruction des Novices à toutes les actions de la vie Religieuse : Elle le composa aprés par obéissance, suivant les lumieres que Dieu luy départoit, & avec un esprit si dégagé, & si peu tenant à son sens que dés qu'on luy donnoit le moindre avis contraire, elle effaçoit ce qu'elle avoit mis du sien.

30. Septembre. *La V. Mere Madelaine des Anges, Myron.*

Il n'y a qu'à lire ses œuvres pour juger des lumieres & de la devotion de son Autheur, elles sont suffisantes pour éterniser sa memoire dans l'Ordre de sainte Ursule, & il sera toûjours vray de dire qu'elle s'y est dépeinte sans dessein, puisque ses œuvres ne sont qu'une expression de ses pratiques ordinaires, en quoy elle a doublement obligé son Ordre, tant en l'instruction par sa plume, qu'en laissant le portrait de ses exemples, qui n'eût pû être tiré d'une meilleure main que de la sienne.

Nôtre-Seigneur luy voulut donner les deux dernieres années de sa vie des leçons plus hautes & plus difficiles qu'elle n'en avoit eu jusqu'alors, afin qu'elle fût experimentée en la science de sa Croix; ainsi étant actuellement à la conduite des Pensionnaires où elle se portoit d'une grande ardeur, elle fust saisie d'une violente toux qu'elle negligea selon sa coûtume, ne prenant pas grand soin de la conservation de sa santé, au bout de quelque semaine la fiévre s'y joignit, alors elle fust jugée griefvement malade, & son poulmon dangereusement atteint; en cette derniere maladie elle fit voir mieux que jamais son amour embrasé pour Nôtre-Seigneur, dont elle donna des marques dés l'abord, demandant si-tôt le Livre du Bouquet de Mirrhe de Molinier, qui traite des Mystéres de la Passion, & dressa pour son usage un devot exercice de ces Mystéres, qu'elle nommoit l'Horloge de la Passion, & qu'elle suivit par ordre dépuis le Jeudy au soir jusques au Vendredy à même heure.

La longueur de sa maladie ne diminua point sa ferveur; mais au contraire elle demeuroit presque toutes les Matinées à l'Eglise, & se trouvoit souvent au Chœur dés les cinq heures du matin pour y Communier. Elle se retiroit de l'Infirmerie aprés les heures de recreation pour prier, lire, ou achever ses écrits, qui durerent précisément jusqu'à la fin de sa vie, alleguant quand on la vouloit retenir que son tems étoit court, & qu'elle le devoit bien ménager. Pendant tout le cours de sa vie elle persevera dans un même état de vertu; dans une conformité à la volonté de Dieu, dans la vigueur, la douceur, & égalité de son esprit, qui la rendoit aimable à toutes, & qui luy faisoit prendre en gré tous les appanages de la maladie, sans être difficile à personne, ny à quoy que ce fût.

Elle reçût l'Arrest de sa mort avec joye plus d'un an auparavant qu'elle arriva, & elle ne fit jamais paroître aucun regret de mourir, quoy qu'elle fût en la fleur de son âge; elle disoit souvent, *O! que Dieu fait bien de m'ôter la vie en l'âge où je suis, on ne peut mourir trop tôt, puis qu'aprés tout il n'y a rien de si souhaitable que d'aller voir Nôtre-Seigneur.* Peu avant sa mort appercevant une Religieuse qui pleuroit la perte qu'elle alloit faire en elle, la malade luy dit, *Vous m'attendrissez*, puis reprenant soudain son visage serain & constant, *Mais quoy*, dit-elle, *ce seroit faire injure à Nôtre-Seigneur d'aller à luy avec des larmes*.

Les trois derniers mois de sa vie elle fust forcée de s'aliter tout-à-fait, rien n'empêcha pourtant son application à produire toutes sortes d'actes de vertus, si continuellement qu'elle ne donnoit presque point de relâche à son esprit.

mais le tenoit toûjours en action; elle lisoit dans son lict tout ce qui la pouvoit toucher & fortifier, & quand elle ne le pût plus faire, elle se faisoit lire tantôt quelques lignes de Gerson, tantôt la mort des Saints. Elle fit une Confession generale à son Directeur le Reverend Pere S. Jure, lequel la connoissant mieux que personne, a rendu ce témoignage à son innocence, qu'elle avoit conservé sa grace Baptismale.

En ce temps-là arriva l'émotion de l'Hôtel de Ville, où entre les personnes de marque qui furent cruëllement assassinées, Monsieur Myron le Maître des Comptes, & Frere aîné de nôtre Ursuline, fut des premiers & des plus inhumainement traitez, & mourut de ses blessures trois ou quatre heures après : Elle receut cette nouvelle, malade comme elle étoit, avec une constance merveilleuse, défendant la divine Providence contre les plaintes de tout le monde, elle disoit qu'il ne falloit point prendre de mesures pour dire ces sortes de choses à une Religieuse, & qu'elle étoit bien aise d'avoir encore à sacrifier à Dieu devant que mourir, cette personne qui étoit la plus chere de ses parens.

Elle entretenoit affectueusement & amoureusement souvent Jesus en Croix, ayant toûjours le Crucifix devant les yeux, & baisoit ses cinq playes. Elle plaignoit fort les personnes qui n'avoient point fait de connoissance particuliere avec Nôtre-Seigneur durant leur vie, pour elle il y avoit bien d'années qu'elle s'étoit dressé un exercice pour s'unir à luy dans toutes les actions de la journée & dans toutes les occasions, le Reverend Pere Saint Jure le trouva si bien-fait & si utile qu'il le transcrivit, & le fit inserer dans ses conduites Chrétiennes.

Les trois mois que cette Amante du Sauveur fust alitée, elle fit paroître une soif insatiable de la Ste. Communion, qui luy fust accordée plus souvent que toutes les semaines, après la minuit ne pouvant demeurer à jeun plus long tems ; quand le Prêtre entroit avec le Saint Sacrement, elle s'agenoüilloit sur son lict, & tout le tems qu'il étoit present, elle se tenoit d'une posture si respectueuse, qu'elle donnoit de la devotion. Il sembloit quelquefois que Dieu faisoit distiller dans son ame des petites gouttes de ce torrent de volupté, qui baigne la Cité Celeste, parce qu'elle étoit dans un excés de joye, qui de l'abondance de son cœur réjaillissoit sur son visage, & éclatoit dans ses yeux. Elle dit à une personne de confidence qu'il y avoit trois ans qu'elle demandoit la confiance en Dieu, & qu'elle s'y exerçoit, & que sa bonté la luy avoit accordée, mais si forte & si parfaite, que rien n'étoit capable de l'ébranler. Jamais on ne la vit plus gaye que le jour qu'elle reçût l'Extrême-Onction ; elle en fit chanter le *Te Deum*, &c. Puis elle dit, *Mes Sœurs, comprenés-vous bien le bon-heur qu'il y a de mourir Religieuse ; & de se préparer si agreablement à l'Extrême-Onction.* Elle la reçût tout de même, faisant attention aux prieres de l'Eglise : Le Verset, *Tu exurgens misereberis Sion, quia tempus,* &c. la toucha particulierement, & elle le repeta plusieurs fois.

La veille de sa mort elle souffrit un rengregement de toutes ses douleurs, avec un délaissement de Dieu pour le sensible, & une claire veüe de ses pechez dont chacun luy perçoit l'ame d'un glaive de douleur; dans cette détresse, qui dura deux fois vingt-quatre heures; elle fit des efforts nompareils pour resister aux assauts, dont une ame a accoûtumé d'être tentée en de semblables états, à ce dessein elle imploroit continuellement la misericorde de Dieu, & elle avoit toûjours en la bouche quelques devotes aspirations; elle dit une fois, *Mes Sœurs, priés Dieu qu'il me pardonne, j'ay mené une étrange vie, mon enfance s'est passée en enjoüement, ma jeunesse en vanité, & le reste en negligences.* Quelqu'une luy dit que son cœur qui ne pouvoit presque plus respirer, étoit puny avec justice pour n'avoir pas assez aimé Dieu; *il est vray,* repartit-elle, *l'ayant aimé si tard & si peu,* & frappant avec un grand sentiment sa poitrine, elle dit ce Verset, *Delicta juventutis meæ, & ignorantias meas ne memineris Domine.* Elle usoit d'une multitude inombrable de semblables Versets, appliqués fort à propos, & les proferoit d'une voix haute, d'un ton ferme, & si continuellement, qu'on la pria de cesser, & de prendre un peu de repos, de peur qu'une application si longue n'augmenta son mal; mais elle répondit avec émotion de zéle, *Quoy! que je quitte la pensée de Nôtre-Seigneur; ha! j'aimerois mieux mourir.*

Cette genereuse fille ainsi attachée à la Croix ne pouvant se remuër à cause de son hydropisie, redoubloit ses actes de resignation, se sentant tentée d'impatience pour la longueur de ses douleurs, puis s'encourageant elle-même, elle disoit avec une grande ferveur d'esprit, *Agissons mon cœur, agissons, courage, l'Eternité s'approche, c'est bien peu pour le Paradis ce que je souffre, mais c'est beaucoup pour ma foiblesse.*

Elle fut fort attentive aux prieres de l'agonie, quand elles furent achevées un doux sommeil la saisit qui termina son combat, dans lequel elle invoquoit le secours de la Sainte Vierge; à son reveil elle se trouva affranchie de toutes ses peines, même de celles du corps, au moins pour les sentir; elle dit à une Religieuse, *Hé bien, ma Sœur, voyez qu'il fait bon se confier en Nôtre-Seigneur.* Ce ne luy étoit point chose ordinaire d'expliquer ainsi publiquement ses pensées; Elle avoit même demandé à son Directeur comme elle en useroit, si elle se sentoit portée à parler dans son extremité, & il luy avoit recommandé de dire tout ce que Dieu luy inspireroit pour s'animer, sçachant bien, comme il dit aprés sa mort, que ses paroles seroient bien édifiantes.

Aprés cette rude épreuve elle vêcut encore neuf heures dans la continuation des Actes de vertu qui n'étoit interrompuë que par un assoupissement, & quelque réverie, encore aussi-tôt qu'on luy parloit de Dieu, elle répondoit à propos, & si on luy commençoit quelque Verset, elle le parachevoit, & souvent elle en ajoûtoit d'autres. L'on remarqua qu'en suffoquant elle faisoit encore effort pour prononcer le Saint Nom de JESUS; ainsi elle rendit tres-doucement son ame à Dieu, le trentiéme Septembre, âgée de 33. ans, ayant porté l'habit d'Ursuline plus de 16. ans & demy.

On crût probablement que l'occupation de ses dernieres années à composer, & à écrire, quoyque facile & delicieuse à son esprit, avoit ruïné sa santé, & abregé sa vie; mais s'il est doux de mourir pour sa patrie, c'est une belle

& une grande consolation à une Religieuse de se consommer au service de la Religion.

De cette façon la mort de nôtre Ursuline est glorieuse, sa memoire étant immortalisée dans son Ordre par des œuvres si utiles qu'elle y a laissé. Le Reverend Pere de Saint Jure dit qu'entre les plus pieuses personnes decedées de sa connoissance, il ne se trouveroit pas une mort si sainte, si pieuse, si precieuse, & si remarquable ; l'estime particuliere qu'il faisoit de cette ame luy fit dire qu'il n'en avoit point vû de si soigneuse de son salut, ny de si vigoureuse à se porter à ce qu'elle voyoit être agreable à Dieu, que ses avantages naturels avoient été si bien conduits par la grace & par son bon usage, qu'il ne doutoit point qu'elle n'eût beaucoup honoré Dieu, & avancé à la perfection en peu de tems; enfin il se tenoit comme assuré de son bon-heur éternel.

Avoüons donc que si elle a glorifié Dieu, sa bonté la glorifie, suivant sa parole au Livre des Rois, nous ne pouvons aujourd'huy refuser nos respects à une si sainte Ame, quand nous ne considererions que sa qualité, elle auroit droit d'exiger de nous que nous la respectassions ; mais cette qualité de Religieuse Ursuline qu'elle y a jointe, & ses travaux extraordinaires pour la gloire de Dieu, l'utilité de l'Ordre, & le salut des Ames meritent encore un redoublement de loüanges ; la qualité qu'elle possedoit dans le monde étoit un bien qui luy venoit du bon-heur de la naissance, mais l'autre étoit un effet d'un courage mâle & d'une foy genereuse ; l'une étoit de succession, l'autre de vertu ; l'une venoit de la Noblesse de sa race, l'autre du don de Dieu, l'une étoit honorable selon le monde, l'autre étoit glorieuse selon Dieu. Apprenés combien la vie pauvre, & penitente d'une Ursuline est preferable aux richesses, & aux faux plaisirs du siécle.

MAXIMES.

I. Vn des principaux moyens pour s'avancer au saint exercice de l'oraison, est une grande pureté de vie, & un grand détachement de toutes les affections déreglées, joint à une veille exacte sur soy, pour se tenir recüeillië, même dans les occupations exterieures.

II. Tenez-vous unië à Dieu, & unissés vos oraisons à celles que Jesus-Christ a faites à son Pere, & qu'il luy offre encore dans le Ciel, & au Saint Sacrement où il fait sans cesse pour nous l'Office d'Avocat, unissés-vous à luy pour ne prier qu'en luy & par son esprit, Jesus-Christ est nôtre bouche par laquelle nous parlons à Dieu, c'est nôtre œil par lequel nous le pouvons voir, & connoître, c'est nôtre main droite par laquelle nous nous offrons à luy.

III. Que va t'on chercher dans la diversité des créatures que l'on ne trouve en Dieu, tout nôtre bien est de s'attacher à Dieu, il est nôtre paix & nôtre felicité souveraine. O ! mon ame retourne en ton repos, tien toy devant ton Dieu sans te divertir ailleurs, puisque le Seigneur te fait tant de bien que de vouloir traiter familierement avec toy.

La V. Mere Madelaine des Anges, Myron.

IV. Vne des grandes consolations de l'ame Religieuse, est d'être la domestique de Nôtre-Seigneur, & de loger avec luy sous un même toict, car il reside dans le Monastére au tres-Saint Sacrement de l'Autel, comme un Roy en son Palais, comme un Pere de famille en sa maison, & comme Dieu dans son Paradis pour y combler de felicité les ames pures qui y demeurent.

V. L'ame Religieuse étant toute consacrée à Dieu, non seulement elle le doit glorifier par les actions de devotion, & de mortification, qui y tendent plus immediatement, mais encore par toutes les autres actions de la journée, dans l'esprit de la Régle, & en veüe de la volonté de Dieu.

VI. Souvenez-vous que c'est dans le Paradis, & non point icy bas, que vous trouverés vos meilleurs, & plus fidelles amis, lesquels ne vous quitteront point à la mort, comme font ceux de ce monde, mais au contraire se joindront plus étroitement à vous, pour contracter une union & amitié éternelle.

VII. La cause de l'amour de Dieu vers une ame, est sa bonté & son amour même: *Ie t'ay aimé*, dit Dieu, *d'une charité perpetuelle; c'est-pourquoy je t'ay attirée à moy, ayant pitié de toy*. Son amour est la cause de l'être qu'il nous a donné, & il nous a aimé avant que nous fussions ce que nous sommes, car il y a cette difference entre l'amour de Dieu & celles des Creatures, que les Creatures aiment les choses à cause de la bonté, ou beauté qui est en elle; mais Dieu les aime pour les rendre telles.

BIENFACTEVRS ET BIENFACTRICES.

SEPTIE'ME SEPTEMBRE.

ELOGE DE MONSIEUR PIERRE DE LURBE,

Chanoine de l'Eglise Metropolitaine de Bourdeaux, Grand Vicaire de Monseigneur le Cardinal, Archevêque du même lieu, Auditeur General du Dioceze, & Archidiacre de Blaye, Superieur & Directeur des Ursulines de Bordeaux.

Soyons soigneux de conserver l'unité d'esprit par l'union de la paix.
Saint Paul aux Ephes. Chapitre 4.

SON E'minence luy ayant fait la proposition d'être sous luy Superieur & Directeur des Vrsulines, il demeura fort surpris, parce que toute sa vie il avoit évité de Confesser les femmes, & n'avoit jamais parlé à aucune Religieuse; il accepta pourtant les Lettres de sa Commission pour tout le Dioceze, mais il ne laissa pas de marquer une grande difficulté pour cét employ; dans la premiere visite qu'il fit à la Mere de la Croix, elle ordonna à sa Communauté une heure d'Oraison pour demander à Dieu qu'il luy donna un vray cœur de Pere, ce qu'elle obtint si efficacement que son aversion se changea tout-à-coup à une tendresse cordiale; dépuis il fust leur vray Pere, les confessa, leur dit tous les jours la Messe, & n'oublia rien des Offices d'un bon Superieur; il connut bien-tôt les dons extraordinaires d'oraison, où la Mere de la Croix & ses filles étoient élevées, & crût qu'il ne pouvoit les bien conduire, sans être luy-même dans une solide pratique de l'Oraison Mentale, il s'imposa une loy d'en faire deux heures châque jour, & son ame reçût une grace si abondante dans la pratique indispensable de ce saint exercice, qu'en peu de tems il devint un grand contemplatif, & fust divinement sçavant par son experience de toutes les voyes mystiques. Quelques Ecclesiastiques se voulants retirer pour servir Dieu dans une Chapelle dediée à Nôtre-Dame, élûrent Monsieur de Lurbe pour leur Chef; cette solitude luy plût tant, qu'il balança s'il quitteroit les Ursulines pour s'y rendre; là-dessus il tomba malade, les Ursulines importunerent Dieu sans cesse pour sa santé, & afin qu'il continua de les conduire. Sainte Ursule s'apparut à luy le jour de sa Fête, mais si éclatante de lumieres qu'il doutoit que ce fust la Mere de Dieu; Elle luy fit sçavoir qu'elle étoit sainte Ursule, qu'il gueriroit de cette maladie, & que Dieu vouloit qu'il persevera à servir ses filles, à quoy il s'obligea par vœu pour toute sa vie; aussi-tôt il se trouva guery; depuis il s'acquitta parfaitement de sa promesse, & il vivoit plus en Ange qu'en homme: Il faisoit tous les ans les exercices spirituels avant que de les donner aux Religieuses.

Le Reverend Pere Hyacinte, Recolet son Confesseur, qui est celuy qui a rapporté sa vision, étoit étonné de voir tant de graces en cette ame. Enfin Dieu voulut l'ôter de ce monde, aprés l'avoir si bien preparé, le 7. Septembre 1621, il mourut d'une mort qui sembloit une de ses extases ordinaires; dés qu'il sentit l'approche de sa derniere heure il se fit apporter au Confessionnal, où il vit toute la Communauté, qu'il benit avec des paroles embrasées de charité, puis s'étant remis au lict, il demanda le tres-saint Sacrement pour le recevoir en Viatique, & rendre son esprit en sa presence, en effet il mourut devant le Saint Sacrement en faisant des actes admirables, & la nuit suivante, comme la Mere de la Croix étoit en Priere dans sa Chambre, avec plusieurs autres Religieuses, elles entendirent une admirable Musyque prés d'une heure durant. Il fust enterré dans l'Eglise du Monastére, où le Chapitre de Saint André en corps fit son Office funêbre. Son tombeau rendit durant plusieurs jours une odeur excellente, que toute la Communauté assemblée sentit.

La Mere de la Croix ayant une hydropisie formée & jugée mortelle, qui l'avoit reduite à l'extrêmité, Monsieur de Lurbe luy apparut, & la guerit à l'instant; les Medecins ont avoüé que cette guerison venoit du Ciel.

L'un d'eux nommé Monsieur de Lopes fût aussi guery par l'application d'un linge qui luy avoit servy.

ONZIÉME SEPTEMBRE.

ELOGE DE MADAME SABINE DE NORNES, Marquise de Lulins, Protectrice & Bien-Factrice des Religieuses Ursulines de Tonon.

N'aimés point le monde, ny les choses qui y sont.
En Saint Jean, Chapitre 2.

Elle étoit Flamande de naissance, alliée à la Maison de Luxembourg, & même à beaucoup de Monarques, & épousa le Marquis de Lulins, dont elle eut un Fils qui fust Gouverneur du Païs, & une des premieres personnes de la Cour de Savoye. E'tant veuve elle eut inspiration de se ranger aux Ursulines de Tonon, chose qui luy avoit été predite long tems auparavant par un bon Religieux ; aussi-tôt qu'elle y fût entrée, elle en prit un tel soin, que ce fust un coup de la bonté de Dieu envers ce Monastére, qui se trouvant sur l'entreprise d'un grand bâtiment, avoit besoin d'être protegé par une personne puissante, pour détruire les oppositions que l'on faisoit à leur dessein, tant pour l'achapt des places, que pour les materiaux ; elle eut pour ce sujet secrettement un Ordre des Princes, qui portoit que nul n'inquietât ny empêchât les Ursulines de prendre à suffisance les pierres dont elles avoient affaire, avant qu'aucun autre y mit la main : Chose admirable ! personne n'osa plus dire mot quand on eut cét Ordre, quoy qu'auparavant les Manœuvres fussent tous tres-maltraités, & les Religieuses même attaquées de paroles piquantes touchant ces pierres qu'elles envoyoient prendre en un Château démoly appartenant au Prince ; les plus remarquables de la Ville, & même du Corps de Communauté y ayant pris interêt. En toutes autres choses Madame de Lulins employoit son authorité en faveur des Ursulines de Tonon, interposant aussi le pouvoir du Gouverneur son fils, pour donner de la crainte, quand il en étoit besoin ; elle se levoit dés les quatre heures du matin pour aller veiller sur ses ouvriers, & y demeuroit tout le jour, quelque tems qu'il fit ; elle fust la premiere qui coucha dans ce bâtiment neuf, huit nuits de suite, & bien mal à son aise sans qu'on l'en pût empêcher, afin d'avoir plus de moyen de hâter les Maçons, & autres ouvriers, & éviter quelques desordres dont ils avoient menacé.

Sa vertu alloit au moins de pair avec sa qualité ; elle avoit tenu rang de Princesse, elle se rendit aprés tres-petite par son humilité, par sa pauvreté volontaire qui paroissoit jusques à ses habits ; mais pour mieux dire elle devint toûjours plus grande, s'élevant au dessus des honneurs, qu'elle foula aux pieds, & fust un spectacle d'admiration aux Anges & aux hommes. Son humeur étoit si agreable que les Religieuses l'abordoient facilement, nonobstant la Majesté de son port; elle n'étoit severe qu'aux gens altiers, encore au moment qu'ils se reconnoissoient, les larmes de tendresse luy venoient aux yeux, quand même il eût été question de quelques offences contre sa personne.

Sa maladie mortelle l'attaqua le huitiéme Septembre mil six cents quarante-six, & ne dura que trois jours, pendant lesquels son esprit parut tout appliqué à Dieu; elle n'obmit rien des dispositions d'une ame toute Chrêtienne, elle demanda instamment de mourir & d'être enterrée, revêtuë de l'Habit d'Ursuline, mais pour des justes raisons on ne pût pas le luy accorder, sans le consentement du Marquis son Fils qui étoit alors absent; ainsi elle mourut dans ce desir, & avec le seul regret de quitter ses bonnes filles, ayant demeuré huit ans avec elles dans l'impuissance de leur faire les liberalitez qu'elle eut bien souhaitté, s'étant dépoüillée de tout pour son Fils, à la reserve d'une pension mediocre, & toutes ses bontez ont été le plus puissant motif pour luy conserver une reconnoissance particuliere dans le Monastére, & l'y tenir pour la Bienfactrice; on s'y ressent encore aujourd'huy de sa perte, n'ayant pû pousser plus avant les Bâtimens, quoyque sa belle-fille y ait fait quelques dons, que les Religieuses attribuent aux prieres de nôtre Deffunte, autant qu'à la charité de la vivante.

VINGT-SIXIE'ME SEPTEMBRE.

ELOGE DE MONSIEUR LE PRIEUR de la Vergne, special amy aux Religieuses Ursulines de Saint Jean d'Angely.

Pardessus tout ayez la charité, qui est le lien de perfection.
Aux Coloss. Chap. 3.

C'ESTOIT un homme d'honneur & de qualité, Parent de Monseigneur l'Evêque de Xaintes ; lors qu'il fust une fois griefvement malade, on se mit en Priere pour luy dans la Communauté d'Angely, en même tems le malade s'assoûpit, & vit en songe les Religieuses, priants & chantants dans leur Chœur, remarquant entre toutes une pauvre aveugle fille de singuliere patience, qui avoit un grand Rosaire en la main, & se tenoit à genoux devant l'image de Nôtre-Dame, le malade ne fust pas plûtôt reveillé qu'il guerit, & deux jours aprés il rendit visite à la Superieure, luy raconta son songe, avec l'effet qui s'en étoit ensuivy, la bonne aveugle fust interrogée de ce qu'elle avoit fait en cette occasion, & elle répondit qu'elle avoit fait vœu de reciter tous les jours de sa vie un Rosaire, outre celuy de la Communauté.

Ce même Prieur desiroit fort de mourir en ce Monastére, mais il ne s'en expliquoit point comme une chose hors de toute apparence, son Prieuré étant à une petite lieüe d'Angely, cependant qu'il y celebroit la Sainte Messe il luy prit un mal de cœur, il acheva la Messe avec assez de peine, & aprés il se mit en chemin pour aller à ses cheres Ursulines ; quelques personnes de sa connoissance le rencontrerent, & le voyant tout changé, luy demanderent où il alloit, je m'en vay, répondit-il, mourir chez les Dames Vrsulines, à peine eut-il salué la Superieure au Parloir, que tombant en défaillance, elle le fit promptement reposer au même lieu sur une forme, esperant qu'aprés quelques heures de repos il s'en pourroit retourner, mais il en arriva tout autrement, parce que la fiévre le prit, & il devint en peu de tems en tel état qu'il n'étoit plus transportable, si bien que l'on se mit à le soigner dans ce même Parloir, & à luy administrer les Saints Sacremens à la veüe des Religieuses, le Prêtre, & la Superieure l'exhortoient tour à tour, & luy inspiroient des actes de vertu, les Religieuses reciterent les Prieres pour la recommandation de l'ame, ausquelles ce bon Agonizant repondit jusqu'au bout, son esprit fust si present qu'il entendit sonner l'Oraison de la Communauté, & pria les Religieuses de s'y de s'y en aller, ce qu'elles firent, la Superieure en laissant seulement quelques-unes au Parloir pour prier Dieu; auffi-tôt il rendit l'esprit, & pour l'entier accompliffement de ses souhaits, il fust enterré dans l'Eglise de ce Monastére. Sa mort arriva le 26. Septembre 1657. Il eut un si grand desir de faire du bien à cette Communauté qu'il resigna son Benefice au frere d'une Religieuse, le voulant par là engager à continuer les charitez que luy-même leur avoit fait durant sa vie, encore qu'il se fût rendu pauvre en secourant les pauvres. C'étoit un Ecclesiastique d'une abstinence toute extraordinaire, & dévoüé à toutes sortes de bonnes œuvres.

DIX-SEPTIE'ME SEPTEMBRE.

ELOGE DE MONSIEUR LE JAU CONSEILLER au Parlement de Paris, sieur de Vertault, haut Doyen, & Grand Vicaire d'Evreux, & illustre Fondateur des Ursulines de la même Ville.

Un seul faisant la volonté de Iesus & de sa sainte Mere, est meilleur que dix mille pecheurs. Dans l'Ecclesiastique, ch. 16.

LES Ursulines d'Evreux ont été tres-heureuses sous la conduite de ce tres-digne Fondateur, dont les œuvres de charité ont été notoires à tous ceux de son tems, quantité d'Eglises, de Monastéres, & de Maisons particulieres ayant ressenty des effets considerables de ses liberalitez; il a marié des pauvres filles, & nourry des veuves délaissées, il entretenoit secrettement des Familles toutes entieres, & son cœur n'avoit point de limites pour ce qui regardoit le bien du prochain & la gloire de Dieu; il employoit également son argent & sa peine, témoin cette belle & fameuse tour de Nôtre-Dame d'Evreux, laquelle étant achevée, la sainte Vierge luy apparût, & luy dit qu'après le service qu'il luy avoit rendu de faire achever cette tour depuis si long tems imparfaite, qu'elle desiroit encore qu'il fonda un Monastére pour l'instruction de la jeunesse, aussi-tôt il jetta les yeux sur l'Ordre de sainte Ursule, & entreprit tres-genereusement la Fondation du Couvent d'Evreux, passant pardessus toutes les traverses & oppositions qui s'y rencontrerent, étant merveilleusement encouragé par une vision qu'il eut en offrant le saint sacrifice de la Messe, par où il connut qu'onze filles qui luy étoient montrées devoient être choisies entre le nombre de celles qu'il conduisoit en la vie spirituelle, pour commencer cét établissement; & pour marque qu'elles étoient appellées de Dieu, auffi-bien que de son serviteur; elles perseverèrent toutes, & ces vocations étoient un effet de ses prieres, le sentiment commun fortifié de beaucoup de preuves, étoit qu'il obtenoit de Dieu tout ce qu'il vouloit par le sacrifice perpetuel qu'il faisoit de soy-même en Oraison, & mortification. Ses austeritez étoient si grandes, que l'espace de vingt-cinq ans avant sa mort il ne porta point d'autre chemise que de sarge. Il fut (comme il avoit ordonné) aprés sa mort vêtu en Capucin, l'ayant expressément marqué en son testament, comme aussi d'être enterré en l'Eglise du Couvent des Capucins, & fit les cheres filles Ursulines Dépositaires de son cœur; elles le reçurent comme une precieuse Relique, & le garderent avec la même estime, à raison des suaves odeurs qu'elles ressentirent quand on le leur apporta, & dépuis encore.

VINGT-SEPTIÉ'ME SEPTEMBRE.

ELOGE DE MONSIEUR VINCENT DE PAUL, Instituteur, & Superieur General des Missionnaires de France.

Tu aimeras le Prochain comme toy-même. En S. Mathieu, chap. 2.

ON ne peut obmettre le zélé serviteur de Dieu, Monsieur Vincent de Paul, pour n'être au nombre des Bien-facteurs de l'Ordre, car son esprit Apostolique l'anima à l'estime & à l'affection pour l'Ordre des Ursulines qui possedent ce même esprit d'une maniere toute particuliere; c'est pour cette raison qu'il en procuroit l'établissement par tout où il alloit, faisant une Mission à Saint Denis en France, il y reconnut tant de besoin spirituel, particulierement touchant l'éducation de la jeunesse, qu'il poursuivit, & demanda fortement que l'on y érigea un Monastére d'Ursulines, & son pieux dessein eut le succez qu'il souhaitoit.

VINGT-SEPTIE'ME SEPTEMBRE.

ELOGE DE MADEMOISELLE FRANCOISE de Culant, veuve de Monsieur Pierre le Hardy, Sieur de Vaux, Fondatrice des Religieuses Ursulines de Mont-luçon.

Nôtre victoire, & ce qui nous rend invincible c'est nôtre foy.
En Saint Jean, Chap. 5.

C'ESTOIT une femme des plus qualifiées & des plus vertueuses de la Ville; elle avoit beaucoup enduré pour la vraye foy qu'elle professoit, ayant été mariée à un Heretique à dessein de le gagner à Dieu, selon qu'il promettoit de se convertir, mais il ne l'executa jamais, & au contraire en haine de la Religion Catholique il mal-traita sa femme en toute maniere, ce qu'elle souffrit toûjours constamment. Si-tôt qu'elle fût delivrée de sa tyrannie, elle resolut, & puis entreprit la Fondation des Ursulines de Mont-luçon; elle demeura dans la Clôture Religieuse, quoy qu'elle ne prit pas le voile, servant Dieu en la simplicité de son cœur, & donnant grande édification à cette petite Communauté, sur tout par le zéle qu'elle avoit d'enseigner quelques choses aux petites filles.

Sa bonne vie fust suivie d'une heureuse mort, elle ne demeura que six ans dans le Monastére, & est decedée l'an 1651. Avoüons donc que sa victoire & ce qui l'a renduë invincible, ç'a été sa foy.

Dix-Septième Septembre.
ELOGE DE MADEMOISELLE ANNE MAROT.

Au grand jour du jugement les grandes ames seront loüées de Dieu pour leurs belles actions. Dans la premiere aux Corinth. Chap. 4.

MONSEIGNEVR Estienne Strecheus Suffragant de Liege, Prelat de rare vertu, & d'un zéle embrasé, dressa une Congregation de Sainte Vrsule à Liege, l'an 1614. & la donna en charge à Mademoiselle Anne Marot, qui la gouverna quelques années avec grand fruit jusqu'à l'an 1617. qu'elle mourut en odeur de Sainteté, fust vétuë en Religieuse & enterrée dans le Cloître de Saint Lambert, ce qui étoit un privilege accordé à peu d'autres.

FIN.

Ad majorem Dei gloriam.

TABLE
DES VIES CONTENVES
DANS LE MOIS DE SEPTEMBRE.

Premier Septembre.

LA Venerable Sœur Marie Gasparde de Saint Paul, Carrier.	page 467
La Venerable Mere Marie de l'Annonciation, Paresy.	469

Deuxiéme Septembre.

La V. S. Simone de Sainte Vrsule.	471
La V. M. Marguerite de S. François, de Merieu de S. Germain.	472

Troisiéme Septembre.

La V. S. Marguerite de la Trinité, Le-mirrhe.	476
La V. M. Jeanne de S. François de Paule, Daing de Riz.	477

Quatriéme Septembre.

La V. S. Marie Loüise de la Cuisse, dite de Sainte Gertrude.	480
La V. M. Baptiste Venarcia.	483
La V. S. Marie Gabrielle de Freamberr.	487

Cinquiéme Septembre.

La V. M. Catherine Ursule de Jesus, Ravelle.	488
La V. M. Anne de tous les Saints, de Mareil.	490

Sixiéme Septembre.

La V. S. Jeanne de la Presentation de Combet.	492
La V. M. Jeanne de S. Jean-Baptiste, de Faucher.	495

Septiéme Septembre.

La V. S. Marguerite de S. Pierre, Rault.	498
La V. M. Marguerite du S. Sacrement le Jeune.	502
La V. S. Madelaine Aimée de Jesus.	504

Huitiéme Septembre.

La V. M. Marie de Ste. Claire, Leclancher.	506
La V. Sœur Catherine de l'Incarnation, Maillan.	510

Neuviéme Septembre.

La V. S. Catherine de S. André, de Forthias.	512

TABLE

La V. S. Edmée de sainte Cecile, de Rozelie. 514
Dixiéme Septembre.
La V. S. Therese du saint Esprit, de Gardet. 516
La V. S. Elizabeth de sainte Cecile, Morin. 517
Onziéme Septembre.
La V. S. Marguerite de saint Augustin, Lesné. 520
La V. S. Catherine de Ste Angele, de Quinson. 521
Douziéme Septembre.
La V. M. Jeanne Marie de saint Joseph, de Merindol. 523
La V. S. Charlotte de l'Annonciation, de Louvencourt. 526
La V. S. Marie Martin, dite des Anges. 530
Treiziéme Septembre.
La V. S. Françoise Suzanne de saint Loüis, Pascal. 534
Quatorziéme Septembre.
La V. M. Marguerite de la Nativité, Rousseau. 543
La V. M. Marie de l'Incarnation, du Bois. 547
La V. M. Serene. 552
Quinziéme Septembre.
La V. M. Blanche de Plancher. 553
La V. M. Jeanne de saint Michel, du Moutier. 555
Seiziéme Septembre.
La V. S. Anne de la Nativité, Madur. 557
La V. S. Anne de Jesus, Dulbepierre. 558
La V. M. Marie de S. Ignace, & du siécle Lucienne Bridet d'Emiars. 562
Dix-septiéme Septembre.
La V. M. Marie de la Croix, Bourgeois. 564
La V. S. Marie Barbe Iolande de Riancourt, d'Orival. 566
Dix-huitiéme Septembre.
La V. S. Marie de la Nativité, le Rible. 573
La V. S. Jeanne de l'Assomption, Prevost. 575
Dix-neuviéme Septembre.
La V. S. Marie de S. François, Pallu. 577
La V. S. Marie de l'Incarnation, de la Ruë. 580
Vingtiéme Septembre.
La V. S. Anne de Saint Loüis de Conquerant. 581
La V. M. Catherine de Langlée. 584
Vingt-uniéme Septembre.
La V. S. Catherine de S. Hyacinthe, Guiry. 586
Vingt-deuxiéme Septembre.
La V. S. Claude de sainte Therese, Touronnée. 589
La V. S. Marguerite de Saint Ignace, Baillot. 591
La V. S. Françoise Ursule Sauteret. 593

TABLE.
Vingt-troisiéme Septembre.

La V. S. Jeanne Olier.	595
La V. S. Marie Marguerite de Jesus, de Barre.	597
La V. S. Marie de l'Enfant Jesus, de Vezon.	600

Vingt-quatriéme Septembre.

La V. S. Marie Constance de sainte Catherine, Gautier.	606
La V. S. Jeanne de sainte Anne, Catemiel.	608
La V. S. Denise de la Presentation, Jacquetot.	610

Vingt-cinquiéme Septembre.

La V. S. Uvarin de sainte Madelaine.	612
La V. S. Marie de S. Joseph, Morel.	614

Vingt-Sixiéme Septembre.

La V. M. Jourdaine de sainte Ursule, de Bernieres.	616

Vingt-septiéme Septembre.

La V. S. Madelaine de la Passion, Chastelain.	621
La V. S. Marie de sainte Marthe, Boudroüer.	623

Vingt-huitiéme Septembre.

La V. S. Marguerite de sainte Agathe Cantherine.	625
La V. S. Marguerite de saint André, Fougeyras.	627

Vingt-neuviéme Septembre.

La V. M. Anne du Saint Sacrement, Prunier.	630
La V. S. Germaine Anne de S. Ambroise, David.	633

Trentiéme Septembre.

La V. M. Madelaine des Anges, Myron.	636

Table des Bienfacteurs & Bienfactrices.

Septiéme Septembre.

Eloge de Monsieur Pierre de Lurbe, Chanoine, &c.	644

Onziéme Septembre.

Eloge de Madame Sabine de Nornes, Marquise de Lulins.	646

Vingt-sixiéme Septembre.

Eloge de Monsieur le Prieur de la Vergñe.	648

Vingt Septiéme Septembre.

Eloge de Monsieur le Jau, Conseiller au Parlement de Paris.	649
Eloge de Monsieur Vincent de Paul.	650
Eloge de Mademoiselle Françoise de Culant.	651
Eolge de Mademoiselle Anne Marot.	652

Fin de la Table du mois de Septembre.

Avis de la Venerable Mere Rampale.

VIES SVRVENVES
pendant l'Impression.

AVIS DE LA VENERABLE MERE IEANne de JESVS Rampale.

MEs tres-cheres Sœurs & bien-aimées Filles; la paix du tres-doux Jesus soit l'humble & cordial Salut que je vous souhaite à toutes. N, Seigneur daignant se servir de vous autres, pour être les Maîtresses ouvrieres d'un beau bâtiment & grand Edifice spirituel, vous devez considerer que le dessein est fort grand ; puisqu'il s'agit de la gloire de Dieu, & de l'édification du prochain, & du salut des ames, joint au bien & avancement de nôtre Saint Ordre ; & par consequent il faut avoir une grande force, patience, & constance, signifiée par la pierre, pour supporter toutes les peines, travaux & mortifications, qui se presentent; une grande charité signifiée par la chaux qui est toute ardente, ainsi devez-vous être toutes ardentes d'une vraye charité & amour de Dieu & du prochain ; mais que cét amour soit tout blanc & pur, signifié par la blancheur de la chaux.

Vous devez aussi avoir une grande humilité, representée par le sable, lequel est toûjours au plus bas ; & quoy qu'on le jette sur l'eau, il s'en va néanmoins toûjours au fond, qui est son centre ; ainsi l'ame Religieuse doit avoir une grande humilité, fondée sur la connoissance d'elle-même, s'abaissant toûjours jusqu'au fond de son neant.

Enfin il faut avoir l'eau des larmes de la penitence & des mortifications pour joindre tous ces materiaux ensemble, vous devez aussi avoir une grande union avec Dieu par le moyen de l'Oraison ; car tout ainsi que l'eau joint la pierre, la chaux & le sable, & en fait comme une même chose, de même la sainte Oraison, unit parfaitement l'ame à Dieu, & en fait comme une même chose, & luy acquiert la paix & l'union avec le prochain: l'eau des-altere, raffraichit & netoye; tout de même l'Oraison étant faite avec les qualités requises, des-altere l'ame & la rafraîchit, luy faisant passer doucement toutes les peines de cette vie, & la netoye des tâches & imperfections qu'elle peut avoir côtractées par ignorance & fragilité

Avis de la Venerable Mere Jeanne Rampale.

Or ayant fait provision de toutes les vertus, il faut creuser pour commencer la structure & poser la pierre fondamentale, c'est à dire il faut tirer toute la terre mouvante de l'amour propre, jusqu'à ce que vous n'ayez rien dans vôtre cœur, que la terre ferme de l'amour de Dieu, & sur ce fondement batissez les quatre principales murailles bonnes & bien fortes, qui signifient les quatre vœux solemnels de pauvreté, chasteté, obeissance & clôture; vous bâtirez la première muraille de l'obeissance du côté du levant que vous éleverez fort haut, la pratiquant avec toute la perfection qui vous sera possible, soûmettant à l'aveugle vôtre jugement & volonté à vôtre Superieure; accompagné vôtre obeissance de toutes les circonstances qui la pourront rendre agreable à Dieu.

La seconde muraille qui est la chasteté, vous la bâtirez du côté du Midy, pour vous opposer genereusement aux ardentes chaleurs des appetits de la chair, des sens, & mortifier vos sensualités; du côté du Couchant vous bâtirez la muraille de la sainte pauvreté, procurant soigneusement que tout desir & convoitise des biens caduques & perissables, soient en son Couchant & meure dans vos cœurs, vous denüant entierement, non seulement de la possession, mais encore de l'affection de toutes les choses de la terre, ne desirant d'en user que par necessité reglée même des loix de la sainte obeissance; du côté de Bize, vous y bâtirez celle de la clôture, à laquelle vous ne ferez que fort peu d'ouverture, & seulement des portes & fenêtres absolument necessaires, lesquelles vous munirez de Brise-vents & contre fenêtres, que vous tiendrés fermés pendant l'Hyver & mauvais tems; car tout mal vient de l'Aquilon, vent fâcheux & extrêmement dommageable, par ce moyen vous serez toûjours sur vos gardes pendant l'Hyver de cette vie, & tiendrez les portes de vos cœurs & les fenêtres de vos sentimens bien fermées, puisque c'est par là que la mort entre dans vos ames: Et ainsi dans un Monastére bien reglé personne n'y entre, que ce ne soit par necessité, & pour le bien du Monastére, & encore avec congé: vous prendrez garde qu'il n'entre rien dans vôtre cœur que ce ne soit pour le bien de vos ames, & avec congé de la partie superieure qui est la raison, & par la conduite de la fidelle Portiere, qui est la crainte de Dieu, voire faut-il sonner à l'entrée une petite clochette; c'est à sçavoir les lumieres, que par la misericorde de Dieu vous aurez obtenües en vos Oraisons, qui discernent & vous fassent connoître ce qui entre dans vôtre cœur, & que rien n'y entre en cachette; mais que par une sincere & entiere ouverture de vos cœurs à vos Superieures, elles sçachent même vos pensées & les imaginations, qui se presentent à vôtre esprit, pour vous aider à ne recevoir que les bonnes & saintes, & vous interdirez l'entrée aux mauvaises & à celles qui pourroient vous apporter du préjudice & retarder vôtre perfection: Enfin ayant conduit & baty cet édifice vous y aurez pour montée ordinaire & fort aisée & commode, la pratique journaliere, & exacte observance de vos saintes Regles & constitutions, laquelle vous conduira jusqu'au plus haut degré de ce majestueux bâtiment de la perfection Religieuse : travaillez donc courageusement mes trescheres & bien-aimées Filles à cette fabrique de vôtre fondation, par la pratique solide de toutes les vertus, & l'accomplissement entier & inviolable de vos saintes Regles : car sans doute vous en aurez une bien grande recompense de Dieu, qui est le premier moteur & maistre de vôtre entreprise, lequel je suplie de tout mon cœur d'orner & embellir vos ames de toutes les vertus, dons & graces, qui vous sont necessaires, pour commencer, pour suivre & parachever vôtre saint ouvrage & dessein, à l'honneur & gloire de sa divine Majesté, je l'en suplie, comme je suis toute à vous d'affection.

Huitiéme Iuillet.

LA VENERABLE SOEUR MARGUERITE Aimée de la Mere de Dieu, Perreaux, Religieuse Vrsuline d'Autun.

Ie vous conjure fille de Ierusalem, par les chevres sauvages & par les Cerfs des Champs, de ne point éveiller ma Bien-aimée, jusqu'à ce qu'elle le veuille. Au Cantique.

Cette vertueuse Ursuline étoit native de Moulins en Bourbonnois, d'une des principales & illustres familles, sa vie Religieuse s'est passée dans les continuelles peines, qui se peuvent dire des jours pleins devant Dieu, étant employée dans des continuels actes de vertu, d'humilité, & de charité pour son prochain, ne pouvant souffrir que l'on dit rien de des-avantageux de qui que ce fût, ressentant aussi vivement les maux des autres, que les siens propres, de contrition, de resignation, de patience & de confiance & recours à nôtre Seigneur, & à sa sainte Mere, pour laquelle elle avoit un amour & une devotion singuliere, communiant toutes les fêtes, qui sont marquées dans Philagie ; par une providence de Dieu, le jour de la Visitation de nôtre Dame, ayant demandé tout ce jour de pouvoir avoir cette satisfaction, le Medecin sur le soir la fit communier en Viatique, sa maladie fut un débord de bile, avec une grande fluxion sur la poitrine suivie d'une violente fiévre continuë, qui l'a reduit dans un état si douloureux, qu'elle tiroit les larmes des yeux de celles qui la servoient, & l'admiration de toute la Communauté qui étoit parfaitement édifiée de la patience qu'elle a fait paroître dans l'extremité de ses souffrances, & de sa soûmission aux volontés de Dieu, s'offrant de pâtir autant qu'il le voudroit, se soûmettant de tout son cœur à la mort ou à la vie, selon qu'il plairoit à Dieu tous les jours de sa maladie, aussi bien de ceux de toute sa vie.

Elle s'adressoit continuellement à la sainte Vierge dans le plus fort de son mal, pour par son intercession obtenir le secours necessaire pour profiter d'un tems si precieux : elle a été munie de tous ses Sacremens, qu'elle a receus avec une grande presence d'esprit & devotion, & rendit son ame à son Createur le 8. Iuillet 1685. Le divin E'poux ayant exercé nôtre E'pouse dans les peines, elle les a portées dans un profond silence, & avec tant de douceur, qu'il sembloit qu'elle étoit dans un grand repos, cette tranquilité provenoit de l'intime union de sa volonté avec celle de son Dieu, qui luy rendoit ses peines douces, & son repos étoit sur la Croix de son Sauveur, reposant sur son cœur percé de son amour, elle s'éloignoit des solicitudes du monde, & des inquietudes des affaires, qui pouvoient interrompre son sommeil, & que par son silence, elle honore celuy qui l'a blessée : il n'y a rien en nôtre E'pouse qui n'observe un profond silence, ses sens ne font aucun bruit, ses desirs sont dans le repos, & laissent l'entendement & la volonté dans leur tranquilité. C'est dans ce silence que le Verbe du Pere Eternel parloit à cette ame : car ce Verbe du Pere sortant du secret de son cœur par mission invisible, luy parloit pour la rendre vigilante dans l'obscurité de son silence ; afin que son amour fut vif dans son repos, & cet E'poux y a trouvé tant de charmes, qu'il dit en sa faveur : *Ie vous conjure fille de Ierusalem par les chevres sauvages & par les Cerfs des champs de ne point éveiller ma Bien-aimée jusqu'à ce qu'elle le veüille.*

Nôtre Epouse honnoroit par un amour müet l'éclat de la lumiere qui l'éclairoit, & qui l'éblouïssoit en même tems, elle exerçoit dans ce culte respectueux le sommeil de la contemplation : mais avec tant d'agréement à son E'poux qu'il conjure les filles de Ierusalem de ne la point éveiller par les Chevres sauvages & par les Cerfs des Champs : Saint Bernard dit que ces animaux qui ont la veüe aiguë, & le mouvement agil, nous expriment les esprits raisonnables separés de leurs corps, & les esprits Angeliques épurés de la matiere qui sont occupés à contempler les perfections divines, à penetrer leurs secrets & à s'élancer par des saillies d'amour, sans interruption au centre de leur felicité : les filles de Ierusalem representent les ames qui étant encore impliquées dans la multiplicité de leur conception perdent facilement la paix interieure, l'E'poux celeste les conjure à n'être pas si faciles à inquieter son E'pouse, lorsqu'elle joüit du doux repos de la contemplation, & il les empresse par le respect qu'elles doivent à une compagnie si auguste où elle est favorablement receuë autant de fois qu'elle s'éleve par dessus elle même, & par dessus ses operations ordinaires, pour reposer entre ses bras & penetrer son cœur par un trait vif de son amour, tandis que son entendement occupé dans un simple regard de ses grandeurs incomprehensibles, les revere par un profond silence.

Le divin E'poux connoissoit avec le zele de nôtre E'pouse pour le salut des ames racheptées de son precieux sang, & comme une Mere charitable, elle étoit assés soigneuse de leur avancement spirituel, c'est pour cela qu'il laissoit à sa discretion d'employer le tems ou pour vaquer à soymême dans le repos de la contemplation, ou pour le quitter dans l'action & se rendre vigilante dans l'instruction, quand il dit: *Ne l'éveillés point que quand elle voudra*. C'est dans ce docte silence, que nôtre E'pouse étoit plus sublime en ses connoissances, d'autant que Dieu la remplissoit dans sa lumineuse obscurité de splendeur, qui excede tout ce qu'il y a de plus éclatant, pour parler avec saint Denis; lorsqu'elle se presentoit devant son thrône comme aveugle, & muette, & qu'elle surpassoit les creatures & sa propre action, par un vol & par un excés d'amour.

Et il est constant qu'elle n'honoroit jamais plus la divine Majesté, que quand elle se taisoit ô. fortuné silence! ô amour muet! que ton repos est aimable à nôtre E'pouse; je vous conjure de ne la point éveiller qu'à sa discretion, elle connoit le precieux moment auquel sa contemplation est preferable à l'action, la douceur de son amoureux sommeil à l'empressement de ses veilles, & son silence à sa parole, qui est produite par son affection:

Cette ame étant dans la region de l'obscurité lumineuse, experimente une nouveauté de lumiere si prodigieuse, qu'elle en est toute penetrée, & elle dit à Dieu qui en est la source, avec le Prophete, *Vôtre science s'est renduë admirable en moy, elle s'est fortifiée & je n'y puis atteindre, sa lumiere m'accable par son trop grand éclat, & je me tais*: Dans cette agreable suspension de son entendement, sa volonté étoit embrasée d'un ardent amour, si ardent qu'elle est toute occupée à aimer: son amoureux sommeil imposé le silence à toutes les autres facultés: ô! heureux sommeil! où l'E'poux supplée à ce que l'Epouse ne peut, qui est d'ordonner avec merveille que toutes les puissances étant endormies, l'amour demeure vif; & que sans entendre comme elle opere, sa Majesté dispose qu'elle agisse si merveilleusement qu'elle devient une même chose avec ce Seigneur d'amour par une eminente pureté, d'autant qu'il n'y a rien qui empêche, ny sens, ny entendement, ny memoire, la seule volonté aime, & son amour en son ardeur est comme une flêche que la volonté décoche, laquelle étant toute addressée à la souveraine bonté de Dieu, possede la force de luy percer le cœur, & aprés avoir été fichée dans cette source d'amour, elle en retourne avec des signalés avantages, pour l'ame qui l'a élancée.

MAXIMES.

I. L'ame se tait dans son recüeillement interieur, lorsque dans l'accroissement de ses lumieres & des flâmes de son amour, l'ouverture de ses desirs & la demande des choses convenables cessent, qu'elle est transportée à une certaine suspension de l'intelligence, & qu'elle est élevée à un amour tres-ardent, qui empêche les discours interieurs, & lors l'entendement s'abstient de parler, il n'y a que la volonté qui aime ardemment son divin Epoux.

II. Saint Laurens Iustien, dit, que la solitude dilate & agrandit nôtre cœur, c'est l'azile de l'Oraison, c'est la demeure de la paix, c'est l'ennemy des passions les plus spirituelles, les plus cachées, les plus specieuses, elle rend nos ames toutes vigilantes sur elle-même, elle ne laisse point diminuer ny languir nos bonnes affections, elle nous fait acquerir la Sagesse, la clair-voyance, le discernement : elle nous fait faire des progrés qui nous sont cachez à nous-mêmes, elle purifie les cœurs de toutes amertumes & les remplit de douceur, elle est une source d'esperance, & de confiance, elle est sur la terre le refuge de l'Epoux celeste, qui presque par tout ailleurs est, ou inconnu ou persecuté, enfin elle rend ceux qui la possedent mediateurs entre Dieu & les hommes.

III. Les marques de la vraye contemplation, & du goût des choses Divines que l'on doit sentir au milieu du repos interieur, sont d'avoir un soin particulier de regler ses mœurs & une grande attention sur toutes ses actions ; d'avoir à l'égard de son ame une singuliere vigilance, d'être toûjours extrêmement recüeilly, de rendre l'intention avec laquelle on agit en toutes rencontres, la plus droite & la plus sincere qu'il est possible, de s'apliquer fortement au dessein qui regarde le spirituel, d'avoir une convoitise toute sainte & toute spirituelle pour la presence & pour la veüe de Dieu, de l'aimer avec un cœur totalement humble, de souhaitter par dessus toutes choses de communiquer avec luy, & de mettre en luy toute sa joye, d'avoir une ardeur inexplicable pour tous les biens du Ciel, enfin de ne se plaire qu'à joüir parfaitement de la paix interieure.

IV. Jesus-Christ nôtre Seigneur & nôtre Sauveur, dit saint Athanase, aprés s'être fait homme pour nous & aprés avoir délivré les hommes de leur asservissement à la corruption parmy toutes les graces qu'il nous a faites, a voulu nous faire posseder sur la terre la Virginité, comme une image de la pureté & de la sainteté des Anges ; c'est l'usage de l'Eglise Romaine d'appeller les saintes Vierges, les Epouses de nôtre-Seigneur Jesus-Christ, les Payens mêmes regardent avec admiration ces Temples vivans du Verbe Eternel : c'est seulement parmy les Chrétiens que l'on observe parfaitement le saint & celeste conseil de la Virginité perpetuelle ; & c'est une grande preuve que nous avons la veritable Religion parmy nous.

V. Les Vierges, dit saint Cyprian, sont les fleurs du jardin sacré de l'Eglise, c'est l'honneur & l'ornement de la grace du Saint Esprit, c'est la ferveur, la gayeté sainte du Christianisme, c'est l'ouvrage le plus accomply d'une pureté celeste, & le plus digne de respect & de loüange, c'est l'image de Dieu-même, & un crayon de sa sainteté, c'est la plus illustre partie du troupeau de Jesus-Christ, l'Eglise qui les enfante se réjoüit de donner à son E'poux de si beaux & de si nobles enfans, c'est en elle & par elle que sa fecondité paroît plus fleurissante & plus glorieuse, & à mesure que le nombre des Vierges se multiplie & s'accroit, à mesure aussi la joye de cette divine Mere se redouble & s'augmente davantage.

VI. Si vous êtes tombés relevez-vous promptement, & reparez par l'humilité les fautes que vous avez faites contre les autres vertus : ce n'est pas assés quand nous sommes attaqués de quelque tentation de luy resister, il faut encore pratiquer les Actes de la vertu contraire.

VII. Ne vous fâchez pas que vôtre prochain cherche son profit, il souffre bien que vous fassiez vos affaires : ne trouvez pas mauvais que l'on se plaigne de vous, & ne croyez pas que vous seule ayez raison de former des plaintes.

DOUZIE'ME IUILLET.

LA VENERABLE MERE CATHERINE Marie de la Conception, Courtin, Religieuse Vrsuline de Marcigny.

Qui est cellle là qui monte par le desert comme une petite verge ou rayon de fumée composée des especes de Myrrhe, d'Encens, & de toutes les poudres de senteurs Aux Cantiques.

LEs merites & les vertus de nôtre Vrsuline, la firent juger sur toute la Communauté la plus capable pour en avoir la conduite, aprés celles qui étoient venuës d'Autun pour l'établissement, ce fût à l'âge de vingt-quatre ans, qu'elle fût éleüe pour la premiere fois, & aprés son premier triannal confirmé pour un second, & elle a soutenu le fardeau de la Superiorité vingt ans, faisant toûjours six années de suitte, excepté la derniere fois, & n'avoit que trois ans d'intervale, pendant lesquels elle exerçoit l'employ de Depositaire : Dieu l'avoit avantagée d'un jugement solide, d'un esprit vif & éclairé, des plus fort & entendu également capable de la conduite du spirituel, & du temporel, où elle a réüssi avec tant de bon-heur que son gouvernement a toûjours été accompagné de benedictions, & d'une satisfaction universelle, & aprobation du dedans & du dehors, & par justice nous pouvons dire que sa Communauté luy est redevable du bon état de leur maison dont elle a toûjours été l'appuy : ces soins & fatigues qu'elle s'est donnée pour les bâtimens & la decoration de l'Eglise ne se peuvent énoncer, non plus comme elle a maintenu par ses bons exemples, & sage conduite, la paix & la regularité dans sa Communauté : tout le tems qu'elle avoit hors les fonctions de sa charge étoit employé à l'Oraison devant le tres-saint Sacrement ; il seroit mal-aisé de trouver une personne plus interieure & plus unie à Dieu qu'elle l'étoit, l'amour de Dieu regnoit seul dans son cœur : elle s'élevoit par dessus elle-même par l'ardeur de ses desirs celestes de sa devotion, la flamme de son amour faisoit des accroissemens si extraordinaires qu'elle fondoit comme la cire en presence de son Dieu, & elle étoit lors semblable à une subtile fumée qui monte pour défaillir en Dieu, sans être aneantie, mais heureusement transformée en un état divin : l'amour qui enflâmoit sa volonté étoit un feu spirituel, dont les ardeurs la consommoient dans la connoissance qu'elle avoit des perfections de son Epoux ; & son élevation amoureuse par dessus elle-même tiroit son origine de la ferveur de sa dilection, qui justement comparée à un rayon de fumée, étoit le desir de cette ame devote qui soûpiroit continuellement après la joüissance de son Dieu, & elle monte comme une petite verge de fumée lorsque dans les ardeurs de son amour qui la pressent, son desir embrasé s'éleve par dessus elle-même & la ravit en Dieu, qui étoit le centre de sa flamme. Le Saint Esprit compare son élevation à une verge, parce que si elle est droite & déliée, c'est pour nous marquer que son desir qui la fait monter, est droit en son intention, & uniquement attaché à l'objet souverainement bon, qui l'attire par ses sacrées impulsions, & s'il ajoute que c'est une verge de fumée, c'est pour nous confirmer qu'elle est si détachée des creatures, que son desir n'a point d'arrêt, qui l'empêche de s'élever à Dieu, la baguette est droite, déliée, & élevée, parce que l'ame qui monte en haut pour être unie à Dieu, doit être droite par une intention pure, déliée parce que le chemin est étroit, élevé & qu'il est long, que y a-t'il de plus éloigné de Dieu, qui est un être par essence que la creature qui est un neant ? & il faut qu'elle soit dépoüillée de son être pecheur, revêtuë d'un être divin, pour s'élever par dessus elle-même, ce n'est pas sans raison qu'elle est comparée à une verge, non pas d'un tronc dur & insensible, mais d'une fumée qui n'a que l'apparence, & non pas la substance de la chose, car lorsque nous la regardons, il nous semble que nous voyons un être qui subsiste, & lorsque nous y portons la main nous ne trouvons rien de sensible

ble, de même lorsqu'une ame est élevée en Dieu, le tems qu'elle informe paroît à nos yeux, mais elle coverse avec Dieu par amour, & comme la fumée s'éleve du feu materiel; de même son desir s'éleve du feu sacré de la dilection, dont les flammes sont si belles, que les Anges disent avec admiration: *Qu'elle est celle-là qui monte comme une colomne de fumée.* Nôtre Epouse s'élevoit encore par dessus elle-même; lors qu'étant éclairée par un rayon divin, & qu'étant suspenduë en admiration de la beauté par essence, elle étoit frappée d'un respect si profond, qu'elle sortoit d'elle-même comme un éclair de foudre, & se precipitoit dans son neant, à l'aspect d'une splendeur si éclatante, & d'autant que son abaissement est plus profond, son élevation est plus prompte & plus sublime pour l'absorber en Dieu: Cette ame embrasée du feu divin, agissoit souvent dans soy-même, contre soy-même, poussée par la ferveur de sa dilection, elle fremit & elle se fâche contre soy-même, elle se méprise comme un neant indigne des faveurs de son Dieu, elle ne pouvoit supporter sa nature sujette à la corruption, elle s'abbaissoit & s'anneantissoit devant la Majesté de l'être souverain, elle soûpiroit aprés ses perfections, elle élançoit ses desirs; & lors qu'elle étoit long-tems pressée de cette ardeur, & qu'elle en étoit diversement agitée, tantôt par le mépris de la terre, tantôt par les souhaits enflamés du Ciel.

Enfin elle sortoit d'elle-même par une vigoureuse sallie de son amour, & s'élevant par dessus elle-même, s'oubliant de ce qu'elle étoit, elle s'unissoit à son Dieu; & c'est ainsi que l'ardeur de ses desirs qui procedoit de son amour, la rendoit fervente dans sa devotion, & l'élevoit par dessus elle-même; afin que se dérobant à soy-même, elle joüisse de Dieu: Cette élevation est digne d'admiration, & l'on peut dire: *Qui est celle-là qui monte comme un rayon de fumée, ou s'éleve comme une colomne de fumée, droite comme une branche de palme:* Le desir d'une ame contemplative est comparé à une colomne de fumée aromatique; parce que son amour ardent qui luy donne le mouvement produit deux effets merveilleux; il abaisse dans son neant à la veüe de l'être par essence, & l'éleve par dessus elle-même, & lors qu'il est comme un feu violent, il la ravit directement en Dieu; Le desert est le cœur du juste, qui est éloigné du bruit & du tumulte de la terre, & qui n'est pas foulé par la multitude des pensées & des actions terrestres; mais qui toûjours verdoyant & fleury, produit les fruits des vertus heroiques.

Desert où l'on entend la voix de la Tourterelle, qui est l'inspiration de l'esprit d'amour, & où l'on n'écoute pas la parole de l'homme, ny des choses qui appartiennent à l'homme; c'est dans ce desert, que l'ame cherche Dieu, & s'il est incomprehensible à sa raison, il n'est pas inaccessible à son amour, & elle dispose des degrés dans son cœur, selon ses diverses dispositions; lorsque la crainte la saisit, elle monte à son cœur, & elle y trouve le Seigneur qu'elle craint; lorsque le desir d'être éclairé la touche, elle s'éleve dans son cœur à Dieu, & elle l'écoute comme un parfait conseiller, qui luy inspire des pensées de paix & de salut; lorsque l'amour la transporte & luy fait souhaiter la presence de son Dieu, elle monte de son cœur, & desire de joüir de son Epoux; mais lorsque l'ardeur de sa dilection est violente, elle s'éleve par dessus son cœur, & elle voit son Dieu, & est transformée en luy, & alors Dieu luy communique des lumieres qui l'aident à s'élever par dessus elle-même, avec tant de bon-heur, que les saintes disent avec admiration : *Qui est celle-là qui s'éleve comme une colomne de fumée tres-odoriferante.*

Le devot saint Bernard, conseille à l'ame penitente de monter par le desert, qui est une terre sans eaux, par le souvenir de ses pechés, elle s'éleve comme une petite colomne, lorsqu'elle les confesse humblement, & sa confession est semblable à une verge de fumée, parce qu'enfermant diverses especes de pechés, elle sort de son cœur, & de sa bouche comme une vapeur par les ouvertures d'un encensoir; & quoy que la fumée ne soit jamais rayonante, si est-ce qu'elle peut être odoriferante : Et en effet la confession d'une ame penitente, exale une odeur agreable, puisqu'elle est composée de Myrrhe, d'Encens & de toutes les poudres de senteur, parce qu'elle est accompagnée de la mortification de la chair, signifiée par la Myrrhe, & de la priere du cœur, exprimée par l'Encens; car l'une sans l'autre ne sert de rien, ou de peu; parce que si quelqu'un mortifie sa chair, & neglige de prier, il est superbe, & s'il prie & méprise de mortifier sa chair, il recevra cette plainte : *Pourquoy m'appellez-vous Seigneur, & ne faites pas ce que je vous commande.*

L'ame penitente adjoute à sa confession toutes les poudres de senteur; lorsqu'elle a une grande contrition de tous ses pechés, grands & petits, & elle les efface par sa douleur, les Anges qui se réjoüissent à la conversion d'une ame, disent avec joye *Qui est celle-là qui monte par le desert comme une petite verge de fumée* : C'est une penitente qui se rend agreable à Dieu, après avoir été son ennemy.

Si nous avons fait voir nôtre Ursuline dans ses élevations amoureuses, par l'ardeur de ses desirs & de sa devotion dans sa vie contemplative, voyons quels ont été les fruits? par la pratique des vertus dans un degré d'eminence, dans la naissance de son amour : elle pratiquoit les vertus purgatives, lorsqu'elle se defaisoit des moindres imperfections, qui étoient des obstacles aux progrés de son amour : elle reduisoit en exercice les vertus illuminatives, pour s'avancer au service de Dieu, & d'en faire une sainte habitude.

Il ne se faut pas étonner si ses vertus sont en grand nombre; puisque dans l'ardeur de ses desirs & de sa devotion, elle les a ajustées selon les idées & les lumieres qu'elle recevoit immediatement de Dieu; qui en est un parfait exemplaire; aussi elle exaloit une odeur fort agreable à Dieu, aux Anges & à ses Sœurs : le feu d'un amour ardent qui en étoit la vie & la force, faisoient ce celeste parfum : elle est comparée à un rayon de fumée aromatique, que la chaleur fait monter : parce qu'elle étoit agile en ses actions, fervente en son amour, legere en l'exemption du poid de ses pechés, & élevée en sa contemplation; & comme la fumée se rend plus deliée & plus mince, en s'élevant plus haut, de même plus cette ame s'avançoit en la connoissance, & en l'amour de son Dieu, plus elle s'humilioit, & s'anéantissoit devant sa Majesté, elle ne s'estimoit que poudre dans ses pensées, en effet, si la Myrrhe est un simbole de la vertu de continence, si l'Encens est un crayon de son oraison continuelle, le mélange des poudres de senteurs, signifie l'abondance de ses saintes habitudes, l'anéantissement de son cœur contrit, étoit une excellente Myrrhe, qui réprimoit les mouvemens sensuels; mais la Myrrhe de la continence ne seroit pas assés purifié, si elle n'étoit signifiée par le feu d'un amour fervent, qui rendoit son odeur plus douce, lors qu'étant fonduë par l'ardeur de la charité; elle bannissoit toutes les affections dangereuses, & comme l'encens étant entier ne fait pas beaucoup sentir son parfum; mais étant jetté dans le feu, pousse une fumée odoriferante, de même l'oraison est pesante, si elle n'est embrasée par les flammes de l'amour, l'encens est la matiere de la priere, & la vapeur en est la grace, & en verité son élevation ne peut être droite si l'amour ne la dresse par ses flammes; c'est à juste titre que l'humilité suive, parce que la priere de l'humble penétre les Cieux, & que la contrition soit sa campagne, parce que Dieu ne méprise point le cœur contrit & humble.

Il seroit difficile de trouver une personne plus interieure & plus unie à Dieu, que nôtre Ursuline l'étoit, ny d'embrasser une si grande multitude de pratiques spirituelles, qu'elle en avoit: Celle qu'elle preferoit à toutes les autres, étoit d'accomplir la volonté de Dieu en tout. Il faudroit un volume pour dire en détail toutes ses belles actions.

C'étoit une fille prudente, zelée, fervente, austere à elle-même, quoyqu'elle fût grandement infirme, sa conduite douce & raisonnable & d'une vertu consommée, sur tout en la regularité. Sa maladie a été une violente colique, & devoüement d'estomach, & retention d'urine, qui luy a causé des cruelles douleurs, qu'elle souffroit avec la patience d'une Sainte: elle a receu tous ses Sacremens dans des dispositions admirables, embrassant le Crucifix d'une ferveur surprenante, & a fait voir, que sa mort a parfaitement bien répondu à sa bonne vie & à ses derniers momens, elle témoigna encore la tendresse qu'elle avoit pour ses Sœurs, en les assurant qu'elle les portoit toutes dans son cœur, & qu'elle ne les oublieroit point devant Dieu, & les exorta de le bien aimer & servir, de s'entre-aimer aussi les unes & les autres, & de se suporter charitablement, leur souhaitant à toutes les benedictions du Ciel, & témoigna un singulier contentement de mourir Religieuse Ursuline, & finit rendant son ame à son Createur, le 12. Juillet, l'an 1685. âgée de 54. ans, trente-sept de Religion.

MAXIMES.

I. Un cœur parfaitement contrit ne laisse rien à examiner, la contrition ne permet pas le moindre mouvement d'orgueil, elle humilie jusqu'aux vertus, & elle juge jusqu'aux Justices; elle ne reprent pas seulement du peché; mais de la justice & du jugement? quel est ce jugement? sinon un rigoureux examen, qui se forme, sur ce que l'humilité d'une ame, quoy-que parfaite, est bien éloignée de l'humilité exemplaire de Jesus-Christ? l'ame peut dire en se jugeant dans la veüe de cet éloignement, avec le Prophete *Seigneur vous m'avez humilié dans vôtre verité*: Il n'appartient pas à tous de dire ces paroles; les ames les plus infirmes sont humiliées par la connoissance de leur vanité: & les plus parfaites s'aneantissent dans la veüe de la verité de Dieu, ce qui paroit solide & entier au jugement humain, se montre deffectueux à l'esprit de verité, qui l'examinant le reduit au neant; car c'est un esprit violent, qui brise les Aromats des vertus & qui les met en poudre, pour juger la justice.

II. La premiere verité nous enseigne, que de toute la masse de nos œuvres, nous en devons composer une poudre, qui est de soy infertile, & qu'aprés avoir fait tout ce que l'on demande de nôtre fidelité, nous devons confesser que nous sommes des serviteurs inutiles; heureuse l'ame qui compose cette poudre aromatique, avec les especes de toutes les vertus, & qui aprés les avoir pratiquées, les repute pour nulles, & qui pulverise par son humilité tout le bien qu'elle a fait, ce sont les fruits de son amoureuse élevation & de sa devotion.

III. Pour arriver à la solitude interieure & intime, il faut avoir des aîles de colombe pour voler, & dans le premier effort, il faut surpasser toutes les creatures pour être détaché de leurs affections desordonnées, le cœur qui aime le monde est un chemin public, tout y passe, & l'imagination vagabonde luy presente mille objets, qui empêchent qu'il ne soit seul, mais une ame degagée de la terre, est un jardin fermé aux creatures, qui sont les ennemis de la solitude, la porte de l'amour ne s'ouvre qu'à Dieu seul, par le deuxiéme effort, il se faut élever par dessus soy-même, & se quitter pour joüir de Dieu, & s'entretenir avec luy seul, par des Actes de reconnoissance pour ses biens-faits, de complaisance pour sa bonté, & de loüanges pour ses grandeurs: Cet entretien se peut pratiquer en tous lieux, la pieté sçait trouver son secret dans les chemins & dans les places publiques, l'on peut toûjours entrer dans la solitude de son cœur, & s'unir à Dieu par des Actes d'amour

Le troisiéme effort, unissez-vous à Dieu, & luy offrez le détachement des creatures; la separation de vous-même; & le fils unique de vôtre cœur, qui est l'amour & sa bonté, qui ne peut être surmonté par la vigilance de son E'pouſe, ſe communiquera puiſſamment à ſon ame, pour la rendre joüiſſante de ſes communications intimes ; car Dieu eſt ſaintement jaloux d'une ame, qu'il veut pour ſon Epouſe.

IV. L'Enfer ennemy de la gloire de Dieu, employe tous ſes efforts pour empêcher ſes avantages ; car ſi l'ame touchée de Dieu reconnoit ſa miſere, & commence à pratiquer l'oraiſon, dont le repos eſt appellé par ſaint Auguſtin, une ſainte oiſiveté, elle voit dans ſa tranquilité le tort qu'elle a eu, d'aimer ſes chaînes, & de baiſer ſes fers, lorſqu'elle devoit demander au Ciel de les rompre, elle étant la voix des creatures, dont l'éloquence muette, luy publie qu'il n'y a rien qui ſubſiſte dans le monde, elle ſe reſout de renoncer aux creatures, de ne ſe plus arrêter à leurs trompeuſes aparences, ny à leurs decevantes careſſes, pour m'unir intimement à mon Dieu : Richard de ſaint Victor, dit : *Qu'une ame n'arrive pas en un moment dans le ſecret de la face de Dieu, où elle ſe pert heureuſement ſans être aneantie,* pour être toute transformée en luy, & il eſt conſtant qu'un amour ſingulier aime la ſolitude, & cherche un lieu ſecret où il puiſſe bannir l'inquietude des penſées, & le deſordre des affections des creatures, pour y joüir des chaſtes embraſſemens du Createur.

V. Nôtre ame dit, Caſſian, ſe peut comparer à une plume tres-legere, qui en ſe conſervant dans ſa ſechereſſe ſans être moüillée, par aucune eau ou par aucun autre accident exterieur, peut s'élever au Ciel par ſa legereté naturelle ; ſoûtenuë du moindre ſouſle de l'air ; mais s'il arrive qu'elle ſoit un peu moüillée, ou même qu'elle ſoit trempée dans l'eau, elle en deviendra auſſi-tôt apeſantie, & bien loin de ſuivre ſa legereté, le poid de cette humidité, qui la penetre, la fera auſſi tôt tomber en terre, il en eſt de même de nôtre ame, tant que le vice ne s'en aproche pas, ou que le ſoin des choſes de la terre ne l'appeſantit point, & qu'elle n'eſt point ſoüillée par l'eau ſale des plaiſirs de ce monde, ſa pureté & ſa legereté naturelle ſoûtenuë du ſouſle du ſaint Eſprit, l'elevera à la contemplation de Dieu, & luy fera quitter la terre pour ne vivre plus que dans le Ciel, & dans la meditation des choſes inviſibles.

DIXHUITIÉME JUILLET.

LA VENERABLE MERE MARIE DE l'Incarnation, Desmartin, Religieuse Ursuline du premier Monastere de Montpellier.

Le Royaume des Cieux se prend par violence, il n'est que les violens qui l'emportent. JESUS-CHRIT, Mathieu 12.

Elle étoit native d'une petite Ville du Diocese d'Agde de parens nobles, qui prirent grand soin de l'élever en la crainte de Dieu, sa pieté luy inspira un grand desir de la vie Religieuse, ce qu'elle obtint de ses parens, qui luy permirent d'aller aux Ursulines de Pezenas, qui n'étoient pour lors que de la Congregation, elle y fut reçüe en l'année 1618. Elle y fit son Noviciat sous la conduite de la Mere Desirée, & du Reverend Pere Romilon de l'Oratoire, qui étoit le Directeur de cette Congregation. Elle fit de si grands progrés dans la vertu, que peu de tems aprés, elle fut Superieure, ces bonnes Filles ayant desir de se cloîtrer, & de faire les vœux solemnels, cette bonne Mere leur aida dans leur pieux dessein avec succés, ayant entrepris cette reforme l'année 1633. vivant dans une grande exactitude, & la Mere les animant par son bon exemple.

L'année 1641. Monsieur de Fenolliet, pour lors Evêque de Montpelier, souhaittant faire un établissement des Filles de sainte Ursule dans cette Ville, pour l'éducation de la jeunesse, demanda à Monseigneur l'Evêque d'Agde de celles de Pezenas; Il en donna six, dont nôtre Mere fut nommée pour Superieure: elle amena ses Filles sans autre secours, que celuy de la Providence, dont elle vit dans les suites de tres grands effets, Monseigneur de Montpelier leur fournit de tout dans le commancement, mais dans la suite, il y eût des personnes qui travaillerent à le détourner de leur faire du bien, il retrancha ses charités, ses Filles en souffroient beaucoup & se voyant abandonnées de leur Prelat & de tout autre secours, elles commencerent à prendre des resolutions de s'en retourner à leur Monastere; Mais nôtre Mere relevant son courage, & celuy de ses Filles, levant le cœur & les yeux au Ciel, d'oú devoit venir son secours, entrant dans le sentiment du Prophete Royal, leur esperance ne fut point vaine, ayant un secours qu'elle n'attendoit pas, le Reverend Pere Bourgoin General de l'Oratoire, ayant eu connoissance de leur misere leur fit de grandes charités, & les ré-

18 Juillet. *La V. Mere Marie de l'Incarnation Desmartin.*

tablit si bien dans l'esprit de leur Prelat, qu'il redoubla ses charités, & entreprit un grand bâtiment, où il mit des sommes fort considerables, leur loüa une maison au chœur de la Ville, où cette bonne Mere témoigna un si grand zéle pour l'instruction de la jeunesse, que les Doctrines qu'elle faisoit en public valoient des Predications, & faisoit un fruit extraordinaire : Elle fit ouvrir les classes pour instruire charitablement les Filles, tout cela les faisoit fort aimer & considerer ; mais le Prelat venant à mourir & n'ayant aucune rente, ny pour vivre ny pour bâtir, ce décés faillit à rüiner & leur maison & leur esperance ; mais nôtre chere Mere ne se rebutoit pas, & ne perdoit pas sa confiance. Le bon Dieu l'assista par un autre endroit : Il y eut quantité de Demoiselles de la premiere qualité, qui se presenterent pour être Religieuses, & leur porterent pour finir leur bâtiment qui étoit avancé, & pour leur subsistance, en sorte que par ce secours, & le soin de la Mere, cette maison fit de grands progrés pour le spirituel & pour le temporel.

C'étoit une Fille, qui avoit de grandes qualités : elle avoit un esprit extraordinaire & un solide jugement, prudente, sage & fort moderée en ses passions, en étant toûjours la maîtresse, un esprit fort égal, tres agreable dans la conversation, fort accessible & écoutant tout le monde, quelle affaire qu'elle eût, & tâchoit de les satisfaire, tant qu'elle pouvoit raisonnablement.

Elle étoit fort zélée pour la gloire de Dieu, & pour l'observance reguliere, assistant tant que ses occupations le luy pouvoient permettre à toutes les Communautés. Etant fort interieure, & la presence de Dieu l'occupoit incessamment, passant une partie du jour au chœur en Oraison. Elle communioit trois fois la semaine, ayant grande devotion au saint Sacrement. Elle a exercé toûjours les charge de Superieure ou d'Assistante dont elle a remply tous les devoirs. Tant de vertus si long tems pratiquées meritent bien leur recompense, mais le bon Dieu l'a voulu encore purifier en sa derniere maladie, par de grandes & longues souffrances : son mal dura six mois : Il commença par une fiévre double tierce, elle eût en suite de grands accidens d'Apoplexie, de Paralisie, de douleurs insuportables par tout le corps, une Erisipelle universelle, & il n'y eut point de partie en sa personne qui ne fut attaqué de quelque mal particulier. Enfin elle fût hydropique, ses jambes s'ouvrirent & fûrent couvertes d'ulceres de même que tout son corps avec de cruelles douleurs, jamais objet plus pitoyable, les Medecins disoient qu'elle ne pouvoit soûtenir tant de maux sans miracle, & toûjours avec une patience invincible : c'étoit la main de Dieu qui travailloit à la purifier en ce monde, pour luy augmenter sa gloire en l'autre, & la rendre par tant de souffrances la victime de sa justice & de son amour, elle receut tous ses Sacremens avec une grande presence d'esprit, son agonie fut de trois jours, & rendit enfin son ame à son Createur, le 28. Juillet l'an 1685. agée de quatre vingt & quatre ans, & 67. de Religion laissant sa Communauté tres édifiée de ses vertus & affligée de sa perte.

Il faut combatre pour aller dans le Ciel, c'est une Citadelle difficile à prendre, il faut verser du sang, avant que d'y pouvoir entrer, le chemin du Ciel est arrousé de la suëur des larmes, & du sang de tous ceux, qui y sont entrés : il faut marcher sur les vestiges de tous les Heros du Christianisme, le faisons-nous? que faites vous? qu'endurez-vous ? pour le Paradis? que resolvez-vous de faire à l'avenir. Vous estimez bien peu une Eternité de bonheur; puisque vous ne voulez rien souffrir pour le meriter; il faut à l'imitation de nôtre Ursuline, faire violence à toutes les plus douces inclinations de la nature. Nous aimons l'honneur, il faut s'humilier: nous cherchons le plaisir, il s'en faut priver; nous aimons les richesses: il faut être pauvre. La vie d'un veritable Chrêtien, est un état de violence continuelle, pour la nature; êtes vous dans cet état ; ne vous persuadez pas neanmoins que cette vie soit plaine de fâcheries, puisqu'il n'y a point de plus solide plaisir, que de se priver, pour l'amour de Dieu, de tous ses plaisirs, ne craignez rien cependant, la grace de Dieu surmonte les difficultés, que la nature croyoit insurmontables, la vertu est tres-conforme à la droite raison ; quoy qu'elle paroisse contraire à la raison corrompuë par le peché. Il ne faut qu'un peu de courage, pour se resoudre fortement à être saint, ne deliberez point, resolvez-vous promptement à cela, & attaquez toutes les plus grandes difficultés, vous méprisérez bien tôt, & ce qui vous agreoit : & ce qui vous épouvantoit ; le parfait dégagement de nôtre Ursuline, de toutes les choses de la terre, nous luy fait donner pour simbole l'Aigle, qui est d'une race des plus genereuses, & qui pour cela étoit autrefois celle de Jupiter; méprisant les vils animaux, comme indignes de luy servir de proye, & se guindant au plus haut des airs, pour n'envisager que le Soleil qu'elle regarde d'un œil fixe & assuré ; c'est le plus glorieux Simbole de la generosité de nôtre Ursuline, à mépriser le monde & toutes ses vanités, pour ne s'attacher qu'à Dieu, vray Soleil de Justice, elle a pris un vol si haut par l'Oraison & par la seule intention de plaire à Dieu, qu'elle peut être appellée justement l'Aigle du Seigneur, qui a toûjours été le seul unique objet de son ambition icy bas, sans que l'éclat des honneurs & le charme des plaisirs ayent jamais fait la moindre impression sur son esprit.

MAXIMES.

Le jeûne, dit saint Augustin, purifie les ames, il éleve les sens, il assujettit la chair à l'esprit, il forme un cœur contrit & humilié, il dissipe les tenebres de la concupiscence, il appaise les ardeurs de l'impureté, & il allume le feu de la charité ; le jeune modere nos desirs, il mortifie nos passions, il instruit nôtre vie, il met des bornes à nos cupidités ; le jeûne a

8 Iuillet. *La V. Mere Marie de l'Incarnation Desmartin.* XV ij

d'alliance avec toutes les vertus, il reconnoit la pauvreté pour sa Sœur, la penitence pour sa Mere, la chasteté pour sa Fille, & la priere pour sa fidelle compagne, il est le destructeur de l'amour propre, le conservateur de nôtre salut, & un des moyens le plus seur, & le plus puissant; pour nous reconcilier avec Dieu, & pour nous meriter ses graces.

II. Celuy qui prie & qui jeûne, dit saint Chrisostome, n'a besoin de tous les faux biens de la terre, & celuy qui n'a plus besoin de ces biens, en est d'ordinaire fort détaché, & est toûjours prêt à faire l'aumône, celuy qui jeûne a l'esprit fervent, toûjours élevé au Ciel : il prie avec application, il éteint en luy les mauvais desirs, il fléchit Dieu, & appaise sa colere, il humilie son ame, & reprime son orgueil. Celuy qui joint la priere au jeûne, se fait comme deux aîles, pour aller à Dieu, qui sont plus legeres & plus vîtes, que les vents; il ne prie point avec tiedeur, il ne s'ennuye point, il ne fait point ses gestes, & ses actions indecentes, que font ceux qui prient lâchement, il est plus ardent que le feu, il s'éleve au dessus de toute la terre.

III. Il n'y a point, dit saint Gregoire, proprement des vertus d'abstinence, si l'on n'a soin de dompter sa chair autant qu'on le peut ; mais cette vertu est déreglée, & blâmable, si l'on n'abat son corps avec excés, en luy faisant plus souffrir, qu'il n'en peut porter : Et en effet il se faut servir de l'abstinence, pour détruire les vices de la chair, & non pour détruire la chair même, & chacun se doit rendre Maître de son corps ; mais avec un tel temperamment & une telle discretion que la chair ne se revolte pas jusqu'à nous porter au peché : & que neanmoins, elle soit toûjours assés forte pour suivre la sainte ferveur de l'esprit, dans l'execution des bonnes œuvres.

IV. Lorsqu'une tempête cesse, dit saint Chrisostome, les pertes qu'elle avoit causées ne cessent pas avec elle : ce qu'on a jetté dans la Mer y demeure & ne se peut plus reparer ; il en est ainsi des intemperans, il faut necessairement que leurs excés, leur fassent perdre pour jamais toutes leurs vertus : s'ils avoient auparavant quelque modestie, quelque pudeur, quelque sagesse, quelque patience, ou quelque humilité, ils sont obligez d'abandonner toutes ces vertus si rares ; comme l'on jette dans la Mer durant la tempête, ce que l'on a de plus precieux : mais le vaisseau, qui s'en est ainsi déchargé, n'en est que plus leger, pour achever son voyage, au lieu que l'ame qui pert toutes ses vertus, en devient beaucoup plus pesante : elle n'a plus cét Or precieux, & ses Diamans sans prix, dont elle étoit si heureusement chargée : Elle est mal-heureusement apesantie par un sable, qui l'accable, & par un eau bourbeuse & infecte, qui pert tout ensemble le vaisseau & le Pilote qui le conduit.

V. Souvenez vous que lorsque vous ferez ce que vous pourrez ; jamais Dieu ne vous manquera, & que pour être entierement asseuré de son salut, il faut tendre, non seulement au bien, mais encore à ce que vous jugez

Tom. III. c

être le plus-parfait.

être le plus-parfait.

VINGT-NEUFVIE'ME IUILLET.

LA VENERABLE SOEUR MAGDELAINE du Saint Esprit, de Bonchaud, Religieuse Ursuline du second Monastere d'Aix.

Le moment si court & si leger des afflictions que nous souffrons en cette vie, produit en nous le poids éternel d'une gloire incomparable. Saint Paul. 2. Corinth. 4.

Dieu ayant doüé nôtre Ursuline d'un fort bon sens & d'un tres-solide Jugement, ce qu'elle a marqué jusqu'à la fin de ses jours. Dieu luy a fait porter toute sa vie la Croix de la maladie; car lorsqu'elle prit le S. Habit de Religion, elle étoit incommodée de dissenterie avec des grandes douleurs, elle ne voulut pas que sa mere le sçeut pour n'étre privée, disoit elle, de se consacrer à Dieu; car sa mere qui l'aimoit avec passion n'auroit jamais permis qu'elle eût été Religieuse; & comme elle l'avoit élevée avec grande delicatesse: voulant continuër toutes ses amitiés; elle luy fit entendre qu'elle ne vouloit rien de toutes ses particularités, ce qu'elle refusa souvente-fois, jusques là que sa mere demeura tres-long tems à la venir voir, à cause qu'elle ne vouloit pas souffrir toutes ces façons, s'étant si bien mise sur ce pied, dés son entrée en la Religion, qu'elle a toûjours suivy le train commun en tout & par tout: en effet le bon Dieu sembloit la favoriser de plus de santé, dépuis qu'elle quitta toutes ces caresses qu'auparavant: Dés lors qu'elle eût le voile, elle fut employée aux charges, s'en acquitant avec tres grand soin, & particulierement à celle des Pensionnaires, les instruisant selon l'esprit de nôtre institut, avec grand zéle & une grande charité: car cette Reine des vertus a été son particulier caractére, l'ayant exercée à l'égard de toutes. Dans la charge de Pharmacie qu'elle a fait durant plusieurs années avec toûjours plus de gayeté, prevenant souvent ses Sœurs dans leurs infirmités par des remedes qu'elle avoit experimentés, prevenant ainsi le mal par la longue experience qu'elle avoit en cét office; car son extrême charité luy en faisoit inventer, Dieu la faisoit si bien reüssir: que lors qu'elle le proposoit au Medecin, il le trouvoit fort à propos; quand il s'agissoit d'une maladie, elle n'oublioit rien pour le soulagement; son naturel obligeant, civil, & honnête, joint à sa vertu de charité, luy acqueroit l'estime & l'affection d'autant des personnes de dehors, que de toute la Communauté: Car lors que l'on s'addreſſoit à elle pour quoy que ce fut, on étoit aſſuré d'avoir d'elle ce que l'on ſouhaittoit, lorſqu'il étoit à ſon pouvoir ; je n'aurois jamais tout dit, ſi je voulois déduire en détail tous ſes actes de charité, il me ſuffit de vous dire qu'elle l'étoit à tous & à toutes, comme elle avoit un extrême bon ſens, cela faiſoit qu'elle cachoit tout ce qu'elle faiſoit de bon ; s'eſtimant en tout & par tout ſervante inutile dans la maiſon du Seigneur, quoyque cela ne fut pas ainſi : elle étoit capable de toutes les charges où on la vouloit employer, ayant été œconome, elle avoit une grande devotion à la ſainte Mere de Dieu, ce qui luy a obtenu la grace de mourir un Samedy, & à la Sainte paſſion de nôtre Seigneur, honorant en toutes ſes actions le délaiſſement de Jesus-Christ en Croix : car ayant ſa niepce au Monaſtere, qu'elle aimoit tendrement : toutes les fois qu'elle la voyoit, elle ne luy parloit que de ſe détacher des choſes du monde, & de ſa mort, & que par ſa fidelité elle reparât les fautes, qu'elle avoit faites à nos ſaintes Regles, & qu'elle ne ſuivît pas ſon exemple : La devotion qu'elle avoit au ſaint Enfant Jesus, étoit ſinguliere, ayant érigé par la permiſſion de la Superieure un Autel à ſon honneur, où elle avoit ſoin de luy faire dire les Litanies tous les vingt-cinq de chaque mois, de faire la crêche toutes les années dans le tems que l'Egliſe honnore ſa naiſſance, avec quelque particuliere invention d'eſprit, pour exciter la devotion à toute la Communauté, auſſi cét adorable enfant l'a bien recompenſée dés cette vie, en luy accordant la grace de rehaître en l'autre vie, l'heureux moment que Jesut-Christ prit naiſſance en ce monde, ce fut le 29. Juillet.

Sa maladie a duré environ un an de fiévres doubles tierces, par pluſieurs diverſes repriſes ; mais ce qui l'a enlevé, ça été une diſſenterie, & de douleurs par tout ſon corps, qui ne luy donnoient aucun relâche, ny nuit ny jour, ſans que l'art de la Medecine ait trouvé aucun ſoulagement pour elle, ça a duré environ trois ſemaines, avec une grande enflure qui luy ôtoit la reſpiration à tout moment, jugés ſi ce ne luy a été un grand exercice de patience, & lieu d'eſperer la diminution des peines du Purgatoire, ſon decés eſt arrivé le 29. Juillet, l'an 1685.

La vertu de nôtre Urſuline s'eſt renduë odoriferante, par les oppoſitions & les contradictions qui ſont inévitables en cette vie : les contraires n'ont jamais plus de luſtre, ny d'éclat que par les oppoſitions de leurs contraires ; ce ſont les ombres qui rehauſſent les plus belles couleurs des tableaux, c'eſt la rigueur des frimats d'un âpres hiver, qui fait mieux goûter l'agreable ſaiſon du Printems ; jamais les parfums ne rendent une plus ſuave odeur, que lors qu'ils ſont ſous le pilon, ou ſur les charbons : c'eſt le creuſet & le feu qui purifie l'or de ſa craſſe, & le fer ne ſe polit que ſous la lime ou le marteau, de même la vertu n'a jamais plus d'éclat, que dans les afflictions : ce que nous ſouffrons en cette vie eſt peu de choſe, ſi nous le comparons à la recompenſe, qui nous eſt preparée ; nos ſouffrances sont legeres ou de peu de durée, & toûjours mélées de quelque consolation, si elles sont violentes, elles ne durent pas, si elles sont de longue durée, elles ne sont pas violentes, nos maux ne sont jamais universels, il y a toûjours un mélange de bien & de mal: aprés tout, cette vie est si courte, que nous n'avons qu'un moment à souffrir ; puisque nous ne vivons qu'un moment, tout ce qui passe avec le tems est de peu de durée, la recompense qui nous attend dans le Ciel, est éternelle, & sa durée infinie, en sa grandeur, universelle en son étenduë : nos joyes ne finiront jamais, elles ne seront mélées d'aucune amertume, d'aucune apprehension, d'aucun dégoût ? pourquoy donc aimons nous tant une vie qui nous prive de cette félicité? pourquoy craignons nous les souffrances, qui nous procurent tant de solides plaisirs dans le Ciel, où nous verrons Dieu : la seule pensée de l'éternité, la seule esperance de joüir de Dieu, nous rend heureux dés cette vie, c'est elle qui a fait vaincre les tourmens aux Martirs, & qui a adoucit les larmes des penitens : jettons les yeux au Ciel, & disons en le voyant, voilà le thrône que Dieu me prepare, nous ne pleurerons pas toûjours, nous ne souffrirons pas éternellement en cette vie, nos Peres sont decedés, nous nous en allons insensiblement, nos Successeurs passeront ; mais l'éternité demeurera toûjours.

MAXIMES.

I La vie bien-heureuse, dit saint Augustin, est la recompense des justes, & l'esperance de l'acquerir, nous doit faire regarder cette vie temporelle & mortelle plûtôt comme une necessité, où nous devons nous soûmettre, que comme un lieu où nous nous devons attacher ; Or nous ne la sçaurions envisager dans l'esprit que Dieu demande de nous, qu'en mettant toute nôtre joye dans l'esperance, & dans la fidelle attente des biens éternels, & en nous confiant & nous reposant sur l'immuable fidelité de ses promesses : c'est dans ses sentimens chrétiens, que l'Apôtre nous exhorte de vivre, quand il nous dit, *réjouïssez vous dans vôtre esperance, soyez patient dans les maux, & perseverant dans la priere* : Il nous montre pourquoy nous devons être patient dans nos maux, en disant auparavant, *réjouïssez-vous dans vôtre esperance.*

Le Fils de Dieu devient l'esperance des fidelles ; Ils voyent en luy le travail & la recompense, le travail en sa Passion, la recompense en sa Resurrection, & dans ses deux états plûtôt contraires que differens, ils voyent deux genres de vie, dont l'un étant miserable & pesant, doit être souffert avec courage, & l'autre étant heureux & futur, doit être attendu avec patience : Jesus-Christ leur a fait voir le premier en sa Croix, & le second en sa gloire ; afin que quand ils auroient éprouvé le premier en ce monde, ils esperent de posseder le second en l'autre.

III. La vertu proprement consiste dans l'amour de Dieu : & lorsqu'on la divise en ses quatre branches, la temperance, la force, la justice & la prudence, c'est pour marquer les divers mouvemens, & les differentes impressions de cet amour ; ainsi l'on peut dire, que la temperance est un amour qui réprime les mouvemens déreglés des sens pour se conserver uniquement à Dieu : la force un amour qui souffre tout, pour ne point déplaire à Dieu : la justice un amour qui ne sert que Dieu, & qui ne commande aux hommes que selon ses regles : la prudence un amour qui sçait discerner ce qui peut l'approcher ou l'éloigner de Dieu : pour faire ce qu'il ordonne, ou pour fuïr ce qu'il deffend.

IV. Comme peut-on avoir une joye qui soit bonne & bien reglée, si l'on aime le bien, qui seul nous doit être un sujet de joye ? Comment peut on avoir une veritable paix, sinon avec celuy que l'on aime veritablement? Comment peut-on demeurer avec perseverance dans le bien, si l'on ne l'aime avec ardeur ? Comment peut on être bien faisant, si l'on n'aime celuy que l'on assiste ? Comment peut on être bon, si on ne le devient par amour du vray bien ? Comment peut-on croire utilement, sinon avec une foy qui agisse par amour ? Comment nôtre douceur envers nôtre prochain, peut elle être salutaire, si ce n'est la dilection qui la cause ? Et enfin comment pourra on se contenir de ce qui est impur & soüillé, si l'on n'aime ce qui est pur & honnête.

V. Ne jugez personne, tel condamnerez vous, que Dieu approuve, & quand même il seroit maintenant mal vivant, il peut dans une heure devenir grand saint, vous ne pouvez assûrer qu'un homme soit perdu, puisqu'il ne luy faut pas plus de tems pour être saint, que nous en mettons, à dire qu'il ne l'est pas.

VI. Servez Dieu, non seulement avec soin, mais aussi avec joye, l'homme sage ne renvoit jamais au lendemain, ce qu'il peut bien faire aujourd'huy : ce n'est pas peu perdre, que de differer une bonne œuvre. L'édifice des vertus ne peut être fondé que sur l'humilité ; ne vous flatez point sur ce vain pretexte, que vous avez besoin de reputation, pour être plus utile à la gloire de Dieu ; c'est à luy à qui il touche d'y prendre garde, & pour vôtre regard cherchez par tout les moyens de vous humilier & souffrez toutes sortes de mépris, si non avec plaisir, du moins avec patience

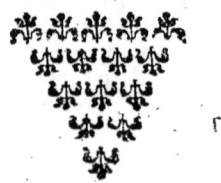

Vingtneufvie'me Iuillet.

LA VENERABLE SOEVR FRANCOISE
de l'Enfant Iesus Desjours, Demarzille, Religieuse Vrsuline d'Autun.

Apuyez-moy de fleurs, environnez-moy de pommes; parceque je languis d'amour.
Aux Cantiques.

Nôtre Ursuline étoit admirable en sa conduite, & capable de tous les emplois de la Religion, fort reguliere & spirituelle, qui prioit jour & nuit, y employant tout le tems qu'elle pouvoit aprés l'acquis de sa charge, sa principale devotion étoit au tres-saint Sacrement de l'Autel, s'en approchant souvent, specialement toutes les fêtes de la Sainte Vierge: elle avoit un tres grand zéle à orner son Autel, & à luy procurer des ornemens, luminaires, & tout ce qui étoit necessaire pour tenir sa Chapelle bien propre, & invitoit tout le monde à contribuër à cette devotion: L'amour divin s'augmentoit dans son cœur, par la joüissance des faveurs de son Epoux, rien ne pouvoit soulager le desir qu'elle avoit de joüir de luy, que l'approche de l'adorable Eucharistie: L'éloignement de l'objet que l'on aime, allume le desir d'en joüir, & l'on se voit privé avec plus d'amertume, de ce qu'on souhaite avec plus d'ardeur, c'est ce qui faisoit experimenter à nôtre Epouse une langueur d'amour, en l'absence de son Bien-aimé: elle prie ses compagnes de fortifier son cœur par l'odeur des fleurs & des pommes dans son attente: c'est la langueur de cette ame fidelle, qui ne pouvant arriver à la parfaite joüissance des perfections de son Bien-aimé: elle vouloit l'aimer sans interruption, comme les Filles de la Jerusalem celeste, & son pouvoir n'égalant pas sa volonté, elle ne trouvoit point de satisfaction dans son impuissance: plus elle aimoit, plus elle vouloit aimer, mais l'objet de son amour étant infiny, pour toûjours demander de nouvelles flammes: elle ne peut d'avantage que de languir pour son amour & s'écrier, soûtenez-moy de fleurs, entourés moy de pommes, parce que je languis d'amour, l'amour ne languit pas; mais c'est l'Amant qui languit; d'autant que la langueur est un effet de l'amour. Nôtre Ursuline a experimenté deux sortes de langueurs; son occupation continuelle en Dieu, qui étoit l'unique objet de sa flamme, empêchoit la digestion, & diminüoit les forces animales & vitales, les transports violens de son amour, livroient des rudes assauts à son cœur, qui alteroit son temperament & rüinoit sa santé, y joignant des rudes austerités, sa vie étoit un jeûne perpetuel & des veilles continuelles, lesquelles ont avancés ses jours, selon le sentiment des Medecins : aussi son cœur se dessechant par les assauts de l'amour ; son corps tomboit dans la deffaillance, & la vertu de l'esprit croissant, la vigueur du corps décroissoit : & lors qu'elle étoit infirme en sa chair, elle étoit puissante en Dieu, d'autant que si elle languissoit comme Amante, son amour n'étoit pas languissant, elle n'aimoit que son Dieu, qui étoit son unique tout, elle étoit ardemment alterée de ce Seul, elle desiroit cet Un avec passion, elle aspiroit à cet Un, toute pantelante d'amour, elle soûpiroit profondement vers cét Un, elle s'embrassoit en cet Un, & elle ne vouloit reposer qu'en cét Un, qui contient dans son unité le comble de tout bon-heur, son ardeur est si violent, qu'elle ne reçoit point de conseil humain : qu'elle n'acquiesce à la raison naturelle, & qu'elle ne reçoit aucune consolation ; mais elle s'écrioit avec la divine Amante : *ô Filles de la Ierusalem celeste, qui joüissez de mon Bienaimé dans une claire vision, je vous conjure de luy faire sçavoir que je languis de son amour.*

Elle confesse qu'elle est blessée de charité, par la charmante beauté de son Epoux, par ses biens-faits, par ses lumieres par ses faveurs & ses graces, qui sont autant de philtres amoureux, & de dards embrasés qui l'ont heureusement navrée : & ses blessures luy sont delicieuses dans l'ardeur de son amour ; mais lors que la main qui luy avoit causé une si douce playe se retire pour la laisser dans les tenebres, & dans la privation de ses delices, elle ressent les pointes de sa douleur, elle deffaut & elle languit, le moindre retardement luy sembloit un siecle ; mais cette privation ne l'empêchoit pas d'augmenter ses desirs dans la recherche de l'unique objet de son amour, qui luy fait mépriser tout ce qui n'est pas luy-même : car quelque chose pour éclattante qu'elle soit, qui se presente à cette ame languissante de son Dieu, elle le rejettoit & le fouloit aux pieds comme si c'étoit de la fange : si elle ne sert à son unique desir, qui est la joüissance de son souverain bien ; tout ce qu'elle pensoit, tout ce qu'elle disoit & tout ce qu'elle faisoit luy sembloit inutile & même insupportable, s'il ne contribuoit à la fin de son intention : tout ce qui est inferieur à Dieu luy paroissoit tres vile, rien ne luy étoit doux & savoureux, s'il ne contient le goût de ses perfections.

Enfin elle avoit tout en horreur, ce qui ne respiroit pas sa presence : elle se nourrissoit de cét unique bien, elle se rassasioit de ce seul objet, & quand elle pouvoit joüir de luy seul : elle croyoit de posseder en luy eminemment toutes choses & dans la recherche de son tout, & dans le mépris de tout ce qui n'est pas luy, elle s'écrioit avec un tres profond soûpir : *Soutenez-moy de fleurs entourez-moy de pommes, parce que je languis d'amour :*

comme si elle disoit, je cherche la presence de JESUS de Nazareth, il est tout fleurissant en beauté & il se plait parmy les fleurs, il se nomme luy-même la fleur des champs, & le lys des valées : c'est un pommier mistique qui porte des fruits de benediction : Soûtenez-moy avec les fleurs de ses paroles efficaces qui sont plaines de vie ; entourez-moy des pommes de ses douleurs, & de ses mépris, lorsqu'il a été comme un pommier élevé sur le Calvaire, pour me conformer à sa mort, si vous voulez adoucir ma langueur de le voir dans sa gloire ; mais je ne seray jamais satisfaite si je ne joüis de luy même, non plus à l'ombre de la foy ; mais dans le parfait midy de la felicité : je ne sçais si je dois feliciter cette ame languissante sur sa langueur, ou compatir à cette maladie d'amour, pourquoy la felicité puisqu'elle est blessée ? mais pourquoy luy compatir, puisqu'elle estime heureuse sa blessure & qu'elle n'en veut point guerir, qu'à moins de joüir entierement de l'unique objet de ses desirs ; mais comme il n'y a que la mort qui puisse rendre son amour plainement satisfait, elle ne la demande que pour posseder l'objet dont l'absence l'a fait amoureusement languir, & neanmoins elle ne voudroit pas encore mourir pour toûjours souffrir, & elle ressent en son cœur un combat, qui se livre entre le joüir & le pâtir, entre le desir de vivre & le souhait de mourir, vivre pour pâtir, & mourir pour joüir ; mais comme la joüissance delicieuse dans l'état de la gloire doit durer une éternité, & que l'espace de la souffrance n'est qu'un moment comparé à sa durée : elle ne veut point encore quitter la vie, pour pât'r à la veüe de l'objet qu'elle cherche, & pour la conserver, elle dit basse-ment, & avec peine: *Appuyez moy de fleurs, environnez-moy de pommes, parce que je languis d'amour*, Les fleurs qu'elle desiroit sont des grandes œuvres pour le service de Dieu & pour l'utilité du prochain, elle quitte le repos de la contemplation pour éveiller ses fleurs.

Marie & Marthe se tiennent compagnie, & dans l'actif qui semble être exterieur, l'interieur opere, les fleurs qui sortent de cette racine sont tres odoriferantes, d'autant qu'elles tirent leur origine de l'amour de Dieu, qui n'a point d'autre veüe que son honneur, & leur parfum se repend bien loin pour profiter à plusieurs : les pommes qu'elle souhaittoit, sont les travaux qu'elle pretendoit d'endurer constamment pour imiter son Epoux de sang en sa vie souffrante, & l'arbre de la Croix est un pommier qui luy fournit ses fruits, , & elle trouvoit sa satisfaction à les goûter, dans la pensée qu'il ne faut pas toûjours joüir, mais souffrir quelque fois pour servir, & pour avancer par ses services la gloire de son Epoux elle ne pouvoit concevoir de la tristesse d'avoir interrompu sa contemplation, lorsqu'elle se voyoit environnée des fleurs & des fruits du Seigneur, d'autant que la charité ne cherche pas ses interêts.

Aprés de si grandes langueurs d'amour, il semble que nôtre Ursuline ait eu comme une revelation de sa mort ; car comme l'on donna le saint Huile à la Superieure du Monastere, elle se leva à genoux aprés la ceremonie, & dit

29. Iuillet.   *La V. Sœur Françoise de l'Enfant Iesus.*   XXV

dit tout haut, *Mes Sœurs l'on m'en fera autant dans huit jours*: Ce qui est arrivé; sa maladie a été une pleuresie avec une fluxion sur la poitrine, qui l'a emporté en six jours, aprés avoir receu tous ses Sacremens avec une grande presence d'esprit, & beaucoup de devotion: sa grande humilité luy fit demander que l'on ne dit rien d'elle dans sa lettre circulaire, sinon qu'elle étoit une grande pecheresse, qui avoit besoin de prieres; elle est decedée le 29. Iuillet, l'an 1686.

MAXIMES.

I. Dans le tems de cette vie, Dieu comme l'unique objet de nos affections, est sensé pour absent; quoyqu'il soit tres-present; parce que nous ne le voyons que dans l'obscurité de la foy: c'est la doctrine de l'Apôtre, quand il dit: *Tandis que nous sommes renfermez dans ce corps corruptible, nous sommes étrangers de Dieu*: Comme nous marchons par la foy, & non point par la claire veüe de ses grandeurs, donc l'ame fidelle, qui se voit absente de son Epoux, soûpire sans cesse aprés sa joüissance, & ses amoureux soûpirs & desirs enflammés de sa presence, la jettent dans la langueur; Dieu quelquefois ne se contente pas qu'elle souffre cette absence dans l'obscurité de la foy; mais de plus la prive du sentiment de sa presence & de son amour par une suspension de tous les dons sensibles, & par une absence dissimulée, qui semble la relancer dans le monde; alors les symtomes de sa langueur se redoublent, & elle confesse qu'elle est blessée de la charité.

II. Nôtre Seigneur, dit sainte Gertrude, que l'ame qui a une volonté disposée à souffrir des persecutions, des mépris & des injures pour la gloire de son nom, se peut vanter qu'elle languit de son amour: pourveu qu'elle persevere à souffrir patiemment sa peine dans la veüe de son honneur, qui doit être l'objet de ses souffrances; Mais mon Epouse luy dit cette sainte, quel avantage pouvez vous tirer de ma langueur déclarée par les soûpirs embrasés de mon cœur; c'est dit il, le plaisir de ma divinité, & le témoignage plus agreable d'amour que je puisse recevoir d'une ame consacrée à mon service; lorsqu'elle dit avec l'Epouse: *Soutenez moy de fleurs environnez moy de pommes: parce que je languis d'amour*: je tens ma main gauche pour la fortifier, & ma droite l'embrassera, & lors qu'elle entendra *Viens mon Epouse, viens du Liban tu seras couronnée*: C'est le retour de l'Epoux qui se rend present pour soulager par sa presence la langueur de son Epoux parcé qu'il a connu sa fidelité dans son absence, dans la pratique des grandes œuvres pour sa gloire, & dans l'exercice des souffrances pour luy être conforme par un mélange de fleurs & de fruits; lors il étend ses bras & d'une main il soûtient son Chef & de l'autre il embrasse cette ame, qui se repose sur la poitrine de Jesus-Christ, & qui trouve sa demeure entre

Tom. *III.*   d

les bras du Verbe, peut dire avec verité ; sa gauche qui est l'Humanité de mon Epoux me soûtient par ses graces ; & sa droite qui est sa Divinité m'embrassera ; lorsqu'elle me comblera de gloire par son entiere possession.

III. L'amour blesse, l'amour lie, & l'amour fait languir ; il est certain que c'est le propre de l'amour de blesser: l'amour sacrée a ses playes innocentes, & saint Denis l'appelle aigû ; parce qu'il perce & penetre le cœur de l'Amant pour le diviser de soy-même par son coup, & pour l'unir à Dieu ; & cette division ne se peut faire sans blessûre ; parce que l'objet de l'amour divin est le souverain bien : si nous l'avons offensé, nous en devons concevoir une cuisante douleur, & le cœur en reçoit une playe ; & si nous en joüissons par la grace : sa joüissance excite le desir d'y être uny avec plus de perfection, & l'ardeur du desir blesse le cœur, dont l'amour l'ayant blessé l'a fait tomber aux pieds de son Sauveur : elle verse des ruisseaux de larmes ; les larmes c'est le sang du cœur, je ne m'étonne pas si les gouttes en paroissent blanches, puisqu'il a perdu sa rougeur, & qu'elles sortent du cœur comme d'un alambic, qui avec le feu de l'amour les fait couler par les yeux comme du sang clarifié ; lors elle s'écrie : *Ie suis blessée de la charité* : comme si elle disoit, je suis cette blessée que l'amour appelle sienne : elle se nomme donc la blessée de la charité ; comme si Dieu qui est charité avoit fait éclater sa puissance : & éleve le trophé de sa gloire dans ses blessures.

IV. Que si vôtre amour pour le monde a été grand, que vôtre amour pour Dieu soit ardent, l'ame est renduë captive par l'amour ; lorsque vivement blessée de ses traits, elle oublie toutes les creatures pour ne penser qu'à son Createur, & pour ne se souvenir que de ses bontés ; parce que comme une sainte Amante, elle est plus dans l'objet qu'elle aime, que dans le sujet qui l'anime ; elle meurt à soy-même pour vivre dans son Bienaimé ; & pour se rendre sa captive dans la prison de l'amour.

V. Mettez toûjours les autres en vôtre place, & prenez la leur ; avez-vous été mal-traité, tâchez à vous persuader que vous l'avez bien merité ; c'est le secret de fermer la bouche à toutes sortes de plaintes ; avez vous offensé quelqu'un ? ne croyez pas que vous ayez le dessus ; car l'affronte tombe sur celuy qui le fait.

Vingt-neufvie'me Aoust.

LA VENERABLE MERE ISABEAU DE LA Croix, de Benedicty, Religieuse Ursuline de Carpentras.

Que châcun donne ce qu'il aura resolu de donner: non avec tristeße & comme par force; car Dieu aime celuy qui donne avec joye. Saint Paul aux Corint. Ch. 9.

L'A vocation de nôtre Ursuline a été admirable; elle goûta Dieu, & se delibera de se donner entierement à luy; lorsqu'elle & deux de ses compagnes n'étoient plus dans les joyes du monde : Ce fût le Lundy qu'elle & ses compagnes se jetterent dans le cloitre des Ursulines à l'insceu de Messieurs leurs parens, qui furent affligés à mort, & menaçoient de metre le feu au Monastere, si elles y restoient; mais tous leurs efforts furent inutiles, toute la ville en fut dans le trouble, & tous les divertissemens cesserent: Enfin aprés son approbation; elle prit le saint Habit de Religion avec toute la constance & generosité d'un esprit aussi fort que le sien : Et ce fût de si bon cœur qu'elle se donna à Dieu, qu'elle se porta à l'observance des regles, & à l'obeïssance dans toute la perfection possible: elle servoit Dieu avec joye & non pas avec tristesse: cette joye donnoit de la gloire à Dieu, & des hommes du monde loüoient sa bonté; quand ils voyoient cette constante fille si joyeuse & contente dans la solitude du cloître : cette joye les excitoit à la vertu, & leur faisoit voir qu'elle n'est pas si difficile qu'ils pensoient : aussi nous est elle fort avantageuse ; puis qu'on ne sent pas le fardeau, quand on le porte avec joye : ainsi elle s'avança à grand pas à la perfection, & on la trouva capable d'exercer toutes les charges ce qu'elle fit avec une grande charité : sur tout en celle de Superieure, d'Assistante, de Zelatrice & de Depositaire; & comme elle avoit un peu de feu, aussi-tôt elle en revenoit avec une si grande humilité qu'elle touchoit les cœurs de ses Sœurs, par le déplaisir qu'elle témoignoit avoir de ses petites sallies : Elle étoit toute de charité en tous les rencontres, servant ses Sœurs avec un amour & une tendresse de Mere, elle avoit des sentimens de reconnoissance pour les moindres & plus petites choses que l'on faisoit pour elle même envers ses Sœurs Lais.

Son étude particulier étoit à l'exacte observance des régles & constitutions: l'ayant fait & fait faire jusqu'à sa fin, qui fut le 29. Aoust, de l'an 1681. âgée de trois vingt & quatorze ans : A l'imitation de nôtre Ursuline

d ij

réjouïssez vous en nôtre Seigneur; afin que tous ceux qui vous verront connoissent que c'est de cœur & non pas avec contrainte que vous le servez : pour chasser la tristesse de vôtre cœur, chassez en le peché, netoyez vôtre conscience; c'est par le peché que tous les maux sont entrez dans le monde, & que la tristesse entre dans nos ames, quand il n'y auroit point d'autre fruit de la bonne conscience que cette joye du cœur qui l'accompagne, elle seroit suffisamment recompensée ; comme au contraire le seul chagrin d'une mauvaise conscience la punit suffisamment de son crime, pour conserver & accroître cette joye pensée à Dieu & au Paradis, Dieu vous voit dans vos travaux, il vous prepare une couronne dans la gloire : faites paroître cette joye sur vôtre visage, dans vos discours: & sçachez qu'il n'y a point de plus dangereux ennemy de la vertu que la tristesse, & que nous n'avons point d'armes plus fortes que pour attaquer nos ennemis, & pour parer à leurs coups, que la joye qui est selon Dieu.

MAXIMES.

I. Il faut que nôtre foy, dit saint Augustin, & nôtre esperance soient accompagnées de la charité ; car celuy qui n'aime point, croit en vain, & il espere aussi en vain ; si ce n'est qu'il croye & qu'il espere que demandant à Dieu la grace d'aimer ce qu'il doit aimer, il puisse l'obtenir de luy; la raison de cecy est que la cupidité charnelle, qui n'est autre chose que l'amour vicieux de la creature regne necessairement dans l'ame, où l'amour de Dieu ne se trouve pas : & qu'il ne suffit pas d'aimer ce que nous croyons & que nous esperons ; mais qu'il faut encore aimer le moyen, sans lequel nous ne pouvons parvenir à ce que nous croyons, & que nous esperons ; c'est pourquoy nous ne devons pas seulement aimer la félicité éternelle, qui est l'objet de nôtre foy & de nôtre esperance ; mais nous devons encore aimer les vertus, & même les souffrances, sans lesquelles nous ne pouvons obtenir cette félicité, & sur lesquelles les assurances de la gloire est fondée.

II. La Virginité, dit saint Cyprian, est le partage des ames les plus élevées ; c'est une expression de la pureté des Anges & de Dieu même ; c'est un avant-goût, ou une meditation de la vie future ; c'est une sainte enfance qui ne veillit pas avec le tems, & qui conserve sa fraîcheur & son innocence, malgré la rigueur des années ; c'est le triomphe des voluptés qu'elle a toûjous vaincuës, parce qu'elle les a toûjours méprisées ; c'est une honnête & veritable liberté, qui ne s'engageant point dans les liens du mariage, ne souffre point la tyrannie d'un mary, n'apprehende point la perte des enfans, & n'ayant aucun attachement dans le monde pour affronter la persecution, & provoquer même les bourraux.

III. La grace de la Virginité, dit saint Basile, ne consiste pas seulement à s'abstenir du mariage ; mais elle consiste aussi à être Vierge dans toute la conduite de la vie : toutes les actions des personnes qui sont appellées à cet état, doivent marquer une parfaite continence, & être exempts de corruption & d'impureté : Et en effet on tombe quelquefois dans l'impureté par les discours, on commet des adultéres par les regards ; on se souille par loüie on laisse entrer la corruption dans son cœur, & on passe les bornes de la temperance en beuvant & mangeant avec excés : de sorte que si on ne joint la pratique de la temperance avec celle de la Virginité ; on ne peut posseder la grace de la Virginité dans son souverain degré de perfection.

IV. Il faut que nos corps, dit saint Gregoire, soient purs par la pureté, & que nos actions soient éclatantes par la lumiere de la verité Divine : car l'on ne peut plaire à nôtre Sauveur, s'il n'est joint à l'autre, c'est à dire, que celuy qui en faisant des bonnes œuvres, ne sort point de ses saletés & de ses ordures : n'est non plus agreable à Dieu, que celuy qui conservant la pureté ne travaille point à faire des actions de vertu : la pureté est donc aussi peu de choses sans les bonnes œuvres ; que les bonnes œuvres sont peu considerables sans la pureté ; Mais si quelqu'un a l'un & l'autre, il ne luy reste plus rien à faire, qu'à tendre sans cesse vers la celeste Patrie, par les élans de son esperance, & à prendre garde qu'en s'éloignant de tous les vices, il ne le fasse pas en l'honneur du monde ; car quoy qu'il commence quelques-unes de ses bonnes œuvres par le motif d'une honnêteté morale, son intention ne doit pas néanmoins s'arréter à une fin si peu noble, & rechercher la gloire du monde par ses bonnes œuvres : mais il doit plûtôt mettre toute son esperance en son Redempteur.

V. Il y a dans ce monde diverses sortes de felicité, dit saint Augustin, & comme on estime mal-heureux celuy à qui on ôte ce qu'il aime : aussi estime-t'on heureux celuy qui possede ce qu'il aime : quoi qu'à parler veritablement, il n'y ait d'heureux que celuy, non qui possede ce qu'il aime, mais qui aime ce qu'il doit aimer, & que plusieurs soient plus mal-heureux de posseder, ce qu'ils aiment, que de ne pas posseder ce qu'ils ne devroient pas aimer : car s'ils sont mal-heureux d'aimer ce qui est mauvais : ils sont encore bien plus mal-heureux de le posseder ; aussi quand nous aimons ce que nous ne devrions pas aimer, comme c'est un effet de la misericorde de Dieu, s'il nous la refuse, c'est sans doute un effet de la colere, s'il nous l'accorde. Dieu nous accordera sans doute ce que nous aimions, & pourveu que nous n'aimions, que ce qu'il veut que nous aimions : que nous desirions, sinon d'habiter dans sa maison tous les jours de nôtre vie.

Deuxiéme Septembre.

LA VENERABLE SOEVR MARIE Magdelaine de la Resurrection, D'hemmée, Religieuse Vrsuline d'Argenteüil.

Vous aimerez le Seigneur vôtre Dieu de tout vôtre cœur : & le prochain comme vous-même. en Saint Luc. Chap. 10.

Elle commença sa vie Religieuse à soûtenir une rude tentation causée par la tendresse de son cœur, qui ayant de forts attachemens pour la personne de Monsieur son Pére : dont elle étoit aussi parfaitement aimée; luy fit souffrir mille gênes dans la separation qu'il luy en falut faire, & luy donna durant quatre mois mille chagrins, & mille dégoûts capables de luy faire rendre les armes : si la grace qui avoit des hauts desseins sur cette belle ame, ne l'eût puissamment fortifiée pour la rendre victorieuse de cette fâcheuse tentation, au moment même qu'elle fût revétuë du saint Habit.

Et ce fût déslors, qu'elle entreprit avec un courage invincible d'élever l'édifice de sa perfection sur les solides fondemens de la mortification de ses sens & de ses inclinations naturelles: sur l'exacte & fidelle observance des Régles, & sur la pierre vive, Nôtre Seigneur JESUS-CHRIST, auquel dés ce tems elle s'attachat fortement par foy, amour, union & conformité à tous les sacrés Mistéres de sa tres sainte Vie & Passion, commençant à s'adonner & à goûter beaucoup la vie interieure ; ce qui luy acquit dans peu l'habitude des plus hautes vertus, singulierement d'une pureté Angelique de cœur & d'ame, qui a été si entiere en cette chere Sœur; que selon le témoignage d'une personne de capacité & de merite, qui a entendu la Confession generale de toute sa vie quatre ans avant sa mort, elle n'a jamais offensé Dieu mortellement ; d'un amour constant pour la mortification, qui l'a renduë toûjours ingenieuse à trouver cent inventions pour tourmenter sa chair d'une maniere si rude, qu'il seroit difficile de se l'imaginer ; d'une parfaite exactitude aux observances, dont on ne l'a jamais vûë se dispenser, pas même durant son état d'infirmité : on a mille fois admiré, que malgré sa langueur, elle étoit toûjours tres-ponctuelle & exacte; d'un profond respect pour tout ce qui touche l'Eglise, & d'une soûmission aveugle pour ses decisions ; d'une solide humilité qui a eté le sujet de sa pratique éternelle. On ne peut marquer en détail tout ce qu'elle a fait pour son acquisition : il suffit de dire : que lors qu'elle avoit commis quelques défauts qui y étoient contraires, elle les reparoit par des actions si heroïques, qu'il ne faloit pas une vertu moindre que la sienne, pour être capable de si grands Actes : dont sa Communauté étoit infiniment édifiée. Une fois qu'elle se confessoit extraordinairement, elle reçut une vûë & une impression si particuliere sur les humiliations & sur l'amour du mépris, où le Seigneur l'appelloit, qu'elle fut contrainte d'arrêter tout court, jusqu'à ce que cette operation fut passée, aprés laquelle elle poursuivit, en s'accusant selon ce pressant sentiment. Depuis ce tems elle s'adonna encore plus fortement à la pratique de cette vertu, se prescrivit plusieurs actes à observer, & se dressa un examen, selon les lumieres qu'elle en avoit reçûës, qu'elle faisoit regulierement tous les jours.

Nous pouvons dire avec verité, que le plus bel endroit par où cette chere Sœur puisse être loüée, est son zéle infatigable pour nôtre saint Institut & la forte inclination qu'elle a toûjours eüe pour l'instruction de la jeunesse qui a fait comme son caractere particulier. E'tant avantagée de toutes les qualités les plus propres pour y reüssir ; ayant une memoire tres-heureuse, un esprit grand & élevé, un jugement solide & penetrant, & un tres-grand fond de science, elle y a presque toûjours été occupée : sa conduite étoit d'ordre, faisant, pour le dire ainsi, toutes choses avec poids & mesure. Aussi avoit elle pour maxime de ne jamais rien faire avec precipitation & par l'impetuosité de la nature ; ce qui l'a fait parvenir à une grande moderation & circonspection en toutes choses. Elle s'étoit dressée plusieurs belles methodes pour l'instruction & la conduite des Pensionnaires, & pour s'y conduire avec un esprit interieur, qui a été l'ame de toutes ses actions, étant continuellement appliquée, & unie à nôtre Seigneur dans ce penible employ, sans perdre presque jamais sa divine presence, par voye de simple regard & d'une douce contemplation, presence du Seigneur qui luy donnoit des vûës si attentives sur elle même, qu'elle ne faisoit pas la moindre action sans la luy referer actuellement, & ne tomboit en aucun défaut, qu'elle ne s'en aperceût, & n'en fût penetrée d'une si rude douleur & d'une confusion si grande, qu'elle avoit peine à l'exprimer.

Depuis trois ans elle s'est sentie puissamment attirée à l'intime union de la Divinité, & son attrait dominant a été de s'occuper dans la contemplation de l'être de Dieu, de son independance & de ses grandeurs, dont la vûë qui étoit toûjours soûtenuë d'une foy pure & simple, faisoit naître en elle une haute estime de sa Majesté, une complaisance continuelle dans ses grandeurs, & un desir extreme de le glorifier, qu'elle entretenoit par plusieurs versets du Prophete Royal, d'où a resulté le mépris qu'elle faisoit d'elle même à la vûë de la dépendance qu'elle avoit de son principe, en qualité de sa creature.

Cependant, aprés tant de connoissance, de lumieres & de hauts sentimens, que cette aimable Sœur avoit sur les verités divines, dont elle étoit si remplie, le Seigneur voulant l'épurer par une derniere épreuve, permit qu'elle eût des tentations sur la foy de nos plus saints mistéres, en la contemplation desquels son ame avoit goûté tant de douceurs. Elle soûtint cette rude épreuve sept années entieres : mais enfin le Ciel satisfait de ses combats, fit cesser toutes ces tempêtes, & luy fit goûter une paix interieure qui répondoit à la grandeur des peines qu'elle avoit souffertes. Ce fut à la faveur de cette douce tranquilité, que nôtre aimable Sœur suivant l'impression de sa grace, qui la pressoit interieurement, doubla pour ainsi dire le pas, pour s'avancer à la perfection par une fidelité entiere à retrancher jusqu'à ses moindres imperfections, afin de r'entrer, disoit-elle avant sa mort dans le degré d'innocence, que l'Evangile nous marque être necessaire pour entrer au Royaume des Cieux, & par un puissant attrait qu'elle sentoit à l'oraison, où nonobstant son état d'infirmité, elle vaquoit presque tout le tems qu'elle avoit de libre.

Tant de belles & vertueuses qualités, faisoient souhaiter avec justice de la posseder longues années : mais les infirmités dont elle a été attaquée depuis environ quatre à cinq ans, ont bien fait juger que c'étoit un fruit meur pour le Ciel, puisque nonobstant tous les soins de la Religion & ceux de Messieurs ses parens, qui n'ont rien épargné pour se conserver une si chere Fille, la mort nous l'a enlevée aprés une maladie d'environ un an, pendant laquelle elle a extrémement édifié par sa patience, sa douceur, sa soûmission & son exactitude à ses devoirs. Cette maladie a commencé par une intemperie de foye, qui luy a causé une poulmonie accompagnée d'une fiévre lente, à laquelle s'est jointe les derniers jours l'hydropisie. Avec tous ses maux: elle ne s'est alitée que cinq jours avant sa mort, ayant encore tiré des forces de sa foiblesse, pour descendre au Chœur, le jour de la fête de nôtre glorieux pere saint Augustin, où elle oüit la Messe & se confessa ensuite comme pour mourir. En effet, dés ce jour elle mit ordre à toutes choses, & ne songea plus qu'à se disposer à ce dernier passage, par la reception des Sacremens de l'Eglise qu'elle demanda, & qu'elle receut avec une grande devotion : Elle demanda pardon à la Communauté avec des termes si humbles & si touchans, qu'elle tira les larmes de toutes. Et receut le Samedy l'Extrême-onction, avec une application d'esprit, qui luy dura jusqu'à une demie heure avant sa mort, qu'elle entra dans l'agonie, & passa aussi doucement qu'un enfant, âgée de 40. ans moins quinze jours, le 2. Septembre 1685. elle rendit son ame à son Createur, dans les dispositions conformes à la vie vertueuse qu'elle avoit mené depuis vingt-quatre ans & demy qu'elle a vécû dans la sainte Religion.

2 Septembre. La V. S. Marie Madelene de la Resurrection.

Aprenez de nôtre Ursuline à aymer le Seigneur vôtre Dieu, & le Prochain comme vous-même. Pouvons-nous penser à l'amour infini d'un Dieu pour sa Creature? sans rendre amour pour amour. Dieu n'a nul interêt à nous vouloir du bien: & il nous a cependant aimés de toute éternité. Nôtre unique bonheur dépend de l'amour que nous aurons pour Dieu, & nous n'avons pas encore bien commencé de l'aimer. Que désormais nôtre amour soit genereux pour vaincre tous les obstacles qui se rencontrent au service de Dieu; mais helas nous aimons Dieu quand il nous comble de consolation, quand il ne faut rien souffrir. Nôtre amour doit être plus fort que la mort: pouvons-nous dire avec Saint Paul, *Qui me separera de l'amour de Iesus-Christ.* Ame infidelle il ne te faut qu'un petit chagrin ou une petite difficulté pour t'empêcher de témoigner ton amour à Dieu, ou un petit plaisir, pour te faire oublier de ton Dieu. Si vous avez quelque attache pour les Créatures, changés d'objet, & faites pour Dieu à proprotion ce que vous faites pour ce qui est l'objet de vôtre amour. Ne parlés que de Dieu: Ne pensés qu'à luy: ne travaillés que pour luy. Ha que vous seriés une grande Sainte! si vous faisiés pour Dieu une partie de ce que vous faites pour les créatures: toutes la terre ne merite pas de nous occuper, un Dieu veut nôtre amour, il le merite: luy seul est capable de nous satisfaire. Désormais Seigneur je n'aimeray que vous, ou que pour l'amour de vous.

Aymés le Prochain comme vous-même. Tout Homme est vôtre Prochain; puisque tout Homme est créé à l'image de Dieu, qui a été racheté du sang de Jesus-Christ, & qu'il peut être un jour dans le Ciel avec vous: vous le devés aimer; puisque Dieu vous le commande; s'il sont méchants ayez de l'aversion pour leurs vices & de l'amour pour leur personne, ils peuvent se corriger & devenir meilleurs que vous: s'il sont d'une humeur contraire à la vôtre, cela ne vous dispence pas de les aimer. Le Chrétien ne se doit pas conduire par l'instint de la nature; mais par les lumieres de la raison & de la foy; s'ils sont vos ennemis, ou s'il vous ont maltraités, cela n'empêche pas qu'ils ne soiët des images de Dieu, qu'ils ne soient vos freres, qu'ils n'yent droit au Paradis; parce que Jesus-Christ les a rachetés. Il n'y a point de pretexte qui puisse justifier vôtre froideur ou vôtre haine.

Aymez donc vôtre Prochain comme vous-même, vous luy devez faire tout ce que vous voudriés qu'on vous fit. ne luy faites rien de ce que vous ne voudriés pas qu'on vous fit: souffrés ses deffaux, comme vous desirés qu'on supporte vos imperfections, rendez-luy tous les bons offices que vous esperés des autres. Ne dites rien, ny faites rien qui le puisse désobliger. Il est étrange de voir comme les Hommes se persecutent les uns & les autres; le Demon n'atil pas assés de malice, les incommodités des saisons, la corruption de nôtre corps, & la peine du premier peché ne nous rend-elle pas affés malheureux ; faut'il encore que les Hommes foyent les plus cruels ennemis des autres Hommes.

MAXIMES.

I. Nous ne devons rien aimer que Dieu en ce monde. Il n'y a que luy à proprement parler qui foit aymable, parce qu'il n'y a que luy qui foit infiniment bon, infiniment fage, infiniment grand, infiniment liberal, & dans lequel comme dit Saint Paul font enfermés tous les trefors de la fcience & de la fageffe: les créatures quelques aimables qu'elles foient, ont plutôt les apparences que le fond d'une veritable bonté, & ne font tout auplus que des écoulements des divines perfections qui font en Dieu.

II. Auffi c'eft dans ce feul amour que l'ame trouve fon veritable repos & fa parfaite felicité: elle ne trouve dans toutes les autres Creatures que dégout, que chagrins, & qu'inquietudes : comme dit Saint Auguftin vous nous avés fait pour vous aimer, & nôtre cœur eft dans l'inquietude, jufques à ce qu'il fe repofe en vous, *fecifti nos Domine ad te & inquietum eft cor noftrum, donec requiefcat in te.*

III. Comme l'éguille eft dans un mouvement perpetuel jufques à ce qu'elle ait trouvé fon Nord: comme la pierre n'a point de repos qu'elle n'ait trouvé fon centre; & comme le feu eft dans une continuelle agitation tandis qu'il eft hors de fa fphere, de méme le cœur de l'homme n'a jamais de repos s'il n'eft dans Dieu.

IV. Ce n'eft pas aimer Dieu dit Saint Auguftin que d'aimer quelque chofe avec Dieu, que l'on n'aime pas pour Dieu, *Minus te amat, qui te unum aliquid amat quod propter te non amat.* Il faut donc fe dépouiller de l'amour des créatures, pour pouvoir aimer le Créateur; c'eft pour cela que Dieu ne nous commande pas feulement de l'aimer; mais de l'aimer de tout nôtre cœur, nous donnant à entendre par ces parolles qu'il ne veut pas qu'aucun autre le partage avec luy.

V. A celuy qui aime veritablement Dieu, rien ne paroît difficile, il peut tout faire, il peut tout fouffrir, il peut tout entreprendre, il doit auffi tout attendre de Dieu en ce monde & en l'autre.

VI. Advouez donc que c'eft trop tard que vous avés commencé à connoître Dieu & à l'aimer, & que jufques à cette heure vous avés été bien éloigné de la perfection; puifque la perfection de la Loy Evangelique eft l'amour. *Plenitudo legis dilectio, qui diligit, legem implevit.*

VII. La charité que nous devons avoir pour le prochain demande que nous donnions toûjours le meilleur fens qui fe pourra à ce qu'il fait contre nous. Ne nous piquons pas aifément de ce que l'on dit de nous. La charité eft patiente, dit Saint Paul, elle fouffre tout fans fe choquer de rien, elle eft douce, elle ne s'aigrit point à la moindre occafion, elle n'a point de mauvais soupçon; jamais elle ne croit que l'on ait dessein de la blesser, elle tolere tout, elle souffre tout.

VIII. Croyez que vôtre Prochain vous aime, & vous ne prendrez point en mauvaise part ce qu'il fait contre vous; souvent nous nous tourmentons à plaisir: nous concevons une haine réele contre des ennemis imaginaires, qui ne sont que dans nôtre idée. Enfin quoy qu'il arrive si vous aimez vostre prochain, vous le devés souffrir tel qu'il est.

VINGT-SEPTIÉME JUILLET.

LA V. M. MARIE DE SAINTE MARGVERITE de Godet, Religieuse Vrsuline de Lisieux.

Qui est juste soit justifié encore, & le Saint Esprit soit sanctifié encore. en l'Apocalypse, Chap. 22. V. 24.

Nostre illustre Ursuline étoit une des plus vertueuses & aymables Religieuses de sa Communauté: il est vray, que son grand merite, & sa capacité l'en avoient ravie depuis quatorze mois, pour la donner à un Convent de nôtre saint Ordre, où Monseigneur leur illustre Prelat souhaitât qu'elle fût avec une autre Religieuse pour rétablir le Spirituel & le Temporel de cette Communauté. Cette Fille du Ciel fût donnée par Messieurs ses parens aux Ursulines dez l'âge de huit ans, & a été élevée dans les Classes jusqu'à quinze; dés ce moment, on remarquâ les rares qualités, & le riche naturel dont Dieu l'avoit partagée; car en verité elle tenoit plus de l'Ange que de la bassesse humaine. Dés l'âge de dix ans, elle faisoit tous les jours une demie heure d'Oraison mentale, ces devotions & ces petites pratiques reglées pour se preparer à la sainte Communion; c'étoit un exemple de soûmission, de modestie, & de pieté dans les Pensionnaires: aussitôt qu'elle se vit en état d'entrer au Noviciat, elle témoignâ tant d'ardeur & de desir de se donner toute à Dieu, qu'on luy accordâ de grand cœur sa demande. Ce fût en ce temps où elle embrassa courageusement la pratique de toutes les vertus Religieuses avec une si grande assiduité à l'observance des Regles, que la Maîtresse des Novices avoit peine à trouver des sujets de la mortifier, ayant une veille si continuelle sur elle même, qu'on ne trouvoit aucune faute dont on la pût reprendre.

Sur ces fondemens, elle a poursuivi une vie toute sainte aydée des rares talens dont la nature l'avoit favorisée; car c'étoit un esprit solide

& bien fait, une memoire heureuse, un cœur tendre & genereux; Elle avoit un air gratieux, honnête, civile, & obligeante dans toutes ses manieres d'agir; en sorte qu'on la regardoit pour remplir dans le tems toutes les principales charges de la Maison, & pour luy donner de bône heure l'experience qui ne s'acquiert que par la pratique, & qui est néantmoins une des principales pieces de la conduite. On consentit de l'envoyer exercer la Charge d'Assistante & de Maîtresse des Novices, dont on la jugeoit fort capable au Convent du Ponteaudemer, & l'y laisser quelques années exercer celle de Superieure, s'il étoit necessaire, pour la reprendre quand on en auroit eu besoin. Parmy tant de rares qualités, son humilité tenoit le premier lieu, & la rendoit si basse à ses yeux, qu'elle se croyoit incapable de tout; elle souhaitoit d'être inconnuë à tout le monde, quand on la mit Sou-Maîtresse des Novices, où elle a été occupée quelques années avec grande édification, elle jetta tant de larmes dans la pensée de son incapacité, que l'on appréhendoit qu'elle n'en fut malade; & lorsqu'elle fût choisie pour aller au Convent du Pouteaudemer, elle faisoit compassion, dans la repugnance extrême qu'elle avoit aux Charges.

Elle se portoit avec une affection nompareille à toutes les choses les plus basses & humbles du Monastere, prioit instamment les Superieurs de la reprendre, mortifier, & contrarier, afin de luy ayder à mourir à elle-même. On ne l'entendoit jamais parler de son illustre Famille, quoyqu'elle en fût fort cherie, & tendrement aimée, singulierement de Madame la Comtesse de l'Isle sa Mere, qui la regardoit non seulement comme sa tres-aymable Fille, mais comme une sainte, remarquant dans tout son procedé une si exacte regularité & attache à tout ce qui étoit de l'Ordre, qu'elle ne la quittoit jamais qu'avec beaucoup d'édification. Son Altesse Madame de Guise, luy faisoit la grace de l'honnorer de sa bienveillance, de luy écrire, & de luy envoyer quelque fois des marques de l'honneur de son souvenir, & de sa bonté : tout cela ne l'a jamais fait partir des sentimens d'une humble Religieuse: l'on peut dire que son obeïssance étoit parfaite n'ayant jamais témoigné la moindre repugnance à quoy que ce soit, aprouvant toutes les dispositions des Superieurs avec un profond respect, étant entre leurs mains comme une cire molle pour faire toute chose en la maniere qu'ils le jugeoient convenable, & trouvoit toujours pour les faire aprouver aux autres. Il est impossible de voir une Religieuse plus respectueuse & plus soûmise envers celles qui ont eû sa conduite & cette égalité à toutes a fait assez connoître qu'elle ne regardoit que Dieu en la personne de ses Superieurs. Elle faisoit ses ordinaires pratiques de son saint Vœu de pauvreté, & du dépoüillement de toutes choses, se contentant du précisément necessaire; elle n'eût pas voulu disposer de quoy que ce fût, ny rien prendre ou donner sans une permission expresse. Encore qu'elle fût extrèmement delicate & foible, elle ne pouvoit souffrir qu'on fit la moindre particularité pour son vivre, &

27 Iuillet. *La V. M. Marie de Ste Marguerite de Godet.* xxxvij
si les Superieures recommendoient qu'on luy donnât quelque chose de plus pour la fortifier: ce luy étoit des grands sujets de mortification. Sa pureté étoit Angelique, ensorte même qu'elle ne connoissoit pas ce qui se peut dire contre cette sainte vertu; Elle avoit beaucoup de zele pour nôtre saint Institut, où elle a été employée la plûpart de ses années de Religion au profit & édification de ces petites ames qui l'estimoient, honoroient, & aymoient également. Toutes ses vertus dérivoient du don d'Oraison, & intime union avec Dieu, elle ne perdoit presque point la veuë de sa divine présence dans les differentes occupations où l'obeïssance la destinoit, & avoit une grande fidelité à se mortifier continuellement en toute chose, qu'il ne se peut pas davantage, se privant de toutes les satisfactions & douceurs même spirituelles, qu'elle eût pû legitimement prendre, pour s'appliquer assidûement à l'avancement & perfection de celles qui luy étoient commises.

Cette veille sur elle même la faisoit aussi éviter les moindres & plus petits pechez, en sorte que ses Confesseurs ne croyent pas qu'elle ait jamais fait aucun peché veniel avec déliberation; sa charité étoit universelle, & prenoït plaisir à obliger & à rendre service à tout le monde. L'aplication qu'elle avoit sur elle, son silence & son receuillement faisoit qu'elle ne voyoit point les déffaux du prochain, & jamais on ne luy a entendu dire une parolle au desavantage de qui que ce soit, expliquant toûjours toute chose en bonne part, soulageant ses Sœurs en tout ce que elle pouvoit, & se rendoit tres-assiduë à tous les Ouvrages communs. Il semble qu'elle s'oublioit entierement elle même pour se faire tout à tout, avec tant de douceur & de bonté, qu'elle gagnoit les cœurs à Jesus-Christ. Elle étoit fort dovote au tres-saint Sacrement, s'en aprochant trois ou quatre fois la semaine; elle aymoit & honoroit la sacrée Vierge comme sa bonne Mere & fidelle Avocate, ayant recours à elle en tous ses besoins. Son application à l'Oraison mentale luy empêchoit de dire quantité de prieres vocales s'aquitant simplement de son obligation; sa modestie & attention à l'Office divin étoit Angelique, tout ce qui regardoit le Service de Dieu luy étoit precieux, elle étoit portée aux penitences & austeritez; mais comme sa complexion étoit foible & delicate, les Superieurs luy faisoient un sujet de mortification de ne luy en point permettre, c'estoit en effet assez pour elle que la Regle qu'elle a toûjours gardée exactement & ponctuellement. Enfin nous pouvons dire qu'elle étoit du nombre de ces Ames Saintes, qui ne tenans à la terre que par un petit fillet sont toûjours aspirantes au Ciel; elle avoit des desirs si ardens de voir Dieu, que nous avons sujet de croire qu'ils nous ont privées de la posseder davantage. La Reverende Mere Superieure du Pontaudemer marque en peu de paroles que pour ce qui est des vertus qu'elle a pratiquées depuis qu'elles étoient là toutes deux, elle assure que tout ce que peut faire une sainte Religieuse dans l'employ où Dieu l'voit mise, elle l'a fait dignement; un zele &

xxxviij *La V. M. Marie de Ste. Marguerite de Godet* 27 Iuillet.

regularité jusqu'aux plus petites choses, que les Religieuses de sa Communauté en sont ravies, & ont plus profité de ses exemples, que de tout ce qu'elle leur a pû dire; je veux bien que ce soit un sentiment de son humilité qu'elle m'exprime, mais il est vray, & je le sçay, que c'éstoit une Religieuse de tres-grand exemple. Leur Confesseur sur le témoignage qu'il rend de sa vertu dit que c'étoit une sainte, à qui il ne manquoit que l'ouvrage du Ponteaudemer pour achever sa couronne, que ç'a esté pour elle une glorieuse Mission qui augmentera baucoup sa gloire dans le Ciel, elle a été dans ce lieu comme un flambeau allumé qui a éclairé au dedans du Convent & au dehors, qu'elle a egalement édifié, sa Charge l'ayant fait conoitre en ce pays-là, toute la Ville en a témoigné de sensibles regrets, & l'apelle la Sainte.

Sa maladie a été une fiévre double-tierce avec des vomissements; comm'elle avoit des intervalles, les Medecins ne jugeoient point son mal perilleux & croyoient qu'avec le grand soin qu'on en prenoit, elle n'auroit que le mal: elle ne laissa pas dans le pressentiment qu'elle eût d'abord de sa mort prochaine de faire des Actes de resignation & abandon à la volonté de Dieu, témoignant des grandes ardeurs d'aller joüir de luy, ne pouvant souffrir qu'on luy parlât d'autre chose; les derniers jours qu'elle ne pouvoit plus dire son Office, elle le faisoit dire auprés d'elle, les Actes du Mortuaire & ses autres devotions pour se preparer à ce grand passage, elle demanda avec instance ses derniers Sacrements, on luy dit qu'elle n'étoit point en peril, elle repondit qu'elle sçavoit bien qu'on les luy donneroit dans peu de jours, & qu'elle eût été bien ayse de les recevoir en plain jugement, elle ne laissa pas de se soûmettre. Deux jours aprés elle fût prise d'un accez de fiévre si violent, qu'on fût obligé de les luy donner ensuite dequoy elle expira l'onziéme de sa maladie, ayant demandé pardon à cette Communauté affligée, & prié la Reverende Mere Superieure de nous dire qu'elle nous le demandoit aussi à toutes, qu'elle mouroit la plus contente Religieuse du monde, qu'elle se recommandoit aux prieres, & avoit grande reconnoissance des bontés que l'on avoit eû pour elle. Sa patience dans sa maladie a été admirable, n'ayant demandé que par obeïssance les choses qui luy étoient necessaires. Voila un peu du beaucoup que l'on a vû pratiquer à nôtre tres-chere Sœur qui est morte comme elle a vécû dans une grande douceur & dans l'union de son divin Epoux, laissant cette Communauté dans un abîme de douleur; il est vray qu'elle a couronné sa sainte vie par une ferveur admirable, & la pratique heroïque de toutes les vertus; nôtre Seigneur luy ayant donné une santé extraordinaire, afin de travailler pour sa gloire, & à l'édification de ses bonnes Religieuses. Elle étoit âgée de 36. ans, & environ 19. de Profession, elle est décedée le 27. Juillet l'an 1684. Cette ame juste s'est ainsi justifiée & sanctifiée: & pour ce, elle a suivy les Conseils du Sage, qui dit, *Qui aime Dieu & obéit à ses volontés: c'est estre tout l'homme.*

27 Juillet. La V. M. Marie de Ste. Marguerite de Godet.

Lorsque le Créateur le créa, il ne conçût pas seulement un corps & une ame, il vit bien que le corps séparé de l'ame, ne seroit que pourriture: de même l'ame séparée de Dieu, reçoit un'autre laideur infiniment affreuse, & qu'aulieu d'un chef-d'œuvre & d'une merveille qu'il meditoit, il ne feroit qu'un monstre, & pour ne pas manquer à son dessein au même temps qu'il joignit le corps avec l'ame, Il jugea qu'il falloit joindre l'ame avec Dieu par le moyen de la grace, & il voulut que la grace entrât dans son ouvrage, & les trois ensemble fussent tout l'Homme. Souvenez-vous Ame Religieuse que la grace repoussée est retirée de l'ame: voylà la reprobation & le peché; le corps séparé de l'ame, voilà la mort; l'ame separée du corps & de la grace, voilà l'enfer: trois objets d'horreur ou de crainte. joignés les & n'en faites qu'un; ce sont trois beautés celestes & les trois plus-grands miracles de la puissance divine de Dieu. C'est une chose bien terrible, que châque moment ou vous vivez sans aucun amour de Dieu, soit un moment de péché, & que tous ses moments de pechés & d'ingratitudes seront contés & examinez à l'heure de vôtre mort. Dieu a commencé par des bien-faits, & finira par un jugement: Luy qui vous cherche depuis tant d'années pour vous sauver, vous appellera bientôt pour étre jugé, & l'affaire de sa justice quand vous serez devant ses yeux, ce sera de considerer en vôtre personne ce qui vient de sa part, & ce qui vient de la vôtre, ce qu'il a fait dans vous & ce que vous y avez fait, & y faites encores aujourd'huy, il jugera les justices: donc *Que celuy qui est juste se justifie encore, & celuy qui est saint se sanctifie encore.*

MAXIMES.

I. Au jugement dernier, Jesus-Christ comparera vos actions avec les siennes, & il obligera vôtre consience de les comparer elle-même, & de contempler les ouvrages de sa Sainteté, & les ouvrages de vôtre malice, assemblez dans un même cœur, comparez les maintenant, & faites aux pieds de la Croix devant vôtre Redempteur, ce que vous ferez ce jour-là devant vôtre Juge; lorsque vous verrez les veritez dans son livre où tout est écrit.

II. Le Chrétien n'a besoin que de ces quatre parolles, ses plaisirs finiront, ses actions seront jugées, ses pechés seront punis, & ses peines seront éternelles.

III. N'aspirez point de recevoir de graces spirituelles ou temporelles si vous ne les demandez, sans l'oraison vous ne changerez pas de vie, vous aurez la grace qui donne le premier pouvoir; mais selon les Loix ordinaires de la sagesse. Vous n'aurez que par le moyen de la priere la grace qui donne la volonté d'accomplir ce que Dieu demande de nous, & d'accomplir efficacement nos bons desisr.

IV. Dieu veut être poursuivi, sollicité, & importuné: poursuivez-le, pressez-le, soyez-luy importun, & soyez-le constamment, ne craignez rien sinon de vous laisser vaincre par ses refus, & de ne pas perseverer.

Douzie'me Aoust.

LA V. MERE ANNE DU SAINT ESPRIT, Duffraisse, Religieuse Ursuline de Montferrand en Auvergne.

Voicy le pain qui est descendu du Ciel, afin que celuy qui en mange ne meure jamais. Jesus-Christ en Saint Jean Chap. 6.

Cette Illustre Ursuline, étoit la premiere Professe de son Monastere, y étant venuë avec les Meres de la Fondation en qualité de prétendante; C'étoit aussi une vraye pierre de fondement capable de soûtenir un tel Edifice, ce qu'elle a fait en toutes les manieres, ayant toûjours exercé les premieres charges, & passé par toutes celles d'Assistante, Zelatrice, Dépositaire, Maîtresse des Novices, Generale des Pensionnaires; & même Superieure six ans dans une autre de nos Maisons où elle avoit été élûë qu'elles a exercées avec une vertu, zele, douceur, charité, & plenitude de Dieu admirable, & une exactitude si grande que c'est luy faire justice de la nommer nôtre Regle vivante. Elle ne l'a pas moins fait pour le spirituel: sa pieté ayant jetté un solide fondement dans son Convent; & l'on peut dire qu'elle étoit son propre caractere; puisque dés le commencement: Elle s'est attachée à Dieu avec des liens si doux, qu'on la voyoit souvent dans ses Oraisons tant mentales que vocales toute fonduë en larmes, & si fort qu'aucune chose n'étoit capable de la divertir, se rendant immuable dans le bien & dans les saintes pratiques qu'elle s'étoit prescrites. Son respect & sa veneration pour tous nos saints Mysteres, s'étoit comme rendu sensible par la ferveur avec laquelle elle s'y preparoit, ne faisant jamais penitence à nôtre Refectoir, la veille de ces saints jours, que ces sanglots n'étoufassent les parolles par lesquelles elle en demandoit les graces, ou détestoit les oppositions qui y pouvoient mettre obstacle ; mais sur tout son respect vers le saint Sacrement étoit admirable, & son assiduité à se tenir en sa presence tout le temps qu'elle avoit déliberé: elle n'en sortoit presque point les Fêtes, & aux jours ouvrables ; elle passoit ses journées à l'avant-chœur, faisant tout son ouvrage dans une dévotion qui la faisoit nommer l'Ange du Saint Sacrement: ne s'asseyant ny s'appuyant en sa presence

fence ; mais s'y tenant dans une posture toute aneantie. Son amour pour ce grand mystére l'auroit volontiers faite communier tous les jours ; & elle la faisoit tres-souvent étant toûjours prête pour suppléer à celle qui ne le pouvoit pas: bien qu'elle ne se confessât que rarement; sa pureté de conscience étant telle qu'elle auroit passé le mois sans avoir besoin de confession; elle la faisoit pourtant tous les huit jours ou quinze jours pour ne se rendre singuliere. Son cœur étoit si droit vers Dieu qu'on ne l'a jamais veuë gauchir, & nous ne faisons nul doute que la divine Majesté par une protection speciale ne l'ait mise à couvert, & tenuë toute sa vie comme dans un Fort d'innocence, en sorte que dans toutes les charges & occasions pour si dissipantes qu'elles fussent, elle étoit immuable dans son fonds de recollection, & comme hors de toutes les atteintes des impressions du mal: son abord même, & son exterieur remply d'une certaine onction de grace la rendoit sensible, & faisoit impression de respect & d'estime par sa vertu: son égalité d'esprit avoit peu de pareille, ne l'ayant jamais veuë de deux visages pour quelque évenement que ce fût, on eût jugé à voir son indifference dans les accidents les plus facheux, qu'elle étoit insensible; ce qui ne provenoit que d'un fonds de vertu d'autant plus grand qu'elle étoit d'un naturel plus tendre, & qu'elle aimoit fort tendrement les personnes aux quelles le devoir l'obligeoit; elle s'est partant tenuë dans un dégagement si grand, qu'on n'a jamais remarqué qu'elle se soit glissée à aucune en particulier.

 La seule attache de son cœur étant à Dieu: sa charité partant étoit tres grande & si universelle que tout le monde avoit part dans son cœur, se faisant un plaisir de servir & d'obliger celles qui y avoient recours. Elle avoit une grace singuliere pour consoler & remettre les esprits affligez, ne sortant point de sa conversation sans en ressentir les effets: elle n'auroit aussi pû prendre repos sachant quelqu'ne de celles qui étoient sous sa conduite affligées cherchant tous les moyens possibles pour les remettre dans le calme : bien qu'elle prît l'observation de nos saintes Regles & l'acquit de nos devoirs à la lettre ; sa charité pour les autres luy faisoit avoir toutes les considerations possibles : excusant & supportant autruy avec une charité vrayment maternelle, tâchant de gagner tout par douceur, ne luy ayant jamais oüy dire parole contre la charité: sa prudence luy faisoit garder inviolable le secret des consciences & on pouvoit avec une entiere confiance se communiquer à elle; son zele pour le service divin étoit un feu devorant s'y employant infatigablement de corps & d'ame tant pour son regard que pour y porter les autres, les plus legeres fautes en cette matiere luy étant insupportables; nôtre saint Institut étoit le tendre de son cœur, ayant un amour tres-grand pour ce saint exercice y ayant été employée ses dix premieres années de Religion, & s'en acquittant avec la derniere exactitude, se gagnant l'affection & l'estime de tous les enfans, son humilité devant Dieu & les Hommes étoit sincere, se tenant dans un très bas sentiment d'elle même, n'acceptant les charges d'élection qu'avec beaucoup de peine, & représentant à tous rencontres son incapacité pour les exercer avec des termes si pleins de mépris d'elle-même, qu'elle en remplissoit de confusion.

Il seroit difficile d'exprimer son obéïssance, & le respect qu'elle avoit pour ses Superieures; je puis dire avec verité ne l'avoir jamais veü contrevenir l'obéïssance, prenant si à cœur tout ce qu'elle recommandoit pour si petit qu'il fût, qu'elle s'en faisoit une loy inviolable: elle me remplissoit de confusion dans le rang que son ancienneté & sa vertu luy donnoit sur moy, qu'elle avoit receüe & elevée de voir la dépendance qu'elle avoit, de demander ses plus-petites permissions, s'accuser de ses moindres fautes, & rendre ses comptes de conscience avec une humilité anéantie, une candeur & simplicité d'enfant; son respect & sa veneration à tout jusqu'à la tremeur.

Il seroit à souhaiter de profiter d'un si saint exemple qu'elle nous a donné l'espace de 45. ans, qu'elle a passé dans la vie Religieuse, & duquel elle n'a jamais decliné, ayant marché constamment dans la route de la perfection dez le moment de son entrée jusques à la fin, aussi étoit-ce une Fille d'ordre, tout son exterieur & interieur étant si reglé, qu'on peur avec justice luy appliquer ces parolles de l'Epouse des Cantiques en parlant de son Epoux, *Il a ordonné en moy la charité*. Sa derniere maladie fût causée par un débord de caterre, qui commença il y a environ deux ans à se décharger sur un côté, qui la rendit quasi percluse, & menassoit d'une Paralisie, on la remit enfin à force de remedes, quand depuis neuf mois cette attaque la reprit plus violemment, & la privât de la memoire: la reduisant dans les dernieres indigences, sans doute par un dessein particulier de Dieu; ayant toute sa vie une affection tres-grande à honnorer la sainte Enfance de Nôtre Seigneur, qui étoit un de ses grands sujets de veneration. Il a voulu que sur la fin de sa vie, elle l'ait honnoré par état; & c'est pendant ce temps que l'on vit la sainte habitude qu'elle avoit au bien, s'élevant sans cesse vers Dieu par une tendance du poids vers son centre en ce seul sujet: elle formoit quelque raisonnement qui luy étoit interdit pour tout le reste : ce qui donnoit lieu de la faire communier de fois à autre, & elle le demandoit à tous rencontres avec une humilité & affection touchante: enfin l'onziéme d'Aoust, elle fut surprise d'une nouvelle attaque de caterre qui luy interdit l'usage des sens, & aprés avoir agonisé cinq heures & receu le dernier Sacrement, Elle expira un moment avant minuit dans une douceur telle qu'on eût peine d'en discerner le moment dans la 65. année de son âge & la 43. de sa profession l'année 1683.

Suivons à l'exemple de nôtre Ursuline le conseil de Jesus-Christ, qui nous invite à nous approcher souvent de sa sainte Table, nous assûrant que celuy qui mangera de ce Pain celeste ne mourra point ; il est constant qu'il faut être pour cét effet en état de grace, & que nôtre bonne vie en soit une continuelle preparation. Jesus est un Dieu, il luy faut un culte interieur dans nos Eglises ; il faut le reconnoître sous ses especes avec les yeux de la Foy, l'adorer en luy soûmettant toutes les puissances de vôtre ame. Il faut soûmettre son entendement pour croire ce que vous ne voyez pas, exciter vostre volonté à aimer un Dieu si plein de bonté, aprehendez la puissance de ce Dieu: craignez la severité de ce Juge; mais aussi esperez tout de ce Dieu qui ne nous peut rien refuser ; puisqu'il s'est luy-même donné à nous.

MAXIMES.

I. Il semble que Jesus-Christ veut se dépouiller de la qualité de Roy & de Dieu pour venir secretement loger dans nôtre cœur en qualité d'amy, il veut que nous luy témoignions de la confiance & de la tendresse: il n'est pas venu en ce monde pour chercher des Palais s'enrichir d'or & d'argent; il est venu pour chercher le cœur de l'Homme, mais si nous ne voulons être punis, n'oublions pas que cét amy veut être receu d'un cœur pur & net.

II. Gardez-vous bien de cesser de prier, bien qu'il semble que Dieu n'exauce point vos demandes, ou de vous retirer par lâcheté; ça été le malheur de ceux qui n'ont rien obtenu: le vray secret pour bien reüssir, c'est d'être importun : nôtre importunité luy plaît autant qu'elle déplaît aux Hommes, elle est la marque, lorsque nous demandons des faveurs spirituelles, que nous les desirons ardemment; & lorsque nous demandons des faveurs temporelles, elle est la marque que nous voulons les obtenir de luy seul, & que nous renonçons à toutes les autres esperances; l'un & l'autre témoignage peuvent tout sur sa misericorde & sur sa justice : il voit dans nos prieres continuelles & importunes des épreuves de la confiance filiale qui luy ouvre le cœur & qui luy plaît infiniment.

III. Les équivoques, les paroles exagerées, & les mots étudiez, tout cela déguise la verité, & est contraire à l'esprit & à la simplicité Religieuse.

Douzie'me Aoust.

LA V. S. URSVLE DE SAINT AVGVSTIN, Tardit, Religieuse Ursuline de Montferrand en Auvergne.

Nous ne considerons point les choses visibles, mais les invisibles ; parceque les choses visibles sont temporelles ; mais les invisibles sont éternelles. S. Paul aux Corinthiens, Chap. 4.

LE Triomphe glorieux de la Reine du Ciel, semble avoir terminé aussi aventageusement que saintement en terre les combats de nôtre chere Ursuline, agée de 35. ans moins un mois, & de Profession 18. acomplis, le jour même de son Enterrement, ayant consommé son Sacrifice à pareil jour & heure qu'elle l'avoit offert à Dieu pour la premiere fois. Sa maladie à commencé depuis le mois d'Octobre dernier, & fut causée par un eresypele au quel elle étoit fort sujette, qui luy enfloit prodigieusement la tête & le visage, ayant pris dés-lors une autre pante, commença à se décharger sur la Poitrine, avec tant de force, que cette humeur maligne extrêmement abondante a rendu inutils tous les Remedes qui n'ont pû en detourner le cours, & dans sa continuation, a formé un Absez sur le Poulmon, qui joint à une Fiévre continuë, la renduë éthique & un vraye Squelette & Anatomie de la mort.

Elle fût mise Pensionnaire à l'âge de 13. ans & n'eût pas si-tôt connu le bien de la vie Religieuse, qu'elle conçût le desir de l'embrasser. Peu aprés ce saint engagement, nôtre bon Dieu l'a mit au Creuzet des Saints, l'exerçant dans les Croix des plus rudes peines interieures, qu'elle a soûtenuës plusieurs années, dans une fermeté qui la renduë constante au bien, & attachée inviolablement à tous les devoirs de sa profession qu'elle a rempli avec un zele digne de sa pieté, & du respect qu'elle avoit pour Dieu, lequel formant en elle une conscience tendre, luy imprimoit aussi de l'horreur pour les moindres fautes, sans s'éloigner de cette premiere Rectitude, étant de cette generation sainte qui cherche la face du Dieu de Jacob, & qui chemine droit devant luy sans se detourner de sa voye & d'une conduite qui la rendoit toûjours presenté à elle-même, pour ne sortir point des termes de son devoir en toutes sortes d'occupations.

17 Aoust La V. Sœur Vrsule de S. Augustin Tardit.

Elle étoit tres-soûmise aux sentimens de ses Superieurs ausquels elle avoit un continuel raport, ne voulant faire la moindre chose, sans leur congé, son respect & confiance en eux, étoit admirable : comme sa candeur & simplicité en ce qu'elle n'eût pas voulu admettre la moindre petite pensée dans son esprit, ny embrasser aucune pratique sans la leur communiquer auparavant non plus que de leur cacher les tentations plus secretes & humiliantes pour se confondre davantage, & échaper les prises de Sathan : C'etoit une Fille de consolation & d'un grand soulagement à sa Superieure de la trouver toûjours prête pour suppléer à toutes celles qui manquoient dans les Offices, & pour faire les Obediences plus penibles, n'ayant point de replique à tout ce qui luy étoit enjoint, si ce n'est quand il s'agissoit de quelque soulagement étant dure sur elle-même, & portée aux austeritez, prenant la discipline d'ordinaire trois fois par Semaine, & ne passant presque jour sans porter quelque ceinture, ou jeûner comme elle faisoit tres-souvent, & se nourrissoit toûjours du plus pauvre, & si étroitement qu'elle n'en prenoit pas à suffisance, profitant de l'occasion de la charge de celleriere pour ramasser ce qui est de plus dégoûtant ayant une sainte aversion des choses qui tendent à contenter la nature & les sens, à la garde desquels sa vigilance étoit grande, fuïant de même tout ce qui avoit de l'éclat, & se plaisant aux actions basses de mépris, aymant la retraitte & le silence, & à demeurer cachée; Ensorte qu'on ne s'apercevoit qu'elle fut dans la maison, qu'en la voyant si dénuée qu'elle n'avoit que le seul necessaire.

Son esprit interieur animoit ses actions journalieres, & passoit jusques à son exterieur, la tenant dans un recuëillement & modestie tres édifiante, qui la rendoit ennemie de tout commerce avec les Seculiers, & même de ses proches, qu'elle ne voyoit que par obeïssance ; C'etoit une personne de paix, d'humeur toûjours égale, sociable, accommodante & de secours dans les emplois quels qu'ils fussent, ne s'épargnant en rien, sacrifiant genereusement tous les petits interêts d'amour propre, pour le bien commun & particulier de la charité, se portant à servir toutes ses Sœurs, à l'égard desquelles il n'y avoit rien de plus doux en conversation, n'étant pas possible de l'oüir dire une parole plus haute que l'autre, quoy qu'il arrivât de fâcheux & contrariant, supportant tout en la vûë de son indignité, qui la tenoit dans une crainte & défiance d'elle, tres-persuadée qu'elle n'étoit bonne à rien.

Et étant mieux convaincuë de cette verité sur ses dernieres années, aussi a t'elle travaillé plus fidelement à s'établir sur le solide fondement de la vraye humilité, qui là portoit à dire ses fautes dans le commun en des termes propres à la rendre ridicule ; Entrant en son employ de premiere Maitresse des Pensionnaires, qui a été le dernier: Elle dit dans un humble sentiment, j'y entre par obeïssance: mais en disposition d'en être chassée avec ignominie.

Elle n'y fût que deux mois, mais en ce peu de temps, elle donna des marques de son zele accoûtumé en ce saint employ, traittant parmy les enfans avec une bonté, douceur, & suavité capable de les gagner & attacher à leur devoir, qui étoit son but.

L'Atrait de sa devotion particuliere étoit la personne adorable de nôtre Seigneur JESUS-CHRIST, & son Imitation, Elle se proposoit devant les yeux ce Divin modelle en ces actions, pour en tirer les traits & s'y conformer : & pour en recevoir plus facilement les divines impressions, elle s'aprochoit frequemment de la sainte Communion, dont elle revenoit toûjours plus affamée de ce pain du Ciel, duquel se trouvant notablement fortifiée en son Ame, son Corps déja affoibly d'une fiévre lente & putride, qui la tenuë depuis Pâques, l'à pourtant privée de la consolation de le recevoir deux & trois fois la Semaine, s'efforçant de passer les nuits sans boire dans l'extreme ardeur de sa fiévre pour joüir de ce bien.

Elle a toûjours édifié toutes les Religieuses jusques à la fin par sa patience, exactitude à toutes ses observances qu'elle gardoit dans l'infirmerie aussi regulierement qu'en sa pleine santé, & prenoit encore soin que ces Infirmieres à son occasion n'y manquassent dans les soins assidus, qu'elles furent obligées d'en prendre autant la nuit que le jour; les trois dernieres semaines de sa vie, pendant lesquelles on ne pouvoit assés luy parler de Dieu, & de son prochain bonheur, auquel elle aspiroit avec des ardeurs seraphiques.

Nôtre bon Dieu pourtant a exercé cette ame innocente jusques à la fin par l'apprehension de ses Jugemens redoutables & autres sortes de peines, qui n'ont servy qu'à augmenter sa confiance en ses misericordes ; & enfin par une agonie de trois jours aussi douloureuse que surprenante, n'étant pas ordinaire à la nature d'une maladie languissante : Elle ne perdit connoissance pourtant qu'une demie heure avant qu'expirer, ayant au préalable été munie du dernier Sacrement, reçû diverses fois le Viatique, & s'étant confessée presque tous les jours les sept ou huit derniers de sa vie.

Sa douleur fût grande perdant un sujet formé à une vertu non pas naturelle, mais acquise par un travail fervent & intrepide aux saillies d'un naturel prompt & sensible extrémement, qui luy a fourny matiere d'un grand exercice; mais avec tant de succez, qu'elle s'étoit renduë capable de servir & soûtenir les premieres charges de la Religion sur tout de Maîtresse des Novices, étant fort interieure.

Apprenez de nôtre Ursuline, qui a souffert constamment les peines interieures où Dieu l'a exercée, laquelle ne consideroit point les peines quelle enduroit; mais s'attâchoit à Dieu qui étoit le spectateur de ses triomphes.

que Dieu vous voit dans vos souffrances, ames justes! il voit vos combats en vos victoires! qu'elle consolation pour vous dans vos afflictions: quel Soldat ne s'exposeroit pas à la mort à la veuë du Roy? lorsque je m'impatiente, Dieu me voit; oseray-je commettre cette lâcheté en presence d'un honnête Homme: il ne suffit pas que Dieu me voye, il faut que je le voye moy-même, & qu'il soit toûjours present à mon esprit, non seulement il vous voit, mais il vous afflige luy-même, puis qu'il veut, ou qu'il permet tous les maux que vous souffrez. Ne vous fâchez donques pas contre la main de ce Persecuteur, ne vous impatientez pas dans vos maladies: Dieu veut qu'elles vous affligent; recevez avec resignation à la volonté de Dieu tous les maux qu'il vous envoye, dites avec Jesus, *Mon Pere vostre volonté soit faite, & non pas la mienne.*

MAXIMES.

I. Dieu recompensera vos souffrances, il n'en est le spectateur, que pour en être luy-même la recompense: oüy c'est moy dit-il qui seray vôtre recompense; c'est luy que vous devez invoquer, prenez cette pensée dans vos souffrances, Dieu le voit, Dieu le veut; Dieu le recompensera : vos douleurs s'évanouïront, vôtre courage s'augmentera.

II. Esperez en la parole du Seigneur, comme ont fait les Saints contre l'esperance même; c'est peril que de s'enfuir, lorsqu'il menace. Il n'y a point de lieu plus seur au monde durant sa colere que d'être auprés de luy; c'est l'unique endroit où les affligés, les pêcheurs, & les morts peuvent trouver leur salut.

III. Confessez qu'il peut tout qu'il est le Maître; mais soûtenez que tout-puissant qu'il est il ne peut resister aux prieres des humbles & des affligés: puisque devant luy tout est permis à la confiance, déffiez-le de vous regarder sans pitié, & d'abandonner un cœur qui se fie sincerement à sa protection & à son amour.

IV. Si vous aspirez au salut & au bonheur d'être du nombre des Predestinés & des enfans de Dieu, portez la marque des Eleus, & choisissez pour vôtre vertu particuliere d'être charitable envers ceux qui souffrent.

VINGT-CINQUIÉME SEPTEMBRE.

LA V. SOEVR CLAIRE DE LA CROIX,
d'Arnoux, Religieuse Vrsuline du second Monastere d'Aix en Provence.

I'ay cherché par diverses nuits dans ma petite couche celuy qui est le bien-aymé de mon ame. Au Cantique.

Nôtre Sœur de la Croix, étoit native de la Ville de Riez; Elle étoit si prévenuë de tant de graces, & si fidelle à celle de sa Vocation, que la diligence de l'amour de nôtre Epouse en ses recherches a été admirable. Dieu l'ayant appellée à la vie Religieuse par une conduite speciale & accompagnée d'une épreuve particuliere; car se sentant attirée à la Religion, & ses Parens, voulans qu'elle s'engageât dans le monde : elle souffrit tant de combats, & se fit de si rudes violences qu'elle en tomba malade par trois diverses fois; ce qui obligea son Pere qui l'aimoit tendrement de l'emmener de la Ville d'Aix où elle étoit pour lors en celle de sa naissance, pour voir si ce changement de lieu luy pourroit faire changer de resolution ; mais la grace qui l'accompagnoit par tout ne cessa de la poursuivre, pour luy faire quitter entierement le monde, & luy faire embrasser la vie sainte & penitente, qui se pratique dans le Monastere. Saint Bernard nous enseigne, que l'ame qui est Epouse de Dieu ne le peut chercher si elle n'est prévenuë par sa recherche, ny l'aymer si elle n'est premierement aymée: *j'ay cherché* dit-elle *celuy que mon ame cherit*, il est vray ; mais confessez sainte Epouse que vous avez été invitée à chercher vôtre Epoux par une recherche anticipée de sa bonté, qui l'a porté à être le premier à vous aimer, & à n'en point mentir vous ne le cherchiez pas , si vous n'aviez été cherchée, & vous ne l'aymeriez pas si vous n'aviez esté premierement aymée: vous avez été prévenuë de cette double benediction de sa recherche & de son amour, l'amour est cause de la recherche, & la recherche est le fruit & la certitude de l'amour. L'Epouse sainte fait voir son amoureuse solitude à chercher son Dieu qui est l'unique objet de ses vœux la diligence de son amour paroît dans trois circonstances, la premiere est du lieu où elle cherche son Epoux, la seconde est du temps de sa recherche , la troisiéme de la maniere de le rechercher.

Si l'Epoux dissimule de n'entendre point la voix de son Epouse, & qu'il

15 Septembre. *La V. Sœur Claire de la Croix d'Arnoux.* XXXXIX

n'exauce point ses vœux, c'est pour enflammer ses desirs, pour éprouver sa fidelité, & pour exercer son amour. Nostre Epouse le cherche avec diligence & fait paroître son amour diligent; parceque sans s'éloigner parmy les Creatures, elle cherche son Epoux dans soy-même: c'est à dire dans le repos de son ame qui est le séjour de sa demeure: la raison le veut, la grace l'y inspire; car si elle veut trouver l'objet qui a captivé son cœur, elle le doit chercher dans le lieu de sa residence; s'il est inconnu, il s'en faut informer c'étoit la pratique de nôtre Epouse : lorsqu'elle disoit à son Epoux *Déclarez-moy le bien-aymé de mon ame où vous reposés & repaissés à midy*, afinque dans l'incertitude de vostre sejour, je n'erre point comme une vagabonde après les troupeaux de vos compagnons: hors le Verbe incarné qui est la Sagesse de son Pere habite dans un lieu de repos. Le Roy Prophete chante qu'il a choisi sa demeure dans la paix; c'est ce qui rend l'amour de nôtre Epouse diligent à le chercher dans sa petite couche qui est le repos de son ame, elle raconte sa diligence aux filles de Sion. *J'ay cherché mon Dieu l'unique objet de mes affections dans ma petite couche*. Sans doute c'est une sainte entreprise de chercher Iesus, & de le posseder; mais pour y réüssir heureusement, il y faut employer la conjoncture favorable & du lieu & du temps. L'on ne peut chercher les delices de la sagesse sans un esprit de quietude, l'on ne les peut regarder que d'un œil tranquille; l'ame qui est soüillée, & qui vit dans le trouble n'est point capable de ces douceurs : le raport qu'il y a de la paix avec la couche de l'Epouse; c'est que comme l'on dort & repose dans un lict: demême l'on trouve un doux sommeil & un agreable repos dans la paix, & elle peut chanter dans son repos avec le Prophete *je dormiray & me reposeray en mon Dieu dans la paix*.

C'est le premier lieu qu'elle doit choisir pour joüir de son Dieu, qu'elle cherit; lorsqu'elle s'écoule dans son sein où pour l'y chercher lorsqu'il s'absente; c'est dans sa petite couche & dans le secret repos de son cœur qu'elle peut chercher plus librement son Epoux, le trouver plus promptement, & le tenir avec plus d'asseurance & peutetre plus longuement, s'il faut esperer une longue joüissance de ses innocents delices, qui sont ordinairement entre-coupés lors qu'ils commencent à estre goutés.

L'ame qui cherche Dieu & qui desire d'arriver à une claire connoissance & à un amour plus ardent de ses perfections le doit chercher dans sa couche, c'est à dire dans le repos de son esprit; car elle doit être separée des soins & des inquietudes du Monde. Nôtre Ursuline dans son commencement l'a cherché dans la nuit des travaux & dans le combat de ses inclinations & des opositions à sa vocation qu'elle souffrit avec une genereuse resistance, pour obtenir l'objet de ses desirs & la pureté de cœur, qui la disposoit à voir Dieu qu'elle acquit par l'éloignement des choses exterieures. Qu'y a-t'il de plus avantageux au sacré commerce de l'amour que la liberté & le repos de l'esprit; la

Tome III. g

La V. Sœur Claire de la Croix d'Arnoux 15 Septembre
liberté enfante le plaisir & le repos, & rend l'amour plus libre pour s'appliquer fortement à son objet, & lorsque l'esprit est plus épuré de l'affection des creatures, il s'occupe plus ardemment à l'amour du createur. l'ame qui est plus éloignée des intrigues du monde & de l'embarras des affaires, ressent des attraits plus violents de l'amour sacré. Quel bien rencontre l'Epouse dans sa petite couche ? le repos, la liberté, & le plaisir ; car c'est dans le lict de sa quietude & de son dépoüillement des creatures que ses vœux s'enflamment davantage, en ses recherches: elle ne dit pas qu'elle le cherche dans son lict, mais dans sa petite couche, parceque son repos est petit dans les attaques qui luy étoient livrées; elle appelle ma couche & non pas la nôtre; parce qu'elle ne pouvoit pas être commune à l'Epoux celeste, dont elle ne pouvoit joüir dans un repos si interrompu par des frequents combats ; puisqu'il fait son séjour dans la paix de l'esprit, & non pas dans les mouvements des passions.

La crainte des Jugements de Dieu pressoit fortement nôtre Ursuline dans la continuation des combats & des agitations extrêmes sur le choix qu'elle deliberoit de faire : priant dans une Eglise, Elle y eût une forte inspiration & une lumiere du Ciel qui luy fit entendre que ses peines ne cesseroient point, & qu'elle ne pourroit se mettre à couvert des rigueurs des Jugements Divins, qu'en renonçant tout-à-fait aux vanités du Siecle, & se retirant dans un convent de Sainte Ursule; ce qui luy fit demander instamment à son Pere la grace de quitter la Ville de sa naissance & ses habitudes, & de la ramener à Aix pour y poursuivre sa retraite du monde, & les recherches de son Divin Epoux; ce fut là qu'elle triompha du monde, & qu'elle goûta combien le Seigneur est doux : sa paix & sa tranquilité estoit une petite couche où elle reposoit dans le silence de la nuit, c'est à dire dans l'assoupissement des desirs de la chair: elle dormoit dans cette couche, mais son cœur veilloit pour son Dieu ; elle dormoit pour les occupations exterieures, & elle veilloit pour les emplois exterieurs : plus elle étoit libre au dehors, plus elle étoit agissante au dedans pour chercher son Epoux, lequel étoit present par son essence, & par ses desirs ; car elle possedoit deja celuy qu'elle desiroit : parceque si elle ne le possedoit pas, elle ne pourroit pas le desirer; mais il n'étoit pas present par une sensibilité de sa presence ; ce qui la faisoit plaindre de la nuit qu'elle souffroit, ces tenebres l'empêchant de trouver l'objet unique de ses vœux. Elle desire d'être éclairée pour connoitre sa presence par une grace sensible ; afinqu'elle experimente que son Epoux la voit, & qu'elle le voit; mais lors qu'elle souhaite de ressentir sa presence par ses touches sacrées, & d'en goûter les divines douceurs ; il differe d'exaucer ses desirs pour éprouver sa constance, & c'est en ce sens qu'elle disoit, *l'ay cherché dans ma petite couche par diverses nuits celuy que mon ame cherit, & je l'ay cherché &*

je ne l'ay pas trouvé; car quoy qu'il soit present, elle n'a pas encore receu la grace pour sentir & experimenter sa presence : ce n'est pas qu'elle n'ait été diligente à le chercher au lieu où il demeure qui est le repos, la paix & la tranquilité de l'esprit, mais il faut qu'elle adore ses dispositions, & qu'elle attende patiemment le tems de sa visite.

Non seulement nôtre Epouse l'a cherché dans sa petite couche, qui est le repos, mais de plus dans le silence de diverses nuicts. Il est certain qu'une ame qui pretend de trouver Dieu doit choisir un tems convenable à sa retraite. Le Prophete Isaïe crie à tous, *Cherchez le Seigneur lorsqu'il peut être trouvé; invoquez-le lorsqu'il est proche.*

Nôtre Ursuline qui par son affection a merité la qualité d'Epouse, étant éclairée de cette verité cherchoit le bien-aimé de son cœur, non seulement dans le silence de la nuict; mais dans les travaux de diverses nuicts facheuses; lorsque nôtre Epouse commence à aimer, elle cherche son Dieu par diverses nuicts des tentations, & des souffrances; parcequ'elle souffre divers combats, où la resistance est necessaire pour ne ceder la victoire aux ennemis de son salut; mais lorsque son amour est parfait, elle employe ses recherches pour joüir de sa presence dans le repos de diverses nuicts, qui declare l'état de sa perfection. La premiere nuict de ses poursuites amoureuses, est un oubly de toutes les creatures sujetes au tems pour chercher son Epoux qui est Eternel, heureuse nuict! qui tient le monde caché, ou l'ame cachée au monde, pour être à couvert dans le secret de la face de Dieu; non par une entiere connoissance, mais par une diligente recherche, & par une joüissance favorable, lorsqu'il plait à sa bonté de se faire sentir. J'admire le progrés de nôtre Epouse qui disoit *Je me suis assise à l'ombre de l'objet mes desirs, & son fruit a été agreable à mon goût.* Ce fruit la nourrit delicieusement, lors qu'elle est protegée par l'ombre de cét arbre de vie. Ombre favorable qui obscurcit la prudence de la chair, & qui couvre des ardeurs de la convoitise; mais lorsqu'elle pert entierement de veüe les objets qui paroissoient encore quoy qu'obscurément dans cette ombre, son amour se perfectionne, & elle cherche son Epoux dans la nuict d'un oubli universel de tout l'Etre crée, & aprés qu'elle peut joüir de son Epoux, elle dit, *Mon bien aymé si aprés avoir experimenté sensiblement vostre presence, vous disparoissez derechef par une suspension de vos graces sensibles: cette fuite quoyque facheuse ne diminuera point mon amour; mais le rendra plus diligent pour vous chercher dans toutes les nuicts que me causera vostre absence.*

C'est la resolution de nôtre Epouse; il est vray qu'elle souffre les rigueurs de diverses nuicts dans la recherche de son Epoux, parce qu'elle se multiplie selon le nombre de ses fuites. Il fuit souvent lors qu'elle voudroit le retenir quand il est present, il se cache à ses yeux par une soustraction de ses lumieres; mais qu'elle est heureuse si étant attachée à son bien-aymé autant de temps que le jour dure, elle le cherche diligemment toutes les nuicts qu'il absente.

La V. Sœur. Claire de la Croix d'Arnoux. 15 Septembre

Voyons la diligence de son amour dans la maniere de sa recherche. Saint Bernard nous aprend qu'elle a cherché son Epoux non pas negligemment & à la legere, mais diligemment, nonpas tepidement; mais ardemment;& la diligence de son amour paroit dans ses frequentes recherches. L'amante sacrée lorsqu'elle joüit de la charmante societé de son Epoux celeste, en est si ravie, qu'elle s'écrie avec complaisance. *Mon bien-aymé est à moy, & moy je suis à luy, qui se nourrit parmy les lis.* Hors quand elle pense de joüir plus longtems de ses charmes, il se retire & prent la fuite: parceque s'il ne fuyoit pas, elle ne crieroit point. *Retourne mon bien-aimé, & sois semblable dans la promptitude de ton retour à la Chevrette & au Fan de biche.* Donc son amour excite ses desirs de le recevoir & ses desirs s'embrasent, il luy imprime de le chercher diligemment, elle se plaint; mais elle ne pert point courage: elle fait le tour de la Cité, elle cherche par les places publiques & par les ruës celuy que son ame cherit: son ardeur est évidente, car si vous considerez l'amour de cette divine amante dans son origine; la Foy vous apprendra que c'ést le S. Esprit qui est l'amour personnel & incrée qui repand l'amour créé dans les cœurs où il reside; hors cét esprit d'amour est un feu qui dans les operations de la Trinité n'est point agissant, il ne produit rien au dedans, il est le terme des divines productions; mais au déhors il est tres-actif, il éclaire par ses lumieres, & il échauffe par ses ardeurs, dont il rend l'ame de son Épouse ardente dans ses recherches. Qu'elles saintes ardeurs n'enflammoient pas le cœur de nôtre Amante, lorsqu'elle dit *N'avez-vous point découvert l'essence de l'amour que mon ame cherit.* Elle nomme son divin Epoux dans ses divines ardeurs l'essence de son amour: parceque sans luy elle ne peut subsister, & ne peut rien aimer hors de luy. J'ay cherché dit-elle celuy que mon ame cherit, j'ay cherché l'objet de mon amour; & enfin j'ay cherché l'essence de mon amour, l'ayant trouvé, elle se donna reciproquement à luy.

Ce fût aux Ursulines d'Aix qu'elle fit son sacrifice, où ayant été receüe elle témoigna la reconnoissance de cette grace par la maniere avec laquelle elle receût le S. Habit, le baisant lorsqu'on le luy donna avec une affection tres-grande & se prosternant à terre, elle dit avec une grande humilité qu'elle n'étoit pas digne d'une tele grace sans vouloir se relever qu'aprés qu'elle fût toute habiliée. Etant dans la maison de Dieu; elle oublia si fort le monde, qu'elle ne pouvoit souffrir d'en entendre parler: & s'il luy arrivoit d'en parler elle-même, quoyqu'en choses indifferentes, elle ne manquoit pas de s'en accuser mettant toute son occupation à chercher uniquement Dieu par toutes les puissances de son ame, par sa memoire, par son entendement, & par sa volonté, par ses pensées, par ses paroles & par ses œuvres: elle le cherchoit dans sa memoire par l'exercice de sa presence dans son entendement par la contemplation de ses bontés & dans sa volonté par les ardeurs de son amour cherche le Seigneur dans le lieu où il habite qui est le repos de la conscience & la tranquilité de l'esprit dans le temps où il peut être trouvé, qui est le jour du salut, & dans la façon qu'il doit être cherché : c'est à dire avec la diligence & l'ardeur de l'amour. C'est dans l'obeïssance où elle l'a trouvé, à laquelle elle s'étoit attachée comme à la principale vertu de l'ame Religieuse, & de telle sorte qu'on auroit de la peine de remarquer qu'elle y eût fait quelque manquement sous les differentes Superieures qu'elle a vêcu, & dans les divers emplois qu'elle a eu; on peut même dire qu'à l'imitation de Jesus-Christ, elle a été obeyssante jusques à la mort; car lorsqu'elle avoit dans sa derniere maladie quelque difficulté de prendre ce qu'on luy donnoit, on n'avoit qu'à luy dire que l'obeyssance le vouloit, & en même tems elle s'y soûmettoit avec une douceur admirable, nonobstant ses repugnances & le dégoût que luy causoit son mal jusques-là, que l'ardeur de la fievre alienant son esprit & sa raison, pourveuque la Superieure luy dit, ma Sœur de la Croix l'Obeyssance, elle revenoit aussitôt à elle, & faisoit tout ce qu'on luy demandoit.

Sa pauvreté étoit si parfaite qu'elle avoit appréhension d'avoir la moindre attache aux choses de son usage; vivant dans un dégagement entier de toute choses, n'ayant jamais rien donné sans une permission expresse. Elle n'envisageoit les choses qui luy étoient données du dehors comme à soy & n'en vouloit aucun usage, ny en disposer; elle se plaignoit souvent de ce qu'il ne luy manquoit rien du necessaire, dans la crainte de ne pas vivre dans la pratique d'une pauvreté veritable.

Elle avoit les obligations de ses vœux si presents en son esprit, qu'elle apprehendoit continuelement d'y contrevenir en la moindre chose,& cette pensée faisoit de si fortes impressions sur elle, qu'on auroit de la peine de dire qu'on luy a veu manquer en quelque chose où elle fût obligée par son état; elle accomplissoit si fidellement toutes les observances Religieuses, qu'elle étoit aux autres une Regle vivante. On ne pouvoit voir une priere plus fervente que la sienne, & un plus grand respect de la Majesté de Dieu, & de tout ce qui regardoit le culte divin. Sa mortification paroissoit en tous ses sens, principalement au goût, jusques à avaler de crachat. Les penitences étoient son attrait,& si ceux qui avoient authorité sur elle ne les eussent reglées; elle auroit avancé la fin de ses jours par les extraordinaires austerités que l'amour qu'elle avoit pour Dieu luy faisoit pratiquer. La charité laquelle selon le témoignage de Jesus-Christ est la vraye marque de ceux qui sont ses Disciples, étoit son carractere. Jamais on ne luy a oüy dire une parole qui put donner le moindre déplaisir au prochain, elle en supportoit avec une aimable douceur les deffauts, & ne se faisoit point de plus-grand plaisir que de rendre service. Parmy tant de graces & de vertus, elle étoit si humble : que lorsque l'on la loüoit en quelque chose, elle disoit *Si l'on sçavoit ce que je suis l'on ne me ragarderoit jamais*. L'obligation des Ursulines étant de s'employer avec zele à l'instruction des jeunes Filles, elle s'en est toûjours fidellement acquitée lorsqu'elle y a été epmloyée; elle les instruisoit d'une maniere si pieuse & si chrétienne qu'elle touchoit les cœurs & les enflammoit à la pratique de la vertu par ses paroles qui avoient une onction toute particuliere.

Une si sainte vie ne pouvoit avoir qu'une heureuse fin; sa maladie fût une fievre lente accompagnée d'une toux fâcheuse qui ne luy donnoit aucun repos & luy causoit un extrême dégoût, sans que cela ait jamais altéré sa tranquilité & sa patience: elle fût deux mois en cét état. Quinze jours avant sa mort, sa fievre se mit en continue. Dieu qui la disposoit à son dernier sacrifice, luy communiqua tant de graces que par sa fidelité: elle étoit dans une continuelle pratique de vertus & application à Dieu. De son seul mouvement, elle produisoit des actes de contrition, d'amour de Dieu & de crainte de ses Jugements, de confiance en ses misericordes & aux merites de Jesus-Christ, & de conformité à sa divine volonté; qu'il n'y avoit rien de plus devot & de plus touchant: tantôt elle disoit. *Non intres in judicium cum Ancilla tua Domine.* d'autre fois elle repetoit *In te Domine speravi,* &c. Et se confirmant dans la pensée des bontés & des misericordes de Dieu, elle disoit: Dieu est si bon, que j'espere qu'il me fera misericorde; elle parloit par fois des perfections de Dieu d'une maniere si sublime que l'on admiroit la grande connoissance qu'elle avoit. Elle apprehendoit que ses sentimens ne fussent pas sinceres; ce qui faisoit que s'interrogeant elle se demandoit: ce que je dis le dis-je bien du fond de mon cœur: d'autre fois elle disoit à Dieu, mon Dieu faites que je ne paroisse pas en vôtre presence comme une mercenaire, mais comme une veritable Fille, & comme une Epouse qui se confie & s'abandonne à la grande misericorde de son Epoux; lorsqu'on luy mit le Silice suivant la coûtume de l'Ordre, elle dit. *Laudate Dominum omnes gentes,* &c. en action de graces de ce qu'elle mouroit en état d'une penitente. Elle demenda elle-même ses Sacrements, & les receût non seulement avec une grande presence d'esprit, mais avec une devotion toute extraordinaire; elle repondit à la recommandation de l'ame, & à toutes les prieres de l'agonie & repeta si souvent *ora pro ea.* qu'on fût obligé de luy commander de se taire. On ne peut dire combien de fois elle invoqua la Ste. Vierge pour qui elle avoit toûjours eu une tendre devotion, & tous les Saints, son bon Ange, pour l'assister dans ce dernier passage. Enfin elle rendit son ame à son Creatour sans aucun effort ny violence, mais avec une parfaite tranquilité le 15. Septembre 1683. âgée de 31. ans dont elle en avoit passé 8. dans la vie Religieuse.

MAXIMES.

I. Cherchez sans fin un Dieu, dit St. Augustin, que vous devez aimer sans fin.

26. Fevrier *La V. S. Catherine du S. Sacrement. Bataille.* lv

II. Le dessein de Dieu est d'attirer une ame à soy, & celuy du Demon est de la separer de Dieu; la crainte dont nôtre Seigneur la remplit ne la separe jamais de luy, & celle que luy inspire le Demon ne la conduit jamais à Dieu; celle de Dieu l'eleve davantage à luy, la rend plus humble & plus obeyssante.

VINGTSIXIÉME FEVRIER.

LA V. SOEUR CATHERINE DV S. SACREMENT
Bataille, Religieuse Ursuline de Chalon sur Saone

Pendant que le Roy étoit à sa table mon Parfum & mon Nard a épandu une douce odeur. Au Cantique.

Cette Vie n'étât survenuë qu'à la fin de l'impressio de ce Tome, pour ne priver l'Ordre des Stes. Pratiques de nôtre Vrsuline; nous l'avons mis à cette Addition bien-quelle soit morte au mois de Fevrier.

Nostre Vrsuline étoit Cousine germaine de la B. Sœur Marguerite du St. Sacrement Carmelite de Beaune, sur la vie de laquelle elle s'étoit si fort estudiée de regler la sienne, qu'en effet nous avons veu en celle-cy comme un portrait de cét excellent original que toute la France revere, Elle a eu comme cette illustre cousine le bon-heur de consacrer ses premieres années au service de Dieu avec une ferveur nompareille, laquelle s'augmentant de iour à autre, luy rendoit faciles les plus penibles exercices de la Religion, & luy faisoit trouver de la douceur aux choses les plus difficiles. La nature aussi bien que la grace luy a esté bien advantageuse, car elle avoit d'un costé l'esprit vif, subtil, & beaucoup éclairé, & de l'autre un jugement tres-ferme & solide, ensorte que comme par le premier à l'ayde de la grace elle parvint bientôt à des hautes connoissances, particulierement des choses spirituelles; de l'autre elle sceut si bien juger de la vanité de toutes les choses du monde, & de cét UN NECESSAIRE qu'elle se détacha entierement de tout ce qui n'étoit pas Dieu, pour le chercher avec ardeur, le servir avec fidelité & s'attacher tellement à luy en ce monde qu'elle le pût un jour posseder en l'autre. La consideration que l'on eût de ces deux belles qualités, & particulierement de sa vertu, la fit choisir même pendant qu'elle estoit encor assés jeune pour des charges importantes dans la Religion, comme celle de Maistresse des Pensionnaires & d'Assistante, dans lesquelles elle correspondit parfaitement à la bonne esperance que l'on s'en étoit proposé. Aprés elle fut Depositaire, dans lequel office elle rendit des services tres-importants à sa maison, sur tout pendant la structure du nouveau bâtiment, supportant des peines & fatigues incroyables, & s'appliquant sans préjudice du spirituel, aux affaires temporels, avec un soin tres-particulier & une reussite tres-heureuse: ensuite elle fut choisie pour Maistresse des Novices, pour lequel employ il semble que Dieu l'auoit principalement destinée, tant elle estoit doüée des qualités, & des vertus necessaires pour y bien reussir Elle cherissoit ces nouvelles plantes comme ses enfans, & elle n'obmettoit rien pour leur faire porter des fruits agreables à la divine Majesté, à laquelle elle taschoit de les porter, atti rer, & attacher par les chaines agreables de la douceur, & od l'amour : Pour en venir encor plus aisément à bout, elle tachoit de leur en faciliter le chemin par diverses inventions, pratiques, & methodes, s'accommodant avec prudence, support, patience, & discernement au naturel, & aux dispositions de chacune : Et ne se contentant pas de les éclairer & échauffer par ses enseignemens & exhortations, par ses soins à veiller incessamment sur elles, & par le bon exemple qu'elle leur donnoit de toutes les vertus qu'elle exigeoit d'elles, elle s'employoit avec un zele extreme aupres de Dieu pour leur obtenir ses graces, & leur perfection par prieres, penitences & autres bonnes œuvres.

Comme elle avoit en un haut point le talent de la conduite des ames & une douceur & charité inconcevable pour ses Sœurs, plusieurs recouroient à ses salutaires conseils dans leurs besoins spirituels, & en sortoiët avec une entiere satisfaction & consolation de leurs ames : étonnées quelquefois de ce qu'il sembloit que Dieu luy eût donné des lumieres speciales pour connoître leur interieur. Son humilité luy faisoit tirer quelque peine de voir qu'on s'addressoit ainsi à elle, & elle eût bien voulu qu'on l'en eût exemptée; mais sa charité qui étoit plus-forte que toutes les autres considerations, & qu'elle a toûjours exercée indistinctement envers toutes ses Sœurs, ne luy permettoit pas de les esconduire, voyant les bós motifs qui les amenoient à elle. La tendre affection qu'elle avoit aussi pour les Sœurs converses étoit telle, que comme elle étoit toûjours la derniere couchée, & la premiere levée, par la preference qu'elle faisoit du bien de l'ame à celuy du corps; elle employoit une partie de ce tems dérobé au sommeil à prévenir le travail que devoient faire le matin lesdites Sœurs, afinque trouvans une partie de leur besogne faite, elles en fussent plus soulagées : Et pour l'ordinaire ce travail étoit aux choses les-plus penibles, & ravalées de la maison, ce qu'elle faisoit pourtant le plus-secretement qu'il luy étoit possible, tant pour n'en être empêchée, que pour cacher les bonnes œuvres qu'elle faisoit. Pour ne faire qu'effleurer en passant les principales vertus de cette ame, nous dirons seulement que l'humilité étoit sa favorite; elle en étoit si fort remplie, que nonobstant les grands talens, & les rares qualités qui la rendoient recommendable, on ne luy a jamais rien oüy dire à son advantage : Elle aymoit & prisoit beaucoup les humiliations, témoignant avoir des obligations tres-estroites aux personnes qui luy en procuroient : Le mépris qu'elle faisoit aussi de ses sentimens propres, étoit tel qu'elle les nommoit réveries de Fille, pendant que les autres en admiroient la hauteur, ou la pieté. Son zele pour

les

26. Fevrier. *La V. S. Catherine du S. Sacrement Bataille.* lvij

les obfervances regulieres étoit admirable ; Quelque preffante occupation qu'elle pût avoir, elle ne s'en difpenfoit jamais : Elle étoit fur tout tres-affiduë au Chœur, ravie d'y chanter les loüanges de Dieu: ce qu'elle faifoit avec une ferveur infatigable, s'appliquant de telle forte à ce faint exercice, que l'alteration de la moindre ceremonie luy étoit infupportable Elle avoit depuis quelques années une prefence de Dieu continuelle, ne le perdant jamais de veuë, à quoy elle étoit beaucoup aydée par l'habitude qu'elle avoit prife depuis long-temps aux chofes fpirituelles, & par l'intelligence du Latin de la fainte Efcriture, dont elle avoit en main les paffages pour toutes occurences, & dont elle fe fervoit fouvent pour s'animer au bien. L'amour qu'elle avoit pour la pauvreté l'obligeoit à fe priver nonfeulement des chofes fuperflues, mais encore des neceffaires, n'étant jamais plus contente que lorfque quelque chofe luy manquoit: Par une induftrie non commune, elle changeoit fouvent ce qu'elle avoit de meilleur pour ce qui étoit de pire, faifant croire qu'il étoit plus apropos & plus utile pour elle, aimant ainfi la fainte pauvreté pour fon particulier; elle avoit un zele fi grand pour le bien de la maifon, qu'elle le procuroit par toutes les voyes poffibles, comme par fon travail, par fes efpargnes, & par fes foins. Sa foûmiffion étoit fi entiere qu'elle étoit comme une cire mole entre les mains de fes Superieurs & Directeurs, aux fentimens defquels non feulement elle foûmettoit fa volonté, mais (ce qui eft plus difficile) fon jugement, enforte que c'eftoit une merveille de la voir paffer quelquefois d'une opinion à un'autre ou d'une paffion à une autre (comme de la crainte à l'efperance, de la feriofité à la joye, & autres femblables) fitot qu'ils avoient parlé.

Pour fon obéyffance aux Superieures, comme elle ne regardoit que Dieu en elles, leurs ordres ne rencontroient auffi de fon côté aucune repugnance, outre qu'elle étoit extrêmement exacte à ne faire chofe du monde pour petite qu'elle fût fans une expreffe permiffion. La mortification faifoit fes plus-cheres delices, en forte qu'il fembloit qu'elle fût plutôt morte que mortifiée: Elle la pratiquoit en toutes occafions, & lorfque par obeïffance ou neceffité, elle étoit contrainte de faire quelque chofe pour fon foulagement, elle ne manquoit pas de reparer cette fatisfaction qu'elle croyoit avoir donnée à fon corps par des peines qu'elle luy faifoit fouffrir. Quelque foin qu'elle apportât à cacher fes penitences, plufieurs de la Communauté n'ont pas laiffé d'en découvrir de tres-rigoureufes. Comme fi les Croix, & les fouffrances interieures & exterieures, dont Dieu la favorifée pendant plufieurs années avec une main tres-liberale, & lefquelles elle a toûjours fupportées avec une merveilleufe patience ; & égalité d'efprit, n'euffent pas efté fuffifantes à fon efprit de penitence & comme fi les difciplines & les cilices euffent été trop doux pour elle, elle étoit ingenieufe à trouver d'autres moyens de fouffrir, adjoutant à ces premiers tantôt des bracelets de fer, & tantôt un Crucifix de bronze qu'elle attachoit, & fer-

Tome III. h

roit étroitement son cœur, afinque la tête des cloux faite en pointe luy donnât un peu de part aux playes; de son divin Maître, & que sa figure s'imprimât au dessus de son cœur pendant que luy même s'imprimoit asseurement bien plus fortement, & plus parfaitement en son ame. Elle bruloit du zele des ames, & du desir de contribuer quelque chose à la conversion des pecheurs: Qu'elles peintences n'a-t'elle pas fait ? pour une personne qu'on luy avoit dit estre fortement engagée dans le vice ? Pendant un long-temps elle n'a cessé d'y employer des prieres, des veilles, des larmes, des amandes honnorables, des disciplines, & autres austeritès. Et lorsque l'on vouloit arrêter cette passion qu'elle avoit de traitter si mal son corps qui étoit assés foible: elle prioit avec instance qu'on n'eût pas tant de compassion de sa miserable carcasse; c'étoit ainsi qu'elle nommoit son corps. Quoy qu'elle fût pour elle même si austere & si severe, elle avoit pour les autres une douceur condescendante, & compassion si grande, qu'elle ne pouvoit les voir souffrir sans participer à leurs douleurs, & sans leur aporter, ou procurer tout le soulagement qu'elle pouvoit. La delicatesse de sa conscience faisoit que ses fautes, pour petites qu'elles fussent, luy paroissoient de grands crimes, & qu'elle en ressentoit une douleur si vive & si pressante, qu'elle auroit de bon cœur sacrifié sa vie pour les reparer: Ce qui paroissoit particulierement en ses confessions annuelles, ou de quelques mois, auquel temps elle répandoit tant de larmes, & faisoit tant de sanglots, qu'à peine pouvoit-elle parler, & qu'il sembloit quelque fois qu'elle alloit expirer. Son plus solide plaisir a toujours été de parler & d'ouyr parler de Dieu; c'estoit le sujet ordinaire de ses entretiens, tous les autres discours ne passans dans son esprit que pour des bagatelles: Mais sa tendresse pour son divin Epoux s'accrût enfin à tel point, que depuis quelques années elle n'osoit plus parler, n'y faire de lecture en commun, sur tout de ce qui pouvoit traiter de la Passion, ou de l'Enfance de Jesus, de la bonté, & de la misericorde de Dieu, de peur que l'abondance de ses larmes ne découvrit la tendresse, & la violance de son amour. Ses devotions particulieres estoient au St. Enfant Jesus, au tres-saint Sacrement de l'Autel, & à la tres glorieuse Vierge Marie. Elle se preparoit à toutes les solemnités de ces mysteres long temps auparavant, par diverses pratiques de devotion & de penitence, & elle en faisoit les festes avec des sentimens de joye, de tendresse, & d'amour, dont elle a mieux sceu les douceurs & les suavités par l'experience, que nous ne les avons pû découvrir, quoy qu'ils parussent sur son visage. Sur tout pour honnorer les misteres du St. Enfant Jesus, elle faisoit exactement les pratiques dont sa bien-heureuse Cousine a laissé le modele à la posterité. Châque 25. du mois luy estoit en singuliere veneration, employant ce jour-là, & à la nuict precedente en veilles oraisons, & mortifications. Ses respects pour le tres-S. Sacrement de l'Autel étoient incôcevables; lorsqu'il étoit exposé sur nôtre Autel, elle passoit les journées entieres, devant cette Divine Majesté en

26 Fevrier. *La V. S. Catherine du S. Sacrement Battaille.* lix

prieres & adorations, n'en pouvant estre retirée que par des necessités extremes, ou par la force de l'obeïssance : Pour favoriser cette devotion elle avoit obtenu de ses Superieures de pouvoir passer tous les ans la nuit du Jeudy Saint en la presence de cét adorable Sacrement. Lors qu'elle s'en approchoit pour la sainte Communion, c'estoit pour l'ordinaire avec un visage tout enflâmé, & couvert de larmes, qui témoignoit bien les ardeurs & la tendresse de son cœur pour Jesus son unique amour ; & même ses ardeurs en ces occasions estoient quelque fois telles qu'elles luy attiroient le sang dans la bouche en assés grande quantité, Elle estimoit si fort l'advantage qu'il y a de communier, que deux jours avant sa mort comme l'on parloit des douleurs tres grandes qu'elle souffroit par tout son corps, elle dit qu'elle les souffriroit volontiers encor deux ans entiers toutes telles qu'elles étoient, pour pouvoir s'approcher seulement une fois de la sainte Communion. Elle consideroit si bien les honneurs qui estoient rendus à Dieu par cét ineffable Sacrement, que cela luy faisoit dire quelquefois (! Ah que tous les hommes du monde ne sont-ils Prestres pour rendre par ce grand nombre de sacrifices l'honneur qui est dû à mon Dieu) Aussi ne sçauroit-on dire combien sa devotion estoit grande à la sainte Messe, & avec quel plaisir & empressement elle s'employoit (quand elle en pouvoit avoir les occasions) à travailler aux ornemens qui devoient servir, ou à l'Autel ou à la sainte Messe. Elle avoit toûjours desiré de recevoir le St. Viatique un Jeudy au soir (dequoy pourtant elle n'avoit donné aucune connoissance,) Dieu luy accorda l'effet de son desir : car les ordres estant donnés suivant l'advis des Medecins pour le luy donner Vendredy matin, son mal augmenta de telle sorte le Jeudy auparavant, qu'on fût obligé de le luy donner au jour, & l'heure qu'elle l'avoit souhaitté.

Quant à sa devotion pour la tres-sainte Vierge, outre les pratiques que nous avons dites, elle n'obmettoit pas de luy faire à toutes ses festes, & particulierement à celle de son Assomption, des lettres de congratulations, d'hommages, de respects, d'amour, & de renouvellement d'esclavage, & elle prioit par fois son Confesseur de les presenter à cette digne Mere de Dieu en disant la sainte Messe ; adjoûtant à cela tous les autres affectueux devoirs dont elle pouvoit s'adviser, & attirant aussi à cette devotion toutes celles qu'elle pouvoit. Cóme ses respects & sa conscience ont esté grands envers cette Reyne des Anges, aussi bien que le soin & le zele qu'elle avoit d'orner ses images, & de parer les Oratoires qui luy estoient dediés, aussi les secours, & les graces qu'elle en a receuës n'ont pas esté mediocres.

Outre ce que nous venons de dire, elle a encor esté favorisée de Dieu de plusieurs autres dons singuliers, & de plusieurs autres graces merveilleuses, desquelles nous ne faisons point icy de mention, tant par ce qu'il n'y a que son Directeur qui sçache & puisse bien dire ces choses comme elles sont, que pour nous conformer en quelque façon aux instantes prieres qu'elle luy fit avant sa mort de ne jamais dire aucun bien d'elle, mais tous les maux qu'il en sçavoit par ses confessions, de quoy elle luy donnoit (disoit-elle) une entiere permission. Seulement dirons nous que le temps de sa mort, quatre ou cinq mois avant qu'il arrivât ne luy a pas esté inconnu, non plus que quelques circonstances qui l'ont accompagnée, & desquelles pourtant quand elle en parloit, il y avoit tres-peu d'aparence.

La derniere maladie qui l'a exercée, & la tenuë dans l'infirmerie l'espace de dix mois, a esté une fluxion sur le poulmon accompagnée de fievre, & oppression continuelle de poitrine. C'a esté par la longueur de cette maladie, & par les douleurs fort aiguës qui l'ont toûjours accompagnée, que Dieu a achevé de la perfectionner : sa patience ayant esté, pendant la violance de ce mal si long invincible, & telle qu'elle n'a jamais donné le moindre signe d'inquietude, quoy que pour l'ordinaire elle passât les nuits sans aucun repos. Sa facilité à condescendre à tout ce que les infirmieres desiroient d'elle estoit admirable : car elle n'avoit point d'autre volonté que la leur, ne refusant jamais rien de ce qui luy étoit presenté, & prenant les remedes les plus fascheux sans temoigner la moindre repugnance. Son exactitude à reciter son office, & à faire toutes ses pratiques ordinaires de devotion, n'a cessé qu'a l'extremité de sa vie ayant même pandant tout l'Hyver qui a esté si rigoureux, & si contraire à sa maladie, assisté presque à toutes les Messes qui se sont dites, ce qui donnoit à toutes grand estonnement, & vn rare exemple de sa vigueur au service de Dieu.

Cette belle ame avoit des souhaits si ardans de s'unir à son divin Espoux qu'à la nouvelle asseurée que les Medecins luy donnerent de sa mort prochaine, elle témoigna une joye extraordinaire, & s'écria avec une satisfaction indicible, *Lætatus sum in his quæ dicta sunt mihi, in domum Domini ibimus.* &c. Elle receut le saint Viatique (comme il a esté dit) le Jeudy au soir vingt deuxiéme Fevrier & le lendemain l'Extreme-Onction, avec tant de ferveur & d'application interieure, qu'elle tira les larmes des yeux de toute la Communauté. La veille de sa mort elle fit encor la sollemnité du vingtcinquiéme jour, & quoy que sa foiblesse fût à sa derniere periode, il fallut condescendre au desir qu'elle avoit de communier à genoux. Ses dispositions à recevoir par apres la mort, & la venuë de son Epoux, les divers actes qu'elle fit de foy, d'adoration, de contrition, d'esperance, de resignation, d'oblation, d'abandon, & d'amour, & enfin sa presence d'esprit & de jugement, pour faire avec merite toutes ces choses, mettoient toutes ses Sœurs en admiration, & leurs faisoient demander à Dieu la grace d'une pareille mort.

Enfin apres vn demy quart d'heure d'agonie, pandant lequel on recitoit les Litanies du saint Enfant Jesus, ausquelles elle avoit une particuliere devotion, sitôt qu'elles furent achevées, elle acheva aussi son sacrifice le 26. Fevrier l'an 1663. Elle estoit âgée de 45. ans, & de Profession 29.

26 Fevrier. *La V. S. Catherine du S. Sacrement Bataille.* lxi

Avoüons que nôtre Ursuline pouvoit dire, que son bien-aymé l'avoit renduë semblable à une plante de nard; cette plante a produit un esprit lequel étant épanoüy par la douce chaleur de ses embrasements, a remply son lict d'une odeur qui luy a été tres-agreable. Ce lict n'est autre chose que son cœur au milieu duquel il reposoit; & cette odeur procedoit de ses actes de vertus qui exhaloient comme un encensoir, ou comme une cassolette par des actes d'amour, d'adoration, d'offrande, de soûmission, & de reconnoissance continuelle; comme l'on en verra la pratique cy-dessous.

MAXIMES.

I. Le divin Sauveur étant jour & nuict dans nos maisons, ne nous devroit-il pas tenir continuellement attachés à luy; que cela est charmant, Jesus est nôtre Hoste, non pas pour un an, mais pour toûjours; il est aussi un prisonnier d'amour. O quelle joye! ne jugez-vous pas qu'elle suffit pour éloigner toutes les tristesses que le fol amour de nous-même nous donne. Demeurons donques aupres de cét Hôte infiniment auguste & adorable, regardons-le bien, & nous vivrons.

II. Il est le pain des Esleus, & le vin qui germe les vierges; c'est la manne cachée, qui entre toutes les vertus a celle de fortifier les ames contre le peché. C'est la delicieuse viande des Anges, dont tous les bien-heureux se nourrissent avec appetit; c'est l'abregé de la substance de toutes les merveilles, & de tous les dons de Dieu. Enfin c'est le grand mistere de la foy.

III. L'union de la volonté à Dieu qui est si ordinaire & continuelle, n'opere jamais plus constamment, ny plus éfficacement que dans les Croix, & pendant les plus-grandes afflictions; car en ce temps-la, l'esprit est toûjours plus presant & attentif à Dieu, par une genereuse soûmission & acceptation de tout, sans que le mouvement de la partie inferieure ait aucun lieu.

IV. Il me semble que je ne tiens plus qu'à Dieu & à sa divine volonté dans cét esprit de soûmission. Les maladies même les plus-horribles me paroissent delicieuses; je veux tout ce qu'il veut, l'oraison, ou l'action, la solitude, ou la conversation.

ATTESTATION,
DE MONSIEVR MOILLY, SVPERIEVR ET Directeur des Vrsulines de Chalons sur Saone.

JE certifie & atteste que la Sœur Catherine du S. Sacrement BATTAILLE Religieuse Vrsuline du Monastere de Chalons, ayant voulu soûmettre à mon incapacité la direction de sa conscience pendant les six ou sept dernieres années de sa vie; j'ay reconnu pendant ce tems-la, que ses fautes ont été fort rares & fort legeres, & que de jour en jour elle faisoit de tres-grands progrés à la perfection par la pratique de plusieurs belles vertus, particulierement d'humilité, de patience, de mortification, d'amour de Dieu, de charité pour le prochain, de devotion pour la sainte Enfançe de Iesus, pour le tres-saint Sacrement de l'Autel, pour la Sainte Vierge, pour Saint Ioseph, & pour tous les Saints.

J'ay experimenté en elle une soûmission & obeyssance tres-ponctuelle à ce que j'ay pû desirer d'elle pour son advencement; ma plus-grande peine ayant été de retirer son esprit des rudes penitences & austerités dont elle étoit ingenieuse d'affliger son corps j'ay admiré souvent l'étude tres-exacte qu'elle faisoit á se détacher entierement de tout ce qui luy pouvoit donner quelque satisfaction & flater tant soit peu ses inclinations naturelles; & en un mot je l'ay toûjours euë en estime tres-particuliere; plus pour les rares vertus que je voyois en elle (pour lesquelles je me remets a ce que les Religieuses de son Monastere en ont pû reconnoître, & au petit narré qu'en a été fait en la Lettre circulaire) que pour les dons & graces particulieres dont la misericorde de Dieu, l'a quelquefois privilegiée. Ie ne doute pas qu'elle n'en ait eu plusieurs dont elle n'a donné connoissance à personne; puisqu'elle ne m'a fait part de celles que je diray cyaprés qu'avec bien de la peine, & plutôt pour s'accuser des imperfections, qu'elle craignoit quelquefois d'y avoir commises que pour autre motif.

Cinq mois ou environ avant sa mort, comme elle étoit détenuë au lit par la fievre & par une oppression extrême de poitrine qui l'avoient reduite á tel état, que le Medecin ne luy donnoit plus que tres-peu de jours de vie, revenant a'un petit assoupissement avec des grandes douleurs: Elle jetta les yeux sur deux Images, qui étoient attachées au rideau des pieds de son lit: l'une desquelles étoit de la tres-sainte Vierge, & l'autre de la bien-heureuse Marguerite du S. Sacrement Carmelite de Beaune, & elle vit à l'endroit de ces images une grande lumiere, du milieu de laquelle, elle entendit une voix; mais une voix (dit-elle) tres distincte, tres-belle, & tres-agreable, qui luy dit ces mots, Au mois de Mars, cela luy fit croire (quelque mal qu'elle sentit, & quelque opinion que l'on eût de sa mort prochaine) qu'elle étoit jusques au mois de Mars, & elle ne celoit pas cette opinion; sans dire pourtant le sujet qu'elle en avoit. Environ deux mois apres, étant entrée dans l'Infirmerie, Ie l'entendis en confession, apres quoy elle me rendit compte de cette vision en la maniere susdite, témoignant de tenir cette grace de la tres-sainte Vierge Mere de compassion, à l'honneur de laquelle, elle pria incontinent aprés la Superieure d'envoyer faire dire une messe à Nôtre Dame de Pitié de S. Vincent. Elle adjouta à ce discours qu'elle ne sçavoit s'il falloit entendre qu'elle mourroit, ou qu'elle gueriroit, ou qu'elle entreroit en Paradis au mois de Mars; & elle termina ce recit par plusieurs parolles d'humilité & aneantissements, comme si elle eût desiré que je ne fisse point de fondement la dessus, comme en effet, elle m'en pria, disant que ce n'étoit peutêtre que réveries de Filles.

Comme elle vit qu'elle s'en alloit à la mort, deux jours avant le mois de Mars, elle pensa que l'advis qui luy avoit été donné se devoit entendre de son entrée en Paradis; ce qui luy faisoit dire Ha sera-t'il bien possible que par la misericorde de Dieu je celebre à ce mois de Mars cette grande solemnité de mon entrée dans le Paradis. Le 26. Fevrier jour de son decez, selon la façon de conter de l'Eglise, Quarto Calendas Martij.

Etant un jour au Refectoir, & voyant passer devant elle un plat pour une infirme, qui luy sembloit delicat, & dont l'odeur luy donnoit quelque petite tentation; il luy sembla d'entendre Nôtre Seigneur luy parler interieurement, & luy faire reproche de cette reflection qu'elle avoit faite sur la delicatesse de cette viande à tel poinct, qu'elle en demeura dans une confusion extrême, & fut surprise d'une si grande abondance de larmes, qu'elle n'y pouvoit mettre fin: quoy qu'elle fut dans l'apprehension que plusieurs de la Communauté s'en apperceussent, comme en effet quelques-unes y prirent garde.

Vn jour de l'Assomption de Nôtre Dame, à laquelle fête elle s'étoit preparée par des grandes penitences & devotions, pendant la messe continuelle; elle ressentit des suavités si extraordinaires, & son ame fut remplie d'une joye si grande, qu'elle en fondoit en larmes, croyant (disoit-elle) d'être en Paradis.

Ayant une fois obtenu permission de la Superieure d'aller passer au Chœur une partie de la nuict avec une autre Religieuse, pour demander à Dieu de connoître si une chose que l'on avoit dite & qui étoit de grande importance à la Communauté, étoit vraye ou non; dans son Oraison, elle vit à-travers de la grille du rideau, & de la fenêtre de bois former un grand éclair sur le Tabernacle où repose le tres-saint Sacrement, dans lequel éclair, elle trouva (dit-elle) & prit une force & une asseurance à croire que cela n'estoit pas; mais bien une invention malicieuse qu'on avoit faite pour donner peine & apprehension à la Communauté; ce qui fut reconnu par après estre de la sorte.

Pendant sa derniere maladie; s'éveillant une fois avec des douleurs extrêmes au corps, & des peines & tentations tres-grandes en l'esprit ; elle se sentit poussée à recourir à une Croix qu'on luy avoit prétée dans laquelle il y avoit du bois de la vraye Croix, & laquelle elle tenoit avec grand respect dans son lict ; elle se levat le mieux qu'elle put, prit cette Croix, & la leva en haut, disant avec grande foy & devotion ces paroles Ecce Crucem Domini, fugite partes adversæ. Tout à l'instant elle fût delivrée de ces douleurs du corps, & de ces peines d'esprit : Ce qu'elle raconta apres à quelques Religieuses, pour les exhorter à la devotion aux saintes Reliques, outre le recit qu'elle m'en avoit fait.

Dieu luy fit voir une fois le mauvais état de conscience où étoit une personne fortement, & des longtems engagée au peché; ce que cette personne même à qui elle l'avoit dit en confience, luy promettant de n'en parler jamais à qui que ce soit m'a fait sçavoir; la bonne Sœur ne m'en ayant dit autre chose, sinon qu'elle sentoit en elle un grand rebut pour cete pauvre ame, pour laquelle pourtant elle a fait de grandes penitences, prieres & mortifications. S'approchant aussi un jour d'une Personne, qui venoit de commettre un sale peché: ainsi qu'elle le sceut par aprés; elle sentit une puanteur horrible & insuportable.

Aprés avoir senty pendant un long-tems une repugnance extréme pour une autre personne, (autant de fois qu'elle avoit occasion de la voir, sans toutefois qu'elle eût jamais eû quoy que ce soit à démeler ny aucune affaire avec ladite personne, de quoy elle étoit elle-même dans un grand étonnement) à la fin elle découvrit par les paroles mêmes de ladite personne qu'elle étoit portée au peché d'impureté ; ce qu'elle me dit seulement peu de jours avant sa mort. Quelques années avant sa mort, poussée (à ce qu'elle me dit par aprés) d'une inspiration si forte qu'elle n'y pût resister ; elle appliqua sur son cœur & sur son bras une Médaille à jour où étoit le Nom de Iesus, apres l'avoir fait rougir dans le feu ; ce qui luy causa une grande inflammation & de grandes douleurs, dequoy appréhendant quelque mauvais évenement, elle prit de l'huile de la lampe qui étoit devant le saint Sacrement, duquel ayant oynct son mal, elle fût incontinant guerie, ne luy restant que le nom de Iesus imprimé en ces deux endroits, comme on le vit apres sa mort.

Vn vertueux Ecclesiastique de cette Ville, ayant appris la mort de cette Religieuse, & voulant être le premier à dire la messe pour elle (comme il fit) contre l'intention qu'il avoit de se conformer à la coûtume de l'Eglise, & de dire la messe de Requiem, fût poussé d'une violence à laquelle il ne put resister à la dire le premier jour du tres-saint Sacrement de l'Autel, le second jour de la Croix, le troisiéme de Nôtre Dame, & le quatriéme des Anges : & cét Ecclesiastique me fit sçavoir par écrit ce que dessus en ces propres termes, (apres avoir dit deux de ces Messes, demain je diray la sainte Messe de Nôtre Dame, & Samedy des Anges, parmy lesquelles nous laisserons nôtre chere Sœur, qui a si dignement honoré Iesus-Christ dans le S. Sacrement de l'Autel & en Croix pendant les dernieres années de sa vie; & quoyque ce soit la coûtume de l'Eglise de dire des Messes de Requié pour les Defuncts : cependant je suis si fort occupé de les dire comme j'ay fait & feray jusques à Samedy prochain, que je vous puis dire que ce n'est pas moy qui agis en cela: seulement devés-vous être certain que j'y suis poussé d'une maniere si violente, qu'il m'en reste pourtant un calme & une paix interieure que je ne vous sçaurois exprimer; cét esprit occupe si fort le mien, qu'il me semble qu'elle est toute dans

Superieur des Vrsulines de Chalon. lxv

mon cœur. Voyla les mêmes paroles de ce Prêtre, qui n'avoit eu nulle connoissance particuliere de la Defuncte pendant sa vie.

Vne Religieuse Vrsuline du Monastere de Seurre, apres qu'on luy eût appris la mort de la Sœur du S. Sacrement, voulant prier Dieu pour son ame, se trouva pressée & obligée de la prier elle-même d'interceder pour elle : Voicy les termes dont elle en écrivit au Confesseur des Vrsulines de cette Ville. (La Lettre qu'on nous a envoyée de la mort de la Sœur du S. Sacrement m'a laissé une si bonne odeur de sa Ste. vie, que voulant prier pour elle, je me suis trouvée deux fois à dire contre mon dessein, Ma bien-heureuse Sœur, priez nostre bon Dieu pour moy.) Cette Religieuse de Seurre est en estime de grande vertu.

Vn Pere Iesuiste qui avoit dirigé pendant plusieurs années cette bonne Religieuse & qui avoit quitté Chalon depuis 6. ou 7. ans: sur la nouvelle que je luy donnay qu'elle s'aprochoit de la mort & qu'elle se recommendoit à ses saints Sacrifices, m'a répondit en ses termes (Nostre bonne Sœur s'envât donc: Dieu soit beny, je l'ay bien-avant dans le cœur depuis que j'ay connu son merite & sa vertu; je prieray pour elle, je n'ay garde d'y manquer; mais j'auray peine à me tenir de l'invoquer, la croyant une Sainte dont la vie & la mort sont pretieuses devant Dieu.) Si ce Pere en parle ainsi, sur la connoissance qu'il a eu d'elle, il y a assez long-tems: qu'en diroit-il s'il l'avoit connue pendant les six ou sept dernieres années de sa vie, pendant lesquels elle a bien travaillé d'une autre maniere qu'elle n'avoit fait auparavant à se perfectionner & sanctifier.

Vne Personne de cette Ville, dont je tairay le nom, le sexe, & l'estat, pour dire seulement qu'elle est en estime de grande vertu, m'a parlé à diverses fois depuis la mort de cette bonne Sœur d'une maniere qu'elle m'a fait connoître d'avoir eu quelques conferences avec elle depuis son decez, m'assûrant qu'elle étoit entrée en Paradis le troisième jour de Mars entre une & deux heures du matin, qui est quatre jours & quelques heures apres sa mort. Quelques prieres que j'aye fait à cette personne pour sçavoir le detail de ce qui s'étoit passé entre elle & cette ame : je n'ay pû tirer de sa modestie que quelques paroles qui luy échapoient, & qui signifioient que non seulement elle étoit bien instruite des dispositions interieures qu'avoit eües cette Religieuse pendant sa vie, & des graces que Dieu luy avoit faites ; mais encor qu'elle avoit receu d'elle depuis sa mort quelques advis pour sa conduite, & pour le bien de son ame: enfin cette personne m'a dit souvent qu'elle étoit tres-obligée à cette tres-honnorée Sœur, & une fois comme je la pressois de parler plus clairement, elle me dit, (ne me pressés pas je vous prie, il suffit que je vous assûre que si on travaille à la Canonisation de cette Sœur, j'ay deux belles choses à déposer.) il faut remarquer, que cette personne n'avoit aucune liaison & familiarité avec la Defuncte pendant qu'elle vivoit, ne luy ayant jamais parlé (à ce qu'elle dit) que deux fois par occasion & en passant.

Il semble que Dieu avoit revelé à cette bonne Religieuse l'heure de sa mort, & quelques circonstances qui la devoient accompagner, non seulement, parceque elle fit si ponctuellement & si à temps tout ce qu'il faloit pour être entierement dis-

Tome. III.   i

posée à ce moment important, qu'elle ne laissât rien à faire de ce que l'on a accoûtumé, qu'elle ou les autres pouvoient souhaiter pour une heureuse mort ; mais encor parceque deux ou trois jours avant cette mort, comme j'étois entré dans l'infirmerie, pour luy rendre les assistances spirituelles qu'elle desiroit de moy, & qu'aprés m'en être acquitté, je luy dis à dieu dans la pensée de ne la plus revoir ; elle me dit d'un ton asseuré, Mon Pere vous me verrez mourir : je croyois qu'il n'en seroit rien, parceque je n'estimois pas que mes indispositions me permissent d'y retourner, particulierement si elle fût morte dans la nuit ; mais elle même m'envoya querir si à temps, que j'eus la consolation de l'assister pendant une heure & demy à ce dernier passage, & que je la vis mourir. Voyla une partie de ce que j'ay sceu & connu en cette personne, en foy de quoy, j'ay signé ce petit Recit, à Chalon ce 9. May 1663.

Signé MOILLY, Superieur & Directeur des Ursulines de Chalon.

LES DEVOTES PRATIQUES
DE LA SOEVR CATERINE DV S. SACREMENT

Pour honnorer les principales Fêtes de IESUS & de MARIE, par des saintes Consecrations.

HOMMAGE ET AMENDE HONORABLE à la Sainte Trinité.

Divine Ouvriere de toutes choses, fontaine intarissable de tous biens, Principe & derniere fin de toutes les Creatures, source inépuisable des graces, de la Sainteté, & de la gloire, tres-auguste & tres-adorable Trinité, Pere, Fils, & Saint Esprit; Nous sçavons que vostre Majesté est telle, qu'elle accable des ses grandeurs les esprits qui y veulent penétrer; Que les plus hauts des Seraphins replient devant vous leurs aisles de respect & de confusion; Que les Puissances du Ciel tremblent à la veuë de vos splendeurs; Que les premieres Intelligences soient éblouies de vos divines lumieres; & qu'enfin comme vous êtes incomprehensible à tout autre qu'à vous même, ce nous seroit une trop grande temerité, de vouloir élever nos foibles esprits à la consideration de ce que vous êtes.

Nous avoüons nôtre neant devant vôtre Majesté souveraine, nôtre folie devant vôtre sagesse infinie, nôtre malice devant vôtre bonté suprême, & nôtre aveuglement devant vos brillants, & vôtre esclat. Nous nous réjoüissons de ce que vos grandeurs surpassent nos connoissances : Nous vous congratulons de ce que vous êtes un seul Dieu, un seul Seigneur, un seul tout Puissant: Nous confessons & croyons fermement tout ce que la sainte Eglise croit de cét ineffable mystere, tant de cette unité d'essence en trois Personnes, & de ces trois Personnes en unité d'essence que de toutes ces divines relations, processions, communications, & operations tant au dedans de vous même qu'au dehors : Nous vous adorons, benissons, & glorifions, tres-Sainte Trinité, de tout nôtre cœur, de toute nôtre ame, & de toutes nos forces, vous offrans & consacrans de nouveau ce qui vous appartient déja, c'est à dire tout ce que nous sommes, tout ce que nous avons, & tout ce qui peut dependre de nous, & vous supplians tres humblement de nous agréer & recevoir pour vos adoratrices, pour vos plus humbles Servantes, & pour vos plus acquises & plus soûmises esclaves.

Ah que nous sommes heureuses d'avoir en nous une Image, & une representation de cette tres-adorable Trinité, par le moyen de nôtre memoire, de nôtre entendement & de nôtre volonté; de nos pensées, de nos paroles, & de nos actions ; de nôtre ame, de nôtre corps, & de notre raison ? Soyez loüée à jamais, Trinité Sainte, de nous avoir donné cette Image. Mais quel creve-cœur pour nous de l'avoir jusqu'à present tant & tant de fois prophanée, sallie biffée, & defigurée par les vanités de nôtre entendement, par les extravagances de nôtre memoire, & par les dereglemens de nôtre volonté; par les folies de nos pensées, par les promptitudes de nos paroles, & par les lâchetés & injustices de nos actions, par le mauvais estat de nôtre ame, par les delicatesses de nôtre corps, & par l'abus de nôtre raison. Nous regrettons infiniment cét outrage que nous vous avons fait; Unité sainte, & Trinité adorable ; Nous vous en faisons amende honorable en face du Ciel & de la terre, & nous vous en demandons tres humblement pardon, vous supplians avec toute l'instance possible, de reparer, & renouveller en nous cette Image : Pere Eternel faites s'il vous plaist, que desormais nostre memoire ne soit remplie que de vos perfections ; Que nos pensées ne soient que de vous plaire en toutes choses ; & que nôtre ame ayt quelque part à vôtre Sainteté. Fils unique du Pere Eternel, faites que nôtre entendement ne medite que les maximes de vôtre Evangile ; Que nos paroles ne soient que de loüanges pour vous ; que d'excuse pour nôtre prochain, & que d'accusation pour nous mêmes ; que nôtre corps prenant de la confusion de voir le vôtre tout déchiré, se resolve pour une bonne fois à la mortification.

Glorieux Saint Esprit ! faites que nôtre volonté s'embrase du divin amour ; Que nos actions soient toutes faites par vos mouvemens sacrés, & que nôtre raison se soûmette promptement à vos divines inspirations. Pere des misericordes employez vôtre puissance à surmonter nos mauvaises inclinations : Verbe incréé employez vôtre sagesse à nous conduire à vôtre Pere, par les voyes les plus propres pour en venir à bout : Amour personel employés vôtre bonté à nous departir des graces si fortes & si efficaces que nous n'en laissions eschapper aucune sans cooperation. Unité d'essence, Trinité de personnes, sanctifiez nous tellement en terre que nous

Catherine du S. Sacrement Bataille. lxviiij

puiſſions apres cette vie chanter à vôtre honeur, de commun concert avec les Cherubins & Seraphins. *Sanctus, Sanctus, Sanctus, Dominus Deus Sabaoth, pleni ſunt cœli & terra majeſtatis gloria tua.*

Te Deum laudamus, &c.

Hommage à Ieſus pour le jour de ſa Circonciſion.

JEſus le tout adorable Roy du Ciel, & de la terre, divin Enfant, les delices du Pere Eternel, & le premier né de Marie, Nous renouvellons à votre divine Majeſté à ce premier jour de l'An nos tres-humbles ſoûmiſſions homages, & adorations; Nous conſacrons entierement, & tout de nouveau à vôtre divine Enfance nôtre vie, nos ames, & nos cœurs; & nous ſoûmettons à vôtre amoureuſe conduite nos volontez, nos deſirs & nos affections, pour ne vouloir, ne deſirer, & n'aymer jamais que vous Nous vous ſuplions, divin Roy de nos cœurs, de prendre un empire abſolu ſur nôtre liberté, & de nous recevoir au nombre de vos eſclaves, & des moindres ſervantes de vôtre ſainte Famille. Nous nous abandonons de tres bon cœur à tous les deſſeins que vôtre divine Providence a ſur nous. Et nous demandons tres-humblement à vôtre divine bonté par toutes les grandeurs, & par tous les abbaiſſemens de vôtre divine Enfance, de nous donner la ſimplicité en nos intentions pour ne regarder que vous eul en toutes choſes; la pureté en nos affections, pour ne nous attacher jamais qu'à vôtre amour; l'humilité de cœur, pour eſtre toutes aneanties & vuides de nous même; & l'innocence pour ne chercher en toutes nos actions que vôtre plus grande gloire. Jeſus nôtre divin Sauveur, faites nous s'il vous plaiſt reſſentir l'effet de ce beau Nom qui vous eſt aujourd'huy impoſé, & accordez nous, charité immenſe, une goutte de ce Sang precieux, que vous avez repandu en vôtre douloureuſe Circonciſion. Ne nous refuſez pas aujourd'huy, Bonté infinie, cette Etrenne, qui purifie & ſanctifie de telle ſorte nos ames, que nous commencions une nouvelle vie, & que ſuivans l'exemple de la vôtre humiliée, pauvre & ſouffrante, nous obtenions grace efficace, pour vous voir un jour glorieux dans l'Eternité.

Vive Ieſus Marie & Ioſeph.

lxx Les Pratiques devotes de la Sœur

Hommage & protestation de fidelité à Iesus-Christ.

O Le plus grand de tous les Monarques! ô le plus puissant de tous les Roys! ô le plus beau de tous les enfans des hommes! ô le plus charmant de tous les Epoux! ô le plus fidele de tous les amis! ô le plus sçavant de tous les Docteurs! ô le plus parfait de tous les Maistres! ô le meilleur de tous les Peres! ô le plus aymable & le plus aymant de tous les Freres! ô le plus liberal & le plus magnifique de tous les Princes! ô le plus vigilant de tous les Pasteurs! ô l'abregé & le principe de toutes les beautés, & de toutes les bontés qui sont au Ciel & à la terre. O divin Iesus, comme Monarque, Nous vous supplions de prendre un pouvoir absolu sur tout ce que nous sommes; Comme Roy, d'établir les loix de vostre divin amour dans nos ames; Comme époux, d'estre le seul objet de tous les amours de nos cœurs; Comme Docteur, de nous enseigner la façon de vous servir & de vous plaire; Comme Maître, de nous apprendre à imiter la douceur & l'humilité de vostre cœur; Comme Pere, de pourvoir à tous nos besoins; Comme Frere, de prendre nostre defense contre nos ennemis; Comme Pasteur, de veiller incessamment à la garde de nos cœurs; afin qu'ils ne s'égarent jamais parmy les creatures; Et comme la bonté & la bauté ancienne & toûjours nouvelle, d'estre le seul sujet de nos desirs de nos admirations & de nos ravissemens. Nostre tout adorable, nous sommes tout à vous; Nostre tout ravissant Nous ne voulons aymer que vous; Nostre tout sage, nous nous abandonnons entierement & sans reserve à Vostre divine conduite.

Vive Iesus.

Amende honorable à Iesus-Christ Crucifié.

ADorable Jesus, victime sacrée qui avés voulu estre immolée sur la Croix pour la satisfaction de nos crimes, & consommer vostre sainte vie pour retirer nos ames de la mort éternelle que nous avons meritée par nos pechés, Nous voicy prosternées à vos pieds sacrés pour vous faire amande honorable & reparation d'honneur, en estat & posture de criminelles de leze-Majesté divine, la corde au col, les regrets aux cœur, & les soupirs à la bouche. Nous avoüons, adorable Jesus, que nous sommes coupables de vostre mort, & que nos pechés ont esté les bourraux infames qui vous ont attaché à ce bois. O Roy tout puissant c'est nous qui avons mis cette cruelle couronne d'épines sur vostre chef sacré, par les desordres de nostre imagination, par les erreurs de nostre jugement aveugle, & par les foiblesses & les malices de nostre volonté portée au mal. Nous confessons que nous vous avons attaché cruellement les mains, par nos mauvaises actions C'est parce que nous nous sommes esgarées des sentiers de la justice; & du chemin de la perfection, pour courir apres nos inclinations & passions aveugles, que vos pieds adorables sont cloüés à ce gibet: Ce sont nos delicatesses & immortifications qui ont tout dechiré vostre sacré corps: C'est l'infame trahison de nostre cœur qui vous a ouvert le costé d'une lance. Mais puis que c'est pour nous laver de nos crimes que vous avés versé jusques à la derniere goute de vostre sang precieux, & puis que vous avés aussi demandé pardon à vostre Pere Eternel, pour les coupables de vostre mort, prosternées au pied de cette Croix nous vous demandons, Jesus nostre Sauveur, avec toute humilité, & attendons avec toute confiance l'effet de cette priere, *Pater ignosce illis, non enim sciunt quid faciunt*, Nous implorons par les entrailles de vostre misericorde une seule goutte de ce sang divin, & de cette eau salutaire, pour laver toutes les tâches de nos ames par vostre mort le pardon general de nos ingratitudes, par les rigueurs de cette Croix, le crucifiement du vieil homme qui regne en nous, afin que nous mourions entierement à tout ce qui n'est pas vous. Permettés nous aymable Jesus, d'entrer dans la playe de vostre sacré costé, pour estre nettoyées de toutes nos saletés, & embrasées de vostre divin amour: Et faites que nous ensevelissions au pied de vostre Croix toutes nos vieilles habitudes, pour refufciter à une nouvelle vie de grace par la pratique des vertus, afin de regner éternellement en l'autre avec vous. Ainfi foit-il.

O Paſſio magna! ô profunda vulnera! ô effuſio ſanguinis! ô dulcis dulcedo! ô mortis amaritudo, da nobis vitam ſempiternam.

Amende honorable au tres-ſaint Sacrement de l'Autel.

ADorable Majeſté! Dieu tout puiſſant, humanité ſainte de mon divin Jeſus réellement preſente dans cette ſacrée Hoſtie nous proſternées à vos pieds avec le plus profond ſentiment d'humilité qu'il nous eſt poſſible de concevoir, rendons hommage à vos adorables grandeurs : Nous confeſſons en preſence de toute la Cour celeſte, & en face du Ciel & de la terre que le nombre preſque infiny de nos pechés nous rend tout à fait indignes de paroiſtre en voſtre divine preſence en ſorte que ſi voſtre douceur inconcevable, & l'immenſité de vos grandes miſericordes ne les ſurpaſſoit, & ſi nous ne ſçavions qu'un cœur contrit & humilié n'eſt jamais rebuté de voſtre infinie bonté, nous n'aurions pas la hardieſſe de nous preſenter devant vous comme nous faiſons. C'eſt avec un ſentiment de confuſion extreme que nous faiſons à preſent un deſaveu de noſtre vie paſſée, (qui au lieu qu'elle devoit eſtre toute ſanctifiée par tant de communions que nous avons faites,) a eſté ſouillée de mille & mille pechés.

O aymable Jeſus nous deteſtons cette vie pleine de menſonges, en ce que nous vous avons ſi ſouvent, & tres-injuſtement fauſſé les proteſtations que nous avons faites cent & cent fois, de ne vivre que pour vous. Nous deſavoüons. O le tres-fidelle Epoux des Vierges l'infidelité de noſtre cœur, qui s'eſt engagée à d'autres objets que vous, qui eſtes le tres-aymable objet des plus purs amours. O le plus puiſſant de tous les Roys, nous avons un regret tres ſenſible de nos inſuportables lâchetés en voſtre divine preſence, & nous confeſſons que nous ne ſommes pas dignes d'eſtre les dernieres de vos eſclaves O le plus magnifique de tous les Monarques, à qui nous devons toutes les ſoumiſſions des pauvres & obligées ſujettes, nous deteſtons de tout noſtre cœur l'infame eſclavage où nous nous ſommes miſes par nos crimes

O charité

ô charité éternelle! que nous avons de regret de nos lasches ingratitudes, ô lumiere éternelle, dissipés les tenebres de nos esprits aveuglez jusques à cette heure en nos propres defauts. ô le magnifique Dieu des richesses, ayez pitié de nostre pauvreté. O le grand Sacrificateur, oserions nous vous demander cette grace, que pour satisfaction de toutes les injures & ireverances que nous avons faites à vostre adorable Sacrement, & de tous les mépris & abus que nous avons faits des graces que vous nous avez données dans nos cômunions, vous offriez à vostre Pere Eternel ce sang precieux répandu pour nostre rachat, & cette Hostie vivante tres-pure, & tres-agreable à ces yeux divins. Que vous unissiés nos cœurs, nos corps & nos ames pour en faire une holocauste à sa divine Majesté pour reparatiô de nos crimes. Que desormais vous aneantissiez en nous tout ce qui est des sentimens du monde & de la nature; ensorte que nous ne vivions qu'en vous, par vous, & pour vous! Et qu'enfin vôtre sainte benediction, que nous vous demandons tres-efficace avec toute humilité, & par toutes vos grandes bontés, serve de sceau pour fermer nos cœurs à tout ce qui n'est pas vous; Ne nous la refusez pas doux Jesus, puis que nous vous en prions par l'amour que vous portés à vôtre Pere, par celuy que vous avés pour vostre digne Mere qui a fourny de matiere à ce divin Sacrifice & par l'ardent desir que vous avez de nostre perfection & de nôtre salut, lequel desir nous oblige à vous dire mille fois! *O Jesus, tu solus es amandus, adorandus & glorificandus per infinita sæculorum sæcula. Benedic anima mea Domino, & noli oblivisci omnes retributiones ejus.*

LOUÉ SOIT LE TRES-SAINT SACREMENT DE L'AUTEL.

HOMMAGES A LA TRES SAINTE VIERGE,
pour ses principales Fêtes. Pour le jour de l'immaculée Conception.

Vierge Sainte, tres-pure, & tres-Immaculée, qui avez été éleüe de toute Eternité pour être la Mere du Verbe incarné, & qui pour ce sujet avez esté preservée par la tres S. Trinité de la tâche du peché originel, Prosternées au pieds de vostre grandeur, nous honorons à ce jour, & reverons de toute l'estenduë de nos ames vostre tres-pure, & tres-immaculée Conception, vous reconnoissans pour la plus-sainte, la plus-parfaite de toutes les pures creatures. Toute puissante Reyne du Ciel, & de la terre recevés nous s'il vous plaist, au nombre de vos petites sujettes: Mere d'amour, jettés les yeux de vostre charitable bonté sur les necessités de vos pauvres & indignes Filles: Souveraine Dame, agréez l'offre des petits services de vos tres-humbles servâtes Advocate toute-puissante des pauvres pecheurs soyés nous favorable envers la divine Majesté, & nous faites par vos prieres trouver grace auprés d'elle: Disposez s'il vous plaist nos cœurs & nos ames, pour la naissance qui s'aproche de vôtre adorable Fils; faites nous part de cette pureté, innocence & simplicité qu'il desire de nous. Nous vous en suplions, tres-pure aurore, qui avés enfanté ce soleil de Justice, & de nous faire quelque part de ses lumieres: plus belle que la Lune, par l'honneur que le Ciel & la terre rendent à vôtre pureté; purifiés nos ames de toutes tâches: Esleuë comme le Soleil, la plus Sainte entre les Saints, échauffez nos cœurs de l'amour de Iesus: Generale des armées, donnez-nous la force pour combattre nos ennemis, & pour ruiner en nous l'empire du peché, afinque la grace y regne absolument, & que vôtre Fils Iesus soit par ce moyen nôtre Roy, & vous nôtre souveraine Reyne, Dame & protectrice. Nous mettons pour cela toutes nos esperances en vous, à qui nous protestons de nouveau d'être à jamais les tres-humbles esclaves de Iesus & de Marie. *Ave maris stella, &c.*

Pour le jour de la Nativité de la Vierge.

SOuveraine Princesse, l'ornement & la gloire de toute la nature humaine, desirée de toute les nations. comme la belle Aurore qui doit enfanter le Soleil de Justice, vôtre heureuse arrivée au monde y aporte une joye la plus legitime, la plus-grande, & la plus universelle qu'on puisse concevoir. La terre se réjouït de ce que vous venez changer son malheur en felicité, & la malediction que le peché luy avoit attiré en benediction. Les pauvres pecheurs relevent leurs esperances, voyant que vous venez les retablir en leurs premiers droits, & les retirer de la mort à la vie. Les esprits celestes sont dans le ravissement de ce que les ruïnes du Ciel vont être reparées, & dans l'étonnement de voir naître parmy les Hommes une creature plus-belle, plus-pure, plus-sainte, & plus-excellente que les premiers des Seraphins. Pour nous, aymable Princesse, qui vous regardós comme le commencement de nôtre bon-heur, nous tréssaillons de joye à la nouvelle de vostre venuë: Nous vous saluons de toute l'étenduë de nos cœurs: Nous benissons mille fois la tres-sainte Trinité, de nous avoir fait un si rare present; Nous congratulons S. Joachim, & Ste. Anne d'avoir produit un tel fruit de leur Sainteté; Nous nous connoissons avec vous des thresors, des beautés & de l'éclat avec lesquels vous paroissez en ce jour aux yeux du Ciel & de la terre; & nous nous offrons & consacrons entierement à vous, pour être vos plus obeïssantes Filles, vos plus-humbles esclaves. Recevés-nous donc, nostre Reyne & nostre Souveraine Maîtresse, sous vôtre empire, & sous vostre toute puissante protection; Dissipez, divine Aurore en paroissant sur nôtre Orizon toutes les tenebres de nos entendemens; échauffez nos cœurs à l'amour, & au service de la divine Majesté; & puisque vous venés pour écraser la tête du serpent infernal, mettez s'il vous plaist entre nous & luy des inimitiés éternelles ; afinque nous n'ayons jamais la moindre complaisance, ny donnions le moindre consentement à ses sugestions: faites par l'authorité que vous avés sur cét ennemy du Genre-humain, que toutes ses tentations fassent nos victoires, vostre honneur, & sa confusion. Vous n'estes pas plûtot au mon-

Catherine du S. Sacrement Bataille. lxxv

de, incomparable Princesse, que vous avez l'usage de raison avec toutes les vertus par éminence, que vous vous offrez à luy pour tous ses desseins d'une maniere si haute & si parfaite, que les esprits bien-heureux en sont tous dans l'admiration. Obtenez-nous Reyne du Ciel & de la terre cét heureux changement, que désormais nos passions se rendent en toutes occasions obéïssantes à la raison, & nostre raison à la grace; Adorez & aymez pour nous, Vierge adorable & toute aymable, la divine Majesté; offrez luy nos ames pour être ses thrônes & nos corps pour être ses temples; Faites enfin que vostre naissance nous aporte aujourd'huy ce bon-heur, qu'elle soit nôtre mort; mais nostre mort au monde à ses plaisirs, à ses honneurs à ses maximes, au peché & à nous-mêmes, & qu'elle soit aussi nostre naissance en la vie spirituelle, pour y prendre tous les jours des notables accroissements, & pour vivre par aprés éternellement avec vous dans le Royaume dont vous venez d'être la porte: C'est là, toute aymable Fille du tres-Haut, que nous esperons de contempler avec bien plus de joye vos grandeurs, & de vous chanter bien mieux qu'à present des cantiques de louanges, de remerciements, & de congratulations. Pour cette heure, agréez que joignans nos sentimens à ceux de vostre divin Amant, nous nous écrions comme luy avec toute l'admiration dont nous sommes capables, ô la plus-belle entre les Filles de Jerusalem! que vos premieres démarches en ce monde sont accompagnées de beautés & de charmes, & que nous vous disons aussi du meilleur cœur qu'il nous est possible avec la sainte Eglise, qui avoüe aujourd'huy de recevoir son lustre & son éclat de la vie admirable que vous venés commencer.

Ave maris stella, Dei Mater alma, Atque semper Virgo Felix cœli porta.

Pour le jour de la Présentation.

MArie tres-digne Mere de Dieu, qui vous estes presentée en ce jour à la tres-auguste & adorable Trinité, pour être entierement consacrée à la Divinité, & qui avez été receuë du Pere Eternel pour sa tres-chere Fille du Verbe incréé pour sa tres-digne Mere, & du S. Esprit pour être son sanctuaire, & le temple sacré du divin amour; Nous voicy prosternées aux pieds de vôtre grandeur, pour vous suplier adorable Princesse, de recevoir nos petits services, & les offres tres-humbles que nous vous faisons de nos cœurs de nos paroles, de nos pensées, & de tous nos mouvemens; Nous tiendrons, Vierge toute aymable à honneur extrême d'estre acceptées de vôtre Majesté, pour les esclaves & petites servantes de vôtre famille; Et en cette qualité, nous suplions tres-humblement vôtre charitable bonté, de nous obtenir grace efficace pour nous acquiter fidellement des vœux que nous avons faits & renouvelés à ce jour, de les presenter à vôtre adorable Fils, & de nous procurer par vos merites l'effet, & la perseverance des resolutions que nous avons faites de luy appartenir, & à vous pour jamais. Pour cela nôtre Souveraine Princesse, nous desavoüons dés à present pour toûjours, & renonçons de tout nôtre cœur à tout ce qui nous pourroit empêcher de luy être fidelles, remettans & resignans entierement entre vos mains tous les mouvemens de nôtre vie & particulierement celuy de nostre mort. *Eia ergo advocata nostra. &c.*

Pour le jour de l'Annonciation.

Toute puissante, toute sage, & toute aymable Vierge, choisie par la tres auguste Trinité, pour être la reparatrice du Genre humain : c'est à ce jour heureux que vous avez été saluée de la part du Pere Eternel, comme associée à sa paternité, pour être dans le temps la Mere de son verbe sans pere, comme il est de toute Eternité son pere sans mere: C'est à ce grand jour fortuné pour toute la nature humaine, que ce verbe incréé a voulu prendre de vous un corps mortel & passible, pour executer l'œuvre de nôtre Redemption; C'est à ce grand jour que vous avez été saluée pleine de grace par la plenitude du S. Esprit, qui a operé en vostre sein tres-pur cét ineffable mystere, & formé en vos chastes entrailles le corps adorable d'un homme Dieu; C'est à ce jour qu'en suitte de la tres profonde humilité qui vous a fait dire la servante du Seigneur, vous avez été reconnuë de toute la cour celeste pour sa tres-digne Mere; C'est enfin à ce jour que le Fils du Pere Eternel a voulu commencer d'estre le vôtre.

En veuë de cét aneantissement où il s'est voulu mettre; s'unissant à nôtre nature par un acte de respect, & de tres-profonde adoration à sa divine Majesté abaissée jusques à la forme de l'esclave pecheur; & par hommage à l'union ineffable que vous avés dans ce mystere avec les trois personnes de la tres-sainte Trinité, Nous nous offrons, & consacrons entierement à luy comme à nôtre Souverain, & à vous comme à nôtre Princesse pour estre à jamais ses esclaves & les vôtres. Faites s'il vous plait, Mere d'amour, que nous commencions à vivre par sa grace, & par son esprit d'enfance, de simplicité, & de pureté, & que le peché soit entierement aneanty en nous. Ce sera par vôtre entremise, Vierge sacrée, que nous obtiendrons cette faveur: Prosternées aux pieds de vôtre Majesté, nous vous en suplions tres-humblement par l'assujetissement où ce verbe adorable s'est mis aujourd'huy, & par l'authorité qu'il vous a donnée sur sa sacrée personne. Offrez nous à luy comme ses sujettes, & les vôtres qui ne pretendent autre gloire que celle de luy appartenir & à vous en qualité d'esclaves. Nous unissons de tout nôtre cœur nos salutations à celle que vous avez receuë aujourd'huy du tres-Haut;nous vous rendons graces tres-humbles du consentement que vous ayés donné pour operer en vous cét adorable mystere; & nous souhaitons de vous dire avec le même sentiment que vous l'ayez prononcé. *Ecce Ancilla Domini.* *Ave regina.*

Pour le jour de la Visitation.

TRes charitable Vierge, qui n'avés pas plûtost reçû l'autheur de la grace dans vostre sein virginal, que vous soûmettant aux desseins du verbe incarné, vous sortés en diligence pour commencer par luy, & avec luy l'œuvre de nôtre redemption par la sanctification de son divin Precurseur, faites s'il vous plait, que la ferveur du saint amour qui animoit vos pas, suppléés à nos retardemens au chemin de la perfection où nous sommes apellés, que la soûmission que vous avez renduë au mouvement du S. Esprit nous serve d'exemple, & nous fasse marcher avec diligence dans les voyes d'une parfaite obeïssance, sans lâcheté ny délay, que l'humilité que vous avez pratiquée dans ce mystere, en prévenant celle qui étoit de beaucoup inferieure à la grandeur, à laquelle le Tout-Puissant vous avoit élevée, nous serve de motif pour abbatre nôtre orgueil, ancantir nos vanités & nous abbaisser au dessous de toutes les creatures; afinque dans l'exercice des vertus que nous tâcherons de pratiquer, suivans l'exemple que vostre adorable Fils, & vous divine Princesse nous avez donné, nous puissions meriter par sa misericorde, par vostre secours, & par nos soins, d'être visitées de la divine Majesté, & de vostre bonté, & de recevoir les effets d'une grace sanctifiante, & quelque participation de celle que le grand Saint Jean Baptiste a eüe en ce saint jour. Comme le Fils de Dieu s'est servi de vous, Reyne des Anges, pour produire les premiers effets de nostre Redemption, nous esperons aussi d'obtenir de sa liberalité par vos charitables assistances quelque lumiere pour purifier nos entendemens, pour les éclairer & pour les rendre capables de le connoître & l'adorer incessamment comme nostre souverain, pour effacer de nostre memoire tous les souvenirs inutiles, & y graver parfaitement celuy de ses divines perfections, & pour échauffer & fortifier nos volontés à embrasser le bien, & à nous acquitter des devoirs de nostre profession, particulierement de ceux que la qualité d'esclaves exige de nous. Esperans souveraine Princesse que vous nous ayderez puissamment à cela, apres avoir demandé vostre benediction, & par vostre entremise, celle du tout Puissant qui est en vous, sur toute cette maison, & sur châcune de nous en particulier, nous dirons avec vous, & s'il se pouvoit du même cœur que vous l'avés prononcé en vostre sainte visite. *Magnificat anima mea Dominum &c.*

Pour le jour de la Purification

INcomparable Mere de Jesus, tres-sage Gouvernante de l'humanité du verbe Eternel, qui avés voulu signaler ce jour par la pratique, & l'exemple d'une profonde humilité, vous soûmettant à la loy de la Purificatiõ quoy que vous fussiez la tres-digne Mere de Dieu & exempte de toute tache, reparez s'il vous plaît par vos abbaissemens, & par ceux de vostre cher Fils l'orgueil de nos cœurs, & de nos pensées, qui nous fait désirer pour l'ordinaire de paroître ce que nous ne sommes pas, nous qui sommes sujettes au peché, & esclaves de nos passions; Nous recourons à vous, divine Princesse pour être favorisées de vostre puissante protection auprés de celuy qui ne vous peut rien refuser aprés la tres-digne offrande que vous luy avez faite de vostre adorable Fils qui est aussi le sien. Prosternées humblement à vos pieds, nous vous prions de nous offrir avec luy pour être à jamais ses esclaves & les vostres : & puisque vous luy avez presenté ce cher Fils pour adorateur, pour sacrificateur & pour victime, nous supplions la divine Majesté par vostre entremise de recevoir ses hommages en satisfaction de nos froideurs & lâchetés à son divin service, de nous accorder par ses merites l'effet des graces qu'il nous envoyera, & le bon usage de celles qu'il nous a faite aujourd'huy, de se presenter par vos tres-pures mains en reparation & payement de nos debtes; Nous vous protestôs Mere de misericorde en presence de ce Fils adorable & de vôtre cher époux S. Joseph, de vouloir reconnoître de vos merites & de vostre intercession toutes les graces que nous avons receuës & que nous recevrons pour travailler à nostre perfection, & pour cooperer à nostre salut ; Que nous serons à jamais redevables à vôtre incomparable bonté, de nous avoir donné la lumiere de nos ames, le prix de nostre redemption & l'esperance de nostre felicité ; Et que pour toutes ces faveurs, nous serons éternellement les tres-humbles servantes & esclaves de vostre Majesté. *O gloriosa Domina.*

Pour le jour de Nostre Dame de douleur.

MEre de douleur, qui avez accompagné vostre adorable Fils dans tous les travaux de sa vie, & qui avez voulu estre presente à l'ignominie; & à la cruauté de sa mort & passion, unie inseparablement à celuy qui n'a voulu naître de vous, & prendre dans vostre corps virginal une chair passible qu'afin de mourir pour des miserables criminels, & qui avez esté choisie de luy pour sa digne Mere, afinque vous fussiez celle des pauvres pecheurs, desquels il vous a laissé le soin en la personne de son bien-aymé Disciple au jour sanglant de la consomation de son sacrifice ; Nous advouons que ce sont nos pechés qui ont percé vostre sacré cœur du glaive de douleur, puis qu'ils ont causé la mort de vostre Fils, & qu'ainsi nous sommes la cause de vos peines aussibien que de sa mort. Prosternées de corps & d'esprit devant sa Majesté & la vostre, nous luy en faisons & à vous aussi, Mere tres-affligée amende honorable & reparation d'honneur, & nous vous supplions, que puis qu'il a pris de vous ce sang precieux qui a été le prix de nostre rachapt, vous luy en demandiés une goutte pour laver nos crimes, lesquels nous detestons comme les coupables de vos larmes de son cruel supplice & de sa mort. Il fait sur la Croix l'office de Redempteur, d'Advocat & de Sacrificateur: Vous avez part Mere de compassion à tous ces titres; puisque vous avez donné consentement à l'œuvre de nostre Redemption, C'est par vous que le Pere Eternel nous a donné ce Fils unique qui est aussi vostre premier né, pour être nostre Sauveur, usez de vostre droit de mere en faveur de vos enfans de douleur les pauvres pecheurs, & procurez-leur le retablissement dans un estat de grace qu'ils ne perdent jamais: Soyez nostre puissante Advocate incomparable Vierge, joignez vos charitables prieres aux clameurs de vostre cher Fils mourant en la Croix: Obtenez-nous misericorde & indulgence pleiniere de tous les desordres de nôtre vie pecheresse: Presentés au Pere Eternel cette consommatiõ de ce sacrifice sanglant, du quel vous avés fourny la victime, l'humanité sainte, pour payement & satisfaction entiere de tout ce dont nous luy sommes redevables: Unissez vos saintes larmes à ce sang precieux, Mere de misericorde pour le rachapt de vos enfans & par la douleur amere que ressentit vostre ame, lorsque celle de vostre Fils se separa de son sacré corps, recevez s'il vous plait les nostres au moment qu'elles sortirõt de ce monde, & presentez-luy comme chose qui luy appartient, ses rachetées, ses esclaves & les vostres. *Eia ergo. &c. Stabat Mater. &c.*

Pour le jour de la triomphante Assomption de la Sainte Vierge.

REyne du Ciel & de la terre, tres-digne Mere de Dieu, Nous sçavons bien qu'il ny a personne capable de concevoir ny de loüer vos grandeurs, que celuy qui vous a élevé pour la plus-haute de toutes les dignités & nous reconnoissons aussi que le throne de gloire où vous avés esté élevée à ce grand jour de vôtre triomphante Assomption, ne vous a esté donné qu'en suite des grands merites que vous avés acquis en terre, par la pratique de vos tres-eminentes vertus, Permettés nous Vierge admirable, d'en unir nos conjoüissances avec toute la cour celeste; & puis que vôtre Majesté merite tres-dignement tous les honneurs que vous rend la tres-auguste Trinité, & qu'elle vous fait rendre par tout le Ciel Empiré, voulant aussi que toute la terre retentisse de vos loüanges, souffrez s'il vous plaist, divine Princesse, que vos esclaves tres-indignes, humblement prosternées à vos pieds, vous presentent aussi leurs petits services, & tres-affectueux devoirs. O la plus elevée en gloire pour avoir esté la plus humble, abbaissés les yeux de vôtre grande bonté & clemence, jusques à nôtre neant: Continués Mere d'amour, vos faveurs à celles qui prenent un plaisir infiny à vos grandeurs & privileges, & à tous les thresors de grace que la tres-Sainte Trinité a remis entre vos mains, pour en faire part aux enfans de vôtre sacré cœur. Nous esperons, adorable Reyne des Anges, que vous aurés égard à nos necessitez, & que vous nous ferés ressentir, comme nous vous en suplions par cette triple couronne dont vous estes ornée, les effets de vos grandes liberalités. Que nos yeux, Vierge incomparable, soient fermez aux choses de la terre, & ne s'arrestent qu'à voir vos ravissantes bautés : Que nos oreilles ne soient plus attentives aux vains discours, mais qu'elles escoutent vos voix : Que rien ne nous ravisse que l'odeur de vos parfuns, qui nous fasse rejetter le goût sensuel de toutes les choses de la terre, afin qu'imitans vos vertus par de veritables effets, nous obtenions de vôtre bonté, Mére de misericorde, l'honneur d'estre couchées sur l'estat des enfans de vôtre tres-adorable Fils Jesus, & d'estre à jamais aunombre de ses adorateurs, & des vôtres dans son Royaume Eternel; puis que nous sommes en la terre de tous nos cœurs, & avec tous les respects, soumissions, & venerations possibles les tres-obeïssantes, sujettes, & esclaves du Fils, & de la Mere. *Sancta Maria ora pro nobis.*

A Saint Joseph.

JE vous saluë tres-glorieux Saint Joseph, & vous supplie par la tres affligeante peine d'esprit que vous souffrites, voyant la grossesse de vostre Ste. Epouse de calmer les troubles de mon ame, & d'éclairer dans les doutes qui la pourroient éloigner de la protection de Jesus & de Marie. *Pater Ave.*

Je vous saluë tres-aymable S. Joseph, & vous supplie par la tendresse de la douleur que vous avés ressentie voyant les souffrances & mépris de Jesus inconnu en sa naissance, de m'obtenir un parfait détachement de toutes choses & la patience dans les délaissemens interieurs ou exterieurs. *Pater Ave.*

Je vous saluë tres-misericordieux S. Joseph, & vous supplie par la douleur que vous reçûtes à la Circoncision du tres-saint Enfant Iesus, de m'obtenir une goute de ce precieux sang, pour laver mes pechez & qu'il opere en moy efficacement les effets de son adorable nom. *Pater Ave.*

Je vous saluë ô grand Saint Joseph, qui avez pris part aux souffrances du cœur navré de vôtre chere épouse, & je vous suplie avec cette Mere de douleur, de m'obtenir une parfaite contrition de mes pechés, qui ont servy de glaive de douleur au Fils, & à sa sainte Mere. *Pater Ave.*

Je vous saluë, tres-patient S. Joseph, dans les peines & fatigues de vôtre bannissement en Egipte, obtenés moy s'il vous plaist, la grace de fuir generusement les occasions d'offenser vôtre cher Fils Jesus, & sa S. Mere, & de faire mourir en moy tout ce qui leur est desagreable. *Pater Ave*

Je vous saluë tres-fidelle S. Joseph, & je vous suplie par le regret que vôtre cœur affligé ressentit des persecutions du S. Enfant Jesus, de m'obtenir une horreur du peché, & une grace efficace, pour me corriger du deffaut qui luy déplait le plus en moy. *Pater Ave*

Je vous saluë tres-affligé S. Joseph, & par la grande tristesse que ressentit vôtre cœur dans la perte de vôtre cher Enfant, je vous suplie de m'impetrer la grace de regreter efficacement la perte que j'ay faite de ses graces, de le chercher cordialement & m'éloigner de tout ce qui le pourroit separer de moy. *Pater Ave.*

Sixiéme Septembre.

LA VENERABLE SOEVR IEANNE de la Presentation, de Combet, Religieuse Vrsuline de Beaucaire.

C'est par beaucoup de peines & d'afflictions que nous devons entrer dans le Royaume de Dieu. Acte. 14.

LE caractére de nôtre Ursuline étoit une grande pieté & tendre dévotion à la tres-sainte Vierge, accompagnée de grande ferveur & esprit de penitence ; puisque dés son enfance elle en fit son occupation ordinaire; ayant eu le bon-heur de la passer dans la congregation des Ursulines de saint Remy ; lors qu'elle eût pris le saint Habit de Religion dans le Monastére de Beaucaire, elle augmenta son zéle pour la sainte Vierge, se disposant à chacune de ses fêtes par une mortification extraordinaire, & par un grand nombre d'Actes de violence, & d'humiliation qu'elle faisoit tant dans le Refectoir, que dans le Noviciat à l'honneur de cette Reine des Anges; excitant par son exemple & fervens discours ses compagnes du Noviciat à faire le même; aux jours de ces fêtes, elle disoit mille fois; *L'Ave Maria:* faisant grand nombre de génuflexions ; elle avoit tant d'attrait pour l'Oraison qu'elle n'en sortoit presque jamais, par l'attention continuelle qu'elle avoit à Dieu, & sur sa conduite pour ne pas manquer aux régles generales & aux particulieres, qu'elle s'imposoit pour son avancement interieur étant insatiable des saintes pratiques de perfection, & toûjours aprés sa Maîtresse pour obtenir licence d'en faire quelqu'une, de prendre la discipline, porter le cilice, ceinture & autres instrumens de penitence: ce qu'elle faisoit frequemment ; & lors qu'on le luy accordoit, elle en faisoit sa joye; car l'esprit du Seigneur qui l'avoit prévenuë dés sa jeunesse, luy inspira, n'étant encore que Pensionnaire de jeûner tout le carême luy donnant l'addresse de le cacher à sa Maîtresse, faisant glisser doucement sa portion, dans celle de sa compagne ; ce même esprit de vigueur pour elle même la porta à passer des carêmes entiers sans boire qu'une seule fois le jour; quoique par son temperamment tout de feu, elle eut une grande alteration à porter la veüe continuëllement baissée, ne se donnant pas la liberté de regarder personne en face, ny rien qui peut contenter ses yeux, à garder un silence si exact, qu'elle ne disoit jamais rien d'inutile ; mais lors qu'il s'agissoit de parler de Dieu, elle avoit de la peine à se moderer, tant son ardeur pour luy étoit grande ; l'obeïssance étoit sa chere vertu ; & elle s'y appliquoit avec tant d'exactitude qu'elle eût fait grand scrupule de manquer de soûmission, même aux moindres choses à toutes les personnes qui la conduisoient, regardant Dieu en elle ; ce qui la portoit à leur découvrir avec une ingenuité extraordinaire, jusqu'au plus petis mouvemens de son ame ; n'oubliant rien pour leur donner une parfaite connoissance de son interieur ; elle étoit si fidelle à mettre en usage tout ce qu'elle leur inspiroient & ordonnoient ; que si elle venoit à y faire quelque faute, elle s'en humilioit profondément, comme si c'eût été un crime ; cela après, elle reprenoit un nouveau courage & s'attachoit à tous ses devoirs avec une plus grande ferveur ; c'est cette belle vertu qui l'a accompagnée jusqu'au dernier soûpir de sa vie ; & luy a fait porter durant plusieurs mois, toutes les incommodités d'une fiévre languissante, avec une patience heroïque ; ne voulant avoir que Dieu pour témoin de ses souffrances ; qu'elle cachoit avec soin aux creatures pour éviter d'en être soulagée, & ne point quitter les exercices de la Communauté, qu'elle a toûjours suivis autant qu'on a voulu luy permettre ; elle surmonta la foiblesse de son corps par la force de son esprit, qui la porta à vouloir communier à la grille du Chœur, & assister à la ceremonie de la profession de sa Sœur, deux jours avant mourir ; pendant lequel elle employa toute l'ardeur de son cœur à se disposer à ce dernier passage : témoignant un grand empressement pour recevoir ses Sacremens : & continua à marquer sa pieuse affection à sa chere Maîtresse la sainte Vierge ; par le bouquet spirituël composé d'Actes de vertu, qu'elle avoit accoutumé de luy presenter châque jour ; elle fit encore reciter son testament par lequel elle la constituoit son heritiere de tous ses biens, qu'elle avoit fait par son secours pendant sa vie ; qui ne fût pas bien longue ; puisqu'elle mourut dans la 23. année de son âge & quatre ans après son entrée en Religion le 6. Septembre 1639.

N'est-ce pas une folie, dit saint Cyprian, d'aimer cette vie où l'on souffre tant, & fuïr la mort qui doit nous délivrer de toutes nos afflictions. Chrétiens vous croyez qu'il y a un Paradis ; pourquoy donc aimez-vous cette vie qui vous en bannit, pourquoy craignez-vous la mort qui vous en met en possession, si vous aviez une vive foy seriez-vous dans ce sentiment ? Pourquoy aimez-vous le monde avec ses plaisirs & ses honneurs, puisqu'il ne vous caresse que pour vous perdre : Si vous n'écoutez pas ses maximes, si vous ne suivez pas ses exemples ; il vous méprise & il vous mal-traite ; Chrétiens pouvez-vous l'aimer quand il vous veut du mal, quand il vous en fait : s'il est vôtre amy, s'il vous caresse ; c'est lors qu'il vous fait plus de mal ; s'il est vôtre ennemy ? declarez pourquoy l'aimez-vous, quand il vous persecute, n'est-il pas vray que quoy que vous fassiez vous ne sçauriez contenter le monde, & que le monde & tous ses biens ne sçauroit vous contenter, que n'imitez-vous nôtre Ursuline, qui n'a cherché que de contenter Dieu seul, qui a méprisé le monde, & maceré son corps; se souvenant des paroles de l'Apôtre, que c'est par beaucoup de peines & d'afflictions que nous devons entrer dans le Royaume de Dieu? Pourquoy n'aimez vous pas Jesus-Christ, comme elle l'a aimé, lequel vous a aimé, lors même que vous étiez son ennemy, qui est mort pour vous sur une Croix, qui vous promet le Ciel pour recompense de l'amour que vous avez pour luy; cependant bien loin de l'aimer vous l'offensés tous les jours, vous vous rangez du party du Demon son adversaire que vous a fait Jesus-Christ? pour le traitter cruëllement, dit saint Cyprian.

MAXIMES.

I. Il est impossible qu'il n'arrive des sujets de scandale dans le monde, dit le Sauveur, la prosperité des impies scandalise les esprits foibles, & les fait murmurer contre Dieu: comme s'il n'étoit pas assés éclairé pour voir ses desordres, ou assés juste pour les punir: l'affliction des justes les fait douter, ou du pouvoir ou de la bonté de ce Dieu qui voit leurs miséres sans les soulager. Nous qui avons des yeux de Chrêtiens, rien ne doit nous ébranler; puisque Jesus-Christ a dit, que toutes ces choses arriveroient: soûmettons-nous aveuglement à son aimable providence, croyons humblement ce que nous ne concevons pas, ce n'est pas à nous à penetrer les secrets de Dieu.

II. Secondement les cheutes funestes des personnes qui vivoient en reputation de sainteté & les grands crimes qui se commettent parmy les Chrêtiens scandalisent plusieurs personnes, & leur font prêque douter de la verité de nôtre Religion; mais fort mal à propos: puisque l'Eglise ne laisse pas d'être sainte dans sa doctrine, & dans ses principaux membres. Tant de Chrêtiens qui vivent saintement: que si les plus vertueux tombent dans le desordre, qui s'en étonnera aprés avoir vû saint Pierre renier son Maître, & Judas le trahir: Dieu permet ses cheutes lamentables pour nous humilier, ce n'est pas pour nous jetter dans le desespoir, mais c'est crainte que nous ne tombions dans la présomption: Profitons de tout; humilions nous; si les Cedres du Liban sont renversez, que deviendrons-nous; foibles roseaux que nous sommes, si la deffience de nous même & la confiance en Dieu ne nous empêchoit de tomber.

III. Ne prenez jamais occasion de scandale de quoy que ce soit; ne jugez pas facilement les actions des autres criminelles, si ce n'est lors que vous n'en pouvez pas douter. Alors ne tombez pas dans le precipice, où vous les voyez; dites au contraire, il faut que je sois sur mes gardes pour éviter le mal-heur où cet homme s'est plongé; il faut que je tâche de reparer par mes bonnes actions, l'affront que ce pecheur fait à Dieu.

par sa mauvaise vie : prenez garde vous même de n'être pas un sujet de scandale à vôtre prochain, ne dites vous rien qui puisse donner mauvais exemple aux autres ; vous seriez la cause des pechés qu'ils commetroient.

IV. La jalousie ne subsiste que dans les doutes, l'incertitude est sa matiere, c'est une passion qui cherche tous les jours des nouveaux sujets d'inquiétude, & de nouveaux tourmens : on cesse d'être jaloux, dés que l'on est éclaircy de ce qui cause la jalousie.

V. L'interêt parle toute sorte de langues, & joüe toute sorte de personnages, & même celuy désinteresse l'interêt à qui l'on reproche d'aveugler les uns, & tout ce qui fait la lumiere des autres. Et comme prétendons-nous qu'un autre garde le secret, si nous ne l'avons pas gardé nous mêmes.

VI. La sincerité est une naturelle ouverture de cœur, que l'on trouve en fort peu de gens : Et celle qui se pratique d'ordinaire n'est qu'une fine dissimulation, pour arriver à la confiance des autres : l'amour est à l'ame de celuy qui aime, ce que l'ame est au corps de celuy qu'elle anime.

DIXIÈME SEPTEMBRE.

LA VENERABLE SOEUR DE L'INCARNATION de Rus, Religieuse Ursuline de Carpentras

Fille de Ierusalem ne pleurez point sur moy ? mais pleurez sur vous-même, & sur vos enfans. JESUS-CHRIST, en saint Luc, Chap. 23.

C'Est de la bouche du Sauveur de nos ames que nôtre Ursuline a apris cette docte leçon de pleurer & gemir sa misere, & le mal-heureux état des pechés où nous sommes qui ont tant coûtez au Fils de Dieu ; les larmes de nôtre Ursuline ont été accompagnées d'une severe mortification, où son esprit de penitence la portoit, pour détruire en elle la cause des souffrances de son Sauveur : elle accompagnoit la mortification exterieure de l'interieure ; moderant ses desirs, ses sentimens & passions : ce qui paroissoit à veüe d'œil, quoiqu'elle ne les donnât point à connoître & l'exterieure à la garde de ses sens ; car elle ne regardât jamais aucune chose de dehors, qu'à la grille de la porte par necessité, lors qu'elle étoit Portiere ; son goût n'étoit pas moins mortifié, car elle choisissoit toûjours les viandes plus grossieres, de plus mauvais goût, & elle ne s'en plaignoit jamais ; ses habits étoient les plus chetifs & rapiessés, sa grande pieté & devotion la rendoient tres-exacte dans toutes les observances : n'ayant jamais manqué à aucun exercice de Communauté, que par la necessité de ses charges : ayant été Superieure & Depositaire ; de quoy elle s'est acquittée avec charité & douceur : en sa derniere maladie elle souffrit avec une grande patience des douleurs extrêmes au foye, qui luy causerent une grande inflammation de poulmon, dont elle mourut dans sept jours avec tant de douceur d'amour de Dieu, & de transport à honorer Jesus Crucifié, qu'elle baisoit de tems en tems son Crucifix & se l'appliquoit sur le cœur, & le voulant baiser pour la derniere fois, elle ne pût le porter sur sa bouche sans aide, & en luy baisant les pieds, elle rendit l'esprit, le 10. Septembre l'an 1668. âgée de quarante sept ans. Elle avoit prit le saint habit à l'âge de 15. ans, l'an 1632. Dieu permet quelquefois que ses Elûs soient dans un accablement étrange & dans une tristesse assoümante ; tous les chagrins, l'oraison même leur est ennuyante : ne vous étonnez pas de ce triste état, Dieu le voit, Dieu le permet, & souvent il en est l'hauteur, Jesus-Christ ne fut-il pas plongé dans cette tristesse mortelle au jardin des Olives, & sur la Croix ; lors qu'il se plaignoit de ce que son Pere l'avoit abandonné : lors que vous serez dans cet état de desolation, resignez-vous genereusement à la volonté de Dieu, pour le souffrir autant de tems qu'il luy plaira, priez avec humilité, continuez dans vos saints exercices; si vous les faites avec moins d'agréement & de consolation, vous les ferez aussi avec plus de merite : lorsque Dieu permet que vous soyez ainsi privés de toute consolation, il le fait ou pour vous punir de vos tiedeurs, peut-être que vôtre negligence à vous preparer à l'oraison en est la cause ; ou pour vous faire connoître que cette devotion sensible que vous aviez auparavant étoit un pur don de sa bonté que vous n'aviez nullement merité, ou pour vous faire estimer les caresses que vous mépriseriez si elles étoient ordinaires, ou pour vous donner plus d'occasion de meriter; mais de quelque part que vienne vôtre desolation, il ne tiendra qu'à vous d'en profiter, & si vous cherchez avec des saints empressemens ce divin Epoux de vos ames, qui se cache pour un tems, pour exciter vôtre desir, & pour irriter vôtre amour, il paroîtra bien-tôt, il vous consolera, & il vous comblera de nouvelles faveurs, pour sortir au plûtôt de ce funeste état : examinez serieusement quel sujet vous avez donné à Dieu de vous abandonner & demandez luy pardon : humiliez vous devant cette haute Majesté, en vous reconoissant indigne de ses faveurs, trop heureux de le pouvoir servir en gemissant dans l'amertume de vôtre cœur : durant toute vôtre vie, ne diminüés rien n'y de vos exercices spirituels, ny de vos autres pratiques de devotion; au contraire redoublez vôtre ferveur, cherchez Dieu avec plus d'empressement, & dites luy en soûpirant : *Seigneur, qui êtes la joye de mon ame pourquoy vous éloignez vous de moy ! où êtes vous mon Bien-aimé, où vous trouveray-je.*

MAXIMES.

I. Le veritable solitaire, dit Saint Basile, est un homme qui par la ferveur de son esprit domine sur tous les desirs de sa concupiscence, qui sans craindre les attaques du Demon retient ou retranche aisément tous les vices de la chair, qui s'élevant de la terre, regarde toutes les choses presentes & terrestres comme une fumée, & comme une ombre qui doit bien-tôt passer, qui desire les choses futures avec une ardeur incroyable, qui se nourrit sans cesse de la meditation des choses spirituelles, qui offre à Dieu des prieres toutes pures & toutes vives; & qui étant tout embrasé par le feu du saint Esprit se croit à peine renfermé dans un corps mortel, & se porte avec toute la joye de son cœur vers les choses invisibles & éternelles.

II. Le veritable solitaire, dit saint Gregoire, est celuy qui fermant l'entrée de ses sens à toutes les choses presentes, vit comme hors du monde & de la chair, qui se recueille tout entier en luy même, qui ne prend de part à tout ce qui est humain, qu'autant qu'il y est contraint par une necessité inevitable, qui s'entretient sans cesse avec soy-même & avec Dieu qui tient son ame élevée au dessus de tout ce qui est visible; dont l'esprit est toûjours remply de pensées divines & d'images toutes pures, sans aucun mélange de phantômes terrestres & corporelles; qui est déja & devient tous les jours de plus en plus un miroir sans tâche de Dieu, & de ses divines perfections, qui croît sans cesse en connoissance & en lumiere; qui goûte déja par une vive esperance les biens avenir, & enfin qui étant encore icy bas parmy les hommes, s'éleve toûjours en haut par la vertu du saint Esprit, & vit dans le Ciel avec le Anges.

III. Entre tous les états de penitence, dit saint Bernard, celuy de la Religion a merité ce privilege d'être appellé un second Baptême; parce qu'on y renonce parfaitement au monde, & que l'on y pratique la vie spirituelle avec une singuliere perfection: cet état étant élevé au dessus de tous les autres qui sont dans le monde, rend ceux qui l'aiment & qui l'embrassent semblables aux Anges & differens des autres hommes, ou plûtôt repare en l'homme l'image de Dieu; nous rendant comme le Baptême, conformes à JESUS-CHRIST: enfin nous sommes comme baptisés une seconde fois; parce que mortifiant en nous les membres de l'homme terrestre, nous sommes de nouveaux revêtus de JESUS-CHRIST, & entrez en luy par la ressemblance de sa mort; & comme dans le Baptême nous sommes tirez de la puissance des tenebres, & transferez dans le Royaume de la lumiere éternelle: ainsi dans cette seconde vie, qui est comme une seconde renaissance, nous sortons des tenebres, non d'un seul peché originel; mais de plusieurs pechés actuels pour entrer dans la lumiere des

Vertus, faisant voir en nous la verité de ces paroles de l'Apôtre: *La nuit a precedé, & le jour est venu.*

IV. La pauvreté volontaire, dit saint Gregoire, est une excellente vertu, qui nous attache à Dieu, en nous détachant de toutes choses; C'est un trafic ou perdant les biens de la terre, nous acquerrons ceux du Ciel: c'est la Mere de l'assûrance, parce que ceux qui n'ont rien à perdre sont exempts de toute crainte. Or celuy-là est vrayement pauvre, qui s'est dépoüillé des desirs d'avoir, & qui abandonnant ses richesses, a renoncé aussi à toutes les esperances de la terre.

V. Si vous êtes tiede, il en faut être marry, & si vous êtes foible, il s'en faut humilier: la tiedeur est un deffaut de volonté & la langueur est un mal d'action, & le tiede fait horreur à Dieu, & le foible luy fait pitié; vous avez de quoy vous consoler si vous ressentez un ardent desir de servir Dieu, avec une vive douleur de vos fautes, l'un & l'autre sont de bonnes preuves, quelque foiblesse que vous ressentiez que vous n'êtes point tiede.

❦❦❦❦❦❦❦❦❦❦❦❦❦❦❦❦❦❦❦❦❦❦❦

Quatorzie'me Septembre.

LA VENERABLE SOEVR MARIE ANNE de saint Bernard, Religieuse Vrsuline de Dijon.

Mon joug est doux, & ma charge legere dit JESUS-CHRIST.

ON peut dire que le Seigneur a magnifié en elle la vertu de sa Croix, & qu'elle en est une illustre victime. Dés le point de sa naissance elle parût destinée au Sacrifice, étant en danger de perdre la vie au moment qu'elle devoit commencer d'en joüir: Mais la divine Providence qui agit ingenieusement pour le bien de sa Creature, & qui vouloit donner à celle-cy le tems de luy offrir un parfait holocauste, permit qu'un Religieux Feüillant la fit voüer à saint Bernard; ce grand devot de la Passion voulant déslors proteger cette chere petite, qu'il voyoit dans les idées de Dieu, devoir être conforme par la souffrance à JESUS crucifié. Elle tendit elle-même son immolation volontaire à l'âge de sept à huit ans par la promesse qu'elle fit à JESUS Enfant; à la veuë d'une de ses Images en relief de se consacrer à luy dans le Monastere. Elle fut mise pensionnaire à Semur prés d'une de ses Tantes Ursulines, où restant cinq ou six années, elle mit

xxxx *La V. Sœur Marie Anne de saint Bernard.* 14. Septembre.

bien-tôt en oubly son premier engagement ; jusque là même qu'elle obtint permission de Monseigneur l'Evêque Diocesain d'y prendre l'habit à treize ans ; ce qui néanmoins fut differé par un secret ressort de nôtre souverain, qui vouloit l'execution de son premier dessein pour nôtre Monastére : étant entrée parmy nos Pensionnaires, elle donna des marques si convainquantes d'une bonne vocation, qu'elle fut receüe avec satisfaction au noviciat. Elle commença d'y travailler à la mortification interieure, ayant recours pour y reüssir à la sainte Vierge, dont l'Image est honorée en ce seminaire de vertus sous le tiltre de Nôtre-Dame des Victoires, demandant tous les jours à genoux à ces pieds par le recit d'une Oraison qu'elle avoit composée, la force pour dompter la passion plus dominante en elle. C'est ainsi que la grace l'a disposée à recevoir la mortification de JESUS-CHRIST sur son corps, elle en avoit eu d'autres indices dans le tems qu'elle poursuivoit avec ardeur son entrée en la Religion, se voyant dans un songe misterieux, conduite par une de nos Sœurs surnommée de saint Bernard, au milieu des parterres de nôtre Cloître, dont les compartimens luy parurent faits de plantes d'Absinte, couvertes d'une rosée qui formoit comme des perles si agréablement qu'elle trouvoit du plaisir parmy les amertumes. Il est à marquer que cette Conductrice vint à deceder huit jours avant la reception de nôtre aimable postulante, & que sans reflexion sur ce que dessus, le nom de saint Bernard luy fût imposé.

Ainsi elle fut éclaircie de cette enigme, & encore plus dans la suite, n'ayant eu que deux années de santé, des seize de sa vie Religieuse, qui a été un composé de maladies, dont les rigoureuses amertumes ont été adoucies par la soûmission que cette veritable fille du Calvaire a renduë aux decrets adorables de la suprême volonté. La griéveté de ses maux l'ayant reduite au mois de Juillet 1683. à l'extrémité, elle receut les derniers Sacremens. Les grands remedes la tirerent de cette agonie, la laissant néanmoins dans une langueur qui fit juger que JESUS-CHRIST, comme un Epoux de sang vouloit qu'en cet état elle eût sujet de dire avec l'Apôtre, *je meurs tous les jours.* C'est principalement depuis ce tems qu'elle a porté ce même Epoux comme un cachet : non seulement sur son cœur & sur son bras : mais encore sur toutes les parties de son corps, n'ayant pû jusqu'à la fin bouger du lit que rarement l'espace de quelque quarts d'heures dans la bonne saison qu'on la portoit à la tribune proche l'infirmerie, pour y faire ses devotions, étant arrêtée par une fiévre double tierce continuë si violente qu'elle avoit tous les jours deux redoublemens de quatre & cinq heures de froid suivie de chaleur brûlantes & de sueurs extrêmes qui la reduisoient comme à l'agonie. Elle avoit souvent des inflammations de gorge, qui l'empêchoient des semaines entieres de prendre d'autres nourritures que quelques cüillerées de boüillons ou gelées en si petite quantité qu'elle n'auroit pas suffit pour substanter un enfant durant un jour : outre un dévoyement d'estomach, qui luy faisant rejetter les alimens aussi-tôt après le repas depuis

puis

14. Septembre. *La V. Sœur Marie Anne de saint Bernard.* xxxxj

puis plus de trois ans, en sorte que les Medecins ont souvent declaré que la complication de tant de maux ne la laissoit plus subsister que par miracle. Entre les deux accés de sa fiévre, elle s'occupoit à travailler pour l'Eglise & les Chapelles du Monastére: disant que puisqu'elle ne se pouvoit rendre dans ces lieux de pieté, elle devoit au moins menager ses momens pour leur décoration. Son addresse & son habilité étoit sans pareille pour toutes sortes d'ouvrages; & sa charité toûjours officieuse pour aider à nos Sœurs qui pour ce sujet avoient recours à elle, ayant grande affabilité & d'autres bonnes qualités naturelles, soûtenuës par la solidité de son jugement, qui luy donnoit une conduite juste dans ces entreprises: jointe à un fond de pieté plein de zéle pour l'éducation de la jeunesse, qu'elle sçavoit si bien regir, qu'on distinguoit facilement les Ecolieres de sa classe.

La haute estime qu'elle avoit de l'Etat Religieux luy donnoit parmy ses maux une joye indicible, quand quelque fille aspiroit à ce bon-heur. Son attrait pour les Observaces Regulieres luy faisoit porter avec peine de voir ses Infirmieres s'en absenter à son occasion, les conjurant dés le premier son de la cloche de la quitter pour s'y rendre. Monsieur nôtre Confesseur témoigne qu'elle avoit toûjours une crainte salutaire de manquer à ses obligations dans l'impuissance où ses maladies la mettoient de s'en acquiter, la trouvant tres-exacte sur ce point & fort éclairée, en ce qui concerne la perfection des vœux: reflechissant sur les moindres circonstances, par toutes ses dispositions de capacité & de vertu tres rémarquable, il est aisé de juger comme elle auroit heureusement réüssi dans tous les emplois de la Religion: si elle avoit eu de la santé; mais la Majesté divine se voulant glorifier en elle d'autre maniere a rendu infructueuse toute la science de l'art.

Le Reverend Pere Dom Claude Bretagne, son oncle, Prieur en l'Abbaye de saint Germain Després, dont le merite est connu des pemiers genies du Royaume, ayant une tendresse particuliere pour cette chere Niepce, fit faire de nouvelles consultes par trois des plus experts Medecins de Paris, sans que toutes leurs diligences luy ayent aportés aucun soulagement, le redoublement de ses maux sembloit augmenter sa patience, qui a toûjours paru invincible, & la douceur de son visage étoit si touchante dans ses plus sensibles douleurs, que l'on ne pouvoit l'envisager sans être penetré des vifs sentimens de la plus tendre compassion: l'inflammation de sa gorge croissant à mesure qu'elle approchoit de sa fin, luy causoit une prodigieuse alteration, & les conduits de la nourriture étant comme fermés: elle ne pouvoit soulager sa peine, qu'en trempant sa pauvre langue toute découpée de chaleur dans l'eau fraîche, qu'on luy presentoit souvent pour cet effet, & dont elle eût quelque scrupule, disant qu'elle apprehendoit de trop donner à la nature. Dieu vouloit possible la disposer à cette rude épreuve, quand à l'âge de quatorze ans, ayant été fort touchée de la pa-

f

role de Jesus-Christ en Croix: *Sitio* : elle resolut de passer trois jours sans boire, & l'eût executé, si sa Sœur Pensionnaire avec elle, s'en apercevant dés le second ne l'en eût fait empêcher par sa Maîtresse. Cette victime souffrante: sur le point de sa consommation, les saints Sacremens luy furent administrés, elle les receut avec une joye & presence d'esprit incomparable, faisant attention à tout ce qui s'y passoit, n'ayant perdu la connoissance qu'un quart d'heure avant sa mort, elle demanda qu'il luy fut suggeré sans relâche des Actes de pieté: Cette ame pure qui souhaitoit avec ardeur la dissolution de son corps, pour retourner à son Dieu, fit encore un sacrifice de ses desirs, sur l'invitation que luy fit sa Superieure de les moderer, s'offrant par obeïssance à rester encore trois jours dans cet état souffrant pour attendre celuy de l'Exaltation sainte Croix, dont le billet luy étoit écheu au sort; & en effet elle y est expiré un quart d'heure avant minuit, âgée de trente & un ans, & 15. de profession, l'an 1685.

Jamais on ne connoit mieux le prix & la valeur du Diamant que lors qu'il resiste & ne cede point à la force du fer & de l'acier, que lors qu'il ne s'éclate pas sous l'enclume & le marteau, c'est en cette épreuve qui l'a mit sous le simbole de la patience invincible de nôtre Sœur saint Bernard, de laquelle toutes les vertus ont été de la plus forte trempe ; mais particulierement celle-cy qui procedoit de la force de son grand cœur, & de son esprit animé de foy, & de l'exemple d'un Dieu & Homme, duquel elle tâchoit d'exprimer toutes les vertus.

L'amour a rendu doux le pesant joug des Croix & souffrances de nôtre Ursuline, & cette ame de grace en a fait un tres saint usage : Dieu estime beaucoup nos ames, puisque c'est pour elles qu'il a créé le monde, & qu'il a envoyé son Fils sur la terre: Chacun doit à l'exemple de cette vertueuse fille faire grand état de son ame & tout sacrifier pour la sauver : si nous la perdons nous sommes éternellement mal-heureux. Quel état fait on de son ame ? on la neglige pour contenter son corps, on la donne pour enrichir ses heritiers, on la prive d'une gloire immortelle pour acquerir un vain honneur qui disparoit en un moment, on la pert pour gagner un amy enfin on prefere tout à son ame ; d'où vient que nous faisons si peu d'état de nôtre ame, c'est que nous ne pensons pas à son excellence, & que nous ne considerons pas qu'elle est immortelle ; les interets de nôtre ame doivent toûjours l'emporter sur ceux de nôtre corps, & sur ceux de toutes les autres creatures, nous ne sommes en ce monde que pour sauver nôtre ame en servant Dieu, quelques difficultés qu'il y ait, il en faut venir à bout, d'eusse je vivre durant un siécle dans les rigueurs de la penitence, des maladies, il faut gagner le Paradis tout ce qui passe avec le tems ne doit point être mis en Paralelle avec l'éternité : que fais-je pour m'assurer de mon salut, mes actions n'ont elles point d'autres fins, que celles là, mon ame n'a elle point sujet de se plaindre de ce que je ne fais rien pour elle ? pendant que je me fatigue inutilement pour des biens qui m'abandonneront.

14. Septembre. La V. Sœur Marie Anne de faint Bernard.

Demandons-nous souvent à nous-même pour qui est-ce que je travaille? (il coûte beaucoup) dites vous, & il faut beaucoup endurer pour faire son salut, mais il vous sera bien plus fâcheux de perdre vôtre ame, vous endurerez bien davantage si vous allez dans les enfers : ce qui est absolument necessaire, ne doit point paroître difficile : vous croyez qu'il est necessaire pour recouvrer la santé de faire déchirer à coups de rasoirs vôtre corps en cent endroits, vous souffrez ce tourment sans vous plaindre, & vous avez de la peine à vous resoudre à porter vôtre Croix, pour acquerir la sainteté & rendre vôtre ame éternellement heureuse : demandez aux damnez combien il leur coûte à present d'avoir negligé leurs ames.

MAXIMES.

I. Le Lion, dit saint Gregoire, ne craint point les attaques d'aucunes bêtes; parce qu'il sçait qu'il n'y en a point de si fortes que luy, de même lorsque le juste se voit attaqué des hommes, il ne craint point leurs attaques, & il s'assûre de les vaincre tous : parce qu'il n'aime que celuy que nul nous peut ravir malgré nous : quiconque aime les biens exterieurs qu'on peut perdre malgré soy, s'expose necessairement à craindre les hommes qui les luy peuvent ôter ; mais le mépris de tout ce qui est passager, & le desir des biens éternels est le fondement de la veritable magnanimité; ainsi l'ame portant ses desirs de la terre au Ciel, est d'autant plus assurée dans cet état si sublime & si élevé, qu'elle est comme inaccessible & hors d'atteinte à ses ennemis.

II. Saint Gregoire dit, que l'on doit representer à ceux qui sont gais, la tristesse profonde que cause la damnation éternelle ; & à ceux qui sont tristes la joye parfaite que Dieu nous promet dans son Royaume.

III. Celuy qui aime, & embrasse le bien par la seule consideration du bien même, dit saint Gregoire de Nazienze, demeure toûjours à son égard dans une disposition ferme & inébranlable ; parce que l'objet qu'il aime est une chose ferme & inébranlable de sa nature ; de sorte qu'ayant je ne sçay quoy de divin dans l'état où il se trouve, il peut dire en quelque maniere, aprés Dieu même : je suis toûjours le même & ne change point : c'est pourquoy cet homme ne sortira jamais de cette heureuse situation, il ne sera point sujet au changement & à l'inconstance, la varieté du tems & la revolution des affaires ne pourront rien sur luy, il ne sera pas tantôt dans un état & tantôt dans un autre prenant toutes sortes de couleur côme les poulpes prenent celle des pierres où ils s'attachent : mais ils demeurent ferme dans les choses mêmes qui n'ont aucune fermeté; immobile au milieu de celles qui sont sujetes à un mouvement perpetuel;& deviendra semblable à un rocher qui non seulement est inébranlable parmy les vents & les tempêtes qui l'agitent; mais qui brisent même les vagues dont il est batu & arréte leur violence.

doivent apprehender ce qu'ils ont à craindre par les menaces que Dieu leur fait & ceux-cy les biens qu'ils ont à attendre par les promesses des recompenses éternelles que Dieu fait aux siens : mais comme la joye, & la tristesse peuvent venir ou des objets qui nous frappent, ou de l'humeur naturelle qui cause ces deux differens mouvemens en nous ; il faut faire voir à ceux que l'on instruit, qu'il y a de certaines inclinations & de certaines humeurs naturelles qui ne sont pas fort éloignées des vices, & que comme les personnes gayes tombent aisément dans la débauche, les tristes sont aussi sujets à la colere: & qu'ainsi chacun doit veiller, non seulement à vaincre l'inclination naturelle qui domine en luy ; mais encore à éviter le vice où elle le porte qui est encore plus dangereux : de crainte qu'en ne travaillant point à combatre cette inclination mauvaise, il ne vienne enfin à succomber au vice où elle le porte, & dont il ne se sent point coupable.

IV. Le secret est la clef de la Sagesse ; la plainte n'est pas raisonnable de ce que tout le monde sçait, ce qui n'a été dit qu'à un seul, l'on ne doit fier à personne ce que l'on ne veut être sceu de plusieurs ; attendez-vous plus de fidelité d'un autre que de vous même qui la violez le premier. En se taisant le fol se met en credit, & le sage en assurance, il n'est rien de moins dangereux, ny de plus glorieux que la moderation de langue, & il n'est rien où l'on risque, où l'on se décrie plus qu'à parler.

QUATORZIE'ME SEPTEMBRE.

LA VENERABLE SOEUR HELENE DE saint Alexis, d'Hauteroche, Religieuse Ursuline de Narbonne.

Celuy qui aura donné un verre d'eau, au moindre de ceux-cy en mon nom, ne perdra pas sa recompense JESUS-CHRIST, en saint Marc. Chap. 10.

Elle entra dans le Monastére des Ursulines de Narbonne étant encore dans les premieres années de son enfance, ce qui faisoit qu'elle ne connoissoit nullement le monde, ayant beaucoup de mépris pour ses vanités, & maximes, ce qu'elle a toûjours témoigné par l'éloignement qu'elle avoit du commerce des creatures, n'allant au Parloir qu'avec ses proches parens elle avoit un penchant naturel pour la vie cachée, qui luy faisoit trouver un plaisir bien doux dans la solitude & sur tout devant le tres-saint Sacrement en la presence duquel on la voyoit souvent : son exactitude étoit merveilleuse, & elle étoit si fidelle à ses obligations, sur tout à ces exercices de pieté, qu'elle n'a point cessé de s'en acquiter : que quand son extrême foiblesse la forçoit de les abandonner ; & même il a falu que l'obeïssance qu'elle aimoit tendrement, ait usé de son pouvoir pour l'obliger de se ménager, nous avons toûjours reconnu en elle tant de pouvoir pour l'obliger de se menager ; nous avons toûjours reconnu en elle tant de desir de la pratiquer la charité: que nous pouvons dire à sa loüange que les moyens de faire paroître la sienne luy ont manqué plûtôt qu'elle ne leur a manqué à eux : n'en perdant jamais un seul & se privant souvent du necessaire pour en assister celles qu'elles jugeoit en avoir plus de besoin. Sa patience a éclaté par un tres bel endroit, & l'on ne peut pas luy avoir veu suporter la langueur d'une longue maladie qui a duré une année entiere, sans en concevoir une opinion avantageuse. Ce fut un mal de poitrine, qui la mena insensiblement, & qui luy donna le tems de se preparer au passage de cette miserable vie à l'éternité : ce qu'elle fit avec beaucoup de soin ; n'ayant point manqué de faire tous les jours sa preparation à la mort, & s'étant mise dans des dispositions aussi bonnes qu'édiffiantes, elle receut tous ses Sacremens un mois avant sa mort ; nous nous pressames un peu de le luy faire recevoir, voyant qu'elle s'affoiblissoit extrêmement, apprehendant les surprises ordinaires à ces sortes de maux ; mais elle ne laissa pas de continüer de descendre au Chœur, pour faire la sainte Communion, jusqu'à ce qu'elle s'alita : ayant donné des marques de sa ferveur jusqu'au dernier moment, quelques jours avant sa mort, elle perdit la connoissance, ayant souffert pendant quatre jours la plus cruëlle agonie qu'on puisse imaginer, étant privée de l'usage de tous ses sens : il est à croire que Dieu qui se plaît à favoriser ceux qu'il aime, la mit dans cet état, pour luy épargner la terreur qui est inseparable de cette derniere heure, bien que sa conscience fût tres-pure & reglée, elle avoit néanmoins une si forte apprehension des jugemens de Dieu, qu'on a lieu de croire qu'elle a operé son salut avec craite & tremblement selon le conseil de l'Apôtre. Son decés arriva le 24. Septembre en l'année 1685. Il n'y a rien de plus convenable & de plus à propos que le miroir pour servir de simbole à l'humeur obligeante, & bien faisante à tous de nôtre Sœur de saint Alexis, chacun sçait que le miroir de soy est susceptible de toutes sortes d'impressions, & de renvoyer à nos yeux par reflexion toutes sortes d'especes, & figures qui luy sont representées, c'est la gloire de nôtre Ursuline de dire à tous les Chrétiens ce que l'Apôtre disoit, *mon cœur est tout à vous*: c'est une même charité qui a fait les mêmes impressions sur son cœur : Dieu promet de recompenser ceux qui donneront pour l'amour de luy un verre d'eau à leur prochain, qu'elle recompense ne donnera-il pas à ceux qui auront fait des grandes aumônes ? qui auront soulagé leurs freres dans leur necessités spirituelles & corporelles: combien laissons nous écouler inutilement d'occasions d'exercer la charité ; Jesus-Christ nous en demandera comte au jour du jugement, il semble que nôtre salut dépend uniquement du bien, ou du mal que nous aurons fait à nôtre prochain : Jesus-Christ met sur ses comtes tout le bien que nous faisons à nôtre prochain, aussi bien que tout le mal que l'on fait à autruy ; tous les Chrêtiens composent un corps, dont Jesus-Christ est le Chef, qui frappe le membre, frappe le Chef.

Quel bon-heur seroit le vôtre, si vous pouviez donner à manger à Jesus-Christ, le revêtir, le consoler, vous faire tout cela, quand vous exercez ces œuvres de charité envers les pauvres : animez vôtre foy pour regarder Jesus-Christ dans la personne de vôtre prochain, vous n'aurez pas de la peine à l'aimer, à l'honorer & à luy faire du bien : il semble que Dieu nous a voulu faire les arbitres de nôtre bonne ou mauvaise fortune, quand il a dit en plusieurs endroits de l'Evangile : *Qu'on en useroit à nôtre égard, comme nous en avons usé à l'égard de nôtre prochain* : on nous jugera comme nous avons jugé les autres ; on nous donnera si nous donnons ; on nous pardonnera comme nous aurons pardonné : Ce n'est donc pas seulement Jesus-Christ que nous traittons comme nôtre prochain, c'est encore sur nous-même que retombe tout le bien & le mal que nous faisons aux autres. Mais qu'il est étrange, dit saint Augustin, de voir que les hommes sont mal-traitté les uns par les autres, n'y a-il pas assés d'occasion de souffrir de la part des autres creatures ? faut il encore que les hommes conspirent à la perte les uns des autres.

MAXIMES.

I. L'homme n'est veritablement bon, dit saint Augustin, que lors qu'il s'avance durant tout le cours de sa vie vers la vie immuable, & qu'il s'y attache de tout son cœur, que si il est si aveugle & si desordonné dans ses affections que de s'aimer pour soy-même, alors il ne se refere point à Dieu mais se tournant vers soy-même, comme s'il pouvoit trouver en soy sa derniere fin, & son bon-heur, il ne se porte à aucun bien immuable, & vivre de cette sorte pour soy même, c'est joüir de soy-même, c'est se causer une destruction à soy même, parce que l'homme ne sçauroit conserver sa bonté qui convient à sa nature : que lors qu'il s'attache tout entier,& le plus étroitement qu'il luy est possible au bien immuable : au lieu de s'en détacher, pour s'attacher à quelqu'autre chose ou à soy même : Si donc vous ne devez pas vous aimer pour l'amour de vous-même ; mais seulement pour l'amour de celuy qui doit être la vraye & droite fin de tout vôtre amour : un autre homme n'a pas raison de trouver mauvais que vous ne l'aimiez ainsi que pour Dieu : car voicy la regle de l'amitié que Dieu luy même a étably, *Vous aimerez vôtre prochain comme vous même.*

II. Les commandemens de Dieu, dit saint Prosper, ne sont nullement penibles : le joug qu'il impose est tres-doux ; & le fardeau dont il charge est tres-leger: il connoit sans difficulté la foiblesse de nôtre nature, & que nous ne sommes qu'une poignée de cendres vivantes: ainsi s'il nous prescrit des loix qu'il semble être au dessus de nôtre fragilité: il nous donne sa grace qui étant audessus de nôtre nature, absorbe pour ainsi dire, nôtre infirmité par ses victoires & détruit nôtre langueur par sa force; puisqu'elle n'opere pas seulement en nous ce qu'il y a de necessaire; mais encore ce qu'il y a de libre, & que nous ne luy sommes pas seulement redevables de la liberté, mais encore du merite. Cette grace est une effusion de son esprit, une impression de sa lumiere, une onction de sa douceur, un plaisir victorieux, une sainte concupiscence, le prix du sang de Jesus-Christ: & les fruits precieux de sa Croix, une participation de sa Sainteté, une communication de sa nature divine, la fleur de la béatitude, & la semence de la gloire.

II. Il est bien difficile, dit saint Gregoire, de faire de grandes actions, & de n'entrer pas en quelque estime de nos pensées, dont nos œuvres ne sont que la suite: car dés que nous combatons fortement contre les vices, aussitôt la presomption se forme dans nôtre cœur, & pendant que l'esprit surmonte courageusement le peché, il se laisse d'ordinaire flater d'un orgueil secret & imperceptible, se figurant avoir beaucoup de merite, il ne croit nullement pecher dans cette pensée de propre estime & de vanité; mais on est dautant plus coupable aux yeux du rigoureux & souverain Juge, que la faute que l'on comet est plus cachée, & presque entierement incorrigible.

III. Plus l'on se glorifie dans sa bonne vie, plus la perte dans laquelle on se précipite est sans remede; aussi est-ce par un ordre merveilleux de la divine Misericorde que nous faisons quelque fois des fautes; car l'homme auroit une opinion trop avantageuse de soy-même, s'il ne ressentoit jamais de foiblesses au fond de son cœur; mais quand son ame est ébranlée par l'effort de quelques tentations, & qu'elle se trouve dans une si extrême lassitude qu'elle ne peut plus soûtenir sa constance, on luy montre la forteresse de l'humilité pour se mettre à couvert des embûches de son ennemy: de sorte qu'elle trouve le moyen de se maintenir dans cet état de foiblesse qui luy faisoit apprehender une dangereuse cheute.

IV. Le premier fruit qu'il faut tirer de l'oraison est l'amandement de nos fautes, le deuxiéme la pratique des vertus: le troisiéme un parfait amour de Dieu: ce n'est pas agir avec ordre que d'entreprendre des grandes actions avant que d'avoir effacé les mauvaises, pleurez donc vos pechés, éloignés vous aussi des occasions, arrachés (s'il se peut) toutes les racines & aprés cultivés soigneusement toutes les vertus qui vous feront enfin cueillir un parfait amour de Dieu.

FIN.

EXTRAIT DV PRIVILEGE DV ROY.

PAR grace & privilege de sa Majesté, il est permis aux Dames Superieures, & Convent des Ursulines du Faux-bourg saint Jacques de faire imprimer dés maintenant & à toûjours, par tel Imprimeur que bon leur semblera, leurs Régles, Constitutions, Ceremoniaux, Réglemens & autres Livres propres de leur Ordre. Et tres-expresses inhibitions & deffenses sont faites à toutes personnes de qu'elle qualité & condition qu'elles soient d'imprimer, ou faire imprimer lesdits livres, soit entiers ou en pieces separées, sur peine aux contrevenans de saisie & confiscation de tout ce qui s'en pourra trouver, & de douze cent livres d'amende & de tous dépends dommages & interêts. Donné à Paris le premier jour de Juillet, l'an de grace 1651. & de nôtre régne le neufviéme.

Signé LOVIS.

Et plus bas par le Roy, la Reine Regente sa Mere presente.

DE GUENEGAUD

Registré en Parlement le 12. Aoust. 1651. Signé GUIET Greffier, & plus bas, PERCHERON.

EXTRAIT DV PRIVILEGE PERPETVEL DV ROY,
accordé aux Religieuses Vrsulines du Faux-bourg St. Iacques à Paris.

LE Roy par ses Lettres Patentes données à Versailles le douziéme jour de Mars 1684. signées LOVIS, a permis aux Religieuses Ursulines du Faux-bourg S. Iacques à paris de faire imprimer vendre & debiter les livres intitulez les Regles, Constitutions, Reglemens, Directoires, Formulaires des Saluts pour exposer le tres S. Sacrement, Ceremonial pour le service divin, pour les Vectures; & professions Religieuses, pour l'administration des Sacremens aux malades, & pour les funerallies, & autres propres de leur Ordre dez maintenant, & à toûjours nonobstant les Arrests à ce contraires ausquels nous avons dérogé & dérogeons pour ce regard seulement, & c'est par tel Libraire & imprimeur qu'elles auront choisi avec défences à qui que ce soit d'imprimer, faire imprimer, vendre & débiter aucuns desdits livres & autres propres de leur Ordre sous quelque prétexte que ce soit même d'impression étrangere ou autrement sans le consentement exprés desdites Religieuses Ursulines, sous peine aux contrevenants de confiscation des exemplaires contrefaits, de trois mille livres d'amende, & de tous dépens, dommages & interests, ainsi qu'il est plus au long porté par l'Original desdites Lettres patentes.

Registré sur le Livre de la Communauté des Marchands Libraires & Imprimeurs de Paris le 17. Avril 1684. conformément aux Arrests du Parlement & du Conseil privé,

Signé C. ANGOT, Syndic.

Cession du Privilege des Dames Superieures du Convent des Ursulines du Faux-bourg Saint Iacques à Paris.

A La priere que nous a fait le 30. Janvier 1683. la Mere Jeanne de Carbonnet de la motte dite de sainte Ursule, Superieure des Ursulines de Bourg en Bresse, Nous soussignées, consentons & permettons que JOSEPH RAVOUX, Imprimeur & Libraire à Bourg imprime un livre de nôtre Ordre qu'elles ont composé intitulé le Iournal des illustres Religieuses de l'Ordre de sainte Ursule avec leurs maximes & pratiques spirituelles, divisé en quatre parties, joüissant du Privilege qui nous a été donné à Paris pour toûjours le premier jour de Juillet 1651. signé LOUIS, & la Reine Regente sa Mere, & plus bas signé de Guenegaud, seulement pour l'impression de ce seul livre, & pour une fois seulement, à condition qu'il observera les choses necessaires pour l'impression des livres, & qu'il en donnera à nôtre Communauté quatre Parties selon l'usage ordinaire. Fait à Paris en nôtre Monastere des Ursulines du Faux-bourg S. Jacques ce 9. Mars 1683, signé Sœur Magdeleine de la Passion Superieure, Sœur Marguerite de S. Hyacinte Zélatrice & Secretaire, Sœur Madelaine de S. Joseph Depositaire.

Collationné à l'Original en papier, par les Notaires aux Elûs de Paris soussignés & receu ce jourd'huy 20. Octobre 1683.

Signés LANGLOIS, & L'EVESQUE.

Fautes survenuës au troisiéme Tome.

Pages.	Fautes		Correction.
4.	si ans,	Lisez,	six ans.
5.	fleaux,	Lisez,	flots.
8.	qui prendra,	Lisez,	& qu'il prendra.
25.	est incroyable,	Lisez,	étoit incroyable.
36.	ait d'autres,	Lisez,	ayent d'autres.
38.	montre,	Lisez,	montrez.
65.	avoit designé,	Lisez,	l'avoit designé,
66.	retirer dans Avignon,	Lisez,	attirer dans Avignon.
72.	son ame,	Lisez,	son amy.
82.	convanuës,	Lisez,	convaincuës.
90.	un conseil,	Lisez,	un concert.
110.	enleveures,	Lisez,	enfleures.
113.	son pest.	Lisez,	son port.
147.	tourner,	Lisez,	retourner.
151.	tendu,	Lisez,	rendu.
207.	la hyacinte,	Lisez,	l'hyacinte.
211.	un prefix	Lisez,	un précis.
212.	amonition,	Lisez,	advertissement.
271.	fievre pourpreuse,	Lisez,	pourprée.
315.	prete de ce desir,	Lisez,	pressée de ce desir.
325.	regere,	Lisez,	legere.
326.	sur ses efforts,	Lisez,	de ses efforts.
398.	qu'elle la portoit,	Lisez,	qu'elle se portoit.
413.	aisoit,	Lisez,	faisoit.
426.	plaignoit,	Lisez,	épargnoit.
460.	la feroit	Lisez,	luy faisoit
476.	sans separer,	Lisez,	sans se separer
480.	le cœur,	Lisez,	son cœur.
507.	sevant,	Lisez,	servant.
540.	luy vit,	Lisez,	luy oüyt.
552.	vostre tres,	Lisez,	de vôtre main.
565.	paix elle,	Lisez,	paix en elle.
567.	aimoit,	Lisez,	qui l'ayme.
574.	victoire toute chose,	Lisez,	victoire sur toute chose.

Fautes survenuës aux Additions du troisiéme Tome.

Pages.	Fautes.		Correction.
iij.	l'a reduit,	lisez,	la reduisit
ix.	coüerse,	lisez,	converse.
ixx.	de douleur,	lisez,	des douleurs.
xxxiij.	toues,	lisez,	toutes.
xxxv.	le saint Esprit soit justifié,	lisez,	le Saint soit justifié.
xxxviij	cherchiez,	lisez,	chercheriez.
liv.	de son seul mouvement sans autre ayde que celuy de la grace de Dieu.		
lv.	temporel,	lisez,	temporelle.
lxij.	presente,	lisez,	present.